내가 죽도록 사랑한 말씀

김서택 목사의 잠언 강해

내가 죽도록 사랑한 말씀

김서택 목사의 잠언 강해

이레서원

내가 죽도록 사랑한 말씀
김서택 목사의 잠언 강해

지은이　김서택

초판 1쇄 발행　2012년 8월 17일
초판 7쇄 발행　2020년 10월 28일

발행처　도서출판 이레서원
발행인　문영이
출판신고　2005년 9월 13일 제2015-000099호

기획, 마케팅　김정태
편집　송혜숙, 오수현
총무　곽현자

경기도 고양시 일산동구 백석로71번길 46, 101호
전화 (02)402-3238, 406-3273　팩스 (02)401-3387
E-mail: jireh@changjisa.com　Website: jireh.kr
Facebook: facebook.com/jirehpub

값은 표지에 있습니다.

ISBN 978-89-7435-446-6　03230

신 저작권법에 의하여 한국 내에서 보호받는 저작물이므로 저작권자의 서면 허락 없이 이 책의 어떠한 부분이라도 전자적인 혹은 기계적인 형태나 방법을 포함하여 그 어떤 형태로든 무단전재와 무단복제 하는 것을 금합니다.

서문

성경 중에서 가장 매력적이면서 한번쯤 도전해 보고 싶은 부분이 바로 잠언일 것입니다. 잠언은 구구절절 다 옳은 말씀으로 되어 있지만 막상 다가가서 제 것으로 만들려고 하면 좀처럼 정금을 허용하지 않는 난공불락의 성처럼 보입니다. 잠언은 함부로 덤벼드는 우리에게 '좀 더 깊은 신앙체험을 하고 오라'는 것 같은 느낌을 줍니다. 우리에게 잠언 연구를 어렵게 만드는 것은 잠언이 내적 통일성이 없는 단편적인 교훈 모음집 같은 느낌이 들기 때문입니다. 그래서 우리가 늘 하던 대로 자기 마음대로 대지를 나누어서 연구하는 것이 잠언에서는 불가능합니다. 결국 우리가 잠언을 제대로 연구하려면 성경 전체를 깊이 있게 연구하고 또 깊이 있는 삶의 체험이 있어야 가능합니다.

잠언을 크게 나누면 1장~9장까지와 10장~31장까지로 나누어 볼 수 있습니다. 첫 부분 1장부터 9장까지는 하나님의 지혜와 세상 지혜의 차이가 나옵니다. 특히 여기서 세상 지혜는 어리석은 자를 유혹해서 망하게 하는 음녀로 비유됩니다. 두 번째 부분인 10장부터 31장은 다시 세 부분으로 나눌 수 있는데 10장부터 24장은 솔로몬의 지혜의 모음집이고, 25장부터 29장은 솔로몬의 지혜 중 특히 후기의 히스기야 때 히스기야의 신하들이 수집한 내용입니다. 이 부분에서 가장 어려운 것은 과연 이 잠언들이 어떤 내적인 논리성을 가지고 편집되었는가, 아니면 무작위로 편집되었는가 하는 것입니다. 확실히 이 부분은 성경의 다른 부분과 달리 내적인 통일성이 결여되어 있는 것 같습니다. 그래서 더욱더 이 본문을 조심스럽게 다루어야 그 의미가 손상되지 않습니다. 그리고 마지막 30장과 31장은 솔로몬이 아닌 다른 사람의 잠언이 편집되어 있습니다.

잠언을 해석하는 데 중요한 것은 히브리인들의 대구법을 잘 이해하는 것입니다. 히브리인들은 대구법을 사용해서 앞에서 말한 전제를 설명하기도 하고 정반대되는 것과 비교하기도 하여 새로운 명제로 발전시키기도 합니다. 이 매력적인 잠언 강해에 열렬하게 동참하신 대구동부교회 성도님들에게 감사드립니다.

그리고 이 두꺼운 책을 기꺼이 출판하여 많은 동역자들과 성도님들과 함께 나눌 수 있는 기회를 주신 이레서원의 사장님과 편집부 직원들에게 깊이 감사를 드립니다.

대구 수성교 옆에서
김서택 목사

목차

서문

1부 하나님의 지혜, 세상의 지혜
_ 잠언 1-9장

01. 진정한 지혜의 길 _ 잠 1:1-9 · 19
  1. 잠언의 구조와 특징
  2. 하나님 말씀의 유익
  3. 숨겨진 하나님의 지혜

02. 인간의 본성 _ 잠 1:10-33 · 37
  1. 악한 자의 꾐
  2. 지혜의 갈등
  3. 세상을 따라간 결과

03. 지혜의 가치 _ 잠 2:1-22 · 55
  1. 지혜를 찾는 태도
  2. 하나님과 지혜의 관계
  3. 악한 자에게서 지키는 지혜

04. 지혜를 소유하는 방법 _ 잠 3:1-18 · 72
  1. 말씀의 우선순위
  2. 하나님을 인정하는 자세
  3. 하나님 앞에 겸손한 자세

05. 지혜의 실용성 _ 잠 3:19-35 · 90

1. 하나님의 기술의 수준
2. 하나님의 백성의 지혜
3. 하나님의 지혜는 섬기는 것

06. 지혜의 약속 _ 잠 4:1-27 · 110

1. 하나님의 말씀에 대한 태도
2. 우리가 세상을 살아가는 길
3. 정신적인 건강

07. 잘못된 사랑의 길 _ 잠 5:1-23 · 130

1. 아버지가 자녀에게 주는 교훈
2. 잘못된 사랑의 결과
3. 하나님이 나에게 주신 행복

08. 바른길 가는 법 _ 잠 6:1-35 · 148

1. 하나님을 앞서지 말라
2. 부지런해야 하고, 반항적이면 안 된다
3. 하나님이 싫어하시는 것

09. 음녀의 길 _ 잠 7:1-27 · 167

1. 하나님의 말씀의 역할
2. 유혹에 빠지는 과정
3. 잘못된 사랑에 빠진 결과

10. 지혜로운 자의 선택 _ 잠 8:1-21 · 184

1. 무엇이 지혜로운 선택인가?
2. 하나님의 지혜의 분별
3. 하나님의 지혜가 주는 유익

11. **하나님의 지혜의 뿌리** _ 잠 8:22-36 • **203**
   1. 하나님의 지혜의 근본
   2. 하나님의 지혜가 한 것
   3. 하나님의 지혜의 초청

12. **지혜의 집 짓기** _ 잠 9:1-18 • **219**
   1. 지혜의 집 짓는 방식
   2. 인간의 거만한 본성
   3. 편한 길을 택한 사람들

2부 진리의 꽃다발
_ 잠언 10-24장

13. **자식 농사의 중요성** _ 잠 10:1-16 • **239**
   1. 자식 농사의 중요성
   2. 재물의 가치
   3. 의인의 길

14. **복된 삶의 전제** _ 잠 10:17-32 • **259**
   1. 이스라엘 백성들의 전제
   2. 하나님의 말씀 밖의 세계
   3. 하나님의 복
   4. 악인과 의인의 비교

15. **정직한 자의 축복** _ 잠 11:1-16 • **276**
   1. 부자가 되는 방법
   2. 사람의 미래
   3. 행복하게 하는 사람

16. **믿음의 농사** _ 잠 11:17-31 · 294
   1. 인자한 사람
   2. 욕심스러운 삶의 결과
   3. 의인의 소원

17. **사람의 본성** _ 잠 12:1-14 · 313
   1. 하나님의 말씀이 가져오는 변화
   2. 말씀으로 변화된 효과
   3. 사람들의 평가

18. **진리에 미련한 자** _ 잠 12:15-28 · 332
   1. 하나님의 말씀에 대한 태도
   2. 하나님의 말씀이 미치는 영향
   3. 믿음의 길을 꾸준히 가라

19. **지혜로운 아들** _ 잠 13:1-13 · 350
   1. 두 종류의 아들
   2. 입술의 열매
   3. 의인이 받은 축복

20. **지혜의 상급** _ 잠 13:13-25 · 369
   1. 인간이 처해 있는 위험성
   2. 다른 사람과의 관계에서 이루는 성공
   3. 지혜가 다른 사람에게 미치는 영향

21. **집을 세우는 지혜** _ 잠 14:1-15 · 386
   1. 집을 짓는 여인의 지혜
   2. 유익을 끼치는 사람들
   3. 마음의 세계

22. **마음의 악을 버리라** _ 잠 14:16-35 • **404**
   1. 악에서 떠나는 것이 어려운 이유
   2. 다른 사람과의 관계
   3. 다른 사람을 향한 증언

23. **유순한 대답** _ 잠 15:1-15 • **425**
   1. 어떻게 하면 지혜로운 말을 할 수 있을까?
   2. 온순한 말의 효과
   3. 지혜가 예배에 미치는 효력
   4. 지혜의 축복

24. **하나님이 주시는 것** _ 잠 15:16-33 • **443**
   1. 어느 것이 더 위대한가?
   2. 겸손한 자의 상급
   3. 하나님이 싫어하시는 것

25. **인간의 경영** _ 잠 16:1-16 • **464**
   1. 인간의 경영
   2. 믿음 경영의 특징
   3. 하나님의 백성의 특징

26. **아름다운 사람** _ 잠 16:17-33 • **484**
   1. 하나님의 말씀의 역할
   2. 인간의 선택
   3. 미련한 자의 선택
   4. 끝까지 믿음의 길을 달려간 사람들

27. **믿음에 합당한 자세** _ 잠 17:1-14 • **505**

   1. 선을 사랑하는 자
   2. 합당한 태도
   3. 미련한 자의 고집

28. **믿음의 사회 적용** _ 잠 17:16-28 • **524**

   1. 지혜의 대가
   2. 변하지 않은 사람들
   3. 세상의 바른 판단

29. **지혜자의 처신** _ 잠 18:1-24 • **544**

   1. 참된 지혜의 가치
   2. 정의의 법칙
   3. 사회생활의 법칙

30. **인생의 바른 태도** _ 잠 19:1-29 • **565**

   1. 우리 인생의 가치관
   2. 세상의 대인관계
   3. 가정생활의 바른 규칙
   4. 하나님 앞에 겸손한 자세

31. **피해야 할 것** _ 잠 20:1-15 • **589**

   1. 자기 도취의 위험
   2. 작은 것에 대한 욕심
   3. 하나님의 은혜의 가치

32. **인간의 생각** _ 잠 20:16-30 • **608**

   1. 인간의 어리석은 생각들
   2. 인생의 길을 찾는 것
   3. 하나님과의 관계

33. 하나님이 보시는 인생 _ 잠 21:1-15 • 629
  1. 하나님이 중요하게 보시는 것
  2. 하나님이 기뻐하시지 않는 것들
  3. 하나님의 간섭하심

34. 명철의 길 _ 잠 21:16-31 • 648
  1. 사망의 회중
  2. 선과 악의 결과
  3. 하나님을 의지하는 능력

35. 재물보다 중요한 것 _ 잠 22:1-16 • 667
  1. 하나님 앞에 가치 있는 인생
  2. 인생의 장애
  3. 세상에서 존귀한 자

36. 실패하지 않는 요령 _ 잠 22:17-23:11 • 687
  1. 하나님의 말씀을 붙잡으라
  2. 다른 사람과의 관계에 대한 지혜
  3. 자기 욕심을 이기는 사람

37. 믿는 자의 장래 _ 잠 23:12-24:7 • 708
  1. 우리의 장래
  2. 정도를 걸어라
  3. 하나님의 축복을 오래 받는 방법

38. 지혜로운 자의 처신 _ 잠 24:8-34 • 730
  1. 어리석은 자의 특징
  2. 의인의 처신
  3. 추가적인 교훈

3부 히스기야가 모은 솔로몬의 지혜집
_ 잠언 25-29장

39. 충성된 자의 행실 _ 잠 25:1-28 • 755
1. 하나님의 말씀에 충성
2. 충성된 사람의 자세
3. 충성된 사람이 되는 길
4. 절제의 미덕

40. 미련한 자의 교훈 _ 잠 26:1-28 • 779
1. 미련한 자의 영예
2. 게으른 자의 특징
3. 악을 행하는 자

41. 인생을 사는 지혜 _ 잠 27:1-27 • 802
1. 인생을 보는 자세
2. 다른 사람들과의 관계
3. 지혜의 가치
4. 사람의 가치

42. 율법을 사랑하는 자 _ 잠 28:1-14 • 823
1. 악인과 의인의 태도
2. 하나님께 성실한 사람
3. 하나님을 경외하는 자

43. 무지한 통치자 _ 잠 28:15-28 • 842
1. 악하고 무지한 통치자
2. 충성된 자는 복을 받는다
3. 사람 됨됨이의 중요성

44. 정의의 영향력 _ 잠 29:1-27 • 862
   1. 바른길을 가려고 하는 사람들
   2. 불의를 사랑하는 사람들
   3. 모든 것의 기준이 되는 하나님의 말씀

4부 아굴과 르무엘의 잠언
_ 잠언 30-31장

45. 자족하는 자세 _ 잠 30:1-14 • 885
   1. 하나님 앞의 모습
   2. 하나님을 아는 법
   3. 가치 있는 삶을 사는 비결

46. 자연에서 배우는 교훈 _ 잠 30:15-32 • 903
   1. 만족을 모르는 인생
   2. 자신의 길을 모르는 인생
   3. 뒤집어지는 세상

47. 신앙의 어머니의 가르침 _ 잠 31:1-31 • 919
   1. 르무엘의 어머니의 교훈
   2. 현숙한 여인의 가치

하나님의 지혜, 세상의 지혜

잠언 1-9장

01 · 진정한 지혜의 길

잠 1:1-9

　　우리가 보통 잠언이라고 하면 어떤 훌륭한 분들에게서 나온 인생의 오묘한 원리를 아주 짧은 한 마디의 말로 표현한 것을 말합니다. 예를 들어서 셰익스피어의 작품을 보면 우리가 아주 잘 아는 표현들이 많이 나오는 것을 볼 수 있습니다. 그 중에 한 가지 예를 든다면 '반짝이는 것이 다 금은 아니다' 는 말입니다. 우리는 이 한 마디를 통해서 우리 인생의 길을 다시 한 번 생각해볼 수 있습니다. 훌륭한 사람들이 한평생을 살면서 깨달은 것을 단 한 마디의 말로 요약한 것이 우리가 인생을 살아가는 데 아주 중요한 지침이 될 수도 있습니다. 그렇다면 하나님의 말씀의 지혜는 우리에게 더욱더 참다운 지혜가 될 것입니다.

　　우리가 하나님의 말씀을 들을 때 설교자는 하나님의 진리의 원리만 말하지 않습니다. 설교자는 하나님의 진리를 말하면서 이 진리가 우리들의 삶에 어떻게 실제적으로 적용될 수 있는지 구체적인 교훈들을 가르쳐 줄 때가 많습니다. 그런데 때로 하나님께서 큰 부흥을 허락하실 때나 하나님의 말씀이 폭포수같이 쏟아질 때에는 그 구체적인 적용도 아주 풍성해지게 됩니다. 이때 사람들은 하나님의 기본적인 진리 자체도 좋지만 그 말씀의 구체적인 적용만 모아도 어마어마한 가치가 있다는 것을 발견하게 됩니다. 원래 하나님의 말씀은 하나님의 진리를 선포하면서 그 말씀에 따라서 실제적인 삶에 적용하는 것이 원칙이지만 워낙 하나님의 말씀을 많이 듣다보면 그 적용들만 모아도 엄청나게 값어치 있는 교훈이 될 수 있는 것입니다. 이렇게 모여진 것이 성경에 있는 잠언입니다.

구약 성경의 잠언은 세상 사람들의 가르침과는 많은 차이가 있습니다. 세상 사람들의 가르침은 자신들이 인생을 살면서 깨달은 진리를 아주 간단한 한 마디의 말로 재치 있게 요약을 한 것입니다. 사실 세상적인 잠언들이 성경적인 잠언들보다 더 재미가 있고 센스가 있을 것입니다. 그러나 성경적인 잠언들은 하나님의 진리를 선포하면서 그 적용 부분을 모아 놓은 것입니다. 그래서 어찌 보면 세상적인 잠언들과 비슷하거나 똑같을 때도 있습니다. 그러나 그런 잠언들이 나오게 된 배경이나 뿌리는 다릅니다. 결국 잠언은 하나님의 진리를 나무로 생각할 때 그 꽃들만 모아 놓은 것이라고 볼 수 있습니다. 그래서 하나님의 가르침 중에서 가장 아름다운 꽃다발에 해당한다고 할 수 있습니다. 물론 어떤 때에는 세상적인 꽃다발과도 비슷하거나 같은 것도 있지만 실제로 그 뿌리는 다른 것입니다.

1. 잠언의 구조와 특징

잠언은 이스라엘 왕 솔로몬이 지은 것으로 되어 있습니다. 또 실제로 열왕기서를 보면 솔로몬이 삼천 개의 잠언을 만들었다고 말씀하고 있습니다(왕상 4:32). 그러나 이것을 솔로몬이 다 만들었다기보다는 다윗 때부터 하나님께서 부흥을 주시면서 엄청나게 많은 설교들이 선포되었을 때 솔로몬이나 그의 신하들이 그 적용 부분을 집대성했다고 보는 것이 옳을 것입니다.

잠언은 넷 혹은 다섯 부분으로 나눌 수가 있는데, 첫 부분은 1-9장까지입니다. 여기서 저자는 하나님의 지혜와 세상적인 지혜를 두 여자의 비유로써 비교하고 있습니다. 하나님의 지혜도 길에서 사람들에게 자신을 선전하고 세상 지혜도 길거리에서 사람들에게 자신을 선전합니다. 그러나 하나님의 지혜는 바른길을 인도하기 위한 선전이라고 하는 반면, 세상 지혜는 어리석은 남자를 유혹하는 창녀로 비유를 하고 있습니다. 창녀들은 겉으로는 그 남자를 진정으로 사랑하는 것 같지만 실제로는 돈 때문에 사람을 유혹하는 것이며 결국 그 남자를 파멸로 이끌고 말 것입니다. 그러나 하나님의 지혜는 온 천지를 지으신 하나님의 창조의 원리와 능력이 가르치는 것입니다.

잠언의 두 번째 부분은 10-24장까지로 볼 수 있는데, 학자들은 22-24장을 또 다른 새로운 한 단락을 구성하고 있는 것으로 보기도 합니다. 그런데 이 부분에서는 그야말로 진리의 꽃다발로서 거의 무분별하게 하나님의 가르침이 나열되고 있는 것을 보게 됩니다. 그래서 많은 사람들은 이 부분에는 어떤 구조가 없이 닥치는 대로 좋은 가르침을 모아 놓은 것이라고 생각하는데, 요즘은 그 안에도 구조가 있다는 식으로 연구가 되고 있습니다.

세 번째 부분은 25-29장까지로서 히스기야의 신하들이 수집한 솔로몬의 잠언이라고 말씀하고 있습니다. 이것을 통해서 알 수 있는 것은 잠언이라는 것이 어느 한순간에 한 저자가 책을 저술하듯이 완성된 것이 아니라 긴 시간을 두고 수집되고 정리된 가르침이라는 것입니다. 그러나 잠언에 대하여 가장 많은 관심을 가졌고 또 잠언이 많이 만들어진 것은 솔로몬 때였다는 것을 알 수 있습니다.

네 번째 부분은 30-31장인데 아굴이라든지 르무엘 왕의 잠언으로 되어 있습니다. 여기에 나오는 르무엘이 누구인지는 알 수가 없습니다. 왜냐하면 적어도 이스라엘 왕들 중에는 르무엘이라는 이름을 가진 왕이 없었기 때문입니다. 학자들은 이 르무엘이 이방 나라의 왕인데 나중에 하나님을 믿게 된 사람이라고 생각하기도 합니다. 그래서 잠언 안에는 이방의 지혜가 성경의 지혜로 편입이 된 것도 있습니다. 이것이 옛날에는 하나님의 지혜인 줄 몰랐는데 나중에 하나님을 믿고 보니까 그것이 더욱더 하나님의 지혜였던 것을 깨닫게 된 것입니다.

잠언에서 문장을 표현하는 데 가장 많이 쓰고 있는 기법은 평행법이라는 것입니다. 평행법은 저자가 말하려고 하는 사상을 두세 번 반복해서 말하는 것인데, 두 번째는 첫 번째 내용과 반대되는 사상을 이야기해서 첫 번째 사상을 부각시키기도 하고 때로는 같은 사상을 말을 바꾸어서 반복해서 이야기를 함으로 설명하거나 강조하는 방법입니다. 특히 구약 시대의 선지자나 설교자들은 이런 평행법에 아주 능통한 사람이었던 것을 기억을 할 필요가 있습니다.

또 우리가 생각해야 할 것은 성경의 이 잠언이 이미 하나님을 믿는 이스라엘 사람들을 전제로 하고 있다는 사실입니다. 왜냐하면 이 잠언의 세계를 보면 하나님의 지혜가 길거리에서 소리를 지르면서 사람들을 부르고 있는데 이것은 오직 이스라엘 안에서만 가능한 것이기 때문입니다. 왜냐하면 세상에서는 아예 하나님의 지혜라는 것 자체를 거의 들을 수 없기 때문입니다. 하나님을 믿지 않는 사회에서는 하나님의 지혜를 만나는 것은 불가능한 일입니다. 사람들이 이런 하나님의 지혜를 들으려고 하면 모든 것을 다 포기하고 보따리를 싸서 하나님의 말씀이 있는 곳으로 오는 것이 우선적으로 필요했습니다. 그렇게 한 대표적인 사람이 스바의 여왕이었습니다. 스바의 여왕은 하나님의 지혜를 듣기 위해서 바쁜 일정들을 다 취소하고 엄청난 선물을 준비해서 솔로몬의 설교를 들으러 이스라엘로 왔습니다. 스바 여왕이 예루살렘에 와서 가장 놀랐던 것은 이곳에는 하나님의 말씀이 너무 흔하다는 것이었습니다. 솔로몬의 신하들은 매일 하루 종일 하나님의 지혜를 들을 수 있었습니다. 스바 여왕은 자기가 예루살렘에서 가장 부러웠던 것이 바로 이것이라고 했습니다. 예루살렘 사람들이나 솔로몬의 신하들은 자기가 원하기만 하면 매일 하나님의 지혜를 들을 수 있었던 것입니다.

그럼에도 불구하고 이스라엘에 잠언이 필요했던 이유는 이스라엘 안에 아무리 하나님의 말씀이 흔하다 하더라도 얼마든지 본인이 하나님의 말씀을 싫어하고 타락한 정욕의 길을 갈 수 있기 때문입니다. 그래서 잠언에서 지혜의 길도 있고 정욕의 길도 있다는 것은 이 세상 사람들을 두고 하는 말이 아닙니다. 우리가 하나님을 믿고 우리 가운데 부흥이 일어나고 있음에도 불구하고 우리는 얼마든지 정욕의 길, 세상의 길로 갈 수 있다는 이야기입니다. 이것이 바로 하나님의 백성들의 중요한 과제입니다. 우리에게 부흥이 일어나고 있고 하나님의 말씀이 강같이 풍성하다고 해서 모든 것이 다 된 것이 아닙니다. 우리는 하나님이 주신 부흥을 지키기 위해서 다시 한 번 우리 자신을 하나님의 말씀에 비추어 자기를 쳐서 복종시킬 필요가 있습니다. 그렇지 않고 우리가 자만에 빠져서 하나님의 말씀을 소홀히 할 때에는 부흥은 꺼지게 되고 하나님의 축복은 사라지게 됩니다. 그래서 잠언이 이야기하는 것은 우리 하나님의 백성들에게는 무한히 풍성한 하나님의 말씀이 있고 부흥의 축복이 있지만 그럼에도 불구하고 우리가 겸손히 하나님의 말씀을 들어야 하고 지켜야 할 책임이 있는 것을 보여주고 있습니다.

2. 하나님 말씀의 유익

우리는 이 세상을 살아가면서 세상에 여러 가지 출세의 길이 있다는 것을 알게 됩니다. 이 세상에는 사람들 누구나 사모하는 많은 보물들이 있습니다. 그 중에는 돈을 많이 가져서 부자가 되는 것도 있고, 권력자가 되는 것도 있고, 유명한 학자가 되는 것도 있을 것입니다. 그런데 놀랍게도 하나님의 말씀은 우리에게 이런 세상적인 성공을 하는 데 필요한 요령이나 지혜를 주는 것 같지 않습니다. 만약 이 세상에서 성공하는 데 필요한 요령이나 지혜를 가르쳐주는 데가 있다면 사람들은 누구든지 기를 쓰고 가서 배우려고 할 것입니다. 그러나 하나님의 지혜는 일단 그런 세상적인 성공에는 관심이 없는 것처럼 보입니다. 그렇다면 하나님의 지혜가 일차적으로 관심을 가지는 것은 무엇일까요? 그것은 우리가 어떻게 하면 하나님과 바른 관계에서 살아갈 것인가 하는 것입니다. 만일 하나님이 없다면 하나님의 지혜를 배우려고 애쓰는 사람은 쓸데없는 시간 낭비만 하는 이 세상에서 가장 미련한 사람이 될 것입니다. 그러나 성경 저자는 이 세상의 모든 축복은 하나님으로부터 오는 것을 전제로 하고 있습니다. 그래서 우리가 지속적으로 복을 받는 비결은 하나님을 붙드는 것이며, 하나님과 바른 관계를 유지하는 것입니다. 그러면 하나님께서는 우리에게 지혜를 주셔서 모든 것을 분별하게 하실 것입니다. 우리가 축복의 길을 걸어가는 데 가장 위험한 것은 두 가지가 있습니다. 하나는 나도 모르게 하나님의 축복이 막혀 버리는 것입니다. 이것은 우리가 하나님의 말씀을 버리고 정욕을 따라갈 때 일어나게 됩니다. 그리고 또 하나는 자기 자신이나 다른 사람입니다. 하나님이 만드신 피조물 중에서 가장 간사하고 가장 교활한 것이 우리 인간입니다. 거기에 우리 자신도 들어 있습니다. 그래서 우리가 축복의 길을 지속적으로 가기 위해서는 다른 사람이 하는 달콤한 꾐에 넘어가지 말아야 할 뿐 아니라 자기 자신을 하나님의 말씀으로 두들겨 잡아서 바른길을 가게 해야 하는 것입니다.

잠언 1장 1절부터 9절까지는 잠언 전체의 서론에 해당되는 말씀입니다.

잠언의 첫 부분은 하나님의 말씀이 주시는 유익을 설명하고 있습니다. 즉 하나님의 말씀을 듣는 젊은이들에게 하나님의 말씀에는 이런 놀라운 유익이 있다는 것을 알려줌으로 귀를 솔깃하게 하려는 것입니다. 다시 말해서 잠언의 저자는 잠언을 듣는 사람들에게 먼저 하나님의 말씀이 주는 유익부터 알려주고 난 후에 진정한 지혜는 '바로 이것이다' (즉 여호와를 경외하는 것이다) 하는 식으로 말씀을 전개하고 있습니다. 그러나 하나님의 지혜에 대한 이 선전은 절대로 과장된 선전이 아닙니다. 하나님의 지혜가 처음에는 도대체 우리가 인생을 살아가는 데 무엇이 유익이 되는지 알 수 없지만 말씀을 듣고 살아가면서 우리는 이미 하나님의 말씀에 의해서 보호되고 있으며 이미 축복의 길을 걸어가게 되는 것입니다.

1절 "다윗의 아들 이스라엘 왕 솔로몬의 잠언이라."

하나님의 말씀은 객관적인 진리만 있는 것이 아니라 우리의 삶에 적용할 수 있는 구체적인 가르침들이 많이 있습니다. 예를 들어 모세오경 중에서 출애굽기나 레위기에 나오는 말씀이 원론이라면 이스라엘 백성들이 광야 생활을 하면서 체험한 것이 민수기이고, 가나안 땅 입구에서 모세가 다시 가르친 신명기는 그 적용에 해당되는 것입니다. 이 하나님의 말씀의 적용은 식물이 싹이 나고 자라서 꽃이 피고 열매가 맺힌 것에 해당됩니다. 우리가 이것을 통해서 알 수 있는 것은 이스라엘에 큰 부흥이 일어날 때 엄청나게 많은 하나님의 말씀이 쏟아지게 되고, 또 그 말씀이 우리 생활 가운데 열매를 맺게 된다는 사실입니다. 이때 성도들이 만나면 주로 주고받는 말씀들이 설교 때 들은 그 말씀, 그 중에서도 자기 자신에게 적용이 되었던 말씀들을 나누게 되는데 이것이 이스라엘이 가지는 어마어마한 복인 것입니다.

이스라엘 백성들은 모세 시대에 엄청나게 풍성한 하나님의 말씀이 있었습니다. 그래서 이스라엘 백성들이 광야 생활을 한 것은 그냥 황무지를 할 일 없이 돌아다닌 것이 아니라 어마어마한 하나님의 말씀의 폭발이 있었던 것입니다. 이스라엘 백성들은 가나안에서보다는 오히려 광야에서 더 풍성한 하나님의 말씀을 받았습니다. 그리고 이스라엘 백성들은 그 말씀으로 그대로 가나안 땅을 정복했습니다. 그리고 나서 이스라엘 백성들은 다윗 때에 다시 엄청난 말씀의 부흥을 체험하게 됩니다. 다윗은 사울 왕에게 쫓기면서 죽어라고 하나님의 말씀을 붙잡았는데 그때부터 이스라엘 안에는 말씀의 부흥이 일어나기 시작했습니다. 그리고 다윗이 왕이 되고 난 후에 그는 더욱더 말씀의 부흥을 일으켰습니다. 다윗은 자기가 왜 이스라엘의 왕이 된 것인지를 알고 있었습니다. 그는 자기가 도망 다니며 생활하면서 붙들었던 그 말씀으로 온 이스라엘에 대부흥을 일으키라는 하나님의 뜻을 알았던 것입니다.

그래서 성도들도 하나님의 복을 받았을 때 두 가지 태도가 있습니다. 하나는 하나님께서 나를 축복하셨으니까 이제는 복을 즐기자고 생각하는 사람이 있을 것입니다. 그러나 다른 하나는 하나님께서 내가 고생하고 가난할 때 붙들었던 말씀을 더 부흥시키라는 뜻을 생각해서 더 말씀에 열을 올리는 사람이 있을 것입니다. 그런데 이 두 번째 태도를 가지는 사람이 하나님의 뜻을 바르게 파악한 사람입니다. 하나님께서 이스라엘 백성들을 가나안 땅에 심으신 것은 광야에서 배운 말씀을 가나안에서 더 부흥을 일으키라는 뜻이었고 다윗을 왕으로 삼으신 것은 그가 도망자로 있으면서 체험했던 그 말씀으로 왕이 된 후에 더 큰 부흥을 일으키라는 뜻이었던 것입니다. 다윗 때에 일어났던 그 부흥은 솔로몬 때 이미 잠언으로 엮을 수 있을 정도로 풍성한 말씀이었습니다. 그래서 다윗의 아들 솔로몬의 잠언이라고 하는 것은 솔로몬이 혼자서 만들어낸 격언이 아니고 다윗 때부터 일어났던 말씀의 대부흥의 요약판이었던 것입니다. 잠언의 저자는 먼저 하나님의 말씀이 주는 유익부터 설명하고 있습니다.

2절 "이는 지혜와 훈계를 알게 하며 명철의 말씀을 깨닫게 하며"

여기서 '지혜'라는 말은 원래 '기술'과 같은 뜻을 가지고 있습니다. 여기서 말하는 지혜는 철학적인 지혜가 아니라 공학적인 지혜 즉 물건을 만드는 요령 같은 것을 말합니다. 어떤 사람이 좋은 물건을 만들어내는 것은 하루 이틀에 되는 것이 아닙니다. 그 사람이 그 일에 전적으로 헌신해서 수십 년에 걸쳐서 노력한 결과 터득되는 것이 '기술'이고 그것은 감히 다른 사람들이 모방할 수 없는 것입니다. 우리가 이 세상에서 성공하려면 바로 이런 기술적인 노하우가 있어야 합니다. 그렇지 않으면 조금 이름이 나고 장사가 잘 되면 금방 다른 사람들이 모방을 해버리기 때문에 가치가 떨어져버리고 맙니다. 그러나 하나님께서 하나님의 말씀을 붙드는 자들에게 주시는 지혜나 능력은 도저히 다른 사람이 모방할 수 없는 특별한 것들입니다. 이것은 마치 오랜 경험해서 나온 기술과 같은 것이어서 어느 누구도 따라올 수 없는 탁월한 지혜인 것입니다. 하나님의 지혜가 탁월한 이유가 있습니다. 우리가 하나님의 말씀을 붙잡고 따라가다 보면 하나님의 창조의 지혜 속을 파고 들어가게 되었는데, 하나님의 말씀은 무에서 유를 만드는 능력이 있고 하나님의 기적을 가져오는 능력이 있기 때문에 모방이 불가능한 것입니다. 그리고 두 번째는 '훈계'라고 했는데, 훈계는 잘못된 길을 가려고 하는 것을 바로잡는 것을 말합니다. 우리가 자동차를 운전할 때 핸들을 가만히 붙잡고 있는 것 같지만 실제로는 조금씩 핸들을 움직여서 자동차가 바른길에서 벗어나지 않도록 조종을 하면서 가고 있습니다. 마찬가지로 우리가 이 세상을 살아갈 때 항상 바른길에서 조금씩 이탈을 해서 죄악의 길로 가려고 할 때마다 하나님의 말씀은 우리를 탈선에서 바로잡아 줍니다. 그런데 이것이 얼마나 중요한지 모릅니다. 왜냐하면 우리가 엄청난 속도로 달리면서 핸들을 움직이지 않고 가만히 있는 것은 자살 행위와 같은 것이기 때문입니다. 사실 우리는 기계가 아니기 때문에 마음속에 언제나 죄의 충동이 일어납니다. 물론 전혀 죄를 생각하지 않고 살아가면 좋겠지만 그럴 수 있는 인간은 단 한 명도 이 세상에 존재하지 않습니다. 우리 인간에게 죄의 유혹은 죽음보다 더 강하기 때문에 도저히 떼려야 뗄 수가 없습니다. 우리가 하나님의 말씀을 듣는 순간 죄의 유혹은 약해지고 우리는 정신을 차리게 되면서 바른길로 가게 됩니다. 그런데 이것이 별 것 아닌 것 같지만 결국 대형 사고를 막는 길인 것입니다.

세 번째가 '명철의 말씀'을 깨닫게 한다고 했습니다. 여기서 명철이라고 하는 것은 이미 하나님의 지혜가 우리 몸에 체득되어 구체적인 분별력으로 나타나는 것을 말합니다. 예를 들어서 우리가 밤에 어떤 사람을 만나야 하는지 혹은 자녀들의 진학을 위해서 어떤 결정을 해야 하는지는 성경에서 말씀하는 곳이 없습니다. 그런데 우리는 성경에 나오지 않는 이런 문제를 가지고 매일 중요한 결정을 내려야 합니다. 어떤 사람이 동업을 하자고 하는데 해야 하는지 말아야 하는지, 혹은 어디에 이윤이 많이 남는 투자할 데가 있다는데 투자를 해야 하는지 말아야 하는지, 이런 것들은 성경에서는 말씀하지 않습니다. 하나님께서는 우리에게 매순간 지혜를 주셔서 분별하게 하십니다. 이것이 바로 명철인 것입니다. 3절에서는 이것을 좀 더 자세하게 설명하고 있습니다.

> 3절 "지혜롭게, 의롭게, 공평하게, 정직하게 행할 일에 대하여 훈계를 받게 하며"

지혜롭게 행한다고 하는 것은 우리가 어떤 일을 할 때 그 일의 성격을 알고 하는 것을 말합니다. 지혜롭게 행하는 것의 반대가 맹목적으로 하는 것입니다. 맹목적으로 하는 것은 위에서 하라고 하니까 무조건 밀어붙이는 것입니다. 좋게 말하면 불도저같이 밀어붙이는 것이고 나쁘게 말하면 코뿔소나 멧돼지같이 밀어붙이는 것입니다. 불도저나 멧돼지같이 밀어붙일 때 불필요하게 다치는 사람들이 많이 생기게 됩니다. 그리고 더 문제가 되는 것이 유연성이 없기 때문에 급작스러운 변동이 생겼을 때 회전이 안 되는 것입니다.

그러나 지혜로운 자는 언제나 유연하기 때문에 같은 일을 하더라도 상처 없이 깨끗하게 해낼 수 있습니다. 그리고 '의롭게'라는 것은 죄를 이기는 능력을 말합니다. 우리가 아무리 큰일을 하고 성공을 거두었다 하더라도 죄를 지으면 그 모든 성공은 아무 의미가 없게 됩니다. 우리가 세상에서 성공하는 사람들을 보면 성공하는 만큼 죄도 많이 짓습니다. 그래서 나중에 평가를 내릴 때 보면 성공한 것은 다 묻혀버리고 죄만 남게 됩니다. 우리 안에는 항상 교만으로 떨어지려는 경향이 있고 죄를 지으려는 성향이 있습니다. 그런데 하나님의 말씀은 죄를 이기면서 일을 하게 하기 때문에 그 상급이 영원합니다.

그리고 '공평하게'라는 것은 다른 사람에 대하여 가지는 바른 태도를 말합니다. 우리가 다른 사람으로부터 공정한 평가를 받으려고 하면 우리 자신이 먼저 다른 사람에 대하여 공정해야 합니다. 물론 우리는 인간이기 때문에 더 좋아하는 사람도 있고 덜 좋아하는 사람도 있을 수 있습니다. 그러나 우리가 하나님의 눈으로 사람을 보면 그런 개인적인 차이는 의미가 없어져 버립니다. 우리는 이 세상에서 자기 일을 하라고 보냄을 받은 자들이 아니고 하나님의 일을 하라고 보냄을 받았기 때문에 내 감정에 따라 사람을 다르게 대하면 안 됩니다. 결국 공정하게 대할 때 다른 사람도 우리를 대할 때 아주 신사적으로 대하는 것을 보게 될 것입니다. 특히 우리 믿는 사람들은 사회생활을 하면서 원수를 만들지 않는 것이 중요합니다. 대개 사람들은 눈앞에 있을 이익을 위해서 다른 사람들을 원수로 만드는 것을 많이 볼 수 있습니다. 그런데 한번 아픔을 당한 사람들은 그것을 잊지 않고 기억을 하기 때문에 이미 공정하다는 평가를 받을 수 없게 됩니다. 그리고 '정직하게'는 자기 자신에 대해서 먼저 정직해야 합니다. 사람들이 쉽게 거짓말을 하는 이유는 자기 자신을 속이기 때문입니다. 그러나 하나님의 백성들은 유능하거나 똑똑하지 못해도 정직한 것이 기본입니다. 하나님은 우리가 실수하거나 죄에 빠지거나 나쁜 생각을 하는 것을 다 이해하십니다. 그러나 적어도 우리가 하나님 앞에 정직할 때 하나님은 모든 허물을 다 용서해주십니다. 그러나 쉽게 거짓말하는 사람은 하나님을 두려워하지 않는 사람이기 때문에 하나님의 용서를 받을 수 없습니다.

4-5절은 하나님의 말씀이 주는 유익을 더 구체적으로 설명하고 있습니다. 요즘 텔레비전에서 광고를 할 때 그 물건을 샀을 때 주는 혜택을 열거하며 '여기에 추가해서 이런 것까지 드립니다' 라고 하면서 이래도 사지 않겠느냐고 선전을 하면 소비자들은 구미가 당기게 될 것입니다. 이제는 잠언 기자가 좀 더 공격적인 마케팅을 하고 있습니다.

4절 "어리석은 자로 슬기롭게 하며 젊은 자에게 지식과 근신을 주기 위한 것이니"

아마 이 세상에 '어리석은' 자기 자식을 똑똑하게 만들 수 있는 방법이 있으면 부모는 자식을 거기가 어디든지 보내려고 할 것입니다. 한때 우리나라 부모님들은 어리석은 자기 자식을 똑똑하게 만들기 위해서 조기 유학을 많이 보내었습니다. 그 중에는 성공을 해서 자식이 정말 똑똑해진 자도 있겠지만 비참하게 실패한 경우도 많이 있는 것입니다.

저는 어렸을 때나 청년기에나 정말 똑똑하지 못하고 어리석었습니다. 특히 저는 제가 가야 할 길을 전혀 알지 못했습니다. 그래서 다른 사람들은 모두 열심히 자신의 길을 찾아서 가고 있는데 저는 제가 가야 할 길을 찾지 못하고 있었습니다. 저의 가족들이나 제 친구들은 모두 제가 아까운 세월을 낭비하고 있다고 생각했습니다. 저는 정말 어리석은 자였습니다. 그런데 왜 이렇게 제 자신이 미련하고 어리석은가 생각을 해보았더니, 제 자신을 찾지 못해서 그랬던 것입니다. 제가 하나님의 말씀을 열심히 공부하고 그것을 제 것으로 만들었을 때 저는 제 자신을 찾게 되었습니다. 그리고 사람이 똑똑해지기 시작했습니다. 그리고 하나님의 말씀 안에서 길이 열리기 시작했습니다. 세상에 미련한 자를 슬기롭게 만드는 곳만 있으면 누구든지 가려고 할 것입니다. 그런데 하나님의 말씀은 우리를 슬기롭게 합니다. 하나님의 말씀은 가장 먼저 우리 자신을 찾을 수 있게 만듭니다. 우리가 자신의 가치를 찾으니까 똑똑해지는 것입니다. 특히 여기에 보면 '젊은 자에게 지식과 근신을 주기 위한 것'이라고 했습니다. 젊은이들은 아직 인격이 덜 만들어진 상태입니다. 즉 젊은이들은 이제부터 배우고 받아들이는 것에 따라서 얼마든지 유능하고 큰 그릇으로 만들어질 가능성이 있습니다. 그러나 반대로 젊은이들은 헛된 망상과 정욕에 빠져서 인생을 다 망칠 가능성도 많습니다. 젊은이들은 육체적인 쾌락에 가장 잘 빠지기 쉬운데 젊었을 때의 육체적인 쾌락은 인생을 망치는 길입니다. 그래서 젊은이들로 하여금 자기 길을 찾게 하고 그 길을 열심히 가게 하는 것이 하나님의 말씀인 것입니다. 여기서 '근신'이라고 하는 것은 채찍질하는 것을 말합니다. 하나님의 말씀은 젊은이로 하여금 유혹에 흔들리지 않고 계속 바른길을 가게 하는 능력이 있는 것입니다.

5절 "지혜 있는 자는 듣고 학식이 더할 것이요 명철한 자는 모략을 얻을 것이라."

하나님의 말씀은 한번 듣는 것으로 끝나는 것이 아니라 이미 하나님의 말씀의 길을 가고 있는 자에게 튼튼한 엔진을 달아줍니다. 우리가 축복의 길을 가려고 하면 계속적인 에너지의 공급이 필요합니다. 하나님의 말씀은 계속적인 연료를 제공해 줍니다. 그래서 우리는 하나님의 말씀의 길을 가다가 다른 것으로 바꿀 필요가 없습니다. 그러나 많은 경우 사람들은 자꾸 새로운 것을 찾는다고 하면서 변덕을 부리다가 하나님의 축복을 놓치는 것입니다. 그리고 '명철한 자는 모략을 얻는다'고 했습니다. 여기서 모략은 전쟁할 때 전략과 같은 것입니다. 우리는 자기만 정직하고 바르다고 해서 되는 것이 아니라 상대방의 의도를 정확하게 파악해야 합니다. 하나님의 말씀은 우리로 하여금 다른 사람들에게서 나타날 행동을 미리 알게 하고 악한 자들의 습성을 알게 해서 대비를 하게 합니다. 이것이 모략인 것입니다.

요즘 우리나라 정부의 정책 중에서 크게 실패한 것들은 모두 반대 입장에 있는 세력의 반응을 예측하지 못하고 자기도취에 빠진 결과였습니다. 국민들의 지지율이 높은 것에 만족해서 자기도취에 빠졌는데 반대 입장에 있는 사람들이 얼마나 교묘하게 기술적으로 국민들의 여론을 혼란시킬 줄 몰랐던 것입니다. 그래서 어느 누구든지 자만은 금물입니다.

3. 숨겨진 하나님의 지혜

하나님은 모든 축복을 언어로 바꾸어서 성경 안에 넣어주셨지만 성경은 너무나도 평범한 언어나 내용으로 되어 있기 때문에 그 안에 있는 보물을 캐내는 것이 결코 쉽지 않습니다.

> 6절 "잠언과 비유와 지혜 있는 자의 말과 그 오묘한 말을 깨달으라."

여기서 잠언이나 비유는 수수께끼 같은 말을 의미합니다. 하나님의 말씀은 다양한 형태로 되어 있는데 그 중에는 노천광처럼 읽기만 하면 그 자리에서 보물을 캐낼 수 있는 말씀도 있습니다. 그러나 어떤 말씀은 그 의미를 아는 것 자체가 쉽지 않고 어떤 말씀은 바위를 뚫고 깊이 파내려 가야 알 수 있는 말씀도 있습니다. 그런데 사람들은 성경이 너무 오래된 책이기 때문에 우리가 이 시대를 살아가고 성공하는 데 도움이 되는 말씀으로 믿지 못하고 있습니다. 그러나 우리가 알아야 할 것은 우리의 인생 자체가 하나님의 말씀이 없으면 영원히 풀리지 않는 수수께끼라는 것입니다. 우리는 어디서 왔으며 어디로 가야 하는지도 모르고 그냥 이 세상에 내던져진 인생 같습니다. 그래서 우리가 성경을 모르면 우리 인생 자체가 광야에서나 깊은 산에서 길을 찾기 위해서 허우적거리는 인생밖에 되지 않습니다. 모든 인간들은 이 세상에서 조난당한 인생들입니다. 우리 모든 인간들은 자기 자신을 잃어버린 기억상실증에 걸린 사람들과 같습니다. 그런데 우리가 하나님의 말씀을 들을 때 내 자신에 대한 비밀들을 하나씩 알게 되고, 인생의 수수께끼가 풀리게 됩니다. 하나님의 말씀은 나에 대한 비밀을 설명해주는 말씀입니다. 그리고 하나님의 말씀 안에 하나님의 축복이 있습니다. 성경의 가치는 일단 하나님의 말씀이 내 안에 들어오게 되면 나 자신의 가치가 달라지는 데 있습니다. 그것도 그냥 달라지는 것이 아니라 어마어마하게 달라지게 됩니다. 마치 우리의 인생이 예전에는 잡석과 같았다면 지금은 보석의 인생으로 바뀌게 됩니다. 하나님의 말씀은 하나님의 축복의 문을 열어주는 능력이 있습니다. 사람들이 성경에 대하여 오래된 책이라고 쉽게 판단하는 것은 너무나도 어리석은 짓입니다.

그런데 하나님의 지혜의 핵심은 어디에 있는 것일까요? 그것은 바로 하나님을 바로 아는 데 있습니다. 잠언 전체의 핵심은 바로 1장 7절 한 절 말씀 안에 다 있습니다.

> 7절 "여호와를 경외하는 것이 지식의 근본이어늘 미련한 자는 지혜와 훈계를 멸시하느니라."

우리 인간들이 이 세상에 살면서 결정적으로 중요한 것은 하나님을 바로 알고 믿는 것입니다. 이것이야말로 하나님께서 인간들을 창조하신 목적이며 인간의 가장 중요한 사명입니다. 이것이 왜 이렇게 심각한가 하면 모든 인간들은 이 세상에 태어날 때 선천적인 장애를 가지고 태어났기 때문입니다. 그것은 바로 하나님을 모르는 장애인 것입니다. 만약 어린아이가 태어났는데 앞을 보지 못한다거나 혹은 심장이 잘못되어 있다면 이것은 보통으로 심각한 일이 아닐 것입니다. 그런데 모든 인간들은 태어나면서 하나님을 바로 모르는 장애를 가지고 태어나게 됩니다. 이것은 이스라엘 백성들이나 믿는 집의 자녀들도 마찬가지인 것입니다. 그런데 하나님의 말씀이 이 장애를 치료해서 하나님을 바로 알게 합니다. 우리가 하나님을 바로 안다는 것은 마치 맹인이 눈을 뜨는 것과 같습니다. 우리가 하나님을 모를 때에는 눈에 보이는 것이 전부인 줄 알았는데 나중에 하나님을 알고 보니까 전부 엉터리이고 정반대인 것을 알게 됩니다. 여기에서 하나님의 백성들이 다른 사람들과 달라지게 되는 것입니다. 우리도 예수 믿기 전에는 세상이 전부인 줄 알았고 가족이 절대적인 줄 알았습니다. 그런데 예수를 믿고 하나님을 알고 보니까 전부 정반대인 것입니다. 전에는 옳았던 것이 이제 보니 틀렸고 전에는 절대적으로 지켜야 하는 것들이 모두 미신이고 엉터리인 것을 알게 되는 것입니다.

그런데 여기에 왜 '하나님을 아는 것'이라고 하지 않고 '경외하는 것'이라고 했을까요? 이것은 우리가 하나님을 바로 알았을 때 우리에게 나타나는 반응을 말하는 것입니다. 우리가 하나님을 바로 알게 되었을 때 우리 영혼 전체는 전율하게 됩니다. 우리가 그 전에 하나님을 알았을 때에는 하나님에 대하여 들은 것이고 간접적으로 아는 것이었습니다. 이것은 마치 호랑이를 그림책에서 보는 것과 같습니다. 어린이들이 그림책에서 호랑이를 보는 것은 무섭지 않습니다. 그러나 만일 우리가 실제로 눈앞에 호랑이를 만나게 되었을 때 우리 전신이 전율하게 될 것입니다. 마찬가지로 우리가 하나님을 처음으로 내 마음속에 믿게 되었을 때 우리에게 나타나는 반응은 전율입니다. 마치 우리 몸 안에 아주 강력한 전기가 들어오는 것처럼 우리는 전율하게 되고 지금까지 내가 믿고 의지하고 있던 모든 것들이 하나님 앞에서 다 타서 없어져 버리게 됩니다. 그리고 나는 하나님을 일 대 일로 만나게 되는데 하나님은 나를 죽이기도 하시고 살리기도 하시는 살아 계신 하나님이십니다.

여호와를 경외하는 것이 지혜의 근본이라고 하는 것은 하나님의 말씀이 우리를 일차적으로 인도하는 것은 하나님을 만나게 하는 것이라는 뜻입니다. 이것이 하나님의 말씀의 일차적인 목적입니다. 이때 우리는 새 생명으로 살아나게 됩니다. 그러나 '미련한 자들은 지혜와 훈계를 멸시' 합니다. 그 이유는 미련한 자들은 자신들의 상태를 생각하지 않고 하나님의 말씀이 자기에게 아무것도 하지 못하도록 잔소리 한다고 생각하는 것입니다. 즉 내 안에는 많은 야망이 있고 이 세상은 출세의 기회가 있는데 이 세상에서 성공하고 출세하는 것이 복된 삶이라고 생각하는 것입니다. 그러나 그는 가장 중요한 자기 자신을 찾지 못했습니다. 그는 가장 중요한 하나님을 알지 못했습니다. 그러니까 그의 삶 전체가 실패한 인생인 것입니다. 우리는 이 세상에 아무리 좋은 것이 있어도 그것부터 붙잡으면 안 됩니다. 우리는 하나님을 먼저 찾아야 모든 것을 바로 볼 수 있고 바로 살 수 있습니다. 그래서 잠언 기자는 다시 한 번 간곡하게 우리 믿는 자들을 권고합니다.

8절 "내 아들아 네 아비의 훈계를 들으며 네 어미의 법을 떠나지 말라"

하나님께서는 모세에게 십계명을 주시면서 네 부모를 공경하라는 제오계명에 이스라엘 백성들이 가나안 땅에 사는 복을 약속하셨습니다. "네 부모를 공경하라 그리하면 너의 하나님 나 여호와가 네게 준 땅에서 네 생명이 길리라"(출 20:12). 이스라엘 백성들의 가장 놀라운 축복이 이 세상 어느 곳에도 없는 하나님의 말씀이 흘러넘치는 것입니다. 세상 사람들은 하나님의 말씀을 듣고 싶어도 전해주는 자가 없어서 듣지 못하는데 이스라엘에는 온 천지에 하나님의 말씀이 있습니다. 특히 이스라엘 백성들에게 복된 것은 부모님 자신들이 하나님의 말씀인 것입니다. 부모님들이 하나님의 말씀을 가지고 일단 살며 체험한 말씀을 가지고 있습니다. 이것이야말로 그 자체가 지혜이고 명철인 것입니다. 그러나 아무리 소나기가 쏟아진다 하더라도 장독 뚜껑을 덮어 놓으면 비가 전혀 들어갈 수 없습니다. 아무리 하나님의 말씀이 흘러넘쳐도 본인이 듣기 싫어해서 귀를 막고 세상길을 가면 아무 소용이 없는 것입니다. 그래서 하나님의 백성들이 복 받는 비결은 하나님의 말씀에서 떠나지 않는 것입니다. 그렇게 하기만 하면 하나님께서 이스라엘 백성들을 복 주시겠다고 약속을 하셨습니다.

> 9절 "이는 네 머리의 아름다운 관이요 네 목의 금 사슬이니라."

하나님의 말씀은 실제로 우리를 존귀하게 하며 성공하게 하는 말씀인 것입니다. 그러나 그것은 이 세상의 복과는 다른, 시들지 않는 복인 것입니다. 우리가 오늘 말씀을 보면서 이 말씀이 우리들에게 주시는 말씀인 것을 깨닫게 됩니다. 우리에게 하나님의 말씀이 흘러넘치는 것은 최고의 복입니다. 그러나 본인들이 그 가치를 인정하지 않고 말씀을 듣지 않는다면 축복가운데서 망하는 길로 가는 것입니다. 이것은 세상에서 말씀을 듣지 못해서 정욕의 길을 가는 사람들보다 백 배나 더 악한 것입니다. 일시적으로는 그들이 유능해 보이고 똑똑해 보일지 몰라도 결국은 비참하게 망하고 말 것입니다. 그들은 살아가는 것을 너무 쉽게 생각했기 때문입니다. 우리 인간들은 아주 정밀하게 만들어졌고 우리는 이 세상에서 결코 세상적인 성공으로는 만족할 수 없는 정교한 감정과 의지를 가진 존재들입니다. 결국 하나님의 말씀만이 우리를 살게 할 것이며 끝까지 아름답고 복된 길을 가게 할 것입니다. 우리가 지금까지 받은 축복에 자만하지 말고 끝까지 겸손하게 하나님의 말씀을 붙드는 성도들이 되시기 바랍니다.

02 · 인간의 본성

잠 1:10-33

텔레비전에서 동물의 왕국 같은 프로를 보면 아프리카 초원에서 많은 초식 동물들과 육식 동물들이 어울려서 살아가는 것을 볼 수 있습니다. 그런데 사실은 어울려서 살아가는 것이 아니라 언제나 사자나 표범 같은 육식동물들이 초식동물들을 잡아먹으며 살아가는 것입니다. 그래서 우리가 보기에는 언제나 초식 동물들이 불쌍하고 육식동물들이 잔인한 것 같은 생각이 듭니다. 구약성경에서 하나님께서 이스라엘 백성들에게 부정하다고 해서 먹지 못하게 한 짐승들은 거의 모두 육식이거나 잡식성인 것을 알 수 있습니다. 또 이런 짐승들은 성격 자체가 고약하고 고기도 질기기 때문에 맛이 없습니다. 그런데 우리가 사회생활을 하면서 바로 이런 야생의 세계처럼 강한 자가 약한 자를 잡아먹으면서 성공하는 것을 많이 볼 수 있습니다. 그래서 약한 자가 살아남으려고 하면 스스로 강해지든지 아니면 약한 데 순응해야 하는 것입니다. 그런데 성경은 우리가 보는 것과는 전혀 다른 하나의 생존 방식을 가르쳐주고 있습니다. 그것은 우리가 이런 동물적인 생존 방식을 버리고 식물적인 생존 방식을 택하는 것입니다. 여기서 동물적인 생존 방식이라고 하는 것은 강한 자가 약한 자를 잡아먹으면서 살아가는 방식을 말합니다. 그런데 식물적인 생존 방식이란 우리가 다른 사람을 잡아먹지 않고 오히려 신앙적인 열매를 맺으면서 살아가는 방식을 말합니다. 그러나 이런 생존 방식은 한편으로는 우리에게 대단한 약점이 될 수 있습니다. 우리가 스스로 살기 위해서 남을 공격하지 않으면 다른 사람들이 우리를 공격하기 때문입니다. 그리고 우리가 하나님이 주시는 능력으로 산다고 하지만 처음에는 세상의 방식도 통하지 않고 하나님의 능력도 오지 않아서, 이것도 아니고 저것도 아닌 아주 어려운 상태에 빠질 수도 있습니다. 그런데 일단 우리가 식물적으로 살아남게 되면 그때에는 야생동물들의 공격을 두려워할 필요가 없습니다. 왜냐하면 그때 우리는 더 이상 이런 야생동물들의 공격 대상이 아니기 때문입니다.

잠언은 하나님의 말씀이 풍성한 이스라엘 백성들을 전제로 하고 가르친 내용입니다. 잠언을 보면 얼마나 하나님의 말씀이 흔하고 풍성한지 길에서도 하나님의 말씀을 들으라고 소리를 지르면서 사람들을 부르기 때문입니다. 그러나 잠언은 하나님의 백성들 안에 두 길이 있다는 것을 보여줍니다. 하나는 지혜의 길이고 다른 하나는 악하고 미련한 길입니다. 우리가 생각하기에 하나님의 백성들의 길은 다 같은 것 같고, 예수를 믿기만 하면 모든 것이 다 끝난 것이 아닌가 하는 생각이 들게 됩니다. 그런데 잠언은 절대로 하나님을 믿는다고 해서 같은 것이 아니라 그 안에 지혜의 길이 있는가 하면 망하는 길이 있다는 것을 분명히 하고 있습니다. 우리 안에 하나님의 말씀이 아무리 많이 있어도 자기가 듣기 싫어하고 자기가 그 말씀에 순종하지 않는다면 아무 소용이 없기 때문입니다. 이것에 대한 한 가지 비유를 들어보면 요즘 컴퓨터나 노트북 그리고 아이폰이나 디지털 카메라 같은 것은 그 안에 굉장히 많은 기능들이 있습니다. 그래서 누구든지 그 다양한 기능들을 자유자재로 사용하려고 하면 그 제품을 살 때 주는 제품설명서를 인내심을 가지고 꼼꼼하게 읽으면서 그 제품의 기능들을 익혀 나가야 합니다. 그런데 사람들 중에는 그런 제품설명서를 꼼꼼하게 읽는 것을 아주 귀찮아하는 사람들이 있습니다. 이런 사람들은 그런 물건을 두고서도 제대로 사용하지 못해서 처박아 둡니다. 마찬가지로 하나님의 백성들은 어마어마한 하나님 말씀의 세계가 주어져 있다는 것을 전제로 하고 있습니다. 그러나 하나님의 백성들이 하나님의 말씀을 읽고 또 연습하는 것을 귀찮아하고 게을리 한다면 아무리 엄청난 하나님의 말씀이라 하더라 하더라도 아무 소용이 없을 뿐 아니라 아무리 믿는 자라 하더라도 세상 사람들과 똑같은 길을 갈 수밖에 없는 것입니다.

1. 악한 자의 꾐

성경은 먼저 우리가 하나님을 믿는다고 하면서도 얼마든지 악한 자의 길을 따라갈 수 있다는 것을 말씀하고 있습니다.

> 10-12절 "내 아들아 악한 자가 너를 꾈지라도 좇지 말라. 그들이 네게 말하기를 우리와 함께 가자 우리가 가만히 엎드렸다가 사람의 피를 흘리자 죄 없는 자를 까닭 없이 숨어 기다리다가 음부같이 그들을 산 채로 삼키며 무덤에 내려가는 자 같게 통으로 삼키자."

여기서 '아들'이란 원래는 아직 인격적으로 가치관이 제대로 만들어지지 않은 어린아이들을 말합니다. 그러나 오늘 우리들에게는 모든 믿는 사람들을 다 포함해서 하는 말이고, 특히 예수 믿은 지 얼마 되지 않는 사람들은 다 여기서 말하는 '아이들' 인 것입니다. 그들에게 '악한 자가 너를 꾈지라도 좇지 말라'고 말씀하고 있습니다. 그런데 여기서 말하는 '악한 자들' 은 숨어 있다가 다른 사람에게 덤벼들어서 때리고 물건을 빼앗는 폭력배 같은 사람들을 생각하기 쉽습니다. 그래서 '악한 자가 너를 꾄다'고 할 때, 이것은 누군가가 구체적으로 어떤 사람이 이런 폭력적인 길로 가자고 유인할 수도 있지만 사실 이런 경우 누구든지 나쁘다는 것을 알 수 있고 웬만한 아이들이 아니면 그런 꾐에 잘 빠지지 않을 것입니다. 그러나 좀 더 넓은 시각을 가지고 세상을 보면 우리가 사는 세상 자체가 힘이 지배하는 사회이고, 힘 있는 자들이 약한 자들을 누르면서 살아가는 구조인 것을 알 수 있습니다. 그래서 많은 사람들은 힘이 있는 것이 실력이라고 생각하기 때문에 누구나 다 이런 길을 가려고 하고 있습니다. 그래서 이런 길은 다른 사람이 우리를 유혹한다기보다는 사회현실이 그런데다가 우리 자신이 더 이런 길을 가고 싶어 하는 것입니다. 그래서 악한 길로 가려고 하는 것은 사회 자체가 우리를 그런 길로 이끌고 있고 또 우리 자신이 그 길을 가려고 하는 본성을 가지고 있는 것입니다.

여기서 악한 자들은 맹수들이 하는 것처럼 가만히 엎드려서 전혀 상대방이 눈치 채지 못하게 하고 있다가 갑자기 덤벼들어서 물어 죽입니다. 그렇지 않으면 숨어서 기다리고 있다가 상대방이 사정거리 안에 걸려들면 덤벼들어서 물어 죽이는 것입니다. 여기에 보면 산 채로 삼키며 무덤에 내려가는 자 같이 통째로 삼키자고 하고 있습니다. 육식동물들이 사슴이나 노루를 잡아먹는 것을 보면 아직 목숨이 붙어 있고 의식이 있는 상태인데도 불구하고 둘러서서 여럿이 물어뜯는 것을 볼 수 있습니다. 특히 이런 약한 짐승들은 살려고 필사적으로 도망을 치지만 육식동물들은 더 악착같이 달려가서 목을 물어뜯어서 죽입니다. 이런 짐승들이 실컷 먹고 남은 것이 있으면 그때는 또 다른 육식 동물들이 와서 남은 것을 뜯어 먹습니다. 예를 들어서 사자가 먹고 남은 것을 하이에나나 들개들이 뜯어 먹고 또 나머지는 독수리들이 뜯어 먹는 것입니다.

　마찬가지로 이 세상에서는 힘이 있고 똑똑한 자들이 거의 대부분의 좋은 것들을 다 차지합니다. 특히 옛날에 질서가 문란했을 때에는 권력이 있고 힘이 센 자들이 돈이나 좋은 자리나 심지어는 마음에 드는 여자들까지도 빼앗아서 자기들이 다 차지하고, 나머지를 다음 사람들이 차지하는 형편이었습니다. 아이들이 학교를 다닐 때에도 힘이 센 아이들은 약한 아이들에게 자기 가방을 들고 가게 하거나 혹은 심부름을 시키기도 하고 좋은 것이 있으면 자기가 먼저 차지하고 남은 것들은 자기 밑에 있는 아이들에게 줍니다. 세상에서는 머리가 좋고 똑똑해서 성공한 사람들이 거의 대부분의 좋은 것을 차지합니다. 예를 들어서 정부의 좋은 자리도 고시 출신이나 엘리트 출신들이 차지하고 돈을 많이 버는 자리도 성공한 소수의 사람들이 차지할 것입니다. 심지어는 얼굴이 예쁜 미인들까지도 성공한 사람들이 다 차지하는 세상입니다. 그러나 그런 사람들이 다 차지하지 못하고 남은 것을 가지고 더 많은 그 다음 사람들이 경쟁을 벌이는 것이 어두운 세상의 현실입니다. 이런 세상에서는 마음씨가 좋다든지 혹은 인격이 훌륭하다는 것은 참으로 인정을 받을 수가 없습니다. 이 세상은 마음씨가 좀 나쁘고 인격적으로 형편이 없어도 실력이 있고 성공한 사람들이 좋은 것을 차지합니다.

13절 "우리가 온갖 보화를 얻으며 빼앗은 것으로 우리 집에 채우리니"

　세상 사람들이 사는 목적은 자기 집을 돈으로 채우고 물건으로 채우는 것입니다. 그 대신 그들은 자기 자신이 변해야 한다거나 혹은 하나님의 다른 축복 같은 것에는 관심이 없습니다. 우리가 보기에 일단 이 세상에서 힘이 있고 똑똑한 사람은 성공할 가능성을 가진 사람이라고 보아야 합니다. 그 대신에 이런 세상적인 능력은 없고 마음씨만 좋거나 혹은 인격만 훌륭하다면 성공할 수가 없는 것입니다. 사람들은 돈을 많이 버는 것을 그 사람의 능력이라고 말하고 하나님이 주신 축복이라고 합니다. 그러나 이들은 다른 사람들에게도 음부 같은 존재이지만 자기 자신도 음부같이 만족이 없습니다. 돈을 많이 번 사람들에게 어느 정도까지 벌면 만족하겠느냐고 물어보면 그런 것에는 한계가 없다고 말할 것입니다.

그런데 하나님의 말씀은 그런 길을 가자고 해도 가지 말라고 말씀하고 있습니다. 그것이 생명 길이 아니기 때문입니다. 그것이 결코 풍성한 삶을 주는 길도 아니기 때문입니다. 오히려 이 길은 야생동물의 길이고 맹수의 길입니다. 예를 들어서 사자가 사슴이나 노루를 잡아먹는 것을 보면 강한 맹수가 부러워 보일 수 있을 것입니다. 그러나 사슴이나 노루가 없어지면 사자는 굶어 죽게 됩니다. 어떤 사자는 죽은 짐승의 시체를 뜯어 먹다가 병에 걸려서 온 몸이 썩어 들어가는 경우도 있습니다. 특히 맹수도 사람들이 와서 사냥을 하게 되면 총 앞에서는 아무 맥도 못 추고 죽게 되는 것입니다. 강한 자들은 이렇게 유혹을 하면서 사람들을 꾈 것입니다.

14절 "너는 우리와 함께 제비를 뽑고 우리가 함께 전대 하나만 두자 할지라도"

여기서 제비를 뽑고 공동의 전대를 둔다는 것은 돈을 네 것이나 내 것 구별 없이 같이 쓰자는 것입니다. 강한 자는 그만큼 우리를 믿는다고 큰소리를 칩니다. 그러나 그들이 주는 것은 자신들이 먹고 남은 찌꺼기입니다. 강한 자는 절대로 약한 자에게 더 좋은 것을 주지 않습니다. 이들은 말로는 공평하게 한다고 하지만 자기들 계산 방식의 공평인 것입니다. 당연히 강한 자가 모든 좋은 것 다 가지고 그리고 남은 별 볼일 없는 것을 다음 사람들에게 나누어주는 것이 그들 방식의 공평인 것입니다. 하나님의 말씀은 그런 길을 가지 말라고 말씀하고 있습니다.

> **15-16절** "내 아들아 그들과 함께 길에 다니지 말라. 네 발을 금하여 그 길을 밟지 말라. 대저 그 발은 악으로 달려가며 피를 흘리는데 빠름이니라."

우리가 쉽게 이해하면 아직 어린아이들에게 단정하지 못하고 껄렁한 아이들과 어울리지 말고 집에서 공부나 부지런히 해서 장차 훌륭한 사람이 되라는 말씀인 것 같습니다. 그러나 이 말씀은 훨씬 근원적이고 심각한 말씀입니다. 왜냐하면 이 세상 전체가 동물적인 세계여서 이런 길로 가지 말라는 뜻이기 때문입니다.

세상이란 머리가 똑똑하고 실력이 있는 사람들이 모든 좋은 것을 다 차지하는 곳입니다. 이들은 다른 사람들보다 더 빨리 달려서 좋은 것을 차지하며 다른 사람들의 약점을 공격해서 승리를 쟁취합니다. 이때 우리 믿는 사람들은 어디로 가야 합니까? 이것이 우리 예수 믿는 자들에게는 가장 어려운 현실입니다. 우리가 예수를 믿고 난 후에 보니까 세상에서 길이 없는 것입니다. 우리가 예수 믿기 전에는 무엇인가 이 세상에서 성공의 목표가 있었는데, 예수를 믿고 은혜를 받고 나니까 전력을 기울여서 할 수 있는 일이 없습니다. 그것은 이미 우리가 변해서 다른 종류의 사람들이 되었기 때문입니다. 이제 우리는 더 이상 동물이 아니라 식물이 된 것입니다. 일차석으로는 우리는 늑대나 이리 같은 맹수가 아니라 목자의 인도를 받는 양이 되었습니다. 우리는 세상에서 경쟁으로 이길 자신이 없습니다. 우리는 목자가 우리의 길을 인도해주셔야 합니다. 그런데 한 걸음 더 나아가서 우리는 식물이 되어버렸습니다. 이제 우리는 달아나지도 못하고 다른 사람과 싸우지도 못하면서 그곳에 말뚝을 박고 가만히 있어야 하는 나무가 된 것입니다. 그러나 우리는 보통 나무가 아니라 열매 맺는 나무가 된 것입니다.

17-19절 "무릇 새가 그물 치는 것을 보면 헛일이겠거늘 그들의 가만히 엎드림은 자기의 피를 흘릴 뿐이요 숨어 기다림은 자기의 생명을 해할 뿐이니 무릇 이를 탐하는 자의 길은 다 이러하여 자기의 생명을 잃게 하느니라."

여기에 보면 새의 비유가 나오는데 새는 아무리 어리석어도 그물이 보이면 거기에 오지 않습니다. 마찬가지로 아무리 바보 같은 사슴이나 노루 같은 초식동물이라 하더라도 사자나 맹수가 엎드리고 있는 것을 보면 가까이 오려고 하지 않을 것입니다. 초식동물들도 알면서는 맹수들이 있는 곳으로 오지 않는 것입니다. 그러니까 맹수들은 더욱더 다른 짐승들을 속여야 하고 더욱 더 사나워져야 하는 것입니다. 그러면 어떻게 됩니까? 맹수들도 초식동물들이 있어야 살 수 있는 것이지 그렇지 않으면 결국 자기들끼리 잡아먹을 수밖에 없는 것입니다. 동물학자들의 연구에 의하면 어떤 지역에 표범들의 수가 현저하게 줄었는데 그 이유를 알아보니까 다른 짐승들이 없어서 굶어 죽은 것이었습니다. 요즘 우리나라에는 멧돼지가 천적이 없어서 무한정으로 개체수가 늘어나서 민가에 많은 피해를 주기도 하고, 심지어는 도시 한가운데 뛰어 들어와서 사람을 물었다가 총에 맞아 죽기도 하고 있습니다.

이것은 멧돼지 사냥을 법으로 금지해서 그렇지 만일 사냥이 허용이 되기만 하면 멧돼지는 멸종하고 말 것입니다. 마찬가지로 사람들이 행복하게 살 수 있는 것은 하나님께서 복을 내려주시기 때문입니다. 그러나 사람들이 자기 욕심대로 살면 하나님은 복을 주시지 않으십니다. 하나님이 복을 주지 않으시면 아무리 부자라 하더라도 비참해지지 않을 수 없을 것입니다. 그런데 심각한 것은 새가 그물을 보듯이 하나님께서 인간들이 하는 짓을 다 보고 계신 것입니다. 인간들이 계속적으로 욕심을 위해서 살 때 하나님은 복을 거두어 가십니다. 그러면 온 세상에 다시 한 번 난리의 소용돌이가 일어나게 될 것입니다. 이때 부자는 자기 생명을 잃게 되고 망하게 됩니다.

2. 지혜의 갈등

이스라엘이 다른 나라들과 다른 점은 하나님의 지혜가 그들의 생활 가운데 너무나도 흔하다는 사실입니다.

> 20-21절 "지혜가 길거리에서 부르며 광장에서 소리를 높이며 훤화하는 길머리에서 소리를 지르며 성문 어귀와 성중에서 그 소리를 발하여 가로되"

이스라엘이 아닌 다른 나라에서는 하나님의 지혜를 들을 수도 없고 배울 수도 없습니다. 세상 나라는 모두 맹수처럼 힘 있는 자를 중심으로 살아갈 수밖에 없습니다. 그러나 이스라엘이 정말 놀라운 점은 하나님의 말씀이 지천에 널려 있는 것입니다. 이스라엘에는 어디에 가더라도 하나님의 말씀을 들을 수 있고 지혜의 초청을 받을 수 있는 것입니다. 지혜가 길에서 사람들을 부르고 있습니다. 옛날에 사람들이 많이 다니는 길이나 역전 같은 곳을 가보면 리어카에 싸구려 옷이나 물건들을 많이 올려놓고 지나가는 사람들을 부르면서 사라고 합니다. 마찬가지로 이스라엘에는 하나님의 말씀이 마치 싸구려 옷이나 물건처럼 흔한 것이 특징이었습니다. 그럼에도 불구하고 선지자들은 사람들을 다른 물건에 빼앗기지 않으려고 소리를 지르면서 사람들의 관심을 끌고 있는 것입니다. '광장에서 소리를 높이는 것' 도 사람들에게 어떤 사실을 알리는 것인데, 사람들은 별로 관심을 가지지 않고 잠깐 쳐다보기만 하고 바삐 자기 갈 길을 가는 것입니다. '훤화하는 길머리에서 소리를 지르며' 이것은 사람들이 많이 모여서 무슨 행사 같은 것을 하는데 그때에도 빠지지 않고 나타나서 하나님의 말씀을 전하는 것입니다. 이스라엘에서는 하나님의 말씀이 결코 희귀한 것이 아니었습니다. 오히려 정반대로 정말 흔한 것이었고, 누구든지 마음만 있으면 얼마든지 배울 수 있는 것이었습니다.

그런데 사람들은 너무 흔하면 별로 소중하게 생각하지 않는 법입니다. 사람들은 이상하게도 별것도 아닌데 어떤 물건이 아주 흔치않고 좋은 것이라고 하면 머리가 터지라고 덤벼들지만, 비싸지도 않고 흔하면 그것이 얼마나 소중한지 모르는 것입니다. 그래서 하나님의 백성들이 스스로 자기 함정에 빠지게 되는데 그것은 아주 흔한 하나님의 말씀을 듣지 않는 것입니다.

> 22-23절 "너희 어리석은 자는 어리석음을 좋아하며 거만한 자들은 거만을 기뻐하며 미련한 자들은 지식을 미워하니 어느 때까지 하겠느냐. 나의 책망을 듣고 돌이키라 보라. 내가 나의 신을 너희에게 부어주며 나의 말을 너희에게 보이리라."

여기서 왜 이스라엘 백성들이 하나님의 말씀을 싫어하는지 그 이유를 알 수 있습니다. 하나님의 백성들이 하나님의 말씀을 싫어하는 이유는 그것이 책망하는 말씀이기 때문입니다. 여기에 보면 '나의 책망을 듣고'라고 말씀하고 있습니다. 하나님의 말씀은 우리에게 자꾸 '하지 말라'고 말씀을 하십니다. 우리는 이 세상에서 하고 싶은 것도 정말 많고 가지고 싶은 것도 많고 배우고 싶은 것도 정말 많은데 하나님의 말씀은 그런 것 어느 것도 하지 말라고 가르치는 것입니다. 우리는 세상에서 많은 것을 배워서 잘난 체하고 싶고 똑똑한 체하고 싶고 성공해서 나 자신을 자랑하고 싶은데 하나님의 말씀은 그런 것을 다 하지 말라고 말씀하시는 것입니다. 우리에게는 세상이 너무 좋고 세상 성공이 정말 좋은데 세상 성공의 길을 가지 말라는 것입니다. 그러면 우리는 결국 이 세상에서 바보가 되고 무능한 자가 되고 말 것입니다. 그런데 하나님의 말씀은 우리에게 바보가 되고 무능한 자가 되고 심지어는 세상에 대하여 죽으라고 말씀하시는 것입니다. 세상에 이런 모순이 어디에 있습니까? 우리에게 필요하고 좋은 것은 세상에 다 있는데 하나님의 말씀은 세상 성공의 길을 가지 말라는 것입니다. 그 이유가 어디에 있습니까? 진정한 복은 하나님께 있기 때문입니다. 우리가 하나님께 나아가는 것이 복이기 때문입니다.

어리석은 자는 자기 어리석음을 좋아합니다. 왜냐하면 세상 성공이 너무 자랑스럽고 좋기 때문입니다. 거만한 자들은 자기 거만을 기뻐합니다. 하나님의 말씀을 듣지 않고도 성공을 했기 때문입니다. 여기서 어리석은 자는 하나님의 말씀을 듣지 않는 자를 말합니다. 하나님의 말씀을 듣지 않으면 세상의 길로 잘 달릴 수 있기 때문에 좋습니다. 여기서 거만한 자는 자기를 바꾸려고 하지 않는 자를 말합니다. 거만한 자는 하나님의 말씀으로 자기를 바꿀 필요가 없었기 때문에 성공했다고 생각을 합니다.

그러나 우리가 하나님의 말씀을 들으면 어떻게 됩니까? 세상적으로는 성공적이지 않습니다. 이것이 당연한 이유는 우리는 세상을 향하여 전력 질주를 하지 못하기 때문입니다. 그래서 우리는 이미 세상의 중심에서 밀려나게 됩니다. 우리는 이 세상에서 갈 길이 보이지 않습니다. 그런데 놀라운 것은 하나님께서 우리에게 하나님의 신을 부어주십니다. 우리 안에 하나님의 성령의 능력이 들어오게 됩니다. 놀라운 것은 우리 안에 영적인 부흥이 일어나게 되는 것입니다. 부흥의 놀라운 점은 죄를 이기는 것입니다.

우리 인간들은 스스로를 너무나도 과소평가하고 있습니다. 사람은 돈이나 벌고 높은 자리에 올라가는 것으로 모든 것이 끝나지 않습니다. 우리가 자녀들을 키워보면 부모가 자녀에게 모든 것을 다 갖추어 주어도 사녀들은 불만을 가지고 있습니다. 그 이유는 결국 우리에게는 하나님의 신이 와야 우리가 만족할 수 있기 때문입니다. 이 세상에 좋은 것이 많이 있지만 세상 좋은 것의 특징은 빨리 부패하는 것입니다. 좋은 것이면 좋을 것일수록 더 빨리 썩습니다. 그러나 하나님의 신이 부어지는 곳에는 부패가 없습니다. 오히려 모든 것이 새롭고 우리가 죄를 이기고 부패를 이깁니다. 그뿐만 아니라 그곳에 하나님의 복이 부어지게 됩니다. 특히 하나님은 '나의 말을 너희에게 보이리라'고 말씀하십니다. 여기서 '내 말을 보여준다' 는 것은 하나님의 말씀이 살아 있는 것을 보여주신다는 뜻입니다. 하나님의 말씀은 죽은 말씀이 아니고 살아 있는 말씀이며 무에서 유를 창조하는 말씀입니다. 인간적으로 생각하면 우리가 하나님의 말씀만 붙들 때 세상에서 도저히 살아남을 수 없을 것 같은데 살게 됩니다. 그냥 사는 것이 아니라 놀라운 부흥이 일어나며 축복 가운데 살게 됩니다. 하나님의 말씀의 부흥이 일어날 때 천국의 잔치가 벌어지게 됩니다. 이것은 다른 사람을 잡아먹는 맹수의 세계와는 완전히 다른 세계입니다. 하나님의 백성들이 잔치하는 곳에 맹수들은 불이 무서워서 오지도 못합니다. 거기에는 사랑이 있고 평화가 있고 기적이 있습니다. 여기에 보면 하나님과 하나님의 백성들 사이에 얼마나 심한 갈등이 있는지 알 수 있습니다.

24절 "내가 부를지라도 너희가 듣기 싫어하였고 내가 손을 펼지라도 돌아보는 자가 없었고"

어느 집에서 어린 아이가 위험한 찻길을 향하여 비틀거리면서 가고 있다고 합시다. 그런데 엄마가 아이의 이름을 아무리 불러도 아이는 들은 체를 하지 않습니다. 왜냐하면 이 아이의 마음은 꼭 찻길로 가야 되겠다고 생각하기 때문입니다. 엄마가 잡아 주려고 손을 뻗어도 아이는 돌아보지 않습니다. 왜냐하면 이 아이는 고집과 호기심으로 가득 차 있기 때문입니다. 특히 남자 아이들은 찻길로 가는데 너무나도 쏜살같이 달리고 엄마가 부르면 더 빨리 달리는 아이도 있습니다. 이럴 때 엄마가 할 수 있는 길은 아이에게 덤벼들어서 낚아챌 수밖에 없습니다. 마찬가지로 하나님은 우리를 사랑하셔서 아무리 말씀을 주시고 바른길로 인도하셔도 우리는 자기 가고 싶은 대로 가야 직성이 풀리는 것입니다. 우리가 하나님께로 돌아올 때에는 자기가 하고 싶은 대로 다 했지만 실패했을 때입니다.

> 25-26절 "도리어 나의 모든 교훈을 멸시하며 나의 책망을 받지 아니하였은즉 너희가 재앙을 만날 때에 내가 웃을 것이며 너희에게 두려움이 임할 때에 내가 비웃으리라."

왜 이스라엘 백성들이 그 풍성한 하나님의 말씀을 멸시하였을까요? 그것은 세상 현실을 인정하지 않고 자꾸 우리 자신이 변해야 한다고 말씀하기 때문입니다. 세상에 좋은 것이 얼마나 많습니까? 그리고 세상은 얼마나 빨리 변하고 있습니까? 그런데 그것을 하나도 인정하지 않고 자꾸 우리가 변해야 한다고 하니까 너무 비현실적으로 느껴지는 것입니다. 그래서 이스라엘 백성들은 그 많은 하나님의 말씀이 있는데도 불구하고 전혀 말씀을 듣지 않았습니다. 그 대신 그들은 적당하게 믿음과 세상을 섞어서 가지려고 했습니다. 그러나 그 결과는 처음에는 좋은 것 같지만 나중에는 결국 이것도 아니고 저것도 아닌 것입니다. 하나님은 그들의 엉터리 지혜에 비웃을 것입니다. 때로 하나님도 속이 상할 대로 상하셔서 '그래, 한번 해보고 싶은 대로 해봐라'고 하시면서 내버려두시기도 하는 것입니다.

3. 세상을 따라간 결과

우리가 세상의 길을 따라가면 세상에서 성공할 수도 있을 것 같은데 실제로는 성공하지 못합니다. 하나님께서 우리를 그냥 내버려두시지 않기 때문입니다. 그래서 하나님께서 가장 사랑하시는 사람은 세상길로 가다가 쫄딱 망해서 도로 붙들려 와서 하나님의 말씀을 듣는 사람들입니다. 물론 우리가 하나님의 말씀을 붙들어도 처음에는 엄청 어려움을 겪습니다. 왜냐하면 우리에게 이미 세상 방법은 통하지 않게 되어버렸고, 하나님의 능력은 아직 오지 않았기 때문입니다. 이때는 이 방법도 안 통하고 저 방법도 안 통하기 때문에 아무것도 되는 것이 없습니다. 그런데 이때 가능한 것은 오직 하나님의 말씀을 먹는 것입니다. 사실 이런 사람들은 복을 받은 사람들입니다. 왜냐하면 하나님의 말씀을 잡은 자들에게는 곧 하늘의 복이 열리기 때문입니다. 그러나 끝까지 하나님의 말씀을 듣지 않고 세상으로 간 자의 결과가 무엇일까요? 일단 당장은 성공하는 것 같습니다. 왜냐하면 동물적인 본성에 따라서 마음껏 다른 사람들을 물어뜯고 경쟁하면서 살아가기 때문입니다. 이런 동물적인 삶의 특징은 적어도 자기가 물어뜯은 만큼은 먹을 것이 생기고 일단 자기 삶에 대해서 자기가 책임을 진다는 점에서 떳떳한 것 같습니다. 그러나 인간의 삶에는 사람의 힘으로 도저히 예측할 수도 없고 감당할 수도 없는 어려움이 찾아옵니다. 결국 인간의 성패는 여기서 갈라지게 되는 것입니다.

27절 "너희의 두려움이 광풍같이 임하겠고 너희의 재앙이 폭풍같이 이르겠고 너희에게 근심과 슬픔이 임하리니"

이 세상에는 인간의 힘으로 얼마든지 예측하고 대비할 수 있는 어려움들이 있습니다. 이런 것들은 사람의 힘으로 얼마든지 극복이 될 수 있습니다. 그러나 인간의 삶에는 도저히 인간이 예측할 수 없는 위기의 순간이 반드시 찾아옵니다. 이때 하나님의 말씀을 버리고 자기 정욕의 길로 간 사람들은 다 망하는 것입니다. 여기에 보면 광풍과 폭풍이 나옵니다. 태풍과 광풍은 전혀 사람의 힘으로 예측할 수 없습니다. 그런데 전혀 생각하지 못했던 순간에 '꽝' 하면서 터지는데 그때는 수습이 불가능하게 됩니다. 어떤 때는 예측 못한 사고가 터지는 바람에 그 동안 쌓아두었던 것이 다 날아가기도 하고, 어떤 때에는 전쟁이나 지진이 나기도 하고 어떤 때는 오래된 숨겨진 비리가 터지는 바람에 망하기도 합니다. 그런데 이때 하나님은 돌아보시지 않으신다고 했습니다.

28절 "그때에 너희가 나를 부르리라 그래도 내가 대답지 아니하겠고 부지런히 나를 찾으리라 그래도 나를 만나지 못하리니"

우리가 생각하면 어려운 일을 당해서 하나님께 부르짖고 찾으면 하나님께서 도와주실 것 같은데 하나님은 도와주지 않으십니다. 이들의 신앙이 이 위기만 면하려고 하는 위선적인 것이기 때문입니다. 결국 사람들은 자기가 뿌린 대로 거두게 되어 있습니다. 세상에서 바보 취급당하면서 하나님의 말씀을 뿌린 자는 말씀의 열매를 거두게 되어 있습니다. 하나님은 말씀을 붙드는 자를 위기에서 건져주십니다. 만약 우리에게 이런 예측하기 어려운 위기가 없다면 모두 세상길을 갈 것입니다. 그러나 우리는 분명히 이 세상에는 인간의 힘으로 안 되는 것이 있다는 것을 알기 때문에 하나님을 붙잡는 것입니다. 우리가 평소에 하나님을 붙잡는 것이 일종의 보험의 성격과 같은 면이 있습니다. 보험에 가입을 하면 사고가 터졌을 때 보험회사에서 보험금이 나오는 것처럼, 우리가 하나님의 말씀을 붙들면 위기의 순간에 하나님의 도우심과 능력이 나오게 됩니다. 여기서 인간의 운명은 달라지게 됩니다. 지금까지 바보같이 살아온 사람이 가장 능력 있는 사람이 되는가 하면, 지금까지 자기 꾀만 믿고 살아온 사람이 망하게 되는 것입니다.

29-30절 "대저 너희가 지식을 미워하며 여호와 경외하기를 즐거워하지 아니하며 나의 교훈을 받지 아니하고 나의 모든 책망을 업신여겼음이라."

왜 이 사람들이 하나님을 믿는다고 하면서도 실제로 하나님의 지식을 미

위하고 하나님의 교훈을 받기를 싫어했을까요? 자기가 하나님보다 더 똑똑하다고 생각했기 때문입니다. 이들은 이 세상에 있는 것이 전부라고 생각해서 눈에 보이지 않는 하나님의 어마어마한 복을 보지 못했기 때문입니다. 결국 사람들은 자기가 뿌린 대로 열매를 거두게 되어 있습니다.

31절 "그러므로 자기 행위의 열매를 먹으며 자기 꾀에 배부르리라."

여기서 완전히 식물적인 개념이 나타나게 됩니다. 맹수들이 하는 것이라고는 오직 다른 짐승들을 잡아먹는 것밖에 없습니다. 그래서 맹수들은 잡아먹을 다른 짐승들이 없어지면 자기가 굶어죽어야 하는 것입니다. 요즘 우리나라의 엄청난 대기업은 가만히 보니까 약한 기업들을 다 잡아먹고 합병으로 부자가 된 것이었습니다. 그런데 더 이상 잡아먹을 기업이 없어지니까 기업 전체가 망하고 말았습니다. 그러나 하나님의 백성들은 다른 사람들을 잡아먹지 않습니다. 오히려 하나님을 두려워하면서 인생 밑바닥에서부터 무엇인가를 만들어내기 시작합니다. 이것이 하나님의 말씀을 가지고 열매를 만들어내는 것입니다. 열매를 만드는 나무는 다른 동물들이 있든지 없든지 상관없이 열매를 만들어 냅니다. 결국 많은 사람들이 그 열매를 따먹고 배가 부르게 될 것입니다.

32절 "어리석은 자의 퇴보는 자기를 죽이며 미련한 자의 안일은 자기를 멸망시키려니와"

어리석은 자는 절대로 자기 자신이 퇴보한다고 생각하지 않습니다. 오히려 다른 어느 누구보다도 더 빨리 간다고 생각할 것입니다. 그러나 어리석은 자들은 하나님으로부터 멀어지는 것이 퇴보인 줄 알지 못하는 것입니다. 왜냐하면 하나님으로부터 멀어질수록 더욱더 복으로부터 멀어지기 때문입니다. 이런 사람들은 세상의 것을 많이 가지고 있습니다. 그러나 하나님 앞에서는 참으로 가난한 자입니다. 왜냐하면 이런 사람은 믿음이 없기 때문입니다. 하나님 앞에서 내어놓을 것이 없는 것입니다. 그리고 '미련한 자의 안일'이라고 했습니다. 이들이 미련한 이유는 얼마든지 자신의 길을 바꿀 수 있는 기회가 있었던 것입니다. 하나님께서는 말씀을 통해서 계속 세상길을 버리고 자신의 태도를 바꾸라고 하셨는데도 불구하고, 자기 고집이나 생각을 전혀 바꾸지 않았습니다. 결국 나중에 하나님 앞에서 뚜껑을 열어보니까 이 사람은 쓸데없는 것만 잔뜩 가지고 있었던 것입니다. 하나님은 우리에게 믿음의 보물을 원하셨는데 세상길을 간 사람들은 녹슨 고철만 잔뜩 모아가지고 보물이라고 생각하고 있었던 것입니다. 이 세상에 진정한 보물은 말씀을 가지고 고난을 통과한 것입니다. 우리 자신이 보물이며 우리가 하나님을 사랑하고 다른 사람을 사랑한 것이 보물입니다.

33절 "오직 나를 듣는 자는 안연히 살며 재앙의 두려움이 없이 평안하리라."

'나를 듣는 자'라고 하는 것은 길거리에서 부르고 광장에서 부르는 싸구려같이 보이는 하나님의 말씀을 소홀히 하지 아니하고 듣는 사람을 말합니다. 이 사람은 놀랍게도 사람에게 들었는데 그것이 하나님의 말씀이 되는 것입니다. 하나님은 그 사람에게 평안을 선물로 주십니다. 물론 처음에는 잠시도 평안할 때가 없을 정도로 어려움이 많지만 어느 단계를 지나면 그때부터는 시험이 없어지게 됩니다. 왜냐하면 하나님께서 계속 복을 주시고 좋은 것을 주시기 때문입니다. 특히 하나님은 재앙의 두려움을 피하게 하십니다.

오늘 말씀이 우리에게 이야기하는 것은 우리 믿는 사람들을 두고 말씀하시는 것입니다. 우리 신앙의 길 안에 세상의 길이 있는가 하면 말씀의 길이 있다는 것입니다. 하나님의 말씀을 멸시하고 동물적인 욕구대로 사는 길이 있는가 하면, 하나님을 두려워하고 말씀만 붙들고 살아가는 길이 있는 것입니다. 우리가 예수를 믿고 하나님을 믿는다고 해서 모든 것이 다 똑같은 것은 아닙니다. 우리가 예수를 믿으면 최고의 복인 하나님의 말씀이 지천에 널린 것입니다. 그러나 우리는 하나님의 말씀이 널려 있다고 해서 다 말씀으로 사는 것은 아니라는 것을 알 필요가 있습니다. 오히려 하나님의 말씀이 널려 있기 때문에 더 무가치하게 생각하고 자기가 하나님보다 더 지혜롭다고 생각하게 되는 것입니다. 이런 사람들의 길은 마치 순풍에 돛을 단 것처럼 세상을 미끄러지며 성공의 길을 달릴 것입니다. 그러나 결국 이런 사람들이 가지고 있는 것은 돈과 명예밖에 없습니다. 이들은 하나님 앞에 내어놓을 보물이 없습니다. 그러나 하나님의 말씀을 붙드는 자에게는 하나님이 하나님의 신을 부어주십니다. 우리 안에 하나님의 능력이 나타나게 되는데 이것이 바로 우리가 살아 움직이는 것입니다. 그리고 우리 안에 부흥이 일어나고 기적이 일어나는데 마귀의 세력은 접근할 수가 없습니다. 우리가 예수를 믿는다면 믿음으로 살아야 할 책임이 있습니다. 사도 바울도 '믿음으로 믿음에 이르게 하나니' (롬 1:17)라고 말하였습니다. 우리는 단순히 예수 믿는 것으로 모든 것이 다 끝나는 것이 아닙니다. 이 안에 있는 말씀의 보물을 캐내어서 부흥을 일으키고 하늘의 축복을 임하게 하는 성도들이 되시기 바랍니다.

03 · 지혜의 가치

잠 2:1-22

사람들은 배를 타고 바다를 항해하는 것을 낭만적이고 쉬운 것으로 생각하기 쉽습니다. 그러나 일단 배가 항구를 벗어나 바다로 나가게 되면 바람이 불고 풍랑이 치는데 보통 사람들은 멀미가 나서 제대로 서 있지도 못합니다. 거기에다가 폭풍까지 불게 되면 제대로 훈련을 받지 않은 사람은 배를 제대로 통제하지 못해서 배가 파도에 뒤집어지거나 혹은 암초에 부딪쳐서 침몰당하기 쉽습니다. 그러나 항해의 노련한 기술을 가진 사람은 아무리 바람이 불고 파도가 쳐도 배를 능숙하게 운전을 해서 안전하게 항구로 돌아옵니다. 우리가 보통 지혜라고 하면 그리스 철학에서 말하는 것과 같은 정신적인 의미의 지혜를 생각하기 쉽습니다. 그러나 성경에서 지혜라고 하는 것은 마치 항해술과 같이 어떤 숙련된 기술을 의미할 때가 많습니다. 성경에서 말하는 지혜는 모호한 말장난이 아니라 실제로 우리를 위기에서 살릴 수 있는 기술을 말하는 것입니다.

잠언을 배우면서 알아야 할 것은 이스라엘은 다른 나라에서는 도저히 들을 수 없는 하나님의 말씀이 너무나도 많다는 것입니다. 이스라엘에 하나님의 말씀이 얼마나 많은가 하면 아예 길거리에서 하나님의 말씀을 가지고 사람들을 초청할 정도로 하나님의 말씀이 흔하고 많습니다. 그런데 잠언에서 말씀하는 특징은 이스라엘에 아무리 하나님의 말씀이 흔해도 자기 자신이 하나님의 말씀을 붙들지 않으면 여전히 멸망의 길을 갈 수밖에 없다는 것입니다. 하나님의 백성이라고 해서 모두 성공적이거나 축복의 길을 가는 것이 아니라 하나님의 백성들 가운데서 지혜의 길이 있는가 하면 정욕의 길이 있는 것입니다. 우리는 예수를 믿기만 하면 모두 다 똑같은 구원의 길을 가지 않는가라고 생각하기 쉽습니다. 그러나 아무리 예수를 믿는다고 해도 그 안에는 지혜의 길이 있는가 하면 세상의 정욕의 길이 있는 것입니다. 그래서 하나님의 백성들은 단순히 하나님을 믿는 것 자체로 만족해서는 안 되고 적극적으로 말씀의 지혜를 찾고 붙들어야 하는 것입니다.

그러나 여기에 우리의 현실적인 어려움이 있습니다. 이 세상이 필요로 하고 인정을 해주는 것은 유감스럽게도 하나님의 지혜가 아닌 세상의 지혜입니다. 우리가 세상의 지혜를 가지면 바로 이 세상에 써먹을 수 있고 인정을 받을 수 있습니다. 그러나 우리가 하나님의 지혜를 붙든다고 해서 지위가 달라지는 것도 아니고 출세하는 데 도움이 되는 것도 아닙니다. 오히려 처음에는 세상 방법도 통하지 않고 하나님의 능력도 나오지 않아서 아무것도 되지 않을 때가 있습니다. 여기서 우리는 하나님의 지혜로 세상을 이겨내어야 하는 것입니다.

1. 지혜를 찾는 태도

지혜를 찾는 데서 이스라엘 백성들은 다른 나라 사람들에 비하여 월등하게 유리한 위치에 있었습니다. 다른 나라 사람들은 하나님의 지혜가 어디에 있는지조차 알지 못합니다. 그래서 다른 나라의 젊은이들은 하나님의 지혜를 찾아서 먼 순례의 길을 떠날 수밖에 없습니다. 그들은 자신들이 하던 공부나 일을 그만두고 이 나라 저 나라를 방황하다가 결국 예루살렘에 와서 하나님의 말씀을 듣고 자신들의 가치를 찾게 되는 것입니다.

옛날에 영국의 젊은이들은 옥스퍼드나 캠브리지에 입학하기 전에 독일의 함부르크나 베를린 같은 데 가서 철학을 공부하기도 하고 혹은 프랑스 파리에 가서도 몇 년간 있으면서 공부를 하면서 자기 자신을 찾으려고 애를 많이 썼습니다. 그런데 대개는 젊은이들이 자기를 찾기보다는 오히려 자신을 망치는 경우가 많았을 것입니다. 어떤 사람들은 독일에서 맥주를 마시면서 낭만을 찾기도 하고 파리의 세느 강을 걸으면서 자기 자신을 찾으려고 했다고 합니다. 그러나 사람들은 누구든지 하나님의 말씀으로 돌아오기 전까지는 아무리 낭만이고 철학이라 하더라도 거기에서 자기 자신을 찾을 수는 없습니다. 왜냐하면 결국 사람이라고 하는 것은 주위의 사상이나 풍습에 물들 수밖에 없기 때문입니다. 주위에 퇴폐주의가 유행을 하면 퇴폐주의에 물들 수밖에 없고 허무주의가 만연되어 있으면 허무주의를 배우게 되어 있는 것입니다. 그러나 진정으로 생각이 있는 사람은 그런 분위기를 박차고 뛰쳐나와서 자기 자신을 찾게 해주는 하나님의 말씀을 찾아가는 사람입니다.

그런데 이스라엘의 유리한 점은 바로 다른 나라에서는 도무지 들을 수 없는 하나님의 말씀이 자기들 안에 있고 그것이 너무나도 흔하다는 것입니다. 그런데 이스라엘 백성들의 함정은 바로 여기에 있습니다. 이스라엘 백성들에게는 하나님의 말씀이 너무 흔하니까 오히려 그 가치를 잘 알지 못하는 것입니다. 그래서 많은 이스라엘 백성들은 하나님의 말씀을 뻔한 것으로 생각하거나 오히려 잔소리처럼 생각할 때가 많았고 오히려 다른 나라의 퇴폐적이고 허무적인 사상을 더 매력적으로 생각할 때가 많았습니다. 그래서 이스라엘 백성들의 관건은 이미 자기들에게 흔하게 주어져 있는 하나님의 말씀의 가치를 어떻게 하면 깨달을 수 있느냐 하는 것입니다. 여기서 중요한 것은 일단 하나님의 말씀을 배우고 보는 것입니다.

1절 "내 아들아 네가 만일 나의 말을 받으며 나의 계명을 네게 간직하며"

여기서 '내 아들' 이라고 하는 것은 말씀을 배우는 자가 아직 완전히 인격이 형성되기 전의 어린 사람을 말합니다. 물론 옛날에는 말씀을 가르치는 스승이 제자들을 모두 '아들' 이라고 불렀지만 그럼에도 불구하고 여기 '아들'은 아직 인격이 굳어지기 전의 상태이기 때문에 얼마든지 하나님의 영향을 받을 수 있는 나이였습니다.

지점토 공예를 하시는 분들은 지점토를 가지고 아름다운 많은 작품들을 만들 수 있습니다. 지점토가 굳어지기 전의 말랑말랑한 상태에서 자신이 원하는 모습을 만들어서 거기에 색칠을 해서 말리면 작품이 되는 것입니다. 마찬가지로 하나님의 지혜를 배우는 가장 좋은 방법은 아직 인격이 굳어지기 전 미숙한 때에 하나님의 말씀을 배우는 것입니다. 물론 이 아이는 나중에 청소년 시기를 거치면서 자기가 배운 것에 대하여 회의를 하기도 하고 반발하기도 하지만 어렸을 때 하나님의 말씀을 배운다는 것은 시멘트가 굳기도 전에 어떤 발자국을 찍어 놓은 것처럼 한평생 동안 흔적이 남게 됩니다. 하나님의 지혜를 모두 다 알아서 배우는 사람은 없습니다. 중요한 것은 믿음은 들음에서 나기 때문에 하나님의 말씀을 배우는 것이 중요합니다.

그런데 오늘 성경을 보면 '네가 만일 나의 말을 받으며 나의 계명을 네게 간직하며' 라고 말씀하고 있습니다. 결국 사람의 가치는 자기 마음에 무엇을 담느냐 하는 데 따라서 달라집니다. 우리가 세상 지식을 마음에 담으면 똑똑하고 처세에 능한 사람이 될 것입니다. 그러나 그렇다고 해서 세상 지식이 우리 자신을 존귀하게 하지는 못합니다. 그러나 우리가 마음에 하나님의 말씀을 담으면 우리 속사람이 정금으로 변하게 되고 보석으로 변하게 됩니다. 물론 우리가 무조건 우리 안에 집어넣은 하나님의 말씀이 완전히 우리의 것으로 소화가 되지 않은 것은 사실입니다. 그러나 우리가 고난을 받으면 이 하나님의 말씀들이 우리 내면에서 소화가 되면서 우리 자신이 잡석 같은 인생에서 보석 같은 인생으로 변하게 됩니다. 우리가 조금 더 전문적인 하나님의 지혜를 가지려고 하면 하나님의 말씀에 대하여 좀 더 적극적인 자세가 필요합니다.

> 2-3절 "네 귀를 지혜에 기울이며 네 마음을 명철에 두며 지식을 불러 구하며 명철을 얻으려고 소리를 높이며"

우리가 교육을 받으려고 할 때 어렸을 때 교육은 무상으로 받을 수 있습니다. 초등학교나 중학교까지 국가에서 무료로 공부를 시켜줍니다. 그러나 우리는 그 수준으로는 만족할 수 없습니다. 그래서 좀 더 높은 수준의 공부를 하려고 하면 좋은 대학에 들어가기 위해서 머리를 싸매고 공부를 해야 합니다. 마찬가지로 우리가 하나님의 능력이 임하고 부흥이 임하는 하나님의 지혜를 배우려면 훨씬 더 적극적인 자세가 필요합니다. 우리는 하나님의 말씀을 위해서 희생을 해야 하고 대가를 지불해야 하는 것입니다.

'네 귀를 지혜에 기울이며'라고 하는 것은 지혜의 말씀을 듣기 위해서 신경을 곤두세우는 것을 말합니다. 자기가 원하는 말씀 특히 자신의 한평생을 바쳐서 붙들 수 있는 지혜를 찾아나서는 것을 말합니다. 물론 이렇게 되려고 하면 한번은 계기가 있어야 합니다. 우리는 처음에 무조건적으로 가르쳐주는 하나님의 말씀을 듣고 믿음이 생기기는 하지만, 아직 그 가치를 잘 알지 못합니다. 그러나 이 세상을 살아가면서 하나님께서 강권적으로 역사하셔서 다른 모든 길을 다 막으시고 하나님의 말씀만 붙들게 하실 때가 있습니다. 그때는 이 세상에 다른 것은 아무것도 붙들 것이 없고 오직 하나님의 말씀만 붙들기 때문에 이 말씀이 나에게는 생명과 같은 것이 됩니다. 그때에는 하나님의 말씀에 귀를 기울이게 됩니다. 왜냐하면 하나님이 오늘 나에게 무엇이라고 말씀하시는지 들어야 내가 살 수 있기 때문입니다.

우리가 아무것도 없는 가운데 하나님의 말씀을 붙들 때 이 말씀은 살아 있는 말씀이 됩니다. 하나님의 말씀이 나에게 속삭이기도 하고 때로는 소리치기도 하는 살아 있는 말씀이 됩니다. 그리고 하나님의 말씀이 구체적으로 나에게 어떤 행동을 하도록 지시를 합니다. 이것이 바로 명철입니다. 명철이라고 하는 것은 하나님의 말씀이 내 속에서 어떤 구체적인 상황에서 어떤 행동을 하도록 지혜를 주는 것을 말합니다. 우리가 이런 지혜를 얻으려면 그냥 가만히 앉아 있어서는 안 됩니다.

3절 "지식을 불러 구하며 명철을 얻으려고 소리를 높이며"

만약 부모가 아이를 잃어버렸다면 그냥 가만히 앉아서 아이가 돌아오기만 기다리지 않을 것입니다. 부모는 아이의 이름을 부르면서 온 시내를 돌아다니면서 아이가 있을 만한 데를 다 찾아다닐 것입니다. 마찬가지로 우리가 진정한 하나님의 지혜를 찾으려고 한다면 내가 가지고 있는 것을 다 가지고 누릴 수 있는 것은 다 누리면서 지혜를 얻을 수 없습니다. 우리가 그런 지혜를 얻으려고 하면 찾아나서야 하고 내가 가지고 있는 것을 버려야 합니다.

엘리사는 엘리야를 만나기 전까지 열두 겨리나 되는 소를 가지고 농사를 짓던 부농이었습니다. 그러나 엘리야가 겉옷을 던졌을 때 엘리사는 아무 말 없이 농사를 정리하고 엘리야를 따르며 그의 몸종이 되어 모든 심부름을 다했습니다. 그래도 하나님이 엘리야를 데리고 가려고 하실 때 엘리사는 엘리야를 잡고 늘어지면서 내게 당신의 갑절의 영감을 달라고 해서 엘리야의 능력을 얻게 되었습니다. 그래서 우리는 하나님의 백성의 믿음에도 고급 지혜가 있다는 것을 알아야 합니다. 우리가 그것을 얻기 위해서는 당연히 자기가 가지고 있는 것을 버려야 하고 그 지혜를 찾아서 제자가 되어야 하는 것입니다.

> 4절 "은을 구하는 것같이 그것을 구하며 감추인 보배를 찾는 것같이 그것을 찾으면"

우리가 금이나 은을 캐내려고 하면 일단 금맥이나 은맥을 찾아가야 합니다. 그러고 나서는 바위를 뚫고 금맥이 있는 곳까지 내려가야 하고 그것을 캐내어서 가지고 나와야 합니다. 그리고 그것을 불에 녹였을 때 금이 되고 은이 되는 것입니다. 마찬가지로 하나님의 지혜는 하나님의 말씀 안에 있는데 하나님의 말씀은 거대한 산맥과 같아서 도대체 어디서부터 파고 들어가야 할지 엄두가 나지 않을 것입니다. 우리가 성경을 해석하는 것은 보석을 캐내는 것과 같습니다. 우리는 이 세상에 성공이나 인기를 위해서 많은 수고를 합니다. 그러나 우리가 하나님의 지혜를 얻으려고 하면 그것 이상으로 수고를 해야 하는 것입니다.

2. 하나님과 지혜의 관계

우리가 하나님의 말씀을 가지고 진리를 파고 들어갈 때 결국 만나게 되는 것은 하나님 자신입니다. 우리는 어느 순간 다른 사람으로부터 듣기만 하던 하나님을 하나님의 말씀을 통해서 내가 직접 만나게 됩니다.

> 5절 "여호와 경외하기를 깨달으며 하나님을 알게 되리니"

여기서 하나님을 경외한다는 것과 하나님을 아는 것은 같은 뜻입니다. 우리가 보통 하나님을 안다고 하지만 거의 대개 하나님에 대해서 간접적으로 아는 것입니다. 하나님이 계시다고 하니까 계신 줄 알고 기도를 해 왔으니까 습관적으로 기도를 하게 됩니다. 그런데 어느 날 진짜 살아 계신 하나님을 만날 때가 있습니다. 그때 우리 온 몸에 마치 고압전류가 흐르듯이 전율을 느끼게 되면서 우리는 그 하나님의 영광 앞에 숨도 쉴 수 없을 정도의 두려움과 감격을 체험하게 됩니다. 우리는 그때까지 하나님에 대하여 실제로는 몰랐습니다. 그저 하나님이 계시다고 하니까 계신 줄 알았습니다. 그러나 나의 모든 것을 알고 계시고 나를 죽일 수도 있고 살리실 수도 있는 하나님을 알게 되었을 때 우리는 온 몸에 전율을 느낄 수밖에 없습니다. 이때 우리는 거의 한번 죽었다가 살아나게 되며 이 후부터는 하나님을 달리 생각하고 모든 것을 하게 됩니다.

대표적인 예가 다소의 사울이 다메섹으로 가다가 살아 계신 예수님을 만났을 때였습니다. 사울은 예수가 죽었다고 확신하고 있었는데 예수님은 하나님의 영광으로 살아 계셨고 사울을 너무나도 잘 알고 계셨습니다. 그 앞에서 사울이 느낀 것은 '나는 이제 죽었구나' 하는 생각뿐이었습니다. 이때 옛날의 사울은 죽어버렸고 새로운 주님의 사람으로 태어나게 되었습니다. 여기서 우리가 '하나님을 안다'고 하는 것은 그냥 하나님이 계신다는 것을 안다는 뜻이 아닙니다. 우리가 하나님을 안다는 것은 소경이었던 우리의 눈이 열리는 것과 같습니다. 우리의 눈이 열리게 되면 그 전에 생각했던 것과 현실이 너무 다르다는 것을 알고 놀라게 될 것입니다. 우리가 하나님을 알고 나면 세상 사람들이 모든 것을 거꾸로 믿고 있다는 것을 알게 됩니다. 세상 사람들에게 절대적으로 중요한 것이 하나님 앞에서는 전혀 중요하지 않고, 세상 사람들이 무시하고 업신여기는 것들이 하나님 앞에서는 너무나도 중요하다는 것을 알게 됩니다. 이 순간부터 하나님의 백성들의 길이 달라집니다.

6절 "대저 여호와는 지혜를 주시며 지식과 명철을 그 입에서 내심이며"

여기서 우리는 지혜의 근본이 어디에 있는지 알게 됩니다. 우리가 세상에서 배우는 지식의 근본은 사람의 경험입니다. 세상의 지식은 사람이 경험하고 생각한 것을 축적한 것입니다. 그러나 하나님의 지혜는 하나님 자신이 주신 것입니다. 그래서 하나님의 지혜에는 하나님의 능력이 있습니다. 하나님의 지혜는 하나님의 응답을 받을 수 있고 하나님의 기적을 가져올 수 있습니다. 그리고 하나님의 입에서 지식과 명철이 나오기 때문에 언제나 새롭고 진부하지 않습니다.

7-8절 "그는 정직한 자를 위하여 완전한 지혜를 예비하시며 행실이 온전한 자에게 방패가 되시나니 대저 그는 공평의 길을 보호하시며 그 성도들의 길을 보전하려 하심이니라."

하나님이 '정직한 자를 위하여 완전한 지혜를 예비하신다' 고 하는 것은 일단 하나님이 말씀을 찾는 자를 정직하게 하시는 것을 말합니다. 우리는 원래부터 정직하지 못한 자들이고 거짓을 진실보다 더 좋아하는 자들입니다. 그러나 우리가 하나님의 말씀을 마음에 담을 때 하나님은 먼저 우리에게 처세술을 가르쳐주시는 것이 아니라, 우리 자신을 하나님 앞에서 정직하게 하십니다. 하나님의 말씀으로 우리 안에 있는 허풍이나 헛된 자랑이나 거짓을 다 버리게 하십니다. 하나님께서는 하나님의 말씀을 통하여 먼저 썩은 것은 버리게 하시고 그 다음에는 참된 것으로 채워주십니다. 그것이 바로 완전한 지혜인 것입니다. 여기서 완전한 지혜라고 하는 것은 우리가 처음부터 도사급이 된다는 뜻이 아닙니다. 우리는 여전히 어리석고 무지하지만 하나님의 완전한 지혜를 가지기 시작하는 것입니다. 이것은 세월이 지나도 변하지 않는 가치를 가진 것입니다.

　또한 하나님의 말씀은 우리의 행실을 먼저 깨끗하게 하십니다. 하나님은 우리로 하여금 정욕적이고 죄악스러운 행실은 버리게 하십니다. 우리 안에 있는 죄의 유혹은 거머리보다 더 질깁니다. 그러나 하나님의 말씀을 듣는 순간 죄의 흥미는 없어져 버립니다. 왜냐하면 하나님의 말씀이 너무나도 재미가 있기 때문에 세상 이야기는 시시한 것입니다. 하나님은 그때 우리의 방패가 되어주셔서 모든 공격으로부터 우리를 막아주십니다. 우리가 하나님의 말씀을 사랑해도 허점이 많습니다. 그러나 하나님은 적이 우리의 허점을 캐지 못하도록 다 막아주셔서 안전하게 하십니다. 하나님의 지혜는 우리로 하여금 세상의 많은 것을 가지게 하지는 않지만 하나님을 알게 합니다. 이것은 하나님을 가지는 것을 말합니다. 하나님의 말씀은 하나님이 가지고 계신 모든 지혜와 능력을 나의 것으로 가지게 합니다. 그런데 하나님이 한꺼번에 우리에게 다 주시면 우리가 감당을 하지 못하니까 우리가 언제든지 구하기만 하면 주십니다.

　여기에 보면 하나님의 백성의 길이 '공평의 길'이라고 했습니다. 이 공평의 길이라고 하는 것은 사람에게 매이지 않은 것을 말합니다. 사람들은 이 세상에서 살아남기 위해서 자기들끼리 패거리들을 만들어서 서로 지켜주고 보호를 해줍니다. 그러나 하나님의 백성들은 그런 것을 필요로 하지 않습니다. 왜냐하면 하나님의 진리의 길은 그런 패거리들의 길이 아니기 때문입니다. 그래서 하나님의 백성들은 지켜주는 패거리들이 없기 때문에 다른 사람들이 우습게 알고 공격해서 뿌리를 뽑으려고 할 때가 많습니다. 그러나 이들은 절대로 뿌리가 뽑히지 않습니다. 하나님께서 이 사람들을 지켜주시기 때문입니다. 그리고 이들이 끝까지 이 믿음의 길을 갈 수 있는 것은 하나님께서 끝까지 이들을 믿음의 길로 몰아가시기 때문입니다. 한번 하나님의 말씀의 길로 들어선 사람은 하나님께서 계속 몰아가시기 때문에 다른 길로 갈 수가 없습니다. 그래서 나중에 보면 참으로 끝까지 딴 길로 가지 않고 믿음의 길을 간 것을 볼 수 있습니다. 그것은 이 사람 자신이 훌륭해서 그런 것이 아니라 하나님께서 그런 길로 몰고 가셨기 때문입니다. 그런데 하나님의 말씀을 사랑하는 자에게는 두 가지 축복이 있습니다. 첫째는 하나님의 말씀 자체가 마음에 참 기쁨을 준다는 것입니다.

10절 "곧 지혜가 네 마음에 들어가며 지식이 네 영혼에 즐겁게 될 것이요"

하나님의 지혜를 배운다고 해서 당장 세상적으로 유명해지거나 출세하는 것은 아닌데 자기 자신이 존귀해지는 기쁨이 있는 것입니다. 여인들이 거울을 보면서 자기 자신을 아름답게 화장을 하듯이 우리가 하나님의 말씀을 들을 때에 우리 자신이 아름다워지는 기쁨이 있습니다. 이 기쁨은 세상의 그 어떤 지저분한 기쁨과 비교가 되지 않는 고상하고 존귀한 기쁨인 것입니다. 하나님의 말씀은 우리 내면을 보석으로 변화시킵니다. 우리가 그것을 느끼기 때문에 기쁜 것입니다. 그러나 내면에 하나님의 말씀이 없는 사람은 아무런 만족이 없고 언제나 마음에 분노가 가득 차 있습니다. 그래서 입만 벌리면 욕을 하고 화를 내는 것입니다. 세상을 사랑하는 사람의 가치는 배설물보다 더 가치가 없어지기 때문입니다. 그리고 또 하나는 하나님께서 언제나 긴장하게 하시기 때문에 우리가 죄에 걸려 넘어지지 않습니다.

11절 "근신이 너를 지키며 명철이 너를 보호하여"

근신이라고 하는 것은 자기 자신을 훈련시켜서 항상 긴장 상태에 있는 것을 말합니다. 사람은 아무리 정신을 차리려고 해도 술이 들어가거나 방심하게 되면 태도가 느슨해지게 되어 있습니다. 그러나 하나님의 말씀은 언제나 우리로 하여금 정신을 똑바로 차리게 하기 때문에 마귀의 함정을 볼 수가 있습니다. 이것은 우리 생명을 살리는 것입니다. 아무리 노루가 발이 빠르고 호랑이가 용감하다 하여도 일단 덫에 걸리면 살 수가 없습니다. 그런데 하나님의 말씀은 우리로 하여금 이런 덫을 보게 하시기 때문에 언제나 안전할 수 있는 것입니다. 여기서 명철이라고 하는 것은 하나님께서 우리에게 수시로 깨닫게 하시는 지혜입니다.

3. 악한 자에게서 지키는 지혜

우리가 이 세상을 살아가면서 왜 굳이 써먹지도 못하는 하나님의 지혜가 필요할까, 라는 생각을 하기 쉽습니다. 우리가 세상 지혜를 가지면 세상에서 알아주고 출세할 수 있는데 왜 그 아까운 시간을 가지고 하나님의 말씀을 배워야 할까요? 가장 중요한 이유는 이 세상에 하나님이 계시고 또 멸망의 길이 있기 때문입니다. 우리가 짧은 시간을 두고 보면 세상에서 많은 것을 가지는 것이 성공인 것 같고 유리한 것 같지만 조금만 더 길게 보면 결국 하나님의 능력을 붙드는 것이 성공의 길인 것을 알게 됩니다. 그리고 우리가 겉으로 보기에는 이 세상이 평탄한 것 같지만 실제로 이 세상에는 많은 죄의 함정이 있습니다. 우리는 이 세상을 살아갈 때 마치 지뢰밭을 걸어가는 것과 같습니다. 그래서 우리에게는 너무나도 하나님이 필요합니다. 우리가 하나님의 말씀을 가질 때 악한 자의 길에서 벗어날 수 있습니다.

> 12절 "악한 자의 길과 패역을 말하는 자에게서 건져내리라."

여기서 악한 자라고 하는 것은 반드시 남에게 해를 끼치는 사람을 말하지는 않습니다. 단지 악한 자는 하나님의 말씀을 따르지 않고 세상의 정욕을 따르는 사람을 말하는 것입니다. 왜 이 사람들이 악한 자들일까요? 사람은 누구든지 마음에 하나님의 말씀을 담지 않으면 결국 자기 욕심을 따라갈 수밖에 없기 때문입니다. 우리가 하나님의 말씀을 마음에 담지 않으면 누구든지 세상 정욕의 길을 갈 수밖에 없습니다. 우리가 세상 정욕을 따라가면 많은 것을 가질 수 있을 것입니다. 그러나 이런 것들이 우리 자신의 가치를 바꾸지 못합니다. 우리가 돈을 많이 벌고 좋은 옷을 입었다고 해서 우리 자신이 정금으로 변하는 것이 아닙니다. 오히려 이렇게 돈을 버는 과정에서 인간들은 자기 자신을 더 정욕으로 더럽혀서 완전히 정욕 덩어리가 되게 하고 죄 덩어리가 되게 하는 것입니다. 결국 이런 사람들은 인생길을 다 산 후에 보면 시간만 낭비한 것입니다. 그들은 이 세상에 살면서 얼마든지 가치 있는 삶을 살 수 있었음에도 불구하고 자기 욕심 때문에 한평생을 더럽게 살아온 것입니다. 여기에 보면 이 사람들은 '패역하는 말을 한다'고 했습니다. 패역하는 말이라고 하는 것은 하나님의 진리에 대하여 반항적인 것을 말합니다. 이 사람들은 욕심 때문에 구부러진 마음을 치료받지 못한 것입니다. 한평생을 구부러진 마음으로 모든 것을 삐딱하게 보고 판단을 해왔습니다. 그러나 자기 자신들은 한 번도 바른 것을 한 적이 없는 것입니다.

13-15절 "이 무리는 정직한 길을 떠나 어두운 길로 행하며 행악하기를 기뻐하며 악인의 패역을 즐거워하나니 그 길은 구부러지고 그 행위는 패역하니라."

우리 인생에게는 진리의 길이 있는가 하면 패역한 길이 있습니다. 진리의 길이란 하나님의 능력으로 사는 길입니다. 물론 처음에는 세상에서 아무것도 없는 것 같고 실패한 인생 같지만 결국 하나님의 말씀을 붙들 때 능력이 나타나고 기도 응답이 있고 부흥이 일어나는 삶입니다. 거기에 비해서 진리를 모르고 오직 눈에 보이는 이익이나 명성만을 위해서 사는 것이 패역한 삶입니다. 결국 강을 헤엄쳐서 거슬러 올라가지 않으면 하류로 떠내러가게 되는 것입니다. 세상을 따라갈 때 안전하고 부가 있고 명성이 있습니다. 그러나 거기에는 하나님이 주시는 축복이 없습니다. 빛이 없는 어두움의 길인 것입니다. 거기에는 죄를 짓고 감추기 바쁩니다. 결국 한평생 죄만 짓다가 마는 인생길입니다. 어떤 사람은 죽을 때까지 다른 사람을 미워하다가 죽는 사람도 있습니다. 결국 이 길은 야생동물 같은 인생입니다. 다른 사람을 물어뜯고 짓밟고 이겨서 성공하는 길입니다. 물론 다른 사람을 사랑한다고 하지만 결국 자기 자식이나 사랑하는 본능적인 사랑에 불과한 것입니다. 그러나 인간에게 탐욕만큼 무서운 것이 육체적인 정욕을 위한 삶입니다.

16절 "지혜가 또 너를 음녀에게서, 말로 호리는 이방 계집에게서 구원하리니"

인간에게 가장 빨리 그리고 가장 쉽게 황홀한 행복에 빠지게 하는 것은 성적인 쾌락일 것입니다. 여기서 음녀라고 하고 또 이방 계집이라고 한 것은 창녀를 두고 하는 말입니다. 원칙적으로 이스라엘 여자는 창녀가 있을 수 없기 때문입니다. 그런데 여기서 말하는 음녀라고 하는 것은 반드시 돈을 주고 음탕한 곳을 찾아가서 더러운 짓을 하는 것만을 의미하지 않습니다. 사람이 젊었을 때 가장 쉽게 빠지기 쉬운 욕망이 이성에 대한 욕망입니다. 물론 하나님께서는 우리 인간들에게 이성을 사랑하는 마음을 주셨습니다. 그러나 이성을 사랑하는 데는 반드시 책임이 따르게 되어 있습니다. 그리고 사람이 젊었을 때에는 이성으로부터 만족을 찾는 것보다 먼저 해야 할 것이 있습니다. 그것은 먼저 자기 자신이 하나님 앞에서 바른 사람이 되는 것입니다. 우리가 하나님 앞에서 자기 자신을 찾지 못한다면 다른 사람으로부터 절대로 만족을 누리지 못할 것입니다. 우리가 하나님 앞에서 자기 자신을 찾을 때 비로소 다른 사람도 하나님 앞에서 소중한 사람인 줄 알기 때문에 바른 만남을 누릴 수 있습니다. 사람들이 하나님을 찾지 않고 오직 성적인 만족을 통해서 행복을 찾는 것은 스스로 마약에 중독이 되는 것과 같습니다. 결국 자기 자신은 행복하다고 생각할지 몰라도 실제로 이런 사람의 영혼과 육체는 죽어가고 있는 것입니다.

> 17-18절 "그는 소시의 짝을 버리며 그 하나님의 언약을 잊어버린 자라. 그 집은 사망으로 그 길은 음부로 기울어졌나니"

하나님께서는 우리가 반드시 한 남자와 한 여자가 만나서 책임 있는 사랑을 나누게 하셨습니다. 이것이 인간이 짐승과 다른 점입니다. 그런데 인간이 자기 정욕에 빠져서 아내를 버리거나 남편을 버리고 정욕을 따라가는 것은 스스로 인간성을 버리는 것입니다. 하나님은 남자와 여자의 바른 관계를 통해서 하나님의 아름다운 형상이 나타나게 하셨습니다. 그런데 사람들은 착각을 하기를 다른 사랑을 따라가면 참 행복할 것같이 생각합니다. 왜냐하면 다른 사람은 자기에게 잘 해주고 또 사랑의 감정도 느끼며 또 무엇인가 새롭게 행복할 것 같은 생각이 드는 것입니다. 그러나 막상 다른 사랑을 따라가 보면 그도 부패한 인간이고 그들의 사랑 자체가 죄악된 사랑이기 때문에 불안하고 만족스럽지 못하고 결국은 서로가 서로를 저주하고 죽이는 결과로 나타나게 되는 것입니다. 그래서 '그 집은 사망으로, 그 길은 음부로 기울어졌다' 고 했습니다. 하나님을 떠난 죄악된 사랑은 죽음으로 가는 길이며 이미 거기에는 썩은 냄새가 나서 아름답지 않습니다. 정신도 썩고 육체도 썩은 사랑인 것입니다.

> 19절 "누구든지 그에게로 가는 자는 돌아오지 못하며 또 생명 길을 얻지 못하느니라."

죄는 마치 낚시 바늘에 맛있는 미끼가 달려있는 것과 같습니다. 죄가 주는 맛은 너무나도 달콤하고 행복할 것 같은데 일단 한번 걸려들고 나면 그때는 그 죄에서 빠져나오는 방법이 없습니다. 물고기가 아무리 힘이 세다 해도 낚시 바늘을 물면 결국 끌려가서 나중에 작살에 찔려서 죽고 맙니다. 마찬가지로 인간의 죄는 너무나도 달콤하고 영원히 자기를 행복하게 해줄 것 같지만 한번 걸려들고 나면 빠져나올 수가 없습니다. 그런데 우리가 사는 이 세상에는 이런 낚시 바늘이 수두룩하게 널려 있는 것입니다. 이것을 피할 수 있는 길은 오직 하나님의 말씀을 붙드는 수밖에 없습니다.

20절 "지혜가 너로 선한 자의 길로 행하게 하며 또 의인의 길을 지키게 하리니"

우리가 하나님의 말씀을 붙들 때 하나님은 죄의 낚시 바늘을 볼 수 있게 하십니다. 더 감사한 것은 그 미끼를 물었을 때 나중에 어떻게 되는 것까지 하나님께서 보게 하시는 것입니다. 그리고 우리가 하나님의 말씀을 붙들었을 때 죄가 끄는 힘이 약해지게 되는데, 하나님의 말씀이 죄보다 더 재미가 있기 때문입니다. 그래서 결국 하나님의 지혜를 붙드는 자가 끝까지 안전하게 선한 길로, 의인의 길로 갈 수 있습니다.

21-22절 "대저 정직한 자는 땅에 거하며 완전한 자는 땅에 남아 있으리라. 그러나 악인은 땅에서 끊어지겠고 궤휼한 자는 땅에서 뽑히리라."

우리가 하나님의 말씀을 들으면 하나님 앞에서 정직하게 됩니다. 왜냐하면 하나님은 말씀을 통해서 우리의 모든 것을 다 아시므로 우리가 감출 필요가 없기 때문입니다. 하나님은 우리 모두가 죄인인 줄 아시고 말씀하시고 사랑하시기 때문에 굳이 우리 자신을 감추거나 거짓말을 할 필요가 없습니다.

그런데 우리는 땅에 거하게 됩니다. 물론 이 땅은 축복의 땅 가나안 땅을 말합니다. 우리가 한 것도 없는데 하나님께서 우리를 완전하다고 하십니다. 왜냐하면 하나님의 말씀에 그런 능력이 있기 때문입니다. 가나안 땅이 어떤 땅입니까? 있기만 하면 열매가 맺히는 젖과 꿀이 흐르는 땅입니다.

우리는 굳이 이 땅에서 누가 더 잘 사느냐 못사느냐 하는 것으로 다툴 필요가 없습니다. 왜냐하면 누구든지 여기에 있기만 하면 다 복을 받게 되기 때문입니다. 우리 가운데 부흥이 일어나면 모든 성도들이 결국 다 복을 받게 됩니다. 그러나 '악인은 땅에서 끊어지고 거짓된 자는 땅에서 뽑힐 것이라고 했습니다. 이들이 왜 악인이며 거짓된 자입니까? 하나님의 말씀을 마음에 담지 않으면 다 그렇게 될 수밖에 없기 때문입니다. 그런데 부흥이 일어나지 않으니까 결국 하나님의 복이 없어지게 되고 나중에는 하나님의 축복에서 뽑히고 마는 것입니다.

이미 우리에게는 하나님의 말씀이 있습니다. 우리는 이 말씀을 찾아서 다른 곳이나 다른 나라로 갈 필요가 없습니다. 그러나 이 말씀이 나의 지혜가 되고 명철이 되기 위해서는 대가를 지불해야 합니다. 내 속을 하나님의 말씀으로 채우고 담대하게 고난을 통과해야 합니다. 그때 죄를 이기고 거짓을 이기고 믿음으로 승리하는 보석 같은 성도들이 다 되실 줄 믿습니다.

04 · 지혜를 소유하는 방법

잠 3:1-18

존 스타인벡이 쓴 소설 중에 『진주』라는 작품이 있습니다. 이 소설을 보면 바닷가에서 조개를 캐면서 사는 키노와 주아나라고 하는 가난한 인디언 부부가 있는데, 어느 날 이들이 바다에 잠수해서 어마어마하게 큰 진주를 캐내게 됩니다. 이 부부는 이제 이 진주를 팔아서 도시로 나가려고 여기저기 알아보고 있는데, 이 가난한 인디언이 엄청나게 큰 진주를 가지고 있다는 소문이 나게 됩니다. 결국 이 인디언 부부는 한밤중에 이 진주를 빼앗으려고 하는 나쁜 사람들의 공격을 당하게 됩니다. 그래서 키노는 이 진주 때문에 엄청난 불행을 겪게 되는데 야반도주하면서 결국 아기가 죽게 되고 나중에 추격자를 살인까지 하게 됩니다. 그래서 키노는 이 진주는 자기들에게 불행만 가져왔고 자기들은 감당할 수 없다고 해서 도로 바다에 던져버리게 됩니다. 사람들은 누구든지 이 세상에 값진 보물이 있으면 어떻게 해서든지 그것을 가지려고 하고 남이 가지고 있는 보물을 빼앗아서 자기 것으로 만들려고 합니다. 그러나 이 세상의 많은 보물들은 주로 사람들의 육체만 편하게 하지 사람들의 정신까지 가치 있게 만들지는 못합니다. 오히려 사람들이 세상의 부나 명예를 지키려고 하면 더 강해져야 하고 더 비인간적이 되어야 합니다. 그런데 성경은 우리에게 진정한 보물은 하나님의 말씀을 내 마음속에 가지는 것이라고 말씀하고 있습니다. 우리가 하나님의 말씀을 내 속에 담으면 내 자신이 살아있는 보물이 되기 때문입니다.

이스라엘 백성들의 축복은 다른 곳에서는 구경조차 할 수 없는 하나님의 말씀이 이스라엘 안에서는 너무나도 흔하다는 것입니다. 그러나 잠언은 하나님의 말씀이 흔하다고 해서 반드시 말씀대로 사는 것은 아니라고 지적하고 있습니다. 이스라엘 백성들의 가장 큰 난제는 이스라엘 백성들은 오히려 하나님의 말씀이 너무 흔하기 때문에 그 가치를 모르는 것이었습니다. 예를 들어서 자기 집에 책이 아무리 많이 있어도 자기 자신이 책을 읽지 않으면 아무 소용이 없는 것이나 마찬가지인 것입니다. 그래서 이스라엘 백성들의 가장 큰 숙제는 어떻게 하면 자기들 주위에 흔하게 널려 있는 하나님의 말씀을 자기 것으로 만들 수 있을까 하는 것입니다.

전에 어떤 분이 자신은 대대로 한지를 만드는 집안 출신이었다고 합니다. 특히 할아버지 아버지 이렇게 대를 이어서 한지를 만들어왔는데 본인은 그것이 너무나도 싫어서 부모님의 말씀도 듣지 않고 집을 뛰쳐나가기도 했다는 것입니다. 그런데 어느 날 이 사람이 철이 들면서 부모님이 해 오신 이것이 정말 대단한 것이구나, 하는 것을 깨닫게 되었다고 합니다. 그래서 그 후부터는 집에 다시 돌아가서 묵묵히 한지를 만드는 일을 하고 있는데 지금은 딸이 그 일을 물려받아서 같이 하고 있다고 했습니다.

하나님의 말씀 안에는 어마어마한 하나님의 진리와 축복이 들어있는데 정작 이스라엘 백성들은 하나님의 말씀을 너무 시시하게 여기고, 오히려 세상 지식이 더 좋고 자기를 성공하게 하는 것으로 생각하였던 것입니다. 아마도 하나님의 백성들이 하나님의 말씀의 가치를 제대로 안다는 것이 사람의 힘으로는 어려울 것입니다. 그래서 요한복음 1장 13절에 "이는 혈통으로나 육정으로나 사람의 뜻으로 나지 아니하고 오직 하나님께로 난 자들이니라"고 했습니다. 우리가 하나님의 말씀의 가치를 알려면 하나님께서 강권적으로 역사하셔서 말씀만을 붙들 수밖에 없도록 몰아가서야 하는 것입니다. 그래서 어떤 의미에서 이 지혜는 자기가 얻으려고 몸부림친다고 해서 얻어지는 것이 아니라 하나님께서 우리를 그런 상황으로 강권적으로 몰고 가서야 붙잡게 되는 것입니다. 잠언 3장 상반부에 있는 오늘 말씀은 우리가 구체적으로 어떻게 하면 지혜를 가지며 지혜의 길로 갈 수 있는지 가르쳐주고 있습니다. 우리에게 주어진 하나님의 말씀을 붙잡아서 내 것으로 만들어야 하고 나의 매사에서 하나님을 인정해야 한다는 것입니다. 여기서 우리가 범사에 하나님을 인정하는 것은 과연 어떤 것인지 이해하기가 어려울 것입니다. 도대체 범사에 하나님을 인정하는 것은 무엇일까? 나는 하나님을 믿고 인정하는데 또 무엇을 인정하라는 말인가 하는 생각이 들 것입니다.

1. 말씀의 우선순위

먼저 성경은 우리가 하나님의 지혜를 내 것으로 만들려고 하면 하나님의 말씀에 대하여 적극적인 자세를 가져야 한다고 말씀하고 있습니다.

1절 "내 아들아 나의 법을 잊어버리지 말고 네 마음으로 나의 명령을 지키라."

우선 성경은 우리들에게 '하나님의 법을 잊어버리지 말라'고 말씀하고 있습니다. 성경이 이렇게 말씀하는 이유는 우리가 하나님의 말씀을 언제나 잘 잊어버린다는 것을 전제로 말씀하고 있는 것입니다. 학생들이 공부할 때 책을 한번 읽거나 혹은 강의를 한번 들은 것을 가지고 자기가 다 안다고 느낍니다. 그러나 학생들이 막상 시험 문제를 풀려고 하면 한번 읽은 것이나 들은 것으로는 도무지 그 내용이 기억이 나지 않게 되는 것입니다. 왜냐하면 우리는 읽으면서 줄거리는 알지만 그 이름이나 자세한 내용을 잊어버리기 때문입니다. 그래서 학생들이 시험을 치르려고 하면 책을 한번 읽거나 강의를 한번 들은 것으로는 안 되고 자기가 개인적으로 반복하여 자꾸 읽어서 완전히 자기 것으로 만들어야 합니다. 마찬가지로 우리가 하나님의 법을 잊지 말아야 한다고 하는 것은 우리의 성향이 평소에는 하나님의 말씀을 모르고 자기 멋대로 하려고 하는 경향이 아주 강한 것을 의미합니다. 우리는 하나님의 말씀을 들을 때는 그 말씀이 옳은 것 같은데 실제 현실에 부딪치면 하나님의 말씀을 다 잊어버리고 자기 방법이나 자기 성질대로 다 해버리는 성향이 있는 것입니다. 그러면 도대체 어떻게 해야 우리는 하나님의 말씀을 잊어버리지 않고 실제 상황 속에서 하나님의 말씀을 기억할 수 있겠습니까?

　여기서 우선순위 문제가 나옵니다. 우리가 하나님의 말씀을 자주 기억하려고 하면 하나님의 말씀에 우선순위를 두어야 합니다. 우리가 세상일을 다 한 후에 하나님의 말씀을 들으려고 하면 이미 세상 것들이 우리 마음속에 잔뜩 들어와 있기 때문에 하나님의 말씀이 귀에 들어오지 않습니다. 우리가 하나님의 말씀을 잊지 않으려고 하면 하나님의 말씀을 듣는데 최고 우선순위를 두어야 합니다. 그래서 우리가 하는 많은 일들을 포기하고 하나님의 말씀을 듣는 데로 달려와서 말씀을 들을 때 하나님의 말씀이 우리 머릿속에 자리를 잡기 시작합니다.

　사실 우리가 하나님의 말씀을 듣는다고 해서 그것이 모두 다 내 것이 되고 나에게 능력이 되는 것도 아닙니다. 하나님의 말씀이 내 것이 되려고 하면 머리로 믿은 것이 가슴으로 내려와야 합니다. 하나님의 말씀이 내 영혼을 지배하고 내가 하나님의 말씀을 들을 때 가슴이 뜨거워지고 눈에서 눈물이 흐르게 되고 이때 하나님의 말씀은 내 것이 됩니다. 그리고 우리가 다른 사람과 대화를 할 때 더 이상 세상 이야기를 하지 않고 하나님의 말씀을 가지고 이야기를 하게 됩니다. 이것이 하나님의 말씀을 기억하는 것입니다.

  그런데 성경은 '나의 법' 이라고 말하고 있습니다. 하나님의 말씀은 무엇이 옳고 무엇이 틀린지를 구별하게 하는 말씀인 것입니다. 우리는 어떤 구체적인 상황 속에서 구체적으로 어떻게 하는 것이 하나님의 뜻인지는 모를 때가 많습니다. 예를 들어서 자녀를 학비가 비싼 학교에 보내는 것이 하나님의 뜻인지 아니면 학비가 좀 싼 학교에 보내는 것이 하나님의 뜻인지는 모릅니다. 그러나 어떤 것이 죄인지는 알 수 있습니다. 예를 들어서 누군가가 주는 돈을 내가 가져서는 안 되며 어떤 이성을 만나서는 안 된다는 것을 알 수는 있습니다. 그러나 이것만 해도 대단한 것입니다. 사실 많은 사람들이 망하는 이유는 옳고 그른 것이 구별이 되지 않아서 망하는 것입니다. 그런데 이 옳고 그른 것을 모호하게 만드는 것이 '정' 입니다. 그러나 하나님의 말씀은 '정' 이라고 하는 안개를 뚫고 실체를 보게 합니다. 우리는 죄와 죄가 아닌 것을 구별할 수만 있어도 망하지 않습니다. 그런데 하나님의 지혜에는 이런 소극적인 부분만 있는 것이 아닙니다. '네 마음으로 나의 명령을 지키라' 고 말씀하고 있습니다. 하나님이 내 마음에 명령하는 것을 실천하라는 것입니다.

  사실 이것은 너무나도 어려운 일입니다. 왜냐하면 우리는 모두 영적인 뇌성마비환자와 같아서 아무리 알고 있어도 우리 몸이 제대로 움직여지지 않기 때문입니다. 아마도 장애를 입은 사람의 몸이 정상적으로 움직여지려고 하면 많은 재활 훈련을 해야 할 것입니다. 마찬가지로 우리가 하나님의 뜻대로 움직이려면 너무나도 많이 자기 자신을 설득을 해야 합니다. 예를 들어서 우리가 다른 사람에게 어떤 물건을 주려고 하면 마음속에 반대하는 마음이 즉시 일어나게 될 것입니다. 그 물건을 주는 것은 쑥스러운 일이라든지 혹은 그 사람이 나를 오해할지도 모른다든지, 귀찮다든지 아깝다든지 하는 마음이 일어나면서 주지 않게 될 것입니다. 그런데 마음속에서 강하게 설득되면 결국 손과 발이 움직여지면서 그 물건을 들고 가서 주게 됩니다. 그렇게 하나님의 뜻에 한번 순종하고 나면 마음이 얼마나 기쁜지 모릅니다. 우리 마음이 그렇게 시원하고 기쁠 수가 없습니다.

그래서 내 아들아 나의 법을 잊어버리지 말고 네 마음으로 나의 명령을 지키라고 하는 말씀은 마치 백치요 뇌성마비 환자인 아들에게 하나님의 말씀에 순종하라고 하는 것과 같이 어려운 말씀입니다. 그러나 우리가 이 사실을 인정하면 됩니다. 우리는 마음이 백치이고 뇌성마비 환자라서 즉시 하나님의 말씀대로 움직여지지 않는다는 것을 인정하고 계속 노력을 하면 어느 날부터 움직여지기 시작하게 됩니다. 사실은 이것이 기적이고 하나님이 하시는 가장 위대한 일입니다. 그런데 이 일은 남들에게 보이기 위해서 하거나 혹은 자기 공로를 쌓기 위해서 하는 것이 아닙니다. 이것은 순전히 자기가 하나님의 말씀이 좋아서 하는 것입니다.

2절 "그리하면 그것이 너로 장수하여 많은 해를 누리게 하며 평강을 더하게 하리라."

우리가 하나님의 말씀을 순종해서 살면 장수하고 평강을 얻게 된다는 말씀입니다. 그런데 사실 처음에는 이렇게 될 것 같지가 않습니다. 우리가 하나님의 말씀에 순종하려고 하면 세상의 좋은 것은 다 잃어버리고 꼭 망할 것 같고 굶어죽을 것 같습니다. 우리가 하나님의 말씀을 붙들 때 장수는 고사하고 얼마 가지 않아서 분명히 굶어죽을 것 같습니다. 왜냐하면 우리가 하나님의 말씀을 붙드는 과정에서 직장도 잃고 돈도 없고 너무나도 가난하게 될 때가 많기 때문입니다. 그리고 하나님의 말씀을 붙든다고 해서 절대로 평강이 오지 않습니다. 오히려 우리가 하나님의 말씀을 붙들 때 주위에서 그것을 싫어하는 사람들이 많이 생기고 많은 욕을 얻어먹고 공격을 당하게 됩니다. 그래서 장수와 평강은 나중에 주어지는 것이지 처음부터 주어지는 것은 아닙니다.

우리가 하나님의 말씀을 붙들고 살 때 가장 먼저 오는 것은 마음이 뜨거워지는 것입니다. 우리의 마음속에 하나님의 감동이 임하고 하나님의 사랑이 느껴지게 되면서 눈에서 눈물이 흐르고 마음에 하나님이 주시는 기쁨이 있게 됩니다. 그래서 우리가 하나님의 말씀을 붙들 때 마음에 영적인 부흥이 먼저 오지 장수나 평강이 바로 오는 것은 아닙니다. 그리고 우리와 세상 사이에는 여전히 엄청난 벽이 있어서 우리가 도저히 세상 속을 파고 들어갈 것 같지가 않습니다. 그런데 이상한 것은 그 엄청난 세상의 벽에 작은 구멍이 하나 뚫리면서 우리에게 먹을 것이 생기고 우리가 하루하루 살아갈 수 있게 됩니다.

이것은 마치 이스라엘 백성들이 광야에서 만나를 먹고 산 것과 같습니다. 우리는 단지 하루하루 살아가게 됩니다. 그러나 도저히 우리의 머리로는 살아갈 수 없을 것 같은데 이 단단한 벽을 뚫고 하나님이 먹고 살아가게 하십니다. 그러다가 어느 순간 이 벽이 무너지면서 하나님의 복이 쏟아지게 됩니다. 마치 베를린 장벽이 무너지듯이 세상의 벽이 무너지면서 복이 임합니다. 사람들이 나를 알아주기도 하고 이상하게 사업이 잘 되기도 하고 돈이 많이 생기기도 합니다. 그런데 놀라운 것은 '평강'입니다. 여기서 평강이라고 하는 것은 어느 순간부터 나를 괴롭히던 가시가 모두 뽑히면서 더 이상 시험이 없는 것을 말합니다. 우리가 처음에 말씀 붙들고 나갈 때에는 정말 단 하루라도 어려운 시련이 없던 날이 없었습니다. 그런데 부흥이 계속되면서 병도 나아버리고 괴롭히던 사람도 없어져 버리고 빚도 갚아 버리게 되는 것입니다. 그러면서 내가 과연 이렇게 편하게 살아도 되는가 싶을 정도로 편안하게 됩니다. 결국 이런 삶이 계속 이어지는 것이 장수인 것입니다. 성경의 '장수' 라고 하는 것은 서로 미워하고 저주하면서 오래오래 사는 것을 말하지 않습니다. 우리가 시험이 없는 상태에서 하나님의 축복의 황금기를 누리면서 계속 아이들을 키우고 복을 받으면서 사는 것이 장수인 것입니다. 이때 우리가 주의해야 할 것이 있습니다. 사실 하나님의 백성들은 가난할 때보다 부요할 때가 더 위험한 것이 사실입니다. 왜냐하면 부해지면 가난했을 때의 시절을 잊어버리고 교만하거나 죄를 짓기 쉽기 때문입니다. 그래서 하나님께서 우리를 축복하실 때 이것을 기억해야 합니다.

3절 "인자와 진리로 네게서 떠나지 않게 하고 그것을 네 목에 매며 네 마음 판에 새기라."

하나님의 백성들에게는 복 받는 그 자체보다 더 중요한 것이 있습니다. 그것은 '인자와 진리'가 우리에게서 떠나지 않게 하는 것입니다. 하나님께서 우리를 축복하실 때 자칫 잘못하면 우리가 복을 믿음보다 더 좋아하기 쉽습니다. 그러나 우리가 알아야 할 것은 세상의 복은 믿음의 결과로 주어진 것입니다. 그래서 우리에게 중요한 것은 돈이나 명예가 아니라 원래 하나님이 우리에게 주신 성품입니다. '인자' 라고 하는 것은 진실한 관계입니다. 그리고 진리라고 하는 것은 겸손하고 정직한 것입니다. 우리가 복을 받았다고 교만해지면 사람 자체가 달라지기 쉽습니다. 그러나 이것은 실패한 것입니다. 우리가 복을 받았다고 해서 사람 자체가 달라질 필요는 없습니다. 그렇게 되지 않으려고 하면 복 자체가 중요한 것이 되면 안 됩니다. 우리에게 여전히 중요한 것은 하나님의 말씀이고 복이라고 하는 것은 추기로 주어지는 것밖에 되지 않습니다. 그때 하나님의 백성들은 변함없이 진실하고 정직할 수 있습니다. 그러나 이것이 너무나도 어렵기 때문에 '네게서 떠나지 않게 하고 목에 매고 마음 판에 새기라'고 했습니다. 과연 내가 복을 받았다고 해서 사람 자체가 변한 것은 아닌가, 나는 옛날과 같이 진실하고 겸손하고 정직한가, 하는 것을 언제나 점검하라는 것입니다. 인자와 진리를 목에 매라고 했는데 반면에 여인들은 사람 앞에 나설 때에 언제나 목에 목걸이를 합니다. 우리는 인자와 진리를 목걸이로 만들어서 언제나 매고 있어야 합니다. 우리가 다른 사람들을 만나기 전에 언제나 거울로 먼저 자기 얼굴을 볼 것입니다. 그러나 우리 마음 판에 새기라는 것은 하나님의 말씀을 통해서 나 자신을 보아야 함을 뜻합니다. 우리가 복을 받은 후에 하나님의 말씀을 멀리하면 거만하고 보기 싫은 이상한 사람이 됩니다. 그래서 우리가 복을 받은 후에 하나님의 말씀을 더 사랑해야 합니다. 왜냐하면 우리 자신을 하나님의 말씀으로 더 아름답게 단장할 필요가 생겼기 때문입니다.

4절 "그리하면 네가 하나님과 사람 앞에 은총과 귀중히 여김을 받으리라."

우리가 복을 받고 난 후에 더 하나님의 말씀을 사랑하면 이것은 정말 더 아름다운 것입니다. 그래서 하나님도 좋아하시고 사람도 좋아합니다. 우리가 다른 사람에게 은총을 받는다는 것은 너무나도 좋은 것입니다. 그들이 자발적으로 우리를 도와주려고 하기 때문입니다. 우리가 하나님의 은총을 받으면 하나님께 해달라고 하지 않아도 하나님이 알아서 우리를 축복해 주십니다. 그리고 사람들로부터 귀중히 여김을 받습니다. 다른 사람이 복을 받은 하나님의 백성들을 감히 업신여기지 못합니다. 이 사람의 복이 이렇게 물질적으로 나타나려고 하면 이미 마음속으로는 수천 배의 복이 부어졌기 때문입니다. 하나님의 백성들의 복이 겉으로 나타났다고 하는 것은 영적인 복의 결과인 것입니다. 이런 사람들은 속이 꽉 차 있기 때문에 건드리기만 하면 하나님의 지혜와 사랑이 쏟아지게 됩니다.

2. 하나님을 인정하는 자세

우리가 지혜의 길을 가는 데서 중요한 것은 하나님의 말씀에 우선순위를 둘 뿐 아니라 하나님을 내 앞서 가시게 하는 것입니다.

5절 "너는 마음을 다하여 여호와를 의뢰하고 네 명철을 의지하지 말라."

우리가 도대체 어떻게 하는 것이 여호와를 의뢰하는 것일까요? 우리는 이미 하나님이 계신 것을 믿고 인정하는 사람들입니다. 그런데 여기서 어떻게 더 하나님을 의뢰할 수 있을까요? 우리가 하나님을 의뢰하는데 가장 큰 걸림돌이 되는 것은 하나님이 눈에 보이지 않는다는 사실입니다. 우리가 어떻게 눈에 보이지 않는 하나님을 실제로 계신 것처럼 의지할 수 있을까요? 이것이 사실 우리에게 가장 큰 어려운 문제입니다.

여호수아가 요단강을 건너 길갈에서 진을 쳤을 때입니다. 여호수아는 거기서 유월절을 지킨 후에 여리고 성을 바라보다가 어느 날 칼을 들고 서 있는 장수를 보게 되었습니다. 여호수아는 한 번도 본 적이 없는 장수 같아서 너는 우리 편이냐 가나안 사람 편이냐, 하고 물어보았습니다. 그랬더니 그 장수는 나는 여호와의 군대 장관인데 지금 왔다고 하면서 여호수아에게 네 발에서 신을 벗으라고 명령하셨습니다. 여호수아는 지금까지 말로만 하나님의 사자가 자기들과 함께 한다고 들었지만 실제로 칼을 들고 서 있는 장수는 이때 처음 보았던 것입니다. 만일 여호수아가 여호와의 군대 장관을 무시하고 자기 힘만 믿고 가나안 땅으로 진격했더라면 그는 실패했을 것입니다.

그러면 하나님께서 마음을 다하여 여호와를 의뢰하라하신 것은 무슨 뜻일까요? 이것은 하나님께서 우리를 앞서서 걸어가시게 하라는 것입니다. 우리가 하나님 앞에 나서서 모든 일들을 내 생각이나 내 방법대로 다 해버리지 말고 하나님이 나보다 앞서서 모든 일을 먼저 하시게 하는 것입니다. 그러나 이것이 현실적으로는 굉장히 어려운 일입니다. 왜냐하면 사람들은 미래에 대한 플랜을 가지고 열심히 추진하는 지도자를 신뢰하고 좋아하기 때문입니다. 대개 지도자들은 사람들을 미래를 향하여 끌고 가려할 때, 이런 멋진 미래에 대한 청사진이 자기에게 있다는 것을 밝히고 뚝심 있게 밀고 나가는 것을 사람들은 멋있게 생각합니다. 그런데 하나님께서는 미래는 우리의 영역이 아니고 하나님의 영역이기 때문에 멋대로 큰 소리를 치지 말라고 말씀하십니다. 예수님은 아예 맹세하지 말라고 하시면서 하늘이나 땅이나 예루살렘이나 네 머리로도 맹세하지 말라고 하셨습니다. 그리고 사도 바울은 내게 능력주시는 자 안에서 모든 것을 할 수 있다고 했습니다. 하나님께서는 우리가 미래를 향해 추진해 나가는 지도자가 아니라 하나님의 충실한 종이 되기를 원하시는 것입니다. 조금 더 구체적으로 말하면 하나님의 청지기가 되라는 것입니다.

 그렇게 하려면 우리는 어떻게 해야 합니까? 우리는 다른 것을 앞세우면 안 되는 것입니다. 오직 하나님의 말씀만 앞세우고 하나님의 말씀을 듣고 은혜 받으면서 우리 자신이 신앙적으로 성장하는 것을 일차의 목표로 삼아야 하는 것입니다. 그러면서 하나님께서 하라고 하시는 일이 있으면 힘을 다해서 하는 것입니다. 이것이 하나님을 의뢰하는 것입니다. 그러면 우리가 하나님을 의뢰한다고 할 때에는 미래에 대한 계획이 전혀 없는 것을 말합니까? 그렇지는 않습니다. 우리는 내가 할 수 있고 주어진 여건 안에서 계획을 세워서 할 수 있을 뿐이지 아직 도래하지도 않은 미래에 대하여 내가 무엇인가 엄청난 것을 할 수 있을 것처럼 발표하는 것은 하나님의 영역을 침범하는 것입니다. 우리는 우리 자신의 게으름이나 나태함 때문에 계획을 세워야 합니다. 적어도 한 해의 계획은 세워야 일 년을 가치 있고 질서 있게 보낼 것입니다. 그러나 그 후의 일은 우리는 알지 못합니다. 우리는 우리 자신이 살아 있을지 죽어 있을지도 모르는 것입니다.

그리고 '네 명철을 의지하지 말라'고 했습니다. 여기서 '네 명철'이라고 하는 것은 나의 생각이나 계획을 말합니다. 내 나름대로 미래에 대하여 멋진 계획을 세워서 추진하는 것을 말합니다. 그런데 이상한 것은 우리나라에서는 자기 명철을 의지하는 자가 성공하는 것 같고 하나님을 의뢰하는 자는 맨날 제자리걸음 같을 때가 많습니다. 우리나라에서는 의욕이 있고 추진력이 있는 사람들이 역시 큰일을 하는 것 같고 하나님을 믿고 기다리는 자는 큰일을 잘 해내지 못하는 것 같습니다. 그래서 우리의 모든 평가는 여기서는 할 수 없고 하나님 앞에 가봐야 알 수 있을 것입니다.

6절 "너는 범사에 그를 인정하라. 그리하면 네 길을 지도하시리라."

여기서 '네 길을 지도하신다'고 하는 것은 길이 없는 것을 염두에 두고 하시는 말씀입니다. 우리가 믿음으로 이 세상을 살아가려고 하다 보면 길이 전혀 없을 때가 있습니다. 우리가 앞으로 나가긴 나가야 할 텐데 도무지 길이 보이시 않을 때가 있습니다. 그 이유가 무엇일까요? 우리의 길은 바다 속에 감춰져 있기 때문입니다. 이스라엘 백성들이 애굽을 나왔을 때 그들은 홍해를 앞에 두고 갈 길이 없었습니다. 뒤에서는 애굽 군대가 추격을 하고 앞에는 바다가 가로놓여 있었습니다. 그러나 그때 모세가 지팡이로 홍해를 가리켰을 때 홍해가 갈라지면서 그 속에 있던 길이 드러나게 되었습니다.

우리에게 길이 없을 때 우리는 하나님에게는 길이 있다는 것을 인정해야 합니다. 그런데 오늘 성경에는 '범사에 그를 인정하라'고 했습니다. 어떤 사람은 지금까지 내가 살아온 것을 하나님 앞에 인정하지 못하는 사람이 있습니다. 어떤 분은 결혼을 인정하지 못하고 어떤 분은 자기가 살아온 길을 인정하지 못하고 어떤 분은 사고가 난 것을 인정하지 못하는 분들이 있습니다.

그러나 우리는 우리의 과거를 책임질 수 없습니다. 지금까지 온 것이 하나님의 뜻이었다는 것을 인정하고 하나님께 맡겨야 합니다. 그리고 미래는 하나님의 영역입니다. 그러면 내가 할 수 있는 것은 오늘 일밖에 없는 것입니다. 그런데 놀라운 것은 하루하루를 성실하게 사는 것이 성공의 비결이라는 사실입니다. 우리에게는 하루하루가 모여서 기적이 나타나게 됩니다. 우리에게 길이 없을 때 하나님에게는 길이 있습니다. 우리는 그것을 믿고 작은 현재의 일에 최선을 다하면 되는 것입니다.

7절 "스스로 지혜롭게 여기지 말지어다. 여호와를 경외하며 악을 떠날지어다."

'스스로를 지혜롭게 여긴다'고 하는 것은 자기 방법이나 자기 계획을 하나님보다 더 믿는 것입니다. 사실 우리가 하나님을 인격적으로 체험하지 못했을 때에는 자기 머리를 믿고 살아갑니다. 그래서 인생의 어떤 길을 정할 때 자기가 할 수 있는 모든 방법을 다 나열해 놓고 그 중에서 가장 가고 싶은 길이나 할 수 있는 길을 선택할 것입니다. 그래서 이런 경우는 확률이 중요하기 때문에 길이 많으면 많을수록 안심이 되고 기분이 좋습니다. 그러나 모든 가능성이 다 실패하면 절망을 하게 될 것입니다. 그러나 우리가 하나님을 인격적으로 한번 만나고 나면 우리는 정말 할 수 있는 것이 아무것도 없습니다. 학벌도 소용이 없고 전공도 소용이 없게 됩니다. 그저 하나님이 살려주시면 사는 것이고 하나님이 죽게 하시면 죽을 수밖에 없습니다.

우리가 대개 엘리트 그룹에 속하는 사람들을 만나보면 자신감에 꽉 차 있고 그렇게 오만할 수가 없습니다. 그리고 이런 사람들을 실제로 실력이 있습니다. 우리는 그런 사람 앞에 서면 정말 보잘것없는 사람밖에 되지 않습니다. 그런데 엘리트는 위기 때 하나님의 능력을 받는 일은 자기가 할 수 없습니다. 그런데 바보 같은 하나님의 백성들은 위기 때 오히려 더 강합니다. 왜냐하면 이들은 무한정으로 하나님의 지혜와 능력을 받기 때문입니다. 우리는 하나님을 경외합니다. 하나님을 경외한다고 하는 것은 언제나 하나님을 의식하면서 살아가는 것을 말합니다. 사실 우리가 하나님을 언제나 인식한다는 것은 엄청난 스트레스입니다. 왜냐하면 사실 우리도 다 똑같은 죄인이기 때문에 하나님이 없을 때 죄를 짓고 싶기 때문입니다. 그러나 하나님이 늘 보고 계시기 때문에 죄를 지을 수 없고 또 죄를 지어도 마음이 편치가 않습니다. 그러나 우리는 이것 때문에 죄에서 벗어날 수 있고 우리 영혼이 살 수 있습니다. 하나님의 백성들의 두 가지 스트레스는 우리의 미래를 전혀 예측할 수 없다는 것과 언제나 하나님을 인식해야 하는 것입니다.

그런데 7절 끝에 보면 '악에서 떠날지어다'라고 하고, 8절에 "이것이 네 몸에 양약이 되어 네 골수로 윤택하게 하리라"고 했습니다.

우리가 하나님을 경외할 때 결국 악에서 떠날 수밖에 없는 것은 알 수 있습니다. 그런데 어떻게 이것이 우리 몸에 양약이 될 수 있을까요? 그것은 사실 죄가 우리 몸에 독약이 되기 때문입니다. 사람들은 멋도 모르고 죄를 짓는데 그것은 독약을 한 사발씩 마시는 것과 같습니다. 그래서 죄를 지으면 우리 영혼과 육체가 얼마나 고통을 받는지 모릅니다. 그런데 우리가 하나님을 경외할 때 이 시간은 하나님의 말씀으로 우리 자신을 단장하는 시간입니다. 하나님의 말씀으로 우리의 마음과 영혼을 가장 아름답게 화장하는 시간입니다. 이때 우리는 진정으로 행복을 느끼게 되고 자기 자신이 소중한 것을 알게 됩니다. 그러면서 우리 골수까지 윤택하게 됩니다. 요즘 골수가 시원찮게 되면 골다공증이 걸리게 됩니다. 골다공증에 걸린 분이 한번 넘어지면 중상을 입게 됩니다. 그러나 언제나 하나님의 말씀으로 우리 자신을 단장하면 골수가 윤택하기 때문에 넘어지지도 않고 언제나 힘이 있습니다.

3. 하나님 앞에 겸손한 자세

성경은 우리가 하나님으로부터 복을 받았을 때 하나님께 드리는 것을 열심히 하라고 말씀하고 있습니다.

9-10절 "네 재물과 네 소산물의 처음 익은 열매로 여호와를 공경하라. 그리하면 네 창고가 가득히 차고 네 즙 틀에 새 포도즙이 넘치리라."

우리가 하나님으로부터 복을 받았을 때 왜 하나님께 즐겨 바쳐야 할까요? 이미 하나님은 이런 것들이 필요 없으신 것이 아닌가요? 그렇지 않습니다. 우리가 하나님께 바친다고 하는 것은 하나님의 소유권을 인정하는 것입니다. 우리는 단지 하나님의 청지기가 되는 것입니다. 이때 우리는 인색한 마음에서 벗어날 수 있습니다. 우리가 하나님께 바칠 때 머리로 믿는 것이 손으로 움직여지게 되는 것입니다. 그렇지 않은 사람은 언제나 남만 비판하지 자기 자신은 손끝 하나 움직이지 않을 것입니다. 우리는 하나님이 주신 복을 너무 부담스러워하며 마구 낭비해서는 안 됩니다. 우리는 하나님의 선한 청지기로 잘 관리를 해야 합니다. 하나님께서는 선한 청지기들에게는 더 많은 것을 맡기신다고 하셨습니다.

그러나 우리에게는 복만 오는 것이 아닙니다. 하나님은 우리에게 복을 주시기 전에 먼저 우리 사람 됨됨이를 만드시기를 원하십니다.

11-12절 "내 아들아 여호와의 징계를 경히 여기지 말라. 그 꾸지람을 싫어하지 말라. 대저 여호와께서 그 사랑하는 자를 징계하시기를 마치 아비가 그 기뻐하는 아들을 징계함같이 하시느니라."

여기에 보면 여호와의 징계가 나오고 그의 꾸지람이 나옵니다. 왜 하나님의 말씀을 그의 꾸지람이라고 할까요? 하나님의 말씀 중에는 하지 말라는 말씀이 많기 때문입니다. 그리고 하나님의 말씀은 우리 안에 있는 죄에 대한 책망을 많이 하십니다. 그러나 하나님의 책망 안에는 복이 있습니다. 우리가 그렇게 하지 않기만 하면 복을 받을 수 있기 때문입니다. 아마 하나님의 말씀이 칭찬으로만 되어 있다면 좋아하지 않을 사람이 없을 것입니다. 그러나 하나님의 말씀이 꾸지람으로 되어 있기 때문에 사람들이 그 가치를 모르고 넘어가게 됩니다. 그리고 하나님의 징계는 참 무서운 것입니다. 하나님이 때리시는 매는 정말 아프기 때문입니다. 하나님께서 우리를 때리실 때 나에게서 가장 소중한 것을 빼앗아 가시는 것 같고 도저히 이 세상에 살 소망이 없도록 만드시는 것 같습니다. 그런데 하나님은 우리를 자녀같이 사랑하시기 때문에 이렇게 하시는 것입니다. 우리가 이런 매를 한번 맞으면 절대로 죄를 좋아하지 않게 됩니다.

우리가 하나님의 지혜를 얻는 것은 결코 쉽지 않습니다. 우리가 하나님의 지혜를 얻으려고 하면 단순히 한두 번 듣는다고 해서 되는 것이 아니라 그것을 내 생명과 바꾸어야 하고 하나님의 징계의 채찍까지 맞아야 하고 세상의 엄청난 현실의 벽 앞에 절망과 좌절을 해야 합니다. 그러나 우리가 하나님의 말씀의 가치를 붙잡았을 때 우리는 이 세상의 최고의 보물을 손에 넣은 것이 됩니다. 하나님의 말씀은 우리 자신을 보물이 되게 하기 때문입니다.

13절 "지혜를 얻은 자와 명철을 얻은 자는 복이 있나니"

여기서 지혜라고 하는 것은 하나님의 말씀을 배우는 것을 말합니다. 그리고 명철은 하나님의 말씀을 가지고 세상에서 고생한 결과 통찰력을 얻는 것을 말합니다.

14-15절 "이는 지혜를 얻는 것이 은을 얻는 것보다 낫고 그 이익이 정금보다 나음이니라. 지혜는 진주보다 귀하니 너의 사모하는 모든 것으로 이에 비교할 수 없도다."

왜 지혜를 얻는 것이 은을 얻는 것보다 낫고 정금을 얻는 것보다 이익일까요? 이런 은과 금은 움직이지 못하는 보물이지만 하나님의 지혜는 살아서 움직이는 보물이기 때문입니다. 그러나 우리가 현실적으로 생각해 보면 그래도 세상의 보물이 더 나을 것 같습니다. 우리가 돈이 있는 것이 더 낫고 학벌이 좋은 것이 낫고 좋은 관직에 있는 것이 낫지 하나님의 말씀만 가지고 무슨 소용이 있을까요? 사실 우리 눈에는 이렇게 보이는 것이 당연할 것입니다. 그러나 세상의 보물은 눈에 보이는 것이 전부이지만 하나님의 지혜는 그 뿌리가 하나님께 연결이 되어 있습니다. 그래서 당장 보이는 것만 가지고 이야기하면 세상의 보물이 낫지만 그 뒤에 연결되어 있는 것을 보면 이야기가 달라지게 됩니다. 하나님의 지혜는 무한정의 하나님의 능력이 연결되어 있습니다. 그래서 처음 말씀이 다시 반복되고 있습니다.

16-17절 "그 우편 손에는 장수가 있고 그 좌편 손에는 부귀가 있나니 그 길은 즐거운 길이요 그 첩경은 다 평강이니라."

하나님이 하나님의 말씀을 붙든 사람과 함께 하시기 때문에 결국 물질적인 복도 받습니다. 그리고 그 인생 말년이 참 아름답습니다. 우리 믿는 성도들은 자신들의 말년에 대해 너무 걱정하지 마시기 바랍니다. 하나님께서 아름답고 행복한 말년을 주실 것입니다.

18절 "지혜는 그 얻은 자에게 생명나무라. 지혜를 가진 자는 복되도다."

생명나무는 에덴동산 중앙에 있던 나무입니다. 하나님은 그 생명나무로 약속하시기를 우리가 하나님의 말씀을 지키면 영생한다고 하셨습니다. 그런데 우리가 하나님의 말씀을 지키면 우리가 사는 곳 자체가 에덴동산으로 변합니다. 여기에는 맹수가 없습니다. 왜냐하면 모든 맹수들이 양으로 변해 버렸기 때문입니다. 사자가 어린 양과 뛰놀고 어린아이가 독사 굴에 손을 넣어도 물리지 않는 곳입니다. 마음의 상처가 다 치료되고 우리의 영혼이 날로 새로워지는 낙원인 것입니다. 우리는 다른 사람들이 뭐라고 하든지 간에 하나님을 우리 앞에 모시고 말씀으로 한 걸음 한 걸음 나아가는 성도들이 다 되시기 바랍니다.

05 · 지혜의 실용성

잠 3:19-35

　우리가 성경에서 지혜라는 말을 쓸 때 이것은 세상적인 의미와 많은 차이가 있습니다. 세상에서 보통 지혜라고 할 때는 어떤 사람의 지식의 용량 또는 능력을 의미합니다. 그러나 성경에서 지혜라고 할 때에는 수련된 기술의 의미로 사용될 때가 많습니다. 세상적인 지혜는 두 가지 지혜를 생각할 수 있습니다. 하나는 공자나 소크라테스 식의 지혜입니다. 이 지혜는 어떻게 하면 인간이 의리를 지키고 바르게 살 수 있느냐 하는 지혜입니다. 그래서 대개 공자 식의 지혜는 다른 사람들에게 신뢰를 주기 때문에 대체로 지도자들의 덕성에 바람직한 것으로 생각되고 있습니다. 거기에 비해서 또 다른 하나는 마키아벨리나 손자(孫子) 식의 지혜가 있습니다. 이런 지혜는 사람의 덕성과는 아무 상관없이 오로지 자기 목적을 달성하기 위한 수단 또는 요령과 같은 것입니다. 그런데 대개 성공하는 사람들 중에는 이렇게 수단과 방법을 가리지 않는 냉혹한 요령꾼들이 많이 있습니다. 그런데 성경에서 말하는 지혜는 사람들이 가지고 있는 이런 지적인 능력이 아니라 항해술과 같은 기술의 의미를 가지고 있습니다. 기술이라고 하는 것은 책만 많이 읽는다고 해서 얻어지는 것이 아니라 실습을 많이 해서 실제적인 능력을 갖추어야 합니다. 그런데 이런 지혜가 중요한 이유는 우리가 배를 타고 바다에 나가보면 숙련된 기술을 가진 항해사와 그런 기술 없이 책만 읽은 항해사가 천지 차이기 때문입니다. 폭풍이 몰아치고 거센 파도가 불 때에 배와 사람들을 건질 수 있는 것은 숙련된 기술을 가진 선장이나 항해사입니다.

과학자들은 이론과 실제 사이에는 엄청난 차이가 있다는 것을 알고 있습니다. 과학자들은 이론적으로는 틀림없이 될 것 같은데 실제로 실험을 해보면 안 되는 경우가 많이 있습니다. 그 중에 한 가지 예가 사람의 줄기세포입니다. 과학자들이 이론적으로는 사람의 줄기세포를 만들면 모든 병을 다 고칠 수 있을 것 같은데 사람의 줄기세포를 만드는 것이 실용화가 안 되는 것입니다.

잠언에서 성경은 우리가 하나님을 믿는다고 하면서도 두 가지 길이 있다고 말씀하고 있습니다. 하나는 자기 머리나 세상을 의지하지 않고 하나님의 말씀만 붙들고 그 말씀에 자기 자신을 쳐 복종시키며 사는 방법이 있습니다. 그리고 또 하나는 하나님을 믿기는 하지만 결국은 자기 생각이나 자기 판단대로 세상을 목적으로 해서 살아가는 것입니다. 그런데 일단 우리가 생각하기에 사람이 자기 생각이나 자기 판단을 믿고 살아가는 것은 자기 자신이 자신의 삶에 주인이 되어서 능동적인 자세로 이 세상을 살아가는 것입니다. 그 대신에 하나님의 말씀을 붙들고 살아가는 것은 자기가 자신의 삶에 능동적인 입장이 되지 못하고 오히려 피동적으로 살아가는 것을 의미합니다. 그런데 하나님께서 인간에게 주신 최고의 능력이 자기 스스로 생각하고 판단해서 자신의 삶을 결정해 나가는 것입니다. 사람들은 자기 자신이 남의 결정에 의해서 움직이는 피동적인 입장이 되는 것을 원치 않습니다. 사람들은 자기 자신이 로봇이 된다거나 남의 하인이나 종이 되어서 움직이는 것을 원치 않습니다. 그런데 왜 성경은 우리가 이 세상을 살아가는 데 내 판단을 믿고 내가 하고 싶은 대로 해서는 안 되고, 수동적으로 하나님의 말씀만을 따라가야 하느냐 하는 의문이 생기게 될 것입니다.

그것에 대해서 성경은 결코 하나님이 우리를 무시하거나 우리의 판단이 소용이 없어서 그렇게 하는 것이 아니라는 것입니다. 하나님께서 우리에게 스스로의 생각이나 판단에 따라 살지 말라고 하시는 것은 우리가 아직 어리고 세상은 너무 악하고 강하기 때문입니다. 우리가 자연 세계를 보면 아무리 사자나 곰이나 늑대라 하더라도 어린 새끼일 때는 가장 위험합니다. 왜냐하면 이때는 새끼들이 스스로를 보호할 능력이 없기 때문입니다. 그래서 맹수들도 다른 짐승들의 새끼들을 가장 많이 노립니다. 가장 쉽게 잡아먹을 수 있기 때문입니다. 그래서 우리가 자란다고 하는 것은 하나님의 말씀과 지혜로 숙련되었을 때를 말합니다. 우리는 그때까지 겸손하게 하나님의 보호를 받아야 하고 하나님의 지혜를 따라야 합니다. 이것은 마치 과학자들이 어떤 이론을 발표하기 전에 수없이 실험을 해서 완전한 기술을 습득하는 것과 같은 것입니다. 그렇게 하지 않고 자기 머리나 힘만 믿고 세상으로 뛰어드는 것은 맹수 새끼가 아무것도 모르면서 정글이나 초원으로 뛰어드는 것과 같습니다. 물론 어느 정도는 성공할 수 있겠지만 정말 무서운 적을 만나면 잡아먹히게 됩니다. 그런데 정말 무서운 적은 죄를 짓는 것입니다. 결국 사람이 망하는 것은 죄를 이길 지혜와 능력이 없기 때문입니다.

1. 하나님의 기술의 수준

성경에서 하나님의 지혜라고 말씀하는 것은 단순한 생각이나 이론이 아니라 실제로 검증이 된 기술을 말합니다. 이것은 마치 항해술처럼 오랜 기간의 실습을 통해서 습득될 수 있는 것입니다. 그러면 도대체 하나님의 지혜는 어느 정도의 수준일까요? 성경은 하나님께서 지구를 만드시고 운용하시는 수준을 생각하라고 말씀하고 있습니다. 요즘 우리나라의 건설 회사들의 건축 및 설계 수준은 세계적이라고 말을 합니다. 그래서 최근 우리나라 건설 회사들은 필리핀이나 두바이 등지에서 백층이 넘는 초고층 건물들을 짓고 있습니다. 한번은 다른 나라에서 백층이 넘는 빌딩을 올라가보니까 엘리베이터가 백층이 넘는 높이를 단 몇 초 만에 초고속으로 올라갔습니다. 그리고 백층 옥상에는 바람이나 지진 등으로 건물이 흔들리는 것에 대비해서 커다란 추가 달려 있었습니다. 이 추가 건물의 균형을 잡아주는 역할을 하고 있었습니다. 이런 건물을 만들 수 있는 기술이라면 대단한 기술임이 틀림없습니다. 그러나 하나님의 건축 기술은 이런 것과 비교가 되지 않는 것입니다.

19절 "여호와께서는 지혜로 땅을 세우셨으며 명철로 하늘을 굳게 펴셨고"

하나님의 기술은 땅을 만들고 하늘을 펴신 기술이라고 말씀하고 있습니다. 우리가 땅이라고 하면 쉬운 줄 알지만 이것이 결코 쉽지가 않습니다. 땅이라고 하는 것은 단단한 공 모양으로 되어 있는데 그 중심부에는 암석이나 철분 성분이 녹아 있는 아주 뜨거운 액체로 되어 있습니다. 그리고 그 외각을 둘러싸고 있는 것이 아주 단단한 암석층입니다. 이 암석층이 있어서 속에 있는 뜨거운 액체는 밖으로 나오지 않고 안에서만 돌고 있습니다. 그리고 이 암석층 표면을 덮고 있는 것이 아주 얇은 흙인데 여기에 양분이 있고 수분이 있어서 식물이 자라고 나무가 자랄 수 있습니다. 그런데 가장 신기한 것은 이 공처럼 단단한 지구가 우주에서 어디로 흘러가 버리지 않고 제 위치를 지키면서 돌고 있다는 것입니다. 이것은 보통 놀라운 기술이 아닌 것입니다. 아마 제대로 기술이 없는 분이 지구를 만들었다면 속에 있는 액체가 밖으로 새어 나왔을지도 모르고 이 지구가 우주 가운데 균형을 잡지 못하고 자꾸 이동을 해서 어디론가 가버렸을지도 모릅니다. 그런데 하나님은 지구가 우주 한가운데 자기 위치를 잡고 계속 돌게 하셨는데 이것이 보통 기술이 아닌 것입니다. 특히 지구만이 아니라 지구 주위에 달도 돌게 하시고 화성에는 달이 또 두 개가 돌게 하셨습니다. 이런 것들은 그냥 사람의 생각으로 되는 것이 아니라 하나님의 깊은 통찰력으로 된 것입니다. 그리고 또 하나는 하늘을 펴신 것입니다. 물론 우리가 하늘은 땅 위에 있는 공간이라고 쉽게 생각할 수 있을지 몰라도 실제로 그렇게 간단하지 않습니다. 왜냐하면 하늘은 대기층에 의해서 지구 밖과 안이 분명하게 구별이 되기 때문입니다. 그런데 대기층에는 공기가 있어서 사람을 위시한 모든 생명체들이 숨을 쉴 수 있는 산소가 있습니다. 그리고 이 공기층이 산소만 공급하는 것이 아니라 우주의 방사선이라든지 운석이 지구에 떨어지는 것을 막아주는 역할을 합니다. 그런데 이 지구는 중력으로 공기층을 단단하게 붙들고 있어서 공기가 우주 가운데로 없어지지 않고 계속 지구를 에워싸고 있습니다. 특히 이 대기층에는 공기가 순환도 하고 움직이기도 하는데 바람을 통해서 온도를 적절하게 유지하기도 하고 구름의 이동을 일으켜서 비가 내리게 하는 역할도 하고 천둥이나 번개를 통해서 공기 안에 있는 성분을 흙으로 보내는 역할도 합니다. 그런데 이것이 보통으로 숙련된 기술이 필요한 것이 아닌 것입니다.

20절 "그 지식으로 해양이 갈라지게 하셨으며 공중에서 이슬이 내리게 하셨느니라."

지금까지 땅과 하늘에 대한 설명은 하나님의 지식의 지질학적, 기상학적 특징을 설명한 것입니다. 그런데 이번에는 하나님의 지식의 액체역학이라고 하는 특이한 부분을 설명하고 있습니다. 하나님은 물에 독특한 성질이 있게 하셔서 서로 모이게 하고 서로 당기게 하시고 뭉치게 하셨습니다. 그래서 하나님은 해양 즉 바다가 갈라져서 육지가 생기게 하셨는데 놀라운 것은 바다가 육지를 덮치지 않는 것입니다. 이것은 물이 서로 당기는 힘이 있기 때문입니다. 만약 물끼리 당기는 힘이 조금이라도 약해지면 바다는 얼마든지 육지 위로 올라와서 땅을 다 덮어버릴 수 있습니다. 그런데 물은 아주 작은 부분도 서로 당기는 힘이 있어서 물방울이 됩니다. 그래서 비가 하늘에서 떨어질 때 한꺼번에 물이 쏟아지면 사람들은 머리에 물 폭탄을 맞아서 죽을 것입니다. 그런데 비는 땅으로 내려오면서 공기의 저항을 받아서 아주 작게 나누어지고 그것도 아주 작은 물방울 형태가 되어서 전혀 인간에게 충격을 주지 않게 되는 것입니다. 여기에 보면 '공중에서 이슬이 내리게 하셨다' 고 말씀하고 있습니다. 이것은 물이 가지는 아주 독특한 현상을 말하는 것입니다. 물이라고 하는 것은 또 위에서 아래로 흐르게 되어 있고 흐르면서 모든 좋지 않은 것을 가지고 내려갑니다. 그러면서도 물은 스스로 정화가 되어서 나중에 다시 깨끗한 물이 됩니다. 하나님께서는 바다에서 엄청난 물이 수증기가 되어서 하늘로 올라가게 하시고 하늘로 올라간 수증기는 구름이 되어서 이동하다가 적당한 시점에 다시 비로 이 땅에 내려오게 됩니다. 이것은 인간이 머리로 공상하는 것으로는 도저히 이루어질 수 없는 엄청난 기술인 것입니다. 그래서 우리가 살펴본 것처럼 하나님의 기술은 완전한 것입니다. 여기에는 일체 고장이나 실패라는 것이 있을 수 없습니다. 왜냐하면 하나님의 기술의 실패는 바로 인간의 멸망과 직결되기 때문입니다.

그뿐만 아니라 오늘 성경에는 나오지 않지만 하나님은 태양을 통해서 일정한 빛과 열을 계속 공급하십니다. 우리 인간이 만드는 빛이나 열은 결국에는 에너지가 고갈되어서 약해지거나 중단되는데 하나님의 태양은 어떻게 에너지를 만들어내는지 모르지만 한 번도 중단 없이 우리 인간이나 생물체가 사는데 꼭 필요한 열과 빛을 보내어주고 있습니다. 만일 태양열이 더 뜨거우면 인간이나 생물체는 타 죽을 것입니다. 만일 태양열이 조금 더 약해지면 모든 것은 다 추워서 얼어 죽을 것입니다. 우리 인간들이 가지고 있는 지식은 일종의 상상력입니다. 사람이 자기 생각만 가지고는 모든 것이 다 될 것 같아도 실제 현실로 옮기려고 해보면 실제로는 거의 불가능한 것들이 많습니다. 그러나 하나님의 지혜는 무에서 유를 창조하는 능력이며 실제로 이 지구나 우주를 움직이는 능력입니다.

2. 하나님의 백성의 지혜

우리가 이 세상을 살아가는 데서 하나님의 지혜를 인정하느냐 인정하지 않느냐 하는 것이 심각한 문제가 되고 있습니다. 가장 중요한 이유는 우리가 이 세상에서 성공하는 데는 하나님의 지혜를 인정할 필요가 없기 때문입니다. 예를 들어서 어떤 학생이 좋은 학교에 들어가기 위해서는 학교에서 가르쳐주는 지식만 잘 배우면 되는 것이지 굳이 성경을 잘 알거나 하나님을 잘 믿을 필요가 없습니다. 사람이 이 세상에서 성공하기 위해서는 사람의 지식만 잘 알면 되는 것이지 굳이 하나님을 믿고 그 말씀을 따라서 살 필요는 없는 것입니다. 그러나 성경은 우리가 반드시 하나님의 말씀을 믿어야 하고 하나님의 말씀대로 살아야 한다고 말씀하고 있습니다.

> 21절 "내 아들아 완전한 지혜와 근신을 지키고 이것들로 네 눈앞에서 떠나지 않게 하라."

우리가 생각하기에 세상에서 성공하고 출세하는 데 하나님의 지식을 필요로 하지 않습니다. 심지어는 인간의 덕성을 강조하는 공자라든지 소크라테스 같은 지식도 필요하지 않습니다. 오직 출세나 성공을 위해서라면 수단과 방법을 가리지 않고 마키아벨리나 손자병법같이 남을 이기고 강한 자를 물리치면 될 것입니다. 그런데 성경 말씀은 그것이 결코 인간이 사는 것이 아니라고 말씀하고 있습니다. 우리가 다른 사람을 이기고 좋은 것을 차지하는 것은 마치 동물 세계에서 맹수들이 하는 것과 다를 바가 없을 것입니다. 그러나 이것은 어디까지나 생존하는 것이지 진정으로 사는 것이 아닌 것입니다.

예를 들어서 어떤 사람이 전혀 사랑이나 인간미 없이 오직 돈만 벌고 자기 욕심만을 위해서 살 때 다른 사람들은 그 사람이 결코 아름다운 삶을 산다고 말하지 않을 것입니다. 우리는 일만을 위해서 사는 사람을 일벌레라고 하고 돈만을 위해서 사는 사람을 돈벌레라고 하지 사람 취급을 잘 해주지 않습니다. 그러면 당연히 사람이 사람답게 사는 것이 어떤 것이냐 하는 질문이 나오게 될 것입니다. 우리 인간은 누군가가 멋있게 지어놓고 많은 것을 준비해 놓은 집에 그냥 들어와서 사는 사람과 같습니다. 이때 인간의 지혜는 이 집이 누구의 집이며 무엇 때문에 이런 것들을 준비했는가 하는 것을 생각하지 않고 오직 어떻게 하면 많은 것을 차지하며 어떻게 하면 좋은 자리를 차지할까 하는 것만 생각하는 욕심쟁이와 같습니다. 물론 누구든지 악착같이 덤벼들면 남들보다 좋은 자리를 차지하고 많은 것을 차지할 수 있을 것입니다. 그러나 정말 사람답게 사는 사람이라면 그 집주인에 대해서도 알고 그 집주인과 교제도 하면서 또 기왕 이 많은 것을 선물로 받았다면 다른 사람들과 사랑을 나누어가면서 살아가려고 할 것입니다.

우리가 이 세상에서 하나님을 생각하지 않고 욕심스럽게 많은 것을 차지할 수 있습니다. 그러나 그것은 하나님의 것을 도둑질하는 것밖에 되지 않습니다. 왜냐하면 이 모든 것의 주인은 하나님이시기 때문입니다. 우리가 하나님의 완전한 지혜와 근신을 지켜야 하는 이유가 무엇일까요? 그것이 바로 하나님을 아는 것이기 때문입니다. 하나님의 말씀은 우리가 하나님을 바로 알 수 있도록 하나님이 우리에게 주신 편지입니다. 우리가 성경을 그냥 읽으면 단순히 덕성을 일깨워주는 지혜처럼 보입니다. 그러나 이 말씀은 우리로 하여금 하나님을 알게 하며 하나님의 능력과 연결되게 합니다.

우리가 이 세상을 살아가는 데 가장 중요한 것은 하나님의 사랑과 하나님의 능력입니다. 우리가 세상에 있는 것만을 위해서 살아갈 때 일시적으로는 성공하는 것 같고 출세하는 것 같지만 실제로 그 이상은 아무것도 알지 못합니다. 성경 말씀은 '하나님의 지혜와 근신을 네 눈앞에서 떠나지 않게 하라'고 했습니다. 예를 들어서 우리가 어느 중요한 곳을 가려고 하면 미리 그곳에 가는 지도를 눈앞에 펼쳐놓고 항상 주의해서 봐야 할 것입니다. 또 우리가 중요한 새 기계를 조작할 때에도 그 기계에 대한 설명서를 눈앞에 펼쳐놓고 자세히 보면서 기계를 조작해야 할 것입니다. 그런데 성경은 우리가 이 세상을 살아갈 때에 하나님의 말씀을 항상 우리 눈앞에 펼쳐놓고 자세히 보면서 살아가라고 말씀하고 있습니다. 그 이유가 무엇일까요? 왜 우리는 인간의 지식만 달달 외워서 시험에 합격하고 성공하면 안 될까요? 가장 중요한 이유는 우리 인간 사회는 하나님의 은혜와 축복으로부터 독립된 세계가 아니기 때문입니다. 우리 인간 사회는 하나님으로부터 항상 은혜와 축복이 공급되어야 모든 것이 아름답게 돌아가는 구조로 되어 있기 때문입니다. 그런데 만일 우리가 하나님의 지혜를 제쳐놓고 세상만 목표로 해서 살아가면 하나님의 축복이 오지 않게 됩니다. 그래서 우리 인간이 이 세상에서 아무리 많은 노력을 해도 복을 받을 수 없는 것입니다.

예를 들어서 제 방에 어항이 있는데 물고기들이 아무리 부지런히 돌아다닌다고 해도 누군가가 그 어항 안에 먹이를 주지 않으면 돌아다니는 것이 아무 소용이 없습니다. 마찬가지로 하나님께서 이 세상에 복을 주셔야 공부도 소용이 있고 일하는 것도 열매가 있는 것이지 하나님이 복을 주시지 않으시면 인간의 노력 자체가 의미가 없습니다. 예를 들어서 일거리 자체가 없으면 아무리 대학을 졸업하고 부지런히 돌아다녀도 아무 소용이 없습니다. 그래서 우리는 이 세상의 복을 붙잡기 이전에 하나님의 복을 먼저 붙잡아야 합니다. 물론 우리가 그렇게 할 때 세상의 복은 약삭빠른 자에 비해서 느릴 것이고 많은 것을 붙잡지 못할 것입니다. 그러나 하나님께서 세상 전체에 복을 더 주시기 때문에 우리는 그 부스러기만 모아도 열두 광주리 넘게 거둘 수 있습니다. 우리는 떡을 다른 사람에게 주어도 그 부스러기만 해도 처음보다는 열 배나 더 많아지게 될 것입니다. 그런데 더 중요한 것은 우리의 영혼이 말할 수 없이 가치 있게 됩니다.

> **22절** "그리하면 그것이 네 영혼의 생명이 되며 네 목에 장식이 되리니"

우리가 하나님을 아는 것과 알지 못하는 것 사이에는 어마어마한 차이가 있습니다. 우리가 하나님을 알지 못한다고 하는 것은 살아 있지만 완전히 자기 안이 꽉 막힌 자폐 상태에서 살아가는 것과 같습니다. 이런 사람은 다른 사람이 무슨 생각을 하는지 다른 사람과 어떻게 의사소통을 할 수 있는지도 모르고 오직 자기 감정에만 빠져서 소리를 질러대게 됩니다. 사람이 다른 사람과 의사소통을 할 수만 있어도 얼마나 좋은지 모릅니다. 우리가 처음 외국에 가서 말이 통하지 않으면 손짓 발짓이라도 해서 의사소통을 해야 합니다. 그러나 만약 손짓 발짓조차도 통하지 않을 때는 그야말로 그 넓은 세상에서 자기 혼자 고립이 되고 마는 것입니다. 우리 인간의 지혜는 약삭빠르기는 하지만 이것은 자기 안에 고립된 지혜인 것입니다. 자폐증 중에서 서번트 증후군이라는 것이 있습니다. 그것은 자폐증 아이가 한쪽으로만 기능이 발달해서 특정 영역은 탁월하지만 전혀 다른 사람과 어울리지 못하는 것입니다. 그러나 만일 우리가 다른 사람과 의사소통이 가능하다면 다른 사람들이 다 나쁘지 않고 얼마든지 사랑으로 어울려서 살 수 있다는 것을 알게 될 것입니다. 더욱이 우리가 하나님과 의사소통이 가능하다면 모든 것이 얼마나 안심이 되는지 모릅니다. 왜냐하면 하나님께서 사랑으로 이 모든 것을 만드셨으며 끝까지 우리를 지켜주실 줄 믿기 때문입니다.

우리가 하나님의 지혜를 가지는 것은 우리 영혼의 생명이 됩니다. 이것은 우리 영혼이 하나님과 의사소통이 가능한 것을 말합니다. 하나님과의 적대 관계가 없어지고 하나님의 생명을 공급받으며 사는 것을 말합니다. 사람이 이 세상을 진정으로 사는 것은 떡으로 사는 것이 아닙니다. 사람은 다른 사람을 사랑하고 사랑받을 수 있을 때 진정으로 사는 것입니다. 더욱이 우리가 하나님을 사랑하고 하나님의 사랑을 받을 때 우리는 진짜 인간이 되는 것입니다.

하나님께서는 사람과 짐승들 사이에 말로 의사소통을 하지 못하게 하셨습니다. 왜냐하면 사람과 짐승들은 같은 수준이 아니기 때문입니다. 만일 돼지가 사람의 말을 하고 닭이 사람의 말을 한다면 그 돼지나 닭은 거의 사람의 수준이 되는 것입니다. 우리는 그런 돼지나 닭을 함부로 잡아먹지 못할 것입니다. 그런데 지혜라고 하는 것은 하나님의 생각이 우리 인간의 언어로 표현이 된 것입니다. 그래서 우리가 하나님의 지혜를 가진다는 것은 하나님과 의사소통할 수 있는, 거의 대등한 자격이 되는 것을 의미합니다. 하나님은 우리를 함부로 멸망시키지 못하실 것입니다. 그런데 하나님의 지혜는 우리 목의 장식이 될 것이라고 했습니다. 장신구 중에서 가슴에 매다는 것은 가장 아름답고 고귀한 것입니다. 하나님의 지혜는 우리를 단순히 먹고 사는 수준에서 하나님과 의사소통할 수 있는 동격으로 만들어줍니다. 이것은 우리의 지위나 신분을 천사보다 더 높은 자가 되게 하는 것입니다.

23절 "네가 네 길을 안연히 행하겠고 네 발이 거치지 아니하겠으며"

하나님께서는 우리가 살아가는 삶을 길을 가는 것으로 비유하고 있습니다. 우리가 세상의 출세를 따라가는 것은 마치 사람들이 만들어놓은 포장도로를 달리는 것과 같아서 빨리 출세할 수 있습니다. 그러나 이런 사람들은 길이 만들어지지 않은 곳에서는 한 발자국도 나아가지 못할 것입니다. 그러나 이 세상에는 길이 없는 곳이 많이 있습니다. 우리가 지방에 한번 가보면 입구에는 길이 잘 닦여 있는 것 같은데 조금만 가면 전혀 길이 없는 곳도 많이 있습니다. 그런데 우리가 하나님의 지혜를 따라가면 안연히 길을 갈 수 있을 것이라고 했습니다. 우리 믿는 자들은 세상의 길을 가지 않기 때문에 길이 없는 것 같습니다. 그래서 처음에는 길을 찾지 못해서 많은 고생을 하기도 하고 방황을 하기도 합니다. 그러나 우리는 하나님의 말씀 안에 길이 있다는 것을 알게 됩니다. 그리고 하나님의 백성들 안에 길이 있다는 것을 알게 됩니다. 그러나 이 길은 하나님이 우리와 함께 계시면서 길을 만들면서 같이 가시는 길입니다. 우리가 하나님을 따라가면 절대로 실패하지 않습니다. 왜냐하면 반드시 길이 있기 때문입니다. 우리는 때때로 세상을 따라가지 않아서 제자리걸음을 하는 것 같고 엄청나게 방황하는 것 같았는데 나중에 보면 그것이 지름길이었다는 것을 알게 될 것입니다. 양들이 목자를 따라갈 때 때로는 가시밭길로 가기도 하고 때로는 절벽 옆에 있는 길을 가기도 하지만 나중에 보면 목자는 풀이 있고 시냇물이 흐르는 곳으로 정확하게 양떼들을 인도해 가는 것입니다. 그래서 우리 길이 안연하고 발이 거치지 않는다고 해서 하나님이 우리를 언제나 편안하고 성공적인 길로 인도하신다는 뜻은 아닙니다. 우리가 하나님의 말씀을 붙들고 가는 길은 절대로 실패하지 않습니다. 그리고 하나님은 우리를 데리고 가시면서 영적으로 어마어마한 복을 부어주십니다. 사실 이것 때문에 하나님은 우리를 고난의 길로 인도하시는 것입니다. 하나님은 이스라엘 백성들을 애굽에서 이끌어내신 후에 물도 없고 양식도 없는 광야로 데리고 가신 것은 시내산에서 하나님의 율법을 받게 하시고 성막을 짓게 하시며 만나와 메추라기의 기적을 체험하게 하시기 위해서였습니다. 이스라엘 백성들은 그 광야 길을 고생의 가시밭길이라고 생각했을지 모르지만 하나님은 이스라엘 백성들과 함께 하는 신혼여행이었던 것입니다.

24-25절 "네가 누울 때에 두려워하지 아니하겠고 네가 누운즉 네 잠이 달리로다. 너는 창졸간의 두려움이나 악인의 멸망이 임할 때나 두려워하지 말라."

사람이 아무리 자기 인생에 책임을 진다고 하더라도 책임질 수 없는 순간이 있습니다. 그것은 인간은 반드시 잠을 자야 한다는 것입니다. 사람이 잠을 잘 때에는 스스로 자신을 지키지 못하고 무방비 상태에 있을 수밖에 없습니다. 하나님을 믿지 않는 자들은 잠을 자는 시간을 가장 두려워합니다. 왜냐하면 자기가 자는 동안에 무슨 일이 일어날지 모르기 때문입니다. 그래서 어떤 원시인들은 자는 사람은 옮기지 않았다는 것입니다. 왜냐하면 잠을 자는 동안에 그 사람의 영혼이 나가 있는데 사람을 옮기면 자기 몸을 찾지 못한다는 것입니다. 그러나 하나님을 믿는 우리는 우리가 모든 것을 다 책임지지 못한다는 것을 압니다. 하나님은 우리가 아무리 부족하고 연약하다고 해서 우리를 버리지 않으십니다. 왜냐하면 하나님은 우리가 그런 줄 알고 사랑하셨기 때문입니다. 부모는 자식이 부족하고 모자란다고 해서 버리지 않습니다. 왜냐하면 사랑하는 자기 자식이기 때문입니다. 어린아이들은 기차를 타고 먼 곳에 가거나 버스를 타고 갈 때 엄마 아빠를 믿고 깊이 잠을 잡니다. 왜냐하면 부모가 자기를 버리지 않는다는 것을 알기 때문입니다. 엄마 아빠는 아이가 잠을 자지 못하고 안절부절못하면 걱정하지 말고 잠을 자라고 하십니다. 우리는 잘못해도 잠을 달게 잘 수 있습니다. 그 이유는 또 내일 하나님은 나를 도와주실 줄 믿기 때문입니다. 우리는 그냥 잠만 자면 되는 것입니다. 우리 아이가 미국에서 공부를 하는데 몇 가지가 해결이 되지 않은 것이 있었습니다. 그런데 잠을 자고 나니까 하나님께서 다 해놓으셨더라고 했습니다.

제가 다리가 다쳤을 때 할 수 있는 것이 아무것도 없었습니다. 그런데 잠만 자면 나아지고 잠만 자면 더 좋아져 있었습니다. 그래서 다리 낫는데 필요한 것은 잠만 자면 되는 것이구나 하는 것을 알게 되었습니다. 그러나 하나님을 믿지 않는 자는 사정이 다릅니다. '너는 창졸간의 두려움이나 악인의 멸망이 임할 때나 두려워하지 말라' 했는데, 하나님을 믿지 않는 자는 언제 망할지 모르는 자들과 같습니다. 예를 들어서 물고기 중에 어느 것이 낚일지 모르는 것과 같고 짐승들 중에서 언제 도살당할지 모르는 것과 같습니다. 우리는 세상에 그렇게 똑똑하고 유능한 사람들이 갑자기 망하는 것을 볼 때 '야, 저런 사람이 망하면 나같이 멍청한 사람은 죽겠구나' 라고 생각될 것입니다. 그러나 하나님은 하나님을 아는 자와 모르는 자를 다르게 취급하십니다. 하나님을 모르는 자는 영혼이 없는 짐승과 같아서 언제 죽을지 모릅니다. 그러나 하나님은 우리를 다르게 취급하십니다.

26절 "대저 여호와는 너의 의지할 자이시라. 네 발을 지켜 걸리지 않게 하시리라."

역시 성경은 우리가 이 세상을 살아가는 것을 길을 가는 것으로 비유하고 있습니다. 하나님을 의지하라는 것은 하나님을 우리 자동차의 엔진으로 삼으라는 것입니다. 우리가 배를 타고 항해를 할 때 가장 중요한 것은 배의 장식이 아니라 엔진일 것입니다. 우리가 하나님의 말씀을 붙들 때 우리는 미래를 향하여 나아갈 수 있습니다. 그러나 하나님의 말씀이 없으면 절대로 앞으로 나가지 못합니다. 너무나도 많은 사람들은 과거의 불행과 원한에 매여서 앞으로 나가지 못하는 것입니다. 특히 이 세상의 지혜는 죄의 걸림돌을 보지 못하게 합니다. 그래서 세상에서 그렇게 출세의 길을 잘 달리던 사람들도 죄의 구렁텅이나 죄의 장애를 보지 못해서 완전히 밑바닥에 패대기치듯이 던져질 때가 많습니다. 그런데 하나님의 말씀은 우리로 하여금 죄의 웅덩이나 장애물을 보게 하십니다. 심지어는 하나님의 말씀은 그 결과까지 보게 하십니다. 나중에 사람들이 성공하면 성공할수록 그리고 나이가 들면 들수록 더 죄의 장해물이 많아지게 됩니다. 우리가 하나님을 의지하면 그런 장해물들을 이기고 끝까지 갈 수 있습니다.

3. 하나님의 지혜는 섬기는 것

우리가 하나님의 지혜를 가졌다고 할 때 이것이 다른 사람들과의 관계에서는 어떤 식으로 나타나게 될까요? 대개 우리나라에서 지혜나 지식을 가진 사람들은 다른 사람들을 가르치는 것을 좋아합니다. 그러나 하나님의 지혜는 다른 사람을 섬기는 것으로 나타나게 됩니다. 왜냐하면 하나님의 지혜는 우리에게 나의 행복이 중요한 만큼 다른 사람의 행복도 중요한 것을 가르쳐 주기 때문입니다. 우리가 보통 사랑이라고 할 때 다른 사람을 나의 방식으로 만들어서 사랑을 하려고 합니다. 우리는 다른 사람을 향해서 '너는 왜 그렇게밖에 하지 못하니? 이렇게 해라. 그러면 너를 사랑해주겠다' 는 식입니다. 그러나 그것은 상대방을 내 사람으로 만들려고 하는 욕심에서 나온 것입니다. 진정한 사랑은 다른 사람이 나와 다른 것을 용납하고 인정하는 것입니다.

27절 "네 손이 선을 베풀 힘이 있거든 마땅히 받을 자에게 베풀기를 아끼지 말라."

우리가 다른 사람을 돕는 데 주저하는 이유는 많은 것을 생각하기 때문입니다. 우리는 적은 것으로 남을 돕는 것을 부끄러워할 때가 많습니다. 또 우리는 다른 사람의 불행을 내가 다 책임을 져야 훌륭한 것으로 생각을 합니다. 그리고 우리는 내가 가진 재산을 다 버리고 남을 사랑해야 진짜 사랑하는 것이라고 생각합니다. 그러나 그것은 우리 자신을 너무 과대평가 하고 있는 것입니다. 물론 우리가 내 인생 전체를 다 버려서 다른 사람을 돕는 것도 중요하지만 하나님은 작은 것으로도 충분하다고 말씀하십니다. 그래서 우리는 다른 사람의 불행을 다 책임질 필요도 없고 내 재산을 다 포기할 필요도 없습니다. 단지 내 마음에 작은 감동이 있고 또 도울 수 있을 때 작은 것부터 시작을 하는 것입니다. 우리는 다른 사람에게도 너무 큰 것을 요구하거나 기대해서는 안 됩니다. 하나님이 보시는 것은 하느냐 하지 않느냐 하는 것이지 그 액수가 아닌 것입니다. 그래서 우리가 진정으로 하나님의 사랑을 안다면 다른 사람에게 무엇인가 주고 싶을 것입니다. 사람이 서로 사랑하면 작은 것이라도 자꾸 주고 싶어 하게 됩니다. 그래서 하나님의 지혜는 너무 완전한 사랑을 원하는 것이 아닙니다. 내가 다른 사람에게 선을 베풀 수 있을 때 조금 사랑하는 것입니다. 그러나 설사 하지 못했다고 해서 너무 자신을 저주하거나 책망할 필요가 없습니다. 왜냐하면 우리는 뇌성마비 환자와 같기 때문에 마음을 먹어도 잘 못하는 것이 정상이기 때문입니다. 우리는 다음에 기회가 있을 때 또 하면 되는 것입니다.

28절 "네게 있거든 이웃에게 이르기를 갔다가 다시 오라 내일 주겠노라 하지 말며"

예를 들어서 어떤 사람이 물건 값을 받으러 왔을 때 어떤 사람들은 일부러 내일로 미루는 사람들이 있습니다. 왜냐하면 당장 돈을 준다고 해서 나에게 유익이 있는 것이 아니고 또 귀찮기 때문입니다. 그러나 그 상대방의 입장에서는 오늘 돈을 받느냐 내일 받느냐 하는 것은 큰 차이가 있습니다. 왜냐하면 이 사람은 또 하루를 불안해하면서 기다려야 하기 때문입니다. 그래서 만일 우리가 상대방의 입장에서 생각해 본다면 줄 것을 먼저 챙겨주려고 할 것입니다. 우리는 다른 사람의 행복을 중요하게 생각해야 합니다. 특히 우리는 다른 사람을 행복하게 할 때 내 행복은 몇 배로 커지게 될 것입니다.

29절 "네 이웃이 네 곁에서 안연히 살거든 그를 모해하지 말며"

어떤 사람은 다른 사람이 행복하게 잘살면 배가 아픈 사람이 있습니다. 그래서 그 사람을 못살게 하고 고통스럽게 해야 직성이 풀리는데 그것은 심술이고 못된 마음입니다. 우리는 다른 사람이 잘 되는 것을 시기할 필요가 없습니다. 물론 우리의 신앙이 어렸을 때에는 다른 사람이 나보다 잘 되고 유명해지면 시기심도 생기고 못 되기를 바라는 마음이 생길 수도 있습니다. 그러나 하나님이 나에게 복을 부어주시면 그런 시기심은 완전히 없어지게 됩니다. 그 대신에 다른 사람이 한 명이라도 더 복을 받고 더 잘 되는 것이 좋아지게 됩니다. 왜냐하면 할 수만 있으면 한 명이라도 더 잘 되고 복 받는 것이 기쁜 일이기 때문입니다.

30절 "사람이 네게 악을 행하지 아니하였거든 까닭 없이 더불어 다투지 말며"

사람들은 자신의 우월감을 나타내기 위해서 다른 사람들과 자꾸 싸워서 이기려고 합니다. 그러나 우리들끼리 싸워서 우열을 나타내는 것은 도토리 키 재기밖에 되지 않습니다. 우리에게는 아주 넓은 축복의 세계가 있습니다. 우리가 그것을 보지 못하고 우리들끼리 다투는 것은 어리석은 것입니다. 우리의 상대는 하나님이 되어야 합니다. 그러나 우리가 사람을 상대로 자꾸 싸워서 이기려고 하면 우리 자신의 마음이 아주 좁아지게 되고 졸렬해지게 됩니다. 그뿐만 아니라 우리가 다른 사람과 다툴수록 우리 마음이 강퍅하게 되는데 이것은 옥토가 황무지로 변하는 것입니다. 그것은 너무나도 자기 자신에게 손해가 됩니다.

    31절 "포학한 자를 부러워하지 말며 그 아무 행위든지 좇지 말라."

사람이 포학하면 다른 사람들이 함부로 건드리지 못하고 혹시라도 그 사람의 성질을 건드리게 될까 설설 기게 될 것입니다. 그런 것이 기분 좋아서 일부러 더 포학하게 행동하는 사람도 있습니다. 그러나 다른 사람들이 그를 멀리하고 기피하는 것은 존경하는 마음으로 그렇게 하는 것이 아니라 너무나도 싫어서 피하는 것입니다. 사람은 다른 사람이 언제든지 찾아갈 수 있고 의논할 수 있는 편한 사람이 좋습니다. 그래서 하나님도 순한 사람을 좋아하십니다.

    32절 "대저 패역한 자는 여호와의 미워하심을 입거니와 정직한 자에게는 그의 교통하심이 있으며"

패역한 자는 반항적인 성향을 가진 사람을 말합니다. 온순한 사람보다는 반항적인 성향을 가진 사람이 더 똑똑하고 지적인 것 같습니다. 그러나 사실은 그 사람 마음 안이 비뚤어져서 그런 것이고 하나님은 반항적인 사람을 미워하십니다. 여기서 하나님이 미워하신다는 것은 하나님도 그런 사람을 좋아하지 않으신다는 뜻입니다. 그 대신에 정직한 자라고 하는 것은 마음이 바르게 된 자를 말합니다. 정직한 자는 하나님의 말씀을 믿고 순전한 마음으로 따르는 자를 말합니다. 이런 사람과 하나님은 교통하십니다. 여기서 교통하심이라고 하는 것은 하나님과 사이에 수시로 의사소통이 가능한 것입니다.

우리가 모르는 것을 하나님께 물으면 하나님은 언제나 가르쳐주십니다. 그러나 또 다른 교통은 우리의 부족한 것은 하나님이 다 가져가시고 하나님의 풍성한 것으로 우리에게 채워주십니다. 하나님과 우리 사이에 은혜의 물물교환이 있는 것입니다.

33절 "악인의 집에는 여호와의 저주가 있거니와 의인의 집에는 복이 있느니라."

악인의 집에 저주가 있는 이유는 이 집 식구들의 마음속에 언제나 분노가 가득 차 있기 때문입니다. 그래서 이 집 식구들은 말을 해도 상대방의 마음을 아프게 하는 말을 하고 소리를 잘 지르고 툭하면 욕을 하고 저주를 합니다. 그러니까 이런 집 식구들은 정신병에 걸리기 쉽고 자살을 하기 쉽고 도박이나 술에 빠지기 쉽습니다. 거기에 비해서 의인의 집은 다른 사람을 존중하기 때문에 자꾸 좋은 생각을 하게 되고 좋은 말을 하기 때문에 그 축복이 그대로 이루어지게 됩니다. 처음에는 조금 부족하던 아이들도 시간이 갈수록 자신의 가치를 깨달아서 대기만성하게 되는 것입니다.

34-35절 "진실로 그는 거만한 자를 비웃으시며 겸손한 자에게 은혜를 베푸시나니 지혜로운 자는 영광을 기업으로 받거니와 미련한 자의 현달함은 욕이 되느니라."

우리는 하나님을 감정이 없는 분으로 생각하기 쉽습니다. 그러나 하나님이야말로 감정이 참으로 풍부한 분이십니다. 하나님은 거만한 자를 싫어하십니다. 거만한 자는 자기가 가진 것으로 자만에 빠진 자입니다. 그러나 거만한 자가 세상에서 잘 되는 것 같아도 하나님이 상대하기 싫으셔서 잠시 내버려두시는 것입니다. 그러나 하나님은 마음으로 그들을 비웃으십니다. 왜냐하면 그들은 아무것도 없으면서 대단한 것으로 착각하고 있기 때문입니다. 거만한 자들은 하나님의 것을 훔쳐서 큰 소리를 치고 있기 때문입니다. 하나님께서 그가 가진 것을 도로 찾으실 때 그의 인생은 그야말로 죄지은 것 밖에 남지 않을 것입니다. 그러나 하나님은 겸손한 자에게는 은혜를 주십니다. 왜냐하면 이 사람은 자기가 부족한 줄 알기 때문에 하나님이 좋아하시는 것입니다. 그래서 하나님은 겸손한 자에게 자꾸 좋은 것을 선물로 주십니다. 나중에는 그를 높여주시고 영광스럽게 하십니다. 그러나 악한 자는 높아진 만큼 바닥에 던져지기 때문에 그 모든 성공이 욕이 되게 되는 것입니다.

하나님의 지혜는 땅을 만드시고 하늘을 만드신 웅장한 지혜입니다. 그러나 하나님은 그 지혜로 인간들을 만드셨기 때문에 하나님은 우리 인간을 너무나도 잘 알고 계십니다. 우리 인간은 대단하지만 하나님의 도움 없이는 고장 난 기계와 다를 바가 없습니다. 우리가 하나님의 지혜를 붙들 때 하나님의 능력을 공급받게 되며 하나님의 돌보심을 받게 됩니다. 우리는 세상의 성공을 부러워하지 말고 하나님의 말씀만 믿고 끝까지 따라가는 성도들이 다 되시기 바랍니다.

06 · 지혜의 약속

잠 4:1-27

요즘 부모님들은 자녀들을 운동선수나 음악가로 키우려고 할 때 열 살 전후의 어린 나이 때부터 좋은 선생님을 만나서 배우도록 하고 있습니다. 우리가 생각하기에 그 어린 나이의 아이들이 무엇을 배울 수 있겠는가 생각하지만 사람이 나이가 어렸을 때에는 생각이 유연하고 몸도 유연하고 무한정으로 흡수할 수 있는 능력이 있기 때문에 어렸을 때부터 배우고 가르쳐야 훌륭한 선수나 음악가가 될 수 있습니다. 그러나 이미 나이가 들어서 머리가 굳어지고 몸이 굳어진 상태에서는 아무리 코치가 가르쳐 주어도 자기 생각이 있고 자기 고집이 있어서 잘 받아들이지 않습니다. 그래서 나이가 들어서 배우는 사람은 아마추어는 될 수 있을지 몰라도 프로는 될 수가 없습니다.

이것은 신앙에서도 마찬가지입니다. 물론 사람이 나이가 들어서 훌륭한 신앙인이 되고 목회자가 된 사람들도 많이 있지만 사실 나이가 든 후에는 이미 머리가 굳어져 있고 생활 방식이 정해져 있기 때문에 근본적으로 바뀐다는 불가능할 때가 많습니다. 그래서 신앙도 처음 믿을 때 잘 배우는 것이 중요하고 할 수 있으면 어렸을 때 제대로 배우는 것이 중요합니다.

잠언 4장은 아직 신앙 인격이 성숙하지 못한 '아이들'을 대상으로 어떤 자세로 하나님의 진리를 대할 것인지 가르쳐주는 내용으로 되어 있습니다. 그래서 잠언 4장에는 '아들들아' 라는 표현이 여러 번 등장하는 것을 볼 수 있습니다. 1절에 보면 '아들들아 아비의 훈계를 들으며 명철을 얻기에 주의하라' 고 했고, 10절에도 '내 아들아 들으라 내 말을 받으라 그리하면 네 생명의 해가 길리라' 고 했습니다. 20절에도 보면 '내 아들아 내 말에 주의하며 나의 이르는 것에 네 귀를 기울이라' 고 했습니다. 그런데 잠언 4장에서 일관되게 하시는 말씀은 하나님 말씀의 가르침을 우리 인생에서 가장 중요한 것으로 받아들이고 잠시라도 이 가르침에서 떠나지 말라는 것입니다.

그러나 우리는 결코 신앙만이 전부가 아닌 세상에서 살아가고 있습니다. 만일 우리가 이 세상에서 성공하는 데 성경 지식이나 하나님 말씀의 지식만 필요하다면 우리는 죽어라고 하나님 말씀만 연구할 것입니다. 그러나 이 세상이 우리에게 요구하는 것은 하나님의 지혜나 믿음이 아니고 어디까지나 세상 지식입니다. 그래서 우리는 하나님의 말씀과 세상 현실 사이에 어디에 우선권을 두어야 할지 갈등을 겪을 때가 많습니다. 청년들 중에서는 신앙이냐 공부냐 혹은 신앙이냐 결혼이냐 혹은 신앙이냐 직장 생활이냐 하는 것으로 고민할 때가 많이 있습니다. 그러나 오늘 말씀에서 성경은 우리가 결코 하나님의 말씀과 세상의 성공을 대립적으로 생각하지 말라고 하십니다. 우리에게 먼저 하나님의 말씀을 붙들고 그 신앙으로 공부도 하고 연애도 하고 세상일도 하라는 것입니다. 그런데 우리가 그렇게 하기가 어려운 이유는 우선 우리가 하나님의 말씀을 붙들 때 세상에서 너무 늦어지게 되고 또 우리가 하나님의 말씀을 붙든다고 해서 세상에서 성공한다는 보장이 없다고 생각하기 때문입니다. 오히려 우리가 세상에서 보는 것은 언제나 하나님의 말씀을 붙드는 사람은 실패하고 연단을 받지만, 오히려 세상 지식을 붙드는 사람이 더 빠르게 성공하는 현실입니다. 그것에 대하여 오늘 말씀이 말하는 것은 우리가 짧은 기간을 볼 때에는 세상 지식이 빠른 것 같지만 길게 보면 우리가 하나님의 말씀을 붙들 때, 하나님이 나의 삶을 인도하시기 때문에 언젠가 축복 받는 삶을 살 수 있다고 말씀하고 있습니다.

1. 하나님의 말씀에 대한 태도

1절 "내 아들들아 아비의 훈계를 들으며 명철을 얻기에 주의하라."

우선 오늘 말씀은 인생을 다 산 어른에게 하는 말씀이 아니라 아직 앞길이 창창하고 가야 할 길이 먼 젊은이들에게 주시는 말씀입니다. 젊은이들은 누구든지 이 세상에서 성공하기 위하여 야심만만하며 무엇인가 열심히 배우려고 하는 자들입니다. 그런데 성경은 무엇보다 이들에게 '아비의 훈계를 들으며 명철을 얻기에 주의하라'고 말씀하고 있습니다. 젊은이들이 앞으로 인생을 살아가는 데서 가장 중요한 것은 아버지의 체험을 통해서 전달되는 하나님의 말씀을 받아들이는 것이 다른 사소한 지식을 배우는 것보다 더 중요하다는 뜻입니다. 여기서 우리가 생각하게 되는 것은 이 세상에서 사람이 살아가는 데는 너무나도 다양한 길이 있다는 것입니다. 우리는 그런 많은 길들 중에서 어느 길이 나의 길인지 알지 못합니다. 우리는 인생의 많은 길들 중에서 내가 가장 잘 할 수 있고 나의 적성에 맞는 길을 찾아서 열심히 달려가야 성공할 수 있을 텐데 그렇게 하려면 나에게 전문적인 지식을 가르쳐주는 분을 만나야 할 것입니다. 그런데 성경은 '아비의 훈계를 들으라'고 말씀하고 있습니다.

우리는 대개 아비의 훈계는 정신적인 가르침 정도로 생각하지 내 인생을 살아가는 데 결정적으로 중요한 것은 아니라고 생각할 때가 많습니다. 특히 요즘처럼 세상이 전문화하면 전문화할수록 아버지의 훈계나 성경의 가르침은 비현실적으로 느껴질 때가 많습니다. 그래서 오늘 많은 사람들이 하는 것은 할 수 있는 대로 어렸을 때부터 전문적인 가르침을 받아서 기술적으로 뛰어난 사람이 되면 성공한다고 생각을 합니다.

그런데 성경은 사람을 통해서 나에게 가르쳐지는 하나님의 말씀을 가장 중요하게 생각하라고 말씀하고 있습니다. 그 이유가 무엇일까요? 우리가 하나님의 말씀이나 성경적인 가르침을 참고로 하는 것은 여전히 내 인생의 주인이 나인 것을 의미합니다. 내가 모든 것을 판단하고 결정해서 내 인생을 살아가는 것을 말합니다. 그러나 우리가 살아가는 이 세상은 우리가 한 번도 살아본 적이 없는 인생이고 우리는 어디에 길이 있는지 알지 못합니다. 그래서 우리가 하나님의 말씀을 가장 중요하게 붙드는 것은 하나님께서 내 인생의 주인이 되셔서 내 삶을 이끌어 가시도록 맡기는 것입니다.

우리는 현실 가운데서 하나님께서 자기 인생의 주인이 되어서 따라가는 사람들을 보는 것이 쉽지 않습니다. 우리가 보는 거의 대부분의 사람들은 자기가 인생의 주인이 되어서 자기 마음대로 살아가다가 한번 크게 실패한 후에 하나님의 손에 붙들리는 사람들이 많이 있습니다. 많은 경우 처음에는 우리가 인생을 살아가면서 내가 주인이 되어서 살아가다가 한번 큰 실패를 당한 후에 하나님을 인정하고 하나님을 주인으로 모실 때가 더 많습니다.

어렸을 때부터 하나님의 말씀을 배우고 들은 사람은 자기가 아무리 반항하고 아무리 몸부림을 쳐도 결국 하나님의 말씀 안에 있기 때문에 결국 말씀으로 돌아올 수밖에 없습니다. 그런데 이런 사람들의 삶을 보면 젊었을 때 잠깐 방황하기도 하고 갈등을 겪기도 하지만 하나님의 말씀이 없이 인생을 산 사람들에 비하면 너무 빨리 하나님께 돌아오게 되고 그러는 과정에서 신앙적인 감수성이 아주 깊은 것을 보게 됩니다.

여기에 보면 '아비의 훈계'가 나오고 '명철'이라는 것이 나옵니다. 여기서 '아비의 훈계'라고 하는 것은 책망 형태의 말씀입니다. 이것은 우리가 어렸을 때에는 모든 것이 부족하고 서툴기 때문에 끊임없이 야단을 맞으면서 하나님의 법도를 배워야 하는 것을 말합니다. 예를 들어서 우리가 처음 수영을 배우거나 야구나 농구를 배울 때에도 아무것도 할 줄 모르기 때문에 코치로부터 끊임없이 야단을 맞아야 합니다. 마찬가지로 우리가 하나님의 말씀을 배울 때에도 처음에는 끊임없이 야단도 맞고 책망도 받으면서 하나님의 말씀을 배워야 하는 것입니다. 우리는 하나님의 진리에 대하여 아는 것이 아무것도 없고 또 아무리 배워도 그대로 하지 못하기 때문입니다. 그래서 우리는 하나님의 진리를 배울 때에는 마치 걸음마를 배우는 어린아이처럼 진리를 배워야 합니다. 그러나 어른이 무엇을 처음 배우려고 하면 이미 자존심이 있어서 야단을 치면 기분이 나빠서 그 뒤부터는 배우러 오지 않게 됩니다. 그래서 지금 우리나라에서도 어른이 되어서 믿는 자들은 자꾸 설교에서 칭찬을 받고 축복만 받으려고 하고, 야단을 치거나 책망하는 말은 들으려고 하지 않는 것을 볼 수 있습니다. 그 대신에 젊은이들은 아직 배우려고 하기 때문에 성경만을 그대로 가르쳐주어도 감사하면서 받아들이는 것을 보게 됩니다.

그리고 여기서 '명철'이라는 것이 나오는데 '명철'은 하나님의 지혜가 이미 세상에 적용이 되어서 실용화가 된 것을 의미합니다. 그런데 우리가 처음 하나님의 말씀을 배우면 이론은 알지만 이것을 현실화할 수가 없어서 하나님의 지혜와 현실 사이에 너무나도 높은 벽을 실감하게 됩니다. 처음에는 우리가 하나님의 지혜로 이 세상에서 아무것도 할 수가 없게 됩니다. 그런데 우리가 하나님의 말씀으로 세상에 부딪치면서 자꾸 기도하고 경험을 쌓게 되면 성경적인 지혜가 생기게 되는데 이것이 바로 명철인 것입니다. 그래서 잠언은 앞으로 이 세상에서 자기 길을 찾기 위해서 무엇인가 배우려고 하는 젊은이들을 향해서 이 세상에서 성공하려고 하기 이전에 책망의 말씀을 배우며 이것을 현실화할 수 있는 명철을 배워야 한다고 말씀하고 있습니다. 이것이야말로 믿음으로 현실을 이길 수 있는 길이기 때문입니다.

2절 "내가 선한 도리를 너희에게 전하였노니 내 법을 떠나지 말라."

여기에 보면 '선한 도리'가 나오고 '내 법'이라는 것이 나옵니다. 즉 우리가 믿음으로 세상을 살아가는 데도 일정한 법칙이 있고 길이 있다는 뜻입니다. 우리가 이것을 아는 것이 너무나도 어렵습니다. 왜냐하면 이것이 단순히 어떤 지식을 달달 외워서 적은 지식이 아니기 때문입니다. 우리는 이미 이것에 대하여 배운 바가 있는데 세상의 원리는 야생 동물의 원리입니다. 강한 자가 약한 자를 누르거나 잡아먹으면서 사는 원리입니다. 그래서 이 세상에서는 강하고 빠르고 사나운 자가 이기게 됩니다. 그러나 하나님의 원리는 우리가 순한 양이 되는 것입니다. 우리가 한 마리의 양이 되어서 이리 가운데서 산다고 하는 것은 상상할 수 없는 일입니다. 그러나 우리는 목자의 음성을 잘 듣고 철저하게 목자를 따라가야 합니다. 그러면 우리가 하나님의 말씀을 가지고 광합성을 해서 열매를 만들어내는 식물이 됩니다. 우리가 이 세상에서 성공하는 비결은 다른 사람보다 강하기 때문에 사는 것이 아니라, 하나님의 축복을 가지고 오기 때문에 사는 것입니다. 그래서 하나님의 백성의 선한 도리는 세상의 성공의 법칙과는 근본적으로 다른 것입니다. 우리는 하나님의 축복을 이 세상에 가지고 와서 다른 사람들과 함께 그것을 나누는 것입니다. 그러나 우리가 진정으로 하나님의 선한 도리로 살려면 우리가 넘겨야만 할 위기가 있습니다. 그것은 우리가 처음에 믿음 생활하면서 세상적인 방법도 통하지 않고 하나님의 축복은 오지 않는 무기력한 시기를 넘겨야 하는 것입니다.

_3절 "나도 내 아버지에게 아들이었었으며 내 어머니 보기에 유약한 외아들이었었
노라."

　이것을 보면 아무리 하나님의 축복을 받아서 강하게 된 자라 하더라도 처음에는 아버지 밑에서 야단을 맞으면서 실수를 연발하는 아들이었고 어머니가 보기에, 도대체 내 아이들이 이 세상에서 살아남을 수 있을까 걱정하는 약한 아들일 때가 있었던 것입니다. 이것을 다른 말로 표현하면, 우리가 하나님의 말씀을 자기 인생의 최고 중요한 지침으로 붙드는 것은 무조건 어렸을 때부터 말씀을 배운다고 해서 되는 것도 아닙니다. 우리는 이 세상을 배우고 세상으로 가려고 하는 욕망이 너무나도 강해서 하나님의 말씀을 버리고 세상으로 가려고 하다가 하나님의 손에 걸려서 큰 실패를 겪을 때가 있습니다. 그리고 난 후에 하나님의 말씀을 붙들고 살려고 할 때 이미 우리는 세상의 방법은 쓸 수가 없고 하나님의 축복은 받지 못하는, 철저하게 어중간한 상태에 빠질 때가 있습니다. 우리가 신앙적으로 가장 힘들고 위험할 때가 바로 이렇게 믿음으로 살아가고 있는 아직 어릴 때입니다.
　우리가 야생 동물의 세계를 보아도 아무리 사자나 곰이나 늑대라 하더라도 새끼일 때에는 스스로 사냥을 할 수가 없습니다. 그런데 어미 사자나 늑대가 사냥하러 가고 새끼들만 남아 있을 때가 이 새끼들이 가장 위험하고 어려운 때인 것입니다. 아마 우리가 신앙으로 살기로 결단을 하고 말씀을 붙들고 살아가자마자 하나님의 능력이 임하고 축복이 임한다면 말씀의 길로 가지 않을 사람이 없을 것입니다. 그러나 우리가 아무리 하나님의 말씀에 붙들리고 믿음으로 살아가려고 해도 세상적으로 길이 막히고 하나님의 능력은 오지 않는 무기력한 상태를 거치게 됩니다. 그때 우리는 다른 사람의 공격으로부터도 약하고 특히 스스로 먹고 살 것도 없는 궁핍한 상태에 처하게 됩니다. 왜 우리는 이런 상태를 거쳐야 할까요? 우리는 이런 연약한 상태를 거쳐

야 과거의 혈기가 빠져나가게 되고 진정으로 자기가 하나님 앞에서 아무것도 아닌 것을 깨닫게 됩니다. 우리는 아무것도 아닌 상태에서 백 퍼센트 하나님의 힘으로 우리에게 능력이 나타나게 되는 것입니다.

우리는 이 세상에서 자기 학벌을 믿고 자기 머리를 믿고 재주를 믿고 큰 소리를 치며 살다가 하나님의 손에 붙들려서 가장 낮은 곳에 떨어지게 되면 자기는 아무것도 아니라는 것을 고백하게 됩니다. 그리고 밤낮으로 하나님께 부르짖게 되는데 하나님은 그 부르짖는 소리를 들으시는 것입니다. 그리고 그때부터 하나님의 능력이 우리를 그 깊은 수렁에서 건져내시고 우리의 삶을 인도하시는 것입니다. 이것을 위해서 우리는 하나님의 지혜를 우리 인생에 가장 중요한 것으로 받아들여야 합니다.

4-5절 "아버지가 내게 가르쳐 이르기를 내 말을 네 마음에 두라. 내 명령을 지켜 행하라 그리하면 살리라. 지혜를 얻으며 명철을 얻으라. 내 입의 말을 잊지 말며 어기지 말라."

이스라엘의 상태가 놀라운 것은 세상에서는 찾아볼 수 없는 하나님의 말씀이 자기 집 안에 있다는 사실입니다. 신앙적인 아버지가 하시는 말씀들이 전부 하나님의 말씀인 것입니다. 그러나 하나님의 말씀이 흔하다고 해서 자녀들이 그 말씀을 다 받아들이는 것은 아닙니다. 오히려 자녀들은 하나님의 말씀이 너무 흔하기 때문에 잔소리로 생각하기 쉽고, 세상의 지식이나 세상의 방법이 훨씬 더 매력적으로 보이기 마련입니다. 그러나 아무리 자식들이 세상을 사랑하는 마음이 강하다 하더라도 부모님이 진심으로 하나님을 사랑하는 믿음을 보는 것은 자녀들의 마음속에 아주 강한 인상을 주게 됩니다. 그래서 결국 자녀들이 처음에는 세상에 호기심을 느끼기도 하고 하나님의 말씀에 반발하기도 하지만 결국 부모님의 믿음이 너무나도 아름답다는 것을 알기 때문에 하나님의 말씀으로 돌아오게 됩니다.

그러나 세상은 우리에게 아버지가 가르쳐주시는 하나님의 말씀보다는 세상적인 전문 지식을 더 인정해줍니다. 우리가 하나님의 말씀을 배우는 동안 우리는 그만큼 더 세상에서 뒤떨어지게 될 것입니다. 우리가 세상에서 주로 보는 것은 믿음을 가지고 있지만 고생하는 사람들과 믿음 없이 세상에서 성공한 사람들의 모습일 것입니다. 그러나 우리는 인생을 길게 보지 못해서 그런 것입니다. 우리 인생은 우리가 생각하는 것처럼 그렇게 단순하지 않습니다. 우리 인간들은 어디론가 미래를 향하여 가야 하는데 사실은 아무도 그 길을 모릅니다. 우리의 길은 오직 하나님만이 아시기 때문에 우리가 하나님의 말씀을 붙들어야 살 수 있습니다.

4절에 보면 '내 말을 네 마음에 두라 내 명령을 지키라 그리하면 살리라'고 했습니다. 결국 인간에게 가장 위험한 것은 죄에 빠지는 것입니다. 그래서 죄에 대한 하나님의 말씀은 모두 명령의 형식으로 되어 있습니다. 우리가 마음에 하나님의 말씀을 두면 처음에는 유약한 아이같이 무기력하지만 결국 우리에게 길이 열리게 됩니다. 우리가 죄에 빠지려고 하면 하나님의 말씀이 강하게 경고를 합니다. 그래서 우리는 죄에서 벗어나서 계속 믿음의 길을 갈 수 있는 것입니다.

5절에는 '지혜를 얻으며 명철을 얻으라 내 입의 말을 잊지 말고 지키라'고 했습니다. 지혜를 얻고 명철을 얻는 것을 배우라는 것입니다. 하나님의 지혜는 나 혼자 명상을 한다고 해서 얻어지지 않습니다. 이것이 바로 기독교 진리와 타종교의 차이점입니다. 타종교는 깊은 명상을 통해서 진리를 터득하려고 합니다. 그러나 이것은 단순히 정리된 생각이지 하나님의 진리가 아닙니다. 우리는 하나님의 진리를 배워야 이것을 얻을 수 있습니다. 그래서 우리 인생에서 가장 중요한 일은 하나님의 지혜와 명철을 배우는 것입니다. 우리는 하나님의 진리를 배우는 것이 주업이고 그 다음에 세상일을 해야 세상 욕심에 빠지지 않을 수가 있습니다.

'내 입의 말을 잊지 말며 어기지 말라'고 했습니다. 우리가 현실에 어떤 욕심에 부딪쳤을 때 하나님의 말씀은 하지 말라고 합니다. 그런데 우리는 그것을 하고 싶습니다. 대개 우리는 우리 욕심대로 합니다. 왜냐하면 한두 번 하나님의 말씀을 어긴다고 해서 당장 우리가 죽는 것은 아니기 때문입니다. 그러나 우리가 한 번 두 번 하나님의 말씀을 버리고 욕망대로 했을 때 마음에 기쁨이 없고 우리 내면이 너무나도 황폐하게 되는 것을 체험하게 됩니다. 그때부터 깨닫는 것이 내 욕망대로 하면 나의 내면이 더러워지고 황폐해지는구나 하는 것입니다. 그때부터 우리는 조금씩 죄를 멀리하게 됩니다.

6절 "지혜를 버리지 말라. 그가 너를 보호하리라. 그를 사랑하라. 그가 너를 지키리라."

여기에 드디어 지혜의 중요성이 나옵니다. 우리는 언제나 눈에 보이지 않는 하나님의 말씀의 복을 붙들 것인가 아니면 이 세상 현실적인 이익을 붙들 것인가를 두고 갈등합니다. 그런데 우리가 세상의 욕심을 따라가면 우리 욕심이 채워지는 것이 전부입니다. 그런데 우리가 하나님의 말씀을 붙들면 결국 하나님이 나를 지켜주십니다. 우리가 살아가는 세상에는 우리 인간의 힘으로는 도저히 예측할 수 없는 위기가 있습니다. 우리가 하나님의 말씀을 붙들 때 하나님은 그때 반드시 우리를 지켜주십니다. 그래서 우리는 하나님의 지혜를 보충적으로 생각할 것이 아니라, 내 인생의 가장 중요한 원리로 알고 사랑해야 합니다.

7-9절 "지혜가 제일이니 지혜를 얻으라. 무릇 너의 얻은 것을 가져 명철을 얻을지니라. 그를 높이라. 그리하면 그가 너를 높이 들리라. 만일 그를 품으면 그가 너를

영화롭게 하리라. 그가 아름다운 관을 네 머리에 두겠고 영화로운 면류관을 네게 주리라 하였느니라."

성경은 이 세상에서 가장 가치 있는 것은 하나님의 지혜라고 말씀하고 있습니다. 하나님의 지혜는 하나님의 축복과 연결되어 있기 때문입니다. 우리가 성경만 보면 다른 훌륭한 책과 비슷하게 생각될지 모릅니다. 그러나 하나님의 말씀은 하나님의 축복을 가져오게 합니다. '무릇 너의 얻은 것을 가져 명철을 얻으라'고 했습니다. 우리가 세상에 가진 명예나 지위를 잃어버리더라도 명철을 얻는 것은 더 큰 유익입니다. 왜냐하면 하나님의 축복이나 응답을 가져오는 것도 기술이기 때문입니다. 이것은 아주 중요한 노하우입니다. '지혜를 높이라'고 했는데 이것은 지혜 외에 다른 것은 붙들지 않는 것입니다. 세상의 다른 지식이나 방법은 다 내려놓고 하나님의 말씀만 붙들 때 하나님의 능력도 독점적으로 그 사람에게 공급이 됩니다. 그래서 하나님의 말씀을 붙드는 자에게 하나님의 희한한 능력과 부흥이 나타나기 때문에 결국 지혜가 그를 높이게 되는 것입니다. 우리가 하나님의 지혜를 품는다고 하는 것은 결국 그것이 가슴으로 내려오는 것입니다. 머리로 알던 지식이 가슴으로 내려오게 되면 가슴이 뜨거워지게 됩니다. 이때 우리에게는 이미 부흥이 일어나게 되고, 우리의 모든 감정이나 태도가 변하게 됩니다. 결국 이 세상에서 가장 존귀한 자는 하나님의 축복이 나타나고 하나님의 능력이 나타나는 자이기 때문에 하나님의 지식이 우리에게 아름다운 면류관을 씌워 주게 됩니다.

사도 바울은 '예수를 아는 지식이 가장 고상하기 때문에 모든 것을 배설물로 여긴다'고 했습니다. 우리가 예수를 알고 하나님을 아는 지식은 이 세상의 어떤 보물과도 비교가 되지 않습니다. 우리가 이 세상을 살아가는 것은 결국 재활용 공장을 뒤지는 것과 같습니다. 솔로몬은 해 아래 새 것이 없다고 했습니다. 그러나 하나님을 알고 그리스도를 아는 지식은 우리를 하나님과 거의 동격이 되게 합니다.

2. 우리가 세상을 살아가는 길

지금까지 잠언 기자는 우리가 세상에 사는 것을 정적인 관점에서 설명을 했습니다. 그러나 이제부터 잠언 기자는 동적인 관점에서 우리 인생을 이야기하기 시작합니다. 사실 우리가 이 세상을 살아가는 것은 한 자리에 머물러 있는 것이 아니라 어느 곳을 향하여 이동하는 인생입니다. 우리 모든 인생은 하나님의 뜻을 향하여 이동하고 있는 순례자들인 것입니다. 그러나 우리가 가는 인생길에는 많은 함정과 암초가 있습니다. 우리는 어디에 이런 암초가 있는지 어디에 이런 함정이 있는지 알지 못합니다. 우리가 처음 세상 지식을 붙들 때에는 아주 넓고 좋은 길로 달리는 것 같지만 한창 달리다 보면 길이 끊어져 없어지게 되는 것입니다. 반대로 우리가 하나님의 말씀을 붙들고 가면 처음에는 길이 없는 것 같은데 가면 갈수록 길이 더 탄탄해지고 넓어져서 끝까지 안전한 길로 갈 수 있습니다.

10절 "내 아들아 들으라. 내 말을 받으라. 그리하면 네 생명의 해가 길리라."

이 말씀은 십계명에서 제5계명에 가장 가까운 말씀입니다. 하나님께서는 이스라엘 백성들이 축복의 땅 가나안에서 오래 사는 것을 다른 계명에 두시지 않고 오직 부모가 가르쳐주시는 하나님의 말씀을 겸손하게 배우는 것에 두셨습니다. 하나님께서는 이스라엘 백성들에게 외국에 가서 어려운 학문을 배워오라고 하지도 않으셨고 세상에서 가장 뛰어난 기술이나 무기를 가져야 한다고도 말씀하지 않으셨습니다. 하나님께서는 이스라엘 백성들에게 가장 평범한 것을 요구하셨는데, 그것은 그들이 하나님의 말씀만 배우면 절대로 가나안의 복을 잃어버리지 않는다고 약속하셨습니다. 그 이유가 무엇일까요? 하나님의 말씀 안에 천국의 진액이 있어서 천국의 열매를 맺게 되기 때문입니다. 우리가 하나님의 말씀을 배우면 천국의 진액이 우리 안에 흘러들어오게 됩니다. 그래서 우리 안에 천국의 열매가 가득하기 때문에 아무도 이 복을 빼앗아갈 수가 없는 것입니다. 물론 우리가 이 세상에서 강하지 못하고 유식하지 못해서 천국의 열매는 아무도 건드리지 못합니다. 그런데 결국 이것은 우리가 인생을 살아가는 길이라고 말씀하고 있습니다.

> 11-12절 "내가 지혜로운 길로 네게 가르쳤으며 정직한 첩경으로 너를 인도하였은즉 다닐 때에 네 걸음이 곤란하지 아니하겠고 달려갈 때에 실족하지 아니하리라."

우리가 처음 하나님의 말씀을 배우고 따라갈 때에 너무나도 먼 길을 돌아가는 것 같습니다. 왜냐하면 다른 사람들은 이 세상에서 필요한 것을 배우고 바로 그 길로 가는데 우리는 너무나도 쓸데없는 것 같은 연단을 많이 받기 때문입니다. 그런데 목자가 양을 데리고 갈 때 가시밭길로 가기도 하고 때로는 절벽 옆에 있는 위험한 길로 가기도 하지만 목자는 반드시 길을 알고 있습니다. 그리고 어디에 위험한 짐승이 있는 줄 알기 때문에 피해서 가는 것입니다. 나중에 우리가 목자를 따라가 보면 그 길이 가장 빠른 길이었다는 것을 알게 됩니다. 그리고 우리가 처음에 목자를 따라갈 때에 다리에 힘이 없어서 넘어지기도 하고 다치기도 합니다. 그러나 이것은 우리가 아직 진리에 굳게 서지 못해서 그런 것입니다. 그런데 나중에 우리가 믿음 안에서 자라면 자랄수록 더 빨리 달리게 되고 나중에는 넘어지지 않게 됩니다.

> 13절 "훈계를 굳게 잡아 놓치지 말고 지키라. 이것이 네 생명이니라."

예를 들어서 엄마가 아이에게 어떤 심부름을 시키면서 찾아갈 집주소라든지 혹시 만나야 할 사람의 이름이 적힌 종이를 주면서 이것을 절대로 잃어버리지 말라고 말씀하실 것입니다. 우리가 하나님의 훈계를 생명처럼 붙들어야 하는 이유는 이 세상에 죄가 너무 많기 때문입니다. 그런데 사람이 죄에 넘어가는 것은 한순간에 일어나는 일입니다. 우리는 평소에는 그런 위험을 잘 느끼지 못하는데 사고가 나거나 사람이 죄에 빠지는 것은 거의 순간적으로 일어나게 됩니다. 그래서 우리는 항상 하나님의 말씀의 가르침을 손에 쥐고 놓치지 말아야 합니다. 그리고 조금이라도 죄 비슷하게 보이는 것이 있으면 도망쳐야 합니다.

> **14-15절** "사특한 자의 첩경에 들어가지 말며 악인의 길로 다니지 말지어다. 그 길을 피하고 지나가지 말며 돌이켜 떠나갈지어다."

여기서 사특한 자의 첩경이라고 하는 것은 하나님의 말씀대로 따라가지 않는 사람을 말합니다. 그런데 그가 제시하는 것을 보면 분명히 첩경입니다. 즉 성공하고 출세하는 데 지름길 같은 것입니다. 그런 사람의 길로 다니지 말라는 것은 고집스럽게 하나님의 말씀의 능력을 믿으라는 것입니다. 하나님께서 우리에게 처음 많은 연단을 주시는 것은 사람을 의지하지 못하게 하려고 하시는 것입니다. 우리는 다른 사람들이 아무리 세상적인 방법으로 성공하고 출세해도 부러워하거나 시기할 필요가 없습니다. 왜냐하면 그 길은 내가 가야 할 길이 아니기 때문입니다. 내가 가야 할 길은 백 퍼센트 하나님이 열어주실 것입니다. 여기서 '사특한 자'라고 하는 것은 꼭 나쁜 사람을 말하는 것은 아닙니다. 사특한 자는 하나님의 말씀이 아닌 방법으로 성공하는 사람을 말합니다. 우리는 일단 그 길에 들어가면 안 됩니다. 그리고 그 길이 보이면 피해야 하고 혹시 한 걸음이라도 들어갔으면 돌이켜 떠나야 합니다. 그들은 맹수의 원리로 성공하는 자들이기 때문입니다.

> 16-17절 "그들은 악을 행하지 못하면 자지 못하며 사람을 넘어뜨리지 못하면 잠이 오지 아니하며 불의의 떡을 먹으며 강포의 술을 마심이니라."

이들이 악을 행하지 않으면 잠을 자지 못한다는 것은 악을 행하는 것이 그들의 본업인 것을 말합니다. 이런 사람들이 세상을 사는 원리는 강한 자가 약한 자를 잡아먹고 빼앗으면서 사는 것입니다. 그러니까 불의의 떡을 먹으며 강포의 술을 마시는 것입니다. 세상 사람들은 성공하는 길이 이 방법 외에는 없는 줄로 압니다. 그러나 하나님의 백성들의 성공은 다릅니다.

> 18절 "의인의 길은 돋는 햇볕 같아서 점점 빛나서 원만한 광명에 이르거니와"

여기 의인은 믿음으로 사는 사람을 말합니다. 의인은 떠오르는 태양처럼 처음에는 보이지도 않더니 조금씩 환하게 떠오르기 시작합니다. 이것이 무엇입니까? 하나님의 축복이 이 사람을 통해서 나타나기 시작하는 것입니다. 먼저 하나님께서는 우리 심령에 은혜를 주십니다. 그리고 이 심령의 복이 나중에는 물질적인 복으로 나타나게 됩니다. 그런데 이 복은 많은 사람들을 기쁘게 하고 행복하게 하는 복인 것입니다. 그리고 다 완전한 복으로 만들어지게 됩니다. 나중에는 하나님께서 모든 영역에 다 복을 주시기 때문에 부족한 것이 없게 하십니다.

> 19절 "악인의 길은 어둠 같아서 그가 거쳐 넘어져도 그것이 무엇인지 깨닫지 못하느니라."

악인은 사실 길을 모르면서 눈앞에 있는 이익만 바라보면서 걸어갑니다. 그러다가 무엇인가 생각지 못한 암초에 걸려서 넘어지면 그것으로 끝장이 나버립니다. 그는 먼 곳을 보지 못하기 때문입니다. 우리가 먼 곳을 볼 수 있으려면 우리 눈으로 하나님의 말씀을 받아들여야 합니다. 하나님의 말씀은 내 발의 등이고 내 길의 빛이기 때문에 반드시 미래가 있습니다. 그러나 악한 자는 하나님의 말씀이 없는 사람인데 현재의 이익만 보고 살아가기 때문에 미래가 보이지 않습니다.

3. 정신적인 건강

오늘 말씀은 세 번째 아들에게 주는 교훈을 주고 있습니다. 이것은 우리가 하나님의 말씀을 마음에 둘 때 우리 마음이 건강해지고 다른 사람에 대해서도 불안해하지 않는다는 것입니다.

> 20-21절 "내 아들아 내 말에 주의하며 나의 이르는 것에 네 귀를 기울이라. 그것을 네 눈앞에서 떠나게 말며 네 마음속에 지키라."

우리가 하나님의 말씀을 들을 때의 태도는 말씀 하나하나에 주의를 기울이는 것입니다. 그리고 그 말씀에 주의를 집중해야 합니다. 사실 우리의 마음속에는 너무나도 많은 불필요한 것들이 들어와 있어서 하나님의 말씀을 듣기는 들어도 이것이 귀에 들어오지 않을 때가 많기 때문입니다. 그래서 우리는 하나님의 말씀을 듣기만 한다고 해서 다 듣는 것이 아닙니다. 사실 하나님께서 우리 마음을 준비시켜 주셔야 하고 우리 자신이 하나님의 말씀을 다른 것보다 사랑해야 합니다. 우리가 세상적으로 성공하고 번창할 때에는 사실 자기 능력을 과신하기 때문에 하나님의 말씀이 귀에 들어오지 않습니다. 그러나 우리가 사업에 어려움이 생기고 경제적으로 어렵게 되면 마음이 가난해져서 하나님의 말씀 하나하나에 주의를 하게 됩니다. 그리고 우리가 하나님의 말씀에 맛을 보게 되면 세상의 다른 것을 포기하거나 희생하고 하나님의 말씀을 듣게 됩니다. 이때 우리는 하나님의 말씀을 제대로 듣게 됩니다.

그런데 하나님의 말씀을 네 눈앞에서 떠나지 말게 하라고 했습니다. 사람들이 중요한 약속 같은 것이 있으면 잊지 않기 위해서 책상 앞에 적어놓을 것입니다. 여학생들의 수첩을 보면 그 안에 빽빽하게 친구들과의 약속 시간이나 생일 같은 것이 적혀 있을 것입니다. 그런데 우리는 어떻게 하면 하나님의 말씀을 눈앞에 둘 수 있습니까? 그것은 하나님의 말씀으로 우리 안을 채우는 것입니다. 우리가 하나님의 말씀으로 우리 속을 채우면 하나님의 말씀이 우리 입에서 나오게 되어 있습니다. 우리가 입만 벌리면 하나님의 말씀이 나오게 되고 하나님의 말씀이 가장 먼저 생각나게 됩니다. 그런데 이것이 바로 우리의 생명이며 우리 육체의 건강이 된다고 했습니다.

22절 "그것은 얻는 자에게 생명이 되며 그 온 육체의 건강이 됨이니라."

이미 성경은 오래 전부터 인간의 정신적인 건강이 얼마나 중요한지 말씀하고 있습니다. 사람들이 말을 할 때 그냥 하는 것이 아니라 감정을 실어서 말을 하게 됩니다. 그런데 사람이 소리를 지르거나 화가 나서 말을 하면 그것이 독이 되어서 사람의 정신이 병들게 됩니다. 화가 나서 하는 말은 끓는 물과 같아서 자기 속에 담아놓으면 자기 속이 타게 되고 남에게 말을 하면 상대방의 속이 타게 됩니다. 이때 우리가 하나님이 말씀을 속에 채워 놓으면 하나님의 말씀은 우리의 상한 마음을 치료하는 데 탁월한 능력이 있기 때문에 가장 빠른 시간 안에 우리 마음의 상처를 치료해줍니다. 우리가 조용한 시간 하나님의 말씀을 깊이 묵상할 때 하나님의 사랑이 내 상한 마음을 어루만져서 치료해주십니다. 그리고 어떤 때에는 내 마음에 말씀이 충만하면 다른 사람이 욕을 하더라도 알아듣지 못하기 때문에 상처가 생기지 않게 되기도 합니다. 그런데 우리 마음에 하나님의 말씀이 없으면 마음이 마른 나뭇가지와 같아서 나쁜 말 한 마디에 큰 화상을 입어서 나중에는 우울증이 오게 됩니다. 오늘날 사람들이 세상적으로 성공했지만 마음의 병을 이기지 못해서 자살을 하고 있습니다. 이 사람들은 가장 소중한 것을 놓친 것입니다.

23절 "무릇 지킬 만한 것보다 더욱 네 마음을 지키라. 생명의 근원이 이에서 남이니라."

우리에게 보물이 있으면 다른 사람이 도둑질하지 못하도록 이중 삼중으로 자물쇠를 해서 지킬 것입니다. 그러나 사람들은 보물보다 더 중요한 자기 마음을 지키지 않습니다. 사탄은 말로 우리의 마음을 도둑질합니다. 그래서 우리가 우리 마음을 도둑질당하지 않으려고 하면 마음에 문을 달아서 주님의 말씀이 아니면 절대로 듣지 말아야 합니다. 우리는 다른 사람이 하는 말들 중에서 주님이 하시는 말씀과 사탄이 하는 말을 구별을 해야 합니다. 주님은 우리를 야단치셔도 절대로 절망하게 하지 않으십니다. 주님은 우리 마음을 싸매어 주고 치료해주십니다. 그런데 사람이 하는 말이나 사탄이 하는 말은 다 맞는 말인 것 같은데 우리에게 깊은 상처를 주고 병들게 합니다. 우리가 그런 말은 귀담아 들을 필요가 없습니다. 사람은 그 마음에 담는 것으로 가치가 판가름 나게 됩니다. 우리가 깊이 있는 하나님의 진리를 담으면 우리의 품격이 달라집니다. 결국 우리가 하나님의 말씀을 마음에 담으면 말하는 것이 달라질 것입니다.

24절 "궤휼[구부러진 말]을 네 입에서 버리며 사곡[비뚤어진 말]을 네 입술에서 멀리하라."

사람의 마음에 하나님의 말씀이 없으면 말을 하더라도 비비꼬아서 사람을 약올리려 할 때가 많습니다. 사람의 혀가 얼마나 간사한가 하면 이것으로 사람을 치켜세우기도 하고 무참하게 깎아 내리기도 하고 어떤 때에는 사정없이 후려칠 때도 있습니다. 사람의 혀는 독사의 혀처럼 날름거리면서 사람을 정신 차리지 못하게 합니다. 이 모든 것이 거짓이고 사특한 것입니다. 그러나 하나님의 백성들은 말로서 다른 사람으로 하여금 진실한 자기 자신의 모습을 볼 수 있게 합니다. 이것은 정말 엄청나게 가치가 있는 것입니다. 사람이 자기 자신만 바로 볼 수 있다면 얼마나 자신감을 얻겠습니까? 여기에서부터 인생의 치료가 이루어지게 될 것입니다.

25절 "네 눈은 바로 보며 네 눈꺼풀은 네 앞을 곧게 살펴"

사람을 바로 보지 않고 눈을 내리깔고 아래위로 훑어보는 사람이 있습니다. 이것은 다른 사람을 겉모습을 보고 판단하겠다는 것입니다. 그런데 우리가 다른 사람의 외모나 감투 같은 것을 보지 않고 눈을 보면서 이야기할 수 있다는 것은 얼마나 행복한 일인지 모릅니다. 대개 사람들이 다른 사람을 바로 보지 못하는 이유는 무엇인가 욕심을 가지고 보기 때문입니다. 그런데 그 사람을 그 사람으로 인정해줄 때 그 사람은 얼마나 마음이 편한지 모릅니다.

26-27절 "네 발의 행할 첩경을 평탄케 하며 네 모든 길을 든든히 하라. 우편으로나 좌편으로나 치우치지 말고 네 발을 악에서 떠나게 하라."

우리가 가는 길은 믿음의 길입니다. 이 길은 한꺼번에 달려간다고 해서 갈 수 있는 것이 아닙니다. 우리는 한 걸음 한 걸음 꾸준히 가다보면 하나님의 놀라운 뜻에 가까이 나아가게 됩니다. 우리가 길을 찾지 못했을 때에는 이 길 저 길을 정신없이 돌아다닐 것입니다. 그러나 우리가 말씀의 길을 찾았을 때에는 서두를 필요가 없습니다. 왜냐하면 우리는 이미 길을 찾았고 이 길을 따라가기만 하면 목표한 곳이 나온다는 것을 알기 때문입니다. 우리는 좌로나 우로나 갈 필요가 없습니다. 즉 좌로나 우로나 가본다는 것은 호기심 때문에 왔다 갔다 하는 것인데 결국 인간의 길은 뻔하기 때문입니다. 그런데 사람은 자기 길을 찾았다 하더라도 그 길을 끝까지 가기가 너무나도 어렵습니다. 우리 인간의 마음 안에는 자꾸 새로운 것으로 바꾸고 싶은 변덕이 있기 때문입니다.

잠언 4장은 세 번에 걸쳐서 '내 아들아 들으라' 고 하면서 교훈을 주고 있습니다. 처음에는 아버지의 훈계를 가장 중요하게 받아들이라는 것입니다. 두 번째는 이 믿음의 길을 끝까지 가라는 것입니다. 그리고 세 번째는 이 말씀을 마음에 두면 마음의 상처를 치료하고 병을 이길 수 있다고 했습니다. 끝까지 하나님의 말씀을 믿고 따라가는 성도들이 되시기를 바랍니다.

07 · 잘못된 사랑의 길

잠 5:1-23

요즘은 고속도로나 일반 도로가 잘 닦여 있어서 차를 타고 달리기가 용이하지만 옛날에는 길이 울퉁불퉁해서 비가 오고 난 후에는 웅덩이나 혹은 도로가 꺼진 곳이 있어서 조심하지 않으면 달리다가 웅덩이에 처박히기 쉬웠습니다. 마찬가지로 우리의 인생길도 조심하지 않으면 구덩이에 빠지기가 쉽습니다. 물론 사람이 인생길을 가면서 빠지기 쉬운 웅덩이들은 여러 가지가 있을 수 있습니다. 나쁜 습관의 웅덩이도 있을 수 있고 죄악의 웅덩이도 있을 것입니다. 그러나 이런 나쁜 웅덩이들 중에서 가장 조심해야 하는 것이 바로 잘못된 사랑의 웅덩이입니다. 우리가 보통 길에서 웅덩이를 보면 거기에 빠져서는 안 된다는 것을 알고 피하게 됩니다. 그런데 잘못된 사랑의 웅덩이는 거기에 빠져서는 안 된다는 것을 알면서도 자기 스스로 좋아서 빠지게 됩니다.

인간에게는 하나님이 주신 사랑의 감정이 있습니다. 사람이 어떤 환경에서든지 가장 빨리 행복과 만족을 느낄 수 있는 것은 바로 이 사랑의 감정이 충족될 때입니다. 그러나 이 사랑의 감정은 반드시 엄청난 책임이 따르게 됩니다. 사람이 다른 사람으로부터 사랑의 감정을 누리려고 하면 자기 한평생을 바치는 희생을 해야 사랑을 주고받을 수 있는 자격이 생기는 것입니다. 그런데 잘못된 사랑의 감정은 이런 책임은 지지 않으면서 사랑의 감정만 가지려고 하는 것입니다. 이것은 무서운 죄이고 엄청난 부정이며 자기 인생 전체를 다 타락시키는 죄인 것입니다. 사람에게 이 잘못된 사랑의 감정이 주는 위험은 어느 연령에서든지 빠질 수 있는 함정이라는 사실입니다. 사람은 누구든지 청소년 시기가 되면 이성에 대한 사랑의 감정을 느낍니다. 이때는 다른 어떤 것보다 이성적인 사랑이 가장 중요한 것 같고 가장 행복할 것 같습니다. 그러나 청소년기는 아직 이성적인 사랑을 책임지고 할 시기가 아닙니다. 이때는 자신의 미래를 위해서 더 준비해야 할 것이 많기 때문입니다. 그런데 청소년 시기에 사랑의 감정에 빠져버리면 그 인생은 마치 늪에 빠진 마차처럼 앞으로 나갈 수가 없습니다. 그러나 사람은 비단 어렸을 때만이 아니라 이미 사회적인 성공을 거둔 후에도 잘못된 사랑에 빠져서 가정과 자신의 사회적 신분을 다 날려버리는 일들이 많이 있습니다. 오늘 말씀에서 성경은 누구든지 이런 잘못된 욕망의 함정에 빠질 수 있기 때문에 이 함정에 빠지지 않는 길은 언제나 하나님의 말씀을 듣고 주의하는 것밖에 없다고 말씀하고 있습니다. 하나님의 말씀을 듣지 않고 주의하지 않는 자는 언제나 정욕의 늪에 빠질 수밖에 없는 것입니다.

1. 아버지가 자녀에게 주는 교훈

보통 아버지라면 자식들에게 가르칠 때에 게으르지 말라고 하든지 아니면 학교 공부를 열심히 하라고 가르칠 것입니다. 이 세상의 성공 여부는 지적인 능력으로 평가되기 때문입니다. 일단 이 세상에서는 어떤 사람이 공부를 얼마나 잘 하느냐에 따라서 좋은 대학이나 좋은 직장에 들어가게 됩니다. 그러나 하나님의 백성들에게 가장 중요한 것은 그 사람의 지적인 능력이 아닙니다. 하나님께서 어떤 사람을 보실 때 중요하게 보시는 것은 그 사람이 얼마나 깨끗한가 하는 것입니다. 그러나 결국은 세상에서도 나중에 어떤 사람이 능력은 있지만 도덕적으로 깨끗하지 못한 바람에 실패하는 경우가 많이 있습니다. 그런데 사람이 도덕적으로 깨끗하려면 성공하고 난 후에 깨끗하겠다고 하는 것은 이미 늦은 것입니다. 이것은 아주 어렸을 때 즉 처음 신앙을 배울 때부터 배워야 하는 것입니다.

1-2절 "내 아들아 내 지혜에 주의하며 내 명철에 네 귀를 기울여서 근신을 지키며 네 입술로 지식을 지키도록 하라."

여기서 아버지가 아직 성인이 되지 않은 어린 아들에게 '내 지혜에 주의하며 내 명철에 네 귀를 기울이라' 고 하는 것은 이것이 너무나도 중요한 문제이기 때문에 아들은 모든 관심을 다 집중시켜서 들어야 한다는 것입니다. 예를 들어서 학교에서 선생님이 학생들에게 대학 입학에 가장 중요한 것을 가르칠 때 아이들은 침을 꿀꺽 삼키면서 신경을 곤두세워서 들으려고 할 것입니다. 그런데 그것은 놀랍게도 '근신을 지키며 네 입술로 지식을 지키라' 는 것입니다. 여기서 '근신을 지킨다' 고 하는 것은 하나님의 말씀으로 자신을 연단시키는 것을 말합니다. 기회만 있으면 나태해지려고 하고 죄에 대하여 끌려가려고 하는 자기 자신을 훈련시키는 것을 말합니다. 그런데 그것은 결국 계속해서 하나님의 말씀을 듣고 배우는 것을 말하는 것입니다. 여기서 '네 입술로 지식을 지키게 하라' 고 하는 것은 하나님의 말씀을 우리 손에서 떨어뜨리지 말라는 것과 같습니다. 왜냐하면 우리가 하나님의 말씀을 손에서 놓은 순간 우리는 육체의 정욕에 끌려가게 되기 때문입니다. 여기서 보통 '입술'이라고 하는 것은 자녀들이 어떤 것을 계속 암송하면서 공부하는 것을 의미합니다. 하나님의 백성들에게 중요한 것은 하나님의 말씀을 잠시라도 놓지 않고 지속적으로 배워서 자기 자신에게 틈을 주지 말라는 것입니다. 만일 우리에게 하나님의 말씀의 공급이 중단된다면 그때부터는 육체적인 정욕이 파고들어올 가능성이 많습니다. 왜냐하면 육체적인 본능이란 모든 인간의 마음속에 다 들어 있을 뿐 아니라 나이의 구별 없이 유혹은 찾아오기 때문입니다.

3절 "대저 음녀의 입술은 꿀을 떨어뜨리며 그 입은 기름보다 미끄러우나"

우선 일차적으로 '음녀'라고 할 때 두 가지 의미로 생각할 수 있습니다. 하나는 아무 남자나 헤프게 사랑하는 정조 관념이 없는 여성을 의미합니다. 우리가 성경을 보면 특히 가나안 여성들은 이스라엘 여성들에 비해서 거의 정조 개념이 없는 것을 알 수 있습니다. 아브라함은 자기 종에게 이삭이 결혼할 때 절대로 가나안 여자 중에서 아내를 얻어서는 안 된다고 맹세를 하게 했습니다. 또한 여기서 음녀를 직업적으로 돈을 받고 음란한 일을 하는 여성을 의미한다고 볼 수도 있습니다. 그러나 본문 말씀이 일차적으로 의미하는 것은 사랑에 따르는 엄청난 책임은 지지 않으면서 사랑만 나누려고 하는 모든 사람들이 이 음녀의 부류에 들어가는 것입니다.

여기에 보면 음녀의 입술은 꿀을 떨어뜨린다고 했습니다. 이것은 사람이 사랑의 책임은 느끼지 않고 사랑의 감정만 느낄 때 얼마나 서로 달콤한 말을 할 수 있는지 보여줍니다. 하나님은 사람을 만드실 때 이성에 대하여 사랑의 감정을 느끼도록 만드셨습니다. 그래서 사람들은 누구나 남자나 여자나 이성을 육체적으로 좋아하게 되어 있습니다. 그뿐만 아니라 사람은 누구나 이성이 자기에게 관심을 가져주거나 특히 자기를 좋아해주면 너무나도 기분이 좋고 행복한 마음이 듭니다. 그래서 음녀가 입술로 꿀을 떨어뜨린다고 하는 것은 반드시 품행이 좋지 못한 이성만 이야기하는 것이 아닙니다. 사람은 누구나 이성이 자기를 좋아하고 관심을 가져주면 좋아합니다. 그러나 그런 관심을 받을 수 없는 이유는 남녀 간의 사랑에는 어마어마한 책임이 따른다는 것을 누구나 다 알기 때문입니다. 그런데 전혀 그런 사랑의 책임을 지지 않고 오직 사랑의 감정만 나누려고 하면 음녀가 되고 바람둥이가 되는 것입니다.

그들이 그렇게 달콤한 사랑을 이야기할 수 있는 것은 사랑의 책임을 지지 않으려고 생각하기 때문입니다. 이것은 분명히 엄청난 죄입니다. 사람은 자기가 책임질 수 없는 달콤한 사랑의 이야기를 할 수 없기 때문입니다. 여기에 보면 '그 입은 기름보다 미끄럽다' 고 했습니다. 아마도 이 음녀는 너무나도 말을 잘 했던 것 같습니다. 그래서 마치 목에 기름을 바른 것처럼 전혀 목이 막히지도 않고 너무나도 자신 있게 사랑을 이야기하는데 실제로는 그것이 아닌 것입니다. 이 사람은 사랑의 감정만 나누자는 것이고 절대로 거기에 따르는 책임은 지지 않는 사람인 것입니다.

하나님께서 사람을 만드실 때 이성을 사랑하게 하셨습니다. 그리고 남녀가 서로 사랑하면서 너무나도 엄청난 사랑의 감정과 행복을 가지게 하셨습니다. 그러나 사람이 이 사랑의 행복을 가지기 위해서는 자기 전 인생을 상대방에게 바쳐야 하는 것입니다. 그래서 사랑의 책임을 아는 사람은 책임질 수 없는 사람에 대해서 입술에 꿀이 발린 것처럼, 목구멍에 기름을 바른 것처럼 아무에게나 사랑의 이야기를 할 수가 없는 것입니다. 그래서 아버지는 아직 성인이 되지 않은 자식에게 인생을 가르치면서 가장 중요하게 강조하는 것이 바로 이성 간의 사랑의 책임성인 것입니다. 사랑의 책임을 지지 않는 사랑은 너무나도 달콤하고 감미로우며 너무나도 짧은 시간에 최고의 행복을 느끼게 하지만, 그것은 결국 자신과 상대방을 파멸로 몰아넣는 죄인 것입니다.

> **4-5절** "나중은 쑥같이 쓰고 두 날 가진 칼같이 날카로우며 그 발은 사지로 내려가며 그 걸음은 음부로 나아가나니"

사람이 이성 간에 사랑의 감정을 느낄 때에는 너무나도 행복하고 마치 그 행복이 영원할 것 같지만 사랑에는 반드시 엄청난 책임이 따르게 됩니다. 사랑을 나눈 여성은 남자에게 그 사람의 마음과 인격과 그 사람의 모든 것을 요구하게 되는 것입니다. 그런데 남자에게 그런 것을 줄 수 있는 준비가 되어 있지 않을 때에 그때부터 사랑은 쑥처럼 쓴 고통을 주기 시작을 합니다. 한편으로는 사랑이 달콤하지만 다른 한편으로 사랑은 너무나도 괴로운 것이 되기 시작합니다. 사랑의 감정은 달콤하지만 현실은 그것을 일체 인정하지 않기 때문입니다. 그리고 그때부터 사랑은 그 사랑의 정신과 영혼을 마치 양날 가진 면도칼이 되어 잘라내기 시작합니다. 그래서 사랑은 하지만 가슴은 아프고 피가 나게 되는데, 나중에는 가슴 전체가 칼로 난도질을 당해서 피투성이가 되어버리게 됩니다. 그래서 결국 그 발은 사지로 내려가고 음부로 가게 되는데 이것은 자신들의 사랑이 이 세상에서 전혀 용납이 되지 않으니까 사람들을 피해서 사랑의 도피를 하는 것입니다. 그러나 남녀 간의 사랑이라고 하는 것은 다른 사람들이 기뻐하고 축복을 해주어야 아름다울 수 있는 것이지 다른 사람들의 눈을 피해서 도망치는 사랑은 결국 자신들의 영혼을 절망으로 몰아내어서 결국 비참하게 죽음으로 끝나게 하는 것입니다. 그런데 하나님의 말씀의 놀라운 점은 바로 이렇게 잘못된 사랑의 결과까지 보게 해서 잘못된 사랑에 빠지지 않게 하는 것입니다. 대개 세상에서는 사랑의 감정은 절대적으로 아름답고 좋은 것이기 때문에 나중에야 어떻게 되든지 간에 사랑의 도피를 하라는 식으로 충동질을 하지만 그것은 사람을 죽이는 것입니다. 잘못된 사랑의 결과는 결국 자기 가슴이 난도질당하고 나중에는 죽음으로 끝나게 됩니다.

> 6절 "그는 생명의 평탄한 길을 찾지 못하며 자기 길이 든든치 못하여도 그것을 깨닫지 못하느니라."

사람이 한번 잘못된 사랑에 빠져버리면 특히 나이가 어렸을 때에는 이것은 완전히 늪에 빠지는 것과 같아서 거기서 빠져 나오지 않는 이상 앞으로 나갈 수가 없습니다. 하나님께서는 우리 인간들에게 이성간의 사랑을 통해서 무한한 행복을 가지게 하셨습니다. 그러나 이성간의 사랑은 어마어마한 책임이 따르는 것입니다. 그래서 아버지는 자식에게 젊었을 때 이성간의 사랑이 너무나도 끌리고 그 이성이 너무나도 행복하게 해줄 것 같지만 자식에게 아직 해야 할 것이 많다는 것을 가르쳐주는 것입니다. 아들은 아직 사랑을 책임질 준비가 되어 있지 않은 것입니다. 그리고 사랑의 감정이 너무나도 행복하고 육체적인 쾌락이 너무나도 기분을 좋게 하지만 젊었을 때 이것이 삶의 목적이 되면 안 됩니다. 행복이란 우리가 바른길을 갈 때 자연스럽게 하나님이 선물로 주시는 것입니다. 그러나 사람이 눈앞에 있는 육체적인 쾌락을 채우는 것을 인생의 목표로 삼게 될 때 그 인생은 실패한 인생이 되고 맙니다. 왜냐하면 일단 사람이 정욕에 빠지면 늪에 빠진 것과 같아서 절대로 앞으로 나아갈 수가 없기 때문입니다.

우리가 젊었을 때 육체적인 정욕에 너무나도 끌리는 것은 사실이지만 우리는 자신의 미래를 위해서 더 배우고 준비해야 할 것이 더 많은 것을 성경은 가르쳐주고 있습니다. 우리는 결단코 육체적인 쾌락이 인생의 목표가 되어서는 안 되는 것입니다. 하나님은 우리가 성숙해가면서 얼마든지 사랑의 감정을 느끼고 또 순간순간 행복하게 하십니다. 이것이 우리가 육체적인 욕망을 아름답게 즐기는 방법입니다. 그런데 사람이 젊었을 때에는 피가 끓고 있고 이성간의 사랑에 거의 미치다시피 할 때인데 어떻게 자신의 열정을 통제할 수 있을까요? 그것은 육체의 정욕보다 더 강한 성령의 불을 받는 것입니다. 즉 하나님의 말씀을 듣는 가운데 강한 성령의 뜨거운 체험을 할 때 세상의 정욕을 이기고 청년의 시기를 아름답게 보낼 수가 있습니다.

사람이 성공의 가장 중요한 기초가 되는 시기는 청년기입니다. 그런데 이 청년기는 육체의 열정이 들끓고 있는 때입니다. 우리가 오늘 이 시대를 보면 청년들이 미치지 않거나 성적으로 타락하지 않은 것이 이상할 정도로 극도로 죄가 들끓는 시대입니다. 이때 신앙생활을 성실하게 하고 하나님의 말씀으로 마음을 채운 청년들은 이 청년기에 너무나도 아름다운 그릇으로 준비되게 됩니다. 이것이야말로 좋은 학벌이나 좋은 성적을 얻는 것보다 대성공인 것입니다. 그래서 우리 부모님들은 자녀들이 좋은 대학에서 좋은 성적을 얻는 것도 좋지만 하나님의 말씀을 사랑하고 뜨거운 성령을 체험해서 청년의 시기를 큰 죄를 짓지 않고 넘기는 것을 큰 성공으로 생각해야 합니다.

2. 잘못된 사랑의 결과

우리가 세상의 유명한 문학책들을 읽어보면 거의 대개가 남녀 간의 잘못된 사랑을 소재로 한 것이라는 것을 알게 됩니다. 사람은 바른 사랑을 할 때보다는 책임지지 않는 잘못된 사랑을 할 때 더 사랑의 감정이 뜨거워지고 더 큰 행복을 느끼기 때문인 것 같습니다. 이것이 우리 인간이 가지는 너무나도 이상한 아이러니입니다. 우리가 생각하기에 사람은 서로 책임을 지는 신실한 사랑을 통해서 더 행복을 느끼고 더 황홀하고 아름다운 감정을 느껴야 정상인데 바른 사랑의 불은 금방 시시해져 버리고, 해서는 안 되는 사랑에 더 집착을 하고 거기에 더 큰 열정을 느끼게 되는 것입니다. 이것이 바로 인간의 사랑의 감정이 타락했기 때문에 생기는 결과입니다.

> 7-8절 "그런즉 아들들아 나를 들으며 내 입의 말을 버리지 말고 네 길을 그에게서 멀리하라. 그 집 문에도 가까이 가지 말라."

사람이 잘못된 사랑에 빠지게 되는 이유는 서로가 좋아하는 마음을 가지기 때문입니다. 만일 남녀 사이에서 한 사람은 좋아하지 않는데 한쪽만 일방적으로 사랑을 한다고 하면 사랑이 성립하지 않습니다. 남녀 간의 사랑이라고 하는 것은 서로가 서로에 대하여 끌리는 마음이 있기 때문에 주의를 하지 않으면 자기도 모르게 끌려가게 되어 있습니다. 그래서 아버지는 아들들에게 거듭거듭 주의를 주고 있습니다. 그것은 제발 아버지의 말을 들으라는 것입니다. 이것은 아버지가 아들들이 이런 사랑에 얼마든지 끌려갈 수 있다는 것을 알고 있는 것입니다. 사람은 어떤 사랑의 대상에 대해서 외모가 매력적이고 마음이 서로 맞으면 끌리게 되어 있습니다. 그러다가 한번 개인적으로 만나서 차를 마시면서 대화를 나누게 되면 그때부터는 걷잡을 수 없이 가까워지게 되는 것입니다. 아버지는 아들들에게 이때 의도적으로 상대방을 멀리하고 그 집 근처에도 가지 말라고 말씀하고 있습니다. 이런 집은 언제나 오라고 환영하고 있기 때문입니다. 그러나 이런 문제는 어린 사람들만의 문제가 아니라 어른들이 겪고 있는 문제이기도 합니다. 오늘날 현대인들은 거의 대개 하루 종일 사무실에서 남녀가 어울려서 일을 하고 있는데 이렇게 오랜 시간 일을 같이 할 때 분명한 관점을 가지고 있지 않으면 유혹에 넘어가게 되는 것입니다. 거기에다가 오늘날 현대인들은 남녀의 사랑에서 감정만을 중요하게 생각하기 때문에 마치 이 사랑의 감정이 진실한 것처럼 스스로 속기 쉽습니다. 더구나 세상의 문화나 풍조 자체가 그런 것을 중요하게 생각하지 않기 때문에 너무나도 잘못된 사랑에 빠지기 쉬운 환경이라고 보아야 합니다.

그런데 사람이 사랑의 감정을 느끼는 것은 자유일지 몰라도 이것이 죄가 되고 그것이 사람들에게 알려지게 되었을 때에는 엄청난 사회적인 비난을 받게 됩니다. 어떤 사람이 잘못된 사랑에 빠진 것이 드러나게 되었을 때에 그 사람은 지금까지 가지고 있었던 존경이나 신뢰나 사회적인 지위나 신분이 한순간에 박탈당하게 됩니다.

> 9-10절 "두렵건대 네 존영이 남에게 잃어버리게 되며 네 수한이 잔포자에게 빼앗기게 될까 하노라. 두렵건대 타인이 네 재물로 충족하게 되며 네 수고한 것이 외인의 집에 있게 될까 하노라."

요즘 우리 사회에서도 종교인이나 공직을 가진 자들이 잘못된 사랑에 빠진 사실이 드러나게 되면 한순간에 그의 사회적인 명성과 신뢰와 직책까지 박탈하는 것을 자주 볼 수 있습니다. 여기에 보면, 네 존영이 남에게 잃어버리게 된다고 했습니다. 잘못된 감정, 책임지지 않는 사랑에 빠졌다는 것이 알려지는 순간 다른 사람들은 더 이상 그를 존경하지 않게 되는 것입니다. 심지어 옛날에는 목숨을 빼앗기는 경우도 있었습니다. 부정을 안 남편이 사람을 사서 부정의 상대를 죽여 버리기도 한 것입니다. 그래도 부정을 저질렀기 때문에 할 말이 없게 됩니다. 그리고 이 부정을 무마하기 위해서는 자기가 지금까지 벌어 모았던 돈을 다 주어야 겨우 자기 목숨을 건질 수 있게 되는 것입니다.

특히 요즘에는 직장 생활하는 사람은 성추행을 주의해야 하는데 여성들에게 성적인 수치심을 느끼게 하는 말이나 행동 심지어는 눈빛도 고발 대상이 되는 것입니다. 그래서 앞으로 직장 생활을 제대로 하려고 하면, 이성은 쳐다보지도 말고 일을 해야 할지도 모릅니다. 그런데 이런 성적으로 방탕한 많은 말이나 행동들이 술을 마신 결과로 이루어지는 것을 보게 되는데 그럼에도 불구하고 사람들은 여전히 술을 많이 마시는 것을 볼 수 있습니다. 성경이 말씀하는 것은 잘못된 사랑의 결과가 어떻다는 것을 미리 알려줌으로 예방을 하려는 것입니다. 특히 우리가 하나님의 말씀을 지속적으로 들으면서 이런 길을 피하게 됩니다.

사람이 잘못된 사랑에 빠지는 것은 마치 물고기가 미끼의 유혹을 느끼는 것과 같습니다. 물고기들은 아마도 낚싯줄에 매달린 지렁이가 그렇게 맛있게 보이는 모양입니다. 그러나 낚싯줄에 매달린 지렁이는 아에 멀리하고 가까이 하지 말아야 합니다. 그런데 꾀가 많은 물고기는 지렁이 주위를 돌면서 한 번씩 입으로 건드려보다가 어느 순간 유혹을 참지 못하고 입에 삼켜버리는데 그때 낚싯바늘이 입에 걸리는 순간부터는 빠져나올 수가 없습니다. 사탄은 우리에게 죄가 너무나도 환상적이고 우리를 영원히 행복하게 해줄 것 같은 느낌이 들게 합니다. 그리고 지금 느끼는 이 사랑의 감정은 너무 진실하기 때문에 절대로 상대방이나 자신이 배신하지 않고 비밀을 지킬 것 같습니다. 그러나 일단 한번 죄를 짓고 나면 사탄은 사정없이 정죄해서 그 사람을 낚싯줄에 매어 질질 끌고 다니는데 그러면 꼼짝을 못하는 것입니다. 한번 죄를 지은 사람은 마귀 앞에서 아무 소리도 하지 못합니다.

11-14절 "두렵건대 마지막에 이르러 네 몸 네 육체가 쇠패[개역개정:쇠약]할 때에 네가 한탄하여 말하기를 내가 어찌하여 훈계를 싫어하며 내 마음이 꾸지람을 가벼이 여기고 내 선생의 목소리를 청종치 아니하며 나를 가르치는 이에게 귀를 기울이지 아니하였던고, 많은 무리들이 모인 중에서 모든 악에 거의 빠지게 되었었노라 하게 될까 하노라."

사람이 잘못된 사랑에 빠질 때에는 이 사랑이 너무나도 진실한 것 같고 다른 것은 다 틀린 것 같았는데 나중에 세월이 흐르고 보니까 이 사랑도 역시 엉터리이고 아무것도 아니라는 것을 깨닫게 되는 것입니다. 자기가 그렇게 사랑한다고 생각했던 사람도 나중에 보니까 오히려 더 신경질적이고 성질도 나쁘고 이기적인 사람이었는데, 한순간 눈이 뒤집히면서 미쳐서 모든 것을 다 날려버리고 욕은 욕대로 얻어먹으면서 그 사랑만 붙잡은 것입니다. 그래서 시간이 지난 후에 보니까 너무나도 아무것도 아닌 사랑에 미쳐서 세월을 허비하고 다른 많은 사람들의 가슴에 아픔을 주었고 또 자기 인생은 자기 인생대로 망치고 말았다는 것을 깨닫게 되는 것입니다. 그래도 이 사람에게 다행스러운 것은 하나님의 말씀을 가르치는 선생이 있었다는 사실입니다. 그래서 적어도 이 사람은 모든 악을 다 저지르지는 않고 돌아왔던 것입니다.

  어떤 글을 보니까 어떤 사람이 잘못된 사랑에 빠져서 아내와 자식들을 버리고 여자와 도망을 쳤습니다. 그러다가 돈이 떨어지니까 돌아와서 집까지 팔아서 다시 달아났습니다. 그런데 그이는 결국 여자와도 헤어지고 자기는 도저히 용서받을 수 없는 죄인이라고 생각해서 자살을 하려고 강으로 갔는데, 그때 수요일 저녁이어서 저녁 예배 종소리를 듣게 되었습니다. 그래서 '내가 자살을 하더라도 설교나 한번 듣고 자살하자'고 생각해서 교회에 가게 되었습니다. 그런데 그 날 설교는 완전히 이 사람을 위한 설교였습니다. 하나님은 어떤 죄인이라도 용서하시고 새 사람이 되게 하신다는 것이었습니다. 그래서 그는 그 설교에 은혜를 받고 회개해서 새 사람이 되었습니다. 나중에 그이는 그 교회에서 죽을 때까지 충성을 하다가 아름답게 죽었습니다. 사람이 사랑에 빠지면 미치게 됩니다. 그런데 책임을 지는 사랑에 빠져서 미치는 것은 좋은 것이지만 책임을 지지 않는 잘못된 사랑에 빠지면 인생 전체를 날릴 수 있고 나중에는 신앙도 버리고 지옥에 가게 됩니다. 그래도 하나님의 말씀을 듣는 사람은 어느 순간이든 정신을 차리게 되고 하나님께 나오면 하나님이 해결할 길을 열어주십니다.

3. 하나님이 나에게 주신 행복

하나님께서는 우리 각자에게 아름다운 사랑을 할 수 있는 축복을 주셨습니다. 우리는 이 사랑에 만족해야 하고 이 사랑을 보물처럼 지켜야 합니다.

15절 "너는 네 우물에서 물을 마시며 네 샘에서 흐르는 물을 마시라."

옛날에 자기 집에 우물이 있다고 하는 것은 대단한 축복이었습니다. 특히 공동 우물이 아닌 자기 집 우물은 우물물이 맑고 깨끗하고 시원하며 언제든지 마실 수가 있습니다. 여기서 우물과 샘은 우리가 책임을 지고 사랑하는 남녀관계를 말합니다. 하나님께서는 우리 평생에 단 한 사람의 배우자를 사랑하게 하셨습니다. 이 배우자가 나의 우물이고 나의 샘물인 것입니다. 예를 들어서 아내의 입장에서 남편을 보면 언제나 성실하게 돈을 벌어다 주고 자신을 사랑해주니까 최고로 좋은 우물이고 샘입니다. 그렇게 벌어다 주는 시원한 물로 온 식구들이 맛있게 물을 마실 수가 있습니다. 그런데 그 우물은 마르지 않고 전혀 불순물이 없습니다. 특히 남편에게 자기 아내는 자기와 결혼해주고 아이를 낳아주며 도망가지 않고 모든 것을 참으면서 자신의 모든 부족한 것을 용납해주니까 너무나도 고마운 우물물이고 샘물인 것입니다. 만약 부인이 없으면 남편이 어디에 가서 행복을 찾을 수가 있겠습니까? 집을 지켜주는 부인이 없으면 남편은 뿌리가 뽑힌 나무와 같아서 금방 비참해질 수밖에 없습니다. 이 세상에 가장 불쌍한 사람이 부인이 집을 나가서 혼자 지내야 하는 남자일 것입니다.

16절 "어찌하여 네 샘물을 집 밖으로 넘치게 하겠으며 네 도랑물을 거리로 흘러가 게 하겠느냐."

어떤 신학자들은 이 말씀을 잘못 해석해서 남자들이 외도를 하면 여성들도 복수심으로 남편처럼 집 밖으로 나가서 외도를 하게 된다는 식으로 해석을 합니다. 아마 외국 사람들의 경우에 남편이 외도를 하거나 혹은 너무 일에 바빠서 외박이 잦을 때 부인들은 남편과 이혼하고 자기를 사랑해줄 수 있는 새 남편을 찾아간다고 합니다. 그런데 세계 어느 곳에서든지 남편이나 부인이 외도를 할 때 그 가정은 깨어질 수밖에 없습니다. 외도를 한다는 자체가 가정을 깨는 것이고 거룩한 약속을 버리는 것입니다. 그래서 외도를 하는 사람은 하나님이 주신 가정의 축복을 누릴 자격이 없는 것입니다. 사람이 자기 욕망에 눈이 멀어서 다른 사람과 사랑을 하게 될 때 그는 결코 행복한 길을 가는 것이 아니라 자기 자신을 가장 비참하게 하는 길로 가고 있는 것입니다. 결국 그는 자기 자신이 아내나 자식으로부터 버림받는 길을 택하고 있는 것입니다.

17절 "그 물로 네게만 있게 하고 타인으로 더불어 그것을 나누지 말라."

물론 이 말을 문자적으로 보면 네가 아내를 사랑하지 않으면 다른 사람이 그 행복을 빼앗아갈 수 있다는 식으로 볼 수 있습니다. 그런데 사람은 자기 행복을 정당한 대상에서 찾아야 합니다. 왜냐하면 하나님이 주신 배필 안에 무한한 보물이 있기 때문입니다. 우리는 대개 결혼할 때에는 잠시 사랑의 열정을 느끼다가 그 후에는 바로 돈을 벌고 아이를 낳고 집을 장만하느라고 자기 아내가 얼마나 아름답고 자기 아이가 얼마나 귀여운지 모르고 살아갈 때가 많습니다. 그러다가 어느새 나이가 들어버리면 서로에 대하여 신선한 맛을 느끼지 못하고 열정은 식어 있는 것입니다. 그러나 이것은 하나님이 주신 가정을 잘못 지킨 것입니다. 하나님이 주신 아내나 남편은 아직 캐내지 않은 어마어마한 보물이 들어 있는 금광과 같습니다. 그런데 문제는 하나님의 말씀을 같이 듣지 않으면 이 가치를 모르는 것입니다. 그런데 서로 같이 하나님의 말씀을 들을 때 서로가 변하게 되고 그 안에 있는 아름다운 가치를 발견하게 됩니다.

> 18-19절 "네 샘으로 복되게 하라. 네가 젊어서 취한 아내를 즐거워하라. 그는 사랑스러운 암사슴 같고 아름다운 암노루 같으니 너는 그 품을 항상 족하게 여기며 그 사랑을 연모하라."

여기에 보면 자기 부인을 두 가지로 표현하고 있는데 하나는 샘이고 다른 하나는 암사슴과 암노루 같은 짐승입니다. 샘물을 자꾸 퍼내면 샘물은 더 깨끗해지고 더 시원해지며 수량도 더 많아지게 됩니다. 그런데 샘은 사람이 샘을 방치해 버리면 거기에 낙엽이 썩게 되고 물도 깨끗지 않고 점점 말라버리게 됩니다. 여성에게 중요한 것은 자신의 정체성입니다. 내가 무엇 하는 사람이며 나는 정말 가치 있는 사람인가 하는 것입니다. 그런데 남편이 아내를 사랑해주고 특히 하나님의 말씀이 공급이 되면 부인은 자신감을 가지게 되고 자신에 대하여 아주 높은 자존감을 가지게 되는데, 그렇게 되면 가정 전체의 수준이 올라가게 됩니다. 남편이 아내를 존귀하게 대해 준 것이 자식과 자기 자신에게 열 배 이상으로 돌아오게 되는 것입니다. 그런데 남편이 아내를 무가치하게 생각하고 학대를 하면 그때부터 아내가 바가지를 긁고 자식들에게 화풀이를 하게 되어, 그 손해를 그대로 돌려받게 되는 것입니다. 특히 여성들은 나이가 들어가면서 내면적으로 성숙하고 아름다워지는 것이 너무나도 중요합니다.

초원에는 많은 짐승들이 살고 있습니다, 거기에는 사자나 표범 같은 맹수도 있고 하마나 악어같이 무서운 짐승들도 있습니다. 그런데 초원을 가장 평온하게 보이게 하는 것은 암사슴이나 암노루입니다. 초원에서 암사슴이나 암노루가 풀을 뜯어 먹는 모습은 가장 아름다운 모습이고 평온한 모습입니다. 거기에다가 암사슴이나 암노루는 사납지 않고 또 겁이 많습니다. 그리고 암사슴과 암노루 옆에는 너무나도 예쁜 새끼들이 따라가고 있습니다. 이 모습이야말로 이 세상에서 가장 아름다운 모습입니다. '너는 그 품을 항상 족하게 여기며 그 사랑을 항상 연모하라.'

성경은 자기가 선택해서 결혼한 여성으로 만족하고 거기서 한 걸음 더 나아가서 그 사랑을 언제나 연모하라고 했습니다. 우리가 생각하기에 연모의 정이라고 하는 것은 젊었을 때나 하는 것이지 늙어가면서 과연 연모하는 것이 될까 하는 생각이 들기 쉽습니다. 특히 사람들은 결혼하기 전에 서로 연애할 때에는 연모의 정을 느끼고 사랑하지만 결혼하고 난 후에는 별로 재미없게 생각하기 쉽습니다. 그러나 그것은 자신들의 사랑을 잘 모르고 있는 것입니다. 사람들 중에는 이제 자기 아내나 남편에게는 더 이상 매력을 느끼지 못하기 때문에 불륜을 통해서라도 사랑의 감정을 되살리려고 하는 것을 많이 볼 수 있습니다. 특히 여성들은 아이들이 커가면서 남편보다는 아이들에게 더 신경을 쓰는데, 다른 젊은 여성은 자기 자신만 보살피는 것처럼 생각되기 때문입니다. 그러나 그것은 사실이 아닙니다. 젊은 여성은 자기만 생각하고 지낸다는 것은 사실이 아닙니다. 주부가 아이들이 크면서 아이들에게 신경을 쓰는 것은 정상입니다. 그러나 그것 때문에 부부 관계가 멀어지지 않습니다. 이것은 남편이 잘못 생각하고 있는 것입니다. 결국 우리에게는 하나님의 말씀이 양식입니다. 하나님의 말씀을 먹지 않은 부부 관계는 결코 싱싱할 수 없습니다. 문제의 원인은 바로 여기에 있는 것입니다. 부부가 함께 하나님의 말씀을 먹을 때 사랑과 그 힘이 백 배 이상으로 커지게 되는데 이것은 젊었을 때의 사랑보다 훨씬 더 이해심이 깊은 풍성한 사랑으로 나타나게 됩니다. 그래서 그런 부부 사랑을 만들어 가는 것이 인생에 성공하는 비결입니다.

20절 "내 아들아 어찌하여 음녀를 연모하겠으며 어찌하여 이방 계집의 가슴을 안겠느냐."

자기 아내와 결혼한 후에 이제는 더 이상 옛날같이 서로의 사랑이 뜨겁지 않다고 해서 다른 여자를 사랑한다면 그것이 얼마나 이기적이며, 거꾸로 생각해보면 얼마나 상대방의 마음을 아프게 하는 일이 되겠습니까? 사람은 다른 사람을 행복하게 해줄 때 자기가 행복한 법인데 가장 먼저 행복하게 해줄 사람은 자기 아내인 것입니다. 이것은 남자가 먼저 해야 할 일입니다. 왜냐하면 하나님께서 사랑의 주도권을 남자에게 주셨기 때문입니다. 남자가 아내를 사랑하면 그 복이 그대로 자기 자신에게 돌아오게 됩니다.

21절 "대저 사람의 길은 여호와의 눈앞에 있나니 그가 그 모든 길을 평탄케 하시느니라."

우리는 인생을 여러 번 사는 것이 아니라 단 한 번 살게 됩니다. 그 중에 가장 중요한 것이 사랑에 탈선하지 않고 사랑의 축복을 찾아내는 것입니다. 그러면 아직 미혼인 분이나 혼자 사시는 분은 어떻게 해야 합니까. 예수님을 사랑의 대상으로 생각하시기 바랍니다. 하나님은 우리 인생 전체를 보고 계시고, 우리 자신도 우리 인생을 돌아볼 때가 있는데 명예나 돈이나 권력은 있다가 없어지지만 한 번의 사랑에 실패하지 않는 것은 인생의 가장 큰 성공이고 축복인 것입니다.

22-23절 "악인은 자기의 악에 걸리며 그 죄의 줄에 매이나니 그는 훈계를 받지 아니함을 인하여 죽겠고 미련함이 많음을 인하여 혼미하게 되느니라."

사람이 자기 욕심을 위해서 사는 것은 결국 죄의 줄에 매이는 것입니다. 결국 욕심의 미끼 뒤에 붙어 있는 죄라고 하는 바늘을 보지 못하는 것입니다. 우리가 성경대로 살아야 하는 이유는 이 죄의 낚싯바늘이 우리 눈에 보이지 않기 때문입니다. 하나님의 말씀을 듣지 않고 욕심과 야망으로 사는 사람은 언젠가 이 바늘에 걸려서 결국 망하게 됩니다. 그리고 하나님의 말씀을 듣지 않으면 너무나도 미련한 것이 많아서 정신을 차리지 못하게 됩니다. 정신이 혼미해서 앞으로 나가지 못하고 제자리에서 계속 맴돌게 되는 것입니다. 하나님이 지켜주셔서 우리는 오늘까지 무사히 왔습니다. 하나님께서 앞으로도 우리가 죄에 빠지지 않도록 지켜주셔서 이 죄악 세상을 무사히 걸어갈 수 있기를 바랍니다.

08 · 바른길 가는 법

잠 6:1-35

바다에는 많은 물이 있지만 그 물은 짠물이기 때문에 마실 수가 없습니다. 그래서 바다를 항해하면서 아이러니한 것이 바다에 물이 그렇게 많지만 배에 마실 물을 아주 많이 준비해야 한다는 사실입니다. 만약 배에 마실 물이 떨어지게 되면 배 안에 있는 사람들은 다 죽을 수밖에 없습니다. 그런데 만일 그 배가 강을 통해서 미국에 있는 오대호 같은데 들어오게 되면 물 걱정은 할 필요가 없습니다. 왜냐하면 그 호수에 있는 물은 전부 다 마실 수 있는 물이기 때문입니다. 시카고에 있는 미시간 호는 그 크기가 우리나라 남한만한데 그 물이 전부 다 마실 수 있는 물입니다.

우리가 잠언 6장 말씀을 그냥 읽으면 세상 어느 곳에서나 들을 수 있는 교훈으로 생각하기 쉽습니다. 잠언 6장에 보면 다른 사람에게 담보를 서지 말라는 것과 게으르지 말 것, 불량한 짓을 멀리할 것, 그리고 나중에 가서는 다른 사람의 아내와 간통하지 말 것 등을 교훈하고 있습니다. 우리가 쉽게 생각하면 이런 것은 세상 다른 곳에서도 얼마든지 들을 수 있는 교훈인 것 같습니다. 그러나 오늘 말씀을 제대로 이해를 하려면 이스라엘 백성들의 특별한 상황을 이해할 필요가 있습니다. 이스라엘 백성들과 다른 이방인들의 가장 중요한 구별 특징이 이스라엘 백성들에게는 하나님의 말씀이 아주 흔하다는 것입니다. 다른 말로 표현하면 이방인들은 자기 생명을 구원할 길을 아직 찾지 못해서 자기가 가지고 있는 것을 다 버리고 길을 찾아나서야 하는 형편에 있습니다. 비유를 들면 이방인들은 아직 바다에 있기 때문에 물을 찾아나서야 하는 형편에 있습니다. 그러나 이스라엘 백성들은 이미 생명의 길이 주어져 있습니다. 이스라엘 백성들에게는 하나님의 말씀이 주어져 있고 그들은 모두 생명의 길을 가고 있습니다. 그래서 이스라엘 백성들과 이방인들 사이에는 엄청난 차이가 있습니다. 이방인들은 지금 주위에 있는 모든 물이 바닷물이기 때문에 바닷물이 아닌 물을 찾아가야 살 수 있습니다. 그러나 이스라엘 백성들은 이미 생명의 길을 찾았습니다. 이제 이스라엘 백성들이 해야 할 일은 이 길에서 벗어나지 않는 것입니다. 자기 주위에 있는 생명의 물을 퍼서 마시기만 하면 되는 것입니다. 그러나 이스라엘 백성들의 치명적인 문제는 하나님의 말씀이 흔하다고 해서 결코 하나님의 말씀을 믿고 따라가는 것은 아니라는 사실입니다. 이스라엘 백성들에게는 이것보다 더 위험한 것이 없습니다. 아무리 하나님의 종들이 바른 하나님의 말씀을 전해도 그 가치를 모를 때에는 그것이 쓸데없는 잔소리로밖에 들리지 않고 너무나도 뻔한 소리처럼 들리는 것입니다. 이스라엘 백성들에게 가장 위험한 것은 이미 주어진 생명의 길을 업신여기고 자기 안에 있는 정욕과 게으름의 길을 가는 것입니다. 오늘 본문 말씀의 핵심은 이미 이스라엘 백성들에게는 생명의 길이 주어진 것을 전제로 하고 있고, 그들이 이 말씀의 길을 소중하게 생각하고 따라가기만 하면 반드시 복을 받을 수 있다는 것입니다.

1. 하나님을 앞서지 말라

이미 우리나라에서 많이 경험한 바 있지만, 경제가 어려울 때 형제나 자식이나 친구의 빚을 보증으로 섰다가 재산을 날린 사람들이 너무나도 많았습니다. 그런데 그분들의 말을 들어보면 어떻게 형제나 자식이나 친구가 돈이 없어서 보증을 좀 서달라고 하는데 모른다고 외면할 수 있느냐는 말을 합니다. 그러나 보증을 서 달라는 요구를 거절하지 못한 결과는 너무나도 엄청난 빈곤과 고통인 것입니다. 오늘 말씀은 놀랍게도 우리가 믿음의 길을 제대로 가기 위해서 첫 번째로 중요한 것은 다른 사람의 빚에 담보를 서지 말라는 것입니다.

> 1-2절 "내 아들아 네가 만일 이웃을 위하여 담보하며 타인을 위하여 보증하였으면 네 입의 말로 네가 얽혔으며 네 입의 말로 인하여 잡히게 되었느니라."

우리가 생각하기에 나에게 가까운 사람이 돈 때문에 어려움을 겪을 때 내가 보증을 좀 서주어서 도와주는 것은 아주 의리가 있는 것 같고 좋은 것 같습니다. 그런데 오늘 말씀을 보면 절대로 다른 사람을 위해서 보증을 서서는 안 된다고 말씀하고 있습니다. 그 이유가 무엇일까요? 보증이나 담보라고 하는 것은 다른 사람의 빚에 대하여 내가 전부 책임을 지겠다고 약속을 하는 것입니다. 물론 내가 지금 담보를 서는 사람의 형편이 그렇게 어렵지는 않을 것입니다. 그러나 앞으로 이 사람의 형편이 어려워져서 빚을 갚지 못하게 되면 내가 그 빚을 무한정으로 책임을 지겠다고 약속을 하는 것입니다. 물론 우리가 어려운 형편에 있는 이웃이나 형제를 돕는 것은 아주 좋은 일입니다. 그러나 우리가 다른 사람의 모든 빚에 대하여 책임을 지겠다고 약속을 하는 것은 나의 범위를 넘어서는 일입니다. 왜냐하면 우리는 결코 다른 사람의 모든 장래를 책임질 수 없기 때문입니다. 특히 아직 도래하지 않은 미래의 일은 하나님의 영역입니다. 우리는 미래의 일에 대하여 마치 내가 하나님이나 되는 것처럼 이러쿵저러쿵 할 수 없습니다. 우리가 다른 사람을 돕는다면 지금 내가 가진 범위 안에서 얼마든지 도울 수 있습니다. 그러나 내가 가진 재산 전체를 담보로 해서 다른 사람의 빚 전체를 보증서는 것은 내가 하나님의 영역을 침범하는 것이 됩니다. 우리는 다른 사람의 인생 전체를 책임질 수 없습니다. 왜냐하면 각 사람은 각 사람 나름대로 하나님 앞에서 책임을 져야 하기 때문입니다. 예수님께서도 제3계명을 말씀하시면서 도무지 맹세하지 말라고 하셨습니다. '하늘로도 말라 이는 하나님의 보좌임이요 땅으로도 말라 이는 하나님의 발등상임이요 예루살렘으로도 말라 이는 큰 임금의 성임이요 네 머리로도 말라 이는 네가 한 터럭도 희고 검게 할 수 없음이라' 고 하셨습니다' (마 5:34-36 참조). 우리가 믿음의 바른길을 가는데 아주 중요한 것은 내가 하나님을 앞서지 않는 것입니다. 대개 신앙이라고 하는 것은 내가 많은 일을 하는 것이 아닙니다. 신앙은 하나님이 나의 주인이 되셔서 하나님이 하라하시는 일을 하는 것입니다. 그래서 우리는 신앙의 바른길을 가기 위해서는 절대로 내가 하나님을 앞서 가서는 안 됩니다. 우리가 하나님을 앞서지 않는다고 하는 것은 하나님의 말씀을 앞서지 않는 것입니다. 우리는 아무리 내 생각에 옳은 것 같고 내가 하고 싶은 일이라 하더라도 하나님을 앞서서 미리 자기 멋대로 이런저런 약속을 해서는 안 됩니다. 예를 들어서 우리가 다른 사람의 종이라고 하면 종이 자기 멋대로 이런 저런 약속들을 해서는 안 됩니다. 그러는 것은 종으로서는 절대적으로 실격입니다. 종은 무엇을 하든지 주인에게 물어보아서 주인이 하라고 하는 것만 해야 하고, 누군가가 약속할 것을 요구해도 자기는 할 수 없다고 해야 합니다. 그런데 만일 종이 자기 멋대로 주인에게 물어보지 않고 많은 약속을 했다면 그것은 자기가 책임을 져야 할 일이고 주인은 절대로 그 종을 용서하지 않을 것입니다. 그래서 우리가 믿음의 바른길을 가기 위해서 첫 번째로 필요한 것은 내가 주인이 아니라는 것을 인식하는 것입니다. 나는 언제까지나 종이지 주인이 아닙니다. 종은 주인이 하라고 하는 것만 할 수 있을 뿐입니다. 그런데도 불구하고 만일 우리가 인정이 앞서고 인간적인 의리가 앞서서 다른 사람의 보증을 서게 되었다면 이것은 자기 입의 말로 걸려든 것입니다. 그렇게 되었을 때 절대로 가만히 있지 말고 상대방의 형편이 어려워지기 전에 가서 사정을 해서 담보를 해지하라고 말씀하고 있습니다.

> 3절 "내 아들아 네가 네 이웃의 손에 빠졌은즉 이같이 하라. 너는 곧 가서 겸손히 네 이웃에게 간구하여 스스로 구원하되 네 눈으로 잠들게 하지 말며 눈꺼풀로 감기게 하지 말고 노루가 사냥꾼의 손에서 벗어나는 것같이 새가 그물 치는 자의 손에서 벗어나는 것같이 스스로 구원하라."

오늘 말씀은 우리가 인간이기 때문에 하나님의 뜻을 잘 몰라서 다른 사람의 인생을 책임지겠다고 약속을 할 경우도 있다고 인정하고 있습니다. 그때 우리가 해야 할 일은 완전히 자존심을 버리고 상대방을 찾아가서 내가 잘 모르고 약속을 했노라고 하면서 간곡히 사정해서 그 담보에서 벗어나라고 말씀하고 있습니다. 아직 상대방은 망하기 전이기 때문에 담보 문제가 심각하지 않을 때입니다. 이때 망신을 실컷 당하더라도 이런 약속에서 벗어나는 것이 지혜라고 말씀하고 있습니다. 그러면서 이때 절대로 네 눈으로 잠들게 하지 말라고 말씀하고 있습니다. 네 눈꺼풀로 감기게 하지 말라고 말씀하고 있습니다. 절대로 그 날을 넘기지 말고 찾아가서 체면을 다 버리고 약속에서 벗어나라고 말씀하고 있습니다. 마치 노루가 사냥꾼의 올무에 더 챙챙 감기기 전에 사생결단을 해서 벗어나고, 새가 그물이 더 조여 오기 전에 발버둥을 쳐서 그물에서 벗어나듯이 벗어나라고 말씀하고 있습니다.

그런데 사실은 우리가 이런 부탁에서 벗어나려고 하면 처음부터 체면이나 자존심을 버리고 비겁해져야 하는 것입니다. 처음에 자기가 다른 사람의 담보를 책임지려면 자기가 대범한 사람인 것처럼 큰 소리를 쳐야 합니다. 그러나 사람이 한번 큰 소리를 치고 도장을 찍어준 결과는 너무나도 엄청난 것입니다. 그런데 결국 내 재산이 담보로 다 넘어가면 의리를 지키려고 한 사람과의 관계도 원수가 될 수밖에 없습니다. 그러니까 우리는 처음에 비겁하면 되는 것입니다. '죄송하지만 저는 당신의 빚을 담보 설 형편이 되지 못합니다' 라고 하면서 비겁하게 거절하면 되는 것입니다. 이것은 한번 비겁한 것으로 자기 미래를 지키는 것입니다. 우리가 비겁해야 하는 이유는 종이기 때문입니다. 결국 담보를 서지 말라는 것은 빚 문제만이 아닙니다. 우리에게 돈이 많이 있다 하더라도, 주님의 뜻이 분명하지 않으면 그 돈을 쓰지 말고 그냥 가지고 있어야 합니다. 여호수아가 가나안 땅을 정복하기 이전에 여호와의 사자는 여호수아에게 '네가 선 땅은 거룩한 땅이니 네 발에서 신을 벗으라' 고 하셨습니다. 이것은 여호수아가 가나안 땅을 정복하기 위해서는 절대로 여호수아가 주님을 앞서서는 안 된다는 것입니다. 그래서 여호수아는 하나님의 법궤를 앞세우고 가나안 땅으로 들어가서 기적적인 승리를 거두었습니다. 우리는 하나님의 말씀 듣는 것을 가장 먼저 앞세우고 어떤 일에 대해서 내 생각이나 희망 사항을 앞세우지 않는 것이 좋습니다.

2. 부지런해야 하고, 반항적이면 안 된다

우리가 이미 믿음의 길로 들어섰다면 우리에게 필요한 것은 이 길을 꾸준히 가는 것입니다. 사람이 성공하기 위해서 필요한 것은 자기가 가장 잘 할 수 있는 길을 찾는 것이고, 그 다음에는 누가 뭐라고 하든지 간에 그 길을 꾸준히 가는 것입니다. 그러나 사람들은 대개 자기가 잘 할 수 있는 것을 찾지 못합니다. 그리고 설사 그 길을 찾았다 하더라도 그 길을 끝까지 가기가 어렵습니다. 사람들은 그것에 만족하지 못하고 자꾸 딴 짓을 하고 싶어 하기 때문입니다. 하나님의 백성들이 이 세상에서 가장 잘 할 수 있는 것이 무엇일까요? 그것은 바로 하나님의 말씀을 듣는 것입니다. 대개 예수 믿는 사람들은 별다른 재주가 없을 때가 많습니다. 그러나 우리에게는 어느 누구도 흉내 낼 수 없는 탁월한 재주가 하나 있는데, 그것은 바로 하나님의 말씀을 듣는 재주입니다. 만약 우리가 하나님의 말씀의 맛을 보았다면 이미 축복의 길을 가고 있는 것입니다. 하나님께서는 이 말씀을 통해서 우리에게 온갖 복을 다 주실 것입니다. 그러나 우리가 이 길에서 유혹에 빠질 수 있습니다. 첫째로 게으른 것입니다. 우리가 믿음의 길에 들어섰으면 부지런히 하나님의 말씀을 캐내어서 내 영혼을 부요하게 만들어야 하는데, 믿음의 길에 들어오기는 해놓고 더 이상 나가지 않는 것입니다. 그것을 두고 성경은 개미에게 가서 배우라고 말씀하고 있습니다.

6절 "게으른 자여 개미에게로 가서 그 하는 것을 보고 지혜를 얻으라."

최근 우리나라에서 개미가 아주 유명해지게 되었습니다. 프랑스 작가 베르나르가 쓴 『개미』라는 소설이 유명해졌기 때문입니다. 그러나 그 소설은 성경이 말하는 교훈과는 아무 상관이 없습니다.

7-8절 "개미는 두령도 없고 간역자도 없고 주권자도 없으되 먹을 것을 여름 동안에 예비하며 추수 때 양식을 모으느니라."

개미는 양식이 없는 겨울에 대비하여 평소에 부지런히 일을 해서 양식을 모읍니다. 어떤 때는 자기 몸보다 훨씬 더 큰 벌레를 옮기기도 하고 어떤 때는 두 마리가 협력을 해서 먹이를 옮기기도 합니다. 하나님께서 우리에게 말씀을 주신 것은 이 안에 들어 있는 내용을 부지런히 캐내어서 내 양식으로 만들고 내 믿음으로 만들라는 뜻이지 가만히 가지고 있으라는 것이 아닙니다. 우리가 해야 할 것은 부지런히 하나님의 말씀으로 내 속사람을 채우는 것입니다. 우리가 우리 속사람을 하나님의 말씀으로 채우면 채울수록 우리는 더 하나님과 일치하게 되고 결국 나중에는 하나님의 능력을 자유자재로 사용할 수 있게 됩니다.

그런데 많은 경우는 하나님의 말씀을 앞에 두고 그 속을 깊이 파고 들어가지 않습니다. 우리가 하나님의 말씀을 아무리 배워도 남이 알아주지 않고 이것이 현실적인 능력으로 나타나지 않기 때문입니다. 그래서 우리에게 아무리 풍성한 하나님의 말씀이 있다 하더라도 그것을 부지런히 먹어서 자신의 것으로 만들지 않으면 영적으로 궁핍해질 수밖에 없습니다. 그래서 일단 하나님의 백성들은 부지런해야 합니다. 왜냐하면 세상 사람들은 세상일만 하면 되지만 하나님의 백성들은 하나님의 말씀도 듣고 세상일도 해야 하기 때문에 배나 부지런해야 세상을 따라갈 수 있습니다. 그래서 하나님의 백성들이 게으른 것은 아무것도 하지 않으면서 기적을 기대하는 것과 같습니다. 그래서 하나님의 백성들에게 있어서 게으른 것은 죄를 짓는 것입니다.

9-11절 "게으른 자여 네가 어느 때까지 눕겠느냐. 네가 어느 때에 잠이 깨어 일어나겠느냐. 좀 더 자자 좀 더 졸자 손을 모으고 좀 더 눕자 하면 네 빈궁이 강도같이 오며 네 곤핍이 군사같이 이르리라."

게으른 자들의 사고방식은 누군가가 자기를 대신해서 일을 해주기를 바라는 것입니다. 이런 게으른 자들은 정신적으로 병든 것입니다. 사실 사람의 정신이 제대로 되어 있고 살 의욕이 있으면 오래 잠만 잘 수 없습니다. 대개 사람들이 자포자기하니까 잠만 오는 것입니다. 이런 것은 정신적인 패배주의입니다. 결국 이들은 궁핍하게 되어 있습니다. 왜냐하면 사람이 버는 것보다 쓰는 것이 많고 빚으로 생활하면 결국은 망하게 되어 있기 때문입니다. 하나님의 백성들은 절대로 공짜를 기대해서는 안 됩니다. 그리고 인생을 다른 사람들의 수고 위에 쉽게 잘살려고 생각해서는 안 됩니다. 왜냐하면 이것은 결국 다 망하는 길이기 때문입니다. 그리고 하나님의 백성들은 반항적이고 불량한 길을 버려야 합니다.

12절 "불량하고 악한 자는 그 행동에 궤휼한 입을 벌리며"

우리가 생각하기에 하나님의 백성들 중에는 불량한 자가 한 명도 없을 것 같습니다. 하나님께서 이스라엘 백성들을 이렇게 사랑하시고 인도하시는데 반항할 이유가 없을 것 같습니다. 그러나 실제로 하나님의 말씀을 그렇게 들으면서도 반항하고 불량한 사람들이 많이 있습니다. 결국 이스라엘이 망한 것은 바로 이것 때문이었습니다. 모든 인간들의 마음속에는 하나님에 대하여 반항하는 마음이 있습니다. 하나님의 백성들도 하나님의 말씀을 들으면서 반항을 많이 합니다. 하나님의 말씀이 내가 하고 싶은 것을 하지 못하게 하기 때문입니다. 내 생각에는 이것이 더 좋을 것 같은데 하나님의 말씀은 그렇게 하지 말라고 하면 마음속에 반항심이 생기는 것입니다. 이것은 결국 하나님의 말씀을 많이 듣는다고 해서 다 자기의 것이 되는 것이 아니고 자기 자신이 그 가치를 알아야 하는 것입니다. 우리가 하나님의 말씀을 찾지 못해서 세상을 방황하다가 죽을 고비에서 하나님의 말씀을 듣고 내가 살게 되었을 때, 이때는 이 세상 어떤 것과도 바꿀 수 없는 생명의 말씀이 됩니다.

사실 이스라엘 역사는 하나님의 말씀과 그것에 반항하는 이스라엘 백성들 사이의 갈등의 역사였다고 말할 수 있습니다. 하나님께서는 이스라엘 백성들에게 '이 말씀이 옳다 이 말씀만 믿고 따르라' 고 하시면, 이스라엘 백성들은 하나님에게 '왜 한 가지 말씀만 우리에게 강요하느냐 우리는 우리 생각대로 하겠다' 고 하면서 반발했습니다. 이스라엘 백성들은 광야생활 사십 년 내내 하나님의 말씀에 반발을 했습니다. 그것은 우리 생각이 하나님의 생각보다 더 똑똑하다는 것입니다. 그런데 이스라엘 백성들의 그 웅성거리는 소리가 광야에서 사십 년을 지나면서 잠잠해지게 되었습니다. 왜냐하면 이스라엘 백성들이 하나님의 말씀을 붙들지 않았을 때 한 걸음도 앞으로 나갈 수 없었기 때문입니다. 우리가 일단 반항하는 사람들을 보면 똑똑한 것 같고 멋있어 보입니다. 그러나 하나님은 그런 것을 좋아하지 않으십니다. 그래서 하나님의 말씀에 대하여 반항하면 고생은 고생대로 하고 결국 버림을 받게 됩니다.

13-15절 "눈짓을 하며 발로 뜻을 보이며 손가락질로 알게 하며 그 마음에 패역을 품으며 항상 악을 꾀하여 다툼을 일으키는 자라. 그러므로 그 재앙이 갑자기 임한즉 도움을 얻지 못하고 당장에 패망하리라."

불량한 자가 눈짓을 하며 발로 뜻을 보인다고 하는 것은 하나님의 말씀을 듣기는 하지만 절대로 마음으로 받아들이지 않는다는 뜻입니다. 그러나 지금 당장은 힘이 없으니까 겉으로는 복종하는 체를 하는 것입니다. 그러나 자기들끼리는 내통하고 있습니다. 우리는 '하나님의 말씀만 믿을 정도로 바보가 아니라' 는 것입니다. 그리고 하나님의 말씀만 죽어라고 믿고 따르는 자들을 마음속으로 판단을 합니다. 그리고 사소한 일이 있으면 자꾸 다툼을 일으킵니다. 결국 생각하는 것이 다르기 때문입니다. 하나님께서는 이것을 굉장히 싫어하십니다. 왜냐하면 우리가 하나님의 말씀을 듣는다면 거기에 따르는 책임이 있기 때문입니다. 하나님의 말씀을 듣는 자들은 듣지 못하는 자들에 비해서 더 하나님을 믿어야 하는 것입니다. 그러나 하나님의 말씀을 들으면서도 은혜 받지 못하면 듣지 않는 자들보다 마음이 더 악해지게 됩니다. 그러다가 어느 한순간에 재앙이 덮칠 때 도저히 도움을 받지 못합니다. 그 이유는 그가 마음속으로 하나님의 말씀을 멸시하여 믿음이 생기지 않았기 때문입니다. 위기 때 믿음이 있어야 하나님의 도우심을 받을 수 있는데 계속 인간적인 머리만 굴리고 하나님을 판단했기 때문에 하나님이 그런 사람을 버리시는 것입니다. 그래서 언젠가는 불량한 자는 선량한 자들로부터 구별되게 됩니다.

3. 하나님이 싫어하시는 것

우리가 믿음의 길을 지속적으로 걸어가려면 하나님이 싫어하시는 것을 피해야 합니다. 우리가 하나님의 사랑을 받으려고 하면 하나님의 말씀으로 우리 마음이 변해야 합니다.

> 16-18절 "여호와의 미워하시는 것 곧 그 마음에 싫어하시는 것이 육칠 가지이니 곧 교만한 눈과 거짓된 혀와 무죄한 자의 피를 흘리는 손과 악한 계교를 꾀하는 마음과 빨리 악으로 달려가는 발과"

사실 사람에게 가장 어려운 것은 자기 몸을 통제하는 것입니다. 여기에 보면 하나님이 미워하시는 것이 육칠 가지가 된다고 했습니다. 이것은 하나님이 미워하시는 것이 여섯 가지냐 일곱 가지냐 하는 것이 중요한 것이 아니라, 하나님이 이런 것들을 아주 싫어하신다는 뜻입니다. 그 중에 보면 교만한 눈이 있습니다. 보통 사람들이 교만하다고 할 때 말로 자신을 뻐기는 때가 많습니다. 그런데 교만한 눈은 말은 하지 않지만 눈으로 판단을 하는 것입니다. 사람을 볼 때 그 사람을 있는 그대로 보는 것이 아니라 이미 자기 생각을 가지고 판단을 해서 보는 것입니다. 교만한 사람은 언제나 다른 사람을 볼 때 그런 식으로 봅니다.

거짓된 혀도 마찬가지입니다. 이런 사람은 말은 많이 하는데 언제나 남을 좋지 않게 이야기를 하고 생각지도 못했던 일을 들추어내서 공격을 합니다. 이런 사람은 절대로 다른 사람의 좋은 점은 보지 않습니다. 거의 천재적으로 다른 사람의 약점이나 잘못한 것을 캐내어서 공격을 하는 것입니다. 여기에 보면 '무죄한 자의 피를 흘리는 손'이라고 했습니다. 결국 이런 사람은 다른 사람이 자기 말에 맞아서 피를 흘리면서 쓰러지는 데서 정신적인 쾌감을 느끼는 것입니다. 그리고 자기 자신은 너무나도 빨리 죄짓는 데로 달려갑니다. 그러나 사실 모든 사람은 죄를 짓는데 길들여져 있기 때문에 다른 사람을 욕할 필요 없이 모두 다 이렇다고 보아야 합니다. 그런데 우리가 이런 나쁜 성향에서 벗어나려면 자기 자신을 그대로 두어서는 안 되고 내면을 완전히 바꾸는 수술을 받아야 합니다. 그것은 자기 안에는 선한 것이 조금도 없다는 것을 인정하고 하나님의 말씀 앞에 굴복하는 것입니다. 우리가 자기 속사람을 하나님의 말씀으로 완전히 바꾸지 않으면 우리는 아무리 하나님의 말씀을 들어도 결국 다른 사람을 판단하며 정죄하며 피를 흘리게 하고야 말 것입니다. 그래서 하나님이 기뻐하시는 사람이 되려고 하면 자기 안을 바꾸어야 합니다.

19절 "거짓을 말하는 망령된 증인과 및 형제 사이를 이간하는 자니라."

여기서 거짓된 증인이라는 것은 진실을 말하지 않고 자기가 생각한 것을 가지고 소설을 만들어내는 것입니다. 사람이 다른 사람의 잘못에 대하여 소설을 만들어내면 얼마나 재미가 있는지 모릅니다. 그러나 그것은 거짓되고 망령된 증인인 것입니다. 우리는 결코 다른 사람의 불행에 재미를 느껴서는 안 됩니다. 그리고 왜 이런 사람이 형제 사이를 이간질시킵니까? 하나님의 말씀으로 따라가지 못하게 하기 위해서입니다. 모든 사람들의 마음이 하나님의 말씀으로 하나가 되면 부흥이 일어나게 되는데 그것이 싫으니까 엉뚱한 소리를 자꾸 해서 하나님의 말씀도 별 것이 아니라는 인상을 주려고 하는 것입니다. 결국 이런 사람들은 자기 소리를 내고 싶은 것입니다.

사실 예수님이 자기 제자인 가룟 유다의 배반으로 붙들린 것은 복음에 너무나도 큰 훼방거리였습니다. 사탄의 주장은 사람들에게 예수가 자기 제자조차도 변화시키지 못하고 자기 제자도 믿지 않는 진리를 누가 믿겠느냐는 것입니다. 더욱이 사도 바울이 이방인에게 복음을 전할 때 유대인들이 그렇게 반대했습니다. 이때 사탄은 '그것 봐라 유대인들이 인정하지 않는 기독교가 무슨 바른 진리이겠느냐' 는 식으로 훼방을 했습니다. 그러나 놀라운 것은 사탄이 아무리 훼방을 해도 믿을 사람들은 다 믿은 것입니다. 결국 사탄만 쓸데없는 짓을 실컷 하고 만 것입니다. 그래서 이미 우리에게 주어진 믿음의 길을 끝까지 걸어가려면 우리가 단순히 이 말씀을 장식용으로 들어서는 안 되고 정말 이 말씀을 사랑해야 합니다.

> 20-21절 "내 아들아 네 아비의 명령을 지키며 네 어미의 법을 떠나지 말고 그것을 항상 네 마음에 새기며 네 목에 매라."

우리가 이미 믿음의 길을 찾아서 걸어가고 있다는 것은 엄청난 복입니다. 그럼에도 불구하고 우리를 이 바른 믿음에서 멀어지게 하는 유혹과 함정들이 많이 있습니다. 그 중에서 가장 무서운 함정이 우리 자신의 교만과 정욕입니다. 이것은 마치 우리 주위에 마실 물이 많이 있는데도 불구하고 굳이 바닷물을 마심으로 목말라 죽는 것과 같습니다. 그래서 우리는 하나님의 말쓸을 멀리 계신 하나님이 하신 말씀으로 생각하지 말고 아버지가 하신 말씀과 어머니가 하신 말씀으로 언제나 기억하라고 말씀하십니다. '이것을 네 목에 매라'고 했는데 여성들은 외출을 하거나 중요한 파티에 갈 때 아름다운 목걸이를 늘 목에 걸 것입니다. 특히 부모님이 물려주신 목걸이라면 더 소중하게 생각해서 목에 걸 것입니다. 우리가 이 세상에서 바른 믿음의 길을 가려고 하면 이미 얻은 이 말씀의 가치를 알아야 합니다. 아무리 믿음의 가정에서 태어났고 몇 대째 믿었다 하더라도 하나님의 말씀의 가치를 모르면 불량배가 될 수밖에 없습니다. 결국은 늘 마음속으로 하나님의 말씀을 빈정거리고 말씀에 반항하다가 결국 은혜는 은혜대로 받지 못하고 내면적으로는 또 늘 채워지지 않아서 답답해하다가 나중에는 이것도 아니고 저것도 아닌 상태에서 양쪽으로부터 모두 버림을 받게 됩니다.

22절 "그것이 너의 다닐 때에 너를 인도하며 너의 잘 때에 너를 보호하며 너의 깰 때에 너로 더불어 말하리니"

하나님의 말씀은 우리가 길을 행할 때 길을 인도해줍니다. 왜냐하면 우리를 위한 축복이 예비되어 있기 때문입니다. 하나님께서는 우리를 더 풍성하고 놀라운 길로 인도하십니다. 우리 생각에는 길이 없을 것 같은데 길이 있습니다. 우리는 헤매는 것 같은데 알고 보면 가장 빠른 길로 오게 됩니다. 우리가 잠을 잘 때에는 스스로 자신을 지킬 수가 없습니다. 우리는 완전히 무방비 상태가 되기 때문에 누가 와서 칼로 찌르거나 혹은 물건을 훔쳐가도 모릅니다. 그러나 하나님은 우리를 밤에 지켜주셔서 공격받지 않게 하십니다. 또 우리가 낮에 사람들로부터 말로 공격을 당하게 되면 밤이 너무나도 고통스럽습니다. 그러나 하나님은 우리의 아픈 상처를 어루만져 주셔서 아프지 않게 하시고 또 자면서 다 치료되게 하십니다. 그래서 우리는 잠만 자면 아픈 것은 다 낫게 되어 있습니다. 그리고 아침에 잠에서 깨면 우리는 너무나도 상쾌하게 다시 시작할 수 있습니다. 하나님이 우리에게 새 마음과 기분을 주시기 때문입니다.

23절 "대저 명령은 등불이요 법은 빛이요 훈계의 책망은 곧 생명의 길이라."

하나님의 명령은 등불이라고 하는 이유는 세상이 캄캄한 것을 전제로 하기 때문입니다. 사람들은 세상이 캄캄한 줄 모르고 날뛰는데 결국 절벽에서 떨어지고 바위 위에서 떨어져 중상을 입게 됩니다. 그러나 하나님의 명령은 간단명료합니다. 죄 짓지 말라는 것입니다. 교만하지 말라는 것입니다. 하나님의 말씀에 복종하라는 것입니다. 그러면 그 말씀이 빛이 되어 길을 비추게 됩니다. 하나님의 말씀으로 훈계하고 야단치는 것은 우리를 살리는 생명의 길입니다. 우리는 하나님의 말씀이 명령하고 야단을 친다고 해서 귀를 막으면 안 됩니다.

그런데 우리가 믿음의 길을 가는데 가장 무서운 것은 역시 육체적인 정욕에 빠지는 것입니다. 특히 사람이 성적으로 죄를 짓는 이유는 가장 짧은 시간 안에 가장 최고의 행복을 느낀다고 생각하기 때문입니다. 그래서 사람들이 돈을 많이 벌거나 인생에 성공했을 때 가장 빠지기 쉬운 죄가 육체적인 정욕에 빠지는 것입니다. 그러나 사람이 일단 잘못된 사랑에 빠지게 되면 그때부터는 모든 존경과 지위와 축복을 박탈당하게 됩니다. 잘못된 사랑에 빠지는 것은 마치 물고기가 낚싯바늘을 무는 것과 같습니다. 물고기들도 낚싯줄에 걸리기 전까지는 그것이 어떤 것인지 잘 모릅니다. 오히려 줄에 매달려 있는 지렁이가 너무 맛있을 것 같고 그것을 먹어야 자기가 행복할 것 같습니다. 그러나 물고기가 일단 미끼를 무는 순간 모든 자유와 행복은 끝나게 됩니다. 바늘에 걸려든 물고기가 아무리 낚싯줄에서 벗어나려고 몸부림을 쳐도 한번 걸러들면 빠져 나올 수가 없고 결국은 낚시꾼의 작살에 찔려서 죽게 됩니다. 마찬가지로 잘못된 사랑에 한 번 걸러들기 전에는 이것이 얼마나 무섭고 비참한 결과를 가져올지 사람들은 모릅니다. 그런데 하나님의 말씀은 우리에게 미리 그 결과를 보게 하셔서 피하게 합니다.

24-25절 "이것이 너를 지켜서 악한 계집에게서, 이방 계집의 혀로 호리는 말에 빠지지 않게 하리라. 네 마음에 그 아름다운 색을 탐하지 말며 그 눈꺼풀에 홀리지 말라."

사람이 잘못된 사랑에 빠지는 이유는 비록 잘못된 사랑이라 할지라도 감정적으로 사랑을 느끼기 때문입니다. 그런데 사람은 이런 감정적인 흥분을 진실한 것으로 착각을 합니다. 특히 상대방이 관심을 가져주고 잘 해주는 것이 진정한 사랑이라고 믿으려고 합니다. 그러나 그것은 어리석은 짓입니다. 그런데 세상의 문학이나 세상의 모든 음악에서는 바람직한 것은 아니지만, 그런 사랑을 그래도 아름다운 것이라고 이야기를 합니다. 괴테가 쓴 '젊은 베르테르의 슬픔' 같은 경우에는 베르테르가 아예 내놓고 친구의 부인을 사랑합니다. 이 세상의 많은 문학 작품들은 다른 사람의 부인을 사랑해서 탐내는 것으로 되어 있습니다. 세상 작품들은 대개 이런 것이 물론 바람직한 것은 아니라고 하면서도 나름대로 아름답고 가치 있는 것으로 묘사를 합니다. 그러나 성경은 이것은 둘 다 스스로 속이는 것이며 파멸시키는 것으로 적나라하게 보여주고 있습니다. 누구나 여성이 아름답고 남성도 멋이 있어 좋게 보일지라도 자기 것으로 만들려고 해서는 안 되는 것입니다. 아무리 다른 사람이 아름다워도 내 것은 아닌 것입니다. 내 것이 아닌데 내 것처럼 만들려고 하면 무시무시한 파멸이 오게 됩니다.

26절 "음녀로 인하여 사람이 한 조각 떡만 남게 됨이며 음란한 계집은 귀중한 생명을 사냥함이니라."

여기서 음녀라는 것은 하나님을 모르는 이방인들을 말합니다. 하나님을 모르는 자들은 성에 대한 인식이 하나님의 백성들과는 하늘과 땅 차이만큼 다릅니다. 이런 사람들은 다른 이성을 사랑해서는 안 되는 줄 알지만 그래도 자기 감정을 더 믿고 따르는 자들입니다. 하나님의 백성들이 이런 여자를 사랑하게 되면 모든 재산을 다 잃고 떡만 하나 남게 됩니다. 이런 세상적인 사람을 사랑하게 되면 재산을 다 잃고 거지가 되는 것입니다. 더 무서운 것은 결국 자기 영혼을 사냥 당하게 됩니다. 그래서 사람이 성적으로 죄를 지었다는 것이 드러나는 순간 모든 지위나 존경이나 신뢰는 한순간에 다 날아가 버리게 됩니다. 이 세상에서 가장 무서운 것이 나약한 여성을 자기 마음대로 할 수 있을 것 같은 착각입니다. 이것이 바로 낚싯바늘인 것입니다. 사람이 결혼 생활에만 성공을 해도 인생에 성공한 것입니다. 그만큼 부부의 사랑은 아름답고 복된 것입니다.

27-28절 "사람이 불을 품에 품고야 어찌 그 옷이 타지 아니하겠으며 사람이 숯불을 밟고야 어찌 그 발이 데지 아니하겠느냐."

하나님의 백성들은 불을 가슴에 품어야 합니다. 그러나 그 불은 성령의 불이어야 하고 믿음의 불이어야 합니다. 그런데 만일 하나님의 백성들이 잘못된 사랑에 빠져서 죄를 지었을 때 결국 그의 가슴은 타게 되고 옷도 타게 됩니다. 그것은 잘못된 사랑은 아무리 감추려고 해도 결국 옷이 타서 드러나게 되는 것입니다. 남자는 아무리 입을 다물고 있어도 결국 여자가 가만히 있지 않습니다. 왜냐하면 나와 관계했으면 부인 대접을 해달라고 요구를 하게 되기 때문입니다. 사람이 잘못된 사랑을 하면서도 발로 숯불을 밟고 모르는 체한다고 합시다. 결국은 발이 타서 드러나게 되어 있습니다. 결국 죄라고 하는 것은 한 번으로 끝나는 것이 아니라 한 번 저지르면 자꾸자꾸 저지르게 되어 있기 때문에 언젠가는 발이 타서 드러나게 되는 것입니다.

29절 "남의 아내와 통간하는 자도 이와 같을 것이라. 무릇 그를 만지기만 하는 자도 죄 없게 되지 아니하리라."

자기 아내가 아닌 다른 사람을 볼 때 타고 있는 숯불로 보아야 합니다. 절대로 품에 안아서도 안 되고 손으로 만져서도 안 됩니다. 가끔 다른 사람 어깨에 손을 얹는 사람이 있는데 만지기만 해도 죄 없게 되지 아니하리라고 했습니다. 여기에 보면 다른 여자와 통간할 때 얼마나 심하게 수치를 당하게 되는지 도둑과 비교해서 보여주고 있습니다.

30-35절 "도적이 만일 주릴 때에 배를 채우려고 도적질하면 사람이 그를 멸시치는 아니하려니와 들키면 칠 배를 갚아야 하리니 심지어 자기 집에 있는 것을 다 내어주게 되리라. 부녀와 간음하는 자는 무지한 자라. 이것을 행하는 자는 자기 영혼을 망하게 하며 상함과 능욕을 받고 부끄러움을 씻을 수 없게 되나니 그 남편이 투기함으로 분노하여 원수를 갚는 날에 용서하지 아니하고 아무 벌금도 돌아보지 아니하며 많은 선물을 줄지라도 듣지 아니하리라."

음행을 했다가 들통이 난 사람은 동정을 받지 못합니다. 사람이 먹을 것이 없어서 도적질을 하면 다른 사람의 동정이라도 받지만 음행은 저지르지 않는다고 죽는 것이 아니기 때문에 동정의 대상이 아닙니다. 그래서 음행을 하다가 들킨 사람은 온갖 수치와 욕을 다 당하게 되는데 도둑질하다가 붙들린 사람은 도둑질한 것의 칠 배만 갚으면 되는데 음행하다가 들통 난 사람은 어떤 선물이나 배상금으로도 안 되고 결국 자기 인생 전체를 망치고 마는 것입니다.

오늘 말씀은 하나님의 백성들은 이미 축복의 길이 주어져 있고 그 길을 가고 있는 사람들이라고 말씀하십니다. 그러나 우리가 이 길의 가치를 알지 못하고 스스로 교만할 때 얼마든지 비참하고 수치스러운 삶으로 타락할 수 있음을 보여주고 있습니다. 그래서 우리는 하나님의 은혜 앞에 겸손해야 하며 절대로 자기 머리나 감정을 믿지 말고 하나님의 말씀 안에 있는 축복을 캐내어서 믿음에 부요한 자들이 다 되시기 바랍니다.

09 · 음녀의 길
잠 7:1-27

　우리나라는 피겨스케이팅으로 올림픽에서 금메달을 딴 김연아 선수 때문에 피겨스케이팅에 대하여 많은 것을 알게 되었습니다. 피겨스케이팅을 할 때에는 어떤 자세로 몇 번을 돌아야 하며 어느 동작 다음에는 어느 동작이 나와야 한다는 것을 알게 되었습니다. 그리고 피겨스케이팅에서 가장 점수가 높은 것이 공중돌기인데 그것은 매우 어려운 난이도라서 연습을 많이 한 훌륭한 선수들도 막상 시합에서 공중돌기를 하다가 조금이라도 자세가 맞지 않으면 넘어져서 엉덩방아를 찧는 것을 볼 수 있습니다. 그런데 피겨스케이팅 경기란 모든 사람들이 다 보는 앞에서 하는 것이기 때문에 자기 딴에는 아무리 잘한다 하더라도 조금이라도 비틀거리거나 자세가 흐트러져도 모든 사람들이 그것을 다 알 수 있습니다. 우리 인생은 마치 이 세상에 태어나서 어떤 길을 걸어가는 것과 같습니다. 우리는 태어난 그 자리에 있을 수만은 없습니다. 우리는 자기가 원하든지 원하지 않든지 어떤 길을 걸어가야만 합니다. 물론 우리가 걸어가는 길은 모두 다 다를 것입니다. 어떤 사람은 교사의 길을 걷는 사람도 있을 것이고, 어떤 사람은 고위 공직자나 사업가의 길을 걷는 사람도 있을 것입니다. 그런데 인간이 어느 길을 걷든지 간에 큰 소리를 내면서 넘어져서 지금까지 살아온 자기 인생을 모두 다 박살내 버리는 큰 실패가 있습니다. 그것은 바로 남녀 간의 관계에서 실패하는 것입니다.

물론 우리가 이 세상을 살아가면서 실패할 수 있는 함정은 남녀관계 하나만 있는 것은 아닙니다. 우리는 이 세상을 살아가면서 여러 가지 함정을 만나서 인생의 길에서 곤두박질칠 수 있습니다. 그 중에서는 자기 자신이 지나치게 세상적인 야망으로 달려가다가 무리를 해서 실패하는 인생도 있을 것입니다. 어떤 사람은 어리석어서 다른 사람에게 속는 바람에 인생에 실패하는 사람도 있을 것입니다. 또 인생에 성공하지 못하는 이유 중에는 직업적인 무능도 있을 것입니다. 그러나 모든 사람 즉 직업과 연령과 남녀를 구별하지 않고 모든 사람이 넘어질 수 있는 가장 무서운 함정은 남녀 간의 사랑에서 실패하는 것입니다.

얼마 전에 신문을 보니까 한때 거짓 학위로 우리 사회 전체를 떠들썩하게 했다가 감옥에 갔던 한 여성의 인터뷰 기사가 실려 있었습니다. 이 여성은 외국의 가짜 박사 학위를 가지고 교수도 되고 무슨 큰 행사도 맡고 또 고위직에 있는 공무원과도 사랑을 나누었습니다. 그런데 이것이 세상에 폭로되었을 때 그의 인생은 너무 비참할 정도로 찢겼고 난도질되었으며 세상에서 욕이란 욕은 다 얻어먹고 실패한 인생이 되고 말았습니다. 그 여성은 죽고 싶을 정도로 부끄러웠다고 고백했습니다. 자기는 원래 가치관 자체가 잘못되어 있었다는 말도 했습니다. 그는 감옥에서 담요 두 장으로 겨울을 보내면서 너무 추워서 밤새 이빨을 딱딱 거리면서 밤새 한 숨도 잘 수 없었다고 했습니다. 아마 이 여자의 인터뷰 기사를 본 대다수 사람들은 세상을 우습게 알고 함부로 남을 속이거나 불장난하는 사랑은 하지 않을 것입니다.

오늘 본문 말씀은 인간이라면 어느 인생길을 가든지 빠질 수 있는 유혹에 대하여 말을 하고 있습니다. 사람이 성적인 유혹에 빠져서 인생을 망치는 것은 어른이나 젊은이나 할 것 없이 누구에게나 해당되는 것이며 목회자나 교수나 정치인이나 사업가나 의사나 할 것 없이 누구든지 빠질 수 있는 함정인 것입니다. 특히 최근 우리 사회에서는 목회자나 정치인이나 교수 가운데 성공의 길을 가던 사람이 이런 성적인 유혹에 넘어져서 인생과 가정을 망치는 사례가 많이 나오고 있습니다. 오늘 말씀은 그런 유혹에 대한 완벽한 교훈을 주고 있습니다. 오늘 말씀은 우선 믿음의 자녀들에게 하나님의 말씀을 아주 친밀히 하라고 교훈을 하고 있습니다. 오직 하나님의 말씀만이 우리를 이 무서운 함정에 빠지지 않도록 지킬 수 있기 때문입니다. 그리고 두 번째는 사람이 어떤 과정에 의해서 이런 유혹에 끌려가는지 객관적으로 관찰을 하듯이 설명을 하고 있습니다. 그리고 세 번째는 결국 이런 식으로 성적인 유혹에 넘어가서 탈선을 했을 때 그 사람에게 기다리고 있는 결과가 무엇인지 보여주고 있습니다. 이런 의미에서 오늘 본문 말씀은 모든 사람이 넘어질 수 있는 함정에 대한 완벽한 설명이라고 할 수 있습니다.

1. 하나님의 말씀의 역할

오늘 말씀은 하나님의 자녀들에게 먼저 다른 설명은 하지 않고 그들이 하나님의 말씀을 가까이 해야 한다고 교훈하고 있습니다.

> 1-2절 "내 아들아 내 말을 지키며 내 명령을 네게 간직하라. 내 명령을 지켜서 살며 내 법을 네 눈동자처럼 지키라."

먼저 오늘 말씀은 '내 아들아' 라는 말씀으로 시작하고 있습니다. 즉 이 말씀은 믿음의 자녀들에게 주는 교훈인 것입니다. 우리는 여기서 몇 가지 중요한 사실을 발견하게 됩니다.

첫째는 하나님의 자녀들에게는 인생에 가장 무서운 함정을 피할 수 있는 지혜가 있다는 사실입니다. 실제로 세상에 있는 거의 모든 사람들이 성적인 죄에 대해 거의 무방비 상태에 있다고 보아야 할 것입니다. 세상 사람들에게 가장 무서운 사실은 성적인 죄가 죄라는 사실조차 모르고 있다는 것입니다. 이것은 마치 어떤 농민들이 소나 가축에게 가장 무서운 전염병이 병인지조차 모르고 있는 것과 같습니다. 세상 사람들은 성적인 죄가 죄 중에서 가장 가까우면서도 무서운 죄인지 모르는 채 살아가고 있습니다. 그러나 거기에 반해서 하나님의 자녀들은 그것이 죄라는 사실은 분명히 알고 있습니다. 단지 우리가 인간이기 때문에 유혹을 느끼는 것은 어쩔 수 없이 겪어야 하는 것입니다. 그러나 이것이 무서운 죄라는 것을 아는 것과 그것조차 모르는 것 사이에는 엄청난 차이가 있습니다.

두 번째는 이 교훈이 비교적 젊은 사람들을 상대로 주어지고 있다는 사실입니다. 그러나 우리가 조심해야 할 것은 이런 성적인 죄는 연령의 차이가 없다는 사실입니다. 남녀 간의 사랑은 나이나 연령이나 직업을 초월해서 누구든지 빠질 수 있는 죄입니다. 그럼에도 불구하고 젊은이들을 중심으로 해서 이 교훈을 주는 이유는 젊었을 때에는 남자나 여자의 육체가 가장 아름답고 탄력적이며 감정도 가장 강렬하기 때문입니다. 젊었을 때에는 남녀 간의 사랑의 감정이 가장 순수하며 덜 타락한 것이기 때문에 바른길로 인도하기만 하면 얼마든지 아름다운 인생을 살아갈 수 있습니다.

그러나 성경에서 '내 아들아' 라고 말씀할 때에는 또 다른 의미로도 생각해 볼 수 있습니다. 그것은 누구든지 성적인 유혹에 잘 빠지는 사람은 정신적으로 어린 사람인 것입니다. 누구든지 정신적으로 성숙한 사람은 자신의 감정이 어떤 한 가지에 집착하지 않도록 균형을 잡을 수 있는 능력이 있습니다. 그러나 정신적으로 어린 사람일수록 오직 한 가지에 몰두하고 집착하게 되는데 이런 사람들이 더 성적인 유혹에 빠지기 쉽기 때문입니다. 그래서 어느 직업에 종사하든지 간에 대개 정신적으로 좀 어리고 집착하기 잘 하는 사람이 이런 잘못된 사랑에 빠질 가능성이 더 높다고 보아야 할 것입니다. 그러면 대체 크리스천들은 정신적으로 성숙해 있을까요? 아니면 미숙한 상태에 있을까요? 물론 우리 크리스천들도 많은 환난을 겪고 고난을 통과한 후에는 얼마든지 자기 자신을 통제할 수 있는 성숙한 신앙을 가질 수 있습니다. 그럼에도 불구하고 크리스천들은 세상 사람들보다 정서적으로 어린아이 같은 경향일 때가 많습니다. 그래서 자칫 잘못하면 크리스천들이 잘 믿다가도 자기도 모르게 어떤 사람에게 집착을 하다가 이런 죄에 빠질 수도 있습니다.

그런데 오늘 말씀을 보면 아들들에게 '내 말을 지키며 내 명령을 네게 간직하라' 고 말씀하고 있습니다. 이것은 마치 어느 집에서 자녀들이 그 집 대대로 내려오는 가보를 잘 보관하는 것과 같습니다. 이것은 다른 집에는 없는 보물이며 오직 이 집에만 있는 것입니다. 그런데 오늘 말씀을 보면 보관만 하라고 하는 것이 아니라 '지키라' 고 말씀하고 있습니다. 이것은 단순히 이 보물을 보관하는 상태를 벗어나서 그 말씀대로 살기 위해서 노력하는 것을 말하는 것입니다.

2절에 보면 '내 명령을 지켜서 살며 내 법을 네 눈동자처럼 지키라' 고 말씀하고 있습니다. 여기서 이 말씀을 가르치는 선생의 의도가 드러나고 있습니다. 선생은 자녀들이 오직 이 말씀에서 벗어나지 않고 그 말씀대로만 걸어가기를 바라는 것입니다. 그것이 바로 '내 명령을 지켜서 살며' 입니다. 즉 하나님의 자녀들은 이 세상을 살아갈 때에 다른 길을 걸어가는 것이 아니라 하나님의 말씀의 길로만 걸어가는 것이 이 세상에 사는 목적인 것입니다. 예를 들어서 체조 선수들은 체조를 할 때 평균대 위에서만 할 수 있습니다. 만약 체조 선수가 거기서 조금이라도 벗어난다면 그는 평균대에서 떨어지게 될 것이고 그 선수는 실격이 될 것입니다. 하나님을 믿지 않는 사람들은 이 세상에서 자기가 하고 싶은 것을 다 하면서 살아갈 수 있을 것입니다. 그러나 체조 선수들은 오직 평균대 위에서만 묘기를 부릴 수 있을 뿐입니다. 마찬가지로 하나님의 백성들은 수많은 유혹과 죄가 있는 세상에서 하나님의 말씀에서 벗어나지 않는 자체가 묘기인 것입니다. 그래서 우리가 이 세상에서 성공한다는 것과 세상 사람들이 성공하는 것은 그 개념이 완전히 다릅니다. 세상 사람들의 성공의 개념은 할 수 있는 대로 많은 것을 가지는 것이 성공일 것입니다. 그러나 하나님의 백성들은 하나님의 말씀에서 벗어나지 않는 것이 성공이고 죄에 빠지지 않는 것이 묘기인 것입니다.

어떤 때에는 직장에서나 학교에서 어떤 사람이 우리를 너무 화나게 해서 우리의 분노가 폭발하려고 할 때가 있을 것입니다. 그때 우리가 어떻게 해서든지 화를 폭발시키지 않고 상대방과 크게 다투지도 않고 넘어갈 수 있다면 그것이 바로 묘기인 것입니다. '내 법을 네 눈동자처럼 지키라' 만약 우리가 하나님의 말씀을 내 눈동자로 삼으면 하나님의 말씀으로 모든 사물을 보게 될 것입니다. 반대로 만일 우리 눈에서 하나님의 말씀을 빼버린다면 우리는 영적인 소경이 되고 말 것입니다. 그래서 '내 법을 네 눈동자같이 지키라' 는 말씀이 아주 중요한 말씀입니다. 우리는 자신이나 다른 사람이나 모든 것을 볼 때에 하나님의 말씀의 눈을 가지고 보아야 죄를 짓지 않게 됩니다. 만약 우리가 우리 자신이나 다른 사람을 나의 감정 특히 분노의 감정이나 의심의 감정으로 본다면 우리는 죄를 지을 수밖에 없을 것입니다. 그런데 만일 우리 눈에서 우리가 하나님의 말씀을 빼버리면 우리는 영적인 소경이 되어서 눈앞이 캄캄해지게 될 것입니다. 우리는 가끔씩 눈앞이 캄캄해질 때가 있을 것입니다. 그때는 우리가 하나님의 말씀을 우리 눈에서 빼버리고 인간적인 생각으로 모든 것을 볼 때인 것입니다.

3절 "이것을 네 손가락에 매며 이것을 네 마음판에 새기라."

우리가 무엇을 손가락에 맨다는 것은 약속을 하는 것을 의미합니다. 우리가 어렸을 때 친구들과 중요한 약속을 할 때에는 손가락을 걸고 약속을 합니다. 그리고 부부가 결혼을 할 때에는 결혼반지를 손가락에 낌으로 한평생 마음을 변치 않겠다는 약속을 합니다. 우리나라 사람들은 결혼반지를 크게 중요하게 생각하지 않고 마음을 중요하게 생각하는 편입니다. 그러나 외국인들은 반지를 아주 중요하게 생각해서 손가락에서 반지를 뺀다는 것은 이제 서로 헤어지자는 뜻으로 생각하게 됩니다. 우리는 하나님의 말씀과 약속을 해야 합니다. '나는 너를 절대로 버리지 않겠고 항상 너를 내 평생의 반려자로 생각하겠다. 모든 것을 하나님의 말씀의 시각으로 보겠다' 고 약속을 해야 하는 것입니다. 그리고 이것을 '마음판에 새긴다' 는 것은 내 인생의 가장 중요한 목표로 생각한다는 뜻입니다. 하나님의 백성들에게는 세상적인 성공보다 하나님의 말씀에서 벗어나지 않는 것이 가장 중요한 삶의 목표인 것입니다. 우리가 이렇게 하기 위해서는 하나님의 말씀을 아주 친밀하게 생각하고 가까이 해야 합니다.

4절 "지혜에게 너는 내 누이라 하며 명철에게 너는 내 친족이라 하라."

아마 누이는 오빠에게 가장 귀여운 존재이고 가까운 사이일 것입니다. 대개 오빠는 자기 여동생을 아주 끔찍하게 좋아하고 지켜주려고 합니다. 또 오빠는 동생을 데리고 다니면서 재미있는 추억을 함께 나누기도 합니다. 우리는 하나님의 말씀을 그런 누이처럼 스스럼없이 가까운 관계로 생각하라는 것입니다. 그리고 또 하나는 '친족' 입니다. 하나님의 말씀은 아주 가까운 친척 형과 같은 것입니다. 어렸을 때 시골에서 자라면 모르는 것이 많기 때문에 주로 친척 형을 따라다니면서 많은 것을 배우게 되고 또 형 때문에 재미있는 경험도 많이 하게 됩니다. 예를 들어서 사촌형을 따라서 토끼몰이도 갈 수 있고 밤을 따러 가기도 하고 형 친구들이 노는 데 끼어서 얻어먹기도 합니다. 마찬가지로 우리가 하나님의 말씀을 가까이 할 때 다른 곳에서는 도저히 경험할 수 없는 좋은 체험들을 많이 하게 되는 것입니다. 특히 교회 안에서 청년들은 수련회를 할 것입니다. 또 여름성경학교 같은 것을 하면서 좋은 경험을 하기도 합니다. 요즘은 해외단기선교를 가기도 하고 농촌봉사활동을 하기도 합니다. 이것은 세상에서는 경험할 수 없는 추억인 것입니다. 특히 우리가 하나님의 말씀을 누이처럼, 친척 형처럼 좋아하고 따를 때 우리는 모든 인간이 빠질 수 있는 가장 무서운 함정을 피할 수 있게 됩니다.

> 5절 "그리하면 이것이 너를 지켜서 음녀에게, 말로 호리는 이방 계집에게 빠지지 않게 하리라."

우리가 하나님의 말씀을 가까이 하고 따르게 되면 가장 큰 유익이 바로 모든 인간이 빠질 수 있는 큰 함정인 성적인 타락에서 보호될 수 있는 것입니다. 하나님의 말씀 안에는 성적인 감정보다 더 뜨거운 하나님의 은혜가 있기 때문입니다. 특히 오늘 이 세상은 성적인 죄가 바글바글 끓고 있는데 여기서 이길 수 있는 길은 성령의 불을 받는 것밖에 없습니다. 죄의 불보다 더 뜨거운 성령의 불을 받아야 죄를 이길 수 있는 것입니다.

2. 유혹에 빠지는 과정

우리가 알아야 할 것은 나이가 많든지 적든지 이 세상에서 성공했든지 성공하지 못했든지 성적인 죄에 빠지는 것은 자기 인생을 완전히 부수는 것과 같습니다. 예를 들어서 우리 인생을 어떤 좋은 자기 그릇에 비유한다면 성적인 죄에 빠지는 것은 이 그릇을 시멘트 바닥에 내팽개쳐서 박살을 내어버리는 것과 같습니다. 그럼에도 불구하고 너무나도 많은 사람들이 자기 감정에 속아서 겁도 없이 이런 사랑에 뛰어들려고 가까이 하는 것입니다. 오늘 말씀은 어떤 어리석은 청년이 이런 잘못된 유혹에 빠지는 과정을 창문을 통해서 몰래 지켜보는 것으로 보여주고 있습니다.

6-7절 "내가 내 집 들창으로, 살창으로 내어다보다가 어리석은 자 중에, 소년 중에 한 지혜 없는 자를 보았노라."

사람이 들창으로 내다본다고 하는 것은 자신의 정체는 드러내지 않고 숨어서 다른 사람의 행동을 관찰하는 것을 말합니다. 물론 어떤 의미에서 자기는 숨어서 다른 사람의 행동을 몰래 지켜본다는 것이 신사적이지 않을 수 있습니다. 그런데 대개 성적인 죄는 누구든지 드러내놓고 하기보다는 숨어서 하는 것이기 때문에 특히 아무도 보는 사람이 없을 때 하는 것이 중요한 것입니다. 이 청년은 누군가가 숨어서 자기가 하는 행동을 지켜보고 있다는 것을 모르고 감히 죄를 지으려고 죄 짓는 곳을 찾아갔습니다. 죄는 여기서부터 시작하는 것입니다. 하나님의 자녀들에게 가장 심각한 것은 우리가 어디에서 무엇을 하든지 하나님이 보고 계신다는 것입니다. 그래서 하나님의 백성들의 가장 큰 스트레스가 마음속으로는 다른 사람들처럼 죄의 욕망이 있는데 하나님이 보고 계시기 때문에 감히 죄를 지을 수가 없는 것입니다. 그러나 우리 안에 있는 하나님이 보고 계신다는 사실과 죄를 짓고 싶다는 생각 중에 죄를 짓고 싶은 마음이 더 강해지면 '하나님이 보시더라도 에라 모르겠다' 고 하면서 양심의 경고를 꺼버리고 죄를 지으러 가게 되는 것입니다.

그래서 평소 우리에게 중요한 것은 '하나님이 보고 계신다' 는 것과 '그럼에도 불구하고 죄를 지어야 되겠다' 는 마음 중에 어느 것이 더 강한가 하는 것입니다. 이 청년은 다른 사람들의 보는 눈이 있어서 환한 대낮에는 가지 못하고 얼굴이 잘 보이지 않는 밤을 틈타서 죄 짓는 곳을 찾아갔습니다.

> 8-9절 "그가 거리를 지나 음녀의 골목 모퉁이로 가까이 하여 그 집으로 들어가는 데 저물 때, 황혼 때, 깊은 밤 흑암 중에라."

우선 이 청년은 자기 얼굴이 다른 사람에게 알려지지 않도록 밤을 타서 조심스럽게 이 음녀의 집으로 가고 있습니다. 그가 하는 행동을 보면 이런 곳에 처음 가는 초범인 것 같습니다. 그런데 이 청년이 이 모퉁이 골목에 음녀의 집이 있다는 것을 어떻게 알게 되었을까요? 아마도 이곳에 먼저 온 경험이 있는 친구나 누군가가 소개를 해주었을 것입니다. 누군가가 죄를 소개해 주는 사람이 있었던 것입니다. 우리에게 내가 어떤 사람과 사귀느냐 하는 것이 우리가 바른 신앙생활을 하는데 아주 중요합니다. 우리가 세상 사람들과 가까이 하면 자기도 모르게 자꾸 죄 짓는 곳을 소개받게 되기 때문입니다. 그래서 하나님의 백성은 공동체로부터 떨어져서 혼자서 돌아다니는 것은 좋지 않습니다. 그리고 우리 자신이나 다른 사람의 신앙이 좋다고 해서 너무 절대적으로 믿는 것도 좋지 않습니다. 우리는 누구나 할 것 없이 신앙의 공동체로부터 멀어지면 죄의 유혹에 빠질 수 있는 죄인들이기 때문입니다.

대표적인 예 두 사람이 삼손과 다윗입니다. 삼손은 태어날 때부터 하나님께 바쳐진 나실인이었고, 성령의 능력이 어마어마한 힘으로 나타나는 성령의 사람이었습니다. 그러나 삼손은 물리적인 힘으로는 어떤 블레셋 사람도 이길 수 있었지만 마음속에 밀려오는 외로움이나 허전함은 이길 수가 없었습니다. 그래서 하나님의 이 놀라운 능력의 종이 결국 들릴라라는 여자에게 넘어가서 힘의 비밀을 말하고 머리털이 밀리고 눈알이 뽑히고 결국은 블레셋 사람들의 종이 되었던 것입니다. 그런데 성경을 보면 삼손이 하나님의 말씀을 거역하고 여자에게 빠져들어갈 때 그의 마음이 아주 괴로웠다고 말하고 있습니다. 삼손의 마음속에 성령께서 갈등을 주시는 것이었습니다. 그때 삼손이 하나님 앞에서 미친 것처럼 부르짖으면서 들릴라를 포기했더라면 삼손은 얼마든지 유혹에 빠지지 않을 수 있었을 것입니다. 그러나 삼손은 들릴라를 포기하지 못하는 바람에 비참하게 속아서 인생의 밑바닥으로 떨어지고 말았습니다.

또 한 사람은 다윗이었습니다. 다윗은 하나님의 말씀을 너무 사랑해서 목동으로 있다가 이스라엘 왕이 된 사람이었습니다. 그러나 다윗이 하나님의 사랑을 많이 받고 유명하게 되었을 때 목욕중인 한 여자를 보고 유혹에 넘어가서 죄에 빠지고 말았습니다. 다윗은 그 죗값으로 침상이 썩도록 회개하고 나중에는 아들의 반역으로 왕위에서 쫓겨나서 도망치는 수치까지 당했습니다. 물론 다윗이 아름다운 여인을 보고 아름답다고 생각한 자체는 죄가 아닐 것입니다. 그러나 그가 자기의 소유가 아닌 다른 사람의 소유를 탐했을 때 다윗은 너무 비참하게 되었습니다. 다윗이 이런 죄에 빠졌던 것은 다른 사람들이 모두 다윗을 너무 믿었기 때문입니다. 그래서 우리는 결코 혼자서 돌아다니면 안 되고 반드시 교회와 함께 살아야 합니다. 이 청년이 어리석게도 누군가로부터 음란한 정보를 듣고는 호기심을 이기지 못해서 밤에 음란한 곳을 찾아갔습니다. 그랬더니 거기에는 이미 음란한 여자가 그를 기다리고 있었습니다.

10-12절 "그때에 기생의 옷을 입은 간교한 계집이 그를 맞으니 이 계집은 떠들며 완패하며 그 발이 집에 머물지 아니하며 어떤 때에는 거리, 어떤 때에는 광장 모퉁이, 모퉁이에 서서 사람을 기다리는 자라."

여기서 '기생의 옷을 입었다'고 하는 것은 이 여자가 다른 여자들보다 훨씬 화려한 옷을 입었다는 뜻입니다. 여인이 남자의 마음을 끌려고 하면 일단 옷이 특별해야 합니다. 남자들이 좋아하는 옷은 얇고 부드러우며 속이 비치는 옷일 것입니다. 특히 밤에 여인들이 짙은 화장을 하고 불빛 아래 나타나면 남자들은 이 여인이 너무나도 아름다워서 그 여인의 실제 모습은 생각하지도 못할 것입니다. 그러나 이 여자는 아주 성질도 못됐고 말도 자기 멋대로 하고 도대체 차분하게 집에 있지 못하고 돌아다니는 바람이 난 여자인 것입니다. 사실 이런 여자는 환한 대낮에 보면 그렇게 잘생긴 얼굴도 아닐 것입니다. 그런데 남자들은 그 입의 달콤한 말과 특히 자기에게 잘 대해 준다는 사실과 밤에 불빛 아래서의 아름다움에 속아서 이 여자가 정말 이 세상에서 가장 아름답고 착한 여자라고 생각하게 되는 것입니다. 이것은 여자들에게도 마찬가지일 것입니다. 적어도 다른 여자를 유혹하는 남자라고 하면 어느 정도는 잘 생겨야 할 것입니다. 나이가 들어서 배가 나오고 머리가 빠진 사람이 제비족을 하려고 하면 어려울 것입니다. 특히 이런 여자들은 너무나도 자기를 사랑해주는 것 같고 자기만을 위해주는 것 같은 착각을 하게 합니다.

13절 "그 계집이 그를 붙들고 입을 맞추며 부끄러움을 모르는 얼굴로 말하되,"
15절 "이러므로 내가 너를 맞으려고 나와서 네 얼굴을 찾다가 너를 만났도다."

이 여자는 이 어리석은 청년에게 얼마나 다정하고 친절하게 대해 주는지 모릅니다. 그를 기다리고 있었다고 말을 하고 붙들고 입을 맞추고 얼마나 너를 찾았는지 모른다고 말하고 있습니다. 이 여자가 이렇게 말하는 이유가 무엇일까요? 이 청년의 영혼을 도둑질하려고 하는 것입니다. 이 세상에 있는 죄 중에서 가장 재미있는 죄가 다른 사람의 영혼을 도둑질해서 타락시키는 것입니다. 그러면서 이런 이야기를 합니다.

14절 "내가 화목제를 드려서 서원한 것을 오늘날 갚았노라."

여기서 이 청년은 완전히 헷갈리게 됩니다. 지금까지 이 여자가 하는 행동을 보면 직업적인 창녀인 것 같은데 여기서 하는 말을 보면 창녀가 아닌 것 같습니다. 오히려 이 여자는 아주 신앙심이 좋은 것 같습니다. 자기는 하나님께 화목제물을 바쳤고 서원 제사도 드렸기 때문에 이제 그 제물을 가지고 성도의 교제를 나누려고 한다는 것입니다. 여기서 우리가 생각해야 할 것은 과연 이렇게도 이상한 성도의 교제가 있는가 하는 것입니다. 어떤 사람은 '고스톱'을 치면서 성도의 교제를 나눈다고 하는데, 그것은 결코 성도의 교제가 될 수 없는 것입니다. 특히 남녀가 단둘이 만나서 성도의 교제를 나눈다고 하는 것은 상식적으로 이상한 일입니다. 그래서 아무리 상대방이 성도의 교제를 나누자고 하더라도 상식적으로 잘 분별해 볼 필요가 있는 것입니다. 즉 죄에 빠지는 사람들도 처음부터 죄 짓자고는 하지 않는다는 것입니다. 처음에는 우리 같이 둘이서 기도해보자고 한다든지 아니면 멋있는 곳을 구경시켜주겠다든지 하는데, 단둘이서 가는 것은 조심을 해야 하는 것입니다. 그런데 이 여자는 남자에게 너무나도 행복한 즐거움이 준비되어 있다고 말을 합니다.

16-20절 "내 침상에는 화문 요와 애굽의 문채 있는 이불을 폈고 몰약과 침향과 계피를 뿌렸노라. 오라 우리가 아침까지 흡족하게 서로 사랑하며 사랑함으로 희락하자. 남편은 집을 떠나 먼 길을 갔는데 은 주머니를 가졌은즉 보름에나 집에 돌아오리라 하여"

여기서 우리는 사람이 잘못된 사랑의 죄에 빠지는 과정을 알 수가 있습니다. 첫째는 누구로부터 잘못된 사랑에 대한 정보를 듣고 호기심을 가지는 것입니다. 처음에는 양심의 가책으로 고민을 하다가 어느 순간 충동을 이기지 못해서 죄를 찾아가는 것입니다. 그때 이 사람은 죄라고 하는 것이 너무 환상적이며 자기를 영원히 행복하게 해줄 것으로 생각되고, 특히 죄는 안전하며 상대방은 절대로 자기를 배반하지 않을 것이라는 확신을 가지게 됩니다. 물론 하나님은 남녀가 사랑하게 하시고 행복을 누리게 하셨지만 거기에는 엄청난 대가가 따라야 한다는 것을 알아야 합니다. 우리가 이성간의 사랑을 하려고 하면 자기 인생 전체를 상대방에게 주어야 하는 것입니다. 그런데 그런 책임은 지려고 하지 않으면서 이성간의 사랑의 행복만 가지려고 하는 것은 하나님의 축복을 도둑질하는 것이며 결국은 자기 영혼을 사냥 당하게 되는 것입니다.

대개 사람들이 이성간의 사랑에 속는 이유는 이 사랑이 얼마나 추한 사랑인지 모르고 너무나도 진실하고 순수한 사랑으로 착각을 하는 것입니다. 그리고 이런 사랑은 얼마든지 비밀이 지켜질 수 있고 영원히 나를 행복하게 할 것이라고 믿는 것입니다. 그러나 실제로 이런 사랑은 너무나도 추한 사랑이며 결코 이런 비밀은 지켜지지 않습니다. 더 무서운 것은 이런 사랑은 중독성이 있어서 한번으로 끝나지 않고 자꾸자꾸 반복되다가 결국 파멸에 빠지게 되는 것입니다. 그래서 잘못된 사랑의 죄는 마약 중독보다 더 무서운 줄 알아야 합니다.

3. 잘못된 사랑에 빠진 결과

이 청년은 여자가 하는 달콤한 말에 속아서 잘못된 사랑에 빠지게 되었습니다. 그러나 어리석게도 이 청년은 이것이 일시적으로는 육체적인 쾌락을 주는지 몰라도 자기 영혼을 팔아먹는 일인지 모르고 있습니다.

> 21-22절 "여러 가지 고운 말로 혹하게 하며 입술의 호리는 말로 꾀므로 소년이 곧 그를 따랐으니 소가 푸주로 가는 것 같고 미련한 자가 벌을 받으려고 쇠사슬에 매이러 가는 것과 일반이라."

잘못된 사랑의 죄는 마치 물고기가 미끼를 무는 것과 같습니다. 아마도 물고기에게는 다른 지렁이보다는 낚싯바늘에 매달려있는 지렁이가 더 환상적이고 먹음직스럽게 보일 것입니다. 그러나 일단 물고기가 그 미끼를 무는 순간부터 그는 그 죄에서 벗어날 수가 없습니다. 물고기가 아무리 몸부림을 쳐도 결국은 바늘이 그의 염통을 찌를 것이며 낚싯줄에 끌려 나가서 어부의 작살에 맞고 결국 횟감이 되고 말 것입니다. 마찬가지로 성적인 죄는 무서운 중독성을 가지고 있어서 일단 한번 빠지고 나면 거기서 빠져 나오지 못합니다. 여기에 보면 이 소년은 도살장에 끌려가는 소와 같다고 했습니다. 이 소년은 절대로 이 도살장에서 살아서 나가지 못할 것입니다. 결국 사람이 잘못된 사랑에 빠지면 자기들은 계속 사랑을 하는데, 사회가 그것을 용납하지 않고 정죄하고 비난하니까 결국 아내나 가족을 버리고 도망을 가게 되는데 도망을 가도 가도 더 갈 수 없을 때 결국 자살을 하든지 아니면 뻔뻔스럽게 자기 가족을 버리고 따로 살든지 하는 것입니다.

그런데 좀 시간이 지나고 보면 이 여자가 그렇게 잘 생긴 것도 아니고 성격이 좋은 것도 아닌데 왜 내가 이런 여자에게 빠졌던가 하면서 후회를 하지만, 결국 가족은 그를 용서하지 않는 것입니다. 아예 그를 사람 취급을 하지 않을 것입니다. 사람이 성적인 죄에 빠지면 더 이상 사람 취급을 받을 수 없게 됩니다. 그만큼 그 자신의 가치가 추락하고 마는 것입니다.

23절 "필경은 살이 그 간을 뚫기까지에 이를 것이라. 새가 빨리 그물로 들어가되 그 생명을 잃어버릴 줄을 알지 못함과 일반이니라."

잘못된 사랑을 따라간 자는 결국 화살이 그 간을 뚫게 됩니다. 그러니까 바른길에서 탈선하면서부터 이 타락한 사랑의 감정과 양심 사이에 엄청난 고민을 하다가 간이 다 녹을 지경까지 됩니다. 사람이 잘못된 사랑을 하게 되면 아주 짧은 시간 동안 육체적으로는 만족스러울지 몰라도 정신적으로 엄청나게 고민을 하게 됩니다. 그런데 하나님의 백성들에게 다행스러운 것은 죄에 빠지면 어떻게 된다는 것을 성경이 보여주고 있다는 것입니다. 세상 사람들은 죄의 결과가 무엇인지 모르기 때문에 가장 중요한 순간에 자포자기를 해버립니다. 그런데 하나님의 백성들은 죄의 유혹이 눈앞에서 살랑거릴 때 그 가증한 실상과 나중의 비참한 결과까지 보기 때문에 죄에 빠지지 않을 수 있는 것입니다.

우리가 이런 잘못된 사랑의 유혹에 빠지지만 않아도 우리 가치를 상실하지는 않을 수 있습니다. 물론 우리가 이 세상에서 그렇게 성공하거나 돈을 많이 벌지는 못했을지라도 내 영혼을 팔아먹거나 내 간에 화살이 뚫리거나 짐승 같은 비참한 자리에 빠지지는 않을 수 있는 것입니다. 그러나 너무나도 많은 사람들이 하나님의 말씀을 믿지 않고 자기 감정에 속아서 인생을 망치고 때로는 죽음의 길에 이른다고 말씀하고 있습니다.

24-27절 "아들들아 나를 듣고 내 입의 말에 주의하라. 네 마음이 음녀의 길로 치우치지 말며 그 길에 미혹하지 말지어다. 대저 그가 많은 사람을 상하여 엎드러지게 하였나니 그에게 죽은 자가 허다하니라. 그 집은 음부의 길이라. 사망의 방으로 내려가느니라."

너무나도 많은 사람들이 우리 안에 있는 이 무서운 성적인 유혹을 우습게 생각하는 바람에 스스로 유혹에 빠져서 망했다고 말씀하고 있습니다. 결국 이 음녀의 길은 누가 강요해서 빠지는 것이 아니라 순전히 자기 스스로 빠지는 것이기 때문에 어느 누구를 원망하지도 못합니다. 우리가 이 길에 빠지지 않고 자기 영혼을 지킬 수 있는 길은 하나님의 말씀을 붙드는 것입니다. 그러면 하나님의 말씀이 우리가 죄를 지으려고 하는 길을 막을 것입니다. 우리에게 죄의 그 비참한 말로와 그 가중한 실체를 보게 하셔서 우리 영혼을 지키게 하실 것입니다.

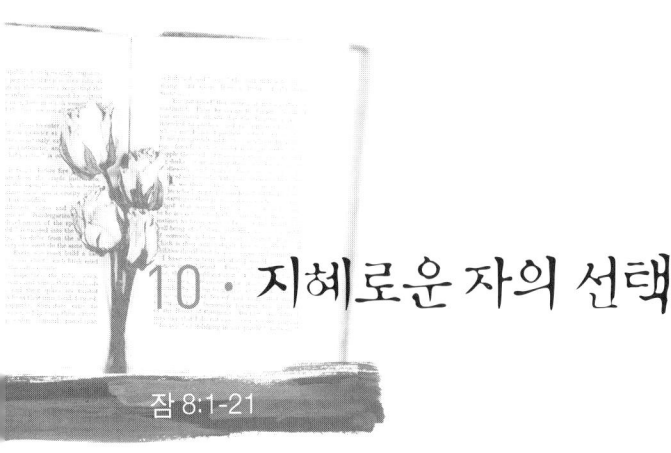

10 · 지혜로운 자의 선택

잠 8:1-21

만약 우리 인간이 하루 뒤의 일을 알 수만 있다면 그 사람의 행동은 많이 달라질 것입니다. 예를 들어서 어떤 사람이 자기가 하루 뒤에 교통사고로 죽는다는 것을 안다면 그 사고가 나는 길로는 절대로 가지 않을 것입니다. 그리고 그는 다른 사람들에게도 사고가 날 수 있다는 것을 알려주려고 할 것입니다. 그러나 사람들은 하루 뒷일을 모르기 때문에 미련하게 그 길을 가서 사고로 죽는 것입니다. 만약 어떤 사람이 하루 후의 주가나 경마에서 우승하는 말을 정확하게 알 수 있다면 그 지혜를 이용해서 엄청난 이익을 올릴 수 있을 것입니다. 그러나 미래에 대한 지식을 가지고 사람의 생명을 살리지 않고 자기 돈벌이를 하는 것은 악한 지혜라는 것을 누구라도 알 수 있습니다. 또 만약 사람이 미래를 알 수 있다면 많은 사람들이 그의 지혜의 도움을 받으려고 찾아올 것이며 그의 인도를 받으려고 할 것입니다. 옛날에는 현자라는 사람들이 있었는데 이 사람들은 미래에 대한 일들을 어느 정도 예측할 수 있는 사람들이었고, 왕이나 국민들은 이런 현자들의 지혜를 아주 중요하게 생각을 했습니다. 그런데 궁금한 것은 우리 인간이 과연 미래에 대한 지식을 가질 수 있을까 하는 것입니다.

우리 인간들이 이 세상에 사는 것은 마치 사막 한가운데 떨어져 있는 것과 같습니다. 우리 인간들에게 가장 중요한 것은 어떻게 하면 사막에서 빠져 나와서 인간들이 사는 곳으로 올 수 있느냐 하는 것입니다. 물론 어떤 사람들은 열심히 노력을 해서 사회적인 인정을 받고 성공적인 삶을 살 수도 있을 것입니다. 그러나 이것은 잠시 있을 사막 생활 가운데 약간 시원한 곳에서 좀 더 편하게 지내는 것이지 결코 우리가 사막을 벗어나서 완전한 생명을 얻은 것은 아닌 것입니다.

오늘 본문은 여기서 지혜로운 자의 선택을 보여줍니다. 이 세상에서 가장 미련한 자는 앞으로 나아가는 것을 생각지 않고 육체의 정욕에 빠지는 것입니다. 사람이 정욕에 빠진다고 하는 것은 전혀 앞으로 나아가지 않고 정욕의 늪에 빠지는 것을 말합니다. 사람이 자기 인생의 방향을 알지 못하고 살아가는 것만 해도 대단히 위험한 것인데, 거기에다가 정욕의 늪에 빠진다는 것은 더 위험한 것입니다. 하나님의 백성들의 입장은 하나님을 믿지 않는 자들의 입장과 근본적으로 다릅니다. 쉽게 말해서 하나님의 백성들 주위에는 이미 하나님께서 그들이 이 죽음의 사막에서 살아서 나올 수 있도록 찢어진 지도를 많이 뿌려 놓으셨습니다. 그래서 이 세상에서 가장 지혜로운 사람들은 자기 주위에 널려져 있는 하나님의 말씀을 주워 모아서 자기가 나아갈 길을 찾는 사람입니다.

하나님을 믿는 자들에게 특별히 유리한 것은 자기 영혼을 살리는 하나님의 말씀이 주위에 널려 있다는 사실입니다. 하나님을 믿는 자들에게 주어진 특권은 만일 자기가 원하기만 하면 얼마든지 살아있는 하나님의 말씀을 들을 수 있다는 사실입니다. 그러나 하나님의 백성들에게 안타까운 것은 하나님의 말씀이 흔하다고 해서 반드시 그 말씀을 사랑하거나 그 말씀을 붙들고 살아가는 것은 아니라는 사실입니다. 오히려 수많은 하나님의 백성들은 하나님의 말씀의 가치를 모르고 세상 사람들을 따라가다가 멸망에 이르고 말았습니다. 오늘 성경 말씀은 하나님의 말씀을 듣자마자 그 하나님의 말씀의 가치를 알아차리고 그 말씀을 붙들고 믿음으로 살아가는 지혜로운 자에 대해서 말씀하고 있습니다.

1. 무엇이 지혜로운 선택인가?

우리가 이 세상에서 성공적인 삶을 살려고 하면 이 세상에 있는 것들 중에서 가치 있는 것을 찾아서 자기 것으로 만들어야 할 것입니다. 그러나 우리 인간들에게 가장 어려운 것은 과연 우리 주위에 있는 많은 것들 중에서 어느 것이 가치 있는 것인지 분별하는 것입니다. 예를 들어서 어떤 분은 어떤 책이 좋은 책인지 질문을 하는데 어떤 책이 좋은 책이냐 하는 것은 그냥 표지나 제목만 읽어서는 안 되고, 좋은 책과 나쁜 책을 다 읽어봐야 어떤 책이 좋은 책이고 어떤 책이 나쁜 책인지 알게 되는 것입니다. 그런데 우리 인간들에게 가장 심각한 것은 어떤 것은 없어서 그 가치를 모르는 것이 있는가 하면 어떤 것은 정반대로 너무 흔해서 그 가치를 알지 못하는 것도 있습니다. 예를 들어서 우리가 이 세상에서 가치 있는 바른길을 가기 위해서 가장 중요한 것이 하나님의 말씀을 붙잡는 것인데 세상 사람들은 아예 하나님의 말씀을 들을 수 없어서 그 가치를 모르는데 비하여, 하나님의 백성들은 오히려 하나님의 말씀이 너무 흔하기 때문에 그 가치를 모르는 것입니다. 그런데 이 세상에서 가장 지혜로운 사람은 하나님의 말씀이 가장 흔할 때 그 말씀의 가치를 알고 그 말씀을 붙잡는 사람입니다.

1절 "지혜가 부르지 아니하느냐 명철이 소리를 높이지 아니하느냐."

지혜가 길에서 사람을 부른다고 하는 것은 마치 어떤 상인이 백화점에서 물건을 바겐세일 하듯이 아주 싼 값에 많이 팔려고 사람들을 부르는 것을 말합니다. 하나님의 백성들에게 있어서 놀라운 축복은 하나님의 말씀이 얼마나 흔한지 자기 자신이 마음을 먹기만 하면 언제 어디서든지 들을 수 있을 정도로 흔하다는 사실입니다. '명철이 소리를 높인다' 고 하는 것은 손님을 놓치지 않으려고 아주 큰 소리로 사람들을 불러 세운다고 하는 것입니다. 그런데 사실 이스라엘 백성이라고 해서 늘 하나님의 말씀이 흔했던 것은 아닙니다. 이스라엘 백성들도 때로는 너무나도 하나님의 말씀을 듣지 못해서 영적인 기갈을 느낄 때가 많이 있었습니다. 그런데 하나님의 지혜가 길에서 바겐세일 하듯이 사람들을 불러서 하나님의 말씀을 들려주고 있다는 것은 이스라엘이 영적인 부흥기에 있는 것입니다. 이스라엘에 영적인 부흥이 일어나면 어디서든지 하나님의 말씀을 들을 수 있을 정도로 하나님의 말씀이 흔하게 됩니다.

2-4절 "그가 길가의 높은 곳과 사거리에 서며 성문 곁과 문 어귀와 여러 출입하는 문에서 불러 가로되 사람들아 내가 너희를 부르며 내가 인자들에게 소리를 높이노라."

하나님의 말씀을 전하는 자들이 어떻게 해서든지 한 사람이라도 빼놓지 않고 하나님의 말씀을 듣게 하기 위해서 완전히 성의 요소요소와 문이라는 문은 다 지키면서 지나가는 모든 사람들에게 하나님의 말씀을 외치고 있습니다. 옛날에 학교에서 학생들에게 예방주사를 맞게 하려고 할 때 교문마다 간호선생님들이 서서 학생들을 붙들고 예방 주사를 놓아주었습니다. 그런데 아이들 중에는 그 주사 맞는 것이 무서워서 담을 넘거나 개구멍으로 도망을 쳐서 집으로 가는 아이들도 있었습니다. 그런데 이스라엘에서 볼 수 있는 모습이 바로 이런 모습이었습니다. 말씀을 전하는 자는 어떻게 해서든지 단 한 사람이라도 빼놓지 않고 하나님의 말씀을 듣게 하려고 소리를 높이기도 하고 높은 곳이나 사거리에서도 하나님의 말씀을 외치고, 심지어 성에 있는 문이란 문은 다 지키면서 하나님의 말씀을 외치고 있습니다. 그런데 놀라운 것은 이스라엘 백성들이 하나님의 말씀에 대하여 보이는 반응은 냉담한 것이었습니다. 그 이유가 무엇일까요? 이스라엘 백성들은 이미 하나님의 말씀이 너무 흔해서 그 가치를 알지 못하는 것입니다. 오히려 이스라엘 백성들은 자기들에게는 흔하지 않는 세상 지식에 대하여 목말라하고 열정적인 반응을 보였습니다. 이것이 이스라엘 백성들이 가지고 있는 치명적인 문제였습니다. 이스라엘 백성들은 그렇게 귀한 하나님의 말씀을 온 주위에 펼쳐 놓고 살면서도 그 어느 것 하나도 제대로 주워서 자기의 것으로 만들지 못하고 오히려 세상의 지식을 동경하고 그것을 따라가지 못해서 몸부림치는 것입니다. 그 이유가 무엇일까요? 원래 우리 인간들은 이렇게 미련하게 태어났기 때문입니다.

> 5절 "어리석은 자들아 너희는 명철할지니라. 미련한 자들아 너희는 마음이 밝을지니라. 너희는 들을지어다."

하나님께서는 우리 모든 인간들을 향해서 명령을 하십니다. '너희는 명철할지니라' 고 하는 것은 우리 모든 인간들은 반드시 지혜를 붙들어서 명철해야 한다는 뜻입니다. '미련한 자들아 너희는 마음이 밝을지니라' 고 했습니다. 이것은 우리가 계속 미련한 상태에 있어서는 안 되고 하나님의 말씀을 적극적으로 받아들여서 미련한데서 벗어나서 마음이 밝아져야 한다는 뜻입니다. 그러기 위해서는 우리가 하나님의 말씀을 들어야 하는데 이스라엘 백성들 자신이 그렇게 해야 할 필요를 느끼지 못하는 것입니다. 하나님의 말씀의 가치를 알지 못하기 때문입니다. 그래서 우리에게 가장 중요한 것은 우리 안에 하나님의 말씀을 주워 담기 위해서 하나님의 말씀의 가치를 알아야 하는 것입니다. 과연 우리는 어떻게 해야 하나님의 말씀의 가치를 알 수 있을까요? 이것은 우리에게 가장 신비로운 부분이어서 말로는 잘 설명이 되지 않습니다.

예를 들어서 아주 어린 아이들은 백만 원짜리 수표나 일억 원짜리 수표나 그 가치를 알지 못할 것입니다. 또 아주 비싼 고급 시계나 보석의 가치도 알지 못합니다. 그래서 아이들에게 아주 비싼 시계나 보석을 가지고 있게 하면 얼마 가지 않아서 잃어버리고 맙니다. 우리가 하나님의 말씀의 가치를 깨닫기 위해서는 단순히 이스라엘 백성이라는 것만으로는 안 되고 영적으로 거듭나는 체험이 있어야 합니다. 그뿐만 아니라 심한 환난과 고통 가운데서 살아 있는 하나님의 말씀의 능력을 체험을 해야 합니다.

이제 지혜자가 이스라엘 백성들을 향해서 '어리석은 자들아 너희는 명철하라. 미련한 자들아 너희는 마음이 밝을지니라' 고 소리를 치는 이유를 알 수 있을 것입니다. 이스라엘 백성이라고 해서 모두 다 하나님의 말씀의 가치를 아는 것이 아니기 때문입니다. 아무리 오래 하나님을 믿었다고 하지만 영적으로 거듭나지 못한 사람은 명철하지 못해서 열심은 많고 거룩하게 살려고 노력은 하는데 하나님의 말씀의 가치를 알지 못하는 것입니다. 오히려 이런 사람들은 인간의 말에 대해서는 무척이나 공감을 하면서도 하나님의 말씀에 대해서는 뻔하게 생각할 때가 많습니다.

우리는 하나님의 백성들이 하나님의 말씀의 가치를 깨닫도록 하기 위해서 하나님께 기도를 드려야 합니다. 모든 하나님의 백성들로 하여금 세상의 행복에 배부르지 않고 하나님의 말씀에 대하여 갈급함을 달라고 기도하는 것입니다. 부흥의 시기가 오고 하나님께서 물질적인 복을 주시고 세상적인 복을 주시면 하나님의 말씀이 시시해지기 쉽습니다. 이때 하나님의 백성들은 더 하나님께 간절히 기도를 해서 하나님의 말씀에 갈급해 하게 하시고 하나님의 의에 주리고 목마르게 해달라고 기도를 해야 합니다. 그러면 다시 한 번 더 뜨거운 부흥의 바람이 일어나게 됩니다. 이것이야말로 최고로 가치 있는 것을 붙드는 사람들의 태도입니다.

이 세상에서 가장 지혜로운 사람은 어떤 사람일까요? 우리가 생각하기에 이 세상의 좋은 것들을 많이 붙드는 사람으로 생각할 것입니다. 예를 들어서 좋은 학교도 나오고 고시에도 합격하고 좋은 자리에 앉은 사람이야말로 지혜로운 자이고 복된 자라고 생각할 것입니다. 그러나 결코 그렇지 않습니다. 이 세상에서 성공한 사람들은 똑같은 사막에서 조금 더 좋은 자리를 차지하고 있을 뿐이지 진정한 생명을 얻은 사람은 아닌 것입니다. 어떤 사람은 육체적인 정욕을 위하여 사는 사람도 있을 것입니다. 아마 정욕을 위해서 사는 사람이 짧은 시간에는 가장 큰 만족을 얻을 것입니다. 그러나 그는 시궁창에 빠진 사람이고 늪에 빠져서 허우적거리고 있는 사람입니다. 사람은 누구든지 바른길을 가다보면 즐거움과 쾌락을 누릴 수 있습니다. 그러나 사람은 결코 정욕 자체가 인생의 목적이 되어서는 안 됩니다. 우리가 보기에도 술에 찌들고 육체적인 정욕에 빠진 자들은 쓰레기 같은 인생을 살아가고 있는 것입니다. 이 세상에서 가장 지혜로운 자는 우리 주위에 가장 흔하게 널려 있는 하나님 말씀의 가치를 깨닫고 그 말씀을 주워 담는 사람입니다.

2. 하나님의 지혜의 분별

우리가 궁금한 것은 하나님의 말씀도 흔한데 그 모든 말씀이 과연 참되고 진실한 하나님의 지혜인지 어떻게 알 수 있느냐 하는 것입니다. 그리고 또 하나는 과연 내가 하나님의 진리를 내 안에 채운다고 해서 나에게 실제적으로 무슨 유익이 있는가 하는 것입니다. 우리는 이 세상에서 많은 책을 보고 있지만 어떤 의미에서 '내 인생을 바꾼 책은 한 권의 책'이라고 말할 수 있을 것입니다. 가끔 어떤 학자들이 하는 말을 들어보면 자기가 이 학문의 길에 들어서게 된 것은 어떤 한 선생님이 쓴 책 때문이었다고 말을 합니다. 그는 그 책을 읽고 너무나도 큰 감명을 받은 나머지 자기는 그 길을 걷게 되었노라고 말을 하는 것입니다. 사람들은 그런 책을 '내 운명을 바꾼 한 권의 책'이라고 말합니다. 왜 그 책이 한 사람의 인생을 송두리째 바꿀 정도의 위력을 발휘할 수 있었을까요? 그것은 단순히 그 책이 다른 사람들이 하는 말을 주워듣고 잡다한 이야기들을 모은 것이 아니기 때문입니다. 그런 책들은 다른 사람의 운명을 바꿀 수가 없습니다. 그 대신 그 책의 저자는 자신의 분야에 대하여 엄청난 고민을 하는 가운데 그 지식의 핵심을 완전히 소화해서 그 책을 읽는 자로 하여금 바로 그 세계 안으로 인도하기 때문입니다.

마찬가지로 우리가 처음 하나님의 말씀을 들을 때 그 말씀의 가치를 다 안다고 하는 것은 불가능한 일입니다. 우리가 하나님의 말씀을 들을 때 두 가지를 느끼게 됩니다. 하나는 하나님의 말씀이 순수해서 전혀 다른 불순물이 들어있지 않다는 것과 다른 하나는 그 안에 나를 향한 하나님의 뜨거운 사랑이 있다는 것입니다.

6-7절 "내가 가장 선한 것을 말하리라. 내 입술을 열어 정직을 내리라. 내 입은 진리를 말하며 내 입술은 악을 미워하느니라."

우리가 하나님의 말씀을 들을 때 놀라게 되는 것은 누가 하나님의 말씀을 전하더라도 나를 부르시는 하나님의 음성을 그 안에서 듣게 되는 것입니다. 이것은 마치 아이들이 엄마가 자기를 부르는 소리를 들을 때 여러 사람들의 목소리 가운데서도 자기 엄마의 소리를 구별할 수 있는 것과 같습니다. 하나님의 말씀은 내 영혼을 살리고 내 영혼의 상처를 치료하며 나에게 새 힘을 공급해 줍니다. 그래서 하나님의 말씀은 그 말씀 자체가 순수하며 우리가 하나님의 말씀을 듣기만 하면 바로 힘이 생기고 기쁨이 생기게 됩니다.

> 8-9절 "내 입의 말은 다 의로운 즉 그 가운데 굽은 것과 패역한 것이 없나니 이는 다 총명 있는 자의 밝히 아는 바요 지식 얻은 자의 정직히 여기는 바니라."

하나님의 말씀 안에는 패역한 것이 없습니다. 우리 모든 인간의 마음은 비뚤어져서 반항적인 성향을 가지고 있습니다. 아무리 옳은 것을 보아도 옳다고 하지 않습니다. 왜냐하면 사람들은 옳은 것을 옳다고 하면 바보처럼 생각하기 때문입니다. 사람들은 무엇인가 부정적으로 보고 반항적으로 말해야 개성이 있는 것 같고 똑똑한 것처럼 보이는 것입니다. 그러나 하나님 앞에서는 그런 것은 시간 낭비입니다. 왜냐하면 하나님 앞에서는 긍정적이면 긍정적일수록 더 많은 은혜와 능력을 공급받을 수 있기 때문입니다. 하나님 앞에서는 우리가 더 이상 시행착오를 할 필요가 없는 것입니다. 우리가 일단 듣고 이것이 참된 하나님의 말씀이라고 생각될 때에는 그 자리에서 덤벼들어서 그 말씀을 자기 것으로 만들어 버려야 하는 것입니다. 예를 들어서 어떤 사람이 아주 오래 기다렸던 좋은 물건이 가게에 드디어 나와 있는 것을 보게 되었을 때, 모르는 사람은 이리 따져 보고 저리 따져 보면서 쉽게 덤벼들지 않지만 그 가치를 아는 사람은 그 자리에서 덤벼들어 거기에 나와 있는 물건을 한꺼번에 다 사버리는 것과 같습니다.

예수님께서는 천국은 마치 어떤 사람이 감춰진 보물을 찾은 것과 같다고 하셨습니다. 어떤 사람이 다른 사람 밭에서 일을 하다가 밭에 보화를 발견하게 되었을 때 재산을 다 팔아서 그 밭 자체를 사버린 것입니다. 왜냐하면 그

밭을 사야 그 보화를 자기 것으로 만들 수 있기 때문입니다. 어떤 진주 장사는 세상에서 가장 귀한 진주를 보게 되었을 때 자기 재산을 다 팔아서 그 진주를 샀다고 말씀하셨습니다. 그런데 여기에 하나님의 말씀이 가지는 놀라운 비밀이 있습니다. 우리가 어디서나 흔하게 들을 수 있는 하나님의 말씀은 마치 어린아이들이 먹는 젖과 같은 하나님의 말씀입니다. 그러나 어른들은 젖만 먹어서는 힘을 낼 수가 없습니다. 어른들이 무거운 짐을 나르거나 어떤 큰 힘이 드는 일을 하려고 하면 젖만 먹어서는 안 되고 육류나 밥을 먹어야 합니다. 마찬가지로 우리가 젖을 먹은 후에는 더 힘을 내게 하는 하나님의 말씀을 찾아가야 하는데, 이것이 그렇게 어려운 것입니다. 우리가 더 깊이 있는 하나님의 말씀을 먹으려고 하면 많은 대가를 지불해야 하고, 세상의 많은 것을 희생을 해야 겨우 얻을 수 있습니다. 우리가 아주 깊이 있는 하나님의 말씀을 가지려고 하면 이것은 마치 깊은 땅 속에 들어있는 보물을 캐내는 것보다 더 어렵고 힘 드는 일인 것입니다. 우리는 길에서 소리치는 사람을 통해서 하나님의 말씀을 들었고, 성문에서 나누어주는 사람을 통해서 하나님의 말씀을 들었는데, 더 깊이 있는 하나님의 말씀을 들으려고 해보니 그것이 쉽지 않은 것입니다. 그 말씀을 찾으려고 하면 다른 것은 다 포기하고 그 말씀을 찾아서 나서야 하는 것입니다.

10-11절 "너희가 은을 받지 말고 나의 훈계를 받으며 정금보다 지식을 얻으라. 대저 지혜는 진주보다 나으므로 무릇 원하는 것을 이에 비교할 수 없음이니라."

바로 이 말씀이야말로 하나님의 말씀이 가지는 아이러니입니다. 처음에는 지혜자들이 성문이나 사거리에서 하나님의 말씀을 나누어주어서 하나님의 말씀에 눈을 뜨게 되었습니다. 그리고 하나님의 말씀이 진리라는 것을 알게 되었습니다. 여기서 진리라고 하는 것은 내가 걸어가야 하는 길을 말합니다.

우리가 이 사막과 같은 세상에서 생명 있는 곳으로 가려고 하면 하나님의 말씀을 따라가야 하는 것입니다. 그런데 더 단단하고 깊이 있는 하나님의 말씀은 더 이상 사거리나 성문에서 들을 수 없는 것입니다. 이제 이 하나님의 말씀을 가지려고 하면 비싼 대가를 지불해야 하는데 지혜자는 은을 받지 말고 하나님의 말씀을 받으라고 말씀하고 있습니다. 그리고 정금을 받지 말고 하나님의 지식을 얻으라고 말씀하고 있습니다. 이것은 우리가 과연 하나님의 말씀을 얻으려고 하면 세상의 은이나 금이나 세상의 좋은 것들을 희생할 각오를 해야 한다는 뜻입니다.

그런데 여기에 진주가 나옵니다.

11절 "대저 지혜는 진주보다 나으므로"

진주라고 하는 것은 돌 같은 것을 조개가 품고 있으면서 액을 내어서 보석으로 만든 것입니다. 우리가 하나님의 지혜를 어디서 얻을 수 있을까요? 이것은 그냥 쉽게 얻어지지 않습니다. 하나님의 백성들이 하나님의 말씀에 헌신이 되어 모여서 하나님의 말씀을 품고 이 말씀을 마치 조개가 돌을 가지고 진주를 만들 듯이 보석으로 만들어내야 하는 것입니다. 이것은 금이나 은도 마찬가지입니다. 성경은 마치 금이 들어있는 광산과 같습니다. 광부들은 그 산을 찾아서 광맥을 찾고 땅을 파고 들어가야 합니다. 그런데 그 광맥의 입구가 교인들이 모여서 드리는 예배인 것입니다. 그리고 그 안에 우리가 가진 최고의 기구들을 사용해서 하나님의 말씀을 해석해 들어가야 합니다. 그리고 캐낸 말씀은 여전히 원석에 불과합니다. 우리가 이 말씀들을 자신의 형편에 맞게 갈고 닦아서 적용할 때 보석이 되는 것입니다.

12절 "나 지혜는 명철로 주소를 삼으며 지식과 근신을 찾아 얻나니"

지혜는 자기 주소를 가르쳐주고 있습니다. 자기 주소는 명철이라고 말합니다. 이 말은 지혜는 명철과 같이 있다는 뜻입니다. 지혜가 좀 더 원론에 가까운 말씀이라면 명철은 우리의 삶 가운데 적용되어 삶의 지혜가 된 것을 말합니다. 그래서 하나님의 말씀은 성경 진리와 그것을 생활 가운데 적용하는 지혜가 언제나 함께 있는 것입니다. 우리가 하나님의 말씀을 듣고 은혜를 받을 때 성령님은 쉴 새 없이 우리에게 작은 음성으로 우리가 행해야 할 것을 가르쳐주시는 것입니다. 그런데 이 세상을 살다보면 이 작은 지혜가 얼마나 우리에게 필요하고 중요한지 모릅니다. 왜냐하면 우리가 성경만 본다면 자녀에게 어느 학교로 진학하라는 말씀이 없습니다. 또 청년들에게도 어떤 친구를 사귀고 어떤 식으로 미래를 준비하라는 말씀이 없습니다. 그런데 우리가 하나님의 말씀을 듣고 은혜를 받으면 성령님께서 우리가 구체적으로 해야 할 일을 가르쳐주시는데, 사실 그것 때문에 위기에서 벗어나기도 하고 실수를 만회하기도 하며 어떤 때는 침체에서 벗어나기도 하는 것입니다. 그런데 그렇게 되려고 하면 지식과 근신을 찾아서 얻어야 한다고 했습니다. 우리가 가만히 있다고 해서 누가 밥을 먹여주는 것이 아니라 자기 자신이 하나님의 말씀을 적극적으로 먹어야 하고 근신을 해야 합니다. 이 근신이라고 하는 것은 자기 자신을 훈련시키는 것을 말합니다. 자신의 지성이나 감정이나 경건을 훈련시켜야 합니다. 우리는 하나님의 말씀을 가지고 생각하는 훈련을 해야 합니다. 요즘은 사람들이 거의 남의 말을 듣지도 않고 말도 되지 않는 자기 주장을 가지고 떼를 쓰는 것을 많이 보게 됩니다. 그것이 바로 지성이 죽은 것입니다. 그런데 하나님의 백성들은 하나님의 말씀을 가지고 어마어마한 세계를 생각해 낼 수 있습니다.

예를 들어서 예수님께서는 죽은 사람이 어떻게 되느냐 하는 문제를 가지고 '아브라함의 하나님 이삭의 하나님 야곱의 하나님' 이라는 성경 말씀으로 대답을 하셨습니다. 하나님은 죽은 자의 하나님이 아니라 산 자의 하나님이

시기 때문에 하나님 앞에서는 아브라함이나 이삭이나 야곱도 다 살아 있는 것이라는 말씀입니다. 우리가 하나님의 말씀을 들을 때 우리의 지성이 백배나 천배 이상 커지게 됩니다. 우리는 이것을 훈련시켜야 합니다. 우리는 하나님의 말씀을 가지고 모든 것을 다 볼 수 있도록 스스로를 훈련시켜야 합니다. 아무리 작은 하나님의 말씀이라 하더라도 어마어마한 하나님의 뜻을 찾아내는 훈련을 해야 합니다. 그리고 우리는 감정을 훈련시켜야 합니다. 우리 감정은 반항적이고 저질스러우며 고약할 때가 많습니다. 그런데 우리의 이 사악하고 유치한 감정에 성령의 생수가 부어져서 깨끗한 감정이 되게 하고 아름답고 정직한 감정이 되게 해야 합니다. 우리는 악한 것을 악하다 하고 아름다운 것을 아름답다고 해야 합니다. 말도 되지 않게 거짓말하고 핑계 대는 간사한 감정을 뒤집어서 아름다운 것으로 바꾸어야 합니다. 그리고 우리는 경건을 훈련시켜야 하는데, 이것은 자꾸 우리 자신을 하나님께 일치시키는 것입니다. 옛날에 우리는 할 수 있으면 하나님의 눈이 보이지 않는 곳에서 죄를 지으려고 했으나, 이제는 기도와 복종으로 자꾸 하나님께 일치시켜야 합니다. 그러면 우리는 하나님의 능력을 수시로 내 것처럼 사용할 수 있는 능력 있는 크리스천이 됩니다.

> 13절 "여호와를 경외하는 것은 악을 미워하는 것이라. 나는 교만과 거만과 악한 행실과 패역한 입을 미워하느니라."

참된 하나님의 지혜는 하나님을 두려워하는 지혜입니다. 여기서 우리가 하나님을 경외한다는 것은 하나님을 그냥 공포심으로 두려워하거나 사랑하지 않는다는 뜻이 아닙니다. 우리가 하나님을 아는 것에는 반드시 감정이 동반됩니다. 하나님을 아는 지혜는 깨끗하고 감동적이며 하나님의 사랑을 깊이 느끼는 감동을 동반하게 되는데, 이것보다 더 귀한 축복은 없습니다. 사람은 너무나도 아름다운 사랑을 하거나 받게 되면 크게 감격스러워서 울게 됩니다. 우리가 하나님의 말씀을 듣고 은혜를 받을 때 거기에는 조금이라도 사악하거나 거짓된 것이 없는 순수하게 아름다운 사랑과 감격의 감정을 느끼게 됩니다. 그런데 바로 이런 감정이 하나님을 경외하는 것이며 이것이야말로 우리를 이 세상에서 가장 존귀하고 아름답게 만듭니다. 우리가 하나님을 한번 알고 난 후에는 이런 감정을 더럽히거나 빼앗기는 것을 원치 않습니다. 그러나 우리 안에는 여전히 타락한 본성이 있어서 더럽고 추악한 것을 사랑하기 때문에 하나님을 향한 깨끗한 사랑을 더럽힐 때가 많습니다. 그때마다 우리는 너무나도 하나님 앞에서 부끄럽고 후회스러워서 더 이상 세상의 더러운 감정을 사랑하지 않고 하나님의 사랑을 회복하려고 합니다. 이것이 우리가 회개하는 것인데, 우리는 하나님의 사랑 때문에 자꾸 죄를 미워하고 멀리하며 자신이나 다른 사람들의 타락한 감정에 속지 않으려고 애를 쓰게 됩니다.

3. 하나님의 지혜가 주는 유익

우리가 하나님의 깊이 있는 말씀을 먹기 위해서는 세상의 은이나 금이나 진주까지 포기해야 한다는 것을 알았습니다. 그러면 과연 하나님의 말씀을 가지게 되었을 때 우리에게 주어지는 유익이 무엇일까요? 가장 중요한 것이 내면적인 유익입니다. 우리가 우리 속을 하나님의 말씀으로 채웠을 때 우리 자신의 가치가 말로 표현할 수 없는 보석이 됩니다. 비록 세상의 돈이나 명예나 이익을 못 가졌더라도 우리 자신이 자기 몸무게만큼이나 비싼 보석이 되어 있다는 사실을 모를 때가 많습니다. 만약 우리 몸만한 다이아몬드나 금덩이나 은덩이나 루비나 사파이어나 진주의 가격은 얼마나 될까요? 그 가치는 아마 수천억 원이나 수조 원을 넘을 것이고 아예 세상에는 이런 보석 자체가 존재하지 않을 것입니다. 그러나 우리가 속을 하나님의 말씀으로 채울 때 우리는 이미 보석이 되어 있습니다. 그런데 우리는 장식용 보석이 아니고 살아서 움직이는 보석입니다. 그런데 하나님께서 이 보석 같은 우리들을 위해서 먹을 것이나 입을 것을 주시지 않으시겠습니까? 예를 들어서 보석이 중요합니까, 보석을 넣는 케이스가 중요합니까? 하나님 앞에서 우리가 보석으로 만들어지기만 하면 하나님은 우리를 담을 상자는 얼마든지 만들어주시는 것입니다.

이스라엘 백성들과 광야에서 하나님의 말씀으로 만들어졌을 때 하나님께서는 그들이 수고하지 않은 밭을 주시고 그들이 심지 않은 과일 나무를 주시며 그들이 파지 않은 우물과 그들이 짓지 않은 성과 집을 주시겠다고 하셨습니다. 우리가 이 세상을 살아갈 때에 인간의 머리로 능히 예측할 수 있는 어려움이 있는가 하면, 아무리 머리 좋은 사람이라 하더라도 사람의 머리로는 예측할 수 없는 어려움이 있습니다. 이렇게 사람이 예측할 수 없는 어려움을 통하여 하나님은 이 세상에 개입을 하십니다. 그런데 인간의 지혜를 믿는 자들은 바로 이런 예측할 수 없는 위기에 다 걸려 넘어지거나 망하는데, 우리 믿는 자들은 오히려 그런 위기를 통하여 더 복을 받게 됩니다. 여기서 사람들의 승패는 다 갈라지게 되는 것입니다.

특히 사람이 성공하고 난 후에는 더 이상 목표가 없기 때문에 반드시 죄가 찾아오게 됩니다. 인간이 가장 짧은 시간에 가장 행복을 느낄 수 있는 것은 죄밖에 없기 때문입니다. 그러나 하나님의 백성들은 죄가 가지고 있는 사악한 잔꾀가 거짓된 속임수임을 알기 때문에 죄에 쉽게 빠지지 않습니다. 사람이 성공한 자리는 너무나도 미끄러운 자리이고, 거기서 한번 미끄러지면 다시 비참한 밑바닥까지 굴러 떨어지게 됩니다. 그런데 하나님의 백성들은 하나님의 말씀을 붙들기 때문에 그 미끄러운 자리에 있어도 넘어지지 않고 잘 감당할 수 있습니다. 하나님의 지혜는 하나님의 종들에게 도락을 줍니다.

14절 "내게는 도략과 참지식이 있으며 나는 명철이라. 내게 능력이 있으므로"

여기서 참 중요한 것이 '도략'이라는 것입니다. '도략'이라고 하는 것은 전쟁을 할 때 이길 수 있는 비법을 말합니다. 하나님께서는 하나님의 말씀을 가지고 있는 자에게 적의 전략을 꿰뚫어 볼 수 있는 지혜를 주십니다. 우리가 이 세상에서 살아남으려고 하면 다른 사람을 이길 수 있는 무기가 있어야 하는데 하나님은 그런 지혜를 주십니다. 세상 사람들처럼 자기를 과시하는 지혜가 아닙니다. 오히려 이것은 실용적인 지혜입니다. 이스라엘 백성들이 블레셋과 싸울 때 사울은 정규 부대를 가지고도 고전을 했지만 다윗은 물맷돌만 가지고도 골리앗을 쳐 죽일 수 있었습니다. 삼손 때 이스라엘 백성들은 수천 명의 군사를 가지고도 블레셋에 종 노릇 하고 있었지만 삼손은 여우 삼백 마리로도 블레셋을 혼낼 수 있었던 것입니다. 결국 우리는 하나님의 지혜가 있어야 세상에서 성공할 수 있습니다. 그런데 참 지식이 있다고 했습니다. 이것은 그때그때마다 이랬다저랬다 하는 처세술이 아니라 한번 정하면 끝까지 나아갈 수 있는 지식이고 능히 어려움을 풀 수 있는 열쇠를 가진 지식입니다. 그리고 '나는 명철이라'고 했습니다. 이것은 실제로 현실 가운데서 답을 아는 지혜인 것입니다. 수학 문제를 풀 때 답을 아는 것과 답을 모르는 것 사이에는 엄청난 차이가 있습니다. 그런데 우리는 때때로 답은 아는데 풀이과정을 모를 때가 있습니다. 그것은 아직 하나님께서 우리에게 풀이를 보여주시지 않으셨기 때문입니다. 그러나 우리는 답은 알고 있습니다. 그러니까 당황해하거나 두려워할 필요가 없는 것입니다. 결국 우리가 가진 지식은 왕이나 장관이나 재판관이나 모든 사람에게 다 통하게 됩니다.

15-16절 "나로 말미암아 왕들이 치리하며 방백들이 공의를 세우며 나로 말미암아 재상과 존귀한 자 곧 세상의 모든 재판관들이 다스리느니라."

우리가 처음에 하나님의 말씀을 배울 때에는 세상의 원리도 모르고 하나님의 지혜도 몰라서 천하에 바보가 될 때가 많습니다. 그런데 나중에 하나님의 지혜에서 성숙하게 되면 모든 진리가 서로 통한다는 것을 알게 됩니다. 하나님의 지혜를 가지고 정치를 보면 정치도 보이고 경제도 보이고 세상 학문도 보이는 것입니다. 놀라운 것은 세상의 그 머리 좋은 사람들이 결정적인 순간에 가장 중요한 것을 보지 못하는 것입니다. 그래서 우리가 하나님의 지혜를 가지고 공부를 하고 사업을 하고 정치를 하는 것이 그렇지 않은 것보다 훨씬 높은 수준에서 이 모든 것을 다룰 수 있게 됩니다. 세상 사람들은 처세술로만 무장이 되었기 때문에 주로 진흙탕에서 물어뜯고 싸우는 것을 좋아합니다. 그러나 하나님의 지혜는 이런 사람들보다 수준이 훨씬 높기 때문에 물리지 않는 곳에서 맹수들을 다룰 수가 있는 것입니다. 그런데 지혜는 다시 우리를 초청하고 있습니다.

17절 "나를 사랑하는 자들이 나의 사랑을 입으며 나를 간절히 찾는 자가 나를 만날 것이니라."

여기서 이미 하나님의 지혜는 자신을 의인화하고 있습니다. 이 세상에서 하나님의 지혜를 가지는 것이 최고 성공이고 사는 길인데, 그렇게 하려면 하나님의 지혜를 사랑해야 합니다. 여기서 하나님의 지혜를 사랑하려면 가장 먼저 그 가치를 알아야 합니다. 그런데 유감스럽게도 하나님의 백성들이나 하나님의 종들이 세상에 바람이 나서 말씀을 케케묵은 것으로 생각하고 가치를 인정하지 않는 것입니다. 오히려 하나님의 백성들이 세상 인간의 지혜를 더 좋아하고 따라가는데 그것이 자기 자신을 바꾸지 못합니다. 그리고 죄와 교만을 이기지 못하고 하나님의 사랑을 받을 수 없습니다. 우리가 하나님의 지혜의 가치를 안다면 그 지혜를 간절히 찾아야 합니다. 세상에서 가지고 싶은 것을 다 가지고 누리고 싶은 것을 다 누린 후에 하나님의 지혜를 찾는다면 지혜 자체가 그 사람을 거부할 것입니다. 하나님의 지혜는 인격을 가지고 있어서 자기를 좋아하는 사람을 알고 또 자기를 업신여기는 자들을 압니다. 그래서 하나님의 말씀을 좋아하는 자는 그 말씀 하나하나가 송이 꿀같이 맛이 있는데 말씀을 업신여기는 자는 말씀 하나하나가 자기를 치는 말씀으로 들리기 때문에 말씀을 들을수록 실망하게 되고 화가 나서 결국 집어치우게 되는 것입니다. 이것이 바로 사도 바울이 말한 것처럼 자기 밥상에 올무가 되는 것입니다(롬 11:9). 밥을 먹어야 하는데 손에 올무가 있어서 먹을 수가 없는 것입니다. 말씀을 들으면 들을수록 화가 나서 견디지 못하는 것입니다. 그가 마음 안에 반역적인 본성을 가지고 들어서 그런 것입니다. 그런데 결국 하나님의 지혜를 가진 자는 많은 부를 가지게 됩니다. 그리고 이런 사람은 존귀한 자리에 올라가게 됩니다. 하나님께서 이 사람을 사랑하셔서 자꾸 좋은 것을 주시기 때문입니다.

18절 "부귀가 내게 있고 장구한 재물과 의도 그러하니라."

하나님께서는 속사람이 말씀으로 가득 찬 사람에게 높은 지위를 주십니다. 왜냐하면 하나님의 말씀을 속에 가득 넣은 사람은 세상적으로 실력이 있기 때문입니다. 하나님의 말씀이 소화되고 나면 세상의 공부나 사업하는 것이 그렇게 쉬울 수가 없습니다. 그런데 아무리 돈을 벌어도 죄에 빠지지 않기 때문에 망하지 않습니다.

19-21절 "내 열매는 금이나 정금보다 나으며 내 소득은 천은보다 나으니라. 나는 의로운 길로 행하며 공평한 길 가운데로 다니나니 이는 나를 사랑하는 자로 재물을 얻어서 그 곳간에 채우게 하려 함이니라."

이 세상의 복은 모래와 같아서 오래 붙들고 있을 수가 없습니다. 그래서 한때는 아무리 유명하고 잘 나가던 사람들도 오래가지 않아서 실패하는 경우가 많습니다. 그러나 하나님의 지혜는 시멘트와 철근 콘크리트이기 때문에 한번 부어지기 시작하면 건고한 성이나 다리나 댐같이 만들어지게 됩니다. 그래서 이것은 금이나 은과 비교되지 않습니다. 하나님께서는 우리에게 복을 주시되 영원히 망하지 않는 복을 주시려고 하십니다. 우리에게 세상의 길로 가지 않게 하시며, 세상의 복부터 주시지 않고 하늘의 지혜부터 가지게 하시는 것입니다. 결국 하나님을 사랑하는 자는 재물에도 복을 얻어서 곳간을 가득 채우게 됩니다. 그러나 이런 부자는 결코 나쁜 부자가 아닙니다. 이것은 하나님의 지혜에 대한 보너스로 주신 것이기 때문에 오히려 우리를 더 풍성하게 하고 아름답게 만드는 하나님의 축복인 것입니다.

이 세상에서 참으로 지혜로운 선택은 세상에 있는 것을 붙들고 부자가 되는 것이 아닙니다. 세상의 정욕에 빠져서 일시적으로 행복한 것 같지만 인생을 망치는 것이 아니라 하나님의 말씀을 들어서 하나님의 말씀으로 자기 속을 채우는 자들입니다. 우리 모든 성도들이 하나님 앞에서 위대한 보석 같은 분들이 다 되시고 자녀들이 세상에서 존귀한 자들이 되기를 바랍니다.

11 · 하나님의 지혜의 뿌리

잠 8:22-36

얼마 전에 유럽에 있는 아일랜드에서 화산이 폭발하는 바람에 거의 유럽 전체 하늘에 화산재가 퍼져서 대부분의 비행기들이 하늘을 날지 못하고 공항에 발이 묶이는 사고가 생겼습니다. 우리가 생각하기에 비행기라고 하는 것은 인간의 지혜나 기술의 최고 수준의 결정체라고 말할 수 있을 것입니다. 도대체 인간들의 지혜나 기술이 얼마나 좋은가 하면, 그 많은 사람들을 하늘 꼭대기까지 데리고 가서 새보다 훨씬 빠른 속도로 원하는 곳으로 데리고 가서 땅에 사뿐히 내려놓을 수 있을 정도입니다. 그런데 이 놀라운 인간의 지혜가 화산 폭발이라고 하는 자연현상에 의해서 완전히 다 마비되고 마는 것입니다. 우리가 이런 것을 보면 인간의 지혜는 아주 아기자기한데 비하여 자연은 웅장하고 그 힘이 위력적인 것을 알 수 있습니다. 인간의 지혜는 자연의 원리를 찾아서 응용한 것에 불과한 것이지 결코 자연을 이길 수는 없는 것입니다. 예를 들어서 우리가 어느 산에서 금맥을 찾았다고 합시다. 그런데 어떤 금맥은 파고 들어가니까 그 뿌리가 깊지 못해서 얼마 가지 않아서 바닥이 드러나고 마는 금맥이 있을 것입니다. 그런데 어떤 금맥은 파고 들어갈수록 점점 더 그 맥이 굵어지고 깊어지는데 나중에는 땅 속에 있는 금덩어리의 본질까지 파고 들어가게 된다면 그것은 정말 어마어마한 금맥을 찾은 것입니다.

오늘 성경 말씀은 우리 인간에게는 두 가지 지혜가 있다고 말씀하고 있습니다. 하나는 인간의 지혜이고 다른 하나는 하나님의 지혜입니다. 우리 인간의 지혜란 우리 인간들이 이 세상에 살면서 생각하고 경험하고 연구한 것을 모아놓은 것입니다. 우리 인간의 지혜가 얼마나 대단한가 하면 하버드 대학이나 옥스퍼드 대학의 도서관 같은 데 가보면 수백만 권의 책이 있는 것을 볼 수 있을 것입니다. 그것이 모두 인간의 지혜를 다 모아놓은 것입니다. 그리고 수많은 학생들이 유치원에서부터 시작해서 대학이나 대학원에 이르기까지 배우는 것들도 모두 다 인간의 지혜입니다. 아마 누구든지 이 인간의 지혜만 통달한다 하더라도 최고의 지혜자라는 소리를 들을 수 있을 것입니다. 노벨상을 탄 학자들이 하는 말이, 노벨상을 타기만 하면 사람들은 이 사람들을 세상에서 모르는 것이 없는 사람인 것처럼 인정하려고 한다는 것입니다. 그러나 이 세상에는 또 다른 지혜가 있습니다. 그것은 바로 하나님의 지혜인데 하나님의 지혜는 겉으로 보기에는 별 것 아닌 것 같은데 조금 속을 파고 들어가 보면 화산을 뚫고 바다나 하늘을 뚫고 하나님에게까지 나아가는 지혜인 것입니다.

예를 들어서 아이들이 아무리 똑똑하고 재능이 있다 하더라도 어른들은 그 아이가 태어날 때 어떻게 태어났으며 자랄 때 어떻게 자랐다는 것을 다 알 것입니다. 우리는 우리 주위에서 조카들이나 교인의 자녀들이 태어나는 것을 많이 보게 됩니다. 그런데 어느새 이 아이들이 자라서 고등학생이 되고 대학생이 되어도 우리는 그 아이들이 처음 태어나서 자랄 때까지 모든 과정을 옆에서 다 지켜보았기 때문에 그 아이들의 시작부터 현재까지의 모든 것을 다 알고 있습니다. 마찬가지로 하나님의 지혜는 이 세상이 처음 만들어지기 전부터 또 우리 한 사람 한 사람이 만들어지기 전부터 우리를 알고 지켜보고 있었기 때문에 우리 인간 전체를 완전히 알고 이해하고 있습니다. 그래서 인간의 지혜가 아무리 날고 뛰는 뛰어난 지혜라 하더라도 하나님의 지혜 앞에서는 손바닥 위에 놓인 물건밖에 되지 못하는 것입니다.

잠언 8장 22절 이하의 말씀은 하나님의 지혜의 근본 뿌리를 말씀하고 있습니다. 하나님의 지혜는 언제부터 있었으며 또 무엇을 만드는 데 관여했으며 지금 우리에게 어떤 영향을 주느냐 하는 것입니다. 그런데 잠언 8장 22절 이하의 말씀을 이해하는 데 가장 큰 어려움은 과연 이 지혜가 제이위 하나님 즉 성자를 설명하는 말씀이냐 하는 것입니다. 우리가 보기에는 이 말씀이 거의 제이위 하나님이신 그리스도를 설명하는 것 같습니다. 그럼에도 불구하고 아직 구약 시대에는 제이위 하나님의 존재는 감추어진 존재였습니다. 그래서 이 본문 말씀이 반드시 제이위 하나님을 설명하는 말씀이라고 단정할 수가 없습니다. 단지 하나님의 지혜가 성경 말씀과 거의 대등하게 우리에게 소개되고 있고, 이 지혜가 제이위 하나님 안에 충만하셨던 것입니다. 때때로 우리는 세상 지혜를 많이 가져야 세상에서 인정도 받고 돈도 많이 버는데 하나님의 지혜만 배우는 것이 무슨 소용이 있을까라는 의심이 생길 때가 있을 것입니다. 그런데 사실 우리가 하나님의 말씀을 제대로 파고 들어가지 못해서 그렇지 우리가 하나님의 말씀을 제대로 파고 들어가기만 하면 하나님의 창조의 능력과 그것을 넘어서는 지혜에까지 이르게 되는 것입니다.

1. 하나님의 지혜의 근본

우리는 보통 하나님의 지혜라고 하면 '전지전능'이라는 말을 사용합니다.

하나님은 모든 것을 한 순간에 다 알고 계시며 이 세상에 있는 것을 통달하시는 지혜인 것입니다. 다시 말해서 하나님은 그 놀라운 통찰력으로 이 세상에 있는 것 중에서 모르는 것이 없으십니다. 그러나 하나님의 지혜를 단순히 직관력이나 통찰력으로 생각하는 것은 하나님의 지혜를 너무나도 모르고 있는 것입니다. 하나님께서는 온 우주와 세상을 만드시기 전에 이미 하나님의 지혜라는 것을 만들어 놓으셨습니다.

22절 "여호와께서 그 조화의 시작 곧 태초에 일하시기 전에 나를 가지셨으며"

여호와께서는 이 세상에서 우주를 만드시기 전 즉 태초의 시간에 '나'를 가지셨다고 말하고 있습니다. 일단 신약의 지식을 가진 우리는 여기서 말하는 '나'에 대하여 제이위 성자 하나님으로 생각하고 싶은 마음이 간절할 것입니다. 그러나 아직 잠언에서 제이위 하나님의 존재에 대해서 말하는 것은 시기상조인 것 같습니다. 그것은 어디까지나 신약시대 우리들의 사고방식이지 아직 이 시대 사람들에게는 성부 하나님 외에 또 다른 하나님을 이해할 수 있는 준비는 되어 있지 않은 것 같습니다. 그렇다면 여기서 말하는 '나'라고 하는 것은 그야말로 세상의 지식과는 다른 하나님의 지혜를 말하는 것입니다. '그 조화의 시작'이라고 했는데 '조화'라고 하는 것은 하나님의 행동을 의미합니다. 하나님께서 이 세상에서 어떤 행동을 시작하시기 전에 그 태초의 시간에 이미 '나'를 가지신 것입니다. 여기서 '나를 가졌다'고 할 때 '가졌다'는 것도 히브리어로 '카나'라고 해서 '소유하다' '낳다' '만들다'라는 다양한 뜻으로 해석할 수 있습니다. 그래서 우리 번역에서는 가장 부드러운 의미인 '가지셨다'고 번역을 하고 있습니다. 그런데 어떤 학자는 '낳다'가 더 좋은 번역이라고 합니다. 산모가 고통 가운데 아기를 해산하듯이 하나님께서도 아주 고심을 하시고 연구를 하셔서 지혜를 만드신 것입니다.

무슨 뜻인가 하면 하나님께서는 이 세상을 창조하시고 인간들을 만드시고 천사들을 만드실 때 그냥 만드신 것이 아니라 미리 이 창조의 특성 하나하나에 대하여 연구를 하셔서 어떤 원리를 만드시고 어떤 성격을 부여할 것인지 깊이 생각하시고 그리고 이 창조의 세계의 실패나 부작용에 대하여 어떻게 할 것인지 완전한 계획을 세우시고 일을 시작하셨다는 뜻입니다. 물론 하나님께서는 이런 계획이나 원리나 지혜 없이도 모든 것을 다 완전하게 하실 수 있지만 그럼에도 불구하고 하나님께서는 하나님의 지혜를 총집결시켜서 어떤 지혜를 만드시고 난 후에 그 원리에 따라서 우주도 만드시고 지구도 만드시고 인간들도 만드시고 우리 인간들을 죄에서 구원하시기도 하시는 것입니다. 그러면 하나님께서 이런 지혜나 원리를 먼저 만드신 이유가 무엇일까요? 하나님께서 그 지혜와 축복을 우리들에게 나누어주셔서 능력 있는 삶을 살게 하시기 위한 것입니다.

23절 "만세 전부터, 상고부터, 땅이 생기기 전부터 내가 세움을 입었나니"

여기서 중요한 것은 하나님의 지혜가 완성된 시기입니다. 하나님의 지혜는 많은 시행착오 끝에 계속 만들어지거나 변하고 있는 것이 아니라 이미 만세 전에 완성되어 있습니다. 여기서 '세움을 입었다' 고 하는 것은 이미 완성이 되어서 확고하게 되었다는 뜻입니다. 우리 인간들의 뜻은 계속적으로 변하고 있습니다. 우리는 앞으로 우리의 생각이나 인간 세상이 어떻게 변할지 아무도 모릅니다. 하나님의 지혜는 이미 만세전에, 상고에, 땅이 생기기 전에 완전한 지식으로 완성되어 있었습니다. 이 하나님의 지혜는 우리 모든 인간들이 태어나고 타락하고 발전해가는 것을 지켜보았습니다. 그래서 우리가 아무리 날고 기는 재주를 가지고 있다 하더라도 하나님의 지혜에 비하면 백만분의 일이나 천만분의 일밖에 되지 않는 것입니다.

24-25절 "아직 바다가 생기지 아니하였고 큰 샘들이 있기 전에 내가 이미 났으며 산이 세우심을 입기 전에, 언덕이 생기기 전에, 내가 이미 났으니"

하나님께서는 세상을 그냥 만드신 것이 아니라 먼저 지혜를 만드시고 그 지혜에 따라서 세상을 만드셨습니다. 이 지혜가 생긴 것은 바다가 생기기 전이었습니다. 그러니까 우리가 보는 바다는 이 지혜에 따라서 만들어진 것입니다. 하나님께서는 바다의 깊이와 바다의 염도와 바다에 생물들이 살 수 있는 조건과 바다의 파도나 밀물이나 썰물 같은 것들이 모두 하나님이 정하신 지혜에 따라서 만들어지게 하셨습니다. 여기 큰 샘이라고 하는 것은 바다 속에 있는 깊은 구덩이를 말하는 것 같습니다. 바다 속에는 우리 인간은 도저히 들어갈 수 없는 깊은 심연이 있습니다. 이런 바다 깊은 곳은 빛도 잘 들어가지 않고 어떤 생명체가 있는지도 잘 알지 못합니다. 하나님은 그 깊은 바다 속을 다 공학적으로 만드셨습니다. 하나님께서는 산을 만드시거나 언덕을 만드실 때에도 그냥 만드신 것이 아니고 어떤 공학적인 원리에 따라서 만드신 것입니다.

26절 "하나님이 아직 땅도, 들도, 세상 진토의 근원도 짓지 아니하셨을 때에라."

하나님께서 지혜를 만드셨을 때에는 땅도 만들어지지 않았고 들도 없었고 흙도 만들어지지 않았을 때였습니다. 우리 인간들이나 식물들은 흙이 없으면 살 수가 없습니다. 일단 흙이 있어야 거기에 식물이 뿌리를 내릴 수 있고 흙이 있어야 농사를 지을 수 있습니다. 그러나 이 세상에는 원래 전부 바위 투성이지 흙은 없었던 것입니다. 그런데 하나님은 흙이라고 하는 것을 생각해 내셨습니다. 왜 잠언 말씀은 이 모든 것이 존재하기 전에 하나님의 지혜가 있었다는 것을 강조하고 있을까요? 하나님의 이 지혜는 창조의 지혜요 능력의 지혜요 무에서 유를 만드는 지혜인 것입니다. 그리고 하나님의 지혜는 한 치의 오차도 없이 이 우주나 지구를 지탱하는 지혜인 것입니다. 하나님께서는 하나님의 백성인 우리가 이 지혜를 가지기를 원하신 것입니다. 우리 인간이 가지고 있는 지혜는 하나님이 만드신 흙 위에 어떤 식물들이 자라며 그 식물들은 어떤 특성이 있으며 어떻게 하면 우리가 돈을 많이 벌 수 있을까 하는 지혜입니다. 그러나 하나님께서는 우리가 그 흙의 근원이 되는 하나님의 지혜까지 파고 들어오기를 원하시는 것입니다. 우리가 과연 그 지혜까지 파고 들어가면 어떻게 될까요? 하늘의 축복과 능력이 우리에게 주어지면서 우리 자신도 이 세상에서 무에서 유를 만드는 삶을 살 수 있게 되는 것입니다. 그런데 이 세상에서 가장 위대한 창조가 무엇일까요? 그것은 하나님의 말씀으로 죽은 영혼들을 살리는 것입니다. 사랑이 없는 곳에 사랑을 만들어내고 소망이 없는 곳에 소망을 만들어내는 것입니다. 도무지 먹고 살 길이 없는 곳에서 참으로 가치 있는 위대한 삶을 사는 것입니다.

2. 하나님의 지혜가 한 것

27절 "그가 하늘을 지으시며 궁창으로 해면에 두르실 때에 내가 거기 있었고"

'그가 하늘을 지으셨다'는 것은 하나님께서 우주 공간을 창조하신 것을 말합니다. 하나님은 어마어마하게 넓은 우주 공간을 만드셨습니다. 하나님은 이 어마어마하게 넓은 우주 공간 가운데 많은 별들을 만드시고 그 중에 '지구'라는 별을 만드셨습니다. 이 지구라는 별은 우주에 있는 수많은 별들 중에서 하나님의 지혜가 퍼부어진 별입니다. 물론 우리는 이 우주 중에서 지구 같은 조건을 가진 또 다른 별이 있는지는 알지 못합니다. 그러나 우리가 알기로는 하나님께서는 이 지구에 하나님의 온갖 정성을 다 쏟으셔서 특별하게 만드시고 여기에 인간이 생존하게 하시며 인간의 구원이 이루어지게 하셨습니다. 하나님께서는 이 지구에 하늘이라는 영역을 만드셨습니다. 하늘은 대기층으로 이루어져 있고 그 안에는 인간을 위시한 생명체들이 숨을 쉴 수 있는 공기층이 있습니다. 그리고 중력이 공기를 끌어당기고 있어서 공기가 흩어지지 않게 하시고 이것이 아래로 내려올수록 점점 더 두터워지게 하셔서 운석 같은 것이 지구에 떨어져도 다 타서 없어져 버리게 하셨습니다. 그래서 우주선이 우주에 나갔다가 다시 들어올 때 가장 어려운 것이 각도라고 합니다. 왜냐하면 우주선의 진입 각도가 조금이라도 벗어나면 우주로 튕겨져 나가버리든지 아니면 너무 빨리 떨어져서 다 타버리기 때문입니다. 하나님은 궁창으로 해면을 에워싸게 하셨습니다. 우리는 이것이 당연한 말인 것 같지만 처음에는 물과 공기가 구분되어 있지 않았습니다. 처음 지구가 만들어졌을 때에는 물과 공기가 구분되어 있지 않았습니다. 물과 공기가 뒤섞여 있는 상태였던 것입니다. 예를 들어서 우리가 물을 끓이거나 혹은 물 안에 공기를 주입하면 물 안에 공기 방울들이 많이 생기거나 물이 부글부글 끓을 것입니다. 그러니까 처음 지구가 생겼을 때에는 하늘과 물이 구별이 없어서 지구 전체가 부글부글 끓고 있었던 것입니다. 그런데 하나님께서는 물이 모두 안정되게 하시고 공기도 물에서 완전히 분리되게 하셔서 이렇게 아름다운 바다와 안정된 하늘이 나타나게 된 것입니다. 그때 '내가' 거기에 있었다고 말하고 있습니다. 여기서 말하는 '나'는 하나님의 지혜를 말하는 것입니다. 하나님의 지혜는 하늘이 만들어지고 물이 만들어질 때 고문의 자격으로 거기에 있었던 것입니다.

28-30절 상 "그가 위로 구름 하늘을 견고하게 하시며 바다의 샘들을 힘 있게 하시며 바다의 한계를 정하여 물로 명령을 거스리지 못하게 하시며 또 땅의 기초를 정하실 때에 내가 그 곁에 있어서 창조자가 되어"

하나님의 지혜는 처음에는 하늘의 구름이 지금처럼 이렇게 안정된 것이 아니었다고 말하고 있습니다. 아마 하늘에 구름이 떠 있는 것이 굉장히 불안정했던 것 같습니다. 하나님께서 하늘에 구름을 띄우려고 하는데 구름이 잘 만들어지지 않았는지 모릅니다. 구름이 하늘에 만들어져야 땅에 비가 내리게 되는데 구름을 만드는 기술이 쉽지 않았던 것 같습니다. 그런데 하나님은 드디어 구름을 만드셔서 지속적으로 땅에 비가 오게 하시는데 성공하셨던 것입니다. 하늘에 수분이 증발되어 구름이 만들어지고 구름이 어느 정도 모여서 비가 되어 땅에 부어지는 것이 상당히 어려운 기술이었던 것입니다. 그리고 바다도 샘이 있는데 여기서 말하는 바다의 샘은 바다의 가장 깊은 구덩이를 말합니다. 그런데 바다 깊은 곳이 처음에는 지금처럼 안정이 되어 있지 못하고 지각이 자꾸 움직였던 것 같습니다. 결국 바다 지층이 움직여서 만들어지는 것이 쓰나미인데, 쓰나미가 자꾸 발생하면 육지는 안정될 수 없습니다. 그런데 누가 감히 그 깊은 바다 속에 들어가서 지층을 단단하게 콘크리트 처리를 할 수 있겠습니까?

몇 년 전에 미국의 멕시코 만에 있는 시추선이 폭발하는 바람에 바다의 땅 속에 있는 석유가 계속 새어나오는 사고가 발생하였습니다. 그러나 파이프가 너무나도 깊은 바다 속에 있기 때문에 감히 사람이 그 안에 들어가서 파이프를 수리할 수는 없었습니다. 그럼에도 불구하고 사람은 뛰어난 공학적인 기술을 사용해서 석유의 유출을 막는데 성공하였습니다. 그런데 하나님은 처음부터 바다 깊은 곳에 있는 지각을 안전하게 하셔서 바닷물이 안정되게 하셨습니다. 이 모든 것에서 하나님의 지혜는 창조자의 역할을 감당했다고 말하고 있습니다. 여기서 하나님의 지혜가 창조자의 역할을 했다고 하는 것은 자신이 직접 창조했다는 뜻은 아니고, 가장 많은 하나님의 지혜가 지구를 만드는데 사용되었다는 뜻으로 생각하면 좋을 것입니다. 하나님께서 세상을 창조하실 때 아무렇게나 즉흥적으로 창조하신 것이 아니라 미리 아주 치밀하게 계획을 하시고 그 계획에 따라서 만드셨는데, 그것이 하나씩 착착 만들어질 때마다 하나님은 너무나도 기뻐하셨던 것입니다.

> 30절 "내가 그 곁에 있어서 창조자가 되어 날마다 그 기뻐하신 바가 되었으며 항상 그 앞에서 즐거워하였으며"

하나님께서는 자신이 미리 설계하시고 계획하신 지혜대로 하나씩하나씩 피조물들이 만들어질 때마다 하나님은 기뻐하셨습니다. 이 모든 피조물들이 하나님의 지혜와 능력을 찬송하며 하나님을 높여드렸기 때문입니다. 그런데 하나님의 창조의 절정은 역시 하나님의 형상을 닮은 사람이 만들어졌을 때입니다.

> 31절 "사람이 거처할 땅에서 즐거워하며 인자들을 기뻐하였었느니라."

하나님께서는 이 세상에 있는 다른 동물들이나 새들이나 곤충들을 만드실 때에도 그냥 아무렇게나 만드신 것이 아니라 하나님의 치밀한 지혜에 따라 만드셨습니다. 그래서 하나님이 만드신 동물들을 보면 하나하나의 개성이 뚜렷한 것을 볼 수 있습니다. 사자는 사자의 캐릭터가 있고 하마는 하마의 캐릭터가 있는 것을 볼 수 있습니다. 그리고 새들도 그 종류가 무수하고 그들이 생존하는 방식이라든지 이동하는 것을 보면 정말 놀라게 됩니다. 예를 들어서 철새들 같은 경우에는 수천 킬로미터를 날아서 이동하는데, 지도가 있는 것도 아니고 레이더가 있는 것도 아닙니다. 하나님은 벌이나 개미나 풍뎅이 같은 곤충들 하나하나를 하나님의 지혜로 만드셨습니다.

그러나 하나님의 지혜의 절정은 인간의 창조였습니다. 하나님은 우리 인간 자체를 특이하고 아름답게 만드셨을 뿐만 아니라 우리 인간들에게 자유

의지를 주시고 지혜를 주셔서 모든 것을 스스로 판단하고 스스로 결정하게 하셨습니다. 하나님의 지혜가 가장 신이 났던 것은 바로 우리 인간들이 사는 땅을 만들 때와 인간들을 만드셨을 때였습니다. 하나님께서 최고의 지혜와 기술을 다 동원하셔서 인간들의 거처를 만드시고 사람을 지으셨기 때문입니다. 그런데 하나님의 지혜가 가장 비참한 실패를 경험한 것이 바로 우리 인간들 때문이었습니다. 하나님의 지혜는 인간들이 이 좋은 환경에서 이 좋은 머리와 자유의지를 가지고 너무나도 아름다운 삶을 살 줄 기대를 했습니다. 그래서 지혜는 인간의 거처에서 기뻐하셨고 인자들을 기뻐하였습니다. 그런데 이상한 일이 일어나고 말았습니다. 우리 인간들은 이 놀라운 하나님의 지혜를 버리고 사탄의 지혜를 배우게 된 것입니다. 사탄의 지혜는 하나님의 창조 세계에서 하나님의 존재를 밀어내고 인간 스스로를 최고로 만드는 것입니다. 인간들은 뛰어난 머리와 자유의지로 하나님의 뜻에 순종하지 않고 자기 정욕과 야망을 위해서 쓴 것입니다. 인간들은 어마어마한 하나님의 축복은 생각하지 아니하고 눈앞에 보이는 것을 서로 가지려고 싸우고 물어뜯고 죽이게 된 것입니다. 하나님의 지혜가 인간에게 이해가 되지 않는 것은 이상한 미신이나 종교들을 많이 만들어서 그것을 가지고 하나님이라고 하면서 절을 하고 제사를 하는 것입니다. 하나님의 지혜가 이해가 되지 않는 것은 인간들이 그 뛰어난 지혜와 능력을 가지고 거의 짐승 같은 수준에서, 어떤 면에서는 짐승보다 더 못하게 살다가 죽는 것입니다. 인간들이 하나님을 거부한 결과는 너무나도 미련하고 너무나도 고집스럽고 너무나도 악한 것이었습니다. 그런데 하나님께서는 이런 인간들을 위해서 다시 하나님의 지혜로 믿음을 주시는 것입니다.

3. 하나님의 지혜의 초청

이제 우리 인간들에게 가장 중요한 것은 이 세상에서 더 성공하거나 더 높아지는 것이 아니라 하나님 앞에서 나 자신의 모습을 되찾는 것입니다. 이것을 위해서 하나님의 지혜는 새로운 역할을 하게 되었습니다. 하나님의 지혜가 전에는 지구와 우주 창조의 지혜로 사용되었다면, 이제는 우리에게 믿음을 주고 새 사람이 되게 하는 지혜가 된 것입니다. 이것은 우주 창조의 지혜보다 훨씬 더 차원이 높은 지혜입니다.

32절 "아들들아 이제 내게 들으라. 내 도를 지키는 자가 복이 있느니라."

여기서 '아들들'이라고 하는 것은 아직 인격적으로 머리가 단단해지지 않은, 나이가 어린 사람들을 말합니다. 이미 머리가 단단해진 사람에게 하나님의 지혜를 가르치려고 하면 그 단단한 것을 깨야 하기 때문입니다. 하나님의 말씀은 씨와 같습니다. 씨가 얼마나 놀라운가 하면 바위 사이에 조그만 틈이 있어도 거기에 들어가서 나무가 자라고 심지어 화산이 터져서 생긴 바위섬에도 흙만 있으면 어떻게 씨가 날아왔는지 모르지만 풀이 생기고 나무가 생기게 됩니다. 씨란 어디든지 흙만 있으면 떨어져 자랄 수 있습니다. 그래서 인간의 마음에도 조그마한 틈만 있으면 하나님의 말씀이 들어갈 수 있습니다. 여기에서 가장 중요한 것은 하나님의 말씀을 듣는 것입니다. 우리에게 하나님의 말씀을 듣는 것보다 더 중요한 것은 없습니다. 하나님의 말씀을 듣는 것은 하나님의 말씀의 씨가 우리 마음에 떨어지는 것이기 때문입니다. 우리가 하나님께 나아가는 것은 불가능합니다. 우리는 모두 죄인이며 하나님으로부터 버림받은 자들이기 때문입니다. 그러나 우리가 하나님의 말씀을 들으면 우리는 새로이 살게 됩니다. 하나님의 말씀이 우리에게 믿음을 주며 죄 용서를 받게 하며 하나님 앞에 나아갈 수 있게 하기 때문입니다. 우리가 하나님 앞에 나아가서 온전한 복을 받는 비결은 오직 하나님의 말씀을 듣는 것입니다.

그리고 '내 도를 지키는 자가 복이 있다' 고 했습니다. 여기서 '내 도를 지킨다' 는 것은 하나님의 말씀의 길을 걷는 것을 말합니다. 이 세상에는 많은 길이 있습니다. 그런데 눈에 보이지 않는 믿음의 길이 있습니다. 우리가 그 믿음의 길을 걸어야 하나님의 복을 받을 수 있습니다. 어떻게 우리가 이 믿음의 길을 걸을 수 있을까요? 우리가 하나님의 말씀을 듣는 순간 우리는 이 믿음의 길에 들어서게 됩니다. 하나님의 말씀을 지속적으로 들을 때 하나님의 말씀은 우리로 하여금 앞으로 가게 합니다. 우리 생각으로는 가만히 있는 것 같은데 어떻게 이것을 앞으로 간다고 말할 수 있을까요? 그것은 우리가 세상을 향해서 가는 것이 아니라 하나님을 향해서 가기 때문입니다. 이스라엘 백성들이 하나님의 말씀을 믿지 않고 자기 멋대로 행동했을 때 그들은 사십 년을 광야에서 돌았습니다. 우리는 우리의 지혜를 의지하지 말아야 합니다. 그것은 하나님의 복을 가져오기 못하기 때문입니다. 우리는 세상의 출세와 성공에 마음이 끌릴 때가 많습니다. 그러나 그것도 하나님이 주시는 선물이기 때문에 우리가 믿음의 길을 가면 하나님은 세상 것도 우리에게 많이 주십니다. 그러나 선물을 본질과 바꾸어서는 안 됩니다.

33절 "훈계를 들어서 지혜를 얻으라. 그것을 버리지 말라."

우리가 하나님의 지혜를 얻는데 걸림돌이 되는 것이 하나님의 말씀은 그 표현이 '훈계' 로 되어 있는 것이 많기 때문입니다. 훈계란 하지 말라고 잔소리하거나 야단치는 것을 말합니다. 사람들 중에서 자기에게 잔소리하는 것을 듣기 좋아하는 사람은 아무도 없을 것입니다. 그런데 하나님의 말씀은 너무나도 평범한 언어로 되어 있고, 또 많은 경우에 욕심과 죄와 교만을 책망하는 말씀으로 되어 있습니다. 자칫 잘못하면 하나님의 말씀에 상처를 입기도 하고 흥미를 잃어버려서 말씀을 멀리하기 쉽습니다. 그래서 하나님 말씀의 맛을 제대로 알려고 하면 한번 인생 밑바닥에 내려가서 하나님의 말씀으로 살아나야 합니다. 우리가 보통 흔히 듣는 하나님의 말씀은 듣기 좋은 말씀이지만 인생 밑바닥으로 내려가면 그 말씀은 정말 절박한 말씀이 됩니다. 하루하루 그 말씀으로 살기도 하고 힘을 내기도 하는 것입니다. 그때 우리는 하나님의 말씀이 살아 있다는 것을 체험하게 됩니다. 하나님의 말씀이 나의 상황을 너무나도 정확하게 말씀하시며 그 말씀대로 이루어지기 시작하는 것입니다. 그리고 그 말씀을 붙들고 기도하면 기도가 이루어지는 것입니다. 그리고 하나님의 말씀을 들으면서 하나님이 직접 나에게 하시는 내 목자의 음성을 듣게 됩니다. 하나님이 나에게서 멀리 계신 것이 아니라 너무나도 가까이 계신 것을 느끼게 되는 것입니다. 이때 우리는 하나님의 말씀을 나의 전부로 삼게 됩니다. 나머지는 모두 부수적인 것에 불과한 것이 됩니다. 이때 우리는 이 하나님의 창조의 지혜를 차지하게 되는 것입니다.

> 34절 "누구든지 내게 들으며 날마다 내 문 곁에서 기다리며 문설주 옆에서 기다리는 자는 복이 있나니"

어떤 사람이 복이 있습니까? 하나님의 문 밖에 서서 문이 열리기만 하면 가장 먼저 들어가서 하나님의 말씀을 들으려고 하는 열심을 가진 자를 말하는 것입니다. 『해리포터』가 아이들에게 선풍적인 인기를 끌고 있었을 때 해리포터 새 시리즈가 나온다고 하면 아이들이 밤새 책방 앞에서 진을 치고 앉아서 책방 문이 열리자마자 달려가서 그 책을 사서 읽었다고 합니다. 또 아이들 중에서 우표 수집을 하는 아이들은 새 우표가 나온다고 하면 새벽같이 우체국으로 달려가서 그 앞에 진을 치고 있다가 새 우표를 구입합니다. 우리가 하나님의 말씀을 들을 때에는 이런 열심을 가지고 들어야 하는 것입니다. 우리는 밤새 하나님의 문 앞에 진을 치고 있다가 문이 열리자마자 쳐들어가서 가장 새로운 말씀을 듣는 자가 되어야 하는 것입니다. 그런 자들에게 하나님의 축복이 가장 먼저 임하기 때문입니다.

35절 "대저 나를 얻는 자는 생명을 얻고 여호와께 은총을 얻을 것임이니라."

하나님의 지혜는 하나님의 말씀 안에 있습니다. 하나님의 지혜를 얻는 자는 생명을 얻습니다. 여기서 생명이라고 하는 것은 하나님이 주시는 아름답고 능력 있고 풍성한 삶을 말합니다. 우리가 이 세상에서 여러 가지로 사는 방법이 있겠지만 하나님의 말씀을 붙드는 것이 아름답게 사는 비결입니다. 죄가 오거나 내가 다른 길로 가려고 하면 하나님의 말씀이 죄를 쫓아내고 나를 바로잡아 주시기 때문입니다. 우리 가족들도 바로잡아 주십니다. 내 힘으로 되지 않는 것에 대하여 전혀 걱정하지 마시기 바랍니다. 하나님께서 모든 것을 아름답게 만들어주시기 때문입니다. 더욱이 하나님의 지혜를 얻은 자는 하나님의 은총을 받게 됩니다. 하나님께서 하나님의 말씀을 사랑하는 자를 가장 사랑하시고 은총을 가장 많이 주시는 것입니다. 그런데 하나님의 지혜가 어디에 가장 많이 들어 있습니까? 하나님의 아들 예수 그리스도 안입니다. 예수 그리스도 안에는 하나님의 지혜와 능력이 충만합니다. 예수 그리스도는 우리 힘으로 도저히 깨달을 수 없는 하나님의 지혜를 직접 가지고 오셔서 우리에게 가르쳐 주셨습니다.

36절 "그러나 나를 잃는 자는 자기의 영혼을 해하는 자라. 무릇 나를 미워하는 자는 사망을 사랑하느니라."

여기서 '나를 잃는 자'는 하나님의 지혜의 가치를 무시해서 버리는 사람을 말합니다. 왜 이 사람들이 하나님의 말씀의 가치를 무시할까요? 하나님의 말씀을 가지고 이 세상에서 성공하는 데 도움이 되지 않는다고 생각하기 때문입니다. 그러나 하나님의 지혜를 잃는 자는 자기 영혼을 해치는 자입니다. 하나님의 말씀이 없으면 자기 영혼을 지킬 수 없고 치료받을 수 없기 때문입니다. 결국 하나님의 말씀을 사랑하지 않는 자는 자기 영혼을 사랑하지 않는 자입니다. 하나님의 말씀을 싫어하고 미워하는 자는 결국 사망을 사랑하는 자입니다. 하나님의 지혜가 없는 사람은 결국 자기 정욕이나 생각대로 행동해 버리기 때문에 결국 모든 것이 파괴적으로 나타나고 맙니다. 하나님의 지혜를 무시하는 자는 죄를 사랑하게 되고 폭력을 사랑하게 되기 때문에 실패하고 멸망하게 되는 것입니다. 이미 우리에게는 하나님의 지혜가 찾아왔고 하나님의 지혜가 열려 있습니다. 이제 더 이상 자기 생각대로 살지 마시고 하나님의 지혜를 파고 들어가서 하나님의 능력을 붙잡으시기 바랍니다.

12 · 지혜의 집 짓기

잠 9:1-18

서울에 있을 때 자주 남한산성에 올라가곤 했습니다. 남한산성에 올라가면 수어장대라고 해서 옛날 군인들이 산성을 지키는 본부에 해당하는 큰 건물이 있고 그 옆에 작은 사당이 하나 있습니다. 그 사당에는 사연이 있습니다. 옛날 병자호란이 나기 전에 왕은 두 사람의 관리에게 성을 쌓도록 지시를 내렸습니다. 그런데 한 사람은 엉터리로 쌓은 대신에 아주 빨리 성을 쌓아서 왕의 칭찬을 받았는데 비해서, 다른 한 사람은 너무 튼튼히 성을 쌓는 바람에 진도가 느려서 일을 게을리 한다는 모함을 받아서 결국 처형을 당하게 되었습니다. 그런데 나중에 세월이 흐르고 난 뒤에 보니까 엉터리로 성을 쌓은 부분은 다 무너져 버렸는데 처형을 당한 사람이 쌓은 부분은 무너지지 않고 튼튼하게 서 있었습니다. 그때서야 왕과 신하들은 그 사람이 정직하고 충성된 사람인 줄 깨닫고 그의 사당을 만들어주게 된 것입니다.

이 세상에는 두 가지 방법으로 살아가는 원리가 있습니다. 하나는 무엇이 바른 것인지 나름대로 철저하게 찾아서 살아가는 것이고 두 번째는 그렇지 않고 대충 눈에 보이는 성과로 만족하고 살아가는 것입니다. 그런데 우리가 생각하기에는 철저하게 원리를 찾아서 바른 방법으로 사는 것은 너무 시간이 오래 걸리고 효과도 늦기 때문에 대충대충 좋은 결과를 얻는 방식으로 살아갈 때가 많습니다. 그런데 우리에게 위기가 닥치게 되면 대충대충 살아온 방식은 여지없이 실패해서 아무것도 남지 않게 됩니다. 거기에 비하여 철저하게 원리를 찾고 바른 방법으로 살아온 사람은 위기를 이기고 더 크게 성공하게 되는 것입니다.

잠언 9장은 지금까지 잠언에서 나왔던 지혜의 결론으로 생각됩니다. 그리고 잠언 10-24장까지는 그야말로 솔로몬의 지혜의 단편 모음집이라고 말할 수 있는 부분입니다. 그래서 많은 학자나 목회자들은 잠언 10-24장까지는 어떤 논리적인 구조나 체계 없이 좋은 교훈을 모아놓은 것으로 생각하고 있습니다. 그러니까 잠언 9장은 지금까지 말씀되어온 하나님의 지혜의 마지막 결론에 해당하는 내용이라고 볼 수 있습니다. 우리가 이 말씀 안에 들어가기 전에 먼저 알아야 할 것은 이 말씀도 동일하게 하나님의 백성들의 공동체 안에 해당된다는 사실입니다. 잠언 9장을 보면 지혜가 어리석은 사람들을 초청하지만 미련한 여인도 어리석은 사람들을 초청하고 있습니다. 하나님의 백성들 안에는 하나님의 풍성한 지혜와 말씀이 있지만, 하나님의 백성들도 어리석고 미련해서 악한 지혜를 따라가다가 멸망의 길로 가고 마는 것입니다. 우리에게 잘 이해가 되지 않는 것이 바로 이 부분입니다. 어떻게 하나님의 백성들 안에 참된 지혜만 있는 것이 아니라 거짓된 지혜도 있을 수 있을까 하는 것입니다. 그리고 어떻게 하나님을 믿는 자들이 그렇게 거만해서 하나님의 말씀의 책망을 싫어하고 미련한 지혜를 따라갈 수 있을까 하는 것입니다. 그것은 아무리 하나님의 백성이라고 해도 자신이 체험하기 전까지는 참된 지혜의 가치를 모르기 때문입니다. 그래서 하나님의 자녀들 중에서도 오히려 반항적이고 정욕적인 지혜가 더 자기를 행복하게 해줄 줄 알고 따라가다가 결국 멸망에 빠져서 음부 깊은 곳에 빠지고 마는 것입니다.

1. 지혜의 집 짓는 방식

지혜는 사람들을 초청할 때 그냥 초청하는 것이 아니라 완전한 집을 지어서 아예 풍성한 잔치까지 준비를 해서 사람들을 초청하고 있습니다.

1절 "지혜가 그 집을 짓고 일곱 기둥을 다듬고"

지혜는 그냥 있는 것이 아니라 집을 짓습니다. 지혜가 지은 집이 얼마나 튼튼한가 하면 기둥이 일곱 기둥으로 되어 있어서 절대로 무너지지 않습니다. 기둥이 그렇게 많으니까 방도 많고 그 방마다 엄청난 보물이 준비되어 있어서 누구든지 들어가서 마음대로 필요한 보물을 가질 수 있습니다.

2절 "짐승을 잡으며 포도주를 혼합하여 상을 갖추고"

지혜는 사람들을 초청하는데 그냥 오라고 하는 것이 아니라 짐승을 잡아서 많은 음식을 준비하고 또 오래된 독한 포도주를 준비하는데 사람들이 그냥 마시면 취하게 되니까 물을 타서 마시기에 적합하게 만들어서 준비를 해 놓고 초청한 것입니다. 성경에는 지혜로 집을 짓는 이야기가 자주 나오고 있습니다. 예수님께서는 지혜로운 자와 어리석은 자를 집을 짓는 기초에 비유하여 말씀하셨습니다(마 7:24). 예수님은 지혜로운 자는 집을 짓는데 그 기초를 반석 위에 세운다고 했습니다. 지혜로운 자는 무엇보다 집의 기초를 튼튼히 합니다. 거기에 비해서 어리석은 자는 집을 빨리 지을 욕심에 모래 위에 집을 짓는데, 나중에 큰 비가 오니까 반석 위에 지은 집은 그대로 있는데 모래 위에 지은 집은 다 허물어져서 남은 것이 아무것도 없게 되어버리는 것입니다. 여기서 예수님께서 집을 짓는다는 것은 무엇을 의미할까요? 그것은 우리가 자기 인생을 살아가는 것을 말합니다. 어떤 사람은 자기가 왜 이 세상에서 살아야 하며 진정으로 가치 있는 것이 무엇인지 고민하고 찾다가 결국 하나님의 말씀의 가치를 발견하게 되고 그 말씀의 길을 걷습니다. 이런 사람은 이미 길을 찾느라고 고민을 하고 방황하는 바람에 다른 사람들보다 집을 짓는 것이 많이 늦어지게 되었습니다. 또한 그는 하나님의 말씀을 가지고 믿음으로 길을 개척해 나가다 보니까 다른 사람들에 비해서 너무나도 힘이 들고 늦습니다. 그런데 드디어 이 사람은 하나님의 축복의 비결을 알게 되었습니다. 그는 이 비결을 알기만 하는 것이 아니라 점점 더 그 길로 들어가서 이제는 하나님의 축복이나 능력이 더 많이 임하게 되었습니다. 이 사람에게 하나님의 축복은 줄어들지 않습니다. 그뿐만 아니라 하나님은 모든 위험을 하나님이 다 막아주시기 때문에 가면 갈수록 더 많은 능력과 축복을 받게 됩니다. 거기에 비해서 모래 위에 집을 지었다고 하는 것은 이 사람이 이미 세상에 널려 있는 많은 복들을 보고 그것들을 주워 담아서 성공을 한 것입니다. 이 사람은 아주 단시일 내에 성공하게 되었고 돈도 많이 벌게 되었습니다. 그런데 이 사람의 문제는 하나님의 복이 임하게 하는 비결을 모르고 있는 것입니다. 단지 이 사람이 붙들고 있는 것은 오직 이 세상의 지위요 돈인 것입니다. 이런 사람은 위기의 순간을 이기지 못합니다. 결국 세상의 것들만 붙들고 성공했다고 생각하는 사람은 그 기초를 모래 위에 쌓은 사람이기 때문에 어느 순간에 모든 것이 다 무너지게 됩니다. 그래서 예수님은 세상적으로 보기에는 미련한 것 같지만, 실제로 하나님의 말씀을 붙들고 하늘의 복을 가져오게 해서 살아가는 사람이 지혜로운 사람이라고 말씀하셨습니다.

사도 바울은 집을 짓는 비유를 하면서 재료의 비유를 했습니다. 어떤 사람은 집은 짓는데 나무나 풀이나 짚으로 짓고 어떤 사람은 집을 짓는데 금이나 은이나 보석으로 짓습니다(고전 3:12). 그런데 갑자기 집에 불이 붙었는데 나무나 풀이나 짚으로 지은 집은 한순간에 홀랑 다 타버리고 아무것도 남지 않았지만, 금이나 은이나 보석으로 지은 집은 불에 타지 않고 그대로 남아 있다고 말씀했습니다. 여기서 사도 바울이 말하는 집은 하나님의 성전인 교회를 말하는 것입니다. 나무나 풀이나 짚으로 성전을 지었다고 하는 것은 인간적인 가르침과 방법으로 빨리 부흥을 시킨 것을 말합니다. 요즘도 우리나라 교회들이 교인들에게 바른 진리를 가르쳐서 부흥을 일으키기보다는 여러 가지 성경적이지 않은 전도 방법이나 헌금 방법으로 큰 예배당을 지어서 성공하는 예들을 많이 볼 수 있습니다. 그러나 이것은 좋은 재료로 성전을 짓는 것이 아닙니다. 하나님의 성전을 바르게 짓는 방법은 하나님의 말씀을 설교함으로 한 사람 한 사람이 은혜 받고 변화되어서 부흥이 일어나는 것입니다. 하나님은 그런 교회에 하나님의 모든 능력과 축복을 다 맡기십니다. 우리가 보기에 겉으로 나타나는 부흥은 비슷한 것 같고 오히려 인간적인 방법을 쓴 부흥이 더 성공적이고 멋진 부흥인 것 같지만 하나님 앞에서는 별 가치가 없는 것입니다.

우리는 여기서 하나님의 지혜에 대하여 몇 가지 특징을 생각해 볼 수 있습니다. 일단 우리가 성경을 보면 하나님의 지혜가 모든 것이 부족함이 없도록 풍부하게 준비를 해놓고 사람들을 초청하고 있는 것 같지만 실제로는 그렇지가 않다는 사실입니다. 예를 들어서 기둥이 일곱 개나 있는 큰 집에서 산더미같이 맛있는 음식을 많이 준비해놓고 사람들을 초청하는데 오지 않을 사람은 아무도 없을 것입니다.

하나님의 지혜가 사람들을 초청하는 데 몇 가지 전제가 있습니다. 첫째는 하나님의 지혜는 처음부터 그렇게 화려한 초청은 아니라는 것입니다.

3절 "그 여종을 보내어 성중 높은 곳에서 불러 이르기를"

그러니까 하나님의 지혜는 사람들을 초청하는데 비천한 여종을 보내어서 부르는 것입니다. 이것은 예수님께서도 제자들을 보내실 때 결코 이 세상의 유명한 사람이나 성공한 사람이나 학식 있는 사람이 아니라 갈릴리의 어부들을 보낸 것과 비슷합니다. 그래서 하나님의 지혜의 초청은 겉으로 보기에 화려하지 않습니다. 그러나 그 안에는 엄청난 고기와 포도주와 보물들이 들어 있는 것입니다. 우리가 이 지혜 안에 있는 하나님의 보물들을 가지려고 하면 그냥 대충 맛만 보아서는 알 수가 없습니다. 여기에서 중요한 것이 집을 지어야 한다는 것입니다. 우리는 하나님의 말씀을 가지고 집을 지어야 하는데 일곱 개 기둥을 가진 집을 지어야 합니다. 그것은 바로 하나님의 말씀을 가지고 한 사람 한 사람을 변화시켜서 보석이 되게 해야 하는 것입니다. 이것은 시간이 아주 오래 걸리고 너무나도 힘든 과정입니다. 그리고 이 집 안에는 다른 것은 있으면 안 되고 오직 하나님의 말씀만 있어야 합니다. 그러면 하나님은 이 집을 하나님의 지혜와 성령의 은혜로 충만하게 채워주십니다. 예를 들어서 여기에 있는 것처럼 짐승의 고기를 먹으면 우리는 힘을 낼 수 있을 것입니다. 여기에 있는 최고급 포도주를 마시면 우리는 기분이 너무 좋을 것입니다. 물론 우리가 여종이 전해주는 말씀만 들어도 얼마든지 힘을 낼 수 있고 생명을 얻을 수 있습니다. 그러나 한 사람 한 사람이 변화되어서 집을 지으면 이때는 상상할 수 없는 복들이 우리에게 가득 채워지게 됩니다.

그런데 성경은 우리 모두가 미련하고 어리석은 자인 것을 전제로 하고 있습니다.

4-6절 "무릇 어리석은 자는 이리로 돌이키라. 또 지혜 없는 자에게 이르기를 너는

와서 내 식물을 먹으며 내 혼합한 포도주를 마시고 어리석음을 버리고 생명을 얻으라. 명철의 길을 행하라 하느니라."

우리는 하나님 앞에서 늘 어리석은 자입니다. 여기서 어리석다고 하는 것은 우리가 가야 할 길을 모르고 있고 어떤 일에 대한 분별력이 없다는 뜻입니다. 그래서 항상 하나님이 우리에게 지혜를 주셔야 하고 우리를 가르쳐 주셔야 합니다. 그런데 만일 우리가 조금이라도 하나님의 말씀을 듣지 못하면 이상하게 고집스러워지면서 길도 없는 쪽으로 기를 쓰면서 가게 되는 것입니다. 그래서 꼭 알아야 하는 것은 우리가 다 미련하고 어리석어서 하나님의 도움 없이는 아무것도 할 수 없다는 것을 인정하는 것입니다. 그러면 하나님께서 우리에게 계속 말씀을 주십니다. 이것이 바로 여종의 초청입니다. 우리가 처음 하나님의 말씀의 초청을 받을 때에는 너무 시시한 것 같고 도저히 이 말씀을 믿어서 세상에서 똑똑해질 것 같지가 않습니다. 그런데 우리가 이 말씀의 세계 안에 들어가기만 하면 절대로 무너지지 않는 하나님의 축복이 있고, 그 안에는 도저히 상상할 수 없는 하나님의 지혜와 보물들이 다 들어 있습니다. 그래서 우리는 이 방 저 방을 돌아다니면서 그 안에 있는 축복을 다 가질 수 있는 것입니다.

2. 인간의 거만한 본성

하나님의 백성들의 놀라운 축복은 이 세상 어느 곳에서도 얻을 수 없는 무궁무진한 하나님의 지혜가 진리로 주어지고 있다는 사실입니다. 놀라운 것은 이렇게 하나님의 말씀이 많은데 결코 하나님의 백성들이 이 말씀을 가치 있게 생각하지 않는다는 것입니다. 그래서 하나님의 백성들의 비극은 이 세상 어느 곳에서도 찾아볼 수 있는 이 하나님의 말씀을 시시하게 생각해서 들으려고 하지 않는 것입니다. 그 이유가 무엇일까요? 사람은 누구든지 바뀌는 것을 원치 않기 때문입니다.

> 7절 "거만한 자를 징계하는 자는 도리어 능욕을 받고 악인을 책망하는 자는 도리어 흠을 잡히느니라."

사람에게는 다른 동물들에게는 없는 것이 하나 있는데 그것은 바로 자존심이라는 것입니다. 인간들은 누구나 할 것 없이 자존심이 있습니다. 이 자존심과 다른 것이 자존감이라는 것인데 자존감이라고 하는 것은 자신의 가치를 깨닫고 그 가치에 맞게 살려고 하는 것입니다. 그래서 사람들에게 이 자존감이라고 하는 것은 아주 좋은 것입니다. 이 자존감이 죄로 인하여 변질되고 타락한 것이 자존심입니다. 자존심이란 자기가 결코 완전하지도 않으면서 다른 사람의 가르침이라든지 조언을 듣기 싫어하고 자기 마음대로 하려고 하는 고집 같은 것을 말합니다. 사람이 타락하고 난 뒤에는 자존심이 너무 강하여져서 어느 누구의 말도 듣지 않고 자기 생각이나 자기 감정이나 자기 판단만 믿으려고 하게 되었습니다. 그런데 자존심의 가장 나쁜 것은 다른 사람의 말을 듣고 자기 자신을 바꾸려고 하지 않는 것입니다. 우리 인간들은 죄에 빠진 후부터 길을 잃어버렸고 지혜가 없는 어리석은 자가 되고 말았습니다. 그런데 인간들은 자기가 부족하다는 것을 인정하려고 하지 않는 것입니다. 그래서 사람들이 가장 싫어하는 것은 다른 사람의 말을 듣고 자기 자신을 바꾸어야 한다는 것입니다.

거만한 자라고 하는 것은 이렇게 강한 자존심을 가지고 있어서 하나님의 말씀으로 자기 자신을 바꾸려고 하지 않는 사람을 말합니다. 이런 사람이 좋아하는 것은 자기를 바꾸려고 하지 않고 많은 것을 배우거나 세상의 좋은 것을 많이 갖는 것입니다. 그래서 거만한 자는 아무리 배워도 자기 자신은 변하지 않습니다. 왜냐하면 거만한 자는 자기 자신을 바꾸어야 할 이유가 없기 때문입니다. 그런데 성경에 보면 거만한 자를 징계하면 자기가 욕을 먹고 악인을 책망하면 자기 자신이 도리어 허물이 잡힌다고 했습니다. 그런데 여기서 말하는 거만한 자와 악한 자가 세상의 믿지 않는 자를 말하는 것이 아닙니다. 이 사람들은 분명히 하나님을 믿는 사람들이고 성경의 진리를 아는 자들입니다. 그럼에도 불구하고 우리가 하나님의 은혜를 받지 못하면 거만한 자가 되고 악한 자가 되어서 하나님의 말씀으로 자기가 변화되지 않으려고 거부하게 되는 것입니다. 그래서 하나님의 말씀을 마음속으로 받아들이기 위해서는 은혜가 필요합니다.

　예수님께서는 사람의 마음을 네 가지 밭으로 비유하셨는데, 길가 같은 마음이 있는가 하면 자갈밭 같은 마음이 있고 가시덤불 같은 마음도 있고 좋은 밭도 있다고 말씀하셨습니다. 길가 같은 마음은 아예 하나님의 말씀이 들어가지 않는 것입니다. 이런 땅은 사람들이 하도 많이 밟고 다녀서 길이 단단하게 다져져서 씨가 떨어지지만 전혀 흙속에 들어갈 수가 없습니다. 대개 이런 마음은 어떤 다른 사상이 들어가서 꽉 채우고 있다든지 아니면 마음에 상처로 선입견이 있는 마음일 수 있습니다. 자갈밭 같은 마음은 겉으로 보기에는 흙이 있는데 안에 단단한 돌이 있어서 변화를 거부하는 것입니다. 거기에 비해서 가시덤불은 너무 세상 걱정이 많고 욕심이 많아서 말씀을 깊이 있게 붙들지 못하는 마음입니다. 대개 하나님의 말씀이 떨어지자마자 즉시 받아들이는 사람은 많은 고난을 받아서 마음이 가난해진 사람들입니다. 이런 사람들은 하나님 앞에서 자신이 아무것도 아닌 줄 알기 때문에 하나님이 말씀하시면 그대로 받아들입니다. 그러나 많은 경우는 자기 머리로 이해가 되는 것은 믿지만 이해되지 않는 것은 믿으려고 하지 않습니다. 그럼에도 불구하고 억지로 자기 자신을 설득시켜서 믿는 자는 믿음이 좋은 사람입니다. 그러나 자기 머리로 이해가 되지 않는 것은 끝까지 믿으려고 하지 않는 자는 거만한 자입니다. 도마 같은 제자의 경우 다른 제자들은 다 부활하신 예수님을 만났다고 해도 자기는 예수님의 못자국과 창자국에 손을 넣어보기 전에는 믿지 않겠다고 했습니다. 예수님도 돼지에게 진주를 던지지 말라고 말씀하셨습니다. 그러나 우리 생각에 아무리 거만하고 깨닫지 못하더라도 계속 하나님의 진리를 전해야 하지 않을까요? 그것은 맞습니다. 그러나 이 말씀을 하는 이유는 우리가 아무리 하나님의 진리를 목이 터져라 외쳐도 우리가 생각하는 것처럼 빨리 반응이 오지 않는다는 것을 각오하라는 말씀입니다. 그러나 우리가 끝까지 인내로 하나님의 말씀을 붙들고 전할 때 하나님은 길가나 돌짝밭이나 가시덤불 같은 마음이 옥토로 변하게 하십니다. 왜냐하면 하나님께서 하나님의 쟁기로 한번 갈아버리면 옥토로 변할 수 있기 때문입니다. 우리가 하나님의 말씀 앞에 겸손한 마음을 가지기만 하면 너무나도 많은 복을 받을 수 있습니다.

9절 "지혜 있는 자에게 교훈을 더하라. 그가 더욱 지혜로워질 것이요 의로운 사람을 가르치라. 그의 학식이 더하리라."

이 말씀은 우리가 지혜 있는 자를 골라서 일부러 더 가르치라는 뜻이 아닙니다. 하나님의 백성들이 하나님의 말씀을 사랑하고 사모할 때 하나님은 그들에게 더 깊이 있고 은혜로운 말씀을 듣게 하십니다. 거기에 비해서 하나님의 말씀을 듣기 싫어하고 거부하면 하나님께서도 말씀을 더 이상 들려주시지 않으시고 장사를 마감해 버리시는 것입니다. 우리가 지혜 있는 자가 되려고 하면 하나님의 말씀을 듣는 시간을 내어야 합니다. 우리가 지혜로워지는 데 이것보다 더 중요한 것은 없을 것입니다. 하나님의 말씀을 들으면 지혜로워지는 데 이것이 어떻게 우리에게 유익이 될까요? 우리는 하나님의 말씀으로 우리 전체를 볼 수 있습니다. 마치 여인들이 손거울을 보는 것과 전신거울을 보는 것의 차이입니다. 진정으로 멋진 옷을 입으려고 하면 전신을 비추는 거울로 자신을 보아야 할 것입니다. 우리가 어리석을 때에는 자신도 부분적으로 보기 때문에 자신의 전체적인 모습을 알 수가 없습니다. 그러나 하나님의 말씀을 깊이 있게 들으면 자신의 전신 모습을 볼 수 있게 됩니다. 그리고 우리가 하나님의 말씀을 깊이 있게 들으면 다른 사람이 말하는 것이나 여러 가지 일들의 본질을 보게 됩니다. 우리가 공항에 가면 가방 안에 무엇이 있는지 알기 위해서 가방을 엑스레이 탐지기로 통과시키듯이 하나님은 우리로 하여금 사람이나 일의 본질을 보게 하십니다. 그래서 우리는 불필요하게 두려워하거나 불안해 할 필요가 없게 됩니다. 거기에다가 우리는 참으로 가치 있는 것을 보게 됩니다. 그리고 사탄의 속임수를 알게 됩니다. 우리는 하나님께서 나를 위하여 일하시는 것을 볼 수 있게 됩니다. 그래서 우리가 하나님 앞에서 자존심을 버리는 것이 얼마나 중요한지 모릅니다. 우리가 하나님 앞에서 아무리 잘난 체해 봐야 하나님은 우리를 다 알고 계시기 때문에 아무 소용이 없습니다. 우리는 하나님이 주시는 말씀을 먹기만 하면 되는 것입니다.

여기서 '의로운 자를 가르치라' 고 할 때 의로운 자란 하나님을 믿는 자를 말합니다. 하나님을 믿는 것이 의로운 것입니다. 하나님이 그의 죄를 다 가져가시기 때문입니다. 그는 나중에 학식이 생기게 됩니다. 이 사람도 처음에는 미련하고 어리석었는데 나중에는 자기 자신이 지혜자가 되어서 다른 사람들을 가르칠 수 있게 됩니다.

10절 "여호와를 경외하는 것이 지혜의 근본이요 거룩하신 자를 아는 것이 명철이니라."

이 세상의 참된 지혜는 하나님을 아는 것입니다. 물론 우리가 세상에서 공부를 많이 하면 사람이 똑똑해집니다. 옛날 어른들 중에는 '내가 무식해서 말을 잘 못한다' 는 말씀을 하시곤 하셨습니다. 우리가 세상에서 학문을 배우는 것은 우리 안에 있는 돌덩이를 깎아서 어떤 조각을 만드는 것과 같습니다. 그래서 공부를 하면 할수록 조각이 더 선명해지고 뚜렷해지는 것은 사실입니다. 그런데 그 조각의 상은 결국 세상 인간의 모습입니다. 그런데 우리가 하나님의 말씀을 배우면 우리 안에 하나님의 형상이 새겨지게 됩니다. 우리가 하나님 말씀의 예리한 끌로 자꾸 다듬어지면 아주 뚜렷하고 예리한 하나님의 형상이 만들어지게 됩니다. 그래서 이 세상의 교육 중에서 최고의 교육은 성경으로 교육을 받는 것입니다. 이것이 지혜의 근본입니다. 하나님의 말씀으로 교육을 받는 것이 하나님의 축복의 세계 안으로 들어가는 기초인 것입니다. 그런데 여기에서는 단순히 하나님을 아는 것이라고 하지 않고 경외하는 것이라고 말씀하고 있습니다. 이것은 우리가 하나님을 알 때 나타나는 반응까지 말씀하시는 것입니다. 우리가 머리로 하나님을 아는 것으로는 아직 경외하는 현상은 나타나지 않을 수 있습니다. 그런데 우리가 하나님을 만날 때가 있습니다. 어떤 때는 수술을 받거나 혹은 어떤 때에는 너무나도 어렵고 힘든 상황 속에서 살아계신 하나님을 체험할 때가 있습니다. 이때 우리가 하나님을 머리로만 아는 것이 아니라 몸 전체로 체험하게 됩니다. 지금까지 내가 하나님을 인정하지 않고 내 마음대로 살아온 인생 전체가 죄로구나 하는 것을 깨닫고, '형제들아 내가 어찌 할꼬' 하게 되는 것입니다. 그리고 우리가 하나님을 안다고 하는 것은 내 안을 하나님의 말씀으로 채우는 것입니다. 우리는 우리의 모순된 성격이나 과거의 실패로 너무 고민할 필요가 없습니다. 우리는 자신을 하나님의 말씀으로 채우면 존귀해지게 되어 있고 모든 부끄러움이 다 없어지게 되며 하나님의 능력이 수시로 나타나게 될 것입니다. 그리고 우리에게 나타나는 현상이 하나님에 대한 두려움과 사랑입니다. 우리는 하나님을 너무나도 사랑하게 됩니다. 하나님께서 그렇게 교만

하고 악한 나를 이렇게 기다려주시고 변화시켜 주셨기 때문입니다. 그러나 그 사랑은 유치한 사랑이 아니라 하나님을 두려워하는 사랑인 것입니다. 그런데 성경은 왜 이것이 지혜의 근본이라고 했을까요?

우리가 하나님을 모를 때에는 모든 것을 수평적으로만 보게 됩니다. 그러나 우리가 하나님을 알게 되면 하나님의 눈으로 모든 것을 보게 되는데, 이것은 이미 다른 차원으로 모든 것을 볼 수 있게 되는 것입니다. 마치 만화책을 보는 것과 영화 관람의 차이와 같습니다. 만화책은 아무리 재미가 있어도 만화책이지만 영화는 사람이 살아서 활동을 하기 때문에 만화와는 비교가 되지 않습니다. 우리가 하나님의 눈으로 모든 것을 보는 것이 믿음입니다. 하나님께서는 모든 것이 우리의 믿음대로 이루어지게 하십니다.

11-12절 "나 지혜로 말미암아 네 날이 많아질 것이요 네 생명의 해가 더하리라. 네가 만일 지혜로우면 그 지혜가 네게 유익할 것이나 네가 만일 거만하면 너 홀로 해를 당하리라."

여기에 보면 지혜가 스스로를 '나 지혜' 라고 일인칭으로 표현하고 있습니다. 이것은 이 말을 자기가 책임을 지고 보장을 하겠다는 뜻입니다. 그런데 우리가 지혜를 가지면 '네 날이 많아질 것' 이라고 했고, '생명의 해가 더하리라' 고 했습니다. 물론 우리가 처음 하나님의 말씀을 붙들 때 처음부터 모든 것이 잘 된다는 뜻은 아닙니다. 우리에게 하나님의 지혜의 구멍은 너무 좁아서 죽도록 하나님의 말씀에 매진을 해야 합니다. 우리가 그렇게 할 때 하나님은 어느 순간 모든 나쁜 가시를 다 뽑아주시고 우리의 소원을 다 해결해주시며 그리고 일체 시험이 오지 않도록 지켜주십니다.

저는 어느 날 하나님 앞에서 한번 생각을 해보았습니다. 그때 하나님이 내 마음속으로 생각했던 것을 전부 다 이루어주셨고 그것도 너무나도 아름답게 이루어진 것을 알게 되었습니다. 하나님은 저의 보잘것없던 소원을 백 배로 이루어주신 것입니다. 그러나 우리가 거만해서 하나님의 말씀의 가치를 모르고 자기 생각이나 고집대로 행할 때 우리는 비참하게 될 것입니다. 이런 사람들은 자꾸 자기도취에 빠지게 되는데 이것은 술 취한 사람과 같아서 위험한 것을 분별하지 못하는 것입니다. 이런 사람은 위험한 길을 안전한 줄 알고 들어가다가 깊은 수렁에 빠져서 자기만 망하고 맙니다.

3. 편한 길을 택한 사람들

이 세상에 보면 미련한 사람들이 사람들에게 선전을 많이 해서 물건을 팔려고 하는 것을 볼 수 있습니다. 물론 이 미련한 사람들은 절대로 자기 스스로 미련하다고 생각하지 않습니다. 이런 사람들은 오히려 자기가 최고로 머리가 좋고 똑똑하다고 생각합니다. 이런 사람들은 가짜를 가지고 너무나도 쉽게 돈을 벌고 성공할 수 있다고 생각하기 때문입니다. 그러나 그 사람이 장사한 것이 가짜인 것이 탄로가 났을 때에는 지금까지 돈 번 것을 다 토해내야 하고 결국 망하게 되는 것입니다. 그런데 놀라운 것은 하나님의 백성들 가운데도 이런 미련한 장사꾼들이 많이 생겨나는 것입니다. 그것을 잠언은 미련한 계집이 초청하는 것으로 비유하고 있습니다.

> 13절 "미련한 계집이 떠들며 어리석어서 아무것도 알지 못하고"

여기서 미련한 계집의 정체가 무엇일까요? 우리가 생각하기에 앞에서 본 음탕한 여인으로 생각하기 쉽습니다. 물론 이 세상에서 가장 어리석은 여자가 음탕한 여자입니다. 왜냐하면 이런 여자들은 자신들의 비참한 결과를 알지 못하기 때문입니다. 미련한 여자들은 당장은 남자들이 좋아한다고 자기를 따라다니지만 실제로는 인간의 정욕이 가지는 무서운 힘을 모르고 있는 것입니다. 이런 여자들은 아무것도 모르면서 많이 아는 것처럼 떠들고 있다고 말씀하고 있습니다. 그러나 미련한 여자는 하나님의 백성들 안에도 있습니다. 이 미련한 여자는 하나님을 믿는다고 하면서도 하나님의 말씀을 붙들지 않고 편하게 믿는 지혜를 말하는 것입니다.

하나님께서 우리에게 요구하시는 중요한 것은 우리가 하나님의 말씀으로 변화가 되는 것입니다. 우리 안을 하나님의 말씀으로 충만히 채워서 우리를 질적으로 완전히 다른 사람으로 만드는 것이 하나님의 지혜인 것입니다. 그런데 많은 경우 그렇지 않고 겉으로만 하나님의 백성들이 부흥되는 것입니다. 하나님의 말씀이 우리 안에서 화학적인 변화를 일으키는 것이 아니라 단순히 듣고 기분만 좋은 것입니다. 그래서 세상의 자랑이나 돈이나 지식으로 장식을 많이 합니다. 하나님의 백성들이 이것을 너무도 좋아하는 이유는 나의 내면은 변하지 않아도 되고 세상의 것은 손해 보지 않고 오히려 세상적으로 더 성공하고 유명해지기 때문에 자신들의 생각과 딱 맞아떨어지는 것입니다. 그런데 이것이 가지는 무서운 함정은 우리 자신의 가치가 전혀 올라가지 않는다는 것입니다. 하나님의 말씀을 우리 안에 채우고 연단을 받아야 정금으로 변하는데, 겉에만 하나님의 말씀을 발라 놓았기 때문에 그 가치가 잡석 그대로인 것입니다. 그런데 이런 미련한 지혜가 얼마나 인기가 있는가 하면 참된 지혜보다 더 인기가 있고 성공하는 것으로 보입니다.

14-15절 "자기 집 문에 앉으며 성읍 높은 곳에 있는 자리에 앉아서 자기 길을 바로 가는 행객을 불러 이르되"

우리가 알아야 할 것은 이 미련한 지혜가 세상에 있는 것이 아니라 하나님의 백성 안에 있다는 것입니다. 그런데 이 미련한 지혜가 하나님의 백성들로부터 엄청난 인기와 사랑을 받는 것입니다. 당장 눈에 보이는 결과가 있는 것 같기 때문입니다. 이 미련한 지혜는 금방 유명하게 되어서 성문 높은 곳에 앉아 있게 됩니다. 그래서 자기 길을 잘 가고 있는 사람들을 불러서 엉뚱한 지혜를 가르쳐서 헷갈리게 하는 것입니다.

> 16-17절 "무릇 어리석은 자는 이리로 돌이키라. 또 지혜 없는 자에게 이르기를 도적질한 물이 달고 몰래 먹는 떡이 맛이 있다 하는도다."

우리는 적어도 물은 도적질하지 않는데 여기에는 물 도둑들이 있었던 것 같습니다. 그런데 돈을 주고 사먹는 물은 맛이 없어도 도둑질해서 먹는 물은 맛이 기가 막힌다는 것입니다. 또 다른 사람들과 같이 둘러앉아서 떡을 먹으면 별로 맛이 없는데 남의 떡을 훔쳐서 몰래 숨어서 먹으면 기가 막히게 맛있다는 것입니다. 이 미련한 지혜의 가르침은 옳고 그름은 중요하지 않고 결과만 맛있고 시원하면 충분하다는 것입니다. 특히 이런 사람들은 자신들의 기분이나 느낌 같은 것을 중요하게 생각합니다. 자기 생각에 맞으면 진리이고 자기 감정에 좋게 느껴지면 하나님의 축복이라고 믿는 것입니다. 하나님의 백성들이 망하는 이유는 바로 하나님의 진리를 시시하게 생각하고 자기 생각이나 인간적인 느낌이나 인간관계를 너무나도 중요시한 나머지 하나님의 진리가 그 사람을 바꾸지 못하는 사실입니다.

하나님의 백성은 자기가 미련하고 어리석다고 생각해서 하나님의 말씀을 붙잡으면 모두 복을 받을 수 있습니다. 우리는 하나님의 어마어마한 복을 다 받을 수 있습니다. 그러나 사람들은 빨리 성공하고 싶고 다른 사람들에게 인정받고 싶고 잘난 체하고 싶어서 하나님 말씀의 가치를 인정하지 않는 것입니다. 그러나 이들이 알지 못하는 것은 도적질한 물은 자기 갈증을 채워주지 못한다는 사실입니다. 그리고 몰래 먹는 떡은 체한다는 것을 모릅니다. 죄는 중독성이 있어서 반드시 들통이 나게 되고 먹은 것을 다 토해 내게 되는 것입니다.

18절 "오직 그 어리석은 자는 죽은 자가 그의 곳에 있는 것과 그의 객들이 음부 깊은 곳에 있는 것을 알지 못하느니라."

쉽게 인간의 지혜를 따라가는 자는 어리석은 자입니다. 이런 사람은 죽은 자들이 거기에 수두룩하다는 것을 모르고 있습니다. 여기서 죽은 자란 자기보다 먼저 이 길을 온 사람을 말합니다. 이 길을 따라서 먼저 온 자들은 다 죽었습니다. 그리고 이 집 지하실이 바로 음부인데 거기에는 죽은 자들이 수두룩한 것입니다. 우리가 겉만 도금하는 것으로는 세상의 시험을 이길 수가 없습니다. 아무리 하나님의 말씀으로 겉을 칠하지만 결국 시험이 올 때 다 벗겨지게 되어 있습니다. 우리가 하나님의 말씀으로 충격을 받고 하나님을 두려워할 때 우리는 하나님의 일곱 기둥이 떠받치는 성전으로 지어지고, 하나님은 모든 하늘의 축복과 능력으로 우리를 넘치도록 축복해 주실 것입니다.

2부

진리의 꽃다발

잠언 10-24장

13 · 자식 농사의 중요성

잠 10:1-16

　이 세상에 아름다운 것들이 많이 있지만 그중에서도 꽃이 가장 아름답습니다. 꽃은 벚꽃처럼 나무에 피는 것도 있지만 코스모스나 국화처럼 나무가 아닌 줄기 위에 피는 꽃들도 있습니다. 특히 여인들은 꽃과 함께 있으면 더 아름답게 보이기 때문에 꽃을 특히 좋아해서 집 안에 꽃꽂이를 하기도 하고 꽃을 선물로 받기도 합니다. 이 세상에 많은 말들이 있고 일들이 있지만 그 중에서 가장 귀한 것은 지혜의 말입니다. 사람들은 지혜를 찾아서 대학에 진학해서 공부를 하기도 하고, 지혜를 찾아서 유명한 선생을 찾아가 배우기도 합니다. 혹은 지혜를 찾아서 교회에 와서 하나님의 말씀을 듣기도 합니다. 그런데 이 세상에는 찾아보기 드문 하나님의 지혜만을 모아서 꽃다발처럼 모아놓은 것이 있습니다. 그것이 바로 잠언 10-24장 사이에 나오는 지혜 모음집입니다.

　잠언 앞부분 즉 잠언 1-9장까지는 지혜의 초청이 나옵니다. 성경은 사람은 태어나면서부터 미련하여 멸망의 길을 고집스럽게 가고 있다는 것을 전제로 하고 있습니다. 사람이 이 세상에서 후회 없는 인생을 살려고 하면 반드시 하나님의 지혜의 가르침을 받아서 바른길을 가야 합니다. 그런데 이스라엘 백성들의 큰 축복은 그들에게는 세상에서는 찾아볼 수 없는 하나님의 말씀이 널려 있다는 것입니다. 이스라엘 백성들은 누구든지 원하기만 하면 얼마든지 하나님의 말씀을 들을 수가 있습니다. 그런데 이스라엘 백성들의 치명적인 문제는 너무 하나님의 말씀이 흔하기 때문에 오히려 그 가치를 모르고 세상의 지혜를 따라가서 망한다는 것입니다.

잠언 앞부분에서 솔로몬은 지혜와 어리석은 음녀를 비교하고 있습니다. 즉 어리석은 음녀란 자기 스스로는 똑똑한 체하지만 결국 육신의 정욕대로 사는 것을 말합니다. 사람이 육신의 정욕을 따라 사는 것은 제자리에서 맴돌고 있는 것과 같기 때문에 절대로 앞을 향해서 나아가지 못합니다. 이것은 마치 늪에 빠진 것과 같습니다. 사람은 누구든지 바른 말씀을 붙잡고 이 욕망의 늪에서 빠져나와야 가치 있는 삶을 살아갈 수 있습니다.

우리가 이제부터 살펴보려고 하는 잠언 10-24장 사이의 내용은 지혜 모음집이라고 볼 수 있습니다. 이것은 하나님의 말씀 중에서 꽃에 해당하는 부분을 모아서 꽃다발로 만든 것입니다. 그래서 어떤 부분은 세상의 지혜와도 비슷한 내용이 있을 때도 있습니다. 예를 들어 이 꽃 저 꽃을 가지고 꽃다발을 만들다 보면 하나님의 지혜나 세상 지혜나 비슷한 꽃으로 보일 수도 있습니다. 그러나 중요한 것은 그 뿌리나 줄기는 다르다는 사실입니다. 많은 성경학자들은 잠언 10-24장의 내용을 '무질서한 혼동'이라고 말하면서 이 안에는 일관된 질서나 논리성 없이 제멋대로 묶여져 있다는 식으로 말하고 있습니다. 물론 이 부분은 하나님의 지혜의 하이라이트들만 모아놓았기 때문에 우리가 다른 성경에서 찾아볼 수 있는 구조는 없을 수 있습니다. 그렇다고 해도 이 부분이 결코 무질서한 모음집은 아닙니다. 특히 이 부분에서 저자가 많이 쓰고 있는 부분은 대구법이라는 수사법입니다. 여기에서 저자는 좋은 것과 나쁜 것을 비교해서 말함으로 좋은 것을 더 돋보이게 합니다. 즉 저자는 의인의 길은 이러이러한데 악인의 길은 저렇다는 식으로 표현해서 의인의 길을 더 돋보이게 하는 것입니다. 혹은 같은 것을 이중이나 삼중으로 나열을 해서 더 설명하거나 강조하는 표현 방법도 쓰고 있습니다. 의인의 길은 이런데 또 이렇기도 하다며 의인의 길을 더 설명하거나 진전시키는 것입니다. 결국 우리는 이 지혜의 모음집에서는 성경의 다른 부분에서 흔히 쓸 수 있었던 구분, 세 대지나 네 대지로 묶기는 좀 곤란한 경우를 만나게 됩니다. 이 지혜의 모음집은 한 절 한 절이 의미를 가지고 있기 때문에 억지로 몇 개의 대지로 묶어버렸을 때 그 가치가 손상될 수 있기 때문입니다. 그래서 우리는 이 지혜의 모음집에서는 한 절 한 절이 가지는 향기와 아름다움을 따로 음미해야 이 부분을 제대로 감상했다고 말할 수 있을 것입니다.

1. 자식 농사의 중요성

먼저 1절에서 '솔로몬의 잠언이라'고 말함으로써 이제부터의 내용은 지금까지 말한 것과는 다른 새로운 말씀인 것을 나타내고 있습니다. 지금부터의 내용은 하나님의 지혜의 하이라이트에 해당되는 지혜의 모음집입니다. 이 부분을 꽃으로 비유한다면 꽃만 꺾어서 모아놓은 지혜의 꽃다발에 해당되는 것입니다. 그러나 하나님을 믿지 않는 사람들은 결코 이 지혜의 아름다움을 제대로 감상하지 못할 것입니다. 하나님을 모르는 사람들은 이 지혜들이 세상의 지혜와 비슷하게 보이지만 그 뿌리가 다르다는 것을 알지 못하기 때문입니다.

성경의 지혜의 꽃다발은 놀랍게도 자식 농사에서부터 시작하고 있습니다.

1절 하 "지혜로운 아들은 아비로 기쁘게 하거니와 미련한 아들은 어미의 근심이니라."

여기서 '지혜로운 아들' 이라고 하는 것은 자식이 공부를 잘해서 좋은 대학에 합격을 하여 부모의 마음을 기쁘게 하는 것을 말하지 않습니다. 여기서 '지혜로운 아들' 이란 하나님의 말씀의 가르침을 받아서 믿음의 길을 가는 아들을 말합니다. 아마도 부모의 심정으로는 자식이 교회에 열심히 다녀서 하나님의 말씀을 듣고 믿음이 좋아지기보다는 공부를 잘해서 좋은 대학에 합격하여 성공적인 인생길을 걸어가는 것을 더 자랑스럽게 생각할 것입니다. 바로 이것이 미련한 부모의 마음인 것입니다. 사람이 하나님의 지혜를 얻기 위해서는 젊었을 때부터 하나님의 말씀을 잘 듣고 믿음의 길을 걷는 것이 아주 중요합니다. 부모가 자녀를 키워보면 처음부터 하나님의 말씀을 잘 듣고 열심히 믿음 생활을 잘하는 자녀가 있는가 하면 어떤 아이는 처음에는 반항하고 자기 멋대로 굴다가 어느 순간 은혜를 받아서 하나님의 말씀을 잘 듣고 믿음으로 사는 자녀들도 있습니다. 그런데 부모에게 가장 중요한 것은 자녀가 바른 믿음을 가지고 하나님을 두려워하는 마음으로 살아가는 것입니다. 믿음의 길로 들어가지 않은 자녀가 세상적으로는 머리가 좋아서 좋은 대학에 들어가고 세상적으로 성공해서 처음에는 기쁨을 줄지 몰라도 나중에는 부모의 마음에 큰 고통을 주게 됩니다. 이런 세상의 지혜를 가진 자녀는 믿음이 없기 때문에 나중에 욕심이 통제가 되지 않아서 정욕적인 생활에 빠지거나 대형 사고를 저지를 때가 있습니다. 그러면 부모의 속이 너무나도 상하게 되는 것입니다. 거기에 비해서 믿음의 자녀는 처음에는 좋은 대학도 나오지 못하고 세상에서 성공하지 못해도 일단 하나님의 말씀을 붙들기 때문에 죄에 빠지지 않습니다. 그리고 인생에서 큰 욕심을 내지 않기 때문에 큰 실패도 하지 않습니다. 대신에 하나님께서 지속적으로 축복하시기 때문에 게

속 하나님이 물질적인 복을 주시고 세상적으로도 형통하게 하시므로 꾸준히 잘 되게 됩니다. 사실 사람이 꾸준히 잘 된다는 것보다 더 좋은 것은 없습니다. 자식은 결국 자기 인생을 본인이 책임을 져야 하겠지만 부모가 이 자식에게 무엇을 원하느냐 하는 것이 자식의 미래에 영향을 미치게 됩니다. 그런데 거의 대개의 부모가 자식들에 대한 욕심이 엄청난 것을 볼 수 있습니다. 부모의 솔직한 마음은 자식이 신앙이 좋은 것보다는 세상적으로 잘 되는 것을 더 원하는 것을 볼 수 있습니다. 그 자식이 하나님의 지혜를 가지려고 하면 하나님의 연단을 받아야 할 텐데 부모가 자식이 고생하고 연단하는 것을 봐주지 못하는 것입니다. 그래서 많은 경우 부모의 지나친 사랑이 자식의 미래를 망칠 때가 많습니다. 부모가 정말 자식을 사랑하고 그의 미래가 복되기를 바란다면 하나님의 연단을 받을 때 오히려 환영하고 실컷 고난을 잘 받으라고 격려를 해주어야 합니다.

부모 자신이 거짓 없이 정직하게 하나님의 말씀대로 사는 것보다 자녀들에게 더 좋은 교육은 없습니다. 자식들에게는 언제나 성경을 읽으시던 아버지, 언제나 기도하시던 어머니가 기억에 남게 됩니다. 그 대신 부모가 너무 억압적으로 가정 예배를 강요하거나 경건을 강요하는 것은 아무리 부모의 의도가 좋다 하더라도 반발심을 일으킬 수 있습니다. 부모가 정말 자기가 살아 있을 때에나 죽은 후에도 자식이 행복하기를 바란다면 먼저 자식에 대한 욕심을 버리고 자식이 철저하게 하나님에 붙들린 사람이 되게 해야 합니다. 그러나 부모가 자식이 하나님의 사람이 되기보다는 세상적인 성공을 원한다면 부모는 그 자식의 영광과 축복을 보지 못할 것입니다. 그는 하나님 말씀의 가치를 믿지 않는 자이기 때문입니다.

2. 재물의 가치

잠언에는 재물에 대한 가르침이 많이 나옵니다. 하나님의 축복이 결국 물질적인 축복으로도 나타나기 때문입니다. 하나님께서 우리를 축복하실 때에는 말씀으로 은혜를 주시지만 나중에 가서는 그것이 물질적인 복으로도 나타나게 됩니다. 그러나 이것은 돈을 목적으로 해서 부자가 되는 것과는 완전히 다른 것입니다. 이런 경우 꽃은 비슷하지만 뿌리는 완전히 다른 사례입니다.

> 2절 "불의의 재물은 무익하여도 의리는 죽음에서 건지느니라."

우리가 이 세상을 살아갈 때 우리 생명을 지켜주는 것은 과연 돈일까 아니면 의리일까 하는 생각을 많이 하게 됩니다. 어떤 사람은 돈은 많이 벌었지만 너무나도 인색한 나머지 인심을 잃어버려서 다른 사람들에게 욕을 얻어먹고 도움을 받지 못하는 경우가 있는가 하면, 어떤 사람은 다른 사람의 일이라고 하면 발 벗고 나서서 도와주는 바람에 인심은 아주 좋지만 실속이 없어서 늘 가난하게 살아야 하는 사람도 있습니다. 또 어떤 사람은 의리를 중요하게 생각해서 다른 사람을 많이 도와주었지만 자기가 믿었던 사람에게 배신을 당해서 인생을 망치는 사람도 있을 것입니다. 어떤 지방에서는 아주 잘사는 부자가 동네 사람들이 어려울 때 곳간을 열어서 가난한 사람들을 많이 도와주었다고 합니다. 그런데 나중에 산적들이 쳐들어오고 공산당이 와서 그 집 사람들을 죽이려고 했을 때 동네 사람들이 나서서 그 집 사람들을 죽이지 못하도록 지켜주었다는 이야기도 있습니다.

우리가 성경에서 말하는 '불의의 재물'이 과연 무엇을 의미하느냐 하는 것부터 제대로 알 필요가 있습니다. 우선 '불의의 재물'이라고 하는 것은 자기 재물이 아닌 것을 자기 소유로 가지는 것을 말합니다. 아마도 대표적인 예가 다른 사람의 돈이나 재산을 맡은 사람이 자기 것처럼 착복을 하면 그것은 불의의 재물이 되는 것입니다. 그런데 성경의 정신은 우리가 이 세상에서 가지고 있는 재산 전체를 불의의 재물로 보고 있습니다. 그래서 예수님께서는 '불의의 재물로 친구를 사귀라' (눅 16:9)고 말씀하고 있습니다. 그것은 우리가 이 세상에서 번 돈이 모두 다 나쁜 짓을 해서 벌었다는 뜻이 아닙니다. 단지 예수님이 이렇게 말씀하시는 것은 이 세상에 있는 재물은 영구적인 우리의 것이 아니라는 뜻입니다. 이 세상에 있는 재물은 하나님께서 좋은 일 하라고 우리에게 맡겨주신 것입니다. 그런데 만일 재물을 모으는 자체가 목적이 되어서 살아간다면 그 사람의 인생 전체는 탐욕의 인생이 되는 것입니다. 그런데 더 불의한 것은 자기의 것이 아닌 것을 차지하는 것이고, 하나님이 주시지 않은 것을 더 가지려고 하는 것입니다.

사람은 이 세상을 떠날 때 이 세상의 재물은 숟가락 하나도 가지고 가지 못합니다. 우리가 비행기를 타고 외국에 갈 때에도 비행기를 타고 나면 우리나라 돈은 아무 소용이 없습니다. 결국 돈이라고 하는 것은 이 세상에서만 통하는 것이지 하나님 앞에서는 휴지 조각과 다를 바 없습니다. 우리가 이 세상에서 가지고 있는 것은 이 세상에서 통하는 것이지 하나님 앞에서는 아무 유익이 없습니다. 하나님께서는 아브라함에게 '너는 본토 친척 아비 집을 떠나라' 고 말씀하셨습니다. 우리는 하나님의 말씀을 가지고 밑바닥부터 다시 시작해야 믿음이 자라게 되고 하나님 앞에서 인정받는 사람이 될 수 있습니다.

여기에 보면 '의리는 죽음에서 건지느니라' 고 말씀했습니다. '의리' 라고 하는 것은 어떤 의미에서 신의를 배신하지 않는 것이고, 어떤 의미에서는 약속을 지키는 것입니다. 사실 사람이 다른 사람에게 약속한 것을 일일이 다 지킨다고 하는 것은 귀찮은 일입니다. 또 우리가 다른 사람에게 신의를 지키려고 하면 자기 자신을 그 약속에 잡아매어야 합니다. 그런데 사람들은 약속을 해놓은 후에 그 약속에 매이지 않으려고 약속을 깨거나 신의를 배신할 때가 많습니다. 그런데 우리가 약속에 자신을 복종시키고 특히 하나님의 말씀에 자신을 복종시킬 때 하나님께서도 반드시 우리에게 약속하신 것을 지키십니다. 우리가 하나님의 축복을 받는 것도 상대적이라는 것을 알아야 합니다. 우리가 하나님의 말씀을 신실하게 붙들려고 하면 자신의 자유와 모든 가능성을 포기해야 합니다. 그러면 우리는 하나님의 말씀에 매여서 세상의 좋은 것을 따라갈 수가 없습니다. 이것이 우리가 먼저 하나님께 신의를 지키는 것입니다. 그러면 하나님께서도 반드시 우리에게 신의를 지키셔서 기도에 응답하시고 우리에게 부흥을 주십니다. 그런데 우리가 하나님의 말씀을 가볍게 생각해서 신의를 지키지 아니하면 하나님도 우리를 위기에서 지켜주시지 않으십니다. 우리가 그렇게 하나님의 말씀에 매이려고 하는 이유는 바로 이런 위기에서 살아나기 위한 것입니다.

3절 "여호와께서 의인의 영혼은 주리지 않게 하시나 악인의 소욕은 물리치시느니라."

우리가 상식적으로 생각할 때 '여호와께서는 의인의 배는 주리지 않게 하시나' 라고 하면 이해가 잘 될 것 같은데 '의인의 영혼을 주리지 않게 하신다' 고 할 때 금방 이해가 잘 안 될 수도 있을 것입니다. 의인에게 가장 중요한 것은 배가 주리는 것보다 그 영혼이 주린 것입니다. 하나님의 백성들은 음식을 한두 끼 먹지 않아도 쓰러지지 않지만 하나님의 말씀을 지속적으로 먹지 못하면 그 영혼은 배가 고파서 쓰러져 죽게 됩니다. 여기서 '의인' 이라고 하면 죄를 전혀 짓지 않은 성인군자를 말하지 않습니다. 여기서 말하는 '의인' 은 우리같이 허물과 죄가 많은 평범한 사람들입니다. 그런데 우리가 하나님의 말씀을 믿으면 하나님께서 우리와 어떤 거래를 하십니다. 우리의 죄와 허물은 하나님이 다 가져가시고 하나님 안에 있는 의를 우리에게 넘겨주시는 것입니다. 그래서 하나님의 백성들은 육신의 음식보다 하나님의 말씀을 더 찾아야 합니다. 하나님께서 우리에게 하나님의 말씀을 주시면 반드시 육신의 먹을 것도 주시기 때문입니다. 예수님께서는 '사람이 떡으로만 살 것이 아니요 하나님의 입에서 나오는 말씀으로 살 것이니라'고 말씀하셨습니다. 우리가 하나님의 말씀을 먹으면 우리는 살게 되어 있습니다. 그리고 어느 순간 부흥이 일어나고 어느 순간 기도 응답이 일어나면서 나중에 하나님께서 복이란 복은 다 부어주시게 됩니다.

그러나 하나님은 악인의 소욕은 물리치신다고 하셨습니다. 여기서 악인은 꼭 우리가 보기에 나쁜 사람을 말하지 않습니다. 여기서 악인은 그 마음에는 하나님의 말씀에 최고의 가치를 두지만 자기 야망이나 욕심대로 사는 사람을 말합니다. 이런 사람은 결국 아무리 성공하거나 돈을 벌어도 마음에 만족이 없습니다. 언제나 그 마음은 배가 고프듯이 허전하기 때문입니다. 그래서 아무리 돈을 벌어도 더 벌어야 하고 아무리 높은 자리에 올라가더라도 더 높이 올라가야 하고 아무리 많은 것을 가져도 더 가져야 하는 것입니다. 하나님은 이런 사람의 소욕을 물리치신다고 하셨습니다. 이런 사람의 욕심은 끝이 없기 때문입니다. 하나님께서도 이런 사람은 싫어하시는 것입니다. 그래서 이 사람들이 자꾸 더 달라고 하는 것을 하나님은 듣기 싫어하시고 물리치십니다. 그러면 이런 사람들의 성공은 별 볼일 없는 성공이 되는 것입니다. 우리에게 가장 중요한 것은 영적 부흥이 계속되는 것입니다. 영적 부흥이 일어나면서 우리 인생은 가장 가치 있는 보석 같은 인생이 되고, 그때 우리는 가장 많은 영혼을 건지게 됩니다.

4절 "손을 게으르게 놀리는 자는 가난하게 되고 손이 부지런한 자는 부하게 되느니라."

여기서 손을 부지런하게 놀린다고 하는 것은 일을 많이 하는 것을 말합니다. 이 말씀을 잘못 생각하면 죽어라고 일을 많이 하면 모두 부자가 될 수 있다는 식으로 보게 됩니다. 여기서 손을 놀린다고 하는 것은 반드시 일만 죽어라고 하라는 뜻이 아닙니다. 물론 이 세상 사람들은 먹고 살기 위해서 모두 열심히 일을 하고 있습니다. 남자들은 추운 겨울에도 가족들을 먹여 살리기 위해서 아침 일찍 일어나서 일하러 가고, 학생들은 조금이라도 공부를 더 잘하기 위해서 밤늦게까지 남아서 공부를 합니다. 이런 사람들은 모두 열심히 손을 놀리거나 일을 하는 사람들입니다. 그런데 이런 사람들의 공통점은 하나님을 모르고 이 세상에서 살아보려고 열심히 일을 하고 있는 것입니다.

그런데 하나님께서 이스라엘 백성들에게 요구하신 것은 일을 하지 않는 것이었습니다. 이스라엘 백성들은 오히려 애굽에서 노예로 있으면서 죽어라고 일을 했습니다. 이스라엘 백성들이 일을 조금이라도 게을리 하면 애굽의 노예 감독관이 사정없이 채찍으로 이스라엘 백성들을 내리갈겼습니다. 그러나 하나님은 이스라엘 백성들로 하여금 광야에서 일을 하지 못하게 하셨습니다. 그 대신 이스라엘 백성들은 하나님의 말씀을 듣고 말씀에 따라 움직이는 훈련을 했습니다. 그리고 난 후에 하나님께서는 이스라엘 백성들로 하여금 가나안 땅에 진군해서 가나안 땅을 정복하게 하셨습니다. 여기서 '부지런히 손을 놀리라'고 한 것은 애굽의 노예같이 먹고 살기 위해서 죽도록 일을 하라는 뜻이 아닙니다. 우리가 하나님을 믿고 하나님의 말씀을 붙잡게 되었을 때 오히려 이 세상에서 살아갈 길이 보이지 않을 때가 있습니다. 그때 우리는 안정된 직장이라든지 유명한 출세 자리 같은 생각을 하지 말고, 하나님께서 길을 열어주시는 대로 무엇이든지 열심히 하라는 것입니다. 그러면 우리에게 길이 열릴 때가 많이 있습니다.

예를 들어서 다윗은 골리앗과 싸울 때 왕의 칼이나 투구를 탐내지 않고 자기가 잘할 수 있는 물맷돌로 싸웠을 때 골리앗을 이길 수 있었습니다. 또 삼손은 블레셋 사람들을 칠 때 도와줄 사람이 없으니까 여우 꼬리에 햇불을 붙여서 블레셋 사람들에게 큰 타격을 주었습니다. 우리는 꼭 이 세상의 성공 기준이라든지 안정된 직장의 개념에 매일 필요는 없습니다. 사도 바울이 '내게 능력 주시는 자 안에서 모든 것을 할 수 있다' 고 했는데, 우리도 할 수 있는 범위 안에서 작은 것을 열심히 하면 되는 것입니다. 그러면 그것이 모여서 기적을 이루게 될 것입니다. 이것은 마치 자기 길을 찾은 사람은 누가 뭐라고 하든지 간에 자기 길을 열심히 꾸준히 가기만 하면 되는 것과 같습니다. 그러나 길을 찾지 못한 사람은 말이 많을 것이고 남들이 하는 것은 다 따라서 하려고 할 것입니다.

여기에 보면 '손을 게을리 놀리는 자는 가난하게 되고 손이 부지런한 자는 부하게 되느니라' 고 했습니다. 우리가 축복의 길에 들어섰더라도 가만히 있으면 결과는 초라하게 될 것입니다. 하나님이 우리에게 부흥을 주셔도 우리가 노력하지 않고 가만히 있으면 우리는 가난하게 될 것입니다. 하나님께서 우리에게 부흥을 주시고 할 일을 주셨을 때 게을러서는 안 됩니다. 우리는 죽을힘을 다해서 하나님이 주신 축복에서 최선의 것을 얻어야 합니다.

5절 "여름에 거두는 자는 지혜로운 아들이나 추수 때에 자는 자는 부끄러움을 끼치는 아들이니라."

여름은 이 당시 가장 중요한 보리나 밀을 추수하는 시기를 말합니다. 농부가 씨를 뿌리고 농사를 짓는 이유는 추수를 하기 위해서입니다. 농부가 다른 것은 다 했다 하더라도 추수를 하지 않으면 아무것도 하지 않은 것과 같습니다. 하나님의 일에도 하나님이 주신 때가 있습니다. 이 세상의 모든 일도 때가 있습니다. 그래서 형통할 때가 있는가 하면 어려울 때도 있습니다. 그런데 하나님의 일은 더 그렇습니다. 하나님께서 우리에게 영적인 축복을 주시고 성령의 바람이 불 때에는 더 열심히 모이고 기도해서 백 배의 추수를 거두도록 해야 합니다. 그런데 하나님이 우리에게 고난을 주셔서 일을 주시지 않으실 때에는 하나님이 내 영혼을 먼저 건강히 하라고 하시는구나 생각해서 이때는 또 열심히 성경을 연구하고 기도하여 나 자신을 준비시킬 때인 것입니다. 그러나 평소 말씀으로 자기를 준비하지 않고 하나님이 기회를 주셨을 때 엉뚱한 짓을 하느라고 기회를 놓치는 아들은 나중에 엉뚱한 잘못을 저질러서 다른 사람들에게 큰 누를 끼치게 될 것입니다. 이 사람은 하나님의 때를 분별할 수 있는 안목이 없기 때문입니다.

3. 의인의 길

성경은 끊임없이 이 세상에는 의인의 길이 있는가 하면 악인의 길이 있다고 말하고 있습니다. 여기서 의인은 하나님을 믿고 하나님께 자기 인생을 맡긴 자를 말합니다. 거기에 비해서 악인은 아직까지 자기 인생을 자기가 책임질 수 있다고 생각해서 자기 의지대로 살아가는 사람을 말합니다. 우리는 누구든지 이 세상에 태어났으면 자기 인생은 자기가 책임지는 것이 마땅하다고 생각합니다. 오히려 자기 인생을 자기가 책임지지 않고 부모가 책임을 진다든지 아내가 책임을 진다든지 하는 사람은 무능한 사람일 것입니다. 그런데 하나님은 우리에게 우리 인생을 하나님께 맡기라고 말씀하셨습니다. 우리가 예수를 믿으면서 가장 힘들었던 부분이 바로 이 부분입니다. 우리는 내 인생을 내가 책임져야지 하나님이 책임을 져서 되겠느냐고 생각하는 것입니다. 그러나 하나님은 우리를 중증장애인으로 생각하셔서 우리 인생 전체를 하나님께 맡겨야 한다고 말씀하십니다. 그렇지 않으면 악인의 길을 가게 되는 것입니다. 오늘 성경은 그 이유를 가장 먼저 설명합니다. 우리가 인생을 하나님께 맡겨야 하는 이유는 우리 안에 독이 가득 들어 있기 때문입니다.

6절 "의인의 머리에는 복이 임하거늘 악인의 입은 독을 머금었느니라."

우리가 보통 '머리'라고 하면 생각이나 명예 같은 것을 생각하게 됩니다. 그런데 여기에서 '의인의 머리'는 의인의 생각을 말합니다. 사실 우리 인간보다 더 뛰어난 피조물은 없을 것입니다. 그런데 우리 인간은 생각하기 따라서 천사가 될 수 있는가 하면 악마가 될 수도 있습니다. 우리가 어떤 사람을 사랑하겠다고 마음을 먹게 되면 어떤 희생이 있어도 사랑하게 되는가 하면, 어떤 사람을 괴롭혀야 하겠다고 생각하면 정말 심술궂은 나쁜 사람이 될 수 있습니다. 그런데 그 모든 것은 마음먹기에 달린 것입니다. 사람은 마음먹기에 따라서 천사같이 될 수 있는가 하면 악마같이 될 수도 있습니다. 문제는 우리가 그런 마음을 먹게 되지 않는 것입니다. 설사 그런 마음을 먹는다 하더라도 우리 몸이 따라주지 않습니다.

그런데 우리가 하나님을 믿고 하나님의 말씀을 들을 때 하나님은 우리 머리를 축복해 주십니다. 그래서 우리에게 좋은 생각, 긍정적인 생각, 즉 다른 사람을 사랑하고 축복하고 싶은 마음이 들게 됩니다. 이것 자체가 우리에게는 엄청난 것입니다. 그리고 하나님의 말씀을 붙들고 기도할 때 이 은혜가 가슴으로 내려오게 되는데 그때는 이미 다른 사람을 대하는 태도가 달라집니다. 사람이 하나님의 말씀으로 은혜를 받지 못하고 원래 상태 그대로 있으면 우리의 머리는 저주받은 상태에 있게 됩니다. 그래서 우리는 공연히 다른 사람을 미워하게 되고 의심하게 되며 나쁜 것을 지적하고 싶어지게 됩니다. 우리가 하나님의 말씀이 없으면 입에 독을 머금고 나쁜 말을 하게 됩니다. 우리 인간들은 다른 사람에 대하여 나쁜 말을 하면서 얼마나 그런 우월감으로 스스로 즐기는지 모릅니다. 그것은 바로 독사가 춤을 추는 모습입니다. 우리 인간에게 가장 중요한 것은 우리 안에 있는 독을 버리는 것입니다. 우리 안에 있는 독을 버리는 방법은 하나님의 말씀을 듣고 은혜 받는 것밖에 없습니다. 하나님의 말씀은 사랑의 말씀이기 때문에 내 안에 있는 독을 중화시키는 역할을 하고, 하나님의 사랑이 내 마음 안에 채워지게 하기 때문입니다. 의인의 머리에 복이 임하는 것입니다.

7절 "의인을 기념할 때에는 칭찬하거니와 악인의 이름은 썩으리라."

'이름' 의 가치에 대하여 말씀하고 있습니다. '의인을 기념한다' 는 것은 '의인의 이름을 기억하는 것' 을 말합니다. 사람이 이 세상에서 자기 인생을 다 살고 난 후에 과연 무엇이 남을 것인가 하는 것입니다. 사람이 이 세상에 살아 있는 동안에는 대단한 것 같지만 일단 죽으면 아무것도 남지 않게 됩니다. 왜냐하면 그의 살이 썩음과 동시에 모든 기억도 다 썩어버리기 때문입니다. 그런데 의인의 이름은 살아 있습니다. 그가 이 세상에 살아 있는 동안에 하나님의 축복을 이 세상에 가져왔기 때문입니다. 사람들은 이 세상에 너무나도 좋은 것들이 많이 있기 때문에 그것들을 긁어모으느라 정신이 없습니다. 그런데 나중에 인생을 다 살고 나니까 모래 장난만 실컷 한 것과 같습니다. 이 세상에서 아무리 유명하고 돈을 많이 벌어도 그것은 이 세상의 모래였던 것입니다. 그런데 진정으로 이 세상을 가치 있게 하고 사람들에게 복을 받게 한 사람은 하나님의 복을 가져온 사람입니다. 영적인 부흥이 일어나게 한 사람인 것입니다. 이런 사람은 그의 영적인 복과 육체적인 삶이 모두 다 가치 있게 살아 있습니다. 그의 육체적인 삶은 영적인 복의 열매요 꽃이기 때문입니다. 그래서 이 세상에서 세상만 바라보고 산 사람이 가장 어리석고 미련한 사람입니다. 그들의 성공은 진정한 성공이 아니라 썩은 성공인 것입니다.

8절 "마음이 지혜로운 자는 명령을 받거니와 입이 미련한 자는 패망하리라."

마음이 지혜로운 자는 하나님을 믿고 그 말씀의 가치를 아는 자입니다. 그 사람은 구체적인 삶 가운데서 하나님의 명령을 받습니다. 하나님은 우리에게 성경만 던져주시고 알아서 하라고 하시는 것이 아니라, 우리의 실제적인 삶 가운데서 우리에게 어떻게 행해야 할 것인지 자꾸 가르쳐주십니다. 사실 우리가 처음에 어떤 어려운 문제에 부딪치면 너무 생각이 산만해서 무엇을 어떻게 처리해야 할지 막연할 때가 많습니다. 이때 우리가 문제를 가지고 상담할 상대가 있으면 너무도 좋습니다. 우리가 이 세상을 살아갈 때 너무나도 많은 이야기를 듣습니다. 그런데 그 중에는 유익한 것도 있지만 유익하지 못한 것이 너무 많고, 심지어는 우리 영혼을 죽이는 독이 되는 말들도 많이 있습니다. 그런데 하나님께서는 그것을 여과시켜서 어떤 것은 버리게 하시고 어떤 것을 택하게 하시고 심지어는 어떤 말을 해야 할지도 가르쳐주십니다. 그러나 하나님의 말씀을 듣지 않는 자는 그런 수많은 말들을 여과할 수 있는 장치가 없기 때문에 매일 독을 한 사발씩 마시면서 살아가는 것과 같습니다. 결국 나중에는 술로 그것을 풀려고 하는데 풀리지 않습니다. 결국 악한 사람은 가만히 있기만 해도 되는데, 자기가 한 말에 걸려서 패망하게 되는 것입니다. 마음속에 분노가 가득 들어 있어서 참을 수가 없기 때문입니다.

9절 "바른길로 행하는 자는 걸음이 평안하려니와 굽은 길로 행하는 자는 드러나리라."

사람이 바른길을 가려고 하면 일단 바른길을 택해야 합니다. 만약 사람이 굽은 길을 택했다면 자기 자신은 아무리 바른길을 걷는다고 해도 길 자체가 굽어 있기 때문에 절대로 바른길을 갈 수가 없습니다. 그러나 사실 사람들 중에 자기 앞길이 어떻게 될지 정확하게 알고 길을 가는 사람은 아무도 없을 것입니다. 단지 사람들은 누구나 자기에게 주어진 상황에서 가장 최선의 길을 택할 따름입니다. 그러나 사람들 중에는 당장 편한 길을 택하는 사람이 많습니다. 세상 사람들은 일단 당장에 편한 길을 택합니다. 그런데 나중에 보니까 길이 없을 때가 많습니다. 그러나 하나님의 백성들은 오히려 처음에 길이 보이지 않아서 답답할 때가 많습니다. 하나님의 백성들의 길은 홍해 속에 고속도로가 있기 때문입니다. 그래서 하나님의 백성들에게 가장 큰 스트레스는 도저히 예측할 수 없이 미래가 불안하다는 것입니다. 그러나 우리는 불안해야 하나님을 의지하지 안정되면 부패하기 쉽습니다. 하나님의 백성들은 처음에는 고생을 하지만 나중은 편안합니다. 그러나 굽은 길을 가는 자는 나중에 '드러난다'고 했는데, 어떻게 보면 굽은 것이 드러난다는 뜻으로 생각이 되기도 하지만 나중에는 길이 없는 것입니다.

10절 "눈짓하는 자는 근심을 끼치고 입이 미련한 자는 패망하느니라."

여기에 모처럼 악한 것이 나열되고 있습니다. 눈짓한다는 것은 정직하지 못하게 뒤에서 일을 꾸미는 사람을 말합니다. 이런 사람은 언제나 말하는 것과 실제가 다르기 때문에 다른 사람들이 걱정을 하게 됩니다. 이런 사람은 어디로 튈지 모르는 럭비공 같은 사람이기 때문입니다. 결국 눈짓하는 사람은 당장은 필요해서 쓰지만 결국은 소모품으로 버리게 됩니다. 그리고 입이 미련한 사람은 할 말, 하지 않을 말 가리지 않고 마구 자기 안에 있는 악한 생각을 쏟아내는 사람인데 당장은 그 사람이 똑똑한 것 같지만 실제로는 이런 사람을 좋아하는 사람은 아무도 없습니다. 인간의 마음은 구정물통과 같은

데 그 물을 자기에게 자꾸 쏟아 붓는 사람을 누가 좋아하겠습니까? 결국 정직하지 못한 자와 말을 함부로 하는 사람은 사람들로부터 버림을 당하게 됩니다. 사람은 결국 정직한 자를 좋아하고 말을 가려서 하는 자는 좋아하는 것입니다. 그 사람은 가치가 한결같은 사람이기 때문입니다.

11절 "의인의 입은 생명의 샘이라도 악인의 입은 독을 머금었느니라."

사람은 몸만 다치고 상처를 입는 것이 아니라 마음도 상처를 입고 다칠 때가 많습니다. 사람들이 몸이 병이 나면 병원에 가서 치료를 받지만 마음이 다치면 그냥 참으면서 살아갈 때가 많습니다. 마음의 병을 치료하는 것은 하나님의 말씀이 사람의 입을 통해서 나올 때입니다. 이것이 바로 생명의 샘입니다. 사람이 하나님의 말씀을 듣게 되면 눈물이 흐르면서 마음이 시원해지는 것을 느낄 수 있습니다. 그러나 분노에 차서 하는 말이나 교만한 말은 독이 들어 있어서 그런 말을 들으면 마음이 병들게 됩니다. 사람이 할 수 있으면 그런 나쁜 말을 듣지 말아야 하는데 사회생활을 하면서 이런 말을 듣지 않을 수가 없습니다. 이럴 때에는 참으로 나를 이해해주는 사람과 대화를 통해서 치료를 받을 수 있고, 아니면 조용한 곳에서 스스로 하나님의 말씀을 묵상하면서 치료할 수 있습니다. 우리 입에는 언제나 독이 있기 때문에 아무 생각 없이 함부로 말을 하지 않는 것이 중요합니다.

12절 "미움은 다툼을 일으켜도 사랑은 모든 허물을 가리우니라."

사람의 마음에 분노가 있으면 다른 사람에게 그 분노를 퍼붓게 됩니다. 그런데 상대방은 그 분노가 너무 고통스럽기 때문에 자기를 방어하려면 자기도 분노를 퍼부어야 하는 것입니다. 다른 사람이 자기에게 소리를 지르면 자기도 그 이상으로 소리를 질러야 화가 미치지 않게 됩니다. 그러면 상대방은 더 소리를 지르게 되기 때문에 싸우지 않을 수가 없는 것입니다. 그런데 결국 사랑은 다른 사람의 연약하고 부족한 것을 이해하기 때문에 똑같이 소리를 지를 필요가 없습니다. 이 세상에서 위대한 것은 다른 사람을 이해하는 것입니다. 어떤 사람들은 정의를 부르짖는데 우리는 절대로 완전히 정의로울 수가 없습니다. 정의보다 위대한 것은 다른 사람을 이해할 수 있는 능력입니다. 부모가 자식을 돌볼 수 있는 것은 자식을 이해하기 때문입니다.

13절 "명철한 자의 입술에는 지혜가 있어도 지혜 없는 자의 등을 위하여는 채찍이 있느니라."

명철하다는 것은 하나님의 말씀을 생활화하여 구체적인 지혜가 된 상태를 말합니다. 우리가 처음에는 하나님의 말씀이 지혜가 되지 않아서 참으로 미련하게 행할 때가 많습니다. 오히려 하나님의 말씀대로 살려고 하는 사람이 미련하다고 해서 채찍에 맞을 때가 많습니다. 그런데 하나님께서는 그런 연단을 통해서 나중에는 정말 하나님의 깊은 지혜를 주시는데 주위에 있는 사람들이 다 복을 받게 하시고 기도하는 것마다 응답이 되게 하십니다. 그래서 이 사람의 입에 있는 지혜는 그냥 지혜가 아니고 기도하는 지혜이고, 응답받는 지혜인 것입니다. 그러나 처음부터 세상의 요령을 피우는 자는 애초부터 칭찬을 받고 절대로 채찍에 맞을 짓도 하지 않습니다. 이런 사람들은 자꾸 교만해지기 때문에 나중에 죄를 쌓아가게 됩니다. 그래서 나중에 그 죄가 터지게 되었을 때에는 수습이 되지 않게 됩니다. 이렇게 자기 꾀를 믿고 요령을 부리면서 사는 자는 끝에 가서 죽도록 채찍에 맞고 감옥에 갇히게 됩니다.

14절 "지혜로운 자는 지식을 간직하거니와 미련한 자의 입은 멸망에 가까우니라."

하나님의 말씀을 믿는 자는 하나님의 지혜를 가장 소중하게 생각하고 간직합니다. 이 사람은 그 지혜를 어디에 간직할까요? 자기 마음속에 간직하는 것입니다. 이 사람의 마음에는 언제나 지혜가 있기 때문에 허황된 생각이나 거짓이나 악한 탐욕이 들어올 수 없습니다. 그러나 미련한 자는 자기 꾀를 믿는 자인데 이런 사람의 입이 멸망이 가깝다고 하는 이유는 이런 사람은 너무나도 낚싯바늘에 매달린 미끼가 먹고 싶어서 그 주위를 자꾸 맴돌게 되기 때문입니다. 세상 지혜의 특징은 평범한 축복이 너무 시시해서 마음에 들지 않고 언제나 금지된 것이 그렇게 마음에 당기는 것입니다. 이런 사람들은 언제나 자기 머리를 믿고 아슬아슬하게 죄를 즐기다가 어느 날 걸려들면 끝장이 나고 맙니다.

15절 "부자의 재물은 그의 견고한 성이요 가난한 자의 궁핍은 그의 패망이니라."

부자의 재물이란 그냥 부자를 말하는 것이 아니라 하나님의 말씀대로 산 사람의 축복을 말합니다. 우리가 믿음으로 살아갈 때 하나님은 끝에 가서 물질적인 복도 주시고 세상의 명예도 주십니다. 그런데 하나님의 백성들에게 물질의 복은 빙산의 일각에 불과합니다. 하나님은 믿음의 백성들에게 이미 수천 배의 영적인 복을 주시고 나중에 물질의 복까지 주시는 것이기 때문입니다. 그의 복은 견고한 성이기 때문에 결코 무너지지 않습니다. 그러나 돈만을 위해서 살아온 사람은 그것이 그의 전부이기 때문에 돈이 없어지면 진짜 아무것도 없게 됩니다. 그래서 그의 인생은 완전한 패망입니다.

16절 "의인의 수고는 생명에 이르고 악인의 소득은 죄에 이르느니라."

의인의 수고라고 할 때 의인은 무엇을 가장 가치 있게 생각하고 살까요? 그는 영혼을 건지는 것을 위해서 삽니다. 물론 의인이 다른 것도 하지만 가장 중요한 것은 하나님의 진리로 사람을 살리는 것입니다. 그래서 그의 수고는 생명입니다. 의인은 자기도 살고 다른 사람도 살립니다. 그리고 악인은 욕심을 위해서 사는데 결국 권태가 오고 욕심이 발동하면 죄에 빠지지 않을 수 없습니다. 욕심으로 사는 사람은 이 귀한 인생을 살면서 죄만 실컷 짓고 아무것도 가치 있는 것을 한 것이 없는 것입니다.

우리는 이 귀한 인생 살면서 내 머리를 믿지 말고 하나님의 지혜를 믿어서 우리의 머리가 복을 받고 가슴이 복을 받고 우리의 손과 발이 복을 받아서 영원히 없어지지 않는 복된 삶을 사시기 바랍니다.

14 · 복된 삶의 전제

잠 10:17-32

사람들은 특별히 좋은 일이 있을 때에는 꽃다발을 선물로 줍니다. 예를 들어서 친구나 자녀들의 졸업식 때에도 꽃을 선물로 주기도 하고, 연주회를 하게 되면 친구들도 꽃을 선물로 줍니다. 결혼식장에는 더 많은 꽃을 가지고 장식을 하고 신부는 꽃다발로 만든 부케를 들고 등장을 합니다. 아마 이 세상에서 가장 아름다운 것은 꽃다발일 것입니다. 잠언 10-24장까지는 지혜를 거의 무질서하게 나열해 놓고 있는 것 같습니다. 그러나 사실 이 부분이야말로 지혜의 꽃다발이며 이 세상에서 가장 아름다운 지혜의 말씀으로 구성되어 있습니다. 우리는 이 말씀들을 보면서 몇 가지 주의를 해야 할 것이 있습니다. 한 가지는 여기에 나타나 있는 지혜를 보면 어떤 점에서는 세상적인 지혜와 비슷한 점이 아주 많다는 것입니다. 그러나 우리가 꽃만 보면 비슷하게 보일지 모르지만 그 줄기와 뿌리는 전혀 다른 것입니다. 또 다른 하나는 여기에 지혜가 무질서하게 나열되어 있는 것 같지만 잠언의 저자는 대구법이라는 수사법을 쓰고 있다는 것입니다. 대구법이라고 하는 것은 히브리인들이 많이 쓴 수사적 표현법인데 서로 대조되는 내용을 나열하거나 혹은 비슷한 내용을 반복해서 나열함으로 내용을 더 강조하거나 혹은 설명하는 양식입니다. 그래서 우리가 이 부분의 말씀을 살펴볼 때에는 본문이 자연스럽게 설명하는 내용을 따라가면서 하나님의 지혜를 감상하면 될 것입니다. 그림을 아는 분들은 미술 전시장이나 혹은 개인전을 하는 데 가서 그림 하나하나를 유심히 살피면서 감상할 것입니다. 제가 외국의 미술 박물관에 갔을 때 미술책에서만 보던 밀레의 그림들이 눈앞에 전시되어 있는 것을 보고 거의 숨이 막힐 뻔한 적이 있었습니다. 우리가 그런 심정으로 잠언에 나오는 이 지혜의 모음집을 살펴보면 좋을 것입니다.

1. 이스라엘 백성들의 전제

이스라엘 백성들에게 가장 중요한 전제는 이미 그들에게 하나님의 말씀이 주어져 있다는 사실입니다. 반대로 이 세상 나라 사람들의 경우에는 한평생 자기 안에 있는 지식을 붙들고 몸부림을 쳐도 거기에는 하나님의 말씀이 한 방울도 나올 수가 없습니다. 예를 들어서 어떤 광부들에게 이미 금광이 주어져 있는 것과 금광이 어디 있는지도 모르고 찾아야 하는 광부들 사이에는 엄청난 차이가 있을 것입니다. 길을 잃은 사람들에게 길을 찾을 수 있는 지도나 이정표가 주어져 있는 경우와 전혀 그런 것 없이 길을 찾아야 하는 경우 사이에는 엄청난 차이가 있습니다. 이스라엘 백성들에게 가장 놀라운 것은 그들이 하나님의 축복을 받을 수 있고 바른길을 갈 수 있는 하나님의 말씀이 이미 주어져 있다는 사실입니다. 그럼에도 불구하고 이해가 되지 않는 것은 이스라엘 백성들이 이미 주어져 있는 이 하나님의 말씀을 어떻게 사용해야 할지 몰라서 하나님의 말씀을 버리고 엉뚱한 딴 길을 가는 것입니다.

17절 "훈계를 지키는 자는 생명 길로 행하여도 징계를 버리는 자는 그릇 가느니라."

아마 잠언의 많은 말씀들 중에서 이 말씀보다 더 중요한 말씀은 없을 것입니다. 이스라엘 백성들에게는 이미 생명의 길을 갈 수 있는 하나님의 말씀이 주어져 있습니다. 이스라엘 백성들이 이 말씀에서 벗어나지 않는 이상 그들은 그대로 축복을 받게 되어 있습니다. 그런데 이스라엘 백성들은 하나님의 말씀을 케케묵은 말씀으로 생각하고 시시한 말씀으로 여겨서 잘 들으려고 하지 않는 것입니다. 도대체 어떻게 해서 이런 일이 일어나게 되는 것일까요? 우선 생각할 수 있는 것이 이스라엘 백성들이 하나님의 말씀을 어떻게 사용해야 할지를 모르는 것입니다. 그들이 가지고 있는 하나님의 말씀은 마치 원석과 같고 곡식으로 치면 아직 껍질을 벗기지 않은 벼나 보리와 같습니다. 우리가 원석 자체만 보면 다른 돌과 다를 바가 없고 벼도 껍질을 벗기지 않는 것은 딱딱해서 먹을 수가 없습니다. 그러니까 하나님의 말씀은 한번 가공 과정을 거쳐야 비로소 그 진가를 알 수 있게 됩니다. 금의 원석이나 보석의 원석은 갈고 닦든지 아니면 불에 녹여서 불순물을 제거해야 하고, 벼나 보리도 껍질을 제거해야 안에 있는 쌀과 보리를 먹을 수가 있습니다. 그런데 이스라엘 백성들이 세상의 지식과 명예를 보니까 마치 금으로 도금을 해놓은 것과 같아서 너무나도 그것들이 찬란하고 아름다웠습니다. 또 세상의 복을 보니까 마치 설탕을 발라놓은 과자 같아서 너무나도 먹기에 달콤했던 것입니다. 하지만 금으로 도금한 것은 얼마가지 않아서 껍질이 벗겨지게 되어 있고, 설탕을 발라놓은 과자를 아무리 먹어봐야 좋은 영양가가 별로 없는 식품인 것입니다.

이스라엘 백성들은 하나님 말씀의 맛을 아는 자체가 큰 복입니다. 하나님의 백성들이 거대한 금광을 옆에 두고서도 그 가치를 알지 못해서 헐벗고 사는 사람들과 같고, 곁에 거대한 곡창 지대를 두고서도 그것을 가공할 줄 몰라서 굶고 있는 자들과 같습니다. 그런데 하나님께서 이스라엘 백성들에게 은혜를 주시면 하나님의 백성들은 이 세상의 가장 힘든 상황 속에서도 하나님의 말씀만이 자기에게 위로가 되며, 하나님의 말씀만이 자기를 지탱해주는 힘이라는 것을 깨닫게 됩니다. 고난이 하나님의 백성들로 하여금 하나님의 말씀의 필요성을 깨닫게 하는 것입니다. 그뿐만 아니라 하나님의 백성들은 고난 중에 하나님의 말씀이 살아 있다는 것을 발견하게 됩니다. 하나님의 말씀이 너무나도 내 사정을 잘 알아서 나에게 꼭 필요한 말씀을 주시는데, 결국 그 말씀을 가지고 하루하루를 살아가게 됩니다. 어려움에 빠진 성도들은 다른 것 없이는 살 수 있어도 하나님의 말씀이 없으면 살 수가 없을 정도로 하나님의 말씀의 맛을 알게 됩니다. 그리고 난 후에는 하나님의 말씀을 좀 더 깊이 알고 싶고 한 걸음 더 나아가서 그 안에 있는 보물 덩어리를 알고 싶어 합니다. 이때 하나님의 백성들은 하나님의 말씀 안에 들어 있는 보물 덩어리들을 캐내면서 하늘의 복을 받게 됩니다. 이 하나님의 말씀 안에 들어 있는 보물들을 캐낸 사람들은 이미 복은 받은 사람들이고 생명의 길을 찾은 사람들입니다. 이 사람들은 그렇게 똑똑하거나 무엇인가 대단한 일을 하지 않아도 이 길에서 벗어나지만 않으면 복을 받게 됩니다.

교회에서는 하나님의 보물을 캐내면서 교인들 전체가 보석으로 변하여 계속적인 부흥이 오게 됩니다. 물론 하나님의 보물을 캐낸 자들을 하나님이 어떻게 구체적으로 복을 주실지 우리는 다 알지 못합니다. 분명한 것은 이 사람들은 복을 찾은 사람들이며 생명 길을 가고 있는 사람들입니다. 그런데 아무리 이스라엘 백성들이라 하더라도 하나님 말씀의 맛을 모르는 사람들이 많이 있습니다. 이들은 하나님의 말씀을 보면 그저 오래된 시시한 잔소리 같고 모든 것을 하지 말라고 하는 것 같아서 싫어하고, 특히 세상의 금도금을 한 지식이나 설탕을 발라놓은 과자에 비교하여 진가를 모르고 흥미를 잃게 됩니다. 그렇게 해서 이 사람들은 그릇된 길을 가게 됩니다. 길이 아닌 길을 찾아서 가는 것입니다. 세상길이 훨씬 나를 행복하게 해줄 것 같기 때문입니다. 결국 그릇된 길을 가면 둘 중 하나의 결과가 나오게 될 것입니다. 실컷 그 길을 간 후에 그 길이 없다는 것을 알고는 돌아서 나오거나 아니면 그 길을 계속 가다가 떨어져 죽는 것입니다.

여기에 보면 '징계를 버리는 자는 그릇 가느니라'고 되어 있습니다. 하나님의 말씀은 가공만 해야 하는 것이 아니라 그 안에 또한 징계가 들어 있습니다. 하나님의 말씀은 우리로 하여금 고난을 겪게 해서 우리 안에 영적인 지각이 살아나게 하고 우리 고집을 꺾어서 우리를 겸손하게 만듭니다. 하나님의 말씀을 따라가다 보면 우리 자신이 연단되어서 정금이 되는 것입니다. 우리가 하나님 말씀의 맛을 알고 하나님의 말씀을 아는 법을 알았다면 이것은 이미 어마어마한 금광을 찾은 것입니다. 우리는 이 길에서 벗어나지만 않으면 분명히 복을 받습니다. 그런데 의문이 되는 것은 하나님의 말씀과 세상 사이에는 너무나도 먼 거리가 있는데 도대체 우리가 어떻게 세상의 복까지 받게 될까요? 우리는 그것까지 하나님의 지혜를 믿어야 합니다. 하나님의 백성들이 건방져서 말씀의 가치를 우습게 알고 세상의 유행이나 눈에 보기에 반짝이는 지식을 따라가면 결국 신기루를 붙잡게 되는 것입니다. 그들은 세상에서 인정을 받고 교계에서 인정을 받은 것 같은데 아무런 실속이 없습니다. 이런 사람들은 부흥도 없고 능력도 없고 축복도 없고 아무것도 없는 것입니다.

2. 하나님의 말씀 밖의 세계

잠언 저자는 우리에게 하나님의 말씀이 주어진 것을 전제로 하고 난 후에 만약 우리가 하나님의 말씀의 길을 따르지 않으면 어떻게 되는지 보여주려고 합니다. 그것은 바로 맹수의 세계입니다. 우리가 맹수의 세계로 가면 일단 육식 동물들은 잔인하고 공격적입니다. 맹수들은 다른 짐승들을 공격해서 잡아먹어야 자기가 살 수 있기 때문입니다. 우리가 하나님 말씀의 길을 가지 않으면 바로 부딪치게 되는 것이 사람들이 다른 사람을 의심하고 이용하려고 하며 쉽게 화를 잘 내고 공격하는 세상입니다.

> 18절 "미워함을 감추는 자는 거짓의 입술을 가진 자요 참소하는 자는 미련한 자니라."

대개 잠언의 저자는 서로 대조되는 표현을 나열할 때가 많은데 여기는 나쁜 것 두 가지를 나란히 나열해서 설명을 하고 있습니다. 사람은 하나님이 만드신 최고의 피조물이지만 죄 때문에 고장이 나게 되었습니다. 그래서 사람이 죄에 빠진 후에는 잠재의식 속에 분노가 들어 있게 되었고 이것이 결국 공격적인 말로 나타나게 됩니다. 사람은 일단 자기가 잘 모르거나 자기와 무엇인가 생각이나 소속이 다른 사람은 미워하게 되었습니다. 자기가 잘 모르는 사람은 미워해야 자기가 보호될 수 있기 때문입니다. 그래서 사람들은 일단 친한 사람들끼리는 마치 뱀 두 마리가 서로 칭칭 감듯이 늘 붙어 다니고 친하게 지내면서 잘 모르거나 자기와 다른 사람은 미워하거나 경계하다가 조금 가까이 오면 적대감을 나타내게 됩니다. 그렇게 해야 자기가 살아남을 수 있기 때문입니다. 그래서 사람들은 모이기만 하면 언제나 남을 헐뜯고 비방하는 말을 합니다. 그런데 사람들 중에는 '미워함을 감추는 사람들'이 있습니다. 우리가 생각하기에 미움을 감추는 사람들은 대단히 인격적으로 훌륭한 사람인 것 같습니다. 사람들은 대개 다른 사람에 대한 적대감을 쉽게 나타내기 때문에 서로 싸우고 다투게 됩니다. 그런데 이런 사람은 미움을 감추기 때문에 불필요한 오해와 다툼을 막을 수 있는 것 같습니다. 그러나 이들이 미움을 감추는 것은 남에게 상처 입히지 않기 위해서가 아닙니다. 이런 사람은 다른 사람의 경계를 늦추게 해서 통째로 잡아먹으려고 하는 것입니다. 우리가 아는 바이지만 악한 자들 중에서 수준이 낮은 자는 다른 사람에게 적대감을 노골적으로 나타내지만 더 수준이 높은 자는 미움을 감춘다는 사실입니다. 그리고는 바로 참소를 해서 상대방을 쓰러뜨립니다.

우리가 하나님의 말씀을 배우면 이리에서 양으로 변하게 되는데 우리가 과연 이런 맹수의 세계에서 살아남을 수가 있을까요? 우리는 양인데 우리 주위에는 사자가 있고 이리들이 있고 하이에나가 있으며 방울뱀 같은 독사들이 있을 때 과연 우리가 주위 사람들에게 속지 않고 잡아먹히지 않고 살아남을 수 있을까요? 여기서 살아남는 방법은 둘 중 하나일 것입니다. 하나는 우리도 맹수가 되는 것입니다. '눈에는 눈 이에는 이' 라는 식으로 다른 사람들이 우리에 대하여 공격을 하면 우리도 소리를 지르고 욕하고 똑같이 싸워서 우리 자신을 지키는 것입니다. 세상 사람들은 이런 방법으로 살아남을 것입니다. 그러나 우리는 이런 방법으로 살아남을 수가 없습니다. 우리가 그렇게 하면 우리의 신앙이 없어지기 때문입니다. 우리가 살아남는 방법은 우리 속을 다 하나님의 말씀으로 채우는 것입니다. 우리가 하나님의 말씀으로 꽉 차게 되면 겁도 덜 날 뿐 아니라 다른 사람이 말을 해도 그 말이 귀에 잘 들어오지 않습니다. 그리고 어떤 자신감이 생기는데, 맹수들은 자신감이 있는 사람은 무서워한다고 합니다. 그래서 맹수들을 만났을 때 가장 위험한 행동은 등을 돌리고 달아나는 것이라고 합니다. 그러면 틀림없이 공격을 당하게 될 것입니다. 우리가 눈을 크게 뜨고 야단을 치면 맹수들은 겁을 집어 먹게 됩니다. 또한 하나님의 말씀은 우리에게 분별력을 주어서 처음에는 몇 번 상처를 입지만 나중에는 그 말로 참소를 당하지 않을 정도로 우리의 수준을 높여 주십니다.

우리가 남을 속이려고 미움을 감추면 안 되겠지만 다른 사람에 대한 미움을 드러내는 것도 안 될 것입니다. 우리도 완전한 자들이 아니기 때문입니다. 하나님의 백성들을 정말 힘들게 하는 것은 악한 자들이 참소하는 말입니다. 다른 사람들이 자기들 나름대로 오해를 해서 공격할 때 우리는 감당할 수가 없습니다. 그런데 성경에는 참소하는 자가 미련한 자라고 했습니다. 그 이유는 이렇게 공격하는 자들이 우리의 치명적인 약점은 건드리지 못하기 때문입니다. 이런 사람들은 머리가 나쁘기 때문에 자기 생각만 가지고 엉뚱한 쪽을 자꾸 공격합니다. 물론 그런 말도 기분은 나쁘지만 치명적인 상처를 입히지는 못합니다. 그럴지라도 하나님의 백성들은 이런 사람들 때문에 행동을 더 조심해야 합니다. 남들이 다 이해하겠지 생각하고 자기 속을 다 보여주거나 혹은 아무렇게나 처신을 했다가는 나중에 큰 낭패를 겪게 됩니다. 결국 하나님의 백성들이 이런 사람들에게 걸려드는 것은 교만했기 때문이고 조심하지 않았기 때문입니다. 하나님의 백성들이 자만에 빠지면 결국 이런 사람들에게 걸려들어 큰 치명상을 입게 될 것입니다. 하나님의 백성들은 언제나 겸손해야 하고 죄가 될 만한 것은 아예 하지 말아야 합니다.

19절 "말이 많으면 허물을 면키 어려우나 그 입술을 제어하는 자는 지혜가 있느니라."

사람이 말이 많은 이유는 생각이 아직 정리되지 않은 상태에서 무엇인가 아는 체하려고 하니까 말이 많은 것입니다. 말이 많다고 하는 것은 아직 자기 생각이 정리되지 않은 것이고 지금 의욕만 많은 상태인 것입니다. 예를 들어서 장님이 코끼리를 만지면서 설명을 하려고 하면 아직 전체적인 것을 모르기 때문에 말이 많을 수밖에 없습니다. 그럼에도 불구하고 사람들이 말을 많이 하는 이유는 그렇게라도 하지 않으면 자기가 모르는 것이 들통 나게 되기 때문입니다. 그래서 예수님은 맹인이 맹인을 인도하면 둘 다 구렁텅이에 빠진다고 말씀하셨습니다. 성경이 말씀하고 있는 것은 인간들은 자기가 나아갈 인생길을 모르고 있다는 것입니다. 말이 많다고 해서 반드시 정답을 아는 것은 아닙니다.

우리 인간에게 가장 중요한 자세는 입을 다물고 듣는 것입니다. '그 입술을 제어하는 자는 지혜가 있느니라' 는 말씀은 인간에게 가장 중요한 것이 자기 생각이나 감정을 이야기하는 것이 아니라 하나님의 말씀을 듣는 것이라는 교훈입니다. 특히 무엇인가 분명치 않을 때 많은 말을 하기보다 하나님의 지혜를 기다리면 됩니다. 하나님은 그분의 뜻을 기다리는 자에게 분명한 하나님의 뜻을 보여주십니다. 불안해서 말을 많이 하는 사람의 말대로 되는 것은 아무것도 없습니다.

20절 "의인의 혀는 천은과 같거니와 악인의 마음은 가치가 적으니라."

왜 의인의 혀는 가치가 은 천근의 가치가 있을까요? 지혜로운 자는 다른 사람을 설득시킬 힘이 있기 때문입니다. 대개 지혜가 없는 사람은 위기가 오면 다른 사람에게 화를 내고 분풀이를 하기 때문에 어려움이 수습되지 않고 더 혼란스러워지게 됩니다. 그러나 지혜가 있는 사람은 말로 다른 사람의 불안을 가라앉히고 의견을 옳은 쪽으로 모으게 하는 힘이 있습니다. 그래서 야고보 사도는 사람의 혀는 배의 키와 같고 말의 재갈과 같다고 했습니다. "우리가 말을 순종케 하려고 그 입에 재갈을 먹여 온 몸을 어거하며 또 배를 보라 그렇게 크고 광풍에 밀려가는 것들을 지극히 작은 키로 사공의 뜻대로 운전하나니"(약 3:3-4). 덩치가 큰 말이 흥분해서 날뛸 때에는 아무도 말을 진정시킬 수가 없습니다. 그러나 그 말을 잘 아는 사람이 말을 달래고 말 위에 올라타서 재갈을 당기면 말은 원하는 방향으로 가게 됩니다. 또 덩치가 큰 배가 광풍에 떠밀려 갈 때 숙련된 선장이 키를 잘 조정하면 결국 배가 침몰하지 않고 바른 방향으로 가게 됩니다. 미쳐서 날뛰는 말이나 배를 진정시킬 수 있는 것은 결국 신뢰인 것입니다. 그래서 의인의 말이 천은과 같다고 하는 것은 사람들이 그 사람의 말을 믿을 수 있기 때문에 위기 때 믿고 따르게 되는 것을 말합니다. 사람이 숙련된 기수나 선장이 되려고 하면 평소에 신뢰를 쌓아야 합니다. 평소에는 모든 것을 이기적으로 자기 욕심만 챙기다가 위기 때 아무리 떠들어봐야 그 말을 믿을 사람이 아무도 없을 것입니다.

악인의 마음은 가치가 적다고 했습니다. 평소에는 자기 말이 잘 먹혀들어 간다고 생각했는데 위기 때 그 사람의 말을 귀담아 듣는 사람이 아무도 없기 때문입니다. 결국 사람은 마치 그릇과 같기 때문에 사람의 가치는 그 사람 안에 든 것으로 나타나게 됩니다. 사람이 자기 안에 된장국을 담으면 된장 그릇이 되는 것이고 구정물을 담으면 구정물통이 되고 맙니다. 결국 사람의 가치는 그 사람의 입에서 나오는 말에 의해서 결정됩니다. 사람들이 품위가 낮을수록 입에서 화를 내는 말을 자꾸 합니다. 그러나 사람이 존귀할수록 화를 내지 않고 사랑의 말을 하게 됩니다.

21절 "의인의 입술은 여러 사람을 교육하나 미련한 자는 지식이 없으므로 죽느니라."

여기서 의인이란 하나님의 말씀으로 연단을 받은 사람을 말합니다. 이런 사람은 하나님의 말씀으로 응답을 받는 '노하우'를 압니다. 고난 가운데서 하나님의 응답을 받고 축복을 받고 기적이 오는 비법을 알기 때문에 이런 사람들은 결국 하나님의 말씀을 듣게 됩니다. 사실 이런 사람들이 가장 복된 사람들입니다. 의인이 많은 사람을 가르쳐서 함께 믿음으로 하나가 되고 부흥이 일어나는 것이 최고의 복인 것입니다. 그러나 미련한 자는 하나님의 말씀의 '노하우'가 없는 사람을 말합니다. 이런 사람은 결국 위기 때 아무것도 할 수가 없습니다. 우선 하나님의 말씀이 없는 사람은 자기 자신이 살 수 없습니다. 결국 물에 빠진 사람은 다른 사람을 건져줄 수 없는 것과 같습니다. 이런 사람을 믿고 따라가는 사람들은 다 같이 물에 빠져 죽을 수밖에 없습니다.

3. 하나님의 복

하나님은 우리의 모든 복의 근원이 되십니다. 그래서 우리가 하나님을 바로 믿으면 우리는 결국 모든 복을 다 받게 되어 있습니다. 우리가 걱정되는 것은 아무리 하나님을 믿어도 하나님의 말씀과 세상은 거리가 먼데 우리가 어떻게 세상의 복까지 가질 수 있을까 하는 것입니다. 그러나 하나님은 믿음의 복을 가진 자들에게 세상의 복까지 겸하여 주십니다.

> 22절 "여호와께서 복을 주시므로 사람으로 부하게 하시고 근심을 겸하여 주지 아니하시느니라."

잠언의 저자는 하나님께서 하나님의 지혜를 붙드는 자에게 물질적으로 부요하게 하신다고 하면서 한 걸음 더 나가서 근심을 같이 주시지 않는다고 말씀하셨습니다. 바로 이것이 하나님의 복에 대한 기가 막힌 설명이고, 하나님의 복이 세상 복과 다른 점입니다. 우선 우리가 생각하기에 왜 세상 복을 가진 사람들은 복과 함께 근심이 올까요? 그들이 가진 것이 세상의 물질밖에 없기 때문입니다. 그들은 하나님에 대한 믿음이 없기 때문에 가진 것을 놓치지 않으려고 벌벌 떨 수밖에 없습니다. 세상의 복만 가진 사람들은 이 복이 모래의 복이라는 것을 알지 못하기 때문에 모래성이 무너지지 않도록 계속 붙들어야 하는 것입니다. 세상 복을 가진 사람들은 미래에 자신들에게 어떤 일이 닥칠지 모르기 때문에 매일 불안하게 하루하루를 살아갈 수밖에 없습니다. 그런데 하나님께서는 우리 믿는 자들에게는 절대로 물질적인 복부터 주시지 않으십니다. 오히려 하나님께서는 우리로 하여금 세상 물질의 복을 빼앗아 가시면서 오직 하나님만 붙들게 하십니다. 하나님은 먼저 우리 영혼에 복을 억수같이 부으셔서 우리 속을 정금으로 만들어 놓으십니다. 그리고 우리에게 물질적인 복까지 주시기 때문에, 사실 믿는 자들이 가진 복은 영적인 믿음의 복에 비하면 그야말로 빙산의 일각입니다. 세상 사람들은 우리가 받은 물질적인 복에 놀라지만 이것은 우리가 받은 은혜에 비하면 천분의 일이나 만분의 일도 되지 않는 것입니다. 하나님의 지혜를 가진 자들이 근심하지 않는 이유는 물질이 전부가 아니기 때문입니다. 이 물질적인 복의 수천 배 수만 배 되는 하나님을 붙들고 있기 때문에 불안해하지 않고 근심하지 않습니다. 특히 우리가 하나님의 말씀을 붙들고 갈 때 우리가 바른길을 가고 있다는 것을 압니다. 우리가 연단을 받은 후에는 거의 시험이 오지 않고 하나님께서 우리가 하는 모든 일에 평안을 주십니다. 그뿐만 아니라 하나님께서 우리가 가진 믿음에 비하여 너무 많은 복을 부어주시기 때문에 우리는 그저 감사하고 감격할 뿐입니다. 우리는 하나님이 너무 좋기 때문에 하나님이 주신 것을 다 가져가서도 아깝지 않습니다. 그러니까 두려워할 것이 없습니다. 그런데 하나님이 주시는 복을 모르는 자는 많이 다릅니다.

23절 "미련한 자는 행악으로 낙을 삼는 것같이 명철한 자는 지혜로 낙을 삼느니라."

하나님의 지혜를 모르는 자는 결국 이 세상에서 맹수의 방식으로 성공을 합니다. 하나님의 말씀을 모르는 자는 남의 것을 빼앗거나 남을 물어뜯는 방식으로 성공합니다. 그러나 이들이 알지 못하는 것이 남을 물어뜯으면 언젠가는 자기도 더 강한 자에게 물어 뜯겨야 한다는 사실입니다. 특히 악한 자들은 성공한 후가 굉장히 위험합니다. 이런 사람들이 높은 자리에 올라가고 나면 더 이상 오를 목표가 없기 때문에 결국 부를 과시하고 다른 사람들을 괴롭히면서 살아가게 됩니다. 그러나 하나님의 백성들은 양으로 변했다가 그 다음에는 과일 나무로 변하게 됩니다. 하나님의 백성들의 성공은 동물적인 성공이 아니라 식물적인 성공입니다. 하나님의 백성들은 남의 것을 빼앗아서 성공하는 것이 아니라 하나님이 주신 말씀으로 축복의 열매를 맺어서 성공을 하는 것입니다. 그러니까 하나님의 백성들은 다른 사람들과 더 이상 경쟁이 되지 않게 됩니다. 명철한 자는 지혜를 알아가는 것이 낙이 됩니다. 지혜로운 자는 하나님의 말씀을 알아가는 것이 주업이고 세상일은 그 다음입니다. 하나님의 말씀을 붙드니까 복은 계속 오기 때문입니다. 그래서 하나님의 백성들이 넘어지지 않고 계속 부흥이 오고 계속 자신을 지키려고 할 때 하나님의 말씀을 알아가는 것이 최고의 낙인 것입니다.

24절 "악인에게는 그의 두려워하는 것이 임하거니와 의인은 그 원하는 것이 이루어지느니라."

악인의 마음에는 두려워하는 것이 있습니다. 그것은 자기가 붙들고 있는 것을 몽땅 잃어버리는 것입니다. 그런데 그렇게 될 날이 옵니다. 이 세상의 복은 영원하지 않기 때문입니다. 세상의 복은 모래 위의 복이기 때문에 큰 파도가 오면 다 무너지게 되어 있습니다. 그런데 의인에게는 더 큰 소망이 있습니다. 그것은 이 세상의 복이 아니라 하늘의 복이 더 많이 이 세상에 임하는 것입니다. 그래서 하나님은 의인들에게 계속 부흥을 주시고 하늘의 복을 부어주십니다.

25절 "회리바람이 지나가면 악인은 없어져도 의인은 영원한 기초 같으니라."

회리바람이란 이 세상에 임하는 환난을 말합니다. 심한 환난이나 시험이 닥치면 악인의 성공은 뿌리가 뽑히고 맙니다. 그의 성공이 하나님의 말씀 위에 세워진 것이 아니기 때문입니다. 그러나 하나님의 말씀으로 복을 받은 자는 튼튼한 기초가 있기 때문에 무너지지 않습니다. 사람은 결국 자기가 심은 대로 거두게 되어 있습니다. 하나님의 말씀 없이 사람의 욕심이나 야망으로 거둔 성공은 오래가지 않아 반드시 무너지게 되어 있습니다. 그런데 하나님의 말씀으로 세운 집은 일단 사람을 보석으로 만들기 때문에, 한 사람 한 사람이 하나님 앞에서 가치 있기 때문에 무너질 이유가 없는 것입니다.

4. 악인과 의인의 비교

같은 하나님의 백성이라 하더라도 하나님의 말씀대로 열심히 사는 사람이 있는가 하면 세상의 좋은 것을 가지고 성공했다고 자만에 빠져서 게으름을 부리는 사람들이 있습니다. 하나님의 백성들이 세상에 있는 것에 매력을 느끼는 이유는 빨리 성공할 수 있기 때문입니다. 반대로 우리가 하나님의 말씀을 붙들고 복을 받으려고 하면 시간도 오래 걸리고 노력도 많이 듭니다. 그러나 일단 중요한 것은 사람의 가치가 달라지는 사실입니다.

26절 "게으른 자는 그 부리는 사람에게 마치 이에 초 같고 눈에 연기 같으니라."

게으른 자는 하나님의 말씀의 가치를 모르는 사람입니다. 이런 사람이 게으른 이유는 세상 것으로 만족하고 하나님의 일에 열심을 내지 않기 때문입니다. 이런 사람은 가만히 있으면 좋겠는데 자꾸 엉뚱한 쪽으로 열심을 내려고 합니다. 그래서 일을 시키는 사람 입장에서는 너무나도 성가시고 고통스러운 존재입니다. 이런 사람은 말을 해도 말귀를 알아듣지 못해서 이해를 하지 못합니다. 그 대신에 자기 나름대로 고집은 있고 주장이 있어서 자꾸 다른 쪽으로 일을 벌이는 것입니다. 이런 사람은 그렇지 않아도 이가 신데 입 안의 식초 같아서 이를 건디지 못하게 합니다. 그리고 눈에 연기 같아서 맵기 때문에 눈을 뜰 수가 없습니다. 이런 사람이 없어져야 고통도 사라지는데 잘 없어지지 않습니다. 그런데 하나님의 말씀을 자꾸 이야기하면 어느 순간에 이가 덜 시고 눈이 덜 매울 때가 있습니다. 이것이야말로 하나님이 주시는 기적입니다. 게으른 자가 말귀를 알아듣고 변화되기 시작한 것입니다. 온 성도들이 하나님의 말씀의 가치를 알고 하나님의 말씀을 알아들을 그때가 바로 폭발적인 부흥이 일어날 때입니다. 우리가 하나님을 사랑하면 하나님은 장수의 복도 주십니다.

27절 "여호와를 경외하면 장수하느니라. 그러나 악인의 연세는 짧아지느니라."

우리가 하나님을 경외하면 늘 마음에 기쁨이 있습니다. 하나님이 주시는 기쁨이 우리 안에 있는 고통의 쓴 뿌리를 뽑아버리기 때문에 결국 좋은 호르몬의 영향으로 암도 잘 생기지 않습니다. 그러나 악인은 마음에 분노의 쓴 뿌리가 있기 때문에 이것이 결국 좋은 호르몬을 막아서 암이라든지 좋지 않은 병이 생기게 합니다. 그러나 우리는 오래 살든지 짧게 살든지 부흥이 있기 때문에 이것이 영생하는 것입니다. 악인은 아무리 오래 살아도 다른 사람을 미워하고 저주하면서 살기 때문에 살아도 제대로 산 것이 아닌 것입니다.

28절 "의인의 소망은 즐거움을 이루어도 악인의 소망은 끊어지느니라."

의인은 하나님의 복을 받을수록 더 하나님의 복을 사모하게 됩니다. 또 더 많은 사람들에게 하나님의 복이 임하기를 빌기 때문에 하나님께서 그 소망을 다 들어주십니다. 그러나 악인은 자기 욕심만 원하기 때문에 하나님은 그런 자들의 소망이 다 끊어지게 하십니다. 악한 자의 소망은 들어줘봐야 소용이 없기 때문입니다.

29절 "여호와의 도가 정직한 자에게는 산성이요 행악하는 자에게는 멸망이니라."

하나님의 도가 왜 정직한 자에게 산성이 되어줄까요? 하나님이 그의 산성이 되어주시기 때문입니다. 우리가 이 세상에서 정직하면 손해 볼 때가 많습니다. 우리는 이 세상에서 차라리 거짓말을 하는 것이 유익이지 진실하면 손해를 보게 됩니다. 그러나 하나님 앞에서 거짓말하는 자는 아무 가치가 없습니다. 하나님은 아예 그런 사람의 기도를 듣지 않으십니다. 우리가 하나님의 말씀을 붙들면 정직해지고 하나님을 붙잡게 되는데, 어려움이 왔을 때에도 기도 응답을 받습니다. 그러나 악한 자는 자기에게 무엇인가 있는 줄 믿었는데 없으니까 더 빨리 망하고 맙니다.

30절 "의인은 영영히 이동되지 아니하여도 악인은 땅에 거하지 못하게 되느니라."

우리가 생각하기에 악한 자들이 땅을 다 사놓아서 세상에서 오래 사는 것 같은데 사실 땅에 뿌리를 내려 봐야 소용이 없습니다. 우리는 뿌리를 하늘에 내리기 때문에 언제나 하나님의 은혜가 공급됩니다. 사실 우리가 생각하기에 우리는 세상에 살 곳도 변변찮은데 비하여 믿음이 없는 자는 집도 여러 채고 돈도 많아서 불공평하다고 생각할지 모릅니다. 그러나 믿음이 없는 사람은 이 세상에 가지고 있는 것으로 끝입니다. 그들은 죽음과 동시에 아무것도 가질 수가 없습니다. 그러나 우리에게는 진짜 우리의 집과 재산이 우리를 기다리고 있습니다. 하나님을 믿는 자들은 모두 어마어마한 유산을 상속받는 부자들입니다. 우리는 이 세상에서 우리가 하는 말에 의해서 품격이 달라집니다.

31-32절 "의인의 입은 지혜를 내어도 패역한 혀는 베임을 당할 것이니라. 의인의

입술은 기쁘게 할 것을 알거늘 악인의 입은 패역을 말하느니라."

의인은 그 마음에 하나님의 말씀을 담고 있어서 입을 벌리면 자연스럽게 하나님 말씀의 지혜가 흘러나오게 됩니다. 특히 하나님 말씀의 인격을 관통한 것은 그대로 상한 영혼을 치료하는 약이 되고 하나님의 응답을 가져오는 능력의 말씀이 됩니다. 하나님의 말씀을 들은 사람은 상한 마음이 치료가 되기 때문에 기뻐하게 됩니다. 그러나 하나님의 말씀을 무시하고 자기 성깔대로 말하는 자는 패역한 말을 하게 됩니다. 여기서 패역한 것이란 반항적인 말을 말합니다. 이런 사람은 같은 말을 해도 남을 기분 나쁘게 하고 속을 상하게 합니다. 그래서 결국 더 무식한 사람을 만나면 혀가 베이게 됩니다. 왜냐하면 더 패역한 사람은 이 사람보다 더 악한 말을 쏟아놓아서 입을 다물게 해서 벙어리로 만들어 놓기 때문입니다. 결국 악한 말을 자꾸 하는 사람은 당장은 유리한 것 같지만 언젠가는 더 악한 사람을 만나서 당하게 되어 있습니다.

그러나 하나님의 지혜를 말하는 자는 이미 종류가 맹수가 아니라 열매 맺는 나무이기 때문에 다른 맹수도 두려워할 필요가 없습니다. 이미 그런 맹수들은 상대할 필요가 없을 정도로 키가 큰 나무가 되었기 때문입니다. 결국 하나님의 말씀은 우리에게 모든 복을 다 줍니다. 특히 이 하나님의 말씀이 주어져 있음에도 불구하고 자기 잔꾀에 빠져서 세상을 사랑한 자는 이 어마어마한 복을 놓치게 될 것입니다. 우리는 눈앞에 보이는 사람을 상대해서 이기려고 하지 말고, 하나님을 나의 산성으로 삼는 성도들이 다 되시기 바랍니다.

15 · 정직한 자의 축복

잠 11:1-16

요즘은 우리나라나 일본이나 노인 인구가 폭발적으로 늘어남에 따라서 어떻게 하면 노후를 경제적인 걱정 없이 품위 있게 잘살 수 있을까 하는 문제가 사회적으로 중요한 이슈가 되고 있습니다. 우리나라는 가난한 노인들이 많아서 얼마 전에 신문 보니까 노인들끼리 폐지를 서로 줍기 위해서 싸우는 일이 많고 그중에는 서로 주우려고 싸우다가 다치는 일까지 일어나고 있다고 합니다. 세상에서 돈을 많이 가지고 있다고 해서 반드시 노후가 행복한 것은 아닙니다. 우리 마음에 하나님이 안 계시면 이 세상 어느 곳에서 어떻게 살아도 결코 행복할 수 없기 때문입니다. 일본은 이 세상에서 가장 안전한 나라로 알려져 있고 특히 노인들이 돈을 많이 가지고 있는 나라 중의 하나입니다. 그러나 최근 일본 동북부에 발생한 무시무시한 지진과 쓰나미로 인하여 초토화되는 것을 보면서 하나님이 없으면 돈이나 안전이 아무 소용이 없다는 것을 다시 한 번 깨닫게 됩니다.

오늘 본문 말씀은 사람들은 재물이 자신의 미래를 행복하게 해줄 줄 알고 열심히 모으지만 사실 재앙이 터지거나 위기의 순간이 오면 재물은 크게 도움이 되지 않는다고 말씀하고 있습니다. 사실 재앙이 터지면 아무리 돈을 많이 가지고 있다 하더라도 그 돈으로 살 물건 자체가 없기 때문에 돈은 아무 쓸모가 없게 됩니다. 재물도 미래가 정상적으로 유지된다는 것을 가정했을 때 통하는 것이지 재앙이 터지면 돈은 아무 소용이 없게 됩니다. 인간이 미래를 진정으로 행복하게 살려면 돈 이상의 것을 붙들어야 합니다. 그것은 바로 하나님의 약속을 붙드는 것이고 하나님을 믿는 믿음을 지키는 것입니다. 예를 들어서 쓰나미를 막으려면 돈이나 집 같은 것으로는 안 되고, 노아가 하나님의 말씀을 믿고 미친 사람 소리를 들어가면서 묵묵히 배를 만들던 그 믿음을 우리도 붙잡아야 합니다. 우리가 재앙 가운데서 굶어 죽지 않으려면 '사람이 떡으로만 살 것이 아니라 하나님의 입에서 나오는 말씀으로 사는 믿음'을 체험해야 하는 것입니다.

오늘 본문 말씀은 하나님의 백성들의 경제생활에 대하여 말씀하고 있습니다. 세상의 장사꾼들은 조금이라도 다른 사람으로부터 이익을 얻기 위해서 저울을 속인다든지 무게를 속인다든지 할 것입니다. 세상의 장사꾼들은 하나님을 믿지 않기 때문에 결국 자기 힘으로 부자가 되려고 할 테고 그러려면 남을 속이는 방법이 더 빠르기 때문입니다. 그러나 하나님의 백성들은 정직한 길을 택합니다. 물질적인 부가 가장 중요한 것이 아니기 때문입니다. 하나님의 백성들은 하나님이 원하시면 얼마든지 우리를 부자로 만들어주실 수 있다는 것을 믿습니다. 그 대신 하나님의 백성들에게 중요한 것은 우리가 하나님 앞에서 정직할 때 하나님께서 우리를 모든 재앙으로부터 지켜주신다는 것을 믿는 믿음입니다.

1. 부자가 되는 방법

이 세상에 사는 사람 중에 부자가 되기를 바라지 않는 사람은 없을 것입니다. 우리가 이 세상에서 부자가 되려고 하면 남들이 보지 못한 복을 찾아서 움켜줘야 합니다. 예를 들어서 남들이 알지 못하는 금광이라든지 남들이 찾지 못한 석유라든지 혹은 남들이 생각지 못한 곡식이나 소금 같은 것의 가치를 알아서 장사를 하든지 하면 부자가 될 수 있을 것입니다. 그런데 이 세상에는 많은 종류의 부자가 있다는 것을 알아야 합니다. 우선 가장 쉽게 부자라고 부르는 사람은 돈 부자일 것입니다. 그리고 우리 현실에서 돈 부자와 가장 가까운 것이 땅 부자입니다. 그러나 부자 중에는 자식 부자도 있습니다. 혹은 딸부자도 있습니다. 그런데 부자 중 최고의 부자는 믿음의 부자입니다. 왜 믿음의 부자가 최고의 부자인가 하면, 하나님께서 '네 믿음대로 될지어다' 라고 한 마디만 하면 그대로 응답되기 때문입니다. 만일 우리가 이런 믿음의 부자라고 하면 돈이나 다른 것들을 굳이 많이 가지고 있을 필요가 없을 것입니다. 하나님께 기도하기만 하면 하나님이 다 들어주시기 때문입니다. 그런데 이 세상의 부자의 특징은 아주 작은 이익에 집착을 하는 것입니다. 우리가 생각하기에 부자라고 하면 가지고 있는 것이 남보다 훨씬 많기 때문에 다른 사람들을 좀 도와주고 또 나누어주면 좋을 것 같은데 오히려 굉장히 작은 것에 집착을 하게 됩니다. 이 사람은 부자가 되기 전에 그렇게 집착을 했는데 부자가 되었어도 마음은 가난할 때에 비하여 별로 변하지 않았기 때문입니다.

1절 "속이는 저울은 여호와께서 미워하셔도 공평한 추는 그가 기뻐하시느니라."

장사하는 사람들은 작은 이익을 모아서 부자가 되기 때문에 아주 작은 이익에 민감하게 됩니다. 또 사실 장사하는 사람은 작은 것 하나하나를 철저하게 따져야 돈을 모일 수 있습니다. 그런데 사람들은 더 욕심을 내서 저울을 속이고 추를 속여서 부당하게 돈을 더 받음으로 빨리 부자가 되고 싶어 합니다. 사실 우리가 정직하게 거래를 하면 제대로 줄 것은 주고 받을 것은 받기 때문에 돈이 잘 벌리지 않을 것입니다. 그러나 추를 속인다든지 저울을 속인다든지 하면 똑같이 물건을 팔아도 돈은 더 빨리 벌 수 있을 것입니다. 사람들이 이렇게 해서라도 돈을 더 벌려고 하는 이유는 순전히 자기 힘으로 돈을 벌려고 하기 때문입니다. 그런데 하나님의 백성들은 장사를 하는 목적이 돈을 버는 것보다는 믿음으로 장사를 하는 것 자체가 더 중요한 목적입니다. 내가 믿음으로 장사를 하면 하나님께서 나에게 돈을 벌 수 있게 해주신다는 것을 믿기 때문입니다.

　사실 장사를 해본 사람들이 공통적으로 느끼는 것은 장사에는 일종의 바람 같은 것이 있다는 것입니다. 물고기를 잡는 어부에게 물때가 있어서 어떤 때에는 물고기들이 몰려들어서 엄청나게 많이 잡게 되는가 하면 어떤 때는 물때를 만나지 못해서 아무리 그물질을 해도 물고기를 전혀 낚지 못할 때가 있는 것입니다. 마찬가지로 장사를 해서 부자가 된 사람들의 이야기를 들어보면 돈을 벌 때에는 이상하게도 그렇게 장사가 잘 되어서 돈을 가마니에 쓸어 담았다고 합니다. 그런데 장사가 안 되고 회사가 망할 때에는 이상하게 물건도 팔리지 않고 손님도 오지 않아서 결국 문을 닫게 되었다는 말을 합니다.

　하나님께서는 사랑하는 백성들이 돈으로 부자가 되기 이전에 믿음의 부자가 되게 하십니다. 믿음의 부자가 진짜 부자이기 때문입니다. 하나님은 택한 백성들을 세상에서 망하게도 하시고 사업에 실패하게도 하심으로써 하나님의 말씀을 듣고 믿음이 생기게 하십니다. 하나님은 하나님의 백성들로 하여금 떡으로만 사는 것이 아니요 하나님의 입에서 나오는 말씀으로 살게 하십니다. 그런데 하나님은 우리에게 믿음의 복을 주신 후에 조그만 장사를 하게 하시거나 혹은 일자리를 주십니다. 이렇게 일을 할 수 있다는 자체가 얼마나 신기하고 감사한지 모릅니다. 우리가 신앙의 연단을 받을 때에는 이런 식으로 다시 돈을 벌 수 있을 것이라는 것을 상상하지 못했기 때문입니다. 우리가 연단을 받기 전에는 돈을 더 많이 버는 것이 목적이기 때문에 인간의 욕심을 버릴 수가 없습니다. 그래서 거짓으로 장사를 하기도 하고 남의 돈을 주지 않을 때도 있을지 모릅니다. 그러나 우리가 연단을 받은 후에는 일하는 그 자체가 너무나도 신기하기 때문에 일 자체를 사랑하게 되고 그런 기회를 주신 하나님께 감사하게 됩니다. 다른 사람들의 눈으로 보기에도 감사하고 기뻐하면서 일하는 사람은 오직 이익에 눈이 멀어서 일하는 사람과는 다르게 보이는 것입니다. 우리가 이런 식으로 연단을 받은 후에 다시 일을 하게 될 때에는 이미 믿음으로 복을 많이 받은 후일 때가 많습니다. 하나님은 그런 사람에게 물질의 복까지 주셔서 더 그의 삶이 풍성하고 복되고 아름답게 하십니다.

우리가 알아야 할 것은 믿음의 연단을 받지 않고 어떻게 해서든지 아옹다옹 싸워서라도 돈을 벌려고 하는 사람은 돈밖에 없지만 믿음의 연단을 받고 장사하는 사람은 이미 마음에 복을 받았고 하나님은 그런 사람에게 물질의 복까지 더하여 주시는 것입니다. 돈밖에 없는 사람은 혹시라도 이 돈이 다른 사람에게로 갈까 벌벌 떨고 두려워하지만 믿음의 복을 받은 사람은 이미 마음에 부족한 것이 없기 때문에 하나님이 주시는 물질에 더 감사하고 또 그것을 통해서 더 풍성한 하나님의 사랑을 느끼게 되는 것입니다.

2절 "교만이 오면 욕도 오거니와 겸손한 자에게는 지혜가 있느니라."

여기서 교만하다는 것은 자기가 가진 부나 지위에 도취되어 다른 사람들을 무시하는 것을 말합니다. 돈이 많기 때문에 또 어떤 사람은 지위가 높기 때문에 거기에 도취되어 다른 사람의 기분이나 생각은 전혀 이해하지 못하고 자기 기분에만 따라서 행동하는 것을 말합니다. 그런데 사람이 도취되면 사실 술 취한 것처럼 객관적으로 모든 것을 보지 못하게 됩니다. 특히 교만한 사람과 겸손한 사람은 자기 자신을 비교하는 대상이 다릅니다. 교만한 사람은 자기 자신을 다른 사람과 비교하기 때문에 자기 자신이 대단히 우월하다고 생각을 합니다. 거기에 비해서 겸손한 사람은 자기 자신을 하나님 앞에서 생각하기 때문에 늘 부족하다고 생각하게 됩니다. 그런데 참으로 놀라운 것은 우월감에 도취된 사람은 자기에게 있는 것만 생각하지 부족하거나 없는 부분은 보지 못합니다. 교만의 거울은 자기에게 잘난 부분만 보여주기 때문입니다. 교만한 생각에 빠져 있는 사람은 자기에게 있는 잘난 부분 때문에 전체적으로 부족한 것을 채움 받지 못합니다. 교만한 사람은 자기에게 부족한 것이 있다는 것을 인정을 하지 않기 때문입니다. 거기에 비해서 겸손한 사람은 하나님 앞에서 자기 자신의 부족한 점을 보고 그 부분을 많이 채움 받게 됩니다. 인간에게 인격적인 결함이라고 하는 것은 하루 이틀에 채움 받을 수 있는 것이 아닙니다. 그래서 결국 교만한 사람은 자기 자신의 우월감 때문에 다른 사람들 앞에서 잘난 체하느라고 자신의 부족한 부분을 보지 못하게 됩니다. 그러나 겸손한 자들은 언제나 하나님의 말씀 앞에 서서 자신의 부족한 부분을 채움 받기 때문에 나중에 보면 부족한 것이 없게 됩니다.

이것을 통해서 우리가 알 수 있는 것은 하나님이 우리에게 원하시는 것은 장사를 해서 돈을 많이 벌거나 혹은 세상적으로 높은 지위에 올라가는 것보다는 하나님의 말씀으로 내면을 아름답게 하라고 하시는 것입니다. 이것이야말로 하나님 앞에서 참으로 가치 있는 것이며 하나님은 이런 사람들의 미래를 책임져주시고 물질적인 복까지 주시고 결국은 유명하게 만들어주시는 것입니다. 여기에 보면 교만한 자에게는 욕이 온다고 했습니다. 우리가 보기에 교만한 자는 잘난 체하기 때문에 다른 사람들이 칭찬하고 아부할 것 같은데 나중에 보면 이 사람이 얼마나 형편없는 위선자이고 악한 자인지 다 드러나게 되는 것입니다. 내면적으로 연단을 받지 않은 사람은 가만히 있는 것이 아니라 죄를 짓고 그것을 감추는데 나중에는 그 위선이 들통 나면서 무지무지하게 욕을 먹게 되는 것입니다. 그런데 하나님은 겸손한 자에게는 돈을 주시기보다는 죄를 피할 수 있는 지혜를 주십니다. 결국 이 세상에서는 눈에 보이는 돈을 움켜쥐는 것보다 죄에 걸려들지 않는 것이 복된 것입니다. 여기서 한 걸음 더 나아가면 하나님은 믿음의 사람들의 미래까지 책임을 지십니다.

3절 "정직한 자의 성실은 자기를 인도하거니와 사특한 자의 패역은 자기를 망케 하느니라."

여기서 정직한 자는 믿음의 연단을 받은 사람을 말합니다. 우리가 하나님을 만나기 전에는 사실 거짓투성이라고 보아야 합니다. 사람이 거짓말하는 것은 겉으로 나타나지 않기 때문입니다. 그런데 우리가 하나님을 인격적으로 만나고 나면 적어도 거짓말을 밥 먹듯이 하지는 못합니다. 하나님을 인격적으로 만났다고 하는 것은 인생의 복된 길을 찾은 것입니다. 우리가 하나님을 바로 알고 하나님의 말씀을 가지고 있다는 것은 어마어마한 금광을 찾은 것과 같습니다. 이제 우리가 할 일은 부지런하기만 하면 됩니다. 어마어마한 금광을 찾은 사람은 이제부터 호미로 파든지 곡괭이로 찍든지 금광을 파고 들어가기만 하면 금 부스러기들은 모이게 되고 결국은 부자가 될 수밖에 없습니다. 마찬가지로 우리가 하나님의 말씀을 바로 파고 들어갈 수 있는 신앙만 가지고 있다면 우리는 이 세상에서 무슨 일을 하든지 복을 받을 수 있습니다. 우리가 하나님의 말씀만 가지고 있으면 하나님은 우리가 하는 모든 일에 복을 주시기 때문입니다. 우리는 너무 큰 욕심을 낼 필요가 없고 다른 사람을 망하게 할 필요가 없습니다. 단지 우리는 우리에게 주어진 작은 일을 성실하게 하기만 하면 길이 열리게 되어 있습니다. 결국 우리가 하나님을 바로 알고 그분의 말씀을 바로 아는 것이 길인 것입니다. 이런 사람들은 부지런하기만 하면 절대로 망하지 않습니다. 그러나 사특한 자의 패역은 자기를 망하게 한다고 했습니다. 여기서 사특한 자는 하나님의 말씀으로 변하지 못한 자들을 말합니다. 이 사람들은 믿음이 없는 데다가 마음속에 반역적인 기질이 농후합니다. 이런 사람들은 하나님이 바른길로 인도를 하셔도 의심을 해서 딴 길로 뛰쳐나가서 망하게 됩니다. 우리가 이 세상을 살아가는 것은 마치 광야에서 길을 가는 것과 같습니다. 광야는 독사도 있고 전갈도 있고 늑대도 있으며 절벽도 있고 물이 없어 죽기도 합니다. 오늘날 많은 사람들은 늙기도 전에 독사의 독에 쏘여서 자살을 하거나 혹은 늙도록 살기는 살아도 한평생 신기루만 좇느라고 지쳐 있습니다. 사람들은 더운 날 길도 모르고 가니까 너무너무 짜증이 나고 화가 나는 것입니다. 그래서 사람들은 계속 다른 사람들과 싸우고 다투고 스스로 신경질을 내다가 잘못하면 절벽에서 떨어지든지 아니면 독사에 물려 죽는 것입니다. 사람들이 하나님의 말씀과 성령의 생수 없이 이 세상을 살아가겠다고 생각하는 자체가 자살 행위나 마찬가지입니다.

4절 "재물은 진노하시는 날에 무익하나 의리는 죽음을 면케 하느니라."

사람이 재물을 모으는 것은 그 사회의 미래가 정상적이라는 전제하에서 모으는 것입니다. 그러나 인간들의 미래에는 도저히 사람의 힘으로는 예측할 수 없는 재앙들이 있습니다. 암이라는 병이 있을 수도 있고 전쟁이나 지진이나 쓰나미 같은 재앙이 터질 수도 있습니다. 이런 재앙이 터지면 재물은 큰 도움이 되지 못합니다. 그래서 전쟁이나 어려운 시기에 대비해서 패물을 가지고 있는 사람들도 있었습니다. 그러나 도둑도 똑같은 심정이기 때문에 그것을 훔쳐가는 것입니다. 예수님은 이 세상에 보물을 쌓아두면 도둑이 구멍을 뚫고 훔쳐간다고 하셨습니다. 그래서 우리는 지진이나 쓰나미가 덮쳤을 때 가지고 도망칠 재물을 가지기보다는 아예 이런 재앙이 오지 않게 하는 믿음을 준비하는 것이 훨씬 더 유리한 것입니다. 사실 세상 사람들이 예수 믿는 사람들에게 감사해야 하는 이유는 바로 이런 믿음의 의인들 때문에 하나님의 심판이 지연되거나 취소되기 때문입니다.

여기서 '의리'라고 하는 것은 사람들 사이에 약속을 지키는 것이 아니라 하나님과의 약속을 지키는 것을 말합니다. 우리가 나 자신을 하나님의 말씀에 쳐 복종시킬 때 하나님은 그런 의인 한 사람으로 인해서 재앙을 취소시켜 버리는 것입니다. 그래서 우리가 반드시 돈을 많이 벌어야 부자가 되는 것이 아닙니다. 우리는 이런 재앙이 터지지 않게 하기만 해도 남을 도와주는 것입니다.

2. 사람의 미래

인간이 자신의 미래를 알 수만 있다면 아마 우리가 하는 모든 것이 너무나도 달라질 것입니다. 만약 어떤 사람이 자기가 지금 살고 있는 방식대로 산다면 앞으로 너무나도 비참하게 망할 것이라는 것 알게 된다면 어떻게 해서든지 삶의 방향을 바꾸려고 할 것입니다. 그런데 실제로 인간의 미래에 대해서 성경은 분명히 말씀하고 있습니다. 그러나 인간들은 지금 당장 눈앞에 보이는 이익과 세상의 좋은 것 때문에 미련을 버리지 못하고 있습니다.

> 5절 "완전한 자는 그 의로 인하여 그 길이 곧게 되려니와 악한 자는 그 악을 인하여 넘어지리라."

물론 이 세상에서 하나님 앞에서 완전한 자는 한 사람도 없을 것입니다. 그러나 우리가 하나님께 우리 인생을 맡기면 하나님은 우리 인생을 아름답게 만들어주십니다. 그러나 하나님은 믿는 자에게 가장 먼저 세상 것을 많이 주시지 않습니다. 이 세상의 것들은 우리 육신만 살리지 우리 영혼을 살리지 못하기 때문입니다. 그래서 하나님은 우리를 이 세상에서 가난하게 하시고 궁핍하게 하시고 병들게 하셔서 하나님 앞에서 바른 믿음을 가지게 하십니다. 이것을 여기서는 '의' 라고 말씀하고 있습니다. 우리의 믿음은 하나님과 우리 사이에 고속도로가 생기게 하는 것과 같습니다. 처음에 산과 골짜기가 많은 곳에 고속도로를 만들려고 하면 산에는 터널을 뚫고 골짜기에는 아주 높은 다리를 만들어야 합니다. 이것은 보통으로 어려운 일이 아닐 것입니다. 마찬가지로 하나님과 우리 사이에 완전한 믿음의 고속도로가 뚫려야 합니다. 그러려면 우리 안에 있는 고집의 바위를 다이너마이트로 폭발시키기도 해야 하고 또 너무 깊이 파인 불신의 골짜기는 말씀으로 메워야 합니다. 우리가 하나님의 말씀을 목숨 걸고 믿을 수 있을 때 하나님의 능력이 우리에게 나타나게 됩니다. 하나님은 우리에게 별 희한한 체험을 다 하게 하시는데 병이 낫기도 하고 악한 자를 이기기도 하고 죽음의 고비에서 살아나기도 합니다. 그리고 우리가 이런 일을 통하여 점점 더 지혜가 많아지고 믿음이 강하여지기 때문에 사탄이 시험을 해도 잘 넘어지지 않습니다. 옛날에 우리 믿음이 약했을 때에는 누군가와 부딪치기만 해도 넘어지고 상처를 입었는데, 이런 믿음의 연단을 받고 난 후에는 부딪쳐도 잘 넘어지지 않습니다. 그리고 사탄이 교묘하게 속이는 것을 알 수 있기 때문에 사탄의 술책에도 넘어지지 않습니다. 죄의 유혹이 오더라도 그 비참한 결과를 보기 때문에 넘어가지 않습니다. 그러나 악한 자는 그 악을 인하여 넘어진다고 했습니다. 악한 자는 믿음의 고속도로가 없는 사람입니다. 그래서 악한 자는 하나님의 지혜와 말씀의 공급이 없어서 악한 마귀의 술책인지 모르고 덥석 물다가 결국 죄에 걸려들고 마는 것입니다. 악한 자는 일단 자기 힘이나 꾀를 믿고 살아가기 때문에 처음에는 강한 것 같은데 더 강한 맹수가 나타나면 결국 물려서 죽게 됩니다.

> 6절 "정직한 자는 그 의로 인하여 구원을 얻으려니와 사특한 자는 자기의 악에 잡히리라."

세상에는 적당하게 거짓말을 하는 것이 유리하지 너무나도 정직하면 손해 볼 때가 많습니다. 다시 말해서 이 세상에서 완전히 정직한 것은 아예 불가능할 때가 많습니다. 그러나 우리가 하나님 앞에 서면 이 모든 거짓이 다 드러나기 때문에 하나님 앞에서 탄식하면서 회개하게 됩니다. 우리가 하나님 앞에서 정직하면 우리의 양심이 깨끗하게 되는데 하나님이 가장 가치 있게 생각하시는 것은 양심이 깨끗한 사람입니다. 사람들은 약간의 금전적인 유익이나 인간 관계상의 손해를 보지 않으려고 거짓말을 하는데 이것은 하나님 앞에서 자신을 전혀 무가치한 사람으로 만드는 것입니다. 그래서 우리는 결국 하나님 앞에 자꾸 나와서 죄를 자복하고 씻음 받는 수밖에 없습니다. 그러나 자존심 때문에 하나님 앞에서 죄를 자복하지 않는 자들은 하나님이 그 기도를 듣지 않으시기 때문에 가장 중요한 순간에 도움을 받을 수 없습니다.

> 7절 "악인은 죽을 때에 그 소망이 끊어지나니 불의의 소망이 없어지느니라."

악인은 이 세상에 살아 있는 동안 여러 가지 혜택을 보면서 살아갑니다. 악인도 이 세상에 살아 있는 동안은 하나님이 그 인격을 인정하셔서 건강하게 하시고 물질적인 부나 명예를 누리게 하십니다. 하나님을 모르는 사람은 죽는 순간 모든 이 세상의 혜택이 끝나고 그 후에는 끝없는 하나님의 저주 아래 있게 됩니다. 사람이 이 세상에 살면서 해야 하는 것은 자신의 운명을 바꾸는 것이지 물질이나 지위나 명예를 택하는 것이 아닌 것입니다. 하나님을 모르는 자들의 소망은 불의의 소망입니다. 하늘의 소망은 전혀 없고 오직 이 세상에서 더 오래 살고 더 많은 것을 누리는 것인데 이것은 허망한 소망입니다. 우리는 영원한 약속을 먼저 붙든 후에 이 세상에서 하나님이 주시는 대로 행복을 누리면서 살면 되는 것입니다.

> 8절 "의인은 환난에서 구원을 얻고 악인은 와서 그 자리를 대신하느니라."

여기서 의인은 마음속에 믿음의 연단을 받은 자들입니다. 우리 속을 세상의 돈이나 욕심으로 채우지 않고 하나님의 말씀으로 채우고 환난을 받을 때 우리의 인격 전체가 보석으로 변하게 됩니다. 하나님은 이런 보물들을 절대로 빼앗기지 않으십니다. 우리가 가장 중요한 보석이나 보물이 있으면 다른 사람들이 가져갈 수 있는 곳에 아무렇게나 방치하지 않을 것입니다. 또 할 수 있으면 가장 보기 좋은 곳에 전시할 것입니다. 하나님은 믿음의 연단을 받은 성도들을 결코 헐값으로 처리하시지 않으십니다. 악한 자들은 겉으로는 화려하고 대단한 것 같지만 하나님 앞에서는 그 가치가 잡석과 같고 쓰레기와 같기 때문에 한꺼번에 떼죽음을 당할 가능성이 많습니다. 이런 사람들은 의인이 떠난 자리에 와서 잘난 체하다가 대신 죽기도 하는 것입니다.

3. 행복하게 하는 사람

사람의 놀라운 재능은 말로서 다른 사람을 살리기도 하고 죽이기도 하며 또 말로서 다른 사람을 행복하게도 하고 비참하게도 하는 능력이 있다는 것입니다. 사람은 지능이 그만큼 뛰어나기 때문입니다. 다른 말로 표현하면 인간이라는 존재는 하나님이 만드신 피조물 중에서 그만큼 가치가 있고 뛰어난 피조물이라는 것입니다. 그런데 사람의 가치는 그 안에 무엇을 담고 있느냐 하는 데 따라서 가장 악한 도구가 될 수도 있고 반대로 가장 아름다운 도구가 될 수도 있습니다. 사람은 마음먹기에 따라서 다른 사람에게 너무나도 잘해 줄 수도 있는가 하면 반대로 마음먹기에 따라서 너무나도 악한 짓을 할 수도 있는 것입니다. 결국 인간에게 중요한 것은 그의 외모가 아니라 속에 무엇을 담느냐 하는 것입니다.

> 9절 "사특한 자는 입으로 그 이웃을 망하게 하여도 의인은 그 지식으로 말미암아 구원을 얻느니라."

여기서 사특한 자라고 하는 것은 마음속에 하나님의 말씀을 담지 않고 자기 욕심을 담고 있는 사람을 말합니다. 사람이 마음속에 욕심을 담고 있으면 그 안에 독이 가득 차게 되어 있습니다. 결국 마음에 욕심이 있는 사람은 자기만 사랑하지 다른 사람을 사랑하지 않습니다. 그 마음이 맹수의 마음이기 때문입니다. 그런 사람은 다른 사람을 망하게 하기 위해서 악한 말 즉 저주의 말을 하게 됩니다. 사람이 화가 나서 말을 하면 그 안에 모두 독이 들어 있어서 그 말을 들은 사람의 마음이 상하게 되어 있습니다. 그러나 그 말은 한 본인은 독을 발산해버리기 때문에 자기는 상처를 입지 않습니다. 그 대신에 그 말을 들은 사람은 마음이 상하게 됩니다. 오늘 우리 사회에는 사람들이 너무나도 악한 말을 많이 하는 것을 볼 수 있습니다. 사람들은 웬만한 말들도 화가 난 상태에서 말하는 것을 볼 수 있습니다. 그래서 오늘 현대인들은 거의 대개 독에 중독이 된 상태에서 살아간다고 보아야 할 것입니다. 그러다가 운전을 하니까 난폭 운전을 해서 사람들이 죽거나 다치게 되고 어떤 때에는 마음에 들지 않는다고 가까운 사람에게도 폭언을 하니까 나중에 우울증이 걸려서 자살을 해버리는 것입니다.

그러나 의인은 그 마음에 하나님의 말씀을 담은 사람입니다. 하나님의 말씀이 우리 인격을 관통하게 되면 이것이 바로 사람을 치료하는 약이 되고 하나님의 응답을 가져오는 축복이 됩니다. 그래서 하나님의 말씀을 속에 담은 사람은 다른 사람을 치료하는 의사인 것입니다. 어떤 분은 말씀을 한 마디 해도 너무 다른 사람의 기분을 좋게 하는데 하나님도 그런 사람을 좋아하십니다. 사람의 가치는 그 안에 담겨 있는 것으로 천지 차이로 달라집니다. 결국 이런 믿음은 객관적인 결과로도 나타나게 됩니다.

10절 "의인이 형통하면 성읍이 즐거워하고 악인이 패망하면 기뻐 외치느니라."

의인은 처음에는 사람들의 주목도 끌지 못하고 인정도 받지 못하는데 하나님이 의인을 자꾸만 축복하시니까 복을 받게 됩니다. 그러다가 어느 날 세상적으로나 물질적으로도 복을 받게 되면 그때 사람들은 놀라게 됩니다. 왜냐하면 의인의 축복은 전혀 생각하지도 못했기 때문입니다. 그런데 세상 사람들은 겨우 의인이 받은 물질적인 복이나 세상적인 복으로 놀라지만 실제로 그의 내면은 이런 것과 비교할 수 없을 정도로 복을 받은 것입니다. 그럼에도 불구하고 의인이 복을 받으면 세상 사람들은 이 세상에 정의가 살아 있는 것을 가지고 기뻐합니다. 그리고 누구든지 자기도 노력하면 성공할 수 있다는 자신감과 희망을 가지게 됩니다. 거기에 비해서 악인이 패망하면 기뻐합니다. 악인이 이 세상에서 떵떵거리는 동안 사실 사람들은 몹시 힘이 들었기 때문입니다. 사람들이 보는 눈은 비슷한 법입니다. 결국 악한 자는 모든 사람들의 눈에도 좋지 않게 보이고 그의 거만은 다른 사람들을 불쾌하게 만들었던 것입니다. 그러다가 악한 자가 망하니까 사람들은 큰 쓰레기가 하나치워진 것처럼 시원해하는 것입니다. 악한 자는 성공을 해도 다른 사람을 답답하게 하는 쓰레기밖에 되지 않는 것입니다.

11절 "성읍은 정직한 자의 축원을 인하여 진흥하고 악한 자의 입을 인하여 무너지느니라."

정직한 자는 하나님에 대한 믿음이 있는 사람입니다. 이 사람은 다른 사람을 축복할 권한이 있습니다. 정직한 자가 다른 사람을 축복한다는 것은 세상이 하나님의 복을 받을 만한 믿음이 있는 것입니다. 그래서 이 세상에는 믿음의 사람들이 존재하는 자체가 복입니다. 특히 세상이 믿음의 사람들의 말에 반응을 보이면 복을 받게 됩니다. 그러나 악한 자는 자기만 잘 되면 되기 때문에 다른 사람에게 많은 자랑과 저주를 쏟아놓게 됩니다. 결국 악한 자는 자기 배는 불릴지 모르지만 세상을 쓰레기로 가득 채우는 사람인 것입니다. 그러면 그 사회에서 정직한 자들이 없어지고 믿음을 가진 자들이 없어지게 되는데 이것은 그 성을 망하게 하는 것입니다. 결국 우리 도시가 축복의 도시가 되려고 하면 무엇보다 먼저 하나님의 말씀이 풍성하게 되어야 하고 믿음의 사람들이 많이 생겨나야 합니다.

12절 "지혜 없는 자는 그 이웃을 멸시하나 명철한 자는 잠잠하느니라."

지혜 없는 자는 다른 사람을 외모로 판단해서 무시를 합니다. 그러나 우리는 다른 사람의 가치를 외모로 알 수가 없습니다. 그래서 지혜로운 사람은 다른 사람이 말하기를 기다립니다. 우리는 다른 사람이 말을 하는 것을 보면 그 사람의 가치를 알 수 있는 것입니다. 우리가 다른 성도들을 대할 때 절대로 외모로는 알 수가 없다는 것을 알아야 합니다. 오히려 성도들의 외모는 많은 고난으로 인하여 경직되어 있거나 우울해 보일 수도 있습니다. 그러나 일단 한번 다른 사람의 말을 들어보면 그 사람 속에 있는 것이 다 드러나게 되는데 그 중에는 세상의 썩은 것을 자랑하는 사람이 있는가 하면, 정말 말씀으로 연단된 감격을 이야기하는 사람도 있는 것입니다.

13절 "두루 다니며 한담하는 자는 남의 비밀을 누설하나 마음이 신실한 자는 그런 것을 숨기느니라."

두루 다니며 한담하는 자는 자기 안을 다른 사람의 결점으로 채우는 사람입니다. 이런 사람은 자기가 말씀으로 변화되지 않고 다른 사람의 이야기만 하니까 굉장히 즐거울 것입니다. 그러나 이 사람의 인생 자체는 남의 좋지 않은 이야기로 채웠기 때문에 아무 가치가 없습니다. 우리는 너무나도 소중한 인생을 살면서 남의 좋지 않은 이야기로 자기 속을 채울 필요가 없습니다. 더욱이 우리는 다른 사람의 속을 다 알지 못합니다. 그래서 우리는 할 수 있는 한 남의 좋지 않은 이야기는 할 필요가 없습니다. 우리가 그런 이야기를 하거나 들으면 공연히 우리 마음만 더러워지게 될 것입니다.

14절 "도략이 없으면 백성이 망하여도 모사가 많으면 평안을 누리느니라."

우리 속담에는 '사공이 많으면 배가 산으로 올라간다'고 했는데 성경은 반대로 도략이 많아야 백성이 산다고 말씀하고 있습니다. 여기서 도략이라고 하는 것은 일종의 전략을 말하는데 우리의 상황과 나아가는 방향을 말합니다. 우리 속담에서 말하는 '사공'은 쓸데없이 자기주장이 많은 사람들을 말하는데 이런 사람들의 말은 도움이 되지 않습니다. 그러나 우리가 하나님의 말씀을 들을 때 우리는 하나님의 지혜로 하나가 되는데 그럼에도 불구하고 부족한 부분들이 있습니다. 그런데 믿음의 가족들 중에는 이런 부분을 채워주는 사람들이 있어서 실수 없이 완전하게 해주는 것입니다. 결국 우리의 믿음은 구체적인 미래 전략으로 나아가게 됩니다. 그러나 우리에게 중요한 것은 하나님을 앞서지 않는 것입니다. 우리가 하나님을 앞서지 않으면 우리가 해야 할 것을 하나님이 가르쳐주실 것입니다.

15절 "타인을 위하여 보증이 되는 자는 손해를 당하여도 보증이 되기를 싫어하는 자는 평안하니라."

보증이라고 하는 것은 다른 사람의 미래의 재정을 내가 책임을 지는 것입니다. 물론 우리가 다른 사람의 미래를 책임지는 것은 너무나도 멋있는 일이고 의리가 있는 것 같지만 미래는 우리의 것이 아니고 하나님의 것입니다. 그래서 우리가 다른 사람의 미래를 책임진다고 하는 것은 내가 하나님의 영적인 영역을 침범하는 것입니다. 우리는 다른 사람에게 좀 더 멋있게 보이거나 당당하게 보이지 못해도 우리는 하나님의 종이기 때문에 다른 사람을 책임질 수 없다고 분명히 거절해야 하는 것입니다. 그렇게 하지 않고 내가 주인처럼 행동을 하다가는 나중에 주인으로부터 버림을 당하고 그 모든 것을 책임을 져야 할 것입니다. 그러면 어차피 담보를 서준 사람과 원수가 될 수밖에 없습니다. 그럴 바에는 아예 처음부터 할 수 없는 것은 할 수 없다고 해서 한 사람이라도 사는 것이 지혜로운 것입니다. 우리가 알아야 할 것은 둘 다 물에 빠지면 결국 아무도 건져줄 수 없다는 것입니다. 먼저 나라도 살아야 하고 안전한 곳에 서 있어야 나중에 가족이나 다른 사람을 제대로 도울 수 있습니다.

16절 "유덕한 여자는 존영을 얻고 근면한 남자는 재물을 얻느니라."

옛날에는 여성들의 가치를 그렇게 중요하게 생각하지 않았습니다. 특히 하나님을 믿지 않는 자들은 더욱 더 여성들의 가치를 성적인 대상으로밖에는 생각지 않는 경향이 많았습니다. 그러나 하나님은 여성이 남자의 배필이라고 하셨습니다. 여기서 배필이라고 하는 것은 많은 의미가 있는 말입니다. 여성은 남자에게 상담자가 되기도 하고 위로자가 되기도 하며 마음이 상하였을 때 치료자가 되기도 하고 위기에 빠졌을 때 구원자가 되기도 합니다. 때로는 빚쟁이나 귀찮게 하는 사람들이 쳐들어 왔을 때 물리치는 장수가 되기도 하고 잘못된 길로 가려고 할 때 막아주는 방패가 되기도 합니다. 신앙 안에서 여성의 가치란 말로 표현할 수 없을 정도로 높은 것입니다. 그런데 사람들은 여성들을 그냥 집안에 붙들어 두는 것으로 만족하고 있습니다. 그런데 남자가 여성을 사랑해주고 그 마음을 하나님의 말씀으로 채워주면 바로 이런 보물로 변하게 되는데, 이 보물로 인하여 삶의 품격이 말로 표현할 수없이 높아지게 됩니다. 남자가 여자를 사랑해주고 말씀으로 채워주면 그 모든 복이 자기에게로 다 돌아오게 됩니다. 그러나 남자가 여자를 사랑해주지 않고 말씀도 듣지 못하게 하고 천하게 만들면 그 모든 욕이 자기에게 돌아오게 되는 것입니다.

믿음이 있는 근면한 남자는 물질의 복을 얻게 됩니다. 하나님은 우리 성도들에게 믿음의 복에 더하여 물질의 복까지 주시는 것입니다. 그 대신에 우리는 작은 것에 충성해야 하고 너무 욕심을 내지 말아야 합니다. 결국 하나님은 우리의 미래를 축복하시는 분이시며 물질적으로도 복을 주시는 분이십니다. 우리가 눈에 보이는 욕심을 따라가면 망하게 될 것이지만 믿음의 고속도로를 만들면 결국 우리 자신도 살고 다른 사람도 살리는 복된 자들이 될 것입니다.

16 · 믿음의 농사

잠 11:17-31

농사를 짓는 사람들에게 가장 어려운 것은 미래의 수요를 예측하는 것입니다. 농부들이 어떤 해에는 배추 값이 많이 오를 것이라고 생각해서 배추를 많이 심었는데 그 해에는 너도나도 배추를 심어서 과잉 생산으로 팔지도 못하고 밭을 갈아엎는 경우도 있습니다. 거기에 비해서 농부들이 어떤 해에는 배추가 너무 흔할 것이라고 생각해서 배추를 심지 않았는데 배추가 너무 귀해서 없어서 팔지 못하는 해도 있는 것입니다. 이런 것을 보면 아무리 인간들이 열심히 일을 해도 하나님께서 복을 주셔야 복을 받을 수 있다는 것을 알게 됩니다. 성경에서는 정말 지혜로운 사람은 땅의 농사만 잘 짓는 사람이 아니라 하늘의 농사 즉 믿음의 농사를 잘 짓는 사람이라고 말씀하고 있습니다. 땅의 농사만 지은 사람은 눈앞에 있는 이익만 생각하기 때문에 앞으로 자신에게 닥칠 일을 알지 못합니다. 그러나 믿음의 농사를 잘 지은 사람은 하나님께서 미래의 위기를 피할 수 있는 지혜를 주시기 때문에 위기 때 하나님의 도움을 받게 됩니다. 그리고 평소에 하나님의 복이 조금씩 모이기 시작해서 나중에는 이 세상에서도 엄청난 복이 쌓이게 됩니다. 대표적인 사람이 애굽 땅의 총리 요셉이었습니다. 요셉은 믿음의 농사를 지은 사람이었기 때문에 미래에 올 대흉년을 알았고 그것에 대비해서 많은 사람의 생명을 살리는 일을 하게 되었습니다.

잠언 11장 앞부분을 살펴보면 세상 사람들은 장사를 할 때 저울을 속여서라도 이익을 더 보려고 한다고 말씀하고 있습니다. 세상 사람들이 장사를 할 때 남을 속여서라도 이익을 보거나 혹은 폭리를 취하려고 하는 이유는 하늘의 복을 알지 못하기 때문입니다. 우리는 이 세상에서 최고의 보물이 돈이 아니라 우리 자신인 것을 알아야 합니다. 굳이 남을 속여가면서 부자가 되려고 할 필요가 없습니다. 이 세상에서 최고의 부자는 자기 속을 하나님의 말씀으로 채우는 사람들이기 때문입니다. 우리 속을 하나님의 말씀으로 채우면 우리 자신이 보물이 되는데 그렇게 되면 하나님의 복이 우리에게 저절로 오게 되기 때문입니다. 돈도 저절로 따라오고 명예도 저절로 따라오게 되어 있습니다. 오늘 말씀, 잠언 11장 후반부를 보면 바로 이런 믿음의 농사의 결과에 대하여 더 구체적으로 설명하고 있는 것을 볼 수 있습니다.

1. 인자한 사람

우리가 흔히 세상에서 성공하는 데 가장 중요한 역할을 하는 것은 주로 사람의 머리였습니다. 사람의 지능이야말로 이 세상에서 성공하는 데 가장 중요한 역할을 했던 것입니다. 사람들 중에서 머리가 좋은 사람은 어려운 시험에도 합격하고 좋은 학교도 나오기 때문에 세상에서 좋은 자리를 차지하는 데 월등하게 유리했습니다. 그렇지 않으면 사람의 신체적인 기능이었습니다. 옛날에는 다른 사람보다 힘이 월등하게 세어서 일을 잘한다든가 아니면 요즘 같으면 운동에 뛰어난 소질을 가지고 있는 사람은 성공할 수 있었습니다. 그러나 사람들은 속에 있는 감정에 대해서는 연애할 때 외에는 전혀 쓸모가 없다고 생각을 했습니다. 그러나 요즘 와서 많은 사람들은 속에 있는 감정에 상처받지 않고 건강한 것이 얼마나 큰 축복인지 깨닫게 되었습니다. 사람이 아무리 머리가 뛰어나서 공부를 잘하고 높은 직책에 있다고 하여도 마음이 병들었을 때에는 아무것도 하지 못하거나 아니면 자살이라는 극단적인 방법으로 해결하려는 것을 많이 보고 있기 때문입니다. 사람은 행복을 머리나 신체로 느끼지 않고 자신의 감정으로 느낍니다. 그런데 사람이 마음속에 분노를 오래 품고 있어서 감정이 상하게 되면 그때는 도무지 이 세상에서 행복을 느끼지 못하고 언제나 불안하기 때문에 그것을 견디지 못해서 죽음을 택하게 되는 것입니다.

17절 "인자한 자는 자기 영혼을 이롭게 하고 잔인한 자는 자기의 몸을 해롭게 하느니라."

여기서 '인자한 자'라고 하는 것은 자기 자신이나 다른 사람에 대하여 너그러운 사람을 말합니다. 그런데 어떻게 해서 사람의 마음이 너그러울 수 있게 되었을까요? 대개 천성적으로 다른 사람에 대하여 까다롭거나 혹은 자기 자신에 대해서도 너그럽지 못한 사람들이 있습니다. 자기 자신이나 다른 사람들에 대하여 너그럽지 못한 사람은 대개 자라면서 사랑을 받지 못한 사람인 경우가 많습니다. 자라면서 부모나 형제로부터 사랑을 많이 받은 사람은 대체로 다른 사람에 대해서도 너그러운 편이고 어렸을 때 부모나 주위 사람들로부터 사랑을 별로 받지 못하고 자란 사람은 다른 사람에 대해서도 너그럽지 못한 것을 볼 수 있습니다. 그러나 아무리 다른 사람에 대하여 너그럽다고 해도 결국 자신이 망하게 되거나 위기에 닥치게 되면 결국 책임을 다른 사람에게 전가시키거나 혹은 다른 사람에 대하여 공격적으로 변하는 것을 볼 수 있습니다. 평소에는 괜찮은 사람인 것 같았는데 나중에 친구를 배신하거나 가족을 배신하는 것은 결국 자기 자신이 살기 위한 것입니다. 그래서 여기서 인자한 사람이라고 하는 것은 결국 하나님을 만남으로 자기 영혼이 치료를 받은 사람을 말합니다. 물론 우리가 하나님을 만나는 것은 전인격적인 과정으로 이루어지는데, 그 중에서도 가장 중요한 것이 하나님의 말씀을 듣고 은혜를 받는 것입니다. 이것은 어떤 의미에서는 지적인 과정이라고 볼 수 있습니다.

 그런데 우리가 하나님을 믿는 것은 단순히 머리로 하나님을 믿는 것으로 이루어지지 않습니다. 결국 우리가 머리로 믿는 것은 가슴으로 내려와서 가슴이 뜨거워지면서 하나님의 사랑을 체험하게 됩니다. 예를 들어 농부가 농사를 지을 때 밭에 씨를 뿌리면 아무것도 나오지 않는 것 같습니다. 아마 농사를 잘 모르는 사람들이 보면 씨만 허비하는 것같이 보일 지도 모릅니다. 그러나 그 밭에 비가 오고 온도가 올라가게 되면 새파랗게 싹이 올라오게 됩니다. 마찬가지로 우리가 하나님의 말씀을 듣고 은혜를 받는다고 하지만 대개는 별 변화가 없는 것 같습니다. 그런데 우리가 어떤 계기를 만나게 되면 그 동안 들었던 말씀과 성령의 은혜가 합쳐지면서 우리 마음이 뜨거워지게 되는데, 이것이 바로 우리 마음에 부흥이 일어나게 되는 것입니다. 우리 안에 하나님의 은혜가 임하게 되면 하나님께서는 다른 것보다 먼저 우리 안에 있는 상한 심정을 치료하십니다. 우리는 이 세상에 살면서 자기도 모르는 사이에 다른 사람이나 자기 자신이 우리 마음 안에 너무나도 많은 상처를 만들어 놓았는데 우리는 그 많은 상처를 안고 살아가고 있는 것입니다. 우리는 평소에 너무 감각이 둔하여서 그 상처의 고통을 느끼지 못하다가 다른 사람들이 우리에게 나쁜 말을 하거나 혹은 좋지 않은 취급을 받게 되면 그 부분이 많이 아프게 됩니다. 그리고 우리는 분노를 품고 살아가게 됩니다. 사람들 중 마음속에 분노가 없는 사람은 아무도 없습니다. 그런데 이 분노가 자기 자신을 향하는 사람은 자기 자신의 마음이 상하게 되고, 이 분노가 다른 사람을 향하게 되는 경우에는 다른 사람에 대하여 잔인하게 됩니다. 그런데 우리 안에 성령으로 하나님의 사랑이 부어지게 되면 마음의 이 상처와 분노가 녹아버리게 되고 그리고 거기에 새 살이 돋아나게 됩니다. 이때 우리는 놀랍게도 나 자신을 있는 그대로 받아들이게 되고 다른 사람에 대해서도 관대해지게 됩니다. 이것이 바로 인자한 사람인 것입니다.

사람들은 다 나름대로 마음속에 칼을 하나씩 품고 살아갑니다. 그래서 다른 사람이 자기 마음에 들지 않거나 혹은 자기 기분이 좋지 않으면 말로 다른 사람을 찌르게 됩니다. 옛날에 보면 사람들이 항상 허리에 칼을 차고 다녔는데 그때는 사람들이 얼마나 싸움을 많이 했겠는가 하는 것을 알 수 있습니다. 그런데 하나님의 사랑은 우리의 머리를 좋게 하거나 혹은 우리의 신체가 강하게 하는 대신에 우리 마음속에 있는 분노를 녹여서 사랑의 사람이 되게 합니다. 물론 우리가 하나님의 은혜를 받고 난 후에 머리가 좋아지는 것도 아니고 힘이 더 세어지는 것도 아니기 때문에 우리는 이 세상에서 유리하지 못할 것 같습니다. 그런데 놀라운 것이 내 안에서 하나님의 사랑이 솟아오르는 것을 느낄 수 있습니다. 나 자신이 존귀해지는 것을 느끼는 것입니다. 그리고 우리는 다른 사람에 대해서도 관대해지게 됩니다. 하나님은 나를 내 모습 이대로 받으셨듯이 다른 사람도 그대로 받으시기 때문입니다. 그래서 우리가 다른 사람을 사랑하는 첫걸음은 그 사람을 내 사람으로 만들지 않고 그 사람 그대로 인정해주는 것입니다. 우리 안에 다른 사람에 대하여 품고 있었던 복수의 칼을 버리는 것입니다. 이때 우리는 진정으로 평화의 사람이 될 수 있습니다.

오늘 성경 말씀을 보면 인자한 사람은 '자기 영혼을 이롭게 한다' 고 했습니다. 마음속에 하나님의 사랑이 있는 사람은 무엇보다 자기 자신에 대하여 관대합니다. 왜냐하면 하나님이 아무 조건 없이 나를 사랑하시고 받으셨기 때문입니다. 사람들은 다른 사람을 사랑할 때 조건이 있습니다. 사람들은 여러 가지 요구 사항이 받아들여지면 사랑하겠다고 합니다. 그러나 하나님은 우리를 있는 그대로 무조건 사랑합니다. 이제 우리가 해야 할 것은 하나님의 사랑을 믿고 살아가기만 하면 되는 것입니다. 마음속에 하나님의 사랑이 있는 사람은 무슨 일을 하더라도 기쁨으로 할 수 있습니다. 하나님의 사랑으로 살아가기 때문입니다. 우리가 어떤 일을 기쁨으로 할 수 있다는 것은 엄청난 에너지가 생기는 것과 같습니다. 하나님의 백성들의 에너지는 기쁨에서 생깁니다. 그래서 우리 마음에 기쁨이 충만하면 이 세상에 힘든 것도 없고 하지 못할 일도 없습니다.

거기에 비해서 잔인한 사람은 자기 몸을 해롭게 한다고 했습니다. 여기서 잔인한 사람은 자기 안에 분노가 있는 사람입니다. 사람이 마음속에 분노를 오래 품고 있으면 결국 기쁨의 감정이 없어지게 됩니다. 우리 안에 기쁨의 감정은 모든 충격을 막아내는 완충 역할을 하게 됩니다. 우리 주위에서 누군가가 우리에게 욕을 한다든지 혹은 누군가가 좋지 않은 소문을 퍼뜨릴 때에도 마음속에 기쁨의 감정이 있으면 그런 좋지 않은 것들을 다 물리치기 때문에 전혀 나쁜 영향을 받지 않습니다. 그러나 마음 안에 분노를 오래 품고 있어서 감정이 말라버리면 그때는 누군가가 나쁜 말을 해도 충격을 받고 또 누군가가 어떤 소문을 퍼뜨려도 패닉 상태가 되고, 자기가 어떤 엉뚱한 생각을 해도 믿어버리기 때문에 결국 자기 신경이 견디지 못하게 됩니다. 이런 사람은 말로 다른 사람에게 상처를 주기도 하는데, 요즘 가장 심각한 것은 자기 자신을 스스로 견디지 못해서 자살이라는 극단적인 방법을 선택하게 되는 것입니다. 이때 사탄은 '너 한 사람 때문에 결국 네 집 식구 모두 불행하게 되니까 네가 죽으면 모든 것이 해결된다' 는 식으로 충동질을 하는 것입니다. 그래서 이제는 공부를 좀 잘하는 것보다 신체적으로 재능이 있는 것과 운동을 잘하는 것보다 정신적으로 건강한 것이 얼마나 큰 복인지 깨닫게 되는 것입니다. 결국 사람은 하나님의 사랑을 받아야 행복하게 살 수 있지 하나님의 사랑을 믿지 않으면 하루하루가 불안해서 자기 스스로가 견디지 못하는 것입니다.

18절 "악인의 삯은 허무하되 의를 뿌린 자의 상은 확실하니라."

여기서 우리는 두 종류의 농사를 볼 수 있습니다. 하나는 악인의 농사이고 다른 하나는 의인의 농사입니다. 여기서 악인이라고 하는 것은 반드시 이 세상을 악하고 못되게 사는 것을 말하지 않습니다. 여기서 악인이란 하나님의 말씀을 붙들지 않고 자기 욕심과 야망을 따라서 사는 사람을 말합니다. 일단 우리가 하나님의 말씀을 붙들지 않고 세상을 보면 세상에 좋은 것이 너무나도 많습니다. 세상에는 돈도 있고 출세도 명예도 있습니다. 그래서 사람들은 이 세상에 있는 것들을 붙들기 위해서 열심히 공부도 하고 노력도 합니다. 사람들 중에는 이 세상에서 좋은 것들을 많이 붙드는 사람들이 있습니다. 그런데 이상한 것은 이 세상에 있는 돈이나 지식이나 명예를 붙들고 보면 물론 이런 것이 없었던 옛날보다는 훨씬 살기 좋은 것은 사실이지만, 무엇인가 마음에 아쉽고 허전한 부분이 있는 것입니다. 예를 들어서 등산가들은 높은 산에 올라가는 것을 아주 큰 명예로 생각을 합니다. 그래서 어떤 등산가가 많은 준비를 해서 죽을 각오를 하고 에베레스트 정상에 올라갔을 때 무엇을 느끼게 될까요? 물론 이 세상에서 최고로 높은 정상에 올라간 것은 너무 기쁘겠지만 사실 그 정상은 너무 춥고 바람이 불기 때문에 도저히 오래 있을 수가 없습니다. 그래서 등산하는 사람들이 높은 산 정상을 정복했을 때 하는 일은 거의 숨도 쉴 수 없는 상황에서 사진 한두 장 찍고는 서둘러 산을 내려와야 하는 것입니다. 물론 이 사람은 이 높은 산 정상을 오르지 못한 사람들에 비해서는 대단한 자부심을 가지고 있지만 결국 자기 자신은 변한 것이 아무것도 없다는 것을 느끼게 되는 것입니다.

우리가 이 세상에서 가장 만족스러울 때는 자기 자신이 아름답게 변할 때입니다. 그러나 이 세상에 있는 것들은 우리의 껍데기는 바꿀 수 있을지 몰라도 우리 속사람은 전혀 바꾸지 않는 것이 문제입니다. 악인의 삯이 허무하다는 것은 굳이 이 세상에서 악하게 살지 않아도 자기 욕심과 정욕을 따라서 사는 사람은 이 세상에서 아무리 많은 것을 가져도 자기 자신은 바뀐 것이 없다는 것 때문입니다. 결국 이 세상에서 성공하는 것은 신기루를 따라가는 것과 같습니다. 우리가 이 세상에서 보는 아름다운 것은 결코 축복의 실체가 아닌 것입니다. 반대로 의인이 뿌린 삯은 확실하다고 했습니다. 여기서 뿌린다고 하는 것은 농사를 짓는 개념입니다. 결국 의인의 농사는 하나님의 말씀으로 자기 안을 채우는 농사입니다. 이것이 바로 하나님의 축복을 농사짓는 것입니다. 사람들은 우리가 하나님의 말씀 듣는 것을 두고 조롱하기를 '하나님의 말씀이 밥을 먹여주느냐'라는 말을 합니다. 그런데 우리가 우리 속을 하나님의 말씀으로 채우고 불 같은 연단을 통과하면 우리 자신 전체가 하나님 앞에서 보석으로 변하게 됩니다. 이것이 바로 의인의 농사인 것입니다. 우리가 이런 식으로 믿음의 농사를 짓는 동안 믿음이 없는 사람들은 세상의 좋은 것을 다 차지해버릴 것입니다. 이때 우리는 때로 세상에서 가난하게 되기도 하고 출세의 길에서 멀어지기도 합니다. 그런데 놀라운 것은 우리가 이렇게 믿음의 농사를 지을 때 하나님으로부터 응답이 있게 됩니다. 우리의 마음이 언제나 뜨거워서 웬만한 시험이 와서는 넘어지지 않습니다. 그리고 우리가 기도하면 하나님께서 응답해주십니다. 우리에게 이런 응답의 기회가 많아지면서 이 세상에서도 자꾸 복이 쌓이게 됩니다. 하나님의 축복은 마치 자석 같은 효력이 있어서 세상의 복도 끌어당기게 됩니다. 결국 우리가 복을 끌어당길 수 있어야지 복을 밀어내는데 복을 받을 수는 없는 것입니다. 그런데 의를 뿌린 자의 상은 확실하다고 했습니다. 우리가 믿음의 농사를 지으면 틀림없이 복을 받게 되어 있습니다. 이것을 믿으시기 바랍니다.

19절 "의를 굳게 지키는 자는 생명에 이르고 악을 따르는 자는 사망에 이르느니라."

여기서 '의를 굳게 지킨다' 고 하는 것은 이 믿음의 길을 굳세게 가는 것을 말합니다. 우리가 이 세상을 보면 세상에 좋은 것이 너무나도 많기 때문에 마음이 흔들릴 때가 많습니다. 우리가 이 세상에 있는 것들을 가지면 당장 유익이 되고 즉시 사람들의 인정을 받을 수가 있습니다. 또 우리가 이 세상에 있는 것들을 가지면 당장 생활이 달라질 것입니다. 다시 말해서 이 세상에는 우리로 하여금 하나님의 말씀만 붙들지 못하게 하는 것들이 너무나도 많습니다. 그래서 우리가 의를 굳게 지키려고 하면 우리 힘으로는 되지 않습니다. 우리에게 중요한 것은 하나님의 말씀의 맛을 한번 보아야 합니다. 우리는 하나님 말씀의 맛이 세상의 맛보다 더 달고 맛이 있어야 믿음의 길을 가게 됩니다. 다윗 같은 사람은 하나님의 말씀이 얼마나 맛이 있는지 송이꿀보다 더 달다고 했습니다. 그리고 우리가 이 믿음의 길을 가려고 하면 하나님께서 우리를 붙들어 주셔서 세상으로 가는 길이 막혀야 합니다. 그렇지 않고 순수하게 자기 의지로 이 믿음의 길을 갈 수 있는 사람은 아마 한 사람도 없을 것입니다. 결국 하나님은 우리가 그렇게 세상으로 가고 싶어서 몸부림을 쳐도 허락지 아니하시고 끝까지 붙들고 씨름하셔서 이 믿음의 길을 가게 하시는 것입니다. 그러나 나중에 보면 이 길이 사는 길입니다. 우리 영혼이 하나님의 말씀을 먹어서 강건하게 되어 있고 생명력이 넘치는 삶을 살 수 있기 때문입니다.

그러나 악을 따르는 자는 사망에 이르게 됩니다. 우리가 이 세상에 사는 자체가 마치 겨울 산에서 조난당한 것과 같고 광야에서 길을 잃은 것과 같기 때문에 세상을 따라서 사는 것은 진짜 사는 것이 아닙니다. 이것은 아직 죽지 않고 생존해 있는 것뿐이지 안전하게 살아 있는 것이 아닙니다. 예를 들어서 겨울 산에서 조난당한 사람들이 살아 있는 것은 생존해 있는 것이지 완전히 산 것은 아닙니다. 이들이 완전히 살려고 하면 산에서 내려와서 안전한 곳으로 가든지 가족이 있는 집으로 가야 완전히 산 것입니다. 오늘날 사람들은 생존과 사는 것을 구별하지 못하는 것을 많이 볼 수 있습니다. 생존이란 죽지 않고 살아 있는 것을 말하는 것이고, 사는 것은 의미를 알고 사랑을 하면서 가치 있게 사는 것을 말합니다. 여기에 보면 믿음의 사람과 그렇지 않은 사람을 너무나도 정확하게 설명하는 것을 볼 수 있습니다.

> 20절 "마음이 패려한 자는 여호와의 미움을 받아도 행위가 온전한 자는 그의 기뻐하심을 받느니라."

두 종류의 사람이 나오는데 하나는 마음이 패려한 자이고 다른 하나는 행위가 온전한 자입니다. 우선 하나님을 믿는 사람을 가리켜 행위가 온전하다고 했는데 과연 하나님을 믿는 자들이 행위가 온전한 자들일까요? 그렇지 않습니다. 우리는 실수투성이고 허물투성이입니다. 아마 세상 사람들이 하나님을 믿는 사람들을 보면 어떻게 저런 사람들이 하나님의 복을 받을 수 있을까 싶을 정도로 우리는 부족한 점이 많습니다. 그런데 중요한 것은 우리는 하나님의 사랑을 믿습니다. 그러니까 하나님의 사랑이 우리 부족한 것을 다 채워서 온전한 사람이 되게 하는 것입니다. 예를 들어서 집에서 자녀들에게 부족한 것이 있어도 부모가 다 채워주기 때문에 아이들은 부족한 것이 없습니다. 우리가 하나님 앞에서 부족하다는 것을 인정하기만 하면 됩니다. 우리는 절대로 완벽하려고 해서는 안 됩니다.

거기에 비해서 하나님을 믿지 않는 자는 자기 나름대로는 완전하게 살려고 합니다. 그래서 금욕적으로 살기도 하고 고행을 하기도 하고 고통스러운 순례의 길을 떠나기도 합니다. 마음속에 하나님의 사랑을 믿지 못하기 때문에 자기 힘으로 완전해져야 한다고 생각하는 것입니다. 그런 사람의 특징은 사실 나름대로는 굉장히 애도 많이 쓰고 훌륭하게 살기도 하지만, 다른 사람에 대하여 비판적입니다. 그렇게 해야 자기가 잘난 것이 드러나기 때문입니다. 하나님께서는 우리가 전혀 허물이나 실수가 없는 종이 되는 것보다는 실수를 많이 해도 하나님의 사랑을 받는 자녀가 되기를 바라는 것입니다. 예를 들어서 어떤 큰 회사의 회장이 볼 때 직원들이 다 좋은 학교 나오고 인물도 좋고 언변도 좋고 게다가 너무나도 척척 일을 잘하지만 그들은 결코 이 회장의 자식들은 아닌 것입니다. 결국 나중에 이 회사를 차지하는 것은 우수했던 직원들이 아니라 그 회장의 자녀들인 것입니다.

우리는 구약의 율법이 자녀들에게 준 법이 아니라는 것을 알아야 합니다. 구약의 율법은 그것의 뛰어난 정신과 축복에도 불구하고 종에게 준 법이었습니다. 하나님께서 우리에게 주신 복음은 자녀에게 준 법입니다. 우리에게 있어서 완벽주의는 좋지 않습니다. 어떤 사람은 조금 실수하는 것이 두려워서 아무것도 하지 않는 사람들이 있습니다. 이런 사람은 자기 자신이 조금이라도 실수하고 자기가 정해 놓은 목표에 도달하지 못하는 것을 보고 심하게 자책합니다. 그러나 이것은 종의 영이지 자녀의 영은 아닌 것입니다. 예수님께서는 제자들에게 다른 사람이 실수하거든 일흔 번씩 일곱 번이라도 용서하라고 하셨습니다.

2. 욕심스러운 삶의 결과

우선 우리가 이 세상에서 하나님이 없다고 가정한다면 힘이 있는 자들이 가장 유리할 것입니다. 만일 이 세상에 하나님이 없다면 인색하게 구는 사람이 가장 많은 재물을 모을 것입니다. 그러나 하나님이 계신다면 그 결과는 달라질 것입니다. 하나님은 우리 눈에 보이지 않게 복을 주기도 하시고 또 복을 빼앗아 가기도 하시기 때문입니다. 이 세상에서 가장 복을 받는 사람은 하나님의 마음에 맞는 사람입니다. 우리가 하나님의 마음만 사로잡을 수 있다면 사실 모든 것을 다 가질 수 있는 것입니다.

21절 "악인은 피차 손을 잡을지라도 벌을 면치 못할 것이나 의인의 자손은 구원을 얻으리라."

여기서 '악인이 피차 손을 잡는 것이 무엇일까' 하는 것을 생각해 볼 수 있습니다. 가장 쉽게 생각할 수 있는 것은 악인들끼리 서로 동맹을 맺는 것입니다. 악인들이 손을 잡는 것은 이 세상을 악으로써 영구적으로 지배하자는 뜻입니다. 만약 이 세상에서 악인들끼리 협력을 하고 힘을 합친다면 그렇지 않아도 힘이 없는 하나님의 백성들은 거의 숨도 쉴 수 없게 될 것입니다. 이렇게 악의 세력이 손을 잡는 것은 하나님의 백성들이 정의를 사랑하지 않고 세상과 타협을 하기 때문입니다. 하나님의 백성들이 세상을 사랑하게 되면 결국 부흥이 없어지면서 악의 지배를 받게 됩니다. 하나님의 백성들이 미신을 강요당하게 되고 말도 되지 않는 명분을 위해서 돈을 내어야 하고 몸으로 협력을 해야 합니다. 이때 하나님의 백성들이 비로소 깨닫는 것은 하나님의 백성들은 하나님의 은혜로 살아야 한다는 것입니다. 결국 하나님의 백성들이 하나님의 말씀을 붙들고 부르짖을 때 하나님은 다시 부흥을 주십니다. 그때 하나님은 백성들에게 영적인 부흥만 주시는 것이 아니라 강한 정의의 세력이 나타나게 하셔서 악의 세력을 쳐부수게 하십니다.

아무리 악인들끼리 서로가 필요해서 손을 잡는다 하더라도 악인들도 자기들이 별 볼일 없다는 것을 알고 속으로는 멸시하고 비웃습니다. 사람들은 마음속으로 무엇이 옳은지 다 알고 있다는 뜻입니다. 단지 악한 자들은 아무리 마음을 먹어도 악한 짓을 할 수밖에 없지만 자기들도 이것이 얼마나 악하고 비열한지 알고 있다는 뜻입니다. 그런데 하나님은 말씀의 부흥을 주시면서 이 세상에도 정의의 세력이 나타나게 하십니다. 그때 악한 자들은 갑자기 힘을 잃고 숨게 됩니다. 바퀴벌레나 쥐가 어둠 속에서 활개치면서 돌아다니다가 갑자기 환한 빛이 비취면 놀라서 달아나는 것처럼 악의 세력은 정의 앞에 서는 맥을 추지 못합니다. 이 세상에서 정의의 편에 선다는 것은 너무나도 멋있고 아름답고 영광스러운 것입니다. 사람들은 이런 정의로운 사람들을 보면 너무나도 좋아하게 되고 절대적인 지지를 보내게 되는데 그것은 못된 사람이 다른 사람을 억눌러서 누리는 영광과 비교되지 않는 것입니다. 하나님의 백성들은 언제나 정의로워야 하고 불의의 편에 설 필요가 없습니다. 불의의 세력은 정의로운 자의 한 마디로 죽게 되어 있습니다. 그런데 의인의 자손은 구원을 얻는다고 했습니다. 왜냐하면 의인의 자손은 부모의 의를 보기 때문에 그렇게 될 가능성이 많습니다. 그런데 여기서 자손이라고 하는 것은 반드시 자식을 말하는 것이 아니라 그의 제자들을 말합니다. 의인에게 배우는 자는 의인이 될 가능성이 많고 선지자에게 배우는 자는 결국 자기 자신도 선지자의 능력을 받게 됩니다.

22절 "아름다운 여인이 삼가지 아니하는 것은 마치 돼지 코에 금고리 같으니라."

잠언은 심심찮게 여인들의 이야기를 등장시켜서 우리들의 흥미를 돋우고 있습니다. 옛날이나 지금이나 여성들은 외적인 아름다움을 가지고 평가를 많이 했던 것 같습니다. 지금도 우리나라 여성들은 더 아름다워지기 위해서 헬스를 하거나 성형 수술을 하거나 좋은 화장품을 쓰고 있습니다. 여성들이 아름답다는 것은 확실히 중요한 플러스 요인이 될 것입니다. 그런데 많은 남자들이 알지 못하는 것은 여성도 남성과 똑같은 본성을 가지고 있는 인간이라는 사실입니다. 많은 남성들은 여성을 마치 자기 마음대로 가지고 놀 수 있는 인형처럼 생각할 때가 많습니다. 그러나 여성은 결코 인형이 아닙니다. 여성들도 사람마다 모두 다 다른 개성을 가지고 있고 그 마음 안에 분노라든지 열등감이라든지 시기심 같은 것을 가지고 있는 인간인 것입니다. 그런데 남자들이 어리석게도 여성들에게 믿음의 농사를 짓지 않고 인형처럼 외모만 가꾸기를 원하면 어떻게 될까요? 여성은 인형이 아니기 때문에 탁자 위에 가만히 있지 않고 돌아다니게 되는 것입니다. 결국 그 아름다움이란 돼지 코에 금고리와 같아서 그런 여자는 속에 든 것이 더러운 탐욕밖에 없기 때문에 온 집을 들쑤셔 놓고 백화점을 돌아다니면서 카드로 돈을 쓰기 때문에 뒷감당이 되지 않는 것입니다. 남자는 여자를 결코 인형으로 생각해서는 안 되고 자기에게 가장 소중한 배필로 생각해서 그 마음에 하나님의 말씀을 담도록 도와주어야 합니다. 그러면 그 아내가 입을 벌릴 때마다 하나님의 말씀이 쏟아져 나오게 되는데 인격을 관통한 하나님의 말씀은 그대로 영혼을 치료하는 약이고 축복인 것입니다. 그리고 어려울 때 위해서 기도해주고 내 영혼을 지켜주는 든든한 반석이 되는 것입니다. 하나님의 말씀을 가슴에 담고 있고 사랑으로 충만한 아내는 가장 뛰어난 천사입니다. 우리는 천사와 함께 사는 사람이 되어야지 금고리를 차고 있는 돼지와 살아서는 안 되는 것입니다.

3. 의인의 소원

사람은 누구나 다 이 세상에서 바라는 것이 있습니다. 사람들마다 바라는 것이 다 다릅니다. 할 수 있는 한 이 세상에서 눈에 보이는 돈이나 명예를 더 많이 가지기를 바라는 사람이 있을 것입니다. 그 사람들은 악인입니다. 이 사람들이 악해서 악인이 아니라 그 마음에 들어 있는 것이 욕심이고 야망이기 때문입니다. 그런데 우리가 하나님을 믿고 나면 다른 사람들이 모두 행복해지기를 바라게 됩니다. 물론 우리가 다른 사람이 행복해지기를 바란다고 하는 것은 너무나도 막연하고 모호해서 우리가 이 세상에서 도대체 무엇을 해야 할지 모를 때가 많습니다. 그러나 하나님께서는 바로 이런 선한 소망이 아름답게 이루어진다고 말씀하셨습니다.

>23절 "의인의 소원은 오직 선하나 악인의 소망은 진노를 이루느니라."

우리가 하나님을 믿게 되었을 때 가장 먼저 변하는 것은 맨 처음에 자기 자신의 소중함을 깨닫게 됩니다. 옛날에는 무조건 공부를 잘해야 하고 잘 생겨야 인정을 받는다고 생각했는데, 하나님을 믿고 나면 그러하지 않아도 자신이 소중하다는 것을 알게 됩니다. 이때 우리는 이제부터 도대체 무엇을 해야 할지 모르게 됩니다. 우리가 하나님을 알고 난 후에는 삶의 구체적인 목표가 없어져 버리게 됩니다. 그런데 우리 삶의 목표는 믿음의 농사입니다. 우리 속을 하나님의 말씀으로 채우고 연단을 통과해서 보석이 되는 것입니다. 또 우리가 하나님을 믿으면 다른 사람에 대한 태도가 달라집니다. 우리가 하나님을 모를 때에는 다른 사람들을 모두 내 중심으로 생각하게 됩니다. 내 마음에 드는 사람을 좋아하게 되는 것입니다. 그래서 얼굴이 잘 생겼거나 혹은 공부를 잘하거나 혹은 나에게 잘해주는 사람은 좋아하게 되는 것입니다. 그 대신 그 외의 사람들은 관심도 없고 좋아할 이유도 없는 것입니다. 그런데 우리가 하나님을 믿게 되면 이 세상 모든 사람들이 가치가 있으며 감히 내 욕심을 위해서 그들의 행복을 다치게 해서는 안 된다는 것을 알게 됩니다. 그래서 우리가 하나님을 만나고 난 뒤에는 다른 사람을 그 사람 자체로 인정해주게 됩니다. 다른 사람들이 나와 상관없이 모두 행복하게 살기를 바라는 마음을 가지게 됩니다. 여기에 보면 '의인의 소원은 선하나'라고 했는데, '선하다' 는 것은 하나님의 뜻에 일치하는 것을 말합니다.

반면에 악인의 소망은 진노를 이룬다고 했는데 악인들은 모든 것을 자기 것으로 만들어야 직성이 풀리기 때문에 결국 선을 넘게 됩니다. 마음속에 욕심이 있는 사람은 정상적인 것으로는 만족을 하지 못하고 반드시 하지 말아야 할 것을 해야 만족이 되는 것입니다. 결국 이것은 죄를 짓는 것이기 때문에 언젠가는 미끼에 걸려서 망하게 됩니다. 그러나 하나님의 백성들은 남이 행복하게 살기를 바라기 때문에 마음속에 욕망이 일어나더라도 물리칠 수가 있습니다. 이 차이는 어마어마한 것입니다.

24절 "흩어 구제하여도 더욱 부하게 되는 일이 있나니 과도하게 아껴도 가난하게 될 뿐이니라."

24절은 아주 유명한 말씀입니다. 우리가 생각하기에 할 수 있는 대로 돈을 쓰지 않고 모아야 부자가 될 것 같은데 흩어져 구제를 해도 부자가 되는 사람들이 있습니다. 이 사람은 구제하는 것 이상의 하나님의 복을 받기 때문입니다. 우리가 병들지 않고 사고가 나지 않는 것만 가지고도 엄청나게 돈을 벌 때가 많습니다. 쓰나미가 나지 않고 구제역이 일어나지 않아도 우리는 엄청난 돈을 버는 것입니다. 그래서 우리는 차라리 작은 것을 쓰고 큰 것을 막는 것이 더 유익입니다.

25절 "구제를 좋아하는 자는 풍족하여질 것이요 남을 윤택하게 하는 자는 윤택하여지리라."

남을 구제하기를 좋아하는 사람이 복된 이유가 무엇일까요? 일단 남을 돕기 좋아하는 사람은 자기 자신이 물질에 집착하는 데서 벗어날 수 있습니다.

사람은 돈이 생기면 생길수록 더 돈에 집착하게 되는데 여기서 집착한다는 것은 아주 정신적으로 유치해지는 것입니다. 그런데 남에게 돈이나 물건을 주면 그런 집착에서 벗어나면서 마음이 아주 풍요로워지게 됩니다. 거기에다가 남을 돕는 사람은 자기가 행복한 것보다 다른 사람을 행복하게 하는 것이 얼마나 기쁜지 알게 됩니다. 이상한 것은 자기가 행복한 사람은 정신적으로 병드는 데 비하여 남을 위해서 봉사하는 사람은 정신적으로 아주 건강한 것을 볼 수 있습니다. 남을 윤택하게 하는 사람이 어떻게 자기가 윤택해질 수 있을까요? 그것은 바로 오병이어의 기적이 일어나기 때문입니다. 내가 다른 사람을 위해서 쓰면 그것이 백 배 천 배로 커지면서 그 부스러기만 해도 열두 광주리가 되는 것입니다.

26절 "곡식을 내지 아니하는 자는 백성에게 저주를 받을 것이나 파는 자는 그 머리에 복이 임하리라."

곡식을 내지 않는 자는 어려울 때 매점매석하는 자입니다. 이런 사람은 다른 사람의 불행을 통해서 돈을 벌려고 하는 사람인데, 백성이 이런 사람을 원망하게 됩니다. 그래서 그들이 번 돈은 하나님이 축복하지 않으십니다. 그런데 남들이 어려울 때 자기가 모은 것을 풀어서 돕는 사람은 그 머리에 복이 임하게 됩니다. 하나님 앞에 아주 존귀한 자가 되고 사람들도 그를 존경하게 될 것입니다. 결국 욕먹는 부자는 비참한 것입니다. 부자는 칭찬 받는 부자가 되어야 하는 것입니다.

27절 "선을 간절히 구하는 자는 은총을 얻으려니와 악을 더듬어 찾는 자에게는 악이 임하리라."

선을 간절히 찾는다는 것은 선의 길을 찾는 것이 결코 쉽지 않다는 뜻입니다. 우리가 이 세상에서 하나님의 뜻대로 내가 잘할 수 있는 것을 찾는 것은 보석을 찾는 것보다 더 어렵습니다. 그러나 일단 우리가 나의 길을 찾기만 하면 어마어마한 복을 만들어낼 수가 있습니다. 반면에 악을 더듬어 찾는 사람들이 있습니다. 이 사람들은 어두운 데서 일부러 더 악한 길을 찾는 것입니다. 그런 사람에게는 재앙이 닥치게 됩니다. 어둠 가운데서 어느 날 갑자기 망하게 되는 것입니다.

28절 "자기 재물을 의지하는 자는 패망하려니와 의인은 푸른 잎사귀 같아서 번성하리라."

재물은 평상시에 큰 도움이 되지만 위기의 순간에는 도움이 되지 않을 때가 많습니다. 사람들은 마땅히 다른 것을 붙들 것이 없어서 재물을 의지하고 삽니다. 그러나 재앙이 터지거나 전쟁이 나거나 무서운 전염병이 퍼지면 돈으로는 할 수 없는 것이 많습니다. 우리가 하나님을 의지하면 하나님이 이런 재앙이 일어나지 않게 막으시기 때문에 언제나 푸른 나무의 잎사귀인 것입니다.

29절 "자기 집을 해롭게 하는 자의 소득은 바람이라. 미련한 자는 마음이 지혜로운 자의 종이 되리라."

마음이 악한 사람은 자기 마음속에 불만이 있기 때문에 식구들에게 분풀이를 합니다. 악인은 돈이 있어서 괜찮다고 생각하지만 그 집은 식구들 사이에 미움이 가득하게 되어서 결국 나중에는 뿔뿔이 흩어지고 모르는 사람들보다 더 멀어지게 됩니다. 모두 마음의 상처를 가지고 원망하는 마음으로 살아가게 됩니다. 미련한 자가 지혜로운 자의 종이 되어야 한다는 것은 좋은 일입니다. 이런 사람들은 돈을 다 날리고 말씀의 종이 되어야 다시 살게 되는 것입니다.

> 30-31절 "의인의 열매는 생명나무라 지혜로운 자는 사람을 얻느니라. 보라 의인이라도 이 세상에서 보응을 받겠거든 하물며 악인과 죄인이리요."

이 두 구절의 말씀은 지금까지 말씀의 최종적인 결론입니다. 우리가 믿음의 농사를 짓는 것이 진정으로 사는 길입니다. 이것은 생명나무이기 때문에 무한정으로 과실을 맺고 맹수들처럼 서로 잡아먹지 않습니다. 지혜로운 사람은 자꾸 지혜로운 사람을 만들게 되어서 결국 지혜로운 자로 집이 채워지게 되는데 이 집은 영원한 성전이고 무너지지 않는 축복의 성입니다. 그리고 우리는 이 세상에서 연단을 받아야 보석이 될 수 있습니다. 그렇지 않은 악인과 죄인은 영원한 심판을 피할 수 없습니다. 하나님께서 때로는 신앙이 참 좋은 분들도 결국 연단하셔서 정금이 되어서 천국에 가게 하십니다. 이 세상에서 가장 확실한 믿음의 농사를 짓는 성도들이 다 되시기 바랍니다.

17 · 사람의 본성

잠 12:1-14

사람들이 흔히 하는 말 중에 '세 살 버릇이 여든까지 간다'는 말이 있습니다. 사람에게 습관이 얼마나 무서운 것인가 하면 한번 뿌리를 내리게 되면 늙어 죽을 때까지 계속된다는 뜻입니다. 저는 어렸을 때 옷을 꺼내 입을 때 이 옷 저 옷을 한꺼번에 꺼내 놓고 이 옷 입었다 저 옷 입었다 하는 버릇이 있었습니다. 어머니께서 저에게 한번은 '네 아내가 누가 될지 모르겠지만 고생하겠다'고 말씀을 하신 적이 있었습니다. 그런데 놀랍게도 저는 지금까지도 옷을 입을 때 패션모델도 아니면서 이 옷 저 옷을 다 꺼내어서 아무 옷이나 입는 바람에 아내가 핀잔을 줄 때가 있습니다. 그런데도 그 버릇은 고쳐지지 않고 있습니다. 우리는 또 '사람은 배워야 사람 구실을 한다'는 말을 합니다. 사람은 모두 아직 깎지 않은 대리석 덩어리와 같아서 배우기 전에는 자신의 의사를 정확하게 표현하는 방법을 잘 알지 못합니다. 그런데 사람이 교육을 많이 받으면서 점점 의사 표현을 잘하게 되고 나중에는 자기 주장을 분명하게 말할 수 있게 되는데 이것이 다른 사람들이 보기에는 똑똑해진 것처럼 보이는 것입니다. 모든 사람들은 이 세상을 살아가면서 부모로부터 배우고 학교에서 학문을 배우면서 조금씩 더 분명한 모습을 가진 사람으로 깎이어가게 되는 것입니다.

그러나 사람이 진짜 성공하려고 하면 자기 힘으로는 안 되고 누군가 실력 있는 사람의 눈에 들어서 그 사람이 이끌어주어야 합니다. 사람 속에는 다 재능이나 기술이 잠재되어 있는데 본인은 그것을 알지 못합니다. 그런데 아주 뛰어난 실력자가 그 재능을 알아보고 키워주면 어느 순간 훌륭한 사람이 될 수 있는 것입니다. 우리가 전문가의 눈에 띄기만 해도 인생에서 성공할 수 있다면 만약 우리가 하나님의 눈에 띄어서 인정을 받게 된다면 더 말할 수 없이 성공적인 삶을 살 수 있을 것입니다. 잠언 12장 앞부분 말씀을 보면 우리가 정말로 하나님의 눈에 띄어서 성공할 수 있는 조건이 무엇인지 말씀하고 있습니다. 그것은 바로 우리가 하나님의 훈계 즉 하나님의 말씀을 사랑하는 것입니다. 이것은 우리가 이 세상에서 성공하는 성공의 조건과는 많은 차이가 있습니다. 이 세상에서 성공하기 위해서는 훌륭한 교육을 받아서 똑똑한 사람이 되고 또 다른 사람의 인정을 받아야 하는 데 어떻게 하나님의 말씀을 사랑하는 것이 성공의 조건이 될 수 있을까요? 그것은 하나님의 말씀이 우리의 본성을 바꾸어서 하나님의 능력으로 살게 하기 때문에 가능한 것입니다.

1. 하나님의 말씀이 가져오는 변화

성경은 사람의 본성 안에 일어나는 변화를 여러 가지로 나타내고 있습니다. 이것은 우리 안에 본성의 변화가 이만큼 중요하다는 것을 의미합니다. 세상의 교육은 사람의 본성을 바꾸지 않은 상태에서 그 사람의 지식이나 기술을 업그레이드하는 방식입니다. 그러나 하나님의 교육은 사람의 본성 자체를 완전히 다른 본성으로 바꾸어버립니다. 예수님께서는 제자들에게 말씀하시기를 "좋은 나무가 나쁜 열매를 맺을 수 없고 못된 나무가 아름다운 열매를 맺을 수 없느니라"(마 7:18)고 말씀하셨습니다. 하나님께서 우리로 하여금 전혀 열매 맺지 않는 쓸모없는 나무를 변화시켜서 귀한 열매 맺는 나무가 되게 하십니다. 예를 들면 가시나무가 포도나무가 된다든지 혹은 찔레나무가 무화과나무가 되는 것과 같은 것입니다. 또 예수님께서는 제자들에게 말씀하시기를 "내가 너희를 보냄이 양을 이리 가운데 보냄과 같도다"(마 10:16)고 말씀하셨습니다. 우리가 예수 믿기 전에는 이리 같은 맹수과에 속하는 자들이었는데 예수를 믿음으로 완전히 본성이 바뀌어서 양이 되어버리고 말았습니다. 그래서 우리는 이제 더 이상 다른 사람들과 물어뜯고 싸울 수 있는 이빨이나 발톱이 다 없어지게 되었는데, 그러면 어떻게 이 세상을 살아갈 수 있을까요? 이것이 우리가 현실 가운데서 겪는 가장 어려운 문제입니다. 또 성경은 우리가 예수 믿기 전에는 잡석과 같이 가치가 없는 자들이었지만 예수를 믿고 난 뒤에는 보석 같은 존재로 변하게 된다고 말씀하고 있습니다. 그래서 우리가 불로 연단을 받을 때 정금과 같은 모습으로 나타나게 되는 것입니다(벧전 1:7). 이러한 여러 가지 비유들은 우리가 이 세상을 살면서 하나님의 말씀을 듣고 은혜를 받는 것이 우리 인생의 가치에 얼마나 중요한 일인지 보여줍니다. 오늘 말씀은 바로 우리 인간들이 하나님의 말씀을 듣지 못했을 때 어떤 상태였는지를 말씀하고 있습니다.

1절 "훈계를 좋아하는 자는 지식을 좋아하나니 징계를 싫어하는 자는 짐승과 같으니라."

우선 우리가 이 세상에서 하나님의 축복을 받기 위해서는 하나님의 훈계를 좋아해야 한다고 말씀하고 있습니다. 이 세상에 어느 누구도 훈계를 좋아하는 사람은 없을 것입니다. 학생들은 교장 선생님의 훈계를 싫어하고 자녀들은 아버지의 훈계를 싫어합니다. 아이들은 모두 어른들의 잔소리 듣는 것을 싫어하고 자기가 하고 싶은 대로 하려고 합니다. 그런데 오늘 말씀을 해석하는 열쇠는 바로 뒤에 나오는 말씀에 있습니다. '징계를 싫어하는 자는 짐승과 같으니라' 는 말씀입니다. 아마 이 세상에 태어나서 전혀 교육을 받지 않은 사람이 있다면 그는 거의 짐승과 같은 상태에 있을 것입니다. 교육을 받지 않은 사람은 예의도 모르고 모든 것에서 자기 멋대로 하려고 하기 때문에 도저히 직장 생활이나 학교생활을 할 수 없을 것입니다. 요즘 일본이나 우리나라에서나 아예 집 밖으로 나가지 않고 하루 종일 방구석에 처박혀 컴퓨터나 하면서 사는 폐쇄적인 사람들이 점점 더 많아지고 있다고 합니다.

야생동물들은 결코 문명사회와는 어울릴 수가 없습니다. 어떤 분이 미국에서 자전거 여행을 하면서 밤이 되어 텐트를 쳐놓고 그 안에서 잠을 자는데 밖에서 난리가 나더라는 것입니다. 누군가 발자국 소리가 들리고 그릇들을 집어 던지고 물건들을 찢고 과자나 라면을 뜯어 먹는 소리가 들리는데 무서워서 도저히 나갈 수가 없었다고 합니다. 그런데 아침이 되어서 나가보니까 자기 짐들이 전부 다 찢어지고 흩어져 있었는데 야생 너구리들이 그렇게 했다는 것입니다. 오늘 본문 말씀에는 '훈계를 좋아하는 자는 지식을 좋아한다' 고 했는데, 아마 처음부터 하나님의 훈계를 좋아하는 사람은 아무도 없을 것입니다. 사람들은 모두 다 자기 하고 싶은 대로 돌아다니고 자기 욕심이나 자기 성질대로 살고 싶어 하지 하나님의 훈계를 좋아할 사람들은 없습니다. 그런데 이상하게도 이런 야생 동물 같은 우리 인간들 중에서 하나님의 말씀을 듣는 사람들이 생겨나게 됩니다. 대개 처음에는 어려움에 처해서 너무나도 마음이 가난한 나머지 지푸라기라도 잡는 심정으로 하나님의 말씀을 듣게 됩니다. 그런데 하나님의 말씀을 듣다보면 조금씩 재미가 생기게 됩니다. 하나님의 말씀이 전부 나에게 하는 소리이기 때문입니다. 사람은 누구든지 자기에 대하여 하는 말은 관심을 가지게 되어 있습니다. 어린아이들이 떠들기 좋아하고 놀기 좋아하지만 엄마나 아빠가 자기가 더 어렸을 때 어떻게 했는지 이야기를 해주면 귀를 기울여서 듣게 됩니다. 마찬가지로 아무리 인생을 멋대로 살아온 망나니라 하더라도 자기에 대한 이야기를 누군가가 해주면 귀를 기울여서 듣게 됩니다. 우리가 하나님의 말씀에 흥미를 가지고 귀를 기울이게 되는 이유는 하나님의 말씀이 바로 자신에 대한 말씀이기 때문입니다.

우리는 처음 이 세상에 태어날 때 전혀 길들여지지 않은 야생 동물 같은 상태에서 태어나게 됩니다. 그런데 이 세상에서 하는 교육은 아무리 뛰어난 교육이라 하더라도 야생 동물의 본성 자체는 바꾸지 못하고 오직 이 야생 동물을 더 세련되게 할 뿐입니다. 너구리를 예를 들면 흙투성이인 너구리를 목욕을 시켜서 빤질빤질한 너구리로 만들고 말을 잘하지 못하는 말더듬이 너구리를 아주 유창하게 말을 잘하는 너구리로 만드는 것입니다. 그런데 하나님께서는 이런 야생 동물 같은 우리의 DNA를 바꾸어서 하나님의 아들이 되게 하려고 하시는 것입니다. 그렇게 하려면 우리 안에 새로운 어떤 인자가 들어가야 합니다. 그것이 바로 하나님의 말씀인 것입니다.

사도 바울은 우리가 옛날에는 돌감람나무였는데 이스라엘의 참감람나무에 접붙임이 되어서 참감람나무가 되었다고 말씀하고 있습니다(롬 11:24). 따라서 우리로 하여금 새 감람나무가 되게 하는 것은 바로 우리 안을 흐르는 진액인 것입니다. 우리 안에 새로운 진액 곧 하나님의 말씀이 들어가게 될 때 우리는 하나님의 축복의 자녀가 되는 것입니다. 본성이 변하지 못한 사람은 언젠가는 짐승 같은 본성을 드러내게 되어 있습니다. 그러면 우리는 하나님의 말씀만 들으면 되고 세상적인 교육은 전혀 필요가 없는 것일까요? 그렇지 않습니다. 우리는 하나님의 말씀으로 우리의 본성을 바꿈과 동시에 세상 교육으로 우리 자신을 세련되게 할 필요가 있습니다. 그러면 우리는 정말 안과 밖이 다 멋진 사람이 되는 것입니다. 그래서 하나님의 말씀으로 본성이 변한 사람은 하나님의 훈계에 대해서 전혀 거부감을 느끼지 않습니다. 그러나 하나님의 말씀의 변화를 받지 못한 사람은 자꾸 온 세상을 돌아다니려고 합니다. 그의 본성 안에 식지 않는 야성의 본성이 있기 때문입니다. 그리고 만일 붙잡히게 되면 답답해서 소리를 지르고 날뛰다가 결국 자기 자신을 해치게 됩니다. 그러면 이런 식으로 본성의 변화가 일어난 사람은 어떻게 될까요? 하나님의 사랑을 받게 됩니다.

2절 "선인은 여호와께 은총을 받으려니와 악을 꾀하는 자는 정죄하심을 받으리라."

여기서 '선인'은 하나님의 말씀으로 본성의 변화가 일어난 사람을 말합니다. 우리가 하나님의 말씀을 받아들일 때 우리 안에 한번 큰 충격을 받습니다. 그것은 결국 자기라는 존재가 하나님 앞에서 얼마나 오만하고 자기 멋대로였으며 하나님 앞에 용납될 수 없는 죄인인가 하는 것을 깨닫습니다. 우리가 하나님 앞에서 야생 동물 같은 존재라는 것을 깨달으면서 우리가 하나님의 말씀을 받을 때 하나님은 우리 안에 믿음을 주십니다. 하나님께서 이 세상에서 가장 귀하게 생각하는 사람은 그 안에 하나님을 향한 믿음이 있는 사람입니다. 왜 이런 사람을 선인이라고 말하는가 하면 일단 하나님을 믿으면서 악의 뿌리가 뽑혔기 때문입니다. 물론 우리 안에 악한 본성이나 습관은 남아있지만 이것들은 옛날 습관의 찌꺼기이기에 우리를 지배하지는 못합니다. 그런데 이런 사람이 하나님의 은총을 받는다고 하는 것은 하나님께서 이런 사람의 부족한 것을 다 책임져 주신다는 것입니다. 우리가 하나님을 믿을 때 하나님은 우리 부족한 것은 다 가져가시고 책임을 지십니다. 그러나 악인은 정죄를 받습니다. 악인은 아무리 바르게 살려고 해도 자기 안에 악의 뿌리가 있기 때문입니다. 악인은 그의 죄를 책임저줄 사람이 아무도 없습니다. 결국 이 세상에서 선인과 악인의 차이는 어떤 사람이 겉으로 얼마나 더 신사적이고 교양이 있느냐의 문제가 아니라 그가 누구를 믿느냐 하는 것으로 결판이 나게 됩니다. 어떤 사람이 비즈니스를 할 때 상대 바이어는 그 사람 개인의 얼굴을 보는 것이 아니라 그가 속한 회사를 보고 계약을 체결하는 것입니다. 거래하는 상대가 삼성이라는 대기업체 직원이라면 상대방은 삼성을 보고 계약을 체결하는 것입니다. 마찬가지로 우리가 하나님의 말씀을 붙들고 살아가면 하나님이 우리의 책임자가 되어 주십니다. 그 대신 우리가 하나님의 말씀을 붙들지 않으면 자신의 모든 말과 행동에 대하여 자기가 책임을 져야 하는 것입니다. 그러나 사람은 결코 자기 자신을 책임질 수 없습니다. 우리 모든 인간 안에는 치명적인 결함이 있기 때문입니다.

3절 "사람이 악으로 굳게 서지 못하나니 의인의 뿌리는 움직이지 아니하느니라."

오늘 말씀은 왜 인간은 스스로의 힘으로 성공할 수 없느냐 하는 것을 말씀하고 있습니다. 사람이 스스로 성공할 수 없는 이유는 뿌리가 없기 때문입니다. 우리 인간들은 모두 태어나면서부터 이 세상을 어느 정도 살아갈 수 있는 능력을 가지고 살아갑니다. 녹음기나 면도기 같은 전자제품을 처음 샀을 때 배터리 안에 전기가 저장되어 있는 것과 같습니다. 우리는 태어날 때부터 가진 배터리로 이 세상을 충분히 살아갈 수 있습니다. 문제는 이 배터리는 시간이 지나면 충전을 시켜야 하는데 사람들은 어디서 어떻게 충전을 시켜야 하는지 모르는 것입니다. 더욱이 인간이 가진 이 능력의 문제는 하나님의 축복을 전혀 가져올 수 없다는 점입니다.

인간들은 이 세상에 살면서 하나님의 축복이나 능력 없이 순전히 이 세상에 있는 것들만 가지고 살아가야 하는 것입니다. 사람들이 배터리가 떨어지게 되었을 때 나타나는 현상이 생의 의욕을 잃어버리고 권태나 허무의식에 빠지는 것입니다. 옛날에는 사람들이 가지고 있는 배터리가 늙을 때까지 가기도 했는데 요즘은 워낙 사람들이 미쳐서 날뛰기 때문에 배터리가 빨리 떨어져서 그렇게 자살하는 사람이 많은 것입니다. 어느 정도 세상에서 성공을 하고 돈은 있는데 마음이 채워지지 않는 사람들은 그렇게 나쁜 사랑에 빠져서 옳지 않은 방법으로 인생의 배터리를 채우려 하기도 합니다. 결국 성경에서 '악'이라고 하는 것은 우리가 이 세상에 사는 모든 것이 다 악하다는 뜻은 아닙니다. 여기서 말하는 '악'은 인간이 하나님의 도움 없이 순전히 자기 힘으로 살려고 하는 것입니다.

우리가 하나님의 말씀을 듣게 될 때 우리 안에 하나님의 능력이 공급이 됩니다. 우리 안에 천국의 진액이 흐르게 되고 하나님의 뜨거운 사랑이 공급되게 되고 우리 안에 성령의 능력이 채워지게 됩니다. 그래서 하나님을 믿는 자들은 식물로 비유하면 뿌리가 깊은 나무인 것입니다. 우리 안에는 일단 하나님의 사랑이 나 자신의 존재 의미를 알게 합니다. 하나님의 사랑을 깨닫는 순간 나 자신의 가치를 찾게 됩니다. 그리고 하나님이 주시는 능력으로 살아가기 때문에 그렇게 뜨거운 이 세상을 살아가면서도 고갈되지 않고 살아갈 수 있습니다. 지금은 죄의 불이 과거 어떤 때보다 더 뜨거울 때입니다. 사람들은 서로 미워하고 시간이 있을 때마다 서로에 대하여 분노를 쏟아놓습니다. 사탄은 사람들을 성적으로 문란하게 만들어서 사람들은 성적으로도 너무나도 타락한 삶을 살아가고 있습니다. 여기에서 우리가 죄에 타버리지 않고 살아남으려면 성령의 생수가 날마다 축축하게 부어져야 합니다. 결국 하나님의 뿌리를 가진 자만이 이 세상에서 배터리가 다 떨어져서 폐인이 되거나 타락하지 않고 끝까지 아름다운 삶을 살아갈 수 있습니다.

2. 말씀으로 변화된 효과

우리가 하나님의 말씀을 사랑한다고 해서 당장 돈을 많이 벌거나 혹은 세상에서 유명해지지는 않습니다. 그러나 우리가 하나님의 말씀을 사랑하게 될 때 가장 먼저 너무나도 소중한 자기 자신을 되찾게 됩니다. 사람들이 이 세상에서 공부를 하거나 사랑을 하거나 혹은 좋은 직장에 들어가서 돈을 벌려고 하는 것은 모두 자기 자신을 찾는 과정이라고 말할 수 있습니다. 그런데 사람이 자기 자신을 찾았는지 찾지 못했는지 알 수 있는 가장 중요한 척도가 배우자 관계입니다. 하나님께서는 남자와 여자를 하나님의 형상으로 만드셨고 서로 보완하고 채워줌으로 완전한 하나가 되게 하셨습니다. 그래서 우리가 하나님을 믿고 자기 자신을 찾게 되었을 때 가장 먼저 나타나는 것이 배필의 소중함입니다. 자기 자신을 찾은 사람은 배필을 찾을 때 자기가 소중한 만큼 상대방이 소중하다는 것을 압니다. 그리고 나에게 부족한 것이 상대방에게 있다는 것을 알기 때문에 너무나도 자기 배필을 사랑하게 됩니다. 그러나 자기 자신의 가치를 찾지 못한 사람은 무엇 때문에 결혼하는지도 모르고 결혼하고 난 후에 엄청나게 후회를 하게 됩니다.

4절 "어진 여인은 그 지아비의 면류관이나 욕을 끼치는 여인은 그 지아비로 뼈가 썩음 같게 하느니라."

대개 여성들은 남성들에 비하여 여러 면에 약하고 수동적입니다. 그래서 남자들은 여자들이 자기 마음대로 될 것이라고 생각을 하기 쉽습니다. 그러나 막상 결혼을 해놓고 보면 천하에 여자보다 더 마음대로 쉽게 되지 않는 것이 없다는 것을 깨닫게 됩니다. 이 사람은 배우자를 선택할 때 선택 자체를 잘못했기 때문입니다. 하나님을 사랑하는 사람은 먼저 하나님의 사랑으로 자기 자신을 사랑하게 되었기 때문에 배우자를 볼 때에도 사랑의 눈으로 보게 됩니다. 이때 이 사람이 가장 중요하게 생각하는 것은 그 영혼의 가치입니다. 배우자를 볼 때 돈이나 외모보다는 그 영혼이 무엇인가 사랑할 만하고 무엇인가 믿을 수 있고 또 내가 상대방에게 필요하다는 것이 확신되기 때문에 선택을 하게 됩니다. 이렇게 해서 결혼한 사람은 서로가 함께 하나님의 은혜를 공급받기 때문에 결혼하기 전보다 결혼하고 난 후에 말할 수 없이 복을 누리게 됩니다. 이런 여인은 어질다고 했습니다. 자기 마음이 남편의 사랑과 하나님의 사랑으로 채워지기 때문에 사나워져야 할 이유가 없기 때문입니다. 이런 여성들은 하나님의 복을 받는 데 아주 큰 능력이 있기 때문에 바로 남편은 세상적으로도 존귀해지게 됩니다. 그러나 자기 자신의 가치를 찾지 못한 사람은 배우자를 선택할 때 돈이나 외모를 보고 선택을 하기 때문에 서로에 대하여 금방 싫증을 내게 됩니다. 더 중요한 것은 이들 속에 있는 본성이 동물적인 본성이기 때문에 결국 서로 물어뜯고 싸울 수밖에 없는 것입니다. 결국 하나님 말씀의 은혜는 남자만 필요한 것이 아니라 여자에게도 필요하고 오히려 여성에게 더 필요한 것을 알 수 있습니다. 왜냐하면 아무리 남자가 인물이 좋고 돈이 많아도 여성의 욕구를 다 채워줄 수 없기 때문입니다. 아마 남자의 뼈가 썩어서 고름이 흐른다면 그 남자는 모든 것이 고통스러울 것이며 살맛이 나지 않을 것입니다.

5절 "의인의 생각은 공직하여도 악인의 도모는 궤휼이니라."

먼저 하나님의 말씀은 우리의 생각을 변화시킵니다. 여기서 '의인'이라고 하는 것은 성인군자를 말하지 않습니다. 여기서 말하는 '의인'은 하나님의 말씀을 받아들이는 사람을 말합니다. 우리가 알아야 할 것은 하나님의 말씀을 듣는 사람도 원래 생각은 악하다는 사실입니다. 우리는 어떤 것을 생각할 때 악한 쪽으로 먼저 생각을 하게 되어 있습니다. 어떤 사람이 나에게 잘못했을 때 복수하고 싶은 생각을 한다든지 혹은 다른 사람이 나보다 못 되기를 바란다든지 망하기를 바라는 식으로 생각을 하게 됩니다. 그러나 우리가 하나님의 말씀을 들으면 우리 생각에 변화가 오게 되는데, '내가 이런 식으로 악하게 생각해서는 안 된다' 는 마음이 들게 되는 것입니다. 그 후에 우리는 악한 생각과 선한 생각이 엎치락뒤치락하다가 결국 나중에는 선한 생각이 악한 생각을 설득하게 됩니다. 즉, '하나님께서 나를 이렇게 사랑하시는데 내가 이렇게 못된 생각을 한다는 것은 부끄러운 일이다' 라고 생각을 하게 되는 것입니다. 의인은 결국 의인다운 생각으로 악한 생각을 이기게 되는 것입니다. 그런데 거기에 비해서 하나님의 말씀이 없는 사람은 다른 사람에 대하여 생각할 때 악한 쪽으로 생각하고 또 그렇게 생각하는 바람에 악한 생각이 굳어져 버리고 더 발전하게 됩니다. 다른 사람을 그냥 미워하는 것이 아니라 어떻게 하면 상대방을 비참하게 할 수 있는지 계획까지 세우게 되는 것입니다. 하나님의 말씀이 없으면 우리의 생각은 악한 쪽으로 굳어져 버리게 됩니다.

6절 "악인의 말은 사람을 엿보아 피를 흘리자 하는 것이어니와 정직한 자의 입은 사람을 구원하느니라."

사람이 마음으로 나쁜 생각을 하면 그것이야말로 표현되게 되어 있습니다. 그래서 악한 사람은 다른 사람의 피를 흘리는 쪽으로 가게 됩니다. 말로 다른 사람의 마음에 상처를 주든지 아니면 행동으로 망하게 하든지 결국 다른 사람을 망하게 하는 수단이 되는 것입니다. 마귀가 이 세상에서 가장 원하는 것은 가까운 사람들끼리 서로 미워하고 공격해서 결국 모두 다 망하는 것입니다. 그러나 하나님의 말씀이 속에 있는 사람은 어떻게 해서든지 마귀의 꾐에 넘어가서는 안 되고 모두가 다 소중한 하나님의 백성이기 때문에 살리려고 합니다. 우리가 상대방을 살리려고 하면 일단 우리가 마음으로 미워해서는 안 됩니다. 이 세상에 존재하는 모든 인간들은 소중한 사람들입니다. 단지 이 사람이 악한 말을 하고 악한 행동을 하는 이유는 마귀에게 속아서 그렇고, 하나님의 사랑을 받을 기회가 없어서 그렇게 하는 것입니다. 그래서 비록 악하게 행동하는 자라 하더라도 사랑해주면 마음이 변할 가능성이 많습니다. 왜냐하면 지금까지 그 사람을 모두 다 이용하려고만 했지 진정으로 이해해주거나 사랑한 사람은 아무도 없었기 때문입니다. 우리가 하나님의 말씀을 들으면 다른 사람을 이해할 수 있는 능력이 생기게 되고 그렇게 하기만 해도 다른 사람을 미워하지 않게 됩니다. 우리가 다른 사람을 미워하지 않기만 해도 대단한 축복인 것입니다.

7절 "악인은 엎드러져서 소멸되려니와 의인의 집은 서 있으리라."

우리가 생각하기에 악인은 에너지가 넘치는 것 같습니다. 우리는 각자 자기의 할 일조차 제대로 하기에 벅찬데 악한 자는 다른 사람들의 일을 다 간섭하고 그들을 미워하고 또 망하게 하려고 뒤에서 조종까지 하기 때문입니다. 그런데 악한 사람들이 모르고 있는 것이 사실 남을 미워하는 것이 얼마나 에너지가 많이 들며 이것이 자기 마음을 얼마나 병들게 하는지 모른다는 것입니다. 악한 자는 이상하게 계속 누군가를 미워해야 직성이 풀리는 것을 볼 수 있습니다. 악한 자는 누군가를 미워해야 자기 자신을 보지 않게 되기 때문입니다. 그런데 남을 미워하면서 사는 것은 사는 것이 아니고 죽어가는 것입니다. 그는 어느 날 더 이상 미워할 사람이 없을 때 자기가 가장 미워한 사람이 바로 자기 자신이었다는 것을 알게 됩니다. 이 사람은 마귀에게 속아서 남을 미워하는 도구로만 사용되었기 때문입니다. 이런 사람의 인생은 가치가 없습니다. 거기에 비해서 의인은 일단 하나님의 축복이 이 세상에 임하게 합니다. 하나님의 축복은 모래 위에 쌓은 복이 아니고 철근 콘크리트의 복이기 때문에 이 사람은 무엇을 해도 그 복이 없어지지 않습니다. 의인의 집은 어떤 비바람에도 없어지지 않고 영원히 서 있게 됩니다. 그가 기도하고 그가 일으켰던 복은 아무리 세월이 흘러도 없어지지 않고 견고한 집으로 서 있게 됩니다.

3. 사람들의 평가

우리가 처음 하나님의 말씀을 듣고 마음을 정하여 하늘의 복을 받으려고 할 때 우리에게 과도기적인 현상이 나타나게 됩니다. 이때 사람들의 눈으로 보기에는 하나님의 말씀을 붙드는 사람들이야말로 이 세상에서 가장 미련한 사람들인 것 같고 어리석은 사람들인 것 같습니다. 이 세상에는 분명이 우리가 노력하기만 하면 얼마든지 붙들 수 있는 복들이 많이 있기 때문입니다. 그러나 하나님은 이런 시련을 통해서 우리의 믿음을 달아보십니다. 하나님은 우리에게 하늘의 복을 주시기 전에 정말 우리가 하나님을 사랑하며 이 세상에서 굶어 죽을지언정 하나님의 말씀을 붙들 것인지 시험해 보십니다. 우리가 하늘의 복을 받으려고 하면 세상의 것들을 포기해야 합니다. 그런데 우리가 목숨 걸고 하나님의 말씀을 붙들 때 가장 먼저 우리 마음이 뜨거워지기 시작합니다. 우리는 참으로 이 세상에서 가난한 마음으로 하나님의 말씀을 붙들고 살아가게 되는데 우리는 매일 울면서 살아갈 때가 많습니다. 어떤 때는 너무나도 하나님의 말씀이 좋아서 울게 되고 어떤 때는 내 신세가 처량해서 울기도 합니다. 그런데 분명한 것은 하나님의 말씀을 들을 때마다 내 마음이 뜨겁고 하나님이 나와 함께 하시는 것을 느낄 수 있습니다. 그리고 작은 기도가 응답되기 시작하는데 아주 구체적으로 이루어지기도 합니다. 그리고 교회 안에 부흥이 일어나게 되고 나중에는 물질적인 복까지 풍성하게 받게 됩니다. 이때 세상 사람들은 우리가 하나님의 복을 받은 것을 인정하고 칭찬하게 됩니다.

8절 "사람은 그 지혜대로 칭찬을 받으려니와 마음이 패려한 자는 멸시를 받으리라."

여기서 '사람'이란 하나님의 말씀을 붙드는 사람을 말합니다. 하나님의 말씀을 붙드는 사람이 처음부터 다른 사람으로부터 칭찬을 받는 것이 아닙니다. 처음에는 다른 사람들로부터 욕이란 욕은 다 얻어먹을 것입니다. 다른 사람들은 믿음의 사람을 보고 '저 사람은 고집스럽다' '말이 통하지 않는다' '세상 현실을 너무 모른다' '저 사람은 무능하다'는 욕을 할 것입니다. 왜냐하면 실제로 돈도 없고 무능하기 때문입니다. 그런데 어느 날부터 하나님의 복이 임하기 시작하면 다른 사람을 돕기도 하고 또 복을 받은 것이 겉으로도 나타나게 되는데 사람들이 보기에도 그것이 너무나도 멋있고 신기하고 보기에도 좋은 것입니다. 특히 이렇게 연단을 받은 사람은 교만하지 아니하고 마음이 아주 부드럽습니다. 실력도 있고 지혜도 있기 때문에 다른 사람들이 이제는 칭찬을 하게 됩니다. 그러나 그들이 칭찬하는 것은 이 사람이 하나님으로부터 받은 복의 천분의 일이나 만분의 일도 되지 않는 것입니다. 거기에 비해서 악한 자들은 처음에는 잘 사는 것처럼 자랑을 하고 떠들어댔는데, 나중에 보니까 다른 사람을 위해서 별로 한 것이 없었습니다. 이런 악한 사람들은 마음이 인색하기 때문에 결국 자기만을 위해서 살았기 때문입니다. 더욱이 이런 사람들이 겉으로는 남을 위한다고 하면서도 이기적으로 산 것이 폭로되게 될 때 사람들은 이런 사람들을 멸시하게 되는 것입니다. 결국 사람은 누구나 하나님의 은혜가 없으면 이기적으로 살 수밖에 없습니다. 사람은 자기 혼자 똑똑하다고 해서 되는 것이 아니라 실질이 있어야 다른 사람의 칭찬을 받을 수 있습니다.

9절 "비천히 여김을 받을지라도 종을 부리는 자는 스스로 높은 체하고도 음식이 핍절한 자보다 나으니라."

예를 들어서 어떤 사람은 자존심이 아주 강합니다. 이런 사람은 다른 사람을 설득시켜서 일을 하게 하는 재주가 없습니다. 결국 이 사람이 할 수 있는 것은 자기 프라이드를 지키면서 처자식을 굶기는 수밖에 없습니다. 그런데 사업을 하는 사람은 프라이드를 내세운다고 해서 사업이 되지 않습니다. 어떻게 하든지 자존심을 버리고 다른 사람의 마음을 움직여서 일이 되게 해야 공장이 돌아가는 것입니다. 다른 사람을 설득시키고 감동을 주고 움직이게 하는 것이 진정한 지혜이지 자기 혼자 잘났다고 큰소리치는 것은 진정한 지혜가 아닙니다. 그래서 사람은 반드시 사회생활을 해볼 필요가 있습니다. 사회생활을 해보지 않은 사람은 다른 사람의 기분을 이해하는 능력이 없습니다. 오히려 계속해서 똑같은 자기 주장만 되풀이하는데 이런 사람을 믿거나 좋아할 사람은 아무도 없습니다. 하나님의 지혜는 자존심의 지혜가 아닙니다. 하나님의 지혜는 일단 겸손한 지혜이고 실제적인 지혜이며 남을 설득시키고 움직일 수 있는 지혜이기 때문에, 이 세상에서도 이런 사람은 절대로 굶어죽을 염려가 없는 것입니다.

옛날에 남자들 중에 아주 좋은 명문대를 졸업했는데도 사회성이 없어서 세상을 시시하게 알고 아무것도 하지 않는 경우가 있었습니다. 이런 사람의 아내나 자식들은 죽어라고 고생하는데 자기는 절대로 시시한 일은 하지 않는 것입니다. 이런 사람은 굶으면서도 책만 읽고 절대로 자존심을 버리지 않습니다. 그러나 하나님의 지혜는 이런 공상적인 지혜가 아니라 현실 가운데 써먹을 수 있는 지혜입니다.

10절 "의인은 그 육축의 생명을 돌아보나 악인의 긍휼은 잔인이니라."

사람들은 가축을 키우면서 인생의 의미를 깨달을 때가 많습니다. 짐승들은 사람과 달리 말은 못하지만 주인을 알아보고 반가워하며 주인에게 감사를 하기도 합니다. 다른 어느 나라에서는 주인이 사고를 당했는데 개가 주인을 물고 안전한 곳으로 옮긴 후에 사람들이 있는 곳에 가서 계속 짖어서 주인의 목숨을 살린 예도 있습니다. 짐승들이 미련하다고 하지만 그래도 먹이를 주는 주인은 알아봅니다. 믿음이 있는 사람은 짐승을 키우더라도 사랑으로 키우기 때문에 짐승들도 복을 받습니다. 그러나 악한 자들은 오직 잡아먹을 생각만 하고 짐승들을 키우기 때문에 짐승들도 주인을 사랑하지 않고 피하게 됩니다. 그래서 짐승조차도 주인을 어떤 사람을 만나느냐에 따라서 운명이 달라지는데 하물며 사람은 어떻겠습니까? 여자들은 남편을 어떤 사람을 만나느냐에 따라서 인생이 달라지고 자식들도 부모를 어떤 사람을 만나느냐에 따라서 인생이 달라집니다. 감사한 것은 하나님이 우리의 부모님이 되시고 우리 남편이 되신 것입니다. 우리나라에 구제역 때문에 멀쩡한 소나 돼지 삼백만 마리를 살처분하게 되었을 때 수의사들은 도저히 이 짓은 못해 먹겠다는 말을 했다고 합니다. 아무리 말 못하는 짐승들이지만 의사가 짐승을 살릴 때 보람이 있지 산 채로 땅에 파묻을 때 얼마나 마음이 고통스럽겠습니까? 결국 소나 돼지도 사람들을 잘못 만나니까 산 채로 땅에 파묻혀 죽는 것입니다. 인간들이 짐승들을 조금이라도 덜 비참하게 하려면 죄를 덜 지어야 합니다.

11절 "자기의 토지를 경작하는 자는 먹을 것이 많거니와 방탕한 것을 따르는 자는 지혜가 없느니라."

사람은 농사를 지으면서 인생의 이치를 깨달을 때가 많습니다. 우선 농사를 지으면서 사람들이 깨닫는 것은 식물은 거짓말을 하지 않는다는 것입니다. 농부들은 반드시 심은 대로 거두게 되어 있습니다. 여기서 토지란 일종의 가능성을 말합니다. 우리는 모두 하나님으로부터 가능성을 물려받았습니다. 생산적인 것을 심는 사람은 생산적인 것을 거두고, 못된 짓을 해서라도 돈만 벌려고 하는 사람은 결국 방탕한 것을 거두게 되어 있습니다. 교회도 마찬가지입니다. 우리는 반드시 심은 대로 거둘 것입니다. 우리가 교회에서 말씀을 심고 기도를 심으면 부흥을 거둘 것이며 축복을 거둘 것입니다. 그러나 우리가 교회 안에서 인간적인 농담이나 하고 세상적인 것만 심는다면 결국 썩을 것만 거두게 될 것입니다. 여기 보면 방탕한 것을 따르는 자는 지혜가 없다고 했습니다. 방탕은 고생하지 않고 놀기만 하려는 것입니다. 고생하지 않고 쉽게 돈을 벌고 남의 돈을 가지고 생색이나 내는 자들은 결국 아무것도 남지 않게 될 것입니다.

12절 "악인은 불의의 이를 탐하나 의인은 그 뿌리로 말미암아 결실하느니라."

여기서 불의의 이익이란 하늘의 복이 아니고 이 세상의 복을 모아서 성공하고 부자가 되는 것을 말합니다. 우리가 이 세상에서 돈을 많이 벌고 세상에서 성공해도 하나님의 사랑이 없으면 마음이 그렇게 허무할 수가 없습니다. 결국 사람은 하나님의 복을 받아서 자기 자신의 가치가 보석이 되어야 다른 것들을 가져도 기쁨이 되고 가치가 있는 것입니다. 자기 자신은 전혀 변한 것이 없으면서 세상의 복만 많이 가져봐야 그것은 금으로 도금을 한 것밖에 되지 않기 때문에 진짜 복이라 할 수 없습니다. 도금한 귀금속은 보물로 인정을 받지 못합니다. 그러나 의인은 뿌리가 하나님께 연결되어 있어서 먼저 자기 자신이 가치 있게 변하고, 그 다음에는 무한정으로 열매를 맺게 됩니다. 하나님의 백성들은 마치 가시나무가 포도나무나 무화과나무로 변한 것과 같아서 이 세상에 살아 있는 동안 내내 열매를 맺게 됩니다. 결국 사람의 가치는 다시 원점으로 돌아와서 그 사람이 하는 말에 의해서 복이 오기도 하고 화가 오기도 합니다.

13절 "악인은 입술의 허물로 인하여 그물에 걸려도 의인은 환난에서 벗어나느니라."

사람의 가치는 마치 병과 같아서 그 안에 무엇을 담느냐에 따라서 달라집니다. 우리 안에 세상의 욕심을 담으면 욕심덩어리가 되는 것입니다. 그리고 우리 안에 분노를 담으면 저주덩어리가 됩니다. 반대로 우리 안에 하나님의 말씀을 담으면 살아 있는 보석이 됩니다. 보석의 가치는 변하지 않습니다. 그리고 진실합니다. 악인은 마음에 하나님의 말씀을 담지 않기 때문에 예사로 거짓말을 하게 됩니다. 특히 이런 사람들은 위기가 닥치게 되면 그 위기에서 빠져 나오려고 더 거짓말을 하게 됩니다. 결국 이런 사람들은 자기가 한 거짓말이 빌미가 되어서 감추어 놓았던 비리까지 다 들통이 나게 됩니다. 그러나 하나님의 백성들은 평소에 하나님 앞에서 자꾸 죄를 지적받기 때문에 죄를 오래 지속할 수가 없습니다. 물론 하나님의 백성들도 인간이기 때문에 말씀대로 살지 못하지만 결국은 회개하고 죄를 버리게 됩니다. 죄의 꼬리를 그때그때 잘라버리기 때문에 죄의 밧줄에 칭칭 감기게 되지 않습니다. 그리고 하나님의 백성들은 위기 때 모든 것을 사실 그대로 이야기를 하는데, 이상하게도 마귀는 진실 앞에는 맥을 추지 못하고 잠잠해질 때가 많습니다. 특히 우리가 이 세상을 살아가는 데는 눈에 보이지 않는 함정이나 올무가 많습니다. 우리가 생각하기에 참 좋은 계획인 것 같은데 빠져 나올 수 없는 함정일 때가 있는가 하면, 함정에 걸릴 것 같은데 빠져 나올 때도 있습니다. 결국 하나님께서 우리를 인도해주셔야 합니다. 우리는 하나님을 앞서지 말고 뒤에서 따라가기만 하면 함정을 피할 수 있습니다. 어떤 사람들은 지뢰가 묻힌 곳을 빠져나가는 데 노루가 지나간 발자국을 따라 그대로 감으로써 지뢰를 피할 수 있었다고 합니다. 이 세상에는 많은 함정이 놓여 있습니다. 많은 경우 우리 마음 안에도 이런 좋지 않은 함정이 있습니다. 우리는 자꾸 하나님이 우리를 앞서도록 해야 함정에 빠지지 않고 무사히 끝까지 갈 수가 있습니다.

14절 "사람은 입의 열매로 인하여 복록에 족하며 그 손의 행하는 대로 자기가 받느니라."

하나님의 말씀을 사랑하는 자의 결과입니다. 하나님의 말씀은 우리 안에 있는 본성을 바꾸어 놓습니다. 하나님의 말씀은 잡석 같은 우리의 속사람을 정금으로 만들고, 열매 맺지 못하는 가시나무인 우리를 열매 맺는 포도나무나 무화과나무로 만드시며, 이리나 짐승 같은 우리를 양이 되게 하십니다. 이때 하나님은 우리 입에서 나오는 모든 말을 기도로 받으셔서 응답해 주십니다. 그래서 우리가 말한 대로 이루어질 때가 많습니다. 우리 안에 하나님의 말씀을 담고 말을 하면 그것이 바로 예언이 되고, 상한 마음을 치료하는 능력이 됩니다. 우리 손으로 하는 것마다 하나님이 복을 주셔서 우리에게 되돌아옵니다. 그래서 우리는 무엇을 하든지 부지런하기만 하면 복을 받습니다. 우리 마음을 악으로 채우지 말고 하나님의 사랑으로 채워서 넘치는 복을 받는 성도들이 다 되시기 바랍니다.

18 · 진리에 미련한 자

잠 12:15-28

　우리가 잠언을 공부할 때에는 두 가지를 염두에 두어야 합니다. 하나는 우리가 배우는 이 잠언 하나하나가 하나님의 지혜의 꽃다발이라는 사실입니다. 우리가 연주회나 무슨 발표회 같은 것이 있어서 다른 사람으로부터 꽃다발을 받으면 자기가 특별한 사람이 된 것 같아서 기분이 아주 좋습니다. 우리가 잠언을 하나하나 배워나갈 때마다 하나님은 우리에게 지혜의 꽃다발을 하나씩 주고 계십니다. 이것은 우리가 하나님 앞에서 그만큼 특별한 사람이며 하나님의 말씀을 배워온 것이 대단하다는 것을 축하하시는 것입니다. 잠언 말씀을 배우면서 이 말씀들을 '그저 그렇고 그런 말씀'으로 생각하거나 '비슷비슷한 잔소리' 정도로 생각해서는 안 됩니다. 그럼에도 불구하고 이스라엘 백성들은 하나님의 말씀을 뻔한 잔소리라고 생각해서 하나님의 말씀을 듣지 않고 세상의 말을 듣는 바람에 망하는 자들이 많았습니다.

　오늘 본문을 보면 미련한 자에 대한 말씀을 많이 하고 있는데 이 미련한 자는 우리가 생각하는 것처럼 아이큐가 모자라거나 혹은 멍청해서 공부를 못하는 아이들을 말하는 것이 아닙니다. 여기서 말하는 미련한 자라고 하는 것은 우리가 생각하는 멍청한 사람이 아니라 오히려 정반대로 세상적으로는 머리가 너무 잘 돌아가는 사람들입니다. 그런데 이 사람들이 미련한 사람인 이유는 이미 주어진 하나님의 말씀을 뻔한 잔소리로 생각을 해서 하나님의 말씀을 듣지 않고 세상길을 따라가는 자들을 말하는 것입니다. 일본에 강도 9에 이르는 대지진과 쓰나미가 덮친 후 동북지방에 있는 이와테 현에서는 8천 명이 넘는 사람들이 죽거나 실종했는데 북부 후다이 마을에서는 단 한 명도 죽지 않았습니다. 이 도시의 촌장이 와무라 유키에라는 사람이었는데 그는 옛날 메이지 시대에 15미터의 쓰나미가 온 것을 알고는 끝까지 고집을 부려서 무려 오백 억이 넘는 돈을 들여서 15.5미터의 댐을 쌓고 수문을 달았습니다. 그런데 옆에 있는 사람들은 미야코시 방조제를 만리장성이라고 불렀는데 그 방조제 높이가 10미터였습니다. 그런데 이 촌장은 끝까지 고집을 부려서 15.5미터의 방조제를 건설했는데 사람들은 이 촌장이 너무 높은 방조제를 쌓는다고 비판을 했습니다. 이번 쓰나미는 15미터여서 이 방조제를 넘지 못했습니다. 그래서 사람들은 이제 와서야 이 촌장의 선견지명에 감탄하게 되었습니다. 그러나 방조제를 10미터만 쌓았던 미야코시는 쓰나미가 들어와서 역시 수백 명의 사람이 죽었습니다. 그리고 또 아네키치 지역에 있는 사람들도 모두 다 살았는데, 이 지역도 메이지 시대에 두 차례 쓰나미로 많은 사람들이 죽었다 합니다. 그때 살아남은 선조들이 해발 60미터 지역에 비석을 세우고 이 밑으로는 집을 짓지 말라는 글씨를 새겼습니다. 후손들은 조상들의 경고에 따라 그 비석 위쪽으로만 살았는데 결국 쓰나미는 그 비석 50미터 밑에까지만 오게 되어 그 동네 사람들은 한 명도 죽지 않았다고 합니다. 여기서 우리가 알 수 있는 것은 이미 일본 동부 지역에는 최근 같은 쓰나미가 옛날에도 있었다는 사실입니다. 그럼에도 불구하고 미련한 사람은 자기 생각이나 편의주의만 믿고 조상들의 가르침을 따르지 않음으로 쓰나미의 큰 피해를 보았습니다. 대표적인 경우가 도쿄 전기의 원자력 발전소일 것입니다. 그들은 머리는 좋았는지 모르지만 조상들의 가르침을 무시하고 자기들의 머리를 믿음으로 쓰나미가 오는 지역에 원전을 세워서 엄청난 재앙을 겪고 있는 것입니다. 거기에 비해서 지혜로운 자들은 조상들의 지혜를 받아들여 욕을 먹어가면서 방조제를 세우고 비석 위쪽에 집을 지음으로 쓰나미를 피할 수 있었던 사람들입니다. 우리에게는 이미 하나님의 말씀이 주어져 있고 축복의 길이 가르쳐져 있습니다. 우리가 해야 할 것은 누가 뭐라고 해도 이 길을 꾸준히 가야 하는 것인데, 자기 머리를 믿는 사람은 하나님의 말씀을 우습게 알고 인간의 지식을 따라가다가 망하는 것입니다.

1. 하나님의 말씀에 대한 태도

하나님 앞에서 지혜로운 자와 미련한 자는 하나님의 말씀에 대한 태도에서 다릅니다. 미련한 자는 자기 생각을 믿고 하나님의 말씀을 받아들이지 않지만 지혜로운 자는 하나님의 말씀을 받아들입니다.

> 15절 "미련한 자는 자기 행위를 바른 줄로 여기나 지혜로운 자는 권고를 듣느니라."

우리가 이 말씀만 보면 지혜로운 자는 다른 사람이 하는 권고들을 잘 받아들이지만 미련한 자는 다른 사람의 말을 자기 고집대로 행하는 것으로 생각됩니다. 그런데 여기서 중요한 것은 이 사람이 과연 무엇을 받아들이거나 받아들이지 않느냐 하는 그 대상입니다. 여기서는 사람의 의견이 아니라 하나님의 말씀을 두고 하는 말입니다. 미련한 자는 일단 우리가 세상적으로 보기에는 전혀 미련한 사람이 아닙니다. 오히려 이런 사람들은 머리가 뛰어나고 세상적인 지식이 많은 사람들입니다. 그런데도 이 사람들이 미련하다고 하는 이유는 하나님의 말씀의 가치를 모르기 때문입니다. 세상적으로 머리가 좋은 사람들의 특징은 세상을 너무 믿고 자신의 성공을 너무 믿는 것입니다. 이런 사람들에게는 하나님의 말씀이 너무 미련하고 답답하게 보입니다. 거기에 비해서 지혜로운 자는 권고를 받아들인다고 했습니다. 여기서 권고를 받아들인다고 하는 것은 하나님의 말씀을 받아들이는 것을 말합니다.

예수님께서는 마태복음 6장 22-23절에서 "눈은 몸의 등불이니 그러므로 네 눈이 성하면 온 몸이 밝을 것이요 눈이 나쁘면 온몸이 어두울 것이니"라고 말씀하셨습니다. 우리 몸에 많은 기관들이 있지만 몸 전체가 바른 방향으로 나갈 수 있도록 하는 기관은 오직 눈밖에 없습니다. 눈이 모든 것을 환하게 볼 수 있는 이유는 우리 몸에서 유일하게 빛을 받아들이는 기관이기 때문입니다. 마찬가지로 우리 인생이 바른 방향으로 나가기 위해서는 가장 중요한 것이 하나님의 말씀을 받아들여야 하는 것입니다. 감사하게도 하나님께서는 이스라엘 백성들에게 이 눈을 주셨습니다. 하나님의 말씀을 받아들일 수 있는 눈은 믿음인 것입니다. 그러나 이스라엘 백성들 중에서도 많은 사람들은 하나님의 말씀의 가치를 몰랐습니다. 미련한 자들은 하나님의 말씀만 붙들고 가는 것을 어리석은 것으로 생각했고, 세상의 많은 지식과 세상의 많은 유행을 따라가는 것이야말로 지혜로운 삶이라고 믿었습니다. 그런데 미련한 자들이 깨닫지 못한 것은 사람 눈에 보이지 않는 것들이었습니다. 우리 눈에는 보이지 않지만 하나님 앞에는 어마어마한 하늘의 복이 준비되어 있습니다. 바로 이 하늘의 복이 임해야 땅의 복도 복의 구실을 제대로 할 수 있습니다. 예를 들어서 농부가 땅을 아무리 많이 가지고 있어도 하늘에서 비가 내리지 않으면 땅이 아무 소용이 없는 것과 같습니다. 우리가 하나님의 말씀을 들으면 믿음이 생기게 되고 믿음에 따라서 하늘의 복이 임하게 됩니다.

이것은 마치 하나님과 우리 사이에 축복의 고속도로가 생기는 것과 같습니다. 그러나 땅의 복을 가진 자는 하늘의 복이 오지 않으면 결국 땅의 복도 없어져 버리고 나중에는 수치와 욕만 남게 됩니다.

우리는 오히려 남들이 하는 이야기를 전부 다 들으면 안 됩니다. 이 세상에 있는 많은 이야기들 중에서 주님의 음성을 구분할 수 있어야 합니다. 우리는 하나님의 말씀만 붙들기 위해서 오히려 사람의 말을 듣지 말아야 할 때가 많습니다. 사람들이 하는 말은 그때그때 자기 기분이나 생각을 말하는 것이어서 책임질 수 있는 말이 아니기 때문입니다. 미련한 자와 지혜로운 자들이 취하는 하나님의 말씀에 대한 태도만이 아니라 이제는 다른 사람에 대한 태도도 등장합니다.

16절 "미련한 자는 분노를 당장에 나타내거니와 슬기로운 자는 수욕을 참느니라."

우리가 이 말씀을 보면 미련한 자는 참을성이 없어서 당장 화를 내지만 슬기로운 자는 화가 나더라도 잘 참고 견딘다는 뜻으로 생각됩니다. 그런 의미에서 본다면 성격이 직선적이고 다혈질적인 사람은 절대로 지혜로운 자가 될 수 없을 것입니다. 그런데 여기서 우리가 생각해야 할 것은 인간은 죄를 지은 후에는 항상 마음속에 분노가 있다는 사실입니다. 사람들이 죄를 짓고 미쳐서 남을 죽이기까지 하는 것은 마음속에 분노의 광기가 있기 때문입니다. 사람이 심지어 자기 자신도 믿을 수 없는 이유는 자신을 포함한 모든 사람들의 마음속에 타락한 맹수가 한 마리씩 다 들어 있기 때문입니다. 우리가 어렸을 때에는 이 사실을 잘 알지 못합니다. 그러나 조금씩 철이 들면서 우리 자신에게 가장 심각한 것은 공부를 좀 더 잘하는 것이나 혹은 좀 더 좋은 직장에 있느냐 하는 것이 아니라, 내 안에 있는 이 죄의 덩어리를 어떻게 처리하느냐 하는 데 있다는 것을 알게 됩니다. 우리가 모범생으로 부르는 자들은 이런 죄성을 겉으로 나타내지 않고 속으로 가지고 있는 사람이고, 우리가 보기에 불량한 자들은 이런 본성을 나타내고 폭발시키는 자들입니다. 슬기로운 자는 수욕을 참는다고 하는 것이 이런 부패한 본성을 참고 감추는 것이 지혜롭다는 뜻이 아닙니다. 이런 것은 근본적인 해결책이 되지 않기 때문입니다. 살다보면 집안에서 참으로 모범생이라고 생각했던 아이들이 큰 사고를 저지르는 경우가 있습니다. 그 동안 죄를 참고 감추고 있었던 것이지, 근본적으로 해결이 된 것이 아니었기 때문입니다.

미련한 사람은 자기 생각이나 감정을 늘 옳다고 믿습니다. 이런 사람들은 다른 사람이 자기 생각과 다르면 즉시 정죄하고 공격을 합니다. 이런 사람들은 교만해서 자기 생각이 절대적으로 옳다고 믿기 때문입니다. 결국 이런 사람들은 다른 사람의 입장을 이해하지 못합니다. 언제나 자기와 다른 사람들은 다 틀렸다고 생각해서 꾸짖고 정죄하고 책망하면서 살아갑니다. 그러나 이 사람들은 자기 안에 있는 죄는 치료받지 못한 사람입니다. 죄의 용서를 받지 못한 사람들은 늘 자기 안에 죄의 상처가 곪아 있기 때문에 다른 사람에 대하여 늘 화를 냅니다. 거기에 비해서 슬기로운 자는 자기 안에 있는 죄성을 깨닫고 하나님 앞에 나와서 울고불고하며 죄를 내어놓는 사람을 말합니다. 참으로 놀라운 것은 누구든지 자기 죄를 깨닫고 하나님 앞에 나와서 기도한 사람의 죄를 하나님이 모두 다 가져가십니다. 진공청소기가 방에 있는 먼지나 쓰레기를 빨아들이듯 하나님 앞에 나와서 울며 회개하는 자의 죄를 하나님은 다 치워주십니다. 이렇게 죄의 용서를 받은 사람은 일단 자기 속에 있는 죄의 상처가 치료되었기 때문에 마음이 시원합니다. 그래서 이런 사람은 다른 사람들을 굳이 미워할 필요가 없습니다. 이런 사람들은 자기가 부족한 줄 알기 때문에 다른 사람의 부족한 것도 인정을 해줍니다. 우리가 '다른 사람을 사랑한다'고 하는 것은 결코 다른 사람을 자기 방식으로 사랑하는 것이 아닙니다. 다른 사람을 사랑하는 것은 그 사람이 나와 다를 수 있다는 것은 인정하고 내버려두는 것입니다. 슬기로운 자는 수욕을 참는다고 하였는데, 그런데 이런 사람이 왜 수욕을 참아야 합니까? 일단 우리가 하나님 앞에서 죄 용서를 받으려면 먼저 자신의 죄를 하나님 앞에 가지고 가서 내어놓아야 합니다. 요즘은 우리가 하나님 앞에 몰래 나와서 회개해도 되지만, 옛날에는 죄 용서를 받으려면 속죄제를 드려야 하니까 양이나 염소를 끌고 성전에 가야 하고, 그것을 다른 사람들이 다 보고 이 사람이 죄를 지은 것을 다 알게 될 것입니다. 죄를 지은 사람은 제사장에게도 자기 죄를 다 이야기를 해야 합니다. 그런데 이렇게 수치를 참은 사람은 깨끗한 양심을 얻게 됩니다. 다윗은 자기가 죄를 짓고 난 후에 죄를 감추기 위해서 더 죄를 지었습니다. 그런 눈가림으로 하는 것으로는 죄 용서를 받을 수 없습니다. 다윗은 오직 하나님 앞에 자기 죄를 다 토해내고 침상이 썩을 정도로 회개했을 때 죄 용서를 받았습니다. 그리고는 하나님 앞에서 죄 용서를 받는 것보다 더 중요한 것은 없다고 다윗은 말했습니다.

사람들이 이 세상에서 성공을 하려면 남다른 머리와 열정이 있어야 합니다. 특히 어떤 사람은 분노로 성공을 하기 때문에 많은 사람들을 물리치면서 높은 자리까지 올라갑니다. 그러나 그렇게 해봐야 그는 하나님 앞에서 무서운 죄인인 것입니다. 우리는 하나님의 말씀으로 미리 수치를 당하는 것이 복입니다. 하나님 앞에서 죄를 다 털어버리고 나면 다시는 정죄함이 없기 때문입니다. 이 사람은 이미 축복의 길을 찾았기 때문에 굳이 사나운 사람들과 싸워서 이길 필요가 없습니다. 믿음의 사람은 믿음의 길을 꾸준히 가기만 하면 하나님이 옳다는 것을 다 증명해주실 것이기 때문입니다. 우리는 믿음의 열매를 통해서 옳다는 것을 나타내게 됩니다.

2. 하나님의 말씀이 미치는 영향

우리가 이 세상을 보면 당장 써먹을 수 있고 우리를 똑똑하게 할 수 있는 너무나도 많은 지식이 있다는 것을 알게 됩니다. 예를 들어서 우리가 하나님의 말씀을 듣고 은혜를 받았다고 해서 세상에서 똑똑하다는 소리를 듣지는 못하지만 좋은 학교에서 최고의 성적을 받으면 당장 똑똑한 사람이라는 인정을 받게 됩니다. 그러니까 사람들은 어느 누구 할 것 없이 기를 쓰고 세상 지식을 배우려고 덤벼드는 것입니다. 그런데 우리가 하나님의 말씀을 배워보고 또 세상 지식을 배워보면 어떤 차이가 있음을 느낄 수 있습니다. 우선 세상 지식은 우리를 당장 똑똑하게 만들어주는 데 반해서, 우리 머리에 더 이상 들어갈 것이 없다는 것입니다. 세상 학문은 몇 년 배우고 나면 더 이상 배울 것이 없는 것입니다. 거기에 비해서 하나님의 말씀은 당장 우리를 똑똑하게 만들어주지 않는 데 비하여 그 깊이는 우리가 감히 측량할 수가 없습니다. 우리 앞에 그 깊이를 측량할 수 없는 시퍼런 진리의 바다가 있는 것입니다. 그리고 하나님의 말씀은 내 영혼을 복되게 하고 내 영혼의 갈증을 채워 줍니다. 여기서 참 많은 갈등을 겪게 됩니다. 하나님의 말씀은 너무나도 깊이 있고 내 영혼에 복을 주는 말씀인데, 세상에서는 알아주지 않고 돈벌이하는 데는 도움이 되지 않습니다. 거기에 비해서 세상 지식은 나를 똑똑하게 하고 세상에서 인정을 받게는 하지만 내 영혼에는 도움이 되지 않고 몇 년 공부하고 나면 더 이상 할 것이 없는 것입니다.

17절 "진리를 말하는 자는 의를 나타내어도 거짓 증인은 궤휼을 말하느니라."

여기서 진리는 하나님의 말씀이 가지는 가치를 말합니다. 우리가 하나님의 말씀을 받아들일 때 우리와 하나님 사이에 새로운 관계가 열리게 됩니다.

사실 우리 인간들에게 가장 어려운 것은 하나님과의 관계가 열리는 것입니다. 우리 인간들이 지은 죄의 벽이 얼마나 두꺼운지 우리는 그 동안 하나님께 조금도 가까이 나아갈 수가 없었습니다. 우리가 어떻게 높은 하늘을 뚫고 하나님 앞에 나아가서 내 사정을 말씀 드릴 수 있겠습니까? 우리가 어떻게 그 뜨거운 태양을 뚫고 하나님 앞에서 내 억울한 사정을 말할 수 있겠습니까? 그런데 하나님의 말씀의 위력은 우리가 하나님의 말씀을 통해서 우리와 하나님과의 새로운 관계가 열리게 합니다. 이것을 성경은 의라고 말씀합니다. 그런데 우리가 하나님의 말씀을 듣기만 해도 의가 생기는데, 말을 하게 되면 듣는 사람들 모두에게 믿음이 생기게 됩니다. 그래서 하나님께서 우리에게 주신 어마어마한 축복이 하나님의 말씀을 말할 수 있게 하는 것입니다. 우리가 하나님의 말씀을 선포할 때 거기에 하나님 나라의 능력이 임하게 됩니다. 이때 우리는 마귀에게 빼앗겼던 모든 축복도 다시 도로 찾게 됩니다. 우리가 하나님의 은혜를 받을 때 세상의 복도 모두 하나님의 복으로 변하게 되는 것입니다. 그러나 거짓 증인은 궤휼을 말한다고 했습니다. 여기서 말하는 거짓 증인은 공중 앞에서 하나님의 말씀이 아닌 자기 생각을 전하는 자를 말합니다. 우리가 알아야 할 것은 하나님의 말씀을 알지 못하는 자가 말하는 모든 것은 바르지 못하다는 것입니다. 왜냐하면 하나님을 모르는 사람은 자기 자신이 소경이고 미련한 자이기 때문에 그가 말하는 것은 부분적으로는 옳을지 몰라도 전체적으로는 모두 거짓이기 때문입니다. 그래서 하나님을 모르고 사는 인생은 인생 그 자체가 거짓일 수밖에 없습니다.

요즘 우리가 사회적으로 떠들썩하게 주장하던 것들이 조금만 시간이 지나도 전부 거짓인 것을 알 수 있습니다. 어떤 여승은 천성산에 고속철도를 뚫으면 산 위의 도롱뇽이 다 죽는다고 단식투쟁을 했는데 알고 보니까 지금 도롱뇽이 넘치고 있다는 것입니다. 어떤 학자는 줄기세포만 만들어지면 모든 장애인들 다 고쳐주겠다고 큰 소리를 쳤는데 알고 보니까 줄기세포는 단 한

개도 안 만들어졌던 것입니다. 결국 우리가 하나님을 모르면 아무리 공부를 많이 한다고 해도 거짓을 말할 수밖에 없습니다. 왜냐하면 가장 중요한 결정적인 때가 되면 그 사람이 가진 가치관으로 판단할 수밖에 없기 때문입니다. 특히 종교란 더욱 눈에 보이지 않는 영역이기 때문에 만약 하나님의 말씀이 없으면 전부가 다 엉터리가 될 수밖에 없습니다.

18절 "혹은 칼로 찌름같이 함부로 말하거니와 지혜로운 자의 혀는 양약 같으니라."

이제 하나님의 말씀이 개인에게 미치는 영향이 나옵니다. 우리 인간은 거의 모든 의사소통을 말을 주고받으면서 합니다. 인간에게 말이 얼마나 중요한지 모릅니다. 사람들은 말을 통해서 의사소통만 하는 것이 아니라 자기 안에 있는 감정이나 사상까지 전달을 합니다. 이 세상에 있는 것들 중에서 인간의 말보다 더 악하고 간사하고 거짓된 것은 없을 것입니다. 사람은 말로 상대방을 치켜세우기도 하고 깎아내리기도 하고 속이기도 하고 유혹을 하기도 하고 망하게 하기도 합니다. 그런데 그 중에서 오늘 말씀을 보면 말을 하는데 '칼로 찌름같이 한다' 고 했습니다. 사람은 말을 가지고 상대방을 찌르거나 해칠 수가 있습니다. 사람이 마음속에 다른 사람에 대해 미움을 가지고 말을 하게 되면 그 사람의 말은 마치 독사의 이빨과 같아서 상대방에게 무서운 독을 쏘게 됩니다. 우리가 산이나 특히 풀이 많은 숲에서 무서운 것은 독이 잔뜩 오른 독사를 만나는 것입니다. 독사들 중에서는 물어야 독이 나오는 것도 있지만 어떤 것은 독을 쏘아서 눈을 멀게 하는 것도 있습니다. 그런데 사실 우리는 이 세상에서 독사들 사이에 살아가는 것과 같습니다. 우리 주위에는 화가 잔뜩 난 사람들이 너무나도 많이 있는데 그들이 화가 나서 독한 말을 하면 마치 독사에게 물린 것과 같게 됩니다. 처음에 좋지 않은 말을 들었을 때 기분이 좋지 않은데, 시간이 갈수록 그 독이 점점 퍼져서 온 몸이 상하게 되고 이것이 치료가 되지 않는 사람은 분노를 이기지 못해서 자살이라는 극단적인 방법으로 스스로를 죽이는 자리까지 가게 되는 것입니다.

사람은 말로 얼마든지 상대방을 상하게 할 수 있고 심지어는 죽게 하는 자리까지 가게 할 수 있습니다. 사람이 날카롭게 말을 하는 것을 보면 정말 칼을 휘두르는 것 같은 느낌이 들게 되는데, 거기에 한번 잘못 맞으면 큰 상처를 입게 됩니다. 그런데 믿는 사람들은 예수를 믿으면서 일단 우리 안에 있는 독기가 빠지게 되었고 또 이빨이나 발톱 같은 날카로운 무기도 다 없어지게 됩니다. 더욱이 하나님의 백성들은 말씀을 들으면서 뇌 구조 자체가 다른 사람을 말로 싸워서 이기는 공격적인 구조가 아니라, 하나님의 말씀을 듣고 은혜로 눈물 흘리는 구조로 바뀌었기 때문에 믿지 않는 사람들과의 관계에서 절대적으로 불리하게 됩니다. 우리는 주위에 있는 사람들로부터 칼로 찌르는 것 같은 말을 듣고 마음 아파할 때가 너무나도 많습니다. 그런데 놀라운 것은 우리에게는 이런 독을 치료하는 양약이 있다는 사실입니다. '지혜로운 자의 혀는 양약과 같으니라.' 우리가 세상에서 거친 사람들을 상대하려고 하면 마음이 상할 때가 많은데 일단 먼저 우리 안에 있는 하나님의 말씀이 이런 독을 치료하는 역할을 합니다. 하나님의 말씀은 다른 사람을 치료하기 전에 먼저 우리 자신을 치료하게 합니다. 다른 사람의 공격을 받으면 마음에 상처를 입어서 매우 고통스럽습니다. 앞으로 이런 일을 또 당할 것을 생각하면 겁이 나기도 하지만, 하나님의 말씀을 깊이 있게 묵상할 때 눈에서 눈물이 흐르면서 하나님의 생수가 나의 상처 난 가슴을 치료하는 것을 느끼게 됩니다. 우리가 나쁜 말을 듣고 그렇게 좋지 않은 생각이 자꾸 났었는데 어느 순간 그것이 더 이상 아프지 않고 또 생각도 나지 않을 때 우리는 이미 이 독에서 치료를 받은 것입니다.

그뿐만 아니라 하나님의 말씀이 우리의 인격을 관통하게 되면 무슨 병이든지 치료하는 약이 됩니다. 사실 우리 주위에는 사람들의 말이나 혹은 자기 자신의 문제로 마음에 병이 들거나 상처를 입어서 고통 받는 사람들이 너무나도 많습니다. 공격적인 사람들은 그런 약한 사람들을 보면 더 공격을 해서 완전히 죽여 놓으려고 하지만 하나님의 백성들은 그들의 아픔을 깊이 이해하고 하나님의 말씀으로 위로를 하는데, 상대방은 거기에서 하나님의 음성을 듣고 위로를 받으며 마음의 상처를 치료받게 됩니다. 하나님의 백성들은 다른 사람들보다 훨씬 더 예민해서 상처를 잘 받기도 하지만 하나님의 말씀으로 잘 치료되기도 합니다. 그러나 세상 사람들은 둔해서 잘 느끼지도 못하지만 병이 한번 생기면 잘 낫지 않고 갈 데까지 갈 때가 많습니다. 우리는 주위에 다른 사람의 독에 쏘인 사람들을 치료할 수 있는 능력이 있습니다.

19절 "진실한 입술은 영원히 보존되거니와 거짓 혀는 눈 깜짝일 동안만 있을 뿐이니라."

우리가 이 세상에서 영구히 보존될 가치가 있는 것은 '명예의 전당'이라는 곳에 보존을 하게 됩니다. 운동선수 중에서도 불멸의 기록을 세운 스타들은 명예의 전당에 이름이 올라가게 됩니다. 사람들은 어떻게 해서든지 자기가 죽고 난 후에도 이름을 남기기 위해서 어떤 사람은 큰 건축물을 남기기도 하고 어떤 사람은 자서전 같은 책을 남기기도 합니다. 그러나 건물은 시간이 지나면 낡아서 허물어지고 책은 저자가 죽으면 독자가 크게 줄어듭니다. 아무리 잘생긴 영화배우라 하더라도 늙으면 죽을 수밖에 없습니다. 인간에게 가장 놀라운 기적은 우리 인간의 입에 하나님의 말씀을 담는 것입니다. 성경에 보면 짐승들 중에서 사람의 말을 한 짐승이 둘 있습니다. 하나는 하와를 유혹했던 뱀이었고, 다른 하나는 발람 선지를 책망했던 나귀였습니다. 이처럼 짐승이 말을 했다고 하는 것은 짐승에게는 잊을 수 없는 명예입니다. 그런데 사람이 하나님의 말씀을 할 수 있다는 것은 인간으로서는 최고의 명예요 축복이고 이적입니다. 우리가 이 세상에서 가끔씩 기적을 체험하지만 그중에서 놀라운 것이 사람을 통해서 하나님의 말씀을 듣는 것입니다.

요엘 선지자는 말하기를 "말세에 내가 내 영으로 모든 육체에게 부어 주리니 너희의 자녀들은 예언할 것이요 너희의 젊은이들은 환상을 보고 너희의 늙은이들은 꿈을 꾸리라"(행 2:17 참조)고 했습니다. 하나님께서 우리에게 성령을 부어주시면 우리에게서 하나님의 예언이 폭발적인 현상으로 나타나게 됩니다. 이 세상 다른 어떤 것보다도 하나님의 말씀을 말하고 하나님의 말씀을 가슴에 담는 효과가 영원합니다. 거기에 비해서 인간의 지식이나 지혜는 거짓이 많습니다. 그래서 그 효과는 정말 눈 깜짝할 정도로 짧은 것입니다. 아주 잠깐 사람들 앞에서 똑똑한 체하다가 없어지고 마는 것입니다.

> 20절 "악을 꾀하는 자의 마음에는 궤휼이 있고 화평을 논하는 자에게는 희락이 있느니라."

인간 본성의 악함과 하나님의 말씀의 능력을 안다면 굳이 사람을 상대로 해서 이길 필요가 없습니다. 아무리 사람을 붙들고 이야기를 한다고 해보아도 그 사람이 변할 것도 아니고 또 우리가 다른 사람과 싸워서 이기려고 할 때 먼저 우리 마음이 악해지기 때문입니다. 우리가 이 세상에서 화를 내거나 나를 공격하는 사람과 싸워서 이길 필요가 없습니다. 서로 본질이 다르기 때문입니다. 할 수 있으면 다른 사람을 이해하려고 애를 써야 합니다. 우리가 다른 사람과 싸우지 않고 이해하려고 노력하는 자체가 화평을 구하는 것이고, 그때 비로소 우리 마음에 기쁨이 있습니다. 우리가 기쁨을 잃어가면서 다른 사람을 이기려고 하는 것이 절대로 우리에게 유익이 아닙니다. 마음에 분노를 품으면 우리 안에서 하나님의 은혜가 고갈되어서 자신의 가치가 떨어지기 때문입니다. 굳이 다른 사람 때문에 나 자신의 품격을 떨어트릴 이유가 없습니다.

21-22절 "의인에게는 아무 재앙도 임하지 아니하려니와 악인에게는 앙화가 가득하리라. 거짓 입술은 여호와께 미움을 받아도 진실히 행하는 자는 그의 기뻐하심을 받느니라."

결국 여기에 하나님의 약속이 나옵니다. 이 세상은 우리 인간들만 있고 하나님은 간섭하시지 않는 것 같을지 모르지만 사실 하나님은 우리 모든 사람들을 다 지켜보고 계십니다. 그래서 마음에 독기도 없고 다른 사람과 싸우지도 못하는 사람들은 언제나 다른 사람의 공격을 받을 것 같은데 실제로는 아무 재앙도 오지 않습니다. 하나님이 그런 사람을 사랑하시고 아끼시기 때문입니다. 사람이 보기에 약하다고 해서 실제로 약한 것이 아닙니다. 사람 앞에 약한 것이 위대한 것이고 하나님은 이런 사람들을 높여주십니다. 마음에 언제나 인간의 생각과 분노를 품고 있는 자는 언제나 앙화가 옵니다. 자기도 같은 부류이기 때문에 자기가 공격하면 자기도 공격을 당하게 되는 것입니다. 하나님도 이런 사람을 미워하신다고 했는데 이것은 가치 있는 사람으로 생각하지 않는다는 뜻입니다. 우리가 이 세상에서 살아남는 길은 빨리 우리 자신을 바꾸는 것입니다. 나쁜 본성은 버리고 하나님의 말씀을 입에 담아야 살아남을 수 있습니다.

3. 믿음의 길을 꾸준히 가라

하나님의 백성들의 큰 장점은 이 세상에서는 구경할 수 없는 하나님의 말씀이 이미 주어져 있다는 것입니다. 너무나도 많은 하나님의 백성들이 이 말씀의 가치를 몰라서 세상 지식을 사랑하고 사람들에게 인정을 받으려고 하는데 이것이 바로 미련한 것입니다. 우리는 원래 돌감람나무였다가 이스라엘의 참감람나무에 접붙임이 된 자들인데 우리에게 가장 중요한 것은 외모가 아니라 하나님 말씀의 진액이 우리에게 흘러야 하는 것입니다. 우리에게 하나님의 진액이 흐르게 하려면 우리가 하나님의 말씀을 위해서 모든 것을 다 희생할 수 있어야 합니다.

23절 "슬기로운 자는 지식을 감추어 두어도 미련한 자의 마음은 미련한 것을 전파하느니라."

하나님 말씀의 맛을 본 사람은 하나님의 말씀이야말로 하나님의 축복의 금광이라는 것을 알게 됩니다. 그래서 하나님의 말씀을 위해서 모든 것을 다 희생하게 됩니다. 물론 이 사람도 세상에 나가서 시장을 보기도 하고 필요한 물건을 사기도 하며 사람을 만나기도 하고 임금을 받기도 해야 하겠지만 이 사람에게 있어 최고의 가치는 더 좋은 질의 금을 많이 캐내는 것입니다. 이런 사람은 하나님의 말씀을 캐내어서 감추어둡니다. 이 사람이 하나님의 말씀을 어디에 감추어두는 것일까요? 자기 마음속에 쌓아 놓습니다. 하나님의 말씀을 우리 마음에 담아둘 때 우리가 보화를 가득 담은 질그릇이 됩니다. 겉으로 보기에는 아무것도 아닌 것 같지만 우리 안에는 어마어마한 보물이 담겨져 있는 것입니다. 우리가 하나님의 말씀을 내 것으로 소화해서 기도할 때 하나님은 응답해 주십니다. 우리가 하나님의 말씀을 소화해서 다른 사람에게 말할 때 그것이 축복이 됩니다. 처음에는 하나님의 말씀이 잘 소화가 되지 않아서 자신도 뜻을 잘 모르는 설익은 이야기를 하기도 합니다. 그러나 하나님의 말씀을 아주 소중하게 다루고 할 수 있는 한 내 마음에 간직하려고 합니다. 세상 사람들은 신문에서 들은 것이나 텔레비전에서 본 것이나 남들이 하는 소리를 듣고 유식하게 보이려고 떠들어댑니다. 그런데 이상한 것은 그런 말은 아무리 떠들어도 내용이 없고 결국 그 말을 들은 사람들만 더 미련하게 되는 것입니다. 결국 미련한 사람은 다른 사람들도 미련하게 만들게 됩니다. 반면에 지혜로운 자는 다른 사람들도 모두 예언자로 만들고 선지자로 만들며 기도의 사람으로 만들게 됩니다. 결국 우리에게 하나님의 말씀이 주어졌다면 우리는 이 믿음의 길을 부지런히 가야 합니다.

24절 "부지런한 자의 손은 사람을 다스리게 되어도 게으른 자는 부림을 받느니라."

물론 사람이 부지런해야 기술도 익히고 장사도 배워서 다른 사람을 두고 일을 시키게 될 것입니다. 여기서는 하나님의 말씀에서도 부지런하라는 교훈을 전합니다. 엄청난 진리의 광산이 주어져 있는데도 불구하고 딴 짓을 하느라고 진리를 캐지 않으면 우리는 믿음과 축복에서 가난한 자가 될 것입니다. 그러나 주야로 하나님의 말씀을 파고 연구해서 내 것으로 만들면 부흥의 불이 붙으면서 어마어마한 축복이 나타나게 될 것입니다. 결국 하나님의 백성들이 말씀에 게으르면 세상의 종살이를 하게 될 수밖에 없습니다.

25절 "근심이 사람의 마음에 있으면 그것으로 번뇌케 하나 선한 말은 그것을 즐겁게 하느니라."

사람이 근심하는 이유는 자기 힘으로 감당할 수 없는 어려움이 생겼기 때문입니다. 바로 이것 때문에 우리에게 믿음이 필요합니다. 믿음이 있는 사람은 감당할 수 없는 시험이 와도 하나님의 능력을 믿기 때문에 근심을 이길 수 있지만 믿음이 없는 사람은 근심이 그 사람의 마음을 파고 들어가서 나중에는 무기력하게 합니다. 하나님의 말씀을 들으면서 은혜 받는 것은 하나님께서 인생의 무거운 짐을 나에게 맡기라는 뜻입니다. 하나님의 말씀으로 은혜 받는 일에 주력하고 근심은 하나님께 맡기시기 바랍니다. 이것이 바로 사람이 떡으로만 사는 것이 아니요 하나님의 말씀으로 사는 비결입니다.

26절 "의인은 그 이웃의 인도자가 되나 악인의 소행은 자기를 미혹하게 하느니라."

의인은 이미 길을 찾은 사람입니다. 이 사람을 따라가는 사람은 다른 사람들까지도 다 살게 됩니다. 그러나 하나님의 말씀을 붙들지 않는 자는 길을 잘 가는 것 같았는데 어느 순간 길이 없는 것을 발견하게 됩니다. 그리고 그를 믿고 따라가던 사람들도 우왕좌왕하게 되는데 이것이 길을 잃은 것입니다. 결국 악한 자를 따라가면 모두 길을 잃고 망하게 됩니다.

27절 "게으른 자는 그 잡을 것도 사냥하지 아니하나니 사람의 부귀는 부지런한 것이니라."

만약 사냥하는 사람이 게으르다면 그는 아무것도 사냥하지 못하고 굶게 될 것입니다. 여기에 나오는 사람은 얼마나 게으른지 사냥할 것이 잔뜩 있는데도 사냥을 하지 않아서 굶고 있는 것입니다. 하나님의 백성들 중에서 게으른 자는 이 풍성한 하나님의 말씀을 두고서도 사냥을 하지 않는 것과 같습니다. 이것을 사냥에 비유하는 이유는 시간이 지나면 하나님의 축복도 달아나기 때문입니다. 그러나 부지런하기만 하면 얼마든지 부귀를 얻을 수 있습니다. 교회에서 정기적으로 하나님의 말씀을 전하는 것은 마치 황금알을 낳는 거위와 같습니다. 처음에 당장은 부자가 되지 않는다 하더라도 그것을 모아서 팔면 어마어마한 부자가 될 수 있습니다. 그래서 우리는 하나님의 말씀을 듣는 데서 어느 누구보다도 부지런해야 부귀를 얻을 수 있습니다. 그리고 지금까지 하신 말씀을 다시 강조하면서 결론을 내리고 있습니다.

28절 "의로운 길에 생명이 있나니 그 길에는 사망이 없느니라."

이미 하나님께서는 우리 믿는 자들에게 생명의 길을 주셨습니다. 우리가 이 하나님의 말씀만 따라가면 살벌한 세상에서 반드시 풍성한 가나안의 복으로 나아갈 수 있습니다. 그런데 믿는 자들 중에는 괜히 엉뚱한 생각을 가지고 딴 길을 기웃거리고 폼을 잡다가 결국 함정에 빠지거나 사자에게 물려서 죽기도 합니다. 하나님은 우리에게 이미 생명을 주셨고 이 길에는 사망이 없다고 하셨습니다. 이 말은 이 길에는 사탄의 시험을 이기고 멸망을 이김으로 하나님의 풍성한 축복이 준비되어 있다는 뜻입니다. 반대로 세상길은 당장은 길이 있는 것 같고 많은 행복을 주는 것 같지만, 사실 그 행복은 싸구려 행복이고 그 길에는 무서운 사탄의 함정이 무수히 깔려 있는 것입니다. 우리는 끝까지 하나님 말씀의 길을 부지런히 걸어서 세상의 독을 이기고 하나님의 축복으로 부요한 성도들이 되시기 바랍니다.

19 · 지혜로운 아들

잠 13:1-13

어렸을 때 학교에서 처음 우리나라에 목화씨를 가져온 사람이 문익점이라고 배우면서도 그것을 특별하게 생각하지 않았습니다. 그런데 나중에 나이가 들어가면서 왜 하필이면 목화일까 하는 생각을 하게 되었습니다. 우리나라에 처음 담배가 들어온 것도 아니고 포도주가 들어온 것도 아니고 총이 들어온 것도 아니고 목화가 들어온 것이 그렇게 중요했을까 하는 것입니다. 그것은 목화가 들어오기 전까지 우리나라 사람들이 겨울에 추위로 너무 고생을 했기 때문일 것입니다. 우리나라는 다른 나라처럼 사냥을 많이 해서 털가죽이 많은 나라가 아니었습니다. 결국 우리나라 사람들은 겨울이 오기만 하면 방구석에 처박혀서 나오지 않든지 아니면 너무나도 추워서 벌벌 떨면서 보낼 수밖에 없었을 것입니다. 그래서 아마도 우리나라에는 온돌이라는 것이 발달한 것 같습니다.

일본은 전 세계에서 작고 정밀한 것을 가장 잘 만드는 나라로 유명했습니다. 그래서 미군이 쏘는 미사일의 유도 장치라든지 혹은 미국의 우주선의 전자 장치 같은 것도 모두 일제였습니다. 우리나라에서 만드는 자동차라든지 핸드폰의 중요한 부품들 중에서 일본에서 만들어지는 것이 많습니다. 그러나 일본은 작은 부분은 그렇게 잘하는 것이 많지만 큰 것 때문에 너무나도 나라가 큰 어려움을 겪고 있습니다. 그것은 바로 지진이고 쓰나미입니다. 우리 인간들이 이 세상에서 살아남으려면 작은 일만 잘해서는 안 되고 거친 자연과의 싸움에서 살아남아야 했습니다. 그 싸움에는 기근과 태풍이 있고 전염병이 있고 강추위와 쓰나미가 있습니다. 그런데 일본 사람들은 바로 이런 자연의 대재앙에 대하여 전혀 속수무책인 상태에 있습니다. 일본 사람들은 온 세상을 만드신 하나님을 모르기 때문입니다.

이스라엘 백성들이 가지고 있는 놀라운 축복은 이 세상 다른 나라 사람들에게는 찾아볼 수 없는 생명의 길이 이미 그들에게 주어져 있다는 사실이었습니다. 일본 사람들은 그렇게 지진과 쓰나미로 수만 명이나 수십만 명씩 죽고도 아무 대책이 없는데 이스라엘 백성들에게는 이런 재앙을 피할 수 있는 길이 이미 주어져 있다는 것이었습니다. 어떤 가르침이 정말 내 생명을 살리는 가르침이 되려면 재난 가운데 살아남은 증거가 있어야 합니다. 그런데 하나님의 말씀은 그냥 주어진 말씀이 아니고 많은 재난을 이기고 그 가운데서 실제로 살아남은 말씀이었습니다. 하나님의 말씀은 전 세계를 홍수와 쓰나미로 덮었던 노아 홍수에서 살아남은 말씀이고, 소돔과 고모라 사람들이 유황불에 멸망당하는 가운데서도 살아남은 말씀입니다. 또한 이스라엘 백성들이 애굽을 떠날 때 열 가지 재앙 가운데서도 살아남은 말씀이며 심지어는 홍해 바다를 가른 말씀이고 광야 사십 년을 살아남은 말씀이었습니다. 이스라엘 백성들이 하나님의 말씀을 믿고 살 때에는 부흥이 일어났고 모든 적을 다 이겼는데도 불구하고 이스라엘 백성들이 오로지 하나님의 말씀만 믿지 못하고 우상을 섬겼을 때에는 나라가 약해져서 비참하게 이민족의 지배를 당하는 체험도 하였습니다.

　오늘 말씀은 이스라엘 자녀들 중에서 참으로 지혜로운 아들에 대하여 말씀하고 있습니다. 보통 지혜로운 아들이라고 할 때에는 싹싹하고 부모의 말을 잘 들으며 맡은 일을 잘 알아서 처리하는 아들을 말할 것입니다. 거기에 비해서 미련한 아들이라고 하는 것은 고집스럽고 부모님의 말씀은 죽어라고 안 듣고 맡은 일도 잘 해내지 못하는 아들을 생각할 것입니다. 그러나 오늘 잠언에서 말씀하는 지혜로운 아들은 단순히 그런 뜻이 아닙니다. 여기 지혜로운 아들은 하나님 말씀의 가치를 알고 고집스럽게 하나님의 말씀을 따라가는 아들을 말합니다. 거기에 비해 미련한 아들은 하나님의 말씀을 케케묵고 딱딱한 잔소리라고 생각해서 세상의 유행을 따라가고 세상의 욕심을 따라가는 아들을 말하는 것입니다.

1. 두 종류의 아들

　어느 집이나 여러 자식들이 있을 때 그중에는 공부를 열심히 하는 자식이 있는가 하면 공부를 하지 않고 노는 것을 좋아하는 자식이 있기 마련입니다. 또 자식들 중에는 부지런해서 자기 일을 잘 알아서 하는 자식이 있는가 하면 게을러서 일일이 챙겨주어도 제대로 자기 일을 하지 못하는 자식도 있을 것입니다. 특히 집이 부자이고 아버지가 기업체가 여러 개 있는 돈이 많은 집의 아들들 중에서 어떤 아들은 이미 아버지를 닮아서 사업을 배우려고 열심히 뛰는 아들이 있는가 하면, 다른 아들 중에는 집에 돈이 있으니까 할 수만 있으면 돈이나 쓰려고 하고 놀러나 다니려고 하는 아들도 있을 것입니다. 그런데 오늘 성경 말씀을 보면 이스라엘 백성들의 자녀들 중에 두 부류의 아들들이 있습니다. 하나는 지혜로운 아들이고 다른 하나는 거만하거나 미련한 아들입니다.

지혜로운 아들은 똑똑하고 부지런하며 공부도 잘하고 시키는 일도 잘해내는 똑똑한 아들로 생각하기 쉽습니다. 반면에 거만하거나 미련한 아들은 머리가 잘 돌아가지도 않고 고집스러우며 시키는 일도 잘 하지 않는 아들을 생각하기 쉽습니다. 그러나 오늘 성경은 그렇게 말씀하지 않습니다.

1절 "지혜로운 아들은 아비의 훈계를 들으나 거만한 자는 꾸지람을 즐겨 듣지 아니하느니라."

우리가 이스라엘 자녀들을 제대로 이해하려면 언제나 큰 전제를 먼저 생각을 해야 합니다. 그것은 이스라엘 백성들에게는 이미 위대한 하나님의 말씀이 주어져 있다는 사실입니다. 하나님께서는 세상에서는 듣고 싶어도 들을 수 없는 말씀을 주셔서 이스라엘 백성들이 살 수 있는 길을 이미 주셨습니다. 놀라운 것은 사람은 참으로 이상해서 생명의 길이 주어져 있다고 해서 반드시 그것을 따라가는 것은 아니라는 사실입니다. 예를 들어서 우리가 시장이나 백화점에 가서 물건을 사려고 할 때 내가 원하는 좋은 물건을 첫 번째 가게에서 발견했을 때 가자마자 그 물건을 붙들고 즉시 사는 사람은 별로 없을 것입니다. 대부분의 사람들은 비록 마음에 드는 것이 있다 하더라도 혹시 더 값이 싼 물건이 있을지 모르기 때문에 사지 않고 일단 다른 가게를 다 둘러봅니다. 아무리 둘러보아도 맨 처음에 보았던 그 물건만한 것이 없으면 다시 돌아와서 사려고 하는데 그때는 이미 그 물건은 팔리고 난 후에서 없는 것입니다.

하나님께서는 이스라엘 백성들에게 이미 그들이 재앙을 이기고 죄를 이기고 살 수 있는 말씀을 주셨습니다. 하나님께서 이스라엘 백성들에게 주신 이 말씀은 세상 지식같이 화려하지도 않고 총기 있는 것 같지도 않으니까 대개 이스라엘 백성들은 하나님의 말씀 듣는 것을 잔소리 듣는 것처럼 재미없게 생각했습니다. 사실 모든 이스라엘 자녀들은 미련한 자녀들이라고 보아야 합니다. 모든 이스라엘 백성들은 하나님의 말씀을 사랑하는 지혜로운 아들일 것 같은데 실제로는 대개 이스라엘 자녀들은 하나님의 말씀의 가치를 모르는 미련한 자녀들이었습니다. 이스라엘 백성들 중에는 드물게 어려서부터 하나님의 말씀에 비상한 관심을 가지는 자식이 있는가 하면, 많은 환난과 시행착오 끝에 하나님께 돌아와서 말씀을 붙드는 사람도 있었습니다. 그런데 도대체 어떻게 해서 똑같은 이스라엘 자녀들 중에서 하나님의 말씀의 가치를 아는 자가 있는가 하면 전혀 그 가치를 모르는 아들이 있을까요? 그것이 바로 이스라엘 백성들에게 가장 중요한 문제였습니다. 사실은 이스라엘 백성들에게 미련한 자식이 지혜로운 자식으로 변하는 것보다 더 중요한 것은 없었습니다. 만일 이스라엘 백성들이 하나님 말씀의 가치만 깨달을 수 있다면 다른 것들은 저절로 해결된다고 볼 수 있었습니다. 우리가 사사기를 보면 이스라엘 백성들이 가나안 땅에서 하나님의 축복을 받다가도 하나님의 말씀의 가치를 모르면 결국 세상을 따라가고 우상을 섬겨서 거의 망할 정도로 다른 민족의 침략이나 압제를 당하는 것을 수도 없이 보게 됩니다. 그런데 하나님 말씀의 가치를 모르는 자녀가 하나님의 말씀을 사랑하는 자녀로 변하는 것은 사람의 힘으로 되지 않습니다. 다윗의 집안도 보면 다윗의 형들이 그렇게 키가 크고 인물들이 좋았지만 그들은 하나님의 말씀에는 관심이 없는 자들이었습니다. 그러나 오직 목동이었던 다윗은 형들과 비교할 수 없는 외모였지만 하나님의 말씀을 사랑했기 때문에 사무엘이 찾아와서 다윗의 머리에 기름을 붓게 됩니다.

도대체 어떻게 해서 똑같은 이스라엘 자녀들 중에서 하나님의 말씀을 사랑할 수 있는 지혜로운 아들이 생길 수 있을까요? 우리는 그것을 잘 알지 못합니다. 일단 이런 지혜로운 아들이 만들어지는데 부모의 영향이 아주 큰 것을 볼 수 있습니다. 하나님의 말씀을 들어야지 믿음이 생기지 하나님의 말씀을 듣지 않으면 믿음이 생기지 않기 때문입니다. 저는 어렸을 때부터 교회를 너무 좋아하고 예배를 좋아하고 설교 듣는 것을 좋아했지만, 하나님의 말씀의 가치나 능력은 알지 못했습니다. 제가 하나님 말씀의 가치를 발견하게 되었을 때에는 가장 어려울 때 하나님의 말씀을 붙들고 묵상하고 '큐티' 하는 가운데 하나님 말씀의 살아있음을 체험했을 때부터였습니다. 그러나 그때만 해도 하나님의 말씀인 성경이 그렇게 엄청난 보물을 가진 보물 덩어리인지는 잘 알지 못했습니다. 그런데 하나님께서는 저에게 세상의 지식이나 세상의 보물들은 주지 않으시고 오직 성경 말씀만 주셨습니다. 그래서 어쩔 수 없어서 성경을 조금씩 연구하고 설교해가는 가운데 서서히 하나님의 말씀의 가치를 알아가기 시작하다가 어느 순간 이것이 어마어마한 금광이요 엄청난 가치의 축복이 들어 있는 광산이라는 것을 알게 되었습니다. 비유를 들면 수억만 갤런의 기름이 들어 있는 유전과 같은 것입니다.

우리가 하나님의 말씀의 가치를 제대로 알려고 하면 하나님께서 우리를 이끌어주셔야 합니다. 예수님께서는 '아버지께서 이끌지 아니하면 내게로 올 자가 없느니라' 고 말씀하셨습니다. 우리가 진리의 가치를 알려고 하면 하나님께서 우리를 이끌어주셔야 합니다. 하나님께서는 우리에게 가장 가까운 아버지를 통해서 하나님의 말씀으로 인도하십니다. 그런데 이 아버지는 그냥 아버지가 아니라 하나님의 말씀으로 살아본 체험이 있는 아버지입니다. 우리가 이런 아버지를 만난다는 것은 세상에서 돈이 아주 많은 재벌을 아버지로 만나는 것과 비교되지 않는 축복입니다. 하나님의 말씀대로 사는 아버지는 그분의 말씀 자체가 살아 있는 말씀이기 때문입니다. 특히 하나님의 말씀을 체험한 아버지의 가르침은 무미건조하지가 않습니다. 예를 들어서 학교에서 선생님이 가르치는 많은 내용들이 딱딱하고 재미가 없는 이유는 그것이 단순히 교과서적인 지식이기 때문입니다. 우리가 실제로 체험을 하신 선생님에게 무엇을 배울 때 그분은 그 모든 것을 이미 통달하고 있기 때문에 어떤 질문을 하든지 재미있게 대답을 해주시고 언제나 동기 유발을 해서 재미있게 가르쳐 주십니다. 거기에다가 아이들이 하나님의 은혜나 영광을 체험해보는 것이 중요합니다. 예를 들어서 어른 예배를 드리는데 어른들이 너무나도 하나님의 말씀을 사모하며 듣는 것을 보거나 어른들이 울면서 기도하는 것을 보는 것은 충격적인 경험이 될 것입니다. 이때 아이들은 하나님이란 분은 실제적인 분이시구나 하는 것을 느끼게 됩니다. 더 중요한 것은 자기 자신이 이 세상에서 병에 걸리거나 혹은 인생에서 방황하거나 혹은 절망 가운데 빠졌다가 하나님을 만나는 체험이 있어야 합니다. 이때 그 자녀는 내가 가장 힘들었던 순간에 세상의 지식이나 돈은 아무 소용이 없고 오직 하나님의 말씀만이 나를 살리는구나 하는 것을 체험하게 됩니다. 그러나 우리가 아무리 하나님의 말씀의 가치를 안다고 하더라도 혼자서 성경 전체를 파고 들어갈 수는 없습니다. 하나님의 종이 오직 하나님의 말씀에 헌신하여 하나님의 말씀을 연구해서 가르쳐 주어야 합니다.

이런 지혜로운 아들은 '아비의 훈계'를 듣습니다. 비록 아버지가 얼굴을 찡그리시면서 화가 난 듯이 말씀하시지만 그 말씀은 정말 나에게 필요한 말씀이고 나를 깨닫게 해주는 말씀이라는 것을 알기 때문입니다. 우리가 조각하는 대리석이라고 할 때 정에 맞는 것은 아프지만 정에 맞을수록 우리는 더 멋진 모습으로 만들어지게 될 것입니다. 우리는 밋밋한 말씀이 아니라 따끔한 말씀으로 자꾸 맞아야 멋진 모습의 사람으로 만들어지게 되는 것입니다. 그런데 거기에 반해서 거만한 자는 꾸지람을 즐겨듣지 않는다고 했습니다. 하나님의 말씀은 자꾸 하지 말라고 금지를 시키기 때문입니다. 하나님의 말씀이 우리를 금지시키는 이유는 이미 우리는 생명 길을 가고 있고 축복의 길에 들어서 있기 때문입니다. 그러나 우리는 호기심이나 내 속에 있는 욕심 때문에 자꾸 이 길에서 벗어나서 딴 길을 가보고 싶어 합니다. 우리가 하나님의 말씀의 가치를 모를 때에는 하나님의 말씀만 듣는다는 것이 아무것도 하지 않는 것처럼 느껴지게 됩니다. 지금 다른 사람들은 세상을 따라서 열심히 배우고 새로운 모습으로 단장을 하고 있는데 하나님의 말씀은 언제나 똑같고 그것을 더 배운다고 해서 내가 더 똑똑해지거나 잘 될 것 같지가 않은 것입니다. 거만한 아들이란 하나님의 말씀의 가치를 모르는 아들을 말합니다. 이 아들은 하나님의 말씀은 언제나 똑같고 따분하다고 생각합니다. 그 대신 세상은 너무 매력적이고 배울 것이 많기 때문에 세상을 따라가는 아들을 말합니다. 이 아들에게는 하나님의 말씀은 잔소리밖에 되지 않는 것입니다. 그런데 하나님의 말씀의 가치를 아는 아들에게는 꾸지람하는 말씀이 오히려 달콤한 말씀입니다. 구체적으로 꼬집어주기 때문에 오히려 속이 시원해지고 하나님이 나를 구체적으로 사랑하는 것을 더 느낄 수 있게 되기 때문입니다.

2. 입술의 열매

이제 하나님의 말씀은 우리가 하나님의 말씀의 가치를 아는 것을 넘어 우리 입술의 열매에 대하여 말씀하고 있습니다.

> 2절 "사람은 입의 열매로 인하여 복록을 누리거니와 마음이 궤사한 자는 강포를 당하느니라."

하나님의 말씀의 가치를 아는 자는 하나님의 말씀을 자꾸 들어서 자기 속사람을 하나님의 말씀으로 채우려고 합니다. 놀라운 것은 우리 속을 하나님의 말씀으로 채우면 채울수록 우리 자신의 가치는 보석으로 변하게 되고, 하나님과 우리 사이에 축복의 문이 열리게 됩니다. 사람들이 하나님 말씀의 가치를 모르는 이유는 우리 속을 하나님의 말씀으로 채웠을 때 어떤 일이 일어나는지 모르기 때문입니다. 사람들은 세상 지식을 많이 채워서 세상에서 똑똑하게 되고 지혜로운 자로 인정받는 것을 좋아합니다. 그러나 세상 지식은 우리로 하여금 하나님 앞에서 아무런 변화를 일으키지 못합니다. 세상 지식은 아무리 많이 자기 속에 집어넣어도 하나님 앞에서는 달라지지 않습니다. 결국 사람들은 이 차이를 알지 못하는 것입니다. 우리가 하나님의 말씀으로 우리 속을 채우면 우리 안이 보석이 되고 하나님의 축복의 문이 열리게 됩니다. 반면에 우리가 우리 속을 세상 지식으로 채우면 세상에서 엘리트로 인정을 받고 유능한 사람으로 인정을 받지만 속사람은 변하지 않고 믿음은 전혀 생기지 않습니다. 오히려 더 거만한 자가 되어서 자기 지식으로 하나님을 평가하려 하고 자기 지혜로 다른 사람을 가르치려고 합니다. 그러나 이것은 소경이 소경을 인도하는 것밖에 되지 않습니다. 그런데 오늘 말씀을 보면 '사람은 입술의 열매로 인하여 복록을 누린다'고 했습니다.

여기서 입술의 열매라고 하는 것은 아주 중요한 말씀입니다. 우선 성경이 입술의 열매라고 말하는 이유는 거의 대개 사람들의 말은 열매가 없다는 것을 전제로 하는 말씀입니다. 사람들이 말하는 것은 대개 자기 안에 있는 온갖 생각이나 감정들을 입으로 내보냅니다. 우리 인간들의 마음은 잠재의식 안에 지금까지 살면서 듣거나 생각한 모든 오물들이 다 들어 있습니다. 우리 인간의 마음은 마치 거대한 구정물통과 같아서 시도 때도 없이 더럽고 음탕하고 남을 깎아 내리고 미워하는 말들을 쏟아내고 있습니다. 이것은 마치 구정물이 흘러넘쳐서 나오는 하수구와 같기 때문에 열매가 맺힐 수가 없습니다. 이런 썩은 물에는 도저히 식물이나 동물이 살 수가 없습니다.

그러나 하나님의 백성들은 마음속에 하나님의 말씀을 담기 때문에 입에서 믿음의 말이 나오게 됩니다. 그래서 하나님의 말씀을 속에 담고 말하는 자는 세 가지 열매가 맺힙니다. 첫째는 기도 응답의 열매입니다. 이것은 당연한 것입니다. 하나님의 말씀을 마음에 담고 하나님의 말씀을 붙들고 기도할 때

기도 응답이 나타나게 됩니다. 우리가 신앙생활을 오래 한다고 하지만 기도 응답을 체험하지 못할 때가 많습니다. 그 이유는 우리 마음에 하나님의 말씀이 없기 때문입니다. 그런데 우리가 이 구정물 같은 하수구는 닫아버리고 하나님의 말씀을 붙들 때 기도가 응답되기 시작합니다. 이것이 바로 입술의 열매인 것입니다. 그런데 기도의 열매가 전부가 아닙니다. 우리가 하나님의 말씀을 입고 담고 말하는 것은 예언입니다.

우리가 하나님의 말씀을 속에 담고 말할 때 그 말을 듣는 사람들이 위로를 받고 하나님의 임재를 체험하며 드디어 부흥이 일어나게 되고, 하나님의 말씀이 성취됩니다. 하나님의 말씀이 권세를 가지려고 하면 그대로 이루어져야 합니다. 요한복음 2장에 보면 왕의 신하가 자기 종이 병들어서 예수님에게 왔는데 예수님이 말씀하시니까 길을 가던 중에 이 종의 병이 나았다는 것을 알게 된 내용이 나옵니다. 오늘 기독교가 무시를 당하고 비판을 당하는 것은 그 말씀이 세상 이야기와 같아서 성취가 되지 않기 때문입니다. 하나님께서 사무엘과 함께 하시니까 그 입의 말이 하나도 땅에 떨어지지 않았더라고 말씀하셨습니다. 그리고 세 번째는 축복의 말입니다. 하나님께서는 아브라함에게 약속하시기를 너를 축복하는 자에게 내가 복을 내리고 너를 저주하는 자는 내가 저주하겠다고 하셨습니다. 이것은 다른 말로 표현하면 우리 안에는 하나님의 축복의 진액이 흘러서 축복하는 사람들마다 복을 받게 된다는 것입니다. 그런데 만일 우리가 다른 사람만 축복하고 나는 복을 받지 못하면 어떻게 될까요? 하지만 내가 다른 사람을 축복하면 그 사람도 나를 축복하기 때문에 우리도 복을 받습니다. 반대로 우리가 다른 사람을 저주하면 다른 사람도 우리를 저주할 것이기 때문에 결국 나도 좋지 못한 것입니다. 그리고 또 내가 다른 사람을 축복하면 보리떡 다섯 개로 오천 명을 먹이고 열두 광주리가 남을 텐데 우리는 부스러기만 먹어도 복이 넘치게 되는 것입니다.

그러나 마음이 궤사한 자는 강포를 당한다고 했습니다. 여기서 마음이 궤사하다는 것은 하나님의 말씀을 마음이 담지 않고 악한 욕심을 담는 것을 말합니다. 우리가 마음에 욕심을 담으면 아무래도 사람이 사나워지게 되고, 그런 사람은 또 그런 사람을 좋아해서 모이게 됩니다. 우리 속담에 '유유상종(類類相從)'이라고 했는데 양은 양들끼리 모이게 되어 있습니다. 이리들이 양에게 왜 우리와 놀지 않느냐고 하면서 비난을 하는데, 양이 이리들을 보니까 서로 놀 때 물어뜯으면서 놀고 욕하면서 놀기 때문에 함께 노는 것도 무서운 것입니다. 거기에 비해서 이리들은 이리들끼리 모여서 사납고 거칠게 놀아야 직성이 풀리는데, 결국 사나운 자들은 배반을 당하게 되는 것입니다. 이리들이 의리를 지킬 필요가 무엇이 있겠습니까? 일단 자기 배가 고프면 자기 새끼라도 잡아먹을 판이기 때문에 서로 잡아먹고 먹히는 것입니다. 그러나 양들은 서로 잡아먹지 않고 끝까지 서로 지켜줍니다.

3절 "입을 지키는 자는 그 생명을 보전하나 입술을 크게 벌리는 자에게는 멸망이 오느니라."

입을 지킨다고 하는 것은 자기 자신이 부패한 본성을 가지고 있다는 것을 알기 때문에 하나님의 말씀 아닌 것이 자기 인격을 지배하거나 혹은 입에서 흘러나오는 것을 막는 것을 말합니다. 그렇게 하는 이유는 성도들이 하는 말은 모두 기도나 축복의 성격을 가지고 있기 때문입니다. 하나님은 우리가 하는 모든 말을 다 들으시고 응답해주십니다. 어떤 때에는 말을 하지 않고 생각한 것까지도 다 이루어 주십니다. 그러나 입술을 크게 벌리는 자는 자기 안에 있는 쓸데없는 생각이나 분노를 전혀 여과하지 않고 쏟아내는 사람을 말합니다. 우리가 자기 마음에 생각나는 대로 큰 소리로 말하는 것은 그야말로 자기 생각을 여과 없이 다른 사람에게 퍼붓는 것인데, 이것은 다른 사람에게 구정물을 통째로 들어붓는 것과 같습니다. 결국 다른 사람을 저주하는 것입니다. 그러면 상대방이 멸망하는 것이 아니라 자기가 멸망을 당합니다. 그 이유가 무엇일까요? 이런 사람은 하나님 앞에서 아무 가치가 없기 때문에 결국 폐기처분용인 것입니다.

우리가 물건을 살 때 계속 사용하기 위하여 사는 것이 있는가 하면, 일회용으로 쓰려고 사는 것이 있을 것입니다. 예를 들어서 결혼할 때 부부가 커피를 마시기 위해서 오래 쓰려고 구입하는 커피세트는 아주 좋은 명품일 것입니다. 그러나 회사에서 아침에 일회용 커피를 타는 종이컵은 한번 사용하고 버리는 일회용입니다. 사람에게 가장 어려운 것은 다른 사람에게 어떻게 감정을 상하게 하지 않으면서 지혜롭게 말을 할 수 있는가, 하는 것입니다. 대개 보면 자기가 말하고 싶은 대로 소리 지르면서 분을 토하는 사람은 거의 하나님 앞에서는 가치가 없다고 보아야 합니다. 반대로 내가 다른 사람에게 기분 나쁜 소리를 들어도 제대로 하지 못하고 속으로만 끙끙거리는 것이 비싼 그릇인 것입니다.

4절 "게으른 자는 마음으로 원하여도 얻지 못하나 부지런한 자의 마음은 풍족함을 얻느니라."

물론 우리가 세상에서도 게으른 사람은 일단 돈이 없으니까 자기가 가지고 싶은 것을 아무것도 가질 수 없을 것입니다. 또 게으른 자는 노력을 하지 않으니까 좋은 자리에도 올라가지 못할 것입니다. 그러나 여기서 게으르거나 부지런한 것은 하나님의 말씀에 대한 태도를 말합니다. 하나님은 이미 우리 앞에 어마어마한 보물 광산인 성경을 주셨습니다. 그래서 부지런한 자는 물론 세상의 일도 해야 하겠지만 하나님의 말씀을 어떻게 해서든지 기를 쓰고 파고 들어가서 보물을 캐어냅니다. 이렇게 하는 과정에서 세상에 있는 것들은 손해를 볼 수 있지만 하나님은 우리 마음을 축복해 주십니다. 하나님께서 우리 마음을 축복하시고 나면 이 세상에 있는 것도 웬만한 것은 또 선물로 우리에게 다 주십니다. 그러나 게으른 자는 눈앞에 하나님의 말씀이 있음에도 불구하고 실컷 세상에서 무엇인가를 찾아서 돌아다닙니다. 그래서 우리가 세상에서 많이 얻는 것은 결국 새 것이 아닙니다. 모두 재활용품인 것입니다. 솔로몬은 이것을 일찌감치 알아차리고 해 아래 새 것이 없다고 말을 했습니다. 그러나 하나님으로부터 오는 것은 전부 새로운 것입니다. 그리고 하나님은 이 세상에 있는 것들도 새롭게 변화시켜 주십니다. 그래서 새로운 인생을 사는 사람이 있는가 하면 중고 인생을 사는 분들도 있는 것입니다. 새 것이 좋을까요? 헌 것이 좋을까요? 그것은 두말할 필요가 없이 새 것이 좋습니다. 결국 하나님의 말씀에 부지런한 자가 가장 풍성하고 아름다운 삶을 살게 되는데, 하나님은 물질적으로도 복을 주시고 세상에서도 유명하게 하십니다.

3. 의인이 받은 축복

성경에서 악한 자라고 하는 것은 굳이 나쁜 마음으로 다른 사람을 해치는 사람을 말하지 않습니다. 하나님의 말씀을 붙들지 않는 사람은 자기가 아무리 선한 체하여도 그 사람은 악한 사람입니다. 왜냐하면 그의 본성 자체가 변하지 않았기 때문입니다.

5절 "의인은 거짓말을 미워하나 악인은 행위가 흉악하여 부끄러운 데 이르느니라."

성경에서 의인이나 악인이란 겉으로 나타난 행동을 두고 하는 말이 아닙니다. 이것은 하나님의 말씀에 대한 태도를 두고 말하는 것입니다. 일단 의인과 악인은 좋아하는 것이 다릅니다. 의인은 하나님의 말씀을 좋아하기 때문에 하나님의 진리가 아닌 것은 좋아하지 않습니다. 양은 목자의 음성을 알기 때문에 다른 소리를 듣지 않습니다. 우리는 우리 앞에 어떤 위험이나 위기가 놓여 있는지 모릅니다. 우리가 죽어라고 하나님의 말씀을 들어야 하는 이유는 하나님의 말씀이 우리를 위험에서 지켜주기 때문입니다. 우리가 앞에서도 살펴보았듯이 하나님의 말씀은 이미 검증이 된 말씀입니다. 하나님의 말씀은 노아 홍수에서도 살아남게 하고 소돔과 고모라의 멸망 가운데서도 살아남게 했습니다. 하나님의 말씀은 애굽의 노예 상태에서도 한 사람도 죽지 않고 모두 무사히 탈출하게 하신 말씀입니다. 하나님의 말씀은 이스라엘 백성들을 광야에서 사십 년 동안이나 죽지 않게 지켜주신 말씀입니다. 하나님의 말씀은 이미 검증이 끝난 말씀이기 때문에 우리는 다른 이야기를 들어야 할 이유가 없습니다. 오늘 어떤 학자나 어떤 정치인도 광야에서 사십 년 동안 살아남은 자가 없습니다. 그래서 하나님의 백성들은 공허한 다른 이야기들은 미워합니다. 우리가 그런 이야기는 들어야 할 이유가 없는 것입니다. 그러나 악인은 행위가 못되어서 부끄러운 데 이릅니다. 하나님의 말씀을 좋아하지 않는 사람은 이상하게 비판적이고 부정적인 것을 좋아합니다. 이런 사람들은 바른 권위 같은 것은 아주 미워하고 언제나 삐딱하고 튀는 것을 좋아합니다. 그런데 이상한 것은 하나님의 말씀이 아니면 광야에서 벗어나지 못합니다. 결국은 광야에서 계속 맴돌다가 어느 순간 실패하고 마는 것입니다. 우리는 아무 이야기나 좋아해서는 안 됩니다. 하나님의 말씀이 아닌 이야기들은 우리의 영혼에 수면제를 집어넣는 것과 같습니다. 그런 이야기들을 들으면 우리 영혼이 졸게 되는데 결국 소경이 소경을 인도하면 둘 다 구렁텅이에 빠지는 것입니다. 이런 사람들의 특징은 자기 자신은 하나님의 말씀대로 살지 않으면서 다른 사람에게 진리를 가르치는 것입니다. 결국 자신도 죄에서 나오지 못했습니다.

6절 "의는 행실이 정직한 자를 보호하고 악은 죄인을 패망하게 하느니라."

여기서 '의'라고 하는 것은 우리가 결국 하나님의 말씀을 붙들고 믿음으로 사는 것을 말합니다. 우리가 하나님의 말씀을 붙들 때 행실이 정직할 수밖에 없는 이유는 하나님의 말씀이 주야로 우리의 잘못을 책망하시기 때문입니다. 사실은 하나님과 우리 사이에 사소한 것이 중요합니다. 사소한 것을 책망할 때가 가장 관심이 많고 서로 사랑할 때이기 때문입니다. 우리가 믿음으로 살아도 연단은 있습니다. 그러나 이 연단은 우리 속사람을 정금으로 만드는 것이기 때문에 꼭 필요한 것입니다. 그러나 세상을 따라가는 사람은 하나님의 잔소리가 없습니다. 그래서 점점 진리에서 멀어지고 점점 자기 안에 부패가 쌓이는 데도 모르고 있다가 어느 순간에는 그 썩은 것이 터져서 나오게 됩니다. 결국 그때 온 세상은 그 사람의 부패에 놀라게 됩니다. 그리고 이때는 시기적으로 너무 늦었기 때문에 아무리 고치려고 해도 고칠 수가 없습니다. 왜냐하면 세상으로 걸어간 사람을 고치려면 간 만큼 다시 돌아와야 하기 때문입니다.

7절 "스스로 부한 체하여도 아무것도 없는 자가 있고 스스로 가난한 체하여도 재물이 많은 자가 있느니라."

우리가 사람의 겉모습만 보면 어떤 사람은 부자인 줄 알았는데 실속은 하나도 없는 사람이 있고, 어떤 사람은 겉으로 보기에는 부자 같지 않은데 실제로는 엄청난 부자가 있을 것입니다. 그래서 이 말씀의 뜻은 진정한 부자가 어떤 사람이냐 하는 것입니다. 아마 우리가 생각하기에 수십 억짜리 아파트를 가진 사람은 분명히 부자일 것입니다. 그러나 그는 부자가 아닙니다. 왜냐하면 재산이 전부 아파트에 다 들어가 있기 때문에 실제로는 가난한 것입니다. 어떤 사람은 돈은 많습니다. 그럼에도 불구하고 그가 가난한 것은 마음이 가난해서 너무나도 인색하기 때문입니다. 진정으로 부자인 사람은 믿음에서 부요한 사람입니다. 사람이 이 세상에서 아무리 돈이나 명예를 많이 가지고 있어도 모래 위의 부자이기 때문에 아무 소용이 없습니다. 그러나 이 세상에 하나님의 축복을 가져오게 할 수 있는 사람은 믿음의 부자입니다. 우리 안에 하나님의 말씀이 많은 사람이 진짜 부자입니다. 우리는 하나님의 것이 전부 우리 것이기 때문에 다른 사람을 얼마든지 도와줄 수 있습니다. 그리고 다른 사람의 가치를 발견하는 사람이 부자입니다. 우리가 아무리 돈을 많이 가지고 있다 하더라도 한 영혼의 가치와는 비교할 수 없을 것입니다. 한 사람 한 사람을 진리로 가치 있게 만드는 사람이 진정한 부자일 것입니다. 그런 의미에서 우리는 모두 부자입니다. 일단 우리 하나님 아버지가 부자이시고 우리 자신이 보석이니까 부자입니다. 게다가 우리에게 많은 상급이 있으니까 우리는 부자입니다.

8절 "사람의 재물이 그 생명을 속할 수는 있으나 가난한 자는 협박을 받을 일이 없느니라."

우리가 돈이 있으면 유용할 때가 많습니다. 예를 들어서 누군가가 병원에서 큰 수술을 받게 되었을 때 돈이 있으면 얼마든지 퇴원을 할 수 있습니다. 또 어떤 사람들이 인질로 붙들리게 되었을 때 돈이 있으면 사람을 살릴 수 있습니다. 돈은 없는 것보다는 있는 것이 좋습니다. 그러나 돈은 우리를 부담스럽게 할 때가 많습니다. 성경에 보면 가난한 자는 협박받을 일이 없다고 했습니다. 가난할 때에는 돈이 많아서 도둑질당하는 것이나 강도짓 당하는 것을 걱정할 필요가 없습니다. 예를 들어서 주머니에 돈을 많이 넣어서 다니면 기분은 든든한데 소매치기를 언제나 걱정해야 할 것입니다. 또 돈이 많으면 가난한 사람들과 친구하기가 싫어집니다. 왜냐하면 가난한 자를 자꾸 사 먹여야 하기 때문입니다. 또 가난할 때는 모든 것을 다른 사람에게 다 보여줄 수 있는데 돈이 있으면 다 보여줄 수가 없습니다. 돈이 있는 사람은 무엇인가 감추는 것이 있고 말하지 않는 것이 있는 법입니다. 사람은 돈 때문에 진실을 잃기 쉽습니다. 그러나 적당하게 돈이 있으면 다른 사람들 앞에서 깨끗하면서도 당당할 수 있고 하나님의 풍성함을 누릴 수 있을 것입니다. 그래서 우리는 하나님이 아무리 축복하셔도 더 부자가 되려고 과욕을 부리면 안 됩니다. 언제나 적당해야 돈의 욕심에 빠지지 않을 수 있습니다.

9절 "의인의 빛은 환하게 빛나고 악인의 등불은 꺼지느니라."

여기에 보면 두 개의 빛이 비교되고 있습니다. 하나는 그냥 빛이고 다른 하나는 등불입니다. 의인의 빛이라는 것은 의인의 축복이나 의인의 영적인 힘을 말합니다. 의인이 환난 받는 동안 실컷 고생을 하는데 연단 기간이 끝나니까 하나님이 갑자기 유명하게 하시고 세상에 비치게 하십니다. 그런데 의인은 그 빛이 점점 더 환해지게 됩니다. 하나님이 엄청나게 연단을 하셨고 복을 부으셨기 때문입니다. 하나님 말씀의 복을 많이 받았기 때문에 물질의 복은 아무것도 아닌 것입니다. 반면에 악인은 세상을 따라간 사람을 말하는데 하나님의 때가 되어서 하나님이 주시는 것을 반납받기 시작하니까 등불 자체가 꺼져버립니다. 이 사람은 돈 외에는 가진 것이 없기 때문에 돈이 없어지니까 정말 가진 것이 없었습니다. 믿음도 없고 인격도 나쁘고 진정한 친구도 없으니까 결국 모든 사람들로부터 외면을 당하게 되는 것입니다.

10-11절 "교만에서는 다툼만 일어날 뿐이라. 권면을 듣는 자는 지혜가 있느니라. 망령되이 얻은 재물은 줄어가고 손으로 모은 것은 늘어가느니라."

결국 세상의 출세를 따라간 자는 교만만 남게 됩니다. 이런 사람은 세상에서는 성공했을지 몰라도 자기 안에 평안이 없습니다. 사람의 마음은 하나님의 말씀과 성령만이 아름답게 할 수 있는데 욕심을 따라갔기 때문입니다. 그런데 결국 그 사람이 성공한 거기에는 자기와 똑같은 사람만 있어서 모두 다 자기가 잘났다고 생각하는 것입니다. 자기가 가장 잘났다고 생각하는 사람은 서로 싸울 수밖에 없습니다. 그러나 하나님의 권면 즉 설교를 듣는 자는 자기 모습을 볼 수 있습니다. 하나님 앞에서 자기 모습을 보게 되고 주위 사람들 가운데 자기 모습을 보기 때문에 다른 사람과 싸워야 할 이유가 없습니다. 그는 지혜가 생기기 때문에 시간이 갈수록 맹수에게 물리지 않고 피하거나 다룰 수 있는 법을 배우게 됩니다. 아무리 무서운 맹수라 하더라도 맹수를 잘 아는 사람에게는 꼼짝을 하지 못하고 붙잡힙니다. 동물학자들은 맨손으로 독사를 잡고 구렁이를 잡고 독 도마뱀을 잡습니다. 그러나 경험이나 지식이 없는 자들은 결국 이런 맹수에게 물리거나 깊은 상처를 입고 말 것입니다. 망령되어 얻은 재물이라고 하는 것은 쉽게 얻은 재산을 말합니다. 고난 없이 세상을 따라가서 성공한 것은 오래 가지 않습니다. 재물이란 하나님이 지켜주셔야 하고 계속 복을 주셔야 남게 되기 때문입니다. 한때 아무리 돈을 많이 벌었다 하더라도 그 후에 큰 손해를 보거나 수입이 없으면 돈은 줄어들게 될 것입니다. 그러나 우리가 하나님의 축복의 비결을 안다면 계속 부흥이 일어나니까 하나님이 우리의 부를 지켜주시고 또 자꾸 복을 주셔서 복이 자꾸 쌓이게 되는 것입니다.

12절 "소망이 더디 이루게 되면 그것이 마음을 상하게 하나니 소원이 이루는 것은 곧 생명나무니라."

사람들은 모두 미래의 좀 더 나은 행복을 바라보면서 살아갑니다. 이 세상에는 그런 행복을 위한 많은 길이 있는 것 같습니다. 그러나 사람들이 이 많은 세상의 길을 따라가면 갈수록 소망은 이루어지지 않습니다. 우리 인간의 행복은 결코 간단한 문제가 아니기 때문입니다. 처음에는 직장만 있으면 소원이 이루어질 것 같았는데 직장이 있으니까 직장 안의 인간관계가 어렵고 또 직장 사람들이 좋으면 자기 몸에 병이 있고 또 자기 병이 나으면 세상이 시끄러운 것입니다. 그래서 처음에 사람들은 무엇인가 좀 더 나은 미래를 소망하면서 살다가 쉽게 안 되니까 결국 술 마시고 돈 모으고 육체적으로 쾌락에 빠지다가 하나님의 심판으로 망하고 마는 것입니다. 우리 인간의 문제는 좋은 대학에 들어간다고 해결되는 것도 아니고, 돈으로 해결되는 것도 아니고 사랑으로 해결되는 것도 아닙니다. 우리의 문제는 하나님을 만나서 나 자신을 찾고 하나님의 사랑을 받고 하나님의 축복을 받아야 하나씩 풀리는 것입니다. 하나님의 말씀을 찾지 않고 세상의 출세를 따라간 사람들은 결국 미련한 자들이고 신기루를 찾아서 간 것이기 때문에 결국 목이 말라서 죽을 수밖에 없습니다. 그러나 우리가 가는 길에는 언제나 성령의 생수가 있고 언제나 하나님의 불 기둥과 구름 기둥의 인도가 있기 때문에 부족한 것이 없을 것입니다.

20 · 지혜의 상급

잠 13:13-25

어떤 사람이 머리가 좋다는 것과 그 좋은 머리로 열심히 노력해서 상을 받는 것 사이에는 큰 차이가 있습니다. 아무리 머리가 좋은 사람이라 하더라도 그 좋은 머리를 가지고 공부를 하지 않으면 아무 상을 받지 못할 것입니다. 또 어떤 사람은 그 좋은 머리를 가지고 나쁜 데 사용한다면 결국 자기도 망하고 다른 사람도 망하게 할 것입니다. 사람이 좋은 머리가 있는데 그 좋은 머리로 상을 받으려면 열심히 공부를 해서 어려운 시험에 좋은 성적으로 합격을 하든지 아니면 열심히 연구를 해서 좋은 성과를 얻든지 해야 상을 받을 것입니다. 요즘 우리나라에서는 수재들만 들어간다는 어느 과학대학의 문제를 놓고 많은 논란이 있습니다. 그 대학은 어떻게 하면 더 세계적인 대학이 될 수 있을까 해서 외국의 유명한 대학 출신의 교수를 총장으로 모셔왔습니다. 이 총장은 이 대학을 발전시키기 위해서 획기적인 개혁 정책을 세워서 밀어 붙였는데, 그 내용 중에는 교수는 반드시 외국의 저명한 학술지에

논문을 발표해야 하고 그렇게 하지 않으면 교수 재임용에서 탈락시키고 강의는 반드시 영어로 해야 하며 성적이 어느 정도 되지 않는 학생은 수업료를 내게 하는 것이었습니다. 이 총장이 밀어붙인 계획은 분명히 타당성이 있고 합리적인 방법이었고 그 대학이 발전하기 위해서는 필요한 조치들이었습니다. 그러나 나타난 결과는 더 좋은 대학이 되는 것이 아니라 여러 학생들이 자살을 하고 교수까지 자살하며 그 대학의 진로 자체가 흔들리게 된 것입니다. 사람들이 이해가 되지 않는 것이 바로 이 점이었습니다. 왜 이 총장의 좋은 계획이 성공하지 못할까 하는 것입니다. 이 세상에 아무리 좋은 계획이라 하더라도 인간에 대한 사랑이 빠져 있으면 실패할 수밖에 없기 때문입니다. 아무리 좋은 계획이라도 사랑이 빠져 있으면 동기유발이 되지 않습니다. 더욱이 사랑이 없는 계획은 하나님이 축복하시지 않으십니다. 여기에서 인간의 지혜의 한계가 나타나게 되는 것입니다. 인간은 결코 공부만 잘하거나 혹은 학점만 따거나 조금도 딴 생각을 하지 않는 기계가 아닌 것입니다. 인간의 지혜는 자기 생각에 가장 좋다는 방법을 다 찾아서 밀어붙입니다. 그러나 그 과정에서 많은 희생을 요구하게 됩니다. 그러나 하나님의 지혜는 결코 그렇지 않습니다. 하나님의 지혜는 먼저 인간을 만들어놓고 사랑 안에서 자기 능력을 최대한 발휘하게 합니다. 거기서 새로운 능력이 나타나는 것입니다.

잠언 말씀을 보면 너무나도 당연한 말씀인 것 같고 어떻게 생각해 보면 세상의 유명한 철학자나 사상가들도 이와 비슷한 이야기들은 얼마든지 할 수 있을 것 같습니다. 그러나 중요한 것은 그 말이나 사상의 뿌리가 다르다는 것입니다. 우리가 꽃다발만 보면 이 꽃이나 저 꽃이나 전부 다 비슷하게 보이고 아름다워 보일 수 있지만 성경의 지혜는 그 뿌리가 다르다는 것을 알아야 합니다. 하나님께서는 우리에게 '지금까지 하나님의 말씀을 붙들고 살아 온다고 수고했다. 앞으로 더 아름다운 축복의 삶을 살아라'고 축하하시는 것입니다. 오늘 말씀 13절을 보면 "말씀을 멸시하는 자는 패망을 이루고 계명을 두려워하는 자는 상을 얻느니라"고 말씀하고 있습니다. 우리가 하나님의 말씀을 사랑하고 그 말씀을 따라갈 때에 상을 주신다고 말씀하십니다. 중요한 것은 우리가 어떻게 해야 이 지혜를 상으로 연결시킬 수 있겠느냐 하는 것입니다. 그리고 더 중요한 것은 우리가 이 말씀을 붙들고 살아갈 때 하나님은 우리에게 어떤 상을 주시려고 하시는가 하는 것입니다.

1. 인간이 처해 있는 위험성

우리가 보기에 우리는 참으로 안전한 환경에서 살아가는 것 같습니다. 사람들은 교통질서를 지키고 경찰들은 밤낮으로 도시를 지켜서 범죄자들이 날뛰지 못하게 하고 우리가 살고 있는 안전한 아파트나 집들은 우리를 범죄로부터 안전하게 막아주는 것 같습니다. 그러나 우리 인간들에게 가장 위험한 적은 바로 우리 자신 안에 있는 것을 모를 때가 많습니다. 우리 한 사람 한 사람은 마치 폭탄 테러범들이 배나 허리에 폭탄을 두르고 있듯이 우리 자신 안에 무서운 죄의 본성들을 가진 채 살아가고 있습니다.

13절 "말씀을 멸시하는 자는 패망을 이루고 계명을 두려워하는 자는 상을 얻느니라."

여기에 보면 두 종류의 사람이 나옵니다. 한 사람은 하나님의 말씀을 멸시하는 사람이고 다른 한 사람은 하나님의 계명을 두려워하는 사람입니다. 그런데 하나님의 말씀을 멸시하는 사람은 패망을 이루고 하나님의 계명을 두려워하는 자는 상을 얻는다고 했습니다. 우리는 이 말씀만 가지고 보면 이것이 구체적으로 무엇을 말씀하는지 알 수가 없습니다. 하나님의 말씀을 멸시하는 사람의 특징은 자기 자신의 지혜에 자신이 있는 사람입니다. 이 사람은 자기 머리가 좋다고 생각하고 거기에다가 세상적인 지식까지 가지고 있기 때문에 구질구질한 하나님의 말씀이 없어도 얼마든지 성공할 수 있다고 생각하는 사람입니다. 그런데 왜 이 사람이 패망을 이루는 것일까요? 이 사람은 우리 한 사람 한 사람이 얼마나 위험한 폭발물인지 모르고 있기 때문입니다. 우리 안에는 무시무시한 불이 있는데 그 중에 정욕의 불이 있고 분노의 불이 있습니다. 우리는 조금만 잘못하면 죄의 구렁텅이에 굴러 떨어질 수 있는 굉장히 위험한 존재들입니다. 우리가 자동차를 타고 도로를 갈 때 만일 우리 앞에 프로판 가스통을 잔뜩 실은 트럭이 가고 있다면 할 수 있는 대로 거리를 두고 가려고 할 것입니다. 만에 하나 그 트럭 위에 있는 프로판 가스통이 터지기라도 한다면 아마 그 주위에 있는 모든 차들이나 큰 건물들은 박살이 날 것입니다. 만약 우리 주위에 어떤 사람이 몸에 폭탄을 감고 나타났다면 모든 사람들은 다 피해서 도망을 치려고 할 것입니다. 오늘날 사람들은 어떻게 하면 조금 더 다른 사람으로부터 인정을 받고 사회적인 성공을 위해서 한 걸음 더 빨리 달려갈 것만 생각하지 자기 안에 있는 무시무시한 절망과 좌절감을 생각하지 못하고 있는 것입니다. 사람들이 하나님의 말씀을 무시한 결과로 나타나는 것은 엄청나게 많은 정실적인 질환과 자살과 성적인 방탕입니다. 오늘 많은 사람들은 둘 중의 하나의 구렁텅이로 굴러 떨어지고 있습니다. 오늘 현대인들은 속으로 정신병이나 우울증으로 고통을 받든지 아니면 성적으로 타락해서 방탕하게 살아가고 있습니다. 그 대신 이것도 저것도 아닌 사람들은 자살하기도 합니다. 우리가 알아야 할 것은 이 세상에서 가장 위험한 함정은 자기 자신이라는 사실입니다. 이 세상에서 패망하지 않으려고 하면 다른 어떤 것보다 우선적으로 해야 하는 것이 이 폭발물의 뇌관을 제거하는 것입니다. 바로 하나님의 말씀으로 나 자신의 가치를 높이는 것밖에 길이 없습니다.

여기에 보면 '계명을 두려워하는 자는 상을 얻는다' 고 되어 있습니다. 하나님의 백성들의 복은 이미 우리에게 주어져 있는 하나님의 말씀을 부지런히 캐내어서 내 속을 채우는 것입니다. 물론 우리가 이렇게 할 때 세상적으로는 덜 똑똑할 수 있고 덜 유능할 수 있습니다. 그러나 하나님의 말씀으로 우리 안을 채울 때 적어도 무서운 정욕이나 분노의 폭발은 막을 수 있습니다. 지난번 일본에 쓰나미가 와서 원전의 전기 장치가 고장이 났을 때 가장 심각한 문제는 냉각장치가 고장이 나서 온도가 자꾸 올라가는 것이었습니다. 그래서 일본 원전 전문가들은 바닷물을 끌어들여 원전 안을 채워서 온도를 식히려고 했습니다. 우리 인간은 마치 속에 폭탄을 감고 있는 사람들 같은데 우리 안을 하나님의 말씀으로 채우면 하나님의 말씀이 우리 안에서는 하나님의 사랑으로 변하기 때문에 적어도 죄의 폭탄이 터지지는 않습니다.

여기에 보면 '계명을 두려워한다' 고 되어 있습니다. 여기서 계명이라고 하는 것은 하나님의 말씀 중에서 '하지 말라' 는 부정적인 훈계의 말씀을 의미합니다. 지혜로운 자는 이 부정적인 훈계를 가장 중요하게 생각하는 것입니다. 자라나는 학생들이나 우리 어른들에게 이 말씀보다 더 중요한 말씀이 없을 것입니다. 예를 들어서 내가 하고 싶은 것이 있는가 하면 내가 하기 싫어하는 일이 있을 것입니다. 학생들에게는 자기가 좋아하는 과목이 있는가 하면 자기가 공부하기 싫어하는 과목이 있을 것입니다. 대개 학생들이 좋아하는 과목은 자기가 잘할 수 있는 과목일 것입니다. 반면에 학생들이 싫어하는 과목은 자기에게 어렵고 재미가 없는 과목일 것입니다. 나중에 학생들이 시험을 쳤을 때 떨어지는 것을 보면 자기가 좋아하는 과목은 성적이 그런대로 나오는데, 싫어하는 과목에서 점수가 나빠서 시험에서 떨어지게 되는 것입니다. 그러니까 시험에 합격을 하려면 자기가 싫어하는 과목부터 먼저 해야 되는 것입니다. 이것은 공부만이 아니라 운동이나 음악이나 모든 부분에 다 해당이 되는 것입니다. 예를 들어서 운동 선수들에게 감독이나 코치가 알아서 연습하라고 하면 자기가 하고 싶은 운동만 합니다. 그러면 동네 선수의 수준을 벗어나지 못하게 됩니다. 그 선수에게는 나쁜 자세라든지 아직 개발되지 못한 기술이 있는데 이것은 엄청나게 욕을 먹으면서 훈련해야 기술이 생기기 때문입니다. 음악도 마찬가지인데 피아노 배우는 사람이 레슨도 받지 않고 자기 혼자 곡을 다 외워서 쳐봐야 연습 수준을 벗어나지 못하게 됩니다. 제대로 피아노를 치려고 하면 까다로운 선생으로부터 잔소리를 들어가면서 자기 결점을 고쳐야 좋은 연주를 할 수 있습니다. 결국 우리 인간 안에는 타락한 본성이 있어서 언제나 쉽고 편한 것을 좋아하는데 그렇게 하면 절대로 발전이 없습니다. 지혜로운 사람은 하나님의 말씀 중에서 계명을 두려워하면서 특히 자기 안에 있는 부정적인 부분들을 과감하게 고치고 자기가 하기 싫어하는 것부터 열심히 할 때 아주 훌륭한 결과가 나오게 되는 것입니다. 그래서 상을 받게 됩니다.

우리 개인에게도 자기가 좋아하는 것이 있고 싫어하는 것이 있습니다. 그런데 사람이 발전이 있고 성공하려면 자기가 싫어하는 것을 과감하게 할 수 있어야 합니다. 대개 사람들은 누구든지 먹고 놀고 쓸데없는 소리 하면서 시간 보내는 것을 좋아합니다. 사람은 오래 먹고 놀고 이야기를 하면서 있어도 발전이 별로 없습니다. 지혜로운 사람은 하루를 살아가거나 혹은 무슨 일을 할 때 자기가 하고 싶어 하는 쪽으로만 일을 해서는 안 됩니다. 사람은 자기가 하기 싫어하는 쪽을 먼저 해야 발전이 있습니다. 하나님은 우리에게 어마어마한 진리의 금광을 주셨습니다. 지혜 있는 자는 우리 안을 가장 먼저 하나님의 말씀으로 채웁니다. 그러면 적어도 분노나 정욕으로 우리 인생이 자살폭탄으로 테러를 당하지 않습니다. 우리 안을 하나님의 사랑으로 채우기 때문에 죄의 온도가 올라가지 않기 때문입니다. 그런데 지혜 있는 자는 그것으로 그치는 것이 아니라 자기 안에 울퉁불퉁하고 제대로 만들어지지 않는 부분이 있다는 것을 알게 됩니다. 그래서 그것을 고치는 일을 합니다. 이런 사람은 자기 자신을 하나님의 말씀에 쳐 복종시키는 것이 가장 중요하다는 것을 알기 때문입니다. 이런 사람에게 상이 있습니다. 무엇인가 아주 좋은 성과가 나타나게 되는 것입니다. 이런 사람은 자기 자신을 멋지게 훈련시키는 데 성공을 한 사람입니다. 우리 성도들은 자기가 하고 싶은 대로 절대로 하지 마시기 바랍니다. 그렇게 하는 것은 아직 유치한 단계를 벗어나지 못한 것이고 들나귀같이 전혀 진리로 길들여지지 않은 것입니다. 사람 중에서 자기가 가장 싫어하는 것을 과감하게 받아들이고 그것부터 할 수 있는 사람은 분명히 엄청나게 훈련된 사람입니다. 결국 이런 사람이 하는 일이 어떤 결과가 있고 하나님의 축복이 나타나게 됩니다. 우리가 성공하는 성도들이 되려고 하면 자기 자신을 하나님의 말씀에 두들겨 복종시켜야 합니다. 들나귀 같은 상태로는 아무리 똑똑하고 재능이 있어도 일단 자기 자신을 길들이지 못하기 때문에 아무 열매가 없는 것입니다.

14절 "지혜 있는 자의 교훈은 생명의 샘이라. 사람으로 사망의 그물에서 벗어나게 하느니라."

여기에 보면 우리 인생에 대하여 '사망의 그물'이 있다고 말씀하고 있습니다. 사망의 그물이란 한번 덮치게 되면 결국 그 사람을 칭칭 감아서 거기서 벗어나게 하지 못하는 것을 말합니다. 원시인들은 사람이나 짐승을 사냥할 때 나무 위에나 함정 안에 그물을 감추어두었다가 덮치는 데 그물에 갇히면 아무리 몸부림을 쳐도 거기서 빠져 나올 수 없고 결국은 죽게 됩니다. 우리에게 있는 사망의 그물은 무엇일까요? 그것은 끝내 포기하지 못하는 욕망입니다. 하나님의 말씀을 멸시하는 자는 자기가 하고 싶은 대로 하는 사람입니다. 물론 이런 사람은 창의성도 있고 실력도 있기 때문에 세상적으로 성공적인 삶을 살 수 있을 것입니다. 그런데 이런 사람이 성공하면 성공할수록 좋지 않은 성질이 생기게 되는데, 그것은 자기가 일단 한번 마음먹은 것은 반드시 해야 직성이 풀리는 것입니다. 무엇이든지 쉽게 포기하지 못하는 못된 성질이 있는 것입니다.

예를 들어서 삼손 같은 경우 대단히 능력 있는 하나님의 종이었습니다. 그러나 삼손은 결코 들릴라를 포기하지 못했습니다. 삼손이 들릴라를 조금만 더 일찍 포기할 수 있었더라도 삼손은 그렇게 쉽게 죽지 않았을 것입니다. 그러나 들릴라는 삼손에게 마치 사망의 그물처럼 그를 조여 왔습니다. 나중에 삼손은 결국 들릴라에게 자기 힘의 비밀을 다 이야기하고 머리털이 밀린 후에 눈까지 뽑혀서 노예로 끌려갔습니다. 다윗에게도 밧세바는 사망의 그물이었습니다. 다윗이 밧세바가 목욕하는 것을 보고 옥상에서 그냥 내려갔더라면 아무 일도 없는 것입니다. 그러나 다윗은 밧세바에게 집착을 하면서 자기 집으로 자꾸 불러들이는 가운데 사망의 그물은 다윗을 칭칭 조여오고 있었던 것입니다. 우리가 아는 것처럼 삼손이나 다윗은 보통 사람들이 아니었습니다. 그들은 하나님께 헌신된 자들이었고 참으로 경건한 사람들이었습니다. 그럼에도 불구하고 그들이 욕심을 포기하지 못했을 때 비참한 멸망을 당할 뻔했는데 하물며 우리 같은 사람들은 얼마나 쉽게 사망의 그물에 걸리겠는지 생각해야 합니다. 하나님의 말씀을 멸시하는 자는 언젠가는 이 그물에 걸리게 되어 있습니다.

그러나 지혜 있는 자의 교훈은 생명의 샘이라고 했습니다. 하나님의 말씀을 붙들고 있으면 일단 하나님의 말씀에서 멀리 가지를 못합니다. 왜냐하면 이 하나님의 말씀을 잃고 싶지 않기 때문입니다. 하나님의 말씀을 붙드는 사람은 인생의 폭이 넓지 못하고 할 수 있는 일도 제한되어 있습니다. 그래서 다른 사람들은 이런 사람들이 하나님의 말씀의 그물에 매여서 아무것도 못한다고 조롱합니다. 사실 우리가 하나님의 말씀의 그물에 매이면 세상적으로 유능하게 살 수 없습니다. 우리는 많은 사람을 만날 수도 없습니다. 그런데 놀라운 것은 하나님의 말씀에서 생명의 샘이 나오면서 우리 주위에 있는 황무한 땅을 살리기 시작하는 것입니다. 처음에는 샘물 하나밖에 없었는데 조금 지나니까 거기에 풀들이 생기기 시작하면서 목축을 하게 되고 조금 더 지나니까 나무들이 자라면서 과수원이 생기고 조금 더 지나니까 옥토가 되면서 곡식을 키우는 밭이 되는 것입니다. 하나님의 백성들은 어느 곳에 있든지 그가 있는 곳을 옥토로 만들 수 있습니다. 그러나 교만한 자는 자기 집념이나 성질을 이기지 못해서 언젠가는 죄의 그물에 걸려서 마귀에게 비참하게 사냥당하고 마는 것입니다.

15절 "선한 지혜는 은혜를 베푸나 궤사한 자의 길은 험하니라."

하나님의 말씀을 붙드는 자는 당장의 이익보다는 선을 생각합니다. 자기 이익만 생각하는 것이 아니라 다른 사람의 이익도 같이 생각하는 것입니다. 왜냐하면 하나님의 말씀을 붙드는 자는 하나님의 축복에 자신이 있기 때문입니다. 이런 사람은 어떤 일을 할 때 사람을 보고 하지 않습니다. 대신 하나님을 보고 일을 합니다. 이런 사람은 당장에는 손해를 보는 것 같고 크게 성공하는 것 같지 않는데 금방 망하지 않습니다. 왜냐하면 이 사람은 눈에 보이지 않는 축복의 길을 가고 있기 때문입니다. 우리가 바른길을 가고 있다면 이미 복을 찾은 것입니다. 이 길을 꾸준히 가기만 하면 반드시 하나님의 축복이 나타나기 때문에 굳이 다른 사람과 다투거나 이길 필요가 없는 것입니다. 그들의 지혜는 선한 지혜이고 이런 사람은 다른 사람에게 은혜 베푸는 것을 좋아합니다. 우리가 가진 것은 다 하나님의 것이기 때문에 이것을 가지고 다른 사람을 행복하게 하는 것이 너무나도 기쁘기 때문입니다.

그러나 궤사한 자는 하나님의 말씀 없이 자기 머리로 모든 일을 하는 사람입니다. 이런 사람은 머리가 좋고 말을 잘하기 때문에 말만 들으면 모든 일이 잘 될 것 같습니다. 그런데 이런 사람의 길이 험하다고 했습니다. 이런 사람은 갈수록 길이 없는 것입니다. 이 사람은 길이 없는 곳으로 가는데 자기만 가는 것이 아니라 다른 사람들까지 끌고 갑니다. 무조건 남이 하자고 하는 대로 따르는 것은 어리석은 짓입니다.

> 16절 "무릇 슬기로운 자는 지식으로 행하여도 미련한 자는 자기의 미련한 것을 나타내느니라."

슬기로운 자는 하나님의 말씀을 붙들지만 그들이 하나님의 뜻에 대하여 모든 것을 다 아는 것은 아닙니다. 오히려 하나님의 말씀을 붙드는 자는 모르는 것이 너무나도 많기 때문에 미련한 것 같고 무식한 것 같습니다. 그 대신에 하나님의 말씀을 붙들지 않는 자는 말도 잘하고 이론적으로도 똑똑하기 때문에 무슨 일이든 굉장히 잘할 것 같습니다. 그런데 막상 이 세상 현실에 부딪쳐보면 하나님의 말씀에서는 자꾸 현실을 헤쳐 나갈 수 있는 지혜가 생깁니다. 앞을 볼 수 있기 때문입니다. 그런데 하나님의 말씀을 붙들지 않고 자기 생각만 믿으면 이것은 결국 맹목적으로 밀어붙이는 것이기 때문에 일을 하면 할수록 더 많은 문제들이 생기게 됩니다. 결국 미련한 것이 드러나는 것입니다. 많은 사람들은 지혜 있다고 하지만 결국 자신의 감각이나 혹은 우연을 믿고 일을 추진할 때가 많습니다. 그래서 일이 잘 되면 굉장히 좋지만 안 되면 망해버립니다. 그러나 하나님의 말씀은 우리의 눈을 열어주셔서 미리 결과를 보게 하십니다. 그래서 일이 안 될 것 같으면 아예 시작하지 않는 것이 더 좋은 것입니다.

2. 다른 사람과의 관계에서 이루는 성공

이 세상에서 성공적인 삶을 살려고 하면 역시 사람을 잘 만나야 할 때가 많습니다. 이 세상에서 모든 것을 다 자기 힘으로 할 수가 없습니다. 예를 들어서 병이 났을 때 병원에서 가서 의사의 치료를 받아야 하고 어떤 힘든 일을 당했을 때는 변호사를 사야 할 때도 있고 심지어 아이들은 선생님도 좋은 선생님을 만나야 하며 교회에서도 좋은 목사를 만나야 합니다. 그래서 우리가 돈을 많이 버는 것도 복이라고 할 수 있겠지만 안전하고 만족스러운 삶을 살기 위해서는 좋은 사람을 잘 만나는 것이 더 큰 복이라고 할 수 있습니다.

17절 "악한 사자는 재앙에 빠져도 충성된 사신은 양약이 되느니라."

여기서 사신을 보낸다고 하는 것은 모든 일을 자신이 할 수는 없기에 대리인을 보내는 것입니다. 그런데 악한 사신은 자기에게 부탁한 일은 하나도 하지 않고 오히려 그 사람을 함정에 빠트리는 일만 잔뜩 해놓는 바람에 사람을 재앙에 빠지게 합니다. 이런 사람을 고용한 자체가 큰 실패입니다. 어느 지방의 작은 병원에서 원장이 여자 간호사를 한 명 고용을 했습니다. 그런데 이 사람이 운동권에 심취한 사람이었습니다. 결국 그 간호사 한 명이 병원 문을 닫게 했습니다. 그러나 어떻게 하다 보면 아주 충성된 사람을 만날 때가 있습니다. 이 충성된 사람은 내가 할 수 없는 일들을 너무나도 잘 해내기 때문에 병이 든 것을 깨끗하게 치료하는 양약이 되는 것입니다. 우리가 사람의 속을 다 들여다볼 수가 없습니다. 어떤 사람이 독이 될지 약이 될지 알 수 없습니다. 예수님에게도 가룟 유다는 결국 독이 되는 사람이었습니다. 그러나 하나님의 말씀이 강하게 역사할 때 악한 사람들도 선해진다는 것입니다. 예를 들어서 사울 왕 같은 사람도 사무엘이 있는 곳에 가면 하나님의 신에 감동을 받아서 옷을 벗고 춤을 추었습니다. 그리고 하나님께서는 우리를 오히려 가시 같은 사람을 통해서 더 넉넉한 마음을 가지게 하시고 더 성숙한 사람이 되게 하십니다.

그럼에도 불구하고 우리는 좋은 사람을 만나야 할 때가 많습니다. 그런데 부흥이 일어나면 놀랍게도 가장 좋은 사람들이 몰려와서 자신의 열정과 힘을 다 바치는 것을 볼 수 있습니다. 좋은 사람들일수록 가장 좋은 일에 자신의 젊음과 열정을 바치기 원하기 때문입니다. 직장도 마찬가지입니다. 미래 지향적인 좋은 직장이 되려고 하면 사람들이 좋은 분위기에서 건강하고 기쁘게 일할 수 있도록 만들어 주어야 합니다. 사장이나 회장이 단기적인 이익을 위해서 사람들을 혹사하게 되면 사고율이 높아지고 불량품도 많아지고 충성된 직원들이 이탈하게 되어서 결국 나중에 회사에는 쓸모없는 사람들만 남아있게 되는 것입니다.

> 18절 "훈계를 저버리는 자에게는 궁핍과 수욕이 이르거니와 경계를 지키는 자는 존영을 얻느니라."

사람이 이 세상에서 성공하느냐 실패하느냐 하는 것은 짧은 기간으로는 알 수가 없고 좀 더 긴 기간을 통해서 지켜보아야 합니다. 물론 사람이 다른 사람들로부터 칭찬을 받으려면 유능해야 하고 다른 사람들보다 우수해야 하겠지만 결국 길게 내다보면 두 가지를 잘해야 합니다. 하나는 자기 자신이 죄에 빠지지 말아야 합니다. 아무리 이 세상에서 이름이 많이 알려지고 유능하다고 칭찬을 받아도 무슨 죄를 지은 것이 들통이 나면 그 동안 유명해졌던 것만큼 비참해지게 될 것입니다. 이런 사람들은 너무 자기 자신의 능력을 믿었고 하나님의 훈계를 멀리했던 것입니다. 또 다른 하나는 다른 사람들을 많이 행복하게 할 수 있어야 합니다. 대개 성공하는 사람들은 다른 사람들을 볼 때 자기의 목적을 달성하기 위한 수단으로 생각할 때가 많습니다. 이런 사람들은 욕심에 끝이 없기 때문에 결국 과욕을 부리다가 나중에 수치를 당하게 되고 결국 궁핍한 데까지 오게 됩니다. 그러나 하나님의 말씀을 붙드는 자는 절대로 다른 사람을 자기 이익을 위한 수단으로 생각하지 않습니다. 이런 사람들은 자기 자신이 얼마나 위험한 존재인지 알기 때문에 절대로 함부로 날뛰지 않습니다. 이런 사람들은 위기의 순간에 더 빛을 발하게 되고 더 많은 사람들의 신뢰를 받게 됩니다.

19절 "소원을 성취하면 마음에 달아도 미련한 자는 악에서 떠나기를 싫어하느니라."

누구든지 사람은 다 잘 되기를 바라고 복을 받기를 원합니다. 사람이 복을 받고 잘 되려고 하면 결단을 내릴 수 있어야 합니다. 결단이라는 것은 눈에 보이는 것을 따라가지 아니하고 눈에 보이지 않는 하나님의 말씀을 붙드는 것입니다. 이것이 바로 하나님의 백성들에게 주어진 엄청난 축복입니다. 우리에게 하나님의 말씀이 주어져 있고 그 말씀을 붙들면 하나님이 나의 소원을 이루어주십니다. 그런데 우리는 처음에는 자기 소원이 무엇인지도 모릅니다. 그러나 우리가 하나님의 말씀을 따라가다 보면 하나님의 소원이 나의 소원이 되고 하나님은 우리에게 좋은 것을 다 주십니다. 미련한 자는 세상의 눈에 보이는 것을 포기하기 싫어하고 다른 사람들 앞에서 잘난 체하는 것을 좋아해서 결단을 내리지 못합니다. 그러면 그 인생은 죽도 밥도 아닌 인생이 될 것입니다.

3. 지혜가 다른 사람에게 미치는 영향

우리가 이 세상에서 좋은 선생을 만나는 것보다 더 복된 것이 없습니다. 그 중에서도 최고로 복된 것이 하나님의 말씀을 바로 가르쳐주고 그 말씀대로 살 수 있도록 방향을 지시해주는 선생을 만나는 것입니다. 엘리사는 소

열두 거리로 농사를 짓는 사람이었지만 엘리야가 따라오라고 하니까 그 자리에서 농사를 포기하고 엘리야의 종이 되어서 이스라엘에 큰 부흥을 일으키게 됩니다. 예수님은 한 부자 청년에게 '네가 가진 것을 다 팔아서 가난한 자들에게 주고 나를 좇으라' 고 말씀하셨습니다. 이것은 예수님이 가지신 말씀의 능력이 그 부자가 가진 재산보다 훨씬 더 능력이 있고 값지다는 뜻입니다. 그러나 부자 청년은 재산을 포기하지 못해서 근심하면서 돌아갔다고 했습니다. 사람은 자기가 따라가는 자를 배우게 되어 있습니다.

20절 "지혜로운 자와 동행하면 지혜를 얻고 미련한 자와 사귀면 해를 받느니라."

지혜로운 자와 동행하면 무엇을 배우게 됩니까? 그 사람이 하나님을 늘 의식하면서 항상 조심하는 것을 배우게 됩니다. 지혜로운 자에게는 하나님이 실제적이기 때문에 하나님을 의식하면서 사는 것을 보게 됩니다. 그러나 자기 머리로 사는 사람들은 자기가 계획을 다 세워서 밀어붙입니다. 그러나 신앙적으로 훈련된 사람들은 절대로 자기 자신이 하나님을 앞서지 않습니다. 우리가 눈으로 직접 보고 배운다는 것은 급할 때 아주 중요합니다. 사람이 머리로 공부한 것은 급할 때 무엇인가 새로 만들어내어야 하기 때문에 막연할 때가 많습니다. 그러나 눈으로 배운 것은 배운 그대로 하면 되기 때문에 급할 때 바로 배운 것이 나오게 됩니다. 미련한 자를 따라가면 모든 것을 너무 자기 멋대로 하고 자기 뜻대로 되지 않으면 결국 다른 사람을 물어서 상처를 입히게 됩니다.

21절 "재앙은 죄인을 따르고 선한 보응은 의인에게 이르느니라."

결국 사람은 누구든지 심은 대로 거두게 되어 있습니다. 하나님의 말씀으로 심는 자는 부흥을 거두게 되어 있습니다. 부흥이 무엇입니까? 이것은 하늘이 열리는 것이며 하늘의 복이 부어지는 것입니다. 물론 처음에는 아무리 하나님의 말씀을 붙들어도 부흥이나 복이 오지 않는 것 같습니다. 그러나 하나님은 말씀으로 먼저 우리를 깨끗하게 하셔서 의인이 되게 하십니다. 그리고 하나님의 말씀과 기도로 나아가면 반드시 부흥이 오고 축복이 옵니다. 하나님의 말씀을 제쳐놓고 인간적인 생각을 따라가면 결국 부패가 옵니다. 부패가 오면 그냥 부패로 그치는 것이 아니라 많은 마음의 상처도 받게 되고 나중에는 물질적인 가난이나 질병까지 오게 됩니다.

22절 "선인은 그 산업을 자자손손에게 끼쳐도 죄인의 재물은 의인을 위하여 쌓이느니라."

어떤 부모든지 돈이 많은 부자는 자식들에게 부를 물려주고 싶을 것입니다. 그러나 부모가 자식들에게 부를 물려주면 자식들은 반드시 부패하게 되어 있습니다. 부모는 자식들에게 재산 이상의 것을 물려주어야 자식들이 망하지 않습니다. 그것은 부모가 자식들에게 성경적인 신앙을 물려주는 것입니다. 하나님은 모세에게 약속하시기를 '나를 사랑하고 내 계명을 지키는 자는 자손 천 대까지 복을 주리라' 고 하셨습니다. 그러나 악인들은 자식들에게 재산만 물려주기 때문에 결국 부패해서 자식들도 망치고 재물도 자기 것이 되지 못하게 되는 것입니다.

23절 "가난한 자는 밭을 경작하므로 양식이 많아지거늘 혹 불의로 인하여 가산을 탕패하는 자가 있느니라."

여기서 가난한 자는 그냥 가난한 것이 아니라 하나님의 연단을 받느라고 가난해진 사람을 말합니다. 이런 사람은 믿음이 준비되어 있는데 하나님이 기회를 주시지 않으셔서 가난하게 살고 있습니다. 이런 사람들에게 경작할 밭만 있으면 얼마든지 부자가 될 수 있습니다. 하나님은 믿음으로 연단된 자를 절대로 궁핍하게 하시지 않으십니다. 하나님을 두려워하지 않는 자는 지나치게 욕심을 낼 때가 위험합니다. 이런 사람은 시시한 것은 마음에 들지 않기 때문에 큰 욕심을 부리는데 이것은 큰 위험이 따릅니다. 우리가 자신의 가치를 안다면 무리하게 욕심을 낼 필요가 없습니다. 이미 우리는 보물이 되었고 말씀을 붙들고 살아가면 반드시 부흥이 오고 복이 온다는 것을 압니다. 그러나 그것을 믿지 못하는 자들은 자꾸 무엇인가 더 크지만 위험이 딸린 일을 찾다가 나중에 재산을 날려버리는 것입니다. 사람이 재산을 날리는 것이 결코 어려운 일이 아닙니다. 여기서 말하는 '불의'는 지나친 욕심을 말합니다. 하나님의 말씀을 따르는 우리는 작은 데서 많은 행복을 느낄 때가 많습니다. 굳이 무리를 할 필요가 없는 것입니다. 하나님이 나에게 주신 능력의 범위 안에서 최고로 행복하게 일을 하면 되는 것입니다.

24절 "초달을 차마 못하는 자는 그 자식을 미워함이라. 자식을 사랑하는 자는 근실히 징계하느니라."

우리가 이 말씀을 피상적으로 생각해보면 세상적인 가르침과 다르지 않은 것 같습니다. 이 가르침의 뿌리는 인간의 죄성을 이야기하고 있는 것입니다. 그래서 부모가 자식을 덮어놓고 때리라는 것이 아니라 자기 자녀도 죄성이 있기 때문에 너무 잘해 주기만 해서는 안 된다는 뜻입니다. 부모는 반드시 자식에게 신앙을 넣어주어야 합니다. 물론 자식들은 하나님 말씀의 가치를 잘 알지 못할 것입니다. 이것이 이스라엘 백성들에게 가장 어려운 문제였습니다. 이스라엘에 하나님의 말씀이 주어져 있는데도 불구하고 자식들은 그 가치를 알지 못하고 자기 마음대로 살고 싶어 하는 것이었습니다. 그런데 부모가 거기에 졌을 때 이스라엘에는 부흥이 없어지고 비참하게 되었습니다. 부모가 입으로만 말씀을 지키라고 하는 것은 소용이 없습니다. 부모가 정말 자식을 사랑한다면 부흥의 자식이 되어야 합니다. 이것을 위해서 부모는 자식이 개인적으로 하나님을 만날 수 있게 해주어야 합니다. 자식이 세상을 향하여 갈 때에는 따끔하게 이야기를 해야 하고 죄를 지었을 때에는 매를 때려서라도 죄를 버리도록 해야 할 것입니다. 부모가 너무 자식 하자는 대로 해도 안 되지만 과하게 때려도 문제입니다. 부모는 자식과 의사소통하는 법을 배워야 합니다. 결국 부모와 자식 사이의 의사소통은 신뢰와 사랑입니다.

25절 "의인은 포식하여도 악인의 배는 주리느니라."

우리가 생각하기에 악인들은 이것저것 다 주워 먹기 때문에 언제나 배부를 것 같은데 그렇지 않습니다. 악인들은 많이 먹어서 육체적으로 배는 부르지만 실제로 그들의 마음은 언제나 고달픕니다. 세상 것으로는 결코 우리 마음이 채워지지 않기 때문입니다. 세상을 따라가는 사람들의 배는 늘어져 있어서 아무리 많이 집어삼켜도 만족할 수 없습니다. 하나님의 말씀을 따르는 자는 이미 우리 마음에 하나님이 계시기 때문에 부족한 것이 없습니다. 그리고 하나님께서 사랑하는 자들에게 모든 좋은 것을 다 주시기 때문에 언제나 부족한 것이 없습니다. 하나님은 사랑하는 자들을 이 세상에서도 존귀하게 하시고 물질적으로도 풍성하게 하시는 데, 자손들까지도 복을 받는 성도들이 다 되시기 바랍니다.

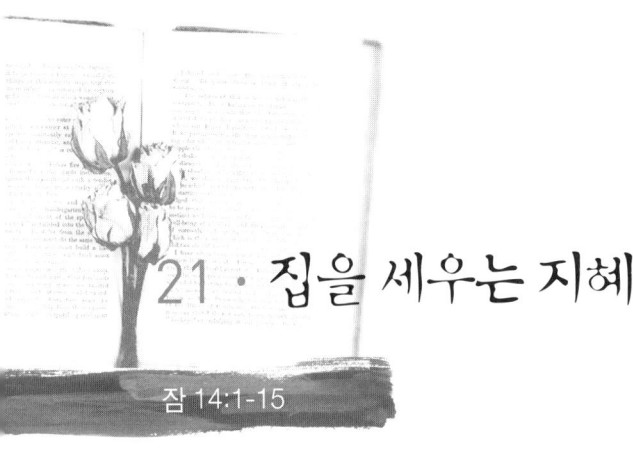

21 · 집을 세우는 지혜

잠 14:1-15

우리나라 사람들 누구에게나 자기 집을 장만한다고 하는 것은 엄청나게 중요한 일입니다. 사람들 중에서 부모로부터 많은 돈을 물려받지 않은 이상 누구든지 다른 사람의 집에 세들어 살 수밖에 없었습니다. 처음 가난할 때에는 돈을 벌어도 그때그때 돈을 쓰기 바쁘기 때문에 돈을 모을 수가 없습니다. 그러나 이렇게 해서는 집을 장만할 수가 없습니다. 누구든지 적어도 자기 집을 장만했다고 하면 지출 이상으로 돈을 꾸준히 돈을 모아서 어느 정도 이상 되었기 때문에 가능한 것입니다. 자기 집을 샀다고 하는 것은 이제는 더 이상 이사를 다니지 않고 안정된 자기 생활을 하게 되었다는 것을 의미합니다. 그러나 아무리 자기 집을 가진다 하더라도 그것 자체가 복이 되는 것은 아닙니다. 아무리 자기 집을 가지고 경제적으로 여유가 있어도 부부 사이에 사랑이 없고 정신적으로나 도덕적으로 죄가 있어서 깨어지는 집들이 너무나도 많기 때문입니다. 내 집을 사는 것보다 더 중요한 것은 내 집에 지속적으로 하나님의 복이 공급되는 축복의 집으로 세우는 것입니다. 그러면 하나님은 물질적인 복도 주시고 자녀의 복도 주실 것이며 모든 아름다운 것으로 그 집을 채워주실 것입니다.

잠언은 우리 인생이 이 세상을 살 때 그냥 사는 것이 아니라 어떤 길을 걸어가는 것을 전제로 하고 있습니다. 우리 앞에는 축복이 길이 있는가 하면 실패의 길이 있는 것입니다. 이미 하나님은 그분의 백성들에게 어마어마한 축복의 길을 주셨습니다. 이 하나님 말씀의 가치를 알고 부지런히 하나님의 말씀을 캐내어서 그것을 붙들고 사는 사람은 하나님의 노다지 축복을 받는 사람들입니다. 그러나 같은 하나님의 백성이라 하더라도 하나님 말씀의 가치를 모르고 자기 재능을 믿고 사는 사람은 부스러기 복을 받는 사람이기에 그의 인생은 실패하기 쉽습니다.

1. 집을 짓는 여인의 지혜

보통 사람의 경우 집을 짓는다고 하는 것은 돈도 많이 들 뿐 아니라 그럴 기회가 한평생 한번 올까말까 한 점에서 대단히 중요한 의미가 있습니다. 그래서 대개 남자들이 집을 사거나 지으려고 하면 일을 열심히 해서 돈을 꾸준히 벌어 모아야 하고 돈을 모은 다음에는 자기가 정말 살고 싶은 땅을 찾아서 거기에 집을 지을 것입니다. 오늘 성경 말씀은 집을 짓는 지혜로운 여인에 대하여 말씀하고 있습니다.

> 1절 "무릇 지혜로운 여인은 그 집을 세우되 미련한 여인은 자기 손으로 그것을 허느니라."

우리가 보통 집을 짓는 것은 남자의 일이라고 생각합니다. 대개 밖에 나가서 돈을 버는 것도 남자이고 집을 짓는 것 같은 큰일들은 남자들이 결정하는 일이기 때문입니다. 그런데 오늘 성경 말씀은 지혜로운 여인이 집을 짓는다고 말하고 있습니다. 이것은 남자들이 집을 짓는 것과는 다른 의미입니다. 남자들이 집을 짓는다고 하는 것은 그야말로 돈을 벌어서 눈에 보이는 집을 지어서 가정을 행복하게 하는 것을 말합니다. 그러나 여인이 집을 짓는다는 것은 사람의 눈에 보이지 않는 집 짓는 것을 의미합니다. 어떤 의미에서 남자가 눈에 보이는 집을 짓는 것보다 여인이 가정을 축복의 집으로 세우는 것이 훨씬 더 중요하다는 것을 알아야 합니다.

옛날 로마 시대 때 로마의 귀부인들은 자녀들의 교육을 전부 노예들에게 맡겼습니다. 그리고 이 귀부인들이 하는 일은 멋을 내거나 혹은 파티하는 데 가서 정치적인 이야기를 하거나 한담하는 일을 했습니다. 로마의 귀부인들이 자녀 교육을 모두 노예들에게 맡기니까 로마의 청소년들의 가치관은 그야말로 노예 수준을 벗어나지 못했습니다. 당시에도 의식이 있는 부인들은 자녀 교육을 노예들에게 맡기지 아니하고 자기 자신이 직접 한 사람도 있었습니다. 줄리어스 시저의 어머니도 자기 아들 교육을 자기가 직접 챙겼던 어머니 중 하나였습니다. 우리 가정이 경제적으로 안정되고 풍족한 것도 중요하지만 더 중요한 것은 우리 집 자체를 축복의 집으로 짓는 것입니다. 성경은 이 일에 있어서 여인들의 역할이 아주 중요하다고 말씀하고 있습니다.

첫째로 여인들은 그 가정의 축복을 접붙임으로 바꿀 수 있습니다. 예를 들어서 우리나라에서는 대개 뼈대 있는 가문이라고 하면 양반집 전통을 가진 집들을 말합니다. 이런 집에 흐르는 정신은 유교적이고 봉건적인 것이 보통입니다. 그런데 우리나라 많은 어머니들은 전혀 예수 믿지 않는 집에 시집을 가서 예수를 믿음으로 신앙적인 접붙임을 한 분들이 많았습니다. 사도 바울은 말하기를 '우리는 옛날에 돌감람나무였는데 참감람나무에 접붙임이 되어서 이스라엘의 열매를 맺게 되었다'고 했습니다. 어머니의 신앙은 그 집에 흐르는 진액을 조상의 저주의 진액에서 이스라엘의 축복의 진액으로 바꿀 수 있습니다. 가정이 하나님의 축복으로 지어지려고 하면 중단 없이 지속적으로 하나님의 말씀이 그 가정 안으로 흘러들어가야 합니다. 하나님의 말씀이 없는 가정은 분노와 원한과 미움과 미신이 가득할 때가 많습니다. 물론 그런 집에서 가풍을 중요시해서 세상적으로 잘되고 성공하는 집들도 있지만 그런 집의 정신은 여전히 메말라 있고 황폐할 때가 많습니다. 그러나 하나님의 말씀이 들어가면 거기에 사랑이 있고 축복이 생기게 됩니다. 옛날부터 내려오던 제사라든지 남성위주의 가치관이라든지 비성경적이고 비윤리적인 습관들이 없어지게 됩니다. 식구들이 한 사람씩 하나님의 말씀을 붙들고 기도로 생활을 하기 때문에 이런 가정은 지속적으로 하나님의 복이 흘러들어오게 됩니다. 나중에는 모든 자녀들이 복을 받고 물질적으로도 부족한 것이 없고 정신병자나 자살하는 자나 패가망신하는 사람이 없는 집이 됩니다.

또한 여인들이 지혜로 집을 짓는다고 하는 것은 남편이나 자식들의 마음속에 자꾸 하나님의 말씀을 집어넣는 것입니다. 눈에 보이는 집도 중요하지만 더 중요한 것은 우리 식구 한 사람 한 사람일 것입니다. 남편이나 자식들의 마음속에 하나님의 말씀을 집어넣으면 그 사람들이 연단을 받으면서 하나님 앞에서 보석 같은 사람이 됩니다. 그래서 사람들은 모두 여자의 손에서 만들어진다고 말할 수 있는 것입니다. 이런 지혜로운 여인들은 비록 밖에 나가서 돈을 벌지는 않더라도 식구 한 사람 한 사람을 보석으로 만드는데, 결국 이것이 돈 버는 것보다 훨씬 더 높은 수익을 올리는 것입니다. 지혜로운 여인들은 남편이 사회에서 어떤 위기에 부딪치고 자녀들이 어려움을 겪을 때 하나님의 말씀을 가지고 격려하고 또 그들을 위해서 기도할 때 남편이나 자녀들은 백만 대군의 지원을 받는 것 같은 힘을 얻게 됩니다. 하나님의 말씀을 붙든 여인이 세운 집은 절대로 망할 수가 없는 것입니다. 우리는 하나님의 말씀을 가진 여인들이 절대로 약하거나 소용이 없다고 생각해서는 안 됩니다. 이들이 진정으로 자신의 가정을 축복으로 세우는 자들이기 때문입니다.

제 아내는 무슨 재능이 있거나 똑똑한 여성은 아닙니다. 그런데 저에게 몇 가지 중요한 유익을 끼쳤습니다. 하나는 제가 대학 시절에 신앙적인 회의에 빠져서 교회를 다니지 않을 때 저에게 고민만 하지 말고 다시 교회에 나가라고 조언을 한 것입니다. 그래서 저는 신앙을 다시 회복할 수가 있었습니다. 그리고 또 하나는 저에게 큐티를 하라고 권한 것입니다. 저는 큐티의 가치를 알지 못했습니다. 그저 성경을 많이 읽으면 되는 것이지 무슨 큐티를 해야 하나라고 생각했지만 아내의 말을 듣고 큐티를 해서 어려운 시절을 큐티로 다 이겨낼 수 있었습니다. 그리고 제가 하나님의 연단을 받느라고 인생 밑바닥에서부터 고생을 할 때 아내는 저를 떠나지 않고 함께 있어 주었습니다. 그래서 우리 집은 하나님의 말씀으로 지을 수 있었고 축복의 집으로 지을 수 있었습니다.

그런데 '미련한 여인은 자기 손으로 그것을 허느니라'고 했습니다. 하나님께서 여인으로 살게 하신 것은 엄청난 뜻이 있는 것입니다. 이것은 단순히 멋만 부리고 남편이 벌어다 주는 것으로 백화점에서 쇼핑만 하라는 뜻이 아닌 것입니다. 미련한 여인은 하나님을 믿는다 하면서도 하나님 말씀의 가치를 모르고 하늘의 축복의 가치를 모르는 여인입니다. 하나님 말씀의 가치를 모르는 여인은 가정을 하나님의 축복으로 지어야 하는 중요한 때를 세상의 욕심을 따라가고 세상의 허영을 따라가느라고 시간을 다 허비해 버립니다. 그뿐만 아니라 미련한 여인들은 하나님의 말씀보다 남편의 사랑으로 만족하려고 하고 자녀들의 성적이나 성공으로 만족하려고 하니까 결국 자기 자신이나 남편이나 아이들을 멍텅구리로 만들고 마는 것입니다. 하나님의 말씀이 없는 그들의 인생은 하나님 앞에서 잡석 같은 가치밖에 되지 못하는 것입니다. 여인들은 남편이나 아이들이 미련하게 하나님의 말씀을 멀리하고 세상을 따라가는 것을 볼 때 분명하게 하나님의 말씀으로 돌아오라고 해야 합니다. 그러면 남자들은 돌아오게 되어 있습니다. 남자들의 방향을 바꾸는 키를 여인들이 쥐고 있는데 이것을 모르는 것입니다. 거기에다가 자기 스스로의 욕망을 절제하지 못하고 자기 감정과 의심을 그대로 집 안에서 표현할 때 집은 쓰레기같이 더러운 오물로 채워지게 되는 것입니다. 가정의 외모는 남자들이 짓는지 모르지만 그 안을 채우는 것은 여인들이 하는 것이고 이것이 더 중요한 것입니다.

2절 "정직하게 행하는 자는 여호와를 경외하여도 패역하게 행하는 자는 여호와를 경멸히 여기느니라."

사람은 똑바로 설 수 있기 때문에 다른 짐승들보다 훨씬 고상하게 보이고 또 멋지게 생활할 수 있습니다. 학자들은 사람들이 똑바로 설 수 있기 때문에 손을 자유롭게 쓸 수 있어서 많은 도구를 만들고 기술을 발전시킬 수 있었다고 설명하고 있습니다. 사람의 외모만이 아니라 마음도 똑바른 것이 얼마나 아름다운지 모릅니다. 우리는 어떤 사람에 대하여 '저 사람은 마음자세가 삐딱하다' 고 하든지 혹은 '저 사람은 너무 반항적이다' 라는 말을 합니다. 사람들이 그렇게 보이는 이유는 마음이 비뚤어져 있기 때문입니다. 요즘 우리 사회를 보면 사람들이 너무나도 거칠고 반항적인 것을 볼 수 있습니다. 심지어 어떤 사람은 다른 사람들이 아무리 진실을 이야기해도 그 말을 믿지 않고 왜곡을 시켜서 정반대로 말하는 사람들이 있습니다. 이렇게 하는 이유는 그 마음 자체가 비뚤어져 있어서 그런 것입니다.

사람에게 척추가 비뚤어져 있으면 생활에 많은 고통을 겪습니다. 하물며 마음이 비뚤어져 있으면 하나님의 축복이 공급이 되지 않습니다. 놀라운 것은 하나님의 말씀은 반항적이던 우리의 마음을 똑바른 마음이 되게 합니다.

우리 마음에 하나님을 향한 대로가 생기게 만드는 것입니다. 하나님의 말씀을 듣기 전에는 마음이 너무 비뚤어져 있고 또 속이 좁아서 어떤 하나님의 축복도 제대로 공급이 될 수가 없습니다. 이런 사람들의 마음은 언제나 공허하고 컬컬할 수밖에 없습니다. 그런데 하나님의 말씀은 우리 마음 안에 공사를 합니다. 하나님의 말씀은 우리 마음 안에서 좁은 마음을 넓히고 닫혀진 부분은 뚫고 꺼진 부분은 다리를 만들어 놓습니다. 처음에는 우리 자신도 하나님의 말씀을 그대로 믿는 것이 너무나도 어렵고 다른 사람에 대해서도 부정적이고 비판적으로만 생각을 했습니다. 그런데 하나님의 말씀이 우리 안에 믿음의 대로를 만들게 되면 그 뒤에는 무한정으로 하나님의 축복이 공급되게 됩니다. 다른 사람에 대해서도 악한 것이나 교만한 것이 아니면 무조건 통과인 것입니다. 이것이 우리의 삶을 얼마나 풍성하게 하는지 모릅니다.

하나님의 말씀을 믿는 자의 핵심은 하나님을 경외하는 것입니다. 우리는 언제나 하나님을 의식하면서 생활합니다. 그러나 패역한 자는 하나님을 경멸히 여깁니다. 패역한 자는 하나님 말씀의 가치를 알지 못하고 하나님의 축복의 가치를 알지 못한다는 뜻입니다. 이런 사람은 자기 생각만 가지고 모든 것을 다 하려고 하기 때문에 결국 제 생각의 범위를 벗어나지 못합니다. 물론 이런 사람들도 자기는 절대로 하나님을 경멸하지 않는다고 말을 하지만 하나님 말씀의 가치를 모르는 것이 하나님을 경멸하는 것입니다. 그런데 하나님은 하나님을 경멸하는 자를 하나님도 경멸하십니다. 이런 사람들은 들러리 인생밖에 되지 못합니다. 마치 옛날에 고속버스나 기차를 타면 잠시 올라타서 물건을 선전하고 내려가는 사람밖에 되지 못하는 것입니다. 우리가 하나님을 두려워하면 하나님도 우리를 중요한 사람으로 만들어주십니다. 이 세상에서 언제나 반항적인 성격을 가진 사람은 손해를 보게 되어 있습니다. 이런 사람들이 대개 개성이 강하고 자기 주장이 강한 사람인데 반항적인 이유는 자기 자신이 남보다 낫다고 생각하고 또 자기 개성을 깨기 싫어하기 때문입니다. 그러나 자기를 깨지 않는 사람은 결코 하나님의 복에서 주인공이 될 수 없습니다. 옛날 성전에서 하나님께 바쳐진 떡은 모두 고운 가루로 만든 것이었습니다. 알갱이 그대로 있으면 좋은 떡이 될 수 없는 것입니다.

3절 "미련한 자는 교만하여 입으로 매를 자청하고 지혜로운 자는 입술로 스스로 보전하느니라."

사람의 속에 든 생각은 그 사람의 입에서 나오는 말을 통해서 표현되게 됩니다. 그런데 평소 사람들의 생각은 마치 구정물통 같아서 그야말로 온갖 더러운 생각들이 다 혼합되어 있습니다. 사람들에게 가장 나쁜 것은 자기 생각을 아무 여과 없이 그대로 다 이야기를 해버리는 것입니다. 이것은 마치 다른 사람들의 얼굴이나 머리에 구정물통을 붓는 것과 같습니다. 자기 성질을 참지 않고 말로 내뱉는 사람은 언제나 구정물을 흘리고 다니는 사람과 같습니다. 이런 사람이 있는 곳은 어디든지 구정물의 악취가 나게 되어 있습니다. 결국 사람들은 이런 사람의 입을 틀어막기를 원합니다. 미련한 사람은 입을 다물 줄 모르기 때문에 결국 다른 사람으로부터 정죄하는 말을 들어야 정신을 차리는 것입니다. 그러나 우리가 하나님의 말씀을 우리 마음속에 담아서 소화를 해서 말하게 되면 그 하나님의 말씀은 사람을 살리는 약이 되고 치료하는 능력이 되고 그대로 이루어지는 예언의 말씀이 됩니다. 우리가 왜 하나님의 말씀을 마음에 담아야 하는가 하면, 하나님의 말씀이 우리 마음을 깨끗하게 할 뿐 아니라 이 말씀이 우리 입에서 나오면서 살아 있는 말씀으로 변하게 됩니다. 하나님의 말씀이 우리 인격을 관통하면 그대로 이루어지는 능력이 됩니다. 상한 마음으로 치료하는 약이 되는 것입니다.

사람들은 처음에 멋도 모르고 말을 잘하는 사람을 좋아합니다. 그런 사람이 똑똑하게 보이기 때문입니다. 조금 더 지나고 보면 말을 잘하는 사람이 다른 사람 욕을 많이 하고 너무나도 잘난 체를 많이 한다는 것을 깨닫습니다. 반면에 처음에 하나님의 말씀을 붙드는 사람은 말도 잘하지 못하고 미련하게 생겨서 우습게 알았는데 나중에 알고 보니까 너무나도 그 말하는 것이 아름답고 귀하고 은혜로운 것을 발견하게 됩니다. 하나님은 이런 사람을 끝까지 살려주십니다. 우리가 어디서나 쫓겨나지 않고 오래 있는 비결은 하나님의 말씀을 속에 담고 말을 조심하는 것입니다. 이렇게 하는 것이 겸손한 것인데 사람들은 대개 교만해서 배척을 당하지, 겸손한 사람은 처음에 몰라서 무시를 당할 수는 있어도 쫓겨나거나 배척을 당하지는 않습니다. 이것이 바로 우리가 사는 길입니다.

2. 유익을 끼치는 사람들

이 세상에서 살아가려면 어차피 우리 힘으로 모든 것을 다 할 수 없습니다. 우리는 다른 사람의 도움을 받으면서 이 세상을 살아갈 수밖에 없는데 우리가 다른 사람의 도움을 받으려고 하면 우리 자신이 신실한 자가 되어야 합니다. 사람들은 모두 일시적으로는 마음에 맞으면 좋다고 하지만 결국 욕심 앞에 변질되고 말기 때문입니다. 사람들이 처음에는 잘 지내다가 나중에 욕심이 서로 부딪치면 원수가 되어서 헤어지게 됩니다. 우리가 하나님의 말씀에 우리 자신을 계속 투자하면 자신이 보석으로 변하기 때문에 좋은 관계가 지속될 수 있습니다.

4절 "소가 없으면 구유는 깨끗하려니와 소의 힘으로 얻는 것이 많으니라."

아마 시골에서 자란 분들은 어렸을 때 소를 먹인 경험들이 많이 있을 것입니다. 물론 아이들이야 학교 마친 뒤에 공부하지 않고 소를 풀 뜯기러 가는 것이 재미일지 모르지만 어른들에게 소를 키운다고 하는 것은 손이 많이 가는 일입니다. 특히 겨울에는 소가 먹는 여물을 준비해서 끓여서 먹여야 하고 또 배설물들을 다 치워야 합니다. 그러나 일단 소가 있으면 일을 하는 데는 그렇게 편할 수가 없고 특히 무거운 짐을 옮길 때에도 소는 쉽게 옮길 수가 있습니다. 얼마 전 신문을 보니까 독일에서 목장에 사는 어떤 십대 여자 아이가 말을 타고 싶어서 부모에게 말을 사달라고 했는데 부모가 사주지 않았습니다. 그랬더니 이 여자 아이는 자기 집에 있는 송아지를 훈련을 시켜서 말처럼 타고 다니는데 소가 자기가 말인 줄 알고 장애물도 뛰어넘고 다른 말과 섞여서 달린다고 합니다. 사람이 소를 부리려고 하면 그만큼 수고를 해야 합니다. 우리가 하나님의 복을 받고 다른 사람의 도움을 받으려고 하면 지속적으로 우리 자신을 훈련을 해야 하는데, 다른 것보다 하나님의 말씀에 복종하는 훈련을 해야 합니다. 그러면 하나님이나 다른 사람들이 보고 '아 이 사람은 신실한 사람이고 믿어도 되는 사람이구나' 라고 해서 도와주게 됩니다. 그래서 신실한 사람인지 아닌지 자기 자신은 잘 몰라도 다른 사람들은 알아봅니다. 이것이 다른 어떤 것보다 중요한 자산입니다.

5절 "신실한 증인은 거짓말을 아니하여도 거짓 증인은 거짓말을 뱉느니라."

우리 생각에 사람은 누구나 진실을 말할 것 같은데 그렇지 않습니다. 어떤 때 놀라게 되는 것은 조금 전에 결정한 내용인데, 그것을 뒤집어서 말하는 것을 볼 때가 있습니다. 사람은 원래 거짓되게 태어나기 때문입니다. 사람들은 보통 진실한 것을 크게 중요하게 생각하지 않습니다. 사람들은 별 생각 없이 과장되게 말을 하기도 하고 다른 사람을 웃길 목적으로 없었던 이야기를 하기도 합니다. 우리가 하나님의 연단을 받으면서 이런 거짓을 싫어하게 됩니다. 특히 다른 사람에게 바른 진실을 알리는 것을 아주 중요하게 생각을 하게 됩니다. 진실한 증인이 된다는 것은 사람 자체가 진실하게 변해야 되는 것이지 엉터리 같은 사람이 진실을 이야기한다고 해봐야 사람들은 별로 믿어주지 않는 것입니다. 우리가 평소에 다른 사람들 앞에서 진실한 사람이 되기 위해서는 언제나 거짓을 멀리하고 변덕부리기 좋아하는 자신을 하나님의 말씀에 쳐 복종시켜야 합니다. 그러면 어느 순간에 다른 사람들도 나를 볼 때 이 사람은 진실한 사람이라고 믿게 되고 나중에 위기가 닥쳤을 때 내가 알지 못하는 사람이 진실한 증언을 해주어서 위기에서 벗어나게 해줄 것입니다.

6절 "거만한 자는 지식을 얻지 못하거니와 명철한 자는 지식을 얻기 쉬우니라."

여기서 거만한 자는 하나님의 말씀보다는 자기 머리나 생각을 더 믿는 사람을 말합니다. 이런 사람은 아무리 하나님의 말씀을 들어도 자기 생각에 빠져 있기 때문에 말씀이 귀에 들어가지 않습니다. 거만한 사람은 장맛비에 장독 뚜껑을 닫은 것 같아서 아무리 비가 많이 와도 빗물이 한 방울도 장독 안에 들어가지 않습니다. 사실 이것이 이스라엘의 비극이었습니다. 이미 이스라엘에는 세상 어느 곳에서도 구할 수 없는 하나님의 말씀의 보고가 있는데도 이스라엘 백성들은 그 말씀의 가치를 모르는 것입니다. 이런 사람은 지혜도 얻지 못하지만 하나님의 도우심을 얻지 못합니다. 오히려 이런 사람이 더 위험한 것은 하나님이 도와주실 것이라고 믿었는데 도움을 받지 못하니까 더 비참하게 망하고 마는 것입니다. 우리가 하나님의 지혜를 얻으려고 하면 하나님의 말씀에 전적으로 헌신을 해야 합니다. 하나님의 말씀에 '올인'을 해야 하나님의 말씀이 살아 있는 말씀이 되지 그냥 아무것도 아쉬울 것이 없는 상태에서 아무리 공부하고 떠들어봐야 소용이 없는 것입니다. 그런데 명철한 자는 하나님의 말씀의 가치를 알기 때문에 하나님의 말씀을 파고 들어갑니다. 물론 처음에는 아무리 하나님의 말씀을 읽고 연구해도 현실적으로 큰 복이 되지 않는 것 같은데 조금 지나면 하나님의 말씀이 살아있는 것을 체험하게 되는 것입니다. 그러면서 이미 하나님의 말씀을 연구한 노하우가 있기 때문에 그 방법 그대로 하면 쉽게 하나님의 지혜를 얻을 수 있게 됩니다. 이 지혜는 살아 있는 하나님의 음성이고 현실을 해결할 수 있는 말씀입니다. 우리 귀에 하나님의 살아 있는 말씀이 들린다는 자체가 하나님이 나와 함께 계신 것입니다.

7-8절 "너는 미련한 자의 앞을 떠나라. 그 입술에 지식 있음을 보지 못함이니라. 슬기로운 자의 지혜는 자기의 길을 아는 것이라도 미련한 자의 어리석음은 속이는 것이니라."

성경은 미련한 자의 앞을 할 수 있는 한 빨리 떠나라고 권면하고 있습니다. 여기서 미련한 자는 세상적으로는 똑똑한 자입니다. 이런 사람은 하나님의 말씀의 가치를 인정하지 않습니다. 이런 사람을 떠나라고 하는 것은 이런 사람에게서 기대할 것이 별로 없기 때문입니다. 이런 사람들이 처음에는 무엇인가 대단한 것을 하는 것 같지만 결국은 케케묵은 것밖에 모릅니다. 결국 이런 사람 앞에 오래 있어봐야 무시만 당하고 마음의 상처만 입기 때문에 할 수 있는 한 상관하지 않고 내버려두는 것이 좋습니다. 하나님은 이런 미련한 자를 쓰셔서 남들이 하지 못하는 일을 하게 하실 때도 있습니다. 그러나 슬기로운 자는 자기 길을 알고 있습니다. 세상에 많은 길이 있는 것 같지만 참 생명의 길은 오직 하나 하나님의 말씀 속에 난 길밖에 없습니다. 우리가 하나님 말씀의 맛을 알았을 때에는 이미 길을 찾은 것입니다. 우리는 무리해서 이 길 저 길을 개척하려고 할 필요가 없습니다. 그런 것은 또 하나님께서 적합한 사람을 통해서 하실 것이기 때문입니다. 우리는 우리 갈 길만 꾸준히 가면 되는 것입니다. 그때 우리는 나 자신도 모르게 많은 사람들이 나를 따라오고 있는 것을 보게 될 것입니다. 그러나 미련한 자는 길을 모르는데 아는 것처럼 큰소리를 치는 사람입니다. 이 세상에는 우리 생각 같아서는 꼭 될 것 같은데 안 되는 일들이 너무나도 많습니다. 결국 그것은 길이 아닌 것입니다. 저는 옛날에 길도 없는데 길을 가려고 애를 많이 썼던 적이 있었습니다. 그것은 신앙을 너무 이상적으로만 생각했기 때문입니다. 그런데 하나님은 그 길들을 다 막으시고 가장 평범한 길로 인도하셨습니다. 나중에 보니까 그것이 길이었습니다.

3. 마음의 세계

오늘날 우리 주위에는 중요한 것들이 많습니다. 그중에는 직장이나 돈을 잘 버는 것이나 유명해지는 것도 있고 혹은 다른 사람들과의 좋은 관계도 있지만 가장 중요한 것은 우리 마음의 상태입니다. 그런데 오늘날 거의 많은 사람들은 자기 자신의 마음을 가장 중요하게 생각하지 않고 거의 내팽개치다시피 하면서 살아가고 있는 것을 볼 수 있습니다. 그러다가 어떤 어려운 일을 닥치면 극복을 하지 못해서 자살이라는 극단적인 방법을 쓰는 것입니다.

9절 "미련한 자는 죄를 심상히 여겨도 정직한 자 중에는 은혜가 있느니라."

미련한 자는 이 세상의 성공이나 다른 사람의 인정이나 인기를 가장 중요하게 생각합니다. 결국 이 미련한 자는 눈에 보이는 것을 가장 중요하게 생각하고 달려오는 사람입니다. 이런 사람들은 성공만 눈에 들어오지 죄의 미끼는 중요하게 생각하지 않습니다. 성공에 도취가 되어 시시한 것들은 이미 눈에 들어오지도 않기 때문입니다. 마치 물고기가 먹이만 신경 쓰고 낚시에 매달린 미끼를 우습게 아는 것과 같습니다. 또 맹수들이 덫을 신경 쓰지 않고 다른 약한 짐승을 잡아먹는 것만 생각하는 것과 같습니다. 그러나 물고기가 아무리 힘이 세고 튼튼해도 결국 미끼를 물고 낚싯바늘에 걸리면 밖에 끌려 나가서 죽을 수밖에 없습니다. 아무리 사나운 맹수라 하더라도 덫에 걸리면 결국 도망가지 못하고 죽을 수밖에 없습니다. 하나님의 말씀을 모르는 자는 결국 죄의 미끼에 걸릴 수밖에 없습니다. 한번 성공한 사람들에게는 시시한 것은 재미가 없고 무엇인가 특별해야 관심이 끌리는데, 그 특별한 것들이 다 위험한 것이기 때문입니다. 하나님의 말씀을 모르는 자에게는 죄가 너무나도 아름답게 보이고 환상적으로 보이고 나를 영원히 행복하게 해줄 것 같고 그 끄는 힘이 너무 강력하기 때문에 이겨낼 수가 없습니다. 그러나 우리가 하나님의 말씀을 붙들면 죄의 결과를 볼 수 있습니다. 지금 당장은 아름다운 것 같지만 그 안에 얼마나 추잡한 욕심이 있고 거짓이 있는지 알 수 있습니다. 그리고 이 죄에 단 한 번이라도 빠지면 나중에 얼마나 망신을 당하고 비참하게 되는지 알 수 있기 때문에 죄 짓는 것을 가장 무서워합니다. 그래서 정직한 자에게는 은혜가 있다고 말하고 있습니다. 이것은 은혜가 우리를 지켜준다는 뜻입니다.

10절 "마음의 고통은 자기가 알고 마음의 즐거움도 타인이 참여하지 못하느니라."

우리는 다른 사람의 외적인 성공만 보고 마음이 행복할 것이라고 생각을 합니다. 그러나 사람의 마음속에는 외적인 성공만으로는 만들어낼 수 없는 불안이나 두려움이 있습니다. 진정으로 행복한 자는 자기 마음 안에 행복을 만들어낼 수 있어야 하는데 이것은 하나님이 주시는 선물입니다. 세상적으로 갑자기 성공해서 유명해지고 돈이 많아진 사람의 마음속에 이유를 알 수 없는 불안과 두려움이 있습니다. 어떤 사람은 이 허무를 이기지 못해서 죄를 짓게 됩니다. 그러나 죄는 그 사람을 더 비참하게 만들 뿐입니다. 진정한 행복은 하나님 앞에서 자기 자신의 가치를 찾는 것입니다. 내게 능력 주시는 자 안에서 모든 것을 감당하면 되는 것입니다. 우리는 다른 사람이 '저 사람 행복하겠지'라고 생각하는 것과 실제로 행복한 것은 엄청나게 다른 것입니다. 우리를 진정으로 행복하게 하는 것은 영적인 부흥입니다. 우리에게 영적인 부흥이 일어날 때 우리는 언제나 행복할 수 있습니다.

11절 "악한 자의 집은 망하겠고 정직한 자의 장막은 흥하리라."

여기서 집과 장막 사이에는 엄청난 차이가 있습니다. 집은 견고한 구조물이기 때문에 그 자체가 비싸고 이런 집을 가진 사람은 부자일 것입니다. 그러나 이 사람은 집을 하나님의 축복으로 짓지 않았습니다. 이 사람은 돈만 벌어서 좋은 집을 장만한 것입니다. 그러나 가족들 사이에 미움이 있고 사랑이 없습니다. 많은 갈등과 정신적인 문제가 터지면서 나중에 이 집 자체가 망해버리는 것입니다. 반면에 정직한 자는 하나님의 말씀으로 집을 계속 채우게 했습니다. 그랬더니 처음에는 장막에 불과했는데 하나님이 부흥하게 하셨습니다. 그래서 정직한 자의 장막이 악인의 대궐 같은 집보다 훨씬 더 복되게 되는 것입니다.

12절 "어떤 길은 사람의 보기에 바르나 필경은 사망의 길이니라."

여기서 길이 바르다는 것은 성공이 확실하다는 것입니다. 사람이 보기에 성공이 확실하다고 해도 이 세상에는 우리 인간이 알지 못하는 의외의 변수가 너무나도 많습니다. 결국 성공하는 사람은 이 의외의 변수들을 하나님이 책임져 주시는 사람으로서 이런 사람이 진정으로 복된 것입니다. 우리가 하나님의 말씀을 붙들 때 하나님은 우리가 알지 못하는 위기에서 우리를 책임져 주십니다.

13절 "웃을 때에도 마음에 슬픔이 있고 즐거움의 끝에도 근심이 있느니라."

우리가 웃을 때에는 장사가 잘 되어서 기쁠 때일 것입니다. 자식들이 공부를 잘해서 좋은 대학에 합격했을 때일 기쁠 것입니다. 돈 걱정 없이 살 때 즐거울 것입니다. 다른 사람의 인정이나 칭찬을 받을 때 행복할 것입니다. 그런데 이런 가운데에도 슬픔이 있고 근심이 있습니다. 이런 기쁨이나 즐거움이 완전한 것이 결코 아니기 때문입니다. 사람들이 자기가 가야 할 길을 잃어버렸을 때에는 근심하고 슬퍼합니다. 그런데 우리가 자기 길을 찾았을 때에는 다시 자신감을 얻고 여유를 찾습니다. 하나님의 말씀이 없이 행복하고 기쁜 것은 일시적인 것밖에 되지 않습니다. 이런 사람들은 아직 길을 찾지 못했고 길이 없는 곳을 헤매고 있는 것입니다.

14절 "마음이 패려한 자는 자기 행위로 보응이 만족하겠고 선한 사람도 자기의 행위로 그러하리라."

결국 처음에 했던 말씀으로 돌아가고 있습니다. 이 설교를 마칠 때가 다 되어간다는 뜻입니다. 마음이 패려한 자는 반항적인 사람을 말합니다. 이 사람은 자기 개성을 깨지 않았습니다. 하나님의 말씀을 믿을 수 없었기 때문입니다. 그러면 그 사람은 자기가 가진 것으로 만족할 수밖에 없습니다. 다시 말해서 하늘의 복은 없는 것입니다. 이 사람은 입으로는 믿는다고 하면서도 하늘의 복을 위해서 투자하지 않았기 때문입니다. 반면에 선한 사람이라고 하는 것은 자기 틀을 깨고 과감하게 하나님의 말씀에 자신을 던진 자를 말합니다. 이런 사람은 하늘의 복을 거두게 됩니다. 결국 사람들은 모두 다 심은 대로 거두게 되어 있습니다. 자기 것을 깨지 않은 사람은 자기 것 그대로 있습니다. 마치 밀알을 땅에 심지 않고 한 알 그대로 가지고 있는 것과 같습니다. 그러나 우리가 믿음에 자신을 던지면 마치 밀알이 땅에 떨어져 곡식이 결실하는 것과 같은데 삼십 배 육십 배 백 배의 결실을 거두게 됩니다.

15절 "어리석은 자는 온갖 말을 믿으나 슬기로운 자는 그 행동을 삼가느니라."

15절 말씀이 오늘 말씀의 결론입니다. 어리석은 자는 하나님의 말씀을 믿지 않는 대신에 다른 사람들이 하는 말은 다 믿습니다. 우리에게 말이란 우리를 이끌어나가는 엔진의 기름과 같습니다. 만약 차에 이것저것 엉터리들을 다 섞은 기름을 넣으면 차는 다 망가지고 말 것입니다. 언젠가 우리나라 비행기에 엉터리 기름을 넣었다가 비행기가 떨어져 조종사가 죽은 적도 있습니다. 우리는 오직 하나님의 말씀만 들어야 합니다. 우리는 마음에 문을 달아서 다른 이야기들이 우리 마음속에 들어오지 못하게 막아야 합니다. 양은 목자의 음성을 알기 때문에 다른 사람의 말은 듣지 않는다고 예수님이 말씀하셨습니다. 만약 우리가 목자의 음성을 분별하지 못하면 잘못된 곳으로 따라가게 될 것입니다. 그런데 만일 우리가 목자의 음성만 들을 수 있다면 어느 곳에서든지 바른길로 갈 수 있습니다. 오늘날 사람들은 많은 것을 알기만 하면 좋은 줄로 알지만 우리는 너무 많은 이야기를 들을 필요가 없습니다. 여기에 보면 슬기로운 자는 듣기만 골라서 듣는 것뿐 아니라 행동을 삼간다고 했습니다. 아무것이나 하지 않는다는 뜻입니다. 이 사람은 자기 길을 찾았기 때문입니다. 길을 잃은 사람은 할 수 있는 대로 많은 일을 벌이려고 합니다. 이 사람은 결국 길을 모르는 것입니다. 그러나 길을 찾은 사람이 오히려 많은 일을 벌이면 길을 잃게 됩니다. 때로는 많은 일 때문에 목자의 음성을 놓칠 수도 있습니다. 우리는 오늘도 목자의 음성을 듣고 우리 가정을 하나님의 축복으로 건설하는 복된 성도들이 다 되시기 바랍니다.

22 · 마음의 악을 버리라

잠 14:16-35

　요즘 우리나라 사람들 사이에는 엄청난 정보의 전달이 이루어지고 있습니다. 얼마 전에만 해도 우리나라 사람들 일부가 아이패드라고 해서 조금 작은 노트 같은 판을 들고 다니면서 인터넷에서 필요한 정보를 받았는데 이제는 작은 스마트폰을 통해서 인터넷의 모든 정보를 다 다운받을 수 있게 되었습니다. 예를 들어서 옛날에는 아파트 시세라든지 물건의 값을 알아보려면 그곳에 있는 사람에게 전화를 걸어서 물어보든지 또 대개는 전화번호를 모르니까 직접 차를 타고 가서 물어보든지 했어야 했는데, 이제는 오직 핸드폰 하나로 자기가 알고 싶은 모든 정보를 다 얻을 수 있게 된 것입니다. 오늘 현대인들에게 정보의 스피드는 옛날에는 도저히 상상할 수 없을 정도로 빨라졌고, 특히 현대인들은 정보에서 다른 사람에게 뒤떨어지는 것을 아주 무식하다고 생각하게 되었습니다. 오늘날 현대인들은 자기가 가지고 있는 방법이 다른 사람들이 사용하는 방법에 비하여 구식이고 속도가 느리다는 것을 견딜 수 없는 수치로 생각하게 되었습니다.

그런데 많은 사람들은 이런 정보의 스피드로 자신이 더 나은 사람이 되고 있다는 잘못된 생각을 가지고 있습니다. 이런 정보의 속도가 전혀 자신의 인생을 바른 방향으로 나가게 하는 데 도움이 되지 않는다는 것을 모르고 있습니다. 우리가 아무리 빨리 알고 많이 안다 하더라도 그것은 그저 남의 이야기이지 우리 자신의 이야기는 아니기 때문입니다. 다시 말해서 우리가 다른 사람의 이야기를 아무리 많이 한다고 해도 자신의 인생에는 별 도움이 되지 않습니다. 우리가 자신의 인생을 아름답고 가치 있는 바른길로 가게 하려면 우리 자신의 마음을 바로 볼 수 있어야 하고 결국 우리 마음에서 악을 제거하고 바른 방향으로 가게 해야 하는 것입니다. 옛날에 사람들이 책 읽는 것을 많이 강조했던 이유는 책을 통해서 자신의 모습을 보기도 하고 또 자신에 대하여 스스로 생각할 수 있는 시간을 가질 수 있기 때문입니다. 그러나 현대인들은 수많은 정보들을 통해서 다른 사람의 이야기를 많이 듣고 다른 사람의 이야기를 많이 함에 따라서 더욱 자신을 생각하지 못하고 있는 것입니다. 오늘 성경 말씀은 우리 인간에게 가장 중요한 것은 결국 자기 마음에서 악을 버리고 마음에서 하나님을 두려워하는 것이라고 말씀하고 있습니다. 옛날에도 대개 사람을 생각할 때 그 사람의 실력이나 능력을 중요하게 생각했지 그 사람의 마음의 상태는 별로 중요하게 생각하지 않았습니다. 하나님을 모르는 사람들에게는 오직 겉으로 나타나는 결과만 중요하기 때문입니다. 그러나 오늘 말씀은 사람의 마음의 상태가 가장 중요하다고 말씀하고 있습니다. 결국 하나님께서는 사람의 마음을 보시고 축복을 하시기 때문입니다. 우리 인간의 마음은 거의 무한한 잠재적인 능력을 가지고 있는 보물창고와 같습니다. 우리가 마음의 농사를 잘 지어서 악은 물리치고 하나님을 두려워하는 믿음으로 충만할 때 하나님은 그 사람에게 복이란 복은 다 부어주시는 것입니다.

1. 악에서 떠나는 것이 어려운 이유

우리가 이 세상에서 성공하기 위해서는 많은 사람들의 인정을 받는 것이 중요할 것입니다. 그보다 더 중요한 것은 우리가 하나님의 인정을 받는 것입니다. 그런데 하나님께서 가장 가치 있다고 인정하시는 사람은 바로 악에서 떠난 사람입니다. 전에 어떤 사람이 자기가 성공하게 된 것에 대해서 설명하면서, 처음에는 전혀 이름도 없는 무명인이었는데 어떤 유명한 사람의 눈에 들게 되면서 유명해지게 되었다고 말했습니다. 아마 그 유명한 사람은 첫눈에 이 무명의 사람이 크게 될 가능성을 보았던가 봅니다. 그러나 하나님께서 가장 가능성이 있다고 생각하는 사람은 악에서 떠날 수 있는 사람입니다.

> 16절 "지혜로운 사람은 두려워하여 악을 떠나나 어리석은 사람은 방자하여 스스로 믿느니라."

아마 이 한 가지 말씀보다 우리 신앙에서 더 중요한 말씀은 없을 것입니다. 지혜로운 사람은 무엇인가를 두려워해서 악을 떠나지만 어리석은 사람은 스스로를 믿기 때문에 방자해서 악을 떠나지 않는 것입니다. 우리에게 가장 중요한 것은 도대체 여기서 말하는 '악'이 무엇이냐 하는 것입니다. 우리는 보통 '악'이라고 하면 좋지 못한 습관이나 다른 사람에 대한 나쁜 태도 같은 것을 말할 것입니다. 예를 들어서 어떤 사람이 술을 마신 후 집안 식구들을 못살게 구는 습관이 있다면 그것은 악한 것입니다. 또 어떤 사람이 어느 곳에 가든지 다른 사람을 원망하고 불평을 한다면 그것은 좋지 못한 태도일 것입니다. 누구나 자신의 나쁜 습관을 고치는 것이 쉽지 않습니다. 거의 대부분의 사람들이 나쁜 태도나 습관이 일시적인 마음의 상태라고 생각합니다. 그렇지만 놀랍게도 우리에게 나타나는 나쁜 태도나 습관은 단순히 일시적인 생각의 문제가 아닙니다. 예를 들어 어느 곳에 길이 굽어 있을 때에는 모든 차들이 구부러진 길을 다닐 수밖에 없을 것입니다. 길이 굽어 있는데 바르게 달린다면 차가 길 밖으로 뛰쳐나가는 것밖에 되지 않기 때문입니다. 사람들에게 나쁜 습관이나 태도는 우연히 나타나는 것이 아니라 그 사람의 인격 자체가 비뚤어져 있기 때문에 나타나는 것입니다. 어느 누구에게든지 잘못된 태도나 습관이 나타날 수 있는데, 이것은 그냥 간단하게 결심을 하거나 반성을 한다고 해서 고쳐질 수 있는 것이 아닙니다. 사람이 악에서 떠나려고 하면 대공사가 필요한 것입니다.

길이 휘어져 있는 곳을 바르게 하려면 새로운 길을 만들고 그 다음에 옛날 길은 폐쇄를 시키는 대공사를 해야 합니다. 가끔 도시 변두리에 길을 넓히는 곳이 있는데, 가보면 새로운 길을 만들기 위해서 일단 새로운 길이 지나갈 곳의 논과 밭을 돈을 주고 사서 땅을 확보한 후에 산을 깎고 다리를 만들고 그 다음에 덤프트럭에 흙을 싣고 와서 길을 만든 후에 그 위에 아스팔트를 깔아서 새 길을 난 다음에야 옛날 길을 폐쇄를 하는 것을 볼 수 있습니다.

마찬가지로 우리가 하나님의 말씀을 들을 때 우리가 한두 가지만 잘못된 것이 아니라 내 생활 전체가 악을 깔고 있으며 악 위에 세워진 것을 깨닫게 됩니다. 지금까지 내가 살아온 것은 오기였고 야망이었으며 마치 술 취한 주정뱅이같이 내 마음을 엉망으로 만든 상태에서 살아왔다는 것을 깨닫게 됩니다. 그나마 지금까지 대형 사고를 저지르지 않고 살아온 것만 해도 하나님의 큰 은혜였던 것을 알게 되는 것입니다. 결국 '악'이란 어떤 한두 가지 나쁜 습관이나 태도를 말하는 것이 아니라 나 자신을 전적으로 하나님께 복종시키지 않은 생활 전체를 말하는 것입니다.

그러면 지혜로운 사람은 어떤 사람을 말합니까? 지혜로운 사람은 하나님의 말씀을 듣고 지금까지 자기 인생이 잘못되었다는 것을 깨닫는 사람을 말합니다. 이런 사람은 지금까지 자기가 살아온 것이 하나님의 능력이나 축복이 아니라 자신의 야망이나 혈기였다는 것을 깨닫게 됩니다. 이런 사람은 앞으로 자기가 바르게 살기 위해서는 하나님과의 바른 관계가 새로 만들어져야 하는 것을 깨닫습니다. 하나님 앞에서 자기 인생 전체가 수술될 필요가 있다는 것을 알게 됩니다. 예를 들어서 우리가 어떤 큰 병이 있어서 수술을 받으려면 직장에 휴직을 해야 하고 학교도 휴학을 해야 할 것입니다. 왜냐하면 이 수술을 받는 것이 가장 중요한 일이기 때문입니다. 진정으로 하나님의 말씀으로 은혜를 받은 자는 스스로 세상 출세의 길과 성공의 길에서 내려앉아서 하나님의 말씀으로 자기 마음을 수술 받기 시작합니다.

하나님께서는 이스라엘 백성들을 애굽에서 나오게 하셨을 때 이스라엘 백성들이 일주일이면 가나안 땅으로 갈 수 있는 해변 길로 인도하지 아니하시고 사십 일이 걸리는 광야 길로 데리고 가셨고 그 사십 일은 결국 사십 년으로 길어지게 되었습니다. 누구든지 어렸을 때부터 어른이 되기까지 계속 출세의 길을 달리는 사람은 사실 악을 치료받지 못한 사람입니다. 우리가 악을 치료받을 때 어떤 일이 일어나게 될까요? 마치 술이나 담배를 끊으면 금단 증세가 나타나면서 죽을 것같이 답답한 느낌이 들고 고통스러운 것처럼 우리가 세상길에서 끊어지고 하나님의 말씀만 들을 때에는 금단 증세가 나타나게 됩니다. 세상을 따라가지 않으면 죽을 것 같고 내가 하고 싶은 대로 하지 않으면 너무나도 고통스러운 상태에 빠지게 됩니다. 세상의 성공에서 멀어질수록 세상에서 도태되는 것 같고 완전히 실패한 사람이 될 것 같은 답답함을 느끼게 되는 것입니다. 나는 도저히 이 세상에서 다시 재기할 수 없을 것 같고 오직 믿음 하나만 붙들고 별 볼일 없이 살아가야 할 것 같은 마음이 드는 것입니다. 다시 말해서 우리가 나쁜 성질이나 못된 태도를 고친다는 것이 결코 쉬운 일이 아닙니다. 그러나 많은 사람들은 자신의 못된 성질이나 태도를 일시적인 현상으로 생각하고 별로 중요하게 생각하지 않습니다. 이런 사람들은 아무리 세월이 흘러도 자신의 못된 성질이나 태도를 버리지 못합니다. 길 자체가 구부러져 있기 때문에 마음만 먹는다고 해서 고쳐지는 것이 아니기 때문입니다. 이것은 길 자체를 고쳐야 하는 것입니다.

우리가 예수를 믿는 이유는 내 인생 자체가 구부러져 있고 문제가 있다는 것을 인정하기 때문입니다. 예수를 믿으면서 지금까지 혈기와 분노의 감정으로 살아왔던 나 자신을 부인합니다. 지금까지 내가 사랑하고 붙들어왔던 나의 옛사람을 죽이고 예수님을 내 마음의 새 주인으로 모시는 것입니다. 이것은 우리 인생을 대수술하는 것이고 자칫 잘못하면 내 인생 전체를 망하게 할 수도 있습니다. 그러나 우리가 내 인생 전체를 수술 받았을 때 나타나는 현상은, 이제 더 이상 나 자신의 감정이나 생각을 믿지 않게 됩니다. 그리고 언제나 내가 하나님 앞에서 죄인이라는 것을 알기 때문에 하나님을 두려워하게 됩니다. 이것이 바로 악에서 떠나는 것입니다. 이때 우리의 마음에 하나님의 사랑이 임하게 되고, 비로소 우리는 다른 사람에 대해서도 근본적으로 다른 생각을 가지게 됩니다. 이것이 바로 악에서 떠나는 것입니다. 사람들이 예수님을 믿지 않고, 다시 말해서 하나님의 능력을 믿지 않고는 절대로 악에서 떠날 수가 없습니다. 예를 들어서 우리가 차를 타고 갈 때 반드시 안전벨트를 매야 합니다. 어리석은 사람들은 굳이 안전벨트를 매지 않아도 얼마든지 자기 손으로 손잡이를 잡으면 된다고 생각합니다. 그러나 이런 사람은 차가 충돌할 때 얼마나 큰 힘으로 우리 몸이 밖으로 튕겨 나가는지 생각을 하지 못합니다. 마찬가지로 우리 안에 있는 분노와 악한 생각이 충돌을 할 때 우리의 의지나 교양으로는 막을 수가 없습니다. 죄를 막을 수 있는 것은 하나님의 능력밖에 없는 것입니다.

그래서 '어리석은 자는 방자하여 스스로 믿느니라'고 했습니다. 여기서 어리석은 자는 자신의 의지나 교양을 믿는 사람을 말합니다. 그래서 아직 자기 자신에게는 큰 문제가 없고 지금까지 살아온 대로 살아가도 된다고 생각하는 사람을 말하는 것입니다. 성경이 우리에게 심각한 문제나 오류가 있다고 말할 때 우리는 그것을 믿어야 합니다. 성경은 우리 인간에 대한 전문적인 진리이기 때문입니다. 아무리 우리가 아픈 것을 모르더라도 의사가 진단을 한 후에 우리 건강에 심각한 잘못이 있다고 진단하면 그것을 그대로 믿어야 하는 것과 같습니다. 의사의 진단이나 경고를 무시하고 그대로 산 사람들은 얼마 살지 않아서 병으로 죽는 것을 보게 됩니다. 우리가 다른 사람에 대하여 적대적인 태도를 보이거나 내 안에 분노의 감정이 폭발하는 것은 단순한 감기처럼 참고 넘어갈 수 있는 것이 아니라 인생 전체의 수술이 필요한 암 같은 병입니다. 우리는 지금 모두 하나님의 큰 수술을 받고 회복중인 환자들과 같습니다. 중요한 것은 우리가 지금 살아 있다는 것이고 앞으로 더 건강하게 될 것이라는 사실입니다. 이것이 비록 지금은 모든 것을 다 가지고 있지만 결국 죄로 인하여 죽는 것보다는 백 배 천 배 나은 것입니다.

> **17절** "노하기를 속히 하는 자는 어리석은 일을 행하고 악한 계교를 꾀하는 자는 미움을 받느니라."

여기서 성경은 우리 마음의 악을 두 가지로 표현하고 있습니다. 하나는 분노를 쉽게 나타내는 사람의 문제입니다. 다른 하나는 다른 사람에 대하여 나쁜 마음을 가지고 있는 것입니다. 인간에게 가장 심각한 문제는 우리 마음에 자기 자신이나 다른 사람에 대하여 분노의 감정이 생긴다는 것입니다. 물론 우리 마음에 분노의 감정이 생긴다고 하는 것은 어떤 의미에서 우리가 바르지 못한 상태에 있다는 것을 의미하기 때문에 일정한 정도로 필요하다고 볼 수 있습니다. 예를 들어서 우리는 다른 사람이 나를 이유 없이 무시하거나 업신여길 때 화가 납니다. 또 내 상태가 내가 원하는 상태에 있지 않을 때에도 자신에 대하여 화가 나는 것입니다. 내가 어려운 처지에 있는데도 불구하고 할 수 있는 것이 아무것도 없다든지 혹은 내가 해서는 안 되는 짓을 반복해서 할 때 우리는 스스로 화가 날 것입니다. 이런 화는 다른 사람에게 터트릴 성질의 것이 아니라 왜 이런 분노가 일어났는가 하는 것을 진단하고 분석을 해서 바로잡아야 할 성질의 것입니다. 우리가 자동차를 운전하는 데 자꾸 삐삐 거리면서 이상한 소리가 난다면 자동차를 세워서 점검을 해야 할 것이지 소리가 난다고 해서 망치로 자동차를 부순다고 해결되는 것은 아닙니다. 하기야 옛날 텔레비전이 잘 나오지 않을 때 한 번씩 손바닥으로 치면 잘 나올 때도 있었습니다. 우리가 아무것도 모르니까 그렇게 하는 것이지 기술자들은 그렇게 하지 않을 것입니다. 사람에게 분노는 펄펄 끓는 물과 같아서 매우 조심해서 처리해야 합니다. 화가 난다고 해서 다른 사람에게 화를 퍼부어버리면 그 사람은 끓는 물을 뒤집어쓰고 중화상을 입게 될 것입니다. 그렇다고 해서 우리가 화가 나는 것을 속으로 참기만 한다면 우리 속이 홀랑 다 타버려서 결국 우울증이나 화병이 생기게 될 것입니다. 우리에게 분노가 생겼다는 것은 자신이나 상대방에게 심각한 잘못이 있는 것으로 알고 일단 화를 식혀야 합니다. 그리고 난 후에 하나님의 말씀으로 하나씩 곰곰이 분석을 해서 바로잡아야 합니다.

현대인들에게 가장 심각한 것은 모든 사람들에게 화가 너무 많이 나는데 이것을 간단히 해결할 수가 없습니다. 결국 사람들은 화가 나서 정신병이 걸리고 자살을 하고 싸우고 물건을 부수고 술을 마시고 행패를 부리고 교통사고를 내는 것입니다. 화를 가라앉히는 유일한 방법은 하나님의 사랑의 감정으로 분노를 식히고 상한 마음을 치료하는 것입니다. 대개 세상에서 화를 치료하는 방식은 조용하게 명상하거나 음악을 듣거나 자기 이야기를 다른 사람에게 하거나 남의 이야기를 듣는 방식을 통해서 이루어집니다. 옛날 사울 왕은 성령이 떠나자 남을 의심하는 마음이 생겨서 발작을 하게 되었는데 이것이 나중에는 다윗에 대한 극심한 미움으로 나타나게 되었습니다. 사울 왕은 이것을 음악으로 치료하려고 했다가 안 되니까 결국 나중에 무당을 찾아가서 죽은 사무엘의 영을 만나서 위로를 받으려고 하다가 결국 죽게 됩니다. 그리고 악한 계교를 꾀한다는 것은 다른 사람에 대하여 지속적으로 나쁜 생각을 가지는 것입니다. 이것은 아주 잘못된 인격입니다. 하나님께서 우리로 하여금 이 세상에 살게 하신 것은 다른 사람을 미워하면서 아까운 인생을 허비하라고 하신 것이 아니기 때문입니다. 하나님이 우리를 이 세상에 살게 하신 것은 다른 사람을 사랑하고 선을 행하게 하기 위한 것입니다. 다른 사람에게 악한 계획을 가지고 있는 사람은 결국 자신의 아까운 인생을 허비하고 있는 것입니다. 우리는 다른 사람이 내 마음에 들지 않는다고 해서 그 사람을 미워하면서 내 인생이나 품성을 허비할 필요가 없습니다. 다른 사람이 내 마음에 들지 않는 것은 그 사람 사정이고, 나는 나 자신을 하나님 앞에서 아름답게 해야 할 의무가 있는 것입니다.

18절 "어리석은 자는 어리석음으로 기업을 삼아도 슬기로운 자는 지식으로 면류관을 삼느니라."

여기서 어리석은 자는 하나님의 지혜를 믿지 않는 사람입니다. 이런 사람은 세상에 좋은 것이 많으니까 세상을 위해서 열심히 살아갑니다. 세상에서 돈을 벌고 유명하게 되는데 이것이 이 사람의 재산입니다. 그러나 성경은 이것이 어리석은 것이라고 말씀하고 있습니다. 이 세상의 좋은 것들은 결코 본질적인 것이 아니기 때문입니다. 하나님이 가장 중요하게 생각하는 것은 마음의 상태입니다. 세상에 있는 것은 오직 수단에 불과할 따름입니다. 학생들이 공부하는 데 사용하는 책상과 의자는 공부하는 수단에 불과합니다. 본질적인 것은 그 학생이 교과서 내용을 잘 소화를 해서 좋은 성적을 거두는 것입니다. 마찬가지로 이 세상에서 본질적인 것은 우리 마음 상태이고 하나님의 축복이 임하는 것입니다. 슬기로운 자는 자기 마음을 하나님의 말씀으로 채우고 연단을 통과할 때 정금으로 변하게 됩니다. 이때 하나님은 하늘의 복을 우리에게 주시는데 이것이 우리의 면류관입니다. 성경은 우리가 모두 심은 대로 거둔다고 했습니다. 육신을 위하여 심는 자는 육신으로부터 썩을 것을 거두고 성령으로 심는 자는 성령으로 영생의 거둘 것입니다. 그래서 세상에서 성공한 것이 반드시 성공한 것이 아닐 수도 있습니다. 이것은 어떤 의미에서 그만큼 욕심을 위해서 열심히 살아온 것을 의미합니다. 우리 믿음의 조상 아브라함은 당시에 결코 유명한 사람이 아니었습니다. 물론 아브라함은 부요했지만 세상적으로는 아브라함보다 부요한 사람이 많았을 것입니다. 그러나 하나님은 아브라함이야말로 가장 복 받은 자라고 말씀하셨습니다. 그가 하나님의 말씀을 붙들고 갈 데까지 갔기 때문입니다. 그때 하나님은 아브라함을 통하여 능력을 나타내셨고 하나님의 말씀이 임하게 하셨고, 결국 이스라엘의 위대한 축복은 아브라함을 통해서 주어지게 된 것입니다.

19절 "악인은 선인 앞에 엎드리고 불의자는 의인의 문에 엎드리느니라."

우리가 생각하기에 이 세상에서는 악인이 득세하고 불의한 자가 세력을 부리는 것 같은데 하나님 앞에서는 결코 그렇지 않습니다. 악인은 선인 앞에 엎드리고 불의한 자는 의인의 문 앞에 엎드리게 됩니다. 이것은 두 가지 의미로 생각할 수 있습니다. 하나는 결국 하나님께서 이렇게 만드신다는 뜻입니다. 처음에는 악인과 불의한 자가 세상의 권세를 가지고 선한 사람들을 업신여기고 못살게 굴지만 하나님의 때가 되면 세상이 뒤집어지는 것입니다. 하나님께서는 한 번씩 세상을 뒤집으십니다. 위에 있는 자가 낮아지게 하시고 낮은 위치에 있는 자가 위로 올라가게 하십니다. 이때 악한 자들이 어쩔 수 없이 하나님의 말씀을 붙드는 자 앞에 엎드리게 되는 것입니다. 왜냐하면 이제 자기들에게는 힘이 없어졌기 때문입니다. 더 바람직한 것은 악한 자들이 선한 자들에게서 하나님의 말씀을 배움으로 선한 사람으로 변하게 되는 것입니다. 불의한 자가 의로운 자에게서 하나님의 말씀을 배우면 의로운 자로 변하게 됩니다. 악인이 자발적으로 엎드리는 것은 하나님의 말씀을 배우는 것을 의미하는데 그렇게 되는 것이 최고로 좋은 하나님의 뜻입니다. 우리는 아무리 악한 자라 하더라도 누구든지 변할 수 있다는 것을 생각하고 신사적으로 대하는 것이 좋습니다. 악한 자가 단 한 명이라도 변할 수 있으면 이것은 하나님 앞에 말로 표현할 수 없는 영광이 되는 것입니다.

2. 다른 사람과의 관계

우리 마음속에 있는 생각이나 태도는 결국 다른 사람들과의 관계를 통해서 나타나게 됩니다. 사람이 아무리 혼자 무슨 생각을 한다고 하더라도 그것이 크게 중요한 것은 아닙니다. 우리의 생각은 다른 사람들과의 관계를 통해서 다듬어지기도 하고 회복되기도 하기 때문입니다. 맨 처음은 가난한 자에 대한 태도입니다.

> 20절 "가난한 자는 그 이웃에게도 미움을 받게 되나 부요한 자는 친구가 많으니라."

여기서 말하는 것은 가난과 부에 대한 사람들의 일반적인 태도를 말합니다. 사람들은 아무래도 가난한 사람을 보면 무시하게 되고 돈이 많은 사람을 보면 좋아하게 되어 있습니다. 그러나 사람의 진정한 가치는 이런 외모와 다를 수가 있습니다. 하나님 앞에서 연단을 받느라고 가난하게 된 사람들이 있습니다. 물론 다른 사람들은 이 사람이 연단을 받느라고 가난하게 된 것은 잘 모르니까 무시하고 별로 좋아하지 않을 것입니다. 그러나 이런 사람은 하나님 앞에서는 귀한 사람입니다. 반대로 어떤 사람이 가난하게 되었는데 하나님의 말씀을 떠나서 자기 멋대로 살다가 하나님께서 치셔서 가난하게 된 사람도 있을 것입니다. 이런 사람은 사람도 싫어하지만 하나님도 싫어하십니다. 그러나 이런 사람들이 가난하게 된 것을 통해서 하나님 앞에서 마음이 가난해져서 다시 하나님의 말씀을 붙들면 하나님의 사랑받는 자가 될 수 있습니다. 우리가 가난해진다고 하는 것은 하나님 앞에서 자기 자신을 볼 수 있는 중요한 기회입니다. 우리가 다른 사람의 미움을 받는다고 하는 것은 객관적으로 조용히 자기 자신을 볼 수 있는 기회인 것입니다. 거기에 비해서 돈이 많으면 친구들이 많아지게 될 것입니다. 돈이 많으니까 다른 사람에게 선심도 쓰고 선도 베풀기 때문에 다른 사람들이 좋아하게 될 것입니다. 그러나 이때도 단순히 돈만 많은 것과 하나님 앞에서 연단 받고 회복된 경우와는 다를 것입니다. 단순히 돈이 많아서 친구들이 많은 사람은 거만할 것이며 돈으로 다른 사람들을 자기 마음대로 이용하려고 할 것입니다. 그러나 가난했다가 하나님의 축복으로 부자가 된 사람은 하나님의 사랑을 느낄 것이며 친구들이 많은 것을 사랑을 베푸는 기회라고 생각할 것입니다. 같이 가난해도 연단 받는 것과 그냥 망한 것은 다르고, 부요해서 돈이 많은 것과 축복으로 부자가 된 것은 다른 것입니다.

21절 "그 이웃을 업신여기는 자는 죄를 범하는 자요 빈곤한 자를 불쌍히 여기는 자는 복이 있는 자니라."

우리에게는 모두 다양한 이웃들이 있습니다. 어떤 사람은 이웃은 전혀 생각하지도 않고 자기 행복만 생각하는 사람이 있을 것입니다. 이런 사람은 우리가 알지 못하는 가운데 이웃으로부터 얼마나 도움을 받고 있는지 생각지 않는 사람인 것입니다. 옛날 다윗 시대에 나발이라는 사람이 목축업을 하고 있었는데 그 이웃에 다윗이 있음으로 해서 도둑들이 얼씬도 하지 못해서 양이 도둑질을 당하지 않습니다. 그럼에도 불구하고 나발은 다윗의 도움을 인정하지 않고 다윗이 좀 도와달라고 하니까 다윗을 업신여기는 말을 하며 다윗의 성질을 건드리는 바람에 다윗이 출동해서 나발을 죽일 뻔한 적이 있었습니다(삼상 25장). 우리는 이웃이 있기 때문에 도둑이나 강도나 맹수로부터 보호되고 있는 것입니다. 특히 우리와 함께 많은 성도들이 함께 신앙생활하고 있는 일 자체가 얼마나 큰 축복이고 도움인지 모를 때가 많습니다. 주위의 많은 사람들이 있는 것 자체가 도움이 되고 유익이 될 때가 많습니다. 그래서 우리의 이웃은 사랑을 실천할 대상인 것입니다. 우리가 하나님으로부터 진리를 배웠다면 그 진리를 누구에겐가 써먹어야 할 것입니다.

그런데도 이웃을 업신여기는 자는 자기가 잘 된 것이 전부 자기 능력이라고 생각하는 나발 같은 사람입니다. 결국 이런 사람은 하나님의 사랑도 받지 못할 것입니다. 이웃을 불쌍히 여기는 자는 자기 자신이 옛날에 가난했던 기억이 있는 사람일 것입니다. '개구리 올챙이 시절을 기억하지 못한다'는 말이 있습니다. 누구든지 성공하고 나면 옛날에 어렵고 가난했을 때를 기억하지 못한다는 뜻입니다. 이스라엘 백성들은 가나안 땅에 들어가기 전에 애굽에서 노예 생활을 하고 광야에서 수입이 전혀 없이 살았던 경험이 있습니다. 이스라엘 백성들에게는 이 출애굽의 경험과 광야 경험이 부끄러운 것이 아니라 어마어마한 정신적인 자산이었습니다. 마찬가지로 우리가 가난하고 어렵게 살다가 하나님의 축복을 받은 것은 이것 자체가 엄청난 정신적인 자산일 뿐 아니라 다른 사람들에게도 큰 힘이 되는 것입니다.

22절 "악을 도모하는 자는 그릇 가는 것이 아니냐. 선을 도모하는 자에게는 인자와 진리가 있으리라."

여기서 '도모한다'는 것은 마음으로 생각하고 계획하는 것을 말합니다. 어떤 사람이 정직하고 바르게 돈을 벌고 일을 하려고 생각하지 않고 나쁜 방법으로 돈을 벌고 성공하려고 한다면 이미 그의 마음 자체가 비뚤어져 있는 것을 보여줍니다. 이런 사람은 성공을 하더라도 나쁜 쪽으로 생각하고 나쁜 길로 가게 되어 있습니다. 그의 길 자체가 굽어 있기 때문입니다. 이런 사람은 아무리 돈이 많고 성공해도 언제나 굽은 길을 갈 수밖에 없습니다. 그러나 선을 도모한다는 것은 이미 자체가 하나님 앞에서 한 번 꺾어진 적이 있는 사람입니다. 이 사람은 자기 생각보다는 먼저 하나님의 뜻을 생각합니다. 성경에서 '선'이란 남에게 잘해 주는 것이 아니라 하나님의 뜻에 일치하는 것을 말합니다. 활을 쏘는 자가 화살을 가지고 과녁에 정확하게 맞히듯이 하나님의 뜻을 정확하게 찾는 것이 선입니다. 우리가 하나님의 선을 이루는 것이 어려운 이유는 무엇이 하나님의 뜻이라는 것을 말씀하시지 않기 때문입니다. 결국 우리가 마음을 다하고 뜻을 다하고 열정을 다하여 찾아내어야 합니다. 양궁 선수들이 과녁을 정확하게 맞히려면 팔에 힘이 있어야 하지만 정신이 흔들림이 없어야 합니다. 그리고 수없이 활 쏘는 연습을 해서 바람이 불면 어떻게 되고 자신의 나쁜 습관은 무엇인지 철저하게 연구해야 할 것입니다. 우리가 하나님의 뜻을 찾고자 거기에 내 혼신의 힘을 다 쏟을 때 하나님의 인자와 진리가 나타나게 됩니다. 하나님의 기적적인 능력이 나타날 뿐 아니라 하나님의 축복의 과녁을 맞히니까 축복이 터지게 되는 것입니다.

23절 "모든 수고에는 이익이 있어도 입술의 말은 궁핍을 이룰 뿐이니라."

이것은 말하는 것과 행동하는 것의 차이를 지적하고 있습니다. 사람이 생각만 하고 말을 할 때에는 구체적이지 않기 때문에 모든 것을 다 말할 수 있습니다. 그러나 이것은 어디까지나 마음으로 생각하는 희망 사항이기 때문에 현실화되는 데는 엄청난 벽이 있습니다. 성도들이 언제나 경험하는 것이 바로 이런 것입니다. 우리가 하나님의 말씀만 들을 때에는 모든 것이 다 된 것 같고 틀림없이 잘 될 것 같은데 세상 현실에 부딪쳐보면 되는 일이 아무 것도 없는 것입니다. 하나님의 말씀과 세상 현실 사이에는 엄청난 벽이 있기 때문입니다. 하물며 우리가 마음속으로 희망하는 것과 세상 현실 사이에는 더 큰 엄청난 벽이 있습니다. 그래서 꿈은 높은데 현실이 받쳐주지 않는 사람은 자꾸 비현실적인 공상주의자가 되기 쉽습니다. 믿는 사람들도 잘못하면 너무 세상을 우습게 알거나 혹은 너무 세상을 두려워해서 현실에 부적응하는 사람이 되기 쉽습니다. 일단 하나님의 말씀을 듣고 알아야 하지만 세상에 부딪쳐서 그것이 실제적인 지식이 되어야 합니다. 세상의 현실을 이길 수 있는 말씀이 되어야 하고, 가슴이 뜨거워지는 믿음이 되어야 하는 것입니다. 그러면 반드시 세상을 설득하고 이길 수 있습니다. 그러나 전혀 경험도 없으면서 머리로만 믿고 밀어붙이는 것은 절대로 성공할 수가 없고, 다른 사람들에게도 감동을 줄 수 없습니다. 요셉이 어렸을 때 꿈을 꾸고 형들에게 아무리 말을 해도 형들은 요셉을 더욱 미워하고 종으로 팔아버렸습니다. 그러나 요셉이 애굽에서 실컷 종살이를 하면서 세상 현실 가운데서 하나님의 말씀을 깨달았을 때 바로에게 감동을 주고 많은 사람을 흉년에서 살리는 지혜를 가질 수 있었던 것입니다.

24절 "지혜로운 자의 재물은 그의 면류관이요 미련한 자의 소유는 다만 그 미련한 것이니라."

결국 하나님의 은혜와 축복은 물질적인 복으로 나타나게 되어 있습니다. 그런데 이것은 믿음의 연단 없이 돈만 많은 사람과 근본적인 차이가 있습니다. 이 세상에서 하나님 말씀의 연단 없이 돈만 벌고 높은 자리까지 올라간 사람은 눈에 보이는 복밖에 없습니다. 중요한 것은 그 사람에게 믿음이 없는 것입니다. 이런 사람은 높은 자리에 올라가기만 했지 전혀 하늘의 복을 모르는 사람입니다. 그러나 믿음의 연단을 받은 사람은 먼저 영적인 복을 많이 받은 후에 물질적인 복도 받고 세상적인 복도 받기 때문에 이것이 믿음의 복에 비하면 아무것도 아닌 것을 압니다. 그래도 세상 사람들은 이 사람이 겉으로 성공한 것만 보고 대단하다고 생각하지만 그에게는 더 어마어마한 하나님의 복이 있고 물질적인 복은 하나님의 사랑의 표현에 불과한 것입니다. 반면 믿음이 없이 부자가 되고 높은 자리에 올라간 사람은 성공 자체가 우상이기 때문에 그것을 절대시하고 쩔쩔매다가 나중에 하나님의 심판 받을 때 아무것도 남지 않고 다 없어지고 맙니다. 결국 이런 사람은 성공했다는 것이 미련한 것만 붙든 모습입니다.

3. 다른 사람을 향한 증언

결국 지혜로운 사람은 다른 사람에게도 하나님의 진리를 말하게 되어 있습니다. 인간에게 가장 중요한 축복은 하나님의 진리를 들을 수 있는 것입니다. 우리가 하나님의 진리를 듣지 못한다면 앞을 보지 못하고 인도자가 전혀 없는 맹인과 같습니다. 누군가가 하나님의 진리를 소화를 해서 이야기하는 것은 그것 자체가 축복이고 예언이며 치료하는 능력입니다. 예를 들어서 우리 주위에 있는 가축들이나 새가 사람의 말을 한다면 이것은 예사 일이 아닐 것입니다. 가끔 집에서 키우는 열대지방의 구관조나 앵무새가 사람의 말을 흉내 낸다고 해서 신기해 할 때가 있습니다. 그러나 그것은 어디까지나 이런 새가 사람의 소리를 흉내 내는 것이지 뜻을 알고 말하는 것은 아닙니다. 만일 우리가 하나님의 말씀을 말할 수 있다면 이것은 우리 인간으로 할 수 있는 최고의 축복입니다.

25절 "진실한 증인은 사람의 생명을 구원하여도 거짓말을 뱉는 사람은 속이느니라."

사람들은 대개 어떤 중요한 일에서 진실을 증언할 것을 서약할 때가 있습니다. 사람들은 아무리 서약을 해도 웬만해서는 진실을 말하려고 하지 않을 때가 많습니다. 진실이 자기에게 손해가 되기 때문입니다. 만일 사람이 진실을 말하는 것이 자기에게 유익이 된다면 기를 쓰고 진실을 말하려고 할 것입니다. 많은 경우 사람들은 다른 사람의 생명이나 이익에 대해서는 자기 생명이나 이익만큼 중요하게 생각하지 않습니다. 우리 인간들이 타락하면서 마음이 비뚤어졌기 때문입니다. 그러나 하나님의 백성들이 연단을 받으면서 엄청난 훈련을 받는데 그때 우리는 조금씩 거짓을 싫어하게 됩니다. 왜냐하면 하나님께서 거짓을 싫어하시기 때문입니다. 우리는 하나님을 닮아가면서 다른 사람의 생명이나 인격이 나의 생명이나 인격과 똑같이 소중하며 다른 사람의 행복이 나의 행복만큼 중요하다는 것을 깨닫게 됩니다. 특히 하나님의 백성들이 하나님의 말씀을 소화해서 말할 때 그 말씀은 바로 상한 마음들을 치료하는 약이 됩니다. 그래서 정직한 자는 사람의 생명을 구합니다. 물론 하나님의 백성들은 법정에서도 정직하게 증언할 뿐 아니라 일상생활 가운데서도 정직한 하나님의 말씀으로 낙심한 자들을 살리는 역할을 합니다. 거기에 비해서 거짓말을 뱉은 자들은 꼭 거짓말을 하려고 해서 그런 것이 아니라, 이런 사람은 다른 사람의 인격이나 행복을 중요하게 생각하지 않기 때문에 언제나 자기 이익을 위해서 말을 하게 되는 것입니다. 이런 사람은 다른 사람의 입장을 진지하게 생각하지 않습니다. 결국 이런 사람은 재판장을 속이고 다른 사람을 속이지만 결국 하나님은 속지 않으시는 것입니다.

26절 "여호와를 경외하는 자에게는 견고한 의뢰가 있나니 그 자녀들에게 피난처가 있으리라."

결국 진정한 지혜는 하나님을 실제로 믿는 것입니다. 여호와를 경외한다는 것은 실제로 하나님을 체험하고 하나님을 두려워하면서 살아가는 것입니다. 우리가 하나님을 두려워한다면 하나님의 말씀을 가장 중요하게 생각하게 되어 있습니다. 하나님께서 우리에게 그렇게 가르치셨기 때문입니다. 우리는 결코 전능하신 하나님 앞에서 완전할 수 없습니다. 그러나 우리가 하나님의 말씀을 절대적으로 믿고 살아갈 때 하나님은 우리에게 능력이 되시고 축복이 되십니다. 여호와를 의뢰하는 자에게는 견고한 힘이 되어 주신다고 하였습니다. 하나님은 우리가 어려움 당할 때 반드시 도와주시는 산성이 되시고 적을 물리치는 백만 대군이 되어 주시는 것입니다. 심지어 자녀들에게도 피난처가 되어 주십니다. 자녀들이 부모에게 이 신앙을 물려받았기 때문입니다. 우리가 자신의 살아 계신 하나님을 자녀나 다음 세대에 물려주는 것이 최고의 피난처를 주는 것입니다.

27절 "여호와를 경외하는 것은 생명의 샘이라. 사망의 그물에서 벗어나게 하느니라."

광야에는 여행을 하다가 물이 떨어지면 죽을 수밖에 없습니다. 그런데 만일 우리 뒤를 물차가 따라온다면 절대로 죽지 않을 것입니다. 이스라엘 백성들이 광야를 여행할 때 하나님은 그들을 살리는 생수로 따라다니셨습니다. 오늘날 이 세상은 분노의 불로 끓고 있습니다. 사람들이 하는 말이 너무 무섭고 화를 내는 것이 너무 큰 상처를 줍니다. 그러나 하나님의 말씀은 우리가 그런 지옥불에 타지 않도록 시원한 물로 식혀 주시고 우리 속에서도 시원한 생수가 되어 주십니다. 그래서 우리는 죄로 인한 멸망에서 벗어날 수 있습니다.

28절 "백성이 많은 것은 왕의 영광이요 백성이 적은 것은 주권자의 패망이니라."

지도자가 하나님의 말씀대로 백성들을 이끌고 가르치면 영적인 부흥이 일어나게 됩니다. 이때 가장 놀라운 것이 하나님의 말씀에 갈급한 자들이 몰려들기 시작하는 것입니다. 거기에 젊은이들이 많이 몰려오게 됩니다. 젊은이들은 이 세상을 살아가면서 하나님의 말씀보다 더 필요한 것이 없다는 것을 알기 때문입니다. 결국 이 젊은이들이 많이 결혼을 하니까 아이들이 태어나게 됩니다. 이 아이들은 모두 믿음의 열매들입니다. 그러니까 전체적으로 수적으로도 많아지게 됩니다. 그렇지 아니하고 지도자가 하나님의 말씀으로 가르치지 않으면 영적인 부흥이 없어지고 또 재미도 없고 은혜도 없으니까 많은 사람이 떠나게 됩니다. 젊은이들은 더 많이 세상으로 나가니까 청년들이 없어지게 되고 믿는 자들 안에서 결혼상대를 만나지 못하게 되니까 아이들이 태어나지 않게 되는 것입니다. 부흥이 되지 않는 곳에는 이런 심각한 현상이 일어납니다.

29절 "노하기를 더디 하는 자는 크게 명철하여도 마음이 조급한 자는 어리석음을 나타내느니라."

사람이 가장 조심해야 할 것은 자기 안에 있는 좋지 않은 감정을 함부로 드러내지 않는 것입니다. 사람은 자기 안에 있는 분노를 조절할 수 있는 여부에 따라서 저주의 도구가 되기도 하고 축복의 도구가 되기도 합니다. 우리가 분노를 잘 식혀서 지혜로 말하면 그 말은 축복의 말이 됩니다. 그러나 우리가 화가 난다고 화를 여과하지 않고 그대로 말해 버리면 다른 사람을 저주하게 됩니다. 명철한 사람과 속이 빈 사람의 특징은 자기 안에 있는 생각과 분노를 어떻게 소화를 해서 말하는가 하는 것으로 나타납니다. 자기 머리에 생각나는 대로 떠들어대고 화가 나는 대로 폭발시키는 사람은 전혀 가치가 없는 쓰레기 인간입니다. 그런 사람을 잘못 건드리면 중화상을 입게 될 것입니다. 욕을 뒤집어쓰게 되는 것입니다. 그러나 자신의 생각이나 감정을 잘 소화해서 말하는 사람은 천사보다 더 복된 사람입니다.

30절 "마음의 화평은 육신의 생명이나 시기는 뼈의 썩음이니라."

마음의 화평은 믿음으로 분노를 이기고 의심을 이기고 미움을 이긴 결과입니다. 이것은 우리를 살게 하고 마음에 하나님의 축복이 임하게 합니다. 반면에 시기는 믿음으로 미움과 의심과 분노를 이기지 못해서 계속 다른 사람을 미워하는 것입니다. 이것은 뼈가 썩는 것이기 때문에 뼈 안에서 고름이 나오게 됩니다. 이 병은 잘 낫지도 않고 계속 재발되다가 죽게 됩니다. 그래서 우리는 자기가 살기 위해서 남을 용서해야 하는 것입니다.

31절 "가난한 자를 멸시하는 자는 그를 지으신 이를 멸시하는 자요 궁핍한 사람을 불쌍히 여기는 자는 주를 존경하는 자니라."

여기서 가난한 자는 믿음으로 연단을 받는 사람을 말합니다. 고난당하는 성도를 멸시하는 자는 고난의 가치를 모르는 것입니다. 반대로 고난의 가치를 아는 사람은 하나님을 존경하는 사람입니다. 우리가 하나님을 존경하는 방법은 고난당하는 자를 무시하지 않고 궁핍한 자를 귀하게 생각하고 말씀의 종을 존중하는 것입니다. 하나님의 말씀이 살아 있는 말씀이 되려고 하면 말씀을 전하는 자 자신이 고난을 받아야 하기 때문입니다.

32-33절 "악인은 그 환난에 엎드러져도 의인은 그 죽음에도 소망이 있느니라. 지혜는 명철한 자의 마음에 머물거니와 미련한 자의 속에 있는 것은 나타나느니라."

결국 하나님의 말씀을 믿지 않는 자는 환난을 이기지 못합니다. 결국 환난이 오면 자기 지혜로 안 되니까 망하고 말지만 하나님의 말씀을 붙드는 자는 환난이 올수록 더 능력이 나타나게 되고 고난이 올수록 더 하나님께 가까이 나아가게 됩니다. 지혜는 아무에게나 있는 것이 아니라 모든 것을 다 버리고 하나님의 말씀을 붙드는 자에게 머물게 됩니다. 그 대신 미련한 자는 똑똑한 것 같지만 아무것도 모르는 자였다는 것이 나타나게 됩니다. 그리고 하나님의 말씀은 나라를 지켜줍니다,

34-35절 "의는 나라로 영화롭게 하고 죄는 백성을 욕되게 하느니라. 슬기롭게 행하는 신하는 왕의 은총을 입고 욕을 끼치는 신하는 그의 진노를 당하느니라."

왕이 하나님의 말씀을 붙들고 나갈 때 처음에는 말씀의 가치를 모르는 자들이 업신여기고 훼방하고 두렵게 할 때가 많습니다. 그러나 왕이나 백성들이 끝까지 하나님의 말씀을 붙들고 나갈 때 결국 부흥이 터지고 축복이 터집니다. 그러나 왕이 세상 방법으로 나라를 이끌고 나가면 부흥이 꺼지면서 힘도 약해져서 다른 나라의 포로가 되고 재산을 다 빼앗기게 됩니다. 그리고 신하들은 왕이 하나님의 말씀에 충성하도록 기도로 돕고 지혜로 구체적인 부분을 적용해야 하는데, 믿음이 없는 자는 말씀의 가치를 모르니까 자꾸 걸림돌 역할을 하는 것입니다. 결국 이런 사람들은 백해무익한 존재가 됩니다. 그러나 말씀의 가치를 알고 합심해서 충성하는 자는 큰 사랑을 받게 됩니다.

23 · 유순한 대답

잠 15:1-15

제가 대학원을 다닐 때 한번은 교수님 한 분이 수업 시간에 이런 말씀을 하셨습니다. 자기는 누군가 자기에게 말을 잘할 수 있도록 가르치는 분이 있으면 가서 배우고 싶다는 것이었습니다. 그러나 그분은 어느 누구보다도 말씀을 조리 있게 하시는 분이었고 특히 수업이나 세미나도 어느 누구보다 훌륭하게 진행하는 분이었습니다. 그리고 미국의 명문 하버드 대학에서 박사 학위를 받으신 분이었습니다. 그러나 그분은 자기가 다른 사람들보다 말을 잘하지 못하신다고 생각을 했던 것 같습니다. 저에게 거의 한평생 동안 제 머리를 떠나지 않는 문제가 바로 이 문제였습니다. 저는 언제나 말을 잘하지 못하는 것이었습니다. 제가 어떤 모임이나 회의 같은데 참석을 해서 무슨 말을 하려고 해도 다른 분들이 너무 말을 잘하기 때문에 도저히 그들의 말을 따라갈 수가 없었습니다. 그리고 저뿐만 아니라 다른 분들도 텔레비전 방송에 나와서 말하는 분들을 보면 너무나도 말을 잘하는 것을 보고 감탄을 할 때가 많습니다.

　우리는 대개 말을 잘하는 사람은 머리가 좋기 때문에 그렇게 말을 잘한다고 생각합니다. 저는 말을 잘하는 사람들을 보면 부러운 것은 아니지만 어떻게 저 사람은 저렇게 말을 잘할 수 있을까 하는 것을 늘 궁금하게 생각을 했습니다. 그리고 나는 왜 말을 잘하지 못할까 왜 머리가 빨리 돌아가지 않을까, 하는 생각을 했었습니다. 그러나 오랫동안 성경을 보고 연구하면서 말을 잘하고 못하는 것이 중요한 것이 아니구나 하는 것을 깨닫게 되었습니다. 우리가 말을 잘하고 못하는 것은 뇌의 기능 중의 일부가 훈련된 결과이기 때문입니다. 어떤 사람이 말을 잘하거나 못하거나 하는 것이 중요한 것이 아니라 그 말이 어떤 말인지가 더 중요하고, 더욱이 그 말이 자기가 책임을 질 수 있는 말인가 하는 것이 더 중요한 것입니다. 예를 들어 대통령이나 중요한 정책을 결정하는 사람이 텔레비전에 나와서 이야기를 할 때 결코 말을 잘할 필요가 없습니다. 오히려 대통령이나 정책 결정자가 중요한 발표를 할 때 너무 청산유수같이 말을 잘하는 것은 신뢰가 떨어질 수 있습니다. 오히려 그런 분이 확신에 차서 차분하게 자신의 결심을 이야기하는 것이 더 많은 사람들에게 신뢰를 줄 것입니다. 그래서 깨닫게 된 것이 우리가 결코 말을 잘하거나 못하는 것이 중요한 것이 아니라 어떤 말을 하느냐가 더 중요하다는 것이었습니다. 특히 우리 예수 믿는 사람들이 말을 잘하지 못하는 것은 그런 가볍고 무책임한 말을 하지 않는다는 의미에서 옳은 것입니다. 왜냐하면 하나님께서는 우리가 잘 알지 못하면서 많은 말을 하는 것을 허락하시지 않기 때문입니다. 그런데 우리가 우리 마음속에 하나님의 진리를 자꾸 집어넣어서 소화를 시키면 어느 순간부터 지혜로운 말이 우리 입에서 나오게 될 것입니다. 하나님의 백성들에게 중요한 것은 말을 잘하는 것이 아니라 침묵하는 것부터 배워야 하고, 우리 마음에 하나님의 말씀을 담는 것부터 배워야 합니다. 그래야 우리가 나중에 지혜 있는 바른 말을 할 수 있게 되는 것입니다. 결국 우리에게 중요한 것은 사람들 앞에서 말을 잘하는 것보다 하나님 앞에서 바르게 기도하는 것이 더 중요하고, 다른 사람들에게 달변으로 인기를 끄는 것보다 진실한 것이 더 중요한 것입니다.

잠언은 15장 앞부분에서 특히 지혜로운 말의 중요성에 대하여 말씀하고 있습니다. 오늘 말씀은 지혜로운 말을 하기 위해서 무조건 공부를 많이 해야 한다거나 혹은 말하는 것을 배워야 한다고 말씀하시지 않고 아주 실제적인 문제에서부터 접근을 하고 있습니다. 그것은 나와 가까운 사람 중에서 누군가가 막 화가 나서 말을 할 때 우리가 말로 그 화를 가라앉혀야 하는데 그것이 결코 쉽지가 않은 것입니다. 예를 들어서 직장에서 최고 경영자가 직원들에 대해서 무엇인가 오해를 해서 엄청나게 화를 내고 있는데 그때 최고 경영자의 마음을 돌이킬 수 있는 말을 하기가 쉽지 않은 것입니다. 아마 이때 멋도 모르고 나섰다가는 상사의 모든 분노를 다 뒤집어쓰게 될 것입니다. 그리고 또한 자녀가 결혼 승낙을 받으려고 좋아하는 사람을 부모님에게 소개를 했는데 부모님이 마음에 들지 않아서 화를 내시면서 막무가내로 안 된다고 할 때에도 어떻게 부모님의 마음을 돌이켜서 승낙을 받을 것인가 하는 것도 쉬운 문제는 아닐 것입니다. 또 아이가 사춘기가 되어서 이유도 없이 엄마에게 화풀이를 하고 매사에 반항적으로 행동하고 또 밖에서 나쁜 친구들과 사귀는 것 같을 때 어떻게 아이의 마음을 돌이켜서 좋은 관계를 회복할 수 있을까 하는 것은 중요하면서도 쉬운 문제가 아닌 것입니다.

1. 어떻게 하면 지혜로운 말을 할 수 있을까?

1절 "유순한 대답은 분노를 쉬게 하여도 과격한 말은 노를 격동하느니라."

우리 인간들은 다른 사람들과 의사소통을 할 때 전부 언어를 통해서 하게 됩니다. 우리는 다른 사람과 의사소통을 할 때 순수하게 언어만 사용하는 것이 아니라 거기에 감정이 들어가게 됩니다. 예를 들어서 우리가 말을 하는데 지금 내가 기분이 아주 좋고 마음이 기쁜 상태라면 아무래도 좋은 감정을 가지고 말을 하게 될 것입니다. 반대로 내가 지금 무슨 말을 하는데 화가 잔뜩 나 있고 기분이 너무나도 좋지 못하다면 나쁜 감정을 가지고 말을 하게 될 것입니다. 사람의 언어 문제는 바로 여기에 있습니다. 우리가 상대방이 알아들을 수 있도록 말을 하는 것도 쉽지 않지만 더 어려운 것은 상대방이 나에게 까닭 없이 화를 내어서 말을 하거나 분노를 퍼붓는 식으로 말을 할 때 이것을 소화시키는 것은 어려운 숙제입니다.

대개 사람이 마음속에 화를 품는 것은 마음속에 끓는 물을 가지고 있는 것과 같습니다. 사람들은 뜨거운 물을 자기 속에 오래 가질 수 없기 때문에 결국 누군가에게 쏟아 부어야 하기 때문에 결국 화가 난 상태에서 말을 할 수밖에 없습니다. 그런데 말을 듣는 상대방이 거기에 대하여 전혀 준비가 되어 있지 않다면 끓는 물을 뒤집어쓰는 꼴이 되고 말 것입니다. 만일 누군가가 다른 사람에게 뜨거운 물을 들어붓는다면 그것은 중요한 범죄 행위가 될 것입니다. 그러나 사람들은 말이 눈에 보이지 않기 때문에 별로 중요하게 생각을 하지 않습니다. 만일 우리가 얼음 위에 끓는 물을 부으면 소리를 내면서 얼음이 녹을 것입니다. 하물며 사람의 팔이나 다리에 뜨거운 끓는 물을 부으면 말할 수 없는 고통을 받게 되고 그 자리에 심한 화상을 입을 것입니다.

대개 사람들은 누군가가 나에게 화를 내면서 이야기를 할 때 두 가지 중의 하나로 반응을 하게 될 것입니다. 하나는 내가 그 화를 감당할 수 없기 때문에 나도 화를 내면서 반발해버리는 것입니다. 즉, '눈에는 눈 이에는 이' 라는 식으로 그 사람이 소리를 지르면 나도 소리를 지르고, 그 사람이 물건을 집어 던지면 나도 물건을 집어던지는 것입니다. 이렇게 반발하면 적어도 나는 상처를 입지 않을 것입니다. 그러나 상대방은 뜨거운 물이 자기에게 도로 부어졌기 때문에 더 화가 나서 길길이 날뛰게 될 것입니다. 직장 상사에게 이렇게 반발한다면 당장 목이 잘릴 것이고 부모님에게 이런 식으로 했다면 두고두고 노여움을 사게 될 것입니다. 그리고 이렇게 반발하면 자기 자신의 인격에도 많은 손상이 오게 됩니다. 결국 상대방이 분노해서 말할 때 같이 대드는 것은 자신이나 상대방에게나 모두에게 손해가 될 때가 많습니다. 그래서 많은 경우에는 상대방이 소리를 지르면서 욕을 할 때 고개를 숙이고 유순한 체하면서 참습니다. 이렇게 하는 것이 진정으로 유순한 것은 아니지만 유순한 체해서 상사의 노여움을 풀고 위기를 넘기는 것입니다. 그러나 이렇게 고개를 숙이고 듣는 체하는 것은 실제로 소화하는 것은 아니기 때문에 마음속에 말할 수 없는 고통이 생기게 됩니다. 그래서 대개 부하들이 직장에서 상사에게 야단을 맞았을 때에는 이차나 삼차까지 술을 마시면서 상사가 없을 때 상사를 욕하면서 화를 푸는 방법을 쓰고 있습니다.

그런데 오늘 본문에서 '유순한 대답'이라고 하는 것은 단순히 유순한 체하는 것이 아니라 화를 내는 상대방을 이해하고 사랑하기 때문에 그의 분노를 감당할 수 있는 참된 지혜가 있는 것을 말합니다. 대개 이런 지혜가 있는 사람들은 상대방이 화가 나서 말을 할 때 중간에 대꾸하지 않습니다. 대신 일단 상대방이 화가 나서 말을 하는 것을 통해서 그의 고통과 불안을 이해할 것입니다. 그리고 그가 말을 다 하게 한 후에 조용히 어떤 문제 때문에 화가 났으며 어떻게 하면 해결할 수 있는지를 설명해주면 상대방은 너무나도 고마워하고 감사할 것입니다.

우리가 성경에서도 그런 예를 살펴볼 수 있는데 다니엘이 바로 그 주인공입니다. 바벨론 왕 느부갓네살이 무엇인가 엄청난 꿈을 꾼 후에 바벨론의 모든 주술가들에게 자기 꿈을 찾아 이야기하고 해석을 말하라고 고집을 부렸습니다. 주술가들이 꿈을 알아낼 수 없는데도 느부갓네살은 꿈부터 이야기를 하라고 고집을 부리며 화가 나서 주술가들을 다 죽이라고 명령을 내렸습니다. 이때 다니엘은 경비대장에게 이렇게 중요한 문제를 어떻게 그렇게 빨리 답을 내라고 하느냐 하면서 왕에게 시간을 좀 달라고 했습니다. 그리고 다니엘에 하나님 앞에서 기도할 때 하나님은 느부갓네살 왕의 머리에서 지워졌던 환상이 그대로 살아나게 하셨습니다. 그리고 다니엘이 왕에게 그 꿈과 해석을 이야기했을 때 느부갓네살은 너무 놀라서 다니엘에게 절을 하게 됩니다. 우리가 이것을 통해서 볼 때 세상에서 말을 잘해서 출세하거나 인정을 받는 것보다는 결국 사람의 마음속에 있는 분노를 가라앉힐 수 있는 말이 중요하다는 것을 알 수 있습니다. 결국 사람이 화를 내는 것은 그 사람이 하나님으로부터 관계가 끊어져 있기 때문입니다. 이 세상에서 가장 중요한 것은 다른 사람이 어떤 직책에 있든지 그 사람을 이해하고 사랑해주는 마음인 것입니다. 우리가 어떤 사람을 사랑하고 이해할 수 있다면 그 사람이 아무리 화를 내면서 말을 해도 나 자신도 상처를 덜 입을 것이며 결국 그 사람의 마음속에 있는 불안이나 두려움도 해결해 줄 수 있을 것입니다. 그러나 세상의 지혜는 일시적으로 다른 사람의 마음을 재미있게 해줄 수 있을지는 몰라도 불안과 두려움을 해결해주지 못하기 때문에 결국 분노는 계속될 수밖에 없습니다. 우리가 이 세상을 살아가면서 중요한 것은 말을 잘하는 것이 아니라 하나님의 말씀을 마음에 담는 것입니다.

2절 "지혜 있는 자의 혀는 지식을 선히 베풀고 미련한 자의 입은 미련한 것을 쏟느니라."

여기서 지혜 있는 자의 혀란 하나님의 말씀을 마음에 담고 있는 사람을 말합니다. 아무리 마음속에 하나님의 말씀을 담고 있다 하더라도 그 말씀을 경우에 맞게 만들어서 하는 것은 너무나도 어려운 것입니다. 예를 들어서 사람들이 모두 다 머리로 많은 생각을 하지만 그것을 가지고 시를 만들어내는 것은 아무나 할 수 있는 것이 아닙니다. 그런 사람은 정말 생각을 다듬어서 언어화해야 하고 언어적인 훈련을 받아야 하는 것입니다. 마찬가지로 사람들이 머리로는 많은 이야기들을 생각해 내지만 실상 그것을 가지고 소설을 만들어서 많은 사람들로부터 인기를 끄는 것은 엄청난 노력과 훈련이 필요한 것입니다. 요셉이 아무리 하나님이 주신 꿈을 꾸었다고 하지만 그것을 가지고 애굽의 칠 년 대흉년을 알아낸다고 하는 것은 보통 어려운 일이 아닌 것입니다. 요셉은 자기 꿈을 가지고 애굽의 흉년을 알아내고 또 바로를 설득할 수 있는 지혜를 얻기까지 무려 이십 년을 애굽에서 종살이를 해야만 했습니다.

지혜 있는 자가 그 혀로 지식을 선히 베풀게 되기까지 많은 고난과 훈련이 필요합니다. 하나님의 말씀이 먼저 자기 자신에게 소화되어서 자기 자신과 하나가 되어야 하는 것입니다. 그리고 나면 자기 혀로 어떤 사람들이 어려움을 당했을 때 아주 구체적인 지혜로 도울 수가 있습니다. 이것이야말로 이 세상 어떤 현자나 도덕군자에게서도 찾아볼 수 없는 하나님의 지혜입니다. 우리가 하나님의 말씀을 소화해서 다른 사람에게 말할 때 그것은 바로 예언이 되어서 이루어지고 상대방의 아픔을 치료하는 능력으로 나타나게 됩니다. 그러나 미련한 자는 그의 미련한 것만 쏟아내게 됩니다. 미련한 사람은 상대방이 어려움에 처하게 되면 왜 그렇게 했느냐고 하면서 야단만 치고 자기 책임 회피만 하지 구체적으로는 전혀 도움이 되지 못하는 것입니다. 하나님의 백성들은 당장 세상에서 말로 성공하려고 할 것이 아니라 마음속에 하나님의 말씀을 담아야 하고, 고난을 통과해서 하나님의 말씀을 소화해야 합니다. 그렇지 않은 사람이 말하는 것들은 전부 겉만 번지르르한 것이고 전혀 실속이 없는 것들입니다.

2. 온순한 말의 효과

3절 "여호와의 눈은 어디서든지 악인과 선인을 감찰하시느니라."

하나님께서는 사람을 보실 때 겉모습을 보시지 않고 그 사람의 중심을 보십니다. 하나님 앞에서 가치 있는 사람은 속에 하나님의 말씀이 있어서 정금으로 변화된 사람입니다. 세상 사람들은 가소롭게도 세상의 직책을 가지고 큰 소리를 치지만 하나님은 그런 것을 보시지 않으십니다. 중심에 하나님의 말씀이 없는 사람은 악인입니다. 그것은 이 사람이 꼭 나쁜 짓을 해서 악인이 아니라 하나님의 뜻을 이해하지 못하는 사람이기 때문입니다. 결국 이런 사람들은 들러리로 사용되다가 나중에 없어지고 말 사람입니다. 그런데 하나님이 가치 있게 보시는 사람은 그 중심에 하나님의 말씀이 있고 그 말씀으로 연단되고 있는 사람입니다. 나중에 이 사람이 기도하면 하나님은 들어주십니다. 결국 우리의 말이라고 하는 것은 사람에게 하는 것이기도 하지만 더 중요한 것은 하나님께 하는 것입니다. 하나님은 우리 인간들이 하는 모든 말을 다 듣고 계십니다. 그중에서 하나님 앞에서 가치 있는 말은 재치 있는 말이나 청산유수 같은 말이 아니라 하나님의 말씀을 소화해서 하는 말입니다. 우리가 시편을 보면 놀라는 것이 그 전부가 하나님의 말씀을 소화해서 표현한 것이라는 사실입니다. 하나님의 말씀이 내 인격을 관통했을 때 그 말씀은 예언이 되고 축복이 되고 치료하는 능력이 됩니다.

4절 "온량한 혀는 곧 생명나무라도 패려한 혀는 마음을 상하게 하느니라."

'생명나무' 란 성경에만 나오는 개념입니다. 이 나무의 열매를 먹으면 병든 사람이 치료가 되고 죽어가는 사람이 살아서 새 힘을 얻는 나무입니다.

그런데 무엇이 생명나무인가 하면 '온량한 혀' 라고 했습니다. 온순한 혀는 생각나는 대로 다 지껄이는 혀가 아니라 하나님의 말씀을 소화하고 소화해서 불순물은 완전히 제거한 후에 입으로 만들어내는 하나님의 말씀을 말합니다. 어렸을 때 아이가 아파서 밥을 제대로 씹지 못하면 엄마는 아이를 위해서 자기가 입으로 씹어서 완전히 죽처럼 만들어서 아이의 입 안에 넣어줍니다. 그러면 아이는 그 엄마가 입으로 넣어주는 것을 먹고 소화를 하게 됩니다. 한번은 어느 동물원에서 호랑이 새끼 두 마리가 태어났는데 어미 호랑이가 젖이 나오지 않아서 결국 사람의 젖을 주었습니다. 그런데 호랑이 새끼 두 마리는 사람의 젖을 먹고 소화가 되지 않아서 다 죽었습니다. 저는 그 이야기를 듣고 사람의 젖도 짐승들에게는 함부로 먹여서는 안 되는구나 하는 것을 알게 되었습니다. 우리가 다른 사람에게 하나님의 말씀을 먹이려고 할 때 함부로 기름기 있는 것을 먹이면 설사해서 죽게 됩니다. 우리가 세상 명문학교에서 하는 것을 보면 교수들이 자기 자신도 소화하지 못한 지식을 학생들의 입에 마치 고문시키듯이 부어넣으니까 감당하지 못하는 학생은 자살을 하는 것입니다. 우리는 다른 사람에게 말을 해서 가르치려고 하기 전에 자기 자신이 하나님의 말씀을 잘 먹어서 소화를 해야 하고, 특히 다른 사람에게 먹일 때에는 더 잘게 씹어서 소화가 될 수 있게 해서 주어야 상대방이 살게 됩니다. 그것은 이미 나에게 하나님의 생명이 공급되고 있기 때문에 가능한 것입니다. 내 자신의 인격과 말에 생명을 살리는 능력이 들어 있기 때문입니다. 그러나 하나님의 말씀을 업신여기고 세상의 지식만 잔뜩 넣은 사람의 혀는 패려한 혀입니다. 이런 사람은 아픈 사람을 더 화나게 하는 말을 합니다. 즉 너는 왜 이렇게 되었느냐? 너는 왜 이렇게밖에 하지 못하느냐 하는 식으로 비난만 하고 책임만 추궁하는 것입니다. 결국 중요한 것은 처음부터 진리로 잘 교육받는 것입니다.

5절 "아비의 훈계를 업신여기는 자는 미련한 자요 경계를 받는 자는 슬기를 얻을 자니라."

여기서 '아비의 훈계를 받는다'는 것은 아직 이 사람이 어린 것을 의미합니다. 사람이 나이가 어릴 때에는 정신이나 마음이 아직 굳어지지 않아서 말랑말랑한 상태입니다. 사람의 마음이 아직 굳어지지 않았을 때 분명하고 확실한 진리를 배우면 이것이 뼈에 새겨지게 됩니다. 이런 사람들은 어떤 일이 닥치면 저절로 배운 것이 나오게 되어 있습니다. 그러나 이미 마음이 굳어지고 난 뒤에 하나님의 말씀을 배우면 이미 자기 생각이 있기 때문에 억지로 자기 자신을 설득을 시켜야 합니다. 그러니까 저절로 하나님의 말씀이 생각나는 사람과 억지로 자신을 설득시켜야 하는 사람 사이에는 큰 차이가 있는 것입니다.

지금까지 우리나라 많은 목회자들과 교인들은 하나님의 말씀을 너무 쉽게 생각해왔습니다. 아비의 훈계를 업신여기고 자기 멋대로 믿어온 것입니다. 이것은 미련한 것입니다. 왜냐하면 아무리 이런 식으로 잘 믿어도 하나님을 움직이지 못하고 자기 자신이 보물이 되지 못하기 때문입니다. 우리는 무슨 일을 하려고 하기 전에 하나님의 말씀을 체계적으로 먹는 훈련을 받아야 합니다. 그래야 하나님의 지혜를 얻을 수 있습니다. 결국 이 하나님의 지혜가 최고의 보물인 것입니다. 우리가 진정으로 하나님의 보물을 찾으려고 하면 절대로 많은 일을 하려고 해서는 안 됩니다. 반대로 우리는 죽자 사자 하나님의 말씀을 찾아서 그 말씀을 먹어야 합니다. 때로는 그 말씀이 너무 써서 토할 때도 있고 소화가 되지 않아서 설사를 할 때도 있습니다. 그러나 하나님의 말씀을 먹어야 나 자신이 살고 하나님의 지혜를 얻어서 다른 사람을 살릴 수 있습니다. 특히 여기서 '경계를 받는다'라고 말하고 있는 것인데 이것은 죄를 경고하는 것입니다.

6절 "의인의 집에는 많은 보물이 있어도 악인의 소득은 고통이 되느니라."

여기서 의인의 집이라고 할 때 이 집은 공동체를 의미합니다. 하나님의 말씀이 넘치는 집에는 보물이 많습니다. 그 식구 한 사람 한 사람이 하나님 앞에서 보물이기 때문입니다. 하나님의 말씀이 넘치는 교회는 교인 전부가 보석입니다. 우리에게는 세상이 가지지 못하는 기도 응답이 있고 부흥의 축복이 있고 믿음의 능력이 있습니다. 사랑이 있고 겸손이 있고 진리가 있습니다. 이 모든 것이 보물입니다. 그러나 악인의 소득은 고통이라고 했습니다. 우선 악인은 자기 자신이 보석이 아닙니다. 그러니까 자신의 나쁜 성격 때문에 고통을 받고 가족들이나 가까운 사람들이 모두 맹수의 성격을 가지고 있습니다. 악인의 열매는 겉으로 보기에 그럴듯하지만 실제로는 서로 물어뜯고 싸우고 상처를 주기에 바쁜 맹수 집안인 것입니다. 이런 집은 돈만 많지 사랑이 없고 존경이 없습니다. 그러니까 부모가 자식들을 실컷 공부시켜 놓아도 좋은 소리를 듣지 못하는 것입니다.

7절 "지혜로운 입술은 지식을 전파하여도 미련한 자의 마음은 정함이 없느니라."

이 세상에 가장 복된 것이 사람의 입에서 하나님의 말씀이 선포되는 것입니다. 이것이 하나님이 주시는 기적 중에서 최고의 선물입니다. 그러나 미련한 자는 하나님의 말씀의 가치를 인정하지 않습니다. 오직 그들은 세상의 눈에 보이는 성공이나 출세를 따라갑니다. 이런 사람들은 마음이 불안합니다. 왜냐하면 세상에는 길이 없기 때문입니다. 우리가 망하지 않고 영생하는 길은 오직 하나님의 말씀 안에 있습니다. 하나님의 말씀을 무시한 자는 가도 가도 길이 없는 것입니다.

3. 지혜가 예배에 미치는 효력

우리가 마음속에 하나님의 말씀을 가지는 것은 하나님 앞에서 바로 그 위력을 나타내게 됩니다.

> 8절 "악인의 제사는 여호와께서 미워하셔도 정직한 자의 기도는 그가 기뻐하시느니라."

악인의 제사란 하나님의 말씀을 무시하고 드리는 제사를 말합니다. 여기서 악인은 결코 우리가 생각하는 그런 악한 사람들이 아닙니다. 이런 사람들도 이스라엘 사람들이고 얼마든지 하나님을 찾고 예배를 드립니다. 그러나 이들이 딱 한 가지 부족한 것이 있다면 하나님의 말씀을 별로 중요하게 생각하지 않는 것입니다. 그런데 이 사람들은 더 열심히 그리고 더 간절히 하나님을 찾습니다. 그러나 하나님은 이런 사람들의 제사를 미워하십니다. 하나님은 이런 사람의 예배나 기도를 받지 않으시고 응답하지 않으십니다. 이들이 하나님의 말씀을 업신여기고 제사를 드릴 때 결국 그들이 믿는 것은 자신들의 정성이고 감정이며 열정이기 때문입니다. 결국 이것은 우상 숭배의 심리와 다를 바가 없는 것입니다. 인간들은 도저히 하나님께 가까이 갈 수가 없습니다. 하나님과 우리 사이에는 엄청난 간격이 있습니다. 그런데 하나님은 우리가 하나님께 나아갈 수 있는 유일한 방법으로 말씀을 주셨습니다. 하나님께서 이스라엘 백성들의 제사를 받으신 것도 하나님의 말씀대로 순종했기 때문에 받으신 것입니다. 나답과 아비후 같은 사람은 제사장이지만 다른 불로 분향했을 때 불이 나와서 그들을 태워 죽였습니다(레 10:1-7). 그래서 사무엘 선지자는 제사보다 순종이 낫다고 말했습니다. 우리가 하나님께 가까이 나아갈 수 있는 것은 오직 하나님의 말씀을 듣고 믿는 것밖에 없습니다.

우리가 어떻게 예수님이 하나님의 아들인지 믿게 되었습니까? 그것은 성경을 믿기 때문입니다. 여기서 '정직한 자의 기도'라고 했는데 정직한 자는 하나님의 말씀을 듣고 회개한 사람을 말합니다. 우리가 아무리 아름다운 표현으로 기도를 한다고 해도 하나님을 감동시킬 수 없습니다. 그러나 우리가 하나님의 말씀을 붙들고 정직하게 기도할 때 하나님은 그 기도를 기뻐하십니다.

9절 "악인의 길은 여호와께서 미워하셔도 의를 따라가는 자는 그가 사랑하시느니라."

악인의 길이라고 하는 것은 제사와 생활이 다른 것을 말합니다. 자기 감정을 믿는 사람들은 하나님의 말씀이 없기 때문에 제사를 드린 후에 자기 생각대로 살아갑니다. 이것이 바로 하나님이 보시기에는 악인의 길입니다. 하나님께서는 우리가 하나님의 말씀을 따라가기를 원하십니다. 물론 우리가 인간이기 때문에 하나님의 말씀에 순종하는 것이 잘 되지 않습니다. 그러나 우리가 지속적으로 하나님의 말씀을 먹으면 어느 순간 하나님의 말씀대로 되기 시작합니다. 어떤 분은 '왜 그렇게 하나님의 말씀을 들어도 변하지 않을까요? 이것은 하나님의 말씀이 아무 소용이 없다는 뜻이 아닐까?'라고 말을 합니다. 그러나 하나님의 말씀을 그렇게 들어도 변하지 않는 이유는 하나님의 말씀이 잘못된 것이 아니라 우리 인간 마음이 그렇게 단단하기 때문입니다. 우리 인간들의 마음은 단단한 차돌보다 더 단단할 것입니다. 그럼에도 불구하고 조금씩 변하는 것을 보면 얼마나 놀라운지 모릅니다. 우리가 하나님의 말씀을 따라가는 것은 세상을 등지는 것이고 다른 사람들 앞에서 너무나도 바보처럼 보일 것입니다. 그러나 하나님은 이런 사람을 사랑하신다고 했습니다. 하나님이 사랑하시면 어떤 일이 일어날까요? 하나님이 우리 생명을 끝까지 지켜주시고 좋은 것은 다 주실 것입니다. 출애굽한 이스라엘 백성들이 무려 사십 년 동안이나 광야를 돌아다니는 것을 보고 다른 민족들을 모두 미쳤다고 생각했을 것입니다. 그러나 그들은 하나님의 능력으로 가나안 땅을 정복하기 시작했습니다. 그들 앞에서 요단 강이 마르고 여리고 성이 무너지고 태양과 달이 머무는 기적이 일어났습니다. 하나님이 사랑하시는 자에게는 하나님의 능력이 나타나게 됩니다.

10절 "도를 배반하는 자는 엄한 징계를 받을 것이요 견책을 싫어하는 자는 죽을 것이니라."

과연 하나님의 백성들이 하나님의 말씀을 잘 따라가다가 나중에 배반할 수 있을까요? 우리가 유다 왕의 역사를 보면 그런 예를 많이 볼 수 있습니다. 유다 왕들 중에서 처음에는 하나님의 말씀대로 행해서 전쟁에서 이기기도 하고 큰 복을 받았지만 나중에는 우상을 섬기거나 하나님의 말씀을 배반한 왕들이 많이 있었습니다. 그들이 하나님의 말씀을 배반했던 이유는 대개 첫 번째는 하나님의 말씀이 완전히 자기 것이 되지 못했던 것 때문입니다. 처음에는 어쩔 수 없으니까 하나님의 말씀대로 나갔는데 나중에 어려움이 오면서 의심이 생기는 경우가 있습니다. 또 하나는 성공한 후에 교만해져서 하나님을 멀리하는 경우도 많이 있었습니다. 하나님의 종이 아무리 복을 받았다 하더라도 하나님의 말씀을 배신하면 가시가 나타나기 시작할 것입니다. 그 동안 잠잠했던 적들이나 병이 오거나 가족 안에서 문제가 생기기 시작하고 더욱이 위험한 것은 이 사람 자신이 교만해지면 죄를 지을 가능성이 더 커집니다. 이것이 하나님의 징계입니다. 그러나 이런 견책을 듣지 않으면 결국 죽게 될 것입니다. 하나님께서 그들을 비참하게 버리시는 것입니다. 하나님의 종들은 끝까지 하나님을 배반하지 않기 위해서라도 말씀밖에는 길이 없습니다.

4. 지혜의 축복

하나님을 믿는 사람과 믿지 않는 사람의 가장 큰 차이는 하나님에 대한 인식에 있습니다. 하나님을 믿지 않는 사람은 일단 하나님을 믿지 않기 때문에 사람보기에 좋게 나타나기만 하면 될 것입니다. 그러나 하나님을 믿는 자들에게는 사람이 보는 것보다는 하나님 앞에서 깨끗해야 합니다. 우리가 솔직하게 사람들 앞에서 인정받는 것이 좋은가 하나님 앞에서 인정받는 것이 좋은가라고 물어보면 모두 하나님보다는 사람들에게 인정을 받고 싶을 것입니다. 왜냐하면 일단 하나님은 우리 눈에 안 보이고 또 우리는 하나님 앞에서는 절대로 완전할 수가 없기 때문입니다. 사람들 앞에서 인정을 받는 것은 일단 겉으로 보기에 훌륭하면 되고, 또 사람들의 인정을 받으면 칭찬을 받고 좋은 대우를 받을 수 있습니다. 그리고 사람들이 모두 속는 것은 사람들의 마음이야말로 매우 변덕스럽기 때문입니다. 당장은 너무 좋아서 간이라도 빼주려고 하지만 나중에 마음이 변하면 그렇게 미워할 수가 없는 것이 사람들의 모습입니다. 그러나 우리가 알아야 할 것은 하나님 앞에서 인정받는 것이 결국 사람들 앞에서도 좋은 인상을 주게 된다는 사실입니다. 우리가 하나님의 인정을 받는 방법은 그렇게 어렵지 않습니다. 하나님은 하나님의 말씀을 사랑하는 사람을 가장 사랑하시기 때문입니다.

11절 "음부와 유명도 여호와 앞에 드러나거든 하물며 인생의 마음이리요."

음무와 유명은 죽은 후의 세계를 말합니다. 사람이 한 번 죽으면 살아 있는 사람들은 절대로 그곳에 갈 수가 없습니다. 그러나 하나님은 모든 죽은 사람도 다 알고 계십니다. 하물며 얼마 되지 않는 인간의 마음을 하나님이 모르시겠습니까? 자동차 기술자가 자동차의 내부를 다 알 듯이 하나님은 우리 인간을 만드셨기 때문에 인간의 육체 구석구석과 마음 구석구석을 훤히 꿰뚫고 계십니다. 하나님 앞에서 인정받으려면 다른 것보다 마음 상태가 중요합니다. 하나님은 거짓되고 위선적인 마음을 아주 역겨워하십니다. 우리가 하나님 앞에서 사랑받는 방법은 정직하고 솔직한 것입니다. 우리는 절대로 하나님 앞에서 완전히 거룩할 수 없습니다. 우리가 하나님의 말씀을 듣지 않았을 때에는 자꾸 변명하려 하고 죄를 감추려고 합니다. 그런데 우리가 하나님의 말씀을 들으면 하나님의 말씀이 우리 마음을 관통하기 때문에 나 자신의 모습과 상태를 다 보게 됩니다. 우리는 차라리 자신에 대하여 모호하게 아는 것보다는 분명하게 아는 것이 훨씬 낫습니다. 나의 부끄러운 죄를 하나님 앞에 인정하고 고백하면 됩니다. 우리는 결코 다른 사람들 앞에서 신앙이 좋은 것처럼 거들먹거릴 필요가 없는 것입니다. 예를 들어서 병원에서 다른 환자 앞에서 자기가 조금 덜 아프다고 거들먹거릴 필요가 없을 것입니다. 의사 앞에서는 다 똑같은 환자이기 때문입니다. 하나님 앞에서 죄인들은 다 똑같습니다. 단지 회개하는 자가 사랑받을 뿐입니다.

12절 "거만한 자는 견책받기를 좋아하지 아니하며 지혜 있는 자에게 가지도 아니하느니라."

거만한 자는 하나님의 말씀에 가치를 두지 않습니다. 대신 거만한 자는 자신의 열정이나 열심을 중요하게 생각합니다. 이런 사람들은 하나님의 말씀 듣는 것을 좋아하지 않습니다. 이런 사람들에게 중요한 것은 눈에 보이는 결과이기 때문입니다. 그가 믿는 것은 하나님이 아니요 오직 자만과 자기 최면입니다. 이런 사람은 지혜 있는 자에게 가지 않습니다. 자기가 지혜 있는 자보다 더 잘 믿는다고 생각하기 때문입니다. 하나님의 말씀을 듣지 않는 신앙은 참으로 위험한 길로 가게 됩니다. 우리 한국 교회는 하나님의 말씀을 좋아하지 않습니다. 그래서 너무나도 거만한 종교가 되고 말았습니다.

13절 "마음의 즐거움은 얼굴을 빛나게 하여도 마음의 근심은 심령을 상하게 하느니라."

이제 다시 말씀이 인간의 마음으로 돌아오고 있습니다. 결국 지혜는 얼마나 말을 잘해서 다른 사람의 인정을 받고 똑똑하다는 인정을 받는 데 있는 것이 아니라 인간 마음 안에 있는 불안과 죄와 의심을 해결하는 데 있는 것입니다. 사람들이 화를 내고 근심하는 이유는 자신에 대하여 알지 못하기 때문입니다. 무엇인가 불만이 있고 문제가 있는데 그것이 무엇인지 알지 못하니까 가까운 사람들이나 부하에게 화를 퍼붓는 것입니다. 우리가 하나님의 말씀을 들으면 아픈 부분이 명확해질 뿐 아니라 아픈 것이 치료가 되기 때문에 그렇게 마음이 기쁠 수가 없습니다. 아마 크게 아파본 분들은 알 것입니다. 몸에 병이 있는데 병명도 모르고 어디에 가서 치료받아야 할지도 모를 때 근심이 되고 우울해집니다. 그런데 좋은 의사를 만나서 치료가 끝나고 통증이 없어지게 되었을 때는 그렇게 기쁠 수가 없습니다. 하나님의 말씀은 우리의 병든 마음을 치료하기 때문에 얼굴이 빛이 나게 됩니다. 우리 성도들이 예배를 마치고 돌아갈 때 웃으면서 돌아갑니다. 얼굴에서 빛이 나는 것을 볼 수 있습니다. 이것은 내 마음의 병이 치료되었고 내가 바른길을 가고 있다는 것을 확인받았기 때문에 안심이 되는 것입니다. 그러나 세상 지혜를 붙드는 사람은 아무리 하나님의 말씀을 들어도 마음은 여전히 답답합니다. 아직 그의 상한 마음이 치료받지 못해서 불안하기 때문입니다.

14절 "명철한 자의 마음은 지식을 요구하고 미련한 자의 입은 미련한 것을 즐기느니라."

명철한 자는 하나님의 말씀의 가치를 아는 사람입니다. 이 사람에게는 계속 하나님의 말씀이 필요합니다. 하나님의 말씀이야말로 이 사람의 양식이기 때문입니다. 이 사람이 인생을 끌고 가는 에너지는 하나님의 말씀에서 나옵니다. 그러나 미련한 자는 이미 자기가 가지고 있는 것으로 만족하고 그것을 가지고 자랑을 합니다. 그의 자랑은 기도도 아니고 축복도 아니며 단지 허망한 푸념에 불과합니다.

15절 "고난 받는 자는 그 날이 다 험악하나 마음이 즐거운 자는 항상 잔치하느니라."

여기서 고난 받는 자는 연단의 고난이 아닙니다. 이 사람은 연단을 받지 않고 세상적으로 성공한 사람입니다. 이 사람은 지금까지 험악한 인생을 살아왔습니다. 이 사람은 결코 사랑으로 살아온 것이 아니기 때문입니다. 그래서 이 사람은 세상에서 원하는 것은 가졌지만 마음은 여전히 궁핍하고 가난합니다. 그러나 하나님의 말씀을 붙들고 살아온 사람은 결국 성령이 부으시는 부흥이 임하는데 이것은 영적인 대잔치인 것입니다. 우리가 늙지 않고 부패하지 않고 인생이 허무하지 않으려면 언제나 부흥과 함께 살아야 합니다. 솔로몬은 영적인 잔치가 아니라 먹는 잔치로 살았기 때문에 결국 나중에 하나님을 떠나게 되었습니다. 우리는 먹는 잔치가 아니라 영적인 잔치로 살아야 끝까지 아름답고 후회 없는 삶을 살 수 있습니다. 이 귀한 삶을 사시는 성도들이 되시기 바랍니다.

24 · 하나님이 주시는 것

잠 15:16-33

우리가 자연 상태에 있는 것들 중에는 사람이 손을 대지 않고 그대로 두는 것이 더 아름답고 순수한 것도 있지만 어떤 것들은 위대한 예술가의 손에 의하여 다듬어지는 바람에 더 귀한 보물로 만들어지는 것도 있습니다. 예를 들어 산이나 계곡에서 뒹구는 대리석은 하나의 돌덩이에 불과하지만 이것이 미켈란젤로나 로댕 같은 위대한 조각가의 손에 의해서 위대한 작품으로 만들어지면 그 가치는 말로 표현할 수 없이 높아지게 됩니다. 여성들도 그 자체로도 아름답지만 더 아름다워지기 위해서 많은 불편을 기꺼이 감수하는 것을 볼 수 있습니다. 높은 구두를 신고 걷거나 서 있는 것은 아주 불편하지만 여성들은 아름답게 보이기 위해서 기꺼이 높은 구두를 신습니다. 여성들이 화장을 하는 것도 보통 귀찮은 일이 아니고 또 화장을 한 상태도 불편하고 또 지우는 것도 예삿일이 아닐 것입니다. 그러나 여성들은 아름답게 보이기 위해서 수고를 아끼지 않습니다. 여성들이 입는 옷 중에서도 불편한 것들이 많습니다. 등이 많이 파인 옷, 아주 짧은 치마, 숨 쉬는 것이 불편할 정도로 허리를 졸라매는 옷도 있지만 여성들은 아름답게 보이기 위해서 그런 불편은 얼마든지 감수하고 있습니다. 백 년 전 미국의 여성들은 허리를 날씬하게 보이기 위해서 흑인 여종들이 여주인 뒤에서 끈으로 얼마나 허리를 졸라매었는지 모릅니다. 그러고도 속에는 페티코트를 입고 땅에 질질 끌리는 긴 드레스를 입어야만 했습니다.

사람이 다른 사람에게 구애받지 않고 자기가 하고 싶은 대로 행동을 한다면 자신은 편할지 모르지만 다른 사람들에게는 아주 불편한 사람이 될 것이고, 사람들은 그를 가치 없는 사람으로 생각하게 될 것입니다. 더욱이 우리 인간들이 하나님을 전혀 생각하지 않고 자기 하고 싶은 대로 이 세상에서 살면 성공을 해서 자신은 좋을지 모르겠지만 하나님 앞에서는 아무 쓸모없는 인간이 될 것입니다. 인간들에게는 지켜야 할 최소한의 규율이라는 것이 있습니다. 인간이 지켜야 할 규율이 우리가 다른 사람에게 인간다운 모습을 보여주기 위한 최소한의 제한선이라고 한다면 하나님의 백성들에게는 또 다른 원칙이 있습니다. 그것은 우리가 반드시 하나님을 알고 또 우리가 하고 싶은 대로 모든 것을 하지 않는 것입니다. 우리에게 이 두 가지가 될 때 우리는 말로 표현할 수 없을 정도로 높은 가치를 가진 사람이 되게 됩니다. 하나님께서는 이 세상에 두 가지 복을 주셨습니다. 하나는 보통 사람들이 가지고 싶어 하는 것처럼 눈에 보이는 복이고 무엇인가를 많이 가지는 복입니다. 하나님이 주신 또 다른 복은 우리의 가치를 무한정으로 높여주시는 복입니다. 오늘 잠언 말씀은 우리에게 눈에 보이는 복을 많이 가지는 것이 좋은가, 아니면 우리의 가치가 무한정으로 높아지는 것이 좋은가 하는 문제입니다. 물론 다른 조건이 다 똑같다면 우리 생각에 세상의 복을 많이 가지는 편이 훨씬 좋을 것입니다. 아무리 자신의 가치가 높다고 하더라도 돈이나 신분이 낮으면 무슨 소용이 있으며 다른 사람들이 알아주지 않으면 무슨 소용이 있을까 하는 생각이 들 것입니다. 그러나 하나님 앞에서 중요한 것은 그 사람의 재물이나 신분이 아니라 그의 속사람의 가치라고 말씀하고 있습니다.

믿음의 조상 아브라함을 생각해 보면 아브라함은 당시 결코 권력자도 아니고 재물이 많은 부자도 아니며 유명한 사람도 아니었습니다. 아브라함은 그 당시 가나안 땅에서 시민권도 없이 떠돌아다니는 목축업자에 불과했습니다. 당시에도 유명하고 권세가 있는 사람들이 많이 있었을 것입니다. 그러나 그 당시 이름 있고 권세 있는 사람들 중에 기억되고 있는 사람은 아무도 없습니다. 하지만 하나님의 말씀을 붙잡았던 아브라함은 역사상 가장 위대하고 아름다운 믿음의 삶을 살았습니다. 사도 바울도 다메섹으로 가다가 예수님을 만남으로 그의 인생길은 완전히 바뀌고 말았습니다. 세상적으로 볼 때 다윗은 잘 나가던 엘리트에서 완전히 인생 밑바닥으로 떨어진 실패한 사람 같았습니다. 사도 바울 당시에도 로마나 예루살렘에 유명하고 쟁쟁한 사람들이 많이 있었습니다. 그런 사람들 앞에서 사도 바울은 정말 아무것도 아닌 전도자에 불과했지만 하나님의 말씀에 붙들렸던 그는 역사상 가장 위대한 사람이 되었습니다. 이것을 볼 때 눈에 보이는 좋은 것을 가지는 것은 아주 잠깐 사람들에게 기억될 뿐이지만 하나님의 말씀에 붙들리고 하나님의 손에 붙들려서 산 사람의 가치는 영원하고 무한한 것을 알 수 있습니다.

1. 어느 것이 더 위대한가?

인간적으로 생각해볼 때 가난하게 사는 것보다는 돈이 많은 부자로 사는 것이 훨씬 행복할 것입니다. 그러나 성경은 결코 그렇지 않다고 말씀하고 있습니다.

16절 "가산이 적어도 여호와를 경외하는 것이 크게 부하고 번뇌하는 것보다 나으니라."

　우리는 가끔 하나님을 믿고 가난한 것과 하나님을 믿지 않고 부자로 잘사는 것 중에 어느 것이 더 행복할까 하는 생각을 할 때가 있을 것입니다. 사람이 부자로 산다는 것은 가난한 것에 비해서 확실히 유리한 점이 많습니다. 사람에게 돈은 일종의 가능성입니다. 사람들은 모든 물건을 살 수 있는 가치를 돈으로 만들어 놓았기 때문에 사람들은 돈으로 모든 것을 다 살 수가 있습니다. 그러나 더 중요한 것은 그 많은 것을 가지고 무엇을 하느냐 하는 것입니다. 사람은 돈만 많이 있다고 해서 행복한 것이 아니라 그것을 바로 사용할 수 있는 가치관이나 믿음이 있어야 모든 것을 바로 사용할 수 있는 것입니다. 예를 들어서 집을 건축하는 사람에게 건축할 수 있는 많은 재료들은 아주 중요합니다. 그러나 집을 지을 기술이 없는 사람에게는 아무리 많은 건축 재료가 있다고 한들 아무 소용이 없는 것입니다. 이것은 젊은이들에게도 마찬가지입니다. 젊음이란 앞으로 여러 가지 인생을 살 수 있는 가능성을 가진 것을 말합니다. 앞으로 노력하기에 따라서 학자가 될 수도 있고 사업가가 될 수도 있고 직장인이 될 수도 있을 것입니다. 그러나 만일 어떤 사람이 자기가 젊다는 것만 믿고 매일 술을 마시고 방황하면서 산다면 그의 젊음은 전혀 의미가 없는 것입니다. 사람에게 지식이 있고 돈이 있고 젊음을 가지고 있다는 것은 가능성이 있는 것입니다. 그러나 더 중요한 것은 이런 시간이나 돈이나 권력을 바르게 쓸 수 있는 가치관과 믿음입니다.

　오늘 성경을 보면 '가산이 적어도 여호와를 경외하는 사람'에 대하여 말씀하고 있습니다. 이 사람은 돈이 없습니다. 그러나 다행스럽게도 하나님의 말씀을 듣고 하나님을 알게 되었습니다. 이 사람은 자신의 인생에 대하여 눈을 뜨게 되었고 믿음으로 살아갈 수 있는 길을 알게 되었습니다. 그런데 단지 이 사람에게는 재물이 없는 것입니다. 과연 어떤 사람이 더 유리하겠습니까? 하나님을 모르고 돈이 많은 사람과 돈은 없는데 하나님을 알게 된 사람 중에 누가 더 낫겠습니까? 보통 사람들 생각에 하나님을 모르더라도 돈이 많은 사람이 그래도 가치가 있을 것 같습니다. 그러나 그것은 틀린 것입니다. 왜냐하면 이 사람의 가치는 원래 있던 돌 그대로입니다. 그러나 하나님을 아는 이 사람은 이미 본인의 가치가 달라졌습니다. 이 사람은 하나님의 손에 의해서 대리석 조각으로 만들어지고 있는 사람입니다. 이 사람은 인생을 살아갈 수 있는 믿음을 가진 사람입니다. 단지 세상의 돈이 없을 뿐입니다. 그런데 하나님 앞에서는 세상에 널려 있는 것이 돈이고 재물입니다. 하나님은 얼마든지 가난한 사람에게 돈을 주실 수 있습니다. 그럼에도 불구하고 하나님이 이 사람에게 돈을 주지 않으시는 이유가 무엇입니까? 그것은 이 사람은 돈이 없어야 죽어라고 하나님의 말씀을 붙들고 연구해서 결국 하늘의 복을 가져올 수 있기 때문입니다. 여호와를 알고 경외하는 자는 돈이 없이 가난한 것이 본인이나 다른 사람에게 복이 될 때가 많습니다. 왜냐하면 이 사람은 세상의 돈이 없어야 죽어라고 하나님의 말씀을 캐고 들어가기 때문입니다.

그런데 성경에 보면 '크게 부하고 번뇌하는 것보다 낫다' 고 했습니다. 돈이 많은 사람은 이상하게 번뇌를 한다는 것입니다. 그 이유가 무엇일까요? 부자는 돈만 많이 가지고 있지 다른 것은 아무것도 모르기 때문에 불안한 것입니다. 이런 사람은 모래성만 실컷 쌓아놓고 바람이 불어서 성이 무너지지 않을까 혹은 파도가 밀려와서 성이 쓸려 내려가지 않을까 두려워하는 것과 같습니다. 우리가 여호와를 경외하는 것은 어떤 돌을 하나 찾아내서 하나님의 형상으로 조각을 하는 것과 같습니다. 멋진 조각이 된 후에 어떻게 포장하느냐 하는 것은 하나님께 달린 것입니다. 하나님께서 멋있게 포장을 하실 수도 있고 또 포장을 하지 않고 마당에 둘 수도 있는 것입니다. 그런데 하나님을 모르고 돈만 모은 사람은 마치 전혀 만들어지지 않은 돌을 엄청나게 좋은 포장 안에 넣은 것과 같습니다. 이런 사람은 돈으로 해결되면 기분이 좋은데 돈으로 해결되지 않은 문제가 생기면 번민을 하게 되는 것입니다. 하나님의 백성들은 돈을 많이 버는 것보다 하나님 앞에서 자신이 바르게 만들어지는 것을 먼저 해야 인생을 바로 살아갈 수 있습니다.

다음 문제는 우리가 어떤 사람과 교제를 하는 것이 유익한가 하는 것입니다.

> 17절 "여간 채소를 먹으며 서로 사랑하는 것이 살진 소를 먹으며 서로 미워하는 것보다 나으니라."

여기서 '여간한 채소'란 빈약한 식탁을 말합니다. 옛날에는 무엇인가 잘 먹었다는 말이 나오려면 상 위에 육류가 반드시 있어야 했습니다. 그래서 식탁 위에 육류가 전혀 없으면 '여기는 완전히 풀밭이구먼' 하면서 빈정거리기도 했습니다. 사람이 식사를 한다고 하는 것은 함께 기쁨을 나누고 사랑을 나누는 것을 의미합니다. 성경은 식탁의 메뉴보다 더 중요한 것은 어떤 사람과 이런 식탁의 교제를 나누느냐 하는 것이 더 중요하고, 한 걸음 더 나아가서 어떤 관계에서 교제하느냐 하는 것이 더 중요하다고 말씀하고 있습니다.

채소를 먹으면서도 서로 사랑한다는 것은 서로를 존중하는 인격적인 관계를 말합니다. 특히 하나님의 연단을 통과한 성도들은 그 사람 자체가 가치가 있기 때문에 그가 하는 말들은 상 위에 놓여 있는 음식과 비교가 되지 않습니다. 이런 사람들과는 만남 자체가 중요하고 대화의 내용이 중요하지 어떤 음식을 먹었느냐 하는 것은 중요하지 않습니다. 연단 받은 성도들과의 만남은 음식은 하나의 매개체에 불과하고 그가 체험했던 이야기나 그가 가지고 있는 생각 같은 것이 음식보다 훨씬 더 중요한 메뉴입니다. 세리나 죄인들이 예수님을 만나서 식사를 했을 때 중요한 것은 메뉴가 아니었습니다. 왜냐하면 죄인들이 예수님과 식사를 한다는 것은 그들이 천국에 초청되는 것이었고, 이것은 그들의 영원한 운명을 바꾸는 일이었습니다. 그러나 교만한 사람들은 함께 식사를 할 때 언제나 자기 자랑이나 자기가 하는 일에만 관심이 있어서 상대방에 대해서는 별로 주의를 하지 않는 것을 보게 됩니다. 이런 사람들은 식사를 하면서 다른 사람에 대한 불만을 이야기하든지 아니면 자기 자랑을 하느라고 남의 이야기를 들을 생각을 하지 않습니다. 교만한 사람과 식사하는 시간은 마치 바늘방석에 앉는 것과 같고 음식 먹는 시간이 벌받는 시간이라서 그렇게 고통스러울 수가 없는 것입니다. 그때 비로소 깨닫는 것이 교만한 사람은 정성껏 대접할 가치가 없으며 그런 사람에게서 식사를 한 끼 대접받느니 차라리 마음 편한 사람과 웃으면서 초라한 음식이지만 기쁨으로 먹는 것이 낫다는 것을 깨닫게 됩니다. 하나님의 백성들은 누구를 만나느냐 하는 것이 중요합니다. 하나님의 백성들이 세상적인 가치관을 가진 사람을 만나면 그들이 하는 자랑 때문에 완전히 기가 죽어서 돌아오게 됩니다. 그러나 하나님의 백성들이 신앙의 가치를 알아주는 성도를 만나게 되면 용기백배해서 돌아오게 되는 것입니다. 이것을 볼 때 사실 사람들이 잘 먹으려고 하는 것은 힘을 내기 위해서인데, 하나님의 백성들의 힘은 음식에서 나오는 것이 아니라는 것을 알게 됩니다. 하나님의 백성들의 힘은 고난과 말씀의 가치를 아는 성도들과의 교제에서 오는 것입니다.

다음에는 자신의 성격을 통제하는 문제입니다.

18절 "분을 쉽게 내는 자는 다툼을 일으켜도 노하기를 더디 하는 자는 시비를 그치게 하느니라."

분을 쉽게 낸다는 것은 자기 성질을 통제하지 않고 자기 속에서 나오는 대로 다른 사람에게 내뱉는 성격을 말합니다. 우리는 자기 속에서 나오는 대로 남에게 이야기하고 화를 내는 사람의 성격이 단순하고 솔직하다고 생각하기 쉽습니다. 그러나 이런 성격은 솔직한 것이 아니고 별로 다듬어지지 않는 돌인 것입니다. 하나님을 알고 하나님의 사랑을 받게 되면 다른 사람에 대한 생각이 달라집니다. 우리는 다른 사람들도 모두 사랑받을 가치가 있으며 행복할 자격이 있다는 것을 알게 됩니다. 그래서 우리는 다른 사람에 대해서 절대로 내 마음속에서 나오는 생각이나 기분대로 말하거나 화를 내지 않습니다. 우리가 내 속에서 나는 생각이나 기분대로 말하거나 화를 내는 것은 상대방의 가치를 전혀 존중하지 않는 자세이기 때문입니다. 그런데 이런 사람들은 다른 사람의 마음에도 화를 불러일으키기 때문에 결국 상대방의 반격을 당하게 됩니다. 화라고 하는 것은 없어지지 않고 있다가 언젠가는 자기에게 돌아오기 때문입니다.

그러나 '노하기를 더디 하는 사람'은 물론 자기 기분 같아서는 상대방에게 마음대로 화를 내고 욕을 퍼붓고 싶지만 우리 안에 하나님의 사랑이 있어서 그럴 수가 없는 것입니다. 이런 사람은 자기가 화를 내어서 말하거나 상대방을 무시해서 말하고 싶을 때에도 절대로 자기 감정대로 하지 않고 상당히 누그러트려서 말을 합니다. 이것이 하나님 앞에서는 너무나도 가치가 있는 사람입니다. 하나님은 자기 감정이나 기분대로 하지 않는 사람을 볼 때 이미 위대한 조각으로 만들어진 사람으로 보시는 것입니다. 이미 하나님 앞에서 위대하게 다듬어진 사람은 절대로 함부로 말을 하지 않고 절대로 자기 기분대로 화를 내지 않습니다. 자기 자신이 하나님 앞에서 명품의 가치가 있다는 것을 알기 때문입니다. 옛날 사람들은 서로 화가 나는 것이 있으면 직접 말로 표현하지 않고 편지로 자기 의사를 표현할 때가 많았습니다. 사람이 일단 말을 하는 것보다는 글을 쓸 때 감정을 한 번 더 누그러트릴 수 있기 때문입니다. 그래서 옛날 사람들은 말로 해서는 싸울 것을 편지를 써서 화해하는 경우가 많았습니다. 요즘 현대인들은 서로 얼굴을 보지 않고 음성을 듣지 않고 의사소통을 하기 위해서 전자메일을 보낸다든지 혹은 핸드폰의 문자를 보낸다든지 하는데, 만나거나 음성을 듣는 것보다 덜 부담스러울 때가 많은 것 같습니다.

그러면 하나님의 백성들도 인간인데 화가 나는 것을 어떻게 참을 수 있겠습니까? 우리는 오히려 마음속에 화가 나기 때문에 하나님 앞에 더 나아가서 솔직하게 나의 부족을 고백하고 더 위로를 받을 수 있습니다. 하나님의 백성들이 화가 나는 대로 말하지 않고 누그러트려서 부드럽게 말할 때 상대방이 처음에는 바보인 줄 알고 무시하고 업신여길 때도 있지만, 시간이 갈수록 다른 사람들은 이분의 인격이 고상한 것을 알고 존경하게 됩니다. 하나님의 나라에서는 다른 사람과 말로 해서 이기는 것보다는 져주면서 화평케 하는 자가 참으로 중요한 사람입니다. 이런 사람이 나중에 하나님의 아들이라 일컬음을 받고 모든 일에 주인공으로 사용되게 됩니다. 그 사람의 됨됨이를 알 수 있는 방법은 자기 성격을 통제할 수 있느냐 하는 것입니다. 어떤 사람이 아무리 목회자이고 중요한 일을 하는 사람이라 하더라도 자기의 화를 통제하지 못하는 사람은 아직 명품이 되지 못한 것입니다. 아직 싸구려 티를 벗지 못한 것입니다.

19절 "게으른 자의 길은 가시울타리 같으나 정직한 자의 길은 대로니라."

게으른 자란 앞으로 있을 큰 길을 보지 못하고 눈앞에 있는 편의나 이익에 집착하는 사람을 말합니다. 옛날이나 지금이나 지혜로운 사람은 길을 먼저 닦는 것을 생각합니다. 일단 길이 있어야 자동차도 들어오고 물건도 들어오고 사람도 들어오기 때문입니다. 그러나 미련한 자는 멀리 있는 것은 보지 못하고 오직 자기 수중에 있는 것만 놓치지 않으려고 하고, 자기 이익과 관계없는 것은 절대로 하려고 하지 않는 사람입니다. 이런 미련한 사람은 결국 무엇인가 가지고 있기는 있는데, 길이 없는 것입니다. 길을 닦아두지 않아서 온통 가시울타리로 에워싸여 있기 때문입니다. 이렇게 게으른 사람은 길을 만들지 않아서 오도 가도 못하고 마는 것입니다. 사람이 사회생활을 할 때에도 평소에 좋은 관계를 맺는 것이 중요합니다. 평소 친분이 있는 사람은 상대방에게 어떤 일이 생기면 일단 도와주려고 마음을 먹고 협력을 하게 됩니다. 그런데 평소에 전혀 교류도 없고 오히려 좋지 않은 말만 하다가 일이 생겼을 때 허겁지겁 달려와서 도와달라고 하면 별로 내키지 않는 마음으로 도와주게 되는데, 그 차이는 엄청난 것입니다. 사회생활을 제대로 하려면 자기 문제에만 빠져서는 안 되고 다른 사람과 평소에 좋은 관계를 유지하는 것이 중요합니다. 이것이 부지런한 것입니다. 기독교인들 중에 자기 원칙이나 자기 생각에만 빠져서 별 것 아닌 것을 가지고 나쁜 관계를 만드는 사람들이 많습니다. 그런데 막상 나중에 내가 도움이 필요해서 도와달라고 하면 상대방은 평소 이 사람이 한 나쁜 말 때문에 도와주고 싶지 않은 것입니다.

그런데 우리가 가장 부지런해야 하는 것은 하나님과의 관계입니다. 하나님과의 관계는 눈에 보이지도 않고, 또 하나님과의 관계가 좋아졌다고 해서 당장 무슨 좋은 결과가 나타나지는 않는 것 같습니다. 그러나 우리가 평소에 하나님과 좋은 관계를 유지하면 우리가 어려울 때 하나님은 어김없이 반드시 기도에 응답하시고 그 어려움에서 나오도록 도와주십니다. 하나님의 백성들에게 부지런하다는 것은 평소에 내 기분이나 내 욕심대로 살지 않고 끝까지 하나님의 말씀을 붙드는 것입니다. 그럴 때 평소에는 융통성도 없고 답답한 것 같지만 위기의 순간에 틀림없이 하나님의 도우심을 체험하게 됩니다. 우리가 이 세상에서 하나님의 말씀으로 통제받지 않고, 욕심대로 실컷 돈 벌고 화가 날 때 화를 내고 하나님과의 관계를 등한시하는 것이 좋은 것 같지만, 결국 그것은 자신의 가치가 아무것도 아닌 것을 드러내는 것입니다.

하나님은 그런 사람을 아무 쓸모없는 사람으로 보시게 됩니다. 그 대신 우리가 바른길을 찾고 꾸준히 자기 자신을 통제해서 마음대로 행동하지 않는 생활을 할 때 하나님은 우리를 참으로 가치 있는 자로 생각해서서 어려울 때 반드시 도우시고 축복하여 주십니다.

2. 겸손한 자의 상급

사람은 누구나 다 높아지고 싶고 다른 사람 위에 있고 싶은 본능이 있습니다. 우리나라 사람들은 어디서든지 모이면 먼저 나이를 따져서 서열을 매기고 같은 학교 출신이면 선후배를 따지는 것이 습관으로 되어 있습니다. 그래서 사람들 사이에 신분이나 나이가 월등하게 차이가 나면 덜 싸우지만 비슷비슷한 사람들끼리는 서로 경쟁하는 마음이 있어서 별 것 아닌 것 가지고 많이 다투고 싸우게 됩니다. 우리가 인간들만 생각한다면 워낙 비슷비슷하기 때문에 서로 잘난 체하고 싸우지만, 우리가 하나님 앞에 서면 도저히 하나님과는 비교가 되지 않기 때문에 겸손하게 됩니다. 자기가 똑똑한 줄 알고 모든 것을 독단적으로 하는 사람이 일을 잘할 것 같은데 이런 사람들은 자기가 보지 못하는 함정에 빠져서 결국 망하고 마는 일이 많습니다. 참으로 지혜로운 사람은 자기가 부족한 줄 아는 사람입니다.

20절 "지혜로운 아들은 아비를 즐겁게 하여도 미련한 자는 어미를 업신여기느니라."

지혜로운 아들은 자기가 하나님 앞에서 부족한 줄 아는 아들을 말합니다. 대개 아들은 철이 들면서 아버지에게 반항하고 대들 때가 많습니다. 청소년 때에는 자기 정체성을 찾기 위해서 부모에게 반항하는 것이 자기를 찾는 것이라고 생각할 때가 많기 때문입니다. 그런데 지혜로운 아들은 어떤 체험에 의해서 자기 자신의 부족함을 깨닫게 된 아들입니다. 물론 이 아들도 처음에는 자기가 잘난 줄 알았고 아버지에게 대들고 반항하는 아들이었습니다. 그런데 어느 날 하나님의 말씀이 그의 마음속에 들어가서 자신이 하나님 앞에 죄인이며 교만한 자라는 것을 깨닫게 하신 것입니다. 이 아들은 그 후부터는 적극적으로 하나님의 말씀을 배우기 시작했습니다. 자기가 부족한 줄 알았기 때문입니다. 하나님은 이런 아들의 선생이 되셔서 길을 인도하십니다. 하나님의 말씀 앞에 겸손한 이 아들은 일단 하나님의 말씀을 너무나도 잘 받아들이고 자기 길을 알아서 찾아가니까 아버지는 안심이 됩니다. 그런데 실제로는 하나님이 아들의 길을 열어주시어서 모든 일이 형통하게 되니까 아버지가 너무 기쁜 것입니다. 우리가 하나님 앞에서 부족하다고 느끼는 것이 중요합니다. 우리는 부족하기 때문에 하나님의 뜻을 찾고 기도를 하게 됩니다. 그러나 스스로 지혜 있다고 생각하는 자는 자기가 계획을 세우고 결정을 내리기 때문에 하나님이 개입하실 여지가 없게 됩니다. 여기에 '미련한 아들'은 스스로 똑똑하고 지혜롭다고 여기기 때문에 하나님의 말씀을 배울 필요를 느끼지 못하는 아들입니다. 이런 아들은 어미의 치마폭에 싸여서 자기 멋대로 행동을 합니다. 아마 제대로 된 아버지 같으면 이런 아들을 그냥 두지 않고 당장 두들겨 패서라도 정신을 차리게 했을 것입니다. 그러나 어미가 미련해서 계속 아들을 두둔했습니다. 그러니까 아들은 어미를 업신여기게 됩니다. 여기서 업신여긴다고 하는 것은 근심이 된다는 뜻입니다. 결국 이렇게 사랑했던 아들이 나중에는 말을 전혀 듣지 않게 되는 것입니다. 이 아들은 하나님의 뜻이 아닌 길을 계속 가면서 돌아오라는 어미의 말을 듣지 않습니다. 이 아들은 자기 생각이 언제나 가장 옳다는 식으로 배워 왔기 때문입니다. 이런 아들이 정신을 차리려면 한 번 높은 데서 바닥으로 떨어져 정말 자기가 아무것도 아니라는 것을 깨달아야 합니다. 우리는 할 수 있는 대로 유명해지기 전에 하나님의 손에 깨어져서 자기가 부족한 것을 아는 것이 좋습니다.

21절 "무지한 자는 미련한 것을 즐겨하여도 명철한 자는 그 길을 바르게 하느니라."

무지한 자는 미련한 것을 즐겨한다고 했습니다. 무지한 자란 하나님의 말씀을 모르고 눈앞에 보이는 돈이나 재물을 잔뜩 가지는 사람을 말합니다. 이런 사람은 많은 것을 가지고 있기는 하지만 길을 알지 못합니다. 무지한 자는 하나님의 말씀을 모르니까 돈을 써야 할 때를 모르고 돈을 쓰지 말아야 할 때를 제대로 모릅니다. 하나님의 말씀을 모르는 사람은 어떻게 해서든지 돈을 붙들고만 있지 제대로 쓸 줄을 모릅니다. 조금이라도 돈을 쓰게 되면 아까워서 벌벌 떠는 것을 보게 됩니다. 이런 사람이 돈을 쓰는 것을 보면 겨우 자기 이름을 내는 데 돈을 쓰는 것입니다. 그러나 명철한 자는 돈보다는 하나님과의 관계가 더 중요합니다. 하나님의 축복의 비결을 안다면 황무지도 옥토로 변할 수 있기 때문입니다. 명철한 자는 굳이 돈을 붙들 필요가 없습니다. 이런 사람이 가장 중요하게 생각하는 것은 체면이나 명성이나 업적이 아니라 부흥의 비결입니다. 이것만 붙들고 있으면 모든 복은 저절로 손에 들어오게 되어 있기 때문입니다.

22절 "의논이 없으면 경영이 파하고 모사가 많으면 경영이 성립하느니라."

여기서 의논이 없다는 것은 자기가 모든 것을 가장 잘 안다고 생각해서 다른 사람의 말을 듣지 않고 독단적으로 모든 것을 다 결정하는 것을 말합니다. 대개 최고경영자들 중에서 자수성가한 사람들은 남의 말을 잘 듣지 않습니다. 오늘날 이렇게 성공하기까지 모든 것을 자기 혼자 다 결정하고 모험을 해서 성공을 했기 때문입니다. 사람에게는 언제나 자기 눈에 보이지 않는 위기나 위험이 있습니다. 그래서 겸손한 사람은 일단 최종적인 결정은 자기가 내리더라도 다른 사람들의 이야기를 충분히 경청합니다. 우리가 아무리 지혜롭고 똑똑하다 하더라도 보지 못하는 위험이나 변수는 반드시 있기 때문입니다. 여러 사람들이 이런 이야기 저런 이야기를 하다 보면 이야기가 중구난방이 되어서 갈팡질팡하는 것 같지만 이런 것을 통해서 자기가 보지 못하던 위험이나 함정을 보게 되는 것입니다. 무조건 자기 생각만 옳다고 주장하고 반대 의견을 무시하는 사람은 결국 자기가 생각하지 못한 함정에 빠져서 망하게 됩니다.

그러나 지혜로운 사람은 자기가 미련하고 부족한 줄 알기 때문에 충분히 다른 사람의 이야기를 듣고 또 전문가의 조언을 받습니다. 특히 하나님의 백성들은 서로 솔직하게 대화를 나누는 가운데 마음이 하나가 되는데 이때 하나님의 능력이 나타나게 됩니다. 우리에게 중요한 것은 많은 일을 하는 것이 아닙니다. 충분히 하나님의 말씀을 듣는 것이 더 필요합니다. 그리고 나서 하나님의 뜻을 물어보는 기도를 해야 합니다. 예수님은 '구하라 그러면 주실 것이요 찾으라 찾을 것이요 문을 두드리라 그러면 너희에게 열릴 것이니라'고 말씀하셨습니다. 우리가 하나님의 뜻을 묻는 기도를 하고 기다리면 하나님은 반드시 우리에게 좋은 지혜를 주십니다. 이것이 바로 하나님의 세미한 음성입니다.

23절 "사람은 그 입의 대답으로 말미암아 기쁨을 얻나니 때에 맞은 말이 얼마나 아름다운고"

우리가 어떤 풀리지 않는 문제를 가지고 고민을 하는데 누군가가 바른 답을 가르쳐주면 그렇게 기쁠 수가 없을 것입니다. 사람들은 이 세상에서 참으로 많은 말을 하면서 살아갑니다. 사람들이 하는 말들 중에는 너무나도 쓸데 없는 말들이 많습니다. 그러나 정말 경우에 꼭 맞는 말의 가치는 말로 표현할 수가 없을 것입니다. 이런 말이 쉽게 나올 수 있다고 생각해서는 안 됩니다. 예를 들어서 다른 학생들은 풀지 못하는 문제를 어떤 학생이 풀 수 있는 것은 그 학생이 다른 학생들은 놀면서 엉뚱한 짓을 할 때 수학 문제를 많이 풀었기 때문입니다. 사람의 가치는 결국 어떤 구체적인 상황에서 어떤 사람이 하는 말의 가치에 의해서 나타나게 됩니다. 어떻게 사람이 때에 맞는 말을 할 수 있을까요? 그것은 그냥 쉽게 되지 않습니다. 어떤 사람이 갑자기 배가 아프게 되었는데 이 사람이 왜 배가 아프게 되었는지 정확하게 말하는 것은 쉽지 않습니다. 이것은 의사만이 할 수 있는 일인데 의사가 정확한 진단을 내리려고 하면 공부도 많이 해야 하고 또 환자를 많이 본 경험이 있어야 합니다. 그런 터 위에서 필요한 검사를 다 해보고 난 후에 정확한 진단을 내릴 수 있는 것입니다. 마찬가지로 우리가 처음에는 바른 대답을 할 수가 없습니다. 우리는 아무것도 알지 못하기 때문입니다. 그 대신 우리는 침묵하면서 하나님의 말씀을 많이 들어야 합니다. 처음에는 하나님의 말씀을 들어도 제대로 말할 수 없습니다. 그런데 이것이 우리 가슴이나 배에서 상당히 소화가 되었을 때 즉 하나님의 말씀이 내 인격이 되었을 때 우리는 때에 맞는 말을 하게 됩니다. 그 말은 하나님의 말씀이 소화가 된 것이기 때문에 듣는 자에게 위로가 되고 예언이 되는 말씀으로 역사합니다.

24절 "지혜로운 자는 위로 향한 생명 길로 말미암음으로 그 아래 있는 음부를 떠나게 되느니라."

지혜로운 자는 하나님의 말씀을 가지고 있는 사람입니다. 이런 사람은 일차원적으로 사는 것이 아니라 이차원적인 삶을 살아가게 됩니다. 하나님의 말씀이 없는 사람은 평면적으로 사람들과의 관계에서만 살아가기 때문에 세상에 있는 위험이나 함정을 보지 못합니다. 그래서 사람만 보고 세상만 보는 사람은 잘 나가다가 어느 순간 함정에 빠져서 허우적거리게 됩니다. 이 사람은 하나님의 지혜를 듣는 훈련을 받지 못한 것입니다. 평면적인 삶을 사는 사람은 세상을 향하여 질주를 하는데 세상에는 함정이 많습니다. 그러나 지혜로운 자는 하나님의 인도하심을 받기 때문에 하나님이 가라고 하는 대로 갑니다. 어떤 때에는 하나님이 많이 기다리게 하시고 어떤 때는 길이 없는 곳으로 인도하시는데, 나중에 보면 그 길이 진짜 우리가 사는 길입니다. 그래서 하나님의 말씀을 붙드는 자는 음부에 빠지지 않습니다.

3. 하나님이 싫어하시는 것

하나님도 인격적이시기 때문에 좋아하시는 것과 싫어하는 것이 있습니다. 하나님은 하나님을 기쁘시게 하는 자에게는 자기 자신을 다 주십니다. 그러나 하나님이 싫어하는 일을 하는 자는 그냥 두고 보시다가 나중에는 꼭 망하게 하십니다.

25절 "여호와는 교만한 자의 집을 허시며 과부의 지계를 정하시느니라."

하나님은 교만으로 집을 짓는 자를 싫어하십니다. 여기서 교만한 자의 집은 하나님이 주시지 않은 세상의 복을 가지고 성공한 사람을 말합니다. 이런 사람들이야말로 성공한 사람 같고 이런 사람의 부는 영구적일 것 같습니다. 그러나 하나님이 주신 복이 아닌 복으로 지은 집은 무너지게 되어 있습니다. 일차적인 이유는 하나님을 모르고 성공한 사람은 죄에 대하여 아주 약한 법이기 때문입니다. 교만한 자는 자기가 성공한 것이 너무나도 대단하다고 생각한 나머지 죄 짓는 것을 쉽게 생각한다는 것입니다. 최근에 우리나라 안팎으로 성공한 사람들 중에서 추행으로 망한 사람들이 여러 명 있습니다. 이것을 보고 학자들은 평가하길 성공한 사람은 자기 성공에 도취되어서 죄 짓는 것을 쉽게 생각한다고 했습니다. 사람이 자기 성공에 도취된다고 하는 것은 마치 술이나 마약에 취해서 운전을 하는 것과 같습니다. 성공에 도취된 사람들은 너무나도 자신의 생각이나 감정이 높아져 있어서 정상적인 것으로 만족을 못합니다. 이렇게 성공한 사람들이 만족하는 방법은 죄를 짓는 것밖에 없는 것입니다. 결국 이런 사람들은 한평생 자기 명성이나 부를 쌓은 후에 한순간에 부정이나 죄로 신세를 망치게 됩니다. 하나님은 과부의 지계도 정하신 분이십니다. 하나님은 모든 사람들이 다 행복할 수 있게 하셨고, 아무리 과부라 하더라도 다른 사람들이 함부로 그들의 행복을 빼앗지 못하도록 경계를 정해 놓으신 것입니다. 하나님의 백성들은 절대로 다른 사람의 행복을 다쳐가면서 자기 행복을 가지려고 해서는 안 됩니다. 오히려 하나님의 백성들은 다른 사람의 행복을 먼저 챙겨 주어야 합니다.

26절 "악한 꾀는 여호와의 미워하시는 것이라도 선한 말은 정결하니라."

악한 꾀는 그 사람의 생각과 말이 다른 것입니다. 일단 악한 꾀는 하나님의 말씀에서 나온 지혜가 아닙니다. '선하다' 는 것은 하나님의 뜻에 일치한 것입니다. 선한 말을 한다는 것은 순전한 하나님의 말씀을 가지고 상대방에게 유익이 되도록 사랑으로 말하는 것입니다. 그러나 악한 꾀는 상대방을 이용하려고 하고 상대방을 자기 뜻에 맞추려고 하는 것입니다. 악한 꾀는 자기 뜻대로 되지 않으면 상대방을 공격하고 보복하려고 합니다. 그러나 하나님은 그런 말을 미워하십니다. 아무리 좋은 말이고 좋은 계획이라 하더라도 그 안에 사랑이 없으면 그것은 악한 꾀이고 하나님은 기뻐하지 않으십니다. 그러나 선한 말은 정결하기 때문에 그 안에 다른 의도가 없어서 안심이 됩니다.

27절 "이를 탐하는 자는 자기 집을 해롭게 하나 뇌물을 싫어하는 자는 사느니라."

어떤 일을 할 때 이를 탐하고 이익만을 목적으로 삼으면 안 되는 것입니다. 하나님의 뜻대로 열심히 일을 하면 돈을 벌게 되어 있습니다. 그러나 그것으로 만족하지 못하고 정상 이상의 돈을 벌려고 하면 거짓이 들어오게 되는데, 언젠가는 탄로가 나서 신뢰를 잃게 됩니다. 하나님의 백성이 신뢰를 잃으면 가치가 없는 것입니다. 뇌물을 싫어하는 자는 살게 된다고 했는데 뇌물은 다른 사람들이 모르는 돈입니다. 그런데 언젠가는 들통이 나서 뇌물을 먹은 자들은 다 걸려들어 감옥에 가는 것입니다. 평소에 공짜를 싫어하고 땀을 흘려서 돈을 버는 것을 철학으로 삼는 자는 아무리 주위 사람들에게 불려다니며 조사를 받아도 겁낼 것이 없습니다. 하나님의 백성들은 철저하게 직업의식을 가지고 일을 해야 합니다.

28절 "의인의 마음은 대답할 말을 깊이 생각하여도 악인의 입은 악을 쏟느니라."

사람의 가치는 그 사람의 입에서 나오는 말을 통해서 알게 됩니다. 의인은 일단 하나님의 말씀이 자기 안에서 소화가 되어야 하니까 금방 대답이 잘 나오지 않습니다. 그래서 말을 잘하지 못하는 것은 거의 정상입니다. 하나님의 백성들의 뇌 구조는 말을 잘하는 것이 아니라 하나님의 말씀을 듣고 은혜 받는 구조로 되어 있기 때문입니다. 하나님의 말씀을 소화해서 한마디씩 하는 것은 상당한 가치가 있습니다. 그것은 바로 기도요 예언이요 치료하는 능력이기 때문입니다. 그러나 악한 자는 마음속에 하나님의 말씀이 없으니까 자기 속에 있는 구정물 같은 생각이나 감정을 마구 뿜어냅니다. 이런 말을 들으면 구정물을 뒤집어쓰는 것밖에 되지 않고, 더러운 말들을 씻으려고 하면 하나님의 말씀으로 아예 샤워를 해야 합니다. 하나님의 백성들은 말 잘하는 것을 배우기보다는 말하지 않는 것을 먼저 배워야 합니다. 침묵하면서 말씀을 듣는 훈련을 해야 가치 있는 사람이 될 수 있습니다.

29절 "여호와는 악인을 멀리하시고 의인의 기도를 들으시느니라."

악인은 하나님의 말씀의 가치를 업신여기고 세상을 향하여 달려간 사람을 말합니다. 이 사람들은 이방인을 말하는 것이 아니라 하나님의 백성입니다. 하나님의 백성들에게는 하나님의 말씀이 흔하게 주어져 있습니다. 그러나 도리어 하나님의 백성이 그의 말씀을 싫어하고 세상의 성공이나 출세를 따라가는 것입니다. 하나님은 그런 사람을 멀리하십니다. 하나님은 그의 기도를 듣지 않으시고 그런 사람을 무가치하게 생각하십니다. 하나님의 말씀을 듣고 소화를 하려고 하면 많은 고난을 통과해야 합니다. 하나님은 의인의 기도를 들으셔서 응답하여 주십니다.

30절 "눈이 밝은 것은 마음을 기쁘게 하고 좋은 기별은 뼈를 윤택하게 하느니라."

눈이 밝은 것은 하나님의 말씀이 점점 많이 깨달아져서 이제는 스스로 지각이 생기고 분별력이 생기는 것을 말합니다. 놀라운 것은 이것이 밖에서도 좋은 기별로 응답이 이루어진다는 것입니다. 하나님의 말씀에서 은혜 받은 것이 현실 가운데서 그대로 이루어지는 것입니다. 참으로 엄청난 체험은 하나님의 말씀이 살아있다는 것입니다. 오늘 내가 믿고 은혜 받은 것이 때로는 병원에서 치료받는 것이나 직장에서 좋은 소식으로 나타나는 것입니다. 어떤 신하가 자기 하인이 병들었을 때 예수님에게 나왔는데, 말씀을 듣고 가다가 길에서 그 하인의 병이 나았다는 기별을 받게 되었습니다. 이런 때 뼈가 윤택하다는 것은 정말 힘이 나고 용기가 생기는 것을 뜻합니다. 잘 낫지 않는 병이 뼈에서 고름이 나는 것인데 이런 병이 다 나아버리는 것입니다. 결국 우리에게 필요한 지혜는 부지런히 하나님의 말씀을 듣는 것입니다. 그러면 하나님은 세상에서 가장 좋은 것을 우리에게 선물로 주십니다.

> 31-32절 "생명의 경계를 듣는 귀는 지혜로운 자 가운데 있느니라. 훈계받기를 싫어하는 자는 자기 영혼을 경히 여김이라. 견책을 달게 받는 자는 지식을 얻느니라."

하나님의 말씀을 듣는 것은 단순한 교훈이 아니라 생명의 경계를 듣는 것입니다. 어떤 환자가 병원에서 진찰을 받은 후에 담당 의사로부터 설명을 들을 때 그것이 생명의 경계를 듣는 것입니다. 이 환자가 의사의 말대로 하면 사는 것이고 의사의 말을 무시하고 자기 멋대로 행동하면 병은 낫지 않고 악화될 것입니다. 우리는 하나님의 말씀을 들을 때 병원에서 의사가 진단을 내리는 말처럼 들어야 합니다. 아마 환자가 잘 알아듣지 못하면 가족이라도 자세히 듣고 집에 가서 알려줄 것입니다. 저는 의사의 말을 잘 알아듣지 못하기 때문에 대개 제 아내가 자세하게 캐물어서 집에 와서 저에게 다시 진단을 내릴 때가 많습니다.

이 세상에 여러 소리들이 있지만 모두 책임 있는 말은 아닙니다. 우리를 살리고 죽이는 말씀은 오직 하나님의 말씀밖에 없습니다. 그런데 하나님의 말씀은 때로 훈계를 합니다. 죄에 대하여 책망을 하고 내 멋대로 행동하는 것에 대하여 심하게 책망을 합니다. 이것을 싫어하는 사람은 죽습니다. 자기 생명을 가볍게 생각하기 때문입니다. 절대로 내 생각이나 내 기분대로 믿으려고 해서는 안 됩니다. 그것은 죽는 길이기 때문입니다. 하나님의 책망을 달게 듣는 자는 지식을 얻습니다. 어떻게 이런 사람은 하나님의 견책을 달게 들을 수 있을까요? 자기는 모른다는 것을 알기 때문입니다. 그러나 자기가 모든 것을 안다고 생각하는 사람은 견책을 싫어하고 자기 생각대로 믿는데, 그것은 가치가 없는 신앙입니다.

33절 "여호와를 경외하는 것은 지혜의 훈계라. 겸손은 존귀의 앞잡이니라."

우리가 사는 길은 하나님을 알고 하나님의 말씀에 복종하는 것입니다. 이것이 지혜의 훈계라고 하는 것은 우리의 울퉁불퉁한 모습을 깎아서 하나님의 위대한 조각으로 만들기 때문입니다. 하나님의 말씀을 듣는 것이 겸손입니다. 세상의 성공은 우리 자신의 가치를 높여주지 못합니다. 세상의 성공은 단지 우리의 포장만 바꿀 뿐입니다. 그러나 하나님의 말씀은 우리 자신을 보석으로 바꾸어서 하나님 앞에서 존귀한 자로 만들어줍니다. 우리 모두 하나님 앞에서 자신을 갈고 닦아서 존귀한 보석이 되시기를 바랍니다.

25 · 인간의 경영

잠 16:1-16

과거에 사회과학을 공부하는 사람들에게 최고로 멋진 과목은 경제학이었습니다. 사람들은 경제학을 사회과학의 꽃이라고 불렀습니다. 특히 노벨상 수상자들 중에서 경제학으로 노벨상을 받는 사람들은 세계에서 가장 뛰어난 지식인으로 인정을 받았습니다. 이제는 경제학의 그 자리를 경영학에 내어준 지가 오래 되었습니다. 경제학은 어떤 사회에서 물건이나 돈이 오고 가는 흐름을 연구하는 학문입니다. 수요와 공급이 어떻고 은행 이자가 어떻고 앞으로의 전망은 어떤가 하는 것을 연구하는 학문입니다. 그런데 경영이라고 하는 것은 기업이 돈을 벌기 위해서 하는 모든 행동을 연구하는 학문입니다. 이제는 대학에서도 경영학이 경제학을 제치고 가장 인기 있는 학문이 되었고 세계적으로 유명한 하버드라든지 MIT 같은 대학의 경영대학원을 아주 수준 높게 평가하고 거기를 졸업하기만 하면 서로 데려가려고 할 정도로 인기 있는 학문 분야가 되었습니다.

어느 회사든지 돈을 많이 벌기 위해서 어떤 물건을 어떻게 만들어서 어디에 팔 것인가 하는 것을 계획합니다. 이와 같이 회사가 돈을 더 많이 벌기 위해서 계획을 세워서 기업을 운영하는 것을 경영이라고 합니다. 이 기업 경영은 이제 인간의 모든 지혜를 다 모은 지혜의 집합체 같은 성격을 가지고 있습니다. 예를 들어서 어떤 사람이 작은 집을 짓는 것도 경영이라고 할 수 있지만 수천 세대가 들어서는 최고급 아파트를 짓는 것도 경영에 속합니다. 이런 대규모 고급 아파트를 지어서 판매하려면 아파트 짓는 기술도 뛰어나야 하지만 디자인이나 설계도 소비자들 특히 여성들의 마음에 들어야 하고 아파트의 위치나 교통이나 환경도 좋아야 하지만 무엇보다 적당한 가격으로 분양을 할 수 있어야 합니다. 고급 아파트를 많이 지었는데 분양이 안 되어서 빈 집으로 남는 경우에는 경영에 실패한 것입니다. 요즘은 의류 업체나 자동차 업체들이 자기들이 직접 모든 물건을 만들지 않고 하청 업체에 아웃소싱을 주는 경우가 많습니다. 자기 시설이나 직원들이 많을 경우에 노사 문제가 아주 골치가 아프기 때문입니다. 대기업이 중소기업에 하청을 주었을 때 품질 관리를 어떻게 하느냐 하는 것은 아주 중요한 문제입니다. 일본의 도요타 회사같이 하청 단가를 너무 낮추는 바람에 불량품들이 들어와서 문제가 생겨 전 세계적으로 도요타의 신뢰도가 떨어지게 되었습니다. 이런 것을 보면 오늘 회사를 경영하거나 공장을 경영하는 경영자들이 얼마나 머리가 좋아야 하고 지혜가 있어야 하는지 모릅니다. 아마 우리가 그런 대기업의 경영자를 만나려고 하면 만나주지도 않을뿐더러 혹시 만난다 하더라도 그들이 하는 말들을 우리 같은 사람들은 거의 알아듣지도 못할 것입니다.

그러나 오늘 성경 말씀은 인간이 아무리 좋은 머리를 가지고 계획을 세워서 경영을 해도 하나님께서 축복하시지 않으시면 아무 소용이 없다고 말씀하고 있습니다. 우리가 이 말씀대로 오늘 세계적인 기업의 경영자들이 인간의 머리로 경영을 하다가 망하는 것을 많이 볼 수 있습니다. 오늘 말씀은 아무리 인간들이 머리가 좋다고 하지만 하나님의 경영을 따라올 수 없으며 하나님의 백성들의 믿음이 모든 것을 이긴다고 말씀하고 있습니다. 하나님의 말씀을 듣고 믿음을 가지는 것이 삼성이나 현대 같은 대기업의 경영자보다 더 나은 지혜를 얻는 것입니다.

1. 인간의 경영

사람들은 아무것도 모를 때에는 닥치는 대로 주먹구구로 일을 하지만 일을 조금 하다보면 계획을 세워서 일하는 것이 훨씬 더 효과적이라는 것을 깨닫게 됩니다. 그래서 인간은 어떤 일을 할 때 경영이라는 것을 하게 됩니다. 인간들은 이 경영을 통해서 혼자서 주먹구구로 일하는 것의 수십 배 내지 수백 배의 효과를 올릴 때가 있습니다. 그러나 인간이 아무리 지혜 있게 계획을 세워서 경영한다 하더라도 하나님이 응답하지 아니하시면 아무 소용이 없습니다.

1절 "마음의 경영은 사람에게 있어도 말의 응답은 여호와께로서 나느니라."

사람이 가진 놀라운 능력은 우리가 하려고 하는 어떤 일에 대하여 계획을 세워서 할 수 있다는 점입니다. 예를 들어서 비가 계속 올 때 짐승들은 비를 피하는 것밖에 하지 못하지만 인간들은 집을 지을 생각을 하게 됩니다. 그런데 사람들은 집을 무턱대고 짓는 것이 아니라 경험을 살려서 설계도를 그리고 다양한 재료들을 적극적으로 활용을 해서 아름답고도 쓰임새 있는 멋진 집을 짓게 되는 것입니다. 물건을 만들어서 팔 때에도 그냥 똑같은 물건만 만드는 것이 아니라 소비자들이 좋아할 것 같은 디자인들을 알아내서 아주 다양한 물건들을 판매할 때 한 가지 종류만 만들어서 파는 것보다 수백 배 이상 아니 수천 배 이상 이윤을 올리게 될 것입니다. 인간은 머리를 사용해서 미래의 필요를 예측해서 계획을 세울 수 있습니다. 이렇게 해서 위대한 건물이 세워지고 위대한 학문이 만들어지며 거대한 기업들이 만들어질 수 있습니다. 인간이 경영을 할 수 있다는 것은 인간만이 가진 정말 탁월한 능력입니다.

  그런데 성경은 인간의 지혜가 아무리 탁월하다 해도 결국 하나님의 응답이 있어야 한다고 말씀하고 있습니다. 인간의 탁월한 지혜와 경영은 모두 하나님이 만들어 놓으신 재료를 사용해서 물건을 만들어내는 지혜에 불과합니다. 인간의 경영은 결국 하나님이 주신 재료를 가지고 인간들이 무엇인가를 가공해내는 지혜에 불과한 것입니다. 인간들이 이런 경영을 통해서 하는 것은 더 많은 돈을 벌고 더 편하게 사는 것이 목적입니다. 기업 경영에서 가장 중요한 목표는 이익의 극대화입니다. 인간들이 그렇게 머리를 써서 경영하는 것은 전부 돈을 가장 많이 벌 수 있는 방법을 생각해내는 것에 불과합니다. 그러나 이것마저도 하나님이 응답하지 않으면 인간의 지혜는 아무것도 만들어내지 못한다고 말씀하고 있습니다. 무슨 뜻인가 하면 인간의 경영은 모두 인간이 극한 상황 가운데서 살아남기 위해서 지혜를 모으고 조금 더 안전하게 살려고 하는 것에 불과한 것이지, 근본적으로 우리를 살릴 수 있는 것은 아닙니다. 인간에게 진정으로 필요한 것은 하나님으로부터 나오는 구원인데 오직 믿음으로 얻을 수 있는 것입니다.

  예를 들어서 어떤 사람들이 겨울에 산에 올라갔다가 갇히게 되었을 때 그들은 머리를 써서 어떻게 하면 좀 더 체온이 내려가지 않게 하고 비상식량이나 물을 허비하지 않고 오래 견딜 수 있을까 의논을 하고 경영을 해야 합니다. 조난당한 사람들이 의논을 한다고 해서 살 수 있는 것은 아닙니다. 그들이 살 수 있는 길은 외부에서 구조대가 와서 그들을 산 밑으로 데리고 가야 살 수 있는 것입니다. 우리가 살 수 있는 길은 인간 외부에서 오는 말씀을 들어야 합니다. 그것이 바로 하나님의 말씀입니다. 이 세상의 부나 지식들은 모두 일시적으로는 도움이 되지만 영구적으로는 우리를 살리지 못합니다. 오늘날 우리가 살 수 있는 길은 하나님으로부터 응답을 받을 수 있는 믿음인 것입니다.

이스라엘 백성들이 출애굽을 할 때 그들이 가지고 있던 재물이나 지식은 애굽인들과는 비교가 되지 않았습니다. 애굽은 엄청난 말이 있었고 군대가 있었고 병거가 있었습니다. 그러나 하나님의 능력을 불러일으킬 수 있는 것은 모세의 믿음이었고 모세의 마른 지팡이였습니다. 우리가 보기에 대기업의 규모나 경영이 대단한 것 같지만 이것으로는 하나님의 응답을 받을 수가 없습니다. 하나님의 응답을 받을 수 있는 것은 우리의 믿음입니다. 우리는 너무 이 세상의 대기업의 돈이나 그 경영이나 권세를 부러워할 필요가 없습니다. 우리에게는 모세의 지팡이를 능가하는 하나님의 능력의 지팡이가 있기 때문입니다. 그것이 바로 우리가 가지고 있는 이 성경 말씀입니다. 하나님께서 원하시는 것은 세상에 있는 돈이나 기술을 산더미같이 쌓아올려서 초대형 기업을 만들어 경영하는 것이 아니라, 하나님의 능력이 나타나고 기적이 나타나는 것을 더 기뻐하십니다. 사도 바울은 하나님의 나라는 말에 있지 않고 능력에 있다고 하였고, 베드로 사도는 '은과 금은 내게 없거니와 내게 있는 것으로 네게 주노니 나사렛 예수의 이름으로 일어나라'고 한 것입니다. 우리에게 대단한 것은 금과 은을 많이 가지고 사람을 많이 가진 것이 아니라 하나님의 능력을 가진 것입니다.

2절 "사람의 행위가 자기 보기에는 모두 깨끗하여도 여호와는 심령을 감찰하시느니라."

여기서 중요한 것은 사람의 행위라는 말과 여호와가 보고 계신다는 말입니다. 하나님께서는 인간들이 자기 멋대로 살도록 내버려두시는 것 같지만 실제로 하나님은 우리 인간들의 일거수일투족을 살피고 계십니다. 기술자들은 자기가 만든 기계가 어떻게 작동이 되는지 유심히 살필 것입니다. 자기가 만든 기계가 조금이라도 이상하게 작동하면 당장 알아차릴 것입니다. 기계가 제대로 움직이고 있는지 엉터리로 움직이고 있는지는 그 기계를 만든 기술자가 가장 잘 알 것입니다. 하나님이 만드신 피조물 중에서 인간같이 섬세하고 예민한 피조물은 없습니다. 우리 인간은 처음 만들어질 때 스스로 하나님의 뜻을 알아서 복종하도록 만들어졌습니다. 인간들은 어느 누구도 강요하지 않은 상태에서 자기 스스로 하나님의 뜻을 알아내어야 하는 것입니다. 그런데 하나님께서 인간들이 하는 것을 유심히 살펴보니까 전부 엉망진창이고 제멋대로 움직이는 것입니다. 모든 인간들은 고장 난 기계들이었습니다. 그러나 인간들 스스로는 우리가 모두 깨끗하고 양심적이어서 전혀 문제가 없다고 말하는 것입니다. 우리 대부분의 인간들은 자기가 존재하는 목적 자체를 모르고 있기 때문입니다. 인간들이 하나님을 생각하지 않으니까 오직 사는 목적이 먹는 것을 위한 것이 전부입니다. 그러면서도 자신의 문제를 스스로 느끼지 못하고 있습니다. 그래서 인간들은 좋은 머리를 가지고 어떻게 하면 더 돈을 잘 벌고 어떻게 하면 좋은 집에서 사느냐 하는 데 노력을 다 쓰는 것입니다. 하나님이 하시는 것은 그런 것을 하지 말라는 것이 아닙니다. 하나님이 우리 인간에게 원하시는 것은 우리 인간들이 그 좋은 머리로 하나님의 뜻을 생각하라는 것입니다. 우리들이 뜨거운 열정으로 하나님의 뜻을 위해서 살면 얼마나 좋은가 하는 것입니다.

최근에 전도하면서, 사람이 그 머리와 몸으로 자기 욕심만 채우고 죄 짓는 것만 생각하는데 이 몸이 하나님의 일을 위해서 쓰인다고 생각하니 그 자체만 해도 너무 행복한 것입니다. 우리나라의 수많은 젊은이들이나 외국 청년들이 그 좋은 머리와 뛰어난 몸으로 오직 쓸데없는 공부만 하고 정욕을 채우는 데 허비하는 것을 보면 인생이 얼마나 허무한지 알 수 있습니다. 여호와는 겉으로 나타난 결과를 보지 않고 심령을 감찰하신다고 했습니다. 하나님은 인간들 중에서 자신의 머리나 몸이나 열정을 하나님을 위해서 바치고 싶어 하는 사람들을 살피시는 것입니다. 우리가 이 좋은 머리와 열정을 가지고 쓸데없이 돈 버는 데 죽도록 쓰지 않고 하나님의 말씀을 연구하고 하나님을 기쁘시게 하는 일을 위해서 한없이 사용한다면 얼마나 가치가 있겠습니까? 성경은 바로 그 방법을 우리에게 가르쳐주고 있습니다. 그것은 우리 자신의 모든 것을 하나님께 맡겨버리는 것입니다.

> 3절 "너의 행사를 여호와께 맡기라. 그리하면 너의 경영하는 것이 이루리라."

성경은 너무나도 중요한 말씀을 우리에게 해주고 있습니다. 우리가 깨달아야 할 가장 중요한 것은 하나님의 경영은 인간의 경영과 다르다는 것입니다. 결국 인간의 경영은 우리의 머리나 노력을 가지고 이 세상에 있는 것들을 잘 만들고 사용해서 이익을 많이 만들어내는 것입니다. 결국 인간의 경영은 돈을 많이 버는 경영입니다. 그런데 성경 말씀은 우리 자신을 여호와께 맡기라고 말씀하고 있습니다. 이것은 하나님 앞에서 나의 경영을 포기하라는 뜻입니다. 하나님께서는 우리에 대하여 다른 계획을 가지고 계신 것입니다. 하나님께서 우리에 대하여 가지고 계신 계획은 무엇일까요? 그것은 우리 자신을 변화시키는 경영입니다. 하나님께서는 우리 안의 DNA를 바꾸는 경영을 하시는 것입니다. 예수님께서는 나쁜 나무가 좋은 열매를 맺을 수 없고 좋은 나무가 나쁜 열매를 맺을 수 없다고 말씀하셨습니다. 하나님께서는 우리가 가시나무 혹은 엉겅퀴 같은 나쁜 나무인 상태에서 좋은 열매를 하나 걸어놓고 성공한 인생인 것처럼 큰소리치는 것을 원치 않으십니다.

하나님은 우리 안에 성경의 진액이 들어오게 하셔서 고난을 통과하며 무화과나무나 포도나무로 변하게 하십니다. 우리가 이렇게 되려고 하면 인간의 경영을 쓰면 안 됩니다. 우리 자신을 하나님께 맡겨서 하나님의 말씀이 내 안에 들어오게 해야 합니다. 우리는 자신이 스스로 똑똑하고 지혜 있다고 생각하기 때문에 성경을 믿으려고 하지 않고 성경의 맛을 모릅니다. 그래서 때로는 하나님이 우리 인생을 완전히 맨땅에 내쳐서 자기가 아무것도 아닌 것을 깨닫게 하십니다. 우리가 죽도록 하나님의 말씀을 붙들 때 우리 안에 하나님의 능력이 공급이 되어 하나님의 축복이 오게 되는데, 결국 우리 자신이 열매 맺는 좋은 나무로 변하게 됩니다. 이때 우리가 기도하면 기도가 이루어지고, 믿음으로 선한 계획을 세우면 이루어지는 것입니다. 이것이 바로 '너의 경영하는 것이 이룬다' 는 것입니다. 하나님은 먼저 우리를 바꾸신 후에 하나님의 능력으로 우리의 선한 계획이 이루어지게 하십니다. 이 경영은 돈을 많이 버는 경영이 아니라 사람을 살리는 경영이고 부흥을 일으키는 경영이고 죄를 물리치는 경영인 것입니다.

4절 "여호와께서 온갖 것을 그 쓰임에 적당하게 지으셨나니 악인도 악한 날에 적당하게 하셨느니라."

원래 하나님께서 이 세상에 모든 것을 창조하실 때 전부 좋은 목적을 위해서 만드셨습니다. 우리 생각에 구더기나 독수리나 하이에나 같은 것은 무엇 때문에 존재할까 생각할지 몰라도, 이런 것들이 있어야 죽은 시체들을 뜯어 먹어서 땅을 청소해 줍니다. 이런 시체들의 최종적인 청소부는 구더기들입니다. 그리고 새들 중의 많은 수는 꽃씨를 나르는 데 유용하게 사용됩니다. 특히 꿀벌은 식물들이 결실시키는데 아주 중요한 역할을 합니다. 곤충들이 너무 많아지면 또 새들이 와서 곤충들을 많이 잡아먹어서 숫자가 적당하게 유지되게 합니다. 얼마 전에 우리나라의 한 과학자는 도마뱀 발에 있는 수

많은 구멍으로 아무데나 붙어서 떨어지지 않는 것을 보고 접착제 없이 붙는 물체를 고안해내기도 했습니다. 우리는 아직 이 세상에서 풀지 못한 너무나도 많은 비밀들이 있다는 것을 알아야 합니다. 인간들이 타락하는 바람에 파리나 모기나 독사같이 정말 해만 끼치는 악한 피조물들도 많이 생기게 되었습니다. 그러나 심지어 이런 것들도 모세가 지팡이를 드니까 바로를 공격하는 부대로 변했습니다. 이 세상에 하나님 앞에서 쓸모없는 곤충이나 피조물은 없습니다. 하물며 우리 하나님의 백성들은 단 한 사람도 빼놓지 않고 모두 필요한 사람들입니다. 우리는 살아 있기만 해도 이 세상에 축복을 불러오는 사람들입니다. 믿는 사람들은 나이가 들어서 앞이 보이지 않고 움직일 수 없어도 기도로 가족들을 축복할 수 있고 나라를 지킬 수 있습니다.

그런데 예수 믿지 않는 사람들은 무엇 때문에 존재할까요? 성경은 하나님을 믿지 않는 사람들이 그들의 위대한 업적이나 성공 때문에 존재하는 것이 아니라고 말씀하고 있습니다. 우리가 보기에 위대한 경영자나 정치인들도 하나님이 허락하셨기 때문에 그렇게 성공하고 좋은 영향을 미칠 수 있었던 것입니다. 우리나라가 이렇게 발전하게 된 데는 세 사람의 공이 있는데 두 사람은 기업인이고 한 사람은 정치인이었습니다. 그러나 사실은 하나님이 우리나라를 축복하시기 위해서 그들을 쓰신 것에 불과합니다. 바로 이때 쓰는 말이 '마음의 경영은 사람에게 있어도 말의 응답은 하나님께 있다'는 것입니다. 이제 우리는 다른 것은 걱정하지 말고 하나님을 더 사랑하며 하나님의 말씀만 더 사랑하면 되는 것입니다. 그러면 좋은 정치인도 나오고 좋은 경영자들도 나올 것입니다. 하나님은 '악인도 악한 날에 적당하게 하셨다'고 말씀하셨습니다. 우리나라 정치인 중에서 군인 출신으로 불교를 위해서 돈은 많이 바쳤지만 하나님을 위해서는 별로 일한 것이 없는 것 같은 정치인이 있었습니다. 그러나 실제로는 그 사람이 교회를 위해서 엄청난 일을 했는데 그것은 바로 중국이나 러시아와 수교를 맺어서 중국과 러시아 선교의 길을 활짝 열어 놓은 것입니다. 하나님을 믿지 않는 자라고 해서 아무 쓸모없는 사람이라고 구박하지 마시기 바랍니다. 믿지 않는 사람들 중에서 많은 사람들은 우리 믿는 사람들을 연단시키는 훈련 교관 역할을 하기도 합니다. 그들은 우리의 가시가 되어서 언제나 긴장하게 하고 조심하게 해서 겸손하게 하는 역할을 하는 것입니다. 그런데 그런 악한 자들이 하나님을 믿기만 하면 가치가 폭등하게 됩니다. 우리는 하나님의 경영을 믿어야 합니다. 인간의 경영은 눈에 보이는 성공이지만 하나님의 경영은 눈에 보이지 않는 어마어마한 축복입니다.

2. 믿음 경영의 특징

하나님의 백성들은 두 가지 종류의 복이 있다는 것을 알아야 합니다. 우리가 눈으로 보는 이 세상의 복은 모래성의 복이기 때문에 영구적이지 않습니다. 이 세상의 복은 아무리 많이 쌓아도 하나님 앞에 가지고 갈 수도 없고 인정받지도 못합니다. 하나님이 기뻐하시는 것은 우리가 믿음으로 이 세상에 하나님의 복이 임하도록 하는 것입니다. 우리가 그렇게 하려면 우리 안에 하나님의 말씀이 충만해야 합니다.

> 5절 "무릇 마음이 교만한 자를 여호와께서 미워하시나니 피차 손을 잡을지라도 벌을 면치 못하리라."

마음이 교만한 자란 반드시 나쁜 사람을 말하지 않습니다. 단지 이 사람들은 하나님 말씀의 가치는 인정하지 않고 자기 머리를 믿고 세상의 성공을 위해서 사는 사람을 말합니다. 사실은 모든 사람들이 다 교만한데, 이런 사람이 교만한 이유는 하나님의 말씀이 없으니까 속에 있는 교만을 고치지 못하는 것입니다. 우리가 하나님의 말씀을 들으면 하나님께서 주야로 말씀으로 책망하시기 때문에 교만이 머리를 들 수가 없습니다. 누구든지 하나님의 말씀을 믿지 않으면 결국 자기 머리를 믿게 되고 자기 방법대로 모든 것을 할 수밖에 없습니다. 우리가 알아야 할 것은 세상에서는 교만한 자들이 성공을 한다는 것입니다. 그래서 세상에서는 자기 머리로 성공한 사람들이 돈을 벌고 높은 자리도 차지해서 모든 중요한 것을 좌지우지하는 것 같습니다. 그러나 하나님은 그런 사람을 미워하십니다. 하나님이 미워하신다는 것은 그런 사람을 중요하게 생각하지 않는다는 뜻입니다. 하나님은 사람의 중심을 보시기 때문에 그 사람의 직책이라든지 돈이 많은 것을 일체 보시지 않으십니다. 왜냐하면 그것도 다 하나님이 주신 것이기 때문입니다. 결국 하나님이 중요하게 생각하지 않는 사람은 가치가 없습니다. 이런 사람들은 또 자기들끼리 편을 들어주어서 처벌을 피하려고 합니다. '피차 손을 잡는다'고 말하고 있습니다. 세상에는 권력이 있는 사람들끼리 서로 보호해주거나 눈감아줄 때도 많습니다. 하나님의 말씀을 붙잡지 않는 자는 부패를 막을 길이 없기 때문에 결국 썩은 것이 터져서 벌을 받게 되는 것입니다. 아무리 눈을 감아주려고 해도 너무 썩어서 터지는 것은 봐줄 수가 없는 것입니다.

 결국 하나님이 말씀하시는 것은 우리가 하나님의 말씀을 붙잡아야 하는 이유는 모든 것이 썩기 때문이라는 것입니다. 우리 생각으로 모든 것을 깨끗하게 할 것 같아도 돈이나 권력의 힘이란 너무도 무섭기 때문에 썩지 않을 수 없습니다. 아무리 자기들끼리 봐주고 눈감아주어도 너무 썩어버리기 때문에 모든 것을 다 잃게 되는 것입니다. 우리가 하나님의 말씀을 붙들면 결국 죄의 결과가 눈에 보이게 됩니다. 지금 당장은 죄를 짓고 남들이 하는 이야기를 들어주는 것이 좋을 것 같아도 언젠가는 모든 것이 다 터지게 된다는 것을 압니다. 우리가 하나님의 말씀을 들으면 죄에 대해서는 가차 없이 자를 수 있게 됩니다. 하나님의 말씀은 양 날이 선 칼이기 때문입니다.

6절 "인자와 진리로 인하여 죄악이 속하게 되고 여호와를 경외함으로 인하여 악에서 떠나게 되느니라."

우리가 이 세상에서 가장 우선적으로 해야 하는 것은 죄악에서 속함을 받고 악에서 떠나는 것입니다. 여기서 속죄를 받는 죄악이란 우리 본질에 속하는 것이고 악은 지금 우리가 하고 있는 행동을 말합니다. 우리가 하나님의 말씀을 들을 때 하나님의 인자하심과 진실하심을 만나게 됩니다. 하나님의 인자하심은 죄인에 대한 무한한 사랑입니다. 하나님은 죄인이 회개하면 의인보다 더 사랑하시고 모든 죄를 다 씻어주십니다. 진실은 우리가 아무리 연약해도 끝까지 책임을 지셔서 아무도 우리를 건드리지 못하도록 지켜주십니다. 우리가 하나님의 말씀만 붙들면 아무도 우리를 해치지 못합니다. 그리고 하나님은 우리를 악에서 떠나게 하십니다. 물론 어느 인간도 결심만으로 악을 떠날 수는 없습니다. 그러나 우리가 하나님의 말씀을 들으면 너무나도 하나님이 좋아지기 때문에 죄가 싫어지게 됩니다. 죄가 가지는 위선과 거짓과 음탕함과 지저분함이 너무나도 싫어지기 때문에 결국 악을 떠나게 됩니다. 예를 들어서 어떤 사람이 감옥에 갇혀 있고 쇠사슬에 매여 있다면 거기에서 벗어나는 것보다 더 중요한 일은 없을 것입니다. 그러나 우리 인간 자신의 힘으로는 죄에서 벗어날 힘이 없습니다. 그런데 우리가 하나님의 말씀을 듣고 하나님을 사랑할 때 하나님이 예수님의 십자가로 죄의 사슬을 끊어버리십니다. 그리고 마귀가 다시는 우리에게 접근하지 못하도록 혼을 내어주십니다. 이것이 바로 믿음의 경영입니다.

7절 "사람의 행위가 여호와를 기쁘시게 하면 그 사람의 원수라도 그로 더불어 화목하게 하시느니라."

하나님이 우리 인간에게서 가장 기뻐하실 때는 우리가 하나님의 말씀을 들을 때입니다. 우리가 말씀을 깨닫고 스스로 죄를 하나씩 버릴 때 하나님의 기쁨은 말로 표현할 수가 없습니다. 물론 우리가 하나님의 말씀을 듣고 은혜를 받았다고 해도 아직 어린아이 걸음마 단계에 불과하지만 하나님은 걸음마 하는 아이들을 얼마나 좋아하시는지 모릅니다. 우리가 성경에서 선하다고 하는 것은 하나님의 뜻에 자신을 맞추는 것을 말합니다. 악한 것이 자기 욕심에 모든 것을 맞추는 것이라면 선은 하나님의 말씀에 자신을 맞추는 것입니다. 우리가 하나님의 뜻을 알려고 하면 하나님의 뜻을 자기 나름대로 소화를 해야 합니다. 이것은 마치 활을 쏘는 사람이 활을 여러 번 연습해서 결국 과녁 중앙에 적중시키는 것과 같습니다.

우리나라 양궁 선수들은 세계에서 활을 가장 잘 쏘는 선수들입니다. 그들이 쏜 화살이 과녁의 정중앙에 꽂혀서 십 점 만점을 얻을 때 마음이 기쁩니다. 마찬가지로 우리가 하나님의 뜻에 적중할 때 기적이 일어나고 능력이 나타나고 기도 응답을 받게 됩니다. 이때 나타나는 놀라운 힘이 사람을 변화시키는 능력입니다. 사람에게 가장 어려운 것은 마음이 변하고 관계가 변하는 것입니다. 우리가 하나님의 뜻에 자신을 맞추면 원수들도 변해서 화해를 하게 됩니다. 하나님의 백성들이 알고 보면 매력이 있고 또 능력이 있기 때문입니다. 원수들 중에서도 지혜가 있는 사람은 굳이 하나님의 백성을 원수로 삼으려고 하지 않습니다. 세상 사람들은 현실에 민감하기 때문입니다. 우리에게서 하나님의 능력이 나타나면 세상은 감히 대적하지 못하고 꼬리를 내리게 되어 있습니다.

8절 "적은 소득이 의를 겸하면 많은 소득이 불의를 겸한 것보다 나으니라."

성경은 우리가 아무래도 세상의 악한 자들에 비해서 돈을 적게 벌 것을 예상하고 있습니다. 세상에서는 돈을 많이 버는 것을 성공이라고 생각합니다. 그러나 세상의 성공은 하나님 앞에서 아무런 힘이 없습니다. 세상의 성공은 재앙을 이기거나 위기 때 이길 수 있는 힘이 없습니다. 그러나 우리가 하나님 앞에 믿음의 능력을 가지면 아무리 돈이 적어도 훨씬 더 능력 있는 삶을 살 수 있습니다. 세상 사람들의 소득 안에는 어느 정도 불의가 다 들어 있습니다. 그러니까 그들이 짧은 시간에 그렇게 많은 돈을 모을 수 있었던 것입니다. 악한 자들은 돈은 많아서 또 쓸데없는 데 돈을 많이 뜯기게 됩니다. 하나님의 백성들은 많은 소득을 벌면서 믿음이 없는 것보다는 소득이 적어도 믿음이 커지는 직장을 택하는 것이 더 지혜롭습니다.

9절 "사람이 마음으로 자기의 길을 계획할지라도 그 걸음을 인도하는 자는 여호와시니라."

결국 사람들은 이 세상에서 자기 나름대로 인생길을 걸어갈 수밖에 없습니다. 처음에는 모두 다른 사람들이 가는 넓은 길, 즉 성공의 길과 출세의 길을 열심히 걸어갑니다. 우리는 모두 언젠가는 성공해서 다른 사람들의 인정을 받을 것이라고 생각하면서 살아갑니다. 그러나 어느 한순간 하나님께서 우리 인생에 찾아오셔서 우리를 광야로 데리고 가십니다. 그 광야는 길도 없고 학교도 없고 백화점도 없는, 그야말로 황량한 곳입니다. 우리는 그곳에서 '사람이 떡으로만 사는 것이 아니요 하나님의 말씀으로 사는 것'을 배우게 됩니다. 때때로 예수 믿고 난 후에 내 인생 계획이 엉망이 될 때가 있습니다. 우리는 모두 평범하게 이 세상에서 안정된 직장에서 편안히 살고 싶은데 어느 순간 호랑이 등을 탄 것처럼 엉뚱한 길로 달려가게 됩니다. 우리는 결코 평범하게 살 수 없습니다. 하나님께서 우리를 그런 광야의 길로 인도하시기 때문입니다. 우리의 길은 이스라엘 백성들처럼 홍해 바다 속에 있기 때문에 길을 찾지 못합니다. 그러나 믿음으로 나가면 홍해가 갈라지면서 우리가 갈 길이 보일 것입니다.

3. 하나님의 백성의 특징

이스라엘 백성들이 다른 나라와 다른 점은 하나님께서 이스라엘 백성들을 하나님의 말씀으로 다스리시는 나라라는 사실입니다. 하나님께서 하나님의 말씀으로 이스라엘을 다스린다고 하는 것은 민주주의와도 다르고 왕의 통치와도 다릅니다. 이스라엘 백성들은 각자가 하나님의 말씀을 듣고 그 말씀에 순종하면 복을 받고 나라 전체가 부흥이 일어나게 되어 있습니다. 그러나 이스라엘 백성 한 사람 한 사람은 무지하고 고집스러워서 하나님의 말씀이 구체적으로 어떤 것이며 우리가 어떻게 해야 한다는 것을 가르쳐주는 사람이 필요합니다. 바로 왕입니다. 이것은 마치 양들에게 목자가 필요한 것과 같습니다. 양은 무지하고 미련해서 목자가 있어야 풀을 뜯어 먹을 수 있고 집으로 안전하게 올 수도 있습니다. 마찬가지로 이스라엘 백성 한 명 한 명은 하나님의 말씀을 잘 모르기도 하고, 알더라도 순종이 이뤄지지 않는데 왕이 시키면 비로소 따라가게 되는 것입니다. 이스라엘 왕은 백성들에게 하나님의 뜻을 구체적으로 가르쳐주고 순종하게 하는 지도자였습니다. 이스라엘 백성들에게 가장 중요한 것은 왕 자신이 말씀에 대한 체험이 있어야 하는 것입니다. 왕은 모든 백성들이 하나님의 말씀에 순종하면 부흥이 일어나고 복이 임한다는 것을 믿을 수 있어야 합니다. 그러나 만일 이스라엘 왕이 백성들을 세상적인 방법으로 데리고 가면 백성들 가운데 부흥이 없어지면서 잘 되는 것 같다가 결국 망하게 됩니다.

10절 "하나님의 말씀이 왕의 입술에 있은즉 재판할 때에 그 입이 그릇하지 아니하리라."

하나님의 말씀이 왕의 입술에 있다는 것은 이스라엘에 대단히 중요합니다. 이스라엘 왕은 자기 생각대로 말해서는 안 되고 하나님의 말씀을 자기가 소화해서 이스라엘 백성들이 알아듣고 지킬 수 있게 가르쳐야 하는 것입니다. 이스라엘에서 가장 중요한 경영은 나라의 부국강병이 아닙니다. 이스라엘 나라에서 가장 중요한 것은 지도자인 왕 한 사람의 훈련입니다. 그래서 하나님은 이스라엘 백성들을 애굽에서 이끌어내시기 전에 모세를 사십 년 동안 연단시키셨습니다. 세상 나라는 왕자가 있으면 외국에 보내어서 외국의 학문과 기술을 배우게 하고 일찌감치 외교에 눈을 뜨게 하지만, 하나님의 나라는 왕 자신이 인생 밑바닥에 내려가서 오직 하나님의 말씀 하나만 붙들고 살아나는 훈련을 받아야 합니다. 그렇게 했을 때 이스라엘 왕의 입에는 하나님의 말씀이 있게 됩니다. 특히 선생님이나 코치는 학생들이나 선수들이 알아듣고 따라올 수 있게 가르쳐야 합니다. 그렇게 하지 않으면 아무리 가르치고 강훈련을 시켜도 배우는 자들이 따라올 수가 없습니다. 그렇게 하려면 먼저 자기 자신이 훈련을 받아야 합니다. 이스라엘 왕이 준비되었을 때 그의 지혜는 재판에서 나타나게 됩니다. 재판에서는 이해관계가 대립되고 때로 강자와 약자가 대립을 하게 됩니다. 이때 왕이 하나님 말씀의 체험이 있으면 부자라고 해서 봐주거나 약한 자라고 해서 동정하지 않고 하나님의 말씀대로 결정을 내리는데, 이때 사람들은 왕을 신뢰하고 두려워하게 됩니다. 왕이 부자라고 해서 쩔쩔매거나 귀족이라고 해서 할 말을 제대로 하지 않으면 백성들은 왕을 믿지 않을 것입니다.

11절 "공평한 간칭과 명칭은 여호와의 것이요 주머니 속의 추돌들도 다 그의 지으신 것이니라."

백성들은 장사를 할 때 어떻게 해서든지 속여서 더 이득을 보고 싶은 욕심이 있을 것입니다. 장사꾼이 저울을 조금 속인다든지 혹은 추를 다른 것을 쓴다고 해서 사는 사람이 알지도 못할 것이고 또 다른 사람들도 다 그렇게 해서 장사를 할 것입니다. 그러나 이것은 정직하지 못한 것이고 떳떳하지 못한 것입니다. 장사를 하더라도 좋은 서비스를 제공해주는 자체를 목적으로 삼으면 일하는 것이 그렇게 재미있을 수가 없을 것입니다. 그러나 돈만을 목적으로 장사하거나 일을 하게 되면 결국 싫증이 나고 자기 자신의 인격이 나빠지게 될 것입니다. 이것은 더 큰 것을 손해 보는 것입니다. 사람이 늙으면 자기가 떳떳하지 못하게 돈을 번 것이 생각이 나서 그렇게 부끄러울 수가 없습니다.

12절 "악을 행하는 것은 왕의 미워할 바니 이는 그 보좌가 공의로 말미암아 굳게 섬이니라."

여기서 악을 행한다고 하는 것은 왕이 권력을 남용하고 싶은 욕심을 말합니다. 사람이 권력을 가지고 있으면 그것을 자기 멋대로 쓰고 싶어서 근질근질해집니다. 사람들은 '내가 최고인데 뭐 어때?' 하면서 잘못된 권력을 쓰게 됩니다. 그러나 이것은 하나님 앞에서 치명적인 허물이 되어서 나중에 두고두고 후회하게 될 것이며, 하나님은 용서하지 않으실 것입니다. 그러나 왕이 권력을 남용하지 않으면 사람들 중에는 우습게 알기도 하고 대들기도 하겠지만, 하나님께서 그의 자리를 지켜주십니다. 권력을 가진 사람에게 가장 무서운 적은 결국 자기 자신이고 자기를 맹목적으로 좋아하는 사람입니다. 왕이나 지도자는 자기 자신을 때려잡을 수 있는 방법을 알아야 합니다. 자기 자신을 어떤 구조물 안에 넣어서 함부로 날뛰지 못하게 만들어야 하는 것입니다. 그렇게 하려면 주위에 아첨하는 사람이 아니라 철저하게 하나님의 말쏨에 순종하는 사람을 두어야 합니다.

13절 "의로운 입술은 왕들의 기뻐하는 것이요 정직히 말하는 자는 그들의 사랑을 입느니라."

대개 사람들이 높은 자리에 올라가면 무조건 칭찬을 받고 싶어 하고 아첨하는 말을 좋아하게 됩니다. 그러나 연단을 받은 사람들은 그런 아첨하는 말에 기분이 좋지 않습니다. 무조건 비판하고 공격하는 말도 마음을 상하게 만듭니다. 무조건 칭찬하는 말이나 무조건 비판하는 말보다는 정확하게 자신을 볼 수 있게 하는 말이 좋습니다. 그럴 수 있는 것은 하나님의 말씀밖에 없습니다. 의로운 입술이란 계속 하나님의 말씀을 들려줄 수 있는 입술을 말합니다. 이런 정직한 말이 언제나 우리를 정신 차리게 만들고 아름다운 자아상을 만들어가게 하며 타락하거나 부패하지 않게 지켜주기 때문에 사랑하게 됩니다. 그런 말을 들으면 마음이 기뻐지게 됩니다. 여기서 마음이 기뻐한다는 것은 다시 순수해지는 것을 말합니다. 결국 세상의 경영은 자기 욕심을 성취하기 위해서 온갖 머리를 다 짜내는 것이지만, 하나님의 경영은 자기 마음을 말씀으로 깨끗하게 하는 것입니다. 그때 하나님의 기적과 능력이 나타나기 때문입니다.

14절 "왕의 진노는 살육의 사자와 같아도 지혜로운 사람은 그것을 쉬게 하리라."

이스라엘 왕도 진노할 때가 있습니다. 왕은 불의를 보면 진노할 것이며 하나님을 대적하는 악의 세력을 보면 진노할 것입니다. 아무리 이스라엘 왕이라 하더라도 인간이기 때문에 진노가 지나치면 잘못된 방향으로 나갈 수가 있습니다. 우리의 진노는 절대로 지나치지 않는 것이 좋습니다. 진노가 잘못하면 생사람을 잡기도 하고, 도가 지나칠 때가 많기 때문입니다. 하나님의 백성들은 사람을 죽이는 것이 목적이 아니라 살리는 것이 목적입니다. 그런데 하나님의 말씀은 왕의 진노를 조절해서 지나치지 않게 지켜줍니다.

15절 "왕의 희색에 생명이 있나니 그 은택이 늦은 비를 내리는 구름 같으니라."

아무리 왕이라 하더라도 나라 구석구석을 자기 힘으로 다 바르게 할 수 없습니다. 이스라엘 백성들 중에 충성된 사람들이 있어서 구석구석을 하나님의 말씀대로 바르게 할 때 왕은 그렇게 기쁠 수가 없습니다. 그때 하나님은 늦은 비 같은 복을 내리시는데 이것은 억수 같은 축복의 비입니다. 이 비로 모든 곡식들은 결실을 해서 풍년이 오게 됩니다. 결국 하나님의 경영은 하나님의 말씀을 부어주셔서 각자 은혜를 받게 하시고, 교회의 모든 부서가 하나님의 진리대로 자발적으로 헌신해 갈 때 온 세상에 기쁨과 축복을 주시는 것입니다.

16절 "지혜를 얻는 것이 금을 얻는 것보다 얼마나 나은고. 명철을 얻는 것이 은을 얻는 것보다 더욱 나으니라."

우리가 생각하기에는 세상에서 성공하고 좋은 직장을 얻는 것이 성공인 것 같지만 그것이 하나님 앞에서는 의미가 없습니다. 그 사람 자신은 아무 것도 변하지 않았기 때문입니다. 하나님이 원하시는 것은 우리 자신이 축복의 사람이 되는 것입니다. 하나님의 말씀을 얻는 것이 금을 얻는 것이나 은을 얻는 것보다 훨씬 낫다고 했습니다. 특히 요즘은 금이 얼마나 비싸고 은이 얼마나 비싼지 모릅니다. 그러나 이런 금이나 은은 고정된 죽은 보물이지만, 하나님의 말씀을 가슴에 담은 자는 살아 움직이는 보물이고 천국의 축복을 가져오는 사람입니다. 우리의 길은 세상 사람들의 길과 다른 것을 인정하시기 바랍니다. 우리 자신을 하나님에게 완전히 맡겨서 철저하게 하나님 말씀의 사람이 되셔서 모세와 같이 능력 있게 사용되는 종들이 다 되시기 바랍니다.

26 · 아름다운 사람

잠 16:17-33

사람들은 누구나 아름다운 것을 좋아합니다. 아름다운 사람이 있으면 가까이 하고 싶어 하고 아름다운 물건이 있으면 가지고 싶어 합니다. 그러나 더 중요한 것은 누구나 자기 자신이 더 아름다워지려고 하는 욕망이 있다는 것입니다. 우리나라에서는 성형 수술이 많이 발달하게 되었습니다. 우리 주위에는 외모가 멋있거나 혹은 세상에서 성공을 해서 좋은 차를 타고 좋은 집에 살며 외국 여행도 많이 다니는 등 아름답게 사는 사람들을 많이 볼 수 있습니다. 그런데 우리는 과연 어떤 것이 아름다운 것이냐 할 때 이것이 간단한 문제가 아니라는 것을 알게 됩니다. 어떤 사람은 이목구비는 아주 뚜렷하게 잘생겼는데 너무나도 성격이 어두워서 언제나 우울하게 지낸다면 그의 아름다움은 별로 좋게 느껴지지 않을 것입니다. 어떤 사람이 외모는 아름다운데 행동이 거칠고 말을 함부로 한다면 다른 사람들은 이 사람에게 금방 실망을 해서 가까이 하지 않으려고 할 것입니다. 거기에 비해서 어떤 사람이 겉으로 보기에 아무리 잘생겼다 하더라도 자기 길을 찾지 못해서 방황하고 있다면 이 사람은 다른 사람들 앞에서 자신감이 없을 것이며 상당히 위축되어서 살아가게 될 것입니다. 그런데 만일 어떤 사람이 자기 나름대로 하나님 앞에서 자기가 걸어가야 할 길을 발견하고 다른 사람들이 뭐라고 하든지 꾸준히 믿음의 길을 걸어가서 마쳤다면 아마 누가 보기에도 그 사람은 아름다운 사람이며 아름다운 인생을 산 사람이라고 말할 수 있을 것입니다.

우리는 자기 스스로 자신을 아름다울 것이라고 생각하는 것과 다른 많은 사람들이 아름답다고 생각하는 것 사이에는 큰 차이가 있다는 것을 알아야 합니다. 사람이 자기 스스로 아름답다고 생각하는 것은 자신의 성공에 대하여 자만하고 있는 것이며 오히려 이 사람은 교만한 사람일 수 있습니다. 이 사람은 자기도취에 빠져 있는 것입니다. 그러나 어떤 사람은 자기 자신을 별로 아름답지 못하고 내세울 것도 없다고 생각하지만, 다른 많은 사람들이 보기에 저 사람은 정말 아름다운 삶을 살았다고 생각하는 것은 그 사람이 자기 소신을 굽히지 아니하고 현실에 타협하지 아니하며 끝까지 자기 길을 지켰기 때문일 것입니다. 최근 어떤 고위직에 있는 젊은 분이 부정한 돈을 받았다고 해서 구속되었습니다. 그 사람이 구속되기 전까지만 해도 그는 너무나도 젊고 잘생겼으며 훌륭하다고 생각되던 사람이었습니다. 그러나 단 한 번의 비리로 그의 아름다움은 다 없어지고 말았습니다. 그래서 우리가 어떤 사람에 대해서 아름답다고 하는 것은 단순히 얼굴이 잘생겼거나 혹은 일시적으로 때를 잘 만나서 성공하고 있다고 그렇게 말할 수 있는 것은 아닙니다. 아름다운 사람은 그의 일생 전체가 어떤 정신으로 일관되어 있고 그가 어떤 정신을 붙들고 살았느냐 하는 것으로 평가해야 하는 것입니다.

우리가 잠언을 볼 때 몇 가지 주의해야 할 것이 있습니다. 하나는 비슷비슷하게 지혜의 중요성에 대한 이야기를 자꾸 반복해서 말씀하고 있다는 사실입니다. 잠언을 보면 거의 전체에 걸쳐서 비슷비슷한 말씀들이 반복해서 나오는 것 같은데 그러나 그 말씀들 사이에는 미묘한 차이가 있고 조금씩 그 내용이 발전하고 있다는 것을 알아야 합니다. 우리가 그 미묘한 차이를 알아야 잠언을 제대로 이해할 수 있습니다. 또 하나는 잠언에는 굳이 신앙인이 아니더라도 세상에서 얼마든지 들을 수 있는 상식적인 말들이 많이 있다는 것입니다. 우리가 일단 꽃만 보면 꽃들이 비슷하게 보일 수 있지만 그 뿌리와 줄기는 다르다는 것을 생각해야 합니다. 잠언을 설교할 때에는 뿌리와 줄기를 꽃과 함께 보아야 제대로 볼 수가 있습니다.

1. 하나님의 말씀의 역할

이스라엘 백성들이 가진 가장 큰 축복은 하나님의 말씀이 주어져 있다는 사실입니다. 이 세상에서는 도저히 들을 수 없는 하나님의 말씀들이 이스라엘 백성들에게는 이미 주어져 있습니다. 그럼에도 불구하고 이스라엘 백성들 자신들은 하나님의 말씀을 별로 좋아하지 않고 세상의 지식들이 자신들을 더 똑똑하게 하고 유익하게 한다고 생각해서 세상 지식을 따라간 것입니다. 하나님의 백성들이 복을 받는 비결은 이미 그들에게 주어져 있는 성경의 가치를 깨닫는 것입니다. 그러나 인간의 마음은 성경을 그냥 아무것도 아닌 책으로 생각한다는 것입니다. 그래서 잠언에 보면 지혜로운 자와 미련한 자 혹은 겸손한 자와 거만한 자에 대한 이야기들이 많이 나오고 있습니다. 이것이 결코 세상 사람들을 두고 하는 말이 아닙니다. 하나님의 백성 중에서 하나님의 말씀의 가치를 알고 하나님의 말씀을 파고들어 그 말씀을 붙잡는 사람이 지혜로운 자이고 겸손한 자이며, 반대로 하나님의 말씀을 뻔한 잔소리로 생각해서 세상으로 달려가서 세상 지식을 붙들고 스스로 똑똑하다고 생각하고 세상에서 성공해서 복을 받았다고 생각하는 사람은 미련하고 거만한 사람인 것입니다. 잠언이 말하는 것은 모든 하나님의 백성들의 길이 똑같지 않다는 것입니다. 아무리 같은 하나님을 믿는다 하지만 하나님의 말씀에 대한 태도를 통해서 지혜로운 자와 거만한 자의 길은 달라지는 것입니다. 이스라엘 백성들에게 가장 중요한 문제는 어떻게 하면 이스라엘 백성들이 하나님의 말씀의 가치를 제대로 깨닫고 죽도록 이 하나님의 말씀만 붙잡을 수 있느냐 하는 것입니다.

17절 "악을 떠나는 것은 정직한 사람의 대로니 그 길을 지키는 자는 자기 영혼을 보전하느니라."

하나님의 백성들에게 가장 중요한 것은 세상에서 좀 더 돈을 많이 벌거나 높은 자리에 올라가는 것이 아니라 악에서 떠나는 것입니다. 그런데 악이라고 하는 것은 반드시 세상에만 있는 것이 아니라 우리 안에도 있습니다. 우리 인간의 마음속에는 끊임없이 유혹이 생기고 죄악의 충동이 우리를 끌어당겨서 죄를 짓도록 충동질합니다. 그런데 사실 사람들 중에서 죄짓는 것을 싫어하는 사람은 아무도 없습니다. 우리 인간들은 타락하면서 모두 체질 자체가 죄를 좋아하게 되었기 때문입니다. 그런데 인간들이 섣불리 죄를 짓지 못하는 이유는 다른 사람들의 눈치나 사회적인 비난 때문입니다. 사람들이 이중적인 것은 모두 속으로 죄를 좋아하면서도 머리로는 또 죄가 나쁘다는 것을 알고 있는 것입니다. 그래서 모든 인간들은 자기 안에서 끓어오르는 죄를 참고 있는 것입니다.

사실 죄의 유혹이 인간들에게 얼마나 집요하게 덤벼드는지 모릅니다. 그래서 세상에서 돈이 있거나 권력이 있으면 누구든지 죄에 걸려들지 않을 수 없습니다. 그런데 세상에서 아무리 성공하고 아무리 유명한 사람이라 하더라도 일단 죄를 짓는 사람은 죄의 종이기 때문에 한번 지은 죄가 들통이 나면 그는 모든 성공과 명예와 존경을 한순간에 다 빼앗길 수밖에 없습니다.

놀라운 것은 하나님의 백성들도 다른 사람들과 똑같은 죄인이고 우리 안에서 무서운 죄의 충동이 있는데 하나님의 말씀을 들으면 죄의 충동이 약해지는 것입니다. 우리가 자꾸 하나님의 말씀을 듣고 은혜를 받으면서 어느 날 강하게 결심을 하게 되었을 때 그만 죄가 아무 힘도 없는 불에 탄 지푸라기처럼 떨어져 나가버리게 됩니다. 이때 우리는 정말 하나님 앞에서 존귀한 자가 되는 것입니다.

우리가 하나님 말씀의 능력을 알게 되는 것은 우리 안에 있는 죄의 세력을 알게 되었기 때문입니다. 하나님의 말씀을 몰랐을 때에는 죄의 세력을 잘 알지 못하고 우리가 자주 실수하며 약속을 지키지 못하는 것은 수양이 부족하기 때문이라고 생각합니다. 그러나 하나님께서 우리 마음에 성령을 비추어 주시면 우리는 우리 안에 엄청난 죄의 세력이 있다는 것을 알게 되고 내 안에 무시무시한 괴물이 있다는 것을 알게 됩니다. 이때 우리가 할 수 있는 것은 우리 자신을 하나님께 맡기는 것이며 그 결과 죽자 살자 하나님의 말씀을 붙들게 됩니다.

하나님 말씀의 가치를 모르는 사람들은 세상 출세의 대로만 있는 줄 아는데 우리에게는 또 다른 대로가 있습니다. 하나님의 말씀을 붙잡고 악에서 떠나는 믿음의 길이 있는 것입니다. 우리는 사실 이것이 대로인 줄 알지도 못하고 아주 작은 오솔길인 것으로 생각합니다. 경상북도 문경 쪽으로 가다보면 '영남대로'라는 길이 나오는데 실제로는 이 길은 아주 좁은 길로서 말을 타고 겨우 지나다닐 수 있는 정도밖에 되지 않습니다. 그러나 이 길을 대로라고 부른 이유는 한양으로 가려면 이 길밖에 없었기 때문입니다. 여기에 보면 '악을 떠나는 것이 정직한 자의 대로'라고 했습니다. 정직한 자란 정말 자기 영혼을 사랑하는 자이며 정직하게 살기를 원하는 자를 말합니다. 이 사람에게 가장 중요한 것은 사람들에게 크게 인정을 받는 것도 아니고 유명하게 되거나 돈을 많이 버는 것도 아니며 자기 영혼을 살리는 것입니다. 그러나 자기 영혼을 살리려고 하면 자기 안에 있는 악을 버려야 하는데 이것은 결코 '대로'가 아니고 '소로'인 것 같습니다. 왜냐하면 이렇게 한다고 해서 누가 알아주는 것도 아니고 세상에서 유명해지는 것도 아니기 때문입니다. 그러나 이 길은 대로입니다. 왜냐하면 우리가 끝까지 복을 받고 아름답게 사는 길은 이 길밖에 없기 때문입니다.

'그 길을 지키는 자는 자기 영혼을 보전하느니라'고 했습니다. 이것은 하나님의 백성들에게 하나님의 말씀이 이미 주어져 있는 것을 전제로 하고 나온 말입니다. 그러나 우리가 이 길을 지키는 것이 너무나도 어렵습니다. 왜냐하면 세상에는 우리를 유명하게 하고 출세하게 하는 너무도 많은 것들이 있기 때문입니다. 특히 주위에 있는 사람들이 우리를 그냥 내버려두지 않고 계속 자극을 해서 이 말씀의 길을 떠나게 하려고 합니다. 이때 우리는 결심을 해야 합니다. 내가 끝까지 내 안에 하나님의 보물인 말씀으로 채워서 정말 하나님 앞에서 가치가 있는 사람이 될 것인가, 아니면 정말 별 볼일 없는 가벼운 사람들처럼 사람들 앞에서 잘난 체하고 인기를 끌다가 결국 자기 인생을 전혀 가치 없는 인생으로 끝낼 것인가 하는 것을 결정해야 하는 것입니다. 성경은 우리가 정말 하나님 앞에서 아름답고 가치 있는 인생을 살려고 하면 '자기 영혼'을 지켜야 한다고 말씀하고 있습니다. 우리는 세상의 인기나 돈을 따라가려고 하는 유혹을 거부해야 합니다. 이 세상의 어떤 것보다 내 영혼의 가치를 지켜야 합니다. 겉으로 보기에는 보잘것없는 것 같지만 하나님 앞에서 진정으로 가치 있는 삶을 사는 유일한 길인 것입니다.

18절 "교만은 패망의 선봉이요 거만한 마음은 넘어짐의 앞잡이니라."

굳이 하나님 말씀이 아니라 하더라도 세상적으로 보면 교만했기 때문에 망하는 많은 사람들을 볼 수 있습니다. '교만'이란 지금까지 자신이 성공한 것에 대하여 만족하고 자기도취에 빠져 있는 것을 말합니다. 교만한 사람은 자기가 다 되었다고 생각해서 자기의 결점을 생각하지 않고 남의 이야기를 들으려고 하지 않습니다. 사람이 성공할 수 있는 것은 하나님께서 그를 축복하셨기 때문입니다. 교만한 사람은 자기 성공에 도취되어 하나님의 축복이 끊어지는 것을 보지 못하는 것입니다. 그러나 하나님의 백성들은 일시적인 성공으로 도취되는 것보다 자기 길을 찾고 그 길을 끝까지 가는 것을 목표로 삼습니다. 하나님의 백성들이 믿음의 길을 가다보면 크게 성공하는 경우도 있고 유명해지는 경우도 있을 것입니다. 그러나 이것은 우리가 믿음의 길을 가는 과정에서 나타나는 축복이지 이것으로 모든 것이 다 끝난 것은 아닌 것입니다. 우리 안에는 여전히 교만한 영이 있어서 언제든지 하나님의 축복을 차단시킬 수 있기 때문입니다. 하나님의 백성들은 아무리 하나님이 축복하시어 성공하고 있어도 자기 최면에 빠지지 않도록 해야 하고 교만한 영에 사로잡히지 않도록 몸부림을 쳐야 합니다. 만약 우리가 세상적으로 성공하면서 하나님의 축복을 잃어버리게 된다면 더 큰 것을 잃어버리는 것입니다. 그래서 우리는 어떤 사람이 교만한 것을 보면 이미 이 사람은 몰락의 길로 들어섰다는 것을 알아야 합니다. 어떤 사람이 자기도취에 빠지고 남의 말을 듣지 않고 자기 성공에 만족한다면 그런 사람과의 협력은 정리하는 것이 좋습니다. 그 사람은 결국 패망할 것이기 때문에 거기에 끌려들 필요가 없는 것입니다.

'거만한 마음은 넘어짐의 앞잡이니라.' 여기서 거만하다는 것은 하나님의 말씀의 가치를 인정하지 않고 세상의 성공이나 다른 사람들의 인정을 좋아하는 것을 말합니다. 이런 사람들은 우리 눈에 보이지 않는 많은 함정들이 있다는 것을 알지 못합니다. 우리가 하나님의 말씀을 붙잡는 이유는 아무리 내 생각에는 잘 될 것 같은 일에도 많은 변수가 있고 함정이 있기 때문입니다. 올해 미국에 유난히도 토네이도의 피해가 심했습니다. 사람들의 생각으로는 이런 바람이 일어나면 안 되지만 일어나는 것을 어떻게 하겠습니까? 그래서 지혜로운 사람은 토네이도가 일어날 수 있다는 것을 인정하고 대피하는 사람입니다. 그러나 거만한 자의 특징은 자기가 보고 싶은 것만 인정한다는 사실입니다. 이런 사람은 아무리 누가 뭐라고 해도 자기가 보기 싫은 현실은 인정하려고 하지 않습니다. 이런 사람은 결국 넘어질 수밖에 없습니다. 우리가 이 세상을 살아가는 것은 마치 지뢰밭을 걸어가는 것과 같습니다. 그런데 지뢰밭에서 믿음이 좋다고 해서 뛰어다니는 사람은 결국 지뢰가 터지면서 죽든지 부상을 입게 될 것입니다. 지혜로운 자는 한 걸음 한 걸음을 신중하게 하나님의 인도하심을 따라서 움직여야 하고 하나님이 말씀하지 아니하시면 계속 기다려야 하는 것입니다. 우리 생각에 멋지게 보이는 것과 아름다운 것의 실상은 다르다는 것을 알아야 합니다. 우리가 멋지다고 하는 것은 모든 일들이 결단성 있게 빨리 시원시원하게 잘 나가는 것을 말합니다. 멋진 것은 세상적으로 빨리 성공하고 자기가 모든 것을 계획해서 결단을 내리는 것입니다. 그러나 아름다운 것은 실패하지 않는 것이고 끝까지 자기 소신을 가지고 가는 것입니다.

2. 인간의 선택

19절 "겸손한 자와 함께 하여 마음을 낮추는 것이 교만한 자와 함께 하여 탈취물을 나누는 것보다 나으니라."

사람은 결국 자기가 선택한 결과에 따라서 인생 전체가 달라집니다. 여기서 성경은 일단 교만한 자와 함께 하는 것이 당장은 탈취물을 나눌 만큼 성공할 수 있다고 말씀하고 있습니다. 교만한 자는 결단성이 있고 당장 눈에 보이는 성공을 추구하기 때문에 성공할 수 있습니다. 그러나 그는 자기보다 더 큰 분을 보지 못합니다. 교만한 자는 탈취물을 빼앗는 데는 성공했지만 하나님 앞에서 자기가 적대관계라는 것을 알지 못하는 것입니다. 그러나 겸손한 자는 자기가 하나님 앞에 죄인이라는 것을 알고 당장 탈취물을 차지하는 것보다는 하나님 앞에서 자신을 낮춥니다. 오늘 잠언은 교만한 자와 함께 성공의 축복을 나누는 것보다는 겸손한 자와 함께 엎드리는 것이 더 낫다고 말하고 있습니다. 이것이 자기가 사는 길이기 때문입니다. 결국 교만한 자는 자기 자신은 변하지 않습니다. 교만한 자는 자기는 변하지 않으면서 이 세상에서 많은 일을 하는 것을 목적으로 삼습니다. 이 사람은 자기 자신이 맹수이기 때문에 더 강한 맹수를 만나면 물려 죽게 됩니다. 그러나 하나님 앞에서 자신을 낮추는 자는 자기가 양으로 변하게 됩니다. 그래서 이런 사람은 하나님께서 끝까지 책임을 져주시는 것입니다.

> 20절 "삼가 말씀에 주의하는 자는 좋은 것을 얻나니 여호와를 의지하는 자가 복이 있느니라."

'삼가 말씀에 주의하는 자'라고 하는 것은 하나님의 말씀에 무슨 내용이 있는지 샅샅이 찾는 사람을 말합니다. 우리가 일단 하나님의 말씀을 보면 하나님의 말씀은 거대한 산과 같고 정글과 같아서 어디에 길이 있으며 어디에 보물이 있는지 알 수 없습니다. 많은 사람들이 성경 안에서 길을 잃어버릴 때도 많이 있습니다. 그러나 하나님의 백성들이 함께 모여서 체계적으로 하나님의 말씀을 연구해 나갈 때 우리는 드디어 하나님의 축복의 광산의 입구 안으로 들어가게 됩니다. 우리는 하나님의 말씀을 통해서 인간의 죄를 알게 됩니다. 하나님의 말씀을 통해서 우리 인간 안에 있는 분노와 탐욕과 정욕의 폭탄이 있다는 것을 알게 됩니다.

저희들이 어렸을 때 가끔씩 도랑이나 땅을 파면 큰 폭탄이 나올 때가 있었습니다. 그때 우리가 그 폭탄을 건드리면 폭발을 해서 많은 아이들이 죽게 됩니다. 우리가 폭탄이 나왔다고 얼른 경찰서에 신고하면 경찰서는 또 군대로 연락해서 폭탄 전문가들이 와서 폭탄을 해체하게 됩니다. 마찬가지로 우리 안에 있는 정욕의 폭탄은 하나님께 맡겨야 합니다. 그러면 하나님께서 이 폭탄이 터지지 않도록 안전하게 해체를 해주십니다. 성경 안에는 우리 인간을 향한 하나님의 사랑과 축복이 있습니다. 우리가 성경을 알면 알수록 믿음이 생기게 되는데 바로 이 믿음이 하나님의 축복을 받는 관인 것입니다. 하나님의 말씀은 우리에게 두 가지 역할을 하는데 하나는 우리 안을 하나님의 말씀으로 채울 때 우리 자신이 보물이 됩니다. 우리가 하나님의 말씀을 믿을 때 믿음이 생기는데 이 믿음이 하나님의 축복을 받는 통로가 됩니다.

결국 하나님의 말씀에 끝까지 집착하는 사람은 이 세상의 복이 진짜 복이 아니고 진짜 복은 하나님으로부터 오는 은혜요 축복이라는 것을 아는 사람입니다. 그렇지 않은 사람은 성경을 공부하는 것이야말로 시간을 허비하는 것이며 그 시간에 사람이라도 한 명 더 만나고 물건이라도 하나 더 파는 것이 유익이라고 생각하는 것입니다. 그런데 하나님의 말씀에 주의한다고 하는 것은 한 자 한 자 해석해 들어가는 것을 말합니다. 이때 하나님은 우리에게 길이 되시고 우리에게 하늘을 열어주시며 하늘의 축복을 독점하는 자가 되게 하십니다. '여호와를 의지하는 자가 복이 있다'고 했습니다. 여성들은 남자를 만나면 자기 처녀 인생을 다 포기하고 남자에게 자기 인생을 맡깁니다. 어떻게 보면 자기 인생은 없어지는 것 같습니다. 그러나 여자는 남자가 성공하면 그 모든 지위와 영광을 남편과 함께 차지하게 됩니다. 마찬가지로 우리가 하나님께 내 인생을 맡기면 하나님의 모든 영광과 축복을 하나님과 함께 차지하게 됩니다. 그것은 이 세상에서 이미 이루어지는 것입니다. 이 세상에서 하나님을 의지하지 않는 사람은 자기가 가진 것이 많아서 너무나도 훌륭하고 위대하게 보일 것입니다. 그 대신에 우리는 하나님을 의지하기 때문에 가진 것이 별로 없습니다. 그러나 중요한 것은 우리가 하나님을 의지할 때 하나님의 능력이 나타나게 됩니다. 우리에게는 기도의 응답이 있고 기적이 일어나며 하나님이 함께 하시는 증거가 계속 나타나게 됩니다. 나중에 하나님은 사랑하는 자에게 복이란 복은 다 부어주셔서 그의 인생을 최고로 멋지고 아름답게 하십니다. 거기에 비해서 하나님을 의지하지 않는 자는 돈만 있고 명예만 있고 교만과 욕심만 남게 됩니다. 하나님께서는 하나님의 말씀을 사랑하는 자에게 네 가지 축복을 약속하고 있습니다.

21절 "마음이 지혜로운 자가 명철하다 일컬음을 받고 입이 선한 자가 남의 학식을 더하게 하느니라."

마음이 지혜롭다고 하는 것과 입이 선한 것은 단순히 하나님의 말씀을 배우는 것에서 한걸음 더 나아간 것을 말합니다. 우리가 처음 하나님의 말씀을 들을 때에는 하나님의 말씀이 제대로 소화가 되지 않아서 하나님의 말씀과 나 자신이 따로 놀 때가 많습니다. 우리는 하나님의 말씀을 많이 들음에도 불구하고 하나님의 축복은 잘 오지 않고 부흥도 오지 않고 어려움만 계속 올 때가 있습니다. 이것이 바로 우리가 하나님의 말씀을 가지고 연단을 받는 것입니다. 그런데 우리가 하나님의 말씀을 가지고 연단을 받아서 하나님의 말씀이 나에게 소화되기 시작했을 때 우리는 자꾸 지혜가 생기게 됩니다. 하나님의 말씀이 나에게 구체적인 상황에서 어떻게 행동을 해야 하는지 자꾸 알게 하시는 지혜가 생기는 것입니다.

하나님의 말씀은 나에게 계속 지혜의 샘이 되어주는데 결국 이 지혜가 다른 사람들에게도 인정을 받게 합니다. 이 지혜로써 세상에서 많은 어려움을 해결하게 되는 것입니다. 입의 선한 말이라고 했는데 이것은 하나님의 지혜가 말로 표현이 되는 것입니다. 하나님의 말씀이 내 안에 소화가 되어서 다른 사람에게 말을 할 때 이것은 예언이 되고 축복이 되고 상한 마음을 치료하는 능력이 됩니다. 우리가 하나님의 말씀을 소화해서 다른 사람에게 좋은 말을 할 때 이것은 세상 지혜 이상의 능력이 되는 것입니다. 물론 학식을 더한다고 해서 이 말을 기초로 해서 세상 지식을 바로 쓸 수도 있겠지만, 더 중요한 것은 세상 지식에서 얻지 못하는 것을 지혜로운 대화에서 얻게 되는 것입니다.

> 22절 "명철한 자에게는 그 명철이 생명의 샘이 되거니와 미련한 자에게는 그 미련한 것이 징계가 되느니라."

일단 명철한 자는 하나님의 말씀을 붙들어서 하나님의 말씀이 그 사람의 인격 안에 소화가 된 사람을 말합니다. 여기서 생명의 샘이라고 하는 것은 사람이 죽을 고비나 위기에 처하게 되었을 때 살려주는 생명수를 말합니다. 사람은 하나님의 지혜가 없으면 얼마나 답답하고 화가 나고 미칠 지경이 되는지 모릅니다. 그런데 우리가 하나님 말씀의 능력을 믿으면 하나님은 우리가 답답할 때 반드시 길을 열어주시고 우리 마음의 답답함을 풀어주십니다. 물론 우리도 인간이기 때문에 이 세상에서 감당할 수 없는 어려운 일을 만나면 답답해서 미칠 것 같고 화가 나서 안절부절할 것입니다. 그러나 하나님의 말씀 한 마디만 들으면 답답하던 마음이 시원해지고 얼마든지 길이 열리게 됩니다.

그러나 미련한 자는 미련한 것이 징계가 된다고 했습니다. 여기서 미련한 자는 하나님의 말씀의 가치를 인정하지 않는 사람을 말합니다. 이런 사람은 처음에는 눈앞에 좋은 길이 있어서 달리는데 얼마가지 않아서 길이 없어져 버립니다. 미련한 사람은 길이 없는데도 억지로 길을 가니까 그것 자체가 징계입니다. 그러다가 나중에는 완전히 진창에 빠지거나 혹은 구렁텅이에 빠져서 오도 가도 못하는 지경에 빠지게 됩니다. 이런 미련한 자가 길을 제대로 찾으려면 자기가 간 것만큼 돌아와야 하는데 그것보다 더 심한 고생은 없는 것입니다.

> 23절 "지혜로운 자의 마음은 그 입을 슬기롭게 하고 또 그 입술에 지식을 더하느니라."

사람이 머리로 알고 마음으로 이해한다고 하지만 그것을 입으로 표현한다는 것은 대단히 어려운 일입니다. 대개 사람들은 자기 머리에 생각나는 대로 지껄이기 때문에 그 입에서 나오는 말들이 그야말로 귀담아 들을 가치가 없습니다. 사람들은 마음의 시궁창에서 나오는 더러운 물들을 시도 때도 없이 쏟아놓는 것입니다. 그래서 할 수 있으면 다른 사람들이 퍼붓는 더러운 말들이 마음에 들어가지 못하게 해야 합니다. 그러나 하나님의 백성들은 하나님의 말씀을 가지고 말을 하기까지 많은 시일이 걸립니다. 우리는 아직 하나님의 말씀을 제대로 이해하지 못했기 때문입니다. 그러다가 시간이 흐르면서 하나님의 말씀이 조금씩 우리 입에서 나오게 되는데 그것이야말로 선한 열매입니다. 어떤 사람들은 그런 지혜로운 말만 모아서 말을 만들게 되는데 그것이 잠언이고 귀한 사람의 어록이 됩니다. '또한 그 입술에 지식을 더한다'고 했습니다. 물론 이런 말만 들으면 세상의 지혜와 비슷한 것 같지만 그 뿌리가 다른 것인데, 이 열매는 바로 상한 심령을 치료하는 약이 됩니다.

> 24절 "선한 말은 꿀송이 같아서 마음에 달고 뼈에 양약이 되느니라."

옛날에는 요즘같이 과자나 맛있는 음식이 없었기 때문에 세상에서 가장 달고 맛있는 것이 꿀이었던 것 같습니다. 특히 꿀송이라고 하는 것은 자연산으로 벌집에 가득 들어 있는 꿀인데 이것은 최상의 간식이었습니다. 꿀이라고 하는 것은 벌이 꽃들을 돌아다니면서 그 안에 있는 꿀들을 일단 한번 먹었다가 토해놓은 것입니다. 벌이 한번 먹었던 이 꿀들은 사람의 위에는 너무도 소화가 잘 되고 바로 양약이 될 때가 많았습니다. 하나님의 말씀도 그 자체로는 딱딱하고 무미건조한 것 같지만 사람이 한번 먹어서 소화를 하여 토해놓으면 그대로 송이꿀처럼 맛이 있고 바로 힘을 주는 말씀이 됩니다. 그래서 설교라고 것은 하나님의 말씀이 설교자의 인격을 관통한 것입니다. 우리가 사람에게서 소화된 하나님의 말씀을 듣는 것이야말로 송이꿀을 먹는 것입니다. 이것은 바로 치료 효과가 있는데 옛날에는 가장 잘 낫지 않는 병이 오래 먹지 못해서 뼈에서 고름이 나는 병이었다고 합니다. 그런데 소화된 하나님의 말씀은 뼈에 양약이 되어서 뼈가 곪는 병도 낫게 하고 골다공증도 치료하며 모든 병을 다 고치는 양약이 되는 것입니다.

3. 미련한 자의 선택

성경에서 말하는 미련한 자는 결코 미련한 자가 아닙니다. 오히려 이 미련한 자는 너무 약삭빠르고 세상 처세에 능한 사람입니다. 그러나 이들이 미련한 이유는 자기들에게 주어진 하나님의 말씀의 가치를 모르고 오직 사람들 앞에서 인정을 받으려고 날뛰기 때문인 것입니다.

25절 "어떤 길은 사람의 보기에 바르나 필경은 사망의 길이니라."

어떤 사람의 길이 사람 보기에 바르다는 것은 인간들이 세상을 보기에 빠르고 곧은 출세의 길이 있다는 뜻입니다. 이 세상에는 가장 빠른 성공의 길과 출세의 길이 있습니다. 어떤 사람은 바로 이런 출세의 길을 찾아서 걸어갔기 때문에 다른 사람보다 더 유명해지고 돈을 많이 벌 수 있습니다. 그러나 이 사람들은 세상으로 난 길만 알았지 또 다른 길이 있다는 것을 알지 못합니다. 그것은 바로 하나님께로 가는 길입니다. 야곱이 형 에서를 피해서 도망을 치다가 빈 들에서 돌을 베고 잠을 자다가 꿈을 꾸니까 하늘까지 사다리가 놓인 것을 보게 되었습니다.

사람들은 오래 전부터 하늘의 길이 끊어졌기 때문에 세상 출세의 길만 있는 줄 생각합니다. 그러나 우리가 정말 살려고 하면 하늘의 길을 찾아야 합니다. 하늘 가는 길은 다른 데서는 찾을 수 없고 오직 하나님의 말씀 안에 있습니다. 사람들은 나름대로 모두 세상에서, 나는 바른길을 걸었다 혹은 나는 성공적인 인생을 살았다고 하지만 그것은 결코 생명 길이 아닌 것입니다. 그래서 필경은 사망의 길이라고 했습니다. 이 세상길은 인간의 야망이나 욕심이 통제가 되지 않습니다. 오히려 이 세상의 길은 성공하면 성공할수록 욕심이나 야망이 점점 가속도가 생겨서 나중에는 멈추어지지 않습니다. 사람들 중에서 자기 인생에 대하여 고민하면서 말씀을 듣지 않고, 오직 출세의 길을 달려간 사람은 자기 자신에게 속은 인생인 것입니다.

26절 "노력하는 자는 식욕을 인하여 애쓰나니 이는 그 입이 자기를 독촉함이니라."

사람들이 이 세상에서 성공하고 출세하려고 몸부림치는 것은 먹고 살려고 하는 것입니다. 사람들은 굶어죽지 않으려고 그렇게 공부를 하고 직장에서 실패하지 않으려고 주야로 노력하는 것입니다. 우리는 자기가 똑똑하다고 큰 소리 치지만 당장 돈이 없고 먹을 것이 없으면 비참해지지 않을 수 없습니다. 그래서 입이 사람을 독촉해서 일을 하고 공부를 하게 하는 것입니다. 결국 사람은 본능을 이길 수 없습니다. 사람은 먹고 살 수 있으면 안정을 원합니다. 사람이 안정하고 나면 더 가치 있는 것을 찾을 것 같은데 많은 경우는 자기 성공에 도취해서 죄에 빠지는 것입니다. 그런데 하나님의 말씀은 처음부터 '사람이 떡으로만 사는 것이 아니요 하나님의 말씀으로 산다'고 분명히 밝히고 있습니다. 하나님의 백성들은 이 세상의 썩어질 것으로 살 생각을 하지 말라는 것입니다. 우리가 하나님의 말씀을 먹으면 하나님은 우리가 이 세상에서 살 수 있도록 책임을 져주십니다. 이것이야말로 우리가 더러워지지 않고 추해지지 않고 죄의 시궁창에 빠지지 않고 아름답게 사는 길입니다. 사실 먹는 것을 위해서 사는 것은 돼지와 다를 바가 없는 것입니다.

27절 "불량한 자는 악을 꾀하나니 그 입술에는 맹렬한 불 같은 것이 있느니라."

여기서 불량한 자는 공부는 하지 않고 만날 놀기만 하는 학생을 말하지 않습니다. 이 불량한 자는 하나님의 말씀으로 인격이 변하지 않은 사람입니다. 물론 이런 사람이 더 교양이 있고 점잖을 수도 있지만 근본적으로 야생동물이기 때문에 다른 사람을 믿지 않고 모든 것이 자기 중심입니다. 중심이 변하지 않은 자는 다른 사람 자체를 가치 있게 생각하지 않고 자기 목적을 위한 수단으로 생각합니다. 이런 사람은 자기 마음에 드는 사람은 좋아하고 그렇지 않은 사람은 저주하고 욕을 합니다. 불량한 자는 자기 마음에 드는 사람과 들지 않는 사람을 구별해서 이용 가치가 있는 사람과 이용 가치가 없는 사람으로 나누어서 대하는 것입니다. 그런데 이런 불량한 사람이 알지 못하는 것은 다른 사람도 자기를 대할 때 그렇게 대한다는 것입니다. 특히 이런 사람은 하나님 앞에서 일회용밖에 되지 않습니다. 이런 사람은 자기가 내는 화 때문에 스스로 다른 사람의 신뢰를 잃게 되고 별 볼일 없는 사람으로 전락하게 됩니다.

28절 "패려한 자는 다툼을 일으키고 말쟁이는 친한 벗을 이간하느니라."

'패려한 자'는 반항적인 성격을 말합니다. 대개 사람들이 반항적인 이유는 자기 개성을 깨지 않기 때문입니다. 자기 개성을 깨면 다른 사람들과 같아져서 바보가 된다고 생각하기 때문에 절대로 자기 개성을 깨지 않고 사사건건 다른 사람과 충돌하게 됩니다. 사람들은 이런 사람이 똑똑하고 개성이 있다고 생각해서 좋아하게 됩니다. 그러나 하나님 앞에서 이런 사람은 아무 것도 아닌 것입니다. 하나님이 좋아하는 사람은 완전히 깨어져서 가루가 되어버린 사람이기 때문입니다. 결국 하나님은 이런 사람을 떡으로 만들어서 하나님 앞에 바치게 하십니다. 예수님은 말씀하시기를 누구든지 자기 생명을 구하고자 하는 자는 죽을 것이고 죽고자 하는 자는 산다고 했습니다. 우리가 세상의 소금이라면 깨어져야 하고 녹아져야 제대로 짠 맛을 내게 되는 것입니다. 그리고 말쟁이라고 하는 것은 자기 안에 하나님의 말씀이 들어가지 않으니까 자꾸 다른 사람 이야기를 하는 사람입니다. 우리가 아무리 다른 사람 이야기를 많이 해도 자기에게는 유익이 없습니다. 결국 말쟁이들은 친한 사람들을 이간질시켜야 자기가 존재하는 이유가 생기기 때문에 계속 다른 사람들 흉을 보면서 다닙니다. 처음에는 다른 사람들은 이런 말쟁이가 똑똑한 줄 알고 좋아하고 따르지만, 나중에는 속에 아무것도 든 것이 없다는 것을 알게 되는 것입니다. 그때부터 이 사람은 어느 누구에게도 환영을 받지 못할 것입니다.

29절 "강포한 사람은 그 이웃을 꾀어 불선한 길로 인도하느니라."

강포한 자도 하나님의 말씀으로 변화되지 않는 사람을 말합니다. 이 말씀은 하나님의 말씀을 붙잡지 않았을 때 아무리 하나님의 백성이라 하더라도 그에게서 나타나는 인품을 보여주는 것입니다. 그들은 결국 먹기 위해서 살게 되고 불량해서 입에 불이 있고 패려하며 말쟁이이며 강포한 것입니다. 하나님의 말씀으로 변화되지 못한 사람은 공격적입니다. 이들은 자기만 사나운 것이 아니라 다른 사람들을 꾀어서 결국 공동체를 깨트리는 일을 하는 것입니다. 사람들은 정의라는 미명하에 하나님의 말씀에 반대하는 사람들을 결집을 시켜서 결국 하나님의 공동체를 깨는 일을 하는 것입니다. 하나님의 교회는 하나님의 말씀으로 이리를 양으로 변화시켜야 합니다. 그러나 이미 교인들은 다 거룩하게 된 줄 알고 하나님의 말씀을 소홀히 할 때 결국 사소한 이견이나 잘못을 참지 못하고 물고 늘어져서 공동체 자체를 엄청나게 깨트리게 되는 것입니다.

30절 "눈을 감는 자는 패역한 일을 도모하며 입술을 닫는 자는 악한 일을 이루느니라."

우리가 보통 눈을 감는다고 하는 것은 생각하는 자세를 말합니다. 그러나 여기서 눈을 감는 것은 옳을 것을 알면서도 못 본 체하는 것입니다. 왜냐하면 괜히 다른 사람의 불쌍한 것을 봐주면 자기만 피곤하기 때문에 어려운 사정을 보면서도 눈을 감아버리는 것입니다. 이런 사람은 입술도 닫습니다. 입을 굳게 닫아서 더 이상 남의 이야기를 들어주지 않으려고 하는 것입니다. 결국 패역을 도모하며 악한 일을 이루는데, 그들이 알지 못하는 것은 하나님을 자기 원수로 만든다는 사실입니다.

4. 끝까지 믿음의 길을 달려간 사람들

사람이 이 세상에서 가장 아름다운 인생을 사는 길은 하나님의 말씀의 가치를 알고 끝까지 하나님의 말씀을 붙들고 사는 것입니다. 그렇게 할 때 우리에게서 죄가 떨어져 나가고 교만한 것이 없어지며 우리 안에 하나님의 말씀이 가득 채워지면서 우리의 말 한 마디 한 마디가 축복이 되고 능력이 되며 우리 인격 자체가 보석이 됩니다. 아브라함과 이삭과 야곱과 요셉 같은 믿음의 조상들은 오직 하나님의 말씀 하나 붙들고 끝까지 갔을 때 어느 누구도 살지 못했던 아름다운 축복의 삶을 살 수 있었습니다. 우리가 이 믿음의 조상들의 생애를 보면 그들이 처음부터 완전했던 것도 아니고 실수가 없었던 것도 아니었습니다. 또 그들의 인생에 위기나 어려움도 많이 있었습니다. 그런데 이들이 끝까지 하나님의 말씀을 붙잡았을 때 모든 유혹을 이기고 죄를 이기고 사탄의 세력을 이기고 하나님의 축복을 이 세상에 오게 하는 사람들이 될 수 있었습니다.

31절 "백발은 영화의 면류관이라 의로운 길에서 얻으리라."

우리가 꼭 신앙이 아니라 하더라도 백발을 한 노인들을 보면 그들이 이 험한 인생을 먼저 사셨기 때문에 존경을 하게 됩니다. 그러나 여기서 말하는 백발은 그냥 아무나 나이가 들어서 백발이 된 것을 말하지 않습니다. 우리가 젊었을 때 하나님의 말씀의 가치를 발견하고 그 후 끝까지 하나님의 말씀을 붙잡고 살아서 백발이 된 사람의 가치를 말하는 것입니다. 우리는 일단 하나님의 말씀의 가치를 발견하는 자체가 쉽지 않습니다. 사도행전을 보면 한 에디오피아 내시는 마차에서 열심히 성경을 읽고 있었지만 가르쳐주는 사람이 없으니까 그 뜻을 모른다고 했습니다. 우리에게 하나님의 말씀의 맛을 안다는 것은 하나님의 축복의 맛을 보는 것입니다. 우리 주위에는 세상의 좋은 것이 많고 똑똑한 사람들이 많아서 우리가 끝까지 하나님의 말씀만 붙잡고 가기가 너무나도 어렵습니다. 그러나 끝까지 하나님의 말씀만 붙들고 가면서 나이가 들어서 백발이 되었을 때 그 사람의 가치는 말로 표현할 수가 없습니다. 그 사람의 말은 그 자체가 예언이고 축복이며 치료하는 능력이기 때문입니다. 하나님의 말씀을 붙들고 늙어가는 것을 너무 비관하지 마시기 바랍니다. 성경은 이것이야말로 영화의 면류관인데 올림픽 금메달보다 더 영광스럽고 노벨상보다 더 영광스러운 것인데, 의로운 길에서 얻는다고 했습니다. 우리가 이 상을 얻으려고 하면 모든 유혹을 떨쳐버리고 세상 욕심과 야망과 다른 사람들이 자기 마음에 들지 않는다고 공격하는 비난들을 다 이겨내어야 하는 것입니다. 하나님의 말씀으로 철저하게 바보가 되어야 이 금메달을 딸 수가 있는 것입니다.

32절 "노하기를 더디 하는 자는 용사보다 낫고 자기 마음을 다스리는 자는 성을 빼앗는 자보다 나으니라."

세상에서는 용사를 알아주고 성을 빼앗는 자에게 최고의 명예를 안겨다 줍니다. 그러나 하나님 앞에서 가장 위대한 것은 자기 분을 다스릴 수 있는 사람입니다. 사람에게 가장 위험한 적은 자기 자신이기 때문입니다. 셰익스피어의 『오셀로』를 보면 그가 흑인으로 아름다운 이태리 여성과 결혼을 했지만 결국 시기심을 이기지 못해서 아름다운 자기 부인의 목을 졸라서 죽이고 자기도 죽습니다. 사람이 힘이 세고 순발력이 있으면 용사가 될 수도 있고, 머리가 좋고 용기가 있으면 성을 차지할 수도 있습니다. 그러나 하나님이 가장 좋아하는 사람은 분을 다스리고 자기 마음을 다스리는 사람입니다. 하나님은 이런 사람에게 하나님의 모든 능력과 지혜와 축복을 맡겨 주십니다. 그런데 우리가 분을 다스리고 자기 정욕을 다스릴 수 있는 방법은 하나님의 말씀으로 자기 속을 채우는 수밖에 없습니다. 이때 우리 마음은 하나님의 마음과 같아지게 됩니다. 우리가 하나님의 말씀을 붙들면 죄를 물리치는 것이 결코 어렵지 않습니다. 그 전에 우리가 부족했을 때도 하나님이 함께 하셨지만 우리가 자기 분을 이기고 마음을 이길 때 더 하나님이 우리를 사랑하시고 도우시는 것을 체험하게 됩니다. 내 마음에 화가 날 때 다른 사람이 틀린 것을 생각하면 실패합니다. 하나님이 내 마음을 시험해 보신다고 생각하고 철저하게 자기를 부인해야 합니다. 그러면 마귀의 시험을 이길 수 있습니다.

33절 "사람이 제비를 뽑으나 일을 작정하기는 여호와께 있느니라."

사람이 제비를 뽑는 이유는 그 자리를 원하는 사람은 많은데 자리는 제한되어 있기 때문입니다. 반장을 하고 싶은 사람은 많은데 반장을 한 명만 뽑아야 할 경우 공평하게 하려고 제비를 뽑습니다. 사실 이것만 해도 이스라엘이 엄청나게 공정한 사회입니다. 세상에는 이미 힘이나 돈이나 백으로 결정하기 때문입니다. 또 아파트를 분양하는데 원하는 사람은 많고 아파트는 제한되어 있을 때 분양권을 제비로 뽑을 것입니다. 이것이 무엇을 의미합니까? 하나님의 말씀을 붙드는 자들은 돈도 없고 백도 없고 힘도 없기 때문에 제비를 뽑는다고 해도 생전 이런 좋은 자리에 뽑히는 것은 불가능한 것입니다. 그러나 하나님은 이런 믿음의 사람에게 제비가 뽑히게 하셔서 유명하게 하시고 존귀하게 하시며 때로는 높은 자리에 올라가게 하기도 하시며 좋은 집에 당첨되게 하기도 하십니다. 우리는 당장 눈에 보이는 성공만 생각하지 말고 하나님 앞에서 존귀한 자가 되는 것이 성공하는 길임을 알아야 합니다. 우리는 세상에서는 성공했지만 아름답지 못한 많은 사람들을 보고 있습니다. 우리는 이미 하나님의 말씀의 맛을 보았으니까 남들이 뭐라고 하든지 끝까지 의로운 길을 걸어서 백발의 면류관을 다 쓰는 성도들이 되시기 바랍니다.

27 · 믿음에 합당한 자세

잠 17:1-14

요즘 우리나라에서 외국의 명품들이 얼마나 잘 팔리는지 우리나라 명품 시장 규모가 5조 원 정도나 된다고 합니다. 유명한 세계적 브랜드들이 지방에 있는 백화점까지 주저하지 않고 진출하여 점포가 입점 되고 있습니다. 우리가 유명 브랜드의 물건의 경우 다른 제품과 크게 차이가 나지 않는데 디자인이나 세부적인 바느질 혹은 애프터서비스에서 차이가 나는 것을 볼 수 있을 것입니다. 명품을 쓰는 사람들은 브랜드의 덕을 볼 뿐 아니라 나중까지 그 물건으로 만족을 얻게 되는 것입니다. 마찬가지로 우리 신앙도 나 혼자 열정으로 미쳐 날뛴다고 해서 반드시 좋은 신앙은 아닙니다. 우리의 신앙이 진정으로 명품이 되려고 하면 세부적인 부분까지 다른 사람을 배려하는 자세가 필요할 것입니다.

농사를 짓는 사람들이 농사의 매력에 빠지는 이유는 식물이 가진 놀라운 생명력 때문일 것입니다. 처음 농사짓는 분들은 이 보잘것없는 씨가 두꺼운

흙을 뚫고 올라와서 열매를 맺는다는 것이 믿어지지 않을 것입니다. 그러나 농부가 땅에 씨를 뿌린 후에 물을 주고 풀을 잘 뽑아주면 어느 새 싹이 나서 줄기가 커지고 어느 날 탐스러운 열매가 맺히는 것을 볼 때 놀라지 않을 수 없을 것입니다. 그러나 똑같은 씨를 뿌렸다 해도 농부가 물을 잘 주지 않고 풀도 잘 뽑아주지 않으면 그 밭의 식물은 형편없는 열매를 맺게 될 것입니다. 이것을 통해서 우리가 알 수 있는 것은 씨는 그 안에 놀라운 생명력을 가지고 있지만 이것이 외부로부터 수분과 영양분을 충분히 공급받을 때 아름다운 열매를 맺게 된다는 것입니다.

이것이 인생의 문제에 그대로 적용됩니다. 모든 인간들은 이 세상에 태어나면서 그 안에 무한한 생명력과 잠재력을 가지고 태어납니다. 중요한 것은 우리가 어떤 양분을 먹느냐에 따라서 우리 인생은 완전히 달라지는 것입니다. 물론 양분이라고 할 때 가장 중요하게 생각되는 것이 좋은 교육일 것입니다. 그래서 우리나라 부모님들은 할 수 있는 한 자식들에게 더 좋은 교육을 시키기 위해서 모든 희생을 아끼지 않고 투자를 해왔습니다. 그 결과 우리나라 거의 모든 청년들이 대학 교육을 받을 정도로 대학이 많아지고 대학 문이 넓어지게 되었습니다. 그럼에도 우리나라 자녀들은 그렇게 행복해지지 않고 있습니다. 사람들은 그 이유가 직장을 얻지 못해서 그렇다고 하는데 반드시 그런 것은 아닙니다. 우리 인간이 먹어야 할 양분은 세상 지식이 아닌 하나님의 말씀입니다. 이 하나님의 말씀도 그냥 말씀이 아니라 아주 순도가 높고 깊이가 있는 하나님의 말씀을 먹을 때 먼저 우리의 인격이 건강하게 되고 그것은 결국 우리의 행동으로 나타나게 됩니다. 우리가 하나님의 말씀을 가지고 살아간다고 할 때 그것을 억지로 나 자신에게 적용시키려고 애를 쓰는 것이 아니라, 우리의 말이나 태도를 통하여 자연스럽게 우러나오는 것이어야 합니다. 오늘 본문은 어떻게 보면 일관성 없이 이 말을 했다가 저 말을 했다가 하는 것 같습니다. 우리가 전체적으로 살펴보면 우리의 신앙 인격이 아름다워지려면 이런 부분까지 자연스럽게 이루어져야 하는 것입니다.

1. 선을 사랑하는 자

우리가 하나님의 말씀을 먹을 때 하나님의 말씀은 먼저 우리의 생각을 바꾸어 놓습니다. 예수 믿기 전에는 가족이 가장 중요하고 친구의 우정이 중요하며 세상에서 인정받는 것이 성공하는 길이라고 생각을 했습니다. 그런데 우리가 예수를 믿고 나면 눈이 열리게 되는데 옛날에 알던 것이 모두 사실이 아니라는 것을 알게 됩니다. 우리에게 가족이나 친구가 중요한 것은 사실이지만 이보다 더 중요한 분이 계시는데 그분은 하나님이신 것입니다. 그래서 우리는 가족이나 친구의 말보다 하나님의 말씀을 들으려고 합니다. 세상에서 인정받는 것보다 하나님의 뜻을 따르는 자가 되고 싶어 합니다. 이것이 우리 생각의 변화입니다. 이런 생각의 변화는 우리 감정의 변화까지 가져오게 되는데 우리가 좋아하고 싫어하는 것이 그 뒤에는 달라집니다. 그 중에 하나가 예수 믿고 난 뒤에는 싸우고 다투는 것을 싫어하고 평화를 좋아하게 됩니다.

1절 "마른 떡 한 조각만 있고도 화목한 것이 육선이 집에 가득하고 다투는 것보다 나으니라."

우리는 굳이 하나님의 말씀이 아니라 세상 상식으로도 집안에서 식구들이 서로 싸우고 다투는 것보다는 화목한 것이 좋다는 것을 누구나 다 알 것입니다. 우리가 잠언에서 보는 것은 비록 표현은 상식적인 교훈과 비슷하다 하더라도 그 뿌리는 다르다는 것을 생각해야 합니다. 우리 어렸을 때에는 많은 가족들이 함께 살면서도 우애 있게 지냈고 적은 것이지만 나누어 먹었습니다. 그 후 우리나라 사람들은 옛날에 비해서 엄청나게 잘살게 되었는데 더 사랑은 없어지게 되었고 미움은 많아지게 되었습니다. 이제는 아무리 형제라 하더라도 아예 보지 않고 살기 때문에 큰 문제를 느끼지 않게 되었습니다.

그러나 성경이 말씀하는 것은 이런 결과에 대한 이야기가 아닙니다. 성경이 말씀하는 것은 왜 인간들은 그렇게 다투게 되는가 하는 것입니다. 인간들이 서로 다투는 이유는 서로가 최고가 되려고 하든지 아니면 어떤 한 사람이 지나치게 욕심을 부림으로 다른 사람들의 이익이 줄어들기에 다투는 것입니다. 마음속에 욕심을 가지고 있으면 가지고 있는 것이 많으나 적으나 서로 싸우고 다툴 수밖에 없습니다. 그런데 우리가 하나님의 말씀을 먹으면 자신을 하나님 앞에서 자꾸 생각하게 됩니다. 우리가 하나님의 말씀을 먹지 않았을 때에는 사람들끼리 비교를 하게 되지만 말씀을 먹으면 우리 자신을 하나님 앞에서 비교하게 되는 것입니다. 사람 사이만 생각하면 사람들 사이의 재산이나 학력의 차이가 크고 생각의 차이가 너무 커서 싸우지 않을 수가 없습니다. 그러나 우리 자신들을 하나님의 말씀 앞에서 생각해 보면 인간은 모두 다 죄인이며 비슷비슷한 것을 알 수 있습니다. 특히 우리 마음에 하나님의 사랑이 임하면 특히 다른 사람을 대할 때 그 사람 자체가 행복할 자격이 있는 사람으로 생각하게 됩니다. 사람이 자기 중심으로 생각하면 내 마음에 들지 않는 것은 모두 다 없어져야 하지만 하나님 중심으로 생각하면 모든 사람이 다 행복하게 살아갈 가치가 있는 존재입니다. 하나님의 백성들은 할 수만 있으면 내가 최고가 되고 내가 모든 것을 주장하기보다 모두가 평화롭게 공존을 하려고 합니다.

사람의 생명은 그 자체가 너무나도 귀하기 때문에 떡 한 조각만 있어도 충분한 것입니다. 떡이라고 하는 것은 어디까지나 수단에 불과하지 중요한 것은 사람의 생명이고 가치이기 때문입니다. 사람의 가치를 생각하지 않는 사람은 다른 사람을 꼭 이겨야 하고 내 마음대로 해야 하기 때문에 아무리 고기가 많이 쌓여 있어도 만족하지 못하고 싸우게 되는 것입니다. 이 세상에서 싸우는 것보다 쓸데없는 낭비는 없을 것입니다. 이 세상에 가장 불필요한 낭비가 교만하기 때문에 다른 사람과 싸우려고 하는 것입니다. 이런 사람은 거기에 있는 음식을 먹지도 못하고 집어던지고 욕하면서 분풀이를 하려고 할 것입니다. 우리가 하나님의 말씀을 진정으로 먹으면 우리 자신이나 다른 사람의 생명이나 인생을 사랑하게 됩니다. 일단 우리가 살아 있고 하나님을 믿고 있는 것이 너무나도 큰 축복이기 때문에 우리는 아무리 작은 것을 가지고도 감사할 수가 있습니다. 우리에게 가장 큰 축복은 지금 우리가 살아 있고 하나님의 사랑을 받고 있는 것입니다. 우리가 기도하기만 하면 하나님은 복을 주시기 때문에 마른 떡 한 조각도 감사하는 것이고, 굳이 다른 사람보다 높아져야 할 이유도 없고 최고가 될 필요도 없는 것입니다. 예수님은 우리에게 기도할 때 오직 일용할 양식을 위해서 기도하라고 하셨습니다. 우리는 일용할 양식만 있어도 충분하기 때문입니다. 우리에게는 하늘이 열려 있고 하나님의 축복이 우리의 것이기 때문에 너무 많은 것을 욕심낼 필요가 없는 것입니다. 때로는 우리가 이 세상에서 종의 신분에 처할 수도 있습니다. 우리가 비록 종이라 하더라도 하나님의 말씀으로 우리 속을 채우면 주인의 아들보다 더 지혜롭고 충성될 수 있습니다.

2절 "슬기로운 종은 주인의 부끄러움을 끼치는 아들을 다스리겠고 또 그 아들들 중에서 유업을 나눠 얻으리라."

우리가 하나님의 말씀을 들은 종이라고 할 때 자칫 잘못하면 하나님의 말씀과 현실 사이에서 너무나도 큰 차이를 느끼게 될 것입니다. 하나님의 말씀에 의하면 하나님은 나를 아들이라 하시고 축복의 상속자라고 하시는데 현실은 다른 사람의 종이며 주인이 시키는 대로 모든 것을 해야 하는 천한 신분입니다. 하나님의 말씀은 우리로 하여금 현실을 인정하게 합니다. 우리가 현실을 인정하지 않고 종인데 자꾸 하나님의 말씀을 들었다고 해서 큰소리 치고 주인이 시키는 것을 하지 않으면, 정신 나간 종이라고 해서 실컷 두들겨 맞고 먼 곳으로 팔려버릴 것입니다. 하나님께서 우리를 이 세상에서 종이 되게 하시고 낮은 지위에 두신 것은 겸손을 배우게 하시는 것이고 현실을 배우게 하시는 것입니다. 하나님의 말씀을 마음속에 가졌을 때 우리는 천사보다 나은 자이지만 겸손하게 종으로 처신할 때 지혜로운 사람으로 나타나게 됩니다. 하나님의 백성들이 과대망상증에 빠지면 세상에서 아무 쓸모없는 사람이 되고 맙니다. 청소년들 중에서 이상은 높은데 현실이 따라주지 않아서 공상에나 빠지고 게임에 빠지는 사람은 현실에 적응할 수 없는 사람이 되고 맙니다.

하나님의 백성들이 자신의 낮은 현실을 인정하고 받아들일 때 겸손하면서도 지혜롭고 현실적인 사람이 됩니다. 아무리 좋은 하나님의 말씀을 듣고 높은 은혜를 체험했다 하더라도 현실을 현실로 인정을 해야 합니다. 그러면 주인은 부끄러움을 끼치는 자기 아들을 가르치는 선생이 되어 달라고 합니다. 이것은 그 집안을 위해서도 너무 다행스러운 일입니다. 망나니 같은 아들은 장차 이 집 전체를 책임질 사람인데 성숙한 크리스천을 가정교사로 모셨을 때 정말 좋은 사람으로 변하게 되기 때문입니다. 심지어 그가 왕자라면 변하여 앞으로 나라 전체가 바로 될 수 있게 되는 것입니다. 하나님의 백성들은 어느 곳에 있든지 자기만 준비되면 얼마든지 다른 사람들에게 좋은 영향을 미칠 수가 있습니다. 주인은 종의 충성심을 인정해서 나중에 자유를 줄 뿐 아니라 자식들처럼 유산을 상속받게 해줄 것입니다. 이 종은 자기 아들을 바로잡아준 생명의 은인이기 때문입니다. 그런 주인의 아들을 바로 가르치려고 하면 정말 자신이 체험이 있어야 합니다. 오직 하나님의 말씀과 사랑만이 이 망나니 같은 아들을 위대한 사람으로 만들 수 있습니다.

로마 황제 중에서 기독교를 공인한 콘스탄티누스 대제 같은 경우에도 그가 왕자였을 때 가정교사가 크리스천이었다고 합니다. 어렸을 때 누가 이런 자들에게 하나님의 말씀을 가르치느냐에 따라서 역사가 달라지는 것입니다. 사람들은 할 수만 있으면 다른 사람의 섬김을 받으면서 편하게 지내려고 합니다. 그러나 이것은 결코 하나님의 뜻이 아닙니다. 하나님은 우리가 어떻게 되어야 가치 있는 사람이 되는지 아시기 때문입니다.

3절 "도가니는 은을, 풀무는 금을 연단하거니와 여호와는 마음을 연단하시느니라."

자연 상태에서 순수한 금이 나오는 경우도 있지만 대부분의 은이나 금은 그 성분이 섞여 있는 원석의 형태로 발견됩니다. 금의 성분이 있고 은의 성분이 있는 원석 자체도 귀하지만 그것만 가지고는 금이 될 수 없고 은이 될 수 없습니다. 순수한 은을 만들려고 하면 원석을 깨어서 가루로 만든 후에 불에 녹여야 합니다. 특히 금은 풀무에 넣어서 완전히 액체로 만들어야 불순물이 제거됩니다. 마찬가지로 모든 인간들은 그 안에 금이 되고 은이 될 가능성이 있습니다. 그렇다고 사람들이 세상의 좋은 교육을 받기만 하면 그 사람 자체가 금이 되거나 은이 되는 것은 아닙니다. 그저 금으로 도금을 하고 은으로 도금을 하는 것에 불과합니다. 아무리 잘사는 집에 사는 사람들을 봐도 그 인간이 그 인간이고, 아무리 공부를 많이 하고 좋은 자리에 있는 사람도 만나보더라도 그 인간이 그 인간인 것입니다. 그런데 우리가 하나님의 말씀을 들으면 우리 안에 금 성분이 있고 은 성분이 있는 원석이 됩니다. 그래서 하나님의 말씀을 들은 사람은 보석의 빛이 나기 시작합니다. 그러나 우리가 아무리 하나님의 말씀을 들었다 하더라도 돌 성분이 많기 때문에 이것을 가지고 반지를 만든다거나 혹은 목걸이를 만들 수는 없습니다. 우리가 정금이 되려면 하나님의 손에 연단을 받아야 합니다. 모세는 금이 되기 위해서 사십 년 동안을 미디안 광야에서 장인의 양을 치면서 연단을 받아야만 했습니다. 사도 바울도 정금이 되기 위해서 예수님을 만난 뒤에도 13년을 무명으로 더 기다려야만 했습니다. 야곱은 금이 되기 위해서 밧단아람에서 외삼촌의 종이 되어서 이십 년을 연단 받아야 했고 이스라엘 백성들은 금이 되기 위해서 사십 년을 광야에서 뺑뺑이 돌아야만 했습니다.

하나님께서 어떻게 우리 마음을 연단하십니까? 하나님이 우리에게 미래의 길만 열어주지 않아도 우리는 비참하게 됩니다. 하나님이 우리를 가난하게 하시면 결국 우리가 붙들 수 있는 것은 하나님의 말씀밖에 없습니다. 우리는 하나님의 말씀을 들으면서 매일 엄청나게 눈물을 흘립니다. 어떤 때는 하나님의 말씀이 너무 좋아서 울고 어떤 때는 자기 신세가 비참해서 웁니다. 그러면서 우리는 조금씩 교만을 버리고 위선을 버리고 겸손하고 정직한 사람으로 변하게 됩니다. 하나님의 연단을 받은 사람의 특징은 겸손하고 다른 사람의 고난에 대하여 이야기를 잘 들어줍니다. 하나님의 백성들에게 가장 중요한 풀무는 고난의 풀무이기 때문입니다.

> 4절 "악을 행하는 자는 궤사한 입술을 잘 듣고 거짓말을 하는 자는 악한 혀에 귀를 기울이느니라."

마음속에 하나님의 말씀이 있는 자와 하나님의 말씀이 없는 자는 좋아하는 것이 다릅니다. 마음속에 하나님의 말씀이 있는 자는 최고로 가치 있는 말씀을 좋아합니다. 진주 장사가 좋은 진주를 발견하고는 자기 재산을 다 팔아서 그 진주를 사는 것과 같습니다. 세상의 돈은 자신의 외모를 치장해주지만 최고의 말씀은 내 속사람을 영원히 가치 있게 하기 때문입니다. 진정으로 하나님 말씀의 가치를 아는 자는 그것을 위해서는 어떤 투자도 아끼지 않습니다. 그러나 마음속에 하나님의 말씀이 없는 자는 다른 것을 좋아합니다. 다른 것이란 쉽게 세상에서 인정을 받고 기분이 좋아지는 것을 말합니다. 결국 이것은 궤사한 입술이고 악한 혀가 나불거리는 말입니다. 사람들은 다른 사람들의 칭찬을 듣기 좋아하는데 마치 술이나 마약처럼 좋아합니다. 이것은 결국 자기 영혼을 황폐하게 만들 뿐이고 아무 유익도 없습니다. 사람들은 유유상종이라고 비슷한 부류끼리 모이게 되어 있습니다. 사람들마다 좋아하는 것들이 비슷하기 때문입니다. 썩은 것을 좋아하는 자들은 결코 거기서 선한 것이 나오지 않습니다. 우리가 다른 사람 이야기를 아무리 해봐야 자신에게 아무 유익이 없습니다. 우리가 할 수 있는 것은 어떻게 해서든지 하나님의 말씀을 내 마음에 담고 낮아지는 것밖에 없습니다. 사람들은 흔히 다른 사람 욕을 하면 스트레스가 해소된다며 만나기만 하면 다른 사람 욕을 하는 사람들이 있습니다. 그러나 그들 자신에게 그 욕은 돌아가고, 그렇게 하면서 그들 자신은 더 사악하고 교만한 자로 변하게 됩니다.

> **5절** "가난한 자를 조롱하는 자는 이를 지으신 주를 멸시하는 자요 사람의 재앙을 기뻐하는 자는 형벌을 면치 못할 자니라."

사람들이 좀 잘살게 되면 가난한 자를 무시하기 쉽습니다. 대개 사람들은 가난한 것을 무능하거나 실패한 것으로 생각하기 때문에 무시를 하게 됩니다. 그러나 사람의 가치는 잘살고 못사는 것으로 판단할 수 있는 것이 아닙니다. 특히 성경에서 '가난한 자'는 하나님에 의해서 연단 받는 사람을 말합니다. 이 가난한 자는 하나님의 보석이 되기 위해서 말씀을 붙들고 연단을 받고 있는 사람입니다. 우리는 이런 사람을 귀하게 생각해야 합니다. 이 사람을 가난하게 만든 분이 하나님이시기 때문입니다. 지금까지 자기는 연단을 받지 않았지만 잘산다고 생각하는 사람도 결국은 연단을 통과해야 보석이 될 수 있습니다. 그러나 우리는 다른 사람의 불행이나 재앙에 대하여 기뻐하는 것을 아주 주의해야 합니다. 우리 인간들은 하나님 앞에서 다 죄인이고 하나님의 말할 수 없는 긍휼로 재앙을 당하지 않고 있기 때문입니다. 우리가 다른 사람의 재앙을 기뻐하고 좋아한다면 그것은 자신이 교만해진 것이므로 하나님이 그 재앙을 나에게 돌리실까 두려워해야 합니다. 평소에 내가 싫어하거나 미워하던 사람에게 좋지 않은 일이 생겼을 때 좋아하는 눈치를 보이면 안 되고 오히려 안타까워하면서 위로할 때 하나님이 기뻐하십니다. 이 모든 것이 우리가 하나님의 말씀을 먹었을 때 자연스럽게 나타나게 되는 현상이며 이것이 우리 삶의 열매입니다.

2. 합당한 태도

우리는 자신이 믿음으로 사는 것도 중요하지만 자녀들 중에서 이런 믿음의 사람이 만들어진다는 것은 대단한 축복입니다.

> 6절 "손자는 노인의 면류관이요 아비는 자식의 영화이니라."

물론 노인들에게는 손자들이 큰 축복이고 기쁨인 것이 사실입니다. 더욱이 손자들이 모두 똑똑하고 공부도 잘해 좋은 대학에 합격해서 다닌다면 그것보다 더 기쁜 일은 없을 것입니다. 하나님의 백성들에게 중요한 것은 우리 한 사람 한 사람이 위대한 하나님의 축복의 상속자라는 사실입니다. 그런데 이 할아버지가 아브라함이나 이삭같이 한평생을 믿음으로 살았을 때 그 믿음의 재산은 어마어마할 것입니다. 어느 날 자기 손자가 자기와 똑같이 위대한 신앙을 가지고 있는 것을 볼 때 그것은 최고의 복을 받은 것입니다. 대개 이스라엘 백성들의 치명적인 문제가 이스라엘 안에 아무리 하나님의 말씀이 많이 있어도 정작 그 자손들은 하나님의 말씀이 시시하다고 해서 세상 지식을 따라가는 집들이 많았습니다. 특히 유다나 이스라엘의 귀족들은 거의 어머니가 이방 공주들이었기 때문에 자식들이 외국의 사상이나 문화를 더 좋아했습니다. 이스라엘이나 유다의 귀족들은 으레 자식을 낳으면 외국에 유학을 보내고 외국 신앙을 가지는 것을 세련된 것으로 생각했습니다. 그런데 가끔 믿음의 집에는 할아버지의 신앙을 손자도 그대로 물려받아서 그 신앙 그대로 살아가는 경우가 있었는데 이것이야말로 최고의 복이었던 것입니다.

찰스 스펄전 목사는 할아버지의 손에서 컸는데 할아버지가 목사였고 청교도 신앙을 가진 분이었습니다. 스펄전은 어렸을 때 할아버지 서재에서 놀면서 할아버지 책을 많이 읽었는데 그는 대학을 나오지 않았지만 이미 할아버지의 서재에서 배운 실력으로 능히 설교를 할 수 있는 정도였습니다. 그런데 한번은 할아버지가 설교하던 중에 손자 스펄전이 들어오니까 할아버지는 이제부터는 '제 손자가 설교를 하겠습니다' 라고 소개하면서 손자에게 설교하게 했는데 손자의 설교가 할아버지의 설교보다 더 뛰어났던 것입니다. 그리고 '아비는 자식의 영화' 라고 했습니다. 대개 자식들은 아버지로부터 무엇인가 물려받아서 성공을 합니다. 어떤 아들은 아버지로부터 재산을 물려받고 어떤 아들은 아버지로부터 기업체를 물려받고 어떤 아들은 아버지로부터 좋은 머리를 물려받습니다. 우리는 모두 부모로부터 무엇인가를 물려받아서 성공을 하게 됩니다. 그 중에서 최고의 유산은 아버지가 한평생 하나님의 말씀을 붙들고 산 믿음의 유산입니다. 그래서 야곱은 요셉의 두 아들을 축복하면서 자기 할아버지 아브라함의 하나님과 자기 아버지 이삭의 하나님 그리고 자기 하나님을 물려주었습니다. 우리는 부모나 혹은 교회로부터 하나님에 대한 엄청난 지식과 부흥의 축복을 물려받아야 진정으로 복 있는 자가 되는 것입니다.

7절 "분외의 말을 하는 것이 미련한 자에게 합당치 아니하거든 하물며 거짓말하는 것이 존귀한 자에게 합당하겠느냐."

이번 주제는 과연 우리에게 합당한 것이 무엇이냐 하는 것입니다. 사도 바울은 에베소서 4장 1절에서 "너희가 부르심을 입은 부름에 합당하게 행하여"라고 했습니다. 우리 성도들은 하나님께서 우리에게 원하시는 삶을 살아야 하는 것입니다. 어른이 어른같이 행동하지 않고 어린아이같이 행동을 한다면 그것은 어른으로서는 유치한 것이며 어른답지 못한 행동일 것입니다. 사람은 모두 자신의 신분이나 지위에 합당한 말을 하게 되어 있습니다. 여기 보면 '분외의 말을 하는 것이 미련한 자에게 합당하지 않다'고 했습니다. 여기서 '분외의 말' 이라고 하는 것은 아주 유창하거나 탁월한 식견을 가진 말을 뜻합니다. 미련한 자에게서 탁월한 지식을 기대하지 말라는 뜻입니다. 하나님의 말씀이 없는 사람은 스스로 잘난 체를 하거나 아니면 다른 사람을 깎아내리는 이야기나 하지 그에게서 절대로 새로운 깨달음을 주는 이야기를 기대해서는 안 되는 것입니다. 그런 사람의 머리에 입력된 것은 세상의 썩은 것밖에 없기 때문입니다. 반면에 존귀한 자가 거짓말을 하면 어떻게 되겠습니까? 이것은 분명히 그가 자기 신분을 잊고 있는 것입니다. 사실 우리는 자신의 존귀함을 잊어버리고 다른 비천한 사람들과 똑같이 그저 이기려고 소리를 지르거나 감정적으로 분풀이하기 위해 화를 낼 때가 많은데, 이것은 우리 자신의 신분을 깎아내리는 것입니다. 하나님의 백성들은 천사들보다 더 존귀한 자들이기 때문에 절대로 거짓말을 해서는 안 됩니다. 우리는 사실을 사실대로 이야기해 버리는 것이 가장 좋습니다. 여기서 하시는 말씀은 단순히 거짓말을 하지 않는 것만이 아니라, 과연 어떻게 하는 것이 나의 신분에 맞는 말이며 행동인지 생각을 해서 행동하고 말하라는 것입니다.

대개 배우들은 여러 사람의 캐릭터를 만들어내는 사람들입니다. 배우들이 그렇게 하기 위해서는 거울을 보면서 인상이나 말하는 것을 많이 연습해야 하고 또 지도나 교정을 받아야 합니다. 하물며 우리는 옛날에 모두 다 마귀의 노예로 있다가 갑자기 하나님의 자녀가 되었기 때문에 두 개의 인격이 왔다 갔다 하기 쉽습니다. 우리 안에는 마귀의 천한 노예 기질과 존귀한 하나님의 자녀의 인격이 같이 있는 것입니다. 그래서 우리는 다른 성도들을 대할 때 조심해서 대해야 그 안에 있는 아름다운 인격이 깨어지지 않습니다. 우리는 모두 만들어지고 있는 도자기와 같기 때문에 한번 잘못 건드리면 그 동안 고생하면서 만든 도자기가 박살이 나게 됩니다. 우리는 조심스럽게 처신을 해야 하지만 다른 사람에 대해서도 함부로 자극적인 발언이나 행동을 하는 것은 좋지 않습니다. 그것은 사탄에게 이용당하는 것이며 하나님의 도자기를 깨트리는 것입니다.

8절 "뇌물은 임자의 보기에 보석 같은즉 어디로 향하든지 형통케 하느니라."

이 말은 조심해서 해석을 해야 합니다. 뇌물은 길이 없는 곳에서 길을 통하게 하기 때문에 뇌물을 써도 된다는 뜻으로 해석하기 쉽습니다. 심지어 어떤 학자는 '잠언은 뇌물에 대하여 관대하다'고 말하기도 합니다. 그러나 이것은 사람의 일반적인 심리를 말하고 있습니다. 사람들은 누구나 불의의 선물을 좋아하고 이런 불의의 선물이 종종 일이 되게 하는 것은 사실입니다. 그러나 이것은 일을 쉽게 해결하려는 유혹입니다. 하나님의 백성들은 결코 쉽게 일이 잘되게 하는 것보다는 비록 어려워도 하나님의 응답으로 일이 되게 해야 합니다. 하나님께서 한 번 길을 열어주시면 그 뒤에도 계속 길이 열리게 되는데 뇌물로 길을 열면 나중에 뇌물의 종이 되어서 심판을 당하게 됩니다. 특히 우리나라에서 공무원이 뇌물을 받는 것은 자기 무덤을 파는 것입니다. 얼마 전에 장관을 지낸 분이 자살을 하면서 유서를 남겼는데 '악마의 덫에 걸렸다'는 말을 했습니다. 대개 이런 부정이 다른 사람과의 식사에서 시작된다고 합니다. 어떤 변호사는 아무 사람과 함부로 식사를 하지 말라고 충고를 했습니다. 우리는 쉽게 일이 풀리도록 하기보다 어렵더라도 기도로 일을 풀어야 나중에 계속 기도로 응답을 받을 수가 있습니다.

> 9절 "허물을 덮어주는 자는 사랑을 구하는 자요 그것을 거듭 말하는 자는 친한 벗을 이간하는 자니라."

다른 사람의 허물을 보게 되었을 때 어떻게 하는 것이 옳은가 하는 것입니다. 대개 하나님의 백성들은 정직한 것을 원하기 때문에 다른 사람이 불의를 한 것을 보면 그것을 밝히고 처벌을 받아야 한다고 생각합니다. 그런데 예수님께서 '긍휼히 여기는 자는 복이 있다'고 말씀하셨듯이 우리 자신이 모두 하나님 앞에서 허물과 죄가 많기 때문에 다른 사람의 죄에 대하여 관대한 것을 하나님은 원하십니다. 우리는 흔히 다른 사람의 허물에 대하여 관대하면 죄를 결국 덮어주고 키우는 것이 아니냐고 생각하기 쉽지만, 하나님께서 바로잡을 것은 바로잡으시고 처벌할 사람은 처벌하실 것입니다. 우리는 모두 다 허물이 많은 죄인이기 때문에 할 수 있는 한 다른 사람의 허물을 감추어 주는 것이 좋습니다. 다만 그 본인에게 그렇게 하지 않도록 가르쳐주면 그것으로 충분한 것입니다. 하나님이 우리를 세상에 보내신 것은 세상을 심판하거나 모든 불의를 폭로하고 바로잡게 하기 위해서가 아닙니다. 하나님께서 우리를 보내신 것은 단 한 명이라도 살리기 위해서입니다.

친한 사람의 허물도 반복해서 이야기를 하면 친구 관계가 깨어진다고 했습니다. 어떤 것이 우정을 깰 정도로 중요한 것인가, 아니면 친분을 지키면서 시간이 지난 후에 이야기를 해도 되느냐 하는 것을 생각해야 합니다. 어떤 문제는 너무 심각한 죄이기 때문에 그것을 덮어주고 친구 관계를 유지한다는 것이 말이 되지 않을 때가 있습니다. 이때는 관계가 끊어질 것을 각오하고 말을 해주어야 합니다. 이렇게 하는 것을 '대결 상담'이라고 하는데 이단에 빠지고 있다든지 혹은 죄를 짓고 있을 때 바로 이야기를 해주어야 합니다. 그러나 그렇지 않은 허물이라면 덮어주고 계속 하나님의 말씀을 듣게 하면 자기 스스로 정리할 기회가 많은 것입니다. 이것이 훨씬 상대방을 덜 아프게 하면서 고치게 하는 방법입니다.

3. 미련한 자의 고집

우리가 하나님의 말씀을 들을수록 우리 내면은 유연해지고 부드러워지게 됩니다. 하나님의 말씀이 우리의 고집을 제거하고 미련한 것을 없애서 우리 마음을 아주 생동감이 넘치게 만들기 때문입니다. 하나님의 말씀이 없는 마음은 아주 고집스럽고 반항적이 되는데 자기 마음을 바꿀 자신감이 없기 때문입니다.

> **10절** "한 마디로 총명한 자를 경계하는 것이 매 백 개로 미련한 자를 때리는 것보다 더욱 깊이 박히느니라."

우리가 다른 사람을 바로 가르쳐서 바로잡는 것이 얼마나 어려운 일인지 잘 보여주는 말씀입니다. 물론 총명한 자는 한 마디만 해도 알아듣고 고치지만 실제로 이럴 수 있는 사람은 아무도 없을 것입니다. 사람의 마음속에는 모두 관성의 법칙이 작동해서 자기가 하는 것이 비록 틀린 줄 알지만 쉽게 고치지 않으려고 하는 고집 같은 것이 있습니다. 물론 미련한 자식의 경우 매를 백 개를 가지고 때려서라도 바로잡을 수만 있으면 때리겠지만 사실 아이들은 매로 때린다고 해서 잘못이 고쳐지지는 않습니다. 하나님께서도 우리를 때려서 고칠 수 있다고 생각하셨더라면 때려서 고치셨을 것입니다. 우리 인간의 자존심이나 고집은 매로 때린다고 해서 고쳐지지 않습니다. 그래서 부모가 자녀를 바로잡으려고 하면 현명한 사람으로 만들어서 말로 가르치면 되는 것입니다. 미련한 아들을 현명하게 만드는 방법은 말씀으로 신뢰를 형성하고 또 의사소통하는 방법을 만드는 것입니다. 엄마와 아이들 사이에도 의사소통의 방법이 만들어지면 훨씬 아이가 말귀를 잘 알아듣는 것을 볼 수 있습니다. 교회에서도 교인들을 바로잡는 방법은 야단만 친다고 해서 되는 것이 아니라 하나님의 말씀을 듣게 해서 현명한 자로 만들면 한 마디의 말로 해결이 되는 것입니다. 그리고 당장은 말을 알아듣지 못하는 자도 조금 지나면 현명하게 될 줄로 믿어야 합니다. 그래서 예수님께서는 가라지도 함부로 뽑지 말라고 하셨습니다.

11절 "악한 자는 반역만 힘쓰나니 그러므로 그에게 잔인한 사자가 보냄을 입으리라."

악한 자란 하나님의 말씀으로 변화되지 못한 사람을 말합니다. 이런 사람은 언제나 자기가 최고가 되어야 하고 다른 사람보다 위에 있어야 한다고 생각하기 때문에 언제나 부정적인 것을 좋아하고 반항하는 것을 좋아합니다. 특히 반항적인 사람의 특징은 개성이 너무 강해서 자기 자신을 깨지 않으려고 합니다. 이런 유형의 사람이 보기에 개성도 없이 무슨 말을 하든지 순종하는 사람들을 보면 그렇게 바보처럼 보일 수 없을 것입니다. 그러나 하나님이 쓰시는 사람은 자신을 부수어서 가루가 된 사람을 모두 떡으로 만들어서 쓰시지 자기 그대로 남아 있는 자는 결국 불순물이 됩니다. 여기에 보면 잔인한 사자가 보냄을 받는다고 했습니다. 결국 자신을 깨지 않는 자는 언제나 비판적인 입장에 있기 때문에 주인공이 되지 못합니다. 이런 사람은 그저 비판만 하다가 결국 단역으로 끝나고 마는 것입니다. 어떤 드라마든지 주인공은 주인공다워야 하는 것입니다.

12절 "차라리 새끼 빼앗긴 암곰을 만날지언정 미련한 일을 행하는 미련한 자는 만나지 말 것이니라."

대개 곰은 좀 미련하고 행동이 둔한 것으로 알려져 있습니다. 그러나 야생에서 곰은 아주 빠르고 잔인하며 공격적인 짐승입니다. 특히 암곰이 새끼를 빼앗겼을 때에는 물불을 가리지 않고 덤벼들 것입니다. 그런데 성경은 미련한 일을 행하는 미련한 자를 두고 말씀하고 있습니다. 여기에 '미련한 것'이 두 번이나 나오고 있습니다. 이것은 미련한 사람이 미련한 일에 발동이 걸려 있는 것이고 거기에 미쳐 있는 것입니다. 이런 사람은 눈에 보이는 대로 닥치는 대로 자기 일에 모든 사람을 다 집어넣으려고 할 것입니다. 이런 사람은 도무지 절제가 되지 않는 것입니다. 이런 사람과는 어떻게든지 엮이지 말고 피해야 살아남을 수 있습니다. 어리석은 사람은 그의 현란한 말에 속아서 기꺼이 동참했다가 나중에 늪에 빠져서 빠져나오지 못할 때가 많습니다. 그래서 우리 주위에는 무엇인가 하자는 사람들이 그렇게 많습니다. 그러나 그런 말들에 할 수 있는 대로 말려들지 않는 것이 좋습니다. 하나님께서 나에게 확실히 하라고 하는 것만 하면 되는 것입니다.

13절 "누구든지 악으로 선을 갚으면 악이 그 집을 떠나지 아니하리라."

우리가 보통 다른 사람에게 도움을 받고 은혜를 입으면 선으로 갚으려고 합니다. 그러나 너무 가난하거나 어려운 사람은 갚을 길이 없습니다. 이때 가난한 사람은 무리하게 갚으려고 할 필요가 없습니다. 모든 것을 하나님이 저 사람을 통해서 하셨구나 하는 것을 알고 하나님께 감사하며 또 그 사람에게 늘 고마운 마음을 가지고 위해서 기도하면 충분한 것입니다. 나에게 사랑의 빚을 준 사람에게 빚을 갚는 방법은 더 훌륭한 사람이 되어서 하나님의 손에 사용되면 되는 것입니다. 그런데 선을 악으로 갚는 사람이 있습니다. 이 사람은 정말 악한 사람입니다. 선을 악으로 갚으려고 하면 보통 사람보다 배나 마음이 악해야 하기 때문입니다. 이런 사람은 자기 마음이 악하기 때문에 절대로 하나님의 복을 받을 수가 없습니다. 대개 선을 악으로 갚는 사람은 큰 것을 보지 못하고 작은 것을 가지고 서운해하다가 악으로 갚는 것입니다. 우리는 큰 것을 보아야 하나님의 복을 놓치지 않습니다.

> **14절** "다투는 시작은 방축에서 물이 새는 것 같은즉 싸움이 일어나기 전에 시비를 그칠 것이니라."

대개 사람들이 싸우게 될 때 작은 것에서 시작할 때가 많습니다. 사람의 마음을 좀 섭섭하게 했다든지 이해관계에서 점점 엇갈리게 되었다든지 할 때 시작이 됩니다. 이때 사람은 먼저 불평을 하게 됩니다. 불평은 이런저런 것을 바로잡아 달라는 뜻입니다. 다른 사람이 무엇인가 불평을 할 때에는 반드시 이유가 있다고 생각해서 일단은 들어주어야 합니다. 그래서 혹시 내가 부주의해서 상대방의 감정을 상하게 했다면 사과를 하면 끝나는 것입니다. 그렇지 않고 물질적으로 손해를 끼쳤을 때에는 작은 선물이나 혹은 보상을 해주면 그것으로 충분히 해결될 수 있습니다. 그런데 이런 작은 오류를 귀찮다고 해서 그냥 두면 오해가 점점 커져서 나중에 엉뚱한 것에서 싸움이 터지게 되는데, 그때는 웬만큼 사과하거나 보상을 해주겠다고 해도 통하지가 않게 됩니다. 그때는 이미 속이 상할 대로 다 상해 버렸기 때문에 더 이상 이야기를 하고 싶지가 않은 것입니다. 비가 많이 와서 방축에서 조그마한 균열로 물이 새기 시작하였습니다. 이것을 누군가가 보고 빨리 사람들을 불러서 고치면 얼마든지 큰 피해를 막을 수 있습니다. 그러나 사람이 게을러서 방축에 물이 새는 것을 보고서도 별일 없겠지 하고 두면, 결국 방축이 무너져서 많은 집들이 떠내려가고 사람들이 물에 빠져 죽게 되는 것입니다. 사실 어느 나라나 어느 사회든지 자기가 맡은 부분만 최선을 다할 경우 큰 사고는 많이 막을 수 있는데, 자기 일을 제대로 하지 않기 때문에 대형 사고가 터지는 것입니다. 우리가 다른 사람의 생명을 귀하게 생각하지 않으면 다른 사람들도 나의 생명을 귀하게 생각하지 않기 때문에 언젠가는 나 자신이 피해를 입을 때가 올지도 모릅니다. 안전하게 사는 길은 서로 믿을 수 있게 하는 것이 중요한데, 이것은 하나님의 말씀이 우리에게 주는 선물인 것입니다.

28 · 믿음의 사회 적용

잠 17:16-28

요즘 우리 사회에서 가장 많은 논란을 불러일으키고 있는 문제 중의 하나가 '공짜'에 대한 것입니다. 쉽게 말하면 '공짜'이고 어렵게 말하면 '복지'에 대한 것입니다. 그 동안 살아오면서 우리는 공짜라고 하는 것을 잘 몰랐습니다. 무엇이든지 자기 돈을 내고 물건을 사고 자기 돈을 내고 학교를 다녔지 공짜라고 하는 것은 몰랐습니다. 그런데 어느 순간부터 우리 사회에 공짜가 많아지기 시작했습니다. 초등학교에서 공짜 급식이 나오더니 이제는 대학교도 반값 등록금만 내게 하겠다고 합니다. 정치인들은 앞을 다투어서 앞으로는 더 많은 것을 무상으로 혜택을 받게 해주겠다고 말하고 있습니다. 사실 우리나라가 이렇게 부자인 줄 몰랐습니다. 그런데 우리는 앞 정권에서 북한에 그렇게 많은 돈을 무상으로 주는 것을 보고 또 4대강 사업이라고 해서 먹고 사는 일에 전혀 상관없는 일에 어마어마한 돈을 퍼붓는 것을 보면서 우리 정부가 돈이 많구나 하는 생각과 함께 더 많은 것을 공짜로 받아도 되겠구나 하는 생각을 하게 되는 것입니다.

그 동안 우리 사회는 그야말로 아무것도 없는 빈털터리에서 엄청난 경제 성장을 이루어냈습니다. 이런 일을 해낼 수 있었던 것은 우리나라 사람들이 근면하고 성실했기 때문일 것입니다. 그런데 과연 누구든지 근면하고 성실하다고 해서 이렇게 많은 복을 받을 수 있을까 하는 것입니다. 이것이 바로 우리나라가 가지고 있는 미스터리입니다. 얼마 전 신문에서 어느 지식인은 말하기를, 사람들이 잘살게 되면 참으로 무서운 것이 부패라고 했습니다. 사람들이 권력을 이용해서 돈을 받음으로 온 나라 곳곳이 썩어가게 되는 것입니다. 나라가 썩으면 망할 수밖에 없습니다. 그런데 이 지식인은 부패보다 더 무서운 것은 바로 '공짜'라고 했습니다. 정치인들이 표를 얻기 위해서 사람들에게 공짜로 국가의 돈을 풀기 시작하면 결국 어느 나라든지 거덜날 수밖에 없다는 것입니다.

이때 우리가 생각하게 되는 것이 과연 우리나라가 지금까지 이렇게 성장하고 발전할 수 있었던 것이 과연 인간의 힘과 노력 때문이었는가 하는 것입니다. 물론 우리나라는 돈이 없는 가운데 나라를 세워보려고 서독에 광부와 간호사를 보내고 월남에 군인들을 보내고 중동에 노동자들을 보내서 돈을 벌어 와서 나라의 경제를 발전시킨 것이 사실입니다. 그러나 우리나라의 부흥과 발전에는 이런 것으로 설명되지 않는 부분이 있습니다. 그것은 바로 하나님의 축복입니다. 옛날 유다의 히스기야 왕 때 주위 나라들은 유다의 부흥의 비밀을 알지 못했습니다. 히스기야 당시에 전 세계를 삼킬 듯이 주위 나라를 정복해가던 앗수르 제국이 왜 예루살렘의 벽을 넘지 못하고 거기에 망했는지, 그리고 분명히 중병에 걸려서 죽어가던 히스기야가 어떻게 다시 살아날 수 있었는지, 또 히스기야가 병들어서 기도했을 때 해시계가 뒤로 물러났다고 하는데 그 비밀이 어디에 있는지, 이 모든 것이 미스터리였습니다. 그래서 당시 신흥제국 바벨론의 사신들이 그 비밀을 알려고 예루살렘에 찾아왔을 때 히스기야는 그 비밀을 제대로 보여주지 못해서 이사야의 책망을 받았습니다(사 39장).

믿음을 가지는 것은 앞을 보지 못하던 우리 눈이 열려서 앞을 볼 수 있는 것과 같습니다. 믿음을 가졌을 때 가장 중요한 것은 우리 자신을 새로운 눈으로 보게 됩니다. 우리는 사실 자기가 누구인지 모르면서 살아갈 때가 많습니다. 그런데 하나님의 말씀을 듣고 믿음을 가졌을 때 자기 자신을 새로운 눈으로 보게 됩니다. 그리고 그 믿음으로 다른 사람과 온 세상을 새로운 눈으로 보게 됩니다. 우리가 밤에는 보지 못하지만 환한 낮에는 많은 것을 볼 수 있습니다. 우리의 믿음은 다른 사람과의 관계를 위해서, 그리고 세상이 하나님의 복을 받도록 하기 위해서 사용되어야 합니다.

1. 지혜의 대가

오늘 말씀은 세상적으로 나름대로 성공한 사람에 대한 책망에서 시작하고 있습니다.

16절 "미련한 자는 무지하거늘 손에 값을 가지고 지혜를 사려 함은 어찜인고."

이 말씀을 피상적으로 보면 하나님의 지혜를 돈을 주고 사려고 해서는 안 된다는 말씀으로 이해됩니다. 이때 당연히 생각하게 되는 것은 우리가 돈으로 하나님의 지혜를 살 수 없다면 과연 무엇으로 하나님의 지혜를 살 수 있느냐 하는 것입니다. 여기서 '지혜'란 단순히 세상적으로 지식이 많은 것이나 지혜가 있는 것을 말하지 않습니다. 가끔 세상적으로 성공한 부자나 기업가들이 지식인들을 자신의 개인 스승으로 두고 조언을 구하는 경우를 보게 됩니다. 그러나 대개 기업가들은 이런 지적인 조언보다는 자신의 경험이나 통찰력을 더 믿을 것입니다.

그런데 여기서 '지혜'란 세상적인 지식이나 지혜를 말하지 않습니다. 이 지혜는 하나님의 지혜입니다. 물론 우리 인간 중에서 하나님의 지혜를 완전히 가질 수 있는 사람은 아무도 없습니다. 여기서 말하는 지혜는 단순한 믿음을 넘어서 하나님의 응답을 받을 수 있는 능력을 말합니다. 처음 예수 믿을 때 가장 힘든 것은 내가 하나님을 믿고 하나님의 은혜를 너무나도 사모하는데 왜 나에게는 하나님의 복이 오지 않을까 하는 것입니다. 왜 우리에게는 부흥이 오지 않으며 기도 응답이 오지 않을까 하는 것입니다. 그것은 우리가 하나님의 능력을 받는 데도 비결이 있기 때문입니다. 우리가 기도 응답을 받고 하나님의 부흥과 축복이 임하게 하려면 단순히 열심을 내는 것이나 기도를 많이 하는 것으로 되지 않습니다. 우리가 하나님의 말씀을 붙들고 죽을 각오로 하나님의 말씀을 연구하고 실천에 옮길 때 하나님의 말씀은 살아 있는 말씀이 되고 기도 응답을 체험하게 됩니다. 그리고 우리가 함께 말씀 중심으로 교회에 모이게 될 때 우리 안에서 부흥이 일어나기 시작합니다. 바로 이 비결을 성경에서는 지혜라고 하는 것입니다.

그런데 사람들 중에서는 기특하게도 이 지혜를 사려고 하는 사람이 있었습니다. 그 사람은 놀랍게도 돈이 많은 부자였습니다. 이 사람은 돈으로 하나님의 능력을 사고 돈으로 부흥을 사려고 하고 있습니다. 여기에서 비교되는 두 사람을 보게 됩니다. 한 사람은 돈은 없는데 믿음이 있고 능력이 있습니다. 그리고 다른 한 사람은 믿음은 없고 능력은 없는데 돈이 많습니다. 이 사람은 돈으로 지혜를 사려는 것입니다. 성경은 이것을 미련한 짓이라고 말씀하고 있습니다. 하나님의 지혜는 돈으로 살 수 있는 것이 아니기 때문입니다.

여기서 우리는 돈으로 지혜를 사려고 하는 경우를 생각해 볼 수 있습니다. 어떤 사람은 말씀을 붙들지 않고 자기 능력으로 세상에서 성공을 해서 돈을 많이 벌어서 부자가 되었습니다. 이 사람은 자신의 성공을 하나님의 축복으로 인정받고 싶은 것입니다. 그래서 어느 날 믿음이 좋은 사람을 찾아가서 내가 이렇게 성공한 것을 하나님의 복으로 인정해 달라고 합니다. 한 걸음 더 나아가서 나도 이 세상의 성공으로 그 능력을 샀다고도 합니다. 이 부자는 세상의 성공도 하나님의 지혜와 같거나 아니면 더 우월하다고 생각하는 것입니다. 어떤 곳에서는 돈 많은 부자가 가난한 설교자를 좌지우지할 경우도 있습니다. 사실 세상에서 성공해서 부자가 되고 유명하게 된 것도 하나님의 축복인 것은 틀림없습니다. 그러나 오늘 성경은 이런 세상의 성공과 지혜를 분명히 구별하고 있습니다. 지혜란 이런 성공이 불러올 수 있는 뿌리이고 근원입니다. 물론 교인 모든 분들이 직업을 다 버리고 오직 하나님의 말씀을 붙들고 지혜를 얻을 수는 없을 것입니다. 그러나 적어도 하나님의 말씀을 가르치는 사람은 모든 것을 다 버리고 하나님의 말씀만 붙들어서 하나님의 응답을 받고 부흥이 일어나는 비결을 알아야 합니다. 돈이 하나님의 축복의 결과로 주어질 수 있는 것이지만 돈으로 하나님의 말씀을 살 수는 없습니다. 진정으로 하나님 앞에서 가치 있는 사람이 되려면 돈이 많이 있든지 없든지 상관없이 하나님의 말씀을 들어야 합니다. 하나님의 말씀으로 우리 안을 채우고 고난을 통과해야 하나님 앞에서 보석이 될 수 있습니다.

오직 겸손한 마음으로 하나님의 축복을 받을 수 있습니다. 그러나 오늘 성경을 보면 알 수 있듯이 진정으로 가치 있는 것은 돈이 있는 미련한 자가 아니고 가난한 지혜자입니다. 가난한 지혜자는 하나님의 복을 자신의 것으로 사용할 수 있기 때문입니다. 우리가 주위에서 많이 보게 되는 것은 가난한 지혜자가 되기보다는 부요한 미련한 자가 되기를 바라고 있습니다. 예수님께서는 사람이 넓은 길을 가다가 갑자기 좁은 길로 올 수 없다고 말씀하셨습니다. 사람은 좁은 문으로 들어가야 좁은 길을 갈 수 있습니다. 세상에서 성공한 것을 그대로 믿음이나 축복으로 전환할 수 없습니다. 넓은 의미에서는 돈을 많이 벌고 좋은 자리에 있는 것도 하나님의 복인 것이 사실이지만 이것은 하나님의 말씀에서 얻는 지혜와는 질적으로 다른 것입니다. 우리는 세상의 복이 믿음의 지혜에 비하여 저급한 것이라는 것을 분명히 알아야 하며 세상의 성공을 바로 하나님의 축복으로 전환시킬 수 없다는 것을 알아야 합니다.

우리가 진정으로 영적인 복을 받으려면 누구나 다 자기가 가진 것을 내려놓고 하나님의 말씀으로 자신을 채우고 고난을 통과해야 합니다. 우리가 불을 통과할 때 엄청난 눈물을 흘리면서 조금씩 순결해지게 됩니다. 예를 들어서 흙으로 빚은 토기가 불가마를 통과하지 않고 고급 도자기가 될 수는 없습니다. 어떤 질그릇이든지 도자기가 되려면 불가마를 통과해야 하는 것입니다. 우리나라 사람들이 세상적으로 많은 것을 받은 것이 하나님의 귀한 축복이기는 하지만 이 축복이 계속되려면 하나님의 말씀과 믿음의 연단이 있어야 합니다. 하나님의 말씀이 계속 부어지면 우리에게 하나님의 복은 지속될 것입니다.

17절 "친구는 사랑이 끊이지 아니하고 형제는 위급한 때까지 위하여 났느니라."

여기서 갑자기 친구 이야기가 나오고 형제 이야기가 나오니까 이것이 무슨 뜻인지 이해가 잘 되지 않을 것입니다. 이 말씀을 표면적으로 생각해 보면 친구라고 하는 것은 우정이 계속되어야 친구이고, 형제는 자기 동생이나 형이 위급할 때 도와주기 위해서 있다는 뜻으로 생각됩니다. 사실 어떤 좋은 친구는 관계를 오래 유지하면서 평생을 통해서 서로 친분 관계를 유지를 합니다. 또 사람이 어려운 일을 당했을 때 가장 일차적으로 도움을 청할 수 있는 곳이 형제인 것은 틀림없습니다. 사실 사람들이 사회생활을 하면서 친구 관계를 잘 맺는 것이 중요합니다. 이 세상은 공격적일 때가 많은데 적어도 친구는 나를 공격하지 않고 어떤 때는 나를 지켜주는 역할을 하기도 하기 때문입니다. 또 사람이 병이 들었거나 알코올 중독이나 심한 우울증이 발병했을 때 결국 그 사람을 책임질 수 있는 사람은 가족일 때가 많습니다. 그래서 사람들이 사회생활을 하는데 일차적인 울타리가 가족이고 그 다음에는 친구인 것입니다. 야생동물의 세계에서도 무리에서 쫓겨난 짐승은 결국 다른 맹수들의 공격을 받아서 죽든지 비참하게 도망 다녀야 하는 것을 볼 수 있습니다. 짐승의 세계에서도 집단에 복종시키는 사회적인 훈련은 가혹하게 이루어지고 있습니다.

그러나 이것은 어디까지나 세상의 상식적인 이야기이고 성경에서 이야기하는 것은 다른 것입니다. 성경에서 말하는 친구나 가족은 결국 하나님의 말씀으로 함께 변화되는 친구와 가족입니다. 오히려 하나님의 백성이 연단을 받을 때 가족들은 멀리합니다. 왜 내 형이나 오빠나 부모님이 하나님을 잘 믿는데도 불구하고 이렇게 고생을 해야 하는지 이해가 되지 않기 때문입니다. 또 하나님의 백성들이 연단을 받을 때 옛날의 친구들도 멀리하게 됩니다. 이 친구가 이렇게 가난하게 되고 어렵게 된 것은 무능하고 실패했기 때문이라고 생각하기 때문입니다. 연단 받는 성도들에게는 가족이나 친구도 더 이상 도움이 되지 않습니다. 그 대신 연단 받는 성도들에게는 새로운 친구나 새로운 가족이 생기게 됩니다. 그들은 모두 이 성도와 함께 고난을 받는 사람들입니다. 이들도 함께 고난을 받기 때문에 사실 물질적으로는 별로 도움이 되지 않습니다. 그 대신 이렇게 함께 고난당하는 성도들은 고난 받는 내내 함께 있어주고 함께 말씀과 기도의 동역자가 되어줍니다. 결국 이 사람들이 진정한 의미의 친구이고 가족인 것입니다. 특히 고난당하는 성도들은 내가 어려울 때 조용히 찾아와서 함께 있어주고 위로해주는데 이 사람들이야말로 하나님이 보내신 천사들인 것입니다. 이 사람들은 사랑이 끊이지 않습니다. 하나님의 말씀이 있는 한 언제든지 만나서 위로할 수 있기 때문입니다. 특히 가족 중에 함께 고난을 받고 하나님의 말씀을 사랑하는 사람이 있을 때 이 사람의 가치는 백만 대군 이상의 가치가 있습니다. 특히 신앙을 이해하지 못하는 다른 가족이 공격할 때 같은 신앙을 가진 형제나 가족은 완전히 대변인 역할을 합니다. 그뿐만 아니라 이렇게 함께 연단을 받는 성도들 한 사람 한 사람은 하나님의 축복을 길어내는 유정(油井)과 같습니다. 결국 이런 보석 같은 성도들이 많이 있을 때 하나님은 세상에 복을 주시며 재앙으로부터 지켜주십니다. 우리가 망하지 않으려면 무조건 잘 되라고 하기보다 모두에게 하나님의 말씀을 붙들고 고난을 통과하라고 가르쳐야 합니다. 그런데 놀라운 것은 이런 식으로 연단 받는 성도들이 언젠가 한번 어려울 때 도움이 됩니다. 결코 가난한 성도들을 무시해서는 안 됩니다.

18절 "지혜 없는 자는 남의 손을 잡고 그 이웃 앞에서 보증이 되느니라."

여기서 지혜 없는 자는 하나님의 말씀을 생각지 않고 인간의 의리만 중요시하는 사람을 말합니다. 우리가 하나님을 생각하지 않는다면 다른 사람이 어려울 때 도움이 되어주는 것이 당연할 것입니다. 물론 하나님은 그것까지 하지 말라고 하시는 것이 아닙니다. 그러나 우리는 다른 사람의 인생 전체나 혹은 그 사람의 실패까지 다 책임을 질 수 없습니다. 어떤 사람이 물에 빠졌을 때 같이 물에 뛰어들어서 건져내는 것이 너무나도 멋있고 훌륭한 것 같지만 실제로는 두 사람 모두 빠져 죽기 쉽습니다. 가장 안전하게 그 사람을 살리는 방법은 내가 먼저 안전한 곳에 서서 줄을 던져서 당기는 것입니다.

하나님께서는 우리가 다른 사람의 모든 미래를 책임지려고 해서는 안 된다고 말씀하고 있습니다. 특히 우리는 자신이나 다른 사람의 미래에 대하여 전혀 알 수 없습니다. 미래는 우리의 영역이 아니라 하나님의 영역입니다. 자신이나 다른 사람의 미래에 대하여 이렇게 될 것이다 혹은 저렇게 될 것이

다 하는 식으로 장담하는 것 자체가 자신의 분수를 넘어서는 것입니다. 우리는 단지 현재 우리 자신에게 주어진 것에서 하나님의 뜻을 생각하고 최선을 다할 뿐입니다. 미래의 일은 하나님께 맡길 수밖에 없습니다. 실제로 사회생활하면서 미래에 대하여 큰 구상을 가지고 이렇게 하겠다 혹은 저렇게 하겠다고 큰 포부를 밝히는 사람은 비전이 있는 사람이라고 해서 좋아하고, 그 대신 하나님이 주시는 범위 안에서 최선을 다하겠다고 하는 사람은 아무 비전도 없고 꿈도 없는 사람이라고 생각합니다. 그러나 하나님은 하나님을 뒷전에 두고 자기가 나서서 설치는 사람보다 매사에 하나님을 앞세우고 자기는 겸손하게 따라가는 종을 좋아하십니다.

저도 옛날에는 미래에 대하여 무엇인가 거창한 계획을 가지는 것을 좋아했습니다. 그러나 하나님은 제가 아무것도 아니라는 것을 깨닫게 하기 위해서 철저히 밑바닥 인생으로 낮추셨습니다. 거기에는 무슨 계획이라는 것이 있을 수 없었고 알아주는 사람도 아무도 없었습니다. 그런데 하나님은 아무것도 없는 가운데 순전히 하나님의 능력으로 하나씩 하나씩 일이 진행되게 하셨습니다. 저는 신학을 할 계획도 없었고 큰 교회를 맡을 생각은 더 없었고 많은 책을 낼 생각은 더더욱 없었습니다. 그런데 이 모든 것을 하나님이 다 하셨습니다. 전부 다 하나님의 작품인 것입니다.

2. 변하지 않은 사람들

하나님의 말씀은 우리 속사람을 변화시키는 능력이 있습니다. 우리 인간은 속에 담기는 내용에 따라서 가치가 달라집니다. 우리 안에 세상 지식을 많이 담으면 세상적으로 똑똑한 사람이 될 것입니다. 그러나 그는 여전히 하나님 앞에서는 무지한 사람입니다. 우리 안에 하나님의 말씀을 채우면 겉으로 보기에는 천한 질그릇 같지만 그 안에는 보화가 가득한 보물 그릇이 됩니다

다. 마음속에 하나님의 말씀을 담지 않는 사람은 겉은 세련되지만 속은 변하지 않습니다.

19절 "다툼을 좋아하는 자는 죄과를 좋아하는 자요 자기 문을 높이는 자는 파괴를 구하는 자니라."

우리가 마음속에 하나님의 말씀을 담지 않으면 자꾸 자기 자신을 주장하게 되어 있습니다. 인간은 자꾸 높아지려고 하는 본능을 가지고 있기 때문입니다. 우리가 속에 하나님의 말씀을 담으면 모든 인간이 하나님 앞에서 다 똑같이 소중하고 행복할 자격이 있다는 것을 깨닫게 됩니다. 그러나 마음속에 하나님의 말씀을 담지 않으면 자기만 최고가 되려고 하고 또 마음속에 있는 본성이 야생동물의 본성을 그대로 가지고 있기 때문에 다른 사람과 다투게 되어 있습니다. 야생동물은 다른 짐승과 싸워서 이겨야 살아남을 수 있기 때문입니다. 이런 사람은 한평생을 살면서 계속 다른 사람과 싸우고 경쟁하기 때문에 결국 죄를 많이 짓게 됩니다. 이런 사람들은 자신이 성공하기 위해서는 다른 사람을 이겨야 한다고 생각하기 때문입니다.

열대 초원을 보면 가장 강한 짐승들은 역시 육식 동물인 사자나 악어나 표범 같은 짐승들입니다. 이런 짐승들이 결코 아름답거나 귀엽지는 않습니다. 역시 이 세상에서 아름다운 것은 노루나 사슴이나 토끼 같은 약한 짐승들입니다. 사람들에게도 마찬가지입니다. 사람들이 걱정 없이 살려고 하면 강한 사람이 되어서 모든 경쟁에서 이기고 부와 권력을 모두 손에 움켜진 사람들일 것입니다. 우리가 보기에 이런 사람들이 결코 아름답지는 않습니다. 역시 우리가 보기에 아름다운 사람은 모든 것을 다 가진 사람이 아니라 가난하거나 부족해도 사랑이 넘치는 약한 사람입니다. 이것은 하나님 앞에서도 마찬가지입니다. 우리가 하나님 앞에서 부족한 것이 아무것도 없다면 어느 날 눈이 갑자기 튀어나오고 피부가 딱딱해지고 이빨이 날카로워지면서 악어나 사자 같은 무서운 짐승의 모습으로 변하게 될 것입니다. 그러나 우리가 하나님 앞에서 무엇인가 부족한 것이 있기 때문에 하나님의 말씀에 눈물 흘리고 기도할 때 부르짖으면서 너무나도 귀엽고 아름다운 사람이 되는 것입니다. 우리 자신의 모습을 생각할 때 거울에 비친 모습만 생각해서는 안 됩니다. 사람이 돈이 있고 좋은 집에 살고 권력이 있으면 자기도 모르게 거만해지게 되어 있습니다. 이런 사람에게는 눈물이 없습니다. 그리고 웃는 것도 티 없이 맑은 웃음이 아니라 무엇인가 빈정거리거나 혹은 비굴한 웃음입니다. 그러나 무엇인가 몸에 병이 있고 가난한 사람은 벌써 눈이 겸손하고 얼굴에 언제든지 겁을 집어먹을 준비가 되어 있으며 하나님 앞에 그렇게 간절할 수가 없습니다. 이것이 하나님이 사랑하시는 자의 모습입니다.

여기에 '자기 문을 높이는 자는 파괴를 구하는 자'라고 했습니다. 문을 높인다고 하는 것은 다른 사람이 자기 집에 들어오지 못하도록 하는 것입니다. 자기 자신을 폐쇄적으로 만들어 자기와 똑같은 부류의 사람만 만나든지 아니면 아예 다른 사람 전부에 대하여 마음을 닫아버리는 것입니다. 사람은 누구든지 다른 사람들을 만나서 교제를 하고 서로 인정하는 가운데 인간의 의미를 찾게 되어 있습니다. 그런데 돈이 많은 사람들은 다른 사람들에 대하여 개방적이지 않습니다. 다른 사람들이 자꾸 와서 돈을 달라고 할까봐 걱정이 되기 때문입니다. 부자들은 돈은 있지만 사람을 잃어버리게 됩니다. 또 스스로 우월하다고 생각하는 사람들도 자기보다 못한 사람들은 시시하다고 생각해서 교제를 차단해버립니다. 그러면 스스로 고립되게 되는 것입니다. 사람이 스스로 고립되면 결국 자기 자신의 인격이 파괴되어서 스스로 망치게 되어 있습니다. 더욱이 사람들은 누구든지 하나님의 말씀을 가지고 오는 자를 영접해서 하나님의 말씀을 들을 때 파괴적인 자아가 고쳐질 수 있습니다. 요즘 아파트는 철저하게 격리되어 있고 또 사람들의 방은 더 격리되어 있어서 사람들은 언제나 혼자 있을 때가 많습니다. 그때 사람은 스스로 괴물이 되어 버리는 것입니다. 요즘 영화들을 보면 괴물을 소재로 한 영화가 많은데 바로 그 괴물이 우리 인간 자신입니다. 사실 모든 사람들의 마음속에는 괴물이 살고 있습니다. 이 괴물이 한번 발작하기 시작하면 우리는 모두 멸망을 향해서 달리게 됩니다. 오늘 사람들에게 가장 무서운 적은 바로 자기 자신인 것입니다. 발작을 하면 밤에 잠도 자지 않고 다른 사람을 만나지도 않고 죽어라고 생각만 하다가 어느 순간에 감정이 폭발을 해버리면 자살 충동을 느끼는 것입니다. 예수를 믿는 것은 예수님에게 우리 자신 전체를 다 맡기는 것입니다. 그러면 예수님은 우리의 옛사람을 십자가로 못 박아서 우리를 하나님의 인도하심을 따라가는 양이 되게 하십니다. 다윗의 고백이 무엇입니까? '여호와는 나의 목자시니 내가 부족함이 없으리로다' 아닙니까? 우리가 미친 들나귀처럼 돌아다닐 때에는 정말 마음에 평안이 없었습니다. 예수님을 붙잡고 모든 야망과 욕망을 못 박을 때 우리가 살게 되는 것입니다.

20절 "마음이 사특한 자는 복을 얻지 못하고 혀가 패역한 자는 재앙에 빠지느니라."

마음이 사특한 자란 반항적인 성향을 가진 사람을 말합니다. 사람이 누구든지 십자가 앞에서 거꾸러진 경험이 없으면 절대로 다른 사람에게 고개를 숙이지 않습니다. 내가 최고라고 생각하기 때문입니다. 사특한 사람은 다른 사람이 무슨 말을 하든지 트집을 잡아서 받아들이지 않습니다. 사실은 그 바보 같은 말 안에 생명이 있고 그 안에 하나님의 복이 있는 것입니다. 또 그런 사람은 다른 사람에게 말하는 것이 곱지 않습니다. 그 혀가 독사의 혀로 되어 있기 때문입니다. 세상 사람들의 성향은 어느 누구의 말도 듣지 않고 매사에 자기 주장을 가지고 반박을 하고 싸움거리를 만듭니다. 그러나 하나님은 그런 사람들에게 복을 주시지 않습니다. 그런 사람들은 혀 밑에 독이 있기 때문에 너무나도 날카롭게 다른 사람을 공격해서 이기려고 합니다. 그러나 오히려 그런 사람이 재앙에 빠지게 됩니다. 하나님이 날카로운 혀를 가진 사람을 지켜주시지 않기 때문입니다. 독사는 자기 스스로 살아남아야지 하나님의 도움을 받을 생각을 해서는 안 되는 것입니다. 우리가 복을 받는 비결은 사람을 상대로 해서는 안 됩니다. 다른 사람이 뭐라고 하든지 내가 하나님 앞에서 겸손하고 은혜를 사모하며 내 입에서 독사의 독이 나가지 않도록 해야 합니다. 그러면 하나님이 복을 주시고 재앙에서 지켜주시는 것입니다.

3. 세상의 바른 판단

이스라엘의 위대한 점은 아무리 어렵고 절망적인 상황에 처해 있다 하더라도 하나님의 말씀을 붙들고 부르짖으면 위대한 부흥이 일어나게 된다는 것입니다. 이 세상이 부패하지 않고 복지의 늪에 빠지지도 않고 지속적으로 세상에 하나님의 복이 임하게 하려면 더 뜨거운 영적인 부흥을 일으키면 되는 것입니다. 그 중의 하나가 말씀의 농사를 잘 짓는 것입니다.

> 21절 "미련한 자를 낳는 자는 근심을 당하나니 미련한 자의 아비는 낙이 없느니라."

옛날에 집에 돈은 많은데 자식들이 미련해서 공부도 하지 않고 술이나 마시고 도박이나 해서 빚이나 잔뜩 지고 집에 오면 아버지는 큰 걱정이었습니다. 아무리 집이 부자고 논밭이 많아도 노름하는 자식이 있으면 얼마가지 않아서 모두 다 팔아먹을 것입니다. 자식이 이렇게 되는 일차적인 책임은 부모에게 있는 것입니다. 부모가 돈이 있고 여유가 있다 보니까 자식을 너무 귀하게 키운 것입니다. 그 집에서는 이 자식이 우상이 되었습니다. 우리가 성경에서 봐서 잘 알지만 우상의 말로는 모두 비참한 것입니다. 우리 인간의 사랑에는 독이 있어서 사랑하면 사랑할수록 사람은 더 악해지게 되어 있습니다. 그래서 부모는 자식을 사랑할수록 덜 사랑해야 합니다. 사랑하는 자식이 스스로 고민도 하고 고생도 해서 스스로 하나님을 만나게 하고 스스로 일어설 수 있게 해야 합니다. 어느 부모도 자기 자식이 고생하는 것을 참지 못하기 때문에 결국 자식 농사를 망쳐버리는 것입니다.

미련한 자의 아비는 낙이 없습니다. 믿음에 성공하려면 나무의 진액을 세상의 진액에서 하나님의 진액으로 바꾸어야 하는데 부모가 자식에게 세상의 진액을 계속 먹였기 때문에 이미 가시와 엉겅퀴 나무가 되어버린 것입니다. 부모가 자식을 너무 사랑했기 때문에 결국 나중에는 가시에 계속 찔려야 하는 것입니다. 하나님의 축복을 받는 비결은 하나님의 말씀을 많이 캐내어서 사람들에게 먹이는 것입니다. 그러면 가시나무와 엉겅퀴 같던 우리들이 포도나무와 무화과나무로 변하게 되는데 하나님은 이런 나라를 복을 주시는 것입니다. 하늘에서 비가 내리게 하시고 땅이 기름지게 하셔서 많은 열매를 맺게 하십니다. 이 사람들이 하나님의 주 재산이기 때문입니다. 우리가 다른 사람을 진정으로 사랑한다면 인간적으로 덜 사랑하도록 애써야 합니다. 그 대신 우리에게 하나님의 말씀이 더 풍성해지고 더 큰 영적인 부흥이 오도록 애써야 합니다. 그러면 하나님은 틀림없이 우리 자녀들도 복을 주실 것입니다.

22절 "마음의 즐거움은 양약이라도 심령의 근심은 뼈로 마르게 하느니라."

결국 사람에게 가장 좋은 약은 마음의 즐거움입니다. 여기서 마음의 즐거움은 불안과 근심과 분노와 반대되는 것입니다. 특히 분노나 불안은 사람 몸 안에서 면역성을 많이 떨어트려서 여러 가지 암이 생기게 합니다. 그런데 왜 사람들이 불안해하고 분노하고 근심할까요? 이것은 자기 자신을 알지 못하고 자기가 가는 길을 알지 못하기 때문입니다. 사람이 자기 자신의 정체성을 알지 못하면 마음이 그렇게 답답할 수가 없을 것입니다. 사람이 자기가 가기는 가는데 어디로 가는지 모른다면 아마 미친 듯이 답답하고 불안할 것입니다. 그런데 우리 자신을 되찾게 만드는 것은 다른 사람의 사랑입니다. 때로는 부모님의 사랑이나 남편이나 아내의 사랑이 나 자신을 찾는 데 도움을 줍니다. 그러나 결정적으로 중요한 것은 하나님의 사랑입니다. 하나님의 아들이 나를 위하여 죽어줄 정도로 사랑한 하나님의 사랑이 나 자신을 찾게 합니다. 우리에게 하나님의 말씀이 들리고 있을 때 바른길을 가고 있는 것입니다. 처음에는 하나님의 말씀을 따라가도 푯말도 보이지 않고 집들도 보이지 않을 때 혹시 내가 잘못된 길을 가는 것이 아닌가 하고 불안해할 때도 있지만, 얼마가지 않아서 푯말이 보이고 목적지가 가까워질 때 우리는 안심하게 됩니다. 결국 사람들이 하나님의 말씀을 먹지 않으면 뼈가 마르게 되어 있습니다. 요즘 골다공증 환자가 많은데 아마 너무 마르거나 혹은 철분 섭취가 잘 되지 않아서 그런 것 같습니다. 골다공증 환자는 언제나 뼈마디가 쑤시고 아플 뿐 아니라 잘못해서 넘어지면 너무나도 쉽게 뼈가 부러져서 일어설 수가 없습니다. 그렇다고 모든 골다공증 환자가 은혜를 받지 못했다고 생각하지 마시기 바랍니다. 이것은 어디까지나 비유입니다. 우리가 하나님의 말씀으로 은혜를 받으면 일단 뼈가 튼튼해지기 때문에 웬만한데 부딪쳐도 아프지 않습니다. 아무리 오래 걷거나 일을 해도 몸이 아프지 않습니다. 마음속에 성령이 주시는 기쁨이 있기 때문입니다. 우리가 세상의 지식이나 정보나 인간관계로 윤택한 것은 뼈가 윤택한 것이 아닙니다. 우리가 하나님의 말씀으로 채움을 받아야 영적으로 뼈가 튼튼해지게 됩니다. 이런 사람은 아무리 길을 걸어가도 피곤치 않고 달음질해도 지치지 않습니다.

23절 "악인은 사람의 품에서 뇌물을 받고 재판을 굽게 하느니라."

악인은 권력을 자기 것이라고 생각하기 때문에 권력을 이용해서 덕을 보는 것을 당연하게 생각합니다. 그러나 권력을 이용해서 뇌물을 받는 것이야말로 부패이며 결국 이런 권력의 부패는 온 세상을 썩게 만들 것입니다. 썩은 세상은 쓰레기 같은 세상이기 때문에 하나님이 한꺼번에 쓰레기장에 버리게 됩니다. 그러나 하나님의 백성들은 권력을 하나님이 약한 자를 도우라고 맡기신 것이라고 생각해서 두렵게 사용합니다. 재판하는 사람이 바른 판결을 할 때 세상 사람들은 하나님의 살아계심을 느끼고 미래에 대하여 희망을 가지게 됩니다. 하나님은 감사가 넘치는 세상을 축복하십니다. 감사가 넘치는 세상은 정의로운 사회입니다. 권력을 가진 자는 자기가 약간 욕심을 챙기고 세상에 썩는 냄새를 진동하게 해서 세상 전체를 쓰레기장으로 만들 것인지, 아니면 깨끗한 세상을 만들어서 하나님의 복을 받을 것인지 생각해야 합니다.

24절 "지혜는 명철한 자 앞에 있거늘 미련한 자는 눈을 땅 끝에 두느니라."

하나님의 지혜는 결코 먼 곳에 있지 않습니다. 하나님의 지혜는 하나님의 말씀을 사랑하는 자들 앞에 있습니다. 하나님의 말씀을 사랑하는 자들이 모인 곳이 온 세상에 하나님의 복이 임하게 하는 원산지입니다. 하나님의 백성들이 하나님의 말씀을 사랑할 때 하나님은 계속 부흥을 주시고 축복을 주십니다. 우리는 세상이 썩는 것을 걱정하지만 하나님의 축복이 세상으로 계속 흘러가면 세상도 살게 되어 있습니다. 그런데 미련한 자는 눈을 땅 끝에 둔다고 했습니다. 미련한 자는 이루어질 수 없는 꿈을 동경해서 언제나 신기루를 좇아서 살아가는 것입니다. 미련한 자는 조금 더 가면 오아시스가 있을 것이라고 생각해서 조금 더 가고 조금 더 가면서 결코 하나님의 말씀으로 돌아오지 않는 것입니다. 하나님의 말씀으로 은혜 받기 전에는 모두 방황하는 본성을 가지고 있었습니다. 어떤 조사를 보니까 사람들이 가장 원하는 것은 세계 여행이라고 했습니다. 그러나 우리가 하나님의 은혜 받고 나니까 오아시스가 아주 가까운 데 있는 것을 알게 되었습니다. 그것은 바로 하나님의 말씀이 있는 교회인 것입니다.

25절 "미련한 아들은 그 아비의 근심이 되고 그 어미의 고통이 되느니라."

이것은 부모가 자식 농사에서 실패한 것입니다. 사실 농민들도 농사에 실패했을 때 그 실패한 농산물을 처치하는 것이 보통 골치 아픈 것이 아닙니다. 실패한 농산물은 누구에게 줄 수도 없고 시장에 팔 수도 없어서 결국 트랙터로 갈아엎어서 새로 시작할 때가 많습니다. 그러나 실패한 자식은 트랙터로 갈아엎을 수가 없습니다. 미련한 아들은 세상적으로 미련한 것을 말하지 않습니다. 이 아들은 하나님의 말씀의 가치를 인정하지 않는 아들입니다. 처음에는 이 아들이 세상적으로 잘 나가는 것 같아서 부모는 입에서 침이 마르도록 자랑하고 다녔는데, 나중에 엄청나게 큰 사고를 치니까 고개를 들 수 없습니다. 그리고 그것을 언제까지나 뒤치다꺼리하고 다녀야 하니까 죽을 지경입니다. 부모는 세상의 지식 농사보다 믿음의 농사를 잘 지어야 복을 받습니다.

26절 "의인을 벌하는 것과 귀인을 정직하다고 때리는 것은 선하지 못하니라."

의인은 믿음의 사람이고 정직한 사람입니다. 사람들이 이런 의인을 벌하는 것은 의인이 자기보다 못하다고 생각하기 때문입니다. 의인이 세상적으로 자기보다 성공하지 못하고 낮은 자리에 있으니까 무시하고 업신여기는 것입니다. 결국 하나님을 업신여기는 것입니다. 귀인을 때리는 것은 자기 의견에 동조하지 않는다고 비난하는 것입니다. 믿음을 가진 사람들은 의인이나 귀인을 얼마나 좋아하는지 모릅니다. 똑같은 다윗을 두고서 아버지인 사울 왕과 그 아들 요나단의 태도는 너무 달랐습니다. 요나단은 다윗을 보고 너무 좋아해서 의형제를 맺고 자기 칼이나 혁대 같은 것을 선물로 주었는데, 사울 왕은 시기해서 죽이려고 했습니다. 하나님의 백성들은 세상의 돈이나 명예로 쉽게 굴복시킬 수 없는 존귀함이 있는데 세상 사람들은 이것을 오만하다고 오해할 때가 많습니다. 하나님의 백성들은 세상 사람들이 자기를 오만하다고 미워하면 더 겸손해지면 됩니다. 그러면 우리는 더 풍성하면서도 아름다운 인격을 가질 수 있게 됩니다.

27절 "말을 아끼는 자는 지식이 있고 성품이 안존한 자는 명철하니라."

하나님의 백성들에게 말은 자신의 품위를 나타내는 것입니다. 예수님께서는 사람은 누구든지 자기 안에 쌓은 선에서 선한 것을 내고 쌓은 악에서 악을 낸다고 하셨습니다. 우리가 하는 말을 보면 우리 자신의 가치를 알 수 있습니다. 우리가 우리 안에서 일어나는 생각들을 여과 없이 그대로 쏟아놓는 것은 마치 하수구물을 그대로 쏟아놓는 것과 같습니다. 이 말을 듣는 모든 사람들의 인격을 더럽히게 됩니다. 우리가 하는 말 중에는 해서는 안 되는 말이나 할 필요가 없는 말들이 너무 많습니다. 그런데 사람들은 아무 말도 하지 않고 있는 것이 너무 이상하니까 쓸데없는 생활 오수 같은 말들을 계속 쏟아놓는 것입니다. 하나님의 백성들은 어떻게 해서든지 자기 생각을 하나님의 말씀으로 소화해서 상대방이 들어서 유익한 말을 해야 합니다. 하나님의 말씀을 한번 소화를 하면 그것이 예언이고 되고 치료하는 말이 되고 기도하는 말이 됩니다. 우리는 즉시 다른 사람에게 좋은 말을 할 수가 없습니다. 대개 다른 사람들 앞에서 말을 청산유수같이 하는 사람은 생각 없이 내뱉는 말이고 가치가 없는 말입니다.

그런데 성령이 함께 하시는 말씀은 이미 내 마음이 뜨겁고 감동이 되고 힘이 있습니다. '마음이 안존한 자는 명철하다' 고 했습니다. '안존하다' 는 것은 냉철하다는 뜻입니다. 이것은 원래 마음이 차가운 것이 아니고 뜨거운 것을 차게 한 것입니다. 마음의 흥분을 가라앉히고 차분하게 말할 수 있는 능력을 가진 사람은 힘이 있습니다. 많은 경우 다른 사람과 무슨 말을 하면서 할 말을 잊을 때가 많습니다. 사실 이것은 하나님께서 우리 입을 다물게 하시는 것이고 이때 말을 하지 않는 것이 굉장히 좋습니다. 우리는 구체적인 사정을 모르기 때문에 잘못하면 저주하는 말이 나오거나 남을 정죄하는 말을 하기 쉽기 때문입니다.

28절 "미련한 자라도 잠잠하면 지혜로운 자로 여겨지고 그 입술을 닫으면 슬기로운 자로 여겨지느니라."

주위에서 아무것도 모르면서 많은 이야기를 하는 사람들을 볼 수 있습니다. 속으로 저 사람은 입만 좀 다물고 있으면 너무나도 좋을 텐데 쓸데없는 이야기들을 많이 하는 바람에 다른 사람들을 불편하게 한다고 생각되는 사람들이 많이 있습니다. 이런 사람들이 입을 다물지 못하는 이유는 자꾸 무슨 말을 해야 할 것 같은 강박관념이 있기 때문입니다. 사실 자기가 미련한 줄 알고 입을 다물 수 있는 사람은 더 이상 미련한 사람이 아닐 것입니다. 어떤 사람은 입을 다물고 있는 동안은 요조숙녀처럼 보였는데 입을 여는 순간

천박한 여자인 것이 드러나는 사람도 있습니다. 우리는 무엇인가 말을 해야 할 것 같은 강박증을 느낄 때가 많습니다. 내가 무엇인가 말을 해야 바보가 아닌 것 같고 다른 사람이 나를 무시하지 못할 것 같은 생각을 하는 것입니다. 그러나 우리 자신이 하나님의 보물이 되어 있으면 말을 많이 하지 않아도 사람들은 우리 진가를 알게 되어 있고, 특히 우리가 사람들과 말을 많이 하는 것보다도 하나님과 대화를 하며 스스로 묵상할 때 너무나도 행복한 시간을 가지게 될 것입니다. 우리에게 가장 행복한 시간은 사람을 대상으로 떠들 때가 아니라 하나님의 말씀을 가지고 조용히 묵상하며 하나님과 대화를 나눌 때 우리는 진정으로 아름다운 모습으로 변하게 됩니다. 이것은 다른 사람들이 보면 느낄 것입니다. 다른 사람들이 우리를 볼 때 이 사람은 무엇인가 자기 안에 평화가 있고 만족이 있고 기쁨이 있는 사람이구나 하는 것을 알게 될 것입니다. 결국 우리나라가 지속적으로 복을 받는 비결은 우리가 사람을 상대로 해서 이기려고 하지 말고, 하나님 앞에 가치 있는 사람이 되는 것입니다. 그러면 하나님은 우리 한 사람 한 사람을 믿고 아들의 복을 다 맡기시기 때문에 절대로 내가 속한 직장이나 나라는 망하지 않고 복을 받게 됩니다.

29 · 지혜자의 처신

잠 18:1-24

얼마 전 신문을 보니까 세계에서 가장 많이 팔리는 세탁기가 우리나라 모 회사 제품이었습니다. 그런데 그 세탁기 공장의 최고 경영자는 놀랍게도 고졸 사원 출신 경영자였습니다. 이분이 처음 공장에 입사할 때만 해도 세탁기가 얼마나 인기가 없었는지 세탁기 부서로 발령이 나면 모두 그만두었다고 합니다. 그런데 이분은 '좋다. 내가 세탁기에서 한번 성공을 해야 하겠다' 고 각오하고 죽자 사자 세탁기에 매달렸는데 이 사람은 처음으로 모터에서 벨트로 세탁기를 돌리는 방법에서 모터가 직접 세탁기를 돌리는 방법을 개발해 내었다고 합니다. 그리고 더욱 세탁기 연구에 몰두해서 가장 큰 용량의 세탁기를 만들어 내었는데 지금은 그 회사 세탁기가 세계 1위를 달리고 있다고 합니다. 이분이 하는 말이 진짜 중요한 것은 학벌이 아니고 실력이라고 했습니다.

사람이 성공하려면 자기 길을 잘 찾아서 꾸준히 가야 합니다. 그런데 자기 길을 찾는 것 자체가 너무 어렵습니다. 특히 예수 믿는 사람들에게는 내 길이 하나님의 말씀 안에 있는지 그렇지 않으면 세상에 있는지 자체를 판단하는 것이 쉽지 않습니다. 만약 우리 성공의 길이 세상에 있다면 우리는 하나님의 말씀을 파고드는 것보다는 세상으로 뛰어들어서 어떤 한 가지를 붙들고 끝까지 늘어져야 할 것입니다. 그런데 우리 성공의 길이 하나님의 말씀 안에 있다면 세상일은 잘하지 못하더라도 하나님의 말씀만 파고들어야 할 것입니다. 우리가 이것을 판단하는 것 자체가 쉽지 않습니다. 우리는 이 두 가지를 함께 다 해야 하기 때문입니다.

우리는 야생 동물과 사람이 키우는 가축 사이에는 살아가는 방식이 너무나도 다르다는 것을 알고 있습니다. 우선 야생 동물들은 사람을 믿지 않고 자기 자신의 힘으로 먹이를 구하고 위험을 물리치면서 살아야 합니다. 거기에 비해서 가축들은 사람을 절대적으로 의존하고 사람의 양육을 받으면서 살아가게 됩니다. 대표적인 가축이 양인데 양은 반드시 목자가 지켜주어야 풀을 뜯어 먹으며 살 수 있습니다. 그 대신 양은 털을 제공해서 사람들에게 옷을 해 입게 합니다. 뉴질랜드에 유명한 양이 있었습니다. 이 양이 유명해지게 된 것은 털 깎는 것이 싫어서 혼자 도망을 쳐서 칠 년 동안 굴에서 살다가 발견되었기 때문입니다. 이 양은 무려 칠년 동안 털을 깎지 않았기 때문에 온 몸이 털로 덮혀 있었고 그 양의 털을 깎으니까 그 털로 무려 열 명의 옷을 지을 수 있었다고 합니다. 이 양이 우리에서 도망을 쳤어도 살 수 있었던 것은 늑대가 없는 뉴질랜드였기 때문에 가능한 것이지 만약 이 양이 맹수들이 사는 곳에서 도망을 쳤더라면 금방 맹수에게 죽었을 것입니다.

오늘 많은 크리스천들이 세상을 바라보면 세상에 좋은 것이 모두 다 있기 때문에 세상으로 뛰쳐나가고 싶은 생각이 간절히 드는 것이 사실입니다. 심지어 마귀는 하나님의 아들인 예수님에게조차 '내게 절하면 세상의 모든 영광을 다 주겠다' 고 유혹을 했을 정도입니다. 실제로 많은 하나님의 백성들이 교회나 하나님의 말씀이 답답하다고 생각해서 세상으로 달려갑니다. 그러나 오늘 말씀은 우리가 양 우리 안에서 하나님의 말씀으로 잘 준비된 후에 세상으로 나가야 한다고 말씀하고 있습니다. 하나님은 우리가 세상 것을 먼저 붙들고 성공하는 것보다는 하나님의 말씀으로 정금이 되면서 세상을 바르게 사용하는 능력을 가지기를 원하시는 것입니다. 만약 우리가 세상의 성공만 붙잡으면 세상 것 외에는 가진 것이 없지만 하나님의 말씀으로 변화되면 우리 자신이 보물인 상태에서 세상 것들을 바르게 쓸 수 있게 되고 또 무한정으로 천국의 복을 가져오게 됩니다.

1. 참된 지혜의 가치

오늘 말씀은 같은 하나님의 백성들 중에도 많은 사람들이 하나님의 울타리를 답답하게 생각하고 또 하나님의 말씀에 관심이 없는 자가 많다는 것을 지적하고 있습니다.

> 1절 "무리에게서 스스로 나뉘는 자는 자기 소욕을 따르는 자라. 온갖 지혜를 배척하느니라."

여기서 무리에게서 스스로 나뉜다고 하는 것은 하나님의 백성들에게는 더 이상 비전이 없다고 생각해서 스스로 무리를 떠나 세상으로 나가는 것을 말합니다. 대학생들이 4학년이 되어 졸업할 시기가 되면 진로 문제 때문에 고민을 많이 합니다. 일단 대학에 적을 두고 다니는 동안에는 대학생으로 신분이 보장이 되지만 언제까지나 학교만 다닐 수가 없습니다. 결국 학생들은 사회에 나가 직장을 구해서 돈을 벌어야 먹고 살 수 있습니다. 사실 하나님의 백성들에게도 이런 울타리가 있습니다. 바로 하나님 말씀의 울타리입니다.

그렇지만 하나님의 백성들이 하나님의 말씀만 듣는다고 해서 자동적으로 돈이 생기고 사업에 성공하는 것이 아니라 세상에 나가서 무엇인가 자기가 할 일을 찾아야 하고 무슨 일의 구멍을 뚫어야 먹고 살 수가 있습니다. 이때 하나님의 백성들이 주의해야 할 것은 무조건 세상으로 빨리 뛰쳐나간다고 해서 좋은 것이 아니라는 사실입니다. 우리는 하나님의 백성들과 이 세상 사람들과의 차이를 분명히 알 필요가 있습니다. 세상 사람들은 세상에서 인정을 받고 적응에 성공하면 일단 성공한 것이지만 하나님의 백성들은 하나님의 말씀을 받아야 하고 그 지혜로 세상에서 무엇인가를 창조해내야 하는 것입니다. 그런데 하나님의 백성 중에서 하나님의 말씀의 가치를 모르는 사람은 하나님 말씀의 울타리가 답답하고 내 마음대로 무엇을 하지 못하도록 통제를 하기 때문에 우리를 뛰쳐나가는 사람들이 많이 있습니다.

이스라엘 백성들이 출애굽하고 난 후에 광야에 있을 때에도 많은 이스라엘 백성들은 모세가 인도하는 것을 불신하고 자기 마음대로 가려고 하다가 많은 어려움을 당하기도 했습니다. 하나님께서는 아브라함과 이삭 같은 믿음의 조상들에게 가나안 땅을 떠나지 말라고 지시하셨습니다. 그때 가나안 땅이 하나님의 말씀이 임하는 무대였기 때문입니다. 하나님께서는 아브라함과 이삭에게 먹고 사는 것을 위해서 너무 쉽게 하나님의 말씀이 임하는 곳을 포기하지 말라고 말씀하신 것입니다. 우리가 하나님 말씀의 가치를 알지 못하면 눈앞에 보이는 성공에 급급하기 때문에 하나님의 말씀을 버리고 세상으로 달려갈 가능성이 많습니다. 한때 우리나라 교회에서 많은 청년들이 교회를 떠나서 세상으로 갔습니다. 그들 생각에 아무리 하나님을 찾고 성경을 읽어도 세상에서 알아주는 것은 고시에 합격한 것이나 사업에 성공하는 것이나 세상적인 지위라고 생각했기 때문입니다. 최근에 신문을 보니까 또 다시 많은 기독 청년들이 교회를 떠나고 있다는 것을 지적하고 있습니다.

우리가 하나님의 백성이라면 일단 다른 사람들처럼 쉽게 살 생각은 하지 말아야 합니다. 하나님은 우리를 쉽게 잘살게 하려고 예수 믿게 하신 것이 아니기 때문입니다. 하나님은 우리에게 하나님의 모든 축복이 하나님의 말씀 안에 있고 하나님의 공동체 안에 있다는 것을 분명히 말씀하고 있습니다. 우리가 함께 모여서 하나님의 말씀을 들을 때 하나님 앞에서 보석 같은 존재로 변하게 됩니다. 우리는 이 말씀의 능력을 가지고 세상으로 나가서 세상의 진흙 같은 것들을 주물럭거려서 하나님의 축복으로 만들어내면 됩니다. 하나님의 말씀과 교회의 가치를 모르고 세상으로 달려나가는 자는 결국 껍데기만 쥐게 될 것입니다. 세상만 먼저 붙든 사람은 자기 자신은 전혀 변하지 않고 껍데기 복만 가지게 되는 것입니다. 이런 사람들은 '온갖 참 지혜를 배척한다'고 했습니다. 하나님의 지혜는 우리의 인격을 통해서 아주 많은 능력을 베푸시는 것인데 세상의 지혜를 붙든 사람은 이런 하나님의 지혜를 믿지 않는 것입니다. 한 걸음 더 나아가서 이런 지혜를 배척한다고 했습니다. 왜냐하면 이런 하나님의 지혜가 세상적인 지혜를 가지고 보면 거창하지도 않고 대단하지도 않아 보이기 때문입니다. 하나님의 지혜를 가장 좋아하는 분은 하나님 자신입니다. 하나님은 우리가 하나님의 지혜로 일하는 것을 기뻐하셔서 함께 일하십니다. 우리는 하나님의 지혜가 겉으로는 별 것 아닌 것 같지만 항상 하나님의 능력이 함께 있다는 것을 생각해야 합니다.

2절 "미련한 자는 명철을 기뻐하지 아니하고 자기의 의사를 드러내기만 기뻐하느니라."

여기서 미련한 자라고 하는 것은 하나님의 말씀의 가치를 인정하지 않는 사람을 말합니다. 같은 하나님의 백성이지만 세상의 권력이나 성공이 더 힘이 있다고 생각하는 사람입니다. 이런 사람은 명절을 기뻐하지 않습니다. 이런 사람에게는 하나님의 말씀을 하나씩 깨달아나가는 기쁨이 없는 것입니다. 하나님의 백성들이 가장 기쁠 때는 하나님의 말씀을 하나씩 새로 깨달아 나갈 때입니다. 사실은 우리가 하나님의 말씀을 하나씩 깨달아 나가면서 우리는 미래를 향하여 한 걸음씩 나가게 됩니다. 그런데 하나님의 말씀을 깨닫는 기쁨이 없는 사람은 미래를 향하여 진전하지 못하고 한 자리에서 계속 맴돌게 됩니다. 하나님의 말씀을 깨닫지 못하면 세상적으로는 잘 나가는 것 같은데 실제로 영적으로는 한 자리에서 계속 맴돌게 되는 것입니다. 마치 이스라엘 백성들이 광야에서 하나님의 말씀을 거부하고 자기 생각대로 가려고 했을 때 사십 년을 걸었지만 결국 제자리에 돌아온 것과 같습니다. 우리가 새로운 하나님의 말씀을 깨닫지 못하면 믿음의 발전이 없습니다. 이런 사람은 하나님의 말씀을 듣지 않고 자기 의사만 말하는 것을 기뻐한다고 했습니다. 이런 사람은 자기 머리 좋은 것만 믿고 자기 생각에 꽉 차 있기 때문입니다. 이런 사람은 모든 것을 자기가 생각해서 하기 때문에 다른 사람의 말을 들을 필요가 없습니다. 그러나 우리가 바른길로 가려면 자기 혼자 아무리 생각해봐야 소용이 없습니다. 우리는 외부로부터 진리를 들어야 길을 찾을 수 있습니다.

　예수님은 눈이 몸의 등불이라고 하면서 우리 몸에서 빛이 어두우면 온 몸이 어두울 것이라고 하셨습니다. 우리가 바른길을 갈 수 있는 것은 눈이 빛을 흡수하기 때문입니다. 우리가 하나님의 말씀을 들어야 눈이 밝아져서 몸의 다른 부분도 볼 수 있고 앞도 볼 수 있고 다른 모든 것을 다 볼 수 있게 됩니다. 우리가 세상에서는 자신의 의사를 잘 나타내는 사람을 똑똑하다고 하고 그런 사람들이 인정을 받습니다. 그러나 하나님의 백성들은 거의 대개 말을 잘하지 못하기 때문에 바보 취급을 받습니다. 우리는 하나님이 우리 길을 인도해주셔야 살 수 있습니다. 하나님은 하나님의 말씀을 듣는 자를 반드시 가장 좋은 일로 인도해주십니다.

3절 "악한 자가 이를 때에는 멸시도 따라오고 부끄러운 것이 이를 때에는 능욕도 함께 오느니라."

악한 사람은 하나님의 백성이라고 하면서도 하나님의 말씀을 듣지 않는 사람을 말합니다. 왜 악한 자가 오는데 멸시가 따라올까요? 우리 생각으로는 이런 사람들은 세상적으로 성공해서 똑똑하고 다른 사람들이 다 우러러볼 것 같습니다. 그러나 하나님의 백성들에게 결국 중요한 것은 죄를 이기는 능력입니다. 하나님의 백성들에게 중요한 것은 그의 삶을 통하여 하나님의 능력이 나타나는 것입니다. 그런데 하나님의 말씀을 붙들지 않고 세상적으로만 성공한 사람은 말로는 신앙인이라고 하는데 실제로는 세상 사람들과 다른 것이 아무것도 없습니다. 세상 사람들은 신앙인이라고 하면서도 자기들과 똑같은 사람을 겉으로는 좋아하는 것 같은데 속으로는 멸시합니다. 이런 사람은 맛을 잃은 소금이기 때문입니다. 예수님께서는 소금이 맛을 잃으면 무엇으로 짜게 하리요 다만 밖에 버려져 사람들에게 밟힐 뿐이라고 말씀하셨습니다. 우리 믿는 사람들이 세상 사람들과 생각하는 것이나 말하는 것이나 행동하는 것이 똑같다면 세상 사람들이 절대로 존경하지 않을 것입니다. 세상 사람들이 하나님의 백성들을 존경하는 이유는 자기들과 무엇인가 다른 것이 있기 때문에 존경하는 것입니다. 그리고 부끄러운 것이 이를 때에는 능욕도 같이 온다고 했습니다. 여기서 부끄러운 것은 죄가 청산되지 않은 것을 말합니다. 하나님의 백성들도 사실 죄를 짓고 부끄러운 생각이나 부끄러운 짓을 합니다. 그러나 참 감사한 것은 하나님께서 말씀으로 우리를 주야로 책망하시기 때문에 우리가 늘 회개를 해서 해결을 받게 됩니다. 하나님 앞에서 늘 회개하는 사람은 부끄러운 것이나 능욕이 오지 않습니다. 그런데 하나님의 말씀을 멀리하는 사람은 죄의 심각성을 느끼지 못하기 때문에 죄가 속에서 곪아 있다가 나중에 터지게 되는데, 그때는 정말 세상에서 수치와 능욕을 당하게 됩니다. 죄가 곪기 전에 그때그때 하나님 앞에서 회개해야 하나님 앞에서 존귀한 지위를 빼앗기지 않고 능욕을 당하지 않습니다. 하나님의 공동체 안에서 하나님의 말씀을 파고드는 사람에게는 어떤 복이 주어질까요?

4절 "명철한 사람의 입의 말은 깊은 물과 같고 지혜의 샘은 솟쳐 흐르는 내와 같으니라."

우리가 보통 하나님의 말씀을 사모하는 사람을 '목마른 사슴'에 비유할 때가 많습니다. 사슴은 피가 더운 짐승이기 때문에 목이 마르면 견디지 못해서 물이 있을 곳을 향해서 온 힘을 다하여 달려갑니다. 하나님의 말씀을 들으려고 교회에 나올 때 정말 컬컬하고 답답한 심령으로 나올 때가 많습니다. 그런데 우리 가운데 하나님의 말씀이 바로 해석되어지기만 하면 아주 깨끗하면서도 아주 깊은 맑은 물이 생기게 됩니다. 우리는 그 물을 마음껏 마실 수 있고 그 물은 아무리 길어도 물이 마르지 않습니다. 중동 지방에서는 물을 구하는 것이 아주 어렵기 때문에 물을 찾으려면 땅을 깊이깊이 파고 들어가야 합니다. 실망스러운 것은 그렇게 깊이 파고 들어가도 물은 그렇게 많이 모이지 않는 것입니다. 하나님의 말씀은 그 자체가 아주 깊고 맑은 물입니다. 그래서 뜨거운 인생행로에 지친 사람들이 얼마든지 이 시원한 물을 마실 수 있습니다. 세상의 더위로 지친 우리의 열기를 식혀줍니다. 만일 이 열기가 식지 않으면 우리는 결국 죽을 수밖에 없습니다. 우리는 하나님의 말씀이 있는 교회에서 말씀을 들으면서 나 자신을 찾게 됩니다. 그런데 우리가 찾게 되는 나 자신은 방황하고 있고 지쳐 있고 병들어 있는 내 자신이 아니라, 완전히 새로 치료된 아름다운 나 자신을 찾게 되는 것입니다.

하나님은 우리 입에 이 물을 주신다고 하셨습니다. 우리 자신만 이 물을 마시는 것이 아니라 다른 사람들도 살릴 수 있도록 우리 입에서 이런 물이 나오게 하시는 것입니다. 내가 믿는 하나님의 말씀을 다른 사람에게 말하기만 하면 그것이 생수가 되는 것입니다. 오늘 말씀은 '지혜의 샘은 솟쳐 흐르는 내와 같다'고 했습니다. 이스라엘에는 가끔씩 물이 지하수로 있다가 땅 위로 솟구쳐 오르는 물이 있습니다. 이런 물은 수량이 엄청나게 많기 때문에 단숨에 많은 사람들이 물을 마실 수 있습니다. 이스라엘 백성들이 광야에서 목말라할 때 모세가 반석을 쳐서 생수가 나게 한 것도 바로 이렇게 솟구쳐 흐르는 생수였던 것입니다. 예수님께서는 "나를 믿는 자는 성경에 이름과 같이 그 배에서 생수의 강이 흘러나리라"(요 7:38)고 하셨습니다.

우리가 이 세상을 살아가는 것은 마치 불붙는 사막을 걸어가는 것과 같습니다. 아무리 건강한 사람도 뜨거운 사막을 걸어가다 보면 얼마가지 않아서 지쳐서 쓰러져 죽을 것입니다. 그런데 배 안에서 생수가 계속 흐르는 사람은 생수가 더위를 막아주기 때문에 아무리 걸어가도 지쳐서 쓰러져 죽지 않을 것입니다. 우리가 세상을 살아갈 때 우리 속을 빠짝 태워 버리면 염려와 걱정들이 많이 생깁니다. 그리고 다른 사람들이 하는 말 속에는 모두 독이 들어 있어서 그런 말을 들을 때마다 방울뱀이나 혹은 전갈에 물린 것처럼 고통을 받게 됩니다. 그런데 하나님의 말씀은 우리 속에서 솟아나서 우리를 감싸 주시고 상한 우리 마음을 치료해 주십니다. 우리가 때때로 어려운 일을 당하면 눈앞이 캄캄해지고 마음이 돌같이 딱딱해지며 아무것도 하고 싶지 않을 정도로 의욕을 잃을 때가 있습니다. 그런데 잠시 있으면 마음속에서 하나님께 대한 믿음이 생기면서 생수가 흐르기 시작하는 것을 느끼게 될 것입니다. 이 생수가 푹푹 찌는 더위에 달아오른 마음을 시원하게 하고, 곪은 부분을 짜내면서 약을 발라주는데 아팠던 부분이 전혀 아프지 않고 기분이 상쾌해지는 것을 느끼게 됩니다. 그리고 다시 기분 좋은 상태를 회복하게 되는데, 그러면 이제 다시 걸어갈 용기가 생기는 것입니다.

2. 정의의 법칙

　세상에는 그래도 정의가 있어서 사람들이 억울한 일을 당하지 않고 계속 의욕을 가지고 살아가게 됩니다. 요즘 사람들은 정의를 여러 가지로 정의하는 것 같습니다. 그러나 성경적으로 가장 쉽게 정의를 내린다면 모든 기계가 정상적인 상태에 있는 것이라고 말할 수 있습니다. 기계는 모든 부속들이 정상적인 상태에 있을 때 가장 잘 돌아가고 소리도 적게 나면서 오래 돌릴 수 있습니다. 그런데 무엇인가 기계가 잘못 끼워져 있으면 기계가 돌아가는 데 소리가 많이 나고 열도 나면서 결국 그대로 두면 기계 전체가 고장이 나버리게 됩니다. 그런데 세상의 정의와 하나님의 백성들의 정의는 그 개념이 다릅니다. 세상의 정의는 모든 사람들이 남을 해치지 않으면서 법을 지키는 것입니다. 미국 같은 사회에서는 법을 지키지 않는 사람에 대해서는 경찰이 지위나 신분 고하를 막론하고 강력하게 다스립니다. 그렇지만 미국에서 산 사람들은 흑인들은 누구든지 한번 이상은 인종 차별을 당한 적이 있다고 실토를 합니다. 그럼에도 미국 사람들은 미국이 정의로운 사회를 지향하고 있다고 믿고 있습니다. 우리나라 사람들은 정의라고 하면 공평한 것을 생각하는 경향이 있습니다. 부자나 가난한 자 사이의 격차가 심하게 벌어지지 않는 것을 정의라고 생각하는 것 같습니다. 그런데 하나님의 백성들에게 정의란 하나님의 백성들이 하나님의 말씀에 충만해서 부흥이 일어나며 마음속에 하나님의 사랑이 가득 차 있는 상태를 말합니다.

　오순절 예루살렘에 성령이 임했을 때 다락방에서 기도하던 믿는 자들에게 성령이 임했습니다. 그때 그들은 모두 성령 충만을 받았습니다. 우리가 성령에 충만하면 우리 안에 하나님의 영광과 기쁨이 가득 차기 때문에 세상의 다른 것들이 들어올 수가 없습니다. 다른 사람에 대한 미움이나 시기나 복수나 욕 같은 것이 들어올 수가 없습니다. 하나님의 백성들은 내가 행복하기 때문에 굳이 다른 사람의 것을 빼앗을 필요가 없고 내가 만족하기 때문에 다른 사람을 해롭게 할 이유가 없습니다. 즉 하나님의 백성이 은혜에 충만해서 다른 사람을 인정하고 사랑하는 것이 정의입니다. 그런데 하나님의 백성들이 하나님의 말씀을 멀리하면 부흥이 없어지면서, 이상하게 하나님이 많이 주셔서 많이 가지면 가질수록 더 가지고 싶어지게 됩니다. 그래서 하나님의 백성들이 더 교묘한 방법으로 다른 사람의 것을 빼앗고 자기 욕심을 채우게 됩니다. 대표적인 예가 다윗이었습니다. 다윗은 이스라엘의 왕이 되어서 이미 부인이 여러 명이 있었고 더 가질 수도 있었습니다. 그런데 자기 신하 우리아의 아내를 빼앗아서 자기 여자로 삼았습니다. 이것이 바로 어느 순간 다윗에게서 영적 부흥이 없어진 순간이었습니다.

> 5절 "악인을 두호하는 것과 재판할 때에 의인을 억울하게 하는 것이 선하지 아니하니라."

하나님의 백성들에게 부흥이 일어나게 되면 공평하고 정직한 것을 중요하게 생각합니다. 우리가 사람들 앞에서 인정받는 것보다 하나님 앞에서 정직해야 부흥의 불길이 막히지 않기 때문입니다. 하나님의 백성들이 하나님의 말씀을 멀리하면 부흥이 없어지면서 좋아하는 패거리들이 생기게 됩니다. 하나님의 백성들이 좋아하는 패거리들이 생기게 되면 아무래도 자기편은 봐주게 되고 자기편이 아닌 사람은 더 엄격하게 아니면 더 심하게 대하게 됩니다. 이것이 벌써 하나님의 백성들의 영광을 잃어버리고 있는 것입니다. 그래서 악인을 두둔하는 것은 이미 자기가 하나님의 편이 아니고 악인 편이라는 것을 나타내는 것입니다. 하나님의 백성들은 재판관의 재판으로 끝나는 것이 아니라 하나님의 재판이 남아 있기 때문입니다. 절대로 하나님의 백성들은 의인을 억울하게 해서는 안 됩니다. 하나님의 백성들이 재판을 하는 것은 처벌 중심이 아니라 바로잡아 주는 것이 목적입니다. 어떤 사람이 악하다는 것은 이미 기계의 일부가 삐죽하게 나와 있어서 잘 돌아가지 않는 것을 말합니다. 악이라고 하는 것은 기계가 심한 소리를 내면서 효율이 떨어지는 것입니다. 그런데 이것을 겸손하게 바로잡아보면 모두가 기분 좋은 상태에서 훨씬 더 많은 복을 누리게 됩니다. 그런데 악인을 두호하고 의인을 억울하게 하는 것은 기계를 더 많이 망가트리는 것이기 때문에 결국 기계 전체가 부서지게 될 것입니다.

6절 "미련한 자의 입술은 다툼을 일으키고 그 입은 매를 자청하느니라."

미련한 자는 하나님의 뜻은 생각지 않고 자기 생각만 가지고 무엇을 추진하기 때문에 사람들을 이간질시킬 때가 많습니다. 이상한 것은 하나님의 말씀은 사람의 마음을 하나 되게 하는데 인간의 생각은 아무리 좋은 사상이고 계획이라 하더라도 꼭 찬성하는 사람과 반대하는 사람이 나뉘게 됩니다. 이것이 인간 생각의 한계입니다. 인간적인 생각을 가지고 일을 해내려고 하면 소수의 의견을 무시하고 일을 밀어붙여야 하는데 여기서 상처를 받는 사람들이 생기게 됩니다. 그런데 하나님의 말씀을 멀리하는 자의 특징이 고집스럽고 너무나도 권위적입니다. 미련한 자는 별 것 아닌 것을 가지고도 고집을 부리다가 나중에 도를 넘게 되면 사람들이 반발하는 바람에 결국 매를 맞고 그 자리에서 쫓겨나게 됩니다. 그래서 독재자의 말로가 비참한 것입니다. 사람들은 다른 사람들을 힘으로 눌러야 이긴다고 생각하는데 사실 하나님의 백성들은 믿어주고 격려해줄 때 훨씬 더 좋은 결과를 만들어낼 수 있습니다.

7절 "미련한 자의 입은 그의 멸망이 되고 그 입술은 그 영혼의 그물이 되느니라."

하나님의 말씀을 멀리하는 사람의 가장 심각한 문제는 자기 안에 있는 다른 사람에 대한 미움이나 분노가 해결되지 않는다는 점입니다. 우리가 하나님의 말씀을 들을 때 하나님의 말씀이 우리 안에 생수가 되어서 부글부글 끓어오르던 분노와 미움을 녹게 하고 씻어줍니다. 하나님의 말씀을 사랑하지 않는 사람은 아무리 천재적이고 능력이 탁월하다 해도 분노가 없어지지 않고 미움이 없어지지 않습니다. 이것이 결국 자기 안에서 폭발을 하든지 아니면 다른 사람을 향해 폭발하는 바람에 갑자기 그 인생이 망하게 됩니다. 마음속에 오래 품었던 분노가 어느 날 갑자기 폭발하면서 우울증이나 정신분열증이나 혹은 다른 사람과 대판 싸우게 되면 출세의 길은 막히고 마는 것입니다. 더욱이 그 영혼의 그물이 되어서 도저히 미움과 분노 때문에 앞으로 나가지 못하게 막습니다. 예를 들어서 어떤 사람은 아주 머리가 뛰어나고 천재적인데 사람을 만나기만 하면 다른 사람을 욕하고 자꾸 헛소리를 할 경우 자기 인생 자체에 그물이 되는 것입니다. 대개 이런 사람들이 쓸데없는 일에 기억력이 너무 좋은 사람들입니다. 쓸데없는 것들은 기억하지 마시고 다 잊어버리시기 바랍니다.

8절 "남의 말을 하기를 좋아하는 자의 말은 별식과 같아서 뱃속 깊은 데로 내려가느니라."

이 세상에 맛있는 음식이 많이 있지만 그 중에서도 최고의 별식은 남의 험담을 하는 것입니다. 다른 사람의 험담을 할 때 우리 자신은 책임지지 않으면서 다른 사람을 실컷 욕할 수 있습니다. 하나님의 말씀을 들을 때에는 삼십 분이 너무 긴 것 같고 지겹지만 남을 욕할 때에는 서너 시간이 금방 지나가는 것도 모르고 너무 빨리 마치는 것 같아서 아쉬울 때가 많을 것입니다. 그리고 남의 말을 하는 것은 위로 들어가는 것이 아니라 뱃속 깊은 데 들어가기 때문에 아무리 채워도 배가 부르지 않습니다. 그런데 남의 이야기를 하는 것은 전혀 자기에게 도움이 되지 않습니다. 다른 사람 이야기를 아무리 많이 한다고 해서 그 사람이 내 인생을 살아주는 것이 아니기 때문입니다. 예를 들어서 부인들이 모여서 아무리 다른 사람을 욕한다 해도 설거지가 저절로 되는 것도 아니고 집안 빨래가 저절로 되는 것도 아닙니다. 사람이 남의 이야기를 하는 동안 자기 자신은 전혀 돌아보지 못하게 되는 것입니다. 우리가 실속 있는 사람이 되려면 자기 일을 성실하게 해야 합니다. 남의 말을 많이 하는 사람 중에 실속 있는 사람이 없습니다. 진실한 사람들은 남의 말을 많이 하는 사람을 좋아하지 않습니다. 남의 말을 많이 하는 사람은 언젠가는 나도 마음에 들지 않으면 욕할 것이기 때문입니다.

9절 "자기 일을 게을리 하는 자는 패가하는 자의 형제니라."

하나님의 백성들이 성공하는 비결은 자기에게 주어진 작은 일에 최선을 다하는 것입니다. 작은 일에 충성된 자는 큰 일에도 충성되기 때문입니다. 우리는 모두 하나님의 종이기 때문에 다른 사람이 자기 일에 열심을 다해서 하는 것에 대해서 이러쿵저러쿵 말을 해서는 안 됩니다. 우리 각자는 자기에게 주어진 일만 최선을 다해서 하면 되는 것입니다. 자기 일을 등한히 하고 남의 일을 가지고 이러쿵저러쿵하는 사람은 패가하게 됩니다. 집 자체가 망하게 되는 것입니다. 자기 일은 전혀 된 것이 없기 때문입니다.

10절 "여호와의 이름은 견고한 망대라. 의인은 그리로 달려가서 안전함을 얻느니라."

하나님의 말씀을 사랑하는 사람은 하나님 자신이 그에게 견고한 망대가 되어주십니다. 옛날에는 성이나 들판에 돌로 지은 아주 튼튼한 망대가 있었는데 만일 도둑이 쳐들어온다든지 혹은 적이 공격해올 때 이 망대 안에 들어가 있으면 안전했습니다. 하나님의 이름이 견고한 망대라는 것은 우리가 믿는 신앙 자체가 망대라는 뜻입니다. 우리가 하나님의 이름을 부르기만 하면 하나님은 우리에게 움직이는 망대가 되어주셔서 어떤 위기에서도 지켜주실 것입니다. 여기에 보면 의인이 그리로 달려가서 안전함을 얻는다고 했습니다. 의인은 하나님의 말씀을 붙드는 자입니다. 그들이 의인인 이유는 전혀 나쁜 것을 생각하지 않거나 죄를 전혀 짓지 않아서 그런 것이 아니라 하나님의 말씀을 들으니까 자꾸 죄를 회개하게 되어서 의인인 것입니다. 우리는 위험이나 어려운일이 생겼을 때 주저하지 말고 견고한 망대이신 하나님께 달려가면 됩니다. 하나님께 우리에게 닥친 어려움을 다 이야기를 하면 됩니다. 그러면 하나님에게는 분명히 길이 있고 방법이 있습니다.

11절 "부자의 재물은 그의 견고한 성이라. 그가 높은 성벽같이 여기느니라."

하나님의 망대처럼 튼튼하게 보이는 것이 또 있는데 그것은 바로 재물의 망대입니다. 아마 사람들은 하나님의 망대보다는 재물의 망대를 더 안전하게 생각할 것입니다. 그러나 우리는 돈으로 할 수 없는 것이 많다는 것을 알아야 합니다. 돈은 사람을 움직일 수 있지만 하나님은 움직일 수가 없습니다. 우리 인간의 문제는 우리가 생각하는 것보다 복잡할 때가 많다는 것입니다. 결국 이것은 하나님의 능력이 오고 하나님의 축복이 와야 해결될 수 있습니다. 하나님의 망대 없이 재물만 쌓은 자는 더 큰 시련이 오면 맥을 추지 못할 것입니다.

12절 "사람의 마음의 교만은 멸망의 선봉이요 겸손은 존귀의 앞잡이니라."

인간적으로 생각해 볼 때에도 교만한 사람들은 자기 생각만 최고라고 생각하기 때문에 생각이 굳어 있어서 장애물이 있으면 피하지 못하고 부딪쳐 버립니다. 교만은 하나님을 생각하지 않기 때문에 오는 것입니다. 우리가 하나님 앞에서 죄라고 하는 것은 피조물이 감히 하나님을 인정하지 않고 자기가 최고라고 생각해서 멋대로 살아가는 것입니다. 그런데 사람의 마음이 교만하면 멸망이 오게 됩니다. 교만한 사람은 생각의 유연성이 없고 더욱이 하나님을 대적하기 때문입니다. 하나님이 우리의 복의 근원이신데 하나님을 대적하면 그 복이 오래 갈 수 없습니다. 반대로 겸손한 자는 하나님 앞에서 자신의 부족함을 인정합니다. 우리가 하나님 앞에서 부족한 것을 인정하면 주장이 없는 것 같고 리더십이 부족한 것처럼 느껴져서 사람들이 무시하기 쉽습니다. 그러나 이런 사람은 잘못된 것을 끝까지 고집하지 않습니다. 그리고 하나님이 겸손한 자를 좋아하시기 때문에 결국 모든 복을 다 받게 됩니다. 우리가 이 세상에서 많은 환난을 당하는 이유는 하나님 앞에 겸손해지기 위해서입니다. 일단 하나님 앞에서 겸손해지기만 하면 복이란 복은 다 받을 것입니다.

3. 사회생활의 법칙

하나님의 지혜란 단순히 머리로 많은 것을 아는 것에서 끝나는 것이 아니라 구체적인 삶을 통해서 아름답게 나타나는 참된 지혜를 말합니다. 하나님의 지혜는 우리의 삶속에서 어떻게 나타나야 할까요? 첫째는 다른 사람과 말을 할 때 나타나게 됩니다.

13절 "사연을 듣기 전에 대답하는 자는 미련하여 욕을 당하느니라."

다른 사람이 말을 하는 데 그 사람의 말을 다 듣기도 전에 자기 말을 하는 사람들이 많습니다. 이런 사람들의 특징은 우선 성격이 급할 뿐 아니라 다른 사람의 말을 잘 듣지 않는 사람입니다. 남의 말을 다 듣지 않고 자기 말만 하는 사람은 다른 사람의 말은 중요하지 않다고 생각하거나 혹은 자기 생각에 꽉 차 있는 사람입니다. 이런 사람은 일단 의사소통에 실패한 것입니다. 다른 사람과 상담할 때 가장 중요한 자세는 남의 말을 충분히 들어주는 '경청'의 자세입니다. 일단 다른 사람의 말을 들어주기만 해도 그 사람의 많은 생각은 스스로 정리될 때가 많습니다. 미련한 사람은 남의 말을 듣지도 않고 자기 생각만 가지고 말하기 때문에 사실 엉뚱한 소리만 실컷 하는 것입니다. 그러면 그때부터 상대방은 이 사람을 불신하든지 아니면 아예 무슨 말을 하든지 듣지 않을 것입니다. 우리가 하나님의 말씀을 듣는 훈련을 하면 다른 사람을 이해하는 데 굉장히 빠르게 됩니다. 이런 사람이 다른 사람을 잘 도울 수 있습니다.

14절 "사람의 심령은 그 병을 능히 이기려니와 심령이 상하면 누가 그것을 일으키겠느냐."

성경은 사람의 병이 반드시 육체적인 것만이 원인이 되는 것은 아니라고 말하고 있습니다. 지금으로부터 수천 년 전에 성경이 이것을 말하고 있다는 자체가 얼마나 놀라운 일인지 모릅니다. 물론 사람은 영양 상태라든지 혹은 병균의 감염 등으로 병이 생기기도 하지만 많은 경우 분노라든지 불안이나 혹은 의심, 무절제 때문에 병이 생길 때가 많습니다. 전에 어떤 한 크리스천 의사는 환자의 병을 아무리 치료를 해도 그의 생활이나 습관이 바뀌지 않으니까 자꾸 병이 재발해서 병원을 찾아오는 것을 보고 상담을 겸해서 하게 되었다는 말을 한 적이 있습니다. 오늘 말씀은 우리가 믿음으로 자기 마음을 잡으면 병은 고칠 수 있다고 말씀하고 있습니다. 사람의 마음이 상해서 살고 싶은 의욕을 잃거나 혹은 병을 낫고자 하는 마음이 없다면 아무리 병을 치료해도 소용이 없는 것입니다. 성경은 육체의 병도 신앙과 함께 치료해야 한다고 말씀하고 있습니다.

15절 "명철한 자의 마음은 지식을 얻고 지혜로운 자의 귀는 지식을 구하느니라."

여기서 명철한 자는 지식의 가치를 아는 사람입니다. 마치 진주 장사가 값비싼 진주의 가치를 알고 그것을 사기 위해서 모든 재산을 다 처분해서 그 비싼 진주를 사는 것과 같습니다. 하나님의 백성들이 복을 받으려고 하면 우선적으로 중요한 것이 하나님 말씀의 가치를 아는 능력이 있어야 하는 것입니다. 전문가가 보석을 감정할 때에는 눈으로 하고 포도주를 감정할 때에는 혀로 하지만 하나님의 말씀을 감정할 때에는 귀로 하게 됩니다. 그러나 그냥 귀로 듣는 것이 아니라 마음 전체를 열어놓고 들을 수 있는 귀가 있어야 합니다.

16절 "선물은 그 사람의 길을 너그럽게 하며 또 존귀한 자의 앞으로 인도하느니라."

이것은 하나님의 백성들이 선물을 많이 하라는 뜻은 아닙니다. 단지 우리는 귀한 것을 얻기 위해서 재물을 적당하게 쓸 줄 알아야 한다는 것입니다. 하나님의 백성들에게 재물이 있는 것은 단순히 그것을 가지고 안심하라는 것이 아닙니다. 하나님은 우리가 진실로 가치 있는 것을 위해서 재물을 쓰라고 하시는 것입니다.

17절 "송사에 원고의 말이 바른 것 같으나 그 피고가 와서 밝히느니라."

재판을 할 때 원고의 말만 들으면 원고의 말은 다 옳고 피고는 죽일 놈인 것 같은데 나중에 피고의 말을 들으면 원고의 말은 다 틀렸고 피고의 말만 옳은 것 같을 때가 많습니다. 모든 사람들이 자기에게 유리한 것만 말하기 때문입니다. 하나님의 백성들은 전체적인 것을 볼 수 있는 지혜가 필요한데 하나님의 말씀은 우리에게 전체를 볼 수 있는 안목을 줍니다. 사람들이 이단에 빠지거나 혹은 편집증에 빠져서 집착하는 것도 전체를 보지 못하기 때문입니다.

18절 "제비 뽑는 것은 다툼을 그치게 하여 강한 자 사이에 해결케 하느니라."

사람들이 제비를 뽑는 이유는 차지하려고 하는 사람은 많은데 자리는 적기 때문입니다. 세상 사람들은 힘을 가지고 결정하지만 하나님의 백성들은 약한 자도 할 수 있도록 제비를 뽑는 것입니다. 이것은 하나님의 백성들이 힘이 약한 자도 소외시키지 않고 함께 동참시키는 방법입니다. 하나님의 백성들이 가진 정신은 강하다고 해서 반드시 모든 것을 다 차지해서는 안 되고, 약하다고 해서 무시해서는 안 된다는 것입니다.

19절 "노엽게 한 형제와 화목하기가 견고한 성을 취하기보다 어려운즉 이러한 다툼은 산성 문빗장 같으니라."

형제는 가장 가까운 사이이지만 한번 감정이 상하게 되면 다른 어떤 사람보다 화해하기 어려운 관계라고 말하고 있습니다. 왜 형제와 의리가 상하게 되었을까요? 그것은 형제가 가깝다고 해서 이용하려고 했기 때문입니다. 형제를 믿는 신뢰를 악용했기 때문에 믿음이 깨어진 것입니다. 서로 신뢰하는 사람 사이에 신뢰를 악용하면 다시는 화해하기 어렵게 됩니다. 이 세상에서 가장 악한 것이 자기를 믿는 사람의 믿음을 이용해서 배신하는 것입니다. 그래서 가장 가까운 사람과 한번 신뢰가 깨어지면 잘 회복되기 어렵습니다. 지혜로운 사람은 좋아하는 사람이라고 해서 함부로 하거나 무례하게 행동하지 않습니다. 이런 사람과 신뢰가 깨어지는 것은 문빗장이 깨어지는 것처럼 큰 손해이기 때문입니다. 가장 가까웠던 사람이 불신하는 사람을 누가 믿어주겠습니까? 아마 아무도 믿어주지 않을 것입니다.

20절 "사람은 입에서 나오는 열매로 하여 배가 부르게 되나니 곧 그 입술에서 나는 것으로 하여 만족하게 되느니라."

사람이 배가 부르게 되는 것은 주로 입으로 들어가는 음식에 의해서입니다. 그러나 사람이 진심으로 배가 부르게 되는 것은 귀로 듣는 말씀에 의해서입니다. 그런 말씀 중에서도 자기에게 꼭 필요한 지식을 얻게 되었거나 혹은 자기 병에 대한 의사의 정확한 진단을 듣게 되었거나 하나님의 말씀으로 은혜를 받았을 때입니다. 사람의 진정한 배부름은 하나님의 말씀을 듣는 데서 오는 것입니다. 그 입술에서 나오는 말씀으로 만족을 얻게 됩니다. 만약 하나님의 말씀을 듣지 않고 배만 채우면 헛배가 부르게 되어서 더 갈급하고 더 허망하게 될 것입니다.

21절 "죽고 사는 것이 혀의 권세에 달렸나니 혀를 쓰기 좋아하는 자는 그 열매를 먹으리라."

권세 있는 사람의 말은 사람을 죽이기도 하고 살리기도 합니다. 옛날의 왕의 말 한 마디는 사람을 죽이기고 하고 살리기도 하였으며, 판사나 검사의 말 한 마디는 사람의 생명을 좌우할 때가 많습니다. 세상 권력자의 혀는 주로 사람을 죽이고 심판하는 데 많이 사용합니다. 좋은 머리로 공부해서 어려운 시험에 합격하여 결국 사람의 죄를 찾아내고 정죄하는 일에 사용합니다. 그러나 하나님의 말씀은 사람을 살리고 죄인을 새사람이 되게 하는 말씀입니다. 우리는 하나님 말씀에 대한 연구를 더 많이 해야 합니다.

> 22-24절 "아내를 얻는 자는 복을 얻고 여호와께 은총을 받는 자니라. 가난한 자는 간절한 말로 구하여도 부자는 엄한 말로 대답하느니라. 많은 친구를 얻는 자는 해를 당하게 되거니와 어떤 친구는 형제보다 친밀하느니라."

지혜로운 자는 자기 가정을 아름답게 할 수 있는 자입니다. 가정은 진정한 복의 근원이기 때문입니다. 특히 아내와 정신적으로 하나인 사람은 백만 대군을 가진 장수와 같습니다. 다른 어떤 사업보다 아내를 신앙적으로 업그레이드하는 데 많은 투자를 하는 사람이 지혜로운 사람입니다. 반면에 같은 사람이라도 입장에 따라서 태도의 차이가 있습니다. 가난한 자는 진정으로 부탁을 해야 하지만 부자는 들은 체도 하지 않습니다. 그러나 하나님 앞에서는 간절한 자가 응답을 받습니다. 사람들은 친구가 많은 것이 사회생활을 하는 데 유리하다고 하지만, 사실 친구가 많으면 쓸데없는 시간과 비용이 많이 듭니다. 우리가 하나님을 나의 친구로 삼고 진실한 신앙의 친구가 한두 명만 있어도 절대로 실패하지 않을 것입니다. 하나님을 나의 견고한 망대로 삼고 세상에서 지혜로 승리하는 성도님들이 다 되시기를 바랍니다.

30 · 인생의 바른 태도

잠 19:1-29

우리는 가끔 예수 믿지 않는 사람들이 우리의 미래 계획이나 꿈에 대해서 질문할 때 정확하게 대답을 할 수 없어서 민망할 때가 있습니다. 대개 예수 믿지 않는 사람들은 자신들의 미래에 대하여 구체적인 계획을 가지고 있고 구체적인 일정까지 제시할 때가 많은 데 우리는 그렇지 못한 것입니다. 이런 모습을 두고 다른 사람들은 미래에 대한 비전이 없다거나 꿈이 없다는 말을 하기도 합니다. 그러나 우리가 미래에 대하여 구체적인 계획을 제시하지 못하는 것은 꿈이 없거나 비전이 없어서 그런 것이 아니라 하나님이 우리에 대한 계획을 가지고 있다는 것을 믿기 때문입니다.

타이타닉이라는 영화를 보면 타이타닉호는 지난 세기에 인류가 만든 가장 크고 튼튼한 배였습니다. 타이타닉호가 처음 만들어졌을 때 사람들은 얼마나 자신만만했는지 신도 이 배는 침몰시키지 못할 것이라고 했습니다. 그러나 타이타닉호는 처음 대서양을 건너는 항해에서 빙산과 충돌하면서 그 배에 탔던 사람 2,208명 중에서 1,513명이 죽는 대참사를 맞게 됩니다. 이렇게 크고 튼튼했던 배가 많은 사람들을 죽게 한 것은 배 자체보다도 그 배를 운전하는 사람의 정신 자세가 잘못되었던 것을 알 수 있습니다. 일단 타이타닉호를 운영하는 사람들은 배가 워낙 튼튼하다고 생각해서 배에 탄 사람보다 훨씬 적은 수의 사람만 탈 수 있는 구조선을 실었습니다. 거기에다가 이 배가 가장 빨리 대서양을 건넜다는 것을 신문에 내서 선전하려고 빙산이 떠내려 오고 있다는 사실을 알면서도 최고속력을 내어서 항해를 하게 했습니다. 결국 이런 교만과 욕심이 그 배를 탔던 많은 사람들을 죽게 만들었습니다.

이런 것을 보면 바다를 안전하게 항해하는 데 배의 규모나 크기도 중요하지만 바다를 항해하는 정신이나 자세가 더 중요하다는 것을 알 수 있습니다. 오늘 말씀은 우리가 어떻게 하는 것이 인생을 바르게 살아가는 것인가 하는 것을 보여주고 있습니다. 우리가 인생을 실패하지 않고 살아가는 방법은 당장 눈에 보이는 성공에 집착하는 것보다는 인생에 대하여 바른 자세로 살아가는 것임을 알 수 있습니다.

1. 우리 인생의 가치관

1절 "성실히 행하는 가난한 자는 입술이 패려하고 미련한 자보다 나으니라."

이 말씀은 하나님께서 우리 믿는 사람들에게 주시는 약속의 말씀이기도 하지만 다른 한편으로는 믿는 사람들이 인생을 살아가는 정신을 보여주는 것입니다. 하나님의 백성들이 이 세상을 살아가는 중요한 원칙은 가난을 부끄러워하지 않는 것입니다. '나는 이 세상을 가난하게 살아도 좋다. 단지 나는 이 세상을 성실하게 살아가겠다' 는 것입니다. 하나님의 백성들은 이 세상에서 잘사는 것이나 못 사는 것은 하나님이 주시는 선물이라고 생각합니다.

하나님께서 원하시기만 하면 얼마든지 우리를 잘살게 하실 수도 있고 또 가난하게 하실 수도 있습니다. 그러나 하나님의 백성들은 어떤 상황에서도 성실하게 산다는 것입니다. 여기에 보면 '입술이 패려하고 미련한 자보다 낫다'고 했습니다. '입술이 패려하다'는 말이 원문에는 '입술이 비뚤어졌다'고 되어 있습니다. 사람이 세상을 사는 목적이 어떻게 해서든지 잘살아야 하겠고 부자로 살아야 하겠다는 것이라면 그의 입술은 바르지 못할 것입니다. 그 사람은 이럴 때는 이런 말을 하고 저럴 때는 저런 말을 해서라도 기회를 잡으려고 할 것입니다.

물론 우리도 믿음이 별로 없을 때에는 세상 사람들처럼 눈에 보이는 것을 따라서 살 수밖에 없습니다. 그래서 믿음이 없는 사람들에게는 일등 하는 것이 중요하고 돈을 많이 버는 것이 성공하는 것이지만, 하나님을 믿는 사람들에게는 이런 것도 하나님이 주신다고 믿습니다. 하나님의 백성들이 이 세상을 살아가는 결심은 '내가 반드시 부자가 되거나 높은 자리에 올라가는 것보다는 하나님이 주시는 범위 안에서 최선을 다하면서 살겠다'는 것입니다. 세상 사람들은 눈에 보이는 성공 자체가 목적이지만 하나님의 백성들은 하나님을 의지하는 자세 자체가 더 중요한 것입니다. 하나님의 백성들에게 중요한 것은 내가 가난한 것도 하나님의 뜻이고 내가 잘사는 것도 하나님의 뜻이며 내가 좋은 학교 다니는 것도 하나님의 뜻이라면, 내가 좋은 학교에 다니지 못하고 학벌이 좋지 못한 것도 하나님의 뜻이라고 믿는 것입니다. 그 대신에 하나님의 백성들은 다른 사람들을 미워하지 않고 하나님을 원망하거나 불평하지 않고 주어진 여건에 최선을 다하는 것을 인생의 목적으로 삼는 것입니다. 이것이 하나님 앞에서는 참 아름다운 것이고 이렇게 낮은 상태에서 최선을 다하는 사람은 하나님께서 그 사람을 높이셔서 큰 일도 감당하게 하십니다. 하나님의 백성들이 아름답고 복된 삶을 살기 위해서는 처음부터 모든 여건이 다 갖추어져서 최고의 삶을 누리는 것이 아니라 처음에는 낮고 비천한 데 있지만 거기서 성실하게 사는 가운데 하나님이 축복하셔서 나중에는 높은 자리까지 올라가는 것이 아름다운 것입니다. 이런 사람은 어떤 위치에 있든지 성실하고 겸손합니다.

이 세상에서 반드시 자기는 높은 자리에 있어야 하고 성공해야 한다고 생각하고 사는 사람은 일단 입술이 패려하고 미련하다고 했습니다. 이런 사람은 다른 사람을 경쟁 대상으로 생각해서 물리치려고 하기 때문에 말이 날카롭고 공격적이며 마음에 믿음이 없습니다. 이런 사람이 대단히 약삭빠른 것은 사실이지만 이익이 되는 것을 보면 참지 못하고 무리하게 되는데 그렇게 하다가 대개 실패하게 되는 것입니다. 그러나 성실한 사람은 아무리 이익이 되는 일이 있어도 덤벼들 필요가 없기 때문에 어떤 상황에서든지 욕심에 걸려들지 않습니다. 짧은 기간에 높은 자리에 올라가거나 출세하는 것이 좋아 보이지만 긴 인생을 두고 보면 성공에 욕심 부리지 않고 어느 위치에 있든지 성실한 사람을 하나님이 높이시는 것을 볼 수 있습니다.

2절 "지식 없는 소원은 선하지 못하고 발이 급한 사람은 그릇 하느니라."

여기서 우리는 성공을 위해서 서두르는 대표적인 사람을 볼 수 있습니다. 하나는 지식 없는 소원을 가진 사람입니다. 여기서 '소원'은 열정을 의미하는데 이런 사람은 열정은 있지만 지식이 없는 것입니다. 하나님의 말씀이 없는 열정은 많은 시행착오를 하게 되어 있습니다. 산이나 들에서 길을 찾지 못한 사람의 특징이 이 길 저 길을 마구 돌아다니는 것입니다. 그러다가 나중에 힘이 빠지면 결국 쓰러져 죽든지 아니면 점점 더 길이 없는 곳으로 들어가게 됩니다. 그러나 길을 찾은 사람은 서두를 필요 없이 꾸준하게 자기 길을 가면 결국 황무지나 산에서 벗어나서 자기 집으로 가게 됩니다. 물론 우리 인간들은 아무도 미래를 살아본 적이 없습니다. 특히 우리 인간들은 자신들이 현재 살고 있는 것이 앞으로 자기 자신에게 어떤 결과로 돌아올지 아무도 모르고 있습니다.

그런데 우리가 살아가는 길을 보여주는 것이 바로 하나님의 말씀입니다. 우리가 하나님의 말씀을 보면 너무나 거대하면서도 오늘 현실과는 동떨어진 말씀이기 때문에 많은 사람들은 하나님의 말씀이 일단 이 세상에서 성공하는 데는 직접 도움이 되지 않는다고 생각합니다. 그러나 그 자체가 틀린 길을 가는 것입니다. 물론 우리 개인이 성경을 보면 성경이 엄청나게 많고 어려워서 그 안에서 길을 찾기 어렵지만, 우리가 함께 모여서 하나님의 말씀을 들을 때 성령이 우리에게 하시는 말씀을 들을 수 있습니다. 예를 들어서 처음 예루살렘에 성령이 임하셔서 사람들이 사도들이 전하는 복음을 들었을 때 각자에게 하시는 말씀을 알아들을 수 있었던 것처럼 오늘도 우리는 함께 모여서 하나님의 말씀을 들을 때 하나님이 나에게 하시는 말씀을 들을 수 있습니다. 설교자가 체계적으로 성경을 깊이 연구해서 설교할 때 모든 성도들이 점점 더 깊이 있는 하나님의 말씀을 들을 수 있습니다. 우리가 하나님의 말씀으로 우리 안을 채울 때 일단 우리 자신이 하나님 앞에서 존귀한 사람이 됩니다. 그리고 하늘의 문이 열리면서 하늘의 복이 우리에게 임하게 되는데 결국은 땅의 복도 우리에게 주어지게 됩니다. 하나님의 말씀이 없는 열정은 선하지 못하다고 했는데, 여기서 선하다는 것은 하나님의 뜻에 일치하지 않는 것을 말합니다. 지식이 없는 열정은 사람 보기에는 대단할지 몰라도 결국 하나님의 복을 얻지 못합니다.

사도 바울은 유대인들이 나름대로 열심히 하나님을 섬긴다고 하지만 지식이 없는 열심이라고 탄식했습니다. 결국 유대인들의 지식이 없는 열심은 하나님의 아들을 죽이게 했고, 로마와 쓸데없는 전쟁을 해서 유대인들이 가나안 땅에서 다시 멸망을 당하게 했습니다. 그래서 지식이 없는 열심은 차라리 없는 것보다 못할 때가 많습니다. 그리고 발이 급한 사람은 그릇 간다고 했습니다. 발이 급하다고 하는 것도 깊이 생각하지 않고 즉흥적으로 행동부터 하는 사람을 말합니다. 이런 사람은 기동성이 있어서 다른 사람들보다 길을 찾는 데 유리할 것 같지만 결국 많이 돌아다닌다고 해서 꼭 길을 찾는 것은 아닙니다. 하나님은 우리에게 복이 어디에 있는지 가르쳐주셨습니다. 바로 하나님의 말씀이 있는 곳입니다. 그래서 하나님은 아브라함이나 이삭에게 흉년이 들거나 어려움이 생겨도 가나안 땅을 떠나지 말라고 명령하셨습니다. 왜냐하면 당시 가나안 땅은 하나님의 말씀이 임하는 현장이었기 때문입니다. 우리가 이 세상에서 성공하기 위해서는 열정이나 다른 무엇을 찾아서 많이 돌아다니는 것보다 하나님의 말씀이 임하는 곳을 찾아서 말씀을 붙잡아야 하는 것입니다. 우리 인간에게 하나님의 복이 임하지 않으면 아무리 좋은 자리에 있거나 아무리 많은 돈을 가져도 소용없기 때문입니다. 우리 인간들에게는 하나님의 복이 임해야 아름답게 살 수 있습니다.

3절 "많은 사람이 미련하므로 자기 길을 굽게 하고 마음으로 여호와를 원망하느니라."

우리에게 하나님의 말씀이 없는 것이 미련한 것입니다. 여기서 길이 굽었다는 것은 우리가 하나님의 말씀대로 걸어가지 않으면 이 세상에 바른길이 없다는 뜻입니다. 길이 굽어 있으면 앞이 잘 보이지도 않고 앞을 향하여 잘 달려갈 수도 없고 또 그 길 끝에 무엇이 있는지도 알 수 없습니다. 실제로 우리가 세상에서 출세의 길은 넓은 길이어서 안정된 삶을 살 수 있을 것 같은데 가면 갈수록 길이 없어지게 됩니다. 우리가 하나님의 복을 받으려고 하면 한 번은 이 세상의 길에서 떠나야 합니다. 우리가 굽은 길을 가면 우리 인생이 굽을 수밖에 없기 때문입니다. 길 자체가 굽어 있는데 아무리 바르게 걸어간다고 해도 길을 바르게 갈 수 없는 것입니다. 사람들은 굽은 길을 가면서 왜 하나님이 우리 기도에 응답하시지 않고 부흥을 주시지 않느냐고 아무리 원망을 해봐야 소용이 없습니다. 우리는 이미 만들어진 굽은 길을 가서는 안 되고 새로 길을 만들어야 합니다. 새 길은 하나님과 나를 연결시키는 새로운 길입니다. 이 세상의 굽은 길은 가면 갈수록 나중에 길이 없어지게 됩니다. 결국 끝에 가서는 옴짝달싹 못하고 하나님을 원망하지만 그것은 이미 자기 자신이 쉬운 길을 택한 결과입니다. 우리는 결코 이 세상의 쉬운 출세의 길을 가면 안 됩니다. 그러면 나중에 길이 없어지게 됩니다. 믿음의 새로운 길을 만들어야 위기 때 하나님의 도우심으로 살아날 수 있습니다.

4절 "재물은 많은 친구를 더하게 하나 가난한즉 친구가 끊어지느니라."

사람들은 우리가 이 세상에서 성공하는 비결 중 하나는 친구를 많이 사귀는 것이라고 생각합니다. 물론 친구를 많이 사귀면 든든하기도 하고 어려울 때 좋은 이야기도 많이 들을 수 있습니다. 그러나 놀라운 것은 그 든든하던 많은 친구들이 막상 내가 망해서 가난해지게 되면 아무도 찾아오지 않는다는 것입니다. 결국 우리가 스스로 든든하게 생각하던 많은 친구도 실제로는 아무것도 아닌 것입니다. 차라리 친구가 없는 상태에서 하나님께 나아가는 것이 낫습니다. 성도들은 친한 친구가 없을 때가 많습니다. 하나님은 우리 한 사람 한 사람을 연단하셔서 보석 같은 사람이 되게 하기 때문에 어떤 때에는 친한 친구 한 사람도 의지하지 못하게 하실 때가 있기 때문입니다. 우리는 세상의 좋은 친구 대신에 신앙의 새 친구를 가지게 됩니다. 이 사람들은 함께 하나님의 말씀을 듣고 그 감격을 나눌 수 있는 사람들입니다. 물론 하나님의 백성들이 금전적으로는 별 도움이 되지 않을지 몰라도 함께 하나님의 말씀을 나누는 믿음의 동역자들입니다. 우리가 함께 하나님의 말씀을 붙들고 기도할 때 하늘의 복이 임하고 부흥이 일어나는 데 함께하는 동역자들인 것입니다.

2. 세상의 대인관계

우리가 사회생활을 할 때 대인관계라는 것이 아주 중요합니다. 그런데 대개 사람들이 좋아하는 사람들은 눈치가 재빠르다든지 혹은 비위를 맞추어준다든지 혹은 내가 필요로 하는 것을 재깍재깍 해주는 사람일 것입니다. 사람들은 정직한 것은 별로 중요하게 생각하지 않습니다. 오히려 이 세상에서는 정직하면 손해 볼 때가 많습니다. 얼마 전에 어떤 독일 사람이 자기가 하루에 얼마나 많이 거짓말을 하는가를 조사해보았더니 삼백 번이 넘더라는 것입니다. 그래서 어느 날 절대로 거짓말하지 않기로 결심하고 진실했는데 그 결과는 너무나도 비참했다고 말하고 있습니다. 이 사람이 자기 형에게 자기가 생각하는 형의 결점을 그대로 이야기를 했다가 원수가 되었고, 친구가 바람피운 것을 친구 부인에게 이야기를 했다가 친구 부부는 이혼을 하게 되었으며 교통경찰에게 교통 법규를 어긴 것을 시인했다가 벌금 딱지를 떼게 되었다고 했습니다. 이 세상은 어떤 의미에서 거짓으로 세워진 성이라고 말할 수 있을 것입니다. 그러나 하나님의 백성들이 이 세상을 살아가는 데 중요한 비결은 진실한 것입니다.

5절 "거짓 증인은 벌을 면치 못할 것이요 거짓말을 내는 자도 피하지 못하리라."

이 세상 사람들은 마음이 비뚤어져 있기 때문에 진실한 것보다는 거짓된 것을 더 좋아하게 되어 있습니다. 사람들은 누구나 다 진실한 것이 옳다는 것을 알고 있지만 진실할 수 없는 것은 많은 사람들의 이해관계가 엇갈려 있기 때문입니다. 직장의 사원은 계속 직장 생활을 하려고 하면 자기 회사가 불리하게 될 증언을 할 수가 없습니다. 어떤 사람이 바른 증언을 했을 때 악한 자로부터 피해를 입을 것이 두려워지면 정직하게 말할 수 없을 것입니다. 그래서 세상 사람들은 마음으로는 진실하고 싶지만 자기가 속한 사회에서 왕따를 당하고 싶지 않기 때문에 진실을 말할 수가 없습니다. 그리고 세상 사람들은 과연 무엇이 진실한 것인지 알 수가 없습니다. 사회 전체가 불의나 거짓으로 세워졌을 때 뿌리를 파고들면 끝이 없기 때문입니다. 그래서 세상 사람들은 진실을 말하더라도 책임질 수가 없고 거짓을 말하면 결국 나중에는 처벌을 받게 됩니다. 그러나 하나님은 하나님의 백성들에게 지혜를 주셔서 불의에 빠지지 않게 하실 뿐 아니라 불의를 하나씩 바로잡아가게 하십니다. 하나님의 백성들에게는 하나님의 말씀의 빛이 있기 때문입니다.

> 6절 "너그러운 사람에게는 은혜를 구하는 자가 많고 선물을 주기를 좋아하는 자에게는 사람마다 친구가 되느니라."

이것은 앞에서 거짓말하는 사람과 비교가 됩니다. 하나님의 백성들은 일단 다른 사람들에게 너그럽습니다. 자기 자신이 하나님 앞에서 큰 죄를 용서받는 죄인이라는 것을 알기 때문입니다. 사람은 관대한 사람을 좋아하게 되어 있습니다. 관대한 사람은 다른 사람을 공격하지 않기 때문입니다. 사회생활을 하면서 지나치게 공격적인 말을 하는 사람을 좋아하는 사람은 아무도 없습니다. 하나님의 백성들은 일단 다른 사람의 실수에 대해서도 너그럽습니다. 인간은 누구나 다 약한 존재인 것을 알고 약한 것을 이해하는 것입니다. 그리고 다른 사람에게 선물을 주기를 좋아한다는 것은 다른 사람이 행복해 하는 것을 좋아하는 사람을 말합니다. 하나님의 은혜를 받으면 사람은 누구나 다 행복할 자격이 있다는 것을 알게 됩니다. 그래서 은혜 받은 사람은 어떻게 해서든지 다른 사람들이 행복할 수 있도록 무엇인가 주는 것을 좋아하는데 이런 사람에게는 적이 없는 법입니다. 하나님은 이렇게 다른 사람을 행복하게 하는 사람을 좋아하시고 축복해주셔서 많은 기적을 체험하게 하십니다. 예수님께 보리떡 다섯 개와 물고기 두 마리를 바쳐서 오천 명이 먹게 한 소년도 남이 행복한 것을 좋아하는 사람이었고, 주는 것을 기뻐하는 사람이었습니다. 이런 사람이 기적을 체험하게 되는 것입니다.

> 7절 "가난한 자는 그 형제들에게도 미움을 받거든 하물며 그 친구야 그를 멀리 아니하겠느냐 따라가며 말하려 할지라도 그들이 없어졌으리라."

사람이 가난하면 형제도 싫어하고 친구는 더 싫어합니다. 가까운 사람이 가난하면 내가 도와야 할지 모르기 때문에 부담이 되기 때문입니다. 가난한 사람이 이야기를 하려고 하면 형제나 친구도 아예 말을 들으려고 하지 않습니다. 돈이 없다면서 도와달라고 하는 것이 부담되기 때문입니다. 가난할 때에는 하나님이 나를 낮아지게 하신다고 생각하고 하나님의 말씀을 실컷 듣는 것이 가장 좋습니다. 하나님이 나를 회복시키시고 나면 저절로 다른 사람들과의 관계는 회복되기 때문입니다. 이 세상에서 친구 많이 사귀려고 쫓아다니는 사람보다 더 어리석은 사람은 없을 것입니다. 내가 축복받으면 그 동안 멀어졌던 친구들도 어떻게 해서든지 알고 연락을 하게 되어 있기 때문입니다. 때때로 형제들과의 사이가 멀어졌을 때에도 억지로 가까워지려고 할 것이 아니라 하나님을 가까이 하면 나중에는 다시 좋아지게 되어 있습니다. 이것은 같은 기독교인들 사이도 마찬가지인데 기독교가 하나가 되는 것은 서로 만나서 인간적인 교제를 열심히 하는 것이 아니라 하나님을 가까이 하고 겸손하게 은혜 받으면 나중에 다 연락이 되게 되는 것입니다.

> 8절 "지혜를 얻는 자는 자기 영혼을 사랑하고 명철을 지키는 자는 복을 얻느니라."

하나님은 우리의 복이 세상의 대인관계에 있는 것이 아니라고 말씀하고 있습니다. 세상에서 성공하고 잘살게 되는 것도 결국 하나님의 복에 달려 있습니다. 우리가 하나님의 말씀을 얻는 것이 지혜인데 하나님의 말씀을 가질 때 우리 영혼이 윤택하게 됩니다. 우리 영혼이 건강하며 하나님 앞에서 아주 가치 있게 됩니다. 명철은 우리가 하나님의 말씀대로 실천하는 것인데, 하나님의 말씀대로 하면 복이 임하게 됩니다. 하늘의 복이 임하면 세상의 복도 저절로 따라오게 되는 것입니다.

9절 "거짓 증인은 벌을 면치 못할 것이요 거짓말을 내는 자는 망할 것이니라."

5절 말씀을 다시 반복해서 강조하고 있습니다. 세상 사람들이 진실을 말할 수 없는 것은 진실을 말할 용기가 없기 때문입니다. 세상은 사회구조 자체가 거짓을 강요할 때가 많기 때문입니다. 그러나 거짓 증언을 하는 자는 하나님 앞에서 벌을 받게 됩니다. 그 거짓 증언으로 피해를 보는 약한 사람들이 있기 때문입니다. 거짓 증언을 한 사람은 피해를 본 약한 사람을 책임져야 하는 것입니다. 그러나 하나님의 백성들이 증언을 할 때에는 진실을 말하는 것이 본인에게 힘이 됩니다. 이 세상에서 거짓을 원하는 자들을 내가 보호해 줄 책임이 없기 때문입니다. 거짓말을 하면서까지 다른 사람을 도와줄 필요는 없습니다. 가끔 사탄이 우리를 시험할 때 어려운 문제가 꼬이고 꼬여서 도저히 우리 힘으로 풀 수 없을 때가 있습니다. 그런데 이때 진실을 이야기하면 이상하게 쉽게 풀릴 때가 많습니다. 사탄은 진실과 믿음 앞에 오히려 힘이 없어지기 때문입니다.

10절 "미련한 자가 사치하는 것이 적당치 못하거든 하물며 종이 방백을 다스림이랴."

사람이 누구든지 돈이 많으면 어느 정도 사는 것이나 입는 것이 좋아지게 되어 있습니다. 이런 것은 누가 보기에도 좋은 것이며 어떻게 보면 하나님이 축복하신 표시이기도 합니다. 그런데 사치가 지나칠 때가 있습니다. 예를 들어서 어떤 사람이 갑자기 부자가 되었는데 손가락마다 무거운 반지를 끼고 있고 목에도 너무 많은 목걸이를 두르고 있고 옷도 너무 휘황찬란해서 본인과 전혀 어울리지 않을 때 그의 사치는 다른 사람에게 거부감을 느끼게 하고 본인에게도 욕이 될 때가 많습니다. 사람이 은혜를 받아서 마음에 기쁨이 있고 또 하나님이 축복해서 새 옷도 하나 사고 새 가방도 하나 사고 새 차도 한 대 샀을 때 다른 사람이 보기에도 좋고 아름다운 것입니다. 결국 사람들의 사치나 잘사는 것도 그 사람의 품위나 가치와 어울려야 아름답다는 뜻입니다. 사람이 충분히 경력도 쌓고 인품도 있으면서 높은 자리에 있으면 사람들이 저절로 고개가 숙여지고 존경하게 되는데, 평소에 하인으로 있다가 한 번 벼락출세를 하는 바람에 높은 자리에 올라가서 귀족들을 부려 먹으면 겉으로는 어쩔 수 없어서 순종하겠지만 속으로는 욕을 할 것입니다. 그런데 성경에 보면 그런 비천한 자리에서 높은 자리에 올라갔지만 전혀 상스럽지 않은 사람들이 있었습니다. 한 사람은 애굽의 감옥 노예에서 총리가 된 요셉이고, 다른 한 사람은 포로의 딸이면서 왕비가 된 에스더였습니다. 그러나 이 사람들은 세상 공부만 하지 않았지 하나님의 말씀으로 충분히 교육을 받았기 때문에 그런 높은 자리에 올라갔어도 조금도 손색이 없었습니다. 그러나 오히려 세상 교육을 많이 받은 사람들이 높은 자리에 올라가서 거들먹거리다가 실패하는 경우가 많습니다.

11절 "노하기를 더디 하는 것이 사람의 슬기요 허물을 용서하는 것이 자기의 영광이니라."

사람에게 있어서 가장 중요한 것이 속에서 일어나는 화를 함부로 내뱉지 않는 것입니다. 우리 속에서 일어난 화는 가장 더러운 오물이기 때문에 그냥 내보내면 다른 사람들이 해를 입게 되기 때문입니다. 신앙 인격은 속에서 일어나는 화를 소화해서 아름다운 말로 내뱉는 것입니다. 일단 화가 우리 안에서 소화가 되면 이것은 축복이 되고 위로가 되고 능력이 됩니다. 우리가 다른 사람의 허물을 다 밝히지 않고 용서할 때 우리는 다른 사람에게 아주 좋은 선물을 주는 것입니다. 하나님의 백성이 다른 사람에게 줄 수 있는 가장 좋은 선물은 그들의 허물을 용서해주고 부족한 것을 이해하는 것입니다. 그러면 하나님도 틀림없이 나의 부족을 이해해주시고 허물을 용서해주십니다. 그리고 나중에 내가 혹시 실수를 하거나 부족한 것이 있을 때 다른 사람들이 덮어주고 도와주게 됩니다.

12절 "왕의 노함은 사자의 부르짖음 같고 그의 은택은 풀 위의 이슬 같으니라."

왕이 화를 내었다는 것은 무엇인가 신하들이 하는 일이 제대로 돌아가지 않고 있다는 뜻입니다. 왕이 아무리 바보같이 보인다고 하지만 일단 왕이 화를 내는 것은 사자가 부르짖는 것과 같다고 했습니다. 사자가 소리를 치면 배가 고프다는 뜻이고 어떤 짐승이든지 잡아먹게 되어 있습니다. 왕이 화를 내게 되었다면 이것은 나중에 정책의 변화나 인사로 나타나게 되어 있습니다. 그래서 신하들이 할 일은 왕이 화를 내지 않아도 되게 나라 일이 저절로 돌아가게 최선을 다하는 것입니다. 어리석은 사람이 자기가 최고 정책결정자가 아닌데 자꾸 반발을 하거나 뒤에서 수군거리면서 말을 만들어내는 것입니다. 왕은 이것을 기억하고 있다가 언젠가는 정책에 반영을 하는 것입니다. 반대로 왕이 모든 일이 제대로 잘 돌아가고 있다고 판단하면 본인들은 느끼지 못하는 방법으로 혜택이 주어지게 되어 있습니다. 사회생활을 하면서 성공하는 비결은 자기가 최고인 것처럼 행동하지 않는 것입니다. 만일 우리가 중요한 결정권을 가진 자리에 있다 하더라도 하나님 앞에서 자신을 낮출 때 하나님은 매사에 우리에게 복을 주십니다.

3. 가정생활의 바른 규칙

우리가 사회에서 아무리 성공하고 유명하게 되었다 하더라도 가정생활이 행복하지 못하면 제대로 성공하지 못한 것입니다.

> 13절 "미련한 아들은 그 아비의 재앙이요 다투는 아내는 이어 떨어지는 물방울이니라."

'미련한 아들' 이란 자기 할 일을 제대로 하지 않고 게으른 아들일 것입니다. 더 중요한 것은 이 미련한 아들은 하나님의 말씀을 제대로 배우지 못한 아들입니다. 아들들 중에는 생각이 트여서 자기가 할 일을 알아서 하는 아들이 있는가 하면, 정신적인 성장이 늦어서 자기 할 일을 제대로 하지 못하는 아들도 있습니다. 그러나 인간이란 큰 차이가 없습니다. 어떤 아들이든지 하나님의 말씀을 먹으면 지각이 자라게 되어 있습니다. 예수님의 비유 중 어느 아버지에게 두 아들이 있는데 큰 아들은 밭에 가서 일을 하라고 하니까 가겠다고 하면서 가지 않는 반면, 작은 아들은 아버지에게 가지 않겠다고 퉁명스럽게 대답하지만 나중에 순종하는 아들도 있습니다. 부모는 아무래도 자식들이 세상적으로 성공하는 것을 가장 중요하게 생각하는데 나중에는 결국 예수 잘 믿는 아들이 최고 효자이고 최고로 성공하는 것을 보게 될 것입니다. 결국 부모가 자기 욕심에 눈이 멀어서 자식에게 신앙 교육을 제대로 시키지 않아서 자식이 반항적이 되고 미련하게 되는 것입니다. 물론 부모가 자식을 가르치는 데는 한계가 있습니다. 그래서 부모는 자기가 모든 것을 다 가르치려고 하지 말고 말씀을 잘 가르치는 선생을 찾아서 아들을 맡겨야 합니다.

결혼한 남자는 자기 아내를 신앙적으로 잘 키워야 합니다. 대개 남자들이 결혼하기 전에는 아내 마음을 끌기 위해서 잘해 주지만 결혼하고 난 후에는 집안일만 하게 하고 내팽개치다시피 하는데 그러면 여자가 마음에 화가 나서 자꾸 남자와 다투게 되어 있습니다. 다투는 아내는 이어 떨어지는 물방울과 같아서 방에 누워 있을 수가 없습니다. 결국 비가 지붕에서 새지 않게 하기 위해서는 지붕을 먼저 고쳐야 하는 것처럼 여자가 다투지 않게 하려면 불만을 먼저 들어주어야 합니다. 결국 아내는 남편이 자기 이야기를 들어주기를 바라며 서로 정신적인 공감대를 가지기를 원합니다. 신앙적으로 한마음이 된 아내는 백만 대군같이 남자를 도와주게 될 것입니다.

14절 "집과 재물은 조상에게서 상속하거니와 슬기로운 아내는 여호와께로서 말미암느니라."

그리스도인의 결혼에서 이것보다 더 중요한 것은 없을 것입니다. 집과 재물은 부모나 조상으로 물려받을 수 있지만 슬기로운 여자는 부모가 줄 수 있는 것이 아닙니다. 이것은 하나님이 주시는 선물이고 자기가 찾아야 하는 보물입니다. 하나님은 사람을 뛰어나게 만드셨지만 반쪽으로 만드셔서 나머지 반쪽을 찾아서 결혼을 해야 제대로 된 인간이 되게 하셨습니다. 어떤 의미에서는 공부하는 것이나 직장을 구하는 것보다 더 중요한 것이 결혼을 잘하는 것입니다. 그런데 대개 결혼에 실패하는 이유는 무엇인가 과시할 목적으로 하거나 사람보다는 조건을 더 많이 생각하기 때문에 그럴 때가 많습니다. 그래서 결혼을 할 때에는 자기에게 맞는 사람을 찾아야 하고 결혼을 통해서 남에게 자랑을 하거나 덕을 볼 생각을 하지 말아야 합니다. 결혼은 그야말로 순전하게 자기 반쪽을 찾아서 하나가 되는 것이 되어야 실패하지 않습니다. 너무 지나치게 외모나 학벌이나 재산을 보지 말고 진정으로 사랑하고 믿을 수 있는 사람과 결혼을 해야 하나님이 주시는 배필을 만날 수 있습니다.

15절 "게으름이 사람으로 깊이 잠들게 하나니 해태한 사람은 주릴 것이니라."

여기서 게으르다는 것은 사람이 자기가 할 책임을 지지 않는 것입니다. 이 세상에 태어난 사람들은 누구든지 자기가 할 일은 자기가 해야 다른 사람에게 짐이 되지 않습니다. 그러나 게으른 사람은 마땅히 자기가 해야 할 일을 하지 않고 다른 사람에게 미루는 사람입니다. 이런 사람은 자기 인생을 자기가 살지 않고 다른 사람이 살아주기를 바라는 사람입니다. 이런 사람은 자꾸 잠을 자는데 이것은 현실을 외면하는 것입니다. 이런 사람을 가진 가족은 불행할 수밖에 없습니다. 이 세상에서 한 사람의 가장이 가지는 책임은 말로 다할 수 없이 큽니다. 가장이 가장으로서 책임을 다 하지 않으면 가족이 모두 비참해지게 됩니다. '해태한 사람은 주린다'고 했습니다. 해태한 사람은 해이하고 나태한 사람을 말합니다. 이런 사람은 자기만 주리는 것이 아니라 자기 아내나 아이들을 주리게 합니다. 아마 이런 사람들은 너무 자존심이 높아서 자기 마음에 들지 않은 일은 하지 않으려고 하기 때문에 가난하게 될 것입니다. 자존심이 높으면서 가난한 것이 가족들에게는 치명적인 것입니다. 차라리 부모님이 자존심이 낮고 학벌이 낮아도 가장으로 책임을 지는 것이 자녀들에게는 유익한 것입니다.

16절 "계명을 지키는 자는 자기 영혼을 지키거니와 그 행실을 삼가지 아니하는 자는 죽으리라."

우리가 이 세상에서 지킬 것이 많이 있지만 그 중에서 가장 중요하게 지켜야 할 것은 재산이나 돈이 아니라 자기 영혼입니다. 이 세상에는 거짓 진리로 영혼을 도적질하는 도둑들이 있습니다. 하나님의 백성들은 세상의 많은 지식을 너무 많이 배우려고 해서는 안 됩니다. 이 세상에서 최고의 가치는 하나님의 말씀 안에 있기 때문입니다. 우리가 하나님의 말씀을 듣지 않으면 자기 영혼을 도둑질 당하게 됩니다. 사람은 일단 무슨 이야기를 들으면 그 이야기에 끌려가게 되어 있습니다. 우리의 모든 행동은 마치 양들이 목자의 지시에 따라서 움직이듯이 하나님의 말씀에 따라 움직여야 합니다. 그래서 사도 바울은 우리가 믿음으로 하지 않는 것은 죄라고 했습니다. 양들은 목자의 지시에 따라서 우리 안에 있으라고 하면 우리 안에 있고 나가서 풀을 뜯어 먹으라고 하면 뜯어 먹어야 합니다. 우리가 내 마음대로 살지 않고 하나님의 말씀의 통제를 받으면 반드시 위기 때 하나님이 도와주십니다.

17절 "가난한 자를 불쌍히 여기는 것은 여호와께 꾸어 드리는 것이니 그 선행을 갚아 주시리라."

하나님의 백성들은 눈을 높은 데 두지 말고 낮은 데 두어야 합니다. 눈을 높은 데 두면 더 잘살고 싶고 더 높아지고 싶기 때문입니다. 하나님이 나를 잘살게 하셨다면 어려운 자를 도와주라고 하신 것입니다. 특히 고난당하는 성도를 도와주는 것은 하나님께 빌려 드리는 것입니다. 하나님께서는 우리가 고난당하는 성도를 도와주는 것을 잊지 않으시고 이자를 쳐서 갚아주실 것입니다.

18절 "네가 네 아들에게 소망이 있은즉 그를 징계하고 죽일 마음은 두지 말지니라."

부모가 자식을 생각할 때 이 아이도 하나님의 말씀으로 다듬어져야 할 존재라는 것입니다. 우리가 하나님의 말씀으로 다듬어지기 전에는 그냥 돌덩어리에 불과합니다. 하나님의 말씀으로 징계를 해야지 하나님의 자녀의 모습이 새겨지게 됩니다. 부모가 자기 욕심을 가지고 아이를 때리거나 초달하면 악한 모습이 새겨지게 되기 때문에 실패하게 됩니다. 아이를 죽일 마음을 가지지 말라고 하는 것은 과도하게 대하지 말라는 것입니다. 아이는 과도하게 대한다고 해서 바른 사람이 되는 것이 아닙니다. 아이를 바로 키우는 데 중요한 것은 때리는 것이 아니라 부모와 자식 사이의 신뢰이고 믿어주는 것입니다. 그리고 서로 사이에 의사소통이 중요합니다. 매라는 것은 그런 신뢰에서 너무 벗어나게 되었을 때 정신을 차리도록 보완적으로 사용하는 것이지 엄하게 한다고 해서 아이가 훌륭하게 되는 것은 아닙니다. 부모가 과도하게 엄하게 키운 아이들이 부모에 대한 반발심으로 더 정신적으로 방황할 때가 많습니다.

19절 "노하기를 맹렬히 하는 자는 벌을 받을 것이라. 네가 그를 건져주면 다시 건져주게 되리라."

노를 맹렬히 한다는 것은 화를 자제하지 못하는 사람을 말합니다. 이 사람은 자기가 화를 내기만 하면 다른 사람들이 다 들어준다고 생각해서 그런지 몰라도 모든 일을 화로 해결하려고 합니다. 사람을 무조건 도와준다고 해서 좋은 것이 아니라 스스로 책임을 지게 하는 것이 더 좋을 때가 많습니다. 사실 사람이 무분별하게 빚을 내거나 혹은 카드를 무분별하게 쓰는 것도 정신적으로 유치해서 그럴 때가 많습니다. 이럴 때 자꾸 도와주면 또 다시 그렇게 하기 때문에 스스로 정신을 차리게 해야 하는 것입니다.

20절 "너는 권고를 들으며 훈계를 받으라 그리하면 네가 필경은 지혜롭게 되리라."

우리가 아무리 믿음의 길을 간다고 해도 인간이기 때문에 조금씩 하나님의 말씀에서 멀어질 때가 많습니다. 그래서 우리는 자주 하던 일을 멈추고 하나님의 말씀에 귀를 기울임으로 내가 가고 있는 길을 세밀하게 조정할 필요가 있습니다. 요즘 사람들이 운전을 할 때 주로 내비게이션을 쓰는데 조금이라도 길에서 벗어나면 소리가 나고 또 길을 다시 제시를 합니다. 한번은 어느 곳을 가는데 내비게이션이 하는 말을 너무 안 들었더니 내비게이션이 미쳤는지 자기도 막 엉뚱한 소리를 할 때가 있었습니다. 우리에게 중요한 것은 빨리 가거나 혹은 더 높아지는 것이 아니라 정확하게 하나님의 말씀을 따라가는 것입니다. 그래야 우리의 신앙이 뜨겁게 죄에 대하여 저항력이 있고 분별력이 있게 됩니다. 그렇게 하려면 자꾸 하나님의 말씀을 들어서 내가 가고 있는 길을 수정해야 합니다.

21절 "사람의 마음에는 많은 계획이 있어도 오직 여호와의 뜻이 완전히 서리라."

사람은 일단 머릿속으로 계획을 세우기 때문에 머리로는 모든 것이 잘 될 것 같습니다. 그러나 막상 현실에 부딪치면 내 생각대로 되는 것은 아무것도 없습니다. 사람들마다 생각하는 것이 다르고 필요한 것이 다르기 때문입니다. 대개 이 세상에서 성공하는 사람들은 남의 필요를 정확하게 예측하고 그것을 채워줄 수 있는 기술이 있는 사람입니다. 내가 좋은 어떤 것을 가지고 있다고 해서 다른 사람들이 알아주는 것은 아닙니다. 그런데 하나님은 사람의 필요를 정확하게 알고 계시며 그것을 채워주실 수 있는 능력이 있으십니다. 그래서 결국 인간의 계획은 실패하지만 하나님의 뜻은 분명히 이루어집니다. 우리가 그 하나님의 뜻에 헌신을 해야 이루어지는 것입니다.

4. 하나님 앞에 겸손한 자세

우리가 이 세상에서 가장 어려운 것은 하나님 앞에서 겸손한 마음을 가지는 것입니다. 인간은 누구든지 자기가 최고가 되려는 마음을 가지고 태어났기 때문입니다. 우리 인간이 고장이 난 것을 보여줍니다. 인간이 고장 난 상태에서 아무리 성공해도 그것은 고장이 난 것이기 때문에 제대로 작동하지 않습니다. 하나님의 말씀을 듣고 우리 영혼이 치료를 받으면 그때 하나님 앞에서 겸손하게 됩니다. 우리가 하나님 앞에서 겸손하기만 하면 모든 복을 다 받을 수 있습니다.

> 22절 "사람은 그 인자함으로 남에게 사모함을 받느니라. 가난한 자는 거짓말하는 자보다 나으니라."

여기에 세 종류의 사람이 나옵니다. 하나는 인자함으로 다른 사람의 존경을 받는 사람이고 다른 하나는 거짓말하는 사람이고 또 다른 하나는 가난한 자입니다. 우리가 생각하기에 가난한 자가 가장 못한 것 같고 인자한 자는 별 볼일 없는 것 같고 거짓말하더라도 성공하고 잘사는 사람이 행복할 것 같습니다. 그러나 이렇게 생각하는 자체가 얼마나 사람을 보는 눈이 틀렸는가 하는 것을 보여줍니다. 여기서 거짓말하는 자는 속에 진리가 없는 사람입니다. 이런 사람은 세상 돌아가는 이야기를 하든지 아니면 자기 자랑이나 다른 사람 욕이나 하기 때문에 아무 가치가 없습니다. 거기에 비해서 가난한 자는 지금 연단을 받고 있는 자입니다. 이 사람은 보석으로 변하고 있는 중에 있기 때문에 인내만 하면 복을 받게 되어 있습니다. 우리가 충분히 연단을 받으면 다른 사람에 대하여 인자한 모습으로 나타나게 됩니다. 우리가 다른 사람을 사랑하게 되는 것이 최고의 가치입니다. 결국 우리가 연단을 받는 목적은 다른 사람을 사랑하기 위한 것입니다.

23절 "여호와를 경외하는 것은 사람으로 생명에 이르게 하는 것이라. 경외하는 자는 족하게 지내고 재앙을 만나지 아니하느니라."

사람들이 행복하지 못하고 실패한 인생을 사는 것은 하나님을 만나지 못했기 때문입니다. 우리가 하나님의 말씀을 믿을 때 하나님을 체험하게 됩니다. 하나님을 만나는 체험은 기쁘면서도 두려운 것입니다. 이것이 바로 하나님을 경외하는 것인데 하나님을 경외한다는 것은 하나님을 머리로 믿는 것이 아니라 나에게 실제적인 분이 되시는 것입니다. 하나님을 언제나 인식하고 살 때 우리 영혼을 사망으로부터 지켜줍니다. 이것은 이 세상에 많은 죽음의 함정이 있다는 것을 의미합니다. 사람들이 죄에 빠지는 것은 결국 죄의 함정에 빠지는 것입니다. 인간들은 전부 죄를 짓고 싶은 욕망이 있습니다. 그런데 우리가 하나님을 의식하기 때문에 함부로 죄를 짓지 못합니다. 또 우리가 죄를 짓더라도 금방 회개하게 되기 때문에 우리 영혼이 죄의 독에 빠져서 죽지 않습니다. 금방 죄를 토하여내기 때문에 죄의 독이 우리를 죽이지 못하는 것입니다. 그리고 우리가 하나님을 경외할 때 족한 줄 알게 됩니다. 하나님은 우리에게 세상 것은 꼭 필요한 것만 주십니다. 우리에게 세상 것이 너무 많으면 그런 것에 신경을 쓰느라고 영적으로 손해를 보기 때문입니다. 그래서 예수님도 기도에서 '일용할 양식을 주옵시고'라고 기도하게 하셨습니다. 우리에게 하루 살 힘만 있으면 다른 것은 하나님이 책임져 주시는 것을 믿어야 하는 것입니다. 그런데 놀라운 것은 재앙도 막아주십니다. 사실 우리가 세상 것을 많이 가지지 않는 것이 재앙을 당해서 피해를 보는 것에 비하면 더 유익인 것입니다.

24절 "게으른 자는 그 손을 그릇에 넣고도 입에 올리기를 괴로워하느니라."

사람이 아무리 게으르다 해도 최소한도로 자기가 해야 할 것은 해야 합니다. 그러나 이 세상에서 자기가 왜 태어났는지 모르는 사람은 무조건 편해지려고만 하기 때문에 아무것도 하려고 하지 않습니다. 실제로 어떤 사람은 밥 먹는 것도 귀찮아서 밥을 떠먹여주는 로봇을 만들려고 합니다. 게으른 사람은 모든 것이 준비되어 있는데도 아무것도 할 생각이 없어서 기회를 다 놓쳐 버립니다. 이런 사람은 이 세상에 태어난 이유가 없는 것입니다. 우리가 이 세상에 태어난 것은 멋진 믿음의 연주를 하기 위해서입니다. 이 세상에서 훌륭한 것은 전부 힘든 훈련 과정을 통해서 얻게 되어 있습니다. 사실 하나님을 모르는 자들은 어떻게 해서든지 편해지려고만 합니다. 이 세상에서 편하게 산 것으로는 하나님 앞에서 아무 상이 없습니다. 고생하면서 하나님의 뜻을 이루어 드려야 하나님 앞에서 상이 있습니다. 이 세상에서 너무 돈이 많은 집에서 편하게 사는 것이 실제로 하나님 앞에서는 좋을 것이 없습니다.

25절 "거만한 자를 때리라. 그리하면 어리석은 자도 경성하리라. 명철한 자를 견책하라. 그리하면 그가 지식을 얻으리라."

여기서 거만하다 혹은 명철하다는 것은 우리가 하나님의 형상이 새겨지고 있는 과정을 말합니다. 대리석 덩어리로 조각을 만들 때 아직 전혀 형상이 새겨지지 않은 돌덩어리는 거만한 자입니다. 이런 사람은 끌과 망치를 가지고 좀 강하게 때려야 모양이 만들어지게 될 것입니다. 그러나 명철한 자는 전체적인 얼굴이 새겨진 대리석을 말합니다. 이런 사람은 좀 더 섬세한 끌을 사용해서 모양을 새겨나가야 할 것입니다. 오늘 말씀에서 때리고 견책하라는 것은 하나님의 말씀을 가지고 가르치라는 뜻입니다. 그러면 처음에는 반발하고 듣지 않던 사람들도 모두 믿음이 생기게 되어 있습니다. 이미 믿음이 있던 사람은 더 완벽한 하나님의 형상이 새겨지게 되는 것입니다. 교회에서 하나님의 말씀을 가지고 가르치는 것보다 더 중요한 농사는 없습니다. 결국 심은 대로 거두게 되는 것입니다.

26-27절 "아비를 구박하고 어미를 쫓아내는 자는 부끄러움을 끼치며 능욕을 부르는 자식이니라. 내 아들아 지식의 말씀에서 떠나게 하는 교훈을 듣지 말지니라."

하나님 앞에서는 세상에서 성공하고 부자가 되는 것보다 부모를 공경하고 사랑하는 아들이 성공한 아들이라고 말씀하고 있습니다. 우리에게 부모님은 우리가 아무리 나이가 들어도 부모님이십니다. 우리가 부모님에게 머리를 숙일 수 있는 것은 참으로 아름다운 것입니다. 내가 옛날에 참으로 아무것도 할 수 없었을 때 부모님의 사랑으로 살았고, 그것이 바로 하나님의 사랑이었다는 것을 인정하는 것입니다. 결국 우리를 처음부터 끝까지 책임지시고 사랑하신 분은 하나님 아버지이십니다. 그러나 세상 지식을 따라가면 내가 잘나서 성공한 줄 알고 정말 나에게 복을 주신 하나님을 버리게 됩니다. 우리가 세상을 따라가는 것은 아버지를 구박하고 어머니를 집에서 쫓아내는 것 같이 악한 사람이 되는 것입니다.

28-29절 "망령된 증인은 공의를 업신여기고 악인의 입은 죄악을 삼키느니라. 심판은 거만한 자를 위하여 예비된 것이요 채찍은 어리석은 자의 등을 위하여 예비된 것이니라."

사람들의 마음에 하나님이 없으면 망령된 거짓말을 많이 하게 됩니다. 대표적인 예로 믿음이 없는 학자들은 학문이라는 미명하에 너무 많은 거짓말들을 하고 있습니다. 이 모든 것은 하나님의 공의를 두려워하지 않는 것입니다. 자기들이 모르는 것은 모른다고 하면 될 텐데 괜히 잘난 체하려고 불필요한 거짓말을 많이 합니다. 하나님을 믿지 않는 자들은 이 세상을 살면서 자기 욕심만 채우며 살아가게 됩니다. 그러나 인생은 이 세상에서 사는 것으로 끝나지 않고 하나님의 무서운 심판이 있고 하나님의 채찍질이 있습니다. 결국 인간은 자기가 행한 대로 하나님 앞에서 보응을 받게 됩니다. 이 세상에서 성공하고 잘사는 것이 목표가 되면 인생은 실패하게 됩니다. 우리가 하나님의 말씀으로 먼저 우리 자신이 만들어지고 그런 후에 하나님의 뜻을 멋있게 이루어드리는 성도들이 다 되시기 바랍니다.

31 · 피해야 할 것

잠 20:1-15

누구나 성공을 하려면 수많은 경쟁에서 이겨야 할 것입니다. 그 많은 경쟁자 중에서 가장 무서운 경쟁자는 역시 자신입니다. 사람은 누구든지 자기 자신을 이기지 못하면 결코 성공할 수 없습니다. 자신을 이긴다는 것은 말처럼 쉬운 일이 아닙니다. 자신을 이기는 첫걸음은 자기에게 가장 약한 함정을 피하는 것입니다. 운동선수로 성공을 하려면 일단 몸을 망칠 수 있는 술은 피해야 할 것이며 돈에 대한 지나친 욕심도 피해야 할 것입니다. 얼마 전 우리나라 프로 축구 선수들이 돈을 받고 경기를 조작했다는 혐의로 무더기로 경찰의 조사를 받고 그 중에는 이미 구속된 선수들도 있습니다. 결국 선수들이 돈을 좋아한 결과는 자신들의 신세만 망친 것이 아니라 프로 축구 자체가 관객들로부터 신뢰가 떨어졌습니다.

얼마 전 영국의 유명한 언론 왕 머독이 청문회에 나와서 조사를 받게 되었습니다. 머독이 소유한 한 신문사 편집장이 불법적으로 여러 사람들의 핸드폰을 해킹한 사실이 드러났기 때문입니다. 레베카 브룩스라는 여자 편집장은 자기가 원하는 정보를 캐내기 위해서 모든 방법을 다 동원해서 정보를 빼내었을 뿐 아니라 중요한 인터뷰가 있는 곳은 도청장치도 하고 심지어는 청소부로 변장해서 정보를 빼내는 등의 활약으로 11년 만에 신문사 편집장의 자리까지 올랐다고 합니다. 그러나 얼마 전에 그가 정치인이나 10대 소녀, 군인들의 핸드폰까지 무차별로 해킹한 것이 들통 나는 바람에 자신은 편집장의 자리에서 쫓겨나고 회사는 폐지되고 회장은 의회 청문회 조사까지 받게 되었습니다. 몇 년 전 미국의 유명한 하버드 경영대학원에서 합격자를 뽑았는데 지망자들이 자기의 합격 여부를 알아내기 위해서 대학원 관련 사이트를 해킹한 사건이 있었다고 합니다. 이때 하버드 대학에서는 해킹한 사람 전원의 합격을 취소했는데 그 이유는 하버드가 이 사람들을 지도자로 적합하지 않다고 판단했다는 것입니다. 하버드 경영대학원은 똑똑한 지도자를 배출하는 것이 목적이 아니라 바른 결정을 내리는 지도자를 배출하는 것을 목적으로 한다는 것이었습니다.

이런 여러 사례들을 보면 사람이 아주 짧은 기간에는 약삭빠르게 움직여서 불법이라도 저질러 남들보다 앞서는 것이 성공하는 것 같지만 길게 내다보면 결국 어떤 원칙에 충실하게 행동하는 것이 궁극적으로 성공한다는 것을 알 수 있습니다. 하나님의 백성들에게 중요한 것은 이미 하나님의 백성들은 성공의 길이 주어져 있다는 사실입니다. 하나님께서는 이스라엘 백성들에게 하나님의 말씀을 주셨는데 하나님의 말씀을 따라가면 누구든지 성공적인 삶을 살게 되어 있습니다. 그러나 이것이 결코 쉬운 일이 아닌 이유는 하나님의 백성들에게 하나님의 말씀이 주어져 있다고 하지만 하나님 말씀의 뜻을 이해해서 내 것으로 가지는 것이 어렵기 때문입니다. 게다가 하나님의 말씀을 가지고 현실에 적용해서 현실적인 힘과 축복으로 만들어내는 것은 보통 어려운 일이 아닙니다. 그에 비해서 이 세상의 축복은 눈에 보이는 것들이기 때문에 사람들은 세상의 축복이 더 실제적이라고 생각합니다. 이스라엘 백성들이라고 해서 모두 하나님의 말씀의 길을 가는 것은 아니었습니다. 오히려 하나님의 백성들도 하나님의 말씀은 실제적으로 얻는 것이 없다고 생각해서 세상의 길을 가는 사람들이 많았습니다. 그 결과 이들이 세상에서는 성공할 수 있을지 몰라도 진정한 영적인 부흥은 체험할 수가 없었습니다. 많은 이스라엘 백성들이 세상을 따라간 결과 개인들은 모두 행복하게 잘 사는데 나라 전체는 망하는 이상한 현상이 일어나게 되었던 것입니다. 오늘 말씀은 우리가 끝까지 믿음의 길을 걸어가기 위해서 피해야 할 것이 무엇인지 말씀하고 있습니다.

1. 자기 도취의 위험

우리가 하나님의 말씀이 살아있다는 것을 체험하려면 일단 말씀의 맛을 보아야 합니다. 다른 것으로는 하나님께 가까이 갈 수가 없고 하나님의 마음에 들 수 없습니다. 아무리 구제를 하고 봉사를 하고 방언을 한다 하더라도 우리는 그것으로 하나님께 가까이 갈 수 없습니다. 그런데 우리가 하나님의 말씀을 붙들고 이 말씀의 맛을 보게 되었을 때 이미 우리는 하나님께 가까이 나아가고 있는 것입니다. 그러나 아무리 하나님의 말씀의 맛을 보았다 하더라도 조심해야 할 것이 있습니다. 첫째는 술을 마시지 말아야 할 것입니다.

> 1절 "포도주는 거만케 하는 것이요 독주는 떠들게 하는 것이라. 무릇 이에 미혹되는 자에게는 지혜가 없느니라."

이스라엘들에게 포도주는 우리와 달리 술이라는 개념보다는 음료수에 가까운 것이었습니다. 이스라엘 사람들은 식사할 때 빵 자체만 먹으면 빵이 딱딱해서 목이 막힐 수 있었기 때문에 빵을 포도주에 적셔 먹기도 하고 빵과 함께 포도주를 마시기도 했습니다. 우리가 빵이나 떡을 먹을 때 목이 막히지 않도록 우유를 같이 먹든지 혹은 수정과나 식혜 같은 것과 같이 먹으면 물하고 먹는 것보다는 고급스럽고 맛있는 식사가 되는 것과 비슷한 것이었습니다. 그럼에도 불구하고 이스라엘의 선생들은 포도주가 그렇게 맛이 있고 우리 입을 상큼하게 하지만 포도주가 가질 수 있는 위험성을 심각하게 생각했습니다. 포도주가 맛이 있기는 한데 사람을 몽롱하게 만들 수 있는 것입니다. 포도주를 많이 마시게 되면 취하게 되는 위험이 있었습니다. 그뿐만 아니라 포도주는 역시 술이기 때문에 중독될 수 있는 위험이 있었습니다. 대개 미국에서 사람들이 알코올 중독에 걸리는 이유는 밤에 잠이 잘 오지 않고 외로워서 포도주를 조금씩 마시다 보니 나중에는 완전히 술에 인이 박히게 되어서 술을 끊지 못하는 알코올 중독자가 되는 것입니다. 이스라엘의 지혜자들은 백성들의 식생활에서 포도주를 완전히 금할 수는 없지만 포도주를 많이 마시는 것의 위험성에 대하여 많은 경고를 하고 있습니다. 여기에 보면 포도주는 거만하게 하는 것이라고 했습니다. 사람이 술을 마시면 취하게 되는데 이때 비현실적인 기쁨과 자신감을 가지게 되는 것입니다. 술은 사람을 비현실적으로 만들고 자기 도취에 빠지게 하는 위험성이 있는 것입니다. 하나님의 백성들에게 가장 위험한 것은 자기 만족에 빠지는 것입니다. 우리가 능력 있는 삶을 살 수 있는 비결은 언제나 하나님으로부터 능력이 공급이 되기 때문입니다. 우리가 자기 자신에게 만족해 버리고 더 이상 하나님의 은혜를 필요로 하지 않으면 자기도 모르는 사이에 힘을 잃고 서서히 무너지게 될 것입니다.

'독주는 떠들게 하는 것'이라 하였는데, 아무것도 가진 것이 없으면서 자기 기분만 믿고 모든 것을 다 할 수 있는 것처럼 떠들어대는 것입니다. 하나님의 백성들은 언제나 냉정해야 하고 실제적이어야 넘어지지 않습니다. 사람들이 망하는 것은 누구든지 자기 만족에 빠져서 이만하면 됐다고 생각할 때부터입니다. 그때부터는 노력도 덜 하고 자기 관리도 부족하기 때문에 경쟁자에게 먹히고 마는 것입니다. 그뿐 아니라 사람이 포도주에 빠지게 되면 포도주보다 더 자극적인 것을 찾게 되어 있습니다. 이때부터는 중독에 들어가게 되는 것입니다. 그래서 사람들은 독주를 마시게 되는데 본문에 독주는 떠들게 하는 것이라고 했습니다. 물론 우리가 이 세상에 살면서 단 한 번도 황홀한 기분을 내지 않고 무조건 성경만 붙들고 일만 하면서 살 수는 없을 것입니다. 사람들은 한 번씩은 여행을 가서 멋진 경치에 도취되어 보기도 하고 맛있는 음식점에 가서 좋은 음식을 먹으면서 행복한 느낌에 빠져볼 수도 있습니다. 그러나 역시 잔치란 가끔 한 번씩 해야 잔치하는 가치가 있지 매일 잔치를 한다면 그 사람은 흥분이 되어서 아무 일도 차분하게 할 수가 없을 것입니다.

그래서 오늘 말씀에 '이것에 미혹이 되는 자에게는 지혜가 없느니라'고 했습니다. 언제나 흥분된 감정에 빠져 있는 사람은 차분하게 하나님의 말씀에서 나는 지혜나 능력을 얻을 수 없다는 뜻입니다. 크리스천들이 제대로 말씀의 길을 가려고 하면 정말 구도자의 자세가 필요합니다. 산에서 나는 보물을 캐내려고 하면 멋진 파티복이나 드레스가 아니라 허름한 작업복을 입고 먼지를 뒤집어쓰면서 바위를 뚫고 돌을 깨트러서 그 안에서 나오는 보석 하나 하나를 찾아내어야 할 것입니다. 우리에게 진정한 기쁨은 새로운 하나님의 말씀을 하나씩 캐내는 그 자체가 기쁨이 될 것입니다. 석유를 파내는 사람은 얼굴에 시커먼 기름을 뒤집어쓰고 이빨만 하얗게 내어놓고 그 고생스러운 환경에서 땅을 파고 들어가야 기름을 퍼낼 수 있는 것입니다. 그러나 보통 사람들은 조금 잘살게 되면 이제는 더 이상 고생하지 않고 삶을 즐기려고 하기 때문에 더 이상 발전할 수가 없습니다. 이 세상에서 가장 위험할 때는 세상에서 성공하지 못했을 때보다 오히려 성공했을 때입니다. 세상에서 높은 자리에 올랐을 때 사람은 더 이상 다른 목표가 없기 때문에 그때부터는 삶을 즐기려고 하게 됩니다. 성공한 사람들의 특징이 다른 사람들보다 능력은 몇 배나 되는데 성공하고 난 후에는 그만큼 에너지를 쓸 일이 없고, 또 이런 사람들은 정상적인 것으로는 만족이 되지 않기 때문에 죄를 짓는 즐거움에 빠질 가능성이 많습니다. 성공한 사람들에게 에너지는 너무나도 넘치는데 그것을 충족시킬 수 있는 것이 없고 자기가 해오던 일은 너무나도 뻔한 것입니다.

그러나 우리가 하나님의 말씀을 우리 인생의 목표로 삼고 나가면 밑바닥에 있을 때에나 높은 자리에 있을 때에나 하나님의 말씀은 우리에게 한결같은 기쁨과 능력을 주기 때문에 굳이 포도주나 독주에 빠질 필요가 없습니다. 오히려 하나님의 말씀을 사랑하는 사람은 자기 머리가 명석하지 못하고 띵한 것을 가장 싫어합니다. 하나님의 백성들이 가장 기쁠 때는 역시 성도들이 함께 모여서 예배드릴 때 성령이 우리에게 부어지는 순간입니다. 이때 우리는 머리가 명석해지고 감정은 깨끗하면서 말할 수 없는 하나님의 영광을 가슴 속으로 받게 되는데, 이것은 술이 주는 얼큰하고 이상한 흥분과는 비교가 되지 않는 것입니다. 술로 자기 만족을 얻으려고 하는 사람은 자기 자신을 결국 포기하는 것밖에 되지 않습니다. 인간은 우리가 생각하는 이상으로 너무나도 고상한 기쁨을 가지고 있습니다. 바로 하나님이 주시는 기쁨입니다. 놀라운 것은 하나님이 주시는 기쁨은 중독성이 없습니다.

그러나 하나님의 백성을 취하게 하는 무서운 포도주가 있는데 바로 과거의 성공을 자랑하는 마음입니다. 우리가 승리한 과거를 생각하면 감사할 때도 있지만 자기 도취에 빠져서 다른 것은 아무것도 생각하지 않고 싶을 때도 있습니다. 그러나 과거가 나 자신의 것이 아니라는 것을 알아야 합니다. 우리에게는 과거도 모두 하나님의 영역입니다. 과거에 실패한 것이나 성공한 것이나 모두 하나님께 맡기고 오직 주어진 현실에 최선을 다해야 합니다. 우리가 하루하루 열심히 걸으면 어느새 이것이 모여서 기적을 이루게 될 것입니다. 하나님의 기적은 매일 믿음으로 성실하게 걷는 자에게 이루어지게 됩니다. 또 우리 하나님의 백성들은 하나님으로부터 직접 은혜를 받기 때문에 자칫 잘못하면 내가 최고라는 생각을 가지기 쉽습니다. 하나님의 백성들이 자칫 잘못하면 내가 최고라는 생각에 빠져서 다른 사람의 말은 듣지도 않고 자기 생각이나 감정대로 행동하기 쉽습니다. 그러나 그렇게 행동하는 것은 열광주의에 빠지는 것이며 사실 이것은 성령의 능력이 아니라 자기 자신의 기질인 것입니다. 하나님께서는 이스라엘에 왕을 허락하셔서 모든 사람들로 하여금 자기 멋대로 행동하지 못하도록 통제하게 하셨습니다.

2절 "왕의 진노는 사자의 부르짖음 같으니 그를 노하게 하는 것은 자기 생명을 해 하는 것이니라."

하나님의 백성들은 모두 하나님의 은혜로 구원받은 자들이기 때문에 모두 형제고 자매이며 모두 다 같은 자유인이었습니다. 모두 하나님 앞에서 다 똑같이 사랑받는 자녀들이었습니다. 그런데 이스라엘 백성들 중에는 우리가 다 똑같은 하나님의 자녀들이기 때문에 굳이 다른 사람의 말을 들어야 할 이유가 없다고 생각하는 사람들이 있었습니다. 대표적인 예가 이스라엘 백성들이 광야에 나왔을 때의 고라 당입니다. 고라도 모세와 같은 레위인이었고 하나님의 말씀을 예언하는 능력을 가진 사람이었습니다. 그래서 고라는 모세를 대적하기를, 왜 당신만 우리 이스라엘을 지배해야 하느냐? 우리도 모두 다 똑같은 하나님의 종이다, 하고 주장하다가 땅이 갈라져서 빠져 죽은 일이 있었습니다. 우리는 모두 하나님의 사랑받는 자녀이지만 아직 다듬어지지 않은 돌과 같습니다. 사람을 다듬는 가장 좋은 방법은 다른 사람 밑에서 순종하는 것을 배우는 것입니다. 하나님께서는 이스라엘 백성들이 스스로 하나님의 말씀을 깨닫고 다른 사람에게 복종하게 하셨습니다. 만일 이스라엘 백성들이 이것이 싫어서 하나님이 세우신 정당한 지도자를 대적할 때에는 이방인들의 노예가 되게 하셨습니다. 우리는 아무리 하나님의 은혜를 받아도 아직 덜 다듬어진 돌이라고 생각해서 하나님이 세운 종들에게 복종할 때 더 세밀하게 다듬어지게 되어 있습니다. 만일 내가 최고라고 생각해서 하나님이 세운 종들에게 복종하기 싫어하면 하나님이 그를 다듬으시든지 아니면 버리든지 하실 것입니다.

하나님께서 이스라엘 백성들에게 왕의 진노를 사지 말라고 말씀하시는 이유는 하나님의 정당한 권위를 대적하지 말라는 뜻입니다. 하나님께서는 나를 더 겸손하게 만드시기 위해서 여러 직분자를 주셨기 때문입니다. 왕의 진노를 사는 사람은 자기 생각이 옳다고 해서 대어드는지 모르지만 하나님이 보시기에는 아직 덜 다듬어졌으며 결국 이것은 하나님의 큰 진노를 사게 됩니다. 우리는 내가 감히 최고라고 생각을 해서는 안 됩니다. 우리는 언제나 다른 사람 밑에 있고 늘 다른 사람에게 복종해야 하는 존재라고 생각을 해야 하나님의 심판을 덜 받게 됩니다. 왕을 대적할 정도로 개성이 강한 자라면 자기 생명을 해하게 된다고 말씀하셨습니다. 이것은 하나님께서도 그 사람을 그 정도로 치실 생각을 가지고 있다는 뜻입니다. 하나님의 백성들에게 가장 위험한 것은 누구의 말도 듣지 않고 자기가 최고라고 생각하는 고집입니다. 스스로 다른 사람에게 복종하려고 하면 많은 연단을 받아야 합니다. 하나님께서 우리를 높은 곳에서 떨어트려 박살을 내서서 내가 아무것도 아니라는 것을 철저하게 깨달아야 우리는 다른 사람의 말에 복종하게 됩니다.

2. 작은 것에 대한 욕심

3절 "다툼을 멀리하는 것이 사람에게 영광이어늘 미련한 자마다 다툼을 일으키는

니라."

　사람들 중에는 다른 사람들과 잘 다투는 자들이 있습니다. 대개 이런 사람들이 다른 사람들과 잘 다투는 이유는 작은 것은 맞는데 큰 것을 보지 못하기 때문입니다. 우리가 다른 사람의 잘잘못을 따지려 하면 항상 다툴 것밖에 없습니다. 다른 사람들이 하는 것이 전부 내 마음에 들 수 없고 또 다른 사람들이 하는 것이 그렇게 정확하지 못할 때가 많기 때문입니다. 어떤 사람이 다른 사람의 잘못을 캐기 시작하면 자꾸 그런 쪽으로 생각이 발전하게 되어 있고, 나중에는 이 사람의 속이 너무나도 좁아져서 어느 누구도 용납할 수 없는 속 좁은 사람이 되고 맙니다. 결국 이 사람은 다른 사람의 잘못을 바로 잡으려고 하다가 결국 자신만 옹졸한 인격의 사람으로 만들고 말았습니다. 그러나 우리가 이 세상에서 사람을 상대로 하지 말고 하나님의 진리를 상대로 할 때 마음이 자꾸 넓어지게 됩니다. 특히 하나님을 상대로 하면 아주 마음이 넓은 사람이 되어서 몇백 년에 한 번 나올까 말까 하는 큰 그릇으로 만들어지게 됩니다.

　사람들 중에는 다투는 것을 좋아해서 다른 사람들을 끌어들이기를 즐기는 사람들이 있습니다. 하나님의 백성들은 그런 모임을 멀리해야 합니다. 겉으로 보기에 그런 모임이 정의로운 것 같고 무엇인가 부조리를 바로잡으려고 하는 것 같지만 결국 그 사람들도 똑같은 사람들이기 때문입니다. 하나님의 영광은 결코 다른 사람을 욕하고 깎아내리는 사람들에게 있지 않습니다. 그래서 우리가 믿음의 길을 제대로 가려고 하면 남들이 뭐라고 하든지 묵묵히 자기 길을 갈 수 있어야 합니다. 그것은 바로 하나님의 말씀의 진리를 캐내어서 다른 사람들에게 꾸준히 나누어주는 것입니다. 나중에 하나님은 그렇게 한 자에게 영광을 주십니다. 특히 하나님의 백성들은 게으른 것을 멀리해야 합니다.

4절 "게으른 자는 가을에 밭 갈지 아니하나니 그러므로 거둘 때에는 구걸할지라도 얻지 못하리라."

우리가 알아야 할 것은 우리의 과거가 우리의 것이 아니듯이 우리의 미래도 우리의 것이 아닙니다. 미래는 하나님의 영역이기 때문에 우리에게 주어진 것은 오늘 이 시간뿐입니다. 하나님의 백성들이 현재에 게으를 때가 많습니다. 물론 게으른 습관이 있어서 그런 사람도 있겠지만 많은 경우는 미래에 대한 염려나 걱정 때문에 아무 일도 하지 않고 있는 경우가 많이 있습니다. 여기서 '게으른 자'란 하나님께서 믿음의 길을 허락해주셨음에도 불구하고 열심을 내지 않고 아무것도 하지 않는 것입니다. 하나님은 우리에게 하나님의 말씀을 주시고 믿음의 길을 주셨지만 다 된 복을 주신 것이 아니라, 우리가 열심히 캐내어서 내 것으로 만들어야 하고 또 응용해서 실생활에 적용함으로써 복이 되도록 하셨습니다. 우리가 하나님의 말씀을 찾고 믿음의 길을 찾았다면 더 열심히 노력해서 많은 열매를 만들어 내야 합니다. 그럼에도 불구하고 때때로 세상적으로 하나님이 나에게 길을 주지 않으셔서 아무것도 하지 않고 있을 때가 있습니다. 하나님이 우리에게 세상적인 성공을 주시지 않을 때에는 아무것도 하지 말라는 뜻이 아니라 영적인 농사를 지으라는 뜻입니다. 우리는 다른 사람들이 알아주지 않는 무명의 시절에 믿음으로 큰 그릇이 되어야 성공을 할 수 있습니다. 그러나 무명의 시절에 다른 사람들이 알아주지 않는다고 불평하고 원망하는 사람은 막상 자기에게 좋은 기회가 주어져도 준비가 되어 있지 않아서 아무것도 하지 못하는 것을 보게 됩니다.

또한 사람은 누구나 안정기에 들어갔을 때가 부패하기 쉽습니다. 우리가 알아야 할 것은 이 세상에 아무리 맛있는 음식이라 하더라도 부패하면 먹을 수 없고 모두 다 버려야 한다는 것입니다. 하나님의 축복에서도 마찬가지입니다. 우리가 가난하고 어려울 때에는 하나님의 말씀을 가지고 죽도록 몸부림치기 때문에 덜 부패하지만 안정기에 들어가면 모든 것들이 급속하게 부패하게 됩니다. 예를 들어서 추운 겨울에는 고기나 생선이나 채소가 덜 부패하지만 날이 따뜻해지게 되면 모든 것이 빨리 부패하기 때문에 소금을 치든지 아니면 냉장고에 보관하지 않으면 모두 썩어서 버리게 됩니다. 이스라엘은 우리와 달리 가을이 씨를 뿌리는 계절입니다. 이스라엘 백성들은 가을에 씨를 뿌려서 봄에 거두게 됩니다. 이것은 우리가 봄에 씨를 뿌려서 가을에 거두는 것이나 비슷합니다. 그런데 가을에 밭을 갈지 않는 사람은 하나님께서 기회를 주셨는데도 불구하고 늘 기회가 있을 것으로 생각해서 최선을 다하지 않는 사람입니다. 이런 사람은 추수 때에 거두지 못할 것입니다. 여기에 보면 구걸해도 얻지 못한다고 되어 있는데, 다른 의미로는 추수할 때 거둘 것이 없다는 뜻도 있습니다. 하나님이 우리에게 기회를 주셨을 때 다른 사람들이 뭐라고 하든지 상관없이 죽도록 하나님이 나에게 주신 씨를 뿌려야 합니다. 그런데 이 씨는 결국 말씀의 씨입니다. 우리가 하나님의 말씀을 가지고 부지런히 연구하고 설교하면 우선 나 자신이 하나님 앞에서 큰 그릇이 되고 깨끗한 사람이 되며, 하나님의 말씀으로 세상을 보는 데 놀라운 통찰력을 가지게 됩니다. 그리고 그 말씀을 듣고 자란 사람들이 큰 믿음의 공동체가 되는데 이것은 핵무기 수백 배 수천 배의 위력을 가지고 있는 것입니다. 우리는 이 세상에서 편한 생활이나 혹은 다른 사람들 앞에서 잘난 체하려고 내 개성을 가지고 날뛸 것이 아니라 깊은 땅 속에 있는 하나님의 보물을 찾아내어야 하는 것입니다.

5절 "사람의 마음에 있는 모략은 깊은 물 같으니라. 그럴지라도 명철한 사람은 그것을 길어내느니라."

이스라엘은 우리와 달리 물이 아주 귀한 나라입니다. 우리는 석유가 귀하지만 중동 지방은 석유는 흔한데 물을 찾는 것이 기름이나 보석을 찾는 것보다 어렵습니다. 하나님의 말씀을 가지고 우리 마음 속 깊은 데서 만들어낸 지혜는 깊은 물과 같다고 했습니다. 여기서 '깊은 물' 이라고 하는 것은 물 자체가 깊어서 수량이 많다는 뜻도 있지만 이 물을 구하기 위해서는 깊은 웅덩이 속을 파고 들어가야 한다는 뜻도 있습니다. 우리가 하나님의 말씀 속에서 진리를 캐내는 것은 아주 깊은 웅덩이를 파고 들어가야 하는 일입니다. 사람들이 물을 찾기 위해서 땅을 파고 들어갈 때 과연 이 웅덩이에서 물이 나올까 의심이 될 때가 많습니다. 석유를 파는 사람들이 시추를 할 때 구멍 하나를 파는데 수억 원이 든답니다. 백 개의 구멍을 뚫어서 한 군데만이라도 석유가 나오면 거부가 되는 것입니다. 이 넓은 세상에 많은 학문도 있고 많은 지식이나 부도 있는데 하나님의 말씀 하나만 파고 들어갈 때 정말 여기서 생수가 터져 나올까 의심이 될 때가 많습니다. 그래서 많은 사람들은 아예 시도조차 해보지도 않고 쉽게 사탕발림 식으로 진리를 공부하고 넘어갈 때가 많습니다. 그러나 명철한 사람은 그것을 찾아낸다고 했습니다. 우리가 하나님의 말씀에 내 모든 미래나 내 모든 생명을 다 바쳐서 파고 들어가면 결국 깊은 물 같은 하나님의 축복을 찾아내게 되는 것입니다. 이 물은 가뭄에도 마르는 법이 없고 어떤 사람의 모략과도 차원이 다른 하나님의 모략을 가지게 되는 것입니다. 결국 하나님의 말씀은 우리가 원하는 것을 실제로 이루어지게 하는 능력을 줍니다. 사람이 마음으로 희망하는 것과 실제는 언제나 엄청난 차이가 있습니다. 사람이 마음으로는 원하지만 실제로는 하지 못하는 것이 거의 대부분일 것입니다. 그러나 하나님의 말씀은 그 소원들이 이루어지게 합니다.

6절 "많은 사람이 각기 자기의 인자함을 자랑하나니 충성된 자를 누가 만날 수 있으랴."

사람들은 모두 다 자기 마음으로는 다른 사람에게 인자하고 싶어 합니다. 그래서 말로는 자신의 인자함을 자랑할 수 있습니다. 그러나 실제로 그런 사람들이 마음에 들지 않은 사람을 만나게 되면 어느새 그 인자함은 없어져버리고 잔인한 마음이 생기게 됩니다. 많은 사람들이 다른 사람에게 바라는 것은 좀 더 자비심을 가지고 자기를 이해해주기를 바라면서 자기 자신은 다른 사람을 이해할 마음이 없는 것입니다. 그러나 하나님은 우리에게 충성된 마음을 주셔서 자기 감정이나 생각과 상관없이 다른 사람에게 진실하게 하십니다. 이것은 우리가 나 자신이나 다른 사람의 감정에 휩쓸리지 않으려고 하면 나 자신을 더 든든한 데 잡아매어야 하는 것과 같습니다. 우리 생각에 차가 충돌할 때 손잡이를 꽉 잡으면 될 것 같지만 충돌할 때 힘이 너무 크기 때문에 아무리 손잡이를 꼭 잡아도 차 밖으로 튕겨나가게 됩니다. 그러나 별 것 아닌 것 같지만 안전벨트를 매면 차가 충돌을 해도 밖으로 튕겨나가지 않기 때문에 크게 다치지 않습니다. 자기 자신의 감정이나 의지를 믿는 사람이 가장 어리석은 사람들입니다. 우리는 모두 죄의 폭풍이 불면 다 날아갈 수밖에 없습니다. 하나님의 말씀에 자신을 잡아매면 놀랍게도 살아남을 수 있습니다. 우리 안에 있는 감정의 태풍은 무섭고 분노의 폭풍이나 정욕의 태풍은 너무 강해서 우리 손으로 우리를 지킬 수 없습니다.

3. 하나님의 은혜의 가치

우리는 하나님께서 우리에게 주신 은혜의 가치를 제대로 알고 있어야 세상의 화려한 가짜에 속아 넘어가지 않게 됩니다. 하나님이 우리에게 주신 은혜는 하나하나가 아주 값비싼 보물들이기 때문에 이 세상의 보물들을 아무리 모아서 가져와도 비교할 수 없는 것들입니다. 그런데 하나님의 백성들이 그 가치를 몰라서 세상을 따라가면 자기의 무기가 없기 때문에 망하고 맙니다.

8절 "심판 자리에 앉은 왕은 그 눈으로 모든 악을 흩어지게 하느니라."

하나님께서는 이스라엘 백성들의 질서를 위해서 왕을 세우셨습니다. 그런데 이스라엘 왕은 자기 마음대로 이스라엘을 지배하는 사람이 아니라 이스라엘 백성들을 하나님의 말씀으로 잘 먹이는 목자였습니다. 이스라엘 왕은 공평해야 하고 자기 자신이 먼저 하나님의 말씀에 헌신되어 있어야 합니다. 그러나 이 세상에서 권력은 사람을 살리기도 하고 죽이기도 하며 다른 사람을 자기 마음대로 주물럭거릴 수 있기 때문에 탐욕을 부리기에는 너무나도 좋은 자리인 것입니다. 사람이 권력을 가지고 있으면 자기 마음대로 돈이나 미인이나 쾌락이나 전부 다 가질 수 있습니다. 그러나 이것은 자기를 믿고 권력을 맡기신 하나님을 배반하는 것이며 나중에 하나님 앞에서 큰 심판을 받게 됩니다. 왕은 굳이 말이 아니더라도 눈빛으로 악한 자를 물리칠 수 있어야 합니다. 왕은 그 눈으로 악한 자를 물리칠 뿐 아니라 자기들끼리 세력을 만들지 못하도록 흩어버려야 합니다. 결국 지도자는 사람이 하는 말만 믿어서는 안 되고 그 중심을 꿰뚫어볼 수 있는 통찰력이 있어야 하는 것입니다. 사람들은 거의 대개 자기에게 유리하게 거짓말을 하는데 지도자는 이것을 찾아내는 지혜가 있어야 합니다. 바로 이것이 하나님의 말씀이 주는 능력입니다.

왕이 하나님의 말씀을 목숨 걸고 지키고 백성들에게도 가르치면 모두가 다 깨어있기 때문에 말도 되지 않는 거짓에 속아 넘어가지 않습니다. 더욱이 왕의 눈빛에 악한 자들이 세력을 만들지 못하기 때문에 자기 자신이 살게 됩니다. 우리는 어떻게 하든지 높아지고 유명해지고 권력을 가지는 것을 두려워해야 합니다. 모든 것은 하나님이 정의와 공평을 위해서 맡겨주신 칼인데 자칫 잘못하면 자기 것인 줄 알고 멋대로 휘두르다가 자기 인생을 망치게 됩니다.

9절 "내가 내 마음을 정하게 하였다 내 죄를 깨끗하게 하였다 할 자가 누구뇨."

우리 인간은 마음속에 타락한 죄의 구멍이 있어서 우리의 마음은 완전히 깨끗할 수가 없습니다. 대부분의 사람들은 자기 마음이 완전히 깨끗한 것은 아니지만 그럼에도 영원히 지옥에 갈 정도로 악하다고 생각하지는 않습니다. 그래서 사람들은 누구든지 자기가 조금 더 수양을 쌓으면 깨끗하고 완전한 인격을 갖춘 사람이 될 수 있다고 믿습니다. 그러나 사람이 자신에 대하여 이렇게 긍정적으로 생각하는 것은 아직 마음속에 하나님의 말씀이 제대로 비추어지지 않았다는 증거입니다. 마음에 성령님과 함께 하나님의 말씀이 제대로 비추어지기만 하면 우리는 '오호라 나는 곤고한 사람이로다 이 사망의 몸에서 누가 나를 건져내랴' 는 탄식이 나오게 될 것입니다. 우리는 모두 마음속에 죄의 시궁창을 가지고 있어서 쉴 새 없이 악하고 더럽고 음란한 생각이 생기게 되어 있습니다. 우리가 예수를 믿는 것은 예수 믿는 방법 외에는 이 죄를 해결할 수 있는 방법이 없기 때문입니다. 우리 옛사람을 죽이고 새사람으로 태어나야 이 죄에서 벗어날 수 있습니다. 예수님이 이 모든 죄를 다 가져가시고 우리에게 새 마음을 주십니다. 그럼에도 불구하고 우리에게는 죄의 시궁창이 있습니다. 우리는 매일 이 죄의 시궁창은 막고 성령의 생수를 마음에 채워야 합니다. 우리 마음이 때때로 악한 것에 너무 놀라지 말아야 하고 다른 사람이 갑자기 악해지는 것에 너무 실망하지 말아야 합니다. 매일 매순간 하나님 앞에서 회개해야 깨끗한 상태를 유지할 수 있습니다. 그래서 우리는 예수 믿고 난 후에 더 하나님을 가까이 하고 더 의지하게 됩니다. 우리는 매순간 하나님으로부터 죄 씻음을 받아야 하기 때문입니다. 예수님의 말씀대로 목욕은 했더라도 발은 다시 씻어야 하는 것입니다. 자기가 조금 수양하고 나서 내 마음이 완전히 깨끗해졌다고 말하는 사람은 아직 자기를 모르는 사람입니다. 정말 정직한 종교인이고 성직자라면 자기가 다른 사람을 가르치거나 이끌 자격이 없다는 것을 인정할 것입니다. 우리에게는 오직 예수님 외에는 죄를 깨끗이 씻을 방법이 없습니다. 다른 종교인들이 이것을 인정하지 않는 것은 위선이고 거짓말을 하고 있는 것입니다. 사람들은 때때로 남을 속여서라도 쉽게 잘살고 싶은 욕심이 있습니다. 남을 속여서 쉽게 잘살 것인가 아니면 고생해서라도 바르게 살 것인가 하는 것입니다.

10절 "한결같지 않은 저울추와 말은 다 여호와께서 미워하시느니라."

장사하는 사람은 엉터리 추와 엉터리 됫박을 사용하면 정직하게 달아주고 되어주는 것보다 빨리 부자가 될 수 있을 것입니다. 사람들은 그 과정이나 마음은 보지 않고 무조건 부자가 된 것만 보고 성공했다고 말할 것입니다. 그러나 하나님은 고생하지 않고 쉽게 돈을 벌어서 잘사는 인생은 실패한 인생이라고 말씀하십니다. 우리의 복은 하나님으로부터 오기 때문입니다. 우리가 아무리 수입이 적어도 하나님은 우리를 얼마든지 부자가 되게 하실 수 있습니다. 하나님의 백성들이 장사하는 것은 단순히 돈을 벌려고 하는 것이 아니라 좋은 서비스를 주려고 하는 것입니다. 쉽게 성공해서 잘사는 것을 절대로 부러워할 필요가 없습니다. 우리는 우리의 길이 따로 있고 우리의 복이 따로 있기 때문입니다.

11절 "비록 아이라도 그 동작으로 자기의 품행의 청결하며 정직한 여부를 나타내느니라."

사람은 어른이든지 아이든지 모두 연단을 받아야 반듯한 사람이 될 수 있습니다. 특히 어린아이는 아직 인격이 만들어지고 있는 단계에 있기 때문에 어른들이 바르게 지도하기만 하면 얼마든지 바른 인격을 가진 사람이 될 수 있습니다. 모든 인간들은 아직 다듬어지지 않은 대리석 덩이와 같기 때문에 그냥 그대로는 아무 가치가 없습니다. 하나님의 말씀으로 때리면 하나님의 형상이 새겨지기 때문에 우리는 다윗이 될 수도 있고 아브라함이 될 수도 있고 모세가 될 수도 있습니다. 로마에 가면 대리석으로 새겨진 다윗 상이나 모세 상이 있는데 그 값어치를 말로 표현할 수 없을 것입니다. 그러나 우리는 모두 하나님의 말씀으로 살아 있는 모세와 다윗과 엘리야가 될 수 있습니다. 어린아이라고 해서 하나님의 말씀을 가르치지 않을 이유가 없습니다. 우리는 하나님의 말씀을 들으면 들을수록 하나님의 능력에 가까워지게 됩니다. 하나님의 말씀으로 교육받는 어린아이는 어른이라도 쉽게 무시할 수 없습니다. 하물며 어른이 하나님의 말씀으로 훈련받고 말씀대로 살려고 할 때 아무도 그를 무시하지 못하게 됩니다. 사람이 무시를 당하는 것은 자기 자신이 하나님의 말씀에서 떠나서 가치를 잃어버렸기 때문입니다. 맛을 잃은 소금은 어느 누구에게도 환영을 받지 못할 것입니다.

12절 "듣는 귀와 보는 눈은 다 여호와의 지으신 것이니라."

하나님은 눈도 만드시고 귀도 만드셨기 때문에 보실 수 있고 들으실 수 있습니다. 우리는 언제나 하나님의 임재 하에 살아야 하는데 죄 짓고 싶을 때는 하나님을 피하고 싶습니다. 그러나 하나님을 피할 수 없기 때문에 엄청난 스트레스를 받게 됩니다. 스트레스를 받기 때문에 긴장하게 되고 그렇기 때문에 언제나 싱싱할 수 있습니다. 하나님은 귀를 가지고 계시기 때문에 우리가 부르짖는 기도를 다 들으십니다. 우리는 무엇이든지 기도하면 됩니다. 들으시든지 듣지 않으시는 것은 하나님의 마음이고 우리는 그저 원하는 것을 무엇이든지 기도하면 됩니다.

13절 "너는 잠자기를 좋아하지 말라. 네가 빈궁하게 될까 두려우니라. 네 눈을 뜨라 그리하면 양식에 족하리라."

다시 한 번 하나님의 백성이 게을러서는 안 된다고 말씀하고 있습니다. 사실 하나님의 백성들이 게을러지는 것은 할 일이 없어서 그럴 때도 있습니다. 그런데 '네 눈을 뜨라' 고 말씀하고 있습니다. 우리가 할 일이 없다고 말을 하는 것은 세상적인 기준을 가지고 정규직 직장만 생각해서 그런 것입니다. 하나님의 백성들에게는 실업이라는 것이 없습니다. 하나님이 세상 직장을 주시지 않는 것은 영적인 일을 하라는 뜻이기 때문입니다. 우리가 눈을 뜨기만 하면 할 일이 있고 하나님은 우리에게 양식을 주십니다.

14절 "사는 자가 물건이 좋지 못하다 좋지 못하다 하다가 돌아간 후에는 자랑하느니라."

대개 사람들이 물건을 살 때 장사 앞에서는 물건 값을 깎기 위해서 자꾸 좋지 못한 점을 이야기를 합니다. 그러다가 물건을 사서 집에 가져 간 후에는 다른 사람들에게 비싼 물건이라고 자랑을 합니다. 장사하는 사람은 물건을 제값을 받고 팔려면 사는 사람들의 심리를 잘 파악하고 있어야 합니다. 구매자가 물건이 좋지 않다고 하는 바람에 화가 나서 물건을 너무 싸게 팔면 상인만 손해 보는 것입니다. 사람은 자기가 가진 것의 장점을 잘 알고 있어야 다른 사람의 말에 속지 않습니다. 이스라엘 백성들은 하나님께서 그들에게 어마어마한 하나님의 말씀을 주셨는데 바보같이 하나님의 말씀을 싸구려로 버리는 바람에 결국 망하고 맙니다. 우리의 장점을 잘 알고 있어야 상대방에게 속지 않습니다. 우리가 가지고 있는 하나님 말씀의 가치는 이 세상의 보물을 다 가지고 와도 비교가 되지 않습니다. 우리는 이런 자부심을 가지고 신앙생활을 해야 합니다.

15절 "세상에 금도 있고 진주도 많거니와 지혜로운 입술이 더욱 귀한 보배니라."

이 말씀은 결론에 해당이 됩니다. 세상에서 보물이라면 금이나 진주를 말할 것입니다. 이런 보물은 캐내는 것이 쉽지 않기에 캐내면 비싼 값에 팔 수가 있습니다. 그러나 이 세상에서 최고의 보물은 하나님의 말씀이 있는 입술입니다. 이것은 우리에게 살아 있는 보물입니다. 하나님의 말씀을 내 마음에 담으면 내 인격 전체가 보물이 됩니다. 하나님은 이런 보물을 지키기 위해서 천사들을 보내서 재앙이 일어나지 않게 합니다. 우리가 하나님의 말씀을 입에 담고 기도하면 바로 응답이 오고 부흥이 옵니다. 하나님의 말씀을 입에 담아서 이야기하면 다른 사람에게 그대로 이루어지는 예언이 되고 기적이 일어납니다. 하나님의 말씀을 입에 담아서 마음이 상한 자에게 말하면 상한 마음이 치료됩니다. 그런데 우리 입에서 하나님의 말씀이 나오려면 우리 마음에서 교만이나 남을 무시하는 마음을 다 버리고 우리 속을 하나님의 말씀으로 채워야 하고 기도를 해야 합니다. 우리가 기도하지 않으면 하나님의 말씀은 그저 말씀이고 뒤에서는 자기 멋대로 말하고 행동하게 되는데 이것은 실패입니다. 마음에 있는 하나님의 말씀이 녹아서 우리 혈관을 통해서 흐르며 인간적인 농담이나 교만한 입은 닫히고 하나님의 말씀이 살아서 내 입술을 움직여 축복의 말이 흐르기를 바랍니다.

32 · 인간의 생각

잠 20:16-30

사람들은 더 나은 미래를 위해서 많은 계획을 세우지만 계획대로 되는 경우는 거의 없습니다. 우리가 생각하는 것과 현실과는 많은 차이가 있고 특히 이 세상에는 우리가 생각하지 못하는 의외의 변수들이 많기 때문입니다. 방학이 되면 학생들은 방학 동안에 공부할 계획을 알차게 세웁니다. 누가 보더라도 그 계획대로 하기만 하면 성적이 많이 오를 것이고 우등생이 될 것이 틀림이 없습니다. 그러나 계획을 짠 당일은 계획 세우느라 너무 힘을 뺐기 때문에 놀기로 하고 다음 날은 갑자기 친구가 찾아와서 공부를 못하고 그 다음 날에는 몸이 아파서 공부를 못하게 됩니다. 그래서 나중에 방학을 마치면서 보면 방학을 어영부영 보낸 것을 확인하게 됩니다. 왜 우리 인간들은 계획대로 하지 못할까요? 그것이 바로 우리 인간이 살아가는 모습입니다. 우리가 머리로 생각하는 것과 현실과의 사이에는 많은 차이가 있습니다. 또 머리로는 공부도 하고 일을 해야 하는 것을 알지만 몸은 놀기를 바라고 또 몸이 지치면 쉬어야 하고 경우에 따라 생각지 못한 일들이 터지기도 하는 것입니다. 그래서 현명한 사람들은 무턱대고 계획만 세우는 것이 아니라 할 수 있는 대로 생각과 현실과의 거리를 좁히려고 합니다.

　더욱이 우리 인간은 생각에 따라서 너무나도 다양한 모습을 보여줄 수 있습니다. 인간의 편차라는 것은 악마와 천사의 차이만큼 범위가 넓습니다. 얼마 전에 노르웨이에는 엄청난 비극이 있었습니다. 그것은 안데르스 브레이빅이라는 한 청년이 정부의 이민 정책이 자기 마음에 들지 않는다고 해서 정부 청사 앞에 폭탄을 터트리고 청소년들이 캠프를 하는 섬에 가서 아이들을 총으로 무차별로 쏘아서 76명이나 되는 청소년들을 죽인 사건입니다. 이 청년은 그야말로 악마보다 더 악한 악마가 되어서 자기와 상관없는 청소년들에게 무차별적으로 총을 쏘아 죽게 한 것이었습니다. 거기에 비해서 오슬로 시민들은 다른 모습을 보여주었습니다. 오슬로 시민 이십만 명이 모두 장미꽃을 손에 들고 나와서 20만 개의 장미로 거리를 덮었는데 그들은 누구를 미워하거나 원망하기 위해서 나온 것이 아니라 죽은 자를 애도하기 위해서 나왔다고 했습니다. 인간은 마음먹기에 따라서 악마보다 더 악할 수 있고 천사보다 더 착할 수 있습니다.

　인간들은 이 세상을 무턱대고 살아가는 것 같지만 실제로는 눈에 보이지 않는 길을 걸어가고 있습니다. 만일 어떤 사람이 미친 사람이 가는 길을 걷는다면 그는 미친 짓을 할 수밖에 없을 것입니다. 어떤 사람이 굽은 길을 간다면 그가 바른길을 가려고 해도 길 자체가 굽었기 때문에 굽은 길을 갈 수밖에 없을 것입니다. 우리가 이 세상에서 실패하지 않기 위해서는 성적이 좀 좋으냐 나쁘냐 혹은 회사에서 연봉을 많이 받느냐 적게 받느냐 하는 것을 떠나서 길을 바로 택해야 합니다.

1. 인간의 어리석은 생각들

잠언에는 첫 절에 전체를 대표할 수 있는 중요한 말씀이 나오고 그 다음에 그 말씀을 설명하거나 적용하는 말씀들이 나올 때가 많습니다. 그러나 오늘 본문에서는 처음에는 자질구레한 적용들이 나오다가 중요한 말씀이 뒤에 나오고 있습니다. 오늘 본문에서 핵심적인 중요한 구절은 24절과 27절로 생각할 수 있습니다. 24절에 "사람의 걸음은 여호와께로 말미암나니 사람이 어찌 자기 길을 알 수 있으랴"는 말씀, 또 27절에 "사람의 영혼은 여호와의 등불이라 사람의 깊은 속을 살피느니라"는 말씀입니다. 그런데 오늘 첫 번째 본문에서 말씀하시는 것은 다른 사람을 담보하는 어리석음에 관한 것인데 이것은 결코 우리가 미래를 장담해서는 안 된다는 것을 말씀하시는 내용입니다.

> 16절 "타인을 위하여 보증이 된 자의 옷을 취하라. 외인들의 보증이 된 자는 그 몸을 볼모 잡힐지니라."

우리나라에서는 IMF가 터지면서 형제나 자식의 은행 빚 담보를 섰다가 집을 날린 사람이 한둘이 아니었습니다. 사실 우리나라에서 장사를 하거나 사업을 하는 사람들은 거의 대부분이 부모나 형제의 집이나 땅을 담보로 은행에서 돈을 빌리기 때문에 경제 위기가 왔을 때 이러다가는 우리나라 전체가 빚 담보로 망하는 것이 아닌가 하는 우려가 나올 정도였습니다. 다른 사람의 빚을 담보한다는 것은 일단 그 사람이 틀림없이 자기 빚을 해결할 것이라고 믿기 때문이며, 또 우리나라는 관계 중심의 사회이기 때문에 가까운 사람이 부탁을 하면 차마 거절할 수 없는 분위기이기도 합니다. 그런데 상대방을 믿고 혹은 차마 바로 거절할 수 없어서 부탁을 들어주었는데 나중에 그 보증의 대가는 너무나도 처참했던 것입니다. 우리가 인간의 정을 생각하면서 상대방의 말을 믿어주고 어려운 부탁을 거절하지 못하는 것은 대개 착한 사람들이 하는 방식입니다. 매정한 사람들은 이런 부탁이 애당초 먹혀 들어가지도 않을 것입니다. 그러나 성경적으로 생각해보면 담보는 미래의 일인데 아직 실현되지 않은 미래는 우리의 영역이 아니라 하나님의 영역입니다. 그래서 우리는 미래와 관련하여 내 힘을 넘는 어떤 약속을 하는 것은 하나님의 영역을 침범하는 죄가 됩니다. 그뿐 아니라 우리는 다른 사람의 인생을 책임질 수가 없습니다.

오늘 말씀은 아무리 정이 많고 사랑이 많아도 미래에 있을 일에 대하여 분수를 넘어서 책임지겠다고 약속한 사람은 자기 옷을 빼앗기고 자기 몸을 종으로 팔 수밖에 없다는 것입니다. 사람들은 미래에 대하여 거창한 계획을 가지고 어떤 큰일을 추진하는 사람들을 유능하다고 생각합니다. 그러나 미래는 분명히 하나님께서 모든 것을 결정하십니다. 인간들은 미래에 대하여 할 수 있는 것이 아무것도 없는데 자기 멋대로 모든 일을 결정을 다해 버리면 어떻습니까? 물론 어찌어찌해서 일을 잘 성공시키는 경우도 있지만 실패했을 때에는 옷도 빼앗기고 몸도 종으로 팔리는 것이 당연하다고 말씀하고 있습니다. 축구에서 중요한 반칙이 오프사이드 반칙입니다. 공격수가 수비수보다 먼저 뛰어 들어가는 반칙입니다. 하나님의 백성들에게 중요한 것은 절대로 하나님을 앞서지 않는 것입니다. 물론 우리도 미래에 대하여 계획을 가져야 합니다. 그러나 그것은 우리가 게으르기 때문에 우리 자신이 나태하지 않도록 정신 차리게 하기 위해서 필요한 것이지, 우리가 미래를 내 마음대로 이랬다저랬다 할 수 있는 것이 아닙니다. 여호수아는 가나안 땅을 정복할 때 언제나 언약궤를 앞세우고 하나님의 율법을 앞세웠습니다. 하나님은 그렇게 할 때 하나님의 사자가 너보다 앞서 싸울 것이라고 말씀하셨습니다. 우리는 다른 사람의 빚을 담보할 수 없고 정 미안하면 집 담보 대신에 내가 가진 돈

중에서 일부를 그냥 줄 수 있습니다. 그러면 상대방이 내가 빚을 담보해주지 않아도 고마워할 것이며 더 중요한 것은 하나님이 우리 자세에 대하여 만족해하시는 것입니다. 우리가 매사에 나서서 모든 일을 하지 않고 하나님을 앞세울 때 하나님은 우리를 믿고 모든 것을 맡기시게 될 것입니다. 그래서 학생들이나 청년들도 미래에 대하여 거창한 계획을 세우기보다는 하루하루를 알차게 보내는 것이 훨씬 더 좋은 결과를 얻게 될 것입니다.

17절 "속이고 취한 식물은 맛이 좋은 듯하나 후에는 그 입에 모래가 가득하게 되리라."

'속이고 먹는 식물'이라고 할 때 흔히 생각할 수 있는 것이 외상으로 먹는 것을 생각할 수 있을 것입니다. 요즘은 이런 풍습이 많이 없어졌지만 옛날 사람들은 동네 가게에서 외상으로 물건을 많이 샀습니다. 외상으로 물건을 살 때에는 공짜로 먹는 것처럼 기분이 좋은데 나중에 목돈으로 외상값을 갚으려고 하면 생돈이 뜯기는 것 같아서 배가 아픈 것입니다. 우리나라에서는 옛날에 수박이나 참외 서리라는 것을 많이 했습니다. 요즘은 과수원 옆을 지나가다가 사과나 복숭아 밖으로 나온 것을 하나 따다 주인에게 들키면 지금까지 다른 사람들이 따간 것까지 다 갚아주어야 합니다. 어떤 사람은 지나가다가 복숭아 한 개를 따먹고 수십 개 값을 갚아주어야 했던 사람도 있습니다. 죄의 맛은 아주 달콤하지만 그 뿌리는 아주 질긴 것입니다. 사람들은 죄만 맛보고 도망치면 된다고 생각하지만 일단 죄를 입에 물면 그 뒤에 있는 무시무시한 책임을 져야 하는 것입니다.

삼손은 여인 들릴라 한 사람만 사랑하면 되는 줄 알았지만 들릴라 뒤에는 블레셋 군대 수만 명이 연결되어 있었습니다. 이자가 싼 남의 돈으로 건물을 짓고 공장을 세우고 외제차를 타면서 흥청망청 사는 것이 성공인 줄 알았지만 다른 사람의 돈이 한꺼번에 빠져나갈 때에는 완전 폭삭 망하고 마는 것입니다. 대표적인 예가 아이슬란드와 두바이였습니다. 이들은 이자가 싼 외국 돈을 끌어와서 금융 허브라고 하면서 한순간 국민소득이 3만 불이 넘는 생활을 했습니다. 아이슬란드 국민들은 고기잡이를 하다가 갑자기 벤츠 같은 외제 승용차를 타고 다녔습니다. 두바이는 인공 섬을 만들고 백층이 넘는 빌딩을 만들었지만 금융위기가 와서 외국 돈이 썰물같이 빠져 나가니까 사람들은 모두 차를 버리고 떠나버렸고, 국민들이 그 빚을 갚으려면 삼십 년도 더 걸린다고 했습니다. 사람들 중에는 남의 돈으로 사치스럽게 살기 위해서 비싼 명품을 산 뒤에 카드로 카드를 돌려막고 또 카드로 빚을 갚다가 망한 사람들이 많습니다. 이런 사람들은 모두 남의 돈을 우습게 생각한 것입니다. 우리는 수입이 많든지 적든지 내 수입의 범위 안에서 생활하는 법을 배워야 하고 함부로 빚을 지지 않도록 해야 합니다.

18절 "무릇 경영은 의논함으로 성취하나니 모략을 베풀고 전쟁할지니라."

여기서는 우리가 소규모로 어떤 일을 하는 것과 여러 사람이 힘을 합해서 일하는 것과는 방법이 다른 것을 말씀하고 있습니다. 경영이란 많은 사람들이 힘을 합해서 회사를 운영하든지 단체를 운영하는 것을 말합니다. 어떤 사람이 구멍가게를 운영할 때 혼자 열심히 일을 하면 됩니다. 그러나 회사의 규모가 커져서 수백 명 혹은 수천 명의 직원을 데리고 일을 할 때에는 구멍가게에서 하듯이 주먹구구식으로 하는 것은 더 이상 효율적이지 않습니다. 일단 여러 사람들이 모여서 일을 할 때에는 조직을 만들어야 하고 계획을 세워야 합니다. 그리고 일을 책임자들에게 맡겨서 해야 하는데 그것을 통제할 수 있는 눈에 보이지 않는 시스템이 있어야 하는 것입니다. 일본의 도요타 자동차는 미국 자동차 시장의 1위를 차지하고 있었지만 지나치게 원가 절감을 위해서 부속품 값을 깎는 바람에 불량품이 많이 나와서 전 세계에서 천만 대를 무상 수리 해야만 했습니다. 이런 것은 나쁜 경영 철학이 가져온 실패한 계획입니다. 특히 교회는 수익을 만들어내는 단체가 아니기 때문에 경영이라는 것이 아주 어렵습니다. 아마 교인들 열 명이면 열 명 백 명이면 백 명의 생각이 다 다를 수 있습니다. 이제는 교회에 대한 사회의 요구도 더 많아지게 되었고 오늘의 교회들은 다양한 특성을 가지고 교인들의 필요를 채워주고 있습니다. 이때 교인들에게 교회에 대한 바른 공감대를 가지게 하고 하나의 방향으로 나가게 하는 것은 보통 어려운 문제가 아닙니다. 그러나 성도들이 하나님의 말씀으로 하나가 될 때 부흥이 일어납니다. 그 능력과 축복이란 상상할 수 없을 정도입니다.

그리고 '모략을 베풀고 전쟁할지니라'고 했습니다. 전쟁은 장수 한두 명이 싸우는 것이 아니라 수만 명 혹은 수십만 명의 군인들이 싸우는 것입니다. 일단 수만 명 내지 수십만 명의 사람이 움직이려고 하면 의사소통 자체가 어려울 것입니다. 규모가 수만 명이 되면 지휘관이 혼자 아무리 소리를 질러도 병사들에게는 들리지도 않을 것입니다. 그러면 군인들은 조직을 해야 하고 전략을 세워야 하고 그때그때 지휘관의 명령이 전달이 되어야 합니다. 전쟁에 이기려고 하면 상대방의 약한 부분을 찾아서 우리 쪽의 강한 부대가 쳐야 합니다. 전쟁은 중간 중간 전혀 예측하지 못했던 상황들이 쉴 새 없이 터지기 때문에 일선 지휘관이 유능해야 합니다. 그리고 전쟁은 수십만 명이 싸우기 때문에 일단 그 많은 사람들이 먹어야 하고 입어야 하고 싸울 무기가 공급되어야 합니다. 로마 군인들은 군수품으로 싸운다는 말이 있습니다. 결국 아무리 지휘관이 유능해도 군수품이 보급되지 않으면 그 전쟁은 질 수밖에 없습니다. 경영이나 전쟁을 하려면 전체를 볼 수 있는 눈을 가지고 있어야 합니다. 부분적으로는 질 수도 있고 밀릴 수도 있지만 전체적으로 사람이나 물자를 효율적으로 사용하면 반드시 이기게 됩니다. 그러나 더 중요한 전략은 사람의 힘으로 통제할 수 없는 상황을 어떻게 하느냐 하는 것입니다. 경영을 하거나 전쟁을 하다 보면 사람의 힘으로는 전혀 예측할 수 없는 것들이 있는데 대개 승패는 여기서 좌우됩니다. 뛰어난 지휘관이나 경영자는 하나님을 내 편으로 끌어들이는 능력이 있는 사람입니다. 우리가 하나님의 말씀을 앞세우고 나가야 실패하지 않는 이유는 바로 이렇게 사람의 힘으로 예측할 수 없는 상황에서 하나님이 반드시 우리를 도우시기 때문입니다. 혼자 무슨 일을 할 때에는 머리가 좋고 행동이 빠른 자가 유리하지만 여러 사람을 부려서 일을 할 때에는 다른 사람을 설득시키고 전체를 볼 수 있는 사람이 유리할 것입니다. 그러나 역시 가장 중요한 것은 하나님을 내 편으로 삼아서 사람이 예측할 수 없는 상황에서 하나님의 능력으로 위기를 뒤집어엎을 수 있는 사람이 결국 승리하는 사람이 되는 것입니다.

19절 "두루 다니며 한담하는 자는 남의 비밀을 누설하나니 입술을 벌린 자를 사귀지 말지니라."

두루 다니며 남의 말을 하는 사람이 인기가 있습니다. 이런 사람은 일단 남들이 모르는 정보를 많이 알고 있기 때문에 똑똑한 것 같고 또 발이 아주 넓은 것 같습니다. 대개 모임 같은 데 가보면 남들이 모르는 것을 많이 알고 있는 사람이 대체로 이야기를 주도하고 인기를 독차지하는 것을 볼 수 있습니다. 그러나 두루 다니면서 남의 이야기를 하는 사람은 일단 자기 일을 제대로 하지 않는 사람일 가능성이 많습니다. 자기 일을 열심히 하는 사람이 남의 정보를 캐낼 시간이 없기 때문입니다. 그뿐 아니라 남의 이야기를 많이 하는 사람은 대개 책임감이 없는 사람입니다. 남의 이야기를 하는 것은 책임질 일이 아니기 때문입니다. 남의 이야기를 많이 하는 사람들이 발이 넓고 주워듣는 것이 많을지 몰라도 믿을 만한 사람은 되지 못합니다. 신실한 사람은 일단 자기 일만 해도 '내 코가 석자'라고 겨우겨우 해내기 때문에 남의 이야기를 듣거나 하고 다닐 정신적인 여유가 없습니다. 남의 말을 하고 다니는 자는 자기 일에는 관심이 없는 자라고 보아야 할 것입니다. 그리고 예수님은 말씀하시기를 '다른 사람을 비판하지 말라'고 하시면서 '남을 비판하는 것으로 네가 비판을 받을 것이라'고 했습니다. 남을 비판하는 사람은 그만큼 자기 자신의 허물을 보지 못하는 것입니다. 결국 신실한 사람은 입을 굳게 다물 수 있는 사람입니다. 우리 몸에서 가장 통제하기 어려운 부분이 바로 혀이기 때문입니다. 사람은 혀로 거의 모든 죄를 짓고 다른 사람을 정죄하고 혀로 잘난 체하기 때문에 입을 다물 수 있는 사람이 진정으로 성숙한 사람입니다.

2. 인생의 길을 찾는 것

우리 앞에는 많은 인생의 길이 있습니다. 의사나 학자 같은 전문인의 길이 있는가 하면 군인이나 정치인이나 종교인의 길도 있을 것입니다. 그러나 이것은 우리가 인생을 수평적으로 보는 것이고 정말 중요한 것은 우리가 수직적으로 하나님을 향하여 가는 길을 찾아야 하는 것입니다. 학생들은 어떻게 해서든지 더 좋은 대학에서 높은 교육을 받아서 자기 자신의 가치를 업그레이드시키려고 합니다. 보통 대학보다는 유명한 대학이 좀 더 자기 가치를 높이는 데 도움이 될 것이고 학사보다는 박사가 자기 가치를 더 높이게 될 것입니다. 그러나 이것은 실제로 자신의 가치를 높이는 데 도움이 되지 못합니다. 우리는 하나님으로 통하는 길을 찾아야 하는데 사실은 찾기보다는 자기 자신이 뚫어야 합니다. 가장 중요한 것이 하나님의 말씀을 통해서 하나님을 만나는 체험을 해야 합니다. 그리고 하나님의 말씀 속에 들어 있는 보물로 나 자신을 채워서 자신의 가치를 업그레이드를 시켜야 합니다. 우리는 세상 지식도 배워서 이 세상에서 우리의 가치를 써먹을 수 있어야 합니다. 여기서 중요한 것은 나의 뿌리입니다.

20절 "자기의 아비나 어미를 저주하는 자는 그 등불이 유암 중에 꺼짐을 당하리라."

여기 보면 자기 아비나 어미를 저주하는 자가 나옵니다. 자기 아비나 어미를 저주한다는 것은 일시적으로 부모의 뜻에 불순종하거나 반항하는 것을 말하지 않습니다. 사람에게 부모는 자신의 인생의 뿌리에 해당됩니다. 나무 가지가 아무리 좋고 잎이 무성하다 하더라도 뿌리에서 진액이 올라와서 가능한 것입니다. 그런데 만일 나무 가지가 스스로 훌륭하다고 생각해서 나무 줄기나 뿌리를 잘라버린다면 결국 말라서 죽게 될 것입니다. 여기서 아비나 어미를 저주한다는 것은 지금 자기가 너무 똑똑하기 때문에 부모조차 우습게 알 정도로 교만한 사람을 말합니다. 이런 사람은 부모가 자기에게 하는 가르침을 잔소리라고 생각해서 욕을 퍼붓고 자기가 하고 싶은 대로 다 하는 사람입니다. 이런 사람은 뿌리가 없는 사람이기 때문에 절대로 하나님 앞에서 축복을 받을 수가 없습니다. '그 등불이 유암 중에 꺼짐을 당한다' 고 하는 것은 이 사람의 등불은 캄캄한 어두움 속에서 한 번도 빛을 비추지 못하고 없어지고 만다는 뜻입니다. 특히 이스라엘 백성들에게 중요한 것은 하나님의 말씀의 진액을 바로 받는 것입니다. 이 세상에 아무리 좋은 학문이 있고 지혜가 있어도 이스라엘이 복을 받는 것은 하나님 말씀의 진액을 받기 때문입니다. 그러나 이스라엘 백성들이 하나님의 말씀이 케케묵었다고 버리고 세상 지식을 따라갔을 때 그들이 성공하는 것 같았는데 모두 갑자기 망하고 말았습니다. 그 성공이 하나님이 주신 성공이 아니었기 때문입니다. 우리는 하나님의 말씀을 과소평가하거나 하나님의 말씀이 내 생각과 맞지 않다고 해서 대적해서는 안 됩니다. 이것은 자식이 자기 부모를 저주하는 것과 같습니다. 우리가 이 세상에서 아무리 공부를 많이 하고 아무리 높은 자리에 올라가도 부모보다 더 높을 수는 없습니다. 부모님은 나를 낳으신 분이고 부모님 없이는 내가 존재하는 것 자체가 불가능하기 때문입니다. 우리는 모두 부모님의 사랑에 빚지고 있는 것입니다. 사실 우리는 부모님만이 아니라 다른 많은 사람들의 사랑의 빚으로 오늘에 이르게 되었습니다. 특히 좋은 학교를 나오고 좋은 자리에 있는 사람들은 다른 사람들에게 더 많은 사랑의 빚을 지고 있는 것입니다. 정상적인 사람은 고개를 쳐들고 잘난 체할 것이 아니라 오히려 고개를 숙여서 다른 사람에게 감사하고 그 은혜를 갚아야 할 것입니다. 마찬가지로 우리가 아무리 똑똑하고 지혜롭다고 하지만 하나님보다 더 지혜롭거나 똑똑할 수 없습니다. 우리는 모두 하나님의 사랑의 빚으로 오늘 이 자리까지 오게 되었기 때문입니다. 우리는 하나님 앞에서 빚진 자입니다. 우리는 하나님 앞에서 언제나 미련하고 어리석은 아이라고 생각해야 하나님의 사랑을 끝까지 받을 수 있습니다.

21절 "처음에 속히 잡은 산업은 마침내 복이 되지 아니하느니라."

처음에 속히 잡은 산업이란 두 가지로 생각할 수 있습니다. 하나는 충분한 경험도 없이 처음에 큰 투자를 했는데 운이 좋아서 크게 성공을 했거나, 아니면 너무 젊어서 사업에 성공해서 유명한 부자가 된 경우입니다. 물론 유능한 사람들은 젊어서도 얼마든지 성공해서 부자가 될 수 있습니다. 누구든지 젊었을 때 너무 빨리 성공하는 것은 아주 심각한 문제가 있을 수 있습니다. 이 사람은 너무 쉽게 성공을 했기 때문에 인생을 우습게 생각할 수 있습니다. 이 사람은 자기가 유능하기 때문에 무슨 일을 하더라도 성공할 수 있다고 생각해서 겁 없이 더 큰 일에 덤벼들 가능성이 많습니다. 그러나 이 사람이 젊어서 성공을 했기 때문에 돈을 버는 데는 유능할지 몰라도 사람을 관리하거나 예측할 수 없는 변수에는 역시 약할 수 있습니다. 그래서 이런 사람은 자신의 실력을 너무 과신한 나머지 너무 큰 일에 덤벼들다가 쫄딱 망할 수 있습니다. 더 심각한 것은 이 사람은 돈은 버는 재주가 있어도 자기 자신을 컨트롤하는 훈련을 받지 못했을 가능성이 많습니다. 이 세상에서 가장 어려운 것이 자기 자신을 통제하는 것입니다. 너무 일찍 성공한 사람은 자기 성질을 죽인다든지 욕망을 조절한다든지 혹은 육체의 정욕에 빠지지 않는다든지 하는 것이 되지 않기 때문에 결국 성공의 후유증으로 육체의 정욕에 빠질 가능성이 많습니다. 사람이 성공하는 것도 어렵지만 그 성공을 지속하는 것은 더 어렵습니다. 그러나 이미 성공해서 일에 재미가 없는 사람은 자기 일을 팽개치고 정치나 다른 일에 몰두하다가 결국 경쟁에 지거나 혹은 시대의 변화를 따라가지 못해서 망하고 마는 것입니다. 그래서 대개 너무 젊어서 성공했던 사람의 노년이 비참할 때가 많습니다. 사람은 고생을 많이 하면서 늦게 성공해서 끝까지 성공을 끌고 가는 것이 좋습니다. 대개 이런 사람은 성공의 노하우를 알고 있고 겸손하며 자기 자신을 잘 통제하고 자기 일에 열정적인 사람입니다.

22절 "너는 악을 갚겠다고 말하지 말고 여호와를 기다리라. 그가 너를 구원하시리라."

우리가 이 세상을 살다보면 나에게 피해를 주거나 내 감정을 상하게 해서 자존심을 상하게 하는 사람들을 만나게 됩니다. 사람은 누구나 다른 사람으로부터 물질적으로나 정신적으로 피해를 입게 되면 마음속에 억울하다는 감정이 있는데 상대방이 나에게 고통을 준 만큼 나도 복수를 해야 그 억울한 마음이 풀리게 됩니다. 우리가 다른 사람을 볼 때 너와 나의 관계로 볼 수 있습니다. 이렇게 평면적으로 보면 내가 피해를 참고 살아야 하는 것은 억울하고, 반드시 억울한 것을 갚아야 마음이 풀릴 것 같습니다. 그러나 내가 세상을 나와 너의 관계로 보지 않고 나와 하나님의 관계로 본다면 우리는 이 세상에서 축복받을 일이 너무나도 많다는 것을 알게 됩니다. 우리가 어떤 사람을 미워해서 복수하려고 하면 나 자신의 마음이 좁아져서 결국 하나님이 주시는 복을 전혀 볼 수도 없고 받을 수도 없게 됩니다. 우리가 악을 갚으려고 하면 그 악한 자처럼 속이 좁아지게 되고 하나님이 주시는 어마어마한 복을 하나도 받지 못하게 될 것입니다. 그러나 우리가 나에게 피해를 준 사람은 잠시 그냥 두고 하나님의 일을 열심히 하다보면 나 자신이 먼저 어마어마한 복 받은 것을 알게 될 것입니다. 우리 인생은 다른 사람을 복수하기 위해서 살기에는 너무 짧고 우리가 복수하면서 허비하기에는 귀한 것이 너무나도 많습니다. 그리고 나에게 악을 끼친 사람은 망해 있든지 아니면 변해 있을 것입니다. 우리는 악한 자가 망하는 것보다 변하는 것을 더 원해야 합니다. 우리는 악한 자를 이기려고 해서는 안 됩니다. 물론 악한 자에게 무시를 당하고 나쁜 말을 듣는 그 순간은 기분이 나쁘고 내가 바보인 것 같지만 악한 자를 이기는 것은 손해입니다. 우리는 작은 것에 집착하기보다 큰 것을 보아야 합니다. 하나님은 우리의 넓은 마음을 좋아하시고 기뻐하십니다.

> 23절 "한결 같지 않은 저울추는 여호와의 미워하시는 것이요 속이는 저울은 좋지 못한 것이니라."

옛날 사람들은 '장사하는 사람 중에 정직한 사람은 없다' 는 말을 하곤 했습니다. 그것은 그만큼 옛날에는 장사를 하면서 사람들을 많이 속였다는 뜻입니다. 고기를 파는 사람이 저울을 속이면 쉽게 돈을 더 벌 수 있을 것입니다. 이 사람은 돈은 더 벌었지만 하나님은 이 사람의 행위를 미워하십니다.

그래서 만일 이 사람이 기도하면 하나님은 '먼저 그 저울부터 치우고 기도하라'고 할 것이고, '그 엉터리 저울로 돈 번 것부터 돌려주고 기도하라'고 할 것입니다. 이 사람은 별 것 아닌 욕심 때문에 하나님의 축복이 막혀버리게 된 것입니다. 그리고 사람들은 이 사람이 사람들을 속인다는 것을 알고는 이 사람 자체를 불신하게 될 것입니다. 여리고 성에서 삭개오는 다른 사람을 속여서 부자가 되었습니다. 사람들은 삭개오를 무시했고 그의 마음도 편치 않았습니다. 그러다가 삭개오는 예수님이 지나가신다는 소문을 듣고 뽕나무에 올라가서 예수님을 만나고는 자기 집에 모시고, 자기가 그 동안 도둑질해서 돈 번 것을 다 토해내었습니다. 삭개오는 예수님 앞에서 마음에 시원함을 받았고 아브라함의 자손의 자격을 되찾게 되었습니다. 예수님은 삭개오도 아브라함의 자손이라고 말씀하셨습니다. 우리가 돈으로 양심을 속이면 우리 자신의 가치가 추락하게 됩니다. 그리고 우리의 마음은 답답합니다. 삭개오는 도둑질한 돈을 다 토해내고 마음의 시원함을 얻었습니다. 삭개오의 마음의 시원함은 돈으로 환산할 수 없는 것이었습니다.

24절 "사람의 걸음은 여호와께로 말미암나니 사람이 어찌 자기의 길을 알 수 있으랴."

바로 이 말씀이 오늘 말씀 중 가장 중요한 말씀입니다. 우리 인간은 그냥 하루하루를 살아가는 것 같지만 어떤 길을 가고 있습니다. 공중의 비행기가 그냥 날아가는 것 같지만 항로를 따라가고 있는 것입니다. 만일 비행기가 정상적인 항로를 이탈하면 당장 격추될 가능성이 많습니다. 배가 그냥 바다 위를 가는 것 같지만 바다에 있는 길을 항해하고 있는 것입니다. 만일 배가 그 항로에서 이탈하게 되면 암초에 부딪쳐서 침몰할 가능성이 많습니다. 물론 우리 대부분의 사람들은 사회라는 온실 안에서 가장 안전한 삶을 살아가고 있습니다. 그러나 이 세상은 우리를 살리는 곳이 아닙니다. 이 세상은 우리가 산에서 폭우나 폭설을 만났을 때 잠시 피하는 대피소라서 우리를 영구적으로 지켜주지 못합니다. 우리 인생의 길을 모두 다 아시는 분은 오직 하나님 한 분밖에 없습니다. 하나님은 어떻게 해서든 우리를 생명의 길로 인도하려고 하시는 데 인간들이 말을 듣지 않는 것입니다. 그러나 하나님께서 강권적으로 인도하신 사람들은 이 믿음의 길을 가게 됩니다. 우리 인간들은 이 길을 알지 못합니다. 이 세상에서 아무리 성공하고 돈을 벌어도 이 길을 찾지 못한 사람은 아직 산 것이 아닙니다. 우리는 하나님을 만나야 하고 하나님의 말씀 속에 난 길을 찾아야 합니다. 많은 사람들이 성경을 건성으로 읽는데 그것은 대단히 좋지 못한 자세입니다. 이 성경 안에 있는 길을 걸어가야 합니다. 그렇지 않으면 우리는 절대로 죄를 이기지 못하고 유혹을 물리치지 못할 것입니다. 우리가 성경 안에 난 길을 걸을 때 부흥이 오게 됩니다. 이것이 우리가 사는 것입니다.

3. 하나님과의 관계

우리가 이 세상에서 죄의 함정에 빠지지 않고 끝까지 아름다운 축복의 길을 걸어가려고 하면 하나님과 함께 가야 합니다. 여기서 첫째로 중요한 것은 우리가 하나님을 앞서지 않는 것입니다.

> 25절 "함부로 이 물건을 거룩하다 하여 서원하고 그 후에 살피면 그것이 그물이 되느니라."

우리가 어느 한순간 은혜를 받아서 하나님께 어떤 물건을 바치겠다고 서원을 하게 되었다고 합시다. 그때는 분명히 너무나도 은혜 충만했기 때문에 그것을 하나님께 바치는 것이 아깝지 않을 것 같았습니다. 그런데 조금 시간이 지나고 흥분이 가라앉고 나니까 그 물건을 하나님께 바치는 것이 아까워지게 되었습니다. 이때 이 사람은 공연히 하나님께 바치겠다고 했기 때문에 올무가 되는 것입니다. 그러면 우리는 어떻게 하는 것이 옳을까요? 우리는 하나님께 바치고 싶은 마음이 들더라도 흥분이 가라앉을 때까지 기다리는 것이 좋은 것일까요? 그렇지는 않습니다. 하나님은 우리에게 좋은 감동을 주셔서 많은 하나님의 일을 하게 하십니다. 우리는 모든 감동을 소멸해서는 안 됩니다. 우리는 어떤 감동이나 충동이 생겼을 때 과연 이것이 내가 감당할 수 있는 일인지 생각을 해야 합니다. 서원이라고 하는 것은 지금 내가 할 수 있는 범위 안에서 해야지, 나중에 우리는 마음이 변하고 흥분이 식게 되는데 내가 감당할 수 없는 것을 약속하면 시험에 빠지게 되는 것입니다. 그래서 우리는 어떤 충동이나 생각이 들었을 때 부부의 경우 서로 의논을 해보는 것이 좋습니다. 또 교회는 당회나 제직회 같은 의사 결정기구들이 있는데 거기에서 의논해서 통과가 되면 하나님의 뜻으로 생각할 수 있을 것입니다.

26절 "지혜로운 왕은 악인을 키질하며 타작하는 바퀴로 그 위에 굴리느니라."

우리가 아무리 하나님의 백성이라 하더라도 우리 안에는 악인의 성품이 남아 있습니다. 하나님께서는 이스라엘 백성들로 하여금 하나님 앞에서 신앙이 좋다고 미쳐서 날뛰기 이전에 사람인 왕에게 먼저 복종하게 하셨습니다. 대개 가정에서 도시 가스를 많이 쓰는데 가스가 새는 것이 눈에 보이지 않습니다. 마찬가지로 우리 신앙이 내 기질로 미쳐 날뛰는 것인지 아니면 정말 내가 열정적으로 하나님을 사랑하는 것인지 구별이 되지 않을 때가 많습니다. 그런데 진정한 성령의 역사는 하나님이 세운 사람에게 잘 복종하고 따릅니다. 그 사람이 나보다 높아서 그런 것이 아니라 스스로 부족한 것을 깨닫기 때문입니다. 왕은 악인을 판별해서 그 정체를 드러내어야 합니다. 악인은 계속 많은 사람들을 속이기 때문입니다. 여기 보면 농사지으면서 타작하는 예를 들고 있는데 악인은 곡식같이 생겼지만 속이 비었습니다. 그래서 도리깨질을 하면 모두 다 날아가 버려서 남는 것이 없습니다. 그리고 타작하는 바퀴로 굴리면 알곡이 없기 때문에 쭉정이만 남게 됩니다. 악인은 스스로 대단한 것 같은데 그 안에 중심이 없습니다. 왕은 그런 사람을 중용해서는 안 됩니다. 할 수 있으면 변두리로 보내어서 중요하지 않은 일을 맡겨야 합니다. 그렇지 않으면 하나님의 공동체 전체에 좋지 않은 영향을 주는데, 일단 불평을 많이 합니다.

27절 "사람의 영혼은 여호와의 등불이라. 사람의 깊은 속을 살피느니라."

사람의 영혼은 우리 인간에게 있는 가장 가치 있는 부분입니다. 인간이 인간일 수 있는 것은 영혼이 있기 때문입니다. 확실히 사람은 다른 동물들과 다른 생각을 하고 있고 다른 가치를 추구하고 있습니다. 인간이 인간으로서의 가치를 나타내게 되는 것은 그 속에 있는 하나님의 등불이 켜질 때입니다. 모든 사람의 영혼이 하나님의 등불인데 그 등불이 켜진 사람이 있는가 하면 꺼져 있는 사람도 있습니다. 결국 우리의 등불이 켜져 있어야 온 세상이 밝아지고 하나님의 축복을 받을 수 있습니다. 사람의 등불을 켜는 것은 하나님의 말씀과 성령의 불입니다. 사람에게 하나님의 말씀을 듣는 것은 결정적으로 중요합니다. 이것은 사람이 온전히 사느냐 아니면 캄캄함 가운데 버려지느냐 하는 문제입니다. 그럼에도 불구하고 사람들은 이 영혼의 등불의 가치를 모르고 있습니다. 이 등불이 켜져야 기도도 할 수 있고 하나님의 능력을 받을 수도 있습니다. 그런데 등불이 켜졌다고 해서 모든 것이 다 끝난 것이 아닙니다. 하나님은 사람의 깊은 속을 살피신다고 하셨습니다. 하나님은 말씀을 통해서 우리 깊은 속을 살피셔서 죄가 망쳐놓은 우리 속사람을 하나씩 치료해 나가십니다. 우리 인간들은 마치 심한 중화상을 당한 사람 같아서 볼 수 없을 정도로 일그러져 있습니다. 그런데 우리 마음에 하나님의 말씀이 비취면서 내 속에 비틀어지고 흉하게 된 것들을 하나님 앞에 기도로 내어놓으면 성령님이 그것을 아름답게 성형 수술을 하듯이 고쳐주십니다. 우리 안에 있는 열등감이나 과거의 불행했던 기억이나 대인기피증이나 강박증이나 패배의식 같은 것들도 모두 다 치료를 받아야 할 부분들입니다. 우리가 이것을 치료받을 때 우리의 가치는 말할 수 없이 올라가게 됩니다. 그리고 하나님은 우리 마음속을 살피셔서 우리의 소원을 이루어주십니다.

28절 "왕은 인자와 진리로 스스로 보호하고 그 위도 인자함으로 말미암아 견고하니라."

우리 생각에 왕은 권위적이어서 사람들에게 무섭게 하면 사람들이 감히 대들지 못하기 때문에 왕위가 오래갈 것 같습니다. 그러나 왕이 사람들에게 무섭게 보이는 것보다 더 중요한 것이 하나님 앞에 합당한 자가 되어야 하는 것입니다. 이스라엘의 왕은 다른 나라 왕과 마찬가지로 죄인이지만, 특별히 하나님의 대리자로 뽑힌 자입니다. 그래서 이스라엘의 왕은 주위 사람들로부터 엄청나게 시기를 받게 됩니다. 이스라엘의 왕에게는 하나님의 영광이 있기 때문입니다. 그런데 사람은 자기에게 실력이 없는데 높은 자리에 있을 때 불안하게 됩니다. 이스라엘 왕은 그 영광이 자기 자신의 능력이 아니라는 것을 알고 있습니다. 이스라엘의 왕이 왕위를 지키려고 하면 결국 사람들의 마음에 들든지 아니면 권위적이 되든지 하는 것인데 그것은 모두 다 실패하는 것입니다. 이스라엘 왕은 그 영광이 자기 것이 아니고 자기는 부족한 자라는 것을 알지만 하나님의 말씀에 죽도록 충성하면 하나님의 능력이 나타나면서 부흥이 일어나고 백성들이 왕을 신뢰하게 됩니다.

　이것은 목회에서도 아주 중요한 원리입니다. 목사가 많은 사람들 앞에서 지속적으로 설교를 한다는 것은 보통 특권이 아닙니다. 이것은 엄청난 영광이요 축복입니다. 목사의 직분이 영광스러운 만큼 사람들의 시기와 견제를 당하게 됩니다. 목사 자신은 아무 힘이 없습니다. 이때 자리를 오래 차지하려고 사람에게 잘 보이려고 하거나 혹은 너무 권위적이 되기도 하는데 결국 이 모두가 하나님의 능력을 믿지 못하는 것입니다. 목사가 하나님의 말씀에 충성할 때 부흥이 일어나면서 저절로 하나님이 모든 공격으로부터 지켜주십니다. 이스라엘 왕은 인자와 진리로 스스로 보호하게 됩니다. 왕이 백성들을 지배나 약탈의 대상으로 생각하지 않고 하나님의 사랑의 대상으로 생각하는 것입니다. 진리는 하나님의 말씀에 충성합니다. 그렇게 하면 왕은 스스로 보호되는데 하나님이 그를 지켜주시고 또 백성들이 지켜주게 됩니다. 왕이 자기들의 목자인 줄 알기 때문입니다. 하나님의 종들은 절대로 다투기를 좋아하거나 공격적이면 안 됩니다. 하나님의 종들이 별 것 아닌 것을 가지고 자꾸 다투면 성도들도 사나워지기 때문입니다. 하나님의 말씀이 없으면 사람들은 사소한 오해나 차이를 이기지 못하고 목숨 걸고 싸우게 됩니다.

　29절 "젊은 자의 영화는 그 힘이요 늙은 자의 아름다운 것은 백발이니라."

　조금 전 처음에 속히 잡은 기업은 복이 되지 않는다고 했는데 여기서는 젊은 자의 영화를 이야기하고 있습니다. 이것은 이미 누군가가 젊었을 때 바른 하나님의 말씀을 찾아가서 하나님의 능력의 비결을 찾아낸 것을 말합니다. 이 사람에게 하나님의 축복은 영화입니다. 이 세상에서 가장 어려운 보물을 찾아낸 것입니다. 그래서 예수님께서는 부자 청년에서 '네 재산을 가난한 자에게 주고 나를 좇으라'고 하신 것입니다. 우리가 바르게 믿으면 하나님의 영광이 오게 되어 있습니다. 이것은 우리를 한평생 바른길을 가게 하고 지켜 줄 것입니다. 그런데 노인의 아름다운 것은 백발이라고 했습니다. 젊어서 하나님 말씀의 가치를 깨닫고 한평생을 하나님의 말씀을 붙들고 늙은 사람은 최고의 성공적인 삶을 산 것입니다. 어느 누구도 이런 사람을 무시하지 못할 것입니다. 이런 사람의 머리에는 하나님의 지혜로 가득 차 있기 때문입니다. 젊어서 하나님의 말씀을 붙든 자는 힘이 있습니다. 그리고 이렇게 한평생 믿음의 길을 간 사람에게는 말할 수 없는 지혜와 영광이 있는 것입니다. 그러나 오늘 본문은 아주 불길한 말씀으로 마치게 됩니다.

30절 "상하게 때리는 것이 악을 없이 하나니 매는 사람의 속에 깊이 들어가느니라."

우리는 대개 아이들이 어렸을 때에 고집을 부리거나 나쁜 짓을 하면 나쁜 습관이 들지 말라고 때리게 됩니다. 그런데 이 말씀은 어른에게 해당되는 말씀입니다. 우리 마음에 악이나 죄는 강하게 밀착되는 경향이 있습니다. 옷을 예로 들어 설명하면 기름기나 때는 섬유에 붙어버리기 때문에 그냥 물을 부어서는 때가 빠지지 않습니다. 옛날 여인들은 옷을 방망이로 때려서 때가 빠지게 했습니다. 우리가 어른이라고는 하지만 우리 마음이나 습관에도 죄나 악이 붙어 있기 때문에 사실은 맞아야 합니다. 그것도 그냥 맞아서는 안 되고 상하도록 맞아야 악한 고집이나 교만이 없어지게 됩니다. 과연 이 세상에 어른이 된 우리를 누가 감히 때릴 수 있겠습니까? 우리 몸이 상하고 마음속 깊이까지 아프게 누가 때릴 수 있겠습니까? 방법은 둘 중의 하나입니다. 하나는 내가 하나님의 말씀을 듣고 스스로 깨달아서 나쁜 마음을 버리고 정신을 차리든지, 아니면 하나님이 우리에게 매를 대시는 것입니다. 그러나 하나님이 우리를 때리실 때에는 자녀로 때리든지 건강으로 때리든지 돈으로 때리든지 너무 아프게 때리시기 때문에 한번 맞고 나면 다시는 죄 지을 생각을 버리게 됩니다. 그러나 인간이 얼마나 미련한가 하면 매를 맞고 조금 시간이 지나고 나면 또 조금씩 교만해져서 매 맞을 짓을 하게 됩니다. 그러나 하나님은 우리를 사랑하셔서 함부로 매를 대시지 않으십니다. 대신 우리 스스로가 하나님 앞에서 겸비해서 세상의 길 즉 교만한 길로 가지 말고, 스스로 자신을 죽이고 부인하는 길로 가야 끝까지 복을 받을 수 있습니다. 죄악의 올무가 가득한 이 세상에서 하나님의 뜻을 잘 분별해서 넘어지지 않고 끝까지 하나님 앞에서 사랑받는 성도들이 다 되시기 바랍니다.

33 · 하나님이 보시는 인생

잠 21:1-15

우리 사회에서 성공한다고 하는 것이 쉬운 일은 아닙니다. 성공한 사람들은 만 명이나 혹은 십만 명 가운데 한 명 날까 말까 할 것입니다. 이 세상에서 성공한 사람으로 주로 두 부류의 사람들을 생각하게 됩니다. 먼저 열심히 노력해서 남들이 감히 넘거볼 수 없는 업적을 성취한 사람들입니다. 이런 부류의 사람들 중에는 정치인이나 기업가가 있을 것입니다. 요즘 현대자동차나 삼성전자 같은 기업은 세계 최고의 위치를 노리고 있습니다. 이런 기업의 회장은 당연히 성공한 사람입니다. 거기에 비해서 다른 사람에게 큰 감동을 주는 사람이 있습니다. 연주자가 있는가 하면 배우나 탤런트나 종교인들이 있을 것입니다. 대개 연주자나 배우는 영화나 자신의 음악에 한정하여 감동을 주는 데 반하여 종교인들은 자신의 전 삶을 통해서 감동을 주기 때문에 존경을 많이 받습니다.

그러나 대부분의 우리들은 모두 평범한 사람들입니다. 우리는 이런 성공한 사람을 흉내도 낼 수 없고 근처에도 갈 수 없습니다. 우리같이 평범한 사람들이 어떻게 하나님 앞에서 감동적이고 능력 있는 멋진 인생을 살 수 있을까요? 그것은 불가능한 일일 것입니다. 하나님은 분명히 사람이 보는 것과 다른 방식으로 우리 인생을 보고 계십니다. 사무엘이 사울 다음 이스라엘 왕이 될 사람에게 기름을 붓기 위해서 베들레헴에 갔을 때 다윗의 형들을 보고 너무 반해서 얼른 그들에게 기름을 부으려고 했습니다. 이것을 보면 다윗의 형들이 얼마나 잘생겼는지 알 수 있습니다. 그러나 하나님은 사무엘을 책망하시면서 '너는 사람의 외모를 보지만 하나님은 사람의 중심을 보신다' 고 말씀하셨습니다. 하나님은 너무나도 평범해서 보잘것없는 다윗에게 기름을 부어서 다음 이스라엘의 왕이 될 것을 약속하셨습니다. 나중에 보면 실제로 다윗의 형들은 보기보다 마음 씀씀이가 좁고 이기적인 것을 알 수 있습니다. 다윗이 전쟁하는 데 온 것을 보고 화를 내면서 구경하러 왔느냐고 야단을 쳤습니다. 그런데 다윗은 다른 사람보다 못하고 촌스러운 데가 있지만 무엇인가 다른 사람들이 흉내 낼 수 없는 강력한 '한 방', 즉 큰 능력이 있었는데, 그것은 바로 하나님의 능력이었습니다. 그리고 다윗은 결코 마음이 좁지 않았는데 사울에게 쫓겨다니면서 사울을 죽이고 자기가 왕이 될 수 있는 기회가 있었지만 사울을 죽이지 않았습니다. 그런데 하나님은 다윗을 보시고 얼마나 좋았던지 다윗으로 하여금 그의 후손이 왕이 되게 하겠다고 하시고 그의 후손이 믿음으로 나가기만 하면 무조건 이기게 하시고 부흥을 주시겠다고 약속하셨습니다. 히스기야 같은 사람은 죽을병에 걸려서 거의 죽게 되었고 앗수르 산헤립의 군대가 쳐들어와서 욕이란 욕을 다 퍼부었지만, 한 마디도 대꾸하지 못한 바보 같은 왕이었습니다. 그러나 히스기야는 기도로 앗수르 군대 십팔만오천 명을 하룻밤 사이에 몰살시키는 '한 방' 이 있었던 것입니다.

이런 것을 보면 하나님이 보시는 것은 사람들이 보는 것과 많이 다른 것을 알 수 있습니다. 우선 하나님 보시기에 가장 놀라운 것은 우리가 하나님의 말씀을 생명처럼 사랑하는 것입니다. 하나님께 이것보다 더 감동적인 것은 없습니다. 또 하나는 우리가 죄를 이기고 욕심을 이기고 하나님 앞에 정직할 수 있는 것입니다. 하나님은 이런 자들에게 존귀를 주시고 '한 방'의 큰 능력을 주시는 것입니다. 잠언 21장 앞부분에는 하나님께서 어떻게 우리 인생을 평가하시는지 보여주고 있습니다. 우리 모든 인간들은 마음속에 타락한 본성이 있고 욕심이 있어서 죄 짓지 않는 사람들은 아무도 없고 거짓말하지 않는 사람들도 없습니다. 그러나 우리는 하나님의 말씀을 들음으로 하나님의 양으로 변했습니다. 양은 사자같이 빠르지도 않고 표범같이 멋있지도 않습니다. 양이 할 수 있는 것은 목자를 따라가는 것입니다. 그러나 양들에게 가장 훌륭한 것은 끝까지 다른 길을 가지 않고 목자의 뒤를 따라가는 것입니다.

1. 하나님이 중요하게 보시는 것

하나님께서는 구약 이스라엘 백성들을 모두 하나님의 양으로 보셨습니다. 하나님께서는 이 양들을 왕이라는 목자를 통해서 인도하셨습니다.

> 1절 "왕의 마음이 여호와의 손에 있음이 마치 보의 물과 같아서 그가 임의로 인도 하시느니라."

우리가 잘 아는 것처럼 이스라엘 백성들은 다른 이방 민족처럼 사자나 표범같이 날쌔거나 강하지 못하고 모두 양이기 때문에 미련해서 자기 길도 잘 찾지 못하고 우왕좌왕하기 잘하는 짐승들 같았습니다. 그런데 하나님은 이런 이스라엘 백성들을 위해서 목자를 주셨는데 그 목자가 바로 다윗 같은 왕이었습니다. 문제는 하나님이 주신 왕조차도 똑똑하지 못해서 자기 길을 잘 찾지 못하는 것이 특징이었습니다. 그런데 하나님은 이 왕에게 약속한 것이 있습니다. 왕들이 무조건 하나님의 말씀만 붙들고 나가면 어떤 적들도 이기며 영적 부흥이 일어나게 해주겠다는 것이었습니다. 이스라엘 왕에게 필요한 조건은 오히려 지나치게 똑똑한 것이 아니었습니다. 이스라엘 왕에게 필요한 자질은 오직 하나님의 말씀만 믿고 그대로 나가면 되기 때문입니다. 그런데 그 왕의 마음을 하나님의 손이 주장하십니다. 하나님께서 왕의 마음에 순간적으로 영감을 주시는데 그대로 하기만 하면 하나님의 능력이 나타나게 되는 것입니다. 여기에 보면 이것이 마치 보의 물과 같다고 했습니다. 보조 시설물이 없이 그냥 시냇물만 있으면 비가 왔을 때 물이 모두 다 흘러가버리기 때문에 그 물로 아무것도 할 수가 없습니다. 그러나 시냇물에 보가 있으면 물을 모아서 일정한 방향으로 흐르게 하기에, 그 물이 논으로 흘러가기도 하고 밭으로 흘러가기도 해서 많은 농부들로 하여금 농사를 지을 수 있게 합니다.

　하나님의 백성들 한 사람 한 사람은 힘이 없고 어리석어서 주위 이방민족을 도저히 이길 수 없습니다. 이스라엘 왕이 백성들을 하나님의 말씀이 풍성한 초장으로 데리고 가서 이들이 하나님의 말씀을 먹고 기도하면 영적 부흥이 일어나게 되는데, 이때 이스라엘 백성 한 명 한 명은 사자로 돌변하게 됩니다. 즉 부흥이 일어났을 때 이스라엘 백성들은 세상이 감당할 수 없는 거인이 되는 것입니다. 이것은 오늘 우리들에게도 그대로 적용될 수 있습니다. 우리 성도 한 사람 한 사람은 참으로 공격적이고 경쟁적인 이 세상을 감당하기가 어렵습니다. 그러나 하나님은 우리에게 교회를 주시고 말씀의 종들을 주셨습니다. 우리가 하나님의 말씀을 먹고 은혜를 받으면 우리의 힘이 그냥 흘러가버리는 시냇물이 아니라 보에 갇힌 물이 되어서 능력을 발휘하게 됩니다. 지혜로운 성도는 자신의 신앙생활을 직장에서 시작하는 것이 아니라 교회에서부터 시작하려고 합니다. 그것이 흘러가버리는 시냇물과 보에 갇힌 시냇물의 차이입니다.

우리는 할 수 있는 대로 우리의 힘과 열정을 쓸데없는 일에 낭비하지 않는 것이 좋습니다. 우리의 힘과 열정을 하나님의 말씀을 듣고 기도하는 일에 퍼부어야 합니다. 이것은 제철소의 꺼진 화로에 불을 붙이는 것과 같습니다. 제철소의 용광로에 불이 꺼져 있으면 고철이나 철광석으로 아무것도 할 수가 없습니다. 그러나 용광로에 뜨거운 불이 붙으면 그것으로 고철을 녹이고 철광석을 녹여서 쇳물을 만들어 부을 수 있습니다. 용광로에 가보면 시뻘건 쇳물이 홈을 타고 흘러내리는데, 그것으로 철판을 만들기도 하고 파이프를 만들기도 합니다. 우리가 능력 있는 삶을 살기 위해서 중요한 것은 나 혼자의 힘만 믿고 설친다고 해서 되지 않습니다. 우리는 먼저 말씀 앞에 하나가 되어서 부흥의 불을 일으켜야 하고, 다음에는 내 모든 열정과 능력을 일정한 홈을 따라서 흐르게 해야 물건이 만들어지게 됩니다. 이제 하나님은 가장 중요한 말씀을 하십니다.

2절 "사람의 행위가 자기 보기에는 모두 정직하여도 여호와는 심령을 감찰하시느니라."

우선 하나님께서는 인간들이 보는 것이 정확하지 않을 뿐더러 자기 자신이나 다른 사람에 대하여 모르는 것이 너무 많다고 말씀하십니다. 어떤 사람이 흰 종이 위에 선을 똑바로 긋는다고 합시다. 자기 나름대로는 선을 똑바로 그었지만 나중에 자를 대어보면 비뚤게 그어진 것을 발견하게 될 것입니다. 마찬가지로 사람이 선하고 정직하다는 것은 자기 기준으로 볼 때 선하고 정직한 것이지 하나님의 절대적인 기준으로 보면 너무나도 엉터리가 많다는 것입니다. 우리가 다른 사람에 대하여 판단하는 것도 그 사람의 겉모습을 보고 지레짐작해서 판단하는 것이지 실제로 다른 사람의 마음속에 들어가 보지 않은 이상 그 사람을 알 수 없는 것입니다. 그래서 어떤 사람이 참으로 정직하다고 생각했는데 나중에 알고 보니까 거짓말투성이일 때도 있고 어떤 사람이 너무 깨끗하다고 생각했는데 나중에 알고 보니까 엄청난 부정을 저지른 사람일 때도 있습니다. 우리 인간의 문제는 바로 여기에 있습니다. 사람은 도저히 속을 알 수 없을 뿐 아니라 자기 마음을 잡을 수도 없는 것입니다. 이것을 하나님은 너무나도 잘 알고 계십니다. 사람들끼리 '저 사람은 참 정직하다' 혹은 '저 사람은 참 청렴결백하다' 는 것이 나쁜 것은 결코 아니지만 그것이 하나님 보시기에는 정직하지 않을 수 있는 것입니다. 하나님 앞에서 우리 모든 인간의 마음은 갈대와 같습니다,

사람은 마음먹기에 따라서 너무 아름답고 희생적일 수 있는가 하면 마음먹기에 따라서 너무 악하고 비겁할 수 있습니다. 사람은 자기 자신의 마음을 붙잡을 수가 없습니다. 지혜로운 사람은 남에게 잘 보이려고 하기보다 자기 마음을 하나님의 말씀에 잡아매는 사람입니다. 우리가 예수를 믿는 이유는 더 훌륭한 사람이 되려고 믿는 것이 아닙니다. 우리는 술 취한 운전수같이 자기 인생을 제멋대로 몰고 다니는데, 이렇게 나가다가는 대형사고를 일으키겠구나 하는 것을 알기 때문에 우리 자신을 하나님께 맡기는 것입니다. 우리가 하나님의 말씀을 붙잡아도 마음에는 죄의 충동이나 욕망이 일어나고 사고를 치고 싶은 못된 마음이 일어납니다. 그런데 이상한 것은 하나님께서 대형사고가 터지지 않도록 지켜주십니다. 사람들은 인간의 심리나 욕구를 알기 위해서 심리학을 많이 발전시켰습니다. 그런데 우리 인간들이 인간을 알면 알수록 우리는 자신이나 인간을 모른다는 것을 깨닫게 됩니다. 하나님은 우리 인간의 심령을 감찰하시고 모든 것을 다 아십니다. 우리는 어떤 큰 일을 하려고 하기 전에 하나님으로부터 비뚤어진 마음을 치료받아야 합니다. 하나님께서는 이스라엘 백성들이 망한 이유가 '패역한 마음' 때문이라

고 했습니다. 여기서 '패역하다'는 것은 하나님께 대하여 반항적인 것을 말합니다. 내가 최고가 되고 내 마음대로 모든 것을 다 해야 하는데 그렇게 하지 못하면 반항을 하고 생떼를 쓰는 것입니다. 성공적인 사람은 자기 마음이 하나님 앞에서 순종적으로 변하게 됩니다. 우리가 하나님 앞에 겸손하고 순종적일 때 하나님은 우리를 사용하십니다.

3절 "의와 공평을 행하는 것은 제사 드리는 것보다 여호와께서 기쁘게 여기시느니라."

이스라엘 백성들에게 제사 드리는 것과 하나님의 말씀에 순종하는 것은 별개의 것이 아니었습니다. 이스라엘 백성들이 제사 드리는 것은 그것이 하나님의 말씀이기 때문에 순종하는 것이었습니다. 이스라엘 백성들은 제사를 드리고 끝나는 것이 아니라 하나님의 말씀을 듣는 것이 제사의 목적이었습니다. 그러나 이스라엘 백성들은 점점 제사와 말씀을 구별하기 시작했습니다. 대표적인 예가 사울 왕이 아말렉을 치러갔다가 살진 양이나 소를 보고 하나님은 다 죽이라고 했는데 제사 드리기 위해서라는 핑계로 살려서 가지고 왔을 때였습니다. 그때 사무엘은 사울을 책망하면서 '순종이 제사보다 낫다'고 했습니다(삼상 15:22). 하나님께 제사 드리는 것이 받아지는 이유는 제사가 거창해서 그런 것이 아니라 하나님의 말씀대로 순종하기 때문에 받아들여지는 것입니다. 여기서 의와 공평이라고 하는 것은 우리가 실생활 가운데 하나님의 말씀대로 순종해서 사는 것을 말합니다. 하나님의 말씀을 우리 생활 가운데 적용하는 것입니다. 그런데 우리가 제사는 하나님의 말씀대로 한다고 하면서 실생활 가운데 완전히 의롭고 공평하기는 어렵습니다. 이론과 실제 사이에는 항상 많은 차이가 있기 때문입니다. 우리가 마음으로는 하나님의 말씀대로 다 할 것 같지만 실제 상황에 부딪쳐보면 할 수 없을 때가 많습니다. 때로는 하나님이 두려운 것보다는 사람의 이목이 겁이 날 때가 더 많습니다. 이것은 우리가 인간인 이상 어쩔 수 없는 것입니다. 대신 우리는 하나님 앞에서 말씀대로 순종하지 못하는 것을 솔직하게 시인해야 합니다. 그때 하나님께서는 우리에게 하나님의 말씀대로 결단할 수 있는 용기를 주시는데 이때 우리는 죄를 끊어버릴 수 있습니다. 하나님이 기뻐하시는 의와 공평은 그냥 되는 것이 아니고 현실에서 실패하고 하나님께 기도할 때 하나님이 힘을 주셔서 가능해지는 것입니다.

2. 하나님이 기뻐하시지 않는 것들

우리가 이 세상에 살다보면 인간이기 때문에 어쩔 수 없이 죄의 구렁텅이에 빠지지 않을 수 없습니다. 그러나 이런 것은 하나님이 기뻐하지 않으신다는 것을 생각하고 버리면 우리는 다시 하나님이 기뻐하시는 바른길을 갈 수 있습니다. 우리의 믿음은 언제나 고정된 것이 아니라 유동적입니다. 우리는 절대적으로 의로운 것도 아니고 절대적으로 악한 것도 아닙니다. 단지 우리는 그때그때 하나님이 싫어하시는 악을 버리고 하나님이 기뻐하시는 길을 걸으면 되는 것입니다.

> 4절 "눈이 높은 것과 마음이 교만한 것과 악인의 형통한 것은 다 죄니라."

먼저 하나님이 싫어하시는 것 세 가지가 나오고 있습니다. 눈이 높은 것과 마음이 교만한 것과 악인이 형통한 것이라고 했습니다. 여기서 눈이 높다는 것은 내가 높은 자리에서 다른 사람을 내려다보는 것을 말합니다. 이것과 반대되는 말은 내가 낮은 곳에 내려가서 사람들을 보는 것입니다. 우리가 높은 데서 보면 잘 보이지 않던 것들이 낮은 자리에 내려가서 보면 잘 보일 수 있습니다. 그래서 영어에서 '이해한다' 는 말은 밑에서 본다(understand)는 뜻이 있습니다. 옛날에 레스토랑에서 웨이터들은 서서 높은 데서 주문을 받으니까 손님들이 좀 어려워하는 것 같았습니다. 요즘은 웨이터들이 손님 옆에 무릎 꿇고 앉아서 눈높이를 맞추어서 주문을 받는 것을 많이 볼 수 있습니다. 예를 들어서 어른의 입장에서 아이들을 보면 너무 바보 같고 못하는 것이 많아서 답답할 것입니다. 그러나 그 아이의 입장에서 생각해보면 충분히 이해가 가는 것들이 많고, 이해를 하면서 이야기를 하면 아이들이 너무나도 좋아하고 기뻐할 것입니다. 사람들에게 가장 행복한 것은 내가 다른 사람에게 이해되고 있다는 사실입니다. 눈이 높다는 것은 다른 사람을 전혀 이해해 줄 생각을 하지 않고 내 기준으로 다른 사람을 판단해버리는 것입니다. 이것은 나 자신을 바로 하나님의 위치에 두고 남을 판단하는 것입니다. 하나님께서 우리를 이 세상에 보내신 것이 내가 하나님이 되어서 다른 사람을 판단하고 정죄하라는 것이 아니었습니다. 하나님은 우리가 다른 사람을 이해하기 원하십니다. 다른 사람을 이해하게 되면 미워하지 않고 서로 대화가 통하게 됩니다. 하나님은 남을 이해해주는 사람을 좋아하십니다.

여기서 마음이 교만하다는 것은 나는 모든 것이 다 되었기 때문에 더 이상 하나님의 말씀을 들을 필요가 없다고 생각하는 것입니다. 사람이 음식을 배부르게 먹으면 다른 어떤 음식도 먹고 싶지 않습니다. 마찬가지로 사람이 스스로 지적인 교만에 차 있으면 다른 사람이 하는 말을 듣지 않습니다. 그런데 사실은 이런 마음이 길가와 같은 마음이고 돌짝밭과 같은 마음입니다. 왜냐하면 우리가 하나님 말씀의 은혜를 받으면 더 하나님의 말씀에 갈급해지게 되어 있습니다. 하나님의 말씀을 먹으면 먹을수록 내가 너무 많이 부족하다는 것을 깨닫기 때문에 더 하나님의 말씀에 갈급해 하게 됩니다. 우리는 계속 하나님의 말씀을 먹어야 힘을 낼 수가 있습니다. 하나님의 말씀이 필요치 않다고 생각하는 사람들은 무엇인가 다른 것을 많이 먹어서 헛배가 부른 것입니다. 그러나 그런 것으로는 제대로 기도가 나오지 않습니다. 우리가 다른 것에 배가 부르기 때문에 바리새인같이 자기 자랑이나 하는 기도를 하게 되는 것입니다.

하나님이 기뻐하시지 않는 세 번째는 '악인이 형통한 것'이라고 했습니다. 악인은 정상적으로는 일이 해결되지 않아야 하는데 악한 방법을 사용해서 자기 뜻을 이룰 때가 많습니다. 정상적으로 하면 하나님께서 길을 막으시기 때문에 일이 되지 않아야 하는데, 악한 사람들은 인간적인 방법으로 해결을 하고서는 그것을 성공이라고 떠들어대는 것입니다. 사람들이 보기에는 그 사람이 성공한 사람이고 능력이 있는 사람일지 몰라도 하나님이 보시기에는 그 사람은 악한 사람입니다. 인생길을 가다가 내가 높은 곳에 있다고 생각되면 빨리 거기서 내려가시기를 바랍니다. 내가 높은 자리에 앉아서 다른 사람이 하는 것을 판단하고 정죄하고 있다면 악한 길에 서 있는 것입니다. 내가 더 이상 하나님의 말씀을 듣고 싶지 않을 정도로 마음에 무엇인가 꽉 차 있다면 그것은 교만한 것이고 병이 든 것입니다. 하나님께서 길을 열어주시지 않으면 기다리고 기도해야 하는데, 그러지 못하고 인간적인 방법으로 일을 성취하는 것도 하나님 앞에서는 죄입니다.

5절 "부지런한 자의 경영은 풍부함에 이를 것이나 조급한 자는 궁핍함에 이를 따름이니라."

참 놀라운 것은 부지런한 사람이 경영까지 잘한다는 것입니다. 부지런한 사람은 일을 열심히 해서 자기 기술을 가진 사람인데 이런 사람이 일을 체계적으로 하면 훨씬 더 효과적일 것입니다. 게으른 자는 사실 일을 할 줄 모르는 사람입니다. 이런 사람이 조급하게 서두른다면 아마 어디서든지 문제가 터지게 될 것입니다. 하나님의 백성들의 성공의 비결은 두 가지입니다. 하나는 '바르게' 이고 다른 하나는 '꾸준히' 입니다. 사람이 자기가 잘하는 것을 찾아서 꾸준하게 해나가는 것이 성공하는 비결입니다. 그러나 실제로 오늘의 현실 가운데서는 내가 잘할 수 있는 것을 찾는 것이 쉽지 않습니다. 이때 우리는 불안하거나 두려워할 것이 아니라 하나님이 나에게 영적인 준비를 시키시는구나 생각하고 믿음의 그릇을 크게 만드는 일을 하면 됩니다. 그러면 하나님께서는 이 세상 현실 가운데서도 내가 잘할 수 있는 바늘구멍을 찾게 하십니다. 세상에 기준을 두고 하루라도 빨리 다른 사람처럼 성공하기 위해서 이 일 저 일 아무것이나 닥치는 대로 한다고 해서 성공할 수 있는 것이 아닙니다. 특히 광야와 같은 세상에서 길도 없는데 이 곳 저 곳 돌아다니다가 금방 탈진해서 죽게 될 것입니다. 우리는 우리 길이 하나님의 말씀 안에 있다는 것을 믿어야 합니다. 우리가 부지런하고 꾸준히 하나님 말씀의 길을 걸어갈 때 하나님이 우리에게 풍성한 복을 주십니다. 하늘의 복을 받는 자는 세상의 복도 받을 수 있습니다. 그러나 세상의 복만 추구한 사람은 나중에 거센 돌풍이 불면 모든 것이 다 날아가서 아무것도 없게 됩니다. 우리가 지금 당장은 성도들 사이에 개인의 능력에 따라서 많은 차이가 있는 것 같지만 세월이 흐르고 난 후에 모든 것이 하나님의 말씀대로 되어 있는 것을 깨닫게 될 것입니다. 우리는 대개 이 세상에서 별 재주가 없는 사람들입니다. 그러나 나중에 보면 꾸준히 하나님의 말씀을 듣는 재주가 최고의 재주인 것을 알게 됩니다.

6절 "속이는 말로 재물을 모으는 것은 죽음을 구하는 것이라. 곧 불려다니는 안개니라."

우리가 생각하기에 속이거나 속이지 않거나 돈을 많이 벌면 좋을 것이라고 생각하기 쉽습니다. 그러나 요즘은 이미 그렇지 않다는 것이 증명되고 있습니다. 누군가가 고위직 공무원에 임명이 되면 재산 공개를 하고 청문회를 하게 되는데 그때 이 사람에게 설명할 수 없는 재산이 많은 것은 절대로 유리하지 않습니다. 어떤 사람은 하위직에 있을 때 높은 자리까지 올라갈 줄 모르고 위장 전입을 하고 엉뚱한 곳에 건물을 사놓았는데 나중에 그것에 발목 잡혀서 장관 자리에서 쫓겨나서 엄청난 망신만 당하게 됩니다. 사실 청와대에서 하는 말이 고위직 사람들 중에 깨끗한 사람이 없다는 것입니다. 누구든지 다 그렇게 한다는 것입니다. 그런데 고위직에 임명되면 옛날에 분명치 않게 재산을 모은 것은 다 설명을 해야 하는 것입니다. 하나님의 백성들은 나중에 고위직에 오를 것이라 생각해서 아예 처음부터 그런 투자를 하지 않아야 합니다. 하나님의 말씀으로 은혜 받고 기도 응답받는 것이 얼마나 큰 복인데 돈 조금 더 모으려고 하는 것은 말씀의 맛을 모르는 자들이 하는 것입니다. 우리는 이미 어마어마한 하늘의 복이 있기 때문에 까짓 세상의 작은 이익은 버릴 수 있어야 합니다. 하나님의 복을 믿지 않고 잘못된 방법으로 재물을 모으면 나중에 하나님 앞에서 엄청난 손해를 보게 될 것입니다. 영적인 죽음이 될지도 모릅니다. 그리고 이리저리 불려 다니는 안개라고 했는데 재물은 하나님이 지켜주셔야지 하나님이 한번 불어버리면 아무것도 남지 않게 됩니다. 우리는 많든지 적든지 하나님이 주신 것으로 만족하는 훈련을 받아야 합니다.

7절 "악인의 강포는 자기를 소멸하나니 이는 공의를 행하기 싫어함이니라."

악인의 강포란 자기에게 힘이 있다고 순리대로 일을 해결하려고 하지 않고 힘으로 해결하려고 하는 것입니다. 힘이 있는 자가 힘으로 해결하는 것은 아주 쉬운 것입니다. 이런 사람은 자꾸 쉬운 방법으로 법을 지키지 않고 일을 하려고 하고 나중에는 힘밖에 남지 않게 됩니다. 그러나 세상이 바뀌게 되어서 다른 사람이 권력을 가지게 되면 앞 사람이 한 모든 것이 불법이기 때문에 심판을 받게 됩니다. 힘이 있든지 없든지 모든 것을 바른 방법으로 해결해야 다른 사람이 공감을 하고 자기 자신도 나중에 보호를 받게 됩니다. 대만의 천수이벤 같은 사람은 입지적인 인물로 총리까지 올랐지만 정당하지 않은 방법으로 공금을 썼다고 해서 유죄가 되어 삼십 년 이상의 형을 받게 되었습니다. 남은 한평생을 용서받지 못하고 감옥에서 썩어야 할 것입니다. 권력을 가진 사람에게 가장 큰 유혹은 법을 지키지 않고 힘으로 일을 하고 싶은 것입니다. 그러나 권력을 가진 자가 스스로 법에 복종할 때 공의가 살게 되고 국민들이 안심하게 되며 그 명성이 오래갑니다. 권력자가 성공할수록 법을 지키는 것이 겸손이며 예의인 것입니다.

8절 "죄를 크게 범한 자의 길은 심히 구부러지고 깨끗한 자의 길은 곧으니라."

일본 고베에서 큰 지진이 났을 때 고가도로가 무너지고 철도가 휘어지는 엄청난 재난이 일어났습니다. 이때 무너진 고가도로를 그대로 이용하거나 휘어져 있는 철도를 그대로 사용하면 안 됩니다. 이런 큰 충격을 받았을 때 안전장치가 다 파괴되었기 때문에 그대로 사용하면 무너지게 될 것입니다. 한번 무너진 고가도로나 철도는 다시 만들어서 안전진단을 하고 난 후에 사용해야 합니다. 마찬가지로 사람이 한번 술을 마셔서 사고를 치거나 혹은 돈 문제나 성적으로 큰 죄를 지었을 때에는 그 사람의 마음 안에 안전장치가 고장이 나 있다고 보아야 합니다. 그럼에도 괜찮겠지 생각해서 옛날과 똑같이 생활하면 결국 똑같은 실수로 이번에는 더 큰 죄를 짓게 됩니다. 이것이 바로 대형사고입니다. 자기 나름대로 취약한 부분이 있는 사람은 언제나 안전진단을 해서 한평생 조심하면서 살아야 사고를 치지 않습니다. 깨끗한 자의 길은 곧다고 하였는데, 하나님의 말씀대로 조심하면서 사는 사람은 길이 똑바르기 때문에 시야가 확보가 되어 속도를 내도 사고가 나지 않습니다. 하나님의 말씀대로 사는 사람은 속도 조절이 가능합니다. 처음에는 우리가 하나님의 말씀에 순종하는 것이 늦은 것 같지만 나중에는 초고속으로 달릴 수 있게 되어 더 빨리 성공하게 됩니다.

> 9절 "다투는 여인과 함께 큰 집에서 사는 것보다 움막에서 혼자 사는 것이 나으니라."

이 말씀을 잘못 이해해서 요즘 마누라 잔소리가 심해졌는데 하나님께서 드디어 나에게 각방을 쓰라고 하시는구나 하고 생각해서는 안 됩니다. 세상 사람들은 이런 말씀을 들으면 너무나도 당연하게 생각할 것입니다. 싸우면서 한집에 사는 것보다는 따로 사는 것이 더 낫다고 할 것입니다. 요즘 가정 법원에는 황혼 이혼이 급증하고 있다고 합니다. 그러나 우리는 우선 큰 집에 사는데 왜 여인과 다투는지를 생각해야 합니다. 여인의 성질이 좋지 못하든지 아니면 남자에게 불만이 있든지 할 것입니다. 원래 하나님의 백성들에게 배우자란 백만 대군과 같은 동역자입니다. 왜 큰 집에 살면서 싸울까요? 우선 생각할 수 있는 것이 이 사람이 믿음을 보지 않고 여자의 돈만 보고 결혼했다면 싸우는 것이 당연할 것입니다. 하나님의 백성들은 결혼으로 어떤 경제적인 덕을 보려고 해서는 안 됩니다. 부부는 또 다른 자신의 분신이기 때문에 돈으로 따질 수 없는 가치입니다. 세상적으로 배우자를 고를 바에야 혼자 사는 것이 낫다고 보아야 합니다. 남자들은 흔히 여자가 힘이 없기 때문에 다루기 쉬울 것이라고 생각하는데 실제로 결혼 생활은 생각한 만큼 쉽지 않습니다. 결혼 생활을 아름답게 하려면 차라리 가난하게 살더라도 믿음의 사람을 택해야 합니다.

3. 하나님의 간섭하심

하나님께서는 이 세상에서 사람들이 하는 것을 그냥 보고만 계신 것 같지만 결정적인 순간에 간섭하십니다. 두 가지 방법으로 간섭하시는데 처음에는 본인이 모르게 하시다가 나중에는 엄청나게 간섭하십니다. 하나님은 의로운 자를 도우실 때에도 처음에는 본인이 모르게 이슬같이 도우시다가 나중에는 온 세상이 다 알도록 크게 도와주십니다. 하나님은 악한 자를 망하게 하실 때에도 처음에는 본인이 모르게 힘을 빼시다가 나중에는 한순간에 목을 물어서 망하게 하십니다. 이 세상에서 가장 불쌍한 사람은 악한 방법으로 성공하는 사람입니다. 하나님은 이런 사람을 본보기로 치실 것입니다.

10절 "악인의 마음은 남의 재앙을 원하나니 그 이웃도 그 앞에서 은혜를 입지 못하느니라."

여기서 악인의 정의를 말씀하시는데, 악인은 굳이 성질이 나쁘거나 못된 짓을 많이 한 사람이 아니라 남이 망하기를 바라는 사람은 다 악인이라는 것입니다. 이 말을 들으면 아마 마음이 좀 뜨끔할 것입니다. 우리도 마음속으로 누군가 미우면 그 사람이 못 되고 망하기를 바랄 때가 많기 때문입니다. 우리 마음속에 있는 미움은 정말 악한 것입니다. 자신이 행복하기를 원치 않는 사람은 없을 것입니다. 하나님의 백성의 특징은 다른 모든 사람들도 우리처럼 행복할 권리가 있다는 것을 인정하는 것입니다. 하나님의 백성의 죄는 내가 행복하기 위해서 다른 사람의 행복을 깨트리는 것입니다. 악인은 자기 행복만 중요하기 때문에 다른 사람이 불행해지거나 비참해지는 것은 생각지 않는 사람입니다. 이런 사람은 자기가 성공하기 위해서 다른 사람들을 해치우고 성공의 자리에 올라가게 될 것입니다. 동물의 세계는 강한 자가 약한 자를 잡아먹고 살게 되어 있습니다. 악한 자도 자기보다 더 강한 자가 오면 그 자리에서 쫓겨나게 됩니다.

동물의 왕국을 보면 사자라 하더라도 매일 사냥에 성공하는 것은 아닙니다. 대개 일 주일이나 이 주일을 굶다가 한번쯤 사냥에 성공하는데 잘못하면 하이에나나 다른 사자에게 먹이를 빼앗길 수도 있습니다. 사자 새끼라고 해서 다 살아남는 것이 아니라 반 이상은 다른 짐승에게 먹히고 나머지만 살게 됩니다. 맹수들에게 가장 무서운 천적은 역시 밀렵꾼들입니다. 사자나 표범이나 곰이나 밀렵꾼의 올무에 걸리면 비참하게 죽을 수밖에 없습니다. 그러나 하나님의 백성들은 다른 사람들도 나처럼 행복할 권리가 있다는 것을 인정합니다. 우리가 다른 사람의 행복을 위해서 노력할 때 하나님의 열매가 맺히게 되는데 열매 맺는 나무는 결국 맹수가 먹을 수 없습니다. 악한 자는 그 이웃도 은혜를 입지 못한다고 했습니다. 철저하게 이해관계만 따지기 때문입니다. 위기 때 이웃이 없으면 환난을 고스란히 자기가 받아야 합니다. 우리에게는 약한 이웃이 위기 때 우리를 지켜줍니다.

11절 "거만한 자가 벌을 받으면 어리석은 자는 경성하겠고 지혜로운 자가 교훈을 받으면 지식이 더하리라."

사람은 언제나 교정이 필요합니다. 길을 가거나 혹은 인생을 살아갈 때 우리는 언제나 조금씩 정도에서 벗어나려고 하기 때문에 언제나 수정을 받아야 합니다. 거만한 자는 하나님의 말씀을 무시하는 사람들인데 이런 사람들은 실패를 통해서 교훈을 얻습니다. 그러나 지혜로운 자는 하나님의 말씀으로 자신의 잘못을 교정받기 때문에 훨씬 경제적입니다.

12절 "의로우신 자는 악인의 집을 감찰하시고 악인을 환난에 던지느니라."

의로우신 자는 하나님을 말합니다. 하나님은 악인을 보시지 않는 것 같은데 사실은 그가 하는 일거수일투족을 다 보고 계십니다. 하나님께서 보고 계시는 것은 스스로 알아서 정신을 차리고 죄를 버릴 수 있는 시간을 주시는 것입니다. 하나님의 백성들은 하나님이 침묵하실 때가 더 겁이 납니다. 하나님이 손을 드시기 전에 하나님 앞에 나와서 눈물 콧물 흘리면서 회개하면 하나님은 우리를 더 불쌍히 여기시고 더 사랑해주십니다. 악한 자들은 하나님이 가만히 계시면 하나님이 바보인 줄 알고 계속 죄를 짓다가 걸려들게 됩니다. 죄가 무서운 것은 한 번으로 끝나지 않기 때문입니다. 모든 죄는 중독성을 가지고 있기 때문에 한 번 죄를 생각하게 되면 계속 생각하게 되고, 행동하게 되면 그 뒤는 저절로 죄를 짓게 되어 있습니다. 죄의 중독에 빠지지 않는 방법은 죄의 길 자체를 부수어야 합니다. 예수님은 오른 눈을 뽑고 오른 손을 자르라고 말씀하셨습니다. 하나님의 백성들에게는 이런 결단력을 주십니다. 그러나 겉으로 의로운 체하고 그대로 있다가는 결국 죄의 미끼를 물고 나중에 무서운 심판에 던져지게 되는데 그때는 긍휼이나 자비가 일체 없습니다.

13절 "귀를 막아 가난한 자의 부르짖는 소리를 듣지 아니하면 자기의 부르짖을 때에도 들을 자가 없으리라."

가난한 자가 부르짖는다는 것은 가난한 자가 정말 어려운 처지에 있다는 것입니다. 하나님의 백성들은 다른 어떤 것보다 일차적으로 가난한 자가 부르짖는 것은 들어주어야 합니다. 하나님께서 이들의 요구를 일차적으로 들으시기 때문입니다. 만약 가난한 자가 부르짖는 것을 돈이 있는 자들이 듣지 않으면 하나님께서도 부자들의 기도를 듣지 않으실 것입니다. 하나님의 백성들은 약한 자들에게는 너무 엄격하지 않아야 합니다. 약한 자들이 자비를 베풀어 달라고 하면 베풀어주는 것이 좋습니다. 죄인인 주제에 우리가 너무 엄격하면 하나님도 우리를 싫어하실 것입니다.

> 14절 "은밀한 선물은 노를 쉬게 하고 품의 뇌물은 맹렬한 분을 그치게 하느니라."

내가 무엇인가 잘못해서 상대방에 피해를 입혀 그가 굉장히 화가 나게 되었을 때 돈을 아끼지 말고 선물을 가지고 찾아가라는 것입니다. 사실 우리가 다른 사람에게 선물을 가지고 찾아가는 것은 자존심이 상하는 일이고 체면을 구기는 일이 될 것입니다. 특히 요즘은 세상이 많이 발전해서 이런 일이 거의 필요치 않을 것입니다. 그러나 돈이나 선물은 사람의 화를 가라앉히는 데 도움이 되기 때문에, 고집을 부리면서 뻣뻣하게 있다가 더 큰 화를 자초하지 말라는 것입니다.

> 15절 "공의를 행하는 것이 의인에게는 즐거움이요 죄인에게는 패망이니라."

사실 이 세상에 공의를 마음껏 행할 수 있어야 정상인데 실제로는 그렇지 못할 때가 대부분입니다. 힘이 있는 자가 권력으로 사람들을 누르기 때문에 공의를 알기는 하지만 제대로 시행되지는 않습니다. 그러나 이 세상에서 고난으로 연단된 하나님의 종들은 권력의 자리에 있게 되면 공의를 생명처럼 생각하고 행하게 됩니다. 이때 하나님의 정의가 강물처럼 흐르는데 사람들은 정의라고 하는 것이 이렇게 멋있고 아름다운 것인 줄 깨닫고 하나님을 찬양하게 됩니다. 이것이 바로 하나님이 다스리고 축복하시는 나라가 된 것입니다. 이때 정의의 힘 앞에서 악한 자는 맥을 추지 못하고 없어지게 됩니다. 안타까운 것은 이런 정의의 시대가 오래 가지 않는다는 것입니다. 인간들이 교만하여져서 정의를 싫어하고 또 자기 이익을 챙기면서 정의의 시대는 없어지고 불의의 시대가 오게 됩니다. 정의의 시대가 계속 되기 위해서는 하나님의 백성들이 교만하지 말고 끝까지 하나님의 말씀으로 부흥을 지켜야 합니다. 어떻게 해서든지 인간적인 방법들이 교회에 들어오지 못하도록 눈을 부릅뜨고 지켜야 하고 절대로 하나님의 말씀 앞에 자만해서 성경을 다 아는 것처럼 행세하지 마시기 바랍니다. 그래서 하나님이 언제까지 사랑하시고 축복하시는 성도들이 다 되시기 바랍니다.

34 · 명철의 길

잠 21:16-31

언젠가 우리나라 남극 기지의 대장을 지내신 분이 인터뷰한 기사를 읽은 적이 있었습니다. 그분은 남극 기지에서 지내는 대원들이 얼마나 극한 적인 상황에서 서로 도우며 살아남아야 하는지 설명을 했습니다. 남극 기지에는 겨울이 되면 숙소 밖으로 몇 달 동안 나갈 수 없기 때문에 그 좁은 공간 안에서만 살아야 한다는 것입니다. 제한된 상황에서 사람들은 처음에는 자기 이야기를 하기 시작하는데 나중에는 이야기를 하고 또 하기 때문에 서로의 이야기를 모두 열대여섯 번 이상씩 듣게 되기 때문에 더 들을 이야기도 없게 된다는 것입니다. 이때 사람들은 엄청난 스트레스를 받게 되는데 누군가가 돌출된 행동을 할 때 그것은 다른 사람들의 기분을 상하게 할 뿐 아니라 다른 대원들의 목숨까지 위태롭게 한다고 했습니다. 이런 극한 상황에서 모두 무사히 살아남기 위해서는 서로가 이해하고 협력해서 자기 성질을 죽이고 대장의 리더십에 복종을 해야 한다고 했습니다.

어떤 사람은 에베레스트 산에 동료와 함께 등반을 했다가 같이 로프를 감고 가던 동료가 눈구덩이에 빠지는 바람에 손가락 여덟 개를 자르게 되었다고 합니다. 줄을 자르고 눈구덩이에 빠진 동료를 버려두고 혼자 살아야 하느냐, 아니면 사력을 다해서 끌어올려서 같이 산을 내려가야 하느냐 고민을 많이 했다고 합니다. 결국 이 사람은 동료를 끌어올려서 같이 산을 내려갈 수 있었지만 손가락 여덟 개를 잃어버렸기 때문에 다시는 산을 탈 수 없게 되었다는 말을 했습니다.

사람들은 편안한 환경에서 어려움 없이 살면 좋을 텐데 왜 이렇게 극한적인 모험을 계속하려고 하는지 보통 사람들은 이해가 되지 않을 것입니다. 이 사람들은 이런 극한적인 경험을 통해서 일상적인 생활에서는 절대로 경험할 수 없는 느낌들을 체험하려고 합니다. 인간들은 이런 극한적인 환경 앞에서 얼마나 보잘것없으며 우리에게 얼마나 겸손이 필요한가, 그리고 인간이 살아 있다는 것이 얼마나 감사한 일인가 하는 것을 배우게 된다고 합니다.

요즘 유럽에서는 경제적인 어려움 때문에 일반인들의 데모가 들불처럼 퍼지고 있습니다. 시민들이 보기에 그 동안 정부는 하나님 앞에서 바른 정치를 하려고 하지 않고 사람들 앞에서 인기 정책을 써왔는데 그 결과 전체적인 경제가 더 나빠지니까 참다못해서 거리로 뛰쳐나와서 데모를 하고 불을 지르고 있는 것입니다.

그 동안 우리 한국의 엄청난 힘은 사실 많은 청년들이 하나님께로 돌아와서 말씀을 붙들고 뜨거운 영적 부흥을 일으켰다는 사실입니다. 대학의 많은 선교 단체마다 대학생들이 몰려들어서 성경공부를 하고 청년사역을 하는 여러 교회들마다 대학생들이나 청년들이 몰려들어서 뜨거운 영적 부흥을 일으켰습니다. 청년들은 돈이나 명예나 편안한 삶을 버리고 하나님의 말씀만 붙드는 선교 단체나 교회를 통해서 미래의 비전을 발견했던 것입니다. 이 젊은 이들의 부흥이 가져온 영적 부흥의 힘은 우리나라가 경제적으로 세계적인 축복을 받는 데 원동력이 되었습니다. 그런데 이제 젊은이들은 다시 교회에 실망하기 시작했습니다. 교회가 지향하는 것이 결국 교회를 대형화하는 것이고 그 안에 들어가 보니까 아무 실속이 없자 젊은이들은 기독교 자체에 대하여 실망하게 되는 것입니다. 결국 기독교에 실망한 젊은이들이 교회를 빠져나가서 세상으로 가고 있고, 이것은 참으로 한국 사회 전체의 무서운 침체로 나타나게 될 것입니다. 교회 지도자들이 가지고 있는 욕심이 부흥을 죽이는 결과를 가져오고 있는 것입니다. 우리나라가 다시 살기 위해서는 목회자들이 자신의 성공보다는 무엇인가 새로운 것을 젊은이들에게 보여줄 수 있어야 합니다.

하나님은 이스라엘 백성들로 하여금 가나안의 풍요로운 삶을 경험하기 전에 광야의 극한적인 상황을 먼저 체험하게 하셨습니다. 우선 하나님은 이스라엘 백성들이 출애굽한 뒤에, 길이 없는 홍해 앞으로 인도하셨습니다. 앞에는 홍해가 놓여 있고 뒤에는 애굽 군대가 추격하는 것을 보고 소리를 지르면서 모세를 원망했습니다. 우리가 이때의 이스라엘 백성들이었다고 생각해본다면, 앞에는 길이 없고 뒤에는 군대가 죽이려고 처들어올 때 소리를 지르는 것은 당연한 일일 것입니다. 그런데 오히려 모세는 이스라엘 백성들에게 소리 지르지 말고 잠잠히 하나님이 하시는 것을 보라고 명령했습니다. 모세는 이스라엘 백성들이 보는 앞에서 지금까지 한 번도 보거나 들은 적이 없는 새 길을 보여주었습니다. 바로 바다 속에 있는 길이었습니다. 이것이 바로 복음의 능력입니다. 모세는 이스라엘 백성 전체를 이끌고 물도 없고 양식도 없는 광야로 들어갔습니다. 상식적으로 생각하면 모든 이스라엘 백성들을 광야에서 다 굶겨 죽이겠다는 것과 같습니다. 그런데 모세는 거기서 기적의 음식으로 이스라엘 백성들을 사십 년 동안 살게 하면서 하나님을 품는 영적 대부흥을 가져오게 했습니다. 사람들은 바로 이런 능력 때문에 기독교를 좋아하는 것이지 화려한 외형이나 돈 때문에 기독교를 좋아하는 것이 아닙니다.

오늘 우리가 보고 경험하고 있는 것은 하나님의 백성들이 너무나도 세상 사람들과 똑같아지고 있다는 사실입니다. 하나님의 백성들도 말로만 하나님을 믿을 뿐이지 세상 사람들과 똑같이 돈을 의지하고 부동산을 의지하고 집을 의지하면서 살아간다면 이것은 우리 사회 전체의 위기로 나타나게 될 것입니다. 오늘 우리가 자신에게 던져야 할 질문은 하나님의 백성들은 믿지 않는 자들과 무엇이 달라야 하는가 하는 것입니다.

1. 사망의 회중

이 세상을 보면 너무나도 좋은 축복들이 많이 있다는 것을 볼 수 있습니다. 머리가 좋아서 좋은 학교를 졸업하고 좋은 직장이나 좋은 사회적인 직책을 가지게 되면 얼마든지 부유하고 안정된 삶을 누릴 수가 있습니다. 사람들은 누구든지 이런 그룹에 들면 성공했다는 생각을 할 것입니다. 그러나 오늘 성경 말씀을 보면 전혀 다른 이야기를 하고 있습니다.

16절 "명철의 길을 떠난 사람은 사망의 회중에 거하리라."

오늘 말씀은 명철의 길을 떠난 사람들은 모두 '사망의 회중에 거한다' 라고 말씀하고 있습니다. '사망의 회중' 이란 인생길에서 큰 위기를 당했는데 더 이상 살 길이 보이지 않는 사람들을 말하는 것입니다. 어떤 사람들이 겨울에 높은 산에 올라가서 조난을 당했다면 그들은 모두 사망의 회중일 것입니다. 또 배가 기관 고장이 나서 표류를 하고 있다면 이 배에 탄 사람들은 모두 언제 죽을지 모르는 신세인 사망의 회중입니다. 광야를 여행하는 사람들이 강도를 만나서 가진 물건이나 양식을 다 빼앗기고 버려지게 되었다면 그들은 언제 죽을지 모르는 사망의 회중입니다. 하나님께서는 이 세상에서 성공하고 안정된 수입이나 직장을 가지고 있지만 하나님의 말씀을 떠난 자들은 모두 사망의 회중이라고 부르고 있습니다.

그러면 '명철의 길'이라고 하는 것이 무엇일까요? 이 세상에는 두 가지 길이 있습니다. 하나는 수평적인 성공의 길인데 머리가 좋고 행동이 민첩해서 남들보다 더 빨리 이 세상에서 성공하는 것을 말합니다. 사람들은 이 길밖에 눈에 보이지 않기 때문에 모두 기를 쓰고 이 세상에서 성공의 길을 가려고 몸부림을 칩니다. 그런데 하나님은 또 다른 길을 주셨습니다. 그것은 우리가 하나님께로 갈 수 있는 수직적인 길입니다. 사실 우리는 하나님께로 갈 수가 없습니다. 하나님이 우리에게 말씀을 주셔야 하는데 하나님의 말씀을 붙잡는 것이 명철의 길입니다. 여기서 명철이란 단순히 하나님을 믿는 것이 아니라 하나님의 말씀이 자기 안에서 소화되어 가치관이 되고 인생관이 된 상태를 말합니다. 하나님의 말씀을 붙들고 믿을 때 우리는 사망의 회중이 아니라 살아 있는 회중이 되는 것입니다. 하나님이 우리의 생명을 책임지시기 때문입니다. 이때부터 하나님의 능력이 우리와 함께 하게 됩니다. 이때 우리는 세상길과 다른 길을 알게 됩니다. 이스라엘 백성들처럼 많은 사람들이 다니는 넓은 길이 아니라 홍해 바다 속에 난 길을 걷게 되는 것입니다. 또 우리는 이스라엘 백성들처럼 가나안 땅만 아니라 광야에서 불과 같은 능력을 가지신 하나님을 소유한 백성이 되는 것입니다.

사망의 회중들은 너무 빨리 눈에 띄는 복을 잡은 사람들입니다. 그들은 이 세상에서 가장 중요한 것을 빼놓고 찌꺼기 같은 복을 잡았기 때문에 길을 잃은 것입니다. 우리는 광야에서 하나님을 모시는 법을 배워야 가나안 땅도 차지할 수 있습니다. 이스라엘 백성들이 하나님을 모시지 않고 가나안 땅을 가졌을 때 그들은 모두 물질적인 풍요에 눈이 어두워서 우상 숭배에 빠지고 말았습니다. 오늘의 많은 기독교인들이 세상의 복과 기독교를 조화시키려고 애를 쓰고 있습니다. 하나님을 믿고 세상의 복을 누리자는 것입니다. 그런데 바로 이것이 이스라엘 백성들이 추구했던 금송아지 신앙입니다. 물질적인 풍요가 우리에게 얼마나 무서운 악영향을 줄 수 있는지 알아야 합니다. 우리는 오직 하나님의 말씀을 붙들고 따라가야 이 부패의 함정에 빠지지 않을 수 있습니다. 우리를 살게 하는 것은 물질적인 복이 아니라 영적인 부흥입니다. 영적인 부흥의 결과로 물질적인 복이 오는데 이것은 복이기도 하지만 독이 될 수도 있습니다. 사망의 회중이 되지 않으려고 하면 물질적인 복은 적당하게 받고 얼른 정신을 차려야 합니다.

> 17절 "연락을 좋아하는 자는 가난하게 되고 술과 기름을 좋아하는 자는 부하게 되지 못하느니라."

상식적으로 생각해보면 너무나도 당연한 말씀입니다. '연락(宴樂)하는 자' 란 생산을 하지 않고 일단 눈에 보이는 대로 먹고 마시고 즐기는 사람을 말합니다. 사람은 생산을 한 뒤에 생산한 것을 가지고 먹고 마셔야 행복한 것이지 만들지도 않으면서 먹고 마시고 즐긴다면 결국 가난하게 되는 것은 뻔한 일입니다. 사람이 망하는 것은 어려운 문제가 아닙니다. 자기가 버는 돈보다 많은 것을 쓰게 되면 나중에는 빚을 지게 되고 결국 이것이 누적되면 망하게 될 것입니다. 세계적으로 대부분의 강대국의 문제가 국가의 경제가 어려워지게 되었을 때 무엇인가 새로운 것을 생산해서 경제를 살리는 것이 아니라 돈을 찍어내어 들이부어서 경제를 살리니까 굉장히 잘사는 것 같은 느낌이 드는데 결국 그것이 국가의 빚이었던 것입니다. 오늘 경제학자들의 고민이 바로 여기에 있습니다. 국가가 엄청나게 돈을 찍어 들이붓는 데도 왜 경제가 살아나지 않느냐 하는 것입니다. 이것은 사람의 정신 자세와 관계가 있고 결국은 영적인 축복과 관계가 있습니다. 사람들은 인간이 행복하게 사는 데 가장 중요한 것은 경제라고 생각하고 있습니다. 돈이 많으면 많은 물건을 살 수 있고 많은 물건을 사면 행복할 수 있다는 것입니다. 그러나 사람이 빚으로 많은 물건을 사는 것은 결코 행복할 수가 없습니다. 나중에 그 빚을 갚기 위해서는 더 많은 행복을 포기해야 하기 때문입니다. 결국 이 세상의 정책이라고 하는 것은 여기에 있는 모래를 파서 저기에 붓는 것에 불과한 것입니다. 오늘날 정치인들이나 경제학자들이 생각하지 못하고 있는 것은 복은 하나님으로부터 온다는 사실입니다.

하나님의 백성들은 당연히 이 세상의 복과 다른 복을 구해야 합니다. 그것은 매일 맛있는 것을 먹고 술과 기름으로 즐겁게 하는 것이 아니라 고통 가운데 하나님의 말씀을 붙들고 기도하고 은혜 받는 것입니다. 우리에게 영적 부흥이 일어날 때 시련을 이기며 불가능한 가운데서 하나님의 축복을 받게 되는 것입니다. 지금 전 세계는 하나님의 복을 모르고 세상의 복만 파내니까 결국 바닥이 드러나면서 어느 누구도 책임지지 못하는 결과가 나타나게 되는 것입니다. 히스기야가 앗수르 군대 십팔만오천 명을 물리치고 죽음의 병에서 살아났을 때 당시 신흥 제국이던 바벨론 왕은 예루살렘의 비밀을 알고 싶었습니다. 이때 히스기야는 성전에서 하나님 앞에 부르짖으며 기도하는 성도들을 자랑했어야 하는데, 왕궁의 보물이나 자랑하는 바람에 나중에 바벨론이 침략할 수 있는 빌미를 제공하게 됩니다. 우리는 삼성이나 현대 자동차를 자랑할 것이 아니라 교회에서 부르짖으며 기도하는 청년들이나 성도들의 모습을 보여주어야 하는 것입니다. 목회자들이 청년들에게 진정한 영적인 부흥보다는 부와 거창한 외모를 즐기게 하고 있는데 이것은 청년들에게서 희망을 빼앗는 것입니다.

18절 "악인은 의인의 대속이 되고 궤사한 자는 정직한 자의 대신이 되느니라."

우리가 이 말씀만 보면 의인을 대신해서 악인들이 죽고 정직한 자를 대신

해서 거짓말하는 자들이 처벌을 받는다는 것인데 이것이 좋은 것이 아닙니다. 평소에는 의인의 고난 때문에 하나님께서 그 사회의 불의한 자까지 지켜주시고 보호해주십니다. 이 세상에서 하나님의 백성들이 고난을 받아야 악인들도 보호되는 것입니다. 그런데 악인들이 심판을 받는다는 것은 의인들이 더 이상 고난을 당하지 않으려고 하기 때문에 악인을 보호할 자가 없어지게 된 것입니다. 결국 이런 경우에는 의인이나 악인이나 같이 망하게 됩니다. 의인이 악한 자를 위해서 늘 희생해주는 사회가 좋은 사회입니다. 그런데 의인이 전혀 손해를 보지 않으려고 하고 악한 자들과 똑같이 이기적이라면 사실 그런 의인들은 의인이라고 볼 수도 없는 것입니다. 하나님의 백성들은 이 세상에서 세상 사람들과 똑같아서는 안 됩니다. 이 세상에서 우리는 다른 사람들에 비해서 무엇인가 손해 보는 것이 있어야 합니다. 그렇지 않고 하나님의 백성들이 세상에서 조금도 손해 보지 않고 자기 챙길 것을 다 챙기면 세상이 너무 빡빡하게 돌아가게 되는데 그때 기계는 무뎌지게 되는 것입니다. 하나님의 백성들은 이 세상에서 내가 윤활유 역할을 한다 생각하고 손해를 볼 수 있어야 합니다.

19절 "다투며 성내는 여인과 함께 사는 것보다 광야에서 혼자 사는 것이 나으니라."

우리가 잠언을 보면 심심하면 한 번씩 여인 이야기를 꺼내서 분위기를 바꾸는 것을 볼 수 있습니다. 이 말씀을 읽고 어떤 분이, 그렇지 않아도 마누라가 잔소리하는 것이 듣기 싫은데 딴 방이나 시골에 가서 혼자 살아야 하겠다고 생각해서는 안 됩니다. 인간의 숫자의 반이 여자인데 성경이나 다른 책에서 여자 이야기가 이렇게 적게 나온다는 사실 자체가 놀라운 것입니다. 그 이유가 무엇일까요? 대부분의 여인들이 말없이 모든 것을 참고 희생하기 때문에 모두가 행복할 수 있는 것입니다. 그런데 여인들이 잠잠하지 않고 떠들며 성을 낸다는 자체는 이제 더 이상 가족이나 이웃을 위해서 여인들이 희생하지 않겠다는 것을 의미하는 것입니다. 가정이나 교회나 사회나 평안할 수 있는 것은 누군가가 말없이 희생을 하기 때문입니다. 거리가 깨끗하고 냄새가 나지 않는 것은 새벽에 미화원들이 거리를 청소하고 냄새 나는 음식물 쓰레기를 가져가기 때문에 깨끗한 것입니다.

여인들이 잠잠하게 하려면 여인의 가치가 인정이 되어야 합니다. 그리고 여인들이 능히 자신을 희생해도 자신이 아깝지 않을 정도로 사랑을 해주어야 하는 것입니다. 가정이나 교회에서 가장 중요한 것은 여인들이 하나님의 말씀을 듣고 하나님의 사랑을 체험하는 것입니다. '다투며 성내는 여인과 함께 하는 것보다 광야에서 혼자 사는 것이 더 낫다' 는 말은 아내를 버리고 광야에 가서 혼자 살라는 말이 아니라 아내가 은혜 받지 못하면 가정이 광야가 될 줄 알라는 뜻입니다. 요즘 남자들은 아내가 곰국을 끓이는 것을 가장 무서워한다는데 버림당하지 않으려고 하면 여인들을 하나님의 은혜로 만족시켜주어야 하는 것입니다. 교회나 국가가 부흥이 일어날 때 가장 중요한 불쏘시개 역할을 하는 사람들이 여인들입니다. 여인들이 은혜 받아서 남편을 데려오고 자식들을 하나님 앞에 데려올 때 부흥의 불이 붙게 되는 것입니다.

2. 선과 악의 결과

우리가 이 세상을 살아가면서 모든 것을 다 할 수 없기 때문에 때로 선택을 할 수밖에 없습니다. 의사의 길을 선택하면 사업가가 될 수 없고 학자의 길을 택하면 장사를 할 수 없는 것과 같습니다. 우리가 하나님의 말씀과 세상을 동시에 택할 수 없습니다. 그러나 우리가 선택한 결과는 엄청난 차이로 나타나게 될 것입니다.

20절 "지혜 있는 자의 집에는 귀한 보배와 기름이 있으나 미련한 자는 이것을 다 삼켜버리느니라."

이 말씀을 보면 지혜 있는 자는 부지런히 일을 해서 집에 돈도 많이 모이고 보물도 사들여서 부가 많이 쌓이지만 미련한 자는 그렇지 못하다라고 생각하기 쉽습니다. 중요한 것은 미련한 자는 이것을 다 삼켜버린다는 것입니다. 여기서 지혜 있는 자는 하나님의 말씀을 붙들고 사는 사람을 말합니다. 이 사람은 처음에는 보배나 기름은커녕 하루하루 먹고 살 것도 없을 정도로 궁핍할 것입니다. 그런데 참으로 놀라운 것은 하나님의 말씀을 붙드는 자가 겉으로는 궁핍하지만 눈에 보이지 않는 축복이 있다는 사실입니다. 그것은 하나님이 주시는 영적인 축복입니다. 하나님의 말씀을 붙드는 자는 이 세상에 없는 보물로 채워지기 시작합니다. 하나님의 말씀이 우리에게 임할 때 우리 자신이 보물이 됩니다. 그리고 하나님의 지혜와 능력과 아름다운 성품으로 채워지게 됩니다. 이 기름은 단순히 식물성 기름이 아니라 어둠을 밝힐 수 있는 최고의 정신적인 기름입니다. 하나님께서는 이들에게 물질적인 복도 많이 주십니다. 몸에 있던 병도 낫게 해주시고 자녀들에게도 믿음을 주셔서 아름답게 자라게 하시고 나중에는 집도 새로 좋은 집을 사게 하십니다. 그런데 미련한 자는 하나님의 복은 없이 눈에 보이는 것만 닥치는 대로 모으기 시작합니다. 미련한 자는 돈을 모으고 곡식을 모으고 보물들을 모으게 됩니다. 그런데 이 사람은 보물을 모을수록 더 성질이 나빠지고 거만해지며 의심이 많아지게 됩니다. 이 부자는 나중에 쓸데없는 재물만 많이 가진 채 너무나도 이기적이고 교만하며 악한 사람이 되어 있는 것입니다. 그러다가 큰 환난을 당해서 재산을 날리거나 혹은 병들어 죽게 되면 정말 남는 것이 없는 빈털터리가 되고 맙니다. 하나님이 우리에게 이 세상을 살게 하신 것은 그저 모으라고 살게 하신 것이 아니라 다른 사람에게 주고 사랑을 베풀라고 살게 하신 것입니다. 이 세상을 지혜롭게 사는 사람은 많이 모으지 않는 사람입니다. 우리는 할 수 있는 대로 다른 사람에게 주어야 합니다.

21절 "의와 인자를 따라 구하는 자는 생명과 의와 영광을 얻느니라."

의와 인자를 따라 구한다는 것은 어떤 것을 결정할 때 어떤 기준으로 하느냐 하는 것입니다. 대개 사람들은 어떤 결정을 할 때 자기에게 이익이 되고 명성이 되는 길로 결정할 것입니다. 이것은 자기 정욕과 욕심을 따라가는 것이고 너무나도 평범한 것입니다. 만일 우리가 의와 인자를 따라 결정을 하려고 하면 자기 명예와 욕심을 죽여야 합니다. 자기 성질도 죽여야 하고 자기 야망도 죽여야 합니다. 놀라운 것은 우리가 자신을 죽이면 죽일수록 하나님의 생명과 능력은 우리 삶 가운데 넘쳐나게 됩니다. 하나님이 우리에게 생명을 주십니다. 건강의 복을 주시고 위기를 넘어가게 하시며 하나님 앞에서 무한한 응답과 축복을 받게 하시고 결국 영광을 얻게 됩니다. 유명한 사람이 되고 존귀한 사람이 되는 것입니다. 하나님의 백성들에게 가장 중요한 것은 입으로 믿는 것이나 머리로 믿는 것이 아닙니다. 어떻게 하면 자기 성질과 야망을 죽이느냐 하는 것입니다. 머리로는 누구든지 잘 믿을 수 있고 입으로는 누구든지 의인이 될 수 있지만 실제로 남에게 상처를 주지 않고 다른 사람에게 힘이 되려고 하면 자기 성질부터 죽여야 하고 야망과 욕심부터 죽여야 하는 것입니다.

22절 "지혜로운 자는 용사의 성에 올라가서 그 성의 견고히 의뢰하는 것을 파하느니라."

지혜로운 자는 하나님의 말씀을 붙들고 가는 사람을 말합니다. 우리가 생각하기에 하나님의 말씀과 용사가 차지하고 있는 성은 비교가 되지 않을 것입니다. 아무리 하나님의 말씀을 붙든다고 하더라도 이 세상의 경쟁을 이기거나 견고한 성채를 부술 수는 없습니다. 여호수아와 이스라엘 백성들이 요단강을 건너서 가나안 땅에 들어갔지만 여리고 성을 무너트릴 수 있는 방법이 없었던 것과 같습니다. 그러나 참으로 놀라운 것은 인간으로는 아무리 완벽한 철옹성이라 하더라도 완전하지는 못하다는 것입니다. 인간이 하는 일에는 빈틈이 있게 마련인데 하나님께서 그 백성들에게 힘을 주실 때 갑자기 원자 폭탄 터지는 것 같은 위력이 나타나게 해서서 그 빈틈을 파고 들어가게 하십니다. 결국 여호수아와 이스라엘 백성들은 하나님의 말씀대로 여리고 성을 하루에 한 바퀴씩 돌고 일곱째 되던 날 일곱 번 돌고 소리를 질렀을 때 성은 무너지게 되었습니다. 여기에 보면 '성의 견고히 의뢰하는 것'이라고 했습니다. 성 중에서도 가장 튼튼한 부분을 말하는데 그것을 쳐서 이기는 것입니다. 우리가 하나님을 의지하는 것이 얼마나 큰 힘이 되고 능력이 되는지 알아야 합니다.

23절 "입과 혀를 지키는 자는 그 영혼을 환난에서 보존하느니라."

우리 입에서 나오는 말은 머리와 마음속에 들어 있는 것을 나타내는 것입니다. 평소 우리 머리와 마음속에 들어 있는 것은 온갖 지저분한 생각의 구정물통과 같습니다. 언제나 우리의 생각이나 마음을 반드시 하나님의 말씀으로 정화해서 말을 해야 합니다. 우리가 말하는 모든 것을 하나님이 기도로 들으시기 때문입니다. 잘 믿는다고 하면서 자기 생각나는 대로 지껄이는 사람은 말씀으로 자신을 통제하지 않는 사람이고 이 사람의 믿음은 아직 진정한 것이 되지 못합니다. 우리의 가장 중요한 적은 자기 자신입니다. 우리가 자기 자신을 두들겨 잡을 때 하나님은 우리 영혼을 환난에게 지켜주십니다. 하나님이 반드시 어려움 가운데 도와주시고 길을 열어주시기 때문입니다. 그래서 평소에 말을 함부로 하지 않는 것이 어려울 때 응답받는 비결이 됩니다.

> **24절** "무례하고 교만한 자를 이름하여 망령된 자라 하나니 이는 넘치는 교만으로 행함이니라."

무례하고 교만한 자란 다른 사람을 우습게 생각하고 자기 멋대로 대하는 사람을 말합니다. 왜 이 사람이 다른 사람을 우습게 알고 함부로 대하는가 하면 사람의 겉모습만 보고 판단하기 때문입니다. 여기서 망령되다는 말은 속이 비어 있다는 뜻입니다. 하나님의 백성들은 속으로 연단을 받기 때문에 겉으로는 보잘것없습니다. 그런데 이런 사람을 겉모습만 보고 판단하는 사람은 연단의 가치를 모르는 사람입니다. 자기 자신에 대해서는 너무나도 우월감을 가지고 있고 다른 사람은 경멸하는데 사실은 자기 자신이 하나님 앞에서 아무 가치가 없는 쭉정이 인생이라는 것을 모르고 있는 것입니다. 사람이 하나님 앞에 가치를 가지려고 하면 그 사람 안에 있는 교만의 물을 다 빼내어야 합니다. 우리 안에 있는 교만의 물은 오직 눈물을 통해서만 빠져 나가는데 교만이 빠져나가려고 하면 얼마나 많이 울어야 하는지 모릅니다. 그런데 이런 눈물의 과정을 겪지 않은 사람은 겉으로는 멋있어 보일지 몰라도 하나님 앞에서는 없는 사람과 같습니다. 사실 사람이 있는데 없는 것처럼 대한다는 것은 얼마나 슬픈 일인지 모릅니다. 그러나 하나님은 교만한 자는 전혀 없는 것으로 생각하신다고 말씀하고 있습니다. 우리의 모든 신앙 연단은 겸손을 배우는 것으로 되어 있습니다. 연단을 많이 받으면 예의를 지키게 됩니다. 예의를 지킨다는 것은 다른 사람을 인정한다는 뜻입니다. 특히 사람들 사이에 예의라고 하는 것은 옷을 입는 것과 같기 때문에 예의를 지키는 것이 훨씬 편하고 품위가 있습니다. 만일 우리가 친하다고 해서 전혀 예의를 지키지 않는다면 이것은 벌거벗고 뛰어다니는 것과 같기 때문에 야만적이고 추한 것입니다.

25절 "게으른 자의 정욕이 그를 죽이나니 이는 그 손으로 일하기를 싫어함이니라."

사람이 게으른 것은 일하기 싫어하는 것도 있지만 책임을 지기 싫어하는 것이 더 큰 이유일 것입니다. 자기 일은 자기가 책임을 져야 다른 사람이 불편하지 않습니다. 게으른 자는 자기 짐을 다른 사람에게 지우고 자기는 아무 책임도 지지 않으려고 하는 사람입니다. 사람은 바른 방향으로 자기 자신을 훈련시키지 않으면 욕망이 반드시 잘못된 방향으로 나가게 되어 있습니다. 사람이 자기가 할 일을 하지 않으면 가만히 있는 것이 아니라 노름을 한다든지 남의 물건을 훔친다든지 더 악한 쪽으로 욕심을 쓰게 되어 있습니다. 사람은 반드시 자기 일은 자기가 책임을 지도록 훈련을 받아야 하는데 그것을 가르쳐줄 선생이 없는 것입니다. 사실 사람들이 일에 의욕만 느낄 수 있으면 어마어마한 가치를 생산할 수 있을 것입니다. 예수님 당시에도 실업률이 높아서 많은 사람들이 빈둥거리면서 놀고 있었습니다. 이때 예수님께서는 추수할 것은 많다고 하시면서 사람들을 영적인 일로 초청을 하셨습니다. 우리가 이 세상에 할 일이 없다고 하지만 두 종류의 일이 있습니다. 하나는 세상의 일이고 다른 하나는 영적인 일입니다. 세상일은 실업이 있지만 영적인 일에는 실업이라는 것이 없습니다. 하나님이 우리에게 세상일을 하게 하실 때에는 또 열심히 세상에서 하나님의 창조의 일을 하다가 세상에서 일거리를 주지 않으면 또 열심히 영적인 일을 하면 되는 것입니다.

26절 "어떤 자는 종일토록 탐하기만 하나 의인은 아끼지 아니하고 시제하느니라."

어떤 사람은 눈에 보이는 족족 자기 것을 만들려고 합니다. 이런 사람은 욕심이 많은 사람입니다. 의인은 아끼지 않고 다른 사람에게 나누어주는 것을 좋아합니다. 이 사람은 하나님의 무한한 복을 믿고 또 다른 사람이 행복한 것이 기쁜 일이기 때문입니다. 하나님의 백성들은 다른 사람 기쁜 것이 내 기쁨이 되어야 합니다. 이 세상 모든 사람들이 행복할 자격이 있기 때문입니다. 모든 좋은 것을 자기가 가져야 한다고 생각하는 사람은 아직 정신적으로 유치한 사람입니다. 이런 사람은 쓸데없는 것만 잔뜩 가지고 있는 아이와 같습니다. 어렸을 때 욕심이 많은 아이들은 딱지 딴 것이나 구슬치기를 해서 딴 것을 서랍 안에 잔뜩 모아가지고 있습니다. 그 어느 것 하나 가치 있는 것은 없습니다. 이 세상에서 가장 복된 것은 다른 사람의 행복을 기뻐해 줄 수 있는 마음이고 남을 행복하게 해줄 수 있는 마음입니다.

27절 "악인의 제물은 본래 가증하거든 하물며 악한 뜻으로 드리는 것이랴."

하나님께서는 사람들이 예배드리는 행위를 보는 것이 아니라 그 중심을 보십니다. 악인이 제사를 드리는 경우가 있습니다. 이것은 진정으로 자기 죄를 버리고 회개하는 것이 아니라 악한 짓을 계속하겠지만 하나님이 잘 봐달라는 뜻으로 드리는 것입니다. 이것은 하나님과 협상을 하는 것인데 하나님은 절대로 좋아하시지 않습니다. 많은 사람들은 헌금이나 기도나 금식으로 자기 신앙 좋은 것을 사람들에게 과시하려고 하는데 예수님은 이런 사람들은 자기의 상을 이미 받았다고 말씀하셨습니다. 하나님은 우리의 은밀한 마음을 보시기 때문에 우리는 하나님 앞에 일단 가식이 없고 정직해야 하나님이 받으십니다.

28절 "거짓 증인은 패망하려니와 확실한 증인의 말은 힘이 있느니라."

증인은 공적으로 어떤 사실을 확인하는 사람이기 때문에 이것은 사람 앞에서 말하는 것이 아니라 하나님 앞에서 자기 인격을 걸고 책임지고 말하는 것입니다. 공적인 증거를 거짓으로 하는 사람은 하나님 앞에서 자기 영혼을 판 것이기 때문에 하나님이 저주하십니다. 우리가 하나님 앞에 정직하게 말을 할 때 하나님이 함께 하시기 때문에 사탄의 세력을 이기는 힘이 있습니다. 결국 가장 치열한 전쟁은 영적인 전쟁인데 이것은 사탄과 우리 사이의 말싸움입니다. 우리가 사탄의 시험에 빠지게 되면 무슨 말을 하든지 걸려들게 되어 있어서 도저히 빠져 나올 수 없게 됩니다. 예를 들어서 어떤 사람이 믿는 사람을 악의로 고발하면 어떻게 말하든 걸려들게 되어 있습니다. 이때 우리가 기도하고 사실대로 다 이야기를 해버렸을 때 이상하게도 상대방이 더 이상 날뛰지 못할 때가 많습니다. 사탄이 사람들에게 무엇인가 대단한 부정이 감추어진 것처럼 충동질을 하는데 파보니까 별 대단한 것이 아닌 것입니다. 그래서 하나님의 백성들은 정직한 것이 힘이 될 때가 많습니다. 사람들은 아무리 의심하면서 듣지만 진실을 말하는 것은 알게 되는 것입니다.

29절 "악인은 그 얼굴을 굳게 하나 정직한 자는 그 행위를 삼가느니라."

악인은 다른 사람에게 자신의 권위를 나타내기 위해서 공연히 얼굴을 무섭게 할 때가 많습니다. 사람이 다른 사람에게 무섭게 대하는 것은 사실 자기 자신이 별 볼일 없기 때문입니다. 속이 찬 사람은 굳이 자기 자신을 권위적으로 나타내지 않아도 충분히 실력이 있기 때문에 얼마든지 다른 사람에게 겸손할 수 있습니다. 그런데 처음부터 이런 겸손하면서도 실력 있는 사람이 될 수는 없습니다. 우리는 언제나 잘못하고 실수하지만 그때그때 바로잡으면 됩니다. 여기서 삼간다고 하는 것은 우리가 전혀 실수가 없다는 뜻이 아닙니다. 오히려 우리는 언제나 실수를 하지만 그때그때 회개하고 바로잡으면 점점 더 능력 있는 자리로 나아가게 되는 것입니다. 때때로 나는 왜 이렇게 오랫동안 실수를 할까 하는 생각이 들 때가 많은데, 그것은 정상적인 것입니다. 실수할 때마다 회개하고 바로잡으면 하나님이 우리를 도와주셔서 온전하게 만들어주십니다.

3. 하나님을 의지하는 능력

결국 가장 중요한 말씀은 끝에 있는 두 절에 드러납니다. 우리가 이 세상에서 망하는 이유는 눈에 보이는 것만 붙들지 하나님의 능력과 축복을 가져오지 못하기 때문입니다. 왜 우리가 하나님의 능력과 축복을 받지 못하는 것일까요? 하나님의 말씀과 세상 사이에서 양다리를 걸치기 때문입니다. 우리가 이 세상에 복을 가져오려면 세상 것을 잃어버릴 각오를 하고 하나님의 말씀에 모든 것을 다 걸어야 합니다. 다른 사람들이 아무리 융통성이 없다고 하거나 혹은 케케묵었다고 해도 오직 하나님 말씀의 길로만 가야 부흥이 오게 됩니다.

> 30절 "지혜로도 명철로도 모략으로도 여호와를 당치 못하느니라."

지금까지 잠언에서 지혜나 명철이나 모략은 전부 하나님의 말씀을 붙드는 신앙을 의미했습니다. 그러나 여기에서는 하나님의 말씀이 아닌 인간의 지혜나 명철이나 모략을 의미합니다. 하나님께서 우리 인간들을 얼마나 지혜롭게 만드셨는지 우리 인간의 지혜는 거의 하나님의 지혜에 가깝다고 말을 할 수 있습니다. 인간들은 이 지혜를 가지고 온 세상을 다 정복했고 동물들을 다 정복했고 엄청난 정보와 공간을 차지했습니다. 오늘 인간들은 이 지혜를 가지고 우주선을 보내고 있고 인간의 유전자를 모두 해독하고 있습니다.

그런데 인간의 치명적인 결함은 이 지혜로 자기 자신을 알 수 없는 것입니다. 우리 인간은 모두 기억 상실증에 걸린 알츠하이머 환자와 같습니다. 우리 인간들은 자신의 가치를 알지 못하고 있습니다. 그래서 자기를 찾기 위해서 여행을 하고 공부를 하고 사랑에 빠지고 미친 듯이 철학을 하지만 인간은 절대로 자신을 찾지 못합니다. 모든 인간들이 미친 듯이 살고 있고 또 실제로 많은 사람들이 미쳐가고 있습니다. 우리 인간이 자신을 찾을 수 있는 것은 오직 하나님의 지혜밖에 없습니다. 아이들이 아무리 머리가 좋아서 공부를 잘하고 좋은 직장에 다녀서 사회적으로 성공을 해도 부모가 어렸을 때 이야기를 들려주지 않으면 자기를 알 수 없는 것과 같습니다. 우리는 하나님의 말씀을 들어야 자신을 찾을 수가 있습니다. 하나님의 말씀을 듣는 시간은 자기 자신을 찾는 시간입니다.

그리고 우리 인간들은 그 뛰어난 지혜로 미래를 알 수 없습니다. 우리 앞에 어떤 운명이 놓여 있는지 아무도 알지 못합니다. 아이러니한 것은 과학이 발달하고 인간의 지혜가 높아질수록 점이나 미신은 더 심해지고 있다는 사실입니다. 미래는 하나님의 손에 있습니다. 그리고 우리의 미래는 우리의 믿음에 달려 있습니다. 그래서 믿는 자들은 미래를 두려워하지 않습니다. 인간들은 그 뛰어난 지혜로 하나님의 복을 받을 수 없습니다. 하나님과 우리 인간 사이가 죄로 막혀 있기 때문입니다. 인간들은 결국 사망의 회중입니다. 우리가 하나님의 복을 받아야 아름답게 살 수 있고 아름다운 사회와 아름다운 미래를 만들 수 있습니다. 하나님의 복은 부흥과 함께 옵니다. 이제 목회자들은 젊은이들에게 교회의 규모나 성공을 자랑할 것이 아니라 이들을 광야로 끌고 가서 하나님을 만나게 해야 합니다.

31절 "싸울 날을 위하여 마병을 예비하거니와 이김은 여호와께 있느니라."

사람들은 나름대로 최악의 날에 대비를 해서 마병을 준비합니다. 그러나 중요한 것은 마병을 준비하는 것보다는 전쟁을 하지 않는 것이 더 좋은 것입니다. 그런데 인간 사회는 죄가 어느 이상 올라가면 자동적으로 재앙이 터지게 되어 있습니다. 그 재앙은 지진이나 쓰나미나 전염병이나 전쟁 같은 것입니다. 전쟁이 터진다 하더라도 의외의 변수가 승패를 좌우할 수 있습니다. 즉 날씨라든지 혹은 병사들의 사기라든지 전염병 같은 것이 승패를 뒤집을 수 있습니다. 이 모든 것을 결정하시는 분은 하나님이십니다. 그런데 더 중요한 것은 부흥이 일어날 때 재앙이 일어날 확률이 적어지게 됩니다. 우리 믿는 자들은 군인도 아니고 정치인도 아니고 유명한 학자들도 아닙니다. 그러나 우리는 하나님 앞에서 가장 중요한 일을 할 수 있습니다. 그것은 부흥으로 재앙을 막고 하나님의 축복이 임하게 하는 것입니다. 우리가 자신의 가치를 깨닫고 다시 한 번 전심으로 하나님을 의지해서 큰 부흥이 일어나기를 바랍니다.

35 · 재물보다 중요한 것

잠 22:1-16

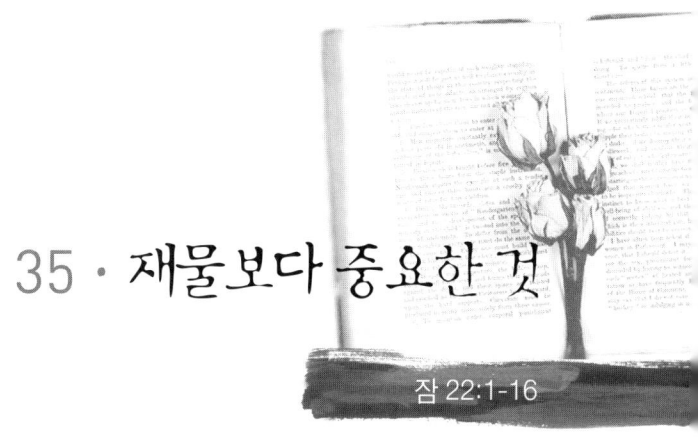

　많은 사람들은 이 세상을 사는 것이 쉬운 것처럼 말하지만 우리가 이 세상을 사는 것은 결코 쉬운 일이 아닙니다. 얼마 전 신문에는 두 사람의 서로 다른 인생을 소개하였습니다. 한 사람은 미국에서 31세에 백만장자가 된 라이언 블레어라는 사람이었습니다. 이 사람은 백만장자 사업가가 되기 전에 갱단에 들어가서 비행을 저지르고 소년원에도 갇혀 있었던 사람이었습니다. 이 사람이 불행하게 된 것은 어머니의 이혼 때문이었습니다. 아버지가 약물 중독자였는데 어머니가 아버지와 이혼을 하고 몰래 이사를 간 빈민가에서 그는 갱들과 어울리게 되었고 결국 소년원 신세를 지게 되었습니다. 그런데 이 사람의 인생을 바꾼 것은 어머니가 재혼을 하면서 사업하던 새 아버지를 만나게 된 것이었습니다. 새 아버지는 이 블레어에게 '너는 더 이상 잃을 것이 없다 네가 하고 싶은 것을 실컷 해라' 고 격려를 했는데 여기서 이 소년은 자기가 잘할 수 있는 컴퓨터 세계에 뛰어들어서 사업에 성공하게 되었습니다. 이 사람이 소년원에서 배운 것이 있는데 그것은 처음 사람들에게 얕보임으로 우유를 빼앗기지만 그 다음에는 그냥 계속 빼앗기게 된다는 것, 그리고 소년원 안에는 믿을 수 있는 사람이 아무도 없고 강자는 언제나 바뀌기 때문에 변하는 환경에 빨리 적응해야 살아남는다는 것이었습니다. 이 젊은 사업가가 갱단이나 소년원 같은 밑바닥 인생에서 벗어나서 백만장자가 된 것은 대단한 일이지만 그렇다고 해서 우리는 이 사람의 인생이 완성된 삶이라고 생각하지는 않게 됩니다. 이 사람의 인생에는 무엇인가 더 필요한 것이 있습니다.

거기에 비해서 또 다른 한 사람은 우리나라의 어느 유명한 한 지성인의 딸이었습니다. 이분의 아버지는 자타가 공인하는 우리나라 지성인이었습니다. 그런데 어느 날 신문에 이분이 예수를 믿고 세례를 받았다는 기사가 실렸습니다. 이분이 어떻게 예수를 믿게 되었는지 그 이유를 알지 못했는데 얼마 전 그분 따님의 이야기를 듣고서야 이해를 하게 되었습니다. 아마도 이 딸은 아버지의 유명세 때문에 대단한 대가를 치렀던 것 같습니다. 아버지나 부모가 유명하면 사람들은 본인을 본인으로 인정하지 않고 언제나 아버지와 비교를 하기 때문에 유명한 사람의 자녀는 자신의 정체성을 찾으려고 하면 엄청난 방황을 하게 됩니다. 이분은 열렬하게 연애해서 결혼했던 남편과 미국에 유학을 가서 이혼을 하고 재혼해서 낳은 둘째 아들은 자폐증을 앓게 되었습니다. 그리고 버클리에 다니던 큰 아들은 이유도 모르게 앓다가 죽어버렸습니다. 게다가 본인도 갑상선 암이 재발되고 망막박리 증세라고 해서 실명의 위기가 왔습니다. 이때 비로소 스스로 최고 지성인이라고 생각했던 이분의 아버지는 하나님 앞에 무릎을 꿇고 만일 딸이 다시 볼 수만 있으면 자신의 남은 삶을 하나님께 바치겠다고 약속을 했다는 것입니다. 그런데 이 딸은 기적적으로 다시 볼 수 있게 되었습니다. 이분은 로스쿨을 나와서 검사로 있었는데 어떤 한인 교회 목사님이 한 교포 아이가 갱단에서 죄를 짓고 종신형을 받았는데 변호를 부탁하더라는 것입니다. 그런데 자기는 검사기 때문에 변호를 할 수 없다고 하니까 검사를 사직하고서라도 변호를 해달라고 부탁을 했다는 것입니다. 그래서 검사를 그만두고 아예 목사가 되어서 아프리카 케냐까지 가서 세상에 태어나서 한 번도 목욕을 해본 적이 없는 아이들까지 끌어안게 되었다고 했습니다. 이것을 보면 우리 인간이 이 세상을 사는 것이 결코 간단한 것이 아니라는 것을 알게 됩니다. 우리가 사는 이 세상에는 너무나도 많은 죄와 실패의 함정이 있는데 거기에 빠지지 않고, 또 거기에 빠졌던 사람들이 다시 빠져나오는 것이 얼마나 어려운 일인지 알게 됩니다. 뿐만 아니라 사람이 이 세상에서 경제적으로 성공하는 것도 대단하고, 최고 지성인의 명성을 얻는 것도 대단하지만 결국 하나님 앞에 무릎 꿇는 것보다 더 위대한 것은 없다는 것을 깨닫게 됩니다. 이 세상에는 부자도 있고 가난한 자도 있고 유명한 사람도 있고 이름 없는 범죄자들도 많이 있지만 우리 인간에게 가장 어려운 것은 하나님을 아는 것이고 그 이름 앞에 무릎을 꿇는 것입니다.

우리가 잠언 중간 부분을 '지혜의 꽃다발'이라는 말로 표현을 했습니다. 잠언 중간 부분은 하나님의 지혜 중에서 가장 아름다운 꽃다발을 모아놓은 것입니다. 이 지혜의 꽃다발을 볼 때 어느 부분은 세상적인 지혜와 비슷한 내용들이 많이 있습니다. 그러나 꽃만 보면 비슷하게 보이더라도 줄기나 뿌리는 다르다는 것도 알아야 합니다. 이 지혜의 꽃다발의 아주 중요한 한 부분, 마지막 부분을 보게 됩니다. 많은 성경학자들이 잠언 22:17부터 24장 끝까지를 독립된 30가지의 지혜로 보고 있기 때문입니다. 어떤 학자들은 이 부분이 애굽의 유명한 지혜문헌인 아메네모페와 아주 비슷하다고도 말합니다. 그래서 오늘 본문 뒤에 있는 22:17절부터 24장까지는 또 다른 지혜의 하이라이트를 모은 부분으로 보아야 할 것입니다.

그리고 25장부터 29장까지는 히스기야가 모은 지혜집으로 소개되고 있습니다. 이 부분은 또 다른 지혜집으로 보아야 합니다. 그리고 잠언의 마지막 30장과 31장은 아굴과 르무엘 왕 또는 그 어머니가 지은 지혜집으로 되어 있습니다. 오늘 말씀은 그 동안 길게 설명되어 왔던 지혜의 꽃다발의 결론에 해당되는 부분이라고 말할 수 있습니다. 여기서 지혜자는 말하길 우리 인생에서 가장 중요한 것은 하나님 앞의 겸손이라고 말하고 있습니다. 이 세상에 살면서 많은 환난과 고통을 당하는 것은 결국 하나님 앞에 무릎 꿇기 위한 과정입니다. 우리가 하나님 앞에 무릎을 꿇지 않으면 이 세상에서 아무리 성공을 하고 돈을 많이 벌어도 그 인생은 허무한 인생이 되고, 반대로 이 세상에서 아무리 고생하고 많은 연단을 받아도 하나님 앞에 무릎을 꿇은 자는 복 받은 자입니다.

1. 하나님 앞에 가치 있는 인생

인간들은 마치 이 세상에 빈손으로 태어나는 것과 같습니다. 그 중에서 어떤 사람은 돈을 모으는데 재능이 있어서 열심히 일을 하고 돈을 모은 결과 부자가 되었다면 그것은 대단한 일이라는 것을 인정하게 됩니다. 그런데 성경 말씀은 사람이 무조건 재물을 많이 모아서 부자가 되는 것만이 전부가 아니라고 말씀하고 있습니다.

> 1절 "많은 재물보다 명예를 택할 것이요 은이나 금보다 은총을 더욱 택할 것이니라."

어떤 사람이 열심히 일을 하고 돈을 모아서 부자가 되는 것이 대단하기는 하지만 성경은 인간이 돈을 모으는 것만이 전부가 아니라고 말씀하고 있습니다. 우리가 이 세상에서 성공한 삶을 사는 데 돈을 많이 모으는 것보다 더 중요한 것은 다른 사람에게 도움이 되는 사람이 되는 것입니다. '명예'란 단순히 유명하게 되는 것만을 말하지 않습니다. 여기서 명예는 그 사람이 다른 사람에게 좋은 일을 많이 해서 많은 사람들이 존경하고 좋은 평판으로 말하는 것을 말합니다. 사람들 중에는 돈을 모으거나 성공하는 데 너무 욕심을 부린 나머지 다른 사람들로부터 욕을 많이 얻어먹는 사람들도 있습니다. 이런 사람들은 돈이 있고 힘이 있기 때문에 다른 사람들이 무시하지는 못하지만 존경하지도 않는 것입니다. 어떻게 해야 다른 사람에게 도움이 되는 사람이 될 수 있을까요? 결국 이것은 그 사람의 인간성과 관계되는 것입니다. 우리 모든 인간은 하나님을 만나기 전에는 자기가 살기 위해서 다른 사람과 경쟁하고 싸워야하는 야생동물과 같습니다. 식물로 비유하면 가시나 엉겅퀴와 같아서 다른 나무나 동물들을 찔러서 자기를 보호하고 지키는 것입니다. 그런데 우리가 하나님을 알게 되면 하나님의 사랑이 우리를 변하게 합니다. 하나님의 진액이 우리를 가시와 엉겅퀴 같은 찌르는 나무에서 다른 사람을 위해서 열매를 맺는 포도나무나 무화과나무가 되게 하시는 것입니다. 오늘 말씀은 좀 더 부연해서 설명하기를 '은이나 금보다 은총을 구할 것이라'고 했습니다. 여기서 '은총'은 하나님의 사랑을 말합니다. 잠언의 저자는 우리가 이 세상에서 성공하는 것보다 더 중요한 것이 우리 자신이 하나님의 사랑을 받는 자가 되는 것이라고 말씀하고 있습니다.

하나님을 모르는 사람들은 이 세상에서 눈에 보이는 성공을 위하여 달려가는 사람들과 같습니다. 어린이 운동회 때 줄에 많은 과자를 걸어놓고 달리기를 시켜서 가장 빠른 아이가 가서 가장 좋은 것을 먼저 따먹는 것과 같습니다. 그러나 성경 말씀은 이런 세상적인 성공보다 우리가 하나님의 사랑을 알고 하나님의 은총을 받는 것이 은이나 금을 많이 가지는 것보다 더 중요하다고 말씀하고 있습니다. 사람들은 오늘의 현실 가운데 이것을 믿지 않습니다. 역시 현실에서 인정을 받는 것은 돈이나 실력이나 사회적인 지위이지 하나님의 은총이라고 믿지 않는 것입니다. 비록 욕을 얻어먹더라도 성공해서 시간이 지나면 사람들은 결국 자기를 인정하고 따라오게 되어 있다고 믿습니다. 그러나 하나님 앞에서 가치 있는 것은 세상의 성공이 아니고 하나님의 사랑을 알고 하나님의 은총을 받는 것입니다. 이 두 가지를 어떻게 조화시킬 수 있을까요?

그런데 이상한 것은 세월이 흐를수록 사람들이 점점 더 존경하는 사람은 돈이 많은 사람이나 권력을 가진 자가 아니라 사랑이 많은 자라는 사실입니다. 방황하는 사람들을 붙들어주고 낙심한 자에게 희망을 주는 사람이 결국 어두운 시대에 정신적인 지도자로 나타나게 되는 것입니다. 사람들은 그 한 사람을 통해서 빛을 보기 때문입니다. 이 세상의 모든 사람들은 돈이 있기 때문에 큰 소리를 치고 높은 자리에 있기 때문에 군림을 합니다. 그런데 이런 것들은 누구나 다 예상할 수 있는 것이고 뻔한 것입니다. 그러나 돈이 없고 권력이 없어도 사람들에게 영향을 끼칠 수 있는 것은 참으로 신선한 것입니다. 원래 기독교는 어두움 가운데 발하는 빛입니다. 베드로와 요한이 말했듯이 '은과 금은 내게 없거니와 … 나사렛 예수 그리스도의 이름으로 걸으라' 는 것이 복음의 능력입니다. 원래 복음은 돈 없이 가진 것 없이 오직 하나님의 말씀과 사랑의 능력으로 기적을 일으키는 것입니다. 그런데 많은 사람들은 기독교도 세상과 똑같이 돈을 많이 모으고 많은 일을 하는 것이 하나님의 일이라고 생각하고 있습니다. 그러나 이것은 잘못 생각하고 있는 것입니다. 원래 복음의 능력은 학벌이나 돈이나 명예를 다 집어던지고 오직 하나님의 말씀 하나와 영혼을 사랑하는 마음 하나로 기적을 일으키는 것입니다. 결국 사람은 누구나 자기가 추구한 것을 가지게 되어 있습니다. 사도 바울이 말한 것처럼 "자기의 육체를 위하여 심는 자는 육체로부터 썩어진 것을 거두고 성령을 위하여 심는 자는 성령으로부터 영생을 거두리라" (갈 6:8)고 했습니다. 우리는 이 세상에 있는 것과 하나님의 은총을 똑같이 추구할 수 없습니다. 먼저 그의 나라와 그의 의를 구하라고 말씀하신 대로 하나님의 말씀을 연구해야 하고 기도해서 하나님의 능력과 축복을 받는 것을 앞서 해야 합니다. 그렇게 하기 위해서는 가난해질 각오를 해야 하고 사람들로부터 무시를 당하거나 오해를 받는 것도 각오해야 합니다. 그런데 중요한 것은 우리가 그렇게 해서 놀라운 부흥이 나타나면 재물도 많이 생기고 명예도 많이 생기게 되어 있습니다. 이때 우리가 다시 한 번 가난하게 되어서 목숨을 걸고 하나님의 말씀을 붙들어야 부흥이 일어나게 됩니다. 그런데 요즘 우리나라 교회에서 보게 되는 것은 바로 이 축복의 함정에 빠진 것입니다. 하나님께서 우리에게 물질적인 복을 주시고 사회적으로 유명하게 하시니까 이 복을 주체하지 못해서 넘어지고 있는 것입니다. 이때 나타나는 현상이 무서운 교만과 부패입니다. 하나님의 백성이 교만하고 부패했다면 이것은 실패한 것입니다.

2절 "빈부가 섞여 살거니와 무릇 그들을 지으신 이는 여호와시니라."

우리가 사는 이 세상에는 잘사는 사람이나 못사는 사람이나 혹은 공부를 많이 한 사람이나 공부를 많이 하지 못한 사람이나 높은 지위에 있는 사람이나 그렇지 못한 사람들이 같이 살아가고 있습니다. 이때 생각해야 할 것은 과연 부자는 성공한 사람이고 가난한 사람은 실패한 사람인가, 그리고 과연 공부를 많이 한 사람은 성공한 사람이고 공부를 많이 하지 못한 사람은 실패한 사람인가, 하는 것입니다. 물론 사람의 눈에는 부자가 성공한 사람이고 가난한 사람은 실패한 사람으로 보일 수 있습니다. 그러나 하나님의 눈에는 이것이 결코 성공과 실패의 모습이 아니라는 것입니다. 하나님의 눈에는 이것이 모두 다양한 인간의 삶의 모습일 뿐입니다. 인간들은 모두 다른 얼굴을 가지고 있습니다. 단지 사람의 얼굴을 가지고 성공했다거나 실패했다고 말할 수 없을 것입니다. 중요한 것은 하나님께서는 모든 인간을 똑같게 만들지 않으시고 다양하게 살게 하셨다는 것입니다. 인간들은 다양한 인간들의 삶을 통해서 나 외에도 다른 삶의 방식이 있다는 것을 깨닫게 될 것입니다. 그런데 문제는 부자는 부자대로 가난한 사람은 가난한 사람대로 모두 다 나름대로 문제나 아픔을 가지고 살아가고 있다는 사실입니다. 이것은 우리가 다른 나라를 여행을 해보아도 처음에는 색달라 보이고 특이한 것 같았던 다른 나라 사람들도 모두 다 나름대로 어려움과 아픔을 가지고 살아가고 있다는 것을 발견하게 됩니다.

사람들은 현실을 피해서 다른 곳에 가면 새로운 세계가 자기를 맞이해 줄 것으로 기대하지만 실제로는 어디를 가든지 무엇인가 채워지지 않는 부족한 인간들을 만나게 되는 것입니다. 결국 이 세상에서 가장 어리석은 사람이 자기가 부자인 것을 성공했다고 생각해서 가난한 사람을 학대하고 잘난 체하는 사람입니다. 빈부가 결코 성공과 실패의 기준이 될 수 없습니다. 인간에게 가장 중요한 것은 진정으로 나를 만드신 하나님을 만나고 하나님 앞에 무릎을 꿇는 것입니다. 바로 이 순간 우리 인간들은 세상의 모든 굴레에서 벗어나서 하나님의 사랑으로 채움 받게 됩니다. 여기에 우리 인간의 진정한 가치가 있는 것입니다. 아직 하나님 앞에 무릎을 꿇어 본 적이 없는 사람은 아직도 방황하고 있는 것입니다.

3절 "슬기로운 자는 재앙을 보면 숨어 피하여도 어리석은 자들은 나아가다가 해를 받느니라."

인간은 미래의 재앙을 알 수 없습니다. 사람들의 눈에는 이 세상의 좋은 것만 보이지 숨어 있는 함정은 보이지 않았습니다. 최근에 미국은 부동산 버블이 터지면서 전 세계 경제를 추락하게 만들었습니다. 이때 버블이라는 것은 풍선을 말합니다. 한 기자가 미국의 연방준비위원장인 벤 버넹키에게 왜 버블을 보지 못했느냐고 물으니까 버블은 터지기 전에는 보이지 않는다고 말을 했다고 합니다. 우리가 사는 세상은 사망의 음침한 골짜기가 널려져 있는 곳입니다. 더 무서운 것은 내 안에 정욕과 분노의 시한폭탄이 있는 것입니다. 사람은 누구든지 이 세상에서 자신의 정욕이나 야망대로 살면 대형사고를 저지를 수밖에 없습니다. 결국 슬기로운 자는 자기 혼자 힘으로 이 세상을 살 수 없다고 판단하고 하나님께 자기 인생을 맡기는 자입니다. 그러나 어리석은 자들은 이 세상의 예측 불가능한 위험보다는 눈에 보이는 것과 자신의 재능만 믿고 나가다가 결국 재앙을 당하는 것입니다. 이 세상의 길은 처음에는 성공의 길인 것처럼 길이 잘 닦여 있는데 이상하게 가면 갈수록 길이 없어지게 됩니다. 나중에는 자기도 모르게 길이 없는, 점점 더 위험한 곳으로 가게 됩니다. 인생의 길을 아시는 분은 하나님 한 분밖에 없습니다. 우리가 하나님의 말씀을 붙들고 가면 길이 없는 것 같은데 이상하게 꼭 길이 있습니다. 그래서 우리는 끝까지 안전한 길을 가게 됩니다. 참으로 미련한 사람들이 이 세상의 넓은 길을 따라가는 사람들입니다. 이 세상길은 나중에 길이 없어지고 바로 낭떠러지나 절벽으로 떨어지기 때문입니다.

4절 "겸손과 여호와를 경외함의 보응은 재물과 영광과 생명이니라."

인간들에게 가장 중요한 것은 겸손입니다. 하나님 앞에 겸손하다는 것은 우리가 하나님 앞에서 하나의 피조물에 불과하다는 것을 인정하는 것입니다. 우리는 아무리 똑똑하다 해도 하나님 앞에는 진흙덩이에 불과한 것입니다. 우리 인간에게 가장 어려운 것이 하나님 앞에 자신을 낮추는 것입니다. 이 세상에는 좋은 것들이 너무 많고 또 우리 인간들은 너무나도 똑똑하기 때문에 나의 머리와 이 세상에 있는 것들을 합치면 못할 것이 없을 것 같기 때문입니다. 이것이 바로 인간이 자기 가치를 찾지 못하고 헤매고 있는 까닭이기도 합니다. 인간에게 가장 위대한 순간은 내가 하나님 앞에서 아무것도 아니라는 것을 깨닫는 순간입니다. 우리가 하나님 앞에 전적으로 굴복할 때 바로 그 순간 우리에게 하나님의 사랑이 임하고 능력이 임하게 됩니다.

여호와를 경외한다는 것은 우리가 하나님을 의식하고 사는 것을 말합니다. 아마 나 혼자 집에서 살다가 누군가가 같이 있으면 여간 불편하지 않을 것입니다. 거기에다가 함께 사시는 분이 시어른이나 선생님이라면 더 불편할 것입니다. 우리가 하나님을 경외한다는 것은 어떤 의미에서 참으로 불편한 것입니다. 하나님 때문에 내가 하고 싶은 것도 마음대로 하지 못하고 자꾸 하나님의 눈치를 보아야 합니다. 내가 하고 싶은 것과 하나님이 하라고 하시는 것이 다르면 이것도 안 되고 저것도 안 되게 될 것입니다. 그런데 우리가 하나님을 경외하기 때문에 죄를 짓지 못합니다. 그리고 우리가 하나님을 경외하기 때문에 하나님의 지혜와 능력을 전적으로 공급받게 됩니다. 이 세상에서 성공한 사람은 부자나 유명한 사람이 아니요 하나님 앞에 겸손하며 하나님을 경외하는 데 성공한 사람입니다. 하나님은 이런 사람에게 재물을 주시고 명예를 주시고 생명을 주십니다. 하나님은 이런 사람들에게 축복의 부산물로 돈도 주시고 명예도 주시고 가치 있는 인생을 살게도 하십니다. 그러나 이 사람의 이런 축복은 돈만 목적으로 사는 사람의 인생과는 근본적으로 다른 것입니다.

2. 인생의 장애

우리는 대개 우리가 이 세상에서 만나는 여러 가지 장애를 환경의 탓으로 생각할 때가 많습니다. 우리집이 조금만 더 넉넉했더라면 내가 지금보다 훨씬 더 잘 되어 있었을 것이라고 생각하는 사람이 많을 것입니다. 어떤 사람은 자신은 문제가 없는데 시대를 잘못 타고나는 바람에 성공하지 못했다고 생각할 것입니다.

5절 "패역한 자의 길에는 가시와 올무가 있거니와 영혼을 지키는 자는 이를 멀리 하느니라."

여기서 패역한 자라고 하는 것은 하나님을 만나기 전의 상태를 말합니다. 우리가 하나님을 만나기 전에는 진리에 대하여 무조건 반발하던 자였고 하나님의 존재를 인정하지 않던 사람들이었습니다. 그러면서도 우리는 얼마든지 잘살 수 있다고 생각했는데 사실 하나님 없이 사는 것 자체가 가시밭길인 것입니다. 사도 바울은 예수님을 만나기 전에 자신은 성공의 길을 달리고 있는 사람이라고 생각했습니다. 그는 당시 최고 엘리트 코스를 밟던 사람이었고 그중에서도 최고의 우등생이었습니다. 아마 사도 바울이 예수님을 만나지 않았더라면 틀림없이 유대 사회의 지도자가 되었을 것입니다. 그런데 사울이 예수님 앞에 거꾸러졌을 때 예수님은 사울에게 "사울아 사울아 네가 어찌하여 나를 핍박하느냐 가시채를 뒷발질하기가 네게 고생이니라"고 말씀하셨습니다(행 26:14). 사울은 그 동안 자기는 성공의 길을 가고 있다고 생각했는데 뒷발로 가시채를 차고 있었던 것입니다. 사울은 자기 발과 온 몸이 가시에 찔려서 피투성이가 되었는데도 그것을 느끼지 못하고 있었던 것입니다. 오늘날 사람들이 하나님을 모르고 살아가는 것은 가시밭길을 달리고 있는 것과 같습니다. 다리는 피투성이가 되고 온 몸은 가시에 뒹굴어서 피멍이 들었는데 본인은 감각이 없어서 모르고 있는 것뿐입니다. 인간들은 너무나도 힘들게 이 세상을 살아가고 있습니다. 직장인들은 일을 마치고 술집에서 술을 마실 때 엉엉 우는 사람들도 있습니다. 지금까지 자기가 살아온 인생길이 너무 비참하고 힘들었다는 뜻입니다. 그러나 예수님은 우리 온 몸을 감고 있는 가시넝쿨을 풀어 주시고 올무를 풀어 주셔서 마음 놓고 다닐 수 있게 하십니다. 그런데 우리가 자유를 얻고 난 후에는 절대로 함부로 날뛰지 않습니다. 세상에 얼마나 많은 가시넝쿨이 있고 죄의 올무가 있는 줄 알기 때문입니다. 우리는 이 세상에서 죄와 교만만 멀리해도 성공한 것입니다. 하나님의 백성들은 많은 일을 하거나 유명해지기보다 마음이 교만해지는 것에 민감하여 그것을 버리고 죄를 따라가려고 하는 것을 바로잡기만 해도 성공한 것입니다. 우리의 복은 하나님이 알아서 주시기 때문입니다.

> 6절 "마땅히 행할 길을 아이에게 가르치라. 그리하면 늙어도 그것을 떠나지 아니하리라."

잠언의 아주 중요한 사상입니다. 사람이 어렸을 때, 인격이 굳어지기 전의 상태에서 아이들 마음에 하나님의 사상을 찍어버리면 나중에 청년이 되고 어른이 되어서 다른 사상의 도전이 와도 처음 찍은 것이 살아남게 됩니다. 사람의 인격이 이미 단단하게 굳은 후에 하나님의 사상을 찍으려고 하면 단단해진 것을 깨고 다시 굳혀야 하기 때문에 배나 힘이 들게 됩니다. 그래서 하나님의 백성들은 모든 것이 다 된 어른보다는 지금 만들어지고 있는 어린이나 청소년이나 청년들의 신앙에 더 관심을 가져야 합니다. 우리나라가 그동안 놀랍게 부흥할 수 있었던 힘은 이름도 없이 빛도 없이 청년들을 위해서 자신의 온 삶을 바쳐서 헌신한 젊은 지도자들이 있었기 때문입니다. 그들이 믿었던 것은 '은과 금은 없어도 나사렛 예수의 이름으로 일어나라' 는 것이었습니다. 젊은 사람들이 학벌도 던지고 직장도 던지고 미래도 걱정하지 않고 오직 하나님의 말씀에 미쳐서 날뛸 때 거기서 젊은이들은 희망을 보았던 것입니다. 그러나 이제는 기독교나 지도자들이 이미 다 성공을 해버려서 더 이상 보여줄 것이 없게 되었습니다. 놀라운 것은 기업이나 기독교나 쇠퇴하는 시점은 최고로 부흥했을 때입니다. 그때는 더 이상 보여줄 것이 없기 때문입니다. 결국 어른 위주의 신앙은 착시에 불과합니다. 지금 교회가 크고 비대한 것은 과거 신앙의 결과이지 현재 잘 믿는 것을 보여주는 것은 아닌 것입니다. 지금 어린이들이나 젊은이들이 보고 싶어 하는 것은 또 다시 한번 출애굽의 기적과 가나안 정복의 기적이 일어나는 것입니다. 과거에 성공했다는 자랑이 아니라 지금 하나님의 능력이 나타나는 증거인 것입니다.

7절 "부자는 가난한 자를 주관하고 빚진 자는 채주의 종이 되느니라."

사람은 모두 똑같지만 가진 것에 의해서 차별을 당하게 됩니다. 가난한 자는 먹고 살기 위해서는 부자에게 고용이 되어서 시키는 일을 열심히 해야 합니다. 많은 젊은이들의 꿈이 대기업에 취직되어 높은 연봉을 받는 것인데 그것은 결국 부자들이 시키는 일을 죽어라고 하는 것입니다. 부자는 절대로 쉽게 월급을 받게 하지 않습니다. 젊은 사람들의 시간과 열정을 다 짜서 일하게 하고 월급을 주는 것입니다. 지혜로운 자는 무조건 대기업체에 들어가려고 하지 않습니다. 심지어 미국에서는 명문대를 졸업해도 비싼 등록금 때문에 빚만 잔뜩 떠안게 되니까 학교를 중퇴해버리고 자기가 하고 싶은 일로 뛰어들어서 성공하는 사람들이 많습니다. 우리가 아직 시간이 있고 머리가 있을 때 무조건 부자 밑에 들어가서 시키는 것을 하는 것보다는 내가 하나님과 일 대 일로 대결해서 축복의 길을 뚫는 것이 더 낫습니다.

그런데 여기에 보면 빚진 자는 결국 채주의 종이 된다고 했습니다. 사람들 중에 종이 되고 싶어서 종이 되는 사람은 아무도 없을 것입니다. 먹기는 먹어야 하겠는데 수입이 없으면 결국 빚을 지게 되는 것입니다. 우리는 이렇게 될 바에야 차라리 하나님을 물고 늘어져서 은혜 받는 것이 낫습니다. 하나님은 우리의 모든 부족한 것을 책임지시기 때문입니다. 우리가 한평생 이 세상을 산다면 다른 것을 위해서 인생을 바치는 것도 좋지만 하나님의 말씀과 결판을 내어서 축복을 받는 것이 모든 부채나 실패를 만회하는 길이 되는 것입니다.

8절 "악을 뿌리는 자는 재앙을 거두리니 그 분노의 기세가 쇠하리라."

악을 뿌린다고 하는 것은 어느 곳에서 무엇을 하든지 욕심으로 하는 것을 말합니다. 사람이 욕심이나 야망으로 일을 하게 되면 일단 자기 자신은 손해를 보는 것이 없지만 다른 많은 사람들은 원한을 가지게 됩니다. 이 사람은 일단 계산상으로는 손해 본 것이 없어서 성공한 것으로 생각할지 모르지만 하나님 앞에서 이런 사람의 가치는 백해무익한 인간이 되는 것입니다. 하나님은 욕심으로 사는 사람의 영혼을 축복하지 않으십니다. 이런 사람은 돈만 움켜쥐고 있지 사랑이 있는 것도 아니고 기쁨이 있는 것도 아닙니다. 결국 이 사람은 돈만 많이 가진 괴물이 되어 늙어가는 것입니다. '그 분노의 기세가 쇠하리라' 고 했습니다. 이 세상의 어떤 부자도 결국 늙게 되어 있는데 이 사람에게 남아 있는 것은 분노밖에 없습니다. 결국 분노에 찬 늙은이를 좋아할 사람은 아무도 없을 것입니다.

9절 "선한 눈을 가진 자는 복을 받으리니 이는 양식을 가난한 자에게 줌이라."

'선한 눈을 가진 자' 란 다른 사람을 볼 때 선한 쪽으로 보는 것을 말합니다. 사람에게는 누구든지 어두운 면과 밝은 면이 있습니다. 어떤 이는 자꾸 다른 사람의 어두운 면을 들추어내서 캐냅니다. 이것은 상대방을 고통스럽게 할 뿐 아니라 자기 자신의 눈도 사나워지게 합니다. 다른 사람의 어두운 부분은 감추고 밝은 부분을 보고 격려하고 축복을 하면 상대방은 굉장한 힘을 얻게 됩니다. 이 사람은 사람을 한 명 살리는 것입니다. 선한 사람은 가난한 자에게 양식을 나누어준다고 했습니다. 누구도 거들떠보지 않는 가난한 사람에게 몰래 양식을 줄 때 이것은 단순히 한 끼 먹을 양식을 주는 것이 아니라 미래의 희망을 주는 것이며 용기를 나누어주는 것입니다. 이 작은 양식이 그 가난한 사람들의 마음을 따뜻하게 해서 고난을 이기고 성공하게 할 것입니다. 결국 이 세상에서 아름다운 것은 사람의 마음을 따뜻하게 해주는 것입니다.

3. 세상에서 존귀한 자

우리는 이 세상에서 존귀한 자라고 하면 다른 사람들과는 구별되는 어떤 부자 그룹에 든 사람들을 생각할 것입니다. 호텔이나 백화점이나 비행기를 이용할 때 VIP들은 별도로 대우를 받는 것을 볼 수 있을 것입니다. 그러나 하나님 앞에서 VIP는 이 세상에서 특별대우 받는 사람이 결코 아닙니다.

10절 "거만한 자를 쫓아내면 다툼이 쉬고 싸움과 수욕이 그치느니라."

여기서 거만한 자란 하나님의 말씀의 가치를 인정하지 않고 자신의 경험과 지식을 믿는 사람입니다. 이런 사람이 하나님의 말씀만 붙드는 사람을 보면 너무 고지식한 것 같고 답답한 것 같아서 자꾸 싸우게 되고 다투게 됩니다. 사실 에서와 야곱은 쌍둥이 형제였지만 서로 생각이 너무 달랐습니다. 더욱이 이들은 하나님 앞에서 너무나도 색깔이 달랐습니다. 에서도 하나님을 믿지만 세상의 성공이나 인정을 중요하게 생각하는 사람이었습니다. 거기에 비해서 야곱은 자기 집안에 흘러오고 있는 하나님의 축복에 대하여 들었습니다. 그러나 두 사람 모두 하나님의 축복을 차지하는 방법을 몰랐습니니다. 그래서 에서와 야곱은 장자의 명분 특히 아버지의 축복이 하나님의 축복을 결정하는 줄 알았습니다. 그러나 하나님의 축복은 하나님이 정하신 사람이 가지게 되어 있고 특히 가장 인생의 낮은 곳에서 하나님을 붙든 사람이 가지게 되어 있습니다. 하나님의 축복을 가지기 위해서는 인생의 가장 낮은 곳으로 기꺼이 내려가야 합니다. 대개 사람들은 그 가치를 알지 못하고, 믿음과 세상의 축복이나 지혜를 자꾸 섞으려고 합니다. 과연 그렇게 하면 열 배 이상의 좋은 결과가 나타나기도 합니다. 그러나 이것이 진정한 영적인 부흥이 아닙니다. 영적인 부흥은 인생 가장 낮은 곳에서 오직 하나님의 말씀만 붙들어야 나타나게 되고, 이것이 사람을 살리고 하나님의 기적을 나타내게 합니다.

여기서 거만한 자를 쫓아낸다고 했는데 거만한 자라고 할 때 실제로 성품이 교만한 것을 말하지 않습니다. 이런 사람은 하나님의 말씀의 가치를 모르는 사람입니다. 그런데 '쫓아낸다'는 것은 어떤 공동체를 전제로 하는 말씀인데 사실은 쫓아내는 것이 쉽지 않습니다. 우리가 꾸준히 하나님의 말씀을 붙들고 기도하면 사람들이 모두 변하게 됩니다. 모든 사람들이 하나님의 말씀의 가치를 인정하게 되고 영적인 부흥이 일어나게 될 때 다툼과 수욕이 없어지게 됩니다. 대개 사람들은 모든 것을 다 받아들이는 것이 다툼과 수욕을 그치게 한다고 생각하지만 사실 나중에 더 큰 다툼과 수치가 오게 됩니다. 참으로 존귀한 자는 거만한 자를 잘 참아서 모두 하나님의 말씀을 붙잡게 하는 것입니다.

11절 "마음의 정결을 사모하는 자의 입술에는 덕이 있으므로 임금이 그의 친구가 되느니라."

사람은 누구나 다 마음이 정결해지기를 바랄 것입니다. 그러나 우리 마음속에 욕심과 죄는 마치 때처럼 끼어서 웬만한 비누로 씻어도 씻어지지 않습니다. 그래서 옛날에 사람들은 마음이 깨끗해지기 위해서 재산을 포기하고 가난한 순례자가 되기도 했습니다. 사실 경험에 의하면 돈이 가장 사람의 마음을 빨리 더럽히는 것을 볼 수 있습니다. 인간은 스스로의 힘으로는 마음이 깨끗해질 수 없습니다. 그런데 우리 속을 하나님의 말씀으로 채우면 하나님의 말씀이 욕심을 몰아냅니다. 가난하다고 해서 마음이 깨끗한 것은 아닙니다. 가진 것으로 만족하지 못하고 다른 사람의 것을 욕심내기 때문에 마음의 때가 생기는 것입니다. 마음을 하나님의 말씀으로 채우면 이미 우리는 너무 많은 것을 가지고 있다는 것을 알게 됩니다. 하나님의 은혜가 우리 안에 있는 죄를 하나씩 밀어내기 시작하게 됩니다. 그러면 우리는 마음의 정결을 더 사모하게 됩니다. 마음이 깨끗한 것이 너무나도 좋기 때문입니다. 그러면서 자기 자신을 용서하고 자기 자신과 화해하게 되는데 이때 다른 사람에게 좋은 말을 하게 됩니다. 자신의 가치를 찾게 되었을 때 다른 사람의 행복도 소중하게 보이기 때문입니다. 이런 사람이 임금의 친구가 된다고 했습니다. 왕이 좋아하는 사람도 이런 사람인 것입니다. 이 임금은 하나님과 같은 마음입니다. 예수님은 말씀하시기를 "마음이 청결한 자는 복이 있나니 저희가 하나님을 볼 것임이요"(마 5:8) 라고 하셨습니다. 우리가 욕심을 버리면 그때부터 하나님이 일하시기 시작하시는 것입니다. 그리고 우리가 청결을 사모할 때 하나님은 우리의 친구가 되셔서 우리 이야기를 다 들으십니다. 마음이 청결할 때 하나님을 보게 되는 것입니다.

12절 "여호와께서는 지식 있는 자를 그 눈으로 지키시나 궤사한 자의 말은 패하게 하시느니라."

지식 있는 자는 하나님의 말씀을 붙드는 자를 말합니다. 하나님은 하나님의 눈으로 그를 지켜주십니다. 하나님의 눈으로 지켜주신다는 것은 눈을 떼지 않고 지켜주신다는 뜻입니다. 인간은 스스로를 지키지 못할 때가 많습니다. 우리는 잠을 잘 때도 있고 정신을 차리지 못할 때도 있고 가는 길을 모를 때도 많습니다. 하나님의 말씀을 붙드는 대가는 하나님이 그를 책임져주시는 것입니다. 그렇지 않은 사람은 결국 자기가 자기 인생을 책임져야 하는 것입니다. 궤사한 자는 말이 거짓된 사람입니다. 이 사람은 자기가 거짓되려고 해서 거짓된 것이 아니라 자기 생각을 믿는 사람입니다. 평소에 이런 사람이 힘이 있고 잘 되는데 위기 때에는 하나님이 외면하십니다.

13절 "게으른 자는 말하기를 사자가 밖에 있은즉 내가 나가면 거기에서 찢기겠다 하느니라."

게으른 자는 인생을 부정적으로 생각하는 사람입니다. 이런 사람은 아예 길에 사자가 있다고 말하며 나가면 물려 죽기 때문에 나가지 않으려고 하는 사람입니다. 우리가 사는 세상에는 많은 위험이나 사고가 있지만 그것을 무릅쓰고 일을 해야 합니다. 그런데 염세적인 인생관을 가진 사람은 사고가 두려워서 아무것도 하려고 하지 않는 것입니다. 어떤 사람은 몸에 좋지 않다는 것들을 다 빼니까 먹을 것이 없더라고 말하고 있습니다. 몸에 면역성이 없는 사람은 함부로 밖에 다니면 병에 감염이 되어서 죽게 되지만 면역성이 있는 사람은 밖에 나가서 활동을 해야 살아갈 수가 있습니다. 결국 우리에게 중요한 것은 세상의 죄나 위험이 아니라 우리 안에 있는 면역성입니다. 우리 안에 하나님의 은혜가 있고 성령의 능력이 있으면 조심해서 살면서 얼마든지 위험에 빠지지 않고 성공적인 삶을 살 수 있습니다. 단지 우리가 함정에 빠지는 것은 교만해서 조심하지 않았기 때문입니다.

14절 "음녀의 입은 깊은 함정이라. 여호와의 노를 당한 자는 거기 빠지리라."

음녀의 입은 거짓된 사랑을 고백하는 입입니다. 음녀의 입이 달콤한 이유는 자기 아내나 남편보다 더 행복하게 해줄 것처럼 속삭이기 때문입니다. 그러나 남녀의 사랑은 자기 인생을 바쳐야 가질 수 있습니다. 자기 인생을 바치지 않으면서 사랑의 감정만 가로채는 것은 하나님의 사랑을 사기 치는 것입니다. 음녀의 입은 아무리 사랑을 고백한다고 하더라도 그것은 가증한 것이고 추악한 것입니다. 그럼에도 하나님의 노를 당한 자는 음녀의 함정에 빠집니다. 이런 사람은 모두 자기 성공에 도취되어서 교만하게 되었기 때문입니다. 하나님의 백성들은 성공을 하면 더 조심하게 됩니다. 성공에 도취되는 것은 마약 중독보다 더 무서운 것이기 때문입니다. 자기 도취에 빠진 자는 죄를 우습게 알고 죄의 미끼를 무는데 한번 죄에 빠지면 거기서 빠져나오지 못하고 죽게 됩니다.

15절 "아이의 마음에는 미련한 것이 얽혔으나 징계하는 채찍이 이를 멀리 쫓아내리라."

아이란 육체적으로 성숙하지 못한 사람도 해당되지만 신앙적으로도 미숙한 사람을 말합니다. 우리가 신앙적으로 어릴 때에는 작은 것에 집착을 하기 때문에 많은 실타래들이 얽히고설켜서 풀리지 않습니다. 이때 우리에게 많은 격려가 필요한 것도 사실이지만 하나님의 말씀으로 때리는 것이 정신을 차리게 하는 데 큰 효과가 있습니다. 결국 여인들이 빨래를 할 때 비누칠을 잔뜩 해서 방망이로 때려 때를 빼는 것처럼 우리는 하나님의 말씀으로 때려서 죄의 때를 빼내야 모든 것이 풀리기 시작합니다. 특히 어린 사람들은 감수성이 예민하기 때문에 하나님의 말씀으로 따끔하게 맞는 것이 굉장히 깊은 영향을 주게 됩니다. 성숙한 사람은 자기가 스스로 자기를 때릴 수 있는 사람입니다. 천주교에서는 사제가 남모르게 채찍을 가지고 자기 등을 때리는 경우가 있다고 합니다. 그러나 채찍보다는 하나님의 말씀으로 자기 자신을 때려야 하고, 하나님이 기뻐하시지 않는 것을 잘라내야 합니다. 그러면 우리는 더욱더 바른 진리의 길을 갈 수 있습니다.

16절 "이를 얻으려고 가난한 자를 학대하는 자와 부자에게 주는 자는 가난하여질 뿐이니라."

사람이 눈이 어두워서 하나님의 축복을 보지 못하고 가난한 사람의 것을 빼앗고 또 그것을 부자에게 뇌물로 주는 자는 하나님 앞에서 사랑받지 못하는 사람입니다. 이런 사람은 이미 자기 행실로 자기가 얼마나 무가치한 자인지 증명하는 것입니다. 하나님의 백성들은 가난한 자의 것을 빼앗을 필요가 없고 어려운 자를 더 코너로 몰아붙일 필요가 없습니다. 부자에게 아첨을 할 필요도 없고 부자를 욕하거나 깎아내릴 필요도 없습니다. 우리에게 가장 중요한 것은 하나님의 은총을 받는 것이기 때문입니다. 이 세상에서 가장 위대한 것은 하나님 앞에 무릎을 꿇는 것이고 하나님 앞에 겸손한 것입니다. 절대로 욕심의 함정에 빠지지 않고 끝까지 승리하시는 성도들 되시기 바랍니다.

36 · 실패하지 않는 요령

잠 22:17-23:19

한때 우리나라에 스티븐 코비라는 사람이 쓴 '성공하는 사람들의 일곱 가지 습관' 이라는 책이 많은 사람들 사이에서 유행을 한 적이 있습니다. 성공하는 사람들의 일곱 가지 습관이라는 책이 크게 히트를 치면서 그 뒤에는 책 이름에 숫자가 들어가는 책들이 많아지게 되었습니다. 그런데 '성공하는 사람들의 일곱 가지 습관' 이란 책을 보면 오늘 우리가 흔히 보는 위기 극복형 리더라기보다는 조직 안에서 리더십이 있는 리더인 것을 알 수 있습니다. 우리나라에서 흔히 성공하는 사람들의 습관은 대개 게으르지 않고 아침에 일찍 일어난다든지 남들이 생각하지 못하는 기발한 아이디어를 실생활에 접목한다든지 혹은 남들이 하지 못하는 일을 과감하게 시도할 수 있는 용기를 가진 사람이라든지 하는 내용일 것 같은데, 스티븐 코비가 쓴 성공하는 사람들의 습관은 주로 리더십에서 탁월한 사람인 것을 볼 수 있습니다. 그래서 스티븐 코비가 말한 일곱 가지 습관 중에는 언제나 방관적인 입장이 되지 않고 주도적인 사람이 된다든지 목표를 정확하게 생각하고 행동을 시작한다든지 자기가 소중하게 생각하는 것을 미루지 않고 그것부터 먼저 한다든지 서로간의 이익을 도모한다든지 자기가 먼저 이해하고 난 후에 다른 사람을 이해시킨다든지 하는 내용으로 되어 있습니다. 그런데 재미있는 사실은 이 책을 써서 세계적인 베스트셀러가 된 스티븐 코비 자신의 회사는 망하고 말았다는 사실입니다. 이것을 보면 세계적인 베스트셀러 책이라고 해서 반드시 옳은 것은 아니라는 것을 알게 됩니다.

그런데 이 책이 나오기 수천 년 전에 숫자로 된 제목의 지혜서가 있었습니다. 그것이 바로 잠언 22장 17절부터 24장 34절, 즉 끝절에 나오는 내용인데, 이 부분에 대한 제목을 붙이자면 '하나님의 백성들이 실패하지 않는 30가지 비결' 이라든지 혹은 '하나님의 축복을 놓치지 않는 30가지 가르침' 등으로 정할 수가 있습니다. 이미 말한 것처럼 이 부분은 30개의 가르침으로 되어 있는 독립된 잠언으로 알려지고 있습니다. 학자들 중에서 이 부분은 솔로몬이 이집트의 오래된 지혜집인 아메네모페를 참고로 해서 썼을 것이라고 주장하는 사람들이 있었습니다. 이 부분의 잠언과 아메네모페가 비슷하다고 생각하는 부분의 예를 들어보면, 잠언 22장 22절이 "약한 자를 약하다고 탈취하지 말며 곤고한 자를 성문에서 압제하지 말라"로 되어 있는데 아메네모페에는 "가난한 자를 탈취하며 약한 자를 압제하지 않도록 조심하라"로 되어 있습니다. 이것을 보면 두 잠언의 사상이 비슷한 것은 사실이지만 그렇다고 해서 똑같은 것은 아니라는 것을 알 수 있습니다. 다른 예를 들어보면 잠언 22장 29절에 "네가 자기 사업에 근실한 사람을 보았느냐 이러한 사람은 왕 앞에 설 것이요"라고 했는데 아메네모페에서는 "자신의 직무에 익숙한 서기관은 왕의 신하로 합당한 자가 될 것이다"라고 되어 있습니다. 이것을 보면 잠언의 가르침과 세상의 지혜의 가르침 사이에 아주 비슷한 부분이 많이 있다는 사실입니다. 우리는 이것을 이미 지혜의 꽃다발이라는 말로 설명을 했습니다. 즉 잠언 중간 부분은 하나님의 지혜의 꽃만 모아놓은 부분인데 꽃다발만 보면 세상의 지혜나 하나님의 지혜와 비슷하게 보이지만 꽃의 줄기와 뿌리는 다르다는 것을 이미 살펴보았습니다.

우리는 특히 잠언을 살펴보면서 이스라엘 백성들의 중요한 전제가 이스라엘 백성들이 하나님 말씀의 맛을 안다는 것은 이미 성공의 길을 들어선 것이라는 사실이었습니다. 아무리 이스라엘 백성들이라 하더라도 그들에게 불쑥 주어진 하나님의 말씀의 맛을 안다는 것은 쉬운 일이 아니었습니다. 그래서 이스라엘 백성들은 하나님 말씀보다는 세상의 지식을 더 좋아했습니다. 하나님의 백성들이 하나님의 맛을 안다는 것은 이미 하나님의 말씀의 가치를 알고 그것을 사모하고 있다는 것을 의미합니다. 하나님의 백성들은 이 말씀 속을 깊이 파고 들어가서 그 말씀 속에 들어 있는 보물들을 캐내어서 자기 것으로 만들기만 하면 되는 것입니다. 그런데 우리가 아무리 머리로는 하나님의 말씀의 가치를 알고 있다 하더라도 막상 세상의 좋은 것을 보면 세상을 따라갈 가능성이 많기 때문에 하나님의 백성들은 하나님의 말씀에서 벗어나지만 않으면 이미 성공을 한 것입니다. 여기에 나오는 30개의 가르침은 어떻게 하면 하나님의 백성들이 하나님의 말씀에서 벗어나지 않고 끝까지 하나님의 말씀을 따라갈 수 있는 것인지 가르쳐주는 내용입니다. 우리가 이미 앞에서 본 잠언 10장부터 22:16까지 내용이 여러 가지 잠언의 하이라이트를 모은 지혜의 꽃다발이라면, 이 30가지 말씀은 하나님의 백성들이 어떻게 하면 이 축복의 길에서 떨어지지 않을 수 있는지 부연해서 가르쳐주는 말씀으로 보면 좋을 것입니다.

1. 하나님의 말씀을 붙잡으라

하나님의 백성들의 전제는 하나님의 말씀 안에 이미 축복의 길이 있다는 것입니다. 그러나 실제로 세상에서 살아보면 하나님의 말씀은 하나의 글에 불과하고 이 세상에는 우리가 배워야 할 너무나도 많은 지식들이 있고 우리가 다른 사람을 이기고 차지하고 싶은 너무나도 좋은 축복들이 있습니다. 특히 우리가 아무리 하나님 말씀의 가치를 알고 하나님의 말씀을 좋아한다 하더라도 세상 사람들은 우리의 그런 점을 인정을 해주지 않습니다. 세상 사람들의 눈에 하나님 말씀의 가치란 교양이나 상식 수준도 인정을 받지 못하는 것입니다. 그러나 지혜자는 우리에게 다시 한 번 하나님의 말씀 안에 하나님의 모든 축복이 있으며 우리는 결코 이 하나님의 말씀을 떠나서는 안 된다는 것을 강조하고 있습니다. 이것이 30가지 가르침 중에서 첫 번째 가르침입니다.

17절 "너는 귀를 기울여 지혜 있는 자의 말씀을 들으며 내 지식에 마음을 둘지어다."

지혜자는 이스라엘 젊은 청년들에게 권하길, 그들이 해야 할 가장 중요한 것은 세상의 새로운 지식에 마음을 다 쏟을 것이 아니라 지혜자의 말씀 즉 하나님의 말씀을 가르치는 자의 교훈에 주의를 집중하라고 말씀하고 있습니다. 이것은 이 세상에서 다른 어떤 것보다 하나님의 말씀을 듣는 것에 최우선 순위를 두라는 뜻입니다. 여기에 보면 '내 지식에 마음을 둘지어다' 라고 말씀하고 있습니다. 우리가 이 세상을 보면 단 하루 만에 엄청나게 많은 새로운 지식이 쏟아져 나오고 있으며, 그런 새로운 지식들을 받아들이고 소화해야 세상에서 유능한 사람이 되고 인정받는 사람이 될 수 있습니다. 그런데 왜 하나님의 지혜는 우리에게 새로운 세상 지식에 마음을 두지 말고 하나님의 말씀에 마음을 두라고 할까요? 세상의 좋은 지식이나 성공보다 하나님의 말씀에 우선순위를 두라고 하는 것은 세상 지식이나 지혜가 전혀 가치가 없다는 뜻은 아닙니다. 이 세상에서 성공하고 인정받으려고 하면 세상 지식이나 지혜로 무장되어야 하는 것이 사실입니다. 그런데 우리가 하나님의 말씀에 더 우선순위를 두어야 하는 이유는 사람들이 세상 지식이나 지혜만 배우는 것은 마치 이유를 모르고 지식을 배우는 것과 같기 때문입니다. 결국 이 세상의 공부라고 하는 것은 암기력 테스트라고 볼 수 있을 정도로 많은 지식을 머릿속에 집어넣지만, 이것을 왜 배워야 하고 어디에 써먹게 되는지 알지 못하고 배우는 것입니다. 중고등학생들이나 대학생들이 공부를 하면서도 그렇게 공부하기 싫어하는 이유는 공부를 하기는 해야 하지만 왜 해야 하고 어디에 써먹는지 모르고 해야 하기 때문입니다. 그나마 서구의 교육은 암기식 교육보다 스스로 자료들을 찾아서 공부를 하게 하는 것이 많습니다. 그러나 아직도 우리나라의 경우 학생들은 왜 해야 하는지도 모르는 공부를 하루에도 열 시간 넘게 해야 하니까 죽을 지경입니다.

그런데 우리가 하나님의 말씀을 배우면 먼저 하나님이 나를 사랑하시며 내가 하나님 앞에 너무나도 소중한 가치가 있는 존재임을 알게 됩니다. 그래서 우리는 다른 사람이 하라고 강요하는 공부를 무조건 하는 것이 아니라 내가 하고 싶은 공부를 찾아서 하게 되는 것입니다. 일시적으로 보기에는 하나님의 말씀을 듣는 것이 시간을 낭비하는 것 같지만 긴 인생을 통해서 보면 오히려 엄청나게 쓸데없는 시간을 절약하는 길인 것을 알 수 있습니다. 더 중요한 것은 하나님의 말씀을 배울 때 하나님의 말씀이 우리 인생길을 인도하시기 시작한다는 사실입니다. 하나님의 말씀은 죽은 지혜가 아니라 살아 있는 지혜이고 나를 안내하는 지혜인 것입니다. 더 중요한 것은 하나님의 말씀은 하나님의 능력을 가져올 수 있는 지혜이고, 기도 응답을 가져올 수 있는 지혜이며 인생의 위기를 이길 수 있는 지혜입니다.

18절 "이것을 네 속에 보존하며 네 입술에 있게 함이 아름다우니라."

지혜자는 하나님의 백성들에게 하나님의 말씀을 네 속에 보존하고 네 입술에 있게 하라고 했습니다. 우리가 하나님의 말씀을 배운다고 하지만 금방 다 잊어버리기 때문에 하나님의 말씀이 우리 속에 남아 있게 하는 것이 엄청나게 어렵습니다. 하나님의 말씀이 내 속에 보존이 되게 하려면 계속 하나님의 말씀을 들어서 보충을 해야 합니다. 그리고 하나님의 말씀이 내 입술에 있게 하려면 내 안에서 소화가 되어서 내 것이 되어야 합니다. 어떤 지식이 내 입에서 나오려면 완전히 소화가 되어서 나의 피가 되고 살이 되어서 내가 그것을 자유자재로 사용할 수 있는 상태가 되어야 합니다. 하나님의 말씀이 우리에게 소화되기 위해서 우리에게는 구체적인 현실이 필요합니다. 우리가 일단 하나님의 말씀을 머리로 들었을 때에는 모든 것이 믿음으로 잘 될 것 같은데 실제로 해보면 아무것도 되지 않습니다. 이것은 과학자나 기술자들도 마찬가지입니다. 과학자나 기술자들이 어떤 새로운 아이디어가 생각이 나서 기계를 만들어보거나 실험을 해보면 번번이 실패를 합니다. 아마 이런 아이디어나 생각들이 실험이나 기계로 만드는데 성공했다는 것은 이미 대박을 터트린 것이라 할 수 있습니다. 특히 요즘은 특허 전쟁의 시대인데 새로운 아이디어가 실용화될 수 있다는 것은 엄청나게 유리한 위치에 서게 되는 것입니다. 마찬가지로 우리가 하나님의 말씀을 듣고 은혜 받은 것이 이 세상에서 실용화된다는 것은 이미 이 사람은 성공을 한 것이고 때돈을 벌 것이 예정되었다고 보아야 합니다. 하나님의 말씀을 가지고 내가 처한 현실에 부딪쳐서 왜 내가 하나님의 말씀에서 배운 것이 이 세상 현실에서는 실패하는지 생각하고 하나님께 지혜를 달라고 끊임없이 기도를 해야 하는 것입니다. 그래서 우리는 양 극단 모두 결코 지혜로운 것이 아니라는 것을 알 필요가 있습니다. 하나는 무조건 하나님의 말씀만 연구하면 된다고 해서 현실을 외면하고 이론적으로만 성경을 파고드는 것입니다. 그러면 우리는 현실에서 결코 성공하지 못할 것입니다. 또 다른 극단은 하나님의 말씀은 제쳐놓고 세상 사람들이 하는 성공의 원리에 따라서 성공하려고 열심히 세상을 따라가는 것입니다. 우리가 세상을 따라가면 절대로 세상 사람들 이상의 복을 받지 못할 것입니다. 이런 사람은 하나님의 복은 절대로 받지 못하게 되고 하나님과 세상 모두로부터 쓸데없는 사람이라고 해서 버림을 받을 가능성이 많습니다. 그러나 우리가 하나님의 말씀을 잘 소화를 해서 세상 현실에 적용을 할 때 반드시 아름다운 결과가 나오게 되어 있습니다. 그래서 이것이 '아름답다' 고 했습니다. 이것은 하나님의 지혜가 우리 자신만이 아니라 누가 보더라도 아름다운 축복으로 나타나게 된다는 뜻입니다.

19절 "내가 너로 여호와를 의뢰하게 하려 하여 이것을 오늘 특별히 네게 알게 하였노니"

하나님의 백성들이 성공하는 비결은 하나님을 의지하는 것입니다. 우리가 이 현실에서 하나님을 의지하는 데 가장 어려운 점은 하나님께서 우리 눈에 보이지 않는다는 사실입니다. 우리는 또 하나님의 계획도 알 수가 없습니다. 하나님을 믿지 않는 사람들은 이 세상에서 모든 방법을 다 써서 공부를 하거나 일할 수 있습니다. 세상 사람들은 세상 사는 데 너무나도 유리합니다. 그러나 하나님의 백성들은 일단 하나님을 의식해야 하고 하나님의 뜻을 생각해야 합니다. 하나님의 백성들은 하나님의 방법대로 해야 하는데 때로는 하나님의 방법과 세상적인 방법 사이의 경계를 모를 때도 많습니다. 중요한 것은 우리가 세세한 것을 다 완전하게 잘하는 것보다 하나님을 의지하는 것을 배우는 것입니다. 하나님을 의지하는 데 가장 중요한 것은 하나님의 말씀의 능력을 믿는 것입니다. 그래서 성경의 지혜자는 우리가 하나님의 길에서 떠나지 않도록 특별히 이 말씀을 기록했다고 말씀하고 있습니다. 우리 하나님의 백성들이 하나님 말씀의 가치를 알고 그 맛을 알았다는 것은 이미 축복의 길로 들어선 것입니다. 중요한 것은 우리가 어떻게 하면 하나님의 축복을 잃어버리지 않을 수 있을까 하는 것입니다.

> 20-21절 "내가 모략과 지식의 아름다운 것을 기록하여 너로 진리의 확실한 말씀을 깨닫게 하며 또 너를 보내는 자에게 진리의 말씀으로 회답하게 하려 함이 아니냐."

중요한 것은 하나님의 지혜와 지식 중에서 아름다운 것 특히 하이라이트가 있다는 것입니다. 진리의 엑기스는 우리로 하여금 여러 가지 다양한 가치관들이 충돌할 때 하나님의 뜻을 분명히 알게 합니다. 지도자나 고용주가 어떤 어려운 문제가 생기면 제자를 다시 선생에게 보내어서 분명한 하나님의 뜻을 물어볼 때가 많습니다. 이때 제자들은 그 자리에서 배운 것을 가지고 바로 답을 할 수 있기 때문에 자기 상관에게 더 신임을 받게 됩니다. 30가지 가르침 가운데 첫 번째 가르침은 하나님의 백성들은 이미 축복의 길에 들어와 있는데 이것을 현실 가운데 부딪쳐 소화해서 자기 것으로 만들라는 것입니다. 그러면 자신의 가치도 높아질 뿐 아니라 앞으로 어떤 어려움이 닥치더라도 능히 해결할 수 있다는 것입니다. 이것이 단순히 암기한 사람이나 정답만 보고 베낀 사람의 차이입니다. 단순히 암기를 하거나 정답만 보고 베낀 사람은 다른 문제가 나오면 풀 수 없습니다. 그러나 하나님을 의지하는 방법을 배운 사람은 어떤 상황에서도 살아남을 수 있습니다.

2. 다른 사람과의 관계에 대한 지혜

하나님의 백성들이 복을 잃지 않는 두 번째 원리인데, 약한 자의 것을 빼앗지 말라는 것입니다.

22절 "약한 자를 약하다고 탈취하지 말며 곤고한 자를 성문에서 압제하지 말라."

우리가 보통 약한 자라고 하면 힘이 없기 때문에 스스로를 지킬 힘이 없는 사람을 말합니다. 사람들이 대개 빨리 부자가 되는 방법은 자기가 열심히 노력하기보다 약한 자의 것을 빼앗는 것이 더 쉬울 것입니다. 누구든지 힘이 센 자의 것을 빼앗는 것은 쉽지 않습니다. 힘이 있는 자는 자기의 것을 그렇게 호락호락 남에게 빼앗기지 않기 때문입니다. 그러나 약한 자는 아무 힘이 없기 때문에 힘센 자가 내어놓으라고 하면 빼앗길 수밖에 없습니다. 사람들은 할 수 있는 한 약한 자의 것을 서로 먼저 빼앗으려고 애를 씁니다.

프로 야구경기를 보면 약한 팀은 언제나 지게 되어 있습니다. 강한 팀끼리는 이길지 질지 모르기 때문에 약한 팀과 붙을 때 총력을 기울여서 승리를 확보해야 한다고 생각하기 때문입니다. 야생동물들 사이에서도 약한 짐승이 하나 있으면 결국 강한 것들이 다 덤벼들어서 잡아먹게 되어 있습니다. 이것이 소위 적자생존의 원리입니다. 그런데 하나님의 말씀은 약한 자의 것을 절대로 빼앗지 말라고 말씀하셨습니다. 하나님은 약한 자를 통해서 내 믿음을 시험해 보시기 때문입니다. 하나님은 우리 믿는 자들이 약한 자의 것을 빼앗아서 쉽게 성공을 하거나 쉽게 자기 만족을 채우는 비겁한 자가 되는 것을 기뻐하시지 않습니다.

조금 다른 이야기이지만 남자들이 이성 관계에서 죄에 빠지는 이유는 상대방을 약하다고 생각하기 때문입니다. 남자들 중에는 어떤 여성이 너무 의지가 약하고 순종적이어서 자기가 어떻게 해도 아무 소리도 하지 않고 받아들일 것이라고 생각하기 때문에 넘겨볼 때가 있습니다. 그러나 이 세상에 약한 여성이란 없습니다. 여성들이 결국 어떤 일을 당하고 난 후에 떠들기 시작하면 아무리 강한 남자라 하더라도 망하지 않을 수가 없습니다. 그래서 남자들이 유혹이나 죄에 빠지지 않으려면 이 세상에 자기 마음대로 해도 되는 약한 여자는 없다는 것을 알아야 합니다. 하나님께서 약한 사람을 이 세상에 두신 이유는 사람들의 믿음을 시험해보시기 위해서입니다. 하나님을 두려워하는 믿음이 있는 사람은 약한 자를 볼 때 자기 마음대로 해도 되는 사람으로 생각하지 않습니다. 대신 하나님은 이 약한 자를 통해서 내 믿음을 시험해 보시는 것입니다. 우리가 약한 자를 우습게 생각하지 않고 내 욕심대로 하지 않기만 해도 하나님의 시험에 합격한 것입니다. 어떤 사람이 아무 힘이 없다고 해서 그의 돈을 탈취하거나 내 멋대로 행동했을 때 하나님의 시험에 걸러든 것입니다. 그 뒤에 엄청난 말씀이 나옵니다.

> 23절 "대저 여호와께서 신원하여 주시고 또 그를 노략하는 자의 생명을 빼앗으시리라."

하나님은 약한 자가 부르짖는 소리를 들으십니다. 어떤 사람이 약하다고 해서 내 멋대로 행동하거나 그의 돈에 손을 대었을 때 결국 그 사람은 떠들게 됩니다. 약한 자의 장점은 떠들 수 있다는 것입니다. 약한 자가 억울하다고 떠들어대는 데 이길 수 있는 장사는 없습니다. 온 세상이 이 부자나 실력자가 아주 나쁜 짓을 한 사람이라는 것을 알게 되고 나중에 재판이 열리거나 하면 생명까지도 빼앗기게 되는 것입니다. 하나님의 백성들의 지혜는 약한 자라고 해서 억울하게 하지 않고 할 수 있으면 약한 자들의 불만을 미리 들어주어서 떠들지 않게 하는 것입니다. 힘 있는 자가 상대방이 약하다고 해서 함부로 대하는 것은 나중에 아무리 유명해지고 성공을 해도 자기 평판을 망치게 될 것입니다. 하나님의 백성들은 평소에 약한 자를 학대하지 말고 이런 사람에게 원한을 가지게 하지 말아야 합니다. 하나님의 백성들은 함부로 다른 사람과 친분 관계를 가지거나 혹은 자신의 미래에 영향을 미칠 수 있는 약속을 해서는 안 됩니다. 이것이 셋째와 넷째와 다섯째 가르침입니다. 세 번째 가르침은 노를 품은 자와 친구로 사귀지 말라는 것입니다.

24절 "노를 품는 자와 사귀지 말며 울분한 자와 동행하지 말지니,"

'노를 품고 있는 자'나 '울분한 자'란 화를 쉽게 내는 사람을 말합니다. 물론 사람은 누구든지 다 화가 나게 되어 있고 화가 나면 누구에겐가 화를 내게 되어 있습니다. 사람에게 화를 통제한다는 것은 아주 중요한 일입니다. 우리 속에서 화가 난다는 것은 우리 속에 끓는 물이 있다는 것과 같습니다. 이것을 다른 사람에게 그냥 부어버리면 상대방의 속은 홀랑 타버리게 될 것입니다. 그렇다고 해서 자기 속에만 담아 놓으면 자기 속이 병들게 됩니다. 사람에게 가장 어려운 문제가 화를 어떻게 처리하느냐 하는 것입니다. 하나님의 백성들에게 가장 중요한 것은 어떻게 하면 화를 내지 않을 수 있을까 하는 것입니다. 그리고 화가 났을 때 어떻게 하면 다른 사람을 다치게 하지 않고 화를 처리할 수 있을까 하는 것입니다. 하나님의 백성들이 가장 조심하는 것을 화를 처리하는 것과 다른 사람에게 상처를 주지 않는 것입니다. 그러나 노를 품고 있는 사람은 자기가 얼마나 위험한 상태에 있는지 전혀 생각지 않고 있는 사람입니다. 누구든지 다른 사람이 화를 내면 자신을 방어하기 위해서 자기도 화를 내게 되어 있습니다. 상대방이 자기보다 높아서 같이 화를 내지 못하면 그때는 자기 속이 병들게 됩니다. 그래서 하나님의 백성들이 세 번째로 주의해야 할 것은 화를 조심하는 것입니다. 화를 함부로 내는 사람을 가까이하면 자신도 다른 사람에게 화를 내게 되어 있습니다. 우리는 자주 '화의 대물림'이라는 말을 쓰는데 선배가 후배를 때리면 후배는 자기가 맞았기 때문에 자기 후배를 때리게 되고 그 후배는 또 자기 후배를 때리게 됩니다. 또, 남편이 아내에게 함부로 화를 내면 아내는 아이들에게 화를 내게 되고 아이들은 또 동생이나 친구 중에 약한 아이에게 화를 내게 되는 것입니다. 하나님의 백성들의 큰 장점은 화의 대물림을 끊는 것입니다. 혹시 자기 자신은 욕을 먹고 매를 맞을지 몰라도 이것을 다른 사람에게 되갚지 않는 것입니다. 이런 사람은 참으로 복 있는 사람입니다. 그러나 일부러 화를 내는 사람을 가까이해서 사귄다면 자기도 모르는 사이에 다른 여러 사람들에게 화를 내거나 상처를 입히게 될 것입니다.

25절 "그 행위를 본받아서 네 영혼을 올무에 빠질까 두려움이니라."

하나님의 자녀들은 설사 다른 사람에게 나쁜 욕을 먹더라고 복수를 하려고 해서는 안 됩니다. 하나님의 백성들은 바다같이 넓은 마음으로 다른 사람이 잘못한 것도 사랑으로 껴안을 때 모든 사람들이 그를 다 좋아하게 될 것입니다. 그러면 다른 사람들이 나에게 함부로 말해서 속이 상하게 된 것은 어떻게 해야 할까요? 내가 다른 사람의 허물을 용서하면 하나님은 더 큰 것을 볼 수 있는 믿음을 주실 것입니다. 그리고 네 번째 교훈이 다른 사람을 너무 믿지 말라는 것입니다.

26절 "너는 사람으로 더불어 손을 잡지 말며 남의 빚에 보증이 되지 말라."

우리가 이 세상에서 사업을 하거나 무슨 일을 하려고 하면 다른 사람과 손을 잡아야 합니다. 사업하는 사람은 친구나 자금이 있는 사람과 동업을 하기도 하고 또 중요한 사업을 공동으로 추진하기도 합니다. 그러나 우리가 알아야 할 것은 너무 사람을 믿지 말라는 것입니다. 특히 하나님의 백성들은 순진해서 누군가가 좋아지면 간이라도 빼주려고 할 때가 많습니다. 그러나 인간은 너무나도 불안전하기 때문에 나의 모든 것을 다 맡겨서는 안 됩니다. 특히 우리는 주위에서 그렇게 믿었던 사람이 우리를 배신했을 때 절대로 용서가 되지 않을 것입니다. 그러나 인간은 모두 죄인이고 불안전하기 때문에 신의를 지킬 능력이 없습니다. 우리가 믿고 맡길 수 있는 것은 주님께 내 인생을 맡기는 것과 결혼할 때 부부 사이에 내 인생을 맡기는 것밖에 없습니다. 우리는 신앙과 결혼 외의 모든 관계는 언젠가는 깨어질 수도 있다는 것을 전제로 하고 내가 감당할 수 있는 범위 안에서 약속을 해야 합니다. 담보라고 하는 것은 상대방의 빚을 무한대로 책임을 지겠다는 약속인데 우리는 다른 사람의 인생을 책임질 수가 없습니다. 부모도 자식이 미성년일 때에는 그 인생 전체를 책임지지만 성인이 되면 책임질 수가 없습니다. 우리는 자기에게 돈이나 집이 있다고 해서 다른 사람의 빚이나 인생을 다 책임지려고 해서는 안 됩니다.

비유를 들면 두 사람이 물에 빠졌을 때 물에 빠진 사람들끼리는 건져줄 수가 없습니다. 결국 한 사람이라도 물 밖으로 나와야 다른 사람의 도움을 받든지 줄을 던지든지 해서 도와줄 수 있는 것입니다. 우리 인간들은 모두 같이 물에 빠진 죄인들이기 때문에 다른 사람의 빚이나 인생을 책임져줄 수가 없습니다. 오직 진리의 줄을 던져서 그 사람으로 하여금 그 줄을 잡고 나올 수 있게 해야 합니다. 교회가 어려운 사람들의 어려운 문제를 전부 다 책임지려고 하면 안 됩니다. 교회는 진리의 빛을 밝혀서 구원의 줄을 던져야 하는 것입니다. 공산주의는 사람들의 모든 어려움을 다 책임지겠다고 큰 소리를 쳤는데 결국은 거짓말인 것이 판명되었습니다.

27절 "만일 갚을 것이 없으면 네 누운 침상도 빼앗길 것이라. 네가 어찌 그리하겠느냐."

결국 남의 인생을 책임지겠다고 큰 소리를 치는 사람은 자기 침대까지 빼앗겨서 잘 곳조차 없게 되는 것입니다. 우리가 평안한 삶을 살려고 하면 어느 정도 냉정해야 하고 내가 할 수 있는 것과 할 수 없는 것 사이에 선을 그을 수 있어야 합니다. 때로는 예수 믿는 사람들이 냉정하다는 소리를 듣고 사랑이 없다고 욕을 먹는데, 나중에는 그것이 아니라는 것을 알게 되는 것입니다. 한 사람이라도 살아서 바위 위에 서서 줄을 던져서 사람을 건질 때 옛날에 욕하던 친구들이나 자식이 나중에야 그것이 지혜인 줄 알게 되는 것입니다. 다섯 번째는 함부로 자기 영역을 넓히려고 하지 말라는 것입니다.

28절 "네 선조가 세운 옛 지계석을 옮기지 말지니라."

하나님은 모든 이스라엘 백성들에게 땅을 나누어주시면서 지계석을 세우게 하셨습니다. 지계석은 각 사람의 땅의 경계를 정하는 것입니다. 그런데 지계석을 함부로 넓히는 것은 다른 사람의 땅을 합병해서 자기 것으로 삼는 것입니다. 요즘 사람들은 무엇이든지 땅을 많이 사서 넓은 땅을 가지고, 또 다른 회사들을 인수해서 여러 회사를 가지는 것을 성공이라고 생각합니다. 특히 세계적인 기업이 인수 합병에 성공하는 비중이 큰 것을 볼 수 있습니다. 그러나 하나님은 이런 성공주의를 배격하셨습니다. 하나님은 이스라엘 백성들이 옆에 있는 사람의 땅을 합병해서 크게 하는 것을 하지 말라고 하셨습니다. 하나님이 처음 주신 것으로 만족하고 더 욕심을 내지 말라는 뜻입니다. 이렇게 하신 가장 중요한 이유는 하나님의 백성들은 이 세상의 복을 목적으로 삼아서는 안 되기 때문입니다. 하나님의 백성들은 하늘의 복을 욕심내야 하고 하늘의 복을 이 세상에 가져와야 합니다. 하나님의 백성들은 땅의 것을 합병해서 성공하는 것은 좋은 것이 아니므로 하늘의 복을 퍼트려서 많은 사람을 아름답게 살게 해야 합니다. 하나님의 백성은 나의 행복도 중요하지만 다른 사람들의 행복도 내 행복 못지않게 중요한 것을 알아야 합니다. 하나님의 백성으로서 무조건 자기 소유를 크게 하는 것이 좋은 것은 아닙니다. 물론 하나님의 백성들이 땅을 개간하거나 이방인의 영역까지 하나님의 나라를 확장해가는 것은 좋은 것이요 해야 할 일입니다. 교회가 믿지 않는 사람들을 전도해서 교회가 커지는 것은 좋은 일입니다. 그러나 오늘날 한국교회에 성공이 우상이 되고 있음을 경계해야 합니다. 교회는 무조건 커져야 하고 큰 교회당을 짓기만 하면 성공하게 된다는 것은 우상숭배의 심리와 크게 다를 바 없습니다. 우리가 하나님의 말씀대로 믿으면 부흥이 오게 되고 또 교인들이 많이 모여서 교회가 커지고 성장하는 것은 하나님의 축복입니다. 그런 것을 하지 말라는 뜻이 아닙니다. 그러나 세상적인 원리에 따라서 성공을 목표로 교회를 크게 만드는 것은 결코 하나님의 뜻이 아닙니다. 여섯 번째는 자기에게 주어진 일에 최선을 다하는 자가 존귀하게 되고 지위도 높아지게 될 것이라는 교훈입니다.

29절 "네가 자기 사업에 근실한 사람을 보았느냐 이러한 사람은 왕 앞에 설 것이요 천한 자 앞에 서지 아니하리라."

자기 사업에 근실한 자란 하나님께서 맡겨주신 작은 일에 충성된 사람을 말합니다. 이 사람이 작은 일에 충성할 수 있는 이유는 세상에서 높아지는 것이 인생의 목적이 아니라 하나님의 말씀을 배우고 속사람이 아름다워지는 것이 복이라는 것을 아는 사람이기 때문입니다. 이런 사람이 작은 일에도 최선을 다할 수 있는 이유는 하나님이 자기 인생을 책임지시고 인도하신다는 것을 믿기 때문입니다. 놀라운 것은 하나님은 이렇게 남이 알아주든지 알아주지 않든지 믿음으로 최선을 다하는 사람을 보고 계시고, 알고 계신다는 사실입니다. 더 놀라운 것은 이 사람이 작은 일에 충성한 것이 큰 일에도 통한다는 사실입니다. 우리가 어떤 일을 할 때 처음에는 원리와 방법이 모두 다 다르지만 나중에 최고의 경지에 오르게 되면 서로 통할 때가 많습니다. 하나님의 축복은 작은 영역에서만 통하는 것이 아니라 아주 큰 곳에서도 통하게 됩니다. 아주 작은 일에 믿음으로 충성을 다한 사람이 나중에 왕 앞에 발탁되어서 아주 큰 일에도 쓰이게 되는 것입니다. 대표적인 인물이 바로 요셉이었습니다. 요셉은 하나님의 말씀 때문에 형들의 미움을 받아서 애굽에 종으로 팔려오고 나중에는 감옥의 노예가 되었지만 요셉이 어느 곳에서든지 최선을 다했을 때 바로는 요셉을 발탁해서 애굽의 총리가 되게 했던 것입니다. 그러나 요셉은 대국의 경제적인 위기에 조금도 위축되지 않고 모두 다 감당해냈습니다. 요셉이 작은 데서 하나님의 방법을 터득을 했기 때문입니다. 하나님의 원리는 작은 데서 배워서 큰 데도 사용할 수 있습니다. 하나님의 백성이 남들이 알아주지 않는 작은 데서 일을 한다고 해서 끝까지 비천하게 있는 것은 아닙니다. 우리는 어느 곳에 있든지 하나님의 복을 받는 원리를 알아내야 하고, 이것을 이 세상 현실에 적용할 수 있어야 합니다. 그러면 이런 사람은 어느 곳에 가든지 성공하게 됩니다.

3. 자기 욕심을 이기는 사람

지혜자가 가르친 중요한 원리는 다른 사람과의 관계를 주의하라는 것이었습니다. 왜냐하면 우리는 다른 사람의 행동이나 태도로부터 영향을 받을 수밖에 없는 연약한 자이기 때문입니다. 우리가 아무리 하나님의 말씀으로 은혜를 받았다 하더라도 당장 눈앞에 돈이 있고 권력이 있고 큰소리치는 자를 만나면 우리는 영향을 받을 수밖에 없습니다. 우리가 가지고 있는 것은 하나님의 말씀인데 이것은 눈에 보이는 복이 아닙니다. 세상의 복은 당장 눈에 보이는 것이고 써먹을 수 있는 것이기 때문에 당장 눈앞에 보면 정신을 차릴 수 없는 것입니다. 그럼에도 불구하고 우리는 끊임없이 우리 안에 있는 욕망과 싸워야 합니다. 지혜자가 우리에게 일곱 번째로 가르치는 것은 자기 안에 있는 욕심과 싸우라는 것입니다.

23:1-2 "네가 관원과 함께 앉아 음식을 먹게 되거든 삼가 네 앞에 있는 자가 누구인지 생각하며 네가 만일 탐식자여든 네 목에 칼을 둘 것이니라."

여기서 관원은 아주 높은 직책에 있는 사람을 말합니다. 구체적으로 밝히지는 않고 있지만 왕일 가능성이 많습니다. 일반 백성이 왕과 식탁에 앉게 되었다는 것은 정말 특별한 초청입니다. 일반 백성이 왕과 한 자리에서 식사를 한다는 것은 결코 식사 자체가 목적일 수는 없습니다. 왕과 함께 한 자리는 왕의 정책을 듣는 시간이고 혹시 나에게 어려운 문제가 있다면 왕이 기분이 나쁘지 않게 알릴 수 있는 절호의 기회인 것입니다. 만일 왕과 같이 식사하면서 먹는 것으로 배를 채운다면 그는 왕과 식사한 의미가 없는 것입니다. 더욱이 왕은 그 사람에 대해서 아주 철이 없고 탐욕스러운 사람이라고 생각해서 다시는 식사에 초대하지 않을 것입니다. 그래도 우리가 인간이기 때문에 식탐 때문에 음식에 마음이 끌릴 때에는 목에 칼을 두어서 '내가 이것을 먹으면 죽는다' 고 생각하라는 것입니다. 왕과 식사할 때 가장 좋은 태도는 왕의 말을 한 마디도 놓치지 않겠다는 자세로 왕의 말에 경청하는 것입니다. 그러면 왕은 당장 그 사람에게 관심을 가지게 되게 되고 결국 그를 개인적으로도 좋아하게 될 것입니다.

마찬가지로 하나님이 이 세상에서 가장 좋아하는 사람은 하나님의 말씀을 경청하는 사람입니다. 예수님이 마르다의 집에서 가르치실 때 마르다는 음식에 신경을 쓴다고 분주했지만 마리아는 예수님의 말씀을 경청했습니다. 예수님은 마리아를 칭찬하셨습니다. 우리가 교회에서 봉사를 하고 여러 가지 일을 하는 것은 왕의 식탁에 초청된 것과 같습니다. 우리가 다른 데 신경을 빼앗긴다면 하나님의 관심을 끌지 못할 것입니다. 다른 일은 많이 하지 못해도 하나님의 말씀에 관심을 집중시켜야 할 것입니다. 특히 하나님의 백성들은 먹는 문제로 시험에 빠져서는 안 됩니다. 고린도 교회에서는 성찬을 하면서 절제 없이 많이 먹고 마시는 사람들이 있어서 하나님의 진노를 사게 되었습니다. '하나님의 나라는 먹는 것과 마시는 것이 아니고 오직 성령 안에서 의와 평강과 희락이니라' 고 했습니다.

3절 "그 진찬을 탐하지 말라. 그것은 간사하게 베푼 식물이니라."

우리가 누군가의 식사 초대를 받을 때 먹는 것에 마음을 빼앗기면 코를 꿰일 수가 있습니다. 전에 어떤 분이 지인의 초대를 받아서 식사를 하다가 결국 어떤 사람을 알게 되었는데 나중에 그의 청탁에 코가 꿰어서 자살까지 하게 되었습니다. 그 사람은 그것이 악마의 초대였다고 했습니다. 자신이 공무원이면 아무나 함부로 식사를 하자고 해도 가서는 안 됩니다. 대개 청탁은 거절할 수 없는 가까운 사람이나 높은 지위의 사람을 통해서 들어오게 되는데 그곳에 가면 마치 고기가 미끼를 무는 것과 같은 것입니다. 하나님의 백성들은 자기가 가장 좋아하고 자기가 가장 사랑하는 사람부터 거절하는 법을 배워야 미끼에 물리지 않습니다. 공직에 있는 사람은 무능하다는 소리를 듣고 꽉 막힌 사람이라는 욕을 무수히 들어야 나중에 망하지 않습니다. 그래서 하나님의 백성은 세상에서 잘 승진하기 어렵고 그것을 각오를 해야 합니다. 여덟 번째는 부자가 되려고 하지 말라는 것입니다.

4-5절 "부자가 되기에 애쓰지 말고 네 사사로운 지혜를 버릴지어다. 네가 어찌하여 허무한 것에 주목하겠느냐. 정녕히 재물은 날개를 내어 하늘에 나는 독수리처럼 날아가리라."

부자란 하나님의 축복의 결과로 주어지는 것이지 결코 부자가 되는 것 자체가 목적이 되면 안 된다고 지혜자가 말씀했습니다. 돈을 목적으로 하게 되면 사람의 마음이 아주 악해지고 치사해지기 때문입니다. 여기에 보면 '네 사사로운 지혜' 라고 했습니다. 사람이 돈에 집착하게 되면 아주 꼼수나 비겁한 방법에 능숙하게 된다는 뜻입니다. 사람이 돈을 목적으로 하면 그때부터는 사람이 사람으로 보이지 않고 돈으로 보이기 시작하는데, 이것은 결국 자기 영혼의 소중한 것을 팔아먹는 것이 됩니다. 돈이 있는 사람은 돈을 지키기 위해서 온갖 머리를 다 써야 하는데 돈은 모래와 같아서 사람의 힘으로 지킬 수가 없습니다. 하나님께서 우리 돈을 지켜주시지 아니하시면 돈이 날개를 달고 한순간에 독수리같이 저 멀리 날아가 버리는 것입니다. 사기를 당해서 돈을 날리든지 경제가 곤두박질하면서 망하든지 하는 것입니다. 그런데 우리가 하나님의 말씀을 붙들고 나가면 먼저 하나님의 말씀으로 은혜를 주시고 또 건강을 주셔서 돈이 쓸데없는 치료비로 나가지 않습니다. 그리고 하나님께서 조금씩 돈이 모이게 하시는 데 아이들이 장학금을 타기도 하고 또 수입이 올라가기도 하면서 돈이 모이게 됩니다. 이런 돈은 하나님이 지켜주시기 때문에 날아가지 않습니다.

6절 "악한 눈이 있는 자의 음식을 먹지 말며 그 진찬을 탐하지 말지어다"

이것은 아홉 번째 가르침이자 앞에 나온 말씀의 반복입니다. 신앙이 없는 자가 음식을 잘 차려서 먹게 할 때 이것은 순수한 사랑의 동기가 아니고 반드시 다른 꿍꿍이속이 있기 때문에 먹지 말라는 것입니다. 얼마 먹지 않아서 곧 본색을 드러내게 되는데 어마어마한 요구를 하게 되는 것입니다.

8절 "네가 조금 먹은 것도 토하겠고 네 아름다운 말도 헛된 데로 돌아가리라."

이 세상에는 공짜가 없는 것입니다. 다른 사람의 대접을 받으면 반드시 대가를 갚아야 하게 되어 있습니다. 그렇지 않으면 먹은 것을 토해내어야 하고 자신의 아름다운 명예는 몇 배의 욕으로 돌아오게 되는 것입니다. 하나님의 백성들은 절대로 공짜를 좋아해서는 안 되고 대접받는 습관을 가져서는 안 됩니다.

7절 "대저 그 마음의 생각이 어떠하면 그 위인도 그러한즉 그가 너더러 먹고 마시라 할지라도 그 마음은 너와 함께하지 아니함이라."

사람은 결국 자기 생긴 대로 놀기 때문에 나를 좋아하는 것 같아도 목적은 다른 데 있다는 것입니다. 우리가 세상에서 사람을 상대하는 가장 좋은 방법은 사람 자체를 아는 것입니다. 사람을 알면 하나하나의 행동에 크게 충격을 받지 아니할 것입니다. 이 세상 사람들이 다 내 마음과 같다고 생각하는 것이 순진하지만 얼마나 어리석은 자세인지 모릅니다. 사람들마다 생각이 다르고 아무리 내가 좋은 의도로 해도 나쁜 쪽으로 생각하는 사람이 많다는 것을 알아야 상처를 덜 입게 됩니다. 열 번째와 열한 번째는 역시 함부로 다른 사람을 자기 마음 같은 줄 생각하지 말고, 지계석을 함부로 옮기지 말라는 교훈입니다.

9-11절 "미련한 자의 귀에 말하지 말지니 이는 그가 네 지혜로운 말을 업신여길 것임이니라. 옛 지계석을 옮기지 말며 외로운 자식의 밭을 침범하지 말지어다. 대저 그들의 구속자는 강하시니 너를 대적하사 그 원을 펴시리라."

미련한 자는 하나님 말씀의 가치를 인정하지 않는 사람입니다. 이런 사람들은 하나님 말씀의 가치를 모르기 때문에 아무리 이야기를 해도 비웃기만 할 것입니다. 세상 사람들은 하나님의 깊은 진리에 대해서는 관심이 없고 또 알아듣지도 못합니다. 신앙이 없는 사람들에게는 상식적으로 이야기하는 것이 훨씬 효과적이고 반응도 좋습니다. 그래서 우리는 어려운 하나님의 진리를 상식적으로 말할 수 있는 능력을 가져야 합니다. 그러나 믿음의 형제들 사이에는 상식보다 훨씬 더 깊은 진리의 진수가 있습니다. 우리는 그런 것을 먹어야 힘을 낼 수 있습니다. 그리고 지혜자는 다시 하나님의 백성들에게 땅에 대해서 너무 욕심을 내지 말도록 강조하고 있습니다. 하나님의 백성들이 눈에 보이는 것을 너무 탐내서는 안 되는 이유는 하늘에 어마어마한 우리의 복이 있기 때문입니다. 약한 자의 구속자라고 할 때 원래 구속자는 친척 중의 능력이 있는 자를 말합니다. 그러나 하나님의 백성들의 보호자는 강하신 하나님이기 때문에 이들의 것을 빼앗는 자는 하나님이 그의 원한을 풀어주실 것입니다. 하나님을 두려워하고 하나님의 말씀을 떠나지 않는 복된 자들이 다 되시기 바랍니다.

37 · 믿는 자의 장래

잠 23:12-24:7

운동선수들은 시합에 나가서 좋은 성적을 얻기 위하여 평소에도 열심히 운동을 해야 합니다. 더욱이 올림픽이나 세계선수권 대회 같은 큰 대회는 자신의 일생이 달린 경기이기 때문에 더 열심히 운동을 해서 준비를 합니다. 그러나 선수가 아무리 평소에 많이 연습을 한다 하더라도 언제나 경기를 잘할 수 있는 것은 아닙니다. 어떤 선수는 생각지도 않은 슬럼프에 빠져서 성적이 나빠지기도 하고 부상을 입기도 하고 심지어는 경기 당일에 쥐가 난다든지 실격을 당한다든지 해서 그 동안 훈련한 것을 망치기도 합니다.

이것은 우리 인생에서도 마찬가지입니다. 우리가 한평생을 살면서 평생 내내 일등을 유지하면서 성공의 길을 달릴 수는 없습니다. 어떤 사람은 초반에는 머리가 좋고 집도 잘 살아서 성공적으로 살지만 한 번 크게 실패한 후에는 맥을 추지 못하는 경우도 있고, 어떤 사람은 반대로 초반에는 집에 돈도 없고 공부도 많이 하지 못해서 너무나도 어려운 처지에 있었지만 그런 역경을 뚫고 성공한 후에는 끝까지 축복의 길을 달리는 사람도 있습니다. 물론 우리 생각에 한평생 내내 성공하고 복을 받으면 좋겠지만 사실상 사람에게 그런 것은 불가능합니다. 그렇다면 처음에는 비록 고생을 하더라도 나중에 복을 받는 것이 진짜 복을 받는 것입니다. 뿐만 아니라 당대에는 하나님의 복을 받지만 자식들의 시대나 손자들의 시대에 망해서 거지가 되거나 전쟁으로 죽는다면 그것보다 더 끔찍한 일은 없을 것입니다. 오늘 우리들에게 중요한 것은 우리나 우리 후손들이 어떻게 하면 지속적으로 하나님의 복을 받을 수 있겠는가 하는 것을 교훈하고 있습니다.

잠언 22장 17절부터 24장까지는 30개의 교훈으로 되어 있는 교훈집이라는 것을 살펴보았습니다. 그 동안 많은 하나님의 지혜를 보았지만 이 부분에서 지혜자는 마치 학생들이 교과서를 다 배운 후에 요점 정리를 하듯이 30가지 교훈을 요점 정리를 해주고 있습니다. 적어도 하나님의 지혜를 배운 자라면 이 서른 가지는 달달 외우고 있어야 할 것입니다. 그 중에 열한 개는 이미 살펴보았고 오늘은 열두 번째부터 스물한 번째 즉 새로운 열개의 핵심을 배우려고 합니다.

1. 우리의 장래

오늘 말씀에서 핵심이 되는 아주 중요한 말씀은 23:17-18 말씀입니다.

> "네 마음으로 죄인의 형통을 부러워하지 말고 항상 여호와를 경외하라. 정녕히 네 장래가 있겠고 네 소망이 끊어지지 아니하리라."

하나님의 백성들은 대단히 미래 지향적인 사람들입니다. 하나님을 믿는 사람들은 앞으로 축복된 미래가 있기만 하면 현재 당장 어렵고 힘든 것은 얼마든지 참고 견딜 수 있는 사람들입니다. 우리들에게 중요한 것은 과연 나에게 아름다운 장래가 있고 축복된 미래의 소망이 있느냐 하는 것입니다. 그것에 대해서 우리가 세상을 부러워해서 따라가지 아니하고 하나님의 말씀을 붙들고 따라가면 반드시 우리에게 미래의 축복이 있다고 장담하고 있습니다. 그러면서 성경은 우리가 어떻게 해야 한다고 하는 것보다 우리 자식을 어떻게 하나님의 말씀으로 양육해야 하는지를 교훈하고 있습니다.

12절 "훈계에 착심하며 지식의 말씀에 귀를 기울이라."

잠언의 지혜자가 가장 중요하게 가르치고 있는 것 중의 하나가 아직 생각이나 감정이 딱딱하게 굳어지지 아니한 어린 시절에 하나님의 말씀으로 자식들을 확고하게 가르치라는 것입니다. 우리가 생각해야 하는 중요한 질문은 과연 우리 한 사람이 성공하고 잘사는 것이 어려운가, 아니면 내 자식이 나보다 더 성공하고 믿음으로 잘살게 하는 것이 어려운가 하는 것입니다. 이것은 마치 달리기 경기에서 나 혼자 달리기를 해서 일등을 하는 것과 두 명이나 세 명의 선수가 계주를 해서 일등을 하는 것 중 어느 것이 더 쉬운가 하는 질문과 비슷합니다. 달리기 선수가 혼자 달려서 일등 하는 것은 자기 혼자 잘 달리면 되지만 릴레이 경기에서 일등을 하려면 나도 잘 달려야 하지만 다음 선수가 잘 달릴 수 있도록 배턴터치를 잘 해주어야 할 것입니다.

대개 부모가 자기 자신은 열심히 공부하거나 사업을 해서 성공하기 쉬운데 자식이 훌륭하게 성공하도록 하는 데 실패하는 경우가 많습니다. 훌륭한 부모가 혼자 달리는 것은 잘하지만 자식에게 본을 보이거나 자신을 절제하는 데는 성공하지 못했기 때문입니다. 성경은 우리만 성공한다고 해서 좋은 것이 아니라 하나님의 축복을 자식 대에도 물려주어야 하고 오히려 자녀시대에 가서 더 하나님의 복이 풍성해지도록 하는 부모가 잘하는 부모라고 말씀하고 있습니다. 어떤 사람이 집을 지을 때 자기 혼자 잘살다가 나중에는 폭삭 무너지는 집을 지을 수도 있지만, 자기도 살고 대대 후손들이 얼마든지 잘 살 수 있는 튼튼한 집을 짓는 사람이 더 현명한 부모입니다. 사회적으로 보면 부모 대에는 너무나도 사업도 잘하고 장사도 잘해서 성공을 했는데 자식은 똑똑하지 못해서 집안을 말아 먹는 일들이 종종 있습니다. 누구든지 자기 인생이 후회 없는 아름다운 인생이 되려면 자기 대에서 모든 것을 다 누리려고 해서는 안 됩니다. 부모나 어른들은 반드시 절제를 하고 모범을 보여서 다음 세대 사람들이 자신들보다 더 큰 믿음의 사람이 되어 더 큰 축복을 받고 자기들 시대보다 더 큰 부흥이 일어나도록 해야 하는 것입니다.

여기서 가장 중요한 것은 자녀들로 하여금 '훈계에 착심하고 지식의 말씀에 귀를 기울이게 하는 것' 입니다. 이것은 부모가 세상에서 성공하고 지위가 높아지는 것보다 자녀의 속사람에 하나님의 말씀을 채우는 것을 더 중요하게 생각하는 것을 말합니다. 훈계에 착심하라고 했으니 하나님의 말씀에 아주 온 마음을 다해서 배우도록 하라는 것입니다. 그런데 자녀들이 이렇게 하나님의 말씀에 착심하게 하려면 부모들 자신이 하나님의 말씀에 그만큼 열정을 가져야 하는 것입니다. 대개 부모님들은 자기 자신들이 열심히 살아서 성공하는 것은 잘 알지만, 자녀나 다른 세대 사람들을 위해서 모든 일에 절제하고 믿음의 본을 보여야 한다는 것을 생각하지 않을 때가 많습니다. 어른들이 자신이 성공했다고 해서 말이나 행동에 절제하지 않고 자기가 하고 싶은 대로 다하면서 사는 분들의 자녀를 보면 가치관이 엉망진창인 것을 볼 때가 많습니다. 부모가 자식에게 물려줄 수 있는 것은 단순히 돈이나 좋은 공부만이 아닌 것입니다. 가장 중요한 것이 자기 자신이 하나님의 말씀을 사랑하는 태도이고 하나님의 말씀에 따라서 자기 자신의 말이나 행동을 함부로 하지 않는 것입니다. 이런 집의 자녀들은 이미 가치관이나 정신이 다른 집 아이들과 근본적으로 다른 것을 볼 수 있습니다.

십계명에서 말씀하시기를 '나를 사랑하고 내 계명을 지키는 자에게는 천 대까지 은혜를 베푸느니라' 고 하셨습니다. 집안이 대대로 복을 받는 성공적인 집안이 되려면 부모나 자식이 머리만 좋고 좋은 학교를 나왔다고 해서 되는 것이 아닙니다. 먼저 부모가 하나님의 말씀을 사랑하고 자신의 말과 행동을 절제하며 살고 자녀들에게 다른 어떤 것보다 하나님의 말씀에 귀를 기울이도록 할 때 그 집은 대대로 복을 받을 기초가 마련되고 있는 것입니다. 부모는 반드시 자기가 뿌린 대로 거둔다는 것을 알아야 합니다. 부모가 세상에서 돈을 좀 벌었다고 해서 하고 싶은 대로 하고 즐기고 싶은 대로 다 즐기고 자기 할 말 다 하면서 살 때, 자식들은 아무리 잘 믿으라고 해도 말을 듣지 않고 결국 이상하게 반항적인 자식이 되어버리는 것입니다. 그런 부모는 다음 세대 자식들이 살 집을 짓지 못한 것입니다.

13절 "아이를 훈계하지 아니치 말라. 채찍으로 그를 때릴지라도 죽지 아니하리라."

열두 번째 교훈은 사랑하는 아이를 때리라는 것입니다. 아이들이 성경에서 가장 싫어하는 구절이 바로 이 구절일 것입니다. 아이들은 왜 사랑이 많으신 하나님께서 이렇게 잔인한 말씀을 하셨는지 이해하지 못할 것입니다. 일단 부모에게 자식은 너무나도 귀엽고 사랑스러운 자식일 것입니다. 그러나 부모가 자식의 사랑스럽고 똑똑한 부분만 보면 그 자식은 완전히 망치게 될 것입니다. 사랑스럽고 똑똑한 자식 안에도 무서운 죄성이 들어 있기 때문입니다. 부모가 자식을 훈계하지 아니하지 말라는 것은 부모는 자식에게 반드시 훈계를 해야 한다는 뜻입니다. 다른 말로 표현하면 부모는 자기 자식이 아무리 사랑스러워도 결코 사랑에 눈이 멀어서는 안 되고 그 아이 안에 있는 무서운 죄성을 인정해야 한다는 것입니다. 아이도 죄인이기 때문에 반드시 하나님의 말씀을 배우게 해야 합니다. 우리가 교회에서 언제나 경험하는 것이 하나님의 말씀을 들을 때 어른들도 이리에서 양으로 변합니다. 어린아이들도 하나님의 말씀을 들으면서 자란 아이들과 하나님의 말씀을 전혀 듣지 못하고 자란 아이는 그 성품에서 너무나도 다른 것을 볼 수 있습니다. '채찍으로 그를 때릴지라도 죽지 아니하리라' 고 했습니다. 어느 부모도 자기 자식을 때릴 때 가슴이 아프지 않는 부모가 없다는 것입니다. 그러나 부모는 아이가 어렸을 때 자기 가슴을 찢는 아픔을 느끼면서 아이에게 야단칠 것은 야단쳐서 악의 뿌리를 뽑아야 한다는 것입니다. 부모는 자녀의 좋은 점만 보고 맹목적인 사랑에 빠져서는 안 됩니다. 그런데 어떻게 자녀 안에 있는 악의 뿌리를 뽑을 수 있겠습니까? 무조건 때린다고 해서 되는 것이 아닙니다. 아이가 잘못하면 야단을 쳐야 하고 때로는 벌도 주어야 합니다. 부모는 벌 받는 아이를 보면 너무 마음이 아프지만 그래도 참고 아이에게 벌을 주어야 하는 것입니다.

14절 "그를 채찍으로 때리면 그 영혼을 음부에서 구원하리라."

어떤 부모도 아이를 세워놓고 노예를 때리듯이 채찍질하는 부모는 없을 것입니다. 그러나 부모가 자기 자식을 너무 사랑해서 전혀 때리지 못할 때 아이가 그것을 깨닫느냐 하면, 전혀 깨닫지 못하고 오히려 망나니로 자라게 되고 나중에는 지옥의 자식이 되고 마는 것입니다. 부모는 자기 자신이 성공하는 것보다 자식을 믿음으로 자라게 하는 것이 더 힘들다는 것을 알아야 합니다. 부모가 자식이 나중에 자기보다 더 믿음이 좋은 사람이 되게 하려면 사랑에 눈이 멀어서는 안 됩니다. 거의 그 자식과 싸우다시피 해서 아이들이 하고 싶은 대로 다하지 못하게 하고 어른의 말씀에 복종하도록 만들어야 합니다. 그러면 이 아이는 마음속 깊은 곳에서 하나님께 반항하는 기질이 상당히 치료되고 장차 지속적으로 믿음의 길로 갈 수 있습니다. 그러나 부모가 자식을 너무 사랑해서 자기가 하고 싶은 대로 다 하면서 컸을 때 그 아이는 패역한 자식이 될 가능성이 많습니다. 열세 번째 교훈은 부모가 자식에게, 자기가 어떻게 할 때 부모가 좋아하고 기뻐하는지 알게 해주라는 것입니다.

15-16절 "내 아들아 만일 네 마음이 지혜로우면 나 곧 내 마음이 즐겁겠고 만일 네 입술이 정직을 말하면 내 속이 유쾌하리라."

사람이 공부를 하고 성공을 하는데 칭찬이 주는 유익이 아주 큽니다. 자식들이 어렸을 때에는 누구든지 자기 하고 싶은 것을 하려고 떼를 쓰지만 조금 철이 들면 부모를 기쁘게 하려고 하는 마음이 생기게 됩니다. 아이들이 부모를 기쁘게 하면 부모가 자기들을 칭찬하시는데, 아이들로서는 그것이 부모님의 기분도 좋게 하고 자기에게도 너무 기분 좋은 일이라는 것을 알기 때문입니다. 부모가 자식을 바르게 키우려면 부모 자신의 가치관이 일정해야 합니다. 대개 부모는 자식이 학교에서 공부를 잘해서 좋은 성적을 받아오면 굉장히 좋아하고 자식들을 칭찬합니다. 부모는 자식이 공부를 잘해서 다른 사람보다 우수한 것이 세상에서 성공하는 길이라고 생각하기 때문입니다. 물론 부모님은 자식이 세상적인 공부를 성실하게 잘하는 것이 기쁜 일임을 부인할 수 없습니다. 그럼에도 불구하고 부모는 자기 욕심을 절제해야 합니다. 부모는 자식이 세상에서 우수한 것도 기쁘지만 자녀의 마음이 지혜로운 것을 기뻐해야 하고 자녀의 입술이 정직을 말하는 것을 기뻐해야 합니다. 자녀의 마음이 지혜롭다는 것은 아이의 마음속에 하나님의 말씀이 있는 것입니다. 부모는 아이에게 믿음이 들어가는 것을 가장 기쁘게 생각해야 합니다. 자녀의 마음속에 하나님의 말씀이 쌓인다고 하는 것은 자녀의 인격이 하나님 앞에 보물로 변하고 있는 것이기 때문입니다. 부모는 자녀가 당장 공부 잘하는 것보다 긴 미래에 하나님의 축복을 받는 사람이 되게 해야 합니다.

모든 사람은 아이나 어른이나 다 거짓말을 잘한다는 것을 알아야 합니다. 어렸을 때에는 아이들이 거짓말을 해도 금방 들통이 나고 또 어떤 때에는 정직하고 싶을 때도 많습니다. 이때 부모님은 자식들에게 지금 당장 정직을 말해서 야단을 맞는 한이 있어도 그것이 얼마나 가치가 있으며 부모가 얼마나 기뻐하는 일인지 알게 해주어야 합니다. 요즘 우리나라에는 너무나도 많은 지도자들이나 운동가들이 거짓말을 하고 있습니다. 이 사람들이 정직이 얼마나 하나님을 기쁘게 하며 자기 자신을 가치 있게 하는지 배우지 못했기 때문입니다. 하나님을 모르는 사람들은 자기 주장에 궤변을 포장해서 떼를 쓰기만 하면 되는 줄 알지만 이런 사람들은 하나님 앞에서 쓰레기보다 못한 사람들인 것입니다. 하나님은 정직한 사람을 가치 있게 생각하십니다. 그래서 열네 번째 가르침이 악인이 잘 되는 것을 부러워하지 말고 하나님을 경외하라는 것입니다.

17절 "네 마음으로 죄인의 형통을 부러워하지 말고 항상 여호와를 경외하라."

하나님의 백성들에게 가장 중요한 자세는 자신의 가치를 깨닫는 것입니다. 하나님의 백성들이 자칫 잘못하면 죄인이 잘 되는 것을 부러워하기 쉽습니다. 왜냐하면 어떤 사람이 아무리 믿음이 없고 세상적이라 하더라도 일단 세상에서 돈을 많이 벌고 인정을 받으니까 부러워지는 것입니다. 그러나 성경은 절대로 죄인이 잘 되는 것뿐 아니라 다른 사람 잘 되는 것을 부러워하지 말라고 했습니다. 나의 길과 다른 사람의 길은 근본적으로 다르기 때문입니다. 세상 사람들은 옆으로 세상으로 가면서 세상에 있는 부와 명성을 모으지만 우리는 수직으로 하나님께 가면서 하나님의 축복을 내려오게 하기 때문입니다. 만일 모든 사람들이 다 세상의 복에 집중한다면 이 세상은 완전히 축복의 황무지가 되고 말 것입니다. 우리는 세상의 복을 모으는 사람이 아니라 하나님의 복을 임하게 하는 사람들입니다. 그래서 우리는 세상 사람들이 잘 되는 것을 부러워하거나 시기하거나 열등감을 가질 필요가 없습니다. 우리는 단지 다른 사람이 잘 되면 좋다고 생각하면 되는 것입니다. 하나님이 우리에게 주실 복은 따로 있기 때문입니다. 우리는 항상 하나님을 경외해야 합니다. 하나님을 경외한다는 것은 언제나 하나님을 의식하면서 사는 것입니다. 하나님을 의식해야 죄를 덜 짓게 됩니다. 이것이 처음에는 힘들고 답답하지만 나중에는 우리가 사는 길입니다. 왜냐하면 하나님이 내 생명이고 지혜이고 능력이기 때문입니다.

18절 "정녕히 네 장래가 있겠고 네 소망이 끊어지지 아니하리라."

오늘 말씀에서 가장 중요한 요절입니다. 우리가 하나님을 바라보며 하나님의 말씀을 붙들고 살아갈 때 우리는 이 세상에서 망하지 않고 축복의 미래가 있습니다. 우리가 하나님의 말씀을 붙들 때 수평으로 가지 않고 수직으로 가기 때문에 세상의 복도 챙기지 못하고 하늘의 복도 임하지 않아서 망한 것 같고, 이것도 아니고 저것도 아닌 것 같습니다. 그런데 우리가 하나님을 향하여 갈 때 하나님은 반드시 우리의 미래를 아름답고 축복되게 하십니다. 우리가 하나님을 의지할 때 하늘에서 복이 임하여 땅에서도 복이 되기 때문입니다. 예를 들어서 우리에게 영적인 부흥이 계속 일어날 때 처음에는 우리 영혼에 복이 임하지만 나중에는 병도 낫고 하는 모든 일에까지 하나님의 복이 임하기 때문에 결국 복이란 복은 다 받게 됩니다. 그래서 소망이 끊어지지 아니하리라고 했습니다. 우리가 이 세상을 보면 처음에는 길이 보이지 않습니다. 도대체 무엇을 소망으로 삼아서 걸어가야 할지 모를 때가 많습니다. 그리고 믿음으로 걸어가면 굶어죽을 것 같고 결혼도 하지 못할 것 같고 살 집도 없어서 거리에 나 앉아야 할 것 같습니다. 그런데 하나님의 말씀을 붙들고 나가면 이상하게 조금씩 길이 생기게 되어 있습니다. 그러다가 나중에는 길이 점점 넓어지고 점점 더 하나님의 축복이 많아지고 커지게 되는데 엄청난 복을 받게 되는 것입니다.

2. 정도를 걸어라

어렸을 때 바른 신앙을 가진다고 하는 것은 자식이 부모보다 더 큰 복을 받을 준비가 된 것입니다. 하나님 말씀의 맛을 알고 하나님의 말씀만 붙잡고 간다는 것은 이미 축복의 길에 들어선 것입니다. 그러나 주의해야 할 것은 우리가 아무리 하나님의 말씀을 붙잡고 간다고 해도 우리에게 함정이 없는 것은 아니라는 사실입니다. 하나님의 말씀을 붙잡고 갈 때 이미 축복의 길을 가고 있는 것인데 우리는 죄 짓는 것이나 교만해지는 것이나 너무 유명해지거나 많은 일을 하려고 하는 유혹에 빠지지 말아야 합니다.

19절 "내 아들아 너는 듣고 지혜를 얻어 네 마음을 정로로 인도할지니라."

이것이 열다섯 번째 교훈입니다. 이 자녀는 이미 부모님이나 선생님으로부터 하나님의 바른 말씀의 교훈을 받은 자입니다. 그러나 한두 번 바른 말씀을 배웠다고 해서 끝까지 갈 수 있는 것은 아닙니다. 우리 인생에서는 수많은 갈림길들이 있고 수많은 유혹이나 시련과 도전들이 있기 때문에 우리가 지속적으로 하나님의 말씀을 듣지 않으면 계속 엉뚱한 길로 가게 됩니다. 우리는 모두 처음부터 본성이 비뚤어져 있어서 하나님의 말씀이 없으면 잘못된 길이 바른길로 보이기 때문입니다. 우리가 계속 정로로 가기 위해서는 아예 하나님의 말씀을 우리 앞에 내세우고 그 뒤를 따라가야 합니다. 결국 어렸을 때부터 하나님의 말씀을 배운다고 해서 다 된 것이 아니라, 아예 하나님의 말씀을 앞세우고 가면서 나에게 주어진 일을 해야 우리는 정로로 갈 수 있습니다. 우리 주위에서 다른 사람들이 하는 말들은 전부 귀가 솔깃한데 그 뒤에는 모두 죄의 함정들이 있기 때문입니다. 우리는 일단 욕심을 부리거나 무리를 하면 정로에서 벗어날 가능성이 많습니다. 당장 잘 되는 것보다는 바른길을 가는 것이 더 중요합니다. 잘못된 길로 갔다가 구덩이에 빠지게 되면 거기에서 빠져 나오는데 더 많은 시간과 노력이 걸리기 때문입니다. 그런데 우리가 지속적으로 바른길을 가기 위해서는 탐욕적인 친구를 가까이해서는 안 됩니다.

20절 "술을 즐겨하는 자와 고기를 탐하는 자로 더불어 사귀지 말라."

여기서 술을 좋아하는 자와 고기를 탐하는 자라고 하는 것은 미래의 축복보다 현재의 쾌락을 더 좋아하는 사람입니다. 물론 우리 인간들은 이 세상을 살면서 즐거운 시간을 가질 때도 있고 맛있는 음식을 먹을 때도 있습니다. 그러나 탐한다는 것은 그것을 가장 중요하게 생각하는 것이고, 여기에 빠져 있는 사람을 말하는 것입니다. 다시 말해서 사람이 이 세상을 사는 것은 그냥 한 곳에 정착해 있는 것이 아니라 앞을 향하여 나가고 있는 것입니다. 예를 들어서 아이들이 학교에서 공부를 하고 상급학교에 진학하는 것은 미래를 향하여 나가고 있는 것입니다. 그런데 학생들 중에는 공부하는 것이 싫어서 농땡이를 부리고 불량학생과 어울려서 노는 데 집중하다보면 앞으로 나가지 못하는 것입니다. 청소년 때에는 이성 교제도 하고 싶고 어른 몰래 남녀학생들이 수업을 빼먹고 놀러가고 싶기도 하지만 계속 그렇게 하면 결국 되는 것이 아무것도 없는 것입니다. 그러나 사람이 앞을 향해서 열심히 나가다보면 때로는 재미있는 시간이 있을 수도 있고 좋은 곳에 놀러 갈 수도 있고 멋진 사랑을 할 수도 있을 것입니다. 보통 사람들은 우리가 미래를 향해서 나갈 수 있는 가장 좋은 길이 공부나 승진이라고 생각하는데 가장 중요한 것은 하나님의 말씀으로 우리 속사람이 성숙해지는 것입니다.

강에는 댐이 있는데 물고기들은 그 댐에서 쏟아지는 물을 박차고 댐 위로 뛰어오르는 것을 볼 수 있습니다. 물고기가 댐 위로 올라가면 다시 더 넓은 세계를 경험할 수 있을 것입니다. 학생들이 공부를 열심히 해서 좋은 학교에 진학하면 더 넓은 세계를 경험할 수 있습니다. 우리가 아무리 세상에서 공부를 하고 승진을 한다고 해도 하나님의 말씀이 없으면 결국 제자리를 맴돌 수밖에 없습니다. 하나님의 말씀은 우리 인생의 배에 엔진과 같기 때문에 모든 장애를 넘어서 앞으로 나아가게 합니다.

21절 "술 취하고 탐식하는 자는 가난하여 질 것이요 잠자기를 즐겨하는 자는 해어진 옷을 입을 것임이니라."

술 취하고 먹는 것이나 좋아하는 사람은 앞으로 나가는 것보다 당장 눈앞에 있는 쾌락을 좋아하는 사람입니다. 이런 사람은 결국 가난하게 될 것입니다. 미래를 위해서 씨를 뿌리지 않기 때문에 거둘 것이 없기 때문입니다. 그런데 여기에 한 가지가 더 추가되어 있는데, 그것은 바로 잠을 많이 자는 것입니다. 물론 사람에게 잠은 꼭 필요하고 아주 중요한 것입니다. 그러나 할 일도 하지 않고 잠만 자는 사람은 게으른 자이고 이런 사람은 결국 옷이 없어서 떨어진 옷을 입게 될 것입니다. 우리가 하나님의 말씀을 붙든다고 해서 가만히 있기만 해서는 안 되고 실제로는 다른 사람보다 배 이상은 부지런해야 합니다. 하나님도 믿어야 하고 이 세상일도 해야 하기 때문입니다. 단지 다른 사람들과 다른 점은 우리는 모든 것을 믿음으로 최선을 다한다는 것입니다. 우리가 하나님 말씀의 맛을 알았다면 그것은 길을 찾은 것입니다. 그런데 길을 찾았다고 해서 저절로 목적지에 갈 수 있는 것은 아닙니다. 물론 우리는 길을 찾지 못한 사람들처럼 이리 뛰고 저리 뛰고 할 필요는 없습니다. 하나님이 우리에게 주신 길을 정말 성실하고 부지런히 걸어가야 합니다. 그러면 우리에게 축복의 열매가 주렁주렁 맺히게 되는데 이것들을 다른 사람들에게 나누어주어야 하는 것입니다. 아무리 하나님의 말씀을 잡았다 하더라도 가만히 있으면 아무 열매가 없을 것입니다. 열여섯 번째 교훈은 부모를 청종하고 공경하는 것입니다.

22절 "너 낳은 아비에게 청종하고 네 늙은 어미를 경히 여기지 말지니라."

사람이 어느 정도 성공하고 경제적으로 자립을 하게 되면 더 이상 부모의 도움을 받을 필요가 없어지게 됩니다. 사람들 중에는 자기가 성공하고 난 후에는 부모의 말씀을 듣지 않고 오히려 부모를 무시하는 사람들도 있습니다. 그러나 우리가 부모를 공경하는 이유는 부모님이 힘이 있고 없고를 떠나서 우리는 부모님의 존재나 헌신적인 사랑이 없었더라면 아예 이 세상에 존재할 수 없었던 자들이기 때문입니다. 부모님이 잘나셨든지 못나셨든지 전적으로 부모의 사랑의 빚으로 이렇게 살아가고 있는 것입니다. 마찬가지로 믿음이 있는 사람의 생각은 자기가 이렇게 성공하고 복을 받는 것은 부모님을 위시해서 많은 사람들의 사랑의 빚 때문이라고 생각해서 성공할수록 더 겸손하게 되는 것입니다. 우리 사회에서 공부를 많이 했거나 사회적으로 성공한 분들은 자기가 훌륭해서 그런 것도 있겠지만 사실 다른 많은 분들의 사랑의 빚을 지고 있는 것입니다. 그뿐 아니라 우리가 어렸을 때 부모님 앞에서 아무것도 모르고, 할 수 있는 것이 아무것도 없었던 것처럼 지금도 우리는 하나님 앞에서 아무것도 모르고 있고 할 수 있는 것이 아무것도 없습니다. 우리는 하나님 앞에서 모든 것을 아는 사람이 아니고 아무것도 모르는 어린 아이와 같은 것입니다. 우리가 부모를 공경할 줄 알고 다른 사람 앞에 겸손할 줄 알 때 사람들은 뭐라고 하는가 하면, 저 사람은 인간이 되었다고 합니다. 우리는 결국 인간이 되어야 하는 것입니다. 어떤 사람은 돈은 많은데 도무지 인간 같지 않다는 말을 듣습니다. 어떤 사람은 공부는 많이 했는데 인간성이 되먹지 못했다고 합니다. 이런 사람들은 모두 자기 인생에서 실패한 사람들입니다.

23절 "진리를 사고서 팔지 말며 지혜와 훈계와 명철도 그리할지니라."

진리를 사고서 판다는 것은 하나님의 말씀을 붙들고 가다가 세상에서 알아주지도 않고 빨리 성공이 오지 않으니까 어느 순간 버리는 것을 말합니다. 어떤 사람이 진리를 잘 따라가다가 어느 한순간 세상의 유혹에 넘어가서 하나님의 진리를 배반하고 세상을 따라가는 것이 바로 진리를 팔아버리는 것입니다. 하나님의 진리를 사기 위해서는 대가를 지불해야 합니다. 하나님의 진리를 사는 데 치러야 하는 대가가 무엇입니까? 하나님의 진리가 있는 곳을 찾아야 하고 그곳에 가서 말씀을 듣는 시간을 들여야 하는 것입니다. 그리고 또 우리가 지불해야 할 대가는 아무리 하나님의 진리를 붙잡아도 금방 복이 오지 않을 때 굶어 죽을 각오를 하고 끝까지 견디는 것입니다. 그러면 무엇이 오게 됩니까? 지혜와 훈계와 명철까지 주어지게 됩니다. 하나님의 진리가 다양한 형태로 우리에게 도움이 되고 복이 되는 것입니다. 여기에 보면 자식이 끝까지 하나님의 말씀을 붙들고 갈 때 부모가 그 열매를 보고 기뻐할 것이라고 말씀하고 있습니다.

24-25절 "의인의 아비는 크게 즐거울 것이요 지혜로운 자식을 낳은 자는 그를 인하여 즐거울 것이니라. 네 부모를 즐겁게 하며 너 낳은 어미를 기쁘게 하라."

부모는 자신이 성공하는 것도 기쁘지만 자식이 자기보다 더 크게 복을 받고 성공하면 더 마음이 기쁩니다. 부모는 처음에는 자녀가 세상적으로 잘 되고 성공하면 너무 좋아서 주위 사람들에게 자랑을 하느라고 정신을 차리지 못합니다. 그러나 나중에 시간이 갈수록 부모의 기쁨은 시들해져 갑니다. 이 자식이 신앙이 없으니까 부모를 공경하지 않는 것입니다. 그리고 이 자식이 세상적으로 성공할수록 더 오만해지고 교만해지는 것입니다. 그러면 신앙을 가진 부모는 이 자녀의 성공이 제대로 된 복이 아니라는 것을 알 것입니다. 그래서 부모의 마음이 불안해지고 무엇인가 말로 표현할 수 없는 답답함이 있을 것입니다. 그러나 자녀가 신앙적으로 복을 받으면 처음에는 별로 겉으로 잘 된 것이 없어서 다른 사람들에게 자식 자랑할 것이 없을 것입니다. 그러나 이 믿음의 자녀는 날이 갈수록 부모를 더 사랑하고 공경하여 나중에는 교회에 부흥이 일어나게 되고 물질적으로도 복을 받고 유명해지게 되는데, 부모의 입에서 부족한 것이 없다는 고백이 나오게 될 것입니다. 야곱은 요셉을 잃고 한평생을 비탄한 마음으로 보내었는데 나중에 보니까 요셉이 살아 있을 뿐 아니라 애굽의 총리가 되어 있었습니다. 그래서 야곱은 나중에 '내가 부족한 것이 없다'고 말했습니다. 우리가 부모에게 진정으로 효도하는 길은 하나님을 잘 믿고 신앙의 길로 가는 것입니다. 부모가 진정으로 자식들이 복을 받게 하려면 자기 정욕대로 살면 안 되고 자신이 하나님의 말씀을 붙잡아야 합니다. 열일곱 번째 교훈은 우리 마음을 악한 음녀에게 두지 말라는 것입니다.

26절 "내 아들아 네 마음을 내게 주며 네 눈으로 내 길을 즐거워할지어다."

이미 이 자녀는 하나님의 말씀을 붙잡고 믿음의 길을 가고 있습니다. 그럼에도 불구하고 지혜의 선생은 자녀에게 '네 마음을 나에게 달라'고 명령하고 있습니다. 지혜의 선생은 젊은 청년들에게 '네 몸만 여기에 와 있지 말고 네 마음으로 하나님의 길을 즐기라' 고 말하고 있습니다. 이 세상에는 너무나도 많은 쾌락이 있고 화려한 것이 있기 때문에 거기에 한번 마음을 빼앗기면 돌아오기 힘들기 때문입니다. 우리는 자신을 하나님의 말씀의 길로 몰아가야 합니다. 하나님의 말씀을 따라가면 세상에서 맛볼 수 없는 진귀한 것을 실컷 맛볼 수 있습니다. 이것이 우리 뼈를 윤택하게 하며 우리 영혼을 담대하게 할 것입니다. 그러나 우리가 조금만 눈을 세상으로 돌리면 거기에는 음녀가 우리를 기다리고 있습니다.

27절 "대저 음녀는 깊은 구렁이요 이방 여인은 좁은 함정이라."

여기서 음녀란 우리의 정욕을 채우는 삶을 말합니다. 하나님께서는 우리가 하나님의 말씀을 따라가면서 육체적인 정욕을 기피하라고만 말씀하시지 않으십니다. 오히려 우리는 하나님의 말씀 안에서 얼마든지 사랑을 나누고 아름다운 교제를 할 수 있습니다. 그런데 인간의 욕심은 자기에게 주어진 것으로는 만족하지 않고 꼭 하나님이 하지 말라고 하는 것을 해야 직성이 풀리는 것입니다. 이와 같이 하나님의 말씀에서 벗어난 정욕은 마치 미끼가 있는 낚싯바늘과 같습니다. 겉으로 보기에는 이런 정욕이 너무나도 환상적이고 맛이 있는 것 같지만 일단 한번 물고 나면 다시는 거기에서 빠져나올 수 없는 것입니다. 특히 이방 여인의 정욕이 무서운 것은 이방인들에게는 이런 정욕이 전혀 문제가 되지 않습니다. 즉 세상에서는 얼마든지 당연하게 채울 수 있는 것이지만 하나님 앞에서는 무서운 죄가 되는 것입니다. 그런데 우리가 어떻게 이런 함정을 피할 수 있을까요? 하나님의 말씀을 계속 들으면 우리는 옳지 못한 정욕이 얼마나 위험한지 알 수 있게 됩니다. 이 잘못된 정욕에 한번 빠졌을 때 나중에 얼마나 비참한 파멸에 빠지게 될지 알기 때문에 멀리하지 않을 수 없습니다. 아무리 새라 하더라도 그물을 보면서 일부러 잡히는 새는 없을 것입니다. 야생동물들도 함정을 보면 피해서 갈 것입니다. 그러나 하나님의 말씀을 무시하는 자들은 이런 정욕을 채우는 것이 너무나도 자연스럽고 당연하게 느껴지기 때문에 겁을 내지 않고 가까이 합니다.

28절 "그는 강도같이 매복하며 인간에 궤사한 자가 많아지게 하느니라."

이 세상에서 출세의 함정은 너무나도 많은 곳에서 강도같이 매복을 하고 있습니다. 이 세상에는 사악한 자가 많다고 했습니다. 이 사람들은 모두 거짓말을 해도 된다고 조언하는 사람들입니다. 결국 그들은 모두 거짓된 모사들이고 망하게 하는 모사들입니다. 그리고 열여덟 번째 교훈은 술을 멀리하라는 것입니다.

29절 "재앙이 뉘게 있느뇨 근심이 뉘게 있느뇨 분쟁이 뉘게 있느뇨 원망이 뉘게 있느뇨 까닭 없는 창상이 뉘게 있느뇨 붉은 눈이 뉘게 있느뇨."

최근 우리나라에서 유명한 인사들 중에서 성추행으로 사회적으로 망신을 당하거나 법적으로 처벌된 사람들은 전부 술을 마신 사람들이었습니다. 이것을 보면 술이 얼마나 사람을 망령되게 만드는지 알 수 있을 텐데 그럼에도 불구하고 사람들은 술을 마시고 있습니다. 우리나라에서 조사된 바에 의하면 살인사건의 거의 대부분이 술 취한 상태에서 이루어진 것으로 나타나고 있는데 그럼에도 불구하고 사람들은 모두 술을 마시고 있습니다. 도대체 그 이유가 무엇일까요? 사람들이 술을 마시는 이유는 술이 사람의 중추신경 일부를 마비시켜서 잘못된 흥분을 일으키기 때문입니다. 사람이 정상적으로는 기쁘지도 않고 행복하지도 않은데 술을 마시면 신경이 흥분되어서 본인이 기분이 아주 좋은 것처럼, 혹은 행복한 것 같은 느낌이 들게 되기 때문입니다. 바로 이 흥분 때문에 술을 마시지 않을 수가 없는 것입니다. 사람들이 술을 마시는 이유가 여기에 기록이 되어 있습니다. 즉 사람은 마음에 근심이 있고 걱정거리가 있으며 분쟁이 있고 원망이 있고 화가 나기 때문에 이것을 잊고서 즐거워지기 위해서 술을 마시는 것입니다. 물론 사람이 행복을 느끼겠다는 것을 나쁘다고 말할 수는 없지만 사람이 술을 마셔서 행복한 것은 결국 자기에게서 도피하는 것입니다. 술에 취한 사람은 그 사람 자신이 아니라 다른 그 사람인 것입니다. 술 취한 사람은 걸을 때 바로 걸을 수 없습니다. 술 때문에 생각과 몸이 따로 놀게 되는 것입니다. 이것이 바로 사람이 미치기 시작하는 것이고 술을 아주 많이 폭음하게 되면 정신을 잃게 되는데 이것은 완전히 미친 것입니다. 자기 자신에 대하여 전혀 책임질 수 없는 사람이 되는 것입니다. 이런 상태에서 살인을 저지르고는 기억이 나지 않는다고 합니다. 더욱이 술은 중독성이 있기 때문에 마시기 시작하면 나중에는 끊을 수가 없게 되어 술의 노예가 되어버립니다.

30절 "술에 잠긴 자에게 있고 혼합한 술을 구하러 다니는 자에게 있느니라."

술에 잠겼다고 하는 것은 완전히 술에 빠져 있는 사람을 말합니다. 술 마시는 사람들은 처음에는 사람이 술을 마시지만 나중에는 술이 사람을 마신다고 합니다. 이것은 완전히 술에 취한 것입니다. 즉 술에 충만하게 된 것입니다. 그리고 혼합한 술이라고 하는 것은 더 독한 술을 찾으러 다니는 것을 말합니다. 하나님의 백성들은 술에 취해서는 안 되고 성령에 취해야 합니다. 우리 속을 하나님의 말씀으로 채울 때 성령이 우리 안에 임하시는데 성령님은 우리를 하나님의 기쁨으로 기쁘게 하십니다. 성령은 우리의 정신을 더 맑게 하며 정확하게 하며 능력 있게 합니다. 그래서 술 취한 사람과 성령 충만한 사람은 미친 사람과 훈련된 운동선수로 비교할 수 있습니다. 당장 보기에는 술 취한 사람이 더 힘이 있을 것 같지만 그는 할 수 있는 것이 아무것도 없습니다. 그러나 우리가 성령에 충만할 때 기쁘면서도 능력 있는 사람이 됩니다.

> 31-32절 "포도주는 붉고 잔에서 번쩍이며 순하게 내려가나니 너는 그것을 보지도 말지어다. 이것이 마침내 뱀같이 물 것이요 독사같이 쏠 것이며"

술이나 정욕은 보기에 너무나도 아름답고 우리를 행복하게 해줄 것 같습니다. 포도주는 너무 색깔이 예쁘고 잔에 담겨 있는 것을 보면 정말 맛이 있을 것 같습니다. 또 실제로 마시면 너무나도 기분 좋게 목을 타고 내려갑니다. 그러나 술은 결국 독사요 뱀인 것입니다. 술은 우리의 정신을 흐리게 하고 유혹에 약하게 하며 죄에 끌리게 합니다. 독사에게 한번 물리고 나면 상당히 오랫동안 고통을 받게 되거나 아니면 죽게 될 수도 있습니다. 그래서 하나님의 백성들은 술을 보지도 말라고 말씀하고 있습니다. 술은 독사이기 때문이라고 했습니다. 강도 만나기 전에는 모르지만 한 번 당하고 나면 신세를 망치는 것처럼 독사도 한 번 물리고 나면 치료받기가 어려운 것입니다.

3. 하나님의 축복을 오래 받는 방법

우리가 단회적으로 복을 받고 그 후에는 비참하게 살지 않으려면 악인이 잘 되는 것을 부러워하지 말고 끝까지 말씀의 길을 가야 합니다. 그래서 열아홉 번째 교훈은 악인이 잘 되는 것을 부러워하지 않는 것입니다.

> 24:1 "너는 악인의 형통을 부러워하지 말며 그와 함께 있기도 원하지 말지어다."

여기서 악인이란 반드시 악한 사람을 말하는 것이 아니라 하나님의 말씀을 붙잡지 않고 세상적인 방법으로 성공한 사람을 말합니다. 왜 하나님의 백성이 악인이 형통한 것을 부러워해서는 안 될까요? 우리의 길이 서로 다르기 때문입니다. 악인은 세상의 복을 모으는 자요 하나님의 백성은 하늘의 복을 가져오게 하는 사람이기 때문입니다. 하나님의 백성들이 처음부터 세상의 복을 가지지 못하는 것은 이상한 것이 아니고 당연한 것입니다. 그러나 만일 하나님의 백성들이 하늘의 복을 구하지 아니하면 이 세상은 영적인 황무지가 되어서 모두 다 피폐해지고 망하고 말 것입니다. 하나님의 자녀들은 하나님의 자녀로서 자부심이 있어야 합니다. 하나님은 반드시 우리에게 물질적인 복까지 주실 것입니다. 나중에 하나님은 사랑하는 자녀들에게 복이란 복은 다 부어주실 것입니다. 그런데 악한 자와 함께 있는 것도 원하지 말라고 했습니다. 우리도 인간이기 때문에 당장 눈앞에 보이는 것이 다르면 열등감이 생기게 되고 믿음이 침체될 수 있기 때문입니다. 그래서 우리는 자꾸 하나님의 백성들끼리 모여서 하나님의 말씀을 듣는 것을 기뻐해야 합니다.

2절 "그들의 마음은 강포를 품고 그 입술은 잔해를 말함이니라."

하나님의 말씀이 없는 사람은 일단 이 세상에서 공격적입니다. 왜냐하면 세상에서 성공하려고 하면 일단 경쟁자를 이겨야 하기 때문입니다. 그러나 이것은 결코 하나님이 기뻐하시는 길이 아닙니다. 우리는 믿음의 열매를 맺어서 이것으로 다른 사람들을 축복해야지 빼앗고 밟는 것이 우리의 성공이 아닌 것입니다. 결국 우리와 세상 사람들은 사는 원리가 다르기 때문에 함께 갈 수가 없습니다. 스무 번째 교훈은 결국 우리가 축복의 집을 어떻게 짓느냐 하는 것입니다.

3절 "집은 지혜로 말미암아 건축되고 명철로 말미암아 견고히 되며"

여기서 집이라고 하는 것은 우리 일생의 복을 말합니다. 우리가 사는 이 세상은 많은 환난과 위험이 있는 곳입니다. 우리가 한평생을 모두 다 행복하게 산다는 것은 인간의 힘으로는 불가능한 것입니다. 그런데 한평생을 하나님의 말씀으로 지으면 우리 평생 내내 부흥이 일어나면서 하나님의 복이 부어지게 됩니다. 우리 생애 매순간 순간이 가장 행복했던 것을 깨닫게 됩니다. 하나님의 말씀과 함께 부흥이 있는 인생이 가장 행복한 인생인 것입니다. 그리고 하나님은 그때그때 명철의 말씀으로 우리 인생을 결코 무너지지 않도록 하나님의 축복 위에 세워주십니다.

4절 "또 방들은 지식으로 말미암아 각종 귀하고 아름다운 보배로 채우게 되느니라."

여기서 방이라고 하는 것은 매순간 우리가 살아가는 인생의 시기를 말합니다. 하나님께서는 우리가 어려서 미숙할 때나 청년의 때나 장년이나 노년 때에나 언제든지 지식으로 채워주시는데 너무나도 귀하고 아름다운 보물로 우리 인생을 채워주셔서 후회되는 때가 없도록 만들어주십니다. 결국 하나님의 축복은 한 가지만 있는 것이 아니라 너무나도 다양한 복들이 있는데 하나님의 말씀과 함께 하는 인생은 인생 전체를 하나님의 복으로 채움 받게 되는 것입니다. 그리고 스물한 번째 교훈은 하나님의 말씀이야말로 진정한 힘이라는 것입니다.

5절 "지혜 있는 자는 강하고 지식 있는 자는 힘을 더하나니"

왜 하나님의 지혜 있는 자가 강할까요? 그것은 쓸데없는 데 힘을 낭비하지 않고 집중시킬 수 있기 때문입니다. 그리고 지식 있는 자가 힘을 더한다고 하였는데, 우리가 하나님의 말씀을 붙들 때 집중력만 생기는 것이 아니라 무한한 하나님의 능력을 끌어오게 되는 것입니다. 세상 사람들은 자기가 가진 힘이 전부이고 또 사정에 따라서 그 힘을 다 쓰지 못할 때가 많습니다. 그러나 하나님의 백성들은 힘을 집중시킬 수 있고 그 뒤에 무한한 하나님의 능력이 오게 됩니다.

6절 "너는 모략으로 싸우라. 승리는 모사가 많음에 있느니라."

모략으로 싸우라는 말은 무식하게 힘으로 싸우려고 하지 말라는 뜻입니다. 우리가 하나님의 지혜를 써야 하나님이 우리를 도우셔서 쉽게 이길 수 있기 때문입니다. 하나님이 함께 하시는 일은 쉽게 되는 것이 특징입니다. 그리고 여기 모사는 말이 많은 모사가 아니고 충성된 모사입니다. 하나님의 일은 모든 일에 믿음을 가진 충성된 사람이 필요합니다. 이것은 돈으로 환산할 수 없는 힘인 것입니다.

7절 "지혜는 너무 높아서 미련한 자의 미치지 못할 것이므로 그는 성문에서 입을 열지 못하느니라."

무식한 사람들은 하나님의 말씀이 케케묵었고 시대에 뒤떨어진 것이라고 우습게 알지만 위기를 이길 수 있는 것은 하나님의 지혜입니다. 사람들은 하나님의 지혜가 얼마나 높은 수준의 말씀인지 모르기 때문에 아예 배우려고 하지 않습니다. 그러나 나중에 나타난 결과를 보면 입을 열지 못하게 될 것입니다. 우리는 이 하나님 말씀의 길을 끝까지 지켜서 자손 대대로 복을 받는 가정들이 다 되시기 바랍니다.

38 · 지혜로운 자의 처신

잠 24:8-34

　21세기에 들어오면서 구소련이 붕괴된 이후 미국은 전 세계의 유일한 슈퍼 강대국이었습니다. 그러나 어느 단체나 국가든지 자신들이 최고라는 생각을 하고 있을 때부터 추락하게 됩니다. 미국은 2001년 9월 11일 100층이 넘는 뉴욕의 국제무역센터 쌍둥이 빌딩이 비행기 테러로 폭삭 주저앉게 됩니다. 그 날 알카에다에 의해서 납치된 비행기는 모두 네 대였습니다. 그런데 두 대가 정확하게 국제무역센터 빌딩에 충돌해서 건물을 주저앉게 만들었고, 나머지 한 대는 펜타곤에 부딪쳤고 나머지 한 대는 백악관에 충돌하려고 하다가 승객들이 테러범들과 격투를 해서 들판에 떨어지게 되었습니다. 이것을 보면 알카에다가 얼마나 사전에 치밀하게 이 테러를 계획했는지 알 수 있습니다. 그러나 미국의 정보 당국은 이것을 알아내지 못했습니다. 그런데 그 전에 제가 미국을 비행기로 여행하면서 놀랐던 것은, 미국이 비행기를 탈 때의 보안이 너무나도 허술하다는 점이었습니다. 어느 정도로 보안이 허술했는가 하면 마치 우리나라 고속버스를 타듯이 전송하는 사람이 비행기 안에까지 들어와서 전송하고 나갈 정도였습니다. 이것을 보면 어느 누구든지 너무 지나치게 자신감을 가지고 과도한 자유를 누릴 때 이것이 한순간에 무시무시한 재앙으로 변할 수 있다는 것을 알게 됩니다. 그 동안 미국은 단 한 번도 본토가 공격을 당한 적이 없었습니다. 그리고 미국은 구소련이 무너진 후 전 세계에 유일무이한 슈퍼 강대국이 되었습니다. 누구든지 자기들이 부족하다고 생각하고 최선을 다할 때 발전이 있지만 자기들이 최고라고 생각하는 순간부터는 추락하게 되는 것입니다.

우리가 이 세상을 살아가다 보면 성공하는 사람도 있고 실패하는 사람들도 있습니다. 그런데 많은 사람들은 이것을 운 때문이라고 말합니다. 즉 성공한 사람은 운이 좋아서 성공한 것이고 실패한 사람은 운이 나빠서 실패했다는 것입니다. 인간들이 겉으로 보기에는 우연히 모든 일을 겪는 것 같지만 실제로는 우리 인간에게 성공과 실패를 주시는 분은 하나님이십니다. 하나님을 믿지 않는 자들은 복을 받으면서도 왜 자기가 복을 받는 줄 모르고 또 실패하는 자들은 실패하면서도 왜 실패하는지 모르니까 운에 돌릴 수밖에 없을 것입니다. 모든 축복은 하나님께 있습니다. 우리가 하나님께 가까이 가는 것이 복이며 하나님으로부터 멀어지는 것이 망하는 것입니다. 그런데 우리는 하나님을 믿지 않는 사람들처럼 복을 받으면서도 왜 자기가 복 받는지 모르는 것을 성공했다고 부러워해서는 안 됩니다. 우리는 우리가 어떻게 해야 복을 끝까지 받을 수 있는지 확실히 알아야 합니다. 오늘 본문으로 삼은 말씀은 8절부터 22절까지는 30가지 요점 중에서 23번째부터 30번째까지 여덟 가지 교훈이고, 끝에 23절부터 34절까지는 또 다른 보충적인 교훈이 있습니다. 그래서 30가지 교훈은 단순히 30가지가 전부가 아니라 30가지에다가 보충적인 교훈이 추가로 더 있습니다.

1. 어리석은 자의 특징

잠언에서 어떤 사람에 대하여 어리석다고 하든지 혹은 악하다고 말하는 것은 우리가 일반적으로 생각하는 것처럼 어리석은 것이나 악한 것을 말하는 것이 아니라 하나님의 말씀을 붙잡지 않고 자기 머리나 인간적인 생각을 믿는 것을 말합니다. 스물세 번째 교훈은 악을 행하기를 꾀하는 자는 결국 사특하게 된다는 것입니다.

> 8절 "악을 행하기를 꾀하는 자를 일컬어 사특한 자라 하느니라."

악을 행하기를 꾀하는 자란 처음부터 악한 방법으로 일을 하려고 하는 사람을 말하는 것은 아닙니다. 이 사람은 하나님의 말씀을 붙잡지 않고 인간의 지혜를 따라서 성공하려고 하거나 출세하려고 하는 사람을 말합니다. 이런 사람은 결국 이 세상에서도 사특한 자 즉 거짓된 자로 판명이 된다는 것입니다. 우리가 알기에 모든 인간은 거짓되며 사특한 것이 특징입니다. 그런데 왜 하나님의 말씀을 붙잡지 않는 자는 사특한 자가 될까요?

우선 우리가 알아야 할 것은 모든 인간들은 하나님을 믿든지 믿지 않든지 간에 할 수만 있으면 거짓된 방법을 써서라도 성공하고 싶은 마음이 다 있습니다. 하나님의 말씀을 붙드는 자는 마음속에 결코 넘을 수 없는 경계선이 있습니다. 양심을 속여 가면서 부자가 되어서는 안 된다는 넘을 수 없는 선이 있습니다. 사도 바울은 우리 마음속에는 십자가가 있어서 나도 십자가를 넘어서 세상으로 갈 수 없고 세상도 십자가를 넘어서 나에게 올 수 없다고 말했습니다. 예를 들어서 오래 전에 서울에서 어떤 분을 한 분 만났는데 그분은 저에게 하나님이 자기에게 지혜를 주셔서 많은 돈을 벌게 하셨다고 말을 했습니다. 그분에게 하나님이 무슨 지혜를 주셨느냐고 하니까 이분은 유명 브랜드 상품을 똑같이 가짜로 만드는 지혜를 주셨다는 것입니다. 그러나 그분이 하고 있는 것은 지혜가 아니라 사특한 죄였습니다. 아마 그 후에도 회개하지 않고 그 일을 계속했더라면 분명히 감옥에 들어갔을 것입니다. 예를 들어서 최근 우리나라 어느 교육감이 선거에서 후보에게 돈을 주었다고 해서 세상이 많이 떠들썩했습니다. 그 똑똑한 사람이 그런 유혹에 넘어간 것은 그가 인간의 지혜를 믿었기 때문입니다. 만일 그가 하나님의 말씀을 붙드는 자였다면 상대방 후보에게 어떤 형태로든지 돈을 주어서 사퇴를 시키는 것은 무서운 죄이며, 그렇게까지 해서 당선되는 것이 전혀 하나님이 기뻐하시는 것이 아니라는 것을 알았을 것입니다. 그래서 사람들은 흔히 정치인들이나 기업가들은 교도소 담장 위를 걷는 사람들이라고 말하기도 했습니다. 이 사람들이 성공하기는 했지만 과연 어디까지 해도 되는 일이며 어디부터는 절대로 해서는 안 되는 일인지 구별이 없기 때문입니다. 우리가 하나님의 말씀을 붙들 때 아무리 성공이나 출세가 좋아도 결코 해서는 안 되는 선이 있다는 것을 알게 됩니다. 하나님의 말씀을 모르는 자들은 해서는 안 되는 선을 넘어서는 것이 죄가 된다는 사실을 전혀 모를 때가 많습니다. 그래서 하나님의 백성들에게 중요한 것은 크게 성공하는 것이 아니라 죄의 함정에 빠지지 않는 것입니다. 새나 물고기를 예를 들어서 생각할 때 아무리 새가 높이 날고 멋이 있어도 그물에 걸리면 소용이 없고 물고기가 아무리 멋있게 헤엄을 쳐도 낚싯바늘에 걸리면 끝장나는 것입니다. 그래서 새나 물고기가 그물이나 바늘에 걸리지 않으려면 함부로 그물 가까이에 가지 말아야 하고 욕심을 부려서는 안 됩니다. 세상 사람들은 이 세상에 성공이 널려 있는 것만 생각하고 수단과 방법을 가리지 않고 달려가지만 하나님의 말씀은 우리로 하여금 그물과 낚싯바늘을 보게 합니다. 하나님의 말씀으로 스스로의 욕심을 죽이고 또 죄를 지었을 때 그때그때 회개하는 것이 나중에 망하지 않는 비결입니다.

9절 "미련한 자의 생각은 죄요 거만한 자는 사람의 미움을 받느니라."

여기서 미련한 자는 결국 하나님의 말씀을 버리고 세상으로 달려 나가는 사람을 말하는데 이런 사람은 결코 죄의 유혹을 떨쳐버리지 못합니다. 하나님의 말씀이 없으면 죄가 주는 달콤한 것만 눈에 보이고 그 뒤에 처져 있는 무서운 그물이 눈에 보이지 않기 때문입니다. 죄는 겉으로 보기에는 멋있게 보이지만 그 뒤에 반드시 그물이 있고 바늘이 있어서 한번 코를 꿰이게 되면 거기서 벗어나지 못하고 망하게 됩니다. 만일 입에 낚싯바늘이 걸린 물고기가 살려고 하면 입을 찢고 도망을 쳐야 합니다. 죄에 한번 빠진다고 하는 것이 얼마나 끔찍한 일인지 알아야 합니다. 그런데 사람들은 누구나 다 한번 죄를 지어봤으면 하는 호기심이 있습니다. 그럴 때마다 성경은 죄를 지어서 비참하게 망한 사람들을 우리에게 보여줌으로 정신을 차리게 합니다. 여기서 '거만한 자' 도 하나님의 지혜를 믿지 않고 자기 머리를 믿는 자를 뜻합니다. 사람이 자기 머리를 믿는 자는 자체가 이미 욕심에 사로잡힌 상태에 있는 것을 말합니다. 욕심에 사로잡힌 자는 일체 다른 사람의 입장을 생각하지 않기 때문에 자기 목적을 성취하기 위해서 다른 사람에게 많은 상처를 주게 됩니다. 이런 사람들은 대개 공격적이기 때문에 사람들은 이런 사람을 좋아하지 않습니다. 언젠가는 그 사람이 나를 공격할 수도 있다고 생각하기 때문입니다. 그러나 우리가 하나님을 믿을 때 발톱이나 이빨 같은 공격용 무기가 전부 다 뽑히게 됩니다. 우리는 이리 떼가 어슬렁거리는 들판에 있는 양이 되어서 물려 죽지 않으려면 열심히 도망쳐 다녀야 할 것입니다. 그런데 사람들은 이런 사람을 좋아합니다. 이런 사람은 공격적이지 않기 때문입니다. 하나님의 백성들은 모두 하나님의 말씀으로 변화되어서 양으로 변합니다. 그런데 우리의 걱정은 우리가 양이 되면 다른 사나운 사람들에게 물려 죽지 않을까 하는 것입니다. 그러나 우리가 양이기 때문에 하나님이 우리의 목자가 되어주시고 하나님이 우리 안에 계시는 것입니다. 왜 하나님이 우리를 떠나지 않고 항상 지키실까요? 하나님이 함께 하시지 않으면 물려 죽을 수밖에 없는 약한 양들이기 때문입니다. 그러나 하나님은 이리나 늑대의 하나님은 되어주시지 않으십니다. 그래서 그들은 더 강한 맹수가 오면 물려서 죽게 됩니다. 참으로 아이러니한 것은 약한 양들은 살아남는데 사나운 늑대나 이리는 물려 죽는 것입니다. 그러나 이것이 바로 하나님의 정글의 법칙입니다. 만일 이스라엘 백성들이 끝까지 양으로 남았더라면 이스라엘이나 유다는 망하지 않았을 텐데 그들이 살아남기 위해서 맹수로 변했기 때문에 앗수르나 바벨론의 공격을 받고 망하고 말았습니다. 스물네 번째 교훈은 신앙은 위기 때 그 위력을 발휘하게 된다는 것입니다.

10절 "네가 만일 환난 날에 낙담하면 네 힘의 미약함을 보임이니라."

하나님께서는 성도들에게 '환난 날에 나를 부르라 내가 너를 건지리니 네가 나를 영화롭게 하리라' 고 말씀하셨습니다. 하나님의 백성들에게 환난 날은 하나님께 기도하는 때입니다. 그러면 하나님께서 반드시 환난 날에 우리를 위기에서 건져주시며 우리의 앞길을 인도해주십니다. 우리가 일 년을 살다보면 언제나 좋은 날씨만 계속될 수 있는 것이 아닙니다. 어떤 때는 하늘에 비구름이 잔뜩 낄 때가 있는가 하면 어떤 때는 태풍이 몰아치거나 혹은 홍수가 날 때도 있습니다. 그런데 하나님께서는 하나님의 말씀을 의지하는 자들에게는 큰 비가 내리고 바람에 불 때 든든한 산성이나 바위가 되어주셔서 안전하게 하십니다. 예를 들어서 어떤 사람들이 들판을 걸어가다가 큰 비를 만나게 되었는데 가까운 곳에 큰 동굴이 있다면 그 동굴 안에서 얼마든지 안전하게 피할 수 있을 것입니다. 그런 동굴이 없이 큰 비바람을 만나게 되면 비를 쫄딱 맞으면서 추위에 벌벌 떨어야 할 것입니다. 마찬가지로 우리가 하나님의 말씀을 붙드는 것과 세상을 따라가는 것이 평소에는 그 차이를 잘 알 수 없습니다. 그러나 인생의 비바람이 불고 환란이 왔을 때 하나님의 말씀을 붙들고 기도하면 반드시 하나님이 기도에 응답해 주시고 앞으로 살 길을 인도해주십니다. 아무리 환란이 힘들고 고통스럽다 하더라도 이상하게 마음속에는 언제나 따뜻한 사랑이 있고 감동이 있습니다. 그런데 하나님의 말씀을 붙들지 않고 자기 머리만 믿고 살아온 사람은 환난이 찾아왔을 때 갑자기 눈앞이 캄캄해지면서 기가 꺾여버리게 됩니다. 본문에서 '네 힘의 미약함을 보인다' 는 것은 힘의 한계가 드러나는 것을 말합니다. 인간의 지혜의 성공은 환난이 올 때까지 통하는 것이지 그 후에는 맥을 추지 못하게 됩니다. 그런데 하나님의 말씀을 의지하는 자는 아무리 환난이 와도 무엇인가 마음에 든든한 것이 있고 이상하게 어떻게 될 것 같은 믿음이 있습니다. 그리스도인들의 능력은 환난 날에 그 진가를 발휘하게 되는 것입니다. 스물다섯 번째 교훈은 진정한 성공은 세상의 성공이 아니라 사람들의 영혼을 구원하는 것이라고 말씀하고 있습니다.

> **11절** "너는 사망으로 끌려가는 자를 건져주며 살육당하게 된 자를 구원하지 아니치 말라."

결국 세상의 성공은 두 종류가 있습니다. 하나는 세상에 있는 것을 많이 모아서 내 것으로 만들어서 부자가 되고 학자가 되고 유명한 사람이 되어서 성공하는 것이 있는가 하면, 다른 사람이 죽을 줄도 모르고 죽는 길로 가는데 그 사람을 지켜서 살게 하는 성공이 있습니다. 그런데 우리가 인간적으로 생각해 보면 세상에 있는 돈이나 지식이나 인기를 모아서 내 것으로 만들면 이것은 진짜 내 것이 되는 것이고 내 재산이 될 것입니다. 그러나 만일 내가 다른 사람이 어려울 때 도와주어서 망하지 않게 하면 결국 그 사람이 잘 되는 것이지 내가 잘 되는 것은 아닌 것입니다. 예를 들어서 어떤 사람이 물에 빠진 것을 목숨 걸고 건져주면 그 사람은 고맙다고 인사 한번 하고 가면 그만이지만, 내가 땅에 떨어진 돈을 줍거나 보따리를 주우면 영구적으로 내 것으로 만들 수 있을 것입니다. 그래서 사람들은 할 수 있는 대로 다른 사람을 살리는 것보다는 자기 이익을 챙기는 것에 더 목숨을 걸고 있습니다. 그러나 하나님의 장부를 보면 이야기가 완전히 달라집니다. 하나님의 장부에는 내가 이 세상에서 돈을 많이 벌고 또 공부를 많이 한 것은 전혀 적혀 있지 않습니다. 대신에 하나님의 장부에 기록이 되어 있는 것은 내가 멸망할 사람을 얼마나 살렸는가 혹은 죄에 빠진 사람을 얼마나 건져내었는가 하는 것만 기록이 되어 있습니다. 하나님 앞에서 가장 가치 있는 것은 사람의 가치이기 때문입니다. 하나님 앞에서 가장 소중하고 가치가 있는 것은 사람을 변화시키는 것입니다. 만일 어떤 사람의 마음속에 미움과 악독만 가득했는데 나중에 이 사람이 은혜를 받아서 사랑이 가득하게 되었다면 이것은 하나님 앞에서 큰 성공인 것입니다. 어떤 사람은 인생의 가치를 모르고 사치와 방탕을 위해서 살았는데 어느 날 나를 통해서 진정한 인생의 의미를 깨닫게 되었다면 나의 장부에 엄청난 가격이 기록되게 되는 것입니다. 예수님께서는 한 영혼이 온 천하보다 귀하다고 했는데 한 사람이라도 은혜 받고 변화되는 것이야말로 최고로 큰 장사이고 수익이 높은 사업인 것입니다. 그런데 지금 모든 사람들은 자기도 모르는 사이에 멸망으로 가고 있습니다. 이들은 모두 살육당할 수밖에 없을 것입니다. 우리가 이런 사람들을 건져내어야 하는데 본인들은 그것을 전혀 믿지 않습니다. 이때 우리는 무엇인가를 보여주어야 하는데 우리가 보여줄 수 있는 가장 중요한 증거는 우리 자신이 변화된 것입니다. 우리가 만일 어떤 사람을 죄에서 떠나서 의인이 되게 했다면 하나님은 내 장부에 의인의 상급의 갑절을 주실 것입니다. 만일 우리가 어떤 사람을 하나님의 말씀을 붙잡는 사람이 되게 했다면 예언자의 상급의 갑절을 주실 것입니다. 우리가 멸망으로 가는 사람을 단 한 명이라도 건질 수 있다면 그 상급은 어마어마한 것입니다. 그러나 과연 내 도움으로 은혜를 받고 구원을 받았는지 알지 못합니다. 우리가 하루하루를 하나님의 말씀을 붙들고 살아가면 우리의 이 모습을 누군가는 반드시 보고 은혜를 받는 자가 있습니다. 이것이 하나님 앞에서 모두 큰 상급이 되는 것입니다.

> 12절 "네가 말하기를 나는 그것을 알지 못하였노라 할지라도 마음을 저울질하시는 이가 어찌 통찰하지 못하시겠으며 네 영혼을 지키시는 이가 어찌 알지 못하시겠느냐 그가 각 사람의 행위대로 보응하시리라."

사람들은 하나님 앞에 섰을 때 모두 한목소리로 말하는 것이 이럴 줄 몰랐다는 것입니다. 사람들은 하나님 앞에서 자기들은 천국과 지옥이 있는 줄도 몰랐고 심판이 있는 줄도 몰랐고 특히 하나님의 말씀대로 살아야 한다는 것을 몰랐다고 변명할 것입니다. 그러나 과연 하나님 앞에서 우리가 몰랐다는 변명이 통할까 하는 것입니다. 하나님 앞에서는 우리 인간들이 몰랐다고 변명하는 것이 통하지 않습니다. 하나님이 우리 인간들을 이렇게 머리가 좋게 만드셨기 때문입니다. 인간들은 이 세상에 살면서 성공하려고 하기 이전에 누가 나를 만드셨으며 내가 이 세상에 태어난 목적이 무엇인지 먼저 찾아야 하는 것입니다. 인간들이 그런 중요한 문제를 소홀히 한 것은 스스로 자신을 속인 것밖에 되지 않습니다. 그리고 하나님은 계속적으로 지진이나 태풍이나 기근이나 혹은 하나님의 말씀을 전하는 자를 통해서 최후 심판에 대하여 경고하셨습니다. 그런데 인간들이 몰랐다고 하는 것은 말이 되지 않는 것입니다.

더욱이 여기서 하나님은 마음을 저울질하시는 이라고 말씀하고 있습니다. 하나님은 우리 인간들의 마음을 저울질하십니다. 특히 인간들의 마음이 과연 하나님을 향하여 기울어지는지 아니면 욕심을 향하여 기울어지는지 저울질을 하고 계십니다. 하나님은 우리 마음이 하나님의 말씀으로 변화되어서 묵직하게 되었는지 아니면 아직 세상 욕심으로 바람에 나는 겨같이 가벼운지 달아보고 계십니다. 세상 사람들은 우리의 재주나 말솜씨나 돈 버는 재주로 달아보지만 하나님은 우리 중심의 무게를 보시는 것입니다.

특히 하나님은 우리 영혼을 지키는 분이라고 말씀하셨습니다. 이것을 통해서 우리가 영혼을 지키는 것이 얼마나 어려운지 알 수 있습니다. 사탄은 죄를 통해서 우리 영혼을 도둑질하려고 하며 또 죄를 통해서 우리 영혼을 좀 먹으려고 하고 있습니다. 이때 우리는 다른 것으로는 우리 영혼을 지킬 수가 없습니다. 우리는 우리 영혼을 하나님의 말씀에 담가야 하고 우리 안에도 하나님의 말씀으로 채워야 우리 영혼이 상하지 않습니다. 요즘 경북 지역에는 안동 간고등어가 인기가 있는데 고등어가 상하지 않으려면 싱싱한 고등어를 사서 안팎으로 소금을 쳐야 할 것입니다. 우리가 사회생활을 하면서 다른 사람이 말로 공격을 하면 마음이 상하게 됩니다. 즉 우리 마음이 찢어지면서 피가 흐르는데 잘 지혈이 되지 않습니다. 또 우리가 더러운 생각을 하거나 음란한 것을 보면 마음이 더러워져서 상한 냄새가 날 것입니다. 우리는 이것을 하나님 앞에서 치료받는 것이 인생에 성공하는 것입니다. 세상적으로는 성공했지만 마음이 상한 사람들을 보면 너무 욕을 잘하고 너무 거짓말도 잘하며 다른 사람을 마치 종 다루듯이 함부로 대하는 것을 볼 수 있습니다. 이 사람들은 자기 영혼이 병들어 있는데 모르고 있는 것입니다. 하나님은 행위대로 보응하십니다. 하나님은 우리를 축복하실 때 세상적인 조건을 보시는 것이 아니라 믿음의 장부를 보시고 축복하십니다. 그래서 우리가 하나님의 말씀대로 사는 것이 큰 복입니다.

2. 의인의 처신

스물여섯 번째 교훈 역시 믿음의 자녀들을 향한 것으로서 자녀들에게 꿀을 먹으라고 권고합니다.

13절 "아들아 꿀을 먹으라. 이것이 좋으니라. 송이꿀을 먹으라. 이것이 네 입에 다니라."

지혜자는 이 세상에 먹을 것이 많이 있는데 왜 하필 아이들에게 꿀을 먹으라고 했을까요? 옛날에는 요즘같이 아이들이 먹을 수 있는 간식이 많지 않았을 것입니다. 그래서 아이들이 잘못하면 독이 있는 것을 먹을 수도 있습니다. 지혜자는 아이들에게 꽃 안에 있는 꿀은 독이 없어서 가장 안심하고 먹을 수 있으니까 꿀을 먹으라고 권하고 있습니다. 더욱이 꿀 중에도 송이꿀을 먹으라고 말씀하고 있습니다. 송이꿀은 일단 벌이 꽃 속에서 꿀을 먹고 이것을 자기 집에 가지고 와서 토한 것으로서 이미 한번 소화가 된 꿀이기 때문에 우리 인간의 몸에 가장 부담 없이 흡수가 잘 된다고 합니다. 옛날에 우리가 독감에 걸리거나 혹은 며칠을 굶어서 기력이 없을 때 꿀물을 타서 주면 정신이 들 때가 많았습니다. 그러나 여기서 꿀을 먹으라는 말은 비유적인 말씀입니다.

14절 "지혜가 네 영혼에게 이와 같은 줄을 알라. 이것을 얻으면 정녕히 네 장래가 있겠고 네 소망이 끊어지지 아니하리라."

우리에게 많은 하나님의 말씀이 있지만 이것을 부모님이나 목사님이 한번 먹고 실천해본 것은 완전히 송이꿀과 같기 때문에, 이것을 그대로 먹기만 하면 우리에게 양분이 되고 축복이 됩니다. 목사님이나 부모님이 하나님의 말씀을 자신이 먼저 실천해 보고 가르치는 것과 실천해 보지 않고 가르치는 것 사이에는 많은 차이가 있습니다. 물론 하나님의 말씀을 가르치다보면 자기 자신도 소화가 덜 된 말씀을 가르칠 때가 있습니다. 그러면 교인들도 그 말씀이 소화가 되지 않아서 힘들어 할 때가 많습니다. 변비나 설사 증세가 생기는 것입니다. 우리가 계속 하나님의 말씀을 붙들고 살아가면 결국 말씀이 소화되는데 이 말씀들은 자녀들이나 성도들에게 그대로 복이 되는 말씀입니다. 소화된 하나님의 말씀은 우리의 미래가 있게 하고 소망이 끊어지지 않게 한다고 했습니다. 우리가 생각하기에 하나님의 말씀만 가지고는 길이 열리지 않을 것 같은데 이상하게 길이 열리고 내가 소망했던 것보다 더 좋은 결과가 주어지게 되는 것입니다.

아마도 아이들이 가장 좋아하는 것은 만화인 것 같습니다. 아이들은 만화 영화가 나오면 따라 노래도 부르고 춤도 추고 그 만화 속에 빨려 들어가는 것을 볼 수 있습니다. 아이들이 조금 더 자라면 컴퓨터 게임에 빠지게 되는데 게임을 만든 사장이 고백하기를 자신도 게임에 중독이 되었다고 했습니다. 우리는 아이들이 하나님의 말씀을 좋아하게 만들어야 합니다. 하나님의 말씀이야말로 중독성이 전혀 없는 순수한 하늘의 양식이기 때문입니다. 우리가 이 세상 다른 것들을 끊으려고 하면 성경을 읽거나 설교를 들으면 됩니다. 하나님의 말씀은 중독을 치료하며 우리를 존귀하게 하는 힘이 있기 때문입니다. 스물일곱 번째 교훈은 악한 자에게 의인의 집을 엿보지 말라는 것입니다.

15절 "악한 자여 의인의 집을 엿보지 말라. 그 쉬는 처소를 헐지 말지니라."

악한 자가 의인의 집을 엿보는 이유는 남이 잘사는 것이 배가 아파서 약점을 찾아 그 집에서 쫓아내려고 하는 것입니다. 이 세상은 야생동물의 세계와 같아서 강한 자는 약한 자를 쫓아내고 좋은 자리를 차지하는 세상입니다. 특히 요즘 같은 세상은 누군가가 좋은 자리에 앉으면 그 후에는 반드시 흔들어서 나무에서 떨어지게 하는 세상입니다. 그런데 이상한 것은 하나님의 백성들은 흔들어도 잘 떨어지지 않습니다. 하나님께서 그의 손을 붙잡고 계시기 때문입니다. 누군가를 그 자리에서 떨어트리려고 하면 약점이 있어야 하는데 이상하게 하나님의 백성들은 큰 약점이 없습니다. 매일 하나님의 말씀을 붙들고 회개하기 때문에 미련하게 약점을 키우지 않기 때문입니다. 우리가 진정으로 다른 사람을 사랑하는 방법은 그 사람을 사람답게 살도록 내버려 두는 것입니다. 우리는 굳이 다른 사람을 내 사람으로 만들 필요가 없습니다. 각자가 자기 나름대로 행복하게 살 권리가 있기 때문입니다. 자기에게 힘이 있다고 해서 다른 사람의 아내를 탐내거나 다른 사람의 집이나 재산을 탐내서는 안 됩니다. 그것은 악한 것입니다. 우리는 다른 사람과 함께 행복하게 지내는 길을 택해야 합니다. 여기에 보면 의인과 악인의 차이가 나오고 있습니다.

16절 "대저 의인은 일곱 번 넘어질지라도 다시 일어나려니와 악인은 재앙으로 엎드러지느니라."

의인은 넘어지더라도 하나님의 연단을 받는 것이기 때문에 반드시 회복이 됩니다. 그뿐만 아니라 의인은 연단을 받으면서 주인공으로 만들어지게 됩니다. 의인을 괴롭히는 사람은 의인의 교관인데 결국 자기 사명을 다한 후에는 없어지게 됩니다. 악한 자는 의인을 시기해서 실컷 훈련시켜놓고 자기 자신은 전혀 훈련이 되지 못해서 엑스트라로 밀려나게 됩니다. 일단 영화나 드라마에서 주인공은 대사나 말이 많은 것이 특징입니다. 그 드라마나 영화를 끌고 가려면 대사만 외운다고 해서 되는 것이 아니고 대단한 카리스마를 가져야 합니다. 이 모든 것이 훈련을 통해서 만들어지게 됩니다. 그래서 우리는 훈련을 받으면 받을수록 좋습니다. 그러나 훈련시키는 장본인은 결코 주인공이 될 수 없습니다. 결국 악인도 언젠가는 힘이 떨어지게 되는데 그때 악인은 끝장나게 됩니다. 스물여덟 번째 교훈은 원수가 망할 때 좋아하지 말라는 것입니다.

17절 "네 원수가 넘어질 때에 즐거워하지 말며 그가 엎드러질 때에 마음에 기뻐하지 말라."

우리는 이미 앞에서 약한 자를 학대하지 말라는 말씀을 보았습니다. 하나님은 내가 약한 자를 어떻게 대하는가를 통해서 내 인격을 달아보십니다. 하나님이 우리를 달아보시는 또 다른 시험이 원수가 망할 때 내가 어떻게 하느냐 하는 것입니다. 물론 우리도 인간이기 때문에 평소에 나를 괴롭게 하고 못살게 하던 원수가 망하면 속이 시원하고 기쁠 것입니다. 아무리 우리 마음에 그런 것이 있다 하더라도 말이나 행동으로 나타내서는 안 됩니다. 악인이라 하더라도 그 사람 안에는 하나님의 존귀한 형상이 있기 때문에 우리가 다른 사람이 망하는 것을 기뻐해야 할 권리가 없는 것입니다. 다시 말해서 아무리 악한 사람이라 하더라도 그 사람 안에는 아주 작은 진심이라는 것이 있습니다. 우리는 그것을 보아야 하고 또 그것을 믿어야 합니다. 그뿐 아니라 우리도 예수님을 믿기 전에는 그 사람과 다를 바가 없는 악한 자였습니다. 그런데 우리는 이제 하나님의 말할 수 없는 은혜로 변화되었기 때문에 하나님 자녀의 아량이라는 것이 있어야 합니다. 승부의 세계에서 승자는 승자로서의 아량이 있어야 한다고 말을 합니다. 하나님의 자녀는 다른 사람들에 대하여 너그러운 맛이 있어야 합니다. 만일 우리가 악한 자가 망하는 것을 보고 좋아한다면 하나님의 저울에 우리의 인격은 형편없이 가볍게 나타날 것입니다. 내가 평소에 좋아하지 않던 사람이라 하더라도 슬픈 일을 당하거나 좋지 않은 일을 당했을 때 같이 슬퍼하고 위로할 때 상대방의 마음이 감동을 받게 될 것입니다.

18절 "여호와께서 이것을 보시고 기뻐 아니하사 그 진노를 그에게서 옮기실까 두려우니라."

하나님은 우리 믿는 자들이 악한 자들이 망하는 것을 보고 기뻐하는 것을 좋아하시지 않습니다. 하나님의 백성들은 누구든지 마음에 동정하는 마음이 있어야 하고, 그 사람의 입장에서 생각해 볼 수 있어야 합니다. 다른 사람의 입장에서 한번 이해해 본다는 것은 그 사람의 강퍅한 마음을 녹일 수 있는 능력이 되기 때문입니다. 하나님의 백성은 너무 자존심이 강한 것이 좋지 않습니다. 때때로 내 자존심 때문에 다른 사람의 가치를 인정하지 않을 때가 많기 때문입니다. 하나님의 백성 중에서 자존심이 없는 사람은 참으로 모든 사람을 사랑할 수 있습니다. 스물아홉 번째 교훈은 악한 자의 성공에 배 아파하지 말라는 것입니다.

19절 "너는 행악자의 득의함을 인하여 분을 품지 말며 악인의 형통을 부러워하지 말라."

행악자의 득의는 나쁜 짓 하는 자가 성공하는 것을 말합니다. 때때로 하나님의 말씀대로 살려고 애쓰는 나 자신이나 부모님은 가난하고 복을 받지 못하며, 말씀대로 살지 않고 세상적으로 나간 사람은 돈도 잘 벌고 부자가 되는 것을 보면 속이 상할 때가 있습니다. 그러나 겉으로 나타난 것만 보아서는 안 됩니다. 우리는 지금 고난을 통해서 하나님의 손에 붙잡혀 있고, 행악자는 마귀의 손에 붙잡혀 있는 것입니다. 하나님을 믿노라 하면서도 가장 어려운 것이 하나님의 손에 붙잡힌 지팡이가 되는 것입니다. 모세는 하나님의 손에 붙잡히는 데 팔십 년이 걸렸습니다. 모세가 하나님의 손에 붙잡힌 후에는 돈이나 명예는 아무 소용이 없었습니다. 모세 자신이 하나님의 능력이요 축복이었기 때문입니다. 악인이 잘 되는 것을 부러워할 필요가 없습니다. 왜냐하면 악인들이라고 해서 다 망하라는 법은 없기 때문입니다. 악인들도 이 세상에서는 한번 큰소리치면서 잘 살아볼 필요가 있습니다. 그러나 악인의 영혼에는 복이 없습니다.

20절 "대저 행악자는 장래가 없겠고 악인의 등불은 꺼지리라."

악인은 장래가 없습니다. 악인이 가진 것은 지금 가지고 있는 것이 전부이고 앞으로 하나님 앞에서 받을 것이 전혀 없습니다. 오히려 악인은 죽는 순간 이 세상의 모든 복마저 다 없어지고 말 것입니다. 악인의 명성이나 악인의 권세는 오래가지 않습니다. 하나님의 백성들에게는 미래가 있습니다. 의인의 등불은 영원히 꺼지지 않을 것입니다. 마지막 서른 번째 교훈은 반역자의 그룹에 들지 말라는 것입니다.

21절 "내 아들아 여호와와 왕을 경외하고 반역자로 더불어 사귀지 말라."

하나님께서는 우리로 하여금 하나님의 말씀에 복종하게 하셨습니다. 하나님의 백성들의 특징은 반역적인 본성이 치료된 사실입니다. 그러나 하나님의 말씀이 없는 자는 다른 사람에게 반항을 하는 것이 자신이 더 똑똑한 것으로 생각해서 자꾸 반역을 하려고 합니다. 대개 반골 기질이 강한 사람들이 머리가 좋고 개성이 강한 편입니다. 그런데 하나님은 강한 개성이 가루가 되어서 반죽이 되어야 능력을 주십니다. 요즘 우리나라 지성인들은 엄청나게 반항하고 있습니다. 스스로 그만큼 똑똑하다고 생각하기 때문에 그러는 것인데 실제로 하나님 앞에서 자신이 깨어지지 않아서 그런 것입니다. 결국 하나님은 이런 사람들을 어느 순간에 폐기처분해 버립니다. 하나님의 백성들은 절대로 무리하게 반대하거나 다른 사람을 비난하는 그룹에 섞이지 마시기 바랍니다. 그것은 자기 자신에게도 유익이 없고 하나님의 영이 그런 사람들을 좋아하시지 않습니다. 하나님의 영은 언제나 긍정적인 영이시기 때문입니다.

22절 "대저 그들의 재앙은 속히 임하리니 이 두 자의 멸망을 누가 알랴."

반항적인 기질을 가진 자는 어느 순간 갑자기 망하게 됩니다. 이런 사람들은 건물로 치면 뼈대가 되지 못하고 거푸집밖에 되지 못하기 때문입니다. 어느 순간 있다가 건물이 완성되면 버리게 됩니다. 여기 이 두 자의 멸망이라고 했는데, 하나는 반역적인 사람이고 다른 하나는 행악자로서 성공한 사람을 말합니다. 이런 사람들은 모두 사람들 앞에는 똑똑한 것처럼 보이지만 하나님의 저울에 함량 미달이 되어서 없어지게 되는 것입니다.

3. 추가적인 교훈

23절에 보면, '이것도 지혜로운 자의 말씀이라' 고 했습니다. 이것은 지금까지 30가지 교훈을 수집한 후에 또 다시 새로운 잠언으로 수집을 한 것입니다. 잠언 25장부터 29장까지는 솔로몬의 잠언인데, 히스기야의 신하들이 편집을 한 것이라고 합니다. 솔로몬의 잠언이 엄청나게 많이 있었는데 뒤에 있는 것은 후대에 모아진 것입니다. 본문 23절부터 34절까지는 독립된 한 단락이라고 볼 수 있습니다. 말하는 스타일도 지금까지와는 조금 다르게 설명이 약간 긴 것이 특징입니다.

> 23절 "이것도 지혜로운 자의 말씀이라. 재판할 때에 낯을 보아주는 것이 옳지 못하니라."

이것은 하나님의 백성들은 재판할 때 공정해야 한다는 것입니다. 속담에 '팔은 안으로 굽는다' 고 되어 있고, '가재는 게 편이라' 고 합니다. 어떤 문제가 터졌을 때 자기 가족이나 좋아하는 사람이 죄를 지었을 때에는 아무래도 그냥 넘어가려 하거나 관대하게 봐주려고 하기가 쉽습니다. 그러나 이렇게 하는 것은 하나님의 백성으로서 권위를 엄청나게 떨어뜨리는 것입니다. 하나님의 백성은 자기 편의 사람이 잘못을 저질렀을 때 더 엄격해야 하고 더 인정사정없이 엄중하게 책망하고 책임을 물어야 합니다. 가끔 기독교 안에서도 목사가 잘못했는데 다른 목사들이 감싸고 도는 것을 보면 너무나도 목사의 위상을 떨어뜨린다는 생각을 하게 됩니다. 하나님의 종으로서 잘못한 것이 있으면 다른 사람들보다 몇 배나 더 비난을 받아야 하고 책망을 받아야 하나님의 종의 권위가 서는 것입니다. 관직에 있는 사람도 마찬가지입니다. 정말 나라를 바르게 이끌어가고 싶은 사람이라면 자기 편에 속한 사람에게서 어떤 부정이 드러났을 때에는 상대방의 부정보다 훨씬 더 가혹하게 비난하고 책임을 물어야 국민들이 신뢰를 하게 됩니다. 오늘 보게 되는 것은 상대방의 잘못은 없는 거짓말까지 만들어서 비난하면서 자기 편의 사람들은 단순히 탄압을 받는 것처럼 포장하는 것은 자기 스스로 속이는 것밖에 되지 않는 것입니다. 하나님의 백성들은 자기 자신이나 자기 편 사람의 잘못에 대해서는 배나 더 엄격하게 비판을 해야 합니다. 그렇지 않고 자기 편의 잘못에 대해서는 구렁이 담 넘어가듯이 숨기려고 하면 나중에 무슨 말을 하다라도 불신을 당하게 될 것입니다.

24절 "무릇 악인더러 옳다 하는 자는 백성에게 저주를 받을 것이요 국민에게 미움을 받으려니와,"

자기 편이라고 해서 얼굴을 봐주고 얼렁뚱땅 넘어갈 때 일반 국민들은 아무것도 모르는 것 같지만 그런 통치자를 지지해주지 않게 됩니다. 국민들이 저주하고 우습게 아는 사람은 오래 그 자리에 있을 수 없고 또 좋은 업적을 남길 수가 없습니다. 정치인들에게 가장 중요한 재산은 국민들의 지지입니다. 이런 국민들의 지지는 정직한 데서 나오는 것입니다. 지금이나 옛날이나 국민들이 바라는 것은 신선함입니다. 남의 잘못이나 물어뜯으면서 자기 자리나 차지하려고 하는 자들을 국민들은 싫증을 느끼게 될 것입니다.

25절 "오직 그를 견책하는 자는 기쁨을 얻을 것이요 또 좋은 복을 받으리라."

'그를 견책한다' 고 하는 것은 강한 자이지만 잘못을 저지른 자는 벌을 주는 것을 말합니다. 힘이 있는 자를 벌주는 것은 상당한 용기가 필요한 일입니다. 아무리 힘이 있어도 잘못한 자를 벌주는 것은 하나님이 하시는 것이고 그렇게 수행하는 이 사람은 하나님의 사자입니다. 사람들은 힘 있는 악한 자가 벌 받는 것을 통해서 정의라고 하는 것이 얼마나 사람의 가슴을 시원하게 하고, 멋있고 아름다운지 알게 되는 것입니다. 이런 일을 하는 사람은 두고두고 그 자손들까지 복을 받게 됩니다.

26절 "적당한 말로 대답함은 입맞춤과 같으니라."

이 구절은 다양한 의미로 해석될 수 있습니다. 바르게 말하는 것은 친한 사람들이 서로 입맞추는 것보다 더 기분을 좋게 한다고 볼 수 있습니다. 아마 때로는 힘이 없는 여인이나 약한 사람들은 바른 결정을 내려주는 것이 어떤 인사나 축복보다 나을 것입니다. 그러나 하나님의 백성들 안에서는 정의보다 더 높은 법이 사랑입니다. 우리는 자기 자신에게는 정직하고 가혹해야 하지만 다른 사람의 허물이나 잘못에 대해서는 관대한 것이 좋습니다. 교회 안에서 정의란 모든 것을 다 밝히고 벌을 주는 것이 아닙니다. 때로는 잘 권면해서 그렇게 하지 않도록 하면 더 좋은 것입니다.

27절 "네 일을 밖에서 다스리며 밭에서 예비하고 그 후에 네 집을 세울지니라."

'네 일을 밖에서 다스리며' 라고 하는 것은 내가 하려고 하는 일을 너무 내 마음속으로만 생각하지 말고 충분히 객관화시켜서 다른 사람들의 이야기도 들어보고 또 밭에서 충분히 검토하고 준비해서 집을 세워야 한다는 것입니다. 우리가 머리로 생각하는 것과 현실은 많은 차이가 있기 때문에 내 속에 있는 생각을 객관화시켜서 다른 사람의 의견도 들어보고 또 도움을 받을 수 있어야 성공할 수가 있는 것입니다. 남의 이야기를 듣지 않고 성급하게 어떤 일을 하는 것은 지혜로운 것이 아닙니다. 9.11 테러 사건이 있은 후 미군이 알카에다의 본부가 있는 아프가니스탄을 공격할 때 주위에 있는 우방국들의 동의와 협력을 충분히 얻어서 침공을 했습니다. 사실 아프가니스탄은 소련이 침공했지만 실패했을 정도로 지형이 어려운 지형이었습니다. 그러나 미군은 성공했습니다. 그러나 미군이 이라크를 침공할 때에는 우방국의 동의를 얻지 않고 독단적으로 침공했습니다. 그 결과 미군은 결국 이라크에서 엄청난 복병을 만나게 되었습니다. 그것은 미국이 거의 월남전처럼 수렁에 빠져들게 된 것입니다. 중요한 결정을 내리는 사람은 이것을 다른 사람에게 보이고 충분히 비판받을 각오를 해야 국민들의 안전을 지킬 수 있는 것입니다.

28절 "너는 까닭 없이 네 이웃을 쳐서 증인 되지 말며 네 입술로 속이지 말지니라."

요즘 사람들은 이웃에 대하여 근거 없는 루머를 퍼트려서 곤경에 빠트리는 경우가 많습니다. 특히 인터넷이 유행하면서 사람들은 자기 이름도 밝히지 않고 뒤에 숨어서 유명한 사람에 대하여 악플을 달아서 욕할 때가 많습니다. 이것은 어떤 의미에서 성공한 사람에 대한 시기심에서 나왔다고 볼 수 있습니다. 이런 공격을 당하지 않는 가장 좋은 방법은 너무 유명해지지 않는 것입니다. 그러나 많은 사람들이 누군가가 다른 사람에 의해서 공격당해서 곤경에 빠지는 것을 즐겨할 때가 많습니다. 하나님 앞에서 가장 무서운 죄는 위증입니다. 이것은 자기 영혼을 팔아먹는 것이고 영원히 지옥에 빠지게 할 것입니다. 우리는 다른 사람이 성공하고 잘 되는 것에 대해서 너무 배 아파 할 필요가 없습니다. 하나님이 우리에게 주실 복은 따로 있기 때문입니다.

29절 "너는 그가 내게 행함같이 나도 그에게 행하여 그 행한 대로 갚겠다 말하지 말지니라."

하나님의 백성들은 다른 사람에 대하여 복수의 마음을 가져서는 안 됩니다. 왜냐하면 우리가 다른 사람에게 복수하려면 그 사람과 똑같아지든지 아니면 더 악한 자가 되기 때문입니다. 우리는 인간이기 때문에 다른 사람으로부터 고통당한 것에 마음이 아프기에 복수를 해야 직성이 풀릴 것 같습니다. 우리는 위를 바라보아야 합니다. 사람은 자기가 상대하는 사람을 닮게 되어 있습니다. 속이 좁은 사람을 매일 상대하다 보면 우리 자신도 속이 좁아지게 되고, 속이 아주 넓은 사람을 상대하면 우리 자신의 마음도 넓어지게 됩니다. 우리는 하나님을 매일 상대해야지 인간을 상대하면 그렇고 그런 사람밖에 되지 못합니다. 결코 복수를 생각해서도 안 되고 선언해서도 안 됩니다. 우리는 단지 그 사람이 몰라서 그렇게 했으니 잘 되기를 바란다는 마음을 먹어야 합니다.

30-32절 "내가 증왕에 게으른 자의 밭과 지혜 없는 자의 포도원을 지나며 본즉 가시덤불이 퍼졌으며 거친 풀이 지면에 덮였고 돌담이 무너졌기로 내가 보고 생각이 깊었고 내가 보고 훈계를 받았었노라."

여기서 '증왕에'라고 하는 말은 얼핏 지나가면서 보는 것을 말합니다. 농사를 짓는 분들은 농사를 지을 때 게으르면 어떻게 되는지 잘 아실 것입니다. 농사를 짓는 사람이 단 며칠이라도 밭을 돌보지 않으면 잡초가 우거지게 되고 포도나무 가지는 쓸데없이 번성해서 나중에 제대로 된 열매를 전혀 따지 못할 것입니다. 그런데 지혜자가 게으른 자와 지혜 없는 자의 밭과 포도원을 지나가다 보니까 그렇게 되어 있더라는 것입니다. 잠언의 게으른 자나 지혜 없는 자는 하나님의 말씀을 무시하고 인간의 머리를 믿는 자를 말합니다. 왜 이 사람이 농사를 짓다가 이렇게 팽개치게 되었을까요? 물론 일하기 싫어하는 게으른 본성도 있겠지만, 다른 사람의 말을 들었을 가능성도 있습니다. 어떤 사람은 증권을 하면 돈을 번다 혹은 복권을 사면 부자가 될 수 있다 하는 소리를 듣고, 그때부터는 농사가 시시해지면서 어디서 무얼 해야 벼락부자가 될지 고민합니다. 우리 속담에도 '송충이는 솔잎을 먹어야 산다'는 말이 있듯이 자기가 하는 일을 죽어라고 하는 사람이 성공하는 것이지, 다른 사람의 말을 듣고 벼락부자가 되려고 하는 사람은 농사를 지을 수가 없는 것입니다. 이것을 보면 농사란 결국 자기 자신과의 싸움이라는 것을 알 수 있습니다. 이런 것을 보고 지혜자가 생각이 깊었다고 했는데, 믿음의 농사도 결국 끝없이 자기 자신과 벌이는 싸움인 것입니다. 게으른 자의 특성이 이마에 땀을 흘리지 않고 공짜로 일확천금을 얻으려고 하는 것입니다. 마찬가지로 우리가 하나님의 복을 받는 것도 한순간에 되지 않습니다. 우리가 끊임없이 마음의 잡초를 제거하고 엉겅퀴를 뽑고 돌을 주워내면서 하나님 말씀의 농사를 지어야 나중에 결실을 하게 되는 것입니다.

> 33-34절 "네가 좀 더 자자 좀 더 졸자 손을 모으고 좀 더 눕자 하니 네 빈궁이 강도같이 오며 네 곤핍이 군사같이 이르리라."

누구든지 허황된 공상에 빠지면 결국 아무것도 남지 않습니다. 어느 교회나 나라나 기업이나 마찬가지인데, 이제 우리가 최고라는 자만심에 빠지는 순간부터 그 나라나 기업이나 교회는 쇠퇴하게 됩니다. 그들은 자기 안에 생기고 있는 잡초나 가시덤불을 그대로 두고 계속 잘 될 줄 생각하기 때문입니다. 다른 사람들은 모두 눈에 불을 켜고 군사처럼 훈련하는데 자기만 성공에 도취되어 있을 때 한순간에 공격당하게 되는 것입니다. 도둑이나 군사는 준비되어 있지 않고 방심하고 있을 때 처들어오게 되어 있습니다. 끝까지 하나님 앞에서 경성해서 믿음의 농사를 잘 짓는 성도들이 되시기 바랍니다.

3부

히스기야가 모은 솔로몬의 지혜집

잠언 25-29장

39 · 충성된 자의 행실

잠 25:1-28

어떤 사람에게 일을 부탁해 보면 기대 이상으로 일을 아주 충성되게 잘 마무리해서 큰 유익을 주는 사람이 있는가 하면 자기 이익만 생각하고 일을 엉뚱하게 해서 어려움만 끼치는 사람도 있습니다. 그런데 대개 충성되지 못한 사람들의 특징은 충성되기 싫어서 그런 것보다 자신의 역할을 거시적으로 이해하지 못하기 때문인 경우가 흔합니다. 거시적인 시각이 없는 사람일수록 자기 눈앞에 있는 이익이나 자기 영역을 챙기려고 하다 보니까 정말 중요한 일을 제대로 보지 못하는 것입니다. 하나님은 우리 한 사람 한 사람을 죄에서 구원하신 후 하나님의 백성으로 삼으시고 하나님 나라의 모든 일을 다 맡기셨습니다. 우리는 하나님의 뜻을 잘 알아서 끝까지 충성된 자가 되어야 하는데 실제로 우리는 하나님의 뜻을 생각하기보다 나의 욕망과 야망을 위해서 하나님이 원치 않으시는 일만 실컷 할 때가 많습니다. 우리 한 사람이 이 시대를 사는 것은 분명히 하나님의 큰 뜻이 있다고 생각해야 합니다.

내가 이 시대에 이 세상을 사는 것은 시시하게 다른 사람과 싸우거나 혹은 내 이익을 챙기기 위해서가 아니라 이 시대에 하나님이 원하시는 뜻을 이루어드리는 것이라는 원대한 뜻을 가져야 합니다.

잠언 25장부터는 잠언의 마지막 부분에 해당됩니다. 그런데 잠언 25:1에 "이것도 솔로몬의 잠언이요 유다 왕 히스기야의 신하들의 편집한 것이라"고 말씀하고 있습니다. 잠언 25장부터 29장까지 다섯 장은 솔로몬의 잠언이기는 하지만 후기에 히스기야의 신하들에 의해서 편집이 된 것입니다. 그리고 잠언 30장과 31장은 솔로몬이 아닌 아굴이라든지 르무엘 왕의 잠언이 추가되고 있습니다. 궁금한 것은 어떻게 솔로몬의 잠언이 몇백 년이 지난 히스기야 때에 이르기까지 편집이 되지 않고 감추어져 있었을까 하는 것입니다. 다시 말해서 우리가 앞에서 본 솔로몬의 잠언들은 이미 솔로몬 때 편집이 되어서 읽혀지고 있던 것들입니다. 그런데 어떻게 25장부터 29장까지의 내용은 빠져 있었을까 하는 것입니다. 이 부분은 솔로몬 당시에는 덜 중요한 것으로 생각되어서 교과서에서 빠졌다가 나중에 그 가치가 인정이 되었는지, 아니면 다른 용도로 쓰려고 빼놓았는데 잊혔다가 나중에 히스기야 때 이 서류들이 다시 발견되었는지 알 수가 없습니다. 우리가 이 후반기 내용을 보면 전혀 이 내용이 앞의 내용에 비해서 가치가 떨어지는 것이 아니라는 것을 알게 됩니다. 오히려 후반기에 편집된 것이 충성된 사람을 양육하는데 더 중요한 말씀들인 것을 알 수 있습니다. 이것을 보면 다른 용도로 쓰려고 따로 두었는데 솔로몬 당시에 빠졌을 수 있습니다. 중요한 것은 히스기야 때 다시 말씀의 부흥이 있었고 유다 안에 말씀의 부흥이 일어나니까 과거에 빠트렸던 중요한 잠언까지 다시 그 가치를 인정받게 되고 빛을 발하는 일이 일어나게 된 것입니다. 이것을 보면 진정한 부흥은 말씀의 부흥인 것을 알 수 있고 부흥이 일어날 때에는 과거에 깨닫지 못했고 가치를 알지 못했던 말씀까지 다시 깨닫게 되어서 영적으로 큰 축복을 받게 된다는 것을 알게 됩니다. 사실 우리에게 성경 66권이 있지만 많은 목회자나 신자들이 이 엄청난 성경의 의미를 거의 모르고 신앙 생활할 때가 많은 것입니다. 예를 들어서 중국의 진시황제 무덤의 경우 너무나도 크고 엄청나서 아직 발굴하지 않고 묻어두고 있는 부분이 어마어마하다고 합니다. 우리는 사실 성경을 그렇게 진시황제의 무덤처럼 파묻어두고 너무나도 적은 부분만 가지고 신앙 생활할 때가 많은 것입니다. 그런데 영적인 부흥이 일어나면 그 동안 도무지 알지 못했던 하나님의 말씀들이 전부 다시 살아나면서 우리에게 능력이 되고 축복이 되는 것입니다. 독일인 슐리만이라는 사람은 어렸을 때부터 트로이 전쟁 이야기에 관심이 많았습니다. 그가 사업가로 성공하자 자기가 생각했던 트로이를 발굴하기 시작했습니다. 다른 사람들은 모두 트로이 전쟁은 하나의 신화나 옛날이야기라고 했지만 슐리만은 호머의 일리아드에 나오는 지명이나 사건이 너무나도 구체적이라고 판단해서 실제로 있었다고 믿었습니다. 슐리만은 드디어 트로이를 발굴하는 데 성공해서 어마어마한 보물을 찾아내게 되었습니다. 우리가 성경에서 하나님의 뜻을 발굴해내는 것은 어마어마한 축복의 보물을 찾아내는 것과 같은 것입니다.

1. 하나님의 말씀에 충성

옛날에 직장이나 학교에서 야유회를 가면 보물찾기를 많이 했습니다. 그래서 미리 진행하는 사람들이 먼저 그곳에 가서 돌 밑이나 혹은 나뭇 가지 사이에 보물을 적은 쪽지를 숨겨 놓고 사람들에게 찾으라고 합니다. 눈치가 있고 행동이 재빠른 사람들은 보물을 적은 쪽지를 찾아내서 소쿠리라든지 두루마리 휴지 같은 보물들을 받아서 가게 됩니다. 그런데 하나님은 이 세상에서 보물찾기를 하시는 장본인이십니다. 하나님은 이 세상에 많은 보물들을 감추어 놓으시고 누구든지 그것을 먼저 찾아서 가져오는 자에게 부자가 되게 하십니다.

2절 "일을 숨기는 것은 하나님의 영화요 일을 살피는 것은 왕의 영화니라."

여기서 '일을 감춘다'고 하는 것은 하나님께서는 이 세상에 많은 보물들을 창조하셔서 이것을 자연현상 가운데 모두 다 감추어 놓으신 것을 말합니다. 그리고 '일을 살핀다'고 하는 것은 하나님이 감추어놓으신 많은 보물들을 찾아서 백성들이 풍요롭게 사는 것을 말합니다. 하나님께서는 땅 속에 석유라든지 금이라든지 다이아몬드 같은 많은 보물을 감추어 두셨을 뿐 아니라 자연 속에도 많은 자연법칙을 감추어 놓으셨습니다. 사업가들은 땅 속에 감추어져 있는 보물들을 찾아서 돈을 벌고 학자들은 자연 속에 감추어진 법칙들을 찾아서 유명해지게 됩니다. 하나님은 이 세상 안에도 많은 보물들을 감추어 놓으셨는데 그것은 인간들의 필요나 욕구를 충족시켜줄 수 있는 것들을 말합니다. 누구든지 사람들이 모두 필요로 하는 것을 빨리 찾아내어서 물건들을 만들어 팔면 돈을 벌 수 있습니다. 하나님께서 원래 사람을 만드시면서 몸에 털이 없게 하신 것 자체가 옷을 만들어 입으라는 뜻이었던 것입니다. 인간들은 옷을 만들고 집을 만들고 또 많은 기계들을 만들어서 편리하게 살고 있습니다. 인간들은 부지런하기만 하면 얼마든지 이런 보물들을 찾아서 돈을 벌 수 있습니다. 그런데 하나님이 감추어 놓으신 보물은 두 종류가 있습니다. 하나의 보물은 사람이 이 세상에서 살아남는 데 필요한 보물이고 다른 하나는 우리의 영혼이 사는 데 필요한 보물입니다. 하나님은 우리 영혼이 사는 데 필요한 보물들을 모두 성경 안에 감추어놓으셨습니다. 그래서 이스라엘의 왕이 할 일은 백성들이 먹고 사는 데 필요한 것도 넉넉히 주어야 하지만, 더 중요한 것은 하나님의 말씀을 찾아서 영적인 부흥이 일어나게 하는 것입니다. 이스라엘에 영적인 부흥이 일어나는 것이 왕의 영화입니다. 영적인 부흥이 일어나면서 이스라엘은 가장 존귀한 나라가 되고 백성 한 사람 한 사람이 하나님의 보석이 되고 하나님이 무진장한 복을 이스라엘에 부어 주시기 때문입니다. 다른 나라의 보물은 그 나라의 금광이나 석탄광이나 석유일지 몰라도 이스라엘의 보물은 하나님의 축복이고 영적인 부흥인 것입니다. 그러나 우리가 이 하나님의 뜻을 찾는 것은 결코 쉬운 일이 아닙니다.

3절 "하늘의 높음과 땅의 깊음같이 왕의 마음은 헤아릴 수 없느니라."

여기서 왕은 이스라엘의 지도자를 말하는데 이스라엘의 지도자는 백성들의 현실적인 어려움도 해결해야 하지만 하나님의 뜻을 찾아서 영적인 부흥이 일어나게 해야 합니다. 이것은 백성들의 머리로는 도저히 이해하기 어려운 것입니다. 여기에 보면 하늘이 얼마나 높은지 그리고 땅이 얼마나 깊은지는 땅 위에 사는 우리 인간들의 머리로는 도저히 알 수 없습니다. 마찬가지로 이스라엘의 왕이 생각하고 있는 것은 일반 백성들의 입장에서는 이해할 수 없는 것들입니다. 왜냐하면 백성들은 당장 눈앞의 어려움만 해결이 되고 먹을 것만 부족하지 않으면 모든 것이 잘 되는 것 같지만 실제로 하나님의 복을 찾고 영적인 부흥이 일어나는 것은 인간의 머리로는 이해할 수 없기 때문입니다. 결국 이스라엘 왕이 백성들에게 진정한 행복을 주려고 하면 세상이 가는 방향과 정반대 되는 방향으로 갈 수 있는 믿음이 있어야 하는 것입니다. 그것은 다른 나라가 아무리 세상적인 방법으로 강하고 잘살아도 이스라엘 왕은 이스라엘이 영적인 부흥으로 복을 받는다는 확고한 믿음이 있어야 하는 것입니다. 만일 이스라엘 왕이 죽어라고 하나님의 말씀만 붙들면 처음에는 많은 사람들로부터 무능하다는 조롱을 받고 주위 나라들의 괴롭힘으로 인생 밑바닥까지 가는 수모를 당할 것입니다. 그러나 그런 상황에서도 이스라엘 왕이 죽도록 하나님의 말씀을 붙들 때 이상하게 기도 응답이 나타나고 부흥이 일어나면서 하나님의 능력이 함께 하는 것을 체험하게 됩니다. 이런 영적인 부흥은 자기 자신이 한번 체험해보지 않은 사람의 머리로는 절대로 이해할 수가 없습니다. 이런 체험이 없는 사람은 처음에는 조금 하나님의 말씀을 붙드는 것처럼 흉내를 내다가 나중에는 기겁을 하고 달아나버리고 맙니다.

> 4절 "은에서 찌끼를 제하라 그리하면 장색의 쓸 만한 그릇이 나올 것이요."

하나님의 백성이 충성된 사람으로 만들어지는 과정을 설명하고 있습니다. 보통 세상적으로 충성된 사람은 천성이 정직하거나 배신을 잘 하지 않는 사람으로 생각할 것입니다. 그러나 하나님의 충성된 자는 세상적으로 충성된 사람과는 완전히 다릅니다. 여기 보면 은에서 찌끼를 제거하라고 했습니다. 하나님의 충성된 자가 되려고 하면 두 가지 과정을 거쳐야 하는데 우선 그의 성품 안에 하나님의 보석이 생겨야 합니다. 그것은 하나님의 말씀을 듣는 것으로 생기게 됩니다. 그 후에는 반드시 고난을 통해서 그의 거짓되고 교만한 성품들이 모두 빠져나가야 합니다. 하나님의 말씀을 제대로 듣지 못한 자는 믿음이 생길 수 없습니다. 하나님의 백성이 고난을 통과하지 않으면 은 성분은 있지만 불순물이 많아서 보석이나 그릇을 만들 수가 없습니다. 여기 보면 장색이 쓸 만한 그릇이 나온다고 했는데 하나님의 그릇은 세상의 그릇과는 만들어지는 과정이 다릅니다. 특히 하나님의 손에 붙잡히기 위해서 많은 고난을 통과해야 합니다. 대개 사람들은 믿는다고 하면서도 입으로만 하나님의 일을 할 때가 많고 실제로 어려운 일이 있으면 모두 피하려고 합니다. 우리는 계속 하나님과 숨바꼭질을 하는데 하나님이 잡아서 쓰시려고 하면 빠져 달아나고 또 잡아서 쓰시려고 하면 빠져 나가서 달아나는 것입니다. 이것이 신앙이 약한 자들이 하는 것이 아니고 신앙이 좋은 자들이 하는 것입니다. 그러나 하나님은 우리가 도저히 빠져나올 수 없는 어려움을 통해서 하나님 앞에 두 손 두 발 다 들게 하시고, 그때 비로소 하나님의 손에 붙들린 사람이 되게 하시는 것입니다.

> 5절 "왕 앞에서 악한 자를 제하라. 그리하면 그 위가 의로 말미암아 견고히 서리라."

여기서 왕 앞에서 악한 자를 제거하라고 하는 것은 아무리 이스라엘 왕 앞이라 하더라도 모든 신하들이 다 하나님의 말씀으로 하나 된 것이 아니라는 점을 보여줍니다. 오히려 이스라엘과 유다의 왕 앞에 있는 귀족들 중에는 세상적인 방법을 신봉하는 자들이 많이 있어서 왕이 신앙적으로 나가려고 해도 사사건건 반대하는 자들이 있습니다. 오히려 유다나 이스라엘의 귀족들 중에는 우상 숭배자들이 많이 있어서 왕을 회유하기도 하고 때로는 협박해서 우상 숭배의 길을 가게 할 때도 많이 있었습니다. 이때 왕의 힘으로 이런 사람들을 모두 다 쫓아낼 수가 없습니다. 오히려 이런 사람들은 실력자들이고 또 백성들의 지지를 받고 있는 자들이기 때문에, 이런 사람들을 쫓아내려고 하다가 오히려 왕이 축출될 수도 있었습니다. 왕이 자칫 잘못 생각하면 자기가 오래 정치하기 위해서 이런 세상적인 생각을 가진 귀족들과 결탁하기 쉽습니다. 유다 왕들의 역사를 보면 처음에는 그렇게 신실했던 왕들이 나중에 가면 귀족들과 결탁하면서 바른 말씀의 길에서 벗어나서 비참하게 망하는 것을 많이 볼 수 있습니다. 일단 유다나 이스라엘의 왕은 하나님의 말씀에 미친 사람이어야 합니다. 귀족들이나 높은 지위에 있는 사람들은 왕이 하나님의 말씀에 미친 사람이라는 것이 확인되면 나중에 포기를 하기 때문입니다. 그리고 왕이 계속 왕궁에서 하나님의 말씀이 선포되게 하면 왕궁 안에서부터 부흥이 일어나게 되는데 처음에는 그렇게 욕을 하고 훼방하는 사람들도 부흥이 일어나고 축복이 일어나게 되면 결국 따라오게 되는 것입니다. 이스라엘과 유다 왕은 세상 왕들과는 다른 능력이 필요합니다. 세상 왕은 주로 지도력이 뛰어나서 백성들을 동원하고 돈을 내게 하고 전쟁에서 이기는 능력이지만, 이스라엘이나 유다의 왕은 끝까지 하나님의 말씀에 헌신하고 자기를 죽이는 능력인 것입니다. 최근 우리나라 목회자들 사이에 리더십에 대한 연구가 많이 나오고 책도 많이 나왔는데, 이것이 주로 미래의 비전을 설계하고 교인들을 동원하며 헌금을 하게 해서 교회를 양적으로 키우는 리더십입니다. 그러나 하나님의 종들은 이것과 반대되는 길을 가야 백성들을 행복하게 해줄 수 있습니다.

2. 충성된 사람의 자세

하나님의 백성들은 충성된 사람이 되어야 하는데 이것은 사람들 앞에서 자기를 나타내기보다 하나님 앞에서 정직한 사람이 되는 것입니다.

6절 "왕 앞에서 스스로 높은 체하지 말며 대인의 자리에 서지 말라."

왕 앞에서 높은 체하고 스스로 대인의 자리에 서는 것은 자기 자신을 높이는 것을 말합니다. 특히 요즘은 자기 피알의 시대이기 때문에 어떻게 해서든지 다른 사람들에게 자기 자신을 알려야 인정을 받을 수 있습니다. 그러나 오늘 말씀을 보면 자기 스스로 높은 체하지 말라고 했습니다. 왕은 이미 사람을 꿰뚫어보고 있는 지혜가 있기 때문에 왕 앞에서 자기를 높이고 잘난 체하는 것은 왕에 대한 도전이 되고 부담이 되기 때문입니다. 이것이 세상 나라와 하나님 나라의 차이입니다. 세상 나라는 모두 자기가 잘났다고 고개를 처드는 중에 더 잘난 사람이 지도자가 되는 것이지만, 하나님의 백성들은 자기 분수를 지키는 것이 가장 중요한 것입니다. 기계가 제대로 돌아가려면 기계가 모두 제 위치에 있어야지 하나라도 돌출해 있으면 안 되기 때문입니다. 사람의 가치는 하나님이 결정하시는 것이지 자기가 나선다고 해서 높아지는 것은 아닙니다.

7절 "이는 사람이 너더러 이리로 올라오라 하는 것이 네 눈에 보이는 귀인 앞에서 저리로 내려가라 하는 것보다 나음이니라."

결국 사람의 가치란 다른 사람에 의해서 객관적으로 평가되는 것이지 자기가 잘났다고 설친다고 해서 남들이 알아주는 것은 아닙니다. 사람이 스스로 높은 체하는 것은 자기도취에 빠지는 것인데 하나님의 백성들이 이런 자기도취에 빠질 때가 많습니다. 그러나 이 세상 현실 가운데서 나 자신의 처지를 인정해야 합니다. 내가 나 자신의 현실을 인정하고 받아들일 때 우리는 아주 현실적이면서 실제적인 사람이 되고 거기서부터 하나님은 일하시기 때문입니다. 특히 사람들은 누구든지 실력이 있는 사람을 찾게 되어 있습니다. 하나님은 경건한 사람을 더 좋아하십니다. 그러면 우리는 실력이 있는 사람이 되어야 할까요? 경건한 사람이 되어야 할까요? 결국 이 두 가지 모두를 갖추어야 제대로 준비가 된 것입니다. 하나님의 백성들은 너무 급하게 다른 사람의 문제에 개입하는 것을 조심해야 합니다.

8절 "너는 급거히 나가서 다투지 말라. 마침내 네가 이웃에게 욕을 보게 될 때에 네가 어찌할 줄을 알지 못할까 두려우니라."

우리는 보통 다른 사람이 어떤 잘못이 있을 때 쉽게 뛰어들어서 바로잡으려고 할 때가 많습니다. 그러나 하나님은 그렇게 하지 못하게 하셨습니다.

대개 우리가 보고 있는 부정이나 오류는 진정한 본질의 빙산일각일 때가 많기 때문입니다. 옛날에도 우리나라에서 누군가가 부정을 저질렀다고 해서 경찰에 붙들리면 자기는 몸통이 아니고 진짜 몸통은 따로 있다는 말을 하곤 했습니다. 사실 어떤 초보 수사관이 멋도 모르고 부정을 파헤쳐나가다 보면 그 부정의 뿌리가 너무 깊거나 본질이 너무 엄청나다는 것을 알고 도로 덮어버릴 때가 많습니다. 예수님께서는 눈에 들보가 있는 사람이 남의 눈에 있는 티를 뽑으려고 해서는 안 된다고 말씀하셨습니다. 대개 환자들이 병에 걸리면 여러 가지 증세들이 나타나게 됩니다. 그러면 의사들은 여러 검사들을 통해서 병의 본질을 찾아들어갑니다. 그러다가 의사가 정확하게 병의 본질을 찾으면 수술을 하든지 약물 치료를 하게 되는데 제대로 치료를 하면 그 모든 증세들이 모두 다 없어지면서 기적적으로 병이 낫게 되는 것입니다. 마찬가지로 이 세상이나 하나님의 백성들에게 가장 심각한 문제는 부정이나 부패일 때가 많습니다. 그런데 이 많은 죄들은 거의 하나님의 말씀을 제대로 듣지 못하여 자기 자신의 존귀함을 알지 못해서 일어날 때가 많습니다. 하나님의 백성들의 많은 죄나 부정들은 하나님의 말씀이 바로 설교되어질 때 저절로 고쳐질 때가 많습니다. 하나님의 백성들에게는 바른 하나님의 말씀을 듣는 자체가 수술이고 치료입니다. 그런데 이런 것을 생각하지 않고 다른 사람의 잘잘못 하나하나를 가지고 떠들어댈 때 나중에 자기 자신의 잘못이 드러날 때가 있는 것입니다. 이때 다른 사람들은 이 사람이 평소에 워낙 잘난 체를 많이 했기 때문에 도와주지 않고 외면해버리는 것입니다. 결국 사람은 자기 자신에게서 문제가 터질 때에는 다른 사람이 덮어주고 도와주어야 거기서 벗어날 수가 있는데 평소에 너무 의로운 체하고 너무 잘난 체해 버리면 아무도 도와주지 않게 되는 것입니다. 하나님의 백성들은 할 수 있는 한 다른 사람의 오류나 잘못에 대해서 하나님의 말씀으로 저절로 치료되도록 기다리는 것이 좋습니다. 그래야 우리 자신도 완전하지 않기 때문에 나중에 어떤 잘못이 나타나게 되었을 때 다른 사람의 긍휼을 받게 되는 것입니다. 특히 하나님의 백성들은 변론을 할 때에도 다른 사람의 인격에 상처를 주는 말을 하는 것은 아주 조심해야 합니다.

> 9절 "너는 이웃과 다투거든 변론만 하고 남의 은밀한 일은 누설하지 말라."

우리가 어떤 일을 하다 보면 다른 사람이 잘못할 것에 대해서 따져야 할 때가 있습니다. 그때 우리는 그 일 자체만 가지고 옳으면 옳다 잘못되었으면 잘못되었다고 해야지 그의 인격 자체를 비난하거나 공격해서는 안 됩니다. 하나님은 우리에게 다른 사람의 인격을 판단할 권한을 주지 아니하셨기 때문입니다. 그런데 사람들은 다른 사람과 다툴 때 그 일 자체만으로 그치는 것이 아니라 그 일과 전혀 상관이 없는 비밀까지 누설해서 상대방에게 상처를 줄 때가 많습니다. 상대방의 마음에 상처를 주어야 그 사람이 감히 나에게 대들 생각을 하지 못하기 때문입니다. 그런데 하나님의 백성으로부터 정죄를 당하게 되면 그 상처는 시간이 흘러도 치료가 되지 않습니다. 세상 사람들은 잘 모르면서 욕을 하기 때문에 모르면서 저런 소리를 한다고 넘어가면 그만이지만, 하나님의 백성들은 하나님의 말씀을 가지고 정죄하기 때문에 너무나도 그 정죄가 고통스럽습니다. 그리고 상대방은 때때로 나의 신앙 인격까지 손상을 주는데 우리는 모두 오랜 시간에 걸쳐서 만들어지고 있는 도자기와 같습니다. 어떤 사람이 자기 마음에 들지 않는다고 해서 나의 인격의 도자기를 깨트려버리면 그 책임은 결국 누가 지게 되는 것일까요? 공격을 당한 사람의 마음속에는 한평생에 걸쳐서 그 아픔이 남아 있게 됩니다. 하나님의 백성들은 어떤 일을 말할 때 그 일 자체만 가지고 말해야지 그것과 상관이 없는 과거 일을 들추어내거나 폭로를 하면 죄를 짓게 됩니다.

10절 "듣는 자가 너를 꾸짖을 터이요 또 수욕이 네게서 떠나지 아니할까 두려우니라."

우리가 다른 사람의 인격을 공격할 때 사실 주위에 있는 사람들이 굉장히 좋아합니다. 거기에 있는 모든 사람들이 남이 망하기를 좋아하는 죄인들이기 때문입니다. 그러나 그 말을 듣는 본인은 너무나도 마음이 아플 것이며 하나님은 그것을 보시는 것입니다. 그래서 하나님이 그를 정죄하실 것입니다. 어떻게 하나님이 그를 정죄하실까요? 하나님은 언젠가는 그 본인도 다른 사람에게 인격적인 모독을 당하게 하시는 것입니다. 그리고 이 사람으로부터 상처를 받은 사람은 죽을 때까지 이 사람이 한 말을 기억하게 될 것입니다.

3. 충성된 사람이 되는 길

우리는 거의 다 마음속으로는 모두 온전한 사람이 되고 싶은데 마음은 원이지만 몸이 따르지 못할 때가 많습니다. 대개 이것을 수양의 부족 때문이라고 생각합니다. 그래서 공부를 더 많이 하고 교양을 더 쌓으면 더 완전할 것이라고 생각합니다. 그러나 이것은 교양이나 수양의 문제가 아닙니다.

11절 "경우에 합당한 말은 아로새긴 은쟁반에 금사과니라."

아마 이 한 구절의 말씀이 오늘 본문뿐 아니라 잠언 전체의 요절이 될 것입니다. 우리는 이 말만 들어도 얼마나 완전한가 하는 것을 느낄 수 있습니다. 은쟁반만 해도 아름다운데 거기에 금사과까지 올려져 있다면 그것은 더 이상 나무랄 때가 없을 것입니다. 잠언의 지혜자는 경우에 합당한 말이 그렇다는 뜻입니다. 우리는 때때로 텔레비전에 나오는 사람들 중에서 너무나도 말을 잘하는 사람들을 보면서 감탄을 할 때가 있습니다. 도대체 저 사람들은 얼마나 똑똑하면 저렇게 말을 잘할 수 있을까 하는 생각이 드는 것입니다. 그리고 때때로 회의하는 데 가보면 나는 다른 사람이 무슨 말을 하는지 감도 잘 오지 않는데 너무나도 말을 잘해서 좌중을 이끌어 가는 사람들을 보면 감탄을 하게 됩니다. 그런데 나중에 알고 보면 그 사람들은 그런 쪽으로 뇌가 발달된 것뿐이지 다른 부분에서도 그렇게 잘하는 것이 아니라는 것을 알게 됩니다. 사실 은쟁반 위에 금사과는 쉽게 만들어지는 것이 아닙니다. 어떻게 보면 거의 불가능한 일일지도 모릅니다. 예를 들어서 어떤 학생이 수학 문제를 척척 푸는 것을 보면 천재라고 생각할지 모르지만 실제로 그 학생은 유사한 문제를 많이 풀어보았기 때문에 문제를 보자마자 척척 풀 수 있는 것입니다. 마찬가지로 경우에 합당한 말이라고 하는 것은 단순히 재치가 있다거나 혹은 머리가 잘 돌아간다고 해서 말할 수 있는 것이 아닙니다. 이 세상에서 가장 경우에 합당한 말은 하나님의 말씀을 가지고 현실에 적용해서 능력이 나타나는 것을 말합니다. 결국 하나님의 말씀과 현실을 연결시키려고 할 때 우리에게 가장 어려운 문제는 하나님의 말씀도 어렵고 현실도 어렵다는 것입니다. 우리는 어려운 두 세계 사이에 끼어 있는 사람과 같습니다. 그런데 이 어려움을 풀려고 하면 세상 지식으로 달려가서는 안 됩니다. 반드시 하나님의 말씀을 파고 들어가야 합니다. 하나님의 말씀을 캐내고 그것을 갈고 닦는 일을 수없이 반복할 때 어느 순간 현실이 보이기 시작합니다. 그리고 어떤 때에는 문제만 보이는 것이 아니라 답도 보이기 시작하고 나중에는 성령님이 하시는 세미한 음성을 듣게 됩니다. 그러면서 점점 더 정확한 하나님의 뜻을 찾아가게 되는 것이지 말재간이 좋다고 해서 은쟁반 위의 금사과는 아닌 것입니다. 차라리 우리는 그런 말재간은 없는 것이 좋고 세상의 싸구려 지식은 없는 것이 낫습니다. 하나님의 말씀으로 먼저 우리의 인격이 다듬어지면 결국 정확하면서도 아름다운 말이 나오게 됩니다.

12절 "슬기로운 자의 책망은 청종하는 귀에 금고리와 정금 장식이니라."

여기서 '슬기로운 자의 책망'이라는 것은 하나님의 말씀으로 연단된 지혜를 말합니다. 우리가 하나님의 말씀으로 연단을 받으려면 반드시 현실의 물에 발을 담가야 합니다. 그렇지 않고 말로만 떠들어대는 지식은 공허해서 실천적인 능력이 없습니다. 하나님의 말씀을 가지고 현실의 연단을 받은 자의 책망은 그 자체가 완전한 지혜이고 능력이기 때문에 그대로 받아들이기만 해도 능력이 되고 축복이 됩니다. 그러니까 그 말씀을 듣는 귀는 말씀을 듣는 즉시 금귀고리와 장식을 달게 되는 것입니다. 그렇다면 그 본인은 얼마나 가치가 있는 사람이 되겠습니까? 오늘 우리의 문제는 하나님의 말씀은 많은데 실제로 실천해보지 않고 생각만 가지고 떠들어대는 지식입니다. 하나님의 말씀을 따라 그대로 살아보면 얼마나 절망하고 좌절하게 되는지 알아야 합니다. 그러면서 하나님의 능력이 나타나는 것이지 말로만 배고픈 자에게 배부르게 먹으라고 하든지 추운 자에게 옷을 더 입어서 따뜻하게 하라는 것은 공허한 소리인 것입니다.

13절 "충성된 사자는 그를 보낸 이에게 마치 추수하는 날에 얼음냉수 같아서 능히 그 주인의 마음을 시원케 하느니라."

여기서 충성된 사자란 왕이 어떤 위기에 처하게 되어서 문제를 해결하도록 보낸 사자를 말합니다. 왕에게 충성된 자는 왕이 시킨 일을 틀림없이 해내는 신하를 말합니다. 그러나 왕이 정치를 하다 보면 시킨 일만 열심히 하는 신하로는 부족할 때가 많습니다. 그 중에서 어떤 신하는 왕의 마음을 미리 읽어서 왕이 결정해야 할 것을 조언해주는 사람이 있습니다. 왕이 이런 모사를 만난다는 것은 백만 대군을 만나는 것과 같습니다. 옛날 중국의 삼국지 같은 것을 보면 왕은 군대가 있지만 모사가 없으면 늘 전쟁에 지게 되어 있습니다. 왕의 마음을 읽을 수 있고 미래를 읽을 수 있는 지혜자가 있다면 이 사람은 왕에게 눈동자 같은 존재일 것입니다. 중요한 것은 왕이 어려움에 처하게 되었을 때 왕을 대신해서 그 어려움을 다 감당하고 해결할 수 있는 신하입니다. 사람에게 일을 시켜보면 사람들은 전부 자기 이익을 챙기기에 바쁘지 자기에게 일을 맡긴 사람의 마음을 읽지 못하는 경우가 많습니다. 이런 사람들은 마음이 좁은 소인배이기 때문에 당장 자기 몸이 편하고 자기 주머니에 돈만 들어오면 된다고 생각하기 때문입니다. 대개 엘리트라고 해서 일을 시켜보면 돈을 더 주거나 더 전망이 좋은 데가 있으면 얼른 자리를 옮겨버립니다. 그러나 하나님의 일은 돈을 더 주는 것도 아니고 전망이 더 좋은 것도 아닙니다. 머리가 좋고 유능한 사람이 충성을 하는 것은 그 일이 가치가 있기 때문입니다. 대개 이런 일에 위험을 무릅쓰고 그 일을 해내는 사람은 시대적인 사명감이 있는 사람입니다. 내가 맡은 일은 정말 가치가 있는 일이고 나의 왕은 내가 목숨을 걸고 지킬 가치가 있는 사람이라고 판단될 때 충성을 다해서 임무를 완수하게 됩니다. 이런 사람은 시키는 일만 한다고 해서 되는 것도 아니고 지혜를 제공한다고 해서 되는 것도 아니며 자신의 책임으로 불가능한 것을 해내야 하는 것입니다. 이런 사람이 있을 때 하나님의 나라는 부흥합니다. 이런 일을 겪으면 마치 추수하는 날 시원한 얼음냉수를 마신 것처럼 창자까지 다 시원해지게 되는 것입니다. 결국 하나님의 종들은 시키는 일만 하거나 자기 자리만 지켜서는 안 됩니다. 특히 하나님께서 이 시대에 우리를 우리 교회에서 신앙 생활하게 하신 뜻을 찾아서 해낼 때 하나님은 기뻐하십니다. 다른 사람이 알아주거나 칭찬해주거나 높은 자리에 올라가는 것은 우리와 아무 상관이 없는 것입니다. 우리는 하나님의 마음을 시원하게 해드리는 교회와 성도가 되어야 합니다.

14절 "선물한다고 거짓 자랑하는 자는 비 없는 구름과 바람과 같으니라."

선물을 준다고 자랑했는데 실제로 선물을 주지 않거나 아니면 자랑과는 달리 형편없는 선물을 주는 사람들이 있습니다. 백화점 같은 데서 포장은 어마어마한데 그 안에 들어 있는 물건은 형편없을 때 과대포장이라고 말이 많았습니다. 결국 이것은 사람을 속이는 것입니다. 사람들은 결국 자기 안에 좋은 것이 없으면서 학벌이나 외모를 가지고 좋은 것처럼 선전함으로써 속이는 물건과 같을 때가 많습니다. 이런 사람은 구름이 오지만 비는 내리지 않는 것과 같습니다. 사람을 너무 기대해서는 안 됩니다. 우리는 하나님을 기대해야 합니다. 사람들이 하는 말은 듣기 좋으라고 립 서비스로 하는 말인 경우가 많습니다.

15절 "오래 참으면 관원이 그 말을 용납하나니 부드러운 혀는 뼈를 꺾느니라."

사람은 시간이 지나면 생각이 변하는 법입니다. 어떤 관원이 처음 어려운 일을 호소하는 사람의 말을 들으면 조금도 마음이 움직이지 않지만 그런 말을 한두 번 듣게 되면 관심이 생기게 됩니다. 이것을 이용해서 사람들의 마음을 움직이는 것이 광고 효과입니다. 텔레비전에 처음 어떤 물건을 선전하면 사람들이 별로 관심을 가지지 않지만 계속 선전을 하면 나중에는 모두 그 선전 노래를 따라 부를 정도로 익숙해지게 됩니다. 예수님은 이것을 기도에 적용해서 어떤 과부가 억울한 일을 당해서 거만한 재판장 앞에서 처음 한두 번 부탁했을 때는 전혀 소용이 없었지만 계속 찾아갔을 때 결국 재판장이 그 과부의 말을 들어주었던 것처럼 기도를 지속적으로 하라고 하셨습니다.

그리고 '부드러운 말이 뼈를 꺾는다' 고 했습니다. 흔히 '펜이 칼보다 더 힘이 있다' 고 합니다. 사람이 무력으로는 사람을 꺾을 수 없지만 사랑으로는 사람을 변화시킬 수 있습니다. 복음의 강력한 힘은 사람을 때려눕히는 것이 아니라 회개해서 새 사람이 되게 하는 것입니다. 하나님의 말씀은 폭력이나 욕설보다 힘이 있습니다. 우리가 사람을 만나서 대화하고 떠드는 것보다 하나님께 기도하는 것이 더 위력이 있습니다.

4. 절제의 미덕

하나님의 백성들에게 중요한 것은 절제할 수 있다는 것입니다. 자동차를 타고 갈 때 빨리 달리는 것도 중요하지만 위험한 곳에서 속도를 늦추고, 서야 할 곳에 설 수 있는 것이 더 중요합니다. 자동차들이 대형 사고를 당하는 것은 속도 조절이 되지 않아서 그렇습니다. 마찬가지로 우리는 인생길을 살아가면서 속도조절이 되지 않을 때가 많습니다. 사실 사람들이 유혹이나 욕심이나 충동을 참는 것은 자기 힘으로는 거의 되지 않습니다. 오직 하나님의 말씀만이 우리가 멈추어야 할 때 멈추게 하고 서야 살 때 서게 합니다. 그래서 우리는 평소에도 자신을 하나님의 말씀에 복종하는 훈련을 시켜야 훌륭한 종들이 될 수 있습니다.

16절 "너는 꿀을 만나거든 족하리만큼 먹으라. 과식하므로 토할까 두려우니라."

우리가 지난번에 자녀들에게 꿀을 먹으라고 한 이유는 이것이 독이 없고 소화력이 빠르기 때문입니다. 아무리 독이 없고 흡수력이 빠른 꿀이라 하더라도 너무 많이 먹으면 위나 장이 감당을 하지 못해서 토하게 됩니다. 여기서 '족히 먹으라' 는 말은 배가 터질 정도로 많이 먹으라는 뜻이 아니라 적당하게 먹으라는 뜻입니다. 아무리 좋은 것이라 하더라도 너무 많이 먹어서 토해버리면 결국 음식도 버리고 자기 몸도 버리게 됩니다. 이것은 이중으로 손해를 보는 것입니다. 우리는 때때로 너무 많아서 오히려 해가 될 때가 있습니다. 특히 현대인들은 음식을 너무 많이 먹기 때문에 비만이 오게 됩니다. 우리에게는 절제가 필요합니다. 때로 죽을 각오를 하고 내가 좋아하는 것을 끊어야 합니다. 예수님은 '오른 눈을 뽑고 오른손을 잘라라' 고 하셨습니다. 아무리 좋은 것이라 하더라도 지나치면 독이 되기 때문입니다. 그러나 하나님의 말씀은 아무리 많이 먹어도 독이 되지 않습니다. 기도도 아무리 많이 해도 독이 되지 않습니다. 그러나 사람을 좋아하는 것은 지나치면 독이 됩니다.

17절 "너는 이웃집에 자주 다니지 말라. 그가 너를 싫어하며 미워할까 두려우니라."

아무리 친한 사람이라 하더라도 너무 자주 만나면 신선한 맛이 떨어지게 되고 나중에는 귀찮아지게 됩니다. 화초도 물을 너무 많이 주면 뿌리가 썩게 됩니다. 옛날 속담에 손님은 물고기처럼 사흘이 지나면 냄새가 난다고 했습니다. 사람이 아무리 친해도 너무 가까이하면 아무래도 다른 사람을 욕하게 되어 있고 그 대화에 썩은 냄새가 날 수 있습니다. 하나님의 백성들은 성도의 교제에도 적당하게 절제를 해야 합니다.

18절 "그 이웃을 쳐서 거짓 증거하는 사람은 방망이요 칼이요 뾰족한 살이니라."

이웃은 우리가 믿을 수 있는 사람이고 어려울 때 서로 지켜줄 수 있는 가장 믿을 수 있는 친구입니다. 가장 우리가 믿었던 사람에게 배반을 당하게 되면 피할 수가 없습니다. 왜냐하면 그는 나의 비밀이나 약점을 속속들이 다 알고 있기 때문입니다. 옛날에 군인들이 싸울 때 가까운 거리에 있는 적은 방망이로 때리고 조금 떨어져 있는 적은 칼로 찌르고 더 멀리 떨어져 있는 적은 활로 쏘았다고 합니다. 그러니까 가장 믿었던 사람의 배반을 당하게 되면 도저히 그 피해를 면할 수 없게 됩니다. 그래서 성경은 사람을 너무 믿지 말라고 말하는 것입니다. 어느 누구든지 언젠가는 나를 배반할 수도 있다고 생각하고 너무 모든 비밀을 다 말하지 않는 것이 지혜입니다. 그런데 왜 그렇게 믿었던 사람이 친구를 배반하는 것일까요? 그것은 자기가 살기 위해서입니다. 이런 것을 겪어보면 인간이 얼마나 약한 존재인지 알게 됩니다. 가룟 유다는 자기가 살기 위해서 예수님을 은 삼십에 팔았습니다. 그러나 예수님은 가룟 유다를 미워하지 아니하셨습니다. 예수님은 인간들이 그럴 수밖에 없다는 것을 아셨기 때문입니다.

19절 "환난 날에 진실치 못한 자를 의뢰하는 의뢰는 부러진 이와 위골된 발 같으니라."

사람이 환난을 당하면 가장 중요한 것이 무엇이든지 먹어야 하고 할 수 있는 대로 멀리 도망을 가야 하는데 이빨이 부러져서 음식을 씹을 수 없고 발이 부러져서 도망칠 수가 없으면 어떻겠습니까. 환난 날에 신실하지 못한 자를 믿는 것은 스스로 망하는 것입니다. 사람이 위급할 때에는 결국 아무 말이나 믿어서는 안 되는데 여기서 평소 신앙이 위력을 나타내게 됩니다. 하나님의 백성들은 위급할 때 사람의 말을 믿지 않습니다. 사람의 약속은 되면 좋은 것이고 되지 않아도 좋다고 생각하고 하나님의 말씀이 인도하는 대로 가야 살 수 있습니다. 그때 하나님은 우리에게 깨닫게 해주십니다.

20절 "마음이 상한 자에게 노래하는 것은 추운 날에 옷을 벗음 같고 쏘다 위에 초를 부음같으니라."

 이 세상에 눈치가 너무나도 없는 사람들이 있습니다. 이런 사람은 상대방이 어떤 상태에 있는지 전혀 눈치를 채지 못합니다. 상대방이 마음이 잔뜩 상해 있는데 그것도 모르고 자기 기분이 좋다고 노래를 크게 부르면 상대방은 더 기분이 나쁠 것입니다. 이렇게 하는 것은 도움이 되지 않을 뿐 아니라 해를 끼치는 것입니다. 눈치가 없는 행동은 추운 날 상대방의 옷을 벗기는 것이고 쏘다에 초를 붓는다고 했는데 다른 번역에는 상처로 되어 있습니다. 즉 상처에 초를 부어서 더 아프게 하는 것입니다. 마음이 아픈 사람을 위로하는 것은 쉽지 않습니다. 마음이 상한 자는 무슨 소리를 해도 듣기 싫어할 것입니다. 그런데 놀라운 것은 사람의 말로는 위로가 되지 않는 것이 하나님의 말씀으로는 위로가 됩니다. 마음이 상한 자는 하나님의 말씀을 가지고 찾아가서 기도해주어야 위로를 받습니다. 그리고 하나님의 백성들은 원수를 미워하거나 직접 갚으려고 해서는 안 됩니다. 우리가 원수를 직접 갚으려고 할 때 원수같이 악한 자가 되게 됩니다. 그뿐 아니라 하나님이 원수를 두신 것은 내 믿음을 시험해보시려는 것입니다. 그 원수를 미워하지 않아야 하나님의 시험에 통과가 되는 것입니다.

 21-22절 "네 원수가 배고파하거든 식물을 먹이고 목말라하거든 물을 마시우라. 그리하는 것은 핀 숯으로 그의 머리에 놓는 것과 일반이요 여호와께서는 네게 상을 주시리라."

 하나님은 우리 믿는 자들에게 원수를 직접 갚지 말라고 하셨습니다. 원수 갚는 것은 하나님이 하실 일이고 다른 사람을 용서하고 사랑하는 일이 우리가 할 일이기 때문입니다. 우리는 아무리 원수라고 해도 미워할 권리가 없습니다. 하나님은 우리에게 원수가 배고프면 먹을 것을 주고 목이 마르면 마실 물을 주라고 하셨습니다. 그러나 원수에게 내 모든 재산을 다 줄 필요는 없습니다. 우리가 원수를 미워하는 것은 똑같은 피해를 다시 당하지 않으려는 본능적인 행동입니다. 나를 해치려고 공격하는 자를 조심하고 피하는 것은 나쁜 것이 아닙니다. 우리가 상대방을 이기려고 하면 마음속에 똑같은 분노를 품게 되고 상대방의 나쁜 점을 많이 생각해야 합니다. 그러나 상대방은 우리가 그렇게 많이 생각할 가치가 없는 것입니다. 우리가 원수를 선대할 때 그것이 원수의 머리에 핀 숯을 올려놓은 것이라고 했는데 숯을 올려놓는 것이 무슨 뜻일까 하는 것입니다. 많은 사람들은 결국 머리에 숯을 올려놓으면 그 머리가 홀랑 다 타게 되니까 상대방을 하나님의 무서운 심판에 맡기는 것이라고 해석합니다. 물론 그것도 맞지만 상대방의 머리에 숯을 올려놓으면 머리에 열이 오르기 때문에 결국 얼굴이 붉어지게 될 것입니다. 상대방도 인간이기 때문에 부끄러운 마음이 생기고 수치심이 일어나게 되는 것입니다. 즉 상대방은 자기가 하나님의 형상인지 모르고 못된 짓을 하지만 우리가 상대방을 인격적으로 대하면 누구나 그것을 느끼게 된다는 뜻입니다. 악한 자에게 보복하는 방법은 그가 망하는 것이 아니라 그가 잘못을 깨달아서 더 좋은 사람이 되는 것입니다. 우리의 좁은 마음은 상대방이 망해야 내 상처 입은 자존심이 회복이 된다고 생각하지만, 우리는 그런 차원에서 스스로를 생각하면 안 되는 것입니다. 특히 남을 참소하는 사람은 상대방의 마음에 추운 겨울을 선물로 주는 것입니다.

23절 "북풍이 비를 일으킴같이 참소하는 혀는 사람의 얼굴에 분을 일으키느니라."

북풍은 눈보라를 동반한 아주 추운 겨울이 오게 하는 바람입니다. 대개 가을이 되면 비가 한번 오고 난 후 날씨가 급격하게 추워지게 됩니다. 마찬가지로 참소하는 자가 한 명만 있어도 그 동안 따뜻했던 관계는 다 깨어지고 추운 겨울이 오게 됩니다. 누군가가 참소를 하려고 할 때 뜨거운 사랑으로 추위를 이겨야 겨울이 오지 않습니다.

24절 "다투는 여인과 함께 큰 집에서 사는 것보다 움막에서 혼자 사는 것이 나으니라."

이 사람이 큰 집에 사는 것을 보니까 결혼할 때 많은 결혼 지참금을 받은 것 같습니다. 여자가 돈이 많고 인물이 좋은 것만 보고 결혼을 했는데 나중에 보니까 이 여자는 속에 든 것이 없는 여자이고 분노만 꽉 찬 여자인 것입니다. 그렇다면 차라리 그 큰 집에서 쫓겨나서 다시 가난하게 사는 것이 좋다고 말을 합니다. 결혼할 때 돈이나 인물을 보고 결정하지 말고 정말 선한 마음을 보고 배우자를 결정해야 한평생 후회를 하지 않는 것입니다. 남자들은 흔히 여자를 마음대로 조정할 수 있을 것이라고 생각하지만 여자의 마음을 조정하는 것보다 더 어려운 것은 없습니다. 여자의 마음에 하나님의 말씀이 들어가야 모든 것이 아름다울 수 있습니다 하나님의 말씀이 충만한 여성들은 천사나 보물보다 더 값지고 백만 대군보다 더 힘이 있습니다. 그런데 아예 처음부터 말씀의 가치를 모르고 말씀이 들어가지 않는 여자는 아무리 돈을 많이 주고 큰 집을 준다고 해도 택하지 말아야 합니다.

25절 "먼 땅에서 오는 좋은 기별은 목마른 자에게 냉수 같으니라."

결국 먼 땅에서 오는 좋은 소식은 복음의 소식입니다. 특히 교회가 부흥되고 하나님의 능력이 나타난다는 소식은 아주 좋은 소식입니다.

26절 "의인이 악인 앞에 굴복하는 것은 우물의 흐리어짐과 샘의 더러워짐 같으니라."

우물이 흐려지고 샘이 더러워지면 다른 모든 사람들이 물을 마실 수 없습니다. 의인이 악인에게 굴복하고 악과 타협하는 것은 자기 한 사람만 망하는 것이 아니라 다른 모든 사람을 망하게 하는 것입니다. 우리는 결코 내가 한 사람으로 그치는 것이 아니라 많은 사람이 나를 보고 있고 따라오고 있다는 것을 생각하고 신중하게 행동하고 말을 해야 합니다.

27절 "꿀을 많이 먹는 것이 좋지 못하고 자기 영예를 구하는 것이 헛되니라."

꿀은 몸에 좋은 것이지만 너무 많이 먹으면 탈이 날 수 있습니다. 마찬가지로 명예란 사람을 도취시키기 때문에 조심해야 하고 할 수 있는 한 자기 자신을 지키는 것이 가치를 오래 지키는 길입니다.

28절 "자기의 마음을 제어하지 아니하는 자는 성읍이 무너지고 성벽이 없는 것 같으니라."

사람이 자기 마음을 지키는 것은 사탄이나 유혹이 틈타지 않도록 자기 자신을 지키는 길입니다. 아무리 성읍에 집이 많고 사람들이 많아도 성벽이 무너지고 없으면 도둑이 와서 사람들을 잡아가고 물건들을 빼앗아갈 것입니다. 마찬가지로 우리 인생에 나 자신의 가치를 도둑질 당하지 않으려면 나 자신을 지켜야 하는데 그것은 하나님의 말씀으로 내 안을 채우는 수밖에 없습니다. 세상의 명예는 모두 그 안에 낚싯바늘이 들어 있는데 우리가 하나님의 말씀에 배가 부르면 그런 미끼에 넘어갈 필요가 없습니다. 그리고 우리가 하나님의 말씀에 배가 부르면 죄가 체질에 맞지 않고 하나님의 말씀이 죄를 밀어내기 때문에 안전하게 자신을 지킬 수 있습니다. 그러나 세상의 좋은 것만 보고 덤벼드는 자는 백이면 백 모두 죄의 올무에 걸리게 됩니다. 사실 우리 사회에 죄가 너무 많은데, 사람들은 그것을 보지 못하기 때문에 안전한 줄 압니다. 우리는 결국 유명해지고 성공하는 것보다 자기 자신을 지키는 자가 되어야 하고 시대적인 하나님의 뜻을 생각하는 자가 되어야 끝까지 충성할 수 있습니다.

40 · 미련한 자의 교훈

잠 26:1-28

　사람들에게는 두 종류의 지혜가 있는 것 같습니다. 하나는 다른 사람을 살려주고 이익을 주면서 자기도 이익을 보는 지혜이고, 다른 하나는 다른 사람을 죽이고 가진 것을 빼앗으면서 이익을 보는 지혜입니다. 우리가 생각하기에 다른 사람을 죽이고 그가 가진 것을 빼앗으면 더 빨리 부자가 될 것 같고, 반대로 남을 살리고 남에게 유익을 주면서 이익을 얻는 것은 오래 걸리든지 효과가 별로 없을 것 같습니다. 그러나 남을 죽이고 남을 망하게 하면서 성공한 사람은 더 이상 망하게 할 대상이 없으면 자기가 망하게 됩니다. 옛날에 바벨론 같은 나라는 침략과 정복을 통해서 빠른 시일 내에 강대국이 되고 부자 나라가 되었으나 더 이상 정복할 나라가 없을 때에는 갑자기 망하고 말았습니다.

　요즘 미국에서는 많은 젊은이들이 거리로 쏟아져 나와서 '월가를 차지하라'는 구호를 외치면서 데모를 하고 있습니다. 미국에서 시작된 금융위기는 사실 금융기관이 주택 부실 대출을 하면서 시작이 된 것이었습니다. 그러나 이 금융 위기로 기업들은 구조 조정을 하느라고 많은 직원들을 해고하고 직장을 얻지 못한 젊은이들은 대학을 졸업한 후에도 몇 개의 파트타임이나 혹은 패밀리레스토랑에서 시간당 몇 달러를 받으면서 일을 하고 있는데, 정작 금융기관 임원이나 직원들은 당장 자기들 손에 돈이 있다고 해서 수만 달러씩 보너스를 챙기니까 화가 난 것입니다. 어떤 사람은 금융기관의 이런 돈잔치를 보고 '고양이에게 생선을 맡겼다'는 말을 하고 있습니다. 진정한 지혜는 남을 망하게 하면서 자기만 잘 되는 것이 아니라 다른 사람을 잘살게 하면서 자기도 성공하는 지혜입니다.

본문 말씀을 보면 '미련한 자'라는 말이 많이 나오는 것을 볼 수 있습니다. 1절에서 12절까지 거의 모든 절에 '미련한 자'라는 말이 나오고 있습니다. 아마 성경에서 미련한 자에 대해서 이렇게 많은 말씀을 하고 있는 곳이 다른 데는 없을 것입니다. 왜 이렇게 미련한 자에 대하여 많은 말씀을 하고 있는 것일까요? 일시적으로는 다른 사람의 것을 빼앗거나 혹은 쉽게 돈을 벌어서 부자가 된다 하더라도 하나님의 축복이 없고 다른 사람에 대한 사랑이 없으면 결코 그 축복이 오래가지 않기 때문입니다. 사람이 아무리 돈이 많아서 부자라 하더라도 한번 망하기 시작하면 정신을 차릴 수 없을 정도로 망하게 되는데 옛날에 잘살았던 것이 아무 소용이 없게 되는 것입니다.

오늘 본문에서 이렇게 미련하고 게으르고 악한 자에 대하여 많은 말씀을 하는 것은 이런 것을 통해서 우리가 교훈을 얻게 하려는 것입니다. 우리가 이런 미련한 자를 통해서 반면교사를 삼으라는 것입니다. 원래는 좋은 선생님을 통해서 유익한 것을 많이 배워야 하는데 어떤 때에는 너무나도 나쁜 사람을 통해서 저런 것은 절대로 해서는 안 되겠구나 하는 것을 깨닫는 것도 좋은 교훈입니다. 아버지가 매일 술에 취해서 엄마를 때리고 주사를 늘어놓는 것을 보고 똑똑한 아들은 나중에 결혼해서 술은 입에도 대지 않고 아내에게 끔찍하게 잘해주는가 하면, 미련한 아들은 아버지가 한 것을 싫어하면서도 자기도 술을 마시고 부인에게 손찌검을 하면서 못된 아버지를 닮아가는 아들이 있습니다. 우리가 나쁜 것을 보고 교훈을 얻으려고 하면 단순히 입으로 욕을 하기만 해서는 안 되고 내 안에 있는 체질을 완전히 바꾸어야 합니다. 우리는 이런 나쁜 것에 대하여 철저하게 반성을 해야 참으로 선한 사람이 될 수 있습니다.

1. 미련한 자의 영예

1절 "미련한 자에게는 영예가 적당하지 아니하니 마치 여름에 눈 오는 것과 추수 때에 비 오는 것 같으니라."

우리는 보통 '미련한 자'라고 하면 앞뒤가 꽉 막혀서 다른 사람이 하는 옳은 이야기는 일체 듣지 않고 자기 고집대로만 하는 사람을 생각하게 됩니다. 이렇게 미련한 사람은 고집스러운 것이 특징인데 사교적이지 못하고 남의 사정을 이해하지 못하기 때문에 다른 사람들이 별로 좋아하지 않습니다. 그러나 이렇게 미련한 자 중에도 일은 잘해서 큰돈을 벌거나 혹은 높은 자리까지 올라가는 경우도 있지만, 이런 사람은 다른 사람에게 사랑을 베풀 줄 모르기 때문에 별로 환영을 받지 못합니다. 그러나 성경에서 미련한 자라고 하는 것은 하나님의 말씀을 믿지 않고 자기 지혜나 판단만 믿고 밀어붙이는 사람입니다. 그런데 오늘 말씀을 보면 이렇게 미련한 자도 얼마든지 성공할 수 있다고 말씀하고 있습니다. '미련한 자에게는 영예가'라고 말씀하고 있습니다. 다른 사람에 대하여 전혀 이해심이 없고 하나님의 말씀도 인정하지 않고 자기 생각이나 판단을 믿고 밀어붙이는 사람도 실력만 있으면 얼마든지 성공해서 큰 사업가가 될 수도 있고 높은 자리에 올라갈 수도 있습니다. 우리 인간이 보는 것은 바로 여기까지밖에 없습니다. 그러나 하나님은 그 후까지 보고 계십니다. 이렇게 미련한 자가 성공해서 영예를 얻는 것은 여름에 눈이 오는 것이나 추수 때 비가 오는 것 같다는 것입니다. 여름에 눈이 오는 것은 식물들에게는 엄청난 피해를 주게 됩니다. 여름에는 여러 과일들이 태양빛을 받아서 익어야 하는데 갑자기 눈이 오면 모두 얼어 죽고 맙니다. 그리고 추수 때 비가 오는 것은 결코 반가운 일이 아닙니다. 농사짓는 사람들은 추수할 때 비가 오는 것을 너무나도 싫어합니다. 벼가 다 젖어서 또 다시 말려야 하기 때문입니다. 그리고 과수원을 하는 사람들은 여름이나 가을에 눈이나 서리가 오면 그 동안 농사지은 것이 다 절단 나게 되어 싫어합니다. 미련한 자가 성공하는 것은 다른 사람을 유익하게 하면서 성공하는 것이 아니라 남을 망하게 하고 남에게 몇 배의 고생을 하게 하면서 자기 자신만 덕 보는 성공이라는 것을 알게 됩니다. 그러나 우리가 실제 현실에서 보게 되는 것은 사업을 하거나 출세를 하면서 다른 사람의 입장을 생각하는 것은 상상할 수가 없습니다. 사람들은 모두 다른 사람들은 아무리 힘들고 고생스럽다 하더라도 자기만 잘 되면 된다고 생각합니다. 모든 사람들의 욕망이 조절되지 않고 자기 하고 싶은 대로 했을 때 사회 전체는 몰락하게 되는 것입니다.

2절 "까닭 없는 저주는 참새의 떠도는 것과 제비의 날아가는 것같이 이르지 아니하느니라."

이 세상의 미련한 자들은 다른 사람이 잘 되는 것에 대하여 기뻐하고 축복하는 것이 아니라 배 아파하고 뒤에서 약점을 캐내어서 떨어트리는 일을 합니다. 특히 우리나라에서는 어떤 사람이 높은 자리에 오르게 되었다고 하면 일제히 그 사람의 약점을 찾아내어서 결국 그 사람을 떨어트려야 직성이 풀리는 것입니다. 물론 까닭 없는 저주는 성취되지 않는다고 하지만 실제로 누구든지 털면 먼지 나지 않는 사람이 없고 실제로 까닭 없는 저주가 사람을 망하게 하거나 심지어는 죽음에 이르게 할 때가 많습니다. 그런데 주로 이 까닭 없는 저주에 걸려드는 사람이 바로 미련한 사람들입니다. 미련한 사람들은 하나님이 자기에 대하여 얼마나 놀라운 계획을 가지고 있는지 생각하지 않고 당장 눈앞에 있는 이익을 우선 차지하고 봅니다. 이 사람이 나중에 높은 자리에 오르기 위해서 재산이나 과거 행적을 조사해보면 결국 높은 자리에 있을만한 그릇이 되지 않는 것으로 판단이 되어서 실격 당하게 됩니다. 이때 미련한 자들은 옛날의 작은 이익에 집착했던 것을 두고 땅을 치고 후회하지만 이미 과거는 돌이킬 수 없는 것입니다. 그러나 하나님의 말씀을 붙드는 자는 굳이 불법을 해가면서 돈을 불릴 필요를 느끼지 않습니다. 왜냐하면 나를 부하게 하시는 분도 하나님이시고 가난하게 하시는 분도 하나님이시기 때문에 하나님만 붙들면 되는 것이지 굳이 시시하게 불법을 저질러가면서 돈을 불리거나 자식을 교육시킬 필요를 느끼지 못하는 것입니다. 그래서 하나님의 지혜를 붙드는 자는 나중에 누군가가 까닭 없이 비난을 하고 약점을 찾아서 떠들어대어도 참새 한두 마리가 짹짹거리다가 날아가 버리는 것같이 치명적인 상처를 입지 않습니다. 하나님을 인정하는 것이 당장은 큰 이익이 되지 않는 것 같지만 나중에 가장 중요한 순간에 하나님이 우리를 지키시고 큰 이익을 보호해주시는 것을 체험할 수 있습니다. 그러나 남의 처지를 생각하지 않고 자기 배만 채우는 사람은 나중에 오히려 인생의 가장 중요한 순간에 별 것 아닌 비리들이 드러나면서 사람만 망신당하고 큰 이익을 놓치게 됩니다.

3절 "말에게는 채찍이요 나귀에게는 자갈이요 미련한 자의 등에는 막대기니라."

말을 달리게 하려면 채찍으로 때려야 합니다. 자기 멋대로 가려고 하는 나

귀를 제대로 가게 하려면 입에 재갈을 물려야 합니다. 마찬가지로 미련한 자를 움직이게 하려면 등을 막대기로 때려야 한다고 말씀하고 있습니다. 여기서 하나님의 말씀을 사랑하는 자와 세상의 가치를 따라가는 자는 어떤 일을 하는 동기가 완전히 다른 것을 알 수 있습니다. 하나님의 말씀을 따라가는 자는 어떤 일을 할 때 그것이 하나님의 뜻이라는 확신이 있고 그것이 다른 사람을 사랑하는 것이기 때문에 합니다. 하나님의 백성들이 어떤 일을 하는 데 가장 중요한 동기는 하나님의 은혜입니다. 하나님의 백성들은 하나님의 은혜만 있으면 아무리 어려운 일도 감당을 해냅니다. 그러나 세상적인 가치를 따라가는 사람은 다른 동기가 필요합니다. 이런 사람들에게는 이 일이 자기에게 이익이 되거나 혹은 여론의 힘에 떠밀려서 할 때가 많습니다. 세상 가치를 따라가는 자는 자발적으로 움직이는 법이 없다는 뜻입니다. 그런데 이렇게 미련한 자를 움직이는 분이 바로 하나님이십니다. 하나님께서는 때로는 여론의 막대기를 통해서 미련한 자를 움직이게 하시고, 때로는 그들이 옳은 일을 할 수밖에 없도록 상황을 몰고 가실 때가 많습니다. 그래서 우리가 악한 자가 움직이는 것을 볼 때 하나님이 이 일을 하게 하시는 것을 알아야 합니다.

하나님의 말씀으로 은혜를 받으면 하나님의 백성들은 알아서 자기 일을 착착 잘하게 되어 있습니다. 그러나 미련한 자는 막대기로 때려야 하고 소리를 질러야 하고 야단을 쳐야 움직입니다. 이 세상에서 완전한 이상주의는 실현이 될 수 없습니다. 이 세상에는 너무나도 미련한 자들이 많이 있기 때문입니다. 우리는 모두 미련한 자들이기 때문에 모두 어느 정도 제재나 책망이 필요합니다. 하나님 말씀의 제재나 책망을 달게 받을 때 우리는 지혜자가 되는 것입니다. 인간의 제재나 책망을 들어야 움직인다면 그것은 미련한 자가 되는 것입니다. 하나님의 백성들의 장점은 자기 스스로를 먼저 하나님의 말씀에 복종시키는 것입니다. 그러면 굳이 하나님의 채찍이나 막대기에 맞을 필요가 없습니다. 오히려 하나님의 막대기는 우리를 인도하는 막대기가 될 것이며 위기에서 우리를 건져주는 지팡이가 될 것입니다.

> 4절 "미련한 자의 어리석은 것을 따라 대답지 말라. 두렵건대 네가 그와 같을까 하노라."

이 세상에서 다른 사람과 상대하면서 가장 어려운 부분이 이 부분입니다. 대개 하나님의 지혜를 믿지 않는 사람들은 자기 머리를 믿기 때문에 이미 머릿속에 결론이 서 있을 때가 많습니다. 미련한 사람들은 회의를 하거나 의논을 할 때 즉각적인 답을 요구하고 자신들의 뜻에 따르지 않을 때에는 그 자리에서 비난을 하거나 화를 냅니다. 그러나 하나님의 말씀을 믿는 자들은 무슨 말을 들었을 때 당장은 아무것도 알지 못합니다. 그들은 이때부터 하나님의 뜻을 생각해야 하는데, 주위의 상황은 당장 답을 요구하거나 행동할 것을 요구합니다. 대개 이 사람들의 요구에 따르게 되면 실컷 이용을 당하면서 쓸데없는 짓만 하게 되고 그렇다고 해서 이 사람들의 요구를 따르지 않으면 화를 내고 비난을 하기 때문에 상처를 입게 됩니다. 다시 말해서 인간의 지혜를 따르는 사람과 하나님의 지혜를 믿는 사람은 생각하는 구조 자체가 완전히 다른 것입니다. 잠언의 지혜자는 미련한 자의 말을 무조건 따라가지 말고 그의 말대로 했을 때 일어나는 모순점을 보라고 말씀하고 있습니다.

> 5절 "미련한 자의 어리석은 것을 따라 그에게 대답하라. 두렵건대 그가 스스로 지혜롭게 여길까 하노라."

'미련한 자의 어리석은 것을 따라 말하라'고 하는 것은 그의 주장대로 했을 때 생기는 문제점을 이야기해 주라는 것입니다. 그러나 우리가 그 정도의 수준이 되려면 엄청나게 지혜로운 자가 되어야 합니다. 나중에 우리가 많이 성숙했을 때는 그것이 가능하겠지만 처음에는 거의 불가능하다고 보아야 합니다. 그래서 하나님의 말씀을 믿는 자가 실제로는 굉장히 미련하게 보입니다. 왜냐하면 하나님의 지혜를 따르는 자는 다른 사람이 내놓는 것에 대해서 아무 생각도 없고 계획도 없고 판단도 서지 않기 때문입니다. 이제부터 하나님께 물어보고 기도도 하고 생각도 해야 하는데, 주위 사람들은 그럴 수 있는 시간을 주지 않는 것입니다. 그럴지라도 즉각적인 답을 하기보다 하나님의 뜻이 나타날 수 있는 시간을 벌어야 합니다. 그렇지 않고 사람의 말만 듣고 너무 좋다고 생각해서 선뜻 약속을 해버리면 나중에 실컷 이용만 당하게 되는 것입니다. 우리가 미련한 자들의 어리석은 것을 어떻게 해서든지 좀 차단시켜야 하는데 그것만 되어도 굉장히 뛰어난 사람입니다. 그러나 그 전까지 우리는 수없이 시행착오를 거듭하게 될 것입니다. 그 후에는 다른 사람이 뭐라고 말하는 것을 들을 때 그 말 속에 들어 있는 오류를 알 수 있습니다.

6절 "미련한 자 편에 기별하는 것은 자기 발을 베어 버림이라 해를 받느니라."

다른 사람과 관계를 하는 데 가장 어려운 문제는 언제나 의사소통에 왜곡이 일어난다는 사실입니다. 특히 중요하고 예민한 문제일수록 오해가 생기기 쉬운데 미련한 사람은 다른 사람의 입장을 생각하지 않기 때문에 대개 두 사람 사이를 왜곡시키는 이야기를 많이 합니다. 우리 속담에 '아' 다르고 '어' 다르다고 하는데 사람이 똑같은 말을 하더라도 뉘앙스에 따라서 상당한 오해를 하게 됩니다. 특히 하나님의 백성들은 모두 다 예민한 사람들이고 아주 사소한 것을 통해서 다른 사람 전체를 추론하는 사람들이기 때문에 아주 사소한 오해가 큰 판단착오를 가져올 수 있습니다. 이때 하나님의 지혜가 없는 사람을 통해서 말을 전달하거나 혹은 그런 사람과 의논을 하게 되면 자기 발을 베어버리게 됩니다. 사람이 발을 베어버리면 아무것도 할 수 없듯이 중간에서 왔다 갔다 하는 사람이 일부러 오해를 시키고 관계를 악화시키면 이것을 해결할 방법이 없게 되는 것입니다. 이때는 별수 없이 잘린 다리로 기어서 가더라도 직접 그 오해를 풀어서 해명하는 수밖에 없습니다. 하나님의 백성들은 오해하는 것을 아주 조심해야 합니다. 그래서 예수님은 다른 사람을 함부로 비판하지 말라고 하셨습니다. 우리는 다른 사람의 사정을 다 알지 못하기 때문입니다. 본인을 만나서 직접 말을 들어보기 전에는 다른 사람이 하는 말을 완전히 믿을 수 없습니다. 특히 하나님의 백성들은 대개 심각한 편이기 때문에 단순히 얼굴만 보면 늘 굳어 있는 것 같고 부정적인 생각을 하고 있는 것같이 보입니다. 그러나 하나님의 백성들을 직접 만나서 대화를 나누어보면 상냥하고 겸손하며 얼마나 마음이 깨끗한 사람인지 알게 될 것입니다.

7절 "저는 자의 다리는 힘없이 달렸나니 미련한 자의 입의 잠언도 그러하니라."

아마 다리가 불편하신 분들은 기분이 좋지 않으실지 모르겠습니다만 다리를 저는 자도 달리기는 하지만 억지로 마지못해서 달릴 때가 많습니다. 실제로 이분들은 달리고 싶지 않은 것입니다. 마찬가지로 미련한 자도 때로는 바른 말도 하고 유익을 끼치는 일도 하지만 그것이 본심이 아니고 하나님께서 강권적으로 몰고 가서서 그럴 때가 많은 것입니다. 이때 우리가 해야 할 것은 이 미련한 자가 지금까지 한 것이 본심이 아니라 하나님이 강권적으로 하신 것이며, 이 사람이 다음에는 얼마든지 달라질 수 있다는 것을 알아야 합니다. 어떤 때 처음에 만났을 때에는 너무나도 친절하고 좋던 분이 두 번째 만났을 때에는 완전히 다른 사람처럼 심술궂고 못되게 말을 하는 것은 그의 본심이 드러났기 때문입니다. 사람들이 일시적으로 친절하거나 잘해주는 것만 보고 그 사람을 너무 의지해서는 안 됩니다. 예수님은 사람들에게 바리새인이나 서기관들이 하는 말은 듣되 그들이 하는 행동은 따라하지 말라고 하셨습니다. 그들은 어쩔 수 없이 하나님의 말씀을 전하는 것이지 그것이 본심은 아니기 때문입니다. 더욱이 이런 미련한 사람을 너무 믿고 모든 것을 맡기는 것은 엄청난 불행을 가져오게 할 것입니다.

8절 "미련한 자에게 영예를 주는 것은 돌을 물매에 매는 것과 같으니라."

미련한 자에게 영예를 준다고 하는 것은 하나님의 말씀을 믿지 않고 남을 배려하지도 않는 자가 높은 자리에 앉게 되는 것인데, 이는 물매에 돌을 매는 것이기 때문에 실제로 다른 사람에게 많은 고통을 주게 됩니다. 왜냐하면 미련한 자는 반드시 자기 뜻대로 되어야 직성이 풀리기에 자기 뜻대로 따라하지 않는 자는 물매로 공격을 해서 머리를 깨트려버리기 때문입니다. 물매에 그냥 끈만 있는 것과 거기에 실제로 돌을 매어놓는 것은 엄청난 차이가 있습니다. 이런 사람이 높은 자리에 앉으면 언제든지 다른 사람을 괴롭힐 수 있습니다. 사실 어떤 사람은 자신의 높은 자리를 이용해서 하루 한 건 이상씩 다른 사람을 괴롭히는 계획을 만들어내는 사람도 있습니다.

9절 "미련한 자의 입의 잠언은 술 취한 자의 손에 든 가시나무 같으니라."

술에 만취한 사람이 손에 가시나무를 가지고 있다면 그것으로 지나가는 모든 사람을 때려서 상처를 입게 할 것입니다. 하물며 남을 배려하지 않고 하나님의 말씀의 가치를 모르는 자가 잠언을 가르친다고 설교를 하면 그 설교로 다른 사람에게 저주나 퍼붓게 될 것입니다. 교회에서 목회자를 세울 때에는 정말 겸손하고 하나님 말씀의 가치에 모든 것을 다 바칠 수 있고 다른 사람을 너무나도 소중하게 생각하는 사람을 세워야 잠언을 가르친다면서 미친 행패를 부리지 않을 것입니다.

우리가 이상의 내용에서 살펴볼 수 있는 것은 미련한 자는 하나님의 말씀을 인정하지 않고 남의 입장을 생각하지 않는 사람인데, 일시적으로 성공하고 일시적으로는 좋은 말도 하고 좋은 일도 하지만 그 본심에는 야망과 욕심이 가득 차 있는 사람입니다. 세상에는 이런 사람들도 있어야 하지만 하나님의 백성들이 이런 사람과 끝까지 같이 갈 수는 없는 것을 알아야 합니다. 미련한 자와 하나님의 백성들은 근본적인 생각 자체가 다르기 때문입니다. 그래서 우리는 이 세상에서 미련한 자의 말이나 일이라고 해서 무조건 반대하거나 거부해서는 안 됩니다. 만일 우리가 모든 미련한 자의 말을 거부한다면 이 세상에 존재할 수가 없기 때문입니다. 하나님의 백성들은 미련한 자가 말하는 것 중에서 옳은 것을 골라낼 수 있어야 하고 그런 일 가운데 하나님이 일할 수 있도록 해야 합니다. 이런 자들을 결코 끝까지 믿어서는 안 되는 것입니다. 이런 사람을 끝까지 믿다가는 결국 자기 발을 자르게 될 것입니다.

2. 게으른 자의 특징

보통 게으르다고 하는 것은 자기가 꼭 해야 할 일조차 하지 않고 자기에게 주어진 일조차 하지 않는 무책임한 사람을 생각하게 됩니다. 사람들은 누구나 이 세상에서 자기가 태어난 몫은 해야 합니다. 사람이 최소한도의 자신의 몫도 해내지 못할 때 그것은 완전히 다른 사람의 몫이 되기에, 다른 사람은 자기 일도 해야 할 뿐 아니라 게으른 자의 일도 책임져야 하기 때문에 몇 배의 부담을 지게 됩니다. 성경적으로 게으른 자라고 할 때는 반드시 가시적으로 게으른 자를 말하지 않습니다. 오히려 성경적으로 게으른 자가 세상적으로는 부지런할 수도 있습니다. 왜냐하면 성경적으로 게으르다고 하는 것은 하나님의 복은 찾을 생각을 하지 않고 오직 눈에 보이는 복만 차지하려고 하기 때문입니다.

10절 "장인이 온갖 것을 만들지라도 미련한 자를 고용하는 것은 지나가는 자를 고용함과 같으니라."

어떤 주인이 아주 물건을 잘 만드는 기술을 가지고 있다고 합시다. 그런데 이 사람은 직원을 잘못 고용하였습니다. 직원이 미련한 사람이었던 것입니다. 아마 주인은 이 직원에게 자기 사업 전체를 맡길 생각을 하고 있었던 것 같습니다. 그러나 직원은 충성된 사람이 아니었습니다. 어떤 일에 성공을 하려면 반드시 미래를 향해서 나아가야 합니다. 예를 들어서 학생들이 공부를 해야 하는 이유는 공부를 해야 더 나은 미래를 만들 수 있기 때문입니다. 그러나 만일 학생들이 공부하는 것이 귀찮다고 해서 매일 게임이나 하고 연애만 한다면 당장은 좋을지 모르겠지만 이런 학생들은 미래를 향해서 나가지 않고 제자리에 주저앉아 있는 것입니다. 사람이 젊었을 때에는 사랑하는 것도 좋고 노는 것도 좋지만 반드시 미래를 준비하며 공부를 한다든지 다른 무슨 일을 해야 합니다. 그런데 미래를 향해서 나갈 수 있는 가장 좋은 방법은 하나님의 말씀으로 우리 속을 채우는 것입니다. 왜냐하면 하나님의 말씀은 우리 인생의 배에서 엔진과 같은 역할을 하기 때문입니다. 이스라엘 백성들이 애굽을 나온 후 광야에서 하나님의 말씀을 제쳐놓고 열심히 주위를 돌았습니다. 사십 년 동안 제 자리에 맴돌고 있었던 셈입니다. 하나님의 말씀이 없었기 때문인데, 이스라엘 백성들에게는 이것이 바로 게으른 것입니다. 이스라엘 백성들이 아무리 부지런히 돌았다 하더라도 하나님의 말씀이 없으면 앞으로 나갈 수가 없습니다.

부모는 자식에게 많은 재산과 기업을 물려주려고 합니다. 그러나 때로는 자식이 너무나도 게으르고 무능해서 부모가 준 재산을 다 들어먹고 사업을 망칠 경우도 있습니다. 그 아들이 부모의 부를 물려받을 줄만 알았지 자기 스스로 기업경영이나 물건을 만드는 기술 같은 것을 배우지 못했기 때문입니다. 최근 우리나라 재벌 2세나 3세들은 대개 부모로부터 대기업을 물려받았습니다. 부모세대는 어떻게 해서든지 물건을 만들어 팔아서 돈을 벌려고 했지만 자식들은 주가조작이나 기업합병 같은 것을 통해서 쉽게 돈을 벌려고 하다가 망하는 것입니다. 미련한 자를 고용한다면 다른 것으로도 어려움을 주겠지만 특히 이런 미련한 자에게 모든 것을 믿고 맡기면 그 사업은 완전히 거덜 나는 것입니다. 그래서 이런 무책임한 사람에게 일을 맡기는 것은 길 가는 사람 아무에게나 기업체를 맡기는 것과 똑같다고 했습니다.

사실 어떤 사업에서 후임자를 잘 세우는 것은 너무나도 중요하고 어려운 일입니다. 책임 있는 사람을 찾으려면 하나님의 말씀에 헌신된 자이어야 하는데 하나님의 말씀에도 헌신되고 실력도 있는 사람을 찾는 것은 하늘에서 별 따기보다 어려운 것입니다. 부모가 자기 딸을 사위에게 맡길 때 아마 비슷한 심정일 것입니다. 눈에 넣어도 아프지 않는 내 딸을 누구에게 맡겨야 행복하게 살 수 있을까? 만일 부모가 보기에 사위가 게으르고 무능하며 성격까지 포학하다면 말할 수 없이 참담하고 속상할 것입니다. 그렇다고 사위에게 뭐라고 하면 더 딸을 괴롭힐 것이니까 말도 못하는 것입니다. 사실 교회도 어떤 사람을 후임자로 세우느냐 하는 것은 너무나도 어려운 문제입니다. 정말 하나님께서 예비해놓으신 사람을 찾아야 합니다. 이때 외모를 보지 말아야 하고 욕심을 부리지 말아야 하며 사람의 진실한 속을 볼 수 있도록 기도해야 합니다. 미련한 사람의 두 번째 문제는 잘못이 고쳐지지 않는다는 것입니다.

11절 "개가 그 토한 것을 도로 먹는 것같이 미련한 자는 그 미련한 것을 거듭 행하느니라."

이 말씀은 신약 성경에서도 인용되는 유명한 말씀입니다. 베드로후서 2장 22절, "참 속담에 이르기를 개가 그 토하였던 것에 돌아가고 돼지가 씻었다가 더러운 구덩이에 도로 누웠다 하는 말이 저희에게 응하였느니라." 개는 위생 관념이라는 것이 없기 때문에 먹다가 토했던 것을 뒤에 얼마든지 다시 먹을 수 있습니다. 그러나 사람이라면 절대로 그러지 않을 것입니다. 돼지는 아무리 깨끗하게 씻어주어도 금방 도로 더러운 오물 위에 드러누워서 시원하다고 생각할 것입니다. 우리가 행복하고 가치 있는 미래로 나아가려고 하면 지금 나를 잡아매고 있는 더러운 죄의 올무를 끊어버려야 하는데 게으른 자는 그것이 귀찮고 싫어서 하지 않습니다. 그러면 이 게으른 자는 한평생 토한 것을 먹어야 하고 더러운 곳에서 뒹굴어야 할 것입니다. 그런데 실은 멧돼지들이 진흙탕에 뒹구는 것은 머드팩처럼 온 몸에 진흙을 발라서 피부를 보호하기도 하고 또 쇠파리나 모기에게 물리는 것도 방지하기 위해서 그런다고 합니다.

사실 모든 사람에게 공히 좋지 못한 습관을 버린다는 것은 너무나도 어려운 일입니다. 나쁜 습관을 버리는 것은 우리가 다른 사람이 되어야 하는 것을 말합니다. 하나님 앞에서 정직하고 부지런한 사람은 기꺼이 자신을 버리고 다른 사람이 될 용기가 있는 사람입니다. 사람들이 기독교 신앙을 가지는 것을 왜 두려워합니까? 그들이 예수를 믿으면 자기가 다른 사람이 되어야 한다는 것을 알고 있기 때문입니다. 우리가 지금까지 살아왔던 더러운 생활에서 벗어날 수 있는 유일한 방법은 하나님의 말씀을 붙들고 새로운 인생 항해를 떠나는 것밖에 없습니다. 일단 예수를 믿고 하나님의 말씀을 붙들면 우리는 앞으로 어떤 사람이 될지 예측할 수 없습니다. 우리는 최고 도공의 손에 붙들린 진흙과 같아서 가장 멋진 도자기로 만들어질 것입니다.

12절 "네가 스스로 지혜롭게 여기는 자를 보느냐 그보다 미련한 자에게 오히려 바랄 것이 있느니라."

사람들 중에는 자기가 어느 누구보다 똑똑하다고 생각하는 사람이 있습니다. 이런 사람들은 머리가 좋은 사람이고 공부를 잘하는 사람입니다. 그런데 이런 사람들이 스스로 머리가 좋다고 생각하는 것은 암기력이나 공부하는 실력이 뛰어난 것이지 인간성 자체가 좋은 것은 아닙니다. 공부를 잘하는 사람들 중에서 자아도취에 빠지는 사람들이 많고, 그런 사람들 중에는 구제 불능이 많습니다. 진정한 지혜는 하나님을 아는 것이고 죄를 이기는 것이며 유혹을 이기는 것이기 때문입니다. 대개 공부를 많이 한 똑똑한 사람들이 이성의 유혹에 쉽게 넘어가는 이유가 무엇일까요? 그것은 자기가 미련한 줄 모르기 때문입니다. 하나님의 백성들은 죄의 추악함을 알고 죄의 결과가 얼마나 끔찍한 줄 알기 때문에 유혹에 심한 거부감을 가집니다. 이것이 진정한 지혜이지 공부를 조금 잘하고 자기도취에 빠져서 허우적거리는 사람은 바보보다 못한 바보인 것입니다. 그래서 성경은 누구든지 선 줄로 생각하는 자는 넘어질까 조심하라고 했습니다. 스스로 똑똑하다고 생각하는 사람은 이미 바보이고 유혹에 넘어갔거나 넘어가려고 하고 있는 사람입니다. 그리고 이제 본격적으로 게으른 자에 대한 교훈이 나오고 있습니다.

13절 "게으른 자는 길에 사자가 있다 거리에 사자가 있다 하느니라."

게으른 자가 거리에 나가서 일하지 않는 이유는 사자가 있어서 사람을 물기 때문이라는 것입니다. 가능성은 없지만 사자가 길에 있을 수 있고 강도가 있을 수도 있습니다. 그러나 사람은 누구나 그런 위험을 뚫고 나가서 일을 해야 먹고 사는 것이지 모든 위험 가능성을 다 미리 생각해서 머뭇거리기만 할 수는 없습니다. 머리로만 생각하면 사자가 길에서 사람을 물 수도 있고 미친 사람이 운전해서 차에 치일 수도 있지만, 성경을 보면 하나님은 사자에게서 사람을 피하도록 하셨고 또 믿는 자를 지켜주신다고 약속하셨습니다. 우리는 당장 안전하고 편한 것만 생각할 것이 아니라 하나님의 말씀을 믿고 나아가야 합니다. 이스라엘 백성들은 안전만을 찾아서 애굽에 있으려고 했지만 하나님은 이스라엘 백성들이 위험을 무릅쓰고 홍해도 건너고 광야도 건너서 가나안 땅으로 가게 하셨습니다. 오늘날 우리나라 사람들이 가장 중요하게 생각하는 것은 생활의 안정입니다. 그래서 안정된 직장을 최고로 생각합니다. 그러나 하나님은 우리가 하나님의 말씀을 붙들고 광야로 들어갈 것을 요구하시는 것입니다. 이스라엘 백성들이 물도 통과하고 불도 통과하고 불 뱀도 통과했을 때 비로소 그들은 가나안을 정복할 수 있는 하나님의 군사가 되었던 것입니다. 우리는 당장의 안정보다는 미래를 향해서 나가야 합니다.

14절 "문짝이 돌쩌귀를 따라 도는 것같이 게으른 자는 침상에서 도느니라."

문짝은 절대로 문에서 떨어지지 않고 고정된 돌쩌귀를 중심으로 돕니다. 물론 우리가 하나님과의 관계가 이렇게 되어야 합니다. 절대로 하나님으로부터 떨어져서는 안 됩니다. 부부관계도 이렇게 되어야 합니다. 그러나 우리가 이 세상 현실과 이렇게 딱 붙어 있으면 전혀 발전이 없습니다. 우리는 이 세상 현실에서 떨어져야 객관적으로 자기 자신을 볼 수 있습니다. 사람들이 때로는 산에 오르기도 하고 여행을 해서 현실에서 떠나보는 것은 객관적인 자신을 찾으려고 하는 것입니다. 그러나 다시 현실로 돌아오면 많은 일에 묻혀서 자신을 잊어버리고 맙니다. 우리가 하나님의 말씀을 듣고 생각할 때 이 현실에서 벗어나서 나 자신을 분명히 보고 찾을 수 있습니다. 그래서 하나님의 말씀을 부지런히 듣고 묵상하는 것이 부지런한 것입니다. 만일 여인이 전혀 화장도 하지 않고 얼굴도 씻지 않고 머리도 감지 않으면 어느 남자도 좋아하지 않을 것입니다. 귀찮아도 긴 시간 정성을 다해 화장을 해서 자신을 아름답게 단장할 때 남자들이 좋아합니다. 마찬가지로 하나님의 백성들이 하나님의 말씀도 듣지 않고 일만 하려고 하는 것은 씻지도 않고 머리도 감지 않은 더러운 사람과 같습니다.

15절 "게으른 자는 그 손을 그릇에 넣고도 입으로 올리기를 괴로워하느니라."

사실 사람이 음식을 먹는 것만큼 부지런해야 하는 것도 없을 것입니다. 집에 재료가 많이 있다고 해서 음식이 저절로 만들어지는 것이 아닙니다. 특히 훌륭한 요리사일수록 음식을 아주 정성껏 만들어서 식구들이나 손님을 행복하게 하려고 합니다. 가장 게으른 음식이 모든 것을 한꺼번에 넣어서 끓이는 부대찌개일 것입니다. 요즘 아이들은 인스턴트 음식을 너무 좋아해서 어린이 비만이 많이 생긴다고 합니다. 음식을 입에 넣기 싫어하는 사람을 볼 때 우리는 엄청나게 비만한 사람을 생각하게 될 것입니다. 사람은 자기가 먹고 싶은 대로 먹으면 자기도 모르는 사이에 엄청나게 살이 쪄서 모양이 흉하게 됩니다. 이것은 더 이상 자기 힘으로는 안 되고 치료가 필요한 단계입니다. 사람이 자기 욕망대로 살면 몹시 아름답지 못한 모습이 되는데 그것은 자기 책임입니다.

16절 "게으른 자는 선히 대답하는 사람 일곱보다 자기를 지혜롭게 여기느니라."

여기서 우리는 더 이상 할 말을 잃게 됩니다. 게으른 것만 해도 참으로 다른 사람을 힘들게 하고 미래가 보이지 않는데 거기에다가 자기가 다른 지혜로운 사람 일곱 명보다 더 지혜 있다고 생각한다면 아마 절대로 다른 사람의 말을 듣지 않을 것입니다. 결국 미련한 자는 자기 자리를 끝까지 떠나지 않는 것입니다.

3. 악을 행하는 자

사람들의 마음속에는 남에게 사랑을 베풀고자 하는 마음과 남을 괴롭게 하려는 심술궂은 마음이 함께 있습니다. 대개 사람들은 그때 기분에 따라서 좋은 사람이 되기도 하고 나쁜 사람이 되기도 하는데, 마음속으로는 좋은 사람이 되고 싶지만 실제로는 악한 짓을 할 때가 많습니다. 사람들 중에는 악한 쪽으로 마음이 기울어진 자들이 있습니다. 이런 사람들은 정말 다른 사람들에게 해로운 존재들이고 조심을 해야 하는 대상들입니다.

> 17절 "길로 지나다가 자기에게 상관이 없는 다툼을 간섭하는 자는 개 귀를 잡는 자와 같으니라."

길을 가다가 누군가가 다투고 있으면 대개 간섭을 해서 다툼을 말리려고 할 때가 많습니다. 우리 속담에 '싸움은 말려야 한다' 는 말이 있습니다. 그러나 내가 아주 중요한 사명을 가지고 있고 가야 할 일이 너무 급한데 주위에 사소한 다툼이 있다면 당연히 그것을 무시하고 가야 할 것입니다. 우리가 이 세상에서 하나님으로부터 받은 사명은 아주 긴급한 것입니다. 자신의 길을 가면서 옆에 있는 사람의 어려움이나 답답한 것을 도와줄 수 있지만 내가 가는 길을 포기하면서까지 다른 사람의 일에 관여하는 것은 어리석은 일입니다. 예수님은 이 세상에 계시면서 그렇게 많은 능력을 가지고도 모든 병자를 고치거나 모든 어려운 자를 다 도와주시지 않으셨습니다. 마찬가지로 우리에게는 이 세상의 다른 일보다 더 중요한 일이 있는 것입니다. 이 세상 사람들이 다른 사람의 일에 만사를 제쳐놓고 덤벼드는 이유는 이 세상 자체가 목적이고 더 나아갈 목적이 없기 때문입니다. 우리가 하나님의 말씀을 포기하고 다른 사람의 일을 도와준다고 해서 다른 사람들이 반드시 좋아하는 것도 아닙니다. 그것은 개의 귀를 당기는 것이라고 했는데 이 개는 들개입니다. 우리가 귀를 당기는데 가만히 있을 들개는 없을 것입니다. 우리는 이 세상의 모든 악을 없애려고 할 필요가 없습니다. 우리는 단지 하나님이 나에게 하라고 하신 일을 묵묵히 끝까지 하면 되는 것입니다.

18절 "횃불을 던지며 살을 쏘아서 사람을 죽이는 미친 사람이 있나니"

횃불은 어둠을 밝히라고 있는 것인데 이것을 사람에게 던져서 불에 데게 하고 심지어 화가 난다고 해서 아무에게나 활을 쏘아서 죽이는 미친 사람이 있는 것입니다. 모든 사람의 마음에는 이런 광기가 있어서 사람을 때리거나 간음을 행하고 사람을 죽이는 일까지 합니다. 이런 미친 짓을 하는 사람은 자신의 욕망과 분노에 스스로를 맡긴 사람으로서 맹수와 같기 때문에 언젠가는 범죄를 하게 될 것입니다. 사람이 범죄하는 것은 이미 그 마음이 황폐하여서 들짐승 같은 상태가 되었기 때문입니다. 거기에 가장 많은 기여를 하는 것이 술인데 사람들은 아직도 술을 끊지 못하고 있습니다.

19절 "자기 이웃을 속이고 말하기를 내가 희롱하였노라 하는 자도 그러하니라."

어떤 사람이 이웃을 속이고 엄청나게 골탕을 먹인 후에 하는 말이 장난으로 했다는 것입니다. 어떤 사람은 다른 사람에게 악한 말을 쏟아낸 후에 농담으로 했다고 합니다. 그러나 힘 센 사람이 장난치는 것이 약한 자에게는 죽는 일이 될 수 있습니다. 이런 악한 사람은 다른 사람의 기분이나 상대는 전혀 생각하지 않고 오히려 남을 괴롭히면서 자신을 즐깁니다. 그러나 예수님은 이웃을 내 몸처럼 사랑하라고 하셨습니다. 우리는 다른 모든 사람도 나와 똑같이 소중한 인격을 가지고 있고 행복할 권리가 있다는 것을 인정해야 하는 것입니다.

> 20-21절 "나무가 다하면 불이 꺼지고 말쟁이가 없어지면 다툼이 쉬느니라. 숯불 위에 숯을 더하는 것과 타는 불에 나무를 더하는 것같이 다툼을 좋아하는 자는 시비를 일으키느니라."

분쟁을 일으키는 사람은 스스로 까다롭다고 생각하는 사람입니다. 이런 사람이 한 명 있으면 얼마든지 쉽게 넘어갈 수 있는 문제도 얼마나 골치 아프게 문제를 만들어내는지 모릅니다. 이런 사람은 그런 일을 통해서 스스로 즐기며 스스로 지혜 있다고 생각하기 때문입니다. 이런 사람들은 쉽게 해결될 수 있는 문제를 긁어서 엄청나게 부풀게 합니다. 그렇게 해야 자기가 똑똑하고 모든 것을 쉽게 넘어가지 않는 지혜로운 사람인 것이 나타난다고 생각하기 때문입니다. 그러나 이 세상은 아무리 완벽하게 만들어 놓아도 결국 모래성을 쌓는 것이기 때문에 한 번 큰 파도가 오면 다 없어져버리고 그 사람이 한 행적도 남아 있지 않게 됩니다. 결국 이 세상에 영원히 없어지지 않는 성을 만드는 방법은 하나님의 말씀으로 영적인 부흥이 오게 하고, 하나님의 축복이 오게 해야 합니다.

> 22절 "남의 말하기를 좋아하는 자의 말은 별식과 같아서 뱃속 깊은 데로 내려가느니라."

사람은 남의 험담을 할 때 너무나도 맛이 있어서 피곤한 줄 모르고 시간 가는 줄 모르고 듣습니다. 우리 인간의 마음속에 나쁜 본성이 있어서 악한 것이 우리 습성과 딱 맞기 때문입니다. 그러나 다른 사람의 험담을 아무리 많이 해도 나 자신에게는 한 치의 유익도 없습니다. 완전히 시간만 낭비하는 것입니다. 중요한 것은 나 자신의 모습을 보는 것이고 내 자신의 잘못을 바로잡는 것입니다. 따라서 남의 이야기를 그렇게 재미있게 하는 사람은 자기 일을 제대로 하지 않는 사람일 가능성이 많습니다. 자기 일에 최선을 다하는 사람은 남의 일에 그렇게 관심을 가질 시간이 없기 때문입니다.

23-25절 "온유한 입술에 악한 마음은 낮은 은을 입힌 토기니라. 감정 있는 자는 입술로는 꾸미고 속에는 궤휼을 품나니 그 말이 좋을지라도 믿지 말 것은 그 마음에 일곱 가지 가증한 것이 있음이라."

사람의 가장 놀라운 특징은 다른 사람을 속일 수 있다는 것입니다. 사람의 거짓말하는 기술이 얼마나 뛰어난가 하면 눈물을 흘리며 감동을 주면서 거짓말을 할 수 있는 능력이 있는 것입니다. 사람이 이렇게 남을 속일 수 있는 것은 머리가 좋기 때문입니다. 사람은 사랑하지 않으면서도 얼마든지 사랑한다고 말해서 상대방을 믿게 할 수 있습니다. 결국 인간에게 가장 중요한 것은 남에게 거짓말을 하지 않고 또 거짓에 속지 않을 수 있느냐 하는 것입니다. 입으로 부드럽게 사랑을 말하지만 나중에 알고 보면 싸구려 토기에 은을 입힌 가짜인 것입니다. 눈물을 흘리면서 사랑한다고 말하지만 마음속에는 일곱 가지 악한 계획을 가지고 있습니다. 여기서 일곱 가지라고 하는 것은 무수히 많다는 뜻입니다. 우리가 감정을 그대로 믿으면 거짓에 속게 됩니다. 이런 거짓에 속지 않는 방법은 하나님의 말씀에 따라서 스스로 욕심을 버려야 합니다. 결국 거짓에 속는 사람은 자기 자신이 욕심을 부렸기 때문에

속는 것입니다. 자기 분수에 만족하고 욕심을 내지 않으면 이런 싸구려 사랑
에 속지 않을 것입니다.

> 27-28절 "함정을 파는 자는 그것에 빠질 것이요 돌을 굴리는 자는 도리어 그것에
> 치이리라. 거짓말하는 자는 자기의 해한 자를 미워하고 아첨하는 입은 패망을 일으
> 키느니라."

결국 이 두 구절의 말씀이 미련한 자와 게으른 자와 남에게 악을 끼치는 자의 결론입니다. 사람은 자기가 뿌린 대로 거두게 됩니다. 하나님의 말씀으로 축복을 뿌리는 자는 자기 자신이 복을 받고, 남을 해치고 빼앗아서 자기 배를 불리는 자는 결국 자기 자신이 그 방법으로 망하게 됩니다. 함정을 파서 남을 빠트린 자는 남도 함정을 팔 수 있다는 것을 잊어버립니다. 그래서 자기가 남을 망하게 한 방법으로 자기도 망하는 것입니다. 또 산에서 돌을 굴려서 다른 사람을 다치게 하거나 죽게 한 자는 다른 사람도 자기와 똑같은 악한 마음을 가지고 있다는 것을 모르기 때문에 자기 자신이 악한 자의 손에 망하게 됩니다. 거짓말 하는 자는 결국 상대방을 망하게 하려고 거짓말을 하게 되는데, 자기에게 또 다른 사람이 거짓말을 할 수 있다는 것을 생각지 않는 것입니다. 이 세상에서 가장 어리석은 사람은 자기만 나쁜 짓을 하면 되는 줄 아는 사람입니다. 내가 다른 사람에게 악을 행해서 덕을 보게 된다면, 그런 생각을 하는 사람이 많이 생기게 되어서 결국 자기 자신이 당하게 됩니다. 칼이 위에서 떨어지게 하는 사형 방식을 생각했던 사람인 프랑스의 기요틴은 자기 자신도 그 방식으로 죽었던 것입니다. 하지만 우리가 당장은 손해를 보고 무시를 당한다 해도 선을 행하면 결국 다른 사람의 마음에도 선한 마음이 생기게 되어서 결국 우리 자신이 복을 받게 되는 것입니다. 선을 심으면 나도 모르는 새 열매를 거두는 것입니다. 너무

눈앞의 이익에 급급해하지 말고 먼 미래를 내다보고 하나님의 축복을 심는 성도들이 다 되시기 바랍니다.

41 · 인생을 사는 지혜

잠 27:1-27

중국에서는 '물을 다스리는 사람은 천하를 다스린다' 는 말이 있을 정도로 홍수 관리가 어려운 문제였습니다. 몇 년 전에 양쯔 강 상류에 큰 비가 내려서 어마어마한 물이 하류를 향하여 내려가고 있었습니다. 이때 중국에서 이 물을 그냥 그대로 두면 하류에 있는 공장 지대가 모두 침수되게 되는데 그렇게 되면 중국의 경제 발전은 또 십 년 이상이 늦어지게 될 것입니다. 이때 중국 당국에서 내린 결정은 양쯔 강 중간의 둑을 폭탄으로 터트려서 중간에 있는 엄청난 논과 밭을 침수시키고 하류에 있는 공장들을 살리는 것이었습니다. 그 결과 중국은 오늘날 경제대국이 되었습니다.

사람들이 이 세상에서 성공적으로 살기 위해서는 두 가지와의 조화가 필요합니다. 한 가지는 자연과 조화를 이루어서 살아가는 것입니다. 옛날 인디언들은 오랜 경험을 통해서 무시무시한 폭설이 온다거나 혹은 무서운 한발이 오는 것을 미리 알 수 있었습니다. 그래서 인디언들은 이런 폭설이나 한

발에 대비해서 양식을 쌓아 놓음으로 얼어 죽는 것이나 굶어 죽는 것에 대비를 했습니다. 동물들은 이런 재앙이 오기 전에 재앙을 미리 알고 대피를 하거나 대비를 하는 동물들이 있습니다. 어떤 노인은 자기 집 부근에 있는 못에서 비버가 지금까지 자기가 생전 본적이 없을 정도로 두껍게 집을 짓는 것을 보고 참 이상하다고 생각을 했는데, 나중에 보니까 그 해 겨울이 그렇게 춥더라는 것입니다. 사람이나 동물들이 자연의 급격한 변화에 대비를 하지 못하면 멸망을 당하게 됩니다. 그리고 또 다른 하나는 인간은 다른 인간들과의 사이에서 조화를 이루며 살아야 합니다. 대개 젊었을 때에는 자기만 잘난 줄 알고 튀기도 하고 독단적으로 일을 처리하는데, 경험이 쌓이면 모났던 성격도 둥글둥글해지고 다른 사람들과도 어울려서 사는 법을 배우게 됩니다. 그러나 어떤 사람은 성격이 너무 괴팍해서 다른 사람과 전혀 어울리지 못하는데, 그러면 결코 성공적인 삶을 살 수가 없습니다. 어떤 사람은 유능해서 높은 자리까지 올라가기는 했지만 밑에서 부리던 사람들에게 못되게 구는 바람에 밑에 있던 사람이 이 상사의 부정을 경찰에 신고하는 바람에 망하게 된 사람도 있습니다.

잠언 27장은 우리가 이 세상을 모나지 않게 살아가는 원리를 말해주고 있습니다. 어떤 성경학자들은 잠언 27장이 일관된 내용이 없이 여기저기서 잠언을 뽑아 놓았다고 해서 '잠언의 잡록'에 불과하다고 말하는 사람도 있습니다. 그러나 잠언 27장을 보면 여기에 나오는 말씀이 얼마나 삶의 체험에서 우러나온 말씀인지 알 수 있습니다.

1. 인생을 보는 자세

사람들이 이 세상을 사는 데 마치 사냥꾼이 먹이를 잡아먹듯이 사는 사람이 있는가 하면, 농부가 농사를 짓듯이 사는 사람도 있을 것입니다. 예를 들어서 이 세상을 사냥터로 보는 사람은 일단 눈에 보이는 것을 무조건 빨리 잡으면 내 것이 된다고 생각할 것입니다. 그래서 육식동물이 일단 사냥에 성공하면 통째로 먹는 것이지만 사냥에 실패하면 그때는 굶어야 합니다. 그러나 농사를 짓는 사람은 당장 먹을 양식이 생기는 것은 아니지만 땅을 갈고 씨를 뿌리고 물을 주면 곡식이 맺힌다는 믿음을 가지고 살아가게 됩니다. 우리가 이 세상을 보면 너무나도 출세의 기회도 많고, 돈 벌 기회도 많은 것 같지만 이런 것만이 사람이 사는 전부는 아닙니다. 사람은 때로 마음이 아플 때도 있고 또 누군가의 사랑을 받고 싶을 때도 있습니다. 요즘 우리 사회에서 너무도 열심히 살아서 성공했던 사람들 중에 몸 안에 있는 병을 다스리지 못해서 일찍 죽는 사람도 많이 있습니다.

1절 "너는 내일 일을 자랑하지 말라. 하루 동안에 무슨 일이 날는지 네가 알 수 없음이니라."

이 세상에 하나님이 안 계신다고 생각한다면 누구든지 힘이 있고 머리가 좋은 사람이 모든 좋은 것을 다 차지할 수 있을 것입니다. 그래서 사람들이 힘이 있고 머리가 좋으면 이 세상에 있는 많은 것들을 가지기 위해서 전력을 다해서 노력합니다. 그러나 이 세상에는 인간의 힘으로 예측할 수 없는 위험들이 있습니다. 그 중 암 같은 병이 있는가 하면 흉년이나 기근 같은 자연재해가 있습니다. 사람들은 대개 미래는 현재의 연장이라고 생각합니다. 그래서 지금이 좋으면 미래가 좋고 지금이 나쁘면 미래도 나쁠 것이라고 생각합니다. 그러나 우리 인간의 미래에는 인간의 머리로는 도저히 예측하지 못하는 많은 우연과 위기가 있습니다. 결국 사람이 미래를 자랑하고 장담하는 것은 지금까지 자기가 성공한 실력을 믿는 것입니다. 그러나 사람에게 가장 중요한 것은 지금까지 성공한 것이 아니라 미래의 예측할 수 없는 위기를 어떻게 피하거나 감당하느냐 하는 것입니다. 우리는 하나님의 도우심이 필요합니다. 눈에 보이는 것을 내 욕심대로 전부 다 가지려고 하거나 모든 것을 다 하려고 하지 않고, 하나님이 해주시기를 기다리는 이유는 하나님이 우리 앞에 가셔야 결국 미래의 위험을 피할 수 있기 때문입니다. 결국 인간의 성공이나 실패는 짧은 기간에서 볼 때에는 개인의 노력이나 능력에 달린 것 같지만, 길게 내다보면 결국 하나님의 도우심에 달려 있습니다. 지혜로운 사람은 지금까지 자기가 성공한 것을 가지고 절대로 큰소리를 치지 않습니다. 지금 내 앞에 어떤 운명이 기다리고 있는지 알지 못하기 때문입니다. 그래서 사도 바울은 "내가 이미 얻었다 함도 아니요 온전히 이루었다 함도 아니라 오직 내가 그리스도 예수께 잡힌 바 된 그것을 잡으려고 좇아가노라"(빌3:12)고 했습니다. 우리에게 중요한 것은 내가 얼마나 이루었느냐 혹은 내가 얼마나 가지고 있느냐 하는 것이 아니라 내가 얼마나 주님께 붙들려 있느냐 하는 것입니다. 우리가 자랑할 수 있는 것은 지금까지 내가 이룬 업적이나 성공이 아니라 주님이 나를 붙들고 있는 것이며 내가 하나님의 말씀에 붙들려 있는 것입니다.

2절 "타인으로 너를 칭찬하게 하고 네 입으로는 말며 외인으로 너를 칭찬하게 하고 네 입술로는 말지니라."

사람은 무슨 일이든지 잘 되거나 성공하면 스스로 자기를 칭찬하고 싶어집니다. 그러나 자신을 칭찬하는 것은 자기 혼자 칭찬하는 것이지 객관적으로 검증이 된 것이 아닙니다. 사실 사람이 자기 자신을 칭찬하는 것은 다른 사람의 기분이나 감정을 생각하지 않는 것이고, 이것은 다분히 자기도취에 빠져 있을 가능성이 많습니다. 자기도취에 빠진 것은 술 취한 사람이 혼자 기분 좋아하는 것 같아서 다른 사람이 보기에 한심하거나 짜증스러울 때가 많습니다. 자기도취에 빠진 사람들은 다른 사람이 객관적으로 자기를 어떻게 보는지 전혀 생각할 능력이 없습니다. 그러나 어떤 사람이 잘한 것이 다른 사람에게도 감동을 주고 특히 다른 사람이 보기에도 대단하게 생각될 때에는 다른 사람이 칭찬을 하게 되는데 이것은 객관적으로 검증이 된 것이며 칭찬할 가치가 있는 것입니다. 정말 지혜로운 사람은 자기가 하는 행동 하나 하나에 대하여 다른 사람의 칭찬을 들으려고 할 것이 아니라 바른 정신을 가지고 꾸준하게 노력을 하면 결국 그 노력이 결실을 거두어서 다른 사람들도 그 가치를 인정하게 되고 인정을 받는다는 것을 믿어야 합니다. 오늘 본문 2절의 말씀은 자기도취에 빠지느냐, 아니면 바른 정신을 가지고 노력해서 언젠가는 다른 사람의 인정과 칭찬을 받게 된다는 믿음을 가지고 사느냐 하는 문제입니다. 사람이 자기 자신을 칭찬하는 것은 스스로 만족하는 것일 뿐이며 남의 입장은 이해하지 못하는 것입니다. 사람들은 어떤 사람이 자기가 자기를 칭찬하는 것을 보면 웃게 됩니다. 그는 정신적으로 유치한 상태에서 사실 아무것도 모르고 있기 때문입니다. 현명한 사람은 믿음을 가지고 끝까지 노력을 합니다. 이것이 다른 사람에게 감동을 주고 또 그 실력이나 정신을 인정해서 칭찬하게 되는데 이것이야말로 바른 믿음을 가지고 사는 것입니다.

3절 "돌은 무겁고 모래도 가볍지 아니하거니와 미련한 자의 분노는 이 둘보다 무거우니라."

사람이 농사에 성공을 하려면 물을 잘 사용해야 합니다. 시냇물은 그냥 두면 아무것도 아니지만 보를 세워서 수로로 물을 끌어가면 어마어마한 가치를 가진 물이 됩니다. 사람이 이 세상에서 다른 사람과 어울려서 원만하게 살아가려면 자신의 분노를 잘 다스려야 합니다. 본문에서 '돌은 무겁고 모래도 가볍지 않다' 고 하는 것을 보면 아마 강가나 시냇가에서 무슨 공사를 하고 있는 사람을 상상하게 됩니다. 아마도 이 사람은 돌을 치우고 모래를 치워야 거기에 집을 지을 수 있는데 돌을 치우려고 하니까 너무 무겁고 모래를 치우는 것도 모래가 너무 많아서 계속 퍼내도 줄지 않습니다. 미련한 사람의 특징은 한번 화를 내면 그것을 바꾸려고 하지 않는 것입니다. 누구든지 사람인 이상 화가 날 수 있습니다. 그러나 지혜로운 사람은 분위기를 봐서 화가 나더라도 참거나 혹은 풀어버려서 분위기를 망치지 않게 합니다. 이렇게 하는 것이 물길을 돌리는 것입니다. 남의 밑에 있는 사람이 계속 화를 내서 인상을 쓰고 있으면 그 사람을 좋아할 상사는 없는 것입니다. 지혜로운 사람은 화가 나는 일이 있더라도 자기 자신을 설득해서 화를 풀어버리는 것이 잘하는 것입니다. 그런데 어떤 사람은 너무 고집이 세서 한번 화를 내면 옆에서 친구나 가족이 아무리 설득을 해도 말을 듣지 않고 계속 화를 냅니다. 이런 사람이 있으면 마치 큰 돌이 집 안에 하나 놓여 있는 것 같아서 모든 사람들의 마음을 답답하게 할 것입니다. 그뿐 아니라 어떤 사람은 한 가지 화는 푸는데 금방 다른 것으로 화를 내고 또 다른 것으로 화를 내서 마치 모래를 아무리 치워도 계속 나오는 것 같은 사람도 있습니다. 이런 사람도 결국 다른 사람을 힘들게 하고 자기 자신도 다른 사람에게 좋은 인상을 주지 못할 것입니다. 이 세상에서 가장 현명한 사람은 자기 속에 있는 화를 다른 쪽으로 돌릴 수 있는 사람입니다. 어떤 사람은 화를 너무 오래 마음속에 품고 있어서 우울증이나 정신분열증에 걸리는 사람도 있는데 결코 지혜로운 것이 아닙니다. 사회생활을 하기 위해서는 화를 풀어야 하는데 술을 마시기도 하고 노래방에 가기도 하고 영화를 보기도 하지만, 화를 푸는 데는 하나님의 말씀과 성령의 위로가 최고의 약입니다. 하나님의 은혜는 우리의 과거를 청산을 해버립니다. 사람들에게 가장 행복한 것은 불행했던 과거를 청산할 수 있는 것입니다. 모든 사람들이 과거의 무거운 짐을 지고 불행을 품고 살아가고 있는데 하나님은 우리의 불행했던 내면을 모두 다 청소해버리십니다. 그래서 우리가 하나님의 은혜를 받으면 속이 그렇게 시원할 수가 없습니다.

4절 "분은 잔인하고 노는 창수 같거니와 투기 앞에야 누가 서리요."

분은 잔인하고 노는 창수 같다는 것은 결국 같은 의미입니다. 사람의 미움이나 분노는 마치 성난 노도와 같아서 홍수가 한번 나면 인정사정없이 집이나 사람이나 차를 쓸고 가서 부수어버리는 것과 같습니다. 사람의 분노는 폭발성을 가지고 있기 때문입니다. 얼마 전에 서울과 지방에서 터졌던 산사태는 집이나 사람이나 차를 한꺼번에 모두 다 쓸고 가서 부수어버렸습니다. 결국 중요한 것은 어떻게 하면 분노의 산사태가 나지 않게 막을 수 있느냐 하는 것입니다. 분노의 산사태를 막을 수 있는 것은 사랑의 댐을 만드는 것입니다. 평소 사람들이 서로 사랑의 관계를 만들어 놓으면 적어도 분노가 폭발하는 것은 막을 수 있습니다. 너무 자기 자신의 이익만 생각하고 남을 배려하지 않는 사람은 분노가 폭발했을 때 막을 수가 없습니다. 평소에 사랑의 관계를 형성해 놓으면 분노가 폭발하지 않습니다. 예를 들어서 나무나 숲에 불이 붙는 것은 건조해서 나무들이 바짝 말랐기 때문입니다. 그러나 비가 와서 나무들이 젖어 있으면 불을 붙여도 불이 잘 붙지 않습니다. 평소에 서로 격려를 아끼지 않고 서로 존중하는 것이 중요합니다. 평소에 별 것 아닌 것으로 화를 내고 짜증을 부리면 이것은 관계가 자꾸 말라가는 것이기 때문에 나중에 폭발을 하게 됩니다.

'투기 앞에 누가 서리요.' 여기서 '투기'란 사람이 열등감이나 시기 때문에 화를 내는 것을 말합니다. 사람이 열등감 때문에 화를 내고 다른 사람에 대하여 시기를 하게 되면 다른 사람이 아무리 좋아도 그것이 눈에 들어오지 않습니다. 결국 자신의 손상된 자존심을 보상받으려면 상대방을 철저하게 깨야 하는 것입니다. 투기를 폭발시키지 않으려고 하면 다른 사람의 열등감을 자극하지 말아야 하고 다른 사람이 가지고 있는 작은 행복을 빼앗지 말아야 합니다. 사람은 자기가 가지고 있는 작은 행복이 다른 사람에 의해서 짓밟히게 되면 물불을 가리지 않고 덤벼들게 되는 것입니다. 지혜로운 사람은 다른 사람의 작은 행복을 건드리지 말아야 합니다. 오히려 평소에 다른 사람의 작은 행복을 존중해주고 부족한 것을 칭찬해주고 인정해줄 때 투기가 일어나지 않게 되는 것입니다.

2. 다른 사람들과의 관계

사람은 결코 혼자 힘으로는 이 세상을 살아갈 수 없습니다. 하나님은 사람을 만드실 때 서로 믿고 의지하도록 만드셨기 때문입니다. 예를 들어서 누군가가 아무도 살지 않는 무인도에 혼자 떨어져 살게 되거나 혹은 아무도 오지 않는 산 속에서 살게 될 때 물론 먹을 것만 있으면 얼마든지 살 수 있겠지만 살아야 할 의미를 알지 못하게 될 것입니다. 사람은 먹을 것만 있다고 해서 살 수 있는 것이 아니라 다른 사람의 인정을 받고 존경을 받고 사랑을 받아야 살 가치를 깨닫게 되는 것입니다. 사람에게 있어서 가장 중요한 것은 굶어죽지 않고 사는 것이라고 생각하기 쉽지만 더 중요한 것이, 과연 나는 어떤 사람이며 무엇 때문에 살아야 하느냐 하는 것입니다. 그런데 사람은 주위에 있는 사람들이 자기를 대해주는 태도를 통해서 자신의 가치나 살아야 할 의미를 찾게 되고, 또한 자기가 다른 사람을 대하는 태도를 통해서 자기 자신의 성격이나 상태를 깨닫게 되기도 합니다. 그러나 우리가 이 세상에서 다른 사람들과 어울려 산다는 것은 결코 쉬운 일이 아닙니다. 이 세상에는 너무나도 많은 사람들이 있어서 우리가 그 사람들을 다 알 수도 없고 또 이 세상에는 착한 사람도 있지만 악한 사람도 있어서 아무나 사귈 수도 없기 때문입니다. 일단 우리에게 중요한 것은 나는 다른 사람의 가르침과 조언이 필요하다는 것을 인정하는 것이 중요합니다.

5절 "면책은 숨은 사랑보다 나으니라."

여기서 '면책'이라고 하는 것은 다른 사람이 나에게 무엇이 잘못되었으며 어떤 점이 틀렸다는 것을 가르쳐주는 것을 말합니다. 이 세상을 살아가는 데 아주 중요한 원리 두 가지를 가르쳐주고 있습니다. 하나는 면책이고 다른 하나는 숨은 사랑입니다. 사람은 누군가가 뒤에서 사랑해주고 용납해줄 때 이 세상을 살아갈 용기를 얻게 됩니다. 그러나 누군가가 사랑만 해준다고 해서 바른길을 갈 수 있는 것이 아닙니다. 누군가가 적극적으로 내 인생길을 이끌어주는 사람이 있어야 하는 것입니다. 누군가가 나의 길을 가르쳐주는 것과 뒤에 숨어서 사랑해주는 것은 마치 자동차가 앞으로 달려가기 위해서 엔진과 핸들이 필요한 것과 마찬가지입니다.

자녀들은 뒤에서 부모님들이 숨어서 사랑해주는 힘으로 사회에서 걸음마를 하면서 살아갑니다. 아무리 뒤에서 부모님이 밀어주신다 하더라도 인생의 길은 자기 자신이 개척해 나가지 않으면 소용이 없습니다. 이때 우리에게 필요한 것은 인생의 길을 가르쳐주실 스승입니다. 우리가 진정한 인생의 길을 찾지 못한다면 계속 이 세상을 헤매면서 방황하게 될 것입니다. 누군가가 훌륭한 선생님을 만나서 인생의 방향을 잡게 되면 그때부터는 안정되게 자신의 길을 갈 수 있게 됩니다. 그런데 선생은 정말 우리를 책망할 수 있는 권위를 가진 분이어야 합니다. 우리에게 필요한 것은 인생의 방향만이 아니라 반항하는 기질을 고칠 수 있는 가르침이 필요하기 때문입니다.

6절 "친구의 통책은 충성에서 말미암은 것이나 원수의 자주 입맞춤은 거짓에서 난 것이니라."

친구의 통책과 원수의 빈번한 입맞춤이 대비되어 나타나고 있습니다. 진정한 우정은 한순간의 기분만 좋게 하는 것이 아니라 인생의 길 자체를 바른 길을 가게 하는 것이기 때문입니다. 원수는 상대방의 미래가 어떻게 되든지 입에 발린 듣기 좋은 소리만 자꾸 합니다. 그러나 친구는 내가 잘못된 길로 걸어갈 때 마치 원수나 되는 것처럼 심하게 책망을 해서 바른길로 돌아오게 하는 것입니다. 사람은 마음속에 죄를 품고 있기 때문에 가슴 아픈 책망이 필요합니다. 조각가가 돌을 깎아서 조각을 만들 때 돌을 쪼지 않고서는 조각을 만들 방법이 없습니다. 마찬가지로 우리 인간은 가슴을 아프게 하지 않고서는 죄를 버리게 할 방법이 없습니다. 사실 가장 좋은 방법이 하나님의 말씀을 듣고 스스로 깊이 가슴 아픈 회개의 시간을 가지는 것입니다. 이때 하나님의 말씀이 채찍이 되어서 우리 마음속을 아프게 때릴 것입니다. 그러나 그렇게 하지 않고 듣기 좋은 소리만 해서 복 받으라고 하는 것은 원수가 하는 입맞춤에 불과한 것입니다.

7절 "배부른 자는 꿀이라도 싫어하고 주린 자에게는 쓴 것이라도 다니라."

잠언에서는 이 세상에서 가장 맛있는 음식으로 꿀을 말씀하고 있습니다. 사실 모든 사람들이 맛있는 음식을 보면 먹고 싶어 합니다. 그러나 맛있는 음식보다 더 중요한 것은 음식을 먹으려고 하는 사람의 공복 상태일 것입니다. 이미 다른 음식을 실컷 먹어서 배가 꽉 찬 사람은 꿀이 아니라 어떤 진수성찬이라도 귀찮을 것입니다. 그러나 배가 고파서 거의 죽으려고 하는 사람에게는 어떤 음식도 그렇게 맛있고 입에 달 수가 없을 것입니다. 결국 사람이 하나님 말씀의 가치를 알려고 하면 하나님 말씀의 맛을 알아야 하고 하나님의 말씀에 주려 있어야 합니다. 하나님은 하나님의 백성들에게 은혜를 주시려고 하실 때 세상의 모든 좋은 것을 다 빼앗아 가셔서 철저하게 배고프게 하십니다. 우리는 세상에서 먹을 것이 없어야 하나님의 말씀 앞으로 달려와서 허겁지겁 하나님의 말씀을 먹기 때문입니다. 이 세상에서 가장 복된 사람은 하나님의 말씀에 배고파하는 사람입니다. 이런 사람은 하나님의 말씀에 너무 배가 고파서 세상의 다른 지식이나 다른 것으로는 도저히 만족할 수 없는 사람입니다. 예수님은 의에 주리고 목마른 자는 복이 있나니 저희가 배부를 것이라고 말씀하셨습니다. 사람은 어느 곳에 정착을 해야 안정된 생활을 할 수 있습니다. 그러나 모든 사람들의 마음속에는 어디론가 떠나서 방황하고 싶은 마음이 있습니다. 우리나라 젊은 여성 중에서 가장 좋아하는 사람이 누구냐고 물으면 1위가 온 세상을 돌아다니면서 여행하는 여행가로 답하고 있습니다.

8절 "본향을 떠나 유리하는 사람은 보금자리를 떠나 떠도는 새와 같으니라."

사람들은 왜 지금 있는 곳을 떠나서 여러 곳에 다니고 싶을까요? 지금 현실에 만족을 하지 못하기 때문입니다. 그리고 어디론가 다른 곳에 가면 지금 생활처럼 매이지 않고 자유로울 수 있기 때문입니다. 결국 사람은 현실에 매이지 않고 자유로워지고 싶어서 여행을 떠나려고 합니다. 그러나 사람들이 떠도는 가장 중요한 이유는 자기 자신을 찾지 못했기 때문입니다. 옛날에는 남자들 중에서 결혼을 해서 아이를 낳고서도 가정을 버리고 방황하는 바람에 처자식이 많은 고생을 하는 경우도 많았습니다. 아담의 아들 가인은 동생 아벨을 죽인 후에 불안해서 계속 돌아다니면서 방황하는 사람이 되었습니다. 그런데 우리의 정신적인 방황이 끝날 때에는 하나님을 만났을 때입니다. 우리가 하나님을 만났을 때 그 동안 잃어버렸던 나 자신을 찾게 되고 그때부터는 더 이상 방황할 필요를 느끼지 못합니다. 그런데 하나님을 만난 우리가 정착하는 곳은 결국 하나님의 말씀입니다. 우리는 하나님의 말씀을 만나고 성도들을 만남으로 하나님의 나라 안에서 정착을 하게 됩니다.

9절 "기름과 향이 사람의 마음을 즐겁게 하나니 친구의 충성된 권고가 이와 같이 아름다우니라."

옛날에 여인들이 화장을 하고 단장을 할 때 가장 마지막에 하는 것이 기름을 바르고 향을 바르는 것입니다. 여인들이 기름을 바르고 향을 바름으로 화장은 끝나고 이제 외출을 할 수 있게 됩니다. 그러나 여인들이 단장을 하려면 먼저 얼굴과 몸을 깨끗하게 씻어야 하고, 그리고 수건으로 물기를 깨끗하게 닦은 후라야 기본적인 화장품으로 단장을 할 것입니다. 요즘 여인들도 외출하기 위해서 화장을 하려면 시간이 많이 걸립니다. 화장하기 전에 얼굴부터 씻어야 하고 머리를 드라이기로 손질해야 합니다. 그리고 얼굴에 로션을 바르고 그 위에 파운데이션을 바르고 눈썹을 그리고 볼터치를 하고 입에 립스틱을 바르고 난 후에 멋진 옷을 입고 그 위에 향수를 뿌리면 준비가 끝나는 것입니다. 전혀 준비가 되어 있지 않은 사람에게 친구가 조언을 한다고 해서 바로 외출이 되는 것이 아닙니다. 사실 친한 사람의 충고를 주의 깊게 받아들이는 사람은 상당히 내면적인 준비가 된 사람이기 때문에 가능한 것입니다. 대개 사람들은 너무 준비가 되어 있지 않아서 아무리 중요한 충고를 해줘도 그 가치를 알지 못한 채 오히려 화를 내면서 반박할 때가 많습니다.

그런데 우리가 단장할 화장 중에서 최고의 기름과 향유는 역시 하나님의 말씀입니다. 우리가 하나님의 말씀을 듣고 은혜를 받으면 그렇게 기쁠 수가 없고 마음이 흥분됩니다. 그리고 난 후에 조용히 내가 하나님의 말씀 속에 들어가서 말씀의 주인공이 되어서 울기도 하고 웃기도 하면서 자신을 아름답게 단장하게 됩니다. 어떤 사람은 몸도 씻지 않고 싸구려 화장품만 많이 바르는 사람이 있는데 그렇게 하면 오히려 더 역겨운 냄새가 나게 됩니다. 먼저 깨끗하게 씻은 후에 하나님의 말씀으로 단장을 해야 하는 것입니다. 그리고 사람은 기본적인 의리를 잘 지키는 것이 중요합니다.

> 10절 "네 친구와 네 아비의 친구를 버리지 말며 네 환난 날에 형제의 집에 들어가지 말지어다 가까운 이웃이 먼 형제보다 나으니라."

사람이 인격적으로 성숙할수록 다른 사람에게 믿음을 줍니다. 다른 사람이 볼 때 저 사람은 믿을 수 있는 사람이라는 신뢰를 주게 됩니다. 사람이 성공하고 높은 자리에 올라가도 친구나 아버지의 친구를 무시하지 않고 옛날의 신의를 지킬 때 다른 사람은 이 사람을 믿을 수 있는 사람으로 생각하게 됩니다. 자기가 성공했다고 해서 옛날의 신의를 다 버리는 자는 남들이 보기에 이 사람은 무엇인가 기회적인 인물 같아서 믿음이 가지 않게 됩니다. 그리고 환난 날이 왔다고 해서 형제 집에 가서 물건을 가지고 나오면 안 됩니다. 왜냐하면 형제는 거래 관계가 아니기 때문입니다. 형제 관계가 원수가 되는 집을 보면 형제 사이에 거래를 한 것입니다. 어떤 사람은 가까이 있는 이웃을 학대하면서 멀리 있는 형제는 돕는다고 하는데 그것은 거짓말입니다. 어떤 사람은 자기 교회 일은 제대로 하지 않으면서 먼 데 있는 선교사를 돕고 먼 데 있는 외국인들을 돕겠다고 하는데 이것은 자기 잘난 체하는 것밖에 되지 않는 것입니다. 먼저 가까이 있는 이웃을 도울 때 먼 데 있는 사람도 제대로 도울 수 있습니다.

3. 지혜의 가치

11절 "내 아들아 지혜를 얻고 내 마음을 기쁘게 하라 그리하면 나를 비방하는 자에게 내가 대답할 수 있겠노라."

부모는 다시 한 번 자녀가 하나님의 말씀으로 무장되기를 원하고 있습니다. 그는 하나님의 지혜의 가치를 아는 사람입니다. 그래서 아들에게 세상의 다른 지혜나 성공으로 치장하지 말고 하나님의 지혜로 자신을 무장하라고 말하고 있습니다. 하나님의 지혜는 죽은 지혜가 아니라 살아 있는 지혜이기 때문입니다. 우리가 하나님의 말씀을 배울 때 하나님의 말씀은 커리큘럼처럼 배우고 끝나는 것이 아니라 우리에게 계속 하나님의 뜻을 생각나게 합니다. 더 중요한 것은 하나님의 지혜는 사물이나 사람의 본질을 보게 합니다. 그뿐 아니라 하나님의 지혜는 하나님의 능력을 끌고 올 수 있습니다. 그래서 이 아버지는 아들이 아무리 세상의 기준에 비하여 부족하고 뒤떨어진다고 해도 비방하는 사람들에게 할 말이 있다고 했습니다. 하나님의 지혜는 그만한 가치가 있기 때문입니다. 우선 하나님의 지혜는 때를 분별하게 합니다.

12절 "슬기로운 자는 재앙을 보면 숨어 피하여도 어리석은 자들은 나아가다가 해를 입느니라."

세상만사에는 때가 있습니다. 사람들은 요행을 바라는 마음으로 때를 분별하지 못하고 설치는 바람에 돈도 날리고 인생도 망치게 됩니다. 그러나 하나님의 지혜는 우리에게 때를 분별하게 하는데 시험의 때는 숨어서 하나님의 말씀을 들을 때입니다. 우리가 연단을 받을 때는 많은 일을 해야 할 때가 아닙니다. 반면에 하나님께서 길을 열어주시면 담대하게 나가서 일을 하게 됩니다. 때로 속도가 너무 빨라진다고 판단될 때에는 스스로 속도를 늦출 수 있어야 합니다. 환난을 통해서 연단 받지 못한 사람은 과속을 하다가 크게 다치게 됩니다.

13절 "타인을 위하여 보증이 된 자의 옷을 취하라. 외인의 보증이 된 자는 그 몸을 볼모로 잡힐지니라."

타인의 보증이 된다는 것은 다른 사람의 인생을 책임지려고 하는 것입니다. 우리는 다른 사람의 인생을 책임질 수 없습니다. 심지어 부모도 자식의 인생을 다 책임질 수가 없습니다. 모든 사람은 각자 하나님 앞에서 자기 인생을 책임져야 합니다. 그럼에도 불구하고 다른 사람의 보증을 서는 사람은 결국 남의 인생을 책임지겠다는 것입니다. 우리가 물에 빠져 있으면 다른 사람을 건져줄 수가 없습니다. 일단 나 한 사람이라도 물 밖으로 나가서 줄을 던져주어야 다른 사람을 건질 수 있습니다. 사람들은 자기도 물에 빠져 있으면서 다른 사람을 건져주려고 하는데 그러면 둘 다 물에 빠져 죽게 됩니다.

14절 "이른 아침에 큰 소리로 그 이웃을 축복하면 도리어 저주같이 여기게 되리라."

이른 아침 시간은 사람이 잠에서 깰 때라서 이때는 조용하게 자신의 하루 일을 준비할 때입니다. 그럼에도 자기 기분이 좋다고 해서 잠도 덜 깬 사람을 큰 소리로 축복하면 상대방은 반갑기보다는 짜증스러울 것입니다. 아무리 인사나 축복의 말이라 하더라도 때와 시간이 있는 것이지 아무 때나 해서는 안 됩니다. 다른 사람의 일에 관여해서는 안 되는 시간이 있습니다. 또 어떤 일은 내가 관여해서는 안 되고 반드시 본인들끼리 해결해야 할 일들이 있습니다. 너무 사랑이 넘쳐서 다른 사람의 모든 일에 다 간섭을 하려고 하면 오히려 다른 사람을 불편하게 만들 수 있습니다. 하나님의 백성의 사랑은 다른 사람을 내버려두는 것이 사랑하는 것일 때가 많습니다. 이것은 결코 우리가 사랑이 부족해서 그런 것이 아니라 다른 사람의 영역이나 프라이버시를 침범하지 않으려고 하는 것입니다.

15절 "다투는 부녀는 비 오는 날에 이어 떨어지는 물방울이라."

잠언에는 조금 이야기가 지루해지려고 하면 여성들의 이야기를 꺼내어서 분위기를 바꾸고 있습니다. 여인들 중에서 만사를 부정적으로 다투기 좋아하는 사람은 참으로 다루기 어려울 것입니다. 비오는 날 천장에서 물방울이 떨어지면 처음에는 별 것 아닌 것 같지만 이불을 적시고 요를 적시고 나중에는 바닥에 흥건하게 물이 고여서 자리에 누울 수가 없게 됩니다. 남자는 여성을 잘 만나는 것이 행복의 기본입니다. 결혼 상대를 고를 때 욕심을 부리지 말고 자기에게 잘 맞는 사람을 골라야 하고, 결혼한 후에도 함께 말씀을 들어서 신앙의 공감대를 만들어야 집이 두고두고 행복할 수 있습니다. 신앙적으로 성숙한 아내는 백만 대군을 거느리고 있는 것 같은 도움을 줄 것입니다. 신앙이 없고 천박한 여자는 남자의 망신은 다 시킬 것이고 결코 그 인생이 행복하지 못할 것입니다.

16절 "그를 제어하기가 바람을 제어하는 것 같고 오른손으로 기름을 움키는 것 같으니라."

어떤 사람은 여자를 다루는 것을 쉽게 생각해서 무조건 완력을 쓰거나 혹은 돈을 많이 벌어다주면 된다고 생각하지만 여자의 마음을 다루는 것은 쉽지 않습니다. 여자의 마음은 갈대와 같이 흔들린다고 했지만 실제로 바람같이 잡기 어렵고 기름같이 움키기가 쉽지 않습니다. 여성은 자기를 사랑하는 사람을 위해서 헌신을 하게 되는데 여성도 하나님의 말씀을 속에 담을 때 보석이 되고 특히 여성들은 하나님의 말씀에 은혜를 받으면 천사같이 아름답게 됩니다. 남성들이 은혜 받은 여성과 함께 산다는 것은 천사와 함께 사는 것과 같습니다.

4. 사람의 가치

사람은 결코 혼자서는 완전해질 수가 없습니다. 사람은 다른 사람을 통해서 자신의 가치가 확인되고 이 세상을 살아야 할 이유를 발견하기 때문입니다. 사람은 반드시 다른 사람을 만나서 관계를 맺어야 사람 구실을 할 수 있습니다.

> 17절 "철이 철을 날카롭게 하는 것같이 사람이 그 친구의 얼굴을 빛나게 하느니라."

사람이 아무리 멋있게 칼을 만들어도 다른 칼과 부딪치면 부러지기도 하고 흠이 나기도 합니다. 처음 만들어진 무쇠는 단단하지 못해서 다른 것에 부딪치면 부러지고 맙니다. 무쇠가 단단한 강철이 되려면 불에 달구어서 망치로 때려야 합니다. 사람은 교육을 받기 전에는 아무것도 새겨지지 않은 대리석 같아서 가치가 없습니다. 그러나 교육을 받으면 마치 조각가가 대리석에 사람 얼굴을 새기듯이 모양이 만들어지게 됩니다. 그러나 아무리 교육을 받아도 그 만들어진 형상은 사람의 형상에 불과합니다. 우리가 하나님 말씀의 가르침을 받으면 우리의 마음속에 하나님의 형상이 새겨지게 됩니다. 하나님의 말씀을 천사를 통해서 배우게 하시지 않고 사람을 통해서 배우게 하신 것은 구체적인 이미지가 새겨지도록 하기 위해서입니다.

18절 "무화과나무를 지키는 자는 그 과실을 먹고 자기 주인을 시종하는 자는 영화를 얻느니라."

사람이 무화과 열매를 먹으려고 하면 그 나무를 지켜야 합니다. 세상에는 무화과 열매 도둑이 많기 때문입니다. 그렇지 않으면 나무 자체를 베어버리는 사람도 있을 것입니다. 마찬가지로 좋은 주인을 지켜야 주인의 영화를 나누어 가질 수 있습니다. 우리는 이 세상에서 지켜야 할 것이 있습니다. 우리가 하나님 말씀의 열매를 먹으려면 말씀을 지켜야 합니다. 성전의 복을 누리려고 하면 교회를 지켜야 합니다. 그러나 너무 똑똑한 사람은 자기가 최고인 줄 알고 가장 중요한 것들을 파괴시키려고 합니다. 내가 말씀을 버리면 말씀보다 더 똑똑해지고 교회를 욕하면 교회보다 더 똑똑해지고 주인을 욕하면 주인보다 더 똑똑해진다고 생각하기 때문입니다. 이렇게 하는 것이 반항적인 기질인데 지금 우리 사회에는 똑똑한 사람들 중에서 기본적인 것조차 인정하지 않는 반항적인 사람들이 너무 많습니다. 이들은 결국 좋은 열매를 맺지 못할 것입니다. 다른 사람들로부터 똑똑하다는 말은 들을지 몰라도 하나님은 이런 사람들을 좋아하시지 않으십니다. 인간들은 에덴동산에서 하나님보다 더 똑똑해지려고 하다가 망했기 때문입니다.

19절 "물에 비치면 얼굴이 서로 같은 것같이 사람의 마음도 서로 비치느니라."

사람은 서로 대화를 나눔으로 마음을 알 수 있습니다. 그래서 어떤 일이 있어도 반드시 대화를 나누어야 합니다. 특히 하나님의 백성들은 대화를 나

눈 때 서로가 똑같이 생긴 것을 알게 될 것입니다. 이것이 얼마나 귀한 복인지 모릅니다. 이 세상에 똑같이 생긴 사람이 있는 것이 얼마나 재미있는 일입니까? 우리의 얼굴이 똑같은 것은 우리 안에 하나님이 계시기 때문입니다.

20절 "음부와 유명은 만족함이 없고 사람의 눈도 만족함이 없느니라."

음부와 유명은 죽음의 세계입니다. 죽음의 세계는 만족을 모르기 때문에 아무리 많은 사람이 죽어도 그만 죽으라고 하지 않습니다. 아무리 많은 사람이 죽어도 인간은 또 죽어야 합니다. 사망은 마지막 한 사람까지 죽어야 직성이 풀리는 것입니다. 마찬가지로 사람의 눈도 만족이 없습니다. 아무리 좋은 것을 보아도 더 좋은 것을 보고 싶고, 좋은 집에 살아도 더 좋은 집에 살고 싶은 것입니다. 우리가 눈을 만족시키는 것은 불가능하고 눈높이를 자기 현실에 맞추어야 만족하게 살 수 있습니다. 우리는 눈을 너무 높은 곳에 두면 안 됩니다. 그렇다고 눈을 너무 낮추면 비천하게 됩니다. 나의 눈높이에 맞는 모습을 찾아야 합니다. 너무 지나치지도 않고 너무 구질구질하지도 않은 딱 맞는 모습을 가지고 사는 것이 행복한 것입니다.

21절 "도가니로 은을, 풀무로 금을, 칭찬으로 사람을 시련하느니라."

은을 제련하고 금을 만들려면 용광로에 녹여야 합니다. 그런데 사람을 연단한다는 것은 칭찬이라고 했습니다. 사람은 칭찬을 하면 누구든지 변질되지 않는 사람이 없기 때문입니다. 그러나 중심이 있는 사람은 다른 사람이 바르게 칭찬하면 격려를 받고 지나치게 칭찬을 하면 그 사람을 조심하게 됩니다. 그러나 어리석은 자들은 누군가가 칭찬하면 그 말이 진짜인 줄 알고 마음껏 잘난 체하다가 망신을 당하게 되는 것입니다.

22절 "미련한 자는 곡물과 함께 절구에 넣고 공이로 찧을지라도 그의 미련은 벗어지지 아니하느니라."

대개 곡물은 절구에 넣고 공이로 찧으면 껍질이 벗겨지면서 안에 있는 알곡이 나오게 되는데, 미련한 자는 껍질과 안이 모두 미련함으로 싸여 있기 때문에 아무리 야단을 치고 책망을 해도 알아듣지 못하고 계속 미련한 짓을 합니다. 그러면서도 이 사람은 자기가 굉장히 똑똑한 줄로 생각하고 있습니다. 결국 미련한 자는 사람들이 한두 번 상대해보고 난 후에는 멀리하고 버리게 되는 것입니다.

23-27절 "네 양떼의 형편을 부지런히 살피며 네 소떼에 마음을 두라 대저 재물은 영영히 있지 못하나니 면류관이 어찌 대대에 있으랴 풀을 벤 후에 새로 움이 돋나니 산에서 꼴을 거둘 것이니라 어린 양의 털은 네 옷이 되며 염소는 밭을 사는 값이 되며 염소의 젖은 넉넉하여 너와 네 집 사람의 식물이 되며 네 여종의 먹을 것이 되느니라."

23절부터 27절까지는 지혜로운 자를 목축하는 것으로 비유하고 있습니다. 잠언 27장을 보면서 이 장이 잠언의 잡언록이 아니라 얼마나 깊이 있고 실제적인 하나님의 말씀의 교훈인지 알게 됩니다. 잠언 27장은 그야말로 삶의 체험에서 우러나온 생생한 산 교훈입니다. 옛날이나 지금이나 목축은 아주 고된 일이고 당장 많이 남는 장사는 아닙니다. 그러나 목자가 낮의 더위와 밤의 추위를 견디고 맹수의 공격과 도둑들의 공격을 물리치면서 양 한 마리 소 한 마리를 사랑하는 마음으로 지킬 때 목자는 복을 받게 됩니다. 특히 양을 치는 것은 하나님 나라 축복의 생생한 교훈입니다. 성도들이 복을 받는 길은 목자가 여러 가지 프로그램으로 훈련을 시키거나 혹은 빨리 튼튼해지라고 동물 사료를 먹이는 것이 아닙니다. 오히려 유럽에서 동물 사료를 먹인 소들은 광우병이 걸려 수백만 마리가 살처분을 당한 바 있습니다. 목자는 양떼나 소떼를 푸른 초장이나 잔잔한 물가로 데리고 가서 풀을 잘 뜯어 먹게 하면 양이나 소는 튼튼하게 자라서 새끼를 잘 낳고 절로 복을 받게 되는 것입니다. 세상에서 재물을 모아 봐야 오래 가지도 않고 면류관을 차지해 봐야 한 순간의 영광인데 그런 헛된 허영에 넘어가지 말고 영적 부흥을 일으키는 것이 진정한 복인 것입니다. 염소 판 돈으로 땅을 살 수도 있고 염소젖은 또 많은 가족들이 먹고 심지어 여종까지 먹일 수 있는 식량이 되는 것입니다. 우리가 이 세상에서 끝까지 아름답게 살 수 있는 길은 하나님의 말씀으로 먹고 나 자신의 가치를 찾는 것입니다.

42 · 율법을 사랑하는 자

잠 28:1-14

최근 우리 사회에서 사람들의 입에 자주 오르내리는 말 중에 '세대 간의 갈등'이라는 말이 있습니다. 다른 말로 '부자 아버지와 가난한 자식'으로 표현할 수도 있습니다. 지금 아버지 세대는 어렸을 때는 가난했지만 그 동안 열심히 공부하고 노력한 결과 지금은 잘살고 있는 것입니다. 거기에 비해서 자녀들은 어렸을 때 부모님 덕분으로 고생하지 않고 잘살았는데 지금은 가난하게 된 것입니다. 젊은이들은 어른들이 보는 신문은 보지 않으려고 하고 어른들과 다른 형식인 트위터라는 방식을 통해서 세상 이야기를 듣습니다. 그래서 나타나는 현상 중의 하나가 괴담의 유행입니다. 세상에서 소외되었다고 생각하는 사람들은 이미 잘살고 있는 사람들의 이야기는 들을 필요가 없는 것입니다. 그래서 가난하고 어려운 자들은 자기들 나름대로 이야기를 지어내고 그것을 믿고 유행시키면서 기성세대를 비웃고 있는 것입니다. 그러나 이것을 반드시 부정적으로 생각할 필요는 없습니다. 가난한 자식의 문제는 바로 우리 부모들의 문제이기 때문입니다. 그리고 왜 옛날에는 잘살았는데 지금은 가난하게 되었는지 진지하게 생각해볼 필요가 있습니다. 옛날에는 잘살았는데 지금은 못살게 되었다면 언제부터인가 하나님의 축복의 길에서 벗어나기 시작했기 때문입니다. 이것은 단지 어른과 젊은이 세대 간의 갈등으로 볼 것이 아니라 우리 모두의 문제이며 결국 괴담이 퍼진다든지 혹은 세대 간에 이야기가 통하지 않는 것은 젊은이들이 어른들에게 자신들의 문제를 좀 더 본질적으로 진지하게 생각해 달라는 뜻으로 생각할 수 있기 때문입니다. 눈에 보이는 현상만 가지고 따지면 모든 것이 갈등이고 투쟁의 문제로 생각되지만 하나님의 말씀을 가지고 보면 결국 나 자신의 문제이며 우리 모두의 문제인 것입니다. 오늘 우리 시대의 문제는 하나님의 말씀으로 돌아가지 않으면 결코 그 해답을 찾지 못할 것입니다.

잠언 25장부터 29장까지 다섯 개의 장이 솔로몬의 잠언이기는 하지만 원래 잠언에 포함되었던 것이 아니라 나중에 히스기야 왕 때 신하들에 의해서 편집된 부분입니다. 어떤 이유에서 이 중요한 말씀이 공식적인 잠언에서 빠졌는지 잘 알 수 없지만 부흥이 일어나면서 그 동안 잃어버렸던 하나님의 말씀에 대한 가치가 되살아난 것입니다. 하나님의 말씀 중에도 어떤 말씀은 우리가 너무 무지해서 그 가치를 제대로 깨닫지 못하고 있다가 어느 순간 크게 관심을 끌게 되는 것들이 있습니다. 기독교에서는 20세기에 들어와서 '하나님의 나라'라는 것에 큰 관심이 생기게 되었고, 또한 '성령 세례'라는 주제에 대해서도 큰 관심을 끌게 되었습니다. 이 두 가지 모두 우리 신앙을 부요하고 풍성하게 만든 주제였습니다. 잠언 후반부에 나오는, 뒤에 편집된 잠언들도 큰 부흥이 일어나면서 다시금 그 가치를 깨닫게 된 하나님의 말씀입니다.

1. 악인과 의인의 태도

우선 성경은 악인과 의인은 어떤 어려움이 닥쳤을 때 대하는 태도가 다르다고 말씀하고 있습니다.

1절 "악인은 쫓아오는 자가 없어도 도망하나 의인은 사자같이 담대하니라."

우리 속담에 '도둑이 제 발 저리다' 는 말이 있습니다. 도둑은 길에서 경찰을 보면 괜히 자기를 잡으려는 줄 알고 도망을 치게 됩니다. 길에서 경찰을 보고 도망치는 사람은 일단 죄를 지은 사람이라고 보아야 할 것입니다. 그러나 이런 경우는 대개 좀도둑의 경우이고 실제로 악인은 더 담대할 수 있습니다. 먼저 악인의 정의를 생각해 볼 필요가 있습니다. 여기서 '악인' 이란 하나님을 두려워하지 않는 사람을 말합니다. 하나님을 두려워하지 않는 사람은 자기 머리나 자기 돈을 믿기 때문에 오히려 큰 소리를 칠 수도 있고 자신만만합니다. 거기에 비해서 의인은 하나님을 두려워하는 사람으로서 이런 사람은 자신의 주관이 약할 수도 있고 성격이 모질지 못해서 어려운 일을 당하면 겁을 집어먹을 때가 많습니다. 그런데 악인은 쫓아오는 자가 없어도 도망을 하나 의인은 사자같이 담대하다고 했습니다. 결국 도망을 한다고 하거나 담대하다는 것은 어떤 어려움을 당한 것을 전제로 하고 있는 것입니다. 사람들은 누구든지 어려움을 당하면 다 겁을 집어 먹게 되고 두려워하게 되어 있습니다. 오히려 하나님을 믿지 않는 자는 자기 머리나 돈으로 해결할 수 있을 것이라고 생각해서 아무것도 아닌 것처럼 큰소리칠 것입니다.

사람은 자기 힘으로 감당할 수 있는 어려움이 오면 누구든지 크게 걱정하지 않습니다. 그러나 자기 힘으로 도저히 감당할 수 없는 큰 어려움이 오면 모두 불안해하고 두려워하게 됩니다. 놀라운 사실은 평소에 하나님을 두려워하지 않고 큰 소리 치던 사람은 자기보다 더 큰 어려움이 오면 갑자기 무너져버립니다. 그런데 평소에 하나님을 두려워하던 사람은 자기보다 더 큰 어려움이 왔는데도 불구하고 오히려 담대하게 됩니다. 그 이유가 어디에 있을까요? 하나님을 두려워하지 않는 자는 자기가 감당할 수 없는 어려움이 오면 눈앞이 캄캄해지면서 절망을 해버리지만 평소에 하나님을 두려워하는 자는 어려움이 닥쳤을 때 하나님의 음성이 들리기 때문입니다. 예를 들어서 소나 개 같은 가축들은 낯선 사람이 온다든지 모르는 짐승이 오면 겁을 집어 먹습니다. 그런데 놀라운 것은 개나 소는 자기 주인이 옆에 있으면 그렇게 담대할 수가 없다는 것입니다. 개나 소는 주인이 옆에 있으면 어떤 짐승이 오더라도 겁내지 않고 담대하게 싸우려고 합니다. 이런 가축들도 주인을 믿는 믿음이 있기 때문입니다.

  평소에는 하나님을 의지하지 않고 자기 힘이나 머리를 믿는 사람이 더 담대합니다. 이들이 담대한 것은 정말 모든 어려운 위기를 다 이길 수 있는 자신감이 있어서 그런 것이 아니라 감각이 마비되어서 두려움을 느끼지 못하는 것입니다. 그러다가 자기 힘을 능가하는 어려운 위기를 당하게 되면 갑자기 눈앞이 캄캄해지면서 도대체 무엇을 해야 할지 생각을 하지 못하게 됩니다. 악한 자의 성은 난공불락의 성 같지만 이상하게 한번 무너지기 시작하면 한꺼번에 무너지게 됩니다. 거기에 비해서 평소에 하나님을 의지하던 사람들도 자기 힘으로 감당할 수 없는 어려움이 오면 겁을 집어 먹고 두려워하고 당황합니다. 그러나 하나님의 백성들에게 어려움이 오면 반드시 주님의 음성이 들립니다. 우리는 그 음성을 듣고 주님이 멀리 계시지 않고 내 옆에 계신다는 것을 알고 용기를 내게 됩니다. 오늘 본문에는 사자같이 담대하다고 했습니다. 사자는 짐승들 중에 가장 힘이 세고 강하기 때문에 아무도 이길 수 없습니다. 사람들은 이 비결을 알지 못할 것입니다. 하나님의 백성들은 처음에는 이리였다가 하나님의 말씀을 들으면 양으로 변하게 됩니다. 하나님은 어린양과 같은 우리들을 다시 이리 가운데로 보내십니다. 그런데 우리는 이리 가운데서 다시 사자로 변해버리는 것입니다. 결국 우리를 사자로 변하게 하는 것은 성령의 능력입니다. 옛날 블레셋 사람들이 삼손이 유대인들에게 붙들려오는 것을 보고 좋아했지만 성령이 임하시니까 삼손은 갑자기 힘이 생기면서 나귀 턱뼈 하나로 천 명의 블레셋 사람들을 쳐죽였습니다.

등산을 잘하는 사람이라 하더라도 높은 산을 오를 때에는 반드시 밧줄을 몸에 감고 올라갑니다. 눈 비탈에 미끄러지거나 혹은 절벽에서 떨어지게 되었을 때 밧줄이 있으면 더 이상 떨어지지 않고 매달려 있기 때문입니다. 그러나 밧줄이 없는 사람은 한번 미끄러지거나 떨어지기 시작하면 붙잡을 수 있는 것이 없기 때문에 끝없이 떨어지게 됩니다. 마찬가지로 학벌을 믿고 살던 사람이 갑자기 직장을 잃었는데 연령이 초과가 되어서 어느 곳에서도 받아주지 않을 때 그 학벌은 휴지 조각이 되고 맙니다. 그러나 평소에 하나님의 말씀을 붙들고 사는 사람은 하나님의 말씀이 밧줄이기 때문에 떨어지다가도 중간에 대롱대롱 매달리게 됩니다. 거기서 하나님께서 한걸음씩 인도해서 성공하게 되면 그 후에는 사자같이 담대하게 되는데, 어떤 어려움에서도 일어서는 비결을 배웠기 때문입니다. 결국 우리가 내 삶의 주인이 되어서 살아가면 잘 나갈 때는 좋은데 큰 어려움이 닥치면 아무런 대책이 없게 됩니다. 내가 내 삶의 주인이 되지 않고 하나님이 내 삶의 주인이 되시면 어려움 가운데서라도 반드시 하나님이 나와 함께 하시며 그 어려움을 이기게 하시기 때문에 두려움이 없게 됩니다. 이번에는 이것을 나라의 정치에 적용합니다.

2절 "나라는 죄가 있으면 주관자가 많아져도 명철과 지식 있는 사람으로 말미암아 장구하게 되느니라."

우리 생각에 나라의 통치자가 자꾸 바뀌면 독재자가 생기지도 않고 정치도 변화가 있어서 좋을 것 같습니다. 그러나 성경은 나라에 죄가 있으면 주관자가 많아지게 된다고 말씀하고 있습니다. 나라에 죄가 있으면 통치자가 자주 갈린다는 뜻입니다. 예를 들어서 야구 경기를 하는 데 가장 중요한 사람은 공을 던지는 투수입니다. 그런데 어떤 팀에서 감독이 투수를 자꾸 바꾸고 있다면 이것은 투수가 타자들을 막아내지 못하기 때문에 자꾸 바꾸는 것입니다. 마찬가지로 하나님 나라가 지속적으로 부흥되려고 하면 바른 신앙을 가진 지도자가 오래 이끄는 것이 중요합니다. 하나님의 나라는 한번 부흥의 불이 붙는 데 시간이 오래 걸리기 때문입니다. 하나님의 나라가 계속 부흥되기 위해서는 바른길을 찾는 것이 중요하고 바른길을 찾은 다음에는 그 길로 꾸준히 가는 것이 중요합니다. 대개 사람들은 길을 모르기 때문에 여러 가지 다양한 길을 추구하고 일단 길을 찾은 후에도 그것으로 만족을 하지 못하고 자꾸 다른 것을 찾기 때문에 부흥이 오래가지 않습니다. 하나님의 나라에서 운전수는 할 수 있으면 한 사람이 오래 충성되게 운전을 해나가는 것이 중요합니다. 그러면 다른 사람들은 무엇을 합니까? 각자는 각자에게 할 일이 있습니다. 각자는 그것을 잘하면 되는 것입니다.

이런 예를 가장 잘 보여주는 것이 기드온의 아들 요담이 말한 나무의 비유입니다. 어느 날 나무들이 모여서 서로 왕을 뽑기로 했습니다. 우선 나무들은 나무들 중에서 가장 인기가 많은 포도나무에게 나무의 왕이 되라고 하니까 포도나무는 나는 포도즙을 짜서 술을 만드는 것이 중요하기 때문에 굳이 왕이 될 필요를 느끼지 못한다고 했습니다. 나무들이 감람나무나 무화과나무를 찾아가서 말을 해도 모두 똑같은 말을 했습니다. 나무들은 모두 각자에게 할 일이 있기 때문에 정치 같은 것은 할 필요가 없는 것입니다. 정치라고 하는 것도 하나의 은사요 봉사이지 이것이 절대적인 성공의 자리가 아니기 때문입니다. 그러나 가시나무는 자기가 왕이 되겠다고 했습니다. 가시나무는 자기 역할에 만족을 하지 못하고 있었기 때문입니다. 그러나 사실 가시나무도 중요한 역할이 있는데 그것은 과수원의 울타리가 되어서 도둑이나 들짐승의 습격을 막는 것이고 또 아이들이 고동을 파먹을 때 가시를 쓸 수가 있는 것입니다. 나라가 부흥이 될 때에는 사람들이 굳이 남의 위에서 군림하려고 하지 않고 자기가 맡은 일을 신바람 나게 합니다. 그러나 사람들이 악하게 되고 나라를 빼앗아서 자기 것으로 만들려고 하면 온종일 궁리하는 것이 왕이나 정치하는 사람들을 몰아내고 자기가 정권을 잡는 것입니다. 지금 우리나라는 사람들 모두 자기가 하는 일을 다 팽개치고 정치를 하려고 난리를 치고 있습니다. 이 나라에 죄가 많기 때문입니다. 사람들의 마음속에 불신이 가득 차 있기 때문에 남을 믿지 못하는 것입니다. 나라는 '명철과 지식이 있는 사람으로 장구하게 된다'고 했습니다. 나라가 오래 가려고 하면 당장 눈앞의 인기나 이익보다 먼 미래를 볼 수 있는 지혜를 가진 사람이 있어야 하는 것입니다. 미래를 볼 수 없으면 결국 그 사람이 그 사람이기 때문에 끝없이 치고받고 싸울 수밖에 없는 것입니다. 우리나라의 미래가 희망적이려면 지금 정치보다 더 중요한 영적인 부흥이 일어나야 합니다. 지금 청와대나 국회보다 더 중요한 것이 교회입니다. 이것을 볼 수 있어야 우리에게는 미래가 있습니다.

3절 "가난한 자를 학대하는 가난한 자는 곡식을 남기지 아니하는 폭우 같으니라."

여기에 보면 '가난한 자가 가난한 자를 학대한다'는 말이 나옵니다. 우리가 이것을 통해서 알 수 있는 것이 사람이 가난하게 되면 대개 다른 사람의 어려운 처지를 이해하게 된다는 것을 의미합니다. 병원에 있는 입원실에 가면 사람들끼리 서로 스스럼없이 친한 것을 볼 수 있습니다. 병원에 입원한 사람들은 모두 고난 중에 있는 사람들이기 때문에 서로 체면을 지키거나 잘난 체할 이유가 없기 때문입니다. 그런데 가난하게 되었음에도 불구하고 자기보다 더 가난한 자를 학대하는 사람은 그야말로 가난을 통해서 전혀 깨달음을 얻지 못한 사람이고, 하나님 앞에서 마음이 낮아지지 못한 사람입니다. 이런 사람은 정말 악독한 사람입니다. 이런 사람에게 걸리면 곡식 하나 남겨 놓지 않는 폭우 같다고 했습니다. 이런 사람은 다른 사람의 모든 것을 다 싹쓸이 해가는 악한 사람인 것입니다. 그러면 도대체 이 악한 가난한 자는 누구를 말하는 것일까요? 이런 사람은 앞에 있는 나라의 통치와 연결해보면 가난한 집 출신이 가난한 나라의 정권을 잡게 된 것입니다. 우리 생각에 가난하던 사람이 정권을 잡게 되면 가난한 사람들을 많이 배려해줄 것 같은데 악한 자들은 오히려 더 심한 독재를 해서 자기는 엄청나게 배를 불리면서 국민들은 굶어죽게 만드는 것입니다. 우리는 이것을 아프리카나 중동이나 북한에서 볼 수 있습니다. 이런 나라의 통치자들은 정말 가난한 나라의 통치자들인데 그렇게 국민들을 헐벗게 하면서 자기들의 배는 불리고 초호화판으로 살아가고 있는 것입니다. 이것은 하나님께서 인간들로 하여금 인간들이 죄에 빠진 결과가 어떤 것인지 좀 깨달으라는 것입니다. 이 세상에서 가장 아름답고 행복한 것은 하나님 말씀의 통치입니다. 인간들은 하나님의 통치를 벗어나면 스스로 신이 될 수 있을 줄 알았지만 나타난 결과는 비참한 독재자의 지배인 것입니다.

4절 "율법을 버린 자는 악인을 칭찬하나 율법을 지키는 자는 악인을 대적하느니라."

여기서 중요한 것은 과연 우리가 율법을 배우는 것이 무엇이냐 하는 것입니다. 율법을 배운다는 것은 그냥 딱딱한 하나님의 법을 배우는 것이 아니라 하나님의 말씀을 우리 안에 채우고 우리 자신이 스스로 하나님의 말씀을 분별해서 지키는 자가 되는 것입니다. 이것이 하나님이 우리 인간에게 주신 최고의 자유입니다. 우리나라 사람들은 민주주의가 인간이 만들어낸 최고의 자유라고 생각해서 경찰도 때리고 시도 때도 없이 데모를 하려고 하지만 이것은 엄청난 시간과 정력의 낭비입니다. 오늘 성경은 일단 율법을 버린 자는 악인을 칭찬한다고 했습니다. 마음속에 하나님의 말씀을 배우지 않은 사람은 마음이 하나님에 대하여 반항적입니다. 이런 사람은 악한 자의 용기와 대담함에 박수를 치면서 지지를 아끼지 않습니다. 사실 악한 자들은 자기들이 하나님을 대적하면 대적할수록 더 돋보이고 똑똑하게 되는 줄 알지만 실제로는 가장 어리석은 짓입니다. 예수님은 사울에게 가시채를 뒷발질하는 것이 네게 고통이라고 말씀하셨습니다. 우리가 하나님을 무시하고 대적하면 스스로 굉장히 똑똑하게 보입니다. 그러나 이런 똑똑한 사람들이 암을 이기지 못하고 우울증을 이기지 못해서 자살을 하거나 죽거나 망하게 됩니다. 반대로 율법을 지키는 자는 악인을 대적한다고 했습니다. 왜냐하면 겉으로 보기에 악인이 똑똑하고 유능한 것은 사실이지만 하나님보다 자기를 더 높이는 사람은 결코 망할 수밖에 없기 때문입니다. 하나님의 말씀을 아는 사람은 절대로 악한 자를 따라가지 않습니다. 그리고 악한 자에게 아첨을 하지도 않습니다. 악한 자가 자기 스스로는 대단하게 생각할지 몰라도 하나님 앞에서는 아무 쓸모없는 폐품에 불과하기 때문입니다.

2. 하나님께 성실한 사람

우리가 하나님의 축복을 받고 성공을 하려면 일단 축복의 길을 찾아야 하고 그 길을 끝까지 가야 합니다. 그러나 세상에서도 성공의 길을 찾는다는 것은 결코 쉽지 않습니다. 세상에서도 성공한 사람은 천 명 중에 한 명 있을까 말까 할 정도로 운도 좋아야 하고 본인도 열심히 노력을 해야 하기 때문입니다. 우리가 하나님의 백성으로 성공하는 것은 세상적인 성공보다 훨씬 더 어렵습니다. 이스라엘 백성들은 애굽을 나온 후에 광야로 들어가는데 홍해에서 바다가 갈라진 길로 건너갔습니다. 이것은 정상적으로는 우리의 길이 보이지 않는다는 뜻입니다. 예수님께서도 "사람이 떡으로만 살 것이 아니요 하나님의 입으로 나오는 모든 말씀으로 살 것이라"(마 4:4)고 하셨습니다. 이것은 세상의 성공의 길과는 다른 것입니다. 우선 우리가 하나님의 축복의 길을 찾기 위해서는 근시안적인 욕심을 버려야 합니다.

> 5절 "악인은 공의를 깨닫지 못하나 여호와를 찾는 자는 모든 것을 깨닫느니라."

중요한 것은 '공의'가 과연 무엇이냐 하는 것입니다. '공의'는 말 그대로 모든 사람이 정의로 생각하는 것입니다. 옛날에는 보통 공의란 법에 어긋나지 않는 것으로 생각했습니다. 최근에 와서 우리나라에는 경제적인 공평이 정의라고 생각하게 되었습니다. 그래서 할 수 있으면 부자에게 세금을 더 거두어서 가난한 자에게 주는 것을 정의라고 생각하는 사람들이 있습니다. 거기에 비해서 어떤 사람들은 모든 사람들이 더 잘살고 행복한 것이 정의라고 생각합니다. 그래서 정의가 실현되려고 하면 경제가 더 성장해야 한다고 주장하는 것입니다. 그러나 성경에서 공의라고 하는 것은 그야말로 하나님과 바른 관계를 가지는 것을 말합니다. 인간이 하나님과 바른 관계를 가질 수 있는 방법은 오직 하나밖에 없습니다. 우리가 눈앞의 이익을 좇지 않고 하나님을 믿는 것입니다. 하나님을 믿는 것은 결사적으로 하나님의 말씀을 믿는 것입니다. 어떤 사람은 하나님의 말씀을 믿기는 믿는데 남을 정죄하기 위해서 믿는 사람들이 있습니다. 이런 사람들의 신앙이 바로 예수님으로부터 책망 받은 서기관과 바리새인들의 신앙인 것입니다. 우리는 하나님의 말씀을 가지고 남을 정죄하거나 많은 것을 아는 것처럼 잘난 체하기 전에 내 안을 하나님의 말씀으로 채워야 합니다. 그러면 하나님을 바로 알게 되고 다른 사람에 대해서도 바른 생각을 가지게 됩니다. 이것이 바로 공의입니다.

그런데 악인은 공의를 깨닫지 못합니다. 악인은 모든 것을 볼 때 자기 이익이나 자기 인기를 중심으로 생각하기 때문에 하나님이 자기를 어떻게 보시며 자기 자신이 다른 사람에게 어떻게 보이는지 알지 못하는 것입니다. 그래서 악인은 작은 이익을 챙기는 데는 재빠르지만 하나님의 큰 축복은 알지 못합니다. 악인들의 그릇은 작을 수밖에 없는 것입니다. 거기에 비해서 여호와를 찾는 자는 모든 것을 깨닫는다고 했습니다. 우리가 하나님을 찾을 때 하나님은 우리에게 거시적인 세계를 볼 수 있는 넓은 안목을 주십니다. 우리나라가 얼마 전에는 잘살았는데 이제 젊은이들이 점점 못살게 되고 있다는 것은 우리의 정신 자세가 하나님의 축복에서 점점 멀어지고 있는 것을 의미합니다. 이것을 바로 보지 못하고 세대 간의 갈등으로 본다면 결국 어떻게 하자는 것인지 알 수 없게 되는 것입니다. 우리 현실을 하나님과의 관계에서 보면 하나님께로 돌아가기 위해서 무엇인가 결단해야 할 것이 있고 포기해야 할 것이 있을 것입니다. 과연 우리 기성세대는 젊은 세대를 위해서 버려야 할 것이 무엇인가 생각해보아야 합니다. 또 젊은 세대는 무조건 살아남기 위해서 허우적거릴 것이 아니라 방향을 어떻게 잡아야 하는지 거시적인 것을 생각해보아야 할 것입니다.

6절 "성실히 행하는 가난한 자는 사곡히 행하는 부자보다 나으니라."

이 말씀이 오늘 본문에서 가장 중요한 핵심 되는 말씀일 것입니다. 우리는 다른 사람을 평가할 때 부자냐 가난하냐 하는 결과를 가지고 판단을 합니다. 그 대신 사람이 성실하냐 거짓되냐 하는 것은 부자가 되는 방법으로 생각합니다. 이 세상 사람들은 다른 사람들을 판단할 때 방법이나 과정보다는 결과, 그것도 물질적이나 세상적인 성공만 가지고 판단을 하게 됩니다. 그러나 하나님께서는 이런 결과보다는 과정을 더 중요하게 생각하신다고 말씀하고 있습니다. 여기서 중요한 것은 '성실하다' 는 것입니다. 보통 어떤 사람이 성실하다고 할 때에는 자기가 맡은 일을 착실하게 잘해내는 것을 말합니다. 대개 세상에서도 성실한 사람들이 처음에는 고생을 하지만 나중에는 복을 받아서 잘사는 경우가 많습니다. 성경에서 성실하다고 말하는 것은 하나님의 축복의 길을 찾는 사람을 말합니다. 우리가 하나님의 축복의 길을 찾으려고 하면 인생 밑바닥에 한번 내려가 봐야 합니다. 이론적으로 공부하는 하나님의 말씀을 가지고는 이 축복의 길을 찾을 수 없습니다. 먹을 것이 다 있고 갖출 것을 다 갖춘 상태에서 배우는 하나님의 말씀은 하나의 장식품에 불과할 수 있기 때문입니다. 인생 밑바닥에서 도저히 먹고 살 것이 없는 가운데 붙드는 하나님의 말씀은 나를 살리느냐 죽이느냐 하는 생명이 달린 말씀입니다. 마치 엘리야가 사렙다에서 만난 과부가 자기가 가졌던 마지막 떡을 포기하고 엘리야의 말을 믿었을 때, 그 말씀은 자신과 아들을 살리기도 하고 죽일 수도 있는 말씀이었던 것입니다. 우리가 인생 밑바닥에서 하나님의 말씀을 붙들 때 거기에 응답이 있고 기적이 있고 부흥이 있습니다. 그렇다고 해서 우리가 당장 유명하게 되거나 부자가 되는 것은 아닙니다. 사람이 참으로 묘한 것은 인생 밑바닥에서 하나님의 말씀을 붙들고 길을 찾았으면 이 길을 끝까지 가야 하는데 거의 대개는 그 어려웠을 때 붙들었던 말씀을 부끄러워하고 이제는 세상에서 인정하는 고상한 다른 길을 찾는 것입니다. 우리가 바른 하나님의 말씀을 찾았으면 누가 뭐라고 하든지 끝까지 이 길을 가야 하는데 대개는 변덕을 부립니다. 그러면서 사람들은 그것을 변화요 발전이라고 합니다. 그러나 그것은 변화나 발전이 아니라 변덕이고 성실하지 못한 것입니다. 여기에서 성실하다는 것은 누가 뭐라고 하든지 간에 내가 인생 밑바닥에서 찾았던 그 말씀을 끝까지 믿고 나가는 것입니다. 하나님은 그런 사람을 가장 귀하게 생각하셔서 자신의 능력과 축복을 모두 다 맡겨주십니다. 단지 세상의 좋은 것들 한두 개 걸어놓고 성공했고 축복 받았다고 자랑하면서 하나님의 말씀에 충성되지 않는 자는 사곡한 것입니다. 말로 아무리 자기가 정직하다고 떠들어대도 그것이 사곡한 것입니다. 인간의 마음은 휘어져 있고 비틀어져 있기 때문에 비틀어진 길을 아무리 똑바로 걸어도 그 사람은 비틀어지게 걸어가고 있는 것입니다. 그가 아무리 부자라고 하지만 하나님 앞에서는 인정받지 못하는 천박한 부자인 것입니다.

7절 "율법을 지키는 자는 지혜로운 아들이요 탐식자를 사귀는 자는 아비를 욕되게 하는 자니라."

이것은 우리가 무엇을 사랑하느냐 하는 것입니다. 한 아들은 하나님의 율법을 사랑합니다. 거기에 비해서 다른 아들은 탐식하는 자와 사귀는 것을 사랑하는 것입니다. 우리가 생각하기에 하나님의 말씀을 아무리 사랑해봐야 세상에서 누가 알아주는 것도 아니고 길이 열리는 것도 아닙니다. 거기에 비해서 탐식하는 자를 사귀는 것은 일단 사람을 사귀는 것이니까 재미가 있고 또 그런 사람을 사귀면서 세상에 돌아가는 많은 정보를 들을 수도 있을 것입니다. 그러나 사람들이 깨닫지 못하는 것은 세상에서 바보 같은 사람들의 이야기를 아무리 많이 들어도 그것은 성취되는 힘이 없다는 것입니다. 단지 탐식하는 자들과 사귀는 동안에 배만 늘어나게 되고 머리에 온갖 지저분한 세상 이야기로 가득 차게 되는 것입니다. 특히 요즘은 식사 대접을 하거나 받는다고 하면 최소한 두 시간에서 세 시간은 걸리는데 그 동안 온갖 세상의 좋지 않은 이야기들을 다 듣게 되는 것입니다. 거기에 비해서 우리가 하나님의 말씀을 들으면 일단 우리 영혼이 깨끗해질 뿐 아니라 하나님의 능력이 우리에게 임하게 됩니다. 하나님은 마음속에 하나님의 말씀을 가진 자에게 하나님의 모든 능력과 축복을 다 맡겨주십니다. 그래서 사람을 만나서 음식을 먹는 것보다 하나님의 말씀을 듣는 사람이 지혜로운 아들입니다. 거기에 비해서 탐식하는 자와 사귀면서 다른 사람 이야기만 실컷 들으면 그때는 무엇인가 똑똑해지는 것 같은데 막상 자기 일은 하나도 되어 있지 않은 것입니다.

> 8절 "중한 변리로 자기 재산을 많아지게 하는 것은 가난한 사람 불쌍히 여기는 사람을 위하여 그 재산을 저축하는 것이니라."

이자를 많이 받아서 돈을 늘리는 자는 가난한 자를 돕는 자에게 그 돈을 다 빼앗기게 된다는 뜻입니다. 우리 생각에 이자를 많이 받더라도 재산이 느는 것이 현명하게 사는 것 같습니다. 그러나 성경에서 인간은 누구든지 이마에 땀을 흘려야 돈을 벌도록 말씀하고 있습니다. 하나님의 백성들은 수고하지 아니하고 가만히 있으면서 이자를 가지고 재산을 많이 늘리는 것을 좋게 생각해서는 안 됩니다. 은행 이자 정도는 법적으로 인정된 것이니까 얼마든지 인정할 수 있습니다. 하나님의 백성들은 어떻게 해서든지 공짜로 돈을 받는 것을 좋아해서는 안 됩니다. 대개 중한 변리를 받는 자들은 가난한 사람들을 겨냥해서 사냥질을 하는 것입니다. 가난한데 급하게 돈이 필요한 사람들은 고리의 사채를 빌리게 됩니다. 그러나 이런 사업은 가난한 자를 더 비참하게 하는 악한 사업입니다. 결국 언젠가는 이런 사업은 오래가지 못하고 망하고 말 것입니다. 사람은 아무리 돈을 많이 모아도 결국 자기가 다 쓰지는 못하는데 그렇다고 해서 남에게 줄 수도 없는 노릇입니다. 그래서 사람들은 돈을 버는 것만 배울 것이 아니라 쓰는 것도 함께 배워야 합니다. 기독교에서 하나님께 십일조나 헌금을 내는 것이 이미 쓰는 것을 배우는 것입니다. 그러면서 할 수 있으면 너무 부자가 되지 않도록 스스로 상한선을 만들어 놓는 것이 좋습니다. 자기에게 상한선이 없으면 가지면 가질수록 더 가지려고 하기 때문입니다.

3. 하나님을 경외하는 자

우리가 지속적으로 하나님의 복을 받으려면 일시적으로 잘 살아서는 안 되고 하나님의 뜻에 우리 자신이 맞아야 합니다. 우리는 하나님께 기도하는 것이 최고의 무기인 줄 알고 있습니다. 기도 응답을 받는 데도 비결이 있습니다.

9절 "사람이 귀를 돌이키고 율법을 듣지 아니하면 그의 기도도 가증하니라."

사람들은 기도는 다 똑같은 것인 줄 알지만 기도야말로 하나님의 축복의 캐비닛을 여는 것과 같습니다. 우리가 하나님의 말씀을 듣지 않으면서 일방적으로 자기에게 필요한 것만 하나님께 기도하는 것은 가증한 것이라고 했습니다. 이것은 하나님이 들으실 가치가 전혀 없다는 뜻입니다. 예수님은 이런 기도는 자기 상을 이미 받았다고 말씀하셨습니다. 우리는 기도하기 전에 하나님의 말씀을 먼저 들어야 합니다. 그리고 하나님의 말씀을 붙잡고 그 말씀에 내게 소화되며 하나님의 말씀 중에서 내가 불순종하고 있는 작은 것을 버리는 결단을 내릴 때 하나님이 내 마음에 평안을 주십니다. 하나님은 말씀을 붙드는 자에게 단답형으로 응답하시는 것이 아니라 그의 인생 자체를 끌고 가시는 것으로 응답하십니다. 일시적으로는 아무것도 응답되지 않는 것 같은데 나중에 보면 응답되지 않는 것이 없을 정도로 모든 것이 다 응답되어 있게 됩니다. 우리가 하나님을 기쁘시게 하려면 무슨 일을 하려고 하기보다 하나님의 말씀을 먼저 들어야 합니다.

10절 "정직한 자를 악한 길로 유인하는 자는 스스로 자기 함정에 빠져도 성실한 자는 복을 얻느니라."

정직한 자는 하나님을 두려워하고 그 말씀을 붙드는 자를 말합니다. 다른 사람이 이 사람을 한사코 악한 길로 유도하려는 이유는 이런 사람은 너무나도 깨끗하고 하나님의 존귀함이 있어서 그것에 대하여 시기심이 생기기 때문입니다. 사람들은 누군가가 너무나도 깨끗하고 고상하면 그냥 그대로 두는 것이 아니라 반드시 타락시켜서 자기와 똑같이 만들어야 직성이 풀리는 것입니다. 하나님의 말씀을 사랑하는 사람들은 누가 뭐라고 하든지 다른 사람의 말을 너무 따라갈 필요가 없습니다. 말씀을 사랑하는 자를 타락시키는 자는 자기도 함정에 빠지게 됩니다. 하나님의 종들을 시기하는 것이 하나님이 주신 아름다운 마음이 아니기 때문입니다. 그러나 성실한 자는 복을 받습니다. 누가 뭐라고 하든지 간에 자기가 찾은 진리의 길을 끝까지 묵묵하게 가는 사람을 말합니다. 산이나 들판에서 길을 잃은 사람은 여기저기 마구 길을 찾아 돌아다닙니다. 그러나 길을 찾은 사람은 꾸준히 자기 길을 가면 결국 집에 돌아가게 됩니다. 산에서도 길을 찾은 사람은 그 길을 꾸준히 따라가기만 하면 정상에 올라갈 수 있게 됩니다.

11절 "부자는 자기를 지혜롭게 여겨도 명철한 가난한 자는 그를 살펴 아느니라."

사람은 이상하게도 무엇인가 많은 것을 가졌을 때보다 없을 때가 더 자신을 객관적으로 정확하게 볼 수 있다고 말씀하고 있습니다. 여기에 보면 한 부자가 있습니다. 그는 자기가 성공한 것만 보고 자랑하고 싶어 합니다. 그러나 부자는 자기도취에 빠져서 자기에게 없는 것을 모르고 있습니다. 이것은 공부를 많이 한 사람도 마찬가지입니다. 이런 사람은 한 가지 분야를 파고들었기 때문에 자기가 가진 지식이 전부인 줄 알지만, 실은 자기가 얼마나 사회성이 떨어지는 모난 성격의 소유자인 줄 모르고 있습니다. 그러나 명철한 가난한 자는 고난을 당해서 한번 낮아진 사람이라서 하나님의 말씀을 들어보면 자기 자신을 좀 더 객관적으로 보게 되고, 다른 사람들의 허영이나 위선도 깨닫게 되는 것입니다. 사실 사람들이 자신의 모습을 객관적으로 볼 수만 있어도 절대로 추악한 죄는 짓지 않을 것이며 너무나도 멋진 인생을 살 수 있을 것입니다. 거의 대부분의 사람들이 자기가 성공한 것만 보고 도취에 빠지기 때문에 작은 유혹을 이기지 못해서 한평생 쌓은 명성을 다 날려버리는 것입니다.

12절 "의인이 득의하면 큰 영화가 있고 악인이 일어나면 사람이 숨느니라."

의인이 득의한다는 것은 의인이 성공하는 세상을 말합니다. 의인은 대개 아첨도 하지 않고 모든 것을 열심히 노력해서 성공하기 때문에 이런 사람이 성공한다는 것은 그 사회가 공정한 것을 말합니다. 사람들은 자기 마음에는 불의가 있지만 사회가 공정한 것을 너무나도 좋아합니다. 공정한 사회에서는 젊은이들이 미래에 대하여 비전을 가지고 열심히 노력을 하게 됩니다. 그런데 반대로 악인이 일어난다는 것은 이미 사회 자체가 공정하지 못하고 아첨과 뒷거래로 일이 다 처리되기 때문에 사람들이 미래에 대하여 비전을 가지지 못하는 것입니다.

요즘 우리 사회에서 젊은이들이 비전을 가지지 못하는 가장 중요한 이유 중 하나가 재벌의 자녀들 때문이기도 합니다. 재벌 2세나 3세들은 부모를 잘 두었다는 것 하나로 엄청난 재산을 상속해서 어마어마한 회사의 경영자로 초고속 승진을 해버립니다. 그러면 다른 사람들은 대학을 졸업해서 밑바닥에서부터 시작을 해봐야 아무 소용이 없는 것입니다. 어떤 사람들은 벼락부자가 되려고 로또 복권에 매달리고, 어떤 사람은 카지노에서 돈을 다 날려버리기도 합니다. 하나님의 백성들은 세상 사람들과 다른 복을 찾아야 인생을 허비하지 않게 됩니다.

13절 "자기의 죄를 숨기는 자는 형통치 못하나 죄를 자복하고 버리는 자는 불쌍히 여김을 받으리라."

죄란 독약을 마시는 것과 같고 속이 곪아가는 것과 같습니다. 어떤 사람이 독약을 마시고 참고 있으면 참을수록 그의 오장육부는 다 녹아버릴 것입니다. 또 속 어느 부분이 곪아가고 있다면 그냥 두면 둘수록 결국 곪은 부분이 더 커지게 되어서 나중에 터지게 되는데, 그때는 너무 늦어서 치료가 불가능하게 될 것입니다. 우리 인간들은 모두 다 죄를 짓습니다. 사람들은 자기들이 하고 있는 것이 죄인 줄도 모르고 죄를 짓고 먹고 마시고 있습니다. 그러나 하나님의 말씀을 들으면 내가 하고 있는 것이 죄인 줄 알게 됩니다. 우리가 하나님 앞에서 죄 없는 것처럼 자존심을 내세우고 체면을 지키는 것보다 더 어리석은 일은 없습니다. 이것은 마치 환자가 병원에 가서 의사 앞에서 아프지 않은 것처럼 아픈 것을 참는 것과 같습니다. 의사는 환자의 아픈 것을 치료하기 위해서 있습니다. 마찬가지로 하나님은 우리의 죄를 치료해주시기 위해서 계십니다. 특히 감사한 것은 하나님은 죄인이 회개하고 돌아오는 것을 죄 없는 의인이 시치미 떼고 있는 것보다 훨씬 기뻐하십니다. 우리가 죄를 지어도 하나님이 가만히 계시는 것은 우리를 인격적으로 대하셔서 스스로 하나님께 나아오라는 뜻입니다. 우리가 눈물 콧물 흘리면서 회개하면 하나님은 다 용서해주시고 수치를 당하지 않게 하십니다. 그러나 하나님이 모르실 것이라고 생각해서 시치미를 떼고 있다가 곪은 것이 터지면 그때는 긍휼 없는 심판을 당하게 됩니다. 그래서 회개는 빠르면 빠를수록 좋습니다. 독약은 빨리 뱉어버리는 것이 좋고, 고름은 빨리 짜버리는 것이 좋습니다. 하나님은 죄를 자복하고 버리는 자를 불쌍히 여겨주십니다. 하나님은 우리의 연약함을 이해하시고 더 사랑해주시는 것입니다.

14절 "항상 경외하는 자는 복되거니와 마음을 강퍅하게 하는 자는 재앙에 빠지리라."

'경외하는 자'는 두려워하는 자를 말합니다. 경외하는 자는 자기가 부족한 것을 아는 자이기 때문에 무엇을 하더라도 마음대로 하지 않고 언제나 조심하게 됩니다. 하나님을 믿는 자는 하나님이 주인이시기 때문에 언제나 자기 마음대로 하지 못하고 하나님의 뜻을 살피게 됩니다. 특히 하나님의 백성들이 죄를 짓지 못하는 것은 언제나 긴장하기 때문입니다. 하나님이 우리를 늘 보고 계시기 때문에 함부로 죄를 짓지 못하고 죄를 지어도 금방 회개하기 때문에 죄에서 벗어날 수가 있습니다. 그러나 마음을 강퍅하게 하는 사람은 일부러 하나님을 인정하지 않고 양심의 소리를 꺼버리고 자기 욕망대로 해버리는 사람입니다. 우리에게 양심이 있는 것은 위험한 일을 하려고 할 때 경고음을 울리게 하기 위해서입니다. 어떤 사람은 도난 경보나 화재경보기가 귀찮다고 꺼버리고 편하게 살다가 실제로 강도가 들어오거나 화재가 났는데도 경고음이 나지 않아서 망하기도 합니다. 하나님의 백성들은 하나님의 눈치를 보느라고 내 마음대로 하지 못하는 것이 너무나도 많습니다. 그러나 나중에 보면 결국 이것이 우리가 사는 길입니다. 하나님의 말씀을 듣는 것이 귀찮고 그렇고 그런 잔소리라 생각해서 자기 마음대로 나간 사람은 결국 죄의 함정에 빠져서 망하게 됩니다. 우리가 살아가는 이 세상은 그야말로 유혹과 죄의 지뢰밭 같습니다. 이런 세상에서 재앙에 빠지지 않고 끝까지 아름다운 인생을 살 수 있는 방법은 하나님을 경외하며 말씀을 따라가는 것입니다.

43 · 무지한 통치자

잠 28:15-28

몇 년 전 미국에서 어느 비행기가 착륙하자마자 엔진에 이상이 생겨서 불시착하게 되었을 때 조종사가 비행기를 허드슨 강에 불시착시켜서 한 사람도 죽지 않고 안전하게 피할 수 있게 했습니다. 그럴 수 있었던 것은 이 조종사가 아주 노련한 기술을 가진 조종사였기 때문이라고 합니다. 비행기는 아주 고도의 기술을 가진 조종사가 운전을 해야 승객들을 안전하게 모실 수 있습니다. 제가 어렸을 때 집 주위에 고장 난 지프차가 한 대 서 있었습니다. 아이들은 그 지프차 안에 들어가서 운전대를 잡고 운전하는 흉내를 내는 것이 신기했습니다. 고장 난 자동차 안에 들어가서 노는 것은 위험하지 않습니다. 그 차는 더 이상 움직이지 않기 때문입니다. 그러나 만일 실제로 움직이는 차를 어린아이가 핸들을 잡고 운전해야 한다면 이것은 너무나도 위험한 일입니다. 아이들은 운전할 줄 모르기 때문에 차를 운전하면 틀림없이 사고를 일으킬 것이기 때문입니다. 큰 배를 운전하는 것은 자동차를 운전하는 것보다 훨씬 어렵습니다. 배는 자동차처럼 쉽게 좌우로 움직여지거나 멈출 수 있는 것이 아니기 때문입니다. 배는 좌우로 움직이려고 해도 큰 원을 그려서 움직이게 되고, 멈출 때에도 엔진을 멈추고 한참 뒤에 멈추게 됩니다. 더욱이 큰 풍랑이 일거나 태풍이 불 때에는 많은 지식이나 경험이 있어야 배를 침몰시키지 않고 안전하게 목적지로 갈 수 있습니다.

마찬가지로 누군가 나라나 어떤 큰 단체의 책임자가 되는 것은 거대한 배를 운전하는 선장이 되는 것과 같습니다. 우리나라 사람들은 할 수 있으면 서로 높은 자리에 올라가서 더 많은 권력과 혜택을 누리려고만 생각하지 그 자리가 요구하는 책임에 대해서는 별로 생각하려고 하지 않습니다. 이것은 마치 아이들이 서로 움직이지 않는 고장 난 자동차에 서로 운전석에 앉으려고 하는 것과 같습니다. 만일 국가나 단체에 위기가 닥칠 경우 서로 그 자리에서 도망치려고 할 것입니다. 고장 난 자동차의 운전수가 되는 것은 누구나 할 수 있습니다. 그러나 낭떠러지를 향하여 돌진하고 있는 자동차를 잘 운전해서 사람들을 살릴 수 있으면 그것은 정말 멋진 운전수가 되는 것입니다. 얼마 전 아덴 만에서 해적들에게 배를 빼앗겼지만 배에 총탄을 맞아가면서 배를 천천히 가게 해서 결국 해적들을 모두 체포하게 만든 선장이 세계에서 최고로 훌륭한 선장 상을 받았습니다. 우리가 다른 사람보다 높은 자리에 올라가고 돈을 많이 벌고 많은 지식을 가지는 것은 결국 하나님이 우리의 인격을 테스트하시는 것입니다. 남들보다 유리한 그 자리에서 도대체 남을 위해서 무엇을 어떻게 하는지 보시는 것입니다. 미련하고 악한 사람들은 자기가 가진 자리에 불만을 갖고 더 안정되고 높은 자리로 오르려고 하지만, 전혀 남을 위해서 봉사할 준비가 되어 있지 않은 것입니다.

1. 악하고 무지한 통치자

　사람들은 모두 더 많은 돈을 가지고 더 높은 자리에 올라가기를 원하지만 무엇 때문에 자기가 더 돈을 가져야 하며 더 높은 자리에 올라가야 하는지를 생각하지 않습니다. 성경은 그런 사람을 악하고 무지한 통치자라고 말씀하고 있습니다. 높은 자리에 올라갈 수 있는 사람들은 대개 머리가 좋고 똑똑한 사람들입니다. 이런 사람들은 어려운 시험에 잘 합격할 정도로 머리가 좋고 또 관운이 좋아서 높은 자리에 올라갔기 때문에 높은 자리에 있는 것을 자신의 특권으로 생각합니다. 이런 사람들은 운전석에 앉아 있기는 하지만 전혀 운전할 줄 모르는 운전사와 같고, 아주 큰 배의 선장을 맡았지만 실제로는 배를 운전할 실력이 없는 사람과 같습니다. 자기가 배나 자동차를 운전하여 앞으로 나가는 것이 아니라 밑에 있는 사람들의 조언과 권고를 따르는 것밖에 할 수가 없습니다. 자신이 상황을 통제하고 어려움을 헤쳐 나가는 것이 아니라 주위에 있는 사람에 의해서 통제를 당하고 조종을 당해서 일이 되는 것입니다. 이런 사람을 성경은 아주 사나운 맹수에 비유하고 있습니다.

　　15절 "가난한 백성을 압제하는 악한 관원은 부르짖는 사자와 주린 곰 같으니라."

　높은 직책에 올라가는 중요한 목적은 다른 사람에게 사랑을 베풀기 위해서입니다. 이 세상에 살면서 다른 사람에게 사랑을 베풀 수 있는 위치에 있게 된다는 것은 결코 쉬운 일이 아닙니다. 하나님께서 우리에게 높은 자리에 앉게 하시는 것은 어렵고 가난한 사람들에게 사랑을 베푸는 기회를 주시는 것입니다. 그러나 다른 사람에게 사랑을 베푼다는 것은 결코 쉬운 일이 아닙니다. 관리가 사람들을 너무 온정적으로 대한다면 사람들은 너무 안일해져서 자기들이 해야 할 일도 하지 않고 국가에서 모든 것을 다 해주기를 기대할 것입니다. 이것이 바로 요즘 남부 유럽에서 나타나고 있는 국가경제 파탄의 한 요인입니다. 국가가 국민들에게 잘 보이기 위해서 너무 심할 정도로 모든 것을 다 해주니까 결국 국가 재정이 파탄 나서 나라가 망하게 되는 것입니다. 이런 것이 공의가 없는 현상입니다. 국가의 관료는 공의와 사랑을 함께 실천해야 합니다. 공의란 각자가 자신의 삶을 열심히 살 수 있는 여건을 마련해주는 것입니다. 위대한 백성은 결코 공짜를 좋아하지 않습니다. 어느 민족이든지 공짜를 좋아하는 사람들은 게으르게 되어 있고 게으른 백성들은 망하게 되어 있습니다. 관료들은 모든 사람들이 정직하게 자기 일을 해서 아름답고 건강한 삶을 살 수 있도록 불의를 막기만 해도 큰 일을 하는 것입니다. 모든 백성들은 그런 통치자만 봐도 존경하고 신뢰하게 되어 있습니다. 그러나 관료가 거기서 한 걸음 더 나아가, 아무리 일어서려고 해도 너무 가난하고 힘이 없어서 스스로의 힘으로는 도저히 일어설 수 없는 자들을 돌보아 준다면 그는 정말 사랑을 베푸는 훌륭한 통치자가 되는 것입니다. 국가나 어떤 단체의 책임자에게 필요한 우선적인 자질은 공의를 실천하는 것입니다. 모든 사람들을 공평하게 대하고 불필요하게 억울한 일을 당하지 않도록 정의를 지켜주는 것입니다. 그러나 이런 목적을 모르는 관료들은 사나운 짐승과 같습니다. 여기에 나오는 '가난한 백성을 압제하는 악한 관원은 부르짖는 사자나 주린 곰' 같다고 하였는데, 사자나 곰은 아주 사납고 위험한 짐승들입니다. 아마 사람이나 가축이 이런 짐승에게 걸려들었다가는 살아남지 못할 것입니다. 이런 짐승들이 존재하는 목적은 굶주린 자기 배를 채우려는 것밖에 없습니다.

    반면에 여기 가난한 백성들이 나오는데, 이들은 자기 힘으로 일어서기 어려운 사람들입니다. 목자도 제 힘으로 일어서기 어려운 어린 양들은 언제나 자기 팔에 안고 젖을 먹이거나 혹은 따로 우리에 넣어서 보호해야 합니다. 보통 성경에서 가난한 자라는 이들은 경제적인 능력이 없어서 가난한 사람도 있지만 고난당하는 성도들을 의미할 때가 많습니다. 물론 우리가 고난당하는 성도들의 생활을 전부 책임질 수는 없습니다. 그럼에도 불구하고 우리는 고난당하는 성도들을 무시해서는 안 됩니다. 그들은 지금 하나님의 손에서 비싼 도자기로 만들어지고 있는 중이기 때문입니다. 우리는 고난당하는 성도들을 위로하고 격려하며 축복해야 합니다. 그렇게 하기만 해도 고난당하는 성도들은 충분히 일어설 수 있습니다. 고난당하는 성도들에게는 하나님의 능력이 공급되고 있기 때문입니다. 그러나 고난의 가치를 알지 못하는 관원들은 가난한 성도들을 인생의 실패자로 무시하면서 정신적으로 더 심한 패배감을 느끼게 합니다. 고난의 가치를 모르는 관원들은 실제로 무능한 자들이며 배나 자동차를 운전할 실력이 없는 사람들입니다. 이런 사람들은 높은 자리에 앉아서 자기 배나 채우려고 하지 위기 때 사람들의 마음을 움직여서 더 나은 미래를 향하여 가게 할 능력이 없는 사람입니다. 대부분의 관원들이나 책임자들의 자리가 이런 무능한 사람들로 채워져 있는 것이 안타까운 현실입니다.

16절 "무지한 치리자는 포학을 크게 행하거니와 탐욕을 미워하는 자는 장수하리라."

무지한 치리자란 하나님의 말씀의 가치를 모르는 통치자를 말합니다. 이런 사람들은 포학을 무기로 삼는다고 했습니다. 이런 사람들이 다른 사람을 복종시킬 수 있는 방법은 두려움밖에 없기 때문입니다. 세상과 하나님의 백성들은 이 점에서 근본적으로 다른 성격을 가지고 있습니다. 세상 사람들은 통치자가 법과 힘을 가지고 백성들을 다스리게 됩니다. 세상 사람은 아무리 잘해주어도 만족을 모르고, 아무리 선대해도 반항하고 대드는 본성을 가지고 있기 때문입니다. 그러나 하나님의 백성들은 세상 사람들과는 다른 특별한 성품이 있습니다. 그것은 마치 양이 목자를 따라가는 것과 같습니다. 하나님의 백성들이 목자에게 가장 원하는 것은 정직한 것과 하나님의 말씀을 풍성하게 공급받게 해주는 것입니다. 하나님의 백성들은 지도자가 정직하고 말씀만 붙들고 가면 절대적인 신뢰를 가지고 따라가기 때문입니다. 결국 사람은 자기가 생각하는 데 따라서 행동이 달라질 수 있습니다. 어떤 사람이 자기가 높은 자리에 있는 것이 자기 욕심을 채우기 위해서라고 생각한다면 자기 욕심을 채우기 위해서 수단과 방법을 가리지 않을 것입니다. 반면에 자기가 높은 자리에 있는 것이 다른 사람에게 사랑을 베풀기 위해서라고 생각한다면 어떻게 해서든지 다른 사람에게 잘해주려고 생각하게 될 것입니다. 그러나 사실 어떻게 하는 것이 잘해주는 것인지도 쉬운 문제가 아닙니다.

  하나님께서 사람들에게 높은 자리와 돈, 그리고 많은 지식을 주시는 것은 그를 시험해보려는 것입니다. 이 사람들이 자기가 가진 것을 가지고 다른 사람에게 잘난 체하거나 다른 사람을 억압하지 않고 잘 도와줄 수 있느냐 하는 것을 테스트 해보시는 것입니다. 막상 내가 가진 돈이나 지식이나 위치를 사용해서 다른 사람을 돕는다는 것은 생각만큼 쉬운 것이 아니고, 사실 엄청나게 어려운 것입니다. 그러나 우리는 이것을 위해서 고민을 해야 합니다. 자기가 지식이 있고 힘이 있다고 해서 큰 소리를 치고 다른 사람에게 대어드는 사람은 무식한 맹수와 같아서 다른 것을 보지 못합니다. 부르짖는 사자나 굶주린 곰은 눈앞에 있는 먹이만 보지, 감추어져 있는 함정이나 덫이나 숨어 있는 사냥꾼의 총을 보지 못하는 것입니다. 많은 사람들이 왜 자기가 관원이 되어야 하며 장관이 되어야 하는지 모르면서 죽자고 출세하려고 발버둥을 치고 있습니다. 그러나 이 사람들은 막상 차가 움직이거나 위기가 닥치면 자기가 먼저 도망을 칠 사람들입니다. 우리는 자녀들에게 무조건 출세해서 높은 자리에 올라가라고 할 것이 아니라, 왜 그 자리에 올라가야 하는지 거기에 가서 무엇을 해야 하는지 충분히 가르쳐야 하는 것입니다.

우리가 이 세상을 살면서 많은 사람에게 사랑을 베풀 수 있는 기회는 결코 많지 않습니다. 그런데 만일 그런 자리에 내가 오르게 되었다면 자신 있게 그 배나 자동차를 운전해서 모든 사람들이 원하는 행복한 곳으로 그 단체를 끌고 가야 할 것입니다. 그렇게 하려면 분명한 목적의식과 방향 감각이 있어야 하고, 사람을 다룰 수 있는 기술이 있어야 하며, 위기를 헤쳐 나갈 수 있는 실력이 있어야 합니다. 여기에 보면 '탐욕을 미워하는 자는 장수하리라'고 했습니다. 탐욕이란 눈앞에 있는 이익에 집착하는 것이기 때문에 자기 욕심 외에 다른 것을 보지 못합니다. 하나님이 사람에게 좋은 자리를 주신 것은 위기를 잘 극복해서 모든 사람들을 행복한 곳으로 데리고 가라는 것이지 자기 배를 채우라는 것이 아닙니다. 만일 좋은 기회를 받았음에도 불구하고 자기 욕심만 채우는 자는 하나님으로부터 버림을 당할 뿐 아니라 사람들로부터도 버림을 당하게 됩니다. 사람은 다른 사람으로부터 불신당하는 것보다 더 비참한 것은 없습니다. 하나님의 종들에게 있어서 탐욕은 미워해야 할 대상입니다. 하나님의 종들은 언제나 공의를 생각해야 하고, 또 너무 사랑이 많다고 무능해서도 안 됩니다. 반드시 위기를 뚫고 나갈 실력이 있어야 하는 것입니다. 그러면서도 약한 자들을 결코 외면하지 않는 따뜻한 사랑의 마음이 있어야 합니다. 그러면 하나님이 그를 믿어주실 것이며 백성들이 그를 믿어줄 것입니다. 사람들은 다른 사람이 자신을 믿어주는 가치가 얼마나 엄청난지 모르고 있습니다. 이것은 결코 금전으로 환산할 수 없는 보물입니다.

17절 "사람의 피를 흘린 자는 함정으로 달려갈 것이니 그를 막지 말지니라."

우리가 이 세상을 살다보면 모든 사람을 다 좋아할 수 없고 또 모든 사람의 마음에 들 수도 없습니다. 사람이 세상을 살다보면 좋아하는 사람이 있을 수도 있고 미워하는 사람이 있을 수도 있습니다. 그러나 하나님의 백성들이

든 다른 누구든 결코 넘어서는 안 되는 선이 있습니다. 결코 다른 사람의 피를 흘려서는 안 된다는 것입니다. 다른 사람을 죽음에 이르게 하는 것만이 아니라 다른 사람을 망하게 짓밟는 것도 마찬가지입니다. 물론 이 세상에서 살다보면 다른 사람과 경쟁을 해야 할 때도 있습니다. 또 세상은 어쩔 수 없이 이기는 자와 지는 자가 구별되어야 할 때가 있습니다. 이때 하나님의 백성들은 실력으로 이기면 되는 것이지, 굳이 상대방에게 피를 흘려서 망하게 하면서까지 이겨서는 안 되는 것입니다. 그래서 씨름 경기를 하면서 이긴 사람이 넘어지는 사람을 붙잡아서 다치지 않게 하거나 혹은 진 사람의 손을 잡아서 일으켜주기도 하는데, 승자의 이런 모습은 신사적이고 보기에도 좋습니다. 어떤 사람은 경기를 하면서 상대방을 다치게 하거나 아니면 반신불수가 되게 해서 이기는 경우가 있는데 이럴 때에는 자기 자신에게도 좋지 않은 정신적인 후유증이 남게 되는 것입니다. 우리가 경기를 하거나 경쟁을 할 때 작은 점수 차이라도 이기면 되는 것이지 싹쓸이를 하거나 상대방을 완전히 망하게 하면서 이길 필요는 없는 것입니다. 요즘 교회도 그런 면이 있는데, 어느 정도 교회가 커지고 부흥하면 되는 것이지 교인들을 싹쓸이 하듯이 다른 교회들을 다 무너지게 하면서 초대형 교회를 만드는 것은 탐욕적인 목회라고 비난받을 것입니다.

　모든 사람들은 이 세상에서 누구든지 인격이 존중될 필요가 있으며 나름대로 행복하게 살 권리가 있습니다. 그러나 분노의 감정에 사로잡힌 자는 다른 사람의 행복이나 인격 같은 것은 전혀 중요하게 생각하지 않기 때문에 상대방을 완전히 파멸시키는 데 만족감과 쾌감을 느끼려고 합니다. 이런 사람들은 사실 자기 자신이 함정으로 달려가고 있는 것입니다. 이 사람의 분노는 한두 사람 망하게 한다고 해서 그치지 않고 결국 끝까지 이런 식으로 살아가게 될 것입니다. 다른 사람의 피를 흘린 사람은 자기도 보복당할 것을 두려워해서 많은 사람들을 의심하며 공포 정치를 하게 됩니다. 그들의 함정은 언제나 바로 생각하지 못한 데 있습니다. 악한 자가 아무리 머리가 좋다고 해도 하나님의 지혜를 이길 수 없기 때문입니다. 인간의 삶은 그야말로 위기 가운데서 하나님의 도우심으로 사는 존재들입니다. 하나님이 우리를 지켜주시지 않고 하나님이 우리를 붙들지 아니하시면 바로 그 순간이 망하는 순간입니다. 그런데 성경에 '이런 사람을 막지 말라'고 말씀하고 있습니다. 이것은 이런 사람을 끝까지 도와주려고 하지 말라는 뜻입니다. 왜냐하면 이런 악한 사람에게 충성을 하는 것은 결국 함께 망할 수밖에 없기 때문입니다.

2. 충성된 자는 복을 받는다

세상을 보면 기회를 잘 포착하고 행동이 재빠른 사람이 성공하는 것 같습니다. 그러나 성경은 결코 그렇지 않다고 말씀하고 있습니다. 성실하고 충성된 자가 성공하는 것이고 기회주의적이며 자기 꾀를 믿는 자는 실패한다고 말씀하고 있습니다. 이 세상에는 우리 눈에 보이지 않는 축복의 세계가 있기 때문입니다. 이 세상에는 우리 눈에 보이지 않는 복이 있고 우리 눈에 보이지 않는 위험이 있습니다. 처음에는 세상을 붙들고 따라가는 사람이 성공하는 것 같은데 결국은 하나님의 말씀을 붙드는 사람이 성공하게 되는 것입니다.

> 18절 "성실히 행하는 자는 구원을 얻을 것이나 사곡히 행하는 자는 곧 넘어지리라."

여기서 두 종류의 사람이 구별되고 있는데 한 사람은 성실한 사람이고 다른 한 사람은 사곡한 사람입니다. 사곡하다는 것은 정직하지 못하고 굽어 있다는 뜻입니다. 사람들이 이 세상을 살아가는 것을 볼 때 자기에게 맡겨진 일을 꾸준하고 성실하게 하는 사람보다 비록 정직하지 못하다 하더라도 아첨하거나 거짓말을 해서라도 위에 있는 사람이나 일반인들에게 인기를 끌고 관심을 끄는 사람이 성공하는 것 같습니다. 반면에 융통성 없이 죽어라고 자기 일만 하는 사람은 별 볼일 없이 빛도 보지 못하고 가난하게 살 때가 많습니다. 여기서 중요한 것은 그냥 성실한 것이 중요한 것이 아니라 무엇에 대하여 성실한가 하는 것이 중요합니다. 사람이 자기가 맡은 일에 성실하고 또 자기를 고용한 사람에게 성실한 것도 중요하지만, 더 중요한 것은 하나님에 대하여 성실한 것입니다. 하나님과의 관계가 사람이나 일의 관계보다 더 중요합니다. 모든 중요한 복은 하나님으로부터 오기 때문입니다. 하나님에 대하여 성실하고 싶지만 그 방법을 모르는 경우도 많습니다. 하나님에 대하여 성실한 것은 하나님의 말씀에 대하여 성실한 것입니다. 물론 하나님 말씀의 가치나 필요성 자체를 제대로 아는 것이 쉽지 않습니다. 우리가 하나님의 말씀을 붙잡으려고 하면 우리 힘으로는 되지 않습니다. 우리는 모두 눈에 보이는 세상을 사랑하고 세상에서 성공하려고 합니다. 그러나 하나님은 우리를 사랑하셔서 세상으로 가는 길을 막으시고 강권적으로 하나님을 붙들게 하십니다. 그때 하나님 말씀의 맛을 보게 되고 하나님께서 그 말씀을 통해서 우리를 얼마나 섬세하게 인도하시고 축복하시는지 알게 됩니다. 우리가 하나님 말씀의 가치를 알고 그 맛을 안다고 해서 바로 눈에 보이는 복이 오지는 않습니다. 하나님은 먼저 우리 마음을 뜨겁게 하시고 우리를 하나님 앞에서 겸손하게 하시고 그 다음에 하나님을 향하여 뜨겁게 기도하게 하시는데, 그 때 부흥이 오게 됩니다. 이것이 하나님이 우리에게 주시는 최고의 복입니다. 하나님께서 명예라든지 물질적인 복은 추가로 우리에게 주십니다. 성실한 자가 구원을 받는다는 것은 먼저 하나님의 말씀에 대하여 성실할 때 하나님은 우리 안에 있는 죄를 이기게 하십니다. 하나님은 외부적인 사탄의 공격을 막아주십니다. 우리에게 부흥이 일어날 때 우리는 가장 안전한 것입니다. 그때 우리는 모든 시험으로부터 보호받고 모든 시험을 이기게 됩니다.

그러나 사곡한 자란 하나님과 그 말씀에 대하여 정직하지 않은 사람을 말합니다. 이런 사람은 눈에 보이는 세상의 인기나 인간적인 성공에 마음을 빼앗겨서 하나님의 말씀에 대하여 성실하지 않습니다. 이런 사람들은 동물적인 본성에 따라서 눈앞에 있는 이익을 움켜잡으면서 살 수밖에 없습니다. 이런 사람들은 사람들의 인정이나 인기에 목을 매답니다. 사람들의 인기라는 것이 얼마나 허탄한지 모르고 있습니다. 사람들의 인기는 그야말로 아침 안개와 같습니다. 이런 사람은 사람에게 충성될지 몰라도 하나님에게는 충성되지 못합니다. 자기는 정직하게 살았다고 강조하지만 자기가 살고 있는 그 세상 자체가 비틀어져 있고 굽어 있다는 것을 알지 못하는 것입니다. 이런 사람은 비록 자기로서 최선을 다했다고 하지만 죄를 이기지 못해서 망하고 맙니다. 하나님을 모르는 사람이 돈이나 권력을 가지고 있다는 것은 백 퍼센트 타락하는 길이라고 보면 될 것입니다.

> 19절 "자기의 토지를 경작하는 자는 먹을 것이 많으려니와 방탕을 좇는 자는 궁핍함이 많으리라."

토지를 경작하는 사람은 자기 땅이 어느 정도 있는 부유한 사람이 아닌가 하는 생각을 하기 쉽습니다. 그러나 여기서 말하는 것은 자기 땅이 있나 없나 하는 것이 아닙니다. 부지런한 사람은 공짜로 얻어먹는 것을 좋아하지 않고 무엇인가 생산을 해서 먹고 살려고 합니다. 토지를 경작하는 것이 쉬울 것 같지만 옛날에는 토지를 경작하려고 하면 황무지를 개간하는 일부터 해야 합니다. 옛날에는 농사를 짓고 집안일을 하는 것이 거의 자급자족의 형식이었기 때문에 사람들은 집에서 너무나도 할 일이 많았고, 여자나 남자들의 고생은 말로 표현할 수가 없었습니다. 그것을 잘 보여주는 것이 미국의 개척

시대 생활을 적은 로라 잉걸스의 책들입니다. 거기에 보면 남자나 여자는 농사도 지어야 하고 소나 다른 가축들도 돌보아야 하며 집도 지어야 했습니다. 또 봄이 되면 단풍나무 수액을 채취해서 설탕을 만들고 돼지를 잡아서 햄이나 소시지도 만들어야 합니다. 대개 사냥을 하는 사람들은 가난을 벗어날 수가 없습니다. 사냥이란 그야말로 하루하루 살아가는 것이지 생활의 여유 같은 것은 상상할 수도 없기 때문입니다. 거기에 비해서 농사를 지으면서 많은 여유를 가지게 되었습니다. 한 번 씨를 뿌려서 가을에 잘 결실하기만 하면 뿌린 것의 수백 배는 거둘 수가 있기 때문입니다. 요즘 농사가 상업화되면서 오히려 농사지어서 망치는 경우가 생겼지 옛날에는 흉년이 들지 않는 이상 농사보다 더 확실한 투자는 없었습니다. 그러나 게으른 사람은 어떻게 해서든지 고생을 하지 않고 놀면서 먹고 살려고 합니다. 이런 사람은 다른 사람에게 돈을 빌려서 쓰려고 하든지 아니면 부모의 유산이나 아내의 결혼 지참금을 가지고 먹고 마시면서 아무것도 하려고 하지 않습니다. 사람이 버는 것보다 쓰는 것이 더 많으면 망하게 되어 있습니다. 게으른 자는 버는 것보다 쓰는 것을 더 좋아합니다. 토지를 경작하는 자는 쓰는 것보다 일하는 것을 더 좋아하는 사람을 말합니다. 거기에 비해서 방탕한 자는 노력은 하지 않고 앉아서 남의 것으로 편하게 살려고 하는 사람을 말합니다. 위대한 백성들은 노는 것을 좋아하지 않습니다. 정치인들은 국민들을 위대하게 만들어야지 공짜로 주는 것으로 편하게 사는 게으른 사람을 만들어서는 안 됩니다. 결국 하나님의 백성들은 복의 뿌리를 찾기까지 고생을 해야 합니다. 하나님의 백성들은 결코 이 세상이 주는 달콤한 열매에 속아서는 안 됩니다. 하나님의 백성들은 굶어 죽을 각오를 하고 하나님의 축복의 뿌리까지 파고 들어가서 영원히 시들지 않고 마르지 않는 하나님의 축복을 캐내어야 망하지 않는 것입니다.

20절 "충성된 자는 복이 많아도 속히 부하고자 하는 자는 형벌을 면치 못하리라."

여기서 충성된 자란 하나님의 말씀에 대하여 충성된 자를 말합니다. 하나님의 말씀에 충성된 자는 일단 시대의 변화에 느리고 다른 사람들과 협력이 되지 않기 때문에 결코 성공하지 못할 것 같습니다. 그러나 이 세상에 하나님의 말씀을 파고 들어가는 것보다 더 확실한 농사는 없을 것입니다. 우리가 하나님의 말씀을 파고 들어가는 것은 하나님의 축복을 농사짓는 것이기 때문입니다. 물론 하나님의 말씀을 붙든다고 해서 당장 물질적인 복이 쏟아지는 것은 아닙니다. 이것은 농사를 지을 때도 마찬가지입니다. 농부가 씨를 뿌린다고 해서 당장 많은 곡식을 거둘 수 있는 것은 아닙니다. 우리가 하나님의 말씀을 듣는 것은 우리 자신을 하나님의 알곡으로 만드는 것입니다. 농부가 땅에 씨를 뿌리고 기다리면 비가 오고 온도가 올라가면서 싹들이 나기 시작합니다. 마찬가지로 우리 마음에도 때가 되면서 부흥이 일어나게 되고 하늘의 복이 쏟아지기 시작합니다. 이 세상 일이 잘 되려고 하면 하늘의 복이 쏟아져야 합니다. 그런데 속히 부해지려고 하는 자는 눈에 보이는 세상 이익을 향해서 달려가는 자입니다. 이런 사람은 당장은 유익을 거둘지 몰라도 결국 더 큰 가뭄을 이기지 못해서 망하게 됩니다. 그뿐 아니라 형벌을 면치 못한다고 했는데 이것은 하나님의 백성이 하나님의 복을 찾지 않은 벌인 것입니다. 하나님의 백성이 하나님의 복을 찾지 않으면 세상에서도 성공하지 못하고 하나님 앞에서 성공하지 못할 것입니다. 이것이 그들이 당할 벌입니다.

21절 "사람의 낯을 보아주는 것이 좋지 못하고 한 조각의 떡을 인하여 범법하는 것도 그러하니라."

사람들이 높은 자리에 올라가서 정치를 하고 재판을 할 때 자기가 거기에 있는 목적을 알지 못하면 결국 자기가 좋아하는 사람의 낯을 봐주고 또 별 것 아닌 뇌물을 받고 일을 해주게 됩니다. 그 사람은 자기가 그렇게 하는 것을 통해서 자신의 인격 전체가 부정하게 된다는 것을 알지 못하고 있습니다. 사람들의 눈에는 아는 사람을 봐주고 약간의 이익을 챙기는 것이 유리한 것 같지만 이 사람은 이미 하나님 앞에서 부정한 사람으로 낙인이 찍히게 됩니다. 공무원들이 뇌물을 먹었다고 해서 구속되는 것을 보면 사실 얼마 되지도 않는 돈에 자기 인생 전체를 팔아먹은 것을 알 수 있습니다. 우리가 높은 자리에 있는 목적은 사회 전체를 운전하는 운전자가 되는 것입니다. 높은 자리에 있는 사람에게 중요한 것은 공의를 실현하는 것입니다. 사람들로 하여금 마음 놓고 자기 일을 열심히 해서 손해를 보지 않게 함으로써 그들의 행복을 지켜주는 것입니다. 그리고 사람들이 게으를 때 열심히 일해서 축복을 창조할 수 있도록 동기 부여를 할 수 있어야 합니다. 이때 자기 편이라고 해서 특별 우대하면 더 많은 사람들을 적으로 돌리게 될 것입니다. 한 조각의 떡을 먹고 자기 직책을 팔아먹는 것은 너무나도 미련하고 어리석은 짓입니다.

22절 "악한 눈이 있는 자는 재물을 얻기에만 급하고 빈궁이 자기에게로 임할 줄은 알지 못하느니라."

'악한 눈이 있는 자' 란 다른 사람이나 어떤 일을 볼 때 악한 동기나 마음으로 보는 것을 말합니다. 이 세상에서 일을 할 때 다른 사람의 행복을 중요하게 보아야지 모두 자기 이익을 위해서 한다면 만사가 자기 욕심을 위한 수단이 되고 말 것입니다. 이런 사람은 다른 사람을 볼 때 인격체로 보지 않고 돈을 버는 수단으로 볼 것입니다. 사람이 사람으로 보이지 않고 돈을 버는 수단으로 보일 때 결국 사고가 터지게 되어 있습니다. 이런 사람은 돈벌이에 급급하기 때문에 안전이나 위생 같은 것은 별로 신경을 쓰지 않기 때문입니다. 다른 사람을 수단으로 생각하는 사람은 신뢰를 잃게 되어서 나중에 모든 것을 다 잃게 될 것입니다. 사람에게 중요한 것은 돈이 아니라 믿음입니다. 이 세상에서 우리가 직장을 가지고 많은 일을 하는 것은 단순히 돈을 벌기 위한 것이 아니라 사람들을 만나서 서로 사랑할 수 있는 기회를 가지는 것입니다. 성공한 사람은 다른 사람의 신뢰와 존경을 받을 것입니다.

3. 사람 됨됨이의 중요성

오늘날 사회는 사람의 됨됨이보다 어떤 주어진 일을 잘하는 기능인을 키워왔습니다. 이런 기능인의 문제점은 가슴이 뜨겁지 않다는 것과 위기에 대처할 수 있는 능력이 없다는 것입니다. 예를 들어서 우리나라나 외국에서 내로라하는 명문 학교를 졸업하고 사회적으로 우수한 사람들 중에서 가슴이 너무나도 냉랭한 사람들이 많다는 것을 알게 됩니다. 부모나 사회가 사람들을 키우는 데 가슴이 넉넉하고 따뜻한 사람을 키우지 않고 머리만 좋도록 키운 결과, 너무나도 가슴이 차갑고 냉정한 엘리트들이 많이 만들어지게 된 것입니다. 이런 사람들의 인생은 차가울 수밖에 없고 자기 자신만을 위해서 사니까 나중에는 가정조차 파탄에 빠질 수밖에 없는 것입니다. 결국 이런 사람들은 어른 아이밖에 되지 못합니다. 지식이나 경력을 보면 어른인데 자기 문제에 빠졌을 때에는 아무것도 할 수 없는 어린아이에 불과한 것입니다. 직장이나 인간관계에서 중심적인 역할을 해내는 사람은 가슴이 뜨거운 사람입니다. 기독교는 당장 써먹을 수 있는 기능인을 만들어내는 것보다 순수하고 뜨거운 열정이 있는 믿음의 사람을 만들어내야 세상을 살릴 수 있습니다.

23절 "사람을 경책하는 자는 혀로 아첨하는 자보다 나중에 더욱 사랑을 받느니라."

조각가는 대리석 덩이를 구해서 자기가 구상하는 모양으로 상을 새깁니다. 이것은 너무나도 고통스러운 작업이고 시간이 오래 걸리는 일입니다. 작가가 하나의 위대한 작품을 만들려고 하면 여러 차례 실패도 하게 됩니다. 결국 사람도 돌덩이를 가지고 사람 모양을 조각하는 것으로 볼 수 있습니다. 여기서 사람을 경책한다는 것은 단순히 잘못을 책망하는 것이 아니라 하나님의 말씀을 가지고 꾸준히 가르치는 것을 말합니다. 누구든지 꾸준히 하나님의 말씀을 들으면 하나님의 형상이 새겨지게 되는데 이 사람에게는 가슴에 불이 있고 머리에는 하나님의 지식이 있습니다. 이런 사람이 죄를 이기고 위기를 이겨낼 수 있습니다. 반면에 혀로 아첨한다는 것은 돌에 새기는 것이 고통스러우니까 끌로 깎지 않고 페인트로 그림만 그리는 것입니다. 그리고 더 나아가서 그 돌에 황금으로 도금을 하는 것입니다. 본인이나 다른 사람들이 보기에는 너무도 빨리 멋진 모습이 만들어지는 것 같지만 결국 이 사람은 된 것이 아무것도 없고 시간만 낭비한 것밖에 없습니다. 나중에 자녀들의 인생이 실패로 끝나게 되었을 때 자기가 고통스럽더라도 말씀으로 때려주지 않은 것을 원망할 것입니다. 그러나 처음에는 하나님의 말씀 때문에 고통을 당하기도 하고 또 늦게 성공하기 때문에 원망을 하기도 했지만 나중에 하나님의 복을 받은 사람은 자기에게 하나님의 말씀으로 가르쳐준 사람에게 감사하게 될 것입니다.

24절 "부모의 물건을 도적질하고 죄가 아니라 하는 자는 멸망케 하는 자의 동류니라."

부모는 자식을 위해서 많은 것을 희생하기도 하고 또 나중에 재산이 있으면 유산으로 물려줍니다. 그러나 자식은 아무리 부모의 것이라 하더라도 자기 것이 아니면 욕심을 내지 말아야 합니다. 사람의 모든 죄는 자기 것과 자기 것이 아닌 것을 구별하지 못하는 데서 생기기 때문입니다. 내 것이라고 하는 것은 내가 땀 흘려서 번 것을 말합니다. 사람도 내 사람은 하나님 앞에서 한평생을 주기로 약속하고 결혼한 사람을 말합니다. 자녀들 중에서 정직한 자는 부모의 것이라도 자기 것이 아니면 손을 대지 않습니다. 정직한 자식은 결코 공짜를 좋아하지 않기 때문입니다. 정직하지 못한 자녀는 부모의 재산에서부터 손을 대기 시작해서 나중에는 일가친척들의 돈을 다 끌어와서 주식 투자나 혹은 자기 사업에 털어 넣고 망하는 것입니다. 자식들 중에서 사업에 미친 사람은 부모든 친척이든 돈만 보면 다 끌어들이려는 사람이 있는데 이런 사람은 위험한 사람입니다. 하나님의 백성들은 남이 잘사는 것을 시기할 필요도 없고 남의 것을 자기에게 끌어오려고 생각해서도 안 됩니다. 이 한 구절의 말씀을 몰라서 얼마나 많은 자녀들이 부모의 집을 담보로 잡혀서 결국 집도 없는 신세가 되게 하는지 모릅니다.

25절 "마음이 탐하는 자는 다툼을 일으키나 여호와를 의지하는 자는 풍족하게 되느니라."

마음이 탐한다는 것은 제한된 물건을 가지고 서로 먼저 차지하려고 다투는 것을 말합니다. 우리가 이 세상에서 보는 것은 모두 다 한정된 것이기 때문에 사람들은 다툴 수밖에 없습니다. 그러나 사람들이 보지 못하는 보물이 있는데 그 보물은 하나님 자신입니다. 하나님은 이 세상에 있는 모든 보물을 창조하신 분이시고 무에서 유를 만드신 분이십니다. 우리가 하나님의 말씀을 붙드는 것은 하나님을 가지는 것입니다. 하나님은 우리에게 하나님 자신과 하나님의 모든 것을 주기 원하십니다. 우리가 눈에 보이는 것만 가지려고 하면 싸울 수밖에 없지만 더 큰 것을 가지면 작은 것을 가지고 아웅다웅하면서 싸울 필요가 없습니다. 우리가 하나님을 의지하는 것은 하나님 자신을 가지는 것이기 때문입니다. 사람들은 우리가 하나님을 붙든다고 해서 당장 잘 사는 것은 아니라고 말합니다. 그것은 사실입니다. 그러나 하나님을 우리가 아프지 않게 하셔서 돈이 쓸데없이 낭비되지 않게 하십니다. 또 우리 인생길에서 불필요한 시행착오를 막아주십니다. 하나님은 희한한 지혜로 우리를 축복의 길로 인도하시는 데 나중에는 좋은 것은 전부 다 주십니다. 예수님은 '너희가 악한 자라도 자식에게 좋은 것을 줄 줄 알거든 하물에 하늘에 계신 아버지께서 구하는 자에게 좋은 것을 주시지 않겠느냐' 고 하셨습니다.

26절 "자기의 마음을 믿는 자는 미련한 자요 지혜롭게 행하는 자는 구원을 얻을 자니라."

자기 마음을 믿는 자란 자기 머리나 자기 노력을 믿는 자를 말합니다. 이런 사람이 자기를 믿는 이유는 자기 머리로 얼마든지 성공할 자신이 있기 때문입니다. 이 사람이 보지 못하는 것은 이 세상에는 눈에 보이지 않는 위험이 너무 많다는 것입니다. 이 세상에는 사람의 머리로는 도저히 예측할 수 없는 위기들이 많습니다. 마치 양들이 이동할 때 무서운 골짜기나 맹수들 때문에 목자의 인도가 필요한 것과 같습니다. 그러나 자기 머리를 믿는 사람은 자기 자신이 얼마나 위험한 존재인지 알지 못합니다. 지혜롭게 행하는 자는 자기를 믿지 않고 하나님의 말씀을 믿고 따르는 자를 말합니다. 이런 사람은 일단 자유가 없고 자기 마음대로 아무것도 하지 못합니다. 하나님은 이런 사람의 목자가 되어주셔서 모든 위기를 피하게 하시고 모든 시험에게 이기게 하십니다. 여기서 구원을 받는다는 것은 하나님께서 모든 위기에서 지켜주시는 것을 말합니다. 사람이 아무리 한때 성공했다 하더라도 한번 실패하면 인정사정없이 바닥으로 굴러 떨어지게 됩니다. 그러나 하나님의 말씀을 붙드는 자는 지켜주십니다. 우리가 하나님의 말씀을 붙들어야 하는 이유는 평소 때문이 아닙니다. 사람의 힘으로 감당할 수 없는 위기에서 보호받기 위해서입니다.

27절 "가난한 자를 구제하는 자는 궁핍하지 아니하려니와 못 본 체하는 자에게는 저주가 많으리라."

다시 가난한 자 이야기가 나오고 있습니다. 이 세상에서 돈도 벌고 좋은 자리에 승진하는 것은 결국 다른 사람을 사랑하는 기회를 얻는 것입니다. 물론 우리가 다른 사람을 사랑한다고 해서 모든 것을 다 주는 것이 좋은 것은 아닙니다. 세상에는 공의가 필요하기 때문에 사람은 자기가 할 것은 자기가 해야 하기 때문입니다. 그러나 이 세상에는 자기 힘으로 도저히 일어설 수 없는 약한 사람들이 있습니다. 이런 사람들을 도와주어야 합니다. 높은 위치에 있는 사람들은 결국 이런 사람들을 살리기 위한 정책을 만들어야 하고, 자신의 권한 안에서 자비를 베풀어야 선한 관리라는 칭찬을 받을 수 있습니다. 이때 악한 사람들 중에는 그런 높은 자리에 있으면서 돈을 모으지 못하는 것은 바보라고 조롱하는 사람도 있습니다. 그러나 이 사람은 돈보다 사람들의 신뢰를 얻었고, 특히 하나님의 신임을 얻는 것입니다. 가난한 사람은 아무 소용이 없다고 그들을 못 본 체하는 사람은 저주를 많이 받게 될 것입니다. 가난한 사람들이 모두 이 관리를 원망하게 될 텐데 결국 무능한 관리나 악한 관리로 낙인 찍히게 되는 것입니다.

28절 "악인이 일어나면 많은 사람이 숨고 그가 멸망하면 의인이 많아지느니라."

악인이 일어난다는 것은 악인이 권력을 잡는 것을 말합니다. 악인은 무능한 통치자이기 때문에 바라는 것은 뇌물과 아첨밖에 없습니다. 악한 자는 너무나도 변덕스럽고 포학하기 때문에 그 밑에서 아무리 충성을 해도 결국은 미움을 받든지 아니면 악한 자와 함께 망하게 됩니다. 지혜로운 사람은 악한 통치자 밑에서 한 자리 하는 것을 아주 수치스럽게 생각해서 숨어버립니다. 그런데 어리석은 자들은 그런 악한 통치자 밑에서라도 한 자리 하려고 충성을 다하는 데 나중에는 악한 자에게 충성한 것이 욕이 되게 됩니다. 지혜로운 자는 악한 자에게 아첨해서 인정받는 것을 아주 부끄럽게 생각해야 합니다. 악한 자가 통치할 때가 의인에게는 고난의 시대입니다. 이때 우리는 죽도록 하나님의 말씀을 붙들고 영적인 부흥을 일으킬 때입니다. 영적인 부흥이 일어나면 이상하게 악한 통치자가 물러나게 되고 사람들이 마음껏 실력을 발휘하는 때가 옵니다. 이때 하나님의 백성들은 열심히 사회에 봉사를 하면 됩니다. 악한 통치자가 물러나게 하는 것도 영적인 부흥이라는 것을 알아야 합니다. 겉으로 보기에는 권력을 잡은 자가 세상을 지배하는 것 같지만 실제로는 영적인 부흥이 시대를 이끌어가게 됩니다. 하나님의 백성들은 실력 있는 운전자가 되어야 하는데, 무조건 높은 자리에 올라가서 명성을 얻으려고 할 것이 아니라 공의를 실천하고 사랑을 베푸는 선한 지도자들이 많이 되시기 바랍니다.

44 · 정의의 영향력

잠 29:1-27

요즘 우리는 자연스럽게 과연 정의가 무엇이고 우리 시대에 모든 사람들이 인정하는 정의가 과연 존재하는가 하는 것을 생각하게 됩니다. 우리나라가 결정한 FTA는 그렇게 악하고 나라를 팔아먹는 일인가, 아니면 우리나라가 발전하기 위해서는 불가피한 것인가? 집단해고에 항의해서 부산 영도에 있는 고층 크레인에 올라가서 일 년 가까이 농성한 여성 해고자는 법을 어기며 회사를 망치는 사람인가, 아니면 부당해고 당한 자를 건지며 사회의 불의를 바로잡는 영웅인가 하는 것입니다. 최근 우리나라 서점가에서 가장 많이 팔린 베스트셀러 중 미국 하버드 대학의 마이클 샌델 교수가 쓴 『정의란 무엇인가』라는 책이 있는데, 그 책이 그렇게 많이 팔렸음에도 불구하고 사람들이 정의에 대하여 여전히 모르고 의견이 분분한 것을 보면 이 책이 정의에 대하여 바른 해답을 제시한 책은 아닌 모양입니다. 이 책에서는 '정의는 이런 것이다' 하고 직설적으로 가르치지 않고, 이러이러한 경우에 정의는 무엇인가라는 질문을 계속 던지고 있습니다. 거기에서 한 걸음 더 나아가서 과연 정의라고 하는 것은 있을까 하는 의문을 가지게 합니다.

우리나라 사람들은 정치적으로 민감한 모든 사안에 대하여 너무나도 다른 정의의 개념을 가지고 있기 때문에 국민들의 생각은 점점 분열되고 있고, 그런 처지라서 법을 어긴 사람들을 예전같이 엄히 처벌하지도 못하는 형편입니다. 이렇게 된 원인이 과연 어디에 있을까요? 정치인들이 무능해서 그럴까요, 아니면 국민들이 너무 똑똑해져서 그럴까요? 아니면 원래 이 세상에 정의 같은 것은 없는 것일까요? 사람들이 생각하게 된 것은, 물론 완전한 정의란 존재하지 않지만 그럼에도 불구하고 사람의 마음에는 무엇이 옳은 일이라는 공통된 인식이 있다, 그러니 우리가 그것을 정의라고 인정하자 그것입니다. 사실 그렇게 해서 나온 것이 법이라고 볼 수 있습니다. 법에 없는 구체적인 일들에 대해서는 '다수결로 정해 옳은 것으로 하자'는 공감대가 형성되어 정의가 받아들여져 왔던 것입니다. 그러나 이제는 소수의 사람들이 '우리는 다수의 사람들이 옳다고 하는 것을 인정하지 못하겠다'는 것입니다. 왜냐하면 다수의 사람들은 언제나 자기들끼리 다 해먹고 우리는 늘 찬밥이더라 그것입니다.

지금까지 사회가 잠잠할 수 있었던 것은 힘없는 소수가 말없이 참고 따라와 주었기 때문에 잠잠할 수 있었던 것이지 소수의 사람들이 힘을 합쳐서 소리를 치고 실력 행사까지 하면 법이나 정의는 무너지게 되는 것입니다. 그러나 원래 정의는 하나님에게서 나온 것입니다. 인간에게 정의감이 있게 된 것은 하나님이 의로운 하나님이시기 때문입니다. 원래 정의는 하나님이 창조하신 뜻에 일치하는 것입니다. 우리가 하나님께 가까이 가면 갈수록 정의는 살아나게 되고, 인간이 하나님에게서 멀어지면 멀어질수록 정의는 없어지게 됩니다. 본래 정의란 우리 모두가 하나님이 창조하신 목적대로 바로 사용되는 것이고 특히 그 위치에서 봉사를 하는 것입니다.

잠언 29장은 솔로몬이 지은 잠언의 마지막 부분입니다. 잠언 30장과 31장은 아굴, 르무엘 왕 같은 솔로몬이 아닌 다른 사람들이 지은 잠언으로 구성되어 있습니다. 솔로몬의 잠언 마지막 부분에서 다루고 있는 것도 지금까지 다루었던 것과 크게 다르지 않습니다. 솔로몬이 다루고 있는 것은 역시 선과 악의 문제 그리고 그 후에 나타나는 하나님의 축복과 실패의 문제를 다루고 있습니다. 그런데 중요한 결론은 여전히 끝 부분에 나타나는 것을 볼 수 있습니다. 25절에 "사람을 두려워하면 올무에 걸리게 되거니와 여호와를 의지하는 자는 안전하리라"고 했고, 26절에 "주권자에게 은혜를 구하는 자가 많으나 사람의 일의 작정은 여호와께로 말미암느니라"고 했습니다. 사람들은 흔히 왕이라고 하면 모든 것을 자기 마음대로 다 할 수 있을 줄 알고 왕에게 부탁을 하고 심지어는 권력을 손에 넣으려고 하지만, 실제로 왕이나 정치인들이 할 수 있는 것이 많지 않은 것입니다. 미국이나 우리나라의 대통령이라 하더라도 자기 재량으로 마음대로 할 수 있는 일은 사람들이 생각하는 만큼 많지가 않습니다. 결국 인간의 모든 일은 하나님에 의해서 결정되는 것입니다.

1. 바른 길을 가려고 하는 사람들

우리 앞에 많은 길이 놓여 있다면 어떤 길을 가려고 할까요? 우선 우리는 내가 이 세상에서 출세하는 데 가장 빠른 길을 택해서 걸으려고 할 것입니다. 아무래도 이 세상에서 출세에 가장 가까운 길은 엘리트가 되는 것입니다. 그런데 예수님께서는 우리에게 넓은 길을 가지 말라고 말씀하셨습니다. 왜냐하면 넓은 길은 멸망으로 인도하는 길이기 때문이라고 하셨습니다. 하나님께서 우리에게 원하시는 길은 하나님의 말씀으로 책망을 받는 길이라고 말씀하고 있습니다.

1절 "자주 책망을 받으면서도 목이 곧은 사람은 갑자기 패망을 당하고 피하지 못하리라."

자주 책망을 받으면서도 목이 곧은 백성이란 하나님의 말씀으로 책망을 받지만 그 말씀을 받아들이지 않는 사람을 말합니다. 이 사람이 하나님의 말씀을 받아들이지 않는 이유는 자기 생각이 하나님의 말씀보다 더 똑똑하다고 생각하기 때문입니다. 이런 사람은 시야가 넓지 못하고 자기 눈앞에 있는 것만 보고 달리는 사람입니다. 어떤 사람이 운전을 하는데 눈앞에 있는 것만 보고 과속을 하다가 갑자기 밖에서 다른 것이 뛰어 들어오게 되면 피하지 못하고 결국 차가 뒤집어지든지 아니면 가드레일을 들이받고 길 밖으로 떨어지게 될 것입니다. 사람들이 서로 대화가 되지 않는 이유는 너무나도 근시적인 시야를 가지고 있기 때문입니다. 내 눈앞에 있는 이익이나 내가 가지고 있는 지식만 가지고 달리기 때문에 다른 사람의 형편이 어떻다든지 혹은 앞으로 어떤 문제가 생기게 될지 전혀 생각을 하지 않는 것입니다. 성경은 이런 사람을 미련하다고 말씀하고 있습니다.

우리가 성공하는 길은 이 세상에 있는 넓은 길을 택하는 것이 아닙니다. 우리가 복을 받고 성공하는 데 가장 중요한 것은 자신을 하나님 앞에서 가치 있는 인간으로 만드는 것입니다. 우리 모든 인간들은 대리석 덩어리와 같습니다. 우리가 교육을 받는 것은 이 대리석을 쪼아서 석고상을 만드는 것입니다. 그런데 가장 중요한 것은 우리가 하나님의 말씀을 들을 때 우리 안에는 하나님의 모습이 새겨지게 되고, 하나님을 향하는 새 길이 만들어지게 됩니다. 이것이 바로 의로운 길이고 복 받는 길입니다. 대신에 말씀의 책망을 듣기 싫어하는 사람은 자기 능력을 가지고 이 세상에서 길을 한번 뚫어보겠다는 사람입니다. 이런 사람은 세상에서 길을 찾는 사람인데 사람이 세상에서 성공하는 것도 결코 쉬운 일이 아닐 뿐더러, 가령 성공을 하더라도 그것이 제대로 성공한 것이 아닙니다. 이런 사람은 앞을 보지 않고 돌진하는 사람이기 때문에 예상하지 못한 장애물이 나타나면 바로 충돌하게 됩니다. 그러나 우리가 하나님의 말씀으로 내 자신을 새기고 말씀의 길을 걸어갈 때 바로 이런 장애물과의 충돌을 피하게 해주시고, 또 장애물을 만나게 되었을 때 반드시 살 길을 주십니다.

2절 "의인이 많아지면 백성이 즐거워하고 악인이 권세를 잡으면 백성이 탄식하느니라."

지도자는 마치 버스 운전수와 같이 사회나 공동체를 이끌어가는 사람입니다. 지도자가 하나님의 말씀에 입각한 준비된 사람일 때에는 사회나 공동체를 하나님의 말씀으로 이끌어가기 때문에 무리가 없습니다. 이렇게 되려고 하면 반드시 필요한 것이 영적인 부흥인데, 영적인 부흥이 일어날 때 사람들은 의인의 가치를 알게 되고 의인들은 모든 것을 정직하고 바르게 섬기기 때문에 사람들이 안전하고 평화롭게 살 수가 있습니다. 그러나 영적인 부흥이 꺼지게 되면 사람들이 권위적이 되고 억지로 충성을 강요하게 됩니다. 사람들은 어떤 때에는 틀렸다는 것을 뻔히 알면서도 따라가야 하니까 마음이 답답해지게 되는 것입니다. 하나님의 백성들이 바보가 되지 않으려면 절대로 영적인 부흥을 놓쳐서는 안 됩니다. 영적인 부흥이 없어지면 사람들이 겉만 보고 멋있는 사람들을 지도자로 세우기 때문에 결국 모두 바보를 따라가게 됩니다. 바보를 따라가면 모두가 다 바보가 되는 것입니다. 그러나 바른 하나님의 종들은 지혜롭고 충성되기 때문에 모든 부분이 바로 돌아가게 합니다. 하나님의 백성들이 교만해서 하나님의 말씀을 우습게 알고 자기 머리를 믿으면 결국 바보 같은 사람을 따라가게 되는 것입니다. 이것이 바로 자기 자신의 교만의 열매를 먹는 것입니다.

3절 "지혜를 사모하는 자는 아비를 즐겁게 하여도 창기를 사귀는 자는 재물을 없이하느니라."

여기서 '사모한다' 는 것은 너무나도 간절하게 욕망하는 것을 말합니다. 사람들은 누구나 할 것 없이 출세나 성공을 너무나도 강렬하게 원할 것입니다. 그러나 안타깝게도 성공의 길은 좀처럼 사람의 눈에 보이지 않습니다. 출세의 길, 성공의 길은 금이나 은처럼 감추어져 있기 때문입니다. 단지 사람들의 눈에 보이는 것은 하나님의 말씀과 육체의 욕망이 보이게 됩니다. 여기서 지혜를 사모한다는 것은 하나님 말씀의 맛을 알고 하나님의 말씀을 너무나도 먹기 원하는 것을 말합니다. 다윗은 시편에서 '목마른 사슴이 시냇물을 사모하듯이 내 영혼이 여호와의 말씀을 사모한다' 고 했습니다. 사실 보통의 상태에서 우리 인간들은 하나님의 말씀을 사모하지 않습니다. 하나님 말씀의 맛 자체를 모르기 때문입니다. 그러나 엄청난 고난을 당하게 되면 그때 다른 것으로는 우리를 도울 수가 없습니다. 이때 우리 목숨을 지탱하게 하는 것은 오직 하나님의 말씀이고 그때 비로소 우리는 하나님 말씀의 맛을 알게 됩니다. 하나님 말씀의 맛을 안다는 것은 엄청난 복입니다. 대개 사람들은 하나님의 말씀을 들으면서도 그 맛을 모르기 때문에 재미를 느끼지 못하는 것입니다. 결국 사람이 가장 짧은 시간에 최고의 만족을 느낄 수 있는 것은 육체의 쾌락밖에 없습니다. 그래서 사람들이 나중에는 전부 육체의 쾌락에 빠져들게 되어 있습니다. 하나님 말씀의 맛을 아는 사람은 하나님의 말씀이 육체의 쾌락보다 더 맛있기 때문에 죄에 넘어가지 않는 것입니다. 하나님께서는 우리가 이 세상에서 돈을 많이 벌고 성공하기 이전에 하나님 말씀의 맛을 보고 그 말씀을 갈망하기를 원하십니다. 하나님의 백성들의 성공은 하나님이 주시는 것이기 때문입니다. 하나님의 말씀으로 자신을 존귀하게 하지 않고 육체의 쾌락에 빠지는 자는 자신의 가치를 점점 비천하게 만들 뿐입니다. 우리 인간의 가치는 아무리 몸뚱이를 가꾸고 바른다고 해서 되는 것이 아니라 그 안을 하나님의 말씀으로 채워야 하는 것입니다.

> 4절 "왕은 공의로 나라를 견고케 하나 뇌물을 억지로 내게 하는 자는 나라를 멸망시키느니라."

우리 생각에 왕은 모든 것을 자기 마음대로 다 할 수 있을 것 같지만 실제로 왕이라고 해서 자기 마음대로 모든 것을 할 수 있는 것은 아닙니다. 왕이 백성이나 신하 한 명 한 명을 상대로 이길 수는 있지만 백성 전체는 이길 수 없기 때문입니다. 왕이 공의로 다스린다는 것은 자신의 즉흥적인 생각이나 자신에게 유리하게 판단을 하지 않고 모든 것을 공평하게 판단하는 것을 말합니다. 이때 백성들은 왕이 모든 것을 자기 마음대로 하지 않고 공평하게 하는 것을 보고, 내가 까닭 없이 불이익은 당하지 않겠구나 하는 확신을 가지게 되어서 왕에 대하여 무한한 신뢰를 가지게 됩니다. 백성들이 왕에 대하여 가지고 있는 이 신뢰는 돈으로 환산할 수 없는 힘입니다. 사람이 자기 자신에 대하여 자신감이 없으면 사람들의 신뢰보다는 자꾸 돈을 받으려고 하는데 백성들은 뇌물을 강요하는 자도 경멸합니다. 나라에서 윗물이 깨끗하지 못하면 밑으로 내려갈수록 급격하게 나라가 구정물이 되어버립니다. 사람이 뇌물을 받는다는 것은 그만큼 자신의 일에 자부심을 가지지 못하는 것을 의미하는데, 이런 사람 때문에 나라가 썩게 되는 것입니다. 사람이 자기가 하고 있는 일에 자부심을 느끼고 그 일에 최선을 다할 때 그 사람 주위의 모든 것이 아름다워지게 됩니다. 그러나 자기 일에 만족하지 못하고 불평이나 하고 돈이나 받으면 그 사람 주위부터 썩어가기 시작하는데 결국 온 세상이 구정물통이 되니까 하나님이 그 사회를 버리시는 것입니다. 우리가 복을 누릴 수 있는 방법은 이 세상에서 출세의 길을 찾기 이전에 하나님의 말씀으로 자신을 깎는 것입니다. 하나님의 말씀으로 자신을 깎으면 깎을수록 하나님을 향한 길이 만들어지게 됩니다. 이런 사람이 세상을 깨끗하게 하고 많은 사람을 행복하게 하는 사람입니다.

2. 불의를 사랑하는 사람들

우리 생각으로는 모든 사람들이 하나님의 말씀과 정의를 사랑할 것 같은데 결코 그렇지 않습니다. 사람들은 이미 마음이 비뚤어져 있기 때문에 말하는 것은 정의로운 것 같은데 마음속으로는 불의를 사랑하고 기뻐하게 됩니다. 인간 세상이 이토록 복잡한 이유는 말하는 것과 속으로 좋아하는 것이 다르기 때문입니다.

> 5-6절 "이웃에게 아첨하는 것은 그의 발 앞에 그물을 치는 것이니라 악인의 범죄하는 것은 스스로 올무가 되게 하는 것이나 의인은 노래하고 기뻐하느니라."

이웃은 우리에게 가장 가까운 사람이고 친구일 것입니다. 대개 이웃이라고 하면 가장 속 편하게 내 생각을 말할 수 있는 사람일 것입니다. 그런데 어떤 사람은 이웃에게 아첨을 한다고 했습니다. 우리는 가까운 사람이라도 칭찬이 필요하다는 것을 압니다. 최근의 유명한 책 제목 중에 『칭찬은 고래도 춤추게 한다』는 것이 있었습니다. '아첨'은 '칭찬'과는 분명히 다른 것입니다. 아첨은 나와 친한 사람이 잘못된 길로 가는데도 불구하고 잘 가고 있다고 칭찬해주는 것입니다. 그러면 이 사람은 자기와 친한 사람이 칭찬하니까 맞는 길인 줄 알고 가다가 넘어지는 것입니다. 왜 친한 사람끼리인데 잘못된 길로 가는 것을 보고 잘 가고 있다고 아첨할까요? 그 사람이 넘어지는 꼴을 보고 싶기 때문입니다. 하나님의 백성에게 가장 중요한 전제는 다른 사람들도 모두 나와 같이 행복할 자격이 있다는 것입니다. 다른 사람이 넘어져야 내가 일어설 수 있다고 생각해서는 안 됩니다. 우리의 복은 남의 것을 빼앗는다고 해서 주어지는 것이 아니라 하나님이 내게 주시는 것이기 때문입니다. 하나님이 나에게 주실 복을 예비해놓고 계신다는 것을 믿는다면 굳이 다른 사람이 넘어지는 것을 기뻐해야 할 이유가 없을 것입니다. 우리는 다른 사람에게 아첨을 하면서 잘 보이려고 할 필요가 없습니다. 나 자신의 길만 꾸준히 가면 되는 것입니다.

하나님의 백성들은 다른 사람에게 자신의 모습을 볼 수 있도록 해주어야 합니다. 사람에게는 누구나 거울이 필요합니다. 사람은 거울을 통해서 자신의 모습을 보고 자신이 생긴 것을 알게 됩니다. 마찬가지로 사람들은 정직한 사람이 자기에게 대해주는 것을 통해서 자신의 모습을 보게 됩니다. 그리고 악인이 범죄하는 것은 자신에게 올무가 된다고 했습니다. 사람이 죄를 짓는 것은 마치 물고기가 미끼를 무는 것과 같습니다. 물고기에게는 낚싯바늘에 달린 미끼가 너무나도 매력적이고 맛있게 보이겠지만 그것을 무는 순간 바늘이 입을 찢고 들어오기 때문에 벗어날 수가 없습니다. 사람이 죄만 짓지 않으면 양심도 자유롭고 상대방에 대해서도 전혀 거리낄 것이 없습니다. 그러나 사람이 일단 죄를 짓게 되면 그의 양심은 마귀의 낚싯바늘에 꾀이게 되고, 죄를 지은 상대방에게 설설 기게 됩니다. 죄를 저지른 사람은 자기의 죄를 알고 있는 사람에게 꼼짝을 하지 못합니다. 혹시라도 그 사람이 다른 사람에게 불어버리면 끝장이 나기 때문입니다. 그러나 의인은 죄를 지으면 어떻게 된다는 것을 알기 때문에 죄를 짓지 않습니다. 그래서 언제나 마귀 앞에서 당당하고 겁낼 것이 없습니다. 의인은 노래하고 기뻐한다고 했습니다.

7절 "의인은 가난한 자의 사정을 알아주나 악인은 알아줄 지식이 없느니라."

의인은 자신이 이미 고난을 받아봤기 때문에 어려운 자의 사정을 잘 이해합니다. 더욱이 의인은 이미 자기가 더 높아지거나 많은 것을 가질 필요가 없기 때문에 어려운 자에게 관심을 가집니다. 그러나 악인은 자꾸 더 가지려고 생각하기 때문에 가난한 자를 귀찮아하고 좋아하지 않습니다. 하나님의 백성들 가운데 신실한 자들은 대개 가난한 자들입니다. 이들이 기도하는 자들이고 끝까지 말씀을 붙드는 자들이며 교회를 지키는 자들입니다. 가난한 자를 업신여기는 자는 교회의 가치를 모르는 사람입니다.

8절 "모만[거만]한 자는 성읍을 요란케 하여도 슬기로운 자는 노를 그치게 하느니라."

여기서 모만한 자란 기존 질서를 흔들어서 그 안에 파고 들어가서 주도권을 잡으려는 사람을 말합니다. 대개 모반하는 사람은 주류에서 밀린 아웃사이더일 때가 많습니다. 이 사람은 어떻게 해서든지 세상을 흔들려고 합니다. 그래야 사람들이 불안해하고 그 사이에 자기가 파고 들어갈 수 있기 때문입니다. 사회가 건강하면 이렇게 흔드는 자가 있어도 요동하지 않습니다. 그런데 사회가 엉성하게 세워져 있고 불만이 많으면 한두 사람이 불평을 하고 흔들 때 금방 흔들리게 됩니다. 지혜로운 통치자는 언제나 사람들이 자기 말을 잘 듣는다고 생각해서는 안 됩니다. 사람들 안에 눈에 보이지 않는 불만이 없어야 하는 것입니다. 그렇게 하려면 지도자는 평소에 최선을 다해서 사람들에게 감동을 주는 정치를 해야 합니다. 그러면 사람들은 화가 나는 일이 있어도 화를 죽이고 지도자를 지지하게 됩니다.

9절 "지혜로운 자와 미련한 자가 다투면 지혜로운 자가 노하든지 웃든지 그 다툼이 그침이 없느니라."

원래 지혜로운 자나 미련한 자라고 겉에 쓰여 있는 것은 아니기 때문에 같이 어울려서 살면 됩니다. 그러나 중요한 일이 터질 때 사람들의 생각은 달라집니다. 지혜로운 자는 하나님의 말씀을 믿는 자이고 미련한 자는 자기 머리를 믿는 자입니다. 하나님의 말씀을 따르면 모든 것이 정확하지 않아도 믿음으로 하려고 합니다. 그러나 자기 머리를 믿는 자는 모든 것을 의심하기 때문에 모든 것을 꼬치꼬치 따지고 자신의 기준에 맞을 때까지 요구를 하는데, 자기 기준도 자꾸 변하는 것입니다. 이럴 때 결국 화합이 되지 않는 경우도 많습니다. 그래서 우리는 모든 일을 하기 전에 기도를 해야 합니다. 하나님께서 간섭해주셔서 어떤 때는 미련한 자의 입을 다물게 해주셔야 일이 원만하게 진행되는 것입니다. 할 수 있으면 지혜로운 자나 미련한 자나 싸우지 않는 것이 좋습니다. 괜히 서로 싸우면 약한 사람들만 다치게 되는 것입니다. 이럴 때는 결국 지혜자가 지는 수밖에 없습니다.

10절 "피 흘리기를 좋아하는 자는 온전한 자를 미워하고 정직한 자의 생명을 찾느니라."

피 흘리기를 좋아하는 자는 과격한 자이고 이미 그런 데 익숙한 사람들입니다. 이런 사람들은 행동만 과격한 것이 아니라 말도 대단히 과격하게 합니다. 하나님 앞에서 온전한 자를 보면 너무나도 잘난 체하는 것 같아서 견디지 못합니다. 그래서 어떻게 해서든지 사람들을 물어서 중상을 입혀야 만족합니다. 특히 과격한 자들이 정직한 자를 보면 자기가 잘못한 것이 드러날까 봐 싫어합니다. 과격한 자들은 정직한 자들을 보면 아예 물어서 죽이려고 합니다. 우리는 모든 사람들이 내 마음과 같다고 생각해서 내 속에 있는 모든 비밀을 다 이야기하면 이런 사람들은 너무나도 좋아하면서 물어버립니다. 그래서 우리는 사람들을 대할 때에도 조심해서 조금씩 마음을 열어야 하는 것입니다. 그런데 여기서 피 흘린다고 할 때 굳이 흉기를 쓰는 것이 아니라 입으로 피를 흘리는 데 전문이 있습니다. 그런 사람들도 조심해서 너무 가까이 하지 않아야 합니다. 이런 사람들에게 아무리 잘해 주어도 결국 돌아오는 것은 물리는 것이기 때문입니다.

11절 "어리석은 자는 그 노를 다 드러내어도 지혜로운 자는 노를 억제하느니라."

사람들은 보통 자기 안에 있는 분노의 감정으로 다른 사람들을 공격하는 수단으로 삼습니다. 성격이 급한 사람들은 화가 나면 다른 사람에게 화를 퍼붓습니다. 그러나 지혜로운 자는 이 노가 자기 마음도 상하게 하고 상대방의 마음도 상하게 한다는 것을 알기 때문에 노를 함부로 터트리지 않습니다. 대개 사람들은 화를 내면서 살아가는데, 우리가 그것을 속으로 삼키면 다른 사람들이 우습게 알 수도 있고 때로는 우리 속이 상할 때가 많습니다. 그러나 노를 삼킬수록 우리의 속사람은 깊어지게 되고 그 마음이 상한 만큼 하나님과 더 가까워지게 됩니다. 고상한 사람은 절대로 화를 가벼이 터트리지 않습니다. 내 마음이 상감청자보다 더 비싸기 때문에 굳이 화를 내어서 상대방을 이길 필요가 없기 때문입니다. 우리가 가만히 있어도 하나님은 우리를 위해서 일을 다 해주십니다.

12절 "관원이 거짓을 신청하면 그 하인은 다 악하니라."

관리는 불꽃 같은 눈으로 참과 거짓을 분별할 수 있어야 합니다. 하나님이 그렇게 할 수 있도록 권한을 주셨기 때문입니다. 말로 그럴 듯하게 때우려고 하거나 거짓으로 다른 사람에게 죄를 뒤집어씌우는 자를 가차 없이 찾아내어서 책망할 때 악한 자들이 벌벌 떨게 되고 자신의 권위는 더 견고히 서게 됩니다. 그런데 관리라는 사람이 분별력이 없어서 누구든지 와서 하는 소리를 다 믿게 되면 그 다음에는 밑에서 모든 것을 다 해먹고 이 사람은 완전히 무능한 허수아비가 되고 맙니다. 우리에게 가장 중요한 것은 진실과 거짓을 분별하는 지혜입니다.

> 13절 "가난한 자와 포학한 자가 섞여 살거니와 여호와께서는 그들의 눈에 빛을 주시느니라."

우리가 사는 세상에는 가난한 자와 포학한 자가 함께 섞여서 살고 있습니다. 이들이 섞여서 살 수 있는 것은 포학한 자도 늘 포학한 것은 아니기 때문입니다. 그러나 포학한 자가 사나워지게 되면 힘없는 가난한 자는 포학한 자의 밥이 될 것입니다. 그런데 하나님은 가난한 자에게 빛을 주십니다. 여기서 빛이란 악한 자를 이길 수 있는 지혜와 믿음을 말합니다. 가난한 자가 포학한 자에게 대든다고 해서 이길 수는 없습니다. 그렇다고 가난한 자가 언제나 도망칠 수도 없는 노릇입니다. 가난한 자들이 겸손하면서도 지혜로울 때 미련한 포학한 자를 이기게 되는 것입니다. 예수님은 제자들에게 '너희는 뱀같이 지혜롭고 비둘기같이 순결하라' 고 하셨습니다. 지혜와 믿음이 같이 있어야 포학한 자를 다룰 수 있는데, 그렇게 되려면 우리가 포학한 자의 조련사 정도로 지혜가 있어야 합니다. 그렇게 되기 위해서 우리는 많은 연단을 받아야 합니다.

3. 모든 것의 기준이 되는 하나님의 말씀

이 세상에서 권력이 있고 돈이 있으면 모든 것을 다 할 수 있을 것 같지만 우리 인간이 할 수 있는 것은 그렇게 많지 않습니다. 사람들이 스스로 한계를 인정하지 않고 범위를 벗어났을 때 하나님으로부터 무서운 심판을 당하게 됩니다. 왕들 중에서 자기 힘만 믿고 포학한 정치를 했거나 혹은 전쟁을 일삼은 사람들 모두가 무서운 심판을 받았습니다. 우리가 하나님 앞에 겸손할 수 있으려면 하나님의 말씀을 앞에 두고 그 말씀에 순종하는 수밖에 없습니다.

14절 "왕이 가난한 자를 성실히 신원하면 그 위가 영원히 견고하리라."

왕이 안정되게 정치를 하려면 부자나 귀족들과 손을 잡는 것이 필요합니다. 어떤 왕은 급히 개혁을 하려다가 결국 귀족이나 부자들이 등을 돌리는 바람에 자리에서 쫓겨나게 됩니다. 그럼에도 유다나 이스라엘에서 귀족들이 신앙적이지 않을 때가 많았습니다. 유다 왕들 중에서 귀족들과 손잡았던 사람들은 결국 끝이 좋지 않았습니다. 왕이 가난한 사람들을 위해서 그들이 행복할 수 있는 정치를 한다는 것은 말씀에 입각한 정치를 하는 것입니다. 대개 이때 귀족들은 불만일 때가 많습니다. 왕이 너무 하나님의 말씀으로 통치하면 귀족들도 말씀에 순종해야 하는데, 자기들에게는 그것이 필요하지 않다고 생각하기 때문입니다. 그런데 놀라운 것은 왕이 가난한 백성들을 위한 말씀의 정치를 할 때 나라에 부흥이 오게 되고 복이 오게 됩니다. 이것은 귀족들에게도 이익이기 때문에 나중에는 따라오게 됩니다. 이렇게 하나님의 말씀을 붙들고 하는 정치는 처음에는 많은 어려움을 당하지만 가면 갈수록 형통하게 되고 나중에는 하나님의 축복만 오게 됩니다.

15절 "채찍과 꾸지람이 지혜를 주거늘 임의로 하게 버려두면 그 자식은 어미를 욕되게 하느니라."

부모에게 자식이 귀엽지 않은 사람은 없을 것입니다. 부모는 자식에게 모든 좋은 것을 아낌없이 주십니다. 그러나 자녀도 하나님 앞에서는 깎여야 할 돌덩어리이기 때문에 하나님의 말씀으로 깎여야 하고 하나님의 고난의 채찍에 맞아야 보석 같은 사람이 될 수 있습니다. 그래서 사랑하는 사람일수록 덜 사랑하고 하나님의 말씀에 던져놓고 고난을 받도록 해야, 나중에 그 사람이 정말 보석 같은 사람이 되어서 그의 복이 돌아오게 됩니다. 부모가 자식을 훌륭하게 키우는 방법은 어떻게 하면 사랑의 표현을 덜 하고, 하나님의 말씀을 듣게 하며, 고난을 통과하게 할 것인가 하는 것들입니다. 부모가 너무 맹목적으로 자식을 사랑했을 때 그 자식은 자기밖에 모르기 때문에 끊임없이 부모에게 요구하고 나중에는 인간 구실조차 제대로 못하게 됩니다. 굳이 부모가 채찍과 꾸지람을 들기보다는 하나님 말씀의 책망을 듣게 해야 합니다.

16절 "악인이 많아지면 죄도 많아지나니 의인은 그들의 망함을 보리라."

악인이 많아진다는 것은 부흥의 불이 꺼진 것을 말합니다. 하나님의 말씀을 듣지 못하면 누구든지 미련하게 되어 있고 악해지게 되어 있습니다. 하나님의 말씀만이 이리를 양으로 만들 수 있는데 말씀을 듣지 못하니까 이리가 그대로 남아 있는 것입니다. 그렇게 되면 결국 서로 물어뜯으면서 하나님의 말씀을 버립니다. 그러나 이들의 힘은 오래가지 않습니다. 서로 물어뜯으면서 싸우기 때문입니다.

17절 "네 자식을 징계하라. 그리하면 그가 너를 평안하게 하겠고 또 네 마음에 기쁨을 주리라."

자식을 징계하라는 것은 말씀의 길을 가게 하라는 것입니다. 처음에는 이 자식이 자기 길도 찾지 못하고 돈도 벌지 못하여 너무나도 실망스러운데 그런 가운데서도 하나님의 말씀을 들으면서 착해지고 죄를 짓지 않습니다. 그러다가 나중에 하나님이 그 아들에게 길을 열어주시고 높은 지위를 주실 때 결국 이 아들이 부모에게 효도를 하는 것입니다. 반대로 아들을 위해서 모든 희생을 다해서 성공하게 만들었지만, 말씀이 없는 자식은 부모에게 오지도 못하게 하고 나중에는 죄를 지어서 크게 망신을 시키기 때문에 부끄러운 자식이 되는 것입니다.

18절 "묵시가 없으면 백성이 방자히 행하거니와 율법을 지키는 자는 복이 있느니라."

이것이 오늘 본문의 중간 결론입니다. 사람들에게 하나님의 말씀이 없으면 모두 자기가 생각한 것이 옳다고 떠들어대고 남의 말을 들으려고 하지 않습니다. 이런 사람들은 고삐가 없는 야생마와 같고 키가 없는 배와 같아서 바람이 부는 대로 갈 수밖에 없습니다. 그러나 하나님의 말씀이 있으면 말씀이 우리를 온순하게 할 뿐 아니라 우리가 가야 할 길을 보여주기 때문에 바른길을 갈 수가 있습니다. 하나님의 말씀이 없는 사회는 미쳐 날뛸 수밖에 없는 것입니다. 야고보 사도는 아무리 거친 말이라도 고삐로 제어할 수 있고 아무리 큰 배라도 키를 사용하여 바른 방향으로 가게 할 수 있다고 했습니다. 세상은 하나님의 말씀을 인정하지 않기 때문에 난폭하게 날뛰는 것이 정상이지만 이럴수록 우리는 하나님의 말씀을 잘 소화해서 사람들이 알아들을 수 있도록 하여 진정을 시킬 수 있어야 합니다. 그러려면 미쳐서 날뛰는 사람들에게 무조건 틀렸다고 해서는 안 되고 그들이 두려워하고 불안해하는 것이 무엇인지, 그들이 그토록 바라는 것이 무엇인지 알아야 합니다.

19절 "좋은 말로만 하면 고치지 아니하나니 이는 그가 알고도 청종치 아니함이니라."

사람이 나쁜 짓을 하는 것은 몰라서 그런 것이 아니라 자기 마음대로 되지 않아서 그런 것입니다. 우리 안에는 죄의 인이 박여서 말만으로는 순종이 되지 않습니다. 이때 하나님의 매로 맞으면 정신을 차리는데 우리는 매 맞는 것을 너무나도 싫어합니다. 하나님께서도 우리를 때리시는 것을 기뻐하지 않으십니다. 그래서 가장 좋은 것은 하나님의 말씀을 듣고 스스로 정신을 차리는 것입니다.

20절 "네가 언어에 조급한 사람을 보느냐 그보다 미련한 자에게 오히려 바랄 것이 있느니라."

이 말씀은 언어에 조급한 자가 가장 미련하다는 것입니다. 언어에 미련한 것은 남의 말을 다 듣지도 않고 결론을 내리거나 다른 사람이 거짓으로 하는 말인데도 다 믿는 것을 말합니다. 인간은 언어를 가지고 모든 짓을 다 할 수 있습니다. 인간은 언어로 남을 치켜세우기도 하고, 언어로 정말인 것처럼 속이기도 하며, 말로 다른 사람을 공격해서 묵사발을 만들기도 합니다. 그래서 우리는 다른 사람의 말을 들었을 때 그 언어의 진정성을 분별하고 확인해서 속지 않아야 합니다. 다른 사람이 나를 치켜세울 때 다 곧이들을 필요가 없습니다. 다른 사람이 나에게 거짓을 말할 때에는 확인을 해서 물리쳐야 합니다. 나를 말로 공격할 때에는 상처를 입지 않도록 무장을 해야 합니다. 나에게 너무 달콤한 약속을 할 때에 속지 않도록 조심해야 합니다. 우리가 사람에게 속지 않으려면 하나님을 바라보는 수밖에 없습니다. 우리의 모든 복은 하나님께 있기 때문에 너무 사람의 말을 믿을 필요가 없습니다.

21절 "종을 어렸을 때부터 곱게 양육하면 그가 나중에는 자식인 체하리라."

사람은 아무리 잘 대해 주어도 만족을 모르기 때문에 한계를 두어야 한다는 것입니다. 사람은 끊임없이 높아지려 하고 끊임없이 욕심을 내려고 하기 때문에 너무 잘해 줄 수가 없는 것입니다. 다른 사람에게 너무 칭찬을 해줄 수 없습니다. 우리 각자는 자신의 분수를 알고 그 분수에 맞게 살아야 이 세상에 적응을 할 수 있습니다. 때때로 하나님의 백성들은 은혜를 받아서 우리가 최고인 줄 알게 됩니다. 그러나 세상에 나가 보면 아무것도 아니기 때문에 현실에 적응이 되지 않습니다. 그래서 교회 청년들이 잘못하면 현실 부적응아가 되기 쉽습니다. 우리는 청년들이나 교인들에게 우리가 하나님의 자녀이지만 이 세상에서 우리가 가진 한계가 있다는 것을 가르쳐주어야 합니다. 우리가 현실을 인정할 때 겸손하면서도 현실성 있는 신앙을 가지게 됩니다. 그렇지 않은 사람은 공중에 뜬 것처럼 도저히 다른 사람이 이해할 수 없는 행동을 하게 되는 것입니다.

22절 "노하는 자는 다툼을 일으키고 분하여 하는 자는 범죄함이 많으니라."

우리는 이 세상에서 많은 사람을 대하게 됩니다. 그 중에는 화를 쉽게 내거나 공격적인 사람들이 대부분입니다. 하나님은 우리를 하나님의 말씀으로 변화시켜서 양으로 만드셨습니다. 그런데 우리가 어떻게 사나운 이리 가운데 갈 수 있겠습니까? 세상 사람들은 우리가 양이라는 것을 모를 때가 많습니다. 그리고 처음에는 세상 사람들이 우리가 공격적이지 않은 것을 보고 무시하고 업신여기지만, 나중에는 이런 사람을 좋아하게 됩니다. 사람들에게 해결되지 않는 것이 마음의 분노입니다. 이런 사람들은 분노로 성공하기 때문에 정상적인 생활에 만족을 하지 못해서 결국 넘지 말아야 할 선을 넘고 죄를 지어 망하는 것입니다.

> 23절 "사람이 교만하면 낮아지게 되고 마음이 겸손하면 영예를 얻으리라."

우리가 생각하기에 사람이 높아지니까 교만한 것 같고 결국 교만한 사람은 잘난 사람인 것 같습니다. 그러나 교만한 사람은 실력만 있다든지 혹은 자리만 차지하고 있는 사람입니다. 하나님의 백성들은 겸손하고 또 실력을 쌓아가는 사람입니다. 이런 사람은 또 마음속에 사람이나 일에 대한 열정이 있습니다. 교만한 사람이 자기는 모든 것을 다 안다고 생각해서 정지해 있는 동안 겸손한 사람은 이 사람을 따라잡게 됩니다. 교만한 사람은 생각이 경직되어서 자기가 하고 있는 일에서 벗어나면 아무것도 하지 못합니다. 그래서 교만한 자는 일만 없어지면 아무것도 하지 못하는 사람이 되고 맙니다. 겸손한 사람은 실력도 있고 열정도 있고 게다가 겸손하니까 자꾸 승진하게 되는 것입니다.

> 24절 "도적과 짝하는 자는 자기의 영혼을 미워하는 자라. 그는 맹세함을 들어도 직고하지 아니하느니라."

도적과 짝하는 자는 자꾸 자기가 수고하지 않고 도둑질한 것을 얻어먹는 재미가 있습니다. 그러나 이 세상에 공짜란 없습니다. 이 사람이 도둑으로부터 얻어먹은 것은 전부 자기가 도둑질에 동참한 것이 된다는 사실을 알아야 합니다. 하나님의 백성들은 절대로 공짜로 돈이 생기는 것을 좋아해서는 안 됩니다. 반드시 이마에 땀이 흘러서 돈을 벌어야 하고, 그렇게 고생해서 번 것으로 가족을 먹여 살려야 합니다. 그렇지 않은 사람은 자기 영혼을 미워해서 싸구려로 팔아먹는 것입니다. 여기에 보면 그는 맹세함을 들고도 직고하지 않는다고 했습니다. 이 맹세는 법정에서 도둑과 짝하면 함께 처벌받는다는 말을 듣고도 모르는 체하는 것입니다. 그러나 도둑이 잡히면 자기가 준 것을 다 불게 되어 있습니다. 이때는 아무리 부인을 해도 믿어주지 않습니다. 도둑에게 얻어먹은 자체가 잘못이었던 것입니다. 이제 우리는 솔로몬의 잠언의 대결론에 도달하게 됩니다. 그것은 우리의 모든 복은 하나님으로부터 온다는 것입니다.

> 25절 "사람을 두려워하면 올무에 걸리게 되거니와 여호와를 의지하는 자는 안전하리라."

사람을 두려워한다는 것은 너무 사람에게 매이는 것을 말합니다. 사람을 너무 좋아하거나 혹은 사람을 너무 의지하게 되면 그 사람에게 매여서 아무것도 하지 못합니다. 그리고 그 사람이 요구하는 나쁜 것도 해야 하기 때문에 결국 하나님을 기쁘시게 할 수 없습니다. 우리가 사람을 의지하는 것을 포기하고 나 홀로 설 때 오히려 하나님을 직접 의지하게 됩니다. 우리가 사람을 붙들면 사람 자체가 불안정하고 변덕스럽기 때문에 결국 같이 넘어지게 될 것입니다. 그러나 하나님을 붙들면 하나님은 흔들리지 않는 견고한 반석이기 때문에 안전합니다.

> 26절 "주권자에게 은혜를 구하는 자가 많으나 사람의 일의 작정은 여호와께로 말미암느니라."

사람들은 왕이나 대통령만 되면 모든 것을 다 할 수 있는 것처럼 생각해서 기대를 많이 하지만 실제로 왕이나 대통령도 자기 마음대로 할 수 없는 것이 너무 많습니다. 모든 복은 하나님으로부터 오기 때문에 우리는 하나님의 복을 붙잡아야 복을 받을 수 있습니다. 결국 왕이나 대통령을 통하여 일하시는 분도 하나님이시기 때문에 우리는 사람을 바라볼 것이 아니라 하나님을 바라보아야 합니다. 그리고 기도를 많이 하여 영적 부흥을 일으켜야 하는 것입니다.

> 27절 "불의한 자는 의인에게 미움을 받고 정직한 자는 악인에게 미움을 받느니라."

불의한 자와 의인은 생각하는 가치관이 다르기 때문에 서로 미워할 수밖에 없습니다. 그러나 영적인 부흥이 일어날 때에는 악한 자나 의인이나 생각하는 것이 많이 가까워지기 때문에 덜 미워하고 덜 다투게 됩니다. 우리는 다른 사람이 나와 생각이 다르다고 미워하거나 다투거나 싸울 것이 아닙니다. 열심히 하나님을 바라보고 믿음의 대부흥을 일으키면, 하나님은 정의를 지켜주실 것이며 백성들의 마음도 하나가 되게 하실 것입니다.

아굴과 르무엘의 잠언

잠언 30-31장

45 · 자족하는 자세

잠 30:1-14

세상에서 성공하는 방법은 여러 가지가 있겠지만 그 중에서 가장 좋은 방법은 자기가 가장 잘할 수 있고 보람을 느끼는 일을 찾아서 열심히 하면 성공할 수 있을 것입니다. 그러나 자기가 잘할 수 있는 일을 찾는다는 것이 결코 쉽지 않습니다. 또 설령 자기가 잘할 수 있는 일을 찾았다 하더라도 인내심을 가지고 끝까지 그 일을 해내는 것이 간단한 일이 아닙니다. 우리나라에서 신동이라고 불리던 여성 바이올리니스트가 있었는데 음악적인 재능이 뛰어나서 열네 살에 독일의 유명한 대학에 유학을 가게 되었습니다. 그러나 이 여성은 자기가 바이올린 연주를 잘해야 한다는 중압감을 이기지 못해서 우울증이 오고 무기력증이 와서 바이올린 연주는 물론이고 바깥출입조차 할 수 없을 정도로 심한 정신적인 고통을 받았습니다. 이 여성은 자기가 거의 폐인이 되는 것이 아닌가 생각했는데 어느 날 하나님의 말씀으로 은혜를 받고 또 어려운 곡이 아닌 어려운 자들을 돕는 일에 봉사하면서 자신감을 회복하게 되었다고 합니다.

우리나라에서 크림빵으로 인기를 끌어서 성공한 식품회사가 있었는데 그 회사의 주인이었던 아버지는 두 아들에게 회사를 물려주었습니다. 큰 아들에게는 본사를 맡기고 작은아들에게는 그 규모의 십분의 일밖에 안 되는 작은 회사를 물려주었습니다. 그런데 큰아들은 빵으로 만족하지 못하고 리조트 산업에 크게 투자하는 바람에 결국 부도를 맞고 회사가 망하고 말았습니다. 그러나 동생은 미국의 경영대학원을 때려치우고 빵 만드는 학교에 들어가서 빵 만드는 것을 배우고 또 빵 회사에 취직을 해서 밑바닥부터 빵을 배웠는데 완전히 빵에 미친 사람이 되었습니다. 특히 작은아들은 프랑스 빵에 관심을 가지고 공부를 해서 당시 고려당 같은 빵 회사를 제치고 지금은 전국에서 가장 성공적인 체인을 가진 빵 기업이 되게 했습니다. 이런 것을 볼 때 사람이 자기 분수를 잘 알고 또 자기 자신을 훈련시켜서 끝까지 성공의 길을 간다고 하는 것이 보통 어려운 일이 아니라는 것을 알 수 있습니다.

성경의 잠언은 단순한 이론이 아니라 실제로 현실화된 지혜를 말합니다. 사실 사람들마다 아이디어는 많이 있지만 그 아이디어 중에서 실용화해서 실제로 성공을 거둘 수 있는 아이디어는 많지 못합니다. 요즘 대기업들은 그야말로 특허 전쟁의 시대라고 말할 수 있는데, 아이디어가 특허가 되기 위해서는 많은 검증의 단계를 거쳐서 실용화가 되어야 하는 것입니다. 따라서 잠언에 나타나는 지혜는 모두 실용화가 된 지혜입니다. 솔로몬의 지혜는 잠언 1장부터 29장까지입니다. 잠언 맨 뒤에 있는 30장과 31장은 솔로몬의 잠언이 아닙니다. 특히 잠언 30장은 야게의 아들 아굴의 잠언이라고 되어 있는데 성경 어디에서도 야게가 누구이며 아굴이 어떤 사람인지 전혀 나타나지 않고 있습니다.

1절을 보면 "이 말씀은 야게의 아들 아굴의 잠언이니 그가 이디엘과 우갈에게 이른 것이니라"고 되어 있습니다. 그런데 아굴이 이 말씀을 가르친 이디엘과 우갈도 어떤 사람인지 알 수 없습니다. 단지 아굴이라는 사람은 히스기야 때 솔로몬의 잠언을 편집한 책임자가 아닐까 하는 생각이 듭니다. 대개 어떤 유명한 책을 편집하게 되면 편집자는 자신의 이름을 감추고 맨 뒤에 편집후기 형식으로 자신의 이야기를 하는 경우가 있습니다. 따라서 아굴이라는 사람은 유다나 이스라엘의 왕은 아니지만 하나님의 말씀에 깊은 관심을 가지고 특히 솔로몬의 지혜를 수집하고 정리하는 일을 했던 사람인 것 같습니다. 그러면서 아굴은 자신도 거의 솔로몬에 비교될 만한 높은 수준의 지혜를 가지게 된 것 같습니다. 그래서 아굴은 옛날에 잠언에 편집되지 못했던 솔로몬의 잠언을 다시 편집해 넣으면서 자기가 하나님 앞에서 깨닫고 제자들에게 가르쳤던 잠언도 여기에 함께 편집을 한 것 같습니다. 그런데 아굴의 잠언은 너무나도 실제적이고 또 자연 가운데서 아주 재미있는 예를 가지고 하나님의 지혜를 이야기하는 것이 특징인 것을 볼 수 있습니다.

1. 하나님 앞의 모습

우리 인간에게 가장 중요한 문제는 자신의 모습을 어떻게 하면 가장 정확하게 볼 수 있느냐 하는 것입니다. 요즘은 거울이 많이 좋아져서 우리가 거울을 통해서 자신의 얼굴을 볼 수 있지만, 옛날 사람들이 사용하던 청동거울은 표면이 고르지 못해서 사람들은 정확한 자신의 모습을 보지 못했습니다. 그래서 옛날 사람들은 한평생을 살면서 가족의 얼굴은 보고 다른 사람의 얼굴은 보지만 정작 자신의 얼굴은 바로 보지 못하면서 살 때가 많았습니다. 물론 요즘 거울이 많이 좋아졌다고 하지만 우리가 볼 수 있는 것은 우리의 겉모습이고 다른 사람의 겉모습이지 여전히 진정한 자신이나 다른 사람의 내면의 모습은 보지 못한 채 살아가고 있습니다. 그래서 사람들이 대체로 자신을 평가하는 기준은 다른 사람의 성공과 자신을 비교하는 것입니다. 내가 다른 사람이 달성하지 못한 어려운 시험에 합격을 하거나 혹은 어려운 자리에 올라가게 되었으면 스스로 지혜 있다고 생각하는 것입니다. 또 다른 사람은 미련하게 죄를 지어서 사회적인 비난을 받고 처벌을 받는 데 비하여 내가 그런 죄에 걸려들지 않았다면 스스로 지혜 있다고 판단하는 것입니다. 그러나 우리가 다른 사람의 실패나 미련한 것에 자신을 비교해서 스스로 똑똑하다고 생각하는 것은 자기 자신을 정확하게 보는 것이 아닙니다. 어느 날 하나님 앞에서 자기 자신의 진실한 모습을 볼 때가 있습니다. 그때 우리는 그 동안 나름대로는 최선을 다해서 살아왔고 성공적으로 살아왔다고 생각했는데 하나님 앞에서 보니까 너무나도 미련하게 살아왔다는 것을 깨닫게 됩니다.

2절 "나는 다른 사람에게 비하면 짐승이라. 내게는 사람의 총명이 있지 아니하니라."

아굴은 어느 날 자신을 하나님 앞에서 생각했을 때 그 동안 자기가 똑똑하고 지혜롭게 살아왔다고 생각했던 자신이 하나님 앞에서 얼마나 미련했는지 짐승의 삶이었다고 고백하고 있습니다. 자기에게는 사람의 총명이 없었다라고까지 고백하고 있습니다. 아굴의 마음을 지금까지 지배해왔던 것은 짐승의 본능이었고 육체의 정욕이었던 것입니다. 그러나 이것은 비단 아굴만이 고백하는 것은 아닙니다. 우리는 보통 하나님을 믿고 내 나름대로 최선을 다해서 살 때 스스로 지혜롭게 살았다고 생각하고 또 다른 사람들도 그렇게 생각하고 인정을 하게 됩니다. 우리가 하나님의 말씀을 붙들고 살아갈 때 하나님께서 여러 가지 시험을 피하게 하시고 또 많은 복을 부어주십니다. 이런 것을 보면 우리의 삶은 틀림없는 성공적인 삶이고 지혜로운 삶인 것 같습니다. 그런데 어느 날 하나님이 은혜를 주실 때 자기 자신을 정직하게 하나님 앞에서 바라보면 그 동안 믿음으로 산다고 하면서도 너무나도 더러운 정욕에 빠져서 허우적거릴 때가 많았고 하나님의 뜻을 모르고 엉뚱한 일에 시간을 낭비했으며 특히 자신의 아름다운 모습을 찾지 못하고 되는 대로 살아왔을 때가 너무나도 많았다는 것을 깨닫게 됩니다. 그래서 하나님 앞에서 '나는 짐승이었다'고 고백하게 되는데, 이것이야말로 우리가 하나님께 드릴 수 있는 가장 아름다운 고백입니다. 우리가 하나님과 가까워질수록 자신이 살아온 것에 대하여 부끄러움을 느끼게 됩니다. 왜냐하면 하나님 앞에서 예민하고 섬세한 영적인 감각이 살아나기 때문입니다.

우리가 이렇게 하나님 앞에서 솔직하고 정직하게 자신의 모습을 살펴보는 것이 필요합니다. 이렇게 되었을 때 비로소 하나님 앞에 무릎을 꿇고 '하나님, 저의 이 엄청나게 많은 죄를 용서해주시고 저의 마음이 하나님의 마음과 같아지기를 원하나이다' 라는 기도를 드리게 되는 것입니다. 평소에 이 세상을 살아가면서 너무나도 많은 사람들을 만나면서 많은 인간적인 이야기들을 듣습니다. 그러면서 어떻게 하면 사람들 앞에서 흠을 덜 잡히고 사람들로부터 인정을 받으면서 살까 하는 생각을 많이 하게 됩니다. 그러면서 정작 하나님 앞에서 나 자신의 모습을 보지 못하는 것입니다. '나는 하나님 앞에서 정말 한 마리 짐승같이 미련하게 살아왔습니다' 라는 고백을 하게 될 때 우리는 자신을 바로 보고 있는 것입니다. 이때 우리가 깨닫는 것은 그 동안 왜 그렇게 죄를 끊지 못했으며, 왜 그렇게 하나님 앞에서 나의 아름다운 모습을 찾지 못했고, 나는 왜 그 동안 전혀 중요하지 않은 우상에 집착하면서 살았을까 하는 것입니다. 이런 자신을 발견할 때 하나님 앞에서 그 동안 내가 집착하고 생각했던 것들이 얼마나 쓸데없는 것들이었는가 하는 것을 깨닫게 됩니다. 이때 우리는 하나님 앞에서 정말 죄를 끊고 우상을 끊어버리면서 너무나도 소중한 나 자신을 찾게 되는 것입니다. 더 이상 다른 사람이 밀지도 않고 다른 사람이 두렵지도 않게 됩니다. 하나님 앞에서 너무나도 소중한 나 자신의 가치를 찾았기 때문입니다.

궁금한 것은 우리가 이렇게 하나님 앞에서 솔직하고 정직한 나 자신을 찾으면 어떻게 되는가 하는 것입니다. 하나님 앞에서 이런 마음을 찾게 되었을 때 우리에게 갑자기 능력이 임하고 무엇인가 크게 달라지는 것은 아닙니다. 그러나 하나님 앞에서 진정한 나 자신의 모습을 찾을 때 하나님과 나 사이에 틈이 없어지게 되고 진정한 마음의 평화를 얻게 됩니다. 이때 하나님은 정말 나의 산성이 되시고 힘이 되시기 때문에 이 세상 어느 누구도 무섭지 않게 됩니다. 우리는 정말 겸손하게 되고 이때는 이 세상의 다른 어떤 것보다 하나님을 더 사랑하려고 합니다. 이 세상에서 최고로 좋은 분은 하나님이시기 때문입니다. 여기서 아굴은 '내게는 사람의 총명이 있지 아니하니라' 고 했습니다. 아굴은 다른 어느 누구보다 하나님의 말씀을 잘 아는 사람이었고 지혜로운 사람이었을 것입니다. 그럼에도 아굴 자신이 하나님 앞에서 자신을 보니까 그 동안 너무 미련했다는 것을 알게 되었습니다. 진정한 지혜는 죄의 유혹을 알아서 물리치는 것이 지혜이고, 하나님의 정확한 뜻을 알아서 열정적으로 이루어드려야 하는데 너무 정신없이 산 것을 깨닫게 되는 것입니다. 이때 우리는 진정으로 하나님을 사랑하는 사람으로 다시 태어나게 됩니다.

2. 하나님을 아는 법

3절 "나는 지혜를 배우지 못하였고 또 거룩하신 자를 아는 지식이 없거니와"

아굴이 깨닫게 된 것은 진정한 지혜는 하나님의 뜻을 깨닫는 지혜라는 것을 알게 된 것입니다. 하나님은 이 세상을 지혜로 지으셨기 때문에 누구든지 열심히 노력하고 연구하는 자는 지혜를 얻을 수 있습니다. 그러나 사람들이 깨닫는 지혜란 자연의 법칙이라든지 아니면 이 세상에서 처세하는 방식 같은 것입니다. 대개 사람들이 이런 지혜만 가져도 똑똑하고 유능한 사람이라는 인정을 받기 때문에 성공할 수 있습니다. 그러나 더 높은 지혜는 바로 이런 자연법칙이나 처세의 원리를 만드는 지혜인 것입니다. 사람들은 이 세상에서 돈을 많이 벌고 성공하는 것이 지혜라고 생각하지만, 더 높은 지혜는 이런 성공이 있게 하는 지혜입니다. 그 지혜는 바로 하나님의 지혜입니다. 하나님의 지혜란 단순히 하나님의 존재를 믿는 지혜를 말하지 않습니다. 여기서 하나님의 지혜란 하나님의 뜻을 알고 죄를 이기며 자신의 가치를 깨달을 수 있는 지혜를 말합니다. 이 하나님의 지혜가 사람을 멸망에서 건질 수가 있습니다. 하나님의 지혜는 이 세상의 성공과는 차원이 다른 것입니다.

아굴은 학자였던 것 같고 많은 지식을 공부하여 쌓았던 사람 같습니다. 그런데 나중에 그가 내린 결론은 자기는 전혀 지혜라는 것을 배우지 못했고 거룩하신 하나님을 아는 지식이 없었다고 말하고 있습니다. 인간은 스스로의 노력이나 명상으로 하나님의 지혜를 가질 수 없습니다. 우리가 하나님의 지혜를 가질 수 있는 유일한 방법은 하나님이 주신 말씀을 믿고 붙드는 것입니다. 아마도 아굴은 나중에 가서야 하나님 말씀의 가치를 깨닫고 하나님의 말씀을 붙들었는데, 그때 하나님의 손에 붙들리면서 하나님의 뜻을 깨닫게 된 것입니다.

4절 "하늘에 올라갔다가 내려온 자가 누구인지, 바람을 그 장중에 모든 자가 누구인지, 물을 옷에 싼 자가 누구인지, 땅의 모든 끝을 정한 자가 누구인지, 그 이름이 무엇인지, 그 아들의 이름이 무엇인지 너는 아느냐."

아굴은 먼저 우리 인간이 하나님의 뜻을 아는 것이 왜 불가능한지 이야기를 하고 있습니다. 하나님의 뜻을 알려면 하늘에 올라가서 하나님께 물어봐야 하고 하나님의 가르침을 받아야 하는데 누가 감히 하늘에 올라갈 수 있겠습니까? 지금 인간이 우주선을 타고 대기권 밖으로까지 나갈 수는 있지만 그러나 우리 실력으로는 하나님께 가서 궁금한 것을 물어본다는 것은 불가능한 일입니다. 태양을 뚫고 우주를 뚫고 하나님께로 가서 궁금한 것을 물어볼 실력이 되지 못합니다. "바람을 그 장중에 모은 자가 누구인지"도 알지 못합니다. 하늘로 올라가기 전에 이 세상에서 일어나는 일이라도 제대로 알아야 하는데 우리 인간은 누가 어떻게 바람을 일으키는지조차 알지 못합니다. 그러나 하나님은 그 손으로 무시무시한 태풍을 일으키시는 것입니다. 그러니까 하나님은 얼마나 크신 분이십니까? "물을 옷에 싼 자가 누구인지" 모른다고 했습니다. 옛날에는 반죽 같은 것을 하면 옷에 싸서 운반을 했습니다. 그런데 하나님은 지구 위에 있는 물을 전부 싸가지고 가실 수 있는 분이십니다. 하나님은 바다가 육지로 올라오지 못하게 하시고 물을 하늘까지 가지고 가서서 비를 뿌리십니다. "땅의 모든 끝을 정하신 자가 누구인지" 모른다고 하였는데, 이때만 해도 인간들은 땅의 끝을 알지 못했습니다. 인간들은 콜럼버스 때만 해도 지구가 둥글다는 것을 알지 못했습니다. "그 이름이 무엇인지 그 아들의 이름이 무엇인지 너는 아느냐?" 아굴은 사람들에게 자기가 최고라고 생각해서 잘난 체하기 이전에 이 세상에서 일어나는 현상부터 똑똑히 보고 인정하라 말합니다. 어떻게 바람이 일어나며 어떻게 비가 내리고 어떻게 지구가 만들어졌는지 그리고 그것들을 만드신 분의 이름과 그 아들의 이름 정도는 알아야 할 것이 아니냐고 말하고 있습니다. 인간들은 이 세상에 있는 복들을 파내고 긁어모아서 쓰는 데 바쁘지 과연 누가 이것을 만드셨고 왜 만드셨는지 생각을 하지 않습니다. 이것은 하나님의 축복을 도둑질하는 것이고 인생의 근본적인 문제를 찾지 않겠다는 것입니다. 아굴은 우리가 하나님의 이름을 모르면 하나님의 아들의 이름이라도 알아야 할 것 아니냐고 말하고 있습니다. 여기서 하나님의 아들은 예수 그리스도를 의미하기보다는 하나님의 말씀을 전해주는 사람을 말합니다. 인간이 직접 하나님을 아는 것은 불가능합니다. 그러나 우리가 하나님을 알 수 있는 방법이 있는데 그것은 하나님의 말씀을 믿는 것입니다.

5절 "하나님의 말씀은 다 순전하며 하나님은 그를 의지하는 자의 방패시니라."

'하나님의 말씀은 다 순전하다' 는 말은 금이나 은을 용광로에 넣어서 제련시켰을 때 불순물이라고는 전혀 없는 백 퍼센트 순금이나 순은을 말합니다. 하나님의 말씀은 인간의 오염이 전혀 들어있지 않은 백 퍼센트 순전한 말씀인 것입니다. 우리가 하나님의 말씀을 듣고 믿는 것은 하늘에 올라가거나 혹은 땅을 전부 다 탐사하는 것보다 더 정확하게 하나님을 알게 되는 길입니다. 하나님을 알기 위해서 전 세계를 여행할 필요가 없습니다. 하나님의 말씀 안에 전 세계가 들어 있고 전 우주가 들어 있기 때문입니다. 그런데 하나님은 하나님의 말씀으로 하나님께 나아가는 자를 가장 사랑하십니다. 그리고 말씀을 사랑하는 자의 방패가 되어주십니다. 방패가 되어주신다는 것은 이 세상에는 사람들이 알지 못하는 수많은 위험이나 위기가 있다는 것을 전제로 하는 것입니다. 이 세상을 보면 너무나도 평화스럽고 아름다운 것 같지만 죄가 있고 마귀가 있는 이상 이 세상은 위험천만한 세상입니다. 예를 들어서 태어난 지 얼마 되지 않은 아기 토끼나 사슴이 이 세상을 볼 때 너무 아름답고 행복할 것 같지만, 숲에는 무서운 맹수들이 있는 것과 같습니다. 그러나 하나님께서는 하나님의 말씀을 사랑하는 자들의 방패가 되어주십니다. 하나님 자신이 그 큰 몸으로 우리를 막아서 모든 죄나 사탄의 공격으로부터 우리가 다치거나 망하지 않도록 지켜주시는 것입니다. 결국 우리는 하나님의 말씀으로 하나님 안에 있는 자가 됩니다. 그러나 하나님의 말씀을 믿지 않는 자는 하나님 밖에 있게 됩니다.

6절 "너는 그 말씀에 더하지 말라. 그가 너를 책망하시겠고 너는 거짓말하는 자가 될까 두려우니라."

하나님의 말씀은 우리가 하나님의 지혜를 얻고 하나님의 보호를 받는 유일한 길이지만 인간이 보기에 하나님의 말씀은 오래된 것 같고 그렇게 똑똑한 것 같지 않아서 자꾸 자기 생각을 가지고 믿으려고 합니다. 하나님의 말씀은 재미가 없으니까 거기에 세상의 사상을 넣어서 재미있게 믿으려고 하는 것입니다. 그러나 하나님의 말씀을 희석시키는 것은 굉장히 위험한 짓을 하는 것입니다. 하나님은 원자력 같은 에너지를 가지신 분이신데 그 능력 안으로 들어가는 유일한 길은 순수한 성경 그대로 믿는 것입니다. 하나님의 말씀이 재미가 없다고 해서 희석을 시키게 되면 그때부터는 하나님의 재앙을 감당하지 못하게 됩니다. 우리가 하나님의 축복을 받는 비결은 성경을 있는 그대로 믿는 것입니다. 그러면 우리에게 하나님의 축복의 진액이 흐르게 되는데, 이것이 바로 기적의 열매를 맺는 비결입니다. 만일 하나님의 말씀에 인간의 생각을 희석시키게 되면 하나님이 책망하실 것입니다. 이 책망은 인간이 감당할 수 없는 재앙입니다. 왜냐하면 그것은 하나님을 자기 마음대로 바꾸어서 믿는 것인데 그것이 바로 우상 숭배이기 때문입니다. 그리고 거짓말하는 자가 된다고 했는데, 이것은 진리의 거짓말쟁이가 되는 것입니다. 많은 사람들에게 구원을 얻을 수 있다고 하지만 실제로는 그것이 구원의 길이 아닌 것입니다. 이 세상에서 가장 위험한 사람은 자신만만하게 성경을 제 멋대로 설교하는 사람입니다. 우리는 성경이 말하려고 하는 것을 말해야 합니다. 그리고 그 외에는 일체 자기 생각이나 사람들의 생각을 말해서는 안 되는 것입니다. 이것이 바로 하나님의 지혜로서, 이 지혜 앞에서 우리는 깨어지고 순전한 하나님의 사람으로 만들어지게 되는 것입니다.

3. 가치 있는 삶을 사는 비결

우리가 이 세상에서 하나님의 말씀을 모른다면 우리가 이 세상에서 원하는 것은 과연 무엇일까요? 우리는 이 세상에서 할 수 있는 대로 많은 것을 원할 것입니다. 많은 돈을 가지기를 원하고 할 수 있는 대로 많은 공부를 하기 원하고 할 수 있는 대로 많은 것을 가지기 원할 것입니다. 왜냐하면 이 세상의 모든 것은 다 한정되어 있어서 많이 가질수록 유리하기 때문입니다. 그러나 만일 우리가 진정한 하나님의 축복을 알게 된다면 이 세상에 있는 많은 것을 원하지 않을 것입니다. 이 세상에 있는 것들이 진정으로 나를 가치 있게 하지 못한다는 것을 알기 때문입니다. 오히려 이 세상에서 너무 많은 것을 가지면 그것에 신경을 쓰느라고 진짜 가치 있는 것을 찾지 못하는 것입니다. 그래서 지혜자는 하나님에게 너무 많은 것을 원치 않는다고 기도하고 있습니다.

> 7-8절 상 "내가 두 가지 일을 주께 구하였사오니 나의 죽기 전에 주시옵소서 곧 허탄과 거짓말을 내게서 멀리하옵시며"

지혜자는 자기가 하나님 앞에 구하고 싶은 것은 딱 두 가지뿐이라고 했습니다. 첫 번째는 '허탄과 거짓말을 내게서 멀리 하는 것'이라고 했습니다. 아굴은 사람들이 이 세상에서 한평생 찾는 것이 결국은 허탄한 것임을 알게 되었습니다. 결국 사람들은 이 세상에 한평생 살면서 허영과 거짓과 탐욕의 신기루만 찾아서 인생을 허비하고 맙니다. 지혜자가 '허탄한 거짓말을 내게서 멀리하게 해달라'는 것은 오직 하나님의 진리 하나만 붙들게 해달라는 뜻과 같습니다. 예를 들어서 사람들이 길을 모를 때에는 할 수 있는 대로 길이 많은 것이 좋을 것입니다. 그러나 자기 길을 바로 알 때에는 여러 길이 있을 필요가 없고 오히려 이 길 저 길 기웃거리는 것은 시간만 낭비하게 하고 오히려 바른길을 잃게 만들 것입니다. 사람이 가치 있게 사는 길은 자기를 가치 있게 만드는 것 하나를 찾아서 죽을 때까지 꾸준히 해나가면 되는 것입니다. 그래서 지혜자가 하나님께 첫 번째로 구하는 것은 바른 진리를 알게 해 달라는 것입니다. 인간들이 이 세상에서 자기 인생을 허비하는 것은 모두 바른 진리를 찾지 못했기 때문입니다. 더욱이 사람들은 세상에 대한 욕심 때문에 더 진리를 멀리하고 허탄과 탐욕과 거짓의 인생을 따라가고 있습니다. 우리에게 궁금한 것은 만일 우리가 하나님의 바른 진리를 찾았을 때 그것이 이 세상의 성공과 일치하느냐 하는 것입니다. 하나님께서는 우리 인생까지도 가장 가치 있는 인생으로 만들어주실 것입니다. 우리에게는 하늘의 복이 있기 때문입니다. 그리고 두 번째로 지혜자가 구한 것은 자족하는 신앙이었습니다.

8절 하 "나로 가난하게도 마옵시고 부하게도 마옵시고 오직 필요한 양식으로 내게 먹이시옵소서."

지혜자는 하나님이 자기를 너무 부자로 만들지 말아 달라고 말씀하고 있습니다. 돈이 많으면 많을수록 좋을 것 같은데 왜 너무 부자가 되지 않게 해 달라고 할까요? 너무 부자가 된다면 이 사람의 삶을 돈이 끌고 가게 될 것이기 때문입니다. 사람이 부자가 되기도 어렵지만 지속적으로 부를 유지하려면 모든 정신을 부에 쏟아야 합니다. 그렇지 않으면 여기저기서 사람들이 손을 벌리고 또 더 좋은 투자의 기회를 놓쳐서 재산상 손해를 보기 때문입니다. 이 사람은 하나님의 진리가 내 인생을 끌고 가기를 원하며 거기서 하나님이 주시는 것으로 만족하겠다는 것입니다. 사람이 돈이 많으면 아무래도 만나야 할 사람도 많고 신경 써야 할 것도 많기 때문에 하나님의 말씀을 붙들게 되지 않습니다. 하나님의 말씀이 이끌어가는 인생이 되려고 하면 부에 대한 생각을 바꾸어야 합니다. 그러나 이 사람은 너무 가난하게 되는 것도 원치 않는다고 했습니다. 우리나라에서는 보통 가난한 사람이 깨끗하고 죄를 안 짓는다고 생각하지만, 너무 가난해서 먹을 것이 없으면 사람은 침체되게 되고 자신감을 잃게 됩니다. 그래서 가장 좋은 것은 하나님이 주시는 일용할 양식으로 사는 것입니다.

9절 "혹 내가 배불러서 하나님을 모른다 여호와가 누구냐 할까 하오며 혹 내가 가난하여 도적질하고 내 하나님의 이름을 욕되게 할까 두려워함이니이다."

지혜자는 우리가 너무 돈이 많거나 혹은 너무 가난하게 되었을 때 생기는 폐단을 이야기하고 있습니다. 우리가 돈이 너무 많으면 하나님을 잊어버리고 하나님이 누군지 모르겠다고 한다는 것입니다. 돈이 많으면 이제는 돈을 쓰고 싶어지고 가지고 있는 부를 누리고 싶은 마음이 들게 됩니다. 물론 하나님께서 우리에게 주신 돈을 가지고 좋은 옷도 사고 좋은 음식도 먹고 좋은 집에서 사는 것이 절대로 죄가 아닙니다. 문제는 우리가 잘살게 되면 다른 가난한 사람을 업신여기기 쉽고 하나님에 대하여 간절해지지 않게 되는 것입니다. 물론 우리가 잘살게 되었다고 해서 하나님이 누구냐고 말하지는 않겠지만 하나님에 대한 마음이 옛날같이 간절하게 되지는 않는 것입니다. 그리고 가진 부를 누리고 즐기다 보면 교만한 마음이 들어서 옛날에는 감히 짓지 못하던 죄에 손을 대기 쉽습니다. 세상 사람들은 다 그렇게 하면서 살기 때문입니다. 그래서 어떤 때는 차라리 하나님이 모르시기를 바라고 눈을 딱 감고 죄를 짓게 되는 것입니다. 지혜자는 너무 가난하게 되어서 도적질할까 두렵다고 했습니다. 물론 하나님의 백성이 가난하게 되었다고 해서 실제로 남의 것을 훔치지는 않을 것입니다. 그러나 하나님을 믿으면서 너무 가난하면 마음속으로 도둑질하는 생각을 하게 되고, 때로 너무 먹고 사는 문제에 매어서 자신감을 잃어버리게 되는 것입니다. 그런데 하나님은 사랑하는 자를 죄를 짓고 기가 죽을 정도로 가난하게 하지 않도록 해주십니다.

사도 바울은 자신이 자족하는 신앙을 가지게 되었다고 말했습니다. "내가 궁핍하므로 말하는 것이 아니라 어떠한 형편에든지 내가 자족하기를 배웠노니 내가 비천에 처할 줄도 알고 풍부에 처할 줄도 알아 모든 일에 배부르며 배고픔과 풍부와 궁핍에도 일체의 비결을 배웠노라 내게 능력 주시는 자 안에서 내가 모든 것을 할 수 있느니라"(빌 4:11-13). 사도 바울이 부요하거나 가난한 것에 일체 구애를 받지 않았던 것은 돈이나 명예보다 더 가치 있는 것을 찾았기 때문입니다. 그것은 바로 하나님의 진리요 영혼의 가치이며 하나님의 축복이었습니다. 사도 바울은 자신의 능력이 돈에서 나오는 것이 아니라 주님이 주시는 능력 안에서 나온다고 말하고 있습니다. 하나님이 우리에게 돈을 주시는 것은 우리의 구원을 더 풍성하게 하시는 것이지 이것 자체가 능력이거나 축복은 아닙니다. 우리 인생에 가장 중요한 것은 바른 하나님의 진리를 찾고 한평생에 걸쳐서 그 진리를 붙들고 사는 것입니다. 그러면 다른 것들은 모두 다 부수적인 것이기 때문에 얼마든지 많이 있어도 큰 문제가 되지 않고 없다고 해서 위축되거나 비참해지는 것은 아닙니다.

하나님의 백성들에게 가장 비참한 것은 돈이 많으냐 적으냐의 문제가 아니라 죄에 빠져서 하나님의 이름을 욕되게 하는 것입니다. 즉 '내 하나님의 이름을 욕되게 할까 두려워함이니이다.' 여기서 '욕되게 한다'는 것은 영어로 말하면 스캔들에 빠져서 수치를 당하는 것을 말합니다. 사람은 반드시 가난하다고 해서 죄를 짓거나 혹시 성공했다고 해서 죄를 짓는 것은 아닙니다. 우리 인생에서 하나님과 하나님의 말씀이 가장 소중한 것이 되지 않으면 자기도 모르는 사이에 손을 대어서는 안 되는 돈이나 사랑해서는 안 되는 사람을 사랑해서 큰 스캔들에 빠지게 되는 것입니다. 그렇게 되면 지금까지 쌓아온 성공은 한순간에 물거품이 되어서 모두 다 날아가 버리게 됩니다. 사람은 자기가 섰다고 생각될 때 넘어질까 조심하라는 말씀대로 결국 자기 자신을 하나님의 말씀에 쳐 복종시키지 않는 성공은 한순간의 욕심으로 날아가고 마는 것입니다. 우리는 여기서 자기 스스로는 성공했다고 생각하지만 실패한 인간들의 유형을 보게 됩니다. 첫째로 주인에게 그의 종을 헐뜯는 사람입니다.

10절 "너는 종을 그 상전에게 훼방하지 말라. 그가 너를 저주하겠고 너는 죄책을 당할까 두려우니라."

여기서 종을 상전에게 훼방하는 것이 무엇인지 이해하는 것이 쉽지 않습니다. 예를 들어서 어떤 종은 주인의 명령에 따라서 열심히 일을 하는데 다른 종이 그것을 보고 주인의 말대로 할 필요가 없다고 훼방을 하는 것입니다. 이 사람은 다른 사람의 종과 주인을 훼방하고 욕함으로 자기가 최고로 잘 났다고 생각하는데, 결국 자기 신분도 종인 것입니다. 종이 감히 주인을 욕하고 다른 종들이 하는 것을 욕하면 나중에 자신이 주인의 심판을 받게 될 것입니다. 사람들이 이 세상을 사는 것을 보면 자기가 주인 행세하면서 사는 사람이 있는가 하면 종의 행세를 하면서 사는 사람이 있습니다. 결국 우리는 모두 하나님의 종이지 주인이 아닌 것입니다. 주인 행세하면서 산 사람은 나중에 하나님의 심판과 저주를 당하게 될 것입니다. 우리는 하나님의 종이기 때문에 모든 것을 다 잘할 수 없습니다. 우리는 주님이 시키는 것만 하면 나머지는 주님이 다 책임지시는 것을 믿어야 합니다. 두 번째는 부모를 공경하는 데 실패한 사람입니다.

11절 "아비를 저주하며 어미를 축복하지 아니하는 무리가 있느니라."

우리가 부모를 공경해야 하는 이유는 부모의 절대적인 사랑과 희생으로 이렇게 우리가 인간 구실을 하면서 살게 되었기 때문입니다. 혼자 힘으로는 절대로 살 수 없는 연약한 존재였던 우리를 부모님이 낳아주셨고 키워주셔서 이렇게 살게 되었습니다. 우리는 인생 전체가 사랑의 빚으로 사는 것입니다. 특히 이 세상에서 성공하고 인정받는 사람들은 다른 사람들로부터 더 많은 사랑의 빚을 지고 있는 것입니다. 좋은 대학을 나오고 높은 교육을 받은 분들은 그만큼 장학금을 받았고 또 사회적으로 엘리트라는 인정을 받았기 때문에 더 빚이 많은 것입니다. 우리가 이 세상에서 사는 것은 사랑의 빚을 갚는 심정으로 살아야지 내가 성공했다고 큰 소리 치는 것은 인간이 덜 되먹은 것입니다. 이런 사람은 아무리 똑똑하고 유명해도 실패한 인생입니다. 세 번째는 자신의 허물을 볼 줄 모르는 사람입니다.

12절 "스스로 깨끗한 자로 여기면서 오히려 그 더러운 것을 씻지 아니하는 무리가 있느니라."

이 사람은 다른 사람의 더러운 것은 보고 지적하고 책망하면서 막상 자기 자신의 더러운 것은 씻지 않는 사람입니다. 예수님께서는 이런 사람은 자기 눈에 있는 들보를 깨닫지 못하면서 다른 사람의 눈 속에 있는 티를 빼내려고 하는 사람입니다. 어떻게 남의 허물은 그렇게 비난하면서 자신의 허물은 전혀 생각지 않을까요? 이런 사람은 자신을 볼 수 있는 눈이 멀었기 때문입니다. 이 세상에서 하나님을 믿지 않는 사람은 절대로 진정한 자신을 볼 수가 없습니다. 그래서 다른 사람의 허물들은 엄청나게 공격하면서 자기의 허물은 변명으로 일관하는 것입니다. 이런 사람들은 양심이 화인을 맞아서 돌같이 굳어 있습니다. 양심경화증에 걸린 것인데, 이런 사람은 이 세상에서 진정으로 아름다운 것이 어떤 것인지 알지 못합니다. 예수님은 들의 백합화를 보라고 하셨습니다. 하나님께서 좋아하시는 꽃은 오염되지 않은 깨끗한 야생화입니다. 네 번째는 눈이 너무 높아서 사람을 제대로 보지 못하는 사람입니다.

13절 "눈이 심히 높으며 그 눈꺼풀이 높이 들린 무리가 있느니라."

어떤 사람은 자기가 너무 성공했다고 생각해서 다른 사람을 볼 때 제대로 보지 않고 눈을 밑으로 깔고 보는 사람이 있습니다. 다른 사람을 볼 때 위아래로 샅샅이 훑듯이 보는 사람도 있습니다. 사람이 높으면 얼마나 높겠습니까? 그러나 교만한 사람은 자기만 최고라고 생각하기 때문에 다른 모든 사람들을 업신여기는 눈으로 봅니다. 이런 사람은 아무도 친구로 만들지 못할 것입니다. 왜냐하면 이런 사람은 결국 자기에게 아첨하고 무조건 추종하는 부하를 좋아하지 진심으로 대화할 상대가 없는 것입니다. 사람을 볼 때 사람 자체를 보아야지 다른 조건을 가지고 대하면 그 관계는 진정한 관계가 될 수 없습니다. 이것은 다른 사람을 이용하는 것밖에 되지 않는 것입니다. 다섯 번째는 너무 공격적인 사람입니다.

14절 "앞니는 장검 같고 어금니는 군도 같아서 가난한 자를 땅에서 삼키며 궁핍한 자를 사람 중에서 삼키는 무리가 있느니라."

앞니가 긴 칼과 같고 어금니가 군사용 칼인 사람이라면 결국 맹수 같은 사람입니다. 맹수는 숨어서 가만히 노리고 있다가 약한 짐승을 보면 순식간에 덤벼들어서 목을 물어서 죽입니다. 이 세상에 맹수보다 무서운 것은 없을 것입니다. 그러나 맹수도 먹이가 없으면 굶게 되고 늙으면 사냥을 하지 못해서 썩은 시체 같은 것을 먹다가 탄저병에 걸려서 비참하게 죽게 됩니다. 하나님은 우리를 양으로 만드십니다. 우리가 양이 되면 도저히 이 세상에서 살 수가 없을 것 같습니다. 그러나 주님이 우리의 목자가 되셔서 밤낮으로 지켜주십니다. 특히 하나님의 말씀을 들으면서 목자의 음성을 듣습니다. 우리에게 어려운 일이 닥칠 때 이상하게 그것이 어느 한계 안으로 더 이상 접근하지 못하는 것을 느낄 때가 많습니다. 그것이 바로 주의 지팡이와 막대기가 나를 지켜주는 것입니다. 그런데 주님은 우리를 다시 나무로 만들어서 열매를 맺게 하시는데 이때는 맹수도 두렵지 않습니다. 맹수도 나무 밑에 쉬어야 하기 때문입니다. 우리가 양으로 있을 때 목자의 음성을 듣고 위기를 잘 넘기면 그 다음에는 맹수도 두렵지 않게 됩니다. 그러나 끝까지 강한 자가 되어서 맹수로 이빨을 가는 자는 결국 사냥을 당하게 됩니다. 아무리 사자나 표범이라 하더라도 사람의 지혜는 이길 수 없기 때문입니다. 우리는 하나님의 진리를 찾고 부하든지 가난하든지 끝까지 이 길을 가는 것이 축복의 길인 줄 믿으시기 바랍니다.

46 · 자연에서 배우는 교훈

잠 30:15-32

우리 주위에 있는 자연을 조금만 돌아보면 우리 인간들이 걸어가야 하는 길을 볼 수 있게 됩니다. 사람들은 모두 자신은 영원히 늙지도 않고 죽지도 않을 줄 알지만 사람은 누구나 시간이 지나면 늙어야 하고 누구나 다 죽어야 합니다. 인간들이 보기에 곤충은 정말 아무것도 아닌 것 같지만 오히려 곤충들의 세계가 신비한 교훈을 줄 때가 많습니다. 사람들은 곤충이 아무것도 아닌 줄 알지만 곤충이 없으면 거의 대부분의 식물들이 수정을 하지 못해서 죽게 됩니다. 곤충들이 없으면 새들의 먹이가 없어지게 될 것입니다. 곤충들은 자신들이 오래 살지 못하는 줄 알기 때문에 살아 있는 동안 열심히 자기가 맡은 사명을 다합니다. 개미는 힘은 없지만 힘을 합해서 공동체를 이루고 양식을 모읍니다. 벌은 열심히 돌아다니면서 꿀을 모으는데 그 바람에 식물들이 수정이 됩니다. 배추벌레는 아무것도 아니지만 배추벌레가 번데기가 되고 번데기가 나비가 되는 변화 과정을 통해서 앞으로 우리 인간들이 변화할 수 있는 가능성을 보여주고 있습니다. 사람들은 파리나 구더기가 정말 비천하다고 생각하지만 인간들이 죽으면 누구나 그 시체에 구더기가 생기게 되는 것입니다.

우리가 하나님의 말씀을 깨닫지 못했을 때에는 자기가 가장 똑똑하고 자기가 가장 잘난 사람인 줄 알지만 하나님의 말씀을 깨닫고 보면 정말 아무것도 모르고 짐승같이 미련하게 정욕적으로 살아온 것을 고백하게 됩니다. 아굴은 하나님의 말씀만이 순전하고 가치가 있으며, 하나님의 말씀이 있으면 우리는 부자가 될 필요도 없고 굳이 높은 자리에 있을 필요도 없다고 말하고 있습니다. 그러면서 아굴은 자연 속에서 곤충이나 생물들이 가지는 특징들을 몇 가지씩 묶어서 교훈을 주고 있습니다.

1. 만족을 모르는 인생

우리가 이 세상을 살다 보면 정말 만족을 모를 때가 많습니다. 사람은 돈을 아무리 벌어도 만족이 되지 않고, 공부하는 사람은 공부를 아무리 많이 해도 만족이 되지 않고, 사람은 아무리 오래 살아도 만족이 되지 않습니다. 왜 사람들은 이렇게 많이 가지고 많이 배우지만 만족이 되지 않을까요? 사람들이 진정으로 자기를 만족시키는 것을 찾지 않고 엉뚱한 것으로 자신을 채우려고 하기 때문입니다. 사람들이 모두 원하는 것은 자신이 신이 되고 싶은 것입니다. 그런데 사람들은 돈이나 지식이나 물건으로 신이 되려고 하니까 만족이 되지 않습니다. 사람이 목이 마를 때에는 물을 마셔야 하는데 물은 마시지 않고 과자나 소금물 같은 것을 자꾸 먹으면 더 목이 마른 것과 같습니다. 그래서 이사야 선지자는 "너희가 어찌하여 양식 아닌 것을 위하여 은을 달아주며 배부르게 못할 것을 위하여 수고하느냐 나를 청종하라 그리하면 너희가 좋은 것을 먹을 것이며 너희 마음이 기름진 것으로 즐거움을 얻으리라"(사 55:2)고 했습니다. 사람이 진정으로 만족하려면 자기 영혼을 채워주는 것을 먹어야 하는 것입니다. 아굴이 자연을 보니까 언제나 만족하지 못하고 달라고 하기만 하는 존재를 알게 되었습니다. 바로 거머리의 두 딸이었습니다.

> **15절** "거머리에게는 두 딸이 있어 다고 다고 하느니라. 족한 줄을 알지 못하여 족하다 하지 아니하는 것 서넛이 있나니"

아마 어렸을 때 논이나 시냇물에 들어갔다가 거머리에게 물려본 적이 있을 것입니다. 거머리는 슬그머니 다가와서 붙은 다음 피를 빨아 먹는데 감사하다고 하거나 만족이 없습니다. 거머리에게는 딸도 있는데 이 딸도 어미와 똑같이 언제나 '달라 달라' 고만 한다는 것입니다. 그래서 사람들 중에도 남에게 붙어서 피해만 끼치는 사람들을 '거머리 같은 족속' 이라고 합니다. 왜 거머리는 다른 짐승이나 사람의 피만 빨아 먹고 사는 것일까요? 거머리는 자기 스스로 피를 만들어내지 못하기 때문입니다. 그러면서 거머리는 아주 양분이 높은 것을 먹으려고 하니까 결국 피만 빨아 먹게 되는 것입니다. 그런데 과학자들이 보니까 거머리에게도 유익한 것이 있는데, 자기가 빨아 먹는 피가 응고하지 않도록 하는 분비물을 만들어낸다는 것입니다. 심장 수술을 하신 분들이나 뇌졸중이 온 분들은 피가 응고되면 안 되니까 거머리에서 가져온 이 성분으로 약을 투여해야 한다는 것입니다. 거머리도 얼마든지 노력을 하면 좋은 것을 만들어낼 수 있는데 자신은 노력하지 않으면서 남이 만들어놓은 것을 공짜로 먹으려고 하니까 남에게 피해만 입히는 것입니다. 그러나 모든 사람들의 마음속에는 바로 이 거머리 같은 본성이 있어서 아무리 가져도 만족이 되지 않고, 아무리 누려도 만족하지 못하는 본성들이 있습니다. 특히 사람 안에 있는 죄의 유혹은 거머리보다 더 집요하게 달라붙을 때가 많습니다. 인간들은 어떻게 하면 이런 거머리 같은 본성에서 벗어날 수 있을까요? 그것은 우리 안에 하나님의 말씀이 임하고 하나님의 영광이 임하는 길밖에 없습니다. 우리 인간의 마음과 육체 안에 하나님의 축복이 임할 때 비로소 거머리 같은 본성에서 벗어날 수 있게 되는 것입니다. 아굴은 이 세상에 만족을 모르는 것이 네 가지가 있다고 했습니다.

> 16절 "곧 음부와 아이 배지 못하는 태와 물로 채울 수 없는 땅과 족하다 하지 아니하는 불이니라."

아굴의 잠언은 시시한 거머리 이야기를 하다가 인생이 살고 죽는 어머어마한 문제로 비약하고 있습니다. 우리가 생각하기에 적어도 만족을 모르는 인생이라면 부자의 돈주머니와 권력자의 욕심과 허영에 찬 사람들의 소비욕구라고 말할 것 같습니다. 사실 부자는 아무리 돈을 벌어도 만족이 없고 권력자는 아무리 권력을 휘둘러도 만족이 없으며 허영에 찬 사람은 아무리 쇼핑을 해도 만족이 없습니다. 이들은 자신을 과소평가하고 있기 때문입니다. 인간은 많이 가지는 것으로는 절대로 만족할 수가 없습니다. 대신 다른 사람에게 무엇인가를 줄 때 만족이 있고 기쁨이 있습니다. 그리고 하나님의 말씀을 듣고 자신의 가치를 찾을 때 만족이 있습니다. 우리 인간을 둘러싼 환경 자체가 만족을 모르는 것으로 되어 있습니다. 즉 음부, 죽음이라는 것은 만족이 없습니다. 그래서 아무리 사람이 죽어도 인간은 또 죽습니다. 다른 말로 표현하면 모든 인간은 언젠가는 죽어야 하고, 그때 우리 인생은 다른 사람에 의해서 평가가 되는 것입니다. 사람들은 어떤 사람에 대해서 정말 욕심만을 위해서 살았다고 말하기도 하고, 한평생 허영만 위해서 살았다고 하기도 할 것입니다. 우리 인생이 허무하지 않으려면 반드시 예수를 믿어야 합니다. 예수를 믿어야 나 자신을 찾을 수 있기 때문입니다. 그리고 교회 생활을 해야 하는데 교회에 부흥이 있어야 합니다. 부흥과 함께 했던 인생은 언제나 아름답습니다.

아이 배지 못하는 태조차 만족이 없다고 했습니다. 사람은 아무리 대식가라 하더라도 음식을 배터지도록 먹으면 이제 더 이상 먹지 못하겠다고 합니다. 그러나 아기를 낳지 못한 여인은 음식을 아무리 먹어도 배가 부르지 않습니다. 엄마가 아기를 낳는 배는 음식을 먹는 배와 다르기 때문입니다. 아이를 배지 못한 태란 사람이 자식에 대한 욕심이 그렇게 끝이 없다는 것입니다. 사람은 누구든지 자식을 낳고 싶어 하고 이 땅에 후손을 남기고 싶어 합니다. 그러나 인간이 아무리 후손을 많이 낳고 유산을 물려주어도 그것은 내 인생이 아닌 것입니다. 부모는 자식들의 인생을 책임질 수 없고 만들 수도 없습니다. 자식은 결국 자신의 인생을 살아야 하는 것입니다. 그래서 억지로 자손을 남기려고 할 필요가 없는 것입니다. 오히려 우리는 이 세상에 믿음의 사람들을 남겨야 미래가 있습니다. 예수님께서는 자신을 찾으러 온 가족을 보시고, 누가 내 동생이며 누이냐고 하시면서 누구든지 하나님의 말씀대로 행하는 자가 내 형제요 누이라고 말씀하셨습니다.

그리고 아무리 물을 부어도 끝이 없는 땅이 있습니다. 특히 모래땅은 아무리 많은 물을 부어도 물을 모두 다 흡수해버리기 때문에 소용이 없습니다. 그러나 아무리 모래땅이고 황무지라 하더라도 물을 계속 부으면 땅에 물기가 있게 되고 나중에는 풀이나 나무가 자라게 됩니다. 그래서 우리는 이 세상에 물을 주는 것을 포기해서는 안 됩니다. 또한 모든 것을 다 태우는 불도 만족을 모른다고 했습니다. 일단 불은 탈 수 있는 것이 옆에 있으면 전부 다 태워야 꺼지지 저절로는 꺼지지 않습니다. 그래서 불장난은 함부로 해서는 안 됩니다. 인간의 욕망이나 분노도 그냥 두어서는 안 되고 반드시 통제를 해서 큰 재앙이 되지 않게 만들어야 합니다. 우리 인간은 작은 것을 가지고 감사할 때 아름다울 수 있습니다. 그러나 만족하지 못하는 사람은 아무리 많은 것을 가져도 불평하고 화를 낼 것입니다. 이런 사람들을 보면 인간미를 느낄 수가 없고 재미가 없습니다. 결국 거머리같이 다른 사람의 피만 빨아먹고 배를 채우는 사람은 스스로 배가 터져서 죽든지 다른 사람에게 밟혀서 죽든지 할 것입니다.

2. 자신의 길을 모르는 인생

사람이 이 세상에서 성공할 수 있는 방법은 자기 길을 찾아서 끝까지 가는 것입니다. 그러나 사람은 자기가 잘할 수 있는 길을 찾는 것이 쉽지 않습니다. 특히 우리가 자기 가치를 찾는 것은 마치 큰 산 속에 파묻혀 있는 보석을 캐내는 것과 같이 어렵습니다. 그러나 우리는 어렵다고 해서 쉽게만 살려고 해서는 안 됩니다. 우리가 이 세상에서 돈을 벌고 사랑을 하고 인정을 받는 것이 쉽게 사는 것입니다. 반대로 우리가 이 세상에서 자기 인생의 가치를 찾고 믿음의 길을 발견하는 것이 어려운 길을 가는 것입니다.

저는 대학을 졸업하면서 제 앞에 쉬운 길과 어려운 길이 있었습니다. 여기서 쉬운 길이라고 하는 것은 취직을 해서 직장 생활을 하는 것이요, 어려운 길이라고 하는 것은 무엇인가 가치 있는 것을 찾아서 좀 더 모험을 해보는 것이었습니다. 그때 저는 절대로 평범하게 살지 않기로 결심을 했습니다. 그래서 다니던 직장에 사표를 내고 당시 많은 사람들이 성공의 길이라고 생각하던 길과 반대되는 길을 갔었는데 그때 엄청나게 고생하고 살 소망이 없기도 했지만 결국은 거기서 노다지를 찾게 되었습니다.

17절 "아비를 조롱하며 어미 순종하기를 싫어하는 자의 눈은 골짜기의 까마귀에게 쪼이고 독수리 새끼에게 먹히리라."

아비를 조롱하며 어미 순종하기를 싫어한다는 것은 자기 성질나는 대로 부모도 모르고 행패를 부리면서 사는 사람을 말합니다. 인간은 태어날 때 완전한 작품으로 만들어져서 태어나는 것이 아니라 앞으로 작품이 될 수 있는 돌덩어리로 태어나게 됩니다. 조각가가 대리석 덩어리를 정으로 쪼아서 작품을 만들 듯이 인간은 정으로 쪼아야 완성이 됩니다. 사람은 누구든지 세 단계를 걸쳐서 만들어지는데, 가장 먼저 부모에 의해서 인간이 되는 법을 배워야 합니다. 이것은 겸손을 배우고 사람의 상하 관계를 배우는 것입니다. 그리고 사람들은 학교나 사회에서 그 사회에 필요한 사람으로 만들어져야 합니다. 마지막으로 가장 중요한 것이 사람은 하나님의 말씀에 의해서 하나님을 섬기고 경외하는 자로 만들어져야 최종적으로 완성된 인간이 될 수 있습니다. 그런데 자녀가 처음부터 자기 부모를 조롱하고 제멋대로 행동한다면 이 사람은 시작부터 잘못된 것입니다. 이런 사람은 눈을 뽑아서 까마귀 밥으로 주라고 했습니다. 사람의 눈은 교훈을 받아들이는 창구인데 일체 어느 누구의 가르침도 받지 않고 자기가 최고로 잘났다고 생각하는 사람은 눈이 썩은 동태 눈이기 때문에 그런 눈은 달고 다닐 필요가 없다는 것입니다. 까마귀나 독수리라고 하면 썩은 짐승의 시체를 먹는 부정한 새로 알려지고 있습니다. 결국 자신이 부족한 피조물인지 알지 못하는 자는 까마귀나 독수리 새끼보다 못한 자인 것입니다. 그런 사람을 아무리 공부를 많이 해도 소용이 없고 출세를 해도 소용이 없는 것입니다.

18-19절 "내가 심히 기이히 여기고도 깨닫지 못하는 것이 서넛이 있나니 곧 공중에 날아다니는 독수리의 자취와 반석 위로 기어다니는 뱀의 자취와 바다로 지나다니는 배의 자취와 남자와 여자가 함께 한 자취이며"

우리가 알기로 이 세상에는 출세의 길이 있고 사람들이 다니는 길이 있습니다. 그러나 전혀 그런 길이 없이 자기 멋대로 다니는 것이 있는데 이런 것은 지나간 후에 흔적도 남지 않습니다. 그중 하나가 하늘을 날아다니는 독수리의 자취입니다. 독수리를 일단 다른 어떤 새보다 높은 곳까지 올라가는데 높이 올라간 후에 먹이를 보면 거의 수직으로 땅에 꽂히다시피 떨어지면서 먹이를 낚아채어서 올라가는 것입니다. 독수리가 이렇게 자유자재로 움직일 수 있는 것은 그만큼 강한 날개의 힘을 가졌고 예리한 눈을 가졌기 때문에 가능한 것입니다. 사람들도 처음에 기초를 배울 때에는 철저하게 교과서대로 배워야 하지만 나중에 능숙하게 되면 모든 것을 자유자재로 할 수 있습니다. 그러나 기술자가 자유자재로 하는 것과 제대로 배우지도 않고서 자기 멋대로 하는 것에는 근본적인 차이가 있습니다. 독수리가 높은 데서 아래로 떨어지는 것은 사람이나 물건이 떨어지는 것과는 다른 것입니다. 그 다음에는 반석 위를 기는 뱀의 자취가 있습니다. 원래 뱀은 이빨이나 발톱이 튼튼하지 않기 때문에 거의 숨어서 다니는 편입니다. 텔레비전에서 살모사가 쥐를 잡아먹는 것을 본 적이 있습니다. 뱀은 눈으로 물체를 인식하기도 하지만 밤에는 온도를 가지고 상대 물체를 인식합니다. 그래서 다른 생물들에게는 보이지 않는 것도 뱀은 정확하게 식별할 수 있습니다. 여기서 착안하여 개발된 것이 야간투시경입니다. 밤에 물체의 온도로 식별하는 것입니다. 살모사는 귀신같이 빠른 동작으로 쥐를 물어서 독을 퍼트리는 데 금방 쥐의 몸은 뻣뻣해져서 죽었습니다. 그런데 뱀은 비늘 때문에 풀 위를 움직이는 것은 좋아하지만 바위 위를 움직이는 것은 좋아하지 않습니다. 그럼에도 불구하고 뱀이 바위 위를 기어가야 한다면 이것은 적을 피하려고 하거나 혹은 빨리 이동할 필요성이 있기 때문에 위험을 무릅쓰고 움직이는 것입니다. 이럴 때 뱀은 할 수 있는 대로 다른 생물이 없을 때 가장 신속하게 움직여야 할 것입니다.

예수님께서는 너희는 '비둘기같이 순결하고 뱀같이 지혜로워라' 고 하셨습니다. 우리는 때때로 자신의 신분이나 주장을 드러내지 않는 것이 현명할 때가 있습니다. 우리는 약하고 공격적이지 않기 때문입니다. 그럼에도 불구하고 우리 자신을 노출시켜야 할 때는 최소한도로 그쳐야 할 것입니다. 특히 하나님의 백성들이 세상의 음란이나 죄에 자신을 너무 많이 노출시키는 것은 언젠가 사탄에게 공격당할 위험이 있습니다. 하나님의 백성들은 세상으로 많이 돌아다니는 것보다 교회 안에서 성도들과 함께 은혜 받는 것이 안전합니다. 그 다음은 '바다로 다니는 배의 자취'라고 했습니다. 바다 위에 배가 지나가면 일단 파도가 배에 부딪쳐서 물결이 일어나게 됩니다. 그러나 바다는 계속 움직이기 때문에 아무리 배에서 물결이 일어나더라도 얼마 있지 않으면 없어지고 맙니다. 연못같이 모인 물을 작대기로 한번 휘저어 놓으면 그때 만들어진 흙탕물이 상당히 오래 남아 있습니다. 한번은 비가 엄청나게 쏟아져 산에서 흐른 흙탕물이 댐 안으로 흘러들어가서 댐 부근의 흙탕물이 몇 달이 지나도 없어지지 않았습니다. 저 물이 깨끗해지려면 댐의 물을 다 비우고 새 물을 받아야 하는가 생각했는데, 그 후에 다시 비가 한번 많이 왔는데 새 물이 들어가면서 흙탕물이 완전히 정화된 것을 보게 되었습니다. 정체된 사람들은 과거가 없어지지 않고 계속 남아 있어서 입만 벌리면 옛날 이야기를 하지만 살아 움직이는 사람은 더 이상 과거에 매일 필요가 없는 것입니다. 우리가 항상 하나님의 말씀으로 은혜를 받을 때 우리 안에 언제나 은혜의 새 물이 흘러들어오기 때문에 우리는 과거의 불행에 매일 필요가 없습니다. 사도 바울은 "이전 것은 지나갔으니 보라 새 것이 되었도다"(고후 5:17하)라고 했습니다.

그리고 남자와 여자가 함께 한 자취라고 했습니다. 아마 여기서 남자와 여자가 함께 했다는 것은 사랑해서는 안 되는 불륜의 남자와 여자를 말하는 것 같습니다. 사랑해서는 안 되는 사람들이 서로 사랑을 할 때에는 할 수 있는 대로 다른 사람의 눈을 피해서 만나야 하니까 어떻게 해서든지 만난 흔적을 남기지 않으려고 할 것입니다. 그러나 성경은 욕심이 잉태한즉 죄를 낳고 죄가 장성한즉 사망을 낳는다고 했습니다. 결국 이 세상에서 가장 어리석은 사람이 사랑해서는 안 되는 사랑을 하는 사람입니다. 이것은 자기 자신을 정욕의 낚싯바늘에 꿰이는 것이기 때문에 결국은 붙잡혀서 올라오게 되는 것입니다. 잠언에서는 남녀가 같이 한 자취가 없다고 하지만 우리 속담에는 '꼬리가 길면 잡힌다' 고 말하고 있습니다.

> 20절 "음녀의 자취도 그러하니라. 그가 먹고 그 입을 씻음같이 말하기를 내가 악을 행치 아니하였다 하느니라."

음녀란 이미 부정한 짓에 익숙해져서 죄에 부끄러움을 느끼지 않는 사람을 말합니다. 이런 사람은 아무리 죄를 지어도 수치심이 없기 때문에 음식을 먹고 입을 닦으면 다른 사람이 보기에 이 사람이 무엇을 먹었는지 알 수 없는 것같이 증거를 없앨 수 있습니다. 그러나 자기는 입을 닦으면 된다고 생각할지 몰라도 상대방이 입을 열게 되어 있어서 언젠가는 들통이 납니다. 사람이 음행을 저지르면 한쪽은 시치미를 떼고 있어도 상대방이 양심의 가책 때문에 누군가에게 말을 하게 되어 있는데, 거기서 모든 것이 다 들통이 나는 것입니다. 지혜로운 하나님의 백성들은 지금 자기가 하는 행동이 나중에 어떤 결과를 가져올 줄 알기 때문에 반드시 죄를 멀리하게 됩니다.

3. 뒤집어지는 세상

우리는 세상의 모든 관계가 변함이 없이 똑같을 것으로 생각하지만 세상은 변할 때가 많습니다. 어떤 때에는 인생 밑바닥에 있던 사람이 성공을 해서 가장 높은 자리에 올라가기도 하는가 하면, 어떤 때에는 가장 높은 곳에 있던 사람이 실패해서 인생 밑바닥으로 굴러 떨어질 때도 있습니다. 특히 우리가 사람의 인생을 짧은 기간에 보면 개인의 능력이나 운에 의해서 크게 좌우되는 것 같지만, 십 년 이십 년 지나면서 보면 결국 하나님의 말씀대로 모든 것이 이루어지는 것을 보게 됩니다. 비록 가난하지만 하나님의 말씀에 순종해서 사는 사람은 나중에 복을 받고, 하나님의 말씀을 무시하고 정욕대로 사는 사람은 망하는 것을 볼 때가 많습니다. 어떤 사람은 주체할 수 없을 정도로 돈이 많다고 했는데 나중에 부도를 만나서 망하고 중풍까지 얻어서 비참하게 사는 사람이 있는가 하면, 어떤 사람은 젊었을 때에는 아르바이트도 하고 인생 밑바닥에서 고생하기도 했지만 나중에 성공을 해서 기업체를 몇 개씩 거느린 부자가 되기도 하는 것입니다.

21절 "세상을 진동시키며 세상으로 견딜 수 없게 하는 것이 서넛이 있나니"

어떤 때 세상은 너무 충격적이어서 온 세상이 떠들썩하고 사람들이 배가 아파서 견디지 못하는 일이 일어날 때가 있습니다.

22-23절 "곧 종이 임금 된 것과 미련한 자가 배부른 것과 꺼림을 받는 계집이 시집간 것과 계집종이 주모를 이은 것이니라."

'종이 임금이 되었다' 는 것은 계급으로 볼 때 가장 밑바닥에 있던 자가 최고로 높은 자리까지 올라가게 된 것입니다. 그야말로 급작스런 신분 상승입니다. 요즘 우리나라에 70층, 80층 되는 초고층 빌딩들이 많은데 이런 곳으로 올라가는 엘리베이터들은 초고속으로 올라가게 됩니다. 이 세상에는 전혀 예상하지 못했던 비천한 사람들이 최고로 높은 자리로 출세하는 경우가 종종 있습니다. 세상적으로 보면 가난하고 비천한 신분의 사람이 능력이 있어서 높은 사람의 눈에 드는 바람에 한순간에 초고속으로 출세하는 경우도 있습니다. 하나님의 백성들은 고난을 받아서 인생 가장 밑바닥까지 내려가서 고생을 하는데, 거기서 정상으로 올라가는 엘리베이터가 있는 것입니다. 특히 하나님의 백성들은 말씀으로 인격과 실력이 준비되기만 하면 하나님은 얼마든지 세상을 뒤엎으시기 때문에 사람들이 나를 알아주지 않는다고 불평할 필요가 전혀 없는 것입니다. 요셉 같은 사람은 애굽에서 감옥 노예로 있었지만 한순간에 애굽의 총리대신이 되어서 나라 경제 전체를 좌지우지하는 사람이 되었습니다.

그리고 미련한 자가 배부르다고 했는데 이것은 미련하다고 생각했던 사람이 성공해서 부자가 된 것을 말합니다. 사실 이 사람을 미련하다고 생각했던 것은 다른 사람들이 잘 몰라서 그랬습니다. 오히려 이 사람은 우직하게 한 길을 파고 갔기 때문에 다른 사람의 눈에 미련하게 보일 수 있었는지 몰라도 실은 현명한 사람이었던 것입니다. 다른 사람의 말이나 평가에 영향 받지 않고 꾸준히 자기 길을 찾아서 노력한 사람은 성공을 하는 것입니다. 특히 여성의 경우 자신의 능력보다는 어떤 사람을 남편으로 만나느냐에 따라서 인생이 달라집니다. 여기에 보면 '꺼림을 받는 계집'이라고 했습니다. 이 여성은 별로 잘하는 것도 없고 다른 사람의 인기도 끌지 못했는데, 오직 단 하나 남편을 잘 만난 것입니다. 그랬더니 평소에 인물 좋다고 하고 공부 잘한다고 소문이 났지만 결혼을 잘못한 친구보다 훨씬 행복하게 사는 것입니다. 이것은 우리에게도 마찬가지입니다. 예수 믿는 사람들은 자신의 능력보다 예수님의 능력이 더 중요한 것입니다. 우리는 예수님을 잘 만나서 행복하고 축복받는 삶을 살아야 합니다. 또 '계집종이 주모를 이은 것'을 이야기했습니다. 이 여자는 하인이었고 여종이었습니다. 그러나 그는 야망이 있었고 지혜가 있는 사람이었습니다. 반면 여주인은 허영이 많고 실속이 없는 여자였습니다. 여종은 열심히 일을 해서 돈을 모았는데 여주인은 흥청망청 돈을 쓰다가 나중에 망하게 되니 여종이 주인의 집을 사서 자기가 주인이 된 것입니다.

결국 예수님의 말씀대로 작은 일에 충성된 자는 큰 일에도 충성되고 큰 일에 만족하지 못하는 사람은 아무리 큰 일을 주어도 불평하고 실패하고 마는 것입니다. 아굴은 오히려 작은 곤충의 세계에서 지혜 있게 행하는 것을 보았습니다.

> 24-28절 "땅에 작고도 가장 지혜로운 것 넷이 있나니 곧 힘이 없는 종류로되 먹을 것을 여름에 예비하는 개미와 약한 종류로되 집을 바위 사이에 짓는 사반과 임금이 없으되 다 떼를 지어 나아가는 메뚜기와 손에 잡힐 만하여도 왕궁에 있는 도마뱀이니라."

작은 곤충의 세계를 보면 많은 교훈을 얻을 수 있습니다. 그 중에서 자신의 신체적인 약점을 친구와 협동하거나 환경을 이용해서 극복하는 것이 있는데 하나는 개미입니다. 개미는 너무 작고 약하지만 집단을 이루어서 일을 합니다. 개미 집단은 일개미 병정개미 그리고 여왕개미 등으로 분업이 가장 잘 되어 있고, 특히 개미는 먹을 것이 없다고 자포자기하지 않고 평소에 부지런히 먹을 것을 모아서 겨울에도 넉넉하게 살아갑니다. 그리고 사반은 야생 토끼 비슷한 것인데 힘이 없어서 잡혀먹기 쉽습니다. 그러나 이런 짐승들은 집을 지을 때 반드시 구멍을 여러 개 만들어서 사나운 짐승이 공격을 해 오면 구멍을 통해서 도망을 칩니다. 특히 사반은 바위 위에 집을 만들어서 다른 짐승들이 쉽게 접근을 하지 못하게 막는 지혜가 있습니다. 약한 사람은 협력을 하든지 아니면 지혜를 써서 살아남아야 하는 것입니다. 메뚜기는 한 마리 한 마리로 보면 별 것 아니지만 엄청난 번식력을 이용해서 집단으로 움직이게 되면 대재앙이 일어나게 됩니다. 그런데 메뚜기는 왕이 없는데도 움직일 때 전부 같이 움직이게 됩니다. 메뚜기 한 마리 한 마리가 움직일 때에는 힘이 없지만 수천만 마리가 같이 움직이니까 무시무시한 재앙이 되는 것입니다. 도마뱀은 볼품이 없지만 작고 벽에 붙을 수 있기 때문에 어디든지 갈 수 있는 것이 재능입니다. 도마뱀은 왕궁도 겁을 내지 않고 벽에 붙어서 돌아다닙니다. 도마뱀은 작고 벽에 붙는 기술이 있어서 왕궁에도 들어가는데, 우리는 반드시 하나님의 궁에 들어가고 성전에 들어가야 하겠습니다. 반면에 이 세상에는 자존심에서 둘째가라면 서러워할 짐승들이 있습니다.

> 29-31절 "잘 걸으며 위풍 있게 다니는 것 서넛이 있나니 곧 짐승 중에 가장 강하여 아무 짐승 앞에서도 물러가지 아니하는 사자와 사냥개와 숫염소와 및 당할 수 없는 왕이니라."

사자가 공격적이고 위엄이 있는 것은 물론 자기가 강하다는 것을 알기 때문입니다. 사자는 육식 동물이기 때문에 다른 짐승을 잡아먹어야 살 수 있습니다. 사자는 어려서부터 본능적으로 사냥을 배우는 데 다른 먹이를 공격하는 법을 배워야 하는 것입니다. 그러나 아무리 사자라 하더라도 뿔이 달린 소를 함부로 공격하다가 뿔에 받히면 배가 찢어질 수 있기 때문에 사자는 반드시 뒤에서 공격을 하게 됩니다. 그래서 맹수를 만났을 때 뒤를 보이면서 달아나면 위험한 것입니다. 노련한 들소는 절대로 등을 보이지 않고 사자를 보면서 뿔로 위협을 합니다. 그러나 모든 짐승들은 사자만 보면 겁을 집어먹고 도망치게 됩니다. 사냥개도 물러서지 않고 덤벼드는데 이것은 훈련에 의해서 만들어진 것입니다. 사냥개는 늑대나 혹은 곰을 만나서 물려 죽어도 끝까지 덤벼들기 때문에 늑대나 곰도 사냥개는 성가시게 생각합니다. 염소도 뒤로 물러서지 않는데 그것은 못된 성질 때문에 그렇습니다. 어떤 사람은 한 발만 뒤로 물러서면 되는데 성질이 고약해서 끝까지 고집을 부리다가 큰 실패를 하기도 합니다. 그리고 당할 수 없는 왕이라고 했습니다. 왕이 위엄이 있는 것은 나라나 많은 사람을 책임져야 하기 때문입니다. 책임이 있는 사람과 책임 없이 말만 하는 사람은 근본적인 차이가 있습니다. 책임 있는 사람이 한 마디 하는 것은 그대로 이루어지지만, 책임을 지지 않는 사람의 말은 참고 사항에 불과할 뿐입니다. 그런 사람들의 말은 현실적이지 않습니다. 그러면서 아굴은 잠언을 배우는 사람에게 지금이라도 하나님의 뜻을 깨달았으면 정신을 차리라고 말하고 있습니다.

32절 "네가 만일 미련하여 스스로 높은 체하였거나 혹은 악한 일을 도모하였거든 네 손으로 입을 막으라."

누구든지 하나님의 말씀을 듣고 깨닫는다면 아직까지 기회가 있는 것입니다. 하나님의 말씀을 듣고 깨달았을 때 바로 고칠 것은 고치고 버릴 것은 버리면 얼마든지 실패하지 않을 수 있습니다. 지금까지 혼자 잘난 체하면서 쓸데없는 소리로 많이 떠들었다면 지금이라도 입을 막고 침묵을 지키면 되는 것입니다. 지금 내가 가고 있는 길이 악한 길이라면 당장 포기하면 되는 것입니다. 우리는 인간이기 때문에 '왜 나는 처음부터 바른 것을 알지 못했을까' 하고 후회를 해봐야 소용이 없습니다. 우리가 어리석어서 깨닫지 못했을지라도 하나님은 결국 우리를 바른길로 인도하셨고 지금 내가 깨닫는 것이 결코 늦은 것이 아닙니다.

33절 "대저 젖을 저으면 버터가 되고 코를 비틀면 피가 나는 것같이 노를 격동하면 다툼이 남이니라."

옛날 농부들은 버터를 만들 때 집에서 우유를 저어서 만들었던 것 같습니다. 우유를 저으면 굳어져서 버터가 생기는 것은 틀림없는 일입니다. 마찬가지로 다른 사람의 코를 비틀면 피가 나게 되어 있습니다. 인간의 삶에 우연

이 많은 것처럼 보이지만 실제로 우리가 하는 모든 행동은 씨를 뿌리며 농사를 짓는 것이기 때문에 결국 자기가 한 행동의 열매를 거두게 되는 것입니다. 누구든지 다른 사람의 노를 격동시키면 싸움이 일어나게 되어 있습니다.

우리는 모두 하나님 앞에서 개미나 메뚜기나 도마뱀같이 비천한 자들입니다. 그러나 우리가 우리의 연약함을 허영이나 욕심으로 채우지 않고 하나님의 지혜로 채우면 얼마든지 풍성할 수 있고 큰 군대가 될 수도 있고 당당하게 왕궁으로 드나들 수도 있습니다. 자신의 분수를 잘 깨달아서 하나님의 지혜로 아름다운 인생을 사는 성도들이 다 되시기 바랍니다.

47 · 신앙의 어머니의 가르침

잠 31:1-31

이 세상 어느 곳을 가더라도 그곳 인구의 반은 여성이 차지하고 있을 것입니다. 여성들이 아이를 낳아서 기르기 때문에 어느 사회든지 여성이 없으면 인구가 줄다가 다 사라질 수밖에 없습니다. 다시 말해서 여성은 어느 사회든지 사회를 유지하는 데 가장 중요한 존재임에도 불구하고 여성들은 사회에서 주인 역할을 하지 못하고 언제나 남자들을 보조하는 역할로 생각되어 왔습니다. 많은 남성들은 여성의 존재를 아이를 낳아주는 사람이나 혹은 남성의 사랑의 대상 혹은 성적인 욕구의 대상으로 생각할 때가 많았습니다. 심지어는 기독교인들도 여성은 남자를 '돕는 배필'이라고 해서 남자보다 무엇인가 덜 중요한 존재로 생각하는 경향이 있었던 것이 사실입니다. 그러나 '배필'이라든지 혹은 '돕는 자'라는 존재가 결코 열등한 것을 의미하는 것이 아님을 알아야 합니다. 예를 들어서 운동선수들에게 코치는 도와주는 입장에 있지만 그뿐 아니라 코치는 선수를 가르쳐주고 키워주는 훨씬 더 높은 위치에 있는 분입니다. 마찬가지로 어려운 문제에 대하여 상담하는 전문 상담가들은 어려운 일을 당한 사람들을 도와주는 위치에 있지만 결코 피상담자에 비하여 열등한 사람들이 결코 아닌 것입니다. 오히려 상담자나 카운슬러들은 훨씬 많은 전문 지식과 경험으로 준비된 사람입니다.

처음에 하나님께서 여성을 남자의 돕는 배필로 주신 것은 결코 여성이 남자의 보조나 하는 열등한 위치가 아니었던 것입니다. 하와가 아담에게 선악을 알게 하는 나무 열매를 따 먹고 아담에게도 주면서 먹으라고 했을 때 아담이 아무 군소리도 하지 않고 그 나무 열매를 먹는 것을 볼 수 있습니다. 그것은 여성이 처음에 결코 남성에 비하여 열등한 존재가 아니었다는 것을 생각하게 합니다. 그러나 여성이 겸손하지 않고 오히려 교만하여 남자를 타락하게 했을 때, 그 범죄의 결과 여성들은 남성에 비하여 힘에서 열등하게 되었고 결국 남성에 의해서 지배를 당하게 되었던 것입니다. 그런데 예수님 안에서 크리스천 여성들의 가치는 다시 회복됩니다. 하나님의 말씀과 겸손으로 무장된 크리스천 여성들의 가치는 어떤 보석보다 존귀하며 어떤 상담자보다 지혜로우며 어떤 참모보다 남편이나 아이들을 유능하게 할 것입니다. 참으로 하나님의 말씀으로 교육된 성숙한 아내가 있는 남자는 천사와 함께 사는 것과 같아서 모든 세상의 고통을 다 위로 받을 수 있고 또 백만 대군을 거느리고 있는 것과 같아서 어떤 시련이나 도전도 다 이겨낼 수 있게 됩니다. 크리스천 여성의 가치를 아는 자라면 당연히 이런 여성을 찾아야 하고 또 여성들도 세상의 허영이나 사치로 남자들에게 잘 보이려고 할 것이 아니라 성경적으로 가치 있는 여성이 되도록 해야 할 것입니다.

잠언 31장은 르무엘 왕이 말한 잠언인데 실제로는 르무엘 왕 자신의 말은 아니고, 어렸을 때 그의 어머니가 르무엘에게 가르쳐 준 잠언이었다고 말하고 있습니다. 성경을 아무리 찾아보아도 이스라엘이나 유다에 르무엘이라는 이름을 가진 왕은 존재하지 않습니다. 그래서 학자들은 르무엘 왕이 이스라엘 왕이 아니라 이방의 왕으로서 하나님을 믿게 된 왕일 것이라고 추측을 하고 있습니다. 본문 1절을 보면 '르무엘 왕의 말씀한 바' 라고 되어 있는데 원문에는 '르무엘 왕의 마싸' 라고 되어 있습니다. 여기서 '마싸' 라는 말이 신탁 또는 잠언의 뜻도 있지만 어떤 사람들은 아라비아에 있는 지명으로 보는 사람도 있습니다. 그래서 르무엘 왕은 이방 왕일 것이라고 추측하기도 합니다. 그러나 이 잠언은 르무엘이 은혜를 받아서 만든 잠언이 아니고 르무엘의 어머니가 르무엘 어렸을 때 가르쳐주었던 하나님의 말씀입니다. 추측해보건대 르무엘의 어머니가 이스라엘 여성으로서 이방 나라 왕족에게 시집을 가게 되었던 것 같습니다. 이 이스라엘 여성이 이방 땅에서 아들을 낳았는데 아들을 하나님의 말씀으로 열심히 가르쳤던 것 같습니다. 이 아들은 어렸을 때 어머니로부터 배운 교훈을 가슴에 새기고 열심히 노력한 결과 결국 그 나라의 왕이 되었는데, 그는 신하들에게 자기가 어렸을 때 어머니로부터 배웠던 말씀들을 신하들에게도 가르쳤던 것 같습니다. 잠언 30장을 편집했던 아굴은 솔로몬의 잠언만이 아니라 이방의 잠언도 수집을 하고 연구를 많이 했는데, 르무엘 왕의 잠언을 접하고는 이 잠언은 성경적인 잠언의 가치가 충분히 있다고 판단을 해서 잠언에 편입을 시키게 된 것 같습니다. 그런 관점에서 본다면 르무엘 왕의 이 잠언은 하나님의 말씀이 이방 지역에서 감추어졌다가 나중에 자식의 성공을 통해서 나타나게 된 아주 중요한 말씀이라고 볼 수 있습니다.

옛날 많은 우리나라 신앙의 어머니들 중에는 결혼의 자유가 없었기 때문에 부모가 정해주는 대로 믿지 않는 남자와 결혼을 할 수밖에 없었습니다. 이때 이 어머니들은 믿지 않는 집에서 남편이나 시어머니의 구박 가운데서도 자식들 하나만큼은 철저하게 신앙적으로 키웠는데 그 자녀들이 성공을 해서 어머니의 신앙적인 교훈이 빛을 볼 때가 많습니다. 이것을 보면 어머니의 신앙 교육이 자식들의 미래에 얼마나 중요한 역할을 하는지 잘 알 수 있습니다.

1. 르무엘의 어머니의 교훈

르무엘 왕은 이방인이었지만 어렸을 때 어머니로부터 철저하게 신앙 교육을 받은 것 같습니다. 르무엘 왕은 자기가 한평생에 걸쳐서 잊어버리지 않고 붙들었던 어머니의 가르침을 신하들에게 가르쳐주었습니다.

> 1-2절 "르무엘 왕의 말씀한 바 곧 그 어머니가 그를 훈계한 잠언이라. 내 아들아 내가 무엇을 말할꼬 내 태에서 난 아들아 내가 무엇을 말할꼬 서원대로 얻은 아들아 내가 무엇을 말할꼬."

서두에서 가정했던 것처럼 만일 르무엘의 어머니가 이스라엘 여성으로 아라비아나 다른 이방 지역에 시집을 오게 된 것이 일리가 있다면 르무엘의 어머니가 젊은 시절에 겪었던 어려움은 말로 표현할 수가 없었을 것입니다. 르무엘의 어머니는 돈 때문에 시집을 오게 되었는지 정치적인 결정으로 시집 오게 되었는지 알 수 없지만, 마음에도 없는 결혼을 하게 되어 한순간에 정들었던 가족과 친구와 고향과 나라를 다 버리고 말도 통하지 않고 생긴 것도 다르고 이방 풍습과 미신이 가득 찬 곳에서 애정도 없는 남편과 결혼생활하면서 너무나도 고생이 심했을 것입니다. 아마 르무엘의 어머니는 시집을 오면서도 울었고 또 자신이 살아서는 고향이나 집으로 돌아갈 수 없는 자신의 처지에 너무나도 절망을 했을 것입니다.

르무엘 왕의 어머니도 처음에는 이렇게 눈물로 지새우다가 어느 날, 내가 이렇게 의미 없이 살다가 죽을 수는 없다고 생각하고 하나님께 서원을 했던 것 같습니다. 그 서원의 내용은 '만일 하나님께서 나에게 아들을 주신다면 아들 하나만큼은 철저한 신앙의 인물로 키우겠습니다' 라는 것이었습니다. 르무엘의 어머니가 하나님께 이런 서원을 드린 후에 아이가 생기게 되었는데 그렇게 해서 태어난 아이가 바로 르무엘이었습니다. 그렇다면 르무엘의 어머니의 소망은 오직 자기가 서원해서 낳은 아들 르무엘이 신앙의 인물로 자라는 것밖에 없었던 것입니다. 르무엘은 어머니의 간절한 기대대로 신앙적으로 잘 자랐습니다. 이것을 생각하면 르무엘은 옷이나 언어는 이스라엘 사람이 아니고 이방인이었지만 그 안에 있는 신앙은 철저하게 이스라엘이었고 르무엘 자신도 자라면서 삼촌이나 다른 형들이나 아버지로부터 신앙 때문에 많은 핍박과 충돌이 있었으리라는 것은 충분히 짐작할 수 있습니다.

옛날에 믿는 여성들이 믿지 않는 집에 시집을 가게 되면 자식들 하나만은 신앙으로 키우는 것이 소원이었습니다. 그래서 아무리 아버지가 자식들이 교회에 나가는 것을 반대하고 성경책을 불태우더라도 엄마는 아이들을 아버지 몰래 교회에 나가게 했고 또 이런 아이들의 신앙이 유달리도 뜨거웠던 것입니다. 르무엘의 어머니는 르무엘이 신앙적으로 자라도록 하기 위해서 몇 가지를 강조해서 가르쳤습니다. 그것을 너덧 가지로 요약할 수 있는데 그 하나하나가 신앙의 어머니의 가장 중요한 인생관이었습니다. 첫째, 르무엘의 힘을 여자들을 위해서 쓰지 말라는 것이었습니다.

3절 "네 힘을 여자들에게 쓰지 말며 왕들을 멸망시키는 일을 행치 말지어다."

우리 생각에 르무엘의 어머니가 아들에게 여자의 중요성을 그렇게 강조했다면 좋은 여자를 만나서 사랑을 나누는 일에 힘을 많이 쓰라고 할 것 같은데, 정반대로 절대로 그렇게 하지 말라고 했습니다. 여기서 여자를 위해서 힘을 쓴다고 하는 것은 여자를 과소평가한다거나 여자와 사랑을 나누는 것이 의미가 없다는 뜻은 아닙니다. 사람에게 중요한 것은 누구나 다 지금 완성된 상태에 있는 것이 아니라는 점입니다. 모든 사람은 자신이 더 온전하게 살 수 있는 길을 찾기 위해서 노력해야 합니다. 이 세상에서 가장 어리석은 사람이 있다면 길을 잃고 방황하고 있으면서 여자에게 빠져서 하루하루 쾌락을 위해서 시간을 허비하는 것입니다. 특히 남자는 자기가 살 길, 보람되고 가치 있게 살 수 있는 길을 찾아서 떠나야 합니다. 그러는 과정에서 남자는 자기와 뜻이 맞고 서로 의지가 되는 여성을 만나서 결혼을 하는 것이지 길도 모르고 또 길을 찾아서 떠날 생각도 없이 사랑의 감정에만 빠지는 것은 길을 잃은 사람이 주저앉아서 놀기만 하는 것과 같습니다. 예를 들어서 중고등학생들은 이성에 대한 관심이나 좋아하는 감정들이 있지만 그럼에도 불구하고 참고 자기 길을 찾아가야 나중에 훌륭한 사람이 될 수 있고, 인생에 성공적인 삶을 살 수 있는 것입니다. 가장 어리석은 사람이 있다면 물에 빠진 사람들끼리 서로 도우려고 붙잡는 것입니다. 그러면 틀림없이 둘 다 물에 빠져 죽을 수밖에 없습니다. 그래서 르무엘의 어머니는 사랑하는 아들에게 당장의 기쁨을 위해서 주저앉으려고 하지 말고 먼 미래를 내다보고 길을 찾아서 노력하라고 가르친 것입니다. 모든 사람들은 너무 늦기 전에 자신의 길을 찾아야 합니다. 사람이 자기 길을 찾아서 꾸준히 갈 때 그는 자기에게 맞는 가치 있는 여성도 만나게 될 것입니다.

두 번째로 르무엘의 어머니는 르무엘에게 '왕들을 멸망시키는 일을 하지 말라' 고 했습니다. 이것은 르무엘의 어머니가 무조건 아들에게 왕에게 아첨하거나 맹목적으로 복종하라는 것이 아닙니다. 르무엘의 어머니가 이방 나라에 시집와서 보니까 사람들의 기질이 너무나도 반항적인 것을 알게 되었습니다. 르무엘의 어머니가 이 나라 사람들이 하는 것을 보니까 자기가 마땅히 해야 할 것은 하지 않고 기회만 있으면 모여서 남을 험담하고 파벌을 만들고 그리고 왕을 무너뜨려서 벼락출세를 할까 하는 것이었습니다. 이 나라 사람들이 하는 짓은 전혀 하나님의 복을 받을 수 없는 것이었습니다. 르무엘의 어머니는 이스라엘에서 하나님의 백성들이 하나님 앞에서 묵묵히 자기 길을 가고 충성되게 행할 때 하나님이 그 사람을 높이시고 축복하는 것을 보았습니다. 그런데 이방 나라에 시집을 와서 보니까 이곳 사람들은 할 수만 있으면 남을 깎아내리고 모든 것을 자기 기질이나 생각대로 해야 직성이 풀리는 사람들이었습니다. 사람들 앞에서 보면 말도 잘하고 똑똑하고 기회도 잘 이용하는 것 같은데, 하나님 앞에서는 너무 그릇들이 작고 무게가 없는 가벼운 사람들이었던 것입니다. 르무엘의 어머니는 아들에게 사람들 앞에서 무조건 현실을 비판해서 똑똑한 사람의 인상을 주려고 하지 말고, 바보같이 보이더라도 현실을 잘 인정하고 하나님께 충성된 자가 되라고 한 것입니다. 그런데 하나님이 보시는 것이나 사람이 보는 것에서 비슷한 것이 많습니다. 사람들이 일시적으로는 별난 사람들을 좋아하는 것 같지만 세월이 지난 후에 보면 역시 묵묵히 자기 길을 걸은 충성된 사람을 인정하게 되는 것입니다. 르무엘은 어머니의 교훈대로 충성되게 행하니까 왕까지 된 것 같습니다. 아마 르무엘의 어머니가 아들을 이렇게 바르게 가르치지 않았더라면 르무엘도 출세나 인기를 따라서 이리저리 따라가다가 어느 순간에 숙청되고 말았을 것입니다. 결국 어머니의 성경적 가르침이 르무엘로 하여금 왕이 되게 한 것입니다. 세 번째로 르무엘의 어머니는 아들에게 술을 좋아하지 말라고 가르쳤습니다.

4절 "르무엘아 포도주를 마시는 것이 왕에게 마땅치 아니하고 왕에게 마땅치 아니하며 독주를 찾는 것이 주권자에게 마땅치 않도다."

르무엘의 어머니는 아들의 이름을 부르면서 '르무엘아 포도주를 마시는 것이 왕에게 마땅치 아니하고 왕에게 마땅치 아니하다'라고 강조해서 가르치고 있습니다. 르무엘의 어머니가 이방 나라에 시집을 와서 보니까 이방인들이 너무나도 절제 없이 술을 마시고 술에 취해서 사는 것을 보았습니다. 물론 이스라엘 사람들도 포도주를 마시기는 하지만 그것은 어디까지나 식사 시간에 음료로 마시는 것이지 취할 정도로 마시는 것은 아니었습니다. 그런데 이방인들은 그 마음속에 허무한 느낌이 있으니까 그렇게 술을 많이 마시는 것이 특징이었습니다. 르무엘의 어머니는 아들에게 어떤 일이 있어도 술을 입에 대지 못하도록 엄하게 가르쳤던 것 같습니다. 사실 술은 사람의 기분을 좀 좋게 만들어주어서 평소에는 친하지 않고 말하지 않던 사람들도 쉽게 친할 수 있도록 만들어주는 장점이 있습니다. 그러나 술은 또한 감정을 너무 쉽게 흥분시킴으로 본인으로 하여금 이 거짓된 감정이 진짜인 줄 믿게 만드는 것이 문제입니다. 어려운 일이 있으면 어떻게 해서든지 이성적으로 풀 생각을 해야 하는데 술을 마심으로 현실에서 자꾸 도망을 치려고 하게 됩니다. 그래서 르무엘의 어머니는 르무엘을 가르치면서 언제든지 맨 정신으로 있어야 하고, 절대로 자세를 흐트리지 않도록 했습니다. 이것이 르무엘로 하여금 언제나 아첨이나 거짓에 속지 않고 자기 자신의 처신도 깨끗하게 할 수 있도록 한 것입니다. 르무엘의 어머니는 르무엘에게 왕이나 왕의 신하들이 어떻게 처신해야 하는지도 가르쳐주었습니다.

> 5절 "술을 마시다가 법을 잊어버리고 모든 간곤한 백성에게 공의를 굽게 할까 두려우니라."

왕이나 신하는 누군가가 무슨 보고를 할 때 그 이면에 있는 본질을 꿰뚫어 보는 지혜가 있어야 하고 이것을 그대로 받아들였을 때 생길 수 있는 문제를 예측할 수 있어야 합니다. 그런데 만일 왕이나 관리들이 술을 마셔버리면 그런 판단이 흐려져서 사람들이 말로 하는 거짓에 속게 되는 것입니다. 물론 그 모든 책임은 자기 머리로 돌아가게 됩니다. 요즘 우리나라 공무원은 식사를 조심해서 하는 것이 중요합니다. 대개 식사를 할 때 어떤 사람을 소개받게 되는데 처음에는 너무 잘해주다가 나중에는 점점 거절할 수 없는 부탁으로 끌고 가게 되는 것입니다. 이것은 이미 불의의 쇠사슬에 코가 꿰이게 된 것입니다. 크리스천 공직자들은 자신의 공직 생활에 대한 철칙을 세워놓아야 합니다. 점심 식사나 저녁 식사 하는 것부터 다른 사람에게 얻어먹지 말아야 끝까지 명예스러운 공직 생활을 마칠 수 있을 것입니다. 사람에게 이런 원칙이 없으면 결국 공짜를 얻어먹게 되고, 다른 사람이 주는 돈을 받게 되어 나중에는 부정에 끌려 들어가게 되는 것입니다. 우리가 하나님의 말씀을 들을 때 유익한 것은 보통 하나님의 말씀이 불의의 제안들을 다 잘라 줍니다. 이상하게 하나님이 기뻐하시지 않는 것들은 나에게 오지 않도록 하나님이 잘라 주시는 것입니다. 그리고 우리가 혹 그것을 받아들였을 때 앞으로 어떻게 될 것이라는 것을 하나님의 말씀으로 예상할 수 있기 때문에 사탄의 미끼를 피할 수 있습니다. 르무엘의 어머니는 어떤 사람이 술을 마셔야 하는지 말하고 있습니다.

> 6절 "독주는 죽게 된 자에게, 포도주는 마음에 근심하는 자에게 줄지어다. 그는 마시고 그 빈궁한 것을 잊어버리겠고 다시 그 고통을 기억하지 아니하리라."

르무엘의 어머니는 독주를 죽게 된 환자에게 주라고 했습니다. 이미 죽게 된 환자는 고통이 너무 심하기 때문에 진통제로 술을 마시게 하라는 것입니다. 옛날에는 의학적으로 환자에게 고통을 참게 했는데 이제는 굳이 환자에게 고통을 참게 할 필요가 없다고 해서 진통제를 적극적으로 사용하고 있습니다. 어떤 병원에서는 죽게 된 환자에게 고통이 너무 심하면 아편까지 쓰게 한다고 합니다. 그러나 근심하는 자에게 포도주를 마시게 하는 것은 옳은 것이 아닙니다. 물론 너무 기분이 처져 있는 사람에게 기분을 북돋아주기 위해서 한 잔 정도 주는 것은 괜찮을지 모르지만 근심이 있는 사람이 포도주를 마시기 시작하면 나중에 알코올 중독에 빠지게 됩니다. 근심에 빠져 있는 사람은 대화로 끌어내어야지 술을 마시게 하면 안 됩니다. 가난한 사람도 술로 그 가난을 잊으려고 하면 결국 알코올 중독에 빠지게 됩니다. 특히 노숙자들은 밥 대신에 술로 식사를 대용하는데, 이것은 결국 자포자기하는 것밖에 되지 않습니다. 노숙자들이 술 대신 밥을 먹기 시작할 때 비로소 재기할 희망이 있다고 합니다. 네 번째로 르무엘의 어머니는 르무엘에게 약한 자의 편에 서라고 했습니다.

> 8-9절 "너는 벙어리와 고독한 자의 송사를 위하여 입을 열지니라. 너는 입을 열어 공의로 재판하여 간곤한 자와 궁핍한 자를 신원할지니라."

르무엘의 어머니가 자식을 너무나도 잘 가르쳤던 것을 보게 됩니다. 어떤 사람이 빨리 성공하고 출세하려면 부자나 귀족의 눈에 들고 그들과 손을 잡는 것이 유리합니다. 그러나 멀리 보고 진정한 지도자가 되려고 하면 부자나 귀족보다 가난한 대중을 위해서 일을 하는 것이 필요합니다. 귀족이란 사람들은 말로는 대중을 위한다고 하지만 실제로는 자신들의 이익만 생각하는 사람들이고 보는 시각의 폭이 아주 좁은 사람들입니다. 지도자가 되려고 하는 사람은 귀족이나 일반 대중이 원하는 것이 서로 다르다는 것을 빨리 간파해야 합니다. 귀족이나 부자들을 완전히 무시하면 정권을 손에 넣기가 어렵고 왕이 되었다 하더라도 정치를 제대로 할 수가 없습니다. 한 국가를 움직일 수 있는 돈이나 인맥을 모두 귀족이나 부자들이 다 쥐고 있기 때문입니다. 그러나 왕이나 지도자가 귀족이나 부자들의 손에 놀아나게 되면 일반 국민들이 원망하고 나중에는 조롱을 하게 되어 무능한 사람으로 자리에서 쫓겨나게 됩니다. 적어도 지도자가 되려고 하면 귀족들이 원하는 것이 무엇인지 그리고 일반 국민들이 원하는 것이 무엇인지를 정확하게 인식을 하고 있어야 합니다. 대개는 이 두 가지가 일치하지 않을 때가 많습니다. 이때 지도자는 너무 귀족이나 왕족들을 뒤집거나 개혁하려고 하지 않으면서도 일반 국민들의 필요를 채워주고 공의를 세우는 정치를 해야 합니다. 왕이나 지도자는 귀족들과 언제나 긴장 관계에 있으면서 백성들을 위하는 정치를 할 때 그 정치가 발전을 하게 되고 부흥이 일어나면서 나중에는 귀족들도 왕을 인정하게 됩니다.

르무엘의 어머니는 르무엘에게 벙어리와 고독한 자를 위해서 입을 열라고 했습니다. 여기서 벙어리는 자기 자신을 변호할 능력이 없는 사람을 말합니다. 너무 무지하거나 사업에 실패해서 주눅이 들었거나 지식이 없는 자 편에서 일을 하라고 했습니다. 자기가 좋아하는 사람이나 자기 편 사람만을 위해서 일하지 말고 공평하게 모든 것을 결정할 때 사람들의 존경과 신뢰를 얻게 되는데 이것이 왕의 통치에 절대로 필요한 것입니다. 오늘날 사람들은 존경이나 신뢰보다는 일시적인 인기나 돈을 얻으려고 하는데 이것은 오래가지 못할 것입니다.

2. 현숙한 여인의 가치

오늘 본문 10절부터 31절 끝까지는 현숙한 여성의 미덕과 가치에 대하여 말씀하고 있습니다. 물론 이 부분도 틀림없는 르무엘의 어머니의 가르침입니다. 아마 르무엘의 어머니는 이방 나라에 시집와서 그곳 남자들이 여성들의 가치를 너무나도 인정하지 않고 학대하며 구박하고 천대하는 것을 많이 보아왔던 것 같습니다. 이방 나라에서 여성들 자신도 스스로가 그럴 수밖에 없는 것처럼 체념하고 남자의 멸시와 천대를 당연하게 생각하는 것을 보고 이렇게 해서는 안 된다고 결심을 한 것입니다. 그래서 르무엘이 어렸을 때부터 여성의 가치와 중요성을 많이 강조했는데 이것이 르무엘의 뇌리에 박히게 된 것입니다. 저도 어렸을 때 어머니가 계속 강조하신 것이 '여자는 약한 그릇이기 때문에 소중하게 대해야 한다' 는 것이었습니다. 이스라엘만이 아니라 모든 인간에게 있어서 잃어버린 가장 중요한 가치가 바로 여성의 가치입니다. 아직도 세상 사람들은 이것을 깨닫지 못하고 여성을 남자의 보조적인 존재나 사랑의 대상으로만 생각하는데 그리스도인들은 이 여성의 가치를 회복시켜야 합니다. 특히 르무엘의 어머니가 현숙한 여인의 가치에 대하여 말한 10절부터 31절까지는 히브리어 알파벳 시로 되어 있습니다. 히브리어의 알파벳은 '알랩' 부터 시작해서 '타우' 로 끝나는데, 이 부분이 바로 알파벳 시로 되어 있습니다. 이것은 르무엘의 어머니가 언어에 대해서도 대단한 실력이 있을 뿐 아니라 이 시를 오랫동안 가슴에 품고 다듬어 왔다는 것을 짐작할 수가 있습니다. 알파벳 시는 절대로 즉흥적으로 나올 수가 없기 때문입니다. 르무엘 어머니의 첫 가르침이 현숙한 여인의 가치입니다.

10절 "누가 현숙한 여인을 찾아 얻겠느냐 그 값은 진주보다 더 하니라."

여기서 현숙한 여인이란 여인이 그 마음에 하나님의 말씀을 담아서 그 말씀이 자기 인격이 되고 지혜가 된 사람을 말합니다. 남자나 여자가 마음속에 하나님의 말씀을 담고 고난을 통과할 때 그 사람의 인격은 보석으로 변하게 됩니다. 이 세상의 고난은 하나님의 백성들을 보석으로 만드는 용광로입니다. 특히 여성들이 하나님의 말씀으로 연단되었을 때 그 가치는 진주보다 더 낫다고 했습니다. 진주는 조개 안에 불순물이 들어갔을 때 조개가 액을 분비해서 오랜 시간에 걸쳐 보석으로 만든 것입니다. 진주는 은은한 빛 때문에 여성들의 목걸이나 반지로 많이 사랑을 받아오고 있습니다. 여성들이 타락하면 창녀같이 되지만 말씀으로 연단되면 천사보다 더 높은 존재가 됩니다.

남자들이 이런 천사와 살면 얼마나 행복하겠습니까? 지혜로운 여성은 백만 대군보다 더 큰 도움이 됩니다.

　　11절 "그런 자의 남편의 마음은 그를 믿나니 산업이 핍절치 아니하겠으며"

　우선 남편이 자기 아내를 믿는다고 했습니다. 여기서 믿는다는 것은 선수가 코치를 믿고 어려움을 당한 사람들이 상담자를 믿는 것과 같은 의미입니다. 즉 남편은 전적으로 자기 아내를 믿고 그 말을 따라가게 됩니다. 이미 아내 말의 가치가 입증이 되었기 때문입니다. 옛날 요셉은 애굽에 노예로 팔려갔을 때 그 주인이 노예인 요셉을 절대적으로 믿고 모든 집안일을 다 맡겼습니다. 요셉이 미래를 보는 눈이 정확했기 때문입니다. 마찬가지로 믿음의 여성은 하나님의 말씀을 가지고 미래를 보는 눈이 있습니다. 물론 믿음의 여성들이 땅 투기나 재테크에 보는 눈이 있다는 것이 아니라, 죄가 되는 것과 축복이 되는 것을 가리는 눈이 있다는 것입니다. 특히 하나님의 말씀을 붙들고 믿음으로 나아가면 반드시 하나님이 축복하신다는 믿음이 있어야 합니다.

　여기에 보면 살림이 핍절치 않는다고 했는데 이것은 남편이 돈을 많이 벌어서 핍절치 않는다는 뜻이 아닙니다. 사람들이 빚을 지거나 살림이 쪼들리는 것은 간단한 원리를 지키지 않아서 그렇습니다. 어느 회사나 나라든지 수입보다 지출이 많으면 나중에 빚지게 되어 있고 파산하게 되어 있습니다. 그런데 현숙한 여인은 남편의 수입 안에서 모든 지출을 하기 때문에 빚을 지지 않습니다. 현숙한 여인이 빚을 지지 않는 가장 중요한 이유는 허영의 지출이 없기 때문입니다. 이런 여인은 자신의 가치가 몸에 걸치는 장식품에 있지 않다는 것을 알기 때문에 수입이 많으면 많은 대로 적으면 적은 대로 자족하기 때문에 결국 나중에 돈이 모이게 되는 것입니다.

12절 "그런 자는 살아 있는 동안에 그 남편에게 선을 행하고 악을 행치 아니하느니라."

물론 아내가 남편에게 어떻게 하는 것이 선이고 악이냐 하는 것은 사람마다 다를 것입니다. 어떤 사람은 잔소리하지 않는 것이 선이라고 말하기도 할 것이고 어떤 사람은 부동산 투기를 잘해서 돈을 모아주는 것이 선이라도 할 것입니다. 그러나 선이란 하나님의 말씀에 일치해야 하는 것입니다. 남자들은 누구든지 길을 찾지 못해서 정신적으로 방황을 할 때가 많습니다. 그때 아내가 하나님의 말씀으로 바른길을 찾게 해주는 것이 선을 행하는 것입니다. 제 아내는 저에게 크게 몇 가지 선을 행했습니다. 저는 대학생 때 교회를 싫어하게 되어서 교회를 나가지 않고 있었습니다. 그때 아내는 저에게 너무 고민만 하지 말고 교회를 찾아서 다녀야 한다고 했습니다. 저는 제가 신뢰하고 내 영혼을 맡길 수 있는 교회를 찾는 데 어려움을 많이 느꼈습니다. 그런데 그 조언 때문에 다시 교회에 돌아오게 되었고 주님을 찾게 되었습니다. 그리고 아내는 저에게 큐티를 하는 것이 좋겠다고 했습니다. 저는 성경을 많이 읽으면 되는 것이지 무엇 때문에 큐티라는 것을 해야 하는지 이해가 되지 않았습니다. 그런데 그 후 저에게 찾아온 긴긴 고난의 시절에 큐티는 언제나 저와 함께 했던 동반자가 되었고, 나중에 강해설교를 하게 되는데 아주 중요한 도움이 되었습니다. 그리고 아내는 제가 인생의 길을 찾지 못해서 방황하고 고생할 때 도망치지 않고 끝까지 같이 있어 주었습니다. 그것이 저에게 선이 되었습니다. 아내는 음식을 잘 하지 못하는 편이고 주관이 약한 편입니다. 그러나 그 모든 것도 저에게는 선이 되었습니다. 그런데 악을 행하는 여자는 남편이 하나님의 뜻을 따라가려고 할 때 끝까지 가지 못하게 방해하는 사람일 것입니다. 여성은 자기가 죽을 때 남편도 살리고 자식도 살리게 되어 있는데, 자기가 살려고 하면 남편도 바보 만들고 자식도 바보 만들게 되는 것입니다.

여성들이 가지고 있는 가장 강력한 무기는 사랑입니다. 이 세상 어떤 남자도 여인의 사랑의 무기 앞에 항복하지 않는 사람은 없습니다. 사람들이 이 세상에서 학교 다니고 공부하는 것은 지나가는 과정에 불과합니다. 결국 사람에게 가장 중요한 것은 그 사람의 내면적인 가치인데 그것을 만들 수 있는 것은 여인의 사랑입니다. 여성들은 정신적으로만 남자를 돕고 만드는 것이 아니라 실제로 가정 안에서 여성이 하는 일은 엄청나게 많습니다. 여성들은 집안에서 자녀들을 돌보고 빨래를 하며 음식을 만들고 집을 지킬 뿐 아니라 식구들이 병들었을 때 간호도 합니다. 이런 가사 노동을 돈으로 환산하면 남편이 직장에서 버는 것 이상으로 월급을 받아야 할 것입니다. 옛날에 집안 식구들에게 가장 어려운 것은 옷을 구하는 것이었습니다. 요즘은 의류 사업이 발달되어서 시장에 가기만 하면 아름답고 멋있는 옷을 얼마든지 살 수 있지만 옛날에는 이것을 집안에서 일일이 만들어야 했습니다.

13절 "그는 양털과 삼을 구하여 부지런히 손으로 일하며"

양털은 겨울옷을 만드는 재료이고 삼은 여름 옷 재료인 것을 알 수 있습니다. 옛날 우리나라 사람들은 솜이 생기기 전에 겨울을 너무 춥게 보내어야만 했습니다. 그러나 중동에는 양털이 있었고 또 삼이 있어서 여름과 겨울옷을 장만할 수 있었습니다. 옛날 어른들 말씀을 들어보면 집집마다 물레 돌리는 기구가 있어서 식구들 옷을 다 만들어 입었다고 했습니다. 저의 고모님 중에 눈이 사시였던 분이 계셨는데 어린 아기 때 천을 짜는 기계 옆에 아기를 눕혀 놓았더니 추가 왔다 갔다 하는 것을 보다가 사시가 되었다는 말씀을 하셨습니다. 현숙한 여인들은 장차 겨울이 오면 날씨가 추워지고 여름이 오면 더워진다는 것을 알고 옷을 준비하는 부지런함이 있었습니다. 그리고 집안 식구들에게 옷 이상으로 필요한 것이 양식이었습니다.

> **14-15절** "상고의 배와 같아서 먼 데서 양식을 가져오며 밤이 새기 전에 일어나서 그 집 사람에게 식물을 나눠주며 여종에게 일을 정하여 맡기며"

옛날에는 대가족이어서 양식이 많이 필요했습니다. 현숙한 여인은 양식이 떨어지기 전에 먼 곳에서 양식을 구해서 식구들이 굶지 않도록 대비를 했습니다. 때마다 양식을 나누어주고 여종들이 빈둥거리지 않도록 할 일을 가르쳐주었습니다. 어떤 집에 일꾼은 많은데 모두 빈둥거리면서 놀고 있으면 결국 이 사람들은 양식만 축내게 될 것입니다. 옛날에는 어른들이 하는 말이 '일하기 싫으면 먹지도 말라' 고 했고 '자기 밥값은 해야 한다' 는 말을 하기도 했습니다. 결국 모든 사람이 자기 일에 최선을 다할 때 집이 행복하고 잘 살 수 있는 것입니다. 그런데 자기 일은 하지 않고 남의 일만 트집을 잡는 사람이 있으면 결국 모두 다 힘들어지게 됩니다. 그래서 하나님의 백성들은 눈을 뜨면 가장 먼저 자기가 해야 할 일을 찾아서 그것부터 해야 모두가 행복하게 살 수 있습니다.

> **16절** "밭을 간품하여[살펴보고] 사며 그 손으로 번 것을 가지고 포도원을 심으며"

현숙한 여인들은 어려운 때를 대비해서 저축하는 지혜가 있습니다. 물론 사람들 중에는 너무 믿음이 좋아서 가지고 있는 돈은 다 써버리거나 남에게 주어버리고 없으면 하나님께 기도해서 공급받는 믿음의 사람들도 있습니다. 그러나 대개의 사람들은 그런 믿음을 가지고 있지 못합니다. 우리가 세상을 살다보면 자녀가 대학을 들어가거나 유학을 가거나 결혼을 하거나 집을 넓히거나 할 때 돈이 필요합니다. 그런 일에 대비해서 돈을 저축한다고 해서 믿음이 없다거나 이기적인 사람이라고 비난할 수 없습니다. 많은 경우 아내들이 재테크를 할 때 남들이 하는 이야기를 듣고 무조건적으로 따라할 때가 많습니다. 그러나 법을 어기면서 재테크를 하거나 자녀를 유리한 학군에 넣거나 군대를 보내지 않았을 때 나중에 발목을 잡힐 수가 있습니다. 누구든지 공직에 있는 사람은 재테크나 자녀교육 문제나 세금 혹은 군대 문제를 바르게 해야 나중에 걸림돌이 되지 않습니다. 대개 여자들이 얕은꾀를 부리다가 나중에 그것이 걸림돌이 되어서 남편의 출세 길이 막히면 뒤늦게 땅을 치고 후회를 합니다.

17절 "힘으로 허리를 묶으며 그 팔을 강하게 하며"

믿음의 여성들은 힘이 있어야 합니다. 원래 약한 사람은 어쩔 수 없지만 병이 생기지 않도록 스스로 건강을 잘 관리해야 합니다. 여성들이 병들어 누워 있으면 결국 집안 식구들에게 큰 짐이 됩니다. 주부가 아프지 않으면 그 자체가 식구들을 돕는 것이며 큰돈을 버는 것 이상으로 중요합니다. 아내들은 너무 가족들을 위해서 희생만 하기보다 스스로 자신의 건강을 지키는 것이 중요합니다. 남은 음식도 다 먹지 말고 시간을 내어서 운동도 하고 특히 스스로 정신 건강을 지켜나가야 합니다.

18-20절 "자기의 무역하는 것이 이로운 줄을 깨닫고 밤에 등불을 끄지 아니하고 손으로 솜뭉치를 들고 손가락으로 가락을 잡으며 그는 간곤한 자에게 손을 펴며 궁핍한 자를 위하여 손을 내밀며"

여기서 무역하는 것이 이롭다는 말은 무엇이든지 오래 가지고 있는 것이 항상 좋은 것이 아니라는 것을 아는 것입니다. 가정의 채소나 음식물이나 여러 가지 것들은 오래 두면 부패하는 것이 많습니다. 여성들은 이런 것들이 부패하지 않도록 보관하는 것이 중요했습니다. 예를 들면 오이 같으면 오이지를 만든다든지 육류 같으면 훈제를 만든다든지 생선 같으면 소금을 친다든지 하는 것입니다. 그런데 아무래도 혼자서는 이 모든 것을 감당할 수 없으니까 서로 도와서 해야 하는 것입니다. 여성들이 너무 수다를 많이 떤다든지 할 일을 제대로 하지 않고 남을 흉보는 것은 시간 낭비입니다. 여성들은 시간이 모자라기 때문에 밤에도 불을 끄지 않고 떨어진 옷을 깁거나 혹은 솜에서 실을 뽑는 일을 했습니다. 그럼에도 불구하고 믿음의 여성들은 가난한 자에 대하여 인색하지 않았습니다. 현숙한 여인들은 가난한 자에게 손을 내밀어서 도와주었습니다. 그 결과 이런 현숙한 여인을 둔 식구들은 나중에 아주 여유 있는 축복의 삶을 살 수 있게 됩니다.

21-22절 "그 집 사람들은 다 홍색 옷을 입었으므로 눈이 와도 그는 집 사람을 위하여 두려워하지 아니하며 그는 자기를 위하여 아름다운 방석을 지으며 세마포와 자색 옷을 입으며"

사람이 먹고 사는 데 여유가 생기면 멋도 부리게 됩니다. 그런데 이런 멋은 사치가 아니라 하나님이 주신 축복의 열매입니다. 현숙한 여인은 식구들을 위해서 홍색 옷까지 지어 입혀서 멋있게 하였고, 눈이 와도 모두 겨울옷이 다 준비되어 있어서 걱정할 필요가 없었습니다. 이런 집에서는 아름다운 방석을 만들었는데 이것은 색동 요일 가능성이 많습니다. 어떻게 보면 사치품으로 보일 수도 있지만 이만큼 하나님이 축복해주셨다는 표시일 수도 있습니다. 성도들이 하나님의 복을 받으면 집에 예쁜 가구도 있고 취미 생활도 하고 멋진 차도 사는데 그것을 반드시 사치라고 말할 수는 없을 것입니다. 사치품이라고 하면 천만 원이 넘는 샤넬이나 루이뷔통 같은 가방을 생각해야 할 것입니다. 이런 현숙한 여인들은 남편을 성공하게 해서 존경을 받게 합니다.

23절 "그 남편은 그 땅의 장로로 더불어 성문에 앉으며 사람의 아는 바가 되며"

성문에 앉는다는 것은 존경 받는 위치에 있게 되는 것을 말합니다. 여인은 남자를 만드는 사람입니다. 남자는 어렸을 때 어머니에 의해서 그 인격이 만들어지게 되고, 커서는 아내에 의해서 인생의 방향을 잡게 됩니다. 아내가 신앙적으로 뿌리가 깊을 때 남편은 자신감을 가지게 됩니다. 그리고 남편이 조급하게 눈앞에 있는 인기를 보고 달려가지 않게 하고 먼 하나님의 축복을 향해서 꾸준히 나아가게 합니다. 이런 남편은 성공할 수밖에 없는 것입니다. 특히 아내가 돈에 있어서 정확하고 깨끗할 때 남편은 깨끗한 사람이 될 수 있습니다. 현숙한 여인은 부지런해서 옷을 많이 만들어서 다른 사람들까지도 입히는 데 이때 사람들은 이 여인을 존경하게 됩니다.

24-25절 "그는 베로 옷을 지어 팔며 띠를 만들어 상고에게 맡기며 능력과 존귀로 옷을 삼고 후일을 웃으며"

옛날에는 사람들이 옷이 없으면 거의 벌거벗다시피 하면서 추위에 벌벌 떨었습니다. 현숙한 여인은 옷감을 여유 있게 만들어서 옷이 없는 사람들에게 입히는 일을 하는 것입니다. 제가 초등학교를 다닐 때 학생들의 옷은 정말 남루했습니다. 그때 문교부에서 학생들에게 교복을 입히라는 지시가 내려왔는데 한 선생님 사모님은 천을 많이 사서 아이들에게 옷을 만들어 입히셨습니다. 그 선생님이나 사모님은 정말 학생들에게 존경을 받으셨습니다. 여기에 보면 띠를 상인에게 맡겨서 판다고 했습니다. 아마 이 여인은 띠를 잘 만드는 재주가 있었던 것 같습니다. 그래서 그것들을 팔아서 돈이 생기면 어려운 사람들 옷을 지어 입혔던 것입니다. 이 부인의 옷은 능력과 존귀였고 먼 훗날을 생각하면서 웃을 수 있는 여인이었습니다. 이런 여인은 지금 당장 돈이 생기거나 사람들에게 칭찬받는 것보다 먼 미래에 함께 웃을 수 있는 사랑의 투자를 기뻐했던 것입니다. 옛날 우리 어머니들도 아들들의 친구가 오면 그렇게 먹을 것을 만들어 먹이셨습니다. 어머니가 그렇게 하신 것은 먼 미래를 내다보는 투자였던 것입니다. 내가 죽은 후에도 내 아들에게 좋은 친구가 되어 달라는 부탁이었던 것입니다.

26절 "입을 열어 지혜를 베풀며 그 혀로 인애의 법을 말하며"

믿음의 여인들은 수다를 많이 떨지 않습니다. 요즘 여성들은 수다를 떨어야 정신 건강에 좋다고 해서 말을 많이 하지만 옛날 여성들은 하나님의 말씀을 듣는 것을 좋아했고 그것을 자기 인격 가운데 소화해서 말을 했습니다. 이들은 그 혀로 남을 욕하고 비난하는 것보다 인애의 법을 말했습니다. 인애의 법이란 약속한 것을 지키는 것을 말합니다. 이들은 남을 함부로 헐뜯지 않았고 약속한 것을 반드시 지키도록 가르쳤습니다.

27절 "그 집안일을 보살피고 게을리 얻은 양식을 먹지 아니하나니"

현숙한 여인들은 공짜로 얻어먹는 것을 좋아하지 않았습니다. 남자들이 이마에 땀을 흘려야 먹을 양식을 구할 수 있었던 것처럼, 여인들도 쉽게 번 돈을 좋아하지 않았습니다. 이들은 자신들의 분수를 알았고 스스로의 가치를 알았기 때문입니다. 자기 스스로 가치 있는 사람은 다른 것이 그렇게 많을 필요가 없는 것입니다. 오히려 이런 사람들은 쓸데없는 것을 너무 많이 가지고 있는 것을 짐스러워합니다. 이런 삶은 누가 봐도 아름다운 삶입니다. 이런 여성들의 가치는 보석보다 더 귀하고 천사보다 더 가치가 있습니다.

> 28-29절 "그 자식들은 일어나 사례하며 그 남편은 칭찬하기를 덕행 있는 여자가 많으나 그대는 여러 여자보다 뛰어난다 하느니라."

자식이 어머니 앞에 일어나서 감사하는 이유는 자기를 이런 사람이 되게 한 분이 어머니였기 때문입니다. 자식의 성공은 어머니의 작품이었던 것입니다. 그러나 이 성공은 요란한 치맛바람의 승리가 아니라 기도해주며 바른 길을 가르쳐주신 어머니의 신앙의 열매인 것입니다. 그리고 남편이 자기 아내를 칭찬하는 이유는 자신의 인생의 위기 때마다 바른길을 갈수 있도록 조언해주었고 위기 때마다 함께 해주었기 때문에 아내야말로 자신의 보배인 것입니다.

> 30-31절 "고운 것도 거짓되고 아름다운 것도 헛되나 오직 여호와를 경외하는 여자는 칭찬을 받을 것이라. 그 손의 열매가 그에게로 돌아갈 것이요 그 행한 일을 인하여 성문에서 칭찬을 받으리라."

여성은 뭐니 뭐니 해도 미모가 최고라고 생각하는 것이 대세인 것 같습니다. 물론 여성이 얼굴도 아름답고 믿음도 좋으면 더 말할 것 없이 좋겠지만 그렇지 못할 때가 많습니다. 모든 인간은 그릇과 같아서 그 안에 담기는 내용에 의해서 가치가 달라집니다. 여자가 아무리 잘생기고 몸매가 날씬해도 마음속에 하나님의 말씀이 없으면 허망한 인생을 살게 될 것입니다. 사람은 시간이 지나면 늙게 되어 있습니다. 젊었을 때 아름다웠던 여인들도 늙으면 쪼글쪼글한 할머니가 되는 것입니다. 그러나 하나님을 경외하는 여자는 말쏨으로 보석이 되어 있기 때문에 그의 존재 자체가 복이고, 입을 열기만 하면 사람들이 아름다운 축복의 말을 듣게 됩니다. 그리고 하나님은 그 손의 열매를 축복해주셔서 결코 가난하지 않게 하시며 많은 사람들의 칭찬을 받게 하실 것입니다.

이 세상에 많은 보물이 있지만 하나님의 말씀으로 연단을 받은 여성은 그 가치가 어떤 보석보다 더 귀할 뿐 아니라 그의 인격은 천사보다 더 아름답고 순결하며 그 지혜는 어떤 모사보다 뛰어나고 그 능력은 백만 대군의 능력에 버금가는 것입니다. 모든 여성들은 이런 가치를 되찾으시고 온 세상에 하나님의 축복을 심는 여성들이 되시기 바랍니다.